창세전 약속된 영생(딛 1:2) - 생명의 교제로 누리다(요 17:3)

창세기 주해 묵상

창세기 주해 묵상

서형섭 지음

초판 1쇄 인쇄	2023년 12월 15일
초판 1쇄 발행	2023년 12월 25일
발행처	도서출판 이레서원
발행인	문영이
출판신고	2005년 9월 13일 제2015-000099호
기획·마케팅	신창윤
편집	송혜숙
총무	곽현자

경기도 고양시 일산동구 백석로71번길 46, 1층 1호
Tel. 02)402-3238, 406-3273 / Fax. 02)401-3387
E-mail: Jireh@changjisa.com Facebook: facebook.com/jirehpub

책값은 표지에 있습니다.

ISBN 978-89-7435-644-6 (03230)

신저작권법에 의하여 한국 내에서 보호받는 저작물이므로 저작권자의 서면 허락 없이 이 책의 어떠한 부분이라도 전자적인 혹은 기계적인 형태나 방법을 포함해서 그 어떤 형태로든 무단 전재하거나 무단 복제하는 것을 금합니다.

GENESIS COMMENTARY MEDITATION

창세전 약속된 영생(딛 1:2) - 생명의 교제로 누리다(요 17:3)
창세기 주해 묵상

서형섭 지음

이레서원

> 성경의 바른 주해로
> 　생명의 교제를 사모하는 이들에게…

서문

"주님의 말씀의 맛이 내게 어찌 그리도 단지요? 내 입에는 꿀보다 더 답니다"(시 119:103).

내가 말씀의 맛이 꿀보다 더 단 것을 알게 된 지는 목사가 된 후 8년이 지나서였다(2008년 봄). 성공적인 사역으로 잘 나가던 목사가 하나님의 공의로운 심판을 받았다. 심판의 무덤에서 주의 손에 붙들려 홀로 앉아 말씀을 얻어먹었다(렘 15:17). 그 말씀은 나의 존재의 폐부를 드러내어 심판하는 말씀이었으나(히 4:12), 그것은 내게 기쁨이었고 내 마음의 즐거움이었다(렘 15:16). 매일의 말씀 묵상은 영원한 생명을 누리는 솟아나는 샘물이 되었다(요 4:14). 그즈음 조선일보에서 허허당 스님의 인터뷰를 보았다(2011년 5월 9일 자). 스님은 사찰에서 탱화를 그린다. 그는 11평짜리 쉬고 노는 암자(휴유암, 休遊庵)에 기거하였다. 한번은 대형 사찰에서 그의 그림을 1억 원에 샀는데, 그는 전국을 20일간 돌면서 그 돈을 필요한 사람에게 모두 나누어주었다. 그는 깨달음으로 무소유의 부요함을 누리고 있었다. 기자가 그에게 깨달음의 증거가 무엇이냐고 묻자 그는 이렇게 대답하였다. "언어로는 다 설명이 안 되나, 진리 속에 노는 맛이라는 게 있다. 정말 재미있다. 나는 인생은 노는 것"이라고 말한다.

"진리 속에 노는 맛." 무(無)로 귀결되는 불교에서도 진리 속에 노는 맛이 있다니! "말씀 속에서 노는 맛"을 즐기던 내게 사뭇 충격으로 다가왔다. 복 있는 자는 주의 말씀을 즐거워하며 주야로 묵상하는 자이다(시 1:2). 그 후로 내게 꿈이 생겼다. 말씀 속에서 노는 이 맛을 죽을 때까지 누리고 주변의 그리스도인과 함께 누렸으면 하는 마음이었다.

나는 오랫동안 말씀 속에서 노는 자가 아니라, 말씀을 이용하던 자였다. 이것은 목사에게 치명적 유혹이다. 적절한 주해 없이 내가 주체가 되어 말씀을 해석하는 것은 철저히 시류에 편승한 말씀의 왜곡이었다. 가려운 귀를 긁어주듯이 자기의 사욕을 따르는 사람들을 만족시키는 청중 친화적 메시지는 전적 타율에 의지하는 청중들의 심금을 울렸다. 그런 내가 심판의 자리에서 가장 많이 회개한 것이, 저 옛날 거짓 선지자들을 고발한 "말씀을 도둑질한 죄"였다(렘 23:30).

칼 바르트(1886-1968)는 말씀의 신학자로 불린다. 그는 '말씀은 대상이 말을 걸어오는 것'이라고 하였다. "하나님의 말씀은 하나님이 말씀해 오신다는 것을 의미한다"(바르트, 〈교회교의학〉 1/3권). 전통적 인식론에서는 인간이 주체가 되어 대상을 인식한다. 그러나 오직 하나의 대상인 말씀에 대해서만큼 인간이 주체가 될 수 없다. 말씀은 전적 타자가 되어 말씀을 걸어오고(건넴 말), 인간은 그 앞에 두렵고 떨림으로 반응한다. 폴 틸리히(1886-1965)는 "말씀은 하나님의 현현이다"라고 하였다(〈조직신학〉). 하나님은 심령이 가난하고 통회하며 말씀 앞에 떠는 자를 존중히 여기신다(사 66:2, 허버트 마이어, 〈성경해석학〉).

16세기 종교개혁은 개신교의 산파 역할을 하였다. 진정한 개혁자는 '말씀으로 걸어오시는 하나님'이셨다. 그러나 100년도 채 안 되어 개신교는 죽은 정통으로 쇠락하였다. 살아 역사하는 말씀은 도식화되고 성문화된 교훈으로 바뀌었고 그것마저 식자층의 전유물이 되어 미개한 청중을 지배하고 억압하는 도구로 전락하였다. 당연히 교회는 무기력한 비이성적 집단으로 간주되었다.

17세기 르네 데카르트(1596-1650)에서 시작한 이성의 혁명은 기독교에 새로운 전기를 가져왔다. 인간의 이성에 절대가치를 부여한 계몽주의가 시작되었다. 계몽은 미성숙한 상태를 벗어나는 것이다. 미성숙은 이성의 활동 없이 전적으로 타자의 지배에 자기를 맡기는 상태이다. 계몽은 이성의 빛을 사용하여 대상을 인식하는 것이다. 임마누엘 칸트(1724-1804)는 계몽주의의 아버지로 불린다. 그는 종교(기독교)란 이성의 한계 내에서 작동한다고 하였다(칸트, 〈이성의 한계 안에서의 종교〉). 초월의 신은 인간의 이성으로 파악하지 못하며, 종교는 시공간을 초월하여 유효한 정언명법을 지키는 것이다. 하여 계몽주의 신앙은 그리스도인이 기록된 말씀을 순종하는 것이며, 이를 위해 신을 요청하는 것이다. 그에 따르면 기독교 신앙은 말씀을 아는 "지식"과 그것을 실천하는 "행위"이다. 계몽주의가 기여한 바가 있다면 죽은 정통에 사망선고를 내린 점이다. 그러나 계몽주의적 신앙은 기독교를 도덕과 윤리의 차원에 머물게 하는 오류를 범하였다. 그러다 보니 이 같은 신앙은 그리스도인보다 도덕적으로 우월하다고 생각하는 교양인들의 비난을 받게 되었다.

19세기 들어 프리드리히 슐라이어마허(1768-1834)는 이들을 겨냥하여 "종교를 멸시하는 교양인들을 위한 강연"(《종교론》)을 통해 진정한 기독교 신앙을 설파하였다. 물론 슐라이어마허는 계몽주의의 기독교 비판을 중요하게 여겼다. 그는 개신교 신학자라면 고전적 전통에 나타난 견해뿐 아니라, 17세기 정통주의에 대한 계몽주의의 비판을 알아야 한다고 하였다. 그러나 슐라이어마허는 기독교가 계몽주의가 말하는 지식과 행위의 종교가 아니라, 신(하나님)과 직접 만나는 "절대의존의 감정"이라고 하였다. 절대의존의 감정은 흔히 오해되듯이 인간적 감정이 아니라, "무한자에 대한 직접 의식"이다. 그가 말하는 기독교의 본질은 신과의 일치, 신에게의 참여이다. 그는 요한복음의 영생에 대하여, 영생은 다만 사후의 생명 연속이 아니고 지금 여기에서 경험하는 신적인 삶이라고 하였다(폴 틸리히, 〈19-20세기 프로테스탄트 사상사〉). 슐라이허마허의 사상은 그가 기독론을 경시하였다는 점에서 후대의 비판을 받았다.

영생은 하늘에서 오신 인자가 땅에 들리심으로써 주신 선물이다(요 3:13-15). 인자는 태초부터 아버지와 함께하시는 아들 - 로고스이다(요 1:1). 그가 땅에서 들리신 것은 십자가에서 죽으시고 부활하신 구원의 사건이다(요 12:32-33, 행 2:33). 이제 누구든지 그리스도와 함께 죽고 그와 함께 부활하면 영원한 생명을 얻는다(요 3:15). 지상에서 시작하는 영생의 삶은 삼위 하나님과의 교제로 실현된다(요 17:21-24). 이것은 생명의 교제이다(요일 1:1-4). 생명의 교제는 말씀 앞에서 우리의 죄와 비참성이 드러나는 것으로 시작한다(요일 1:9-10). 그러나 하나님은 아들의 죽음과 부활의 사건을 통해 그런 우리를 용납하신다. 한 사람 아들의 의로운 행동을 통하여 우리가 생명을 누리게 된 것이다(롬 5:17). 생명의 교제는 아들을 힘입어 아버지 집(품)에 거하는 것을 정점으로 한다. 예수께서 영생을 사는 우리를 위해 기도하셨다. 우리가 아들이 있는 곳, 곧 아버지 집에 그와 함께 거하여 창세전부터 아버지가 아들을 사랑하여 그에게 주신 영광을 보기를 구하셨다(요 17:24). 초대교회 요한 공동체는 그 영광을 보았다. 이는 독생자의 영광이며 은혜와 진리가 충만하다(요 1:14). 독생자의 영광은 아버지의 본질이 계시되는 것이다(요 1:18). 영광의 내용은 은혜와 진리라는 쌍개념이다. 구약성경에서 하나님의 영광은 헤세드(인자)와 에메트(신실)의 쌍개념으로 드러났다(출 34:6, 시 20회, 잠 4회).

청교도의 황태자로 불리는 존 오웬(1616-1683)은 "하나님과의 교제는 복음으로 계시된 예수 그리스도를 통하여 하나님의 영광을 보는 것"이라고 하였다(오창록, 〈Beholding the glory of God〉). 생명의 교제는 말씀 앞에 드러난 비참한 실존이 복음을 통해 아버지 집에 거하며, 그곳에서 인자와 신실이 충만한 독생자의 영광을 보는 것이다.

매년 세계 80여 개국에서 수많은 청년이 프랑스의 작은 마을 떼제에 몰려든다. 그들은 떼제 공동체에서 드리는 찬양, 기도, 묵상을 통하여 잠시라도 주님의 품에 있음을 느끼고자 한다. 하지만 그것은 다시 목마르고 마는 야곱의 우물이다(요 4:13). 복음을 통해 누리는 생명의 교제는 날마다 그 속에서 솟아나는(헬, 할로마이 - 펄쩍펄쩍 뛰는) 샘물로서 영생을 누리게 한다(요 4:14). 이것이 꿀보다 더 단 말씀의 맛이다. 예수께서 주시는 생명의 떡은 결코 주리지 않고 목마르지 않다(요 6:35). 예수께서 생명의 말씀을 전하신 후 많은 사람이 깨닫지 못하고 그를 떠나갔다. 예수께서 제자들에게 "너희도 가려느냐?"라고 물으셨다(요 6:67). 시몬 베드로가 대답하였다. "주여 영생의 말씀이 주께 있사오니 우리가 누구에게로 가오리이까?"(요 6:68). 영원히 목마르지 않는 생수는 특정한 장소(어디로)가 아니라 생명의 말씀이신 주께로 가야 얻는다(요일 1:1).

나는 2008년 4월부터 현재까지 하나님의 은혜로 매일 생명의 교제를 통해 영생을 누리고 있다. 내가 맛보는 말씀의 맛은 호수에 던져진 작은 조약돌이 파장을 일으키듯 영생을 사모하는 많은 지체와 더불어 누리는 맛이 되었다.

이는 모든 그리스도인이 누릴 수 있고 누려야 하는 목마르지 않는 생수이다.

이번에 하나님의 감동으로 〈창세기 주해 묵상〉을 내게 되었다. 본 〈창세기 주해 묵상〉은 2022년에 묵상했던 내용을 정리한 것이다. 이 내용을 정리하면서 나는 비로소 성경 주해에 대한 이해의 지평이 넓어졌다. 20세기 마틴 하이데거(1889-1976)는 "이해"의 개념을 새롭게 조명한 철학자이다. 그는 17세기 이후 대두된 인식론적 개념의 이해를 해체하고 존재론적 이해의 개념을 정립하였다. 이해는 사태에 대한 판단이나 분석이 아니라, 전이해와 현존재(처해 있음)를 기반으로 한 존재론적 이해라고 주장하였다. 이것을 총괄하여 전이해로 부른다. 전이해를 벗어난 새로운 이해는 없다. 문제는 이해의 대상이 아니라 각자에게 이미 주어진 전이해에 있다. 똑같은 성경을 읽어도 각자 다르게 이해하는 것은 그 사람의 전이해가 다르기 때문이다. 그러므로 각 사람의 전이해는 존중받아야 하되 수정이 요구된다.

한스 게오르그 가다머(1900-2002)는 하이데거의 "존재론적 이해"의 개념을 해석학에 적용하였다. 그에 따르면 전통은 해석을 통하여 현재의 우리와 만난다. 성경의 텍스트는 전이해로 해석한다. 그러나 우리는 전이해의 한계로 이해의 어려움을 느낀다. 진리의 언어일수록 처음에는 무슨 말인지 모른다. 이때 중요한 것이 "설명"이다. 설명은 이해를 위한 과정이다. "설명"은 신학적 용어로 "주해"이다. 권위를 가진 설명이나 주해는 전이해를 수정하여 새로운 이해로 이끈다. 설명(주해)을 받아들이기 위해 전제되는 것은 자신의 전이해가 언제든지 틀릴 수 있다는 겸손한 자세이다. 예수께서는 "스스로 옳다"라고 하며 전이해를 고수하는 바리새인들을 가증하게 여기셨다(눅 16:15).

폴 리쾨르(1913-2005)는 하이데거와 가다머를 종합하여 통전적 성서 해석학을 제시하였다. 리쾨르는 성경의 텍스트가 궁극적으로 해석자에게 존재 사건이 되어야 함을 강조하였다. 여기에 도달하기까지 설명(주해)의 과정이 필요하다. 주해는 성경의 언어분석, 역사비평, 상징분석, 심지어 정신분석의 도구까지 활용해야 한다. 이를 통해 고대에 기록된 성경이 해석자가 현재 서 있는 실존과 만난다. 성경의 "말씀"이 설명을 통해 존재론적 이해가 될 때 우리의 전이해는 수정되고 새로운 이해로 바뀐다.

때로는 우리의 전이해가 다 무너진다. 이때 말씀은 새로운 존재 사건이 된다. 이 모든 과정은 진리의 영인 성령이 주도하신다. 폴 리쾨르가 교수한 미국 시카고 대학의 전임자는 폴 틸리히였다. 틸리히는 말씀이 존재 사건이 되는 것에 대하여 이렇게 말하였다. "말씀은 해석자의 존재를 뒤흔들며, 그를 새로운 존재로 변형시키며, 그의 일상에서 하나님의 뜻을 이루게 한다"(shaking → transforming → significant demanding)(폴 틸리히, 〈조직신학〉). 그러므로 20세기 이후 해석학은 성경 주해를 통해 전이해를 수정하고 치유하여 새로운 이해를 가져온다. 이제 그에게 전이해는 새롭게 된 이해이다. 말씀을 통해 이루어지는 생명의 교제는 날마다 새롭게 되는 은혜를 누리게 한다. 날마다 먹는 양식이 우리를 자라게 하듯, 날마다 먹는 말씀의 맛은 우리의 존재를 새롭게 하여 궁극적으로 그리스도의 장성한 분량에 이르게 한다.

본서를 "주해 묵상"으로 명명한 것은, 유진 피터슨이 말한바 "주해를 동반한 묵상"이라는 뜻이다(《균형 있는 목회자》). 따라서 본서의 내용은 "주해"와 "묵상"으로 구성된다. 하나님의 말씀은 주해를 통한 케리그마(복음 선포)와 상황에 대한 해석을 결합한다. 인간의 상황과 무관하게 던져지는 케리그마는 아무 곳이나 돌을 던져 목표물을 맞추는 것과 같이 불가능한 것을 시도하는 것이다.

본서의 "주해"는 생명의 교제를 위해 "그리스도 중심"으로 수행되었다(고후 3:14). 이는 구약성경의 주제를 생명을 주시는 그리스도를 증거하는 내용으로 보는 것과 같은 동일한 신학적 의미가 있다(요 5:39). 또한, "묵상"은 케리그마에 대한 상황 해석이다. 말씀의 주해는 나의 전이해를 수정하고 치유하여 새로운 이해로 나아가게 하는 진리의 사건이 되고 있다.

본문 주해는 폰 라드(Von Rad)의 〈창세기 주석〉(국제성서주석)과 고든 웬함(Gordon Wenham)의 〈창세기 주석〉(WBC)을 참고하였다. 그 외 여러 참고자료는 주해 내용에 언급하였으며, 필자가 관심을 두고 섭렵한 책과 정보 등 지식을 반영하였다. 본서는 학술서가 아닌 점을 반영하여 각주는 생략하였고, 참고자료는 목록만 제시하였다. 본문 성경은 개역개정판을 수록하였고 주해는 표준새번역성경을 사용하였다. 〈창세기 주해 묵상〉은 필자가 GL미션의 홈페이지(다음 카페)에 등재한 내용을 정리한 것이다. 상당히 방대한 양이라서 문서 작업이 쉽지 않아 엄두를 내지 못하였다. 그런 중에 모 신대원의 제자였던 권민서 전도사가 문서 작업을 하였고 필자가 수정 작업을 하였다. 주해 부분에서 부족함이 많아 책으로 내는 것을 망설이기도 하였으나, 생명의 교제를 사모하고 말씀을 통해 솟아나는 샘물을 갈망하는 이들을 위해 용기를 내었다. 또한, 책 읽기를 기피하는 시대에 본서를 출판해준 이레서원에 깊은 감사를 드린다. "책이 독자를 찾는다"라는 말이 있다. 이 책이 바른 주해를 통해 풍성한 생명을 누리기를 원하는 독자를 찾아내기를 바란다.

2023년 9월
부천시 소사로에서
서형섭

차례 _____

■ 서문

1. 창조(1-2장)

01 창조의 말씀 로고스, 생명을 주는 새 창조를 이루다!(1:1-13) ● 17
02 바다의 큰 생물(리워야단)의 창조주, 폭풍 속에서 나에게 말씀하시다!(1:14-23) ● 26
03 일곱째 날의 축복, 삼위 하나님의 "페리 코레시스"(기쁨)에 참여하다(1:24-2:3) ● 33
04 선악을 아는 나무, 창조주 하나님과 피조물 인간을 구별한다(2:4-17) ● 41
05 나의 도움은 어디에서? 하나님의 "적절한 도움"은 은혜의 보좌에서!(2:18-25) ● 49

2. 타락, 복음의 시작(3장)

06 죄책감과 죄 고백은 하나님과 분리의 고통 및 연합의 갈망에서 나온다(3:1-13) ● 57
07 그리스도의 십자가, 형벌의 수고에서 은총의 수고로!(3:14-24) ● 66

3. 구원의 원시 역사(4-11장)

08 살인자 가인에 대한 불가해(不可解)한 은혜, 가인보다 더한 내게도!(4:1-16) ● 75
09 가인의 도성에서 하나님의 도성으로!, 내가 주체된 삶에서 건지시다!(4:17-26) ● 83
10 사망에서 생명으로! 흙에서 난 자가 하늘에 앉히운 자로!(5:1-32) ● 90
11 네피림(영웅) 목사를 꿈꾸던 자, 심판을 통해 비천한 전도자로!(6:1-10) ● 98
12 노아의 방주는 그리스도의 십자가, 그리스도인은 부패한 땅의 소금이다!(6:11-22) ● 105
13 심판에 무관심한 세상, 그래도 유일한 소망은 영생의 말씀이다!(7:1-12) ● 112
14 노아가 구원받은 물, 예수 그리스도를 통한 구원의 표(상징)이다!(7:13-24) ● 119
15 하나님의 세계 섭리, 그리스도 안에서 새 창조를 이루다!(8:1-12) ● 126
16 홍수심판에도 악한 본성 그대로, 그리스도의 심판은 "존재의 새로움"으로!(8:13-22) ● 133
17 무지개 언약은 세상을 보존하고 새 언약은 세상을 구원한다!(9:1-17) ● 139
18 셈의 하나님, 구원자 예수 그리스도의 아버지 하나님을 찬양하라!(9:18-29) ● 146
19 니므롯의 꿈에서 깨어나 생명을 전하게 하신 은혜가 크도다!(10:1-32) ● 154
20 바벨에서 구원의 길, 무한한 자기실현인가? 무한한 자기체념인가?(11:1-9) ● 162
21 구원사의 시작과 성취, 자연 출산에서 말씀 출산으로!(11:10-32) ● 171

4. 아브라함의 언약(12-36장)

22 축복의 약속과 황무지의 현실, 믿음으로 위의 것을 바라보며!(12:1-9) • 178
23 약속의 담지자는 실패하나, 약속하신 하나님은 신실하시다!(12:10-20) • 185
24 굳게 붙잡아야 할 약속, 그리스도가 우리의 연약함을 동정하시다!(13:1-18) • 191
25 세속사에서 아브라함의 승리와 변혁자(transfomer)로서 그리스도인의 승리!(14:1-16) • 199
26 멜기세덱의 서열로 오신 영원한 제사장, 그를 힘입어 하나님께로!(14:17-24) • 206
27 바랄 수 없는 중에 바라는 믿음, 복음을 믿어 하나님 나라로!(15:1-12) • 212
28 땅의 약속, 왜 400년 후에 성취되는가?(15:13-21) • 219
29 브엘라해로이, 야곱의 우물에서 영생에 이르는 생수를 주시다!(16:1-16) • 226
30 신약시대, 진정한 할례는 예수의 흔적이다!(17:1-14) • 232
31 언약과 축복의 대조, 언약 밖의 백성을 언약 백성 삼으신 은혜가 크도다!(17:15-27) • 239
32 "불가능한 가능성"의 은혜, 자연적 생명이 영원한 생명으로 나다!(18:1-16) • 246
33 소돔의 의인은 심판을 유보하고, 의인 그리스도는 심판에서 건지시고!(18:17-33) • 254
34 소돔의 죄악을 보고 들으며 애통하는 자 되게 하소서!(19:1-11) • 260
35 하나님의 자비, "이건 아닌데" 하며 지체하던 자를 강제로 끌어내다!(19:12-22) • 267
36 불과 유황으로 멸망한 소돔, 인자의 날도 그러하리라!(19:23-29) • 273
37 섭리적 은총으로 사는 인생, 생명 얻는 회개를 촉구하시다!(19:30-38) • 278
38 신자를 능가하는 불신자의 경건, 전통의 알을 깨고 참 신앙으로 도약하다!(20:1-18) • 284
39 복음으로 나는 영생, 하나님께는 기쁨이나 세상은 냉소한다!(21:1-7) • 293
40 자식 추방의 비정한 명령, 육체의 소욕을 못 박고 성령을 따라 살라!(21:8-21) • 299
41 약속의 담지자는 질그릇 같으나, 신적 신비로 보호하시고 인도하신다!(21:22-34) • 306
42 죽은 자를 다시 살리는 믿음, 부조리의 시험에 잠잠히 복종하다!(22:1-10) • 312
43 하나님을 경외함으로 복종하고, 복종하여 온전케 되는 믿음!(22:11-24) • 319
44 믿음을 따라 산 족장들, 지상에서 나그네이나 죽음 이후에 약속의 땅으로!(23:1-20) • 325
45 영생 얻은 자는 아브라함의 씨, 주의 선하심과 인자하심이 그의 뒤를 따르다(24:1-9) • 333
46 리브가의 선행, 아브라함에게 주의 인자와 신실(영광)이 나타나다!(24:10-27) • 339
47 아브라함의 종과 여호와의 종과 그리스도의 종, 오직 보내신 이의 뜻을 이루다!(24:28-53) • 346
48 언약 결혼의 완성, 정결한 신부로 한 남편 그리스도에게!(24:54-67) • 354
49 열국의 아버지 아브라함, 이제는 열국이 그리스도를 통해 영생의 복을 받다!(25:1-18) • 362
50 구원사의 주역들, 인간적 성정(性情)에도 불구하고 자비로 이끄신다!(25:19-34) • 369
51 그리스도의 공로로 얻은 영생의 복, "파레시아"로 풍성히 누리다!(26:1-11) • 376
52 복음을 통해 누리는 생명, 장막에 거하나 하나님의 성을 바라보다!(26:12-22) • 383
53 그리스도의 낮아짐과 높아짐, "주의 뜻대로" 복종하는 자를 주께서 높이신다!(26:23-35) • 390

54 하나님의 말씀이 "애매성"(상투적인 말)에 빠질 때 (27:1-17) • 397
55 질그릇에 담긴 영생의 복, 나는 불의하나 하나님은 신실하시다! (27:18-29) • 404
56 "내게 축복하소서 내게도 그리하소서", 땅의 복을 구하던 자에게 영생의 복을! (27:30-46) • 410
57 영생의 복을 위한 "떠남", 모든 족속을 제자 삼으라! (28:1-9) • 417
58 독생자의 충만한 영광, 천사들이 보기 위해 오르락내리락하다! (28:10-22) • 423
59 우물의 결혼 모티브, 야곱의 우물에서 참 남편 하나님과 연합하다! (29:1-14) • 430
60 전에는 천한 그릇, 이제는 깨끗한 그릇으로 쓰임받게 하소서! (29:15-30) • 438
61 오, 복되도다! 사랑받고 생명을 낳는 그리스도의 신부여! (29:31-35) • 444
62 "내가 하나님을 대신하겠는가?", 복음을 전하나 생명은 하나님이 주신다! (30:1-13) • 450
63 자기의 소원을 빌던 자, 이제 하나님의 소원을 위해 빌다! (30:14-24) • 456
64 자기 꾀에 빠지는 악인의 세계, 주님을 의지하고 선을 행하라 (30:25-43) • 462
65 약속의 말씀, 성취의 "시점"이 아닌 성취의 "필연성"을 믿는다! (31:1-16) • 470
66 라헬이 훔친 드라빔, 탐심의 우상을 십자가에 못 박고 자족하기를… (31:17-35) • 477
67 부당한 현실에서도 파레시아의 정체성을 지키며! (31:36-42) • 483
68 라반과 야곱의 언약, 이제는 그리스도가 성취한 새 언약으로! (31:43-55) • 489
69 약속의 말씀을 붙들고, 주의 뜻 이루기를 전심으로 기도하나이다! (32:1-12) • 496
70 생명 얻는 구원을 위해 기도하고 준비하고 행동하게 하소서! (32:13-20) • 502
71 홀로 무덤에!, 그리스도의 무덤은 생명의 표적이다! (32:21-32) • 508
72 예물과 은총, 독생자를 제물로 받으시고 구원하신 은혜를 찬양하나이다! (33:1-11) • 515
73 "달려갈 길" 마치기까지, 험한 십자가 붙들게 하소서! (33:12-20) • 521
74 그리스도의 십자가, 야만적 본성의 인간을 하나님의 나라로! (34:1-17) • 528
75 "아들의 믿음"으로 사는 자, 최악의 상황에도 하나님의 섭리를 믿다! (34:18-31) • 535
76 엘벧엘, "아들이 있는 곳"(아버지 집)에서 독생자의 영광을 보다! (35:1-15) • 542
77 베노니의 인생이 베냐민으로!, 도키모스(연단)를 이루는 환난을 자랑하다! (35:16-29) • 550
78 모든 족속이 구원받는 그날, 한계 내의 충성을 다하게 하소서! (36:1-43) • 556

5. 요셉을 통한 입애굽(37-50장)

79 계시를 받은 자, 육에 속한 자의 미움을 받다! (37:1-11) • 565
80 요셉과 그리스도, 원수 된 자를 "찾기까지" 아버지의 명령에 순종하다! (37:12-24) • 572
81 히스토리에(사실 역사)와 게쉬테(의미 역사), 누가 요셉을 애굽에 팔았는가? (37:25-36) • 579
82 "나는 속이는 자로 존재한다", "나는 믿는 자로 존재한다" (38:1-11) • 587
83 악한 세대에서 건지신 구원, 육체의 남은 때를 주 위해 살게 하소서! 서 (38:12-23) • 593
84 불의한 자들의 계보로 오신 그리스도, 하나님의 의를 나타내다! (38:24-30) • 601

85	그리스도의 충만한 복을 가지고 가노라!(39:1-12)	● 607
86	죄의 종에서 의의 종으로, 최고의 보상은 하나님의 헤세드(인자)이다!(39:13-23)	● 614
87	운명적으로 불안의 존재, 그 해석은 만물 위에 계신 하나님께로!(40:1-8)	● 621
88	저주 아래에 놓인 인간의 실존, 그리스도 안에서 "사흘"만에 살리시다!(40:9-23)	● 628
89	약속을 이루는 고난, 궁극적으로 영생의 약속을 이루는 그리스도의 고난이다!(41:1-16)	● 634
90	창조를 삼키는 파괴, 마성적 힘은 십자가에서 무력하게 되다!(41:17-36)	● 640
91	상승의 중재자 요셉, 영생을 주시는 하강의 그리스도를 예시하다!(41:37-45)	● 647
92	대체 무엇에 굶주려서… 이 땅에 참된 양식을 주소서!(41:46-57)	● 654
93	내어줌의 복음, 복음 앞에 진실하게 하소서!(42:1-17)	● 659
94	복음을 거부하는 자, 그리스도의 피 값을 치르다!(42:18-25)	● 666
95	영생에 이르는 양식, 주를 경외함으로 누리게 하소서!(42:26-38)	● 672
96	생명으로 살지 못한 잃어버린 자, 그리스도가 대속물(담보)이 되시다!(43:1-14)	● 680
97	그리스도의 청지기, 값없이 받는 죄 사함과 생명의 구원을 선포하다!(43:15-25)	● 686
98	영생의 삶, 존귀한 아들의 양식을 먹고 그로 말미암아 산다!(43:26-34)	● 692
99	우연한 변고(變故) 앞에서, 하나님이 나의 죄악을 찾아내시다!(44:1-17)	● 698
100	잃어버린 자를 향한 아버지의 심정, 오직 주의 사랑에 매여…(44:18-34)	● 704
101	하나님의 주권과 인간의 책임, 겸손히 긍휼을 구합니다!(45:1-15)	● 711
102	하나님의 섭리, 생명의 복음을 열방에 전하다!(45:16-28)	● 718
103	아침마다 복음을 듣는 생명의 교제, 자율과 타율이 "신율"로 변형된다!(46:1-7)	● 725
104	별들의 이름을 부르시는 하나님, 그의 자녀를 생명의 교제로 부르시다!(46:8-27)	● 732
105	내가 죽어도 족한 이유, 생명으로 살며 주님을 기다리기 때문이다!(46:28-34)	● 738
106	주와 함께하는 나그네, 영생의 삶은 지상에서도 부요하다!(47:1-12)	● 744
107	영적 기근의 시대, 참된 양식, 생명의 떡을 주소서!(47:13-22)	● 750
108	그리스도인의 웰다잉(well-dying), 죽음의 침상에서 영원을 바라보다!(47:23-31)	● 756
109	인생의 복과 상실, 주를 위해 살며 자기 목숨을 얻는 자가 복되다!(48:1-11)	● 762
110	개인적 구원(가알)의 경험, 생명의 복이 대대에 이르게 하소서!(48:12-22)	● 768
111	하나님이 함께할 수 없는 자, 그리스도 안에서 저주가 임마누엘로!(49:1-7)	● 776
112	유다의 후손으로 오시는 메시아, 주의 구원을 기다리나이다!(49:8-21)	● 783
113	한 사람 그리스도를 통해 주신 영생의 복, 담장을 넘어 세상으로!(49:22-33)	● 790
114	야곱의 장례와 그리스도의 장례, 장사 복음은 성전을 짓는 표적이다!(50:1-14)	● 796
115	믿음으로 종말을 바라보며, 결코 헛되지 않은 수고를 위하여!(50:15-26)	● 803

■ 참고문헌　　● 810

01

1:1-13

1 태초에 하나님이 천지를 창조하시니라
2 땅이 혼돈하고 공허하며 흑암이 깊음 위에 있고 하나님의 영은 수면 위에 운행하시니라
3 하나님이 이르시되 빛이 있으라 하시니 빛이 있었고
4 빛이 하나님이 보시기에 좋았더라 하나님이 빛과 어둠을 나누사
5 하나님이 빛을 낮이라 부르시고 어둠을 밤이라 부르시니라 저녁이 되고 아침이 되니 이는 첫째 날이니라
6 하나님이 이르시되 물 가운데에 궁창이 있어 물과 물로 나뉘라 하시고
7 하나님이 궁창을 만드사 궁창 아래의 물과 궁창 위의 물로 나뉘게 하시니 그대로 되니라
8 하나님이 궁창을 하늘이라 부르시니라 저녁이 되고 아침이 되니 이는 둘째 날이니라
9 하나님이 이르시되 천하의 물이 한 곳으로 모이고 뭍이 드러나라 하시니 그대로 되니라
10 하나님이 뭍을 땅이라 부르시고 모인 물을 바다라 부르시니 하나님이 보시기에 좋았더라
11 하나님이 이르시되 땅은 풀과 씨 맺는 채소와 각기 종류대로 씨 가진 열매 맺는 나무를 내라 하시니 그대로 되어
12 땅이 풀과 각기 종류대로 씨 맺는 채소와 각기 종류대로 씨 가진 열매 맺는 나무를 내니 하나님이 보시기에 좋았더라
13 저녁이 되고 아침이 되니 이는 셋째 날이니라

01

창조의 말씀 로고스,
생명을 주는 새 창조를 이루다!

⦁ 주해

'창세기'라는 단어의 뜻은 "세계 창조에 관한 책"이란 뜻이다. 영어로는 "제네시스"(genesis)라고 한다. 이는 70인역에서 유래하였다. 70인역에서는 창세기 2:4에 나오는 "내력"이란 단어를 "게네세오스"(기원들)로 번역하였다. 히브리어 성경과 유대 전통에 의하면 창세기는 "베레쉬트"(태초에)를 의미한다. 이렇게 기록한 이유는 책의 첫 번째 단어를 그 책의 이름으로 정한 유대 전통에 따른 것이다. 창세기는 세계 창조를 과학적으로 증명하는 책이 아니다. 창세기는 언약 백성인 이스라엘이 어떻게 창조되었는지에 대한 신앙고백이다. 창세기 2장에 나오는 하나님의 이름은 "여호와 하나님"이다. "여호와"는 이스라엘과 언약관계를 지칭하는 특별한 의미의 신에 대한 명칭이다(출 3:14). 창세기 내용에서 대부분을 차지하는 것은 하나님이 이스라엘의 조상 아브라함과 맺은 언약에 관한 것이다.

한편 창세기에서 여호수아에 이르기까지 여섯 권의 책은 상호연관된 거대한 민담(民譚)을 형성한다(폰 라드, 〈창세기 주석〉). 여섯 권의 책은 세계 창조에서 가나안 입주에 이르는 내용을 담고 있다. 그 핵심 내용은 이것이다. "세계를 창조하신 하나님이 이스라엘을 택하셨다. 하나님이 이스라엘에 가나안 땅을 약속하셨다(창 15:7). 그분은 입애굽과 출애굽을 통하여 땅의 약속을 성취하셨다(창 37장-여호수아). 이 과정에서 하나님은 이스라엘을 언약 백성으로 삼으셨다(출 19:5-6)."

창세기 1-2장은 세계 창조와 인간 창조를 기술한다. 3장은 인간의 타락을 기술한다. 창세기 4장부터 죄인을 위한 구원사가 전개된다. 창세기 4-11장은 아벨, 에녹, 노아를 통해 전개되는 구원사이다(원시역사). 창세기 12-50장은 아브라함을 시작으로 한 이스라엘의 구원사이다. 37-50장은 요셉을 통한 입애굽의 역사를 다룬다(입애굽의 성취).

예수께서는 구약성경이 자신에 대한 기록이라고 하셨다. "너희가 성경에서 영생을 얻는 줄 생각하고 성경을 연구하거니와 이 성경이 곧 내게 대하여 증언하는 것이니라"(요 5:39). 창세기 1-2장은 아들의 형상대로 지음 받은 아담 안에 그리스도가 계신다. 3장에서 하나님의 아들은 여자의 후손과 가죽옷으로 예표된다. 이는 하나님의 아들이 아담과만이 아니라 모든 인간을 위해 죽으실 것을 예시한 것이다. 4장 이후에는 선지자들을 통해 장차 오실 아들에 대해 증거한다(롬 1:2). 그러므로 하나님의 창조를 언약 백성 이스라엘의 관점에서 보듯, 구약성경은 구원을 성취하신 하나님 아들의 빛 가운데에서 조명한다.

창세기, 출애굽기, 레위기, 민수기, 신명기는 오경(五經)이다. 오경은 전통적으로 모세가 기록한 것으로 인정한다. 모세가 오경의 저자라고 인정하는 것은 문자적 의미를 넘어 상징적 의미가 있다. 오경에서 모세는 종종 삼인칭(여호와의 종 모세)으로 불린다. 이것은 모세가 아닌 제삼자의 관점에서 기록했다는 뜻이다. 신명기에서는 모세의 죽음과 그 이후의 일을 다룬다(34장). 이는 모세가 자신의 죽음을 직접 기록한 것이 아니라 제삼자가 기록한 것으로 보인다.

오경을 모세의 저작으로 부른 것은, 모세의 권위를 오경에 부여했기 때문인 것이다. 이것은 한글을 세종대왕이 창시했다고 말하는 것과 유사하다. 조선시대 훈민정음은 집현전 학자들이 만들었다. 그러나 한글의 권위를 부여하기 위하여 세종대왕이 만들었다고 말한다. 오경은 오랜 세월을 거쳐 현재의 모습으로 형성되었다. 구전 단계(B.C. 1800년), 문서화 단계(B.C. 950-550년)를 거쳐 에스라 시대에 편집되었다(B.C. 450년).

창세기 1-2장은 세계 창조와 사람 창조를, 특히 2장은 사람의 창조를 부각한다. 2장에서 아담은 언약적 존재로 창조되었다. 창세기 1장에서 하나님의 명칭은 "엘로힘"이고, 2장에서는 "여호와"이다. 1장의 창조 기사는 다음과 같이 구성된다.

1:1-2 창조 직전의 상태, 태초
1:3-31 6일간의 세계 창조
2:1-3 창조 후의 상태, 하나님의 안식

6일간의 창조 사역은 도식적인 구조를 반복한다.
① "하나님이 이르시되"(아마르, 10회) 3, 6, 9, 11, 14, 20, 24, 26, 28, 29절
② "있으라~그대로 되니라"(11회) 3, 6, 7, 9, 11, 14, 15, 20, 24, 26, 30절
③ "하나님이 보시기에 좋았더라"(7회) 4, 7, 12, 16, 21, 25, 27절
④ "저녁이 되며 아침이 되니~째 날이니라"(6회) 5, 8, 13, 19, 23, 31절

또한, 6일간의 창조 과정에서 하나님의 창조 행위는 여덟 번 있었다(천사무엘, 〈성서 주석 창세기〉).
첫째 날: 한 번의 사역: 빛 / 둘째 날: 한 번의 사역: 궁창 / 셋째 날: 두 번의 사역: 땅, 식물 / 넷째 날: 한 번의 사역: 광명 / 다섯째 날: 한 번의 사역: 물고기와 새 / 여섯째 날: 두 번의 사역: 동물, 사람

1-2절은 창조 행위가 시작되기 직전의 상태를 묘사한다.
1절은 2-3절의 종속절로 번역하기도 한다(새번역). "태초에 하나님이 천지를 창조하실 때에 땅이 혼돈하고 공허하며 어둠이 깊음 위에 있고 하나님의 영은 물 위에 움직이고 계셨다." 그러나 1절은 독립 구절로 번역하는 것이 타당하다. 태초는 창세전 하나님의 시간이다. 시간 밖의 세계이다. 요한복음에서 말하는 태초는 온전히 창조 이전의 세계이다(요 1:1). 창세기의 태초는 시간 밖과 시간 안의 경계라고 할 수 있다(김용규, 〈신〉). 하나님은 시간 밖의 세계에서 세상을 창조하셨다. 동시에 시간이 시작되었다(시간 안). 시간 밖은 하나님의 영원성

이다. 영원은 창조된 것이 아니라 하나님의 자존적 시간이다(칼 바르트). 하나님의 영원성 속에서 시간 안의 과거, 현재, 미래는 동시적이다.

> "영원은 무시간이 아니며 과거 현재 미래가 함께 있음, 중첩됨(상호내속)이다. 이처럼 영원은 하나님의 자기 삶의 공간이다. 즉 하나님이 아버지, 아들, 성령으로서 자신을 설정하고 자기 자신을 통해 있고 스스로 만족하는 삶의 공간이다"(바르트, 〈교회교의학〉 3/2권).

태초에 하나님이 "하늘들과 땅"을 창조하셨다. "창조하다"의 히브리어 "바라"는 무에서의 창조를 뜻한다. 재료 없는 창조를 말한다. 재료를 통한 창조는 히브리어 "아사"이다(1:7, 11, 12, 16, 25, 26, 31). "하늘들"은 천상의 세계이다. 반면 눈에 보이는 하늘은 땅이다(1:8). "우리가 보는 하늘은 땅이다"(아우구스티누스, 〈고백록〉).

하나님의 관심은 하늘들에서 땅으로 옮겨진다. 창조 직전의 땅은 혼돈하고 공허하며 흑암의 깊음 가운데 있었다. 하나님의 영이 수면 위에 운행하였다. "혼돈"은 "형태가 없음"(formless)을 의미한다. 형태가 없는 것은 "무"(無)는 아니지만 무에 가까운 어떤 상태를 말하며 이는 곧 "물질과 무 사이에 존재하는 것이다"(아우구스티누스). 흑암의 깊음은 어둠에 덮여 있는 원시 바다를 생각하게 한다. 땅은 칠흑같이 어두운 가운데 깊은 물이 끝없이 펼쳐져 있는 형태 없이 황무지(공허)만 있었다. 그때 하나님의 신이 물 위에 운행하였다. 물은 6일간의 창조에 속하지 않지만, 하나님이 창조하신 물질이다. "물은 창조되었다고 적혀 있지 않다. 그러나 건전한 신앙과 확고한 지성이 있는 사람이라면 물을 하나님이 만드신 것임을 의심하지 않는다"(아우구스티누스). "운행하다"의 히브리어 "라하프"는 새가 무엇인가를 주시하면서 공중을 나는 모습을 묘사한다(신 32:11). 하나님의 영은 혼돈과 무질서의 땅을 품고 있었다. 이제 혼돈은 질서로, 공허는 충만의 세계로 창조된다.

3-5절은 첫째 날의 창조이다. 하나님이 말씀으로 빛을 창조하셨다. 빛과 어둠을 나누셨다. 빛을 낮으로, 어둠을 밤으로 부르셨다. 6-8절은 둘째 날의 창조이다. 하나님이 물과 물을 나누셨다. 윗물과 아랫물 사이에 창공(궁창)이 생

겼다. 궁창(창공)을 하늘로 부르셨다. 궁창은 반구형의 육중한 종(鐘)과 같다. 궁창(창공)에는 창문들이 있어 비, 눈, 우박 등이 땅에 내린다고 여겨졌다(창 7:11, 8:2). 9-13절은 셋째 날의 창조이다. 셋째 날, 하나님은 땅과 식물을 창조하셨다. 9-10절은 땅의 창조이다. 하나님이 궁창 아래에 있는 물을 한곳으로 모으셨다. 모인 물을 바다로 부르시고 드러난 뭍은 땅으로 부르셨다.

11-13절은 생명의 최저 단계인 식물의 창조이다. 하나님은 말씀으로 씨를 맺는 식물과 씨를 가진 과일을 창조하셨다. "하나님이 말씀하시기를 '땅은 푸른 움을 돋아나게 하여라. 씨를 맺는 식물과 씨 있는 열매를 맺는 나무가 그 종류대로 땅 위에서 돋아나게 하여라' 하시니, 그대로 되었다. 땅은 푸른 움을 돋아나게 하고, 씨를 맺는 식물을 그 종류대로 나게 하고, 씨 있는 열매를 맺는 나무를 그 종류대로 돋아나게 하였다. 하나님 보시기에 좋았다. 저녁이 되고 아침이 되니, 사흗날이 지났다."

6일의 창조 사역은 공히 "저녁이 되고 아침이 되니 ~날이니라"로 끝난다. 이 말은 창조 사역이 끝난 때부터 다음 날이 시작된 때까지의 경과된 시간을 의미한다. 여기에서 아침은 하루의 종결이자 동시에 새로운 창조 사역이 이루어지는 날의 시간이다. 한편 유대인들에게 하루는 창조의 시간을 반영하여 저녁에 시작하여 다음 날 해 질 녘까지이다.

하나님은 "말씀"으로 세계를 창조하셨다. 여기서 "말씀하다"의 히브리어 "아마르"는 "말하다"의 히브리어 "다바르"와 동의어로 사용한다. 말씀에 의한 창조는 창조주와 피조물 사이의 극단적인 본질상의 차이를 보존한다. 피조 세계는 헬라 철학에서 말하듯 신적 본질의 "유출"이 아니다. 그것은 하나님의 인격적 창조 의지의 산물이다. 이것이 말씀으로 세상을 창조하셨다는 의미다. "하나님과 그의 피조물 사이의 유일한 연속성은 말씀이다"(본회퍼, 〈창조와 타락〉).

여기서 "창조의 말씀"(다바르, 아마르)은 인간의 말과 다르다. "말씀하시니, 그대로 되니라"에서 창조의 말씀은 생성 작용하는 하나님의 본질과 통일성을 가진다. 창조의 말씀은 생성하고 작용한다. 말씀이 곧 행위이다. 창조의 말씀 "다바르"는 신약성경에서 "로고스"이다. 요한복음의 시작은 영원의 진리를 계시한다. "태초에 로고스(말씀)가 계셨다. 이 로고스가 하나님과 함께 계셨다. 로고스는 곧 하나님이다" 창조의 말씀은 로고스이다. 로고스가 세상을 창조하였다. "모든 것이 그(로고스)로 말미암아 창조되었으니, 그가 없이 창조된 것은 하나도 없다"(요 1:3).

로고스가 누구인가? 스토아 철학에서 로고스는 창조의 매개체를 의미한다. 이는 비인격적 실체이다. 유대교에서 로고스는 하나님으로부터 파생된 본질이며 창조의 도구이다. 물론 비인격적 실체이다. 그러나 요한복음에서 세상을 창조한 로고스는 "하나님의 아들"이다. 그는 인격적 실체이다. 로고스가 육신(사르크스)을 입고 세상에 오셨다(요 1:14). 전능하신 창조주가 가장 연약한 인간(사르크스)으로 오셨다. 태초부터 창조의 말씀으로 계시는 로고스는 새 창조를 위해 세상에 오셨다. 창조주 하나님의 아들이 세상에 오신 것은 영원한 생명을 주시기 위함이다(요 6:38, 10:10). 영생은 창세전 하나님이 우리에게 주시기로 한 약속이다(딛 1:2, 요일 2:25).

"하나님이 세상을 창조하시기 전에 무엇을 하셨는가?" 이는 고대교회에서부터 회자된 질문이다. 이 곤란한 질문에 대해 성직자들은 "그런 것을 꼬치꼬치 묻는 사람들을 위해 지옥을 짓고 계셨다"라는 말로 대답을 회피하였다. 종교개혁자 칼뱅도 이 말에 동의하였다(《기독교강요》 1.14.22). 그러나 아우구스티누스는 이 질문을 회피하지 않았다. 그는 창세전에는 하나님이 "안식하셨다"라고 했다. 하나님은 시간 밖에서는 어떤 활동과 행동도 없었다는 것이다.

그런데 하나님은 창세전에 적어도 세 가지 일을 하셨다. 성경은 창세전의 세계를 희미하게나마 비추어준다. 구약에서는 잠언 8장에서 언급한다. 하나님이 창세전 처음으로 하신 일은 "아들을 낳으신 일"이다. "주님께서 일을 시작하시던 그 태초에, 주님께서 모든 것을 지으시기 전에, 이미 주님께서는 나를 데리고 계셨다"(잠 8:22). "데리고 계셨다"의 히브리어 "카나니"는 "낳다"의 의미이다(70인역과 시리아어역과 타르굼).

하나님이 아들을 낳으신 일이 그의 첫 번째 일이었다. "The Lord brought me forth as the first of his works"(NIV, 주께서 그의 일 중에서 첫째로 나를 낳았다). 하나님의 아들 로고스는 아버지께서 자신을 낳았다고 직접 언표하신다. "아버지께서 자기 속에 생명이 있음 같이 아들에게도 생명을 주어 그 속에 있게 하셨고"(요 5:26). 창세전 하나님은 아들에게 자기 속에 있는 생명을 주셨다. 다음으로 하신 일은 이 생명을 사람에게 주시기로 약속하신 것이다. 이것도 창세전에 하나님이 하신 일이다(딛 1:2).

영생은 아들 안에 있는 생명이다. 아들이 있는 자에게 생명이 있고 아들이 없는 자에게 생명이 없다(요일 5:12). 영생은 아들이 세상에 오신 후 그를 영접함으로써 얻는다. 생명은 동일한 생명을 낳는다. 사람은 사람을 낳고 개는 개를 낳는다. 아들이 오시기 전에는 아무도 영생을 얻지 못했다. 그래서 하나님은 창세전 아들을 보내시기로 미리 정하셨다(벧전 1:20). 창세전 하나님이 하신 세 가지 일은 이렇다. "아들에게 생명을 주신 것, 이 생명을 사람에게 주시기로 약속하신 것, 생명을 주시기 위해 아들을 보내시기로 정하신 것"이다.

하나님의 창조는 창세전 약속을 성취하는 것을 목적으로 한다. 전통적인 기독교 신학에서 창조의 목적은 "구원"이다. 이는 초대 교부로부터 아우구스티누스, 동방정교와 서방 가톨릭이 고대로부터 취하는 일관된 관점이다. 구원은 하나님의 아들이 오셔서 구현되는 인간 구원과 세계 구원을 포함한다(이레니우스, 오리게네스). 현대 개신교 신학자들도 이 관점에서 크게 벗어나지 않는다. 대표적으로 칼 바르트가 그러하다. "창조는 구원의 시작이요 구원은 창조의 목적이다"(《교회교의학》 3/1권).

로고스가 세상을 창조하셨다. 그는 창조주이시다. 로고스가 육신이 되어 세상에 오셨다. 그는 창조의 목적인 구원을 위해 세상에 오셨다. 하늘에서 오신 로고스가 땅에서 들리셨다. 이는 그의 죽음과 부활을 표상한다. 이제 그를 믿는 자마다 영원한 생명을 얻는다. 창조의 말씀은 이제 아들의 말이 되었다. 아들의 말은 영생이다(요 12:50). 누구든지 아들의 말을 듣고 아들을 보내신 이를 믿는 자는 영생을 얻는다(요 5:24).

우리가 영생 얻는 것(요 3:16)은, 구원받는 것이다(요 3:17). 이로써 영생 얻은 자는 창조의 목적(구원)이 이루어졌다. 이것은 생명을 주는 새 창조이다(고후 5:17). 영생 얻은 자는 하나님이 자존하는 영원에서 삼위 하나님과 함께 거한다(요 14:23, 17:24). 그는 창조된 시간 안에 있지만 시간 밖 영원을 현재로 산다.

﹕묵상

2013년 1월부터 창세기 말씀을 묵상을 하였다. 이후로 10여 년 만에 다시 창세기 말씀을 묵상한다. 감동은 그때나 지금이나 매한가지이다. 계시가 진보되다 보니 묵상 내용이 길어졌다. 창세기는 언약 백성 이스라엘의 관점에서 세계 창조를 조망하였지만, 나는 창세기를 신약시대에 영생을 얻은 자의 관점에서 조망한다.

"창조의 목적은 구원이다!" 이것은 새 창조이다. 이 말은 기독교 진리의 위대한 명제이다. 창조의 목적이 구원이라면, 세상에 태어난 나의 목적도 구원이다. 모든 생명체는 피조된 그대로 살며 번성하며 죽는다. 생명의 본질이 바뀔 수 없다. 양이 변하여 염소가 될 수 없다. 그러나 인간 생명은 다르다. 사람 창조와 사람 탄생의 목적은 구원이다. 그 구원은 창세전 약속된 영생을 얻는 것이다.

하나님이 세상 모든 사람을 사랑하셔서 독생자를 보내셨다. 이는 그를 믿는 자마다 멸망하지 않고 영생을 얻도록 하기 위함이다(요 3:16). 멸망과 영생은 대립 명제이다. 사람으로 났으나 영생을 얻지 못하면 멸망이다. 니고데모는 사람으로 태어나 정상에 이르렀다. 그러나 주님은 그에게 선언하신다. "너는 반드시 위로부터 나야 한다"(요 3:3). 위로부터 나는 것은 영생 얻음이다. 구원이다! 사람이 영생 얻는 것은 필연이다.

나는 목사가 되었으나 오랫동안 영생의 필연성을 알지 못하였다. 태어난 생명으로 사는 사람의 일을 열심히 구하였다. 그것도 하나님 이름으로 말이다. 멸망의 길을 가면서도 알지 못하였다. 그런 자가 어떻게 복음을 통해 영생을 얻었는지 모른다. 사람의 이성으로 측량할 수 없는 은혜이다. 게다가 이제는 영생을 전하는 자가 되었다. 로고스의 새 창조를 전하는 은혜가 실로 크다.

02

1:14-23

14 하나님이 이르시되 하늘의 궁창에 광명체들이 있어 낮과 밤을 나뉘게 하고 그것들로 징조와 계절과 날과 해를 이루게 하라
15 또 광명체들이 하늘의 궁창에 있어 땅을 비추라 하시니 그대로 되니라
16 하나님이 두 큰 광명체를 만드사 큰 광명체로 낮을 주관하게 하시고 작은 광명체로 밤을 주관하게 하시며 또 별들을 만드시고
17 하나님이 그것들을 하늘의 궁창에 두어 땅을 비추게 하시며
18 낮과 밤을 주관하게 하시고 빛과 어둠을 나뉘게 하시니 하나님이 보시기에 좋았더라
19 저녁이 되고 아침이 되니 이는 넷째 날이니라
20 하나님이 이르시되 물들은 생물을 번성하게 하라 땅 위 하늘의 궁창에는 새가 날으라 하시고
21 하나님이 큰 바다 짐승들과 물에서 번성하여 움직이는 모든 생물을 그 종류대로, 날개 있는 모든 새를 그 종류대로 창조하시니 하나님이 보시기에 좋았더라
22 하나님이 그들에게 복을 주시며 이르시되 생육하고 번성하여 여러 바닷물에 충만하라 새들도 땅에 번성하라 하시니라
23 저녁이 되고 아침이 되니 이는 다섯째 날이니라

02

바다의 큰 생물(리워야단)의 창조주, 폭풍 속에서 나에게 말씀하시다!

: 주해

하나님의 세계 창조는 6일에 걸쳐 이루어졌다. 14-19절은 넷째 날의 창조이다. 하나님께서 말씀으로 광명체들과 별들을 창조하셨다. 하나님이 말씀하셨다. 하나님이 두 광명체를 만드시고, 큰 광명체로 낮을 다스리게 하시고, 작은 광명체로 밤을 다스리게 하셨다. 또 별들도 만드셨다. 하나님이 광명체들을 하늘 창공에 두시고 땅을 비추게 하셨다. 그것으로 낮과 밤을 다스리게 하시며, 빛과 어둠을 가르게 하셨다. 하나님이 보시기에 좋았다. 두 광명체는 해와 달이다. 해는 낮을 주관하고 달은 밤을 주관한다. 거기에 별들의 창조가 더해졌다.

그런데 창조 기사에서는 해와 달 대신에 단순한 피조물인 "광명체"라고 말한다. 기억할 것은, 창세기의 세계 창조는 언약 백성 이스라엘의 창조 신앙이라는 것이다. 고대 근동은 점성술적 미신이 지배하는 시대였다. 특히 해와 달과 별은 신으로 여겨졌고 숭배의 대상이었다. 이스라엘 역시 여기에 영향을 받아 일월성신을 숭배하였다(왕하 23:11-12). 선지자들은 이 같은 일월성신(해와 달과 별)에 대한 경배를 준엄하게 경고하였다(신 4:19, 렘 10:2). 해와 달의 광명체는 크게 세 가지 역할을 한다. 주야를 나누고, 계절과 날과 해를 나타내는 징조

(표)가 되고, 땅을 비추는 역할을 한다. 징조는 단순히 시간의 변화를 나타내는 표시를 의미한다. 날은 하루 24시간이며, 해는 365일이다.

넷째 날의 창조에서 지구의 시간이 결정되었다. 어떤 이들은 창조의 6일을 지구의 시간으로 파악한다. 창세기의 하루가 지구의 시간으로 24시간이라는 것이다. 이렇게 추산하면 지구의 나이는 대략 6천 년이 되는 셈이다. 세대주의자들은 창조로부터 아브라함 시대까지 2천 년, 아브라함 시대에서 신약시대까지 2천 년, 그리고 신약시대에서 종말까지 2천 년으로 추산한다. 이런 주장은 참으로 우매해 보이지만 오늘날까지도 우매한 신자들의 지지를 받는다. 그러면 창조의 6일은 무슨 의미인가? 일찍이 아우구스티누스는 창조의 6일을 창조의 순서를 나타내는 신비로운 날짜 수로 보았다. 자연적 의미의 날짜 수가 아니라는 것이다. 이스라엘의 과학자 "제랄드 슈뢰더"는 빅뱅으로 탄생한 우주의 시간과 인간의 시간을 구분하였다《신의 과학》. 창세기의 6일은 우주의 시간이고 지구의 시간은 인간의 시간이다. 아인슈타인은 시간은 중력과 속도에 의해 변한다는 상대성 원리를 발견하였다. 현대 과학에서는 이 이론이 정설이다.

슈뢰더의 계산에 의하면 창조의 첫째 날은 지구의 시간으로 80억 년이다. 우주가 좀 더 팽창하여 중력이 떨어진 둘째 날은 40억 년에 해당한다. 같은 이유로 셋째 날은 20억 년, 넷째 날은 10억 년, 다섯째 날은 5억 년, 여섯째 날은 2억 5천 년이 된다. 이 계산법으로 하면 창조의 6일은 대략 157억 5천 년이 된다. 한편 현대 천문학자들은 우주가 약 150억 년경 빅뱅(팽창)으로 시작되었다고 추측한다. 그런데 2003년 나사(NASA)가 띄운 우주 탐사 위성이 보내온 데이터를 분석한 결과 지구의 나이를 137억 년으로 추산하였다. 따라서 창세기의 하루는 지구의 하루와 전혀 다르다. 지구의 하루는 지구가 태양을 공전하면서 1회 자전하는 것으로 규정한다. 창세기의 하루는 지구가 생기기 전이니 지구의 하루와 결코 같은 개념이 될 수 없다(김용규, 〈신〉).

20-23절은 다섯째 날의 창조이다. 창조된 세계 안에 생물의 거처가 마련되었다. 인간에게 멀리 있는 영역부터 생물의 창조가 시작된다. 하나님이 말씀하셨다. "물은 생물을 번성하게 하고, 새들은 땅 위 하늘 창공으로 날아다녀라" 물은 궁창 아래의 물이다. 하나님께서 물에 말씀하신다. 또 생물을 번성케 하라, 새들은 창공으로 날아다니라고 말씀하신다. 말씀대로 물은 생물을 번성케

하였다. 그러자 하나님이 물속의 모든 생물을 종류대로 창조하셨다. 큰 바다 짐승에서 작은 물고기에 이르는 생물을 창조하셨다. 또 날개 달린 모든 새를 그 종류대로 창조하셨다. 이것들은 하나님 보시기에 좋았다. 21절에서 "창조하다"의 히브리어는 "바라"이다. "바라"는 무로부터의 창조를 뜻한다. 이 말은 1절에 이어 21절에 다시 나온다. 생물은 창조된 생명이며, 창조자의 직접 행동으로 탄생했다. 이렇게 창조된 생물은 하나님의 축복의 대상이다(22절).

고대 근동에서 큰 바다 생물은 신화적 존재들이었다. 용, 악어, 베헤못(하마), 리워야단(악어 종류) 등이 그렇다. 그런데 이스라엘의 창조신앙은 바다의 큰 생물도 하나님의 창조 의지 안에 있다고 말한다. 그것들은 두려워할 신화적 존재가 아니라 하나님이 지으시고 보시기에 선하신 생물이다. 최근 미국의 항공우주국(나사)은 제임스웹 카메라로 촬영한 별들의 세계를 공개하였다 경이롭고 신비롭기 그지없다. 시편 8편의 시인은 일월성신을 창조하신 하나님을 찬양한다. 그가 사람을 지으시고 영광과 존귀의 관을 씌워 주셨다고 노래한다. 창조주 하나님을 신앙하는 자는 일월성신을 숭배하는 자가 아니다. 그는 일월성신을 보며 사람에게 행하신 하나님의 놀라운 사랑과 자비를 고백하고 찬양한다(시 8:3-5).

폴 리쾨르는 종교는 두 축, 곧 형벌에 대한 두려움과 보호받으려는 욕망에서 출발한다고 보았다(폴 리쾨르, 〈해석의 갈등〉). 종교가 필요한 이유는 인간 삶의 오래된 구조인 정죄와 보호 때문이다. 정죄와 보호는 서로 연결되어 있다. 신은 위협하면서도 보호한다. 신은 도덕적이기 때문에 죄를 지으면 벌하고 선을 행하면 상을 준다. 그러나 19세기 이후의 무신론은 도덕 신의 죽음을 선고하였다. 니체에게 신은 생명체가 내재적으로 가지고 있는 생존과 번식의 욕구인 힘에의 의지로 대체되었다. 인간은 스스로 주체가 되어 자기를 극복하는 존재라는 것이다. 프로이드는 신의 자리에 리비도(내재적 욕망)를 두었다. 인간은 초자연적 신을 제시하여, 현실을 무시하고 내재적 욕망을 채우려 한다는 것이다. 이들은 정죄의 근원인 도덕 신은 물론 섭리로 이해될 수 있는 도덕 신까지 파괴하였다.

종교의 현실에서 정죄의 문제는 예수 그리스도를 통하여 극복된다. 누구든지 그리스도 예수 안에 있으면 정죄함이 없다(롬 8:1-2). 이제 죄는 금기를 범하는 것이 아니라, 자기 삶을 그리스도의 은총 아래 두지 않는 것이다. 율법 아래 사는 자는 정죄를 피할 수 없다. 사망의 쏘는 것은 죄요, 죄의 권능은 율법이다(고전 15:56). 종교의 현실에서 위로의 문제 역시 모든 위로의 하나님으로 극복한다. 모든 위로의 하나님은 주 예수 그리스도의 하나님이며 자비의 아버지이시다(고후 1:3).

욥은 종교의 현실인 정죄와 위로를 초월하여 하나님을 본다. 욥은 불가항력의 고난을 받았다. 그의 친구들은 전통적 신앙에 근거하여 그를 정죄하고 위로하였다. 지금이라도 그가 죄를 회개하면 하나님이 복을 돌려주신다는 것이다. 욥은 자신의 결백을 주장하며 그들의 충고를 제압한다. 욥은 친구들과 달리 종교의 영역에서 말하는 정죄와 위로에서 이미 벗어나 있었다. 하지만 그는 여전히 혼돈과 공허와 흑암의 깊음 가운데 있었다. 그때 하나님이 폭풍우 가운데 그에게 나타나셨다. 그리고 그에게 말씀하셨다. 하나님은 세 친구처럼 그의 고통을 진단하거나 해법을 제시하지 않으셨다. 그가 지은 죄의 목록을 열거하지도 않으셨다. "하나님은 과연 옳으신가?"라는 욥이 그토록 알고자 한 신정론에 대한 말씀도 없었다. 하나님은 욥에게 전혀 낯선 창조 이야기만 하신다. "내가 땅의 기초를 놓을 때에, 네가 거기에 있기라도 하였느냐? 네가 그처럼 많이 알면, 내 물음에 대답해 보아라. 누가 이 땅을 설계하였는지, 너는 아느냐? 누가 그 위에 측량줄을 띄웠는지, 너는 아느냐?"(욥 38:4-5). 이야기의 절정은 바다의 큰 생물에 대한 창조 이야기로 옮겨간다(욥 40-41장). 바다의 큰 생물 리워야단에 대한 창조 이야기가 한 장(41장) 전체를 차지한다. 욥에게는 뜬금없는 이야기이다. 그가 듣고자 한 이야기가 결코 아니다. 하나님은 욥이 본 적도 없고 들은 적도 없고 더욱이 관심조차 없었던 리워야단을 지으셨다. 그것의 신체 구조를 다 아시고 그것을 먹이신다. 리쾨르는 이것을 두고 "보호받으려는 욕망을 넘어선 참된 위로"라고 하였다. 자기를 지키려는 욕망에서 벗어나게 하는 위로라는 것이다. 왜 그런가? 바다의 큰 짐승을 지으시고 다 아시고 먹이시는 하나님이 지금 욥에게 말을 걸어오고 계신다. 욥에 "대해서" 말하지 않고 "욥에게" 말씀하신다. 알 수 없고 볼 수 없으신 하나님, 존재가 말이 되어 오신다. 욥은 마침내 하나님을 눈으로 본다. "내가 주께 대하여 귀로 듣기만 하였사오나 이제는 눈으로 주를 뵈옵나이다"(욥 42:5). 욥은 자기 문제에 대한 답을 얻은 것이 아니다. 다만 말씀을 받아들일 때 중심이 하나님께로 이동하면서 문제가 사라지는 것을 보았다.

창조주 하나님은 예수 그리스도의 아버지이시다. 그는 그리스도 안에서 인격적으로 오시는 우리의 아버지이시다. 그는 홀로 세계를 창조하시고 돌보신다. 그는 우리의 관심 밖인 바다의 큰 생물을 다 아시고 먹이신다. 그 하나님이 폭풍 속에서 말을 걸어오신다. 폭풍 같은 현실 속으로 들어오신다. 그분은 나의 어떠함을 말씀하지 않으신다. 다만 그의 말씀을 하신다. 그의 말을 받아들이면 그것이 하나님을 받아들인 것이 되는 것이다. 그때 우리의 중심은 하나님께로 이동한다. 귀로 들은 하나님을 눈으로 본다. 기뻐 외치며(라난) 그 품에 뛰어든다(시 84:2).

: 묵상

하나님이 세상을 창조하셨다. 인간의 유한성은 창조의 신비를 거역할 수 없다. 오직 무지한 자만 하나님을 거역한다. 그러나 창조주 하나님만 믿는 신앙은 이신론이다. 맹목적으로 믿는 신앙은 어쩌면 이신론적이라고 할 수 있다. 참 신앙은 창조주 하나님을 인격적 신으로 믿어야 하는 것이다. 하늘들과 땅의 창조주, 바다와 큰 생물을 지으신 하나님이 내게 말을 걸어오신다! 세상에서도 사장이 말을 걸어오면 사원은 설레고 흥분한다. 그런데 하나님이 나의 아버지가 되셔서 말을 걸어오신다.

어떻게 나의 이성으로 하나님이 나의 아버지가 되심을 알 수 있을까! 그래서 칸트는 "이성의 한계 안에서 종교"라는 유명한 말을 하였다. 나는 오랫동안 입술로 하나님을 아버지로 불렀다. 주기도문을 수시로 읊조렸다. 그러나 실제에서는 내게 말을 걸어오시는 인격적 하나님을 알지 못했다. 종교의 현실인 정죄와 위로의 쳇바퀴를 돌았다. 그러다가 욥과 같은 재난을 만나 46년 된 성전이 무너지듯 비인격적 신앙이 무너져 내렸다.

나중에 알았지만, 하나님은 무너뜨리시지만 또한 세우시는 하나님이시다. 하나님은 심판을 하시지만 의를 기초로 다시 세우신다(시 94:15). 기초가 부실한 집은 무너져야 한다. 기초 없는 신앙이 심판받는 것은 은혜이다. 그렇게 재난의 한가운데에 있던 나에게 말씀이 임하였다. 사람들은 내게서 떠났으나 하나님이 내게 말을 걸어오셨다. 나의 상황과 무관한 말씀들 같이 느껴졌지만 나는 날마다 묵상하였다. 그렇다고 상황이 해결된 것도 아니었다. 그런데 귀로 듣던 주님을 눈으로 보았다. "라난"(히, "기뻐 외치다")의 은혜가 임하였다.

나는 날마다 말씀 앞으로 나아간다. 폭풍 같은 일상이다. 나의 현실, 공동체의 현실, 세상의 현실이 폭풍처럼 나를 휩쓸어가려고 한다. 그러나 내게 말을 걸어오시는 주님으로 인해 고요하고 평안하다. 기뻐 외치며 아버지 품으로 들어간다. 더 바랄 것도, 더 원할 것도 없다. 주님이 원하시는 것만 사모한다. 뜻이 하늘에서 이루어지듯 땅에서도 이루어지길 간구한다.

03

1:24-2:3

1:24 하나님이 이르시되 땅은 생물을 그 종류대로 내되 가축과 기는 것과 땅의 짐승을 종류대로 내라 하시니 그대로 되니라
25 하나님이 땅의 짐승을 그 종류대로, 가축을 그 종류대로, 땅에 기는 모든 것을 그 종류대로 만드시니 하나님이 보시기에 좋았더라
26 하나님이 이르시되 우리의 형상을 따라 우리의 모양대로 우리가 사람을 만들고 그들로 바다의 물고기와 하늘의 새와 가축과 온 땅과 땅에 기는 모든 것을 다스리게 하자 하시고
27 하나님이 자기 형상 곧 하나님의 형상대로 사람을 창조하시되 남자와 여자를 창조하시고
28 하나님이 그들에게 복을 주시며 하나님이 그들에게 이르시되 생육하고 번성하여 땅에 충만하라, 땅을 정복하라, 바다의 물고기와 하늘의 새와 땅에 움직이는 모든 생물을 다스리라 하시니라
29 하나님이 이르시되 내가 온 지면의 씨 맺는 모든 채소와 씨 가진 열매 맺는 모든 나무를 너희에게 주노니 너희의 먹을 거리가 되리라
30 또 땅의 모든 짐승과 하늘의 모든 새와 생명이 있어 땅에 기는 모든 것에게는 내가 모든 푸른 풀을 먹을 거리로 주노라 하시니 그대로 되니라
31 하나님이 지으신 그 모든 것을 보시니 보시기에 심히 좋았더라 저녁이 되고 아침이 되니 이는 여섯째 날이니라
2:1 천지와 만물이 다 이루어지니라
2 하나님이 그가 하시던 일을 일곱째 날에 마치시니 그가 하시던 모든 일을 그치고 일곱째 날에 안식하시니라
3 하나님이 그 일곱째 날을 복되게 하사 거룩하게 하셨으니 이는 하나님이 그 창조하시며 만드시던 모든 일을 마치시고 그 날에 안식하셨음이니라

03

일곱째 날의 축복, 삼위 하나님의 "페리 코레시스"(기쁨)에 참여하다

: 주해

 하나님의 세계 창조는 6일 동안 이루어졌다. 창조의 시간과 인간의 시간은 다르다. 인간의 시간은 넷째 날 창조된 날과 해가 그 기준이다. 과학의 진보는 일반계시의 진보이다. 현대 천체물리학에서 우주는 빅뱅에 의해 생겨났다고 한다. 빅뱅(Big Bang)은 "대폭발"이다. 빅뱅 우주론은 1920년경 벨기에의 성직자이자 과학자 "조르주 르메트르"가 발표하였다. 빅뱅 우주론에 따르면 우주는 대략 137억 년 전 대폭발을 시작으로 팽창하였다. 우주는 정지 상태가 아니라 변화한다는 것이다. 빅뱅 이론은 우주가 어느 순간 폭발하듯 생겨나 지금도 계속 팽창하고 있다고 말한다. 그런데 빅뱅 이론은 놀랍게도 성경의 창조론과 유사성을 띠고 있다. 물론 이 말은 중세 교회가 주장한 것처럼 성경이 과학을 지배한다는 뜻이 아니다. 그런데 빅뱅이 시작되는 점은 너무 작아서 인간으로서는 감히 상상조차 할 수 없다. 예컨대 빅뱅이 시작되는 특이점은 "10의 10승의 123승 분의 1"이다. 이런 확률로 빅뱅이 일어나는 것이 "절대로" 불가능하다(김용규, 〈신〉). 결과적으로 빅뱅 이론은 우주가 시간도, 공간도, 물질도 없는 "무"에서 시작된 것을 증명한 셈이다.

 히브리서 기자는 세계의 창조가 말씀을 통해 무에서 시작되었음을 증언한다. 무로부터의 창조는 오직 믿음으로 고백하는 신앙의 영역이다. 보이는 창조 세계는 나타나 있는 "유"가 아니라 "무"에서 창조되었다. "믿음으로 우리는 세상이 하나님의 말씀으로 지어졌다는 것을 깨닫습니다. 보이는 것은 나타나 있는 것에서 된 것이 아닙니다"(히 11:3).

창세기 1:24-31은 마지막 여섯 째 날의 창조이다. 24-25절은 인간과 공존하는 짐승의 창조이다. 하나님이 땅에 말씀하시되, 생물을 그 종류대로 내고, 가축과 기어 다니는 것과 들짐승을 그 종류대로 내라고 하셨다. 말씀대로 되었다. 하나님이 들짐승을 그 종류대로, 가축도 그 종류대로, 들에 사는 모든 짐승도 그 종류대로 만드셨다. 하나님 보시기에 좋았다. 인간의 창조와 동물의 창조는 동일한 날의 사역이다. 동물은 하나님의 형상대로 지음 받은 인간보다 열등하다. 그런데도 동물은 인간의 동반자이며 인간의 선행자이다. 동물이 인간의 동반자라는 것은, 인간 사이에 발생하는 모든 것이 동물의 영역에서 발생한다는 뜻이다. 인간은 삶과 죽음 안에서 동물과 동반한다(칼 바르트, 〈교회교의학〉 3/1권). 동물이 인간의 선행자라는 의미는 상당히 중요한데 이 부분은 바르트의 글을 그대로 옮긴다.

> "동물이 인간에게 그것의 가장 깊은 비천함 안에서: 즉 도살된, 죽임을 당한, 희생제물이 된 동물로서 인간의 고유한 역사의 최종 비밀을, 말하자면 인간의 고유한 아버지 됨과 아들 됨을: 인간에게 주어진 허용과 약속의 본래적 내용으로써의 약속된 사람의 아들의 필연적인, 그러나 구원에 가득한 헌신을 눈앞에 인도하게 되기 때문이다. 어떻게 동물이 그것의 전적인 동물적 한계성 및 무력함 안에서 인간에게 바로 그러한 상을, 인간 자신은 너무도 많은 이유에서 언제나 그것으로부터 도피 중에 있는 상을, 인간 자신은 진실로 그것의 성취를 감당할 수 없는 상을, 인간의 눈앞에 이끌어오게 되는가?"(바르트, 〈교회교의학〉 3/1권).

26-28절은 인간 창조이다. 인간 창조에서 하나님은 창조자 의지를 강조한다. "우리의 형상을 따라 우리의 모양대로 우리가 사람을 만들자!"(26a절). 여기서 인간을 창조하신 하나님은 신적 복수형을 사용한다("우리가" "우리의 형상대

로" "우리의 모양대로"). 신적 복수형의 사용은 인간 창조의 특별한 의미성과 관계된다(바르트). "우리"의 전통적이고 교리적인 해석은 삼위일체적 하나님을 의미한다. 또 어떤 이는 "우리"를 천사들을 포함한 천상 회의적 개념이라고 하였다. 또 창세기 1장에 나오는 하나님의 명칭 "엘로힘"은 그 자체가 복수형이다. 가장 적절한 해석은 삼위일체 하나님의 공동 창조라는 것이다. 창조사역은 성부 하나님(창 1:1), 성자 하나님(요 1:3, 골 1:16), 성령 하나님(창 1:2)이 공동으로 수행하셨다. 그런데 이어지는 "우리의 형상" 또는 "우리의 모양"이라는 말씀과 관련해보면, 인간은 삼위 하나님과의 관계적 형상으로 지음 받았음을 알 수 있다.

"형상"(첼렘)과 "모양"(데무트)은 히브리어에서 특별히 구별하지 않지만 같은 의미로 사용한다. "형상"은 모조품, 조각품을 뜻하며, "모양"은 추상어로서 "닮음"을 뜻한다. 고대 신화에서 한 신(神)은 인간을 자신의 모습대로 형성했다는 이야기가 있다. 이로 보건대 "전인간"은 하나님의 모습대로 창조되었다(폰라드). 이어지는 말씀은 형상의 의미를 더 명확하게 정의한다. "그리고 그가, 바다의 고기와 공중의 새와 땅 위에 사는 온갖 들짐승과 땅 위를 기어 다니는 모든 길짐승을 다스리게 하자 하시고, 하나님이 당신의 형상대로 사람(아담)을 창조하셨으니, 곧 하나님의 형상대로 사람을 창조하셨다. 하나님이 그들을 남자와 여자로 창조하셨다"(26b-27절). 본 절에서 형상의 의미는 통치 수행에 있다. 고대 사회에서 왕은 자신이 다스리는 곳에 "형상"을 두었다. 이것은 왕의 통치를 상징하기 위함이었다. 인간은 하나님의 형상으로서 하나님이 지으신 만물을 통치한다.

27절에서 "자기 형상대로"(혹은 당신의 형상대로)는 개별적 형상을 뜻한다. 그렇다면 남자와 여자는 삼위 하나님의 형상 중 하나의 형상으로 지음 받았다. 신약성경에서는 예수 그리스도가 하나님의 형상이다(고후 4:4, 골 1:15, 빌 2:6, 히 1:3). 그렇다면 하나님의 개별적 형상으로서 남자와 여자는 성자 하나님의 형상이라고 할 수 있다. 이것은 창세전 아버지와 아들의 존재방식을 반영한다. 창세전 아들은 아버지의 생명을 받았다(요 5:26). 생명을 주신 아버지가 생명을 받은 아들보다 크다(요 14:28b). 생명을 받은 자는 사랑 안에서 생명을 주신 아버지께 복종한다(요 14:31, 15:10). 생명의 수여자는 생명을 받은 자를 사랑하신다. 아버지는 복종하는 아들을 사랑하셔서 영광을 주신다(요 17:24). 영광은 본질의 계시이며, 아버지 자신을 주는 것이다. 아무도 아버지를 본 사람이 없다. 창세전부터 아버지 품속에 있는 아들이 아버지를 계시한다(요 1:18).

28절, 하나님은 자기 형상대로 지은 사람에게 복을 주시고, 그들에게 말씀하셨다. "하나님이 그들에게 복을 주시며 하나님이 그들에게 이르시되"(28a절). 그들에게 복을 주시고"와 "그들에게 말씀하시고"라는 히브리어 병행법으로 이음동어(異音同語)로 표현되었다. 하나님이 그들에게 복을 주신 것은 그들에게 말씀하신 것과 같은 의미이다. 하나님이 바다의 생물과 하늘의 새에게도 복을 주셨다(22절 "하나님이 그들에게 복을 주시며 이르시되"). 그런데 22절에서 복을 주신 것은 일방적인 선언으로 하나님이 복을 주신 것이다. 28절에서 사람에게 복을 주시는 것은 "그들에게" 말씀하심으로써 복을 주셨다. 곧 인격적 관계가 형성된 것이다(22절에는 "그들에게"가 없음). 창세전 아들이 아버지께 복종하듯, 사람(아담)은 하나님의 말씀에 복종하는 존재로 지음 받았다. 이것이 사람에게 주신 복이다. 창세기 1장에서 모든 피조물은 말씀으로 창조되었다. 그러나 사람은 말씀으로 창조된 것이 아니라, 창조된 이후(28절) 말씀으로 사는 복을 주셨다. 시편 1편의 시인은 말씀으로 사는 자가 복되다고 하였다. 하나님의 아들이 참사람으로 오셨다. 그는 하나님의 입에서 나오는 말씀으로 사는 참사람의 본을 보이셨다(마 4:4).

개혁주의 신학자 안토니 후크마는 사람은 "언약적 교제의 존재"라고 칭하였다(안토니 후크마, 〈개혁주의 인간론〉). 사람은 말씀에 순종하여 하나님 안에 거하는 존재라는 것이다. 이때 사람은 하나님의 영광과 존귀로 관을 쓰게 된다. 그리고 비로소 하나님이 지으신 만물을 통치하는 권세를 사용한다(시 8:4-8). 그러므로 인간은 하나님과 바른 관계(언약 관계) 안에서 생육하고 번성하며 땅에 충만하게 된다. 나아가 하나님을 대행하여 땅을 다스리고 바다의 물고기와 하늘의 새와 땅에 움직이는 모든 생물을 다스린다(28b절).

29-30절, 하나님께서 인간과 동물에게 먹을거리를 정해 주셨다. 사람의 먹거리는 씨 맺는 채소와 열매 맺는 나무이다. 창조 당시 동물은 사람의 먹을거리로 주어지지 않았다. 동물은 노아 홍수 이후 사람에게 먹거리로 주어졌다(창 9:3, "모든 산 동물은 너희의 먹을 것이 될지라"). 또한, 땅의 짐승과 공중의 모든 새와 땅 위에 사는 모든 생물의 먹을거리로 풀을 주셨다. 31절, 하나님은 6일간의 창조

사역을 마치신 후 피조물을 보시고 만족하셨다. "하나님이 손수 만드신 모든 것을 보시니, 보시기에 참 좋았다. 저녁이 되고 아침이 되니 엿샛날이 지났다."

2:1-3은 창조 이후 일곱째 날을 계시한다. 하나님이 피조물을 만드신 것은 6일 동안 이루어졌다. 그리고 칠 일째 안식함으로써 창조사역이 완성되었다. 그런데 2절의 히브리어 성경은 하나님의 창조는 이렛날까지로 되어 있다. 개역개정은 히브리어 성경을 따른다. "하나님이 그가 하시던 일을 일곱째 날에 마치시니." 사마리아 오경과 70인역과 시리아역은 엿샛날에 창조 사역을 마쳤다고 기록한다.

칼 바르트는 히브리어 성경, 이렛날에 완성된 창조사역을 주목하였다. 더불어 "일곱째 날"의 중요성을 매우 강조하였다. 하나님은 일곱째 날에 무슨 일을 하셨는가? 물론 세계 창조는 하지 않으셨다. 다만 일곱째 날을 복되게 하시고 거룩하게 하셨다. 하나님은 "일곱째 날"이라고 하는 시간을 축복하신 것이다. 하나님의 복은 인간과 동물에게 주어졌다(1:24, 28). 이제 복은 일곱째 날에 주어진다. 사실 창조 기사에서 일곱째 날은 창조의 의미를 계시하는 매우 중요한 날이다. 하나님은 자신이 창조하신 세계와 인간을 가장 진지하게 수용하셨으며 그것들과 함께 존재하기를 원하셨다. 창조는 하나님이 피조물과 함께 존재하실 때 비로소 완성된다. 아기가 산모의 품에 있을 때 아기의 출산이 완성되듯!

> "하나님께서 그 피조물과 함께 존재하기를 원하셨으며, 그래서 하나님께서 하나님 자신을, 그 피조물을 창조하신 후에, 일곱째 날의 저 역사적 사건 안에서 피조물과 '함께 존재하는' 하나님으로 정하셨다. 이 사건을 바라볼 때 - 말씀의 성육신까지 이르는, 그리고 그것을 넘어서서 육신의 부활과 새 하늘과 새 땅의 생성에까지 이르는 결과 전체와 함께 - 세계 내재적 하나님을 말하는 것은 의미가 있다"(바르트, 〈교회교의학〉 3/1권).

일곱째 날, 하나님은 창조 앞에 서 계셨다. 그는 자기 형상대로 지은 인간의 면전에 서 계셨다. 그가 창조하신 세상 가운데 계셨다. 그는 신성의 자유, 축제, 기쁨의 완전한 충만으로 피조물과 함께 피조물 곁에 계신다. 그렇게 하나님과 함께하는 세계 역사가 시작된다. 그렇게 하나님이 함께하는 인간의 역사가 시작된다.

"바로 그렇게, 신성의 자유, 축제, 기쁨의 완전한 충만 안에서 하나님께서는 피조물 곁에 계시며, 피조물과 함께하신다"(바르트, 〈교회교의학〉).

잠언 8장에서는 복되고 거룩한 일곱째 날을 밝히 계시한다. 하나님의 아들을 예시하는 창조전의 지혜는 세계의 창조자로 불린다(잠 8:30). 창조자가 하나님 곁에 계신다. 아들이 아버지 곁에 계신다. 아버지는 아들을 기뻐하며, 아들은 아버지 앞에서 춤추며 기뻐한다. 창조자 아들은 그가 창조한 사람 가운데에서 기뻐한다. 그는 그가 창조한 세상 가운데에서 기뻐한다(잠 8:30-31). 기독교 역사에서 삼위일체를 설명하는 "페리 코레시스"는 그리스어로 "둥글게 춤추다"의 뜻이다. 삼위 하나님의 페리 코레시스는 춤추며 기뻐하는 그들의 현존이다. 삼위 하나님은 창세전부터 페리 코레시스로 현존하신다. 삼위 하나님(우리)이 세상을 창조하시고 사람을 창조하셨다. 아들의 창조사역은 아버지의 기쁨이 되고, 아버지는 아들을 기뻐하셨다. 창조자는 그가 만든 세상에서 즐거워하며, 그가 만든 사람을 기뻐하였다. 일곱째 날은 복되고 거룩하다. 이날 삼위 하나님은 그가 만드신 피조물과 더불어 "페리 코레시스"를 누리신다. 산모가 태어난 아기를 안고 기뻐하듯! 하나님은 자신이 만든 피조물들이 그의 기쁨에 참여하기를 원하신다. 이것 없이 창조는 무의미하다. 하나님은 그가 창조하신 피조물과 분리되지 않는다. 자식을 낳고 버린 비정한 어머니와 같지 않다. 일곱째 날, 그것들과 더불어 기뻐하며 그것들과 더불어 만물 안의 역사를 시작하신다. 그래서 일곱째 날이 창조를 완성한다.

로고스이신 아들은 아버지 곁에서 세상과 인간을 창조하셨다. 그리고 아버지 곁에서 기뻐하시며 피조세계 안에서 기뻐하셨다. 로고스가 육체(사르크스)를 입고 세상에 오셨다(요 1:14). 이것은 새 창조를 이루기 위함이시다. 누구든지 예수 그리스도 안에 있으면 새로운 피조물이다(고후 5:17). 누구든지 예수 그리스도의 죽음과 부활을 믿으면 영원한 생명을 얻는다(요 3:14-15). 영생 얻은 자는 장차 도래할 새 하늘과 새 땅을 바라본다. 영생 얻은 자는 생명의 교제를 통해 삼위 하나님 안에 거한다. 그는 아들이 있는 곳에 아들과 함께 있다. 그곳에서 창세전부터 아버지가 아들을 사랑하여 그에게 주신 영광을 본다(요 17:24). 그 영광은 무궁한 인자와 신실(은혜와 진리)이다(요 1:14). 이렇듯 아버지 안에 거하는 자는 아들의 기쁨으로 충만하다. 아들의 기쁨이 그의 기쁨이 된다 (요 15:10-11). 삼위 하나님의 페리 코레시스에 참여하며 기뻐한다. 그는 아들 됨의 존재로 아버지의 기쁨이 된다. 그도 아버지만을 기뻐한다. 그리고 하나님이 만드신 피조세계에서 기뻐하며 사람 중에서 기뻐한다. 하늘에 속한 기쁨으로 세상의 고통을 삼킨다. 세상은 그를 보고 아버지의 사랑받는 자임을 안다. 세상은 그를 통해 아버지를 본다.

묵상

나는 창조의 일곱째 날을 간과하였다. 사실 무슨 뜻인지도 알지 못하였다. 며칠 전 파리 지부장 손 장로님이 바르트의 〈교회교의학〉을 숙독하며, 내게 연락을 하셨다 바르트의 창조에 대한 통찰이 놀랍다고 하며 책을 추천해주었다. 아침 일찍 신학대학원 도서관에 가서 〈교회교의학〉을 빌려 창조 부분을 읽었다. 놀랍게도 일곱째 날에 대한 말씀이 깊고 풍성하게 주해되어 있었다. 그와 동시에 잠언 8장 말씀이 생각났다. 그러면서 일곱째 날의 계시가 드러났다. 진정한 창조의 완성에 대한 계시였다.

고대의 창조 이야기는 비인격적 신의 창조였다. 신은 그가 창조한 세계나 인간과 분리되어 있었다. 그런데 하나님은 그가 지으신 모든 피조물과 함께하신다. 단지 함께하실 뿐 아니라, 신성의 자유와 축제와 기쁨으로 함께하신다. 창조주 하나님의 의도와 목적을 알게 되니 새 창조의 부요함이 더욱 크게 다가온다. 나는 피조물이 아니라 하나님의 자녀요 그의 아들이다. 피조물과도 함께하기를 원하시는 하나님이신데 하물며 자녀일까! 날마다 아버지가 나와 함께하시기를 원하신다. 실상은 내가 아버지께 나아가는 것이 아니라, 아버지가 내게 오신다. 아버지의 열심이 생명의 교제를 이끈다. 나 같은 자가 무엇이관데!

오늘도 사역과 일을 떠나 자녀로 아버지와 함께하며 하루를 시작한다. 날마다 안식으로 초대하시는 손길을 뿌리치지 않으며 저 안식에 들어가기를 힘쓴다. 삼위 하나님의 기쁨, 신성의 자유, 축제로 하루를 연다. 세계의 역사, 인간의 역사, 오늘의 역사를 그렇게 시작한다.

04

2:4-17

4 이것이 천지가 창조될 때에 하늘과 땅의 내력이니 여호와 하나님이 땅과 하늘을 만드시던 날에
5 여호와 하나님이 땅에 비를 내리지 아니하셨고 땅을 갈 사람도 없었으므로 들에는 초목이 아직 없었고 밭에는 채소가 나지 아니하였으며
6 안개만 땅에서 올라와 온 지면을 적셨더라
7 여호와 하나님이 땅의 흙으로 사람을 지으시고 생기를 그 코에 불어넣으시니 사람이 생령이 되니라
8 여호와 하나님이 동방의 에덴에 동산을 창설하시고 그 지으신 사람을 거기 두시니라
9 여호와 하나님이 그 땅에서 보기에 아름답고 먹기에 좋은 나무가 나게 하시니 동산 가운데에는 생명 나무와 선악을 알게 하는 나무도 있더라
10 강이 에덴에서 흘러 나와 동산을 적시고 거기서부터 갈라져 네 근원이 되었으니
11 첫째의 이름은 비손이라 금이 있는 하윌라 온 땅을 둘렀으며
12 그 땅의 금은 순금이요 그 곳에는 베델리엄과 호마노도 있으며
13 둘째 강의 이름은 기혼이라 구스 온 땅을 둘렀고
14 셋째 강의 이름은 힛데겔이라 앗수르 동쪽으로 흘렀으며 넷째 강은 유브라데더라
15 여호와 하나님이 그 사람을 이끌어 에덴동산에 두어 그것을 경작하며 지키게 하시고
16 여호와 하나님이 그 사람에게 명하여 이르시되 동산 각종 나무의 열매는 네가 임의로 먹되
17 선악을 알게 하는 나무의 열매는 먹지 말라 네가 먹는 날에는 반드시 죽으리라 하시니라

04

선악을 아는 나무, 창조주 하나님과 피조물 인간을 구별한다

: 주해

일곱 날에 걸쳐 창조가 완성되었다(창 1:1-2:3). 창세기 2장(4-18절)은 인간 창조를 중심으로 한 창조 이야기이다. 1장에서 창조주 신의 명칭은 "엘로힘"(하나님)이다. 2장에서 창조주 신의 명칭은 "여호와 하나님"이다. 현대신학에서는 신 명칭의 차이를 두고 1장과 2장의 편집자가 다르다고 해석하였다. 1장은 제사장(P) 문서로 부르고 2장은 야웨(J) 문서로 부른다. 야웨(여호와)는 이스라엘과의 언약 관계를 지칭하는 신 명칭이다(출 3:14-15, 6:3). 특히 2장은 이스라엘과의 언약적 관점에서 고백하는 창조신앙이 깃들어 있다(창조 언약).

2:4은 도입부이다. 4절, "내력"의 히브리어는 "톨레다"이다. 70인역에서는 "게네세오스"로 번역하여 이것을 책의 명칭으로 삼았다. 영어성경 역시 70인역을 따라 "제네시스"(genesis)로 명명하였다. 바르트는 창세기 1장을 외적인 창조의 이야기로, 2장을 내적인 창조의 이야기로 본다(바르트, 〈교회교의학〉 3/1권). 우주의 창조이야기는 지상의 좁은 영역으로 좁혀진다. 그것은 인간 주변의 세계, 인간이 생활하는 세계(경작지, 동산, 짐승, 여자)로서 하나님이 인간 주위에 세우신 세계이다. 이렇게 하나님과 함께하는 인간의 역사가 전개된다.

4b-6절은 인간이 창조되기 직전 땅의 상태를 기술한다. 하늘들과 땅이 창

조되었고, 땅은 황무지로 있었다. 나무가 없고 풀 한 포기도 돋아나지 않았다. 왜냐하면, 아직 사람이 땅에 없었고 비가 내리지 않았기 때문이다. 단지 땅속에서 솟아 나온 지하수만 지면을 적시고 있었다. 이제 땅은 그것을 경작할 사람을 필요로 한다. 7절은 인간 창조의 이야기이다. 이것은 구약성경에서 인간을 설명하는 표준적 구절이다. 사람의 히브리어는 "아담"이다. "땅의 흙"은 히브리어로 "아다마의 아파르"(아파르 민 하이다마)이다. "아다마"는 땅 또는 흙을 가리킨다. "아파르"는 "먼지" 또는 "티끌"을 가리킨다. 첫 사람 아담은 땅의 먼지 또는 흙의 티끌로 만들어졌다. 거기에 하나님이 생명의 숨을 불어넣으시니 생명체(네페쉬 하야)가 되었다. 흙의 티끌과 결합된 생명의 숨은 인간을 살아있는 존재가 되게 하였다. 인간의 숨은 하나님께로부터 왔다. 인간은 하나님으로부터 생명을 부여받고 출생한다. 때가 되면 하나님이 숨을 거두어 가신다. 인간의 가치는 코의 숨에 달려있다(사 2:22).

하나님이 흙의 티끌로 사람을 지으시고 생명의 숨을 그에게 불어넣으셨다. 흙의 티끌인 육체도 하나님이 만드신 선한 것이다. 이것은 육체는 유한하고 더러우며, 영혼은 깨끗하며 불결하다는 헬라 사상을 반박한다. 그러나 하나님은 육체와 영혼을 모두 지으셨다. 창조의 인간학은 몸과 영혼을 구별하는 것이 아니라, 실제적인 몸과 생명을 구별한다. 몸과 영혼은 분리되지 않으며, 인간은 "몸의 영혼"이다(바르트). 그래서 70인역에서는 생명체(개역개정 "생령")를 프쉬케(영혼)로 번역하였다.

아담은 하나님으로부터 "만들어진 생명"(Life made of God)이다. 그는 창세전 약속된 영원한 생명, 곧 하나님께로부터 "태어난 생명"(Life born of God)이 아니다. 아담은 오실 그리스도의 모형으로 만들어졌다(롬 5:14). 그는 장차 하나님의 생명을 가진 아들이 오셔서 영원한 생명을 얻어야 할 자이다. 아담은 그리스도의 모형이며, 본질적 인간은 그리스도가 오셔야 얻는 영원한 생명이다. 아담은 그리스도에게서 성취된다. 다시 말해서, 아담이 마땅히 되어야 할 본질적 인간은 그리스도이다. 아담은 본성적으로 완전한 것은 아니었다"(이레니우스).

하나님은 에덴을 창설하시고 아담(사람)을 거기에 두셨다(9절). "에덴"은 "황홀, 환희, 기쁨"을 뜻한다. 이곳은 "신들의 거처"가 아니라 피조된 "인간의 거처"이다. 지상의 에덴은 기쁨의 처소이다. 이곳은 기쁨으로 충만한 하늘의 모형이다. 삼위 하나님은 창세전부터 기쁨이 충만한 가운데 하늘에 거하셨다. 하나님의 형상대로 지음 받은 인간은, 하늘의 모형인 에덴에 거주한다. 반면 예수 그리스도를 믿음으로 영생 얻은 자는 에덴이 아니라 하늘에 있는 아버지 집에 거한다(요 14:2-3, 17:24). 에덴은 피조된 생명의 거처이며, 아버지 집은 하나님께 나온바 된 영생의 거처이다. 예수 그리스도를 믿어 영생 얻은 자는 에덴(새 에덴)으로 돌아가지 않는다. 영생 얻은 자는 에덴이 아니라 에덴의 본체인 하늘로 들어간다. 아들을 통하여 아버지 집으로 들어간다.

여호와 하나님께서 아름답고 먹기 좋은 열매를 맺는 온갖 나무들을 에덴에서 자라나게 하셨다. 동산 한가운데에는 생명나무와 선악을 알게 하는 나무도 있었다(9절). 에덴동산에 있는 모든 나무 중 오직 두 나무의 이름을 언급한다. 두 나무는 생명나무와 선악을 알게 하는 나무이다. 생명나무는 무엇이며, 선악을 알게 하는 나무는 무엇인가? 구약에서 생명나무는 창세기 이야기 외에 잠언에만 나온다(잠 11:30, 13:12, 15:4). 다른 구약성경에는 전혀 언급하지 않는다. 기독교 역사에서 생명나무에 대한 오해와 논란이 많았다. 지금도 많다. 어떤 사람은 생명나무가 예수 그리스도라고 주장한다. 또 어떤 사람은 생명나무는 그것을 먹을 때 영원한 생명을 얻는 것이라고 주장한다. 그런데 이런 주장들은 모두 가설이고 허구이다. 창조 이야기에서는 생명나무의 실존과 관계된 어떤 공표된 약속도 존재하지 않는다. 그것을 먹으면 죽는다는 선악을 아는 지식의 나무나 그것을 먹으면 영생을 얻는다는 그런 약속이 없다. 생명나무는 많은 피조물 중 하나로 에덴동산의 가운데 서 있다. 생명나무는 그것의 열매와 함께 하나님이 인간에게 주신 표징이다.

"생명나무는 현실적으로 낙원의 중심이며, 생명의 표징이다. 하나님께서 인간에게 인간의 창조와 함께, 또 인간이 하나님의 호의 아래에서 살아갈 수 있었던 때에, 주셨던 표징이며, 그리고 인간이 하나님에 의하여 안식 안에 놓여 졌던 고향의 표징이다"(바르트, 〈교회교의학〉 3/1권).

생명나무는 먹을 수도 있고 먹지 않을 수도 있다. 먹는다고 해서 얻을 것도 없고 먹지 않는다고 해서 잃을 것도 없다. 한편 범죄한 아담은 생명나무를 먹지 못하도록 금지 당했다(3:22). 인간이 선악을 아는 지식의 나무 실과를 먹고 범죄하여 하나님과 같이 되었다. 이것은 하나님과 인간 사이의 비정상적 상황에 돌입한 것이다. 인간은 사망 아래에 처하였고 이때 생명나무를 먹게 되면 사망의 상태에서 영원히 살게 된다. 그래서 하나님은 범죄한 아담에게 생명나무를 금하신 것이다(3:22). 개역개정의 "영생할까 하노라"라는 "영생을 '얻을까' 하노라"의 의미가 결코 아니다. 새번역 성경처럼 "(사망의 상태에서) 끝없이 살게 되는 것"을 막기 위함이었다. 그러므로 아담이 범죄하기 전의 생명나무는 먹어도 되고 안 먹어도 되는 그런 나무였다.

동산 중앙의 둘째 나무는 선악을 알게 하는 지식의 나무이다. 정확히 말하면 "선악의 앎의 나무"이다. 이것도 하나님이 심으셨다. 선악의 앎의 나무에는 생명나무와 달리 공표된 약속이 분명히 있다. 그것을 먹는 날에는 반드시 죽는다(17절). 그 나무의 열매를 먹음과 그 결과로 초래되는 죽음 사이에는 "선과 악의 앎"이 있다. 나중에 뱀은 이 나무의 본질을 명확히 규정하였다. "하나님은, 너희가 그 나무 열매를 먹으면, 너희의 눈이 밝아지고, 하나님처럼 되어서, 선과 악을 알게 된다는 것을 아시고, 그렇게 말씀하신 것이다"(3:5). 하나님도 뱀이 규정한 이 나무의 본질을 인정하셨다(3:22, "이 사람이 선악의 앎에 우리 중 하나같이 되었으니"). 선악의 앎은 도덕적 판단력을 의미하지 않는다. 선악의 앎은 도덕적 의미가 아니라, 하나님에게만 있는 전지를 뜻한다(폰 라드). 하나님에게만 있는 선악의 앎은 최고의 신성과 기능이다. 오직 창조자만이 선악을 구분하는 판결을 행하시며, 피조물은 그것을 수용할 뿐이다.

> "피조물이 하나님의 판결에 근거해서 수용해야 하는 그것을 자신의 고유한 판결에 근거해서 선취할 수 있다고 한다면, 그때 피조물은 하나님같이 되며, 그때 피조물과 창조자는 같아질 것이다"(바르트, 〈교회교의학〉 3/1권).

선악의 앎은 인간의 속성이나 기능이 아니다. 그것은 창조주를 피조물로부터 근본적으로 구분하는 속성이며 기능이다. 인간의 삶은, 선악의 앎이 오직 하나님께 있다는, 그의 신성을 승인하는, 그래서 창조 안에 있는 그분의 심판

자 직무를 승인하는 삶으로 규정되어 있다. 인간은 선악의 앎의 나무를 보며 궁극적 운명의 판단과 결정이 하나님께만 있음을 안다. 인간은 하나님만이 선과 악, 구원과 멸망, 생명과 죽음에 대하여 결정하시는 분으로 알고 그에게 감사하고 그를 기뻐하고 찬양해야 한다. 선악을 알게 하는 나무의 실과를 먹는 날에는 하나님에 의해 살아가는 인간의 자리를 이탈하기 때문에 그는 반드시 죽는다.

10-14절, 하나의 강이 에덴을 적신 후 네 줄기로 갈라진다. 창조 이야기는 갑자기 인간이 사는 역사적이고 지리적인 세계를 향한다. 저자는 그가 알고 있는 거대한 강을 "넷"이라는 세계의 구조에 투사한다. 고대 사회에서 세계는 사각형의 꼴로 되어 있었다(슥 2:6, 계 7:1). 중세시대에 "지구가 둥글다"라는 것을 발견한 과학의 진보는 교회의 문자적 교리에 위협 당했다. 네 강(江)이 에덴에서 발원하여 흘렀다. 그것은 에덴과 그 근방 지역이 매우 풍요로웠음을 알려준다. 황폐한 불모지(5절)가 생명이 자라나 사는 풍요의 땅으로 바뀌었다. 그러나 네 강의 지명을 근거로 에덴을 추정하는 것은 무익한 호기심이다. 왜냐하면, 인간의 타락 이후 에덴동산은 인간이 접근할 수 없는 신비한 장소가 되었기 때문이다(3:24). 15절, 인간이 에덴동산에서 할 일을 규정한다. 에덴은 문자적으로 황홀한 기쁨의 처소이다. 그렇다고 에덴이 괴로움 없이 감각적 향락을 누리는 극락의 동산은 결코 아니다. 인간이 에덴에서 해야 할 일은 매우 담백하다. 하나님이 인간을 에덴에 두신 것은 동산을 돌보기 위함이었다. 고단한 노동이 인간의 생활로 규정된다.

16-17절에서 에덴이 극락 동산이라는 오해는 다시금 불식된다. 여호와 하나님께서 동산에 있는 모든 나무의 열매를 "먹고 또 먹어라"라고 말씀하신다. "먹고 싶은 대로 먹어라"(새번역) 또는 "임의로 먹어라"(개역개정)의 원문은 "먹고 또 먹어라"이다(아콜 토콜). 이것은 히브리어 동사의 반복 강조 용법이다. 다만 한 그루의 나무만 제외된다. 곧 선악을 알게 하는 나무의 열매를 먹지 말 것이다. 그것을 먹는 날에는 죽고 또 죽을 것이다(모우트 타무트). 여기서도 히브리어 동사의 반복 강조 용법을 사용한다. 에덴에 사는 인간(아담)은 거기에 있는 모든 나무의 열매를 먹을 수 있다. 오직 한 가지만을 제외하고. 이것은 하나님이 인간에 대한 무궁한 배려이고 은총이다. 한 가지 금령만 주어졌다. 하나님

이 인간에게 허락하신 자유의 크기는 심히 크다.

17-18절은 창조의 언약을 계시한다. 1:28에서 하나님이 사람에게 복을 주시고 그에게 말씀하셨다. 인간은 말씀에 순종하는 존재요, 이로써 하나님 안에서 사는 존재이다. 하나님은 순종하는 인간에게 영광과 존귀의 관을 씌워주신다. 그때 인간은 하나님의 대행자가 되어 피조물을 다스린다(시 8:5-8). 이것이 창조언약이다.

성경에서 언약은 관계를 법적으로 규정하는 상태이다. 언약은 언약 당사자가 관계에 대한 책임을 다할 때 유지되고 진보된다. 창조언약에서 아담(인간)에게 요구되는 책임은 계명의 복종이다. 17-18절은 창조의 언약 안에서 인간에게 요구되는 계명이다. 이 계명은 쉽고 가볍다. 금지된 열매는 하나이며, 허락된 열매는 풍요롭고 많다. 선악의 앎의 나무는 상기한 대로 인간의 자리를 지키라는 하나님의 요구이다. 이제 인간은 한 가지를 제외한 동산 나무의 열매를 먹고 또 먹음으로써 살 수 있다. 그에게 약속된 생명(영생)과 구원의 가능성이 열려 있다. 그러나 한 가지 금지된 열매는 파멸과 몰락이 다가올 수 있다는 가능성을 경고한다.

묵상

말씀 앞에서 다시금 묻게 된다. 인간은 누구인가? 인간은 흙의 티끌로 만들어진 존재이다. 하나님이 숨을 거두시면 언제든지 티끌로 돌아간다. 그러나 전지전능하신 하나님 안에 있기에 인간은 티끌이지만 소중하고 복되다. 늘 시험거리는 자존감과 관계된 문제이다. 흙의 티끌인 자가 자존감을 의식하는 것은 어처구니가 없다. 여전히 인간의 정체성이 혼미하다.

그리스도의 십자가로 아담의 생명은 종결되었다. 예수를 그리스도로 믿어 하나님께로 난 자가 되었다. 피조된 생명이 하늘로부터 나는 생명이 되었다. 이 생명의 거처는 에덴이 아니라 아버지 집이다. 그러나 다수의 신자처럼 나는 오해하였다. 구원받으면 무죄한 아담의 자리, 그가 있었던 에덴으로 가는 줄 알았다. 한국교회에서 배우고 체득한 전이해가 그러하였다. 참으로 무지하였다. 만물 안에 거처를 삼고 에덴으로 거처를 삼고자 하였다. 무지한 짐승은 재갈과 굴레로 단속한다. 공의의 심판이 임하고 재난이 닥쳤다. 심판의 자리에서 말씀을 먹고 또 먹었다. 생명의 말씀을 먹고 또 먹으며 생명을 누리게 되었다. 그 풍성함이 담을 넘어 세상과 교회로 향하였다. 그렇게 생명의 공동체가 생겨났다.

어제 대구지부장 내외와 교제하였다. 아내 권사는 지난주일 어린이들에게 복음생명의 말씀을 전하였다. 구원 받으면 피조된 아담의 생명이 천사의 생명 보다 높은 아들의 생명, 곧 영원한 생명으로 나는 것이라고 전하였고 아이들은 집중해서 들었다고 한다. 교사들도 놀랐다고 한다. 다음 세대를 향한 복음생명의 희망을 보았다. 오늘도 생명의 말씀을 먹고 또 먹는다. 담을 넘어 많은 생명이 소생하길 원한다. 그들에게 생명의 빚진 자요, 시간의 빚진 자이다. 시간을 구속하며 충성하기를 기도한다. 부르시는 그날까지 힘 주시기를 간구한다.

05

2:18-25

18 여호와 하나님이 이르시되 사람이 혼자 사는 것이 좋지 아니하니 내가 그를 위하여 돕는 배필을 지으리라 하시니라
19 여호와 하나님이 흙으로 각종 들짐승과 공중의 각종 새를 지으시고 아담이 무엇이라고 부르나 보시려고 그것들을 그에게로 이끌어 가시니 아담이 각 생물을 부르는 것이 곧 그 이름이 되었더라
20 아담이 모든 가축과 공중의 새와 들의 모든 짐승에게 이름을 주니라 아담이 돕는 배필이 없으므로
21 여호와 하나님이 아담을 깊이 잠들게 하시니 잠들매 그가 그 갈빗대 하나를 취하고 살로 대신 채우시고
22 여호와 하나님이 아담에게서 취하신 그 갈빗대로 여자를 만드시고 그를 아담에게로 이끌어 오시니
23 아담이 이르되 이는 내 뼈 중의 뼈요 살 중의 살이라 이것을 남자에게서 취하였은즉 여자라 부르리라 하니라
24 이러므로 남자가 부모를 떠나 그의 아내와 합하여 둘이 한 몸을 이룰지로다
25 아담과 그의 아내 두 사람이 벌거벗었으나 부끄러워하지 아니하니라

05

나의 도움은 어디에서?
하나님의 "적절한 도움"은 은혜의 보좌에서!

∶ 주해

창세기 1장은 우주 창조 이야기이고, 2장은 인간 창조 이야기이다. 하나님이 하늘들과 땅을 창조하셨다. 땅은 초목이나 채소가 없는 황무지였다. 하나님은 흙의 티끌(또는 땅의 먼지)로 사람을 지으시고 생명의 숨을 불어넣으셨다(2:7). 그리하여 사람이 생명체가 되었다. 개역개정은 사람을 "생령"으로 번역하였는데 매우 모호하다. 생령의 히브리어 "네페쉬 하야"는 바다의 생물과 땅의 생물로도 쓰였다(1:20, 24).

하나님은 피조된 아담을 에덴동산에 두셨다. 그에게 동산을 경작하게 하시고 다스리게 하셨다(2:15). "경작하다"(아바드)는 "일하다"의 뜻이며 "다스리다"(솨마르)는 "돌보다, 보호하다"의 뜻이다. 인간이 에덴동산에 거주하는 것은 극락동산에서 무위도식하는 것이 아니다. 열심히 노동하는 것이다. 종교개혁 시대 농민운동을 이끌었던 토마스 뮌처는 "아담이 에덴에서 노동할 때 제후들은 어디 있었는가?"라는 유명한 말을 하였다. 창조 당시 사람에게 허락된 양식은 씨 맺는 채소와 열매 맺는 나무였다(1:29). 아담은 에덴동산에 있는 각종 나무의 열매를 양식으로 받았다. 아담은 그것들을 먹고 또 먹었을 것이다. 그러나 선악을 아는 나무의 열매는 먹을 수 없었다. 그것을 먹는 날에는 죽고 또 죽는다. 선악의 앎은 하나님께만 속한 전지(全知)이다. 인간과 피조세계의 운명은 전지하신 하나님만이 판단하시고 결정하신다. 이것을 받아들이는 것이 선악을 아는 나무의 표상이다.

18-25절, 여호와 하나님은 아담의 돕는 자로 여자를 창조하셨다. 하나님은 "우리의 형상대로" 사람을 창조하셨다(1:26). 또한, 자기 형상대로 남자와 여자를 창조하셨다(1:27). 하나님은 삼위로 존재하기에 독처하지 않으시며 삼위로 현존하신다. 따라서 그의 형상대로 지음 받은 아담도 독처할 수 없다. 하나님이 돕는 자를 창조하신 이유는 아담이 혼자 있는 것이 좋지 않았기 때문이었다(18절). "하나님이 보시기에 좋지 못한 것은, 고독한 인간은 하나님의 형상에 따라 창조된 인간이 아니기 때문이다"(바르트).

홀로 있는 아담을 위해 창조하려는 자는 "돕는 자(사람)"이다. 그냥 돕는 자가 아니라 "적절한(네게드) 돕는 자(에쩨르)"이다(히, "에쩨르 크-네그드"). "돕는 자"(에쩨르)는 3인칭 남성형이다. 개역개정에서 "돕는 배필"이라고 번역한 것은 오역(誤譯)이다. 새번역 성경은 "알맞은 돕는 자"(suitable helper)로 번역하였다. "여기서 미리, 후에 이루어질 여자의 창조를 고려하여 에쩨르(돕는 자)를 의인화시켜 '반려자'(배필)로 번역해서는 안 된다"(폰 라드, 〈창세기 주석〉). "적절한 돕는 자"로 짐승들에 대해 언급한다. 하나님께서 짐승들을 흙으로 지으시고 그것들을 아담에게 데려오셨다. 이는 아담으로 하여금 짐승의 이름을 짓게 하도록 하기 위함이었다. 아담이 살아 있는 동물 하나하나를 부르는 것이 동물의 이름이 되었다(19절).

아담이 모든 가축과 공중의 새와 들의 모든 짐승에게 이름을 붙여 주었다. 그러나 짐승 중에는 아담을 돕는 자가 없었다. 개역개정 성경에는 새번역 성경과 달리 중요한 접속사 "그러나"가 빠져 있다. "그 사람이 모든 집짐승과 공중의 새와 들의 모든 짐승에게 이름을 붙여 주었다. 그러나 그 남자(아담)를 돕는 사람 곧 그의 짝이 없었다"(20절). 하나님은 "적절한 돕는 자"로 짐승을 지으셨다. "그러나" 짐승 중에는 적절한 돕는 자가 없었다. 왜냐하면, 아담이 그들의 이름을 지었기 때문이다. "적절하다"(네게드)는 "동등하다" 또는 "마주 보다"의 뜻이다. 그런데 고대 사상에서 이름을 짓는다는 것은, 대상과 동등한 관계가 아니라 지배권을 가지고 있음을 뜻한다.

창세기 1장에서 하나님은 우주의 창조물에만 이름을 지으셨다. 동물에 대한 이름은 아담 짓도록 하셨다. 아담은 동물의 이름을 지음으로써 동물에 대한 지배권을 갖게 되었다. 지배권을 행사하는 대상이 "적절한 돕는 자"가 될 수 없는 것은 자명하다. 그래서 하나님은 "적절한 돕는 자"로서 여자를 만드신다. "그래서 주 하나님이 그 남자를 깊이 잠들게 하셨다. 그가 잠든 사이에, 주 하나님이 그 남자의 갈빗대 하나를 뽑고, 그 자리는 살로 메우셨다. 주 하나님이 남자에게서 뽑아낸 갈빗대로 여자를 만드시고, 여자를 남자에게로 데리고 오셨다(21-22절)." 깊은 잠(타르데마)은 완전한 무의식의 상태이다. 이것은 여자가 창조될 때 남자는 아무런 역할도 하지 않았으며, 인간의 창조 행위는 하나님의 신비임을 뜻한다. 여자를 남자의 갈비뼈로 만드신 것은, 여자가 남자의 일부분이거나 남자의 소유라는 뜻이 아니다. 그것은 남자와 그의 아내가 매우 밀접한 관계가 있으며 동반자의 관계를 형성한다는 것을 상징적으로 보여준다.

아담이 깨어나 하나님이 데려오신 여자를 보았다. 그는 기쁨의 탄성을 지른다. "이제야 나타났구나, 이 사람! 뼈도 나의 뼈, 살도 나의 살, 남자(이쉬)에게서 나왔으니 여자(잇샤)라고 부를 것이다"(23절). 이제야 나타난 이 사람은 누구인가? 그는 틀림없이 "적절한 돕는 자"이다. "이 사람"은 여성형이다. 동물의 세계에서 발견할 수 없었던 적절한 돕는 자가 바로 이 여자이다. 이 여자는 "내 뼈 중의 뼈요 내 살 중의 살이다." 아담은 여자를 통해 자신의 몸의 본질에 참여한다. 그가 그녀에 참여함으로써 비로소 자기 자신에게 완전하게 참여할 수 있다(바르트). 그는 그녀 없이는 그 자신일 수가 없다. 그래서 아담은 여자를 가리켜 "잇샤"로 부른다. "이쉬"(남자)가 "잇샤"(여자)가 된다. 이는 "나는 남자인데 너는 나와 똑같은 사람이면서 여자이다"라는 의미이다. "여자"(잇샤)는 남자와 동등한 고유한 본질이며 고유한 인간성이다. 동시에 한 몸을 이룬다. "그러므로 남자는 아버지와 어머니를 떠나, 아내와 결합하여 한 몸을 이루는 것이다"(24절).

24절은 아담이 아니라, 저자가 말한 요약문이다. 남자와 그의 아내는 본래 한 육체였다. 따라서 둘은 다시 결합하여 한 몸을 이루며, 운명적으로 상호귀속 된다. 이것을 위해 아담은 부모를 떠나야 한다. 남자에게 부모는 자연적 뿌리이다. 남자는 부모를 떠남으로써 독립적 인간이 된다. 그때 그 여자 안에서 동일한 힘으로 작용하여 한 몸을 이룬다. 부모에게 뿌리를 둔 채 한 몸이 될 수 없는 것이다. 이때 내 뼈 중의 뼈와 살 중의 살이라는 고백이 실제화된다. "여자는 남자의 영예이다. 남자가 그 뿌리인 부모를 떠나는 희생과 반죽음 같은 고통이 없이는 실현될 수 없는 영예이다"(바르트).

한편 창세기의 남자와 여자의 결합은 흔히 결혼생활의 원리로 해석된다. 이것은 창조의 사건을 원시신화로 받아들여 일반화시키는 것을 경계해야 한다. 본 구절은 신약의 관점에서 그리스도와 교회의 관계에서 해석된다. 바울은 이 구절을 그리스도와 교회의 한 몸 사상의 근거로 삼았다(엡 5:31-32).

예수께서 그의 뿌리인 아버지를 떠나 세상에 오셨다. 그리고 그의 사람들과 한 가족이 되셨다. 그의 사람들은 교회 공동체이며, 그들과 연대함으로써 하나가 되셨다. 사실 바울은 독신자로 주님을 섬겼다. 그에게 남자가 부모를 떠나 아내와 한 몸 된 창조의 사건은, 그리스도와 교회의 관계로 계시되었다. 여자가 남자의 갈비뼈에서 지어진 것은 예수 공동체가 그의 죽음을 통해서 세워진 것을 예시한다(바르트). 예수는 자신의 고유한 생명을 드림으로써 생명의 공동체를 세우셨다. 그래서 교회는 그리스도의 몸이며, 그리스도와 한 몸이다. "왜 한 인간은 부모를 떠나며, 그 아내에게 속하며, 왜 그와 그녀는 한 몸이 되는가? 왜냐하면, 예수께서 그분의 사람들을 위하여 아버지의 영광을 떠나셨기 때문이다. 그분의 뜻을 행하는 자만이 그분의 어머니, 형제자매들, 곧 그분의 유일한 사람들이 될 것이기 때문이다. 그분이 그들과 그렇게도 완전하게 연대하셨음을 선언하고 그들과 현실적으로 결합하실 것이기 때문이다"(바르트, 〈교회교의학〉 3/1권).

남자와 여자의 창조 이야기는 벌거벗음의 현존으로 끝난다(25절). 그들은 벌거벗었으나 부끄러워하지 않았다. 남자와 여자는 창세전부터 아버지 품에 있는 아들의 형상으로 지음 받았다. 죄가 들어오기 전 이들은 말씀에 순종하여 하나님 안에 거하였다. 아들이 아버지 품에 감추어지듯, 이들은 하나님의 품에 감추어졌다. 태양이 두 개 있을 수 없듯이, 두 존재가 동시에 드러날 수 없다. 하나님의 품에 있는 남자와 여자는 감추어져 있으며 수치를 알지 못하였다.

인간은 흙의 티끌 또는 땅의 먼지로 지음 받았다. 하나님이 생명의 숨을 주서서 생명체가 되었다. 그는 생명을 가진 존재이나 티끌이다. 따라서 인간은 존재론적으로 비참하다. 인간은 본질상 수치스러운 존재이다. 인간에게 "비참함의 정념"(파토스)은 의지와 상관없이 비의지적으로 나타난다(파스칼). 하지만 인간은 하나님 안에 있을 때 수치를 느끼지 못한다. 하나님 품에 있는 인간은 자의식이 없다. 갓난아이가 어머니 품에서 자의식이 없듯. 비참한 실존에게 영광과 존귀의 관이 드리워져 벌거벗었으나 부끄럽지 않다. 그러나 그가 범죄하였을 때 영광과 존귀의 관이 벗겨졌다. 하나님의 품을 떠난 자에게는 자의식이 생겨났다(3:7). 자의식이 생김으로 존재론적으로 비참한 실존이 드러난다. 자의식이 생긴 인간들은 그것을 견디지 못한다. 그래서 무화과 잎으로 만든 치마(카고레, belt)로 가린 것이다.

남자에게 여자는 "적절한 돕는 자"로 지음 받았다. 그러나 뱀은 여자를 유혹하여 선악을 아는 나무의 열매를 먹게 하였다. 남자도 여자가 주는 이 열매를 먹고 죄를 범하였다(3:6). 적절한 돕는 자가 뱀에게 속아 죄에 빠졌고 남자를 죄에 빠뜨렸다(딤전 2:14). 이렇게 "적절한 돕는 자"의 자리는 폐기되었다. 구약성경에서 "돕는 자"(에쩨르)는 모두 21회 나온다. 보통 "돕는 자" 또는 "도움"으로 사용한다. 창조 이야기에서 2회(2:18, 20), 일반적 의미로 3회(사 30:5, 겔 12:4, 단 11:34) 언급된다. 나머지 16회는 모두 돕는 자(또는 도움)로서 하나님을 가리킨다(출 18:4, 신 33:7, 26, 29, 시 20:2, 33:20, 70:5, 89:19, 115:9, 10, 11, 121:1, 2, 124:8, 146:5, 호 13:9).

한편 창조 이야기에서 "돕는 자"의 헬라어 번역은 "보에도스"이다(70인역). 신약성경에서 "보에도스"(도움)는 히브리서에 한 번 나온다(히 13:6, "주는 나를 돕는 자시니"). 또한, "도움"(보에데이아)은 2회 나온다(행 27:17, 히 4:16). 사도행전에서는 항해 용어(줄, ropes)로 사용되었고, 히브리서에서는 하나님의 "도움"으로 사용되었다. 히브리서 4:16에서 하나님이 "때를 따라 도움"(유카이론 보이세이안)을 주신다. 때를 따라 도움은 "적절한 도움"(에쩨르 네게드)이다. 그러므로 구약에서 적절한 돕는 자로서 하나님은 신약에서 "하나님의 때에 맞는 도움"에 상응한다.

그러면 하나님은 누구에게 이렇듯 "적절한 도움"이 되는가? 히브리서 4:16은 12-15절의 결론이다. 하나님의 말씀은 그의 현존이며 심판을 집행한다. 만물이 벌거벗듯 마음과 생각의 뜻까지 드러내어 심판한다(12절). 하나님의 현존인 말씀 앞에서 심판받는 자가 죄를 고백할 때 대제사장 그리스도는 그의 연약함을 체휼하신다(14-15절). 그뿐만 아니라 그리스도는 그를 은혜의 보좌로 이끄신다. 이것은 아들을 힘입어 하나님께 나아가는 "파레시아"이다. 그는 파레시아를 통해 아버지 하나님이 거하시는 은혜의 보좌로 나아간다. 바로 그곳에서 하나님의 은혜와 자비를 받는다. 이것이 은혜의 보좌에서 하나님께로부터 받는 "적절한 도움"이다(히 4:16).

그리스도인에게 적절한 도움은 하나님의 자비와 은혜이다. "자비와 은혜"의 쌍개념은 하나님의 본질이다. 이는 독생자의 영광인 "은혜와 진리"에 상응한다(요 1:14). 신약에서 은혜와 진리의 쌍개념은 구약에서 인자와 신실의 쌍개념이다. 모두가 하나님의 영광이며, 본질의 계시이다. 시인은 거대한 산 앞에서 도움을 호소한다. "내가 눈을 들어 산을 본다. 내 도움이 어디에서 오는가?"(시 121:1). 그는 알고 있다. 그의 도움은 하늘과 땅을 만드신 주님에게서 온다(시 121:2). 신약시대 믿는 자는 거대한 산 앞에서 외친다. "나의 도움이 어디에서 오는가?" 하나님은 파레시아를 준행하여 은혜의 보좌로 나아가는 자에게 적절한 도움이 되신다. 그 도움은 독생자의 영광이요, 독생자 안에 충만한 인자와 신실이다. 만물 안의 그 무엇도 그리스도 예수 안에 있는 하나님의 사랑에서 우리를 끊지 못한다(롬 8:38-39).

∶ 묵상

창조 이야기를 묵상하며 진리의 영이 인도하는 말씀에 겸비하며 엎드린다. 사람이 무엇이관데! 사람을 향하신 하나님의 생각이 어찌 그리 보배로운지! 도울 힘이 없는 인생이 돕는 자를 찾는다. 유일한 돕는 자, 적절한 돕는 자는 오직 하나님뿐이다. 그러나 나는 영적 고아처럼 살며 신앙하였다. "하나님이 나의 도움"이라는 노래를 수없이 복창하였으나 실제로 이루어지지 않는 개념이었다. 그것은 공허한 메아리였다. 내면에서는 늘 불안하고 좌절하였다. 홀로 버려진 느낌, 군중 속의 외로움은 헤아날 수 없는 고질병이었다. 그러면서 사람을 돕는 자로 구하던 자, 수시로 자기 연민과 침체의 나락에 떨어졌다.
 한참 후에 깨달은 사실은 도울 힘이 없는 인생이 도울 힘이 없는 인생을 의지하고 있다는 것이었다. 또한, 도울 힘이 없는 주제에 사람들의 돕는 자를 자처하였다. 그렇게 사람들이 나를 따르게 하며 나는 그들을 복속(服屬)시키려 하였다. 아, 무지하고 어리석은 자에게 하나님이 말씀으로 현존하셨다. 심판의 말씀 앞에 죽음을 피할 수 없었다. 그러나 대제사장 그리스도가 나를 체휼하셨다. 파레시아를 통해 은혜의 보좌에 들어갔다.
 하나님의 전적인 은혜로 영생을 알고 생명의 교제를 하였다. 날마다 아들을 힘입어 하나님께 나아가는 파레시아의 은혜를 입었다. 파레시아는 문제 해결이나 상황 호전을 가져오지 않는다. 다만 모든 상황에서 하나님이 나의 적절한 도움이 되심을 체험케 한다. 그는 때에 맞는 도움이 되신다. 그 무엇도 끊을 수 없는 하나님의 인자와 신실은 나에게 때에 맞는 도움이다. 오늘도 그로 인해 안전하고 평안하다.

06

3:1-13

1 그런데 뱀은 여호와 하나님이 지으신 들짐승 중에 가장 간교하니라 뱀이 여자에게 물어 이르되 하나님이 참으로 너희에게 동산 모든 나무의 열매를 먹지 말라 하시더냐
2 여자가 뱀에게 말하되 동산 나무의 열매를 우리가 먹을 수 있으나
3 동산 중앙에 있는 나무의 열매는 하나님의 말씀에 너희는 먹지도 말고 만지지도 말라 너희가 죽을까 하노라 하셨느니라
4 뱀이 여자에게 이르되 너희가 결코 죽지 아니하리라
5 너희가 그것을 먹는 날에는 너희 눈이 밝아져 하나님과 같이 되어 선악을 알 줄 하나님이 아심이니라
6 여자가 그 나무를 본즉 먹음직도 하고 보암직도 하고 지혜롭게 할 만큼 탐스럽기도 한 나무인지라 여자가 그 열매를 따먹고 자기와 함께 있는 남편에게도 주매 그도 먹은지라
7 이에 그들의 눈이 밝아져 자기들이 벗은 줄을 알고 무화과나무 잎을 엮어 치마로 삼았더라
8 그들이 그 날 바람이 불 때 동산에 거니시는 여호와 하나님의 소리를 듣고 아담과 그의 아내가 여호와 하나님의 낯을 피하여 동산 나무 사이에 숨은지라
9 여호와 하나님이 아담을 부르시며 그에게 이르시되 네가 어디 있느냐
10 이르되 내가 동산에서 하나님의 소리를 듣고 내가 벗었으므로 두려워하여 숨었나이다
11 이르시되 누가 너의 벗었음을 네게 알렸느냐 내가 네게 먹지 말라 명한 그 나무 열매를 네가 먹었느냐
12 아담이 이르되 하나님이 주셔서 나와 함께 있게 하신 여자 그가 그 나무 열매를 내게 주므로 내가 먹었나이다
13 여호와 하나님이 여자에게 이르시되 네가 어찌하여 이렇게 하였느냐 여자가 이르되 뱀이 나를 꾀므로 내가 먹었나이다

06

죄책감과 죄 고백은 하나님과 분리의 고통 및 연합의 갈망에서 나온다

:주해

창세기 1-2장은 창조 이야기이며, 3장은 타락 이야기이다. 창조와 타락 이야기는 역사적 사실을 넘어 "신화"(myths)로 부른다. 창조와 타락 이야기를 역사적 사실로 국한하면, 여러 의문점을 풀지 못한다. 아담과 하와의 첫 아들은 가인이다. 그렇다면 가인의 아내는 어디서 왔으며, 가인을 죽이려는 원수들은 또 어디에서 왔는지 해명할 수 없다.

하나님의 말씀이 정확무오하다고 믿는 신자들은 "신화"에 대한 거부감이 있다. 이들은 신화가 허구이며 진리가 아니라는 선입관 때문에 그러하다. 그러나 예로부터 성경신학계에서 신화는 폭넓게 사용된 문학 장르이다. 신화의 원시적 정의는 시공간에 상관없이 신들의 세계에서 벌어지는 사건이다(도널드 레드포드). 그리고 유명한 종교사학자 미르체아 엘리아데는 이렇게 말했다. "신화는 존재론과 밀접한 관계가 있으며 실제로 있었던 실체들의 이야기이다." 신화는 신적 역사의 서술이다. 그렇다면 신화는 허구가 아니며 역사와 반대되는 개념도 아니다. 신화는 하나의 문학적 장르이며, 신과 세상과 인간의 기원에 관한 이야기이다. 신화는 어떤 공간과 시간과 인물들을 엮어낸 이야기이다(폴 리쾨르). 창세기의 신화는 역사적 사실을 넘어 진리를 증거하는 방식이다.

창세기의 아담 신화는 세 가지 기능이 있다(리쾨르, 〈악의 상징〉). 첫째, 아담이라는 대표 인간을 가지고 인류 전체와 모든 인간사를 말한다. 둘째, 태초와 종말에서 오는 긴장이 신화 전체에 흐른다. 셋째, 아담신화는 현실의 단절을 아쉬워한다. 다시 말해 흠 없는(무죄) 상태에서 죄의 현실로 건너간 인간의 현실을 안타까워한다.

창세기 3장은 인간의 타락과 타락한 인간에 대한 하나님의 구원 약속을 신화적으로 이야기한다. 1-7절은 인간의 타락(범죄)을, 8-13절은 타락한 인간을 찾으시는 하나님을, 14-24절은 하나님의 심판과 구원자의 약속을 기술한다. 하나님은 아담에게 금지명령을 내리셨다. 이는 동산에 있는 각종 나무의 열매는 먹고 또 먹되, 선악을 아는 나무의 실과를 먹지 말라는 명령이었다(2:16-17). 금지명령을 내리신 하나님에 이어 유혹하는 뱀이 등장한다. 아담과 여자는 자신들이 다스리는 동물 중 간교한 뱀에 의해 유혹을 받는다. 이들은 뱀의 유혹을 받아 하나님이 금지한 선악을 아는 나무의 열매를 먹었다. 이로써 이들은 하나님의 영광에서 떠나갔다(롬 3:23). 그런데도 이들에 대한 하나님의 약속은 철회되지 않았다. 하나님은 영원히 신실하시다. 이 약속은 창세전 주시기로 한 영생이다(딛 1:2). 하나님은 이들의 범죄에 대해 형벌을 내리시고, 동시에 가죽옷으로 죄를 가려주시고 여자의 후손을 통하여 구원자가 오심을 약속하셨다. 그 구원자는 장차 오실 하나님의 아들 예수 그리스도이시다.

뱀은 모든 들짐승 중 가장 간교하였다. "간교한"의 히브리어는 "아룸"이다. 정확한 뜻은 "영리한"이다. "영리한"의 "아룸"과 "벌거벗은"의 "아루밈"은 (2:25) 동일하게 동사 "아람"의 파생어다. 아담과 여자의 벌거벗음(아루밈)이 하나님 안에서 순전함이라면, 뱀 역시 순전함(아룸-아루밈과 어원이 같음)의 의미가 있다. 뱀을 간교하다고 말한 것은, 그가 유혹자임을 반영한다. 뱀은 여호와 하나님이 지으신 들짐승 중 가장 영리하다. 1절, 뱀을 여호와 하나님이 지으신 것으로 표현한 것은 뱀 자체가 악마적 세력이나 사탄이 아니라는 뜻이다. 그러나 유대교 문헌에서 시작하여 기독교 교리에서 받아들여진 해석에 따르면, 뱀은 사탄 또는 사탄의 변장한 모습이다. 이 해석에 의하면, 하나님이 뱀에게 내린 저주는 곧 사탄에게 내린 저주이다(3:15). 로마서에서는 뱀을 계명으로 말미암아 기회를 포착한 죄(죄의 세력)로 본다(롬 7:11).

여기서는 뱀의 정체가 아니라 뱀이 무엇을 말하였는가가 중요하다. 뱀이 여자에게 묻는다. 뱀의 유혹은 하나님이 금지하신 선악을 아는 나무의 실과를 먹게 하는 것이 그 목적이었다. 그러나 뱀은 그 나무를 언급하지 않는다. "하나님이 정말로 너희에게, 동산 안에 있는 모든 나무의 열매를 먹지 말라고 말씀하셨느냐?"(1b절). 하나님은 사람에게 동산에 있는 각종 나무의 열매를 먹고 또 먹으라고 하셨다(2:16). 다만 한 가지 나무의 열매만은 금하셨다(2:17). 그러나 뱀은 하나님이 마치 모든 나무의 실과를 먹지 못하게 하신 것처럼 질문한다. 뱀은 하나님을 부정적으로 묘사하며 말씀을 왜곡한다.

여자는 즉시 뱀의 왜곡을 수정하며 하나님을 변호한다. 그러나 여자는 사실 이상의 것을 말한다. 여자는 하나님의 말씀을 가감(加減)한다. "아니다. 하느님께서는 이 동산에 있는 나무 열매는 무엇이든지 마음대로 따먹되, 죽지 않으려거든 이 동산 한가운데 있는 나무 열매만은 따먹지도 말고 만지지도 말라고 하셨다"(2-3절, 공동번역). 여자는 "만지지도 말라"라는 말씀을 더하였다. 또한, "죽고 또 죽는다"는 말씀을 "죽지 않으려거든"(죽을까 하노라)으로 약화하였다. 신구약성경은 하나님의 말씀을 가감하는 자를 엄중히 경고한다(신 4:2, 계 22:18-19). 말씀을 정확히 알지 못하는 여자는 유혹의 덫에 걸린다. 말씀에 자기 생각을 더하거나 감하는 자는 유혹에 걸려든다.

주목할 것은, 뱀이 말하는 대상은 여자 혼자가 아니라 남자도 들어있다. 뱀은 계속해서 "너희"(복수형)에게 말한다(1, 4, 5절). 아담은 "여자와 함께 있는 남편"이다(6절). 뱀이 여자를 지칭하여 말한 것(1, 4절)은 그 이유가 불확실하다. 대체로 주석가들은 남자는 직접 계명을 들었고(2:16-17), 여자는 간접적으로 들었다고 본다. 여자는 말씀을 정확하게 모른다는 것이다. 뱀은 여자에게 더 이상 묻지 않는다. 그리고 하나님의 말씀이 거짓이라고 주장한다. 뱀은 "반드시 죽는다"라는 하나님의 말씀을 "절대로 죽지 않는다"로 바꾼다(4절). 그러면서 그 근거를 댄다. "하나님은, 너희가 그 나무 열매를 먹으면, 너희의 눈이 밝아지고, 하나님처럼 되어서, 선과 악을 알게 된다는 것을 아시고, 그렇게 말씀하신 것이다"(5절).

뱀은 드디어 유혹자의 실체를 드러낸다. 뱀은 남자와 여자를 가르친다. 뱀은 사람이 하나님에 대해 아는 것보다 자기가 하나님을 더 잘 안다고 주장한다. 그러면서 "반드시 죽는다"라는 하나님의 말씀에 대항한다. 하나님이 사람에게 요구하시는 것은 말씀에 대한 복종이다. 하나님을 다 알지 못해도 주어진 말씀에 복종하는 것이 우선이다. 사실 뱀의 말은 맞다. 바로 그 이유로 하나님은 사람을 에덴에서 쫓아내셨다(3:22). 그러나 하나님과 분리된 상태에서 하나님을 안다고 말하는 자는 유혹자이다. 자기부인 없이 성경을 다 알고 하나님을 다 안다고 하는 자는 사탄이 부리는 유혹자이다. "인간이 하나의 원리, 하나의 신념을 무기로 삼아 구체적인 하나님의 말씀에 대항하는 곳에서, 인간은 하나님의 주(主)가 된다"(본회퍼, 〈창조와 타락〉).

사탄이 말하는 하나님의 명칭은 "야훼"(여호와)가 아니라 "엘로힘"(신)이다(1절). "여호와 하나님"이 사람에게 계명을 주셨다(2:16). 이는 언약관계 안에서 주신 계명이다. 곧 계명에 순종하여 하나님 안에 거하도록 주신 은혜의 선물이다. 그러나 뱀은 계명을 버리고 스스로 신(엘로힘)이 되라고 유혹한다. 금단의 열매를 먹으면 눈이 열려 선악을 아는 신적 경지에 이른다는 것이다. 유혹 믿는 자는 스스로 신의 권능을 취하려 한다. 인간은 신적 능력이 아니라 전능하신 하나님께 의존하여 살도록 지음 받았다. 유혹자는 하나님에 의해 설정된 경계를 넘어 인간 존재를 확대하는 가능성을 제시한다. 존재의 한계를 넘어서는 것은 교만이다. 뱀과 여자의 대화는 이것으로 끝났다.

악은 밖에서 들어왔다. 악은 교만의 탐심을 불어넣었다. 이제 여자의 몫이다. 여자는 나무 아래에서 생각에 잠긴다. 탐욕이 그녀를 사로잡는다. 탐욕의 눈에는 금단의 열매가 먹음직하고 보암직하고 지혜롭게 보인다(3:6). 결국 여자는 계명을 어겼다. 계명을 범하는 죄를 실행하였다(요일 3:4). 여자가 그 열매를 따먹고 자기와 함께 있던 남자에게도 주었다(6절). 유혹당한 여자는 유혹하는 여자가 된다. 남자의 적절한 돕는 자가 남자의 유혹자가 되었다. 어떤 종류의 나무 열매였는가? 라틴 기독교의 전통에서는 사과나무의 열매로 본다. 이것은 라틴어 "나쁜"(malus)과 "사과"(malum)의 유사관념이 반영된 것이다. 물론 애플사의 로고(베어 먹은 사과)와는 무관하다.

하나님이 창조하신 인간은 선하다. 만일 하나님이 사람으로 하여금 죄를 짓도록 창조하셨다면 창조는 선하지 않을 것이며 불완전할 것이다. 그러나 사람은 죄를 지었다. 이것은 불가능한 가능성이다! 뱀의 신화는 악이 이미 존재함을 말해준다. 뱀의 존재가 말하는 것은, 사람이 악을 시작하지 않았다는 것이다. 사람이 악을 시작한 것이 아니라 악이 눈에 띄었다. 죄를 지을 수 없는 인간, 그러나 죄를 지었다. 그것은 밖에서 들어온 악으로 인함이었다. 뱀은 악을 상징한다. 뱀이 한 일은 탐심을 심어준 것뿐이다. 그것을 먹으면 하나님처럼 된다고! 동시에 탐욕을 채우는 데 따른 위협을 제거하였다. 결코 죽지 않는다고! 유혹자는 탐심을 던지고 빠진다. 그 욕심이 사람에게 잉태하여 죄를 낳았다. 그리고 즉시 사망이 왔다. "욕심이 잉태한즉 죄를 낳고 죄가 장성한즉 사망을 낳느니라"(약 1:15).

밖에 있는 악이 탐욕을 매개로 들어왔다. 사람이 탐욕을 받아들이니 죄가 들어왔다. 이제 죄는 "들어있는 악"이다. 첫 사람 아담은 죄가 들어온 통로이다. 아담에게 들어온 죄가 범법을 일으켰다. 그 결과 모든 사람이 죄를 범하였다. "들어있는 죄"가 모든 사람에게 있다. 그 결과 모든 사람이 아담과 동일한 죽음에 이르렀다(롬 5:12, 14).

여자와 남자가 선악을 아는 나무의 실과를 먹었다. 결과는 어떠했는가? 뱀의 말처럼 눈이 떠져 신들과 같이 되었는가? 그들은 속았다. 하나님의 말씀이 옳았다. 그들에게 즉시 사망이 왔다. 사망의 증상은 눈이 밝아져 자신들의 벌거벗음을 보게 된 것이다. 흙의 티끌이 민낯으로 드러났다. 그들은 무화과 잎으로 치마를 만들어 비참한 실존을 가려야만 했다. 사망의 본질은 자기도 자기를 용납하지 못하는 비참한 실존의 드러남이다. 무화과 잎으로 만든 치마(카고레)는 벨트이다. (이하의 내용은 〈복음과 생명〉 8강, "하나님을 떠난 자, 무화과 잎으로 가리다" 참고).

8-13절, 하나님이 범죄한 아담과 여자에게 나타나신다. 아담과 여자는 그 날 바람이 불 때 동산에 거니시는 여호와 하나님의 소리를 들었다. "소리"는 음성이 아니라, "거니시는" 소리이다. 그들은 여호와 하나님의 낯을 피하여 동산 나무 사이에 숨었다. 하나님이 그들을 찾으시며 부르셨다. "네가 어디 있느냐?" "네가 어디 있느냐?"라는 질문의 히브리어는 "아이에카"이다. 이는 하나님이 사람에게 하신 첫 번째 질문이다(배철현, 〈신의 위대한 질문〉).

히브리 사상에서는 그가 거주하는 장소가 곧 그 사람을 의미한다. 인간의 장소는 하나님이 할당하신다. 그래서 "아이에카"는 존재에 관한 질문이다. 아담과 여자는 그들이 있어야 할 곳을 이탈하였다. 아이에카! 이 질문은 모든 인류에게 신이 묻고 싶어 하는 첫 번째 질문이자, 욥과 예수가 그랬듯 거꾸로 인간이 신에게 외치는 질문이기도 하다(배철현). 잃어버린 자를 찾으시는 하나님의 애절한 부르짖음이 동산에 울려 퍼졌다. 이 부르짖음은 성경 전체에 메아리친다. 인자하시고 거룩하신 하나님은 지금도 마땅히 있어야 할 곳을 떠난 자기 백성을 찾고 계신다. 그러나 미련하고 우둔한 백성들은 그의 음성을 듣지 못한다. 결정적으로 그 고뇌는 십자가의 부르짖음으로 터져 나온다. 하나님의 아들이 반역자 아담을 대신하고, 하나님을 피해 달아난 우리를 대신하여 십자가를 지신다. 거기서 그분은 괴로워하며 이렇게 부르짖는다. "나의 하나님, 나의 하나님, 어찌하여 나를 버리셨나이까" 하나님은 그분의 자녀인 우리를 찾으실 때까지 우리를 그냥 두지 않으신다(레슬리 뉴비긴, 〈성경 한 걸음〉).

숨어있던 아담이 대답한다. "하나님께서 동산을 거니시는 소리를, 제가 들었습니다. 저는 벗은 몸인 것이 두려워서 숨었습니다"(10절). 하나님이 아담에게 물으셨다. "네가 벗은 몸이라고, 누가 일러주더냐? 내가 너더러 먹지 말라고 한 그 나무의 열매를, 네가 먹었느냐?"(11절). 아담은 죄를 범했으나 전혀 죄의식도 죄책감도 없다. 하나님이 짝지어 주신 여자가 열매를 주어서 먹었다고 말한다(12절). 하나님을 핑계 대고 여자를 탓하는 아담에게 하나님은 침묵하신다. 그리고 여자에게 물으신다. "너는 어찌하다가 이런 일을 저질렀느냐?" 여자도 남자와 같이 뱀을 탓하였다. 뱀이 꾀어서 먹었다고 말한다(13절). 여자에게도 죄의식이나 죄책감은 없다.

바울은 아담과 하와의 사건을 두고 죄와 계명의 상관관계를 다음과 같이 진단하였다. "죄가 그 계명을 통하여 틈을 타서 나를 속이고, 또 그 계명으로 나를 죽였습니다"(롬 7:11). 계명이 주어지자 정체를 감추던 죄의 세력이 나타났다. 그리고 여자를 속이고 그를 사망에 이르게 하였다. 이제 죄는 모든 인간에게 들어있다. 밖에 있는 죄의 세력은 인간 안에 들어있는 악을 지배하여 죄를 저지르게 한다. 들어있는 죄가 밖에 있는 죄의 세력으로 인해 범법이나 범죄로 나타난다. 이상할 정도로 아담과 여자는 죄의식이 없고, 죄책감도 없다. 그러니 회개도 없고 하나님께 돌아갈 수도 없다. 아담과 여자 이후 모든 사람은 죄인이 되었다. 죄가 이미 들어왔다. 기독교 전통에서 이것을 원죄로 부른다. 많은 사람은 들어있는 죄가 죄를 저지르기 때문에 죄는 불가항력이라고 말한다. 심지어 교회 안에서도 죄를 짓고도 처절한 죄의식이나 죄책감이 없다. 죽을 것 같은 죄책감이 없으면 진실한 죄 고백도 없다.

시편 32편에서 시인은 죄책감으로 죽을 것만 같았다. 그가 죄를 고백하지 않았을 때는, 온종일 끊임없는 신음으로 뼈가 녹아내리는 듯하였다(시 32:3). 그의 입술은 여름 가뭄에 풀이 마르듯 말라 버렸다(시 32:4). 시인은 마침내 죄를 고백하고 죄를 용서받는다(시 32:5). 그때 사죄의 은총을 받고 외친다. 그는 진실로 복되고 복된 자이다. "복되어라! 거역한 죄 용서받고 허물을 벗은 그 사람! 주님께서 죄 없는 자로 여겨주시는 그 사람! 마음에 속임수가 없는 그 사람! 그는 복되고 복되다!"(시 32:1).

왜 우리는 시인과 같은 죄책감이 없고 시인과 같은 죄 고백이 없는가? 왜 죄 사함을 받은 행복자의 고백이 없는가? 폴 리쾨르의 〈악의 상징〉은 이 문제를 깊게 다룬다. 기독교 교리에서 개념이 된 원죄의 의미로는 죄책감이나 진정한 죄 고백을 끌어낼 수 없다. "여러분은 본래부터 죄인입니다. 그러니 죄를 회개하십시오." 이런 외침은 결코 죄의식이나 죄책감을 가져오지 못하며, 당연히 시인과 같은 죄 고백을 할 수 없다는 것이다. 리쾨르는 악을 "흠, 죄, 죄책감"(허물)으로 구분한다. 흠은 물리적 사물에 근거하여 금기와 터부로 이루어진 원시종교의 악 체험이다. 이것은 회개 없이 때를 벗겨내듯 정화시켜 제거한다. 죄는 "들어있는 악"을 다루는 단계이다. 죄는 공동체와의 단절을 체험한다. 여기서 죄는 분리이며 단절이다. 공동체는 내부의 정결을 유지하고자 금기를 범한 자를 공동체에서 축출한다. 이때 죄의식과 죄책감이 생긴다. 들어있는 악이 저지르는 악으로 발전한다. 이때 처절한 죄의 고백이 이루어진다. 죄 고백은 신의 용서를 가져오고, 용서받은 자는 공동체로 복귀한다.

시편 32편을 다시 보자. 시인이 경험하는 처절한 죄책감은 하나님과의 분리에서 오는 고통을 표출한다. 동시에 하나님과 연합하고자 하는 갈망에서 나온다. 그의 죄 고백은 하나님의 용서를 가져왔고, 그는 하나님 안으로 들어가는 기쁨으로 충만하다. 하나님의 교제 공동체의 부요함을 맛본 자만이 죄로 인한 분리에서 오는 죄의식과 죄책감을 경험한다. 그는 "내가 바로 죄인입니다!"라는 처절한 죄책과 고백으로 하나님께 용납받는다. 그가 진실로 복된 자이다.

묵상

아담은 피조물이지만 하나님과 교제하는 특권을 받았다. 더불어 에덴에서 각종 나무의 실과를 먹고 또 먹는 은혜를 누렸다. 하지만 아담은 하나님이 금하신 한 가지 열매를 먹음으로써 죄를 범하였다. 뱀은 아담이 하나님을 거역하도록 유혹했을 뿐이었지만 욕심이 잉태하여 죄를 지은 것이다. 나는 아담과 같은 죄를 범하지 않았으나 내 속에 근원적인 죄가 들어있었다. 다윗의 고백대로 모친이 죄 중에서 나를 잉태하였다. 오늘도 범죄한 아담의 모습에서 나를 본다. 나는 아담과 비교할 수 없는 영생을 선물로 받은 자이다. 아담은 하늘의 모형인 에덴에 거주했으나 나는 모형이 아니고 본체인 아버지 집에 거한다. 아담이 범죄했으나 하나님이 그에게 찾아오셨다. 통회 자복하고 긍휼을 구해도 부족할 판에 여자 탓을 하고 여자를 주신 하나님 탓을 한다. 죄의식이나 죄책감이라곤 조금도 없다.

개념적인 죄를 인정하지만 습관적으로 죄를 자복한다. 그러므로 참으로 깊은 죄의식과 죄책감이 있는지 말씀은 나의 마음과 생각을 드러내어 심판한다. 이 주간 내내 시편 51편을 생각하고 또 생각하였다. "주께만 죄를 범했습니다! 나는 내 죄과를 아오니 내 죄가 항상 있나이다" 고백하는 시인에 못 미치는 삶이다. 어떻게 하면 나도 이렇듯 죄를 고백할 수 있을까! 결국 원죄의 개념으로 진정한 죄 고백을 가져올 수 없다는 리쾨르의 통찰에 깊이 공감하였다. 하나님과 교제의 단절, 그 충만함으로부터의 분리가 죄의식을 가져오고 죄책감을 가져온다. 아버지 품을 떠나면 물을 떠난 고기처럼 시들어간다. 탕자가 아버지 집의 풍요함을 알기에 비참함을 무릅쓰고 아버지 집으로 간다. 나 역시 그 집의 충만함을 알기에 깊은 죄책감과 죄 고백으로 아버지 집에 들어간다. 진실로 허물(죄책감)의 사함을 받고 죄가 가려진 자는 복되다.

07

3:14-24

14 여호와 하나님이 뱀에게 이르시되 네가 이렇게 하였으니 네가 모든 가축과 들의 모든 짐승보다 더욱 저주를 받아 배로 다니고 살아 있는 동안 흙을 먹을지니라
15 내가 너로 여자와 원수가 되게 하고 네 후손도 여자의 후손과 원수가 되게 하리니 여자의 후손은 네 머리를 상하게 할 것이요 너는 그의 발꿈치를 상하게 할 것이니라 하시고
16 또 여자에게 이르시되 내가 네게 임신하는 고통을 크게 더하리니 네가 수고하고 자식을 낳을 것이며 너는 남편을 원하고 남편은 너를 다스릴 것이니라 하시고
17 아담에게 이르시되 네가 네 아내의 말을 듣고 내가 네게 먹지 말라 한 나무의 열매를 먹었은즉 땅은 너로 말미암아 저주를 받고 너는 네 평생에 수고하여야 그 소산을 먹으리라
18 땅이 네게 가시덤불과 엉겅퀴를 낼 것이라 네가 먹을 것은 밭의 채소인즉
19 네가 흙으로 돌아갈 때까지 얼굴에 땀을 흘려야 먹을 것을 먹으리니 네가 그것에서 취함을 입었음이라 너는 흙이니 흙으로 돌아갈 것이니라 하시니라
20 아담이 그의 아내의 이름을 하와라 불렀으니 그는 모든 산 자의 어머니가 됨이더라
21 여호와 하나님이 아담과 그의 아내를 위하여 가죽옷을 지어 입히시니라
22 여호와 하나님이 이르시되 보라 이 사람이 선악을 아는 일에 우리 중 하나 같이 되었으니 그가 그의 손을 들어 생명나무 열매도 따먹고 영생할까 하노라 하시고
23 여호와 하나님이 에덴동산에서 그를 내보내어 그의 근원이 된 땅을 갈게 하시니라
24 이같이 하나님이 그 사람을 쫓아내시고 에덴동산 동쪽에 그룹들과 두루 도는 불칼을 두어 생명나무의 길을 지키게 하시니라

07

그리스도의 십자가, 형벌의 수고에서 은총의 수고로!

⦂ 주해

창조의 세계는 창세전의 세계에 근거한다. 창조는 창세전 하나님의 뜻을 성취한다. 창세전 하나님께서는 이중사역과 이중예정을 하셨다. 이중사역은 아들에게 생명을 주신 것(잠 8:22, 요 5:26)과 그 생명을 사람에게 주시기로 약속하신 것이다(딛 1:2, 요일 2:25). 이중예정은 이 생명을 그리스도 안에서 주시기로 한 것(엡 3:11)과 이 생명을 주시기 위해 그리스도를 보내실 것을 미리 정하신 것이다(벧전 1:20).

첫 사람 아담은 땅이 그의 근원이었다(3:23). 아담은 땅의 먼지로 하나님에 의해 만들어진 생명(made of God)이지만 아담은 창세전 약속대로 하늘(하나님)로부터 나야 할 자였다(born of God). 삼위 하나님은 하늘에서 충만한 기쁨으로 현존하셨다(페리 코레시스). 아담에게 주신 땅의 처소는 에덴이었다. 에덴은 기쁨이란 뜻이며, 삼위 하나님의 모형이다. 하늘에서 나는 생명, 곧 영생은 에덴의 본체인 삼위 하나님 안에 거한다. 아담은 오실 그리스도의 모형이다(롬 5:14). 아담의 생명은 땅에 기원한 생령(생명체)이다(창 2:7). 마지막 아담, 곧 예수 그리스도는 생명을 주는 영이다(고전 15:45). 아담은 피조물이었으나 아들의 형상대로 지음 받아 하나님과 교제하였다. 영생은 삼위 하나님과 교제하는 생명이다

(요 17:3). 아담과 영생은 하나님과의 교제라는 외형은 비슷하나 생명의 본질이 다르다. 땅의 생명과 하늘의 생명의 차이이다.

아담은 창세전 하나님의 이중 예정대로 그리스도가 오셔서 영원한 생명을 얻을 자였다. 그러나 아담은 그리스도가 오시기 전 죄를 범하여 하나님을 떠나갔다. 뱀이 여자를 유혹하였다. 뱀은 유혹하였을 뿐이지만, 계명을 범한 범법은 여자와 남자가 저질렀다. 말씀대로 하나님의 공의가 집행되었다. 그들은 금단의 열매를 먹은 즉시 죽었다(2:17, 먹는 날에는 반드시 죽으리라). 죽음의 증상은 자의식의 출현이다. 벌거벗은 실존이자 비참한 실존이 드러났다. 그들은 무화과 잎으로 만든 치마로 비참한 실존을 가렸다.

그런 그들을 하나님이 먼저 찾아오셨다. 아담과 여자는 하나님의 거니시는 소리를 듣고 그를 피하여 숨었다. 하나님이 그들을 찾으셨다. "네가 어디 있느냐?"(아이에카). 아담은 "벗었으므로" 두려워하여 숨었다고 말한다. 아담은 알고 있다. 아무리 무화과 잎으로 벌거벗음의 수치를 가렸으나 하나님 앞에서 여전히 벌거벗은 자이다. 하나님은 아담, 여자, 뱀의 순서로 말씀하신다. 아담과 여자는 하나님 앞에서 범죄의 책임을 전가한다. 아담은 하나님이 주신 여자 탓, 결국 하나님 탓을 한다. 여자는 유혹자 뱀 탓을 한다. 하나님은 남자와 여자와는 "대화"하셨다. 그러나 뱀에게는 일방적으로 저주를 선포하신다.

유혹자 뱀에게 두 가지 저주가 임한다. 첫 번째 저주는 평생 배로 기어 다니며 흙을 먹는 것이다. 14절, "모든 짐승보다 더욱 저주를 받아"에서 "~보다"의 히브리어 "민"은 "~가운데서"로 번역하는 것이 적절하다(공동번역, 새번역). "모든 집짐승과 들짐승 가운데서 네가 저주를 받아, 사는 동안 평생토록 배로 기어 다니고, 흙을 먹어야 할 것이다"(14절). "~ 들짐승 가운데서"라는 하나님의 저주가 뱀에게만 주어진 것이고, 다른 동물에게는 해당되지 않음을 뜻한다. "~들짐승보다"로 번역하면, 다른 동물에도 저주가 임한다는 뜻이 되고 만다.

하나님이 뱀에게 하신 두 번째 저주는 중요한 신학적 의미를 담고 있다. "내가 너로 여자와 원수가 되게 하고, 너의 자손을 여자의 자손과 원수가 되게 하겠다. 여자의 자손은 너의 머리를 상하게 하고, 너는 여자의 자손의 발꿈치를 상하게 할 것이다"(15절). 유혹자 뱀은 유혹당한 자, 여자와 원수가 될 것이다. 또한, 뱀의 후손은 여자의 후손과 원수가 될 것이다. 그(여자의 후손)는 뱀의 머리를 상하게 하고, 뱀은 여자의 후손의 발꿈치를 상하게 할 것이다. 초기 유대교는 본문의 뱀을 사탄으로 해석하여 "그"(여자의 후손)를 메시아로 해석하였다. 초기 기독교는 이런 전통을 받아들여 "그"(여자의 후손)를 그리스도로 받아들였다(롬 16:20, 히 2:14, 계 12장 참고). 그리하여 초대교부 저스틴이나 이레니우스 이후 기독교 성서 주석가들은 3:15를 원시 복음으로 불렀다. 개혁자 마틴 루터 역시 이 구절을 최초의 복음(protevangelium)으로 불렀다.

이사야 선지자는 메시아를 "처녀의 몸에서 날 자"로 계시하였다(사 7:14). 그의 이름은 임마누엘이다. 하나님의 아들이 세상에 오셨다. 그는 동정녀 마리아에게서 나신 예수이다. 마태복음에서 예수는 임마누엘이며, 이사야의 예언을 성취한 구원자로 기록되어 있다(마 1:23). 뱀에 대한 하나님의 저주는 동시에 구원자이신 그리스도가 오심을 예시한 것이다. 뱀이 메시아의 발꿈치를 상하게 했다는 예언대로 메시아(그리스도)는 십자가에 못 박히셨다. 그러나 그리스도는 십자가에서 죽으심으로써 뱀을 표상하는 마귀를 멸하셨다. 십자가에서 죽으심으로써 죽음의 세력을 멸하신 것이다(히 2:14-15).

그러므로 예수 그리스도의 십자가 사건은 이미 아담이 범죄한 현장에서 예언된 것이다. 혹자의 말대로 창세전부터 십자가 사건이 정해진 것은 아니지만 하나님이 영생 주시기로 하신 약속은 신실하시다. 하나님은 인간이 범죄하였음에도 불구하고 창세전 영생의 약속을 지키신다. 그 대신 마귀의 포로된 인간을 해방하고 죄로부터 구원하기 위해 자기 아들을 십자가 죽음에 내어주시는 대가를 치르신다.

16-19절, 범죄한 인간에 대한 형벌이 주어졌다. 주목할 것은, "저주"가 아니라 "형벌"이다. 모든 인간은 창세전 영생의 약속 아래에 있다. 하나님은 범죄한 인간이라도 저주하지 아니하시고 수고의 형벌을 내리신다. 모든 인간은 죄인임에도 불구하고 영생의 약속이 성취될 가능성이 있다. 남자와 여자는 죄를 인정하지 않고 타자를 탓하였다. 그러나 하나님은 각자에게 형벌을 내리신다. 하나님께서는 기존의 복을 몰수하지 않으신다. 여자와 남자는 이전의 복을 유지하지만, 거기에 형벌이 더해진다.

여자는 생육하고 번성하되 임신과 출생의 수고가 형벌로 주어졌다. 남자와 함께 살되, 남자를 연모하고 그의 지배를 받는다(16절). 여자에게 내린 형벌은 아내와 어머니라는 존재의 가장 깊은 뿌리에 내려졌다. 여자에게 고통의 뿌리는 관계에 있다. 남자에 대한 그리움이 가득하겠지만, 그 그리움은 남자에게서 성취되지 못한다. 남자로부터 안식이 오지 않는다(룻 1:9). 도리어 굴욕적인 지배를 받는다. "고통 속에 신음하며, 비탄 속에서 웅크리고, 비참하게 되고, 무거운 짐에 눌려 수척해지고, 눈물로 지새는…여자의 삶에서 이런 고통, 갈등, 비천함은 어디에서 오는가?(Vischer, 〈그리스도의 자녀들(Christuszeugnis)〉). 형벌의 수고로 인함이다!

남자에게는 노동을 계속하되, 수고가 형벌로 주어진다(17절). 하나님은 사람을 저주하는 대신 그가 경작하는 땅을 저주하셨다. 땅이 엉겅퀴와 가시를 낸다(18절). 남자는 심은 것을 제대로 거두지 못한다. 그는 흙으로 돌아갈 때까지 수고의 땀을 흘려야 한다. 남자에게 내린 형벌은 생의 깊은 중심에 내려졌다. 생계를 위한 노동, 활동, 염려에 내려졌다. 남자의 운명은 흙으로 돌아간다. 그는 흙이니 흙으로 돌아갈 것이다(19절). 아담은 본래 "흙"(땅)에서 왔다(2:7). 그러나 그는 아들이 오시면 영원한 생명을 얻을 자가 될 것이다. 아담은 땅에서 난 자이나 하늘에서 나는 생명을 얻어야 할 자였다. 흙에서 났으나 하늘로 가야 할 자였다. 그러나 그는 범죄함으로써 다시 땅으로 돌아간다. 흙에서 나서 흙으로 돌아간다.

만일 아담이 죄를 범하지 않았다면 영원히 죽지 않고 영원히 사는가? 그렇지 않다. 땅에 속한 것, 만물 안의 세계는 유한하다. 땅이 그의 기원인 아담은 유한성의 존재이다. 땅에서 기원한 모든 것은 풀의 꽃과 같다. 풀처럼 마르고 꽃처럼 떨어진다. 아담의 생명도 그러하다. 인간은 땅에서 기원한 육체로는 영원히 살 수 없다. 하늘에 속한 육체로 영원히 산다. 아담이 영생을 얻으면, 종말에 새로운 육체로 변화되거나 부활한다. 그 육체로 영원히 사는 것이다.

20절, 아담이 여자의 이름을 짓는다. 그 이름은 "하와"이다. "하와"는 "살다, 생명을 가지다"(하야)의 3인칭 단수이다. 70인역은 "조에"(생명)로 번역하였다. 이제 하와는 "모든 산 자의 어머니"이다. 남자가 여자를 이렇게 명명한 것은 신앙행위로 볼 수 있다. 이 신앙행위는 여자의 모성 속에 있는 위대한 기적과 신비로써 노고와 죽음을 뛰어넘어 보존되는 생명을 붙드는 행위이다(폰 라드). 인간은 그가 받은 형벌에도 불구하고 생명이 보존됨으로써, 창세전 약속인 영생을 얻을 기회를 얻는다.

21절, 하나님은 아담과 하와에게 가죽옷을 입혀주신다. "주 하나님이 가죽옷을 만들어서, 아담과 그의 아내에게 입혀주셨다." 아담과 하와는 무화과 잎으로 만든 옷을 입었다(7절). 그러나 하나님은 그들을 위하여 가죽옷을 입혀주셨다. 사람을 위해 동물이 처음으로 희생당했다. 가죽옷은 여자의 후손과 함께 원시복음에 속한다. 동물희생은 구약의 속죄 제사의 원형이다(레 4:13-21). 이는 장차 인간의 죄를 대신 담당하실 예수 그리스도의 희생적 죽음을 예표한다. 누구든지 예수 그리스도와 연합하여 세례 받은 자는 그리스도로 옷 입은 자이다(갈 3:27).

22-24절, 아담과 하와가 에덴동산에서 추방되었다는 것은 이들은 하나님께로부터 추방된 것을 의미한다. 추방된 이유는 "인간이 이제 우리와 같이 되었으니…"이다(22절). 그들은 하나님의 영역인 선악의 지식을 알게 되었다. 게다가 이들은 생명나무의 열매까지 따서 먹고, 끝없이 살 수도 있다. 하나님은 이것을 막기 위하여 특단의 조처를 내리신다. 하나님이 아담을 에덴동산에서 내쫓으시고 그의 근원인 흙(땅)을 갈게 하셨다(23절). 아담이 에덴에서 추방된 것은 선악을 아는 나무 실과를 먹고 하나님과 같이 되었기 때문이었다. 유혹자의 말이 맞았다(3:5). 물론 아담과 하와가 인간의 본질을 떠나 하나님과 같이 된 것은 아니다. 이들이 하나님과 같이 되었다는 것은, 하나님에 대한 의존관계를 벗어났고, 복종을 거부했고, 스스로 독립하였다는 뜻이다. 하나님은 그들이 이런 상태에서 끝까지 사는 것을 막고자 그들을 에덴에서 쫓아내시고 그룹들(천사들)과 불 칼로 그들이 생명나무로 접근하는 길을 봉쇄시켰다(24절). 이제 인간은 스스로 낙원으로 들어갈 수 없게 되었다.

생명나무는 에덴동산 가운데 있던 첫 번째 나무였다(2:9). 아담과 하와가 범죄한 후 생명나무는 다시 등장한다. 아담이 범죄하기 전 생명나무는 하나님 자신이 인간의 중심이 되어야 한다는 보증 역할을 하였다. 낙원(에덴)의 생명나무는 후에 이스라엘의 성막이나 성전의 가장 거룩한 곳에 갖게 될 지위와 기능을 갖는다(바르트, 〈교회교의학〉 3/1권). 인간은 에덴의 중앙에 있는 생명나무를 보고 그에게 생명을 부여하신 하나님이 그와 가까이 계신다는 보증과 확신을 갖는다. 다시 말해 인간은 생명나무를 통해 생명을 주신 하나님의 호의 아래에 살아간다는 보증을 받는다. 물론 생명나무에 관한 공표된 약속은 없다. 그것을 먹거나 먹지 않으면 어떻게 된다는 그런 약속이 없다. 따라서 낙원에 있는 인간은 생명나무의 열매를 먹을 필요가 없었다. 실제로 아담과 여자는 그것을 먹지 않았다. 생명나무를 지나치게 과대평가한 이들은 그것을 먹으면 생명을 얻는다고까지 생각한다. 그러나 생명나무는 에덴에 있는 각종 나무 중 하나이며, "피조적 수단"이다. 생명은 생명나무를 통해 증거되고 보증되지만, 생명은 피조적 수단(생명나무)이 아니라 오직 하나님 자신을 통해 주어진다.

그런데 생명나무는 아담이 범죄한 이후 매우 중요한 요소로 부각한다. 요지는 이것이다. 범죄한 아담이 생명나무를 먹으면 "죽음의 상태"에서 영원히 산다는 것이다. 범죄한 아담은 이미 죽은 자이다. 그런데 그가 죽음에서 벗어나고자 생명나무를 먹는다면, 돌이킬 수 없는 저주가 될 것이다. 하나님은 인간을 영원한 죽음에 방치하지 않고자 생명나무를 먹지 못하도록 막으신 것이다. 이로써 사망 가운데 있는 아담과 역시 사망 가운데 있는 모든 인간에게 생명의 약속과 생명의 희망이 주어진다. 역사의 시작에 등장했던 생명나무는 역사의 종말에 다시 등장한다. "천사는 또, 수정과 같이 빛나는 생명수의 강을 내게 보여 주었습니다. 그 강은 하나님의 보좌와 어린양의 보좌로부터 흘러 나와서, 도시의 넓은 거리 한가운데를 흘렀습니다. 강 양쪽에는 열두 종류의 열매를 맺는 생명나무가 있어서, 달마다 열매를 내고, 그 나뭇잎은 민족들을 치료하는 데 쓰입니다"(계 22:1-2).

생명나무의 열매는 이기는 교회에 약속되었다(계 2:7). 그러면 누가 생명나무가 있는 낙원의 길을 열었는가? 여자의 후손과 가죽옷으로 예표된 하나님의 아들이 그 길을 여셨다. 어떻게 그 길을 여셨는가? 그리스도가 십자가에서 죽으심으로써 그 길을 여셨다. 그와 함께 첫 번째로 낙원에 들어간 사람은 십자가에 달린 강도였다(눅 23:43). 예수께서 죽으실 때 지성소를 가리던 휘장이 찢어졌다(마 27:51). 휘장의 찢김은 그리스도의 육체가 찢김이다. 이로써 그를 믿는 자는 하늘 성소로 들어간다. 아들을 힘입어 아버지 집에 들어간다. 그 길은 이전에 열리지 않은 새로운 길이요 생명의 길이다(히 10:19-20).

하늘 성소에 들어간 자라도 지상적 수고를 다한다. 여자는 관계에서 오는 수고(고통)를, 남자는 일에서 오는 수고(고통)를 해야 한다. 하지만 그의 수고는

"형벌의 수고"가 아니라 "은총의 수고"이다. 그는 자기가 주체가 되어 사는 것이 아니라, 아버지 품에서 그리스도와 함께 사는 자이다. "내게 사는 것이 그리스도니"(빌 1:21). 그에게 주어진 지상적 수고의 짐은 자신의 힘이 아니라 예수 그리스도의 멍에로 진다. 예수의 멍에는 온유와 겸손의 멍에이다. 예수의 멍에로 지는 짐은 쉽고 가볍다(마 11:29-30).

묵상

나는 성경도 하나님의 능력도 크게 오해하였다. 여자의 수고와 남자의 수고를 인본주의적 방식으로 해결하고자 애썼다. 그것도 주의 이름이라는 명분으로 감행하였다. 세상의 지혜도 여자가 고통을 겪는 것은 자녀 문제 아니면 남편과의 관계 때문이라고 말한다. 반면에 남자의 고통은 일을 하는 데서 생긴다고 말한다. 그러나 여호와께서 집을 세우지 아니하시면 수고가 헛되다(시 127:1). 일찍 일어나고 늦게 자며 수고해도 헛되다(시 127:2). 하나님이 형벌로 주신 수고인데 하나님이 아닌 누가 그것을 제하겠는가? 금과 은으로도 되지 못한다. 명예와 권세로도 형벌의 수고를 면하지 못한다.

최근에 나는 파리에서 진행된 캠프를 마치고 귀국하였다. 귀국하던 날 인천 공항 주차장에서 어떤 부부가 큰 소리로 싸우는 모습을 보았다. 아마도 단체 여행을 갔다가 아내가 마음 상할 일이 생겼는지 체면도 잃은 채 소리치며 싸웠다. 옆에는 그들을 태울 최고급 대형승용차와 운전기사가 대기하고 있었는데도 말이다. 세상의 좋은 것은 다 가졌어도 인간은 형벌의 수고에서 벗어나지 못한다. 오직 십자가에 달리신 그리스도만이 형벌의 수고를 은총의 수고로 바꿀 수 있다. 피할 수 없는 인생의 수고, 그 짐을 져 주신다. 온유와 겸손의 멍에로 지게 하신다.

나 역시 마땅히 져야 할 짐이 있다. 이제는 영광스럽게도 주의 일이다. 매일 말씀을 묵상하며 지체들과 나누는 수고이다. 때론 몸이 지치고, 잠도 부족하다. 그래도 내가 하는 것이 아님을 안다. 나의 의지로는 아무리 좋은 일을 해도 작심삼일이다. 14년이 넘도록 매일 생명의 교제를 하는 것은 내가 하는 것이 아니다. 내 안에 계신 그리스도가 행하신다. 그러니 자랑할 것도 없다. 나의 나 된 것은 주의 은혜이다. 오늘도 나는 십자가에서 죽고 예수로 산다. 내 멍에는 허약하기 짝이 없지만 그러나 주님의 멍에는 쉽고 가볍다. 온유와 겸손의 멍에이다. 그리스도의 십자가는 형벌의 수고를 은총의 수고로 바꾸어 주신다. 오늘은 제주생명공동체에서 예배드리는 날이다. 지체마다 수고의 내용은 다르지만 저마다 자신의 순간을 산다. 타자와는 비교가 불가능하다. 마땅히 감당해야 할 수고를 은총으로 바꾸신 주님을 기뻐하며 서로 사랑과 선행을 격려하는 주의 날이 되길 간구한다.

08

4:1-16

1 아담이 그의 아내 하와와 동침하매 하와가 임신하여 가인을 낳고 이르되 내가 여호와로 말미암아 득남하였다 하니라
2 그가 또 가인의 아우 아벨을 낳았는데 아벨은 양 치는 자였고 가인은 농사하는 자였더라
3 세월이 지난 후에 가인은 땅의 소산으로 제물을 삼아 여호와께 드렸고
4 아벨은 자기도 양의 첫 새끼와 그 기름으로 드렸더니 여호와께서 아벨과 그의 제물은 받으셨으나
5 가인과 그의 제물은 받지 아니하신지라 가인이 몹시 분하여 안색이 변하니
6 여호와께서 가인에게 이르시되 네가 분하여 함은 어찌 됨이며 안색이 변함은 어찌 됨이냐
7 네가 선을 행하면 어찌 낯을 들지 못하겠느냐 선을 행하지 아니하면 죄가 문에 엎드려 있느니라 죄가 너를 원하나 너는 죄를 다스릴지니라
8 가인이 그의 아우 아벨에게 말하고 그들이 들에 있을 때에 가인이 그의 아우 아벨을 쳐죽이니라
9 여호와께서 가인에게 이르시되 네 아우 아벨이 어디 있느냐 그가 이르되 내가 알지 못하나이다 내가 내 아우를 지키는 자니이까
10 이르시되 네가 무엇을 하였느냐 네 아우의 핏소리가 땅에서부터 내게 호소하느니라
11 땅이 그 입을 벌려 네 손에서부터 네 아우의 피를 받았은즉 네가 땅에서 저주를 받으리니
12 네가 밭을 갈아도 땅이 다시는 그 효력을 네게 주지 아니할 것이요 너는 땅에서 피하며 유리하는 자가 되리라
13 가인이 여호와께 아뢰되 내 죄벌이 지기가 너무 무거우니이다
14 주께서 오늘 이 지면에서 나를 쫓아내시온즉 내가 주의 낯을 뵈옵지 못하리니 내가 땅에서 피하며 유리하는 자가 될지라 무릇 나를 만나는 자마다 나를 죽이겠나이다
15 여호와께서 그에게 이르시되 그렇지 아니하다 가인을 죽이는 자는 벌을 칠 배나 받으리라 하시고 가인에게 표를 주사 그를 만나는 모든 사람에게서 죽임을 면하게 하시니라
16 가인이 여호와 앞을 떠나서 에덴 동쪽 놋 땅에 거주하더니

08

살인자 가인에 대한 불가해(不可解)한 은혜, 가인보다 더한 내게도!

⦁ 주해

　구약성경은 다양한 문학 장르로 기록되었다. 역사, 예언, 신화, 시, 이야기 등으로 구성되어 있다. 유대인들은 구약성경을 "타나크"(Tanakh)로 부른다. 토라, 예언서(네비임), 성문서(크투빔)란 뜻이다. 구약성경의 한 가지 주제는 장차 오실 하나님의 아들에 대한 증거이다. 계시의 복음이라 불리는 요한복음에서 예수께서 이에 대해 증거 하셨다. "이 성경은 내게 대한 증언이다"(요 5:39b). 그러므로 구약성경은 세상에 오셔서 영생을 주시는 하나님의 아들을 증거한다.

　영생은 창세전 하나님이 그리스도 예수 안에서 주시기로 한 은혜이다(딤후 1:9). 하나님의 아들은 창세전 사람에게 영생을 주시기 위해 오시기로 미리 정해졌다(벧전 1:20). 첫 사람 아담은 하나님이 "만드신 생명"(made of God)이다. 그는 아들이 오셔서 하나님께로부터 "나는 생명"(born of God)을 얻을 자였다. 아담은 흙(땅)에서 만들어졌으나 하늘에서 날 자였다. 흙에서 나서 하늘로 가야 할 자였다. 그러나 아담은 범죄하여 영생 얻을 기회를 잃었다. 그는 흙에서 나서 흙으로 돌아간다(3:19). 그런데도 영생의 약속은 몰수되지 않았다. 이는 약속하신 하나님이 신실하시기 때문이다. 하나님은 아담의 범죄에도 불구하고 아들을 보내셔서 생명을 주시겠다는 약속을 지키신다. 다만 죄인에 대한 죄 용서와 마귀로부터의 해방을 위해 아들을 십자가에 죽이시는 대가를 치르셔야 했다(3:15, 21 여자의 후손과 가죽옷).

구약성경 전체가 하나님의 아들을 증거한다고 하였다. 창세기 1-2장에서 아들은 그의 형상대로 지음 받은 사람 안에 있다. 창세기 3장에서 여자의 후손과 가죽옷은 아들의 구원사건을 예표한다. 창세기 4장 이후 말라기까지 선지자들을 통해 하나님의 아들이 미리 증거 된다(롬 1:2 벧전 1:10-11). 그러므로 창세기 4장에서 말라기까지는 단순한 원시역사나 이스라엘 역사가 아니다. 그것은 예수 그리스도의 구원사이다. 창세기 4-11장은 원시역사이며 선지자 아벨과 에녹과 노아의 증언을 기록한다. 이것은 언약 신학에서 제1경륜 시대 또는 원시역사로 부른다. 창세기 12장에서 말라기는 이스라엘 역사를 통해 그리스도를 증거한다. 이는 제2경륜 시대이다. 여기서 경륜은 하나님의 구원전략이다. 제3경륜 시대는 그리스도가 오신 이후 모든 민족이 구원받는 시대이다.

창세기 4장은 첫 번째 선지자 아벨에 대한 증언이다. 1-16절은 가인과 아벨의 이야기, 17-24절은 가인의 후손, 25-26절은 아벨을 대신한 셋의 후손에 대한 증언이다. 아담이 그의 아내 하와와 동침하였다. 하와가 잉태하여 가인을 낳았다. "동침하다"의 히브리어는 "야다"(알다)이다. 본 절에서는 "부부관계를 갖다"라는 말을 완곡하게 표현한 말이다. 가인은 "획득" 또는 "얻음"이란 뜻이다. 하와는 가인을 낳은 후에 "주님의 도우심으로, 내가 남자아이를 얻었다"라고 말하였다(1b절). "여호와로 말미암아"(개역개정)를 정확히 번역하면 "여호와와 함께(더불어)"이다.

하와는 가인을 하나님이 주셨다고 확신한다. "남자아이를 얻었다"(득남하였다)에서 남자는 "이쉬"이다. "이쉬"(남자)는 갓난아이에게 사용되지 않는 말이다. 그런데 하와는 갓난아이를 남자로 지칭한다. 이는 그녀가 모든 산 자의 어머니가 되었음을 고백하는 말이다(3:20). 또 하와는 가인의 아우 아벨을 낳았다. 아벨은 "숨" "허무"를 뜻한다. 코헬렛(전도자)은 삶의 허무를 말할 때 이 말을 사용하였다(전 1:2). 가인과 아벨은 그의 이름에서 보듯 확연히 구별된다. 인간적으로 가인이 아벨보다 훨씬 월등하다. 아벨은 말씀이 비천한 육신(사르크스)으로 오신 그리스도를 예표한다(요 1:14). 아벨은 목자였고 가인은 농부였다. 두 사람은 전혀 다른 생존방식을 갖는다. 이것은 인류의 분열을 암시한다. 세월이 흘렀다. 가인과 아벨이 여호와께 각각 제물을 드렸다(3절). 아벨은 양의 첫 새끼와 그 기름으로, 가인은 땅의 소산을 여호와께 드렸다. 여호와께서 아벨과 그의 제물을 받으셨다(4절). 그러나 가인과 그의 제물은 받지 않으셨다. 이에 가인은 화가 나서 안색이 변했다(5절).

본문은 가인과 아벨이 어떤 이유로 제사를 드렸는지에 대해 침묵한다. 또 어떤 이유로 여호와께서 아벨의 제사를 받으시고, 가인의 제사를 거절하였는지를 침묵한다. 자의적 해석은 언제나 오류를 범한다. 전통적 해석은 크게 세 가지이다. 첫째, 제물의 문제이다. 아벨은 동물을, 가인은 곡식을 제물로 드렸다는 것이다. 해석은 구약성경의 제사법과 상충하기 때문에 적절하지 않다. 구약의 제사법은 동물 제물과 곡식 제물을 다 용인한다(레 1-2장). 둘째, 제물의 열납 여부는 하나님의 전적인 자유의지에 달려 있다(폰 라드). 하나님의 자유의지는 이삭과 이스마엘, 야곱과 에서 등의 선택에서도 나타난다. 셋째, 히브리서 11:4에 근거한다. 하나님은 믿음으로 드린 아벨의 제사를 받으셨다. 이것은 신약의 관점이다.

6절에 나오는 가인의 태도가 해석의 단초를 제공한다. 가인은 아벨의 제물이 열납되고 자기의 제물이 거절됨으로써 시기와 질투에 사로잡힌다. 아우에 대한 시기와 질투는 분노로 변하고 안색까지 변한다. 믿음으로 제물을 드린 아벨과 달리 가인은 자기가 주체가 되어 제물을 드렸다. 물론 거절에 대한 가인의 반응을 보면, 그는 정성껏 제물을 드린 것으로 보인다. 하찮은 제물을 드렸다면 거절당하는 것이 당연하지 않은가! 하나님은 분노하여 안색까지 변한 가인에게 찾아오신다. 그가 범죄에 빠지지 않도록 경고하신다. 만일 가인이 옳다면(선하다면) 얼굴을 떳떳이 들 수 있을 것이다. 그러나 그가 악하다면, 그의 문 앞에 엎드려 있는 죄가 그를 끌어당길 것이다(7절). "죄가 원하다"라는 의미는 "죄가 끌어당기다"(테슈카)란 의미이다. 죄는 문 앞에 엎드린 맹수로 묘사된다. 죄는 굶주린 맹수처럼 웅크리면서 가인을 삼키려 한다. 그러나 가인은 죄를 다스려야 한다. 여기서 죄는 문 앞에 엎드리고, 끌어당기고, 지배당하는 등 인격적인 세력이다. 죄는 인간 밖에서 탐욕스럽게 인간을 사로잡으려는 객관적 세력이다. 인간은 죄를 억제하고 지배해야 한다. 3장에서 뱀의 유혹으로 여자가 죄를 범하였다. 뱀은 밖에 있는 죄의 세력이다. 죄의 세력이 "계명으로 말미암아" 기회를 포착하여 여자를 속이고 그를 사망에 이르게 하였다. "죄가 기회를 타서 계명으로 말미암아 나를 속이고 그것으로 나를 죽였는지라"(롬 7:11).

이제 죄의 세력은 하나님께 제물을 드린 지극히 선한 일에 기회를 타서 가인을 사로잡아간다. 계명을 지키거나 지극히 선한 일을 할 때 죄의 세력은 기회를 타서 우리를 속이고 우리를 사망에 이르게 한다. 그러나 가인이 과연 죄의 세력을 이길 수 있을까? 하여튼 하나님은 가인에게 죄의 세력을 다스리라고 말씀하신다. 이 말씀은 적어도 가인에게 죄를 다스릴 수 있는 자유의지가 있음을 전제한다. 그러나 가인은 실패한다. 아우 아벨을 죽였다. 가인은 아벨을 들로 데리고 나가 죽인다. 맹수 같은 죄의 세력이 가인을 삼켰다. 이것은 인간의 첫 번째 살인이다. 그것도 "하나님께 제물을 바치는 일"로 말미암아 가인은 살인자가 된다. 가인은 선한 일로 형제를 죽였다. 8절, 가인이 아벨에게 "말하고"라고 표현한 것을 70인역과 사마리아 오경과 불가타와 시리아어역은 "들로 나가자"로 표현했다.

하나님은 아벨을 죽인 가인에게 다시 나타나신다. 그에게 물으신다. "네 아우 아벨이 어디 있느냐?" 이는 인간을 향한 두 번째 물음이다. 하나님 앞에서의 인간의 책임은 형제에 대한 책임이다. 살인자 가인은 곤혹스러운 질문을 철면피하게 회피한다. "모릅니다. 제가 아우를 지키는 사람입니까?"(9절). 가인을 향한 하나님의 질문에는 이런 뜻이 담겨있다. "너는 아우를 지키는 자이다." 하나님 앞에서 인간은 타자와 더불어, 타자를 지키는 자로 존재한다. "인간은 독자적으로 존재하지 못하며 '공동 내 존재'로 존재한다"(장 뤽 낭시, 〈무위의 공동체〉). "인간 실존의 기본적 사실은 인간과 공존하고 있는 인간이다"(마틴 부버, 〈인간이란 무엇인가〉).

10-12절, 가인에게 하나님의 형벌이 내려진다. 여호와께서 가인에게 말씀하신다. "네가 무슨 일을 저질렀느냐?" 가인을 향한 하나님의 경악은 인간적으로 묘사된다. 아벨은 땅에 묻혔으나 그가 흘린 피는 땅이 받아 마셨다. 피와 생명은 오로지 하나님께 속해있다. 살인은 인간이 하나님의 소유권을 침해하는 것이다. 아벨이 흘린 피는 땅속에 묻혀 있을 수 없다. 그 피는 하늘을 향하여 부르짖는다. 아벨의 피를 받아 마신 땅이 저주받는다. 이제 가인이 밭을 갈

아도 땅은 효력을 나타내지 않을 것이다.

가인은 더 이상 농사를 지을 수 없다. 땅이 저주를 받았기 때문이다. 가인은 안식 없는 방랑자가 된다. "너는 땅에서 안식 없는 방랑자가 될 것이다"(You will be a restless wanderer on the earth)(12b절, NIV). 가인에게 임한 형벌은 안식 없이 유리방황하는 삶이다. 아담은 하나님의 형벌을 이의 없이 받아들였으나, 가인은 자신에게 주어진 형벌이 견딜 수 없다고 말한다(13절). 형제를 죽인 그는 다른 사람에 의해 죽임당하는 것을 두려워한다. 그런데 하나님은 이해할 수 없다. 살인자 가인에게 은혜를 베푸신다. 가인의 생명을 보호해주신다! 가인을 죽이는 자는 일곱 배로 벌을 받을 것이라고. 더불어 가인에게 표를 찍어 주신다. 아무도 그를 죽이지 못하도록!(15절). 가인은 하나님께 생명 보존의 표를 받고 하나님을 떠나간다. 그는 에덴의 동쪽에 있는 놋 땅에 거주한다. "놋"(Nod)은 "방랑"(wandering)이란 뜻이다. 안식 없이 유리 방랑하는 인생이 거주하는 곳은 역시 방랑의 땅이다.

가인은 하나님께 나아가는 일로 죄를 저질렀다. 하나님의 제단에서 죄를 저질렀다는 점에서 죄의 가공스러움이 있다. 가인은 제사가 거절당하여 격분하였고 아우를 죽였다. 종교개혁자 마틴 루터는 살인을 부른 가인의 분노를 바리새적 분노이며, 악마적 분노라고 하였다. 그런 가인에 대한 하나님의 은혜는 참으로 불가해(不可解)하다. 살인자 가인의 생명을 보호하신 하나님의 은혜는 사람이 측량할 수 없다. 가인에 대한 은혜의 불가해함은 그리스도 안에서 풀린다. 아벨은 창세 이후 첫 번째 선지자이다(눅 11:50-51). 그는 피 흘린 선지자이다. 아벨은 피 흘려 죽었으나 지금도 믿음으로 말미암아 말하고 있다(히 11:4).

아벨은 장차 오실 그리스도를 예시한다. 아벨의 죽음은 그리스도의 죽음을 예시한다. 아벨의 피는 그리스도의 피를 예시한다. 아벨의 피는 땅이 그 입을 열어서 받았다. 그리스도의 피는 땅이 아니라 하늘이 받았다. 그리스도의 피는 성령으로 말미암아 하나님께 드려졌다. 그 피는 우리의 양심까지도 깨끗하게 하여 죽은 행실에서 벗어나 살아계신 하나님을 섬기게 한다(히 9:14). 여기서 죽은 행실은 "죽음으로 이끄는 행실"이다. 죽은 행실은 하나님을 위한 자연적 인간의 노력이다(에른스트 케제만). 자연적 인간은 아담 안에서 하나님과 분리된 실존이다. 또한, 그리스도의 피가 깨끗하게 하는 인간의 양심은 "하나님 앞에서 죄를 의식하는 상태"이다(히 10:2, "죄를 깨닫는 일"). 인간은 그가 의식하든 의식하지 않든 양심에 따라 선한 일을 수행한다. 그런데 인간이 수행하는 선한 일은 반드시 그를 죽음으로 몰고 간다. 이는 선한 일의 배후에 죄의 세력이 활동하기 때문이다. 그래서 인간이 양심에 따라 하는 선한 일은 필경 사망에 이른다. 그러므로 그가 행한 선한 일은 "죽은 행실"이다. 하나님을 위해 선한 일을 하면서 형제를 시기하고 질투하고 죽인다. 자연적 인간 가인이 바로 그러하였다. 그는 선한 일을 하였으나 죽은 행실로 인해 아우를 죽였다. 아벨은 죽었고 그의 피는 하나님을 향하여 호소한다.

그런데 그리스도의 피는 하늘에 계신 하나님께 드려진 피이다. 하늘에 있는 피는 항상 살아 있는 피이다. 그 피가 양심을 깨끗하게 하며 죽은 행실에서 떠나게 한다. 가인의 제사가 아닌, 살아계신 하나님을 섬기는 제사들 드리게 한다. 이로써 가인에 대한 하나님의 불가해한 은혜는 선한 일로 형제를 죽이는 모든 사람에게 나타났다. 이제 그리스도인의 선한 일은 그 안에 사시는 그리스도가 행한다. 자연적 인간의 양심이 아니라 주님이 행하신다. 선한 일의 시작은 물론이고 그 과정과 끝이 다 주님이 하신다. 예수 그리스도만이 믿음의 시작자요 완성자이시다(히 12:2). 그때 우리는 선한 일에 역사하는 죄의 세력에서 벗어난다. 선한 일에 역사하는 죄의 세력을 다스린다.

묵상

가인의 분노가 내게도 있었다. 나는 선한 일로 형제를 죽이는 자였다. 신앙의 무지로 인한 포행자요 훼방자였다. 형제를 미워하고 모욕하고 그에게 분노하는 것은 살인이다. 주의 일을 하면서 마음으로 저지른 살인이 무수하다. 나와 견주고 경쟁하는 형제는 제거 대상이었다. 참으로 바리새적 분노가 가득하였다. 선한 일을 할 때마다 역사하는 맹수 같은 죄의 세력을 보지 못하였다. 오래전 들은 이야기이다. 성인으로 존경받는 어느 사제에게 누군가 귓속말을 하였다. "당신의 친구가 추기경이 되었다." 그랬더니 그 사제의 안색이 즉시 변하였다. 육신을 입은 자, 누가 과연 가인의 분노를 피할 수 있을까? 교회 안에서는 선한 일을 하면서 싸운다. 아, 자연적 인간이 하는 선한 일은 실상 죽은 행실이다.

무지 속에서 질주하던 자에게 브레이크가 걸렸다. 오래 참으신 하나님이 개입하셨다. 항거할 수 없는 재난이 임하고 폭풍 속에서 말씀이 들려왔다. 매일 말씀을 얻어먹으며 사는 자가 되었다. 2011년 로마서 7장을 묵상하며 선한 일에 역사하는 죄의 세력을 깨달았다. 죄의 세력의 실체를 알고 망연자실하였다. 충격이었다. 아, 내가 그토록 열심을 내던 선한 일이 형제를 죽였단 말인가! 가인의 분노, 바리새적 분노, 악마적 분노로 사로잡혔던 자가 긍휼을 입었다. 안식 없이 유리방황하던 자가 안식 있는 아버지 집으로 들어갔다. 가인에게 베푸신 하나님의 은혜는 분명 불가해하다. 가인보다 더한 내게 베푸신 주의 은혜는 더욱 불가해하다. 공동체의 집사님 한 분이 이런 고백을 하였다. 자기는 선한 일로 분노하며 가족을 죽이는 자였다고. 그런 자가 생명을 알고 생명의 효력을 가족에게 나타내니 이런 은혜가 어디 있느냐고. 나 역시 동일한 고백을 한다. 가인보다 더 악한 자, 불가해한 은혜를 깨달으니 영혼의 심연에서 감격의 눈물이 흐른다.

09

4:17-26

17 아내와 동침하매 그가 임신하여 에녹을 낳은지라 가인이 성을 쌓고 그의 아들의 이름으로 성을 이름하여 에녹이라 하니라
18 에녹이 이랏을 낳고 이랏은 므후야엘을 낳고 므후야엘은 므드사엘을 낳고 므드사엘은 라멕을 낳았더라
19 라멕이 두 아내를 맞이하였으니 하나의 이름은 아다요 하나의 이름은 씰라였더라
20 아다는 야발을 낳았으니 그는 장막에 거주하며 가축을 치는 자의 조상이 되었고
21 그의 아우의 이름은 유발이니 그는 수금과 퉁소를 잡는 모든 자의 조상이 되었으며
22 씰라는 두발가인을 낳았으니 그는 구리와 쇠로 여러 가지 기구를 만드는 자요 두발가인의 누이는 나아마였더라
23 라멕이 아내들에게 이르되 아다와 씰라여 내 목소리를 들으라 라멕의 아내들이여 내 말을 들으라 나의 상처로 말미암아 내가 사람을 죽였고 나의 상함으로 말미암아 소년을 죽였도다
24 가인을 위하여는 벌이 칠 배일진대 라멕을 위하여는 벌이 칠십칠 배이리로다 하였더라
25 아담이 다시 자기 아내와 동침하매 그가 아들을 낳아 그의 이름을 셋이라 하였으니 이는 하나님이 내게 가인이 죽인 아벨 대신에 다른 씨를 주셨다 함이며
26 셋도 아들을 낳고 그의 이름을 에노스라 하였으며 그 때에 사람들이 비로소 여호와의 이름을 불렀더라

09

가인의 도성에서 하나님의 도성으로!, 내가 주체된 삶에서 건지시다!

: 주해

하나님은 살인자 가인의 생명을 보존해 주신다. 하나님은 악인이 죽는 것을 기뻐하지 않으신다. 그가 악에서 돌이켜 사는 것을 기뻐하신다(겔 18:23). 가인이 하나님을 떠나 에덴 동편 놋에 거주하였다. "놋"(Nod)은 "방랑"(wandering)이란 뜻이다. 안식 없이 방랑하는 자(4:12)가 방랑의 땅에서 살아간다. 방랑의 땅에서 가인의 계보가 이어진다.

4:17-24에서 가인의 계보는 8대에 이른다. 가인이 아내와 동침하였다. 느닷없이 가인의 아내가 나타난 것은, 성경을 역사적 사실로 믿는 이들에게는 혼돈이었다. 이들의 생각에는 세상에는 아담과 하와와 가인만 있어야 했다. 그런데 가인의 아내는 어디서 왔는가? 성경은 다양한 문학 장르로 기록되었다. 창조와 타락 등 원시역사는 신화로 기록된 장르이다. 신화(미토스)는 인간의 이성으로 설명되지 않은 기원에 관한 이야기이다. 신앙의 눈으로 보면 성경의 신화는 허구가 아니라 진리를 증거하는 방식이다.

가인과 그의 아내에게서 에녹이 태어났다. 여기 에녹은 5장에 나오는 셋의 후손 에녹(5:18-24)과 다른 사람이다. 가인이 성(城)을 쌓고 아들의 이름을 따서 "에녹"이라고 불렀다. 가인의 성은 에녹의 성이다. 가인은 방랑자의 운명을 거스르고 성을 쌓고 도시를 건설한다. 하나님을 떠난 가인은 스스로 자기를 보호하고자 한다. 이것은 스스로 자기 이름을 내고자 탑을 쌓은 사건을 예고한다(11장).

18-22절, 가인의 아들 에녹의 계보이다. 가인으로부터 시작하여 8대에 이른다. "가인 → 에녹 → 이랏 → 므후야엘 → 므드사엘 → 라멕 → 야발, 유발, 두발가인, 나아마"이다. 에녹의 계보에서 라멕의 시대가 부각된다. 라멕은 두 아내를 두었다. 그들은 아다와 씰라이다. 인간의 역사에서 처음으로 일부다처제가 시작되었다. 라멕은 두 아내를 통해 삼남 일녀의 자녀를 두었다. 야발은 장막에 거주하며 목축 치는 자의 조상이 되었다. 유발은 수금과 퉁소를 잡는 자의 조상이 되었다. 두발가인은 구리와 쇠로 여러 가지 기구를 만드는 대장장이였다. 에녹 성에는 목자 외에도 대장장이와 악사들이 있어 인간 문화의 발전이 시작되었다. 그런데 느닷없이 라멕의 노래가 이어진다(23-24절). 라멕이 두 아내에게 한 말은 성경에 처음 등장하는 노래이다. "아다와 씰라는 내 말을 들어라. 라멕의 아내들은, 내가 말할 때에 귀를 기울여라. 나에게 상처를 입힌 남자를 내가 죽였다. 나를 상하게 한 젊은 남자를 내가 죽였다. 가인을 해친 벌이 일곱 곱절이면, 라멕을 해치는 벌은 일흔일곱 갑절이다"(23-24절).

라멕의 노래는 "칼의 노래"로도 불린다. 이것은 인류 문명의 발전 이면에 나타나는 인간 심성의 기조를 보여준다. 인간 심성의 악함으로 인해 인간의 공동사회는 점점 더 깊이 파괴되었다. 라멕은 자기에게 상처를 입힌 자를 죽인다. 그를 해친 젊은 남자를 죽인다. 가인을 해친 자는 일곱 배의 복수를 당하지만, 라멕을 해친 자는 일흔일곱 배의 복수를 당한다. 인간이 스스로 복수하며 복수는 무자비하다. 라멕의 복수 주장은 하나님만의 고유한 권리를 침해한 것이다. 일흔일곱 번 용서하라는 예수의 말씀은 이 구절을 염두에 둔 것이 아닌가?(최고의 복수에 빗댄 최고의 용서).

25-26절, 가인의 후손과 대비되는 셋의 후손을 다룬다. 셋의 후손은 5장 전체에 이어진다. 아담과 하와가 동침하여 셋(Seth)을 낳았다. 셋은 가인이 죽인 아벨을 대신하여 하나님이 주신 아들이다. 하와가 말하였다. "하나님이, 가인에게 죽은 아벨 대신에, 다른 씨를 나에게 허락하셨구나"(25절). 셋의 뜻은 "허락하다"이다. 셋도 아들을 낳고 그의 이름을 "에노스"로 불렀다(26절). 그때 비

로소 사람들의 여호와의 이름을 불렀다(26절). 여호와의 이름을 부른 것(동사, 카라)은 여호와를 예배한 것이다. 창세기에는 "하나님을 예배하였다"라는 뜻으로 "여호와의 이름을 불렀다"라는 말이 여러 번 나온다(12:8, 13:4, 21:33, 26:25). 하나님이 자기 이름을 여호와로 계시한 것은 모세 시대였다(출 3:14-15). 그러나 종교사적으로 보면 여호와의 이름과 여호와에 대한 예배는 원시시대로부터 시작되었다. 여호와 예배를 인간의 보편적 원종교로 보는 것은, 창조신앙과 마찬가지로 이스라엘 백성의 신앙고백이다.

기독교 전통에서 가인의 후손과 셋의 후손은 세상과 교회의 관계로 조명하였다. 가인의 후손은 하나님을 떠난 세상을 표상하고, 셋의 후손은 하나님이 역사하는 교회를 표상한다. 이 사상은 4-5세기 아우구스티누스(354-430년)에 의해 구체적으로 정립되었다. 아우구스티누스(어거스틴)의 시대는 기독교 국가였던 로마가 몰락할 때였다. 로마의 기독교는 313년 콘스탄티누스 황제의 공인 이후 세력을 급속히 확장해갔다. 급기야 393년 테오도시우스 황제는 기독교를 국교로 공표하였다. 당시 문명의 첨단 국가였던 로마가 기독교 국가가 된 것이다. 바야흐로 기독교는 제국의 강력한 권력의 비호를 받으며 세상에 강력한 영향력을 끼쳤다. 하지만 아이러니하게도 로마는 기독교 국가가 된 이후 급격하게 쇠퇴하였다. 로마는 410년 고트족과 노예들에 의하여 점령당하고 약탈당하였다. 교회는 충격에 사로잡혔다. 어떻게 기독교 국가가 야만족인 이교도에 의해 정복되는가? 예레미야 당시 이스라엘 백성 중 다수가 이교도 바벨론이 자기들을 정복하리라곤 꿈에도 생각하지 못하였듯이, 결국 바벨론에 의해 멸망했지만 말이다.

그러자 비기독교인들은 로마가 기독교 국가가 되어 멸망하였다고 하며 교회를 원망하였다. 이런 배경에서 아우구스티누스는 〈하나님의 도성〉(또는 〈신국론〉)을 썼다. 이 책은 410년부터 그가 죽기 3년 전인 427년까지 썼다. 그는 역설하기를, 로마의 쇠락과 멸망은 기독교의 탓이 아니라, 로마가 이미 심판받아 마땅한 인간의 도성이기 때문이다. 특히 로마는 기독교 국가가 되기 이전에 이미 죄악이 가득하였다. 로마는 기독교 국가임에도 불구하고 인간의 도성이다. 다만 하나님의 도성이 영적으로 일부분 참여하고 있으나 로마 자체가 하나님의 도성은 아니다. 〈신국론〉(〈하나님의 도성〉)에서는 인간의 도성과 하나님의 도성이 공존한다. 인간의 도성은 가인에게서 시작되었다. 가인은 하나님을 떠나 자기가 주체가 되었고 도시를 건설하였다. 타락한 인간이 주체가 되는 도시는 외적으로 번성하였으나 몰락할 수밖에 없었다. 라멕의 자손들은 인류의 문명사를 일구었다. 하지만 그들의 심성은 갈수록 포악해졌고 공동체는 파괴되었다. 이것이 인간의 도성이 맞이하는 결말이다. 곧 로마가 보여준 결말이다.

17세기 이후 근대철학은 주체 철학으로 불린다. 주체 철학은 데카르트의 철학 원리 "코기토 에르고 숨"(라, 나는 생각한다. 고로 존재한다)에서 시작한다. 주체 철학은 개인이 인식의 주체이다. 주체 철학은 칸트에게서 정점을 이룬다. 그러나 칸트 이후 현대철학에서는 주체 철학을 뒤집는다. 철학적 해석학에서는 "나"(에르고)가 주체가 되는 진리가 허구임을 입증한다. "데카르트식 코기토는 확고하지만 공허하다. 데카르트식 코기토는 텅 빈 공간과 같아서 처음부터 거짓 코기토로 세워졌다"(리쾨르, 〈해석의 갈등〉). 해석학에서 인간은 대상을 통해서만 자기를 의식한다. 자기가 자기를 인식하는 주체 의식은 허구이며 거짓이다. 성경 역시 주체철학이 허구임을 증거한다. 인간이 스스로 주체가 되는 삶은 영적으로 마귀의 지배를 받는 삶이다. 하나님을 떠난 인생은 허물과 죄로 죽은 자이다(엡 2:1). 그는 육체와 마음의 원하는 것을 하면서 자기가 주체가 되는 삶을 살아간다. 하지만 자기가 주체 되는 이런 삶은 영적으로 공중의 권세 잡은 자의 지배를 받는 삶이다(엡 2:2-3). 마귀는 도적질하고 죽이고 멸망하는 자이다(요 10:10a). 마귀의 목표는 사망이다. 죄의 삯은 사망이다(롬 6:23). 라멕이 보여주듯 자기가 주체 되는 삶은 사망이 그 끝이다.

반면, 하나님의 도성은 셋의 후손이 그 기원이다. 하나님의 도성은 에노스가 여호와의 이름을 부르며 시작하였다. 어떤 인간의 업적이나 번영을 자랑하지 않는다. 에노스는 "사람 또는 인간"이다. 그 어원은 "아나스"(약함)이다. 시편에서 에노스는 주로 연약한 "인생"을 뜻한다(시 90:3, 103:14, 144:4). 자기의 한계와 연약함을 아는 인간은 자기가 주체 되는 삶을 살 수 없다. 그는 오직 하나님의 이름을 부르는 예배자로 살아간다. 오직 주를 의지하는 믿음으로 살아간다. 바로 이곳이 하나님의 도성이다. 그 도성은 가인의 도성과 달리 인간이 주체가 되지 않는다. 연약한 인간 안에서 주님이 주체가 되어 사는 삶이다. "내게 사는 것이 그리스도니"(빌 1:21).

구약시대 하나님의 도성과 인간의 도성은 역사 안에서 양립하며 존재해왔다. 그러나 하늘에서 오신 예수 그리스도는 패역한 세대, 곧 인간의 도성을 구원하셨다. 구원은 타락이 그 기원인 인간의 도성에서 건짐 받은 사건이다. 인간이 주체가 되는 삶에서 구원받은 사건이다. "또 여러 말로 확증하며 권하여 이르되 너희가 이 패역한 세대에서 구원을 받으라 하니"(행 2:40). 이제 예수 그리스도 안에서 인간의 도성은 하나님의 도성이 되었다. 따라서 그리스도 예수 안에서는 두 개의 도성이 아니라 높이 들리신 그리스도가 주가 되시는 하나의 도성만 존재한다. 예수 그리스도는 죽으시고 부활하셔서 만유의 주가 되신다. 이렇게 구속사와 세속사는 그리스도 안에서 통합된다. 물론 그리스도 안의 보편사는 이미와 아직 사이에 현존한다. 종말의 완성을 향하여 간다. 높이 들리신 그리스도는 만물의 머리가 되시며 교회를 통하여 만물을 충만케 한다. 그것은 그리스도 밖에 있는 인간의 도성을 그리스도로 충만케 하는 것이다. 그 그리스도에게는 만물을 충만케 하는 하나님의 충만이 있다(엡 1:20-23).

묵상

나는 철저히 인간의 도성에서 살았다. 내가 주체가 되는 삶을 살았다. 기독교 국가 로마는 하나님의 도성이 아니었다. 마찬가지로 외형교회 자체가 하나님의 도성은 아니다. 교회가 특정 인간이 주체가 되면, 불가불 인간의 도성이 된다. 외적으로 많은 것을 이룬 것 같아도 내적으로 분열과 다툼과 원한과 복수가 그치지 않는다. 선한 일에 역사하는 죄의 세력이 교회를 훼방하고 무너뜨린다. 나는 주의 일을 하였으나 생명을 전하는 본질과 거리가 멀었다. 생명이 무엇인지 알지 못하였다. 무자격 의사가 환자를 다룬 셈이며 소경된 인도자였다. 영적 기만은 망할 때까지 깨어나지 못했다. 공의의 심판이 임하였다. 말씀 앞에 나의 실존이 드러났다. 바리새적 경건으로 자기 사랑을 도모한 자였다. 아, 패역한 세대에서 세속적 행복을 찾으려던 자였다. 금송아지를 하나님으로 부르며 기뻐 뛰었다.

돌아보면 탄식뿐이다. 어떻게 감히 목사라 칭함을 받았는지! 목사 자신이 주체가 되는 목회는 참으로 끔찍하다. 자기가 주체 되는 목사는 어디서나 볼 수 있다. 새로 부임한 어떤 목사가 이전 목사의 흔적을 다 지우곤 한다. "자기 목회"를 하기 위해서이다. 어느 시골교회 이야기이다. 그 교회는 성도들이 농사를 지어 돈을 모아 해외 선교지에 신학교를 세웠다. 그런데 새로 부임한 목사가 신학교에 대한 지원을 모두 끊고 자기와 친분이 있는 선교사를 지원하였다. 은퇴한 목사는 개인적으로 알바 등을 하며 선교지 신학교를 돕는다고 한다.

아, 자기가 주체가 되는 삶, 목회는 필경 사망에 이른다. 내가 바로 그러하였다. 스스로 주체가 되어 내 목회를 하던 자, 공의의 심판이 임했다. 철저히 망했다. 그러나 하나님은 신실하시다. 버림받아 마땅한 종을 다시 부르사 생명의 복음을 전하게 하신다. 패역한 세대, 가인의 도성에서 건지시고 사명 주심에 감사드린다. 어제 나는 제주에서 돌아왔는데 종일 하늘이 열린 듯 물이 쏟아진다. 밤새 비가 내린다. 그래서인지 더위는 한풀 꺾였다. 열악한 환경에서 사는 이들에게 비 피해가 없기를 간절히 바란다. 하나님은 자연의 주이시며 역사의 주이시다. 오늘도 역사 안에서 만물을 충만케 하는 날이 되기를 간구한다.

10

5:1-32

1 이것은 아담의 계보를 적은 책이니라 하나님이 사람을 창조하실 때에 하나님의 모양대로 지으시되
2 남자와 여자를 창조하셨고 그들이 창조되던 날에 하나님이 그들에게 복을 주시고 그들의 이름을 사람이라 일컬으셨더라
3 아담은 백삼십 세에 자기의 모양 곧 자기의 형상과 같은 아들을 낳아 이름을 셋이라 하였고
4 아담은 셋을 낳은 후 팔백 년을 지내며 자녀들을 낳았으며
5 그는 구백삼십 세를 살고 죽었더라
6 셋은 백오 세에 에노스를 낳았고
7 에노스를 낳은 후 팔백칠 년을 지내며 자녀들을 낳았으며
8 그는 구백십이 세를 살고 죽었더라
9 에노스는 구십 세에 게난을 낳았고
10 게난을 낳은 후 팔백십오 년을 지내며 자녀들을 낳았으며
11 그는 구백오 세를 살고 죽었더라
12 게난은 칠십 세에 마할랄렐을 낳았고
13 마할랄렐을 낳은 후 팔백사십 년을 지내며 자녀들을 낳았으며
14 그는 구백십 세를 살고 죽었더라
15 마할랄렐은 육십오 세에 야렛을 낳았고
16 야렛을 낳은 후 팔백삼십 년을 지내며 자녀를 낳았으며
17 그는 팔백구십오 세를 살고 죽었더라
18 야렛은 백육십이 세에 에녹을 낳았고
19 에녹을 낳은 후 팔백 년을 지내며 자녀들을 낳았으며
20 그는 구백육십이 세를 살고 죽었더라
21 에녹은 육십오 세에 므두셀라를 낳았고
22 므두셀라를 낳은 후 삼백 년을 하나님과 동행하며 자녀들을 낳았으며
23 그는 삼백육십오 세를 살았더라
24 에녹이 하나님과 동행하더니 하나님이 그를 데려가시므로 세상에 있지 아니하였더라
25 므두셀라는 백팔십칠 세에 라멕을 낳았고
26 라멕을 낳은 후 칠백팔십이 년을 지내며 자녀를 낳았으며
27 그는 구백육십구 세를 살고 죽었더라
28 라멕은 백팔십이 세에 아들을 낳고

29 이름을 노아라 하여 이르되 여호와께서 땅을 저주하시므로 수고롭게 일하는 우리를 이 아들이 안위하리라 하였더라
30 라멕은 노아를 낳은 후 오백구십오 년을 지내며 자녀들을 낳았으며
31 그는 칠백칠십칠 세를 살고 죽었더라
32 노아는 오백 세 된 후에 셈과 함과 야벳을 낳았더라

10

사망에서 생명으로! 흙에서 난 자가 하늘에 앉히운 자로!

⁞ 주해

　인간의 역사는 가인의 계보로 시작하는 반면 하나님의 역사는 셋의 계보로 시작한다. 창세기 5장은 셋을 중심으로 하여 아담에서 노아에 이르는 10대의 계보를 기술한다. "아담의 계보를 적은 책"이라고 밝힌 1절은 전체 장의 주제이다. 창세기 1장은 세계 창조로 시작하지만, 5장은 인간 창조로부터 시작한다. 5장의 도입 부분은 1장에 비해서 독립성을 지닌다. 5장은 1장의 인간 창조(26-28절)와 관련되며 다른 관점의 신학적 의미가 있다. 그것은 하나님이 아벨을 대신하여 주신 셋에 관한 것이다. 셋은 장차 오실 그리스도까지 이어지는 구속사의 시초가 된다. 1-5절은 아담의 창조에서부터 셋까지의 족보이다. 6-32절은 에노스에서 노아까지의 족보이다. 그 중간에 아벨에 이어 선지자의 계보를 잇는 에녹의 삶이 들어 있다(21-24절).
　하나님이 사람을 그의 형상대로 만드셨다. 하나님은 그들을 남자와 여자로 창조하셨다. 여기까지는 창세기 1:26-27을 반복한다. 하나님이 그들을 창조하시던 날, 하나님은 그들에게 복을 주시고, 그들의 이름을 "사람"(아담)이라고 하셨다. 창세기 1:28에서, 하나님은 그들에게 복을 주시고 그들에게 말씀하셨다. 5장에서는 "그들에게 말씀하셨다"라고 하는 대신에 "그들의 이름을 사람(아담"이라고 하셨다. 사람이 복인 것은, 그가 하나님의 형상대로 지음 받았기 때문이다.

아담에서 노아까지 10대에 이르는 족보는 특정한 형식을 띠고 있다. "A는 X세에 B(장자)를 낳았고, A는 B를 낳은 후 Y년을 지내며 C(다른 자녀)를 낳았으며, A는 X+Y를 살고 죽었다." 아담, 에녹, 라멕의 경우 동일한 형식에 부가문이 첨가된다. 아담에서 노아에 이르는 족보는 다음과 같다. 아담 → 셋 → 에노스 → 게난 → 마할랄렐 → 야렛 → 에녹 → 므두셀라 → 라멕 → 노아. 아담은 130세에 자기의 모양 곧 자기 모습을 닮은 아들을 낳고 그 이름을 셋이라고 하였다. 아담은 하나님의 형상대로 지음 받았다. 셋은 아담의 형상대로 지음 받았다. 그렇다면 셋은 하나님의 형상대로 지음 받은 것이다. 주목할 것은, 아담이 타락하였어도 인간에게 하나님의 형상은 완전히 제거되지 않았다는 점이다.

아담부터 6대 야렛까지의 생애는 모두 "살고 죽었다"(lived and then died)를 반복한다. 그런데 아담의 7대손 에녹은 죽음을 보지 않고 하나님이 데려가셨다. 에녹은 65세에 므두셀라를 낳고 그 후 300년을 하나님과 동행하면서 자녀들을 낳았다(21-22절). 에녹은 365년을 살았다(23절). 그는 하나님과 동행하다가 사라졌다. 하나님이 그를 데려가신 것이다(24절). 유대 전통에서는 에녹의 마지막을 두고 그가 승천하였다고 해석하였다. 에녹의 시대 평균수명은 900세 전후였다. 그런데 에녹은 평균수명의 1/3만 살았다. 하지만 그는 하나님과 동행하며 죽음을 보지 않고 옮기었다. 그러므로 수한을 다 누린 어떤 사람보다 영예로운 삶을 살았다. 지상에서 몇 년을 더 사는 것보다, 하나님과 동행하며 죽음을 보지 않는 영생의 삶은 참으로 복되다.

에녹이 하나님과 동행하는 삶을 산 때는 므두셀라가 태어난 이후 300년이었다. 그 이전 65년은 하나님과 동행하지 않았다. 그렇다면 므두셀라의 출생은 에녹에게 중요한 영적 전환점이 되었다. 에녹이 왜 므두셀라를 낳은 후 하나님과 동행하였는지 성경은 침묵한다. 다만 므두셀라의 이름에 해석의 실마리가 있다. 므두셀라는 "므두"(므투, 사람)와 "셀라"(셀라흐, 투창)의 결합어이다. 말하자면 므두셀라는 "창을 던지는 자"란 의미이다. 고대 사회에는 마을을 지키는 자로서 "창을 던지는 자"(므두셀라)가 있었다. 므두셀라가 사라지면, 그 마을은 외부의 침입자로 인해 멸망당했다. 실제 홍수심판은 므두셀라가 사라진(죽은) 해와 일치한다. 므두셀라는 187세에 라멕을 낳았다(25절). 라멕은 182세에 노아를 낳았다(28-29절). 므두셀라는 369세에 손자 노아를 본 것이다. 노아가 600세 될 때 홍수심판이 내려졌다(창 7:6). 그해는 므두셀라가 죽은 때, 곧 그가 사라진 때였다. "히브리어 '므투셀라흐'는 '그가 죽을 때 [홍수를] 보낸다'는 뜻이다"(《만나주석》).

에녹은 므두셀라가 죽을 때 홍수심판이 임한다는 말씀을 들은 것으로 보인다. 그는 하나님이 세상을 심판하실 것이란 말씀을 듣고, 이후 하나님과 동행하는 삶을 산 것이다. 신약성경 유다서에 아담의 7대손 에녹은 심판을 예언한 선지자였다. "이런 사람들을 두고 아담의 칠대 손 에녹은 이렇게 예언하였습니다. '보아라, 주님께서 수만 명이나 되는 거룩한 천사들을 거느리고 오셨으니, 이것은 모든 사람을 심판하시고, 모든 불경건한 자들이 저지른 온갖 불경건한 행실과, 또 불경건한 죄인들이 주님을 거슬러서 말한 모든 거친 말을 들추어내서, 그들을 단죄하시려는 것이다"(유 1:14-16).

에녹은 장차 있을 심판의 고지를 받고 하나님과 동행하는 삶을 살기 시작하였다. 그는 어떻게 하나님과 동행하는 삶을 살았는가? 히브리서에서는 에녹의 삶을 증언한다. "믿음으로 에녹은 죽지 않고 하늘로 옮겨갔습니다. 하나님께서 그를 옮기셨으므로, 우리는 그를 찾을 수 없었습니다. 옮겨가기 전에 그는 하나님을 기쁘게 해드렸다는 증언을 받은 것입니다. 믿음이 없이는 하나님을 기쁘게 해드릴 수 없습니다. 하나님께 나아가는 사람은, 하나님이 계시다는 것과, 하나님은 자기를 찾는 사람들에게 상을 주시는 분이시라는 것을 믿어야 합니다"(히 11:5-6).

히브리서의 중심 주제는 "하나님께 나아가는 파레시아"이다(3:6, 4:16, 10:19, 35, 〈복음과 생명〉, 32강 "담대함 ('파레시아')을 버리지 말라" 참고). 에녹은 심판하시는 하나님을 경외하며 하나님께 나아가는 파레시아를 준행하였다. 이것이 그가 하나님을 기쁘시게 한 것이다. 이제 에녹의 믿음은 신약시대 모든 신자의 모본이다. 히브리서 기자는 최악의 상황에서도 한 가지 파레시아를 버리지 말라고 촉구한다(히 10:35). 인간에게 하나님의 심판보다 큰 최악의 상황이 어디 있을까? 에녹은 969년 후 있을 심판을 미리 듣고 "하나님께 나아가는 파레시아의 믿음"으로 살았다. 비록 다른 사람에 비해 짧은 인생이었으나 그의 인생은 영예롭고 복되었다.

홍수심판 이전 인간의 수명은 900세를 전후하였다. 교회사에서는 고령의 나이에 관한 변론이 있었다. 아우구스티누스는 이 같은 변론에 대응하였다. 당시 사람들은 우리의 1년이 그때의 10년에 해당한다고 주장하였다. 900세는 실제 90세라는 것이다. 이에 대해 아우구스티누스는 "고대의 1년은 우리의 1년과 같은 길이였다"고 반박하였다(《신국론》 15권 14). 그 근거를 "홍수심판이 노아가 600세 되던 해 2월 27일에 임하였다"라고 들었다(7:10-11, 70인역). 10년이 지금의 1년이라면, 1년은 36일이고 한 달은 3일이다. 사흘이 한 달이었다면 2월 27일이란 날짜는 존재하지 않았다. 아우구스티누스의 반박은 지금 생각해도 탁월하고 통렬하다.

창세기 주석의 권위자 폰 라드는 고령의 나이에 관해 신학적 의미를 부여하였다. 그것은 처음 인류가 가진 놀라운 생명력이 갈수록 쇠퇴한다는 것이다. 아담과 노아 사이는 700-1,000세로, 노아에서 아브라함 사이는 200-600세로, 족장들은 100-200살로, 현재에는 70-80살로 줄어들었다. "우리의 연수가 칠십이요 강건하면 팔십이라도"(시 90:10). 이것은 죄에 의해 작용하게 된 죽음이 본래적 인간성의 신체적 저항을 분쇄하게 되는 이행과정과 같다(프란츠 델리취).

라멕이 182세에 아들을 낳고 그 이름을 "노아"로 불렀다. 라멕은 노아에 대해 이렇게 말했다. "주님께서 저주하신 땅 때문에, 우리가 수고하고 고통을 겪어야 하는데, 이 아들이 우리를 위로할 것이다"(29절). 라멕이 노아의 이름을 풀이한 내용은 노아의 본래 뜻과 직접 관련이 없다. "위로하다"의 히브리어는 "나함"이다. 반면 노아는 히브리어 "누아흐"(쉬다, 안식하다)에서 파생된 이름이다. 곧 노아는 "위로"가 아니라, "쉼" "안식"이란 뜻이다. 라멕이 "노아"(쉼, 안식)와 "나함"(위로)을 연결하여 말한 것은 두 단어의 발음이 유사하기 때문이다. 이것은 히브리어에서 자주 사용하는 언어유희(word play)이다. 위로자 노아는 온 세상이 죄악으로 가득할 때 홀로 여호와께 은혜를 입었다. 그 은혜로 말미암아 노아는 "의인이요 당대에 완전한 자"였다(6:9). 그는 말씀에 순종하여 심판에서 생명으로 이끈 구원의 방주를 지었다. 죄악이 가득 찬 세상에서 노아가 위로와 안식이 된 것은 말씀에 순종하여 방주를 예비했기 때문이다. 노아는 500세가 되어 셈과 함과 야벳을 낳았다(32절). 이어지는 6-9장은 노아의 생애를 다룬다.

5장의 중심인물은 에녹이다. 에녹은 아벨과 같은 선지자이다(유 1:14). 구약의 선지자는 장차 오실 그리스도를 예시한다(롬 1:2, 벧전 1:10-11). 아담 안에서 죄인 된 인간은 흙에서 나서 흙으로 돌아간다(3:19). 그러나 에녹은 흙에서 났으나 하나님이 그를 데려가셨다. "데려가다"의 히브리어 "라카흐"는 피안적 삶의 영역으로 옮기는 전문적 신학 용어이다(왕하 2:10, 시 49:16). 에녹은 흙에서 나서 하나님의 나라로 옮겨진 것이다. 에녹이 예시한 그리스도, 곧 하나님의 아들은 하늘에서 오셨다. 그는 하늘에서 오셔서 하늘로 가셨다(요 3:13). 그가 세상에 오신 것은 땅에서 들리기 위함이었다(요 3:14). 하늘에서 오신 하나님의 아들은 십자가에서 죽으시고 부활하셨다. 이제 그를 믿는 자마다 영생을 얻는다(요 3:15). 영생은 흙에서 나서 흙으로 돌아갈 자가 복음을 통해 하늘에서 나는 자가 되는 것이다. 무릇 아들의 말을 듣고 아들을 보내신 자를 믿는 자는 영생을 얻는다. 곧 사망에서 영생으로 옮겨진다(요 5:24).

아담 안의 모든 인간은 흙에서 태어나 흙으로 돌아간다. 곧 모두 죽는다. 그러나 하나님은 흙에서 난 인생을 사랑하셔서 독생자를 보내셨다. 이는 그를 믿는 자에게 영생을 주시고 하늘로 올리기 위함이다. 흙에서 났으나 하늘에 앉은 자는 죽음을 넘어 영생으로 옮겨진 자이다(엡 2:6). 영생 얻은 자는 에녹처럼 하나님과 동행한다. 그는 날마다 생명의 교제를 통해 하나님께 나아간다. 아들을 힘입어 하나님께 나아가는 파레시아를 준행한다. 말씀으로 심판받지만 그리스도의 긍휼을 힘입어 은혜의 보좌로 들어간다(히 4:12-16). 그는 독생자의 영광을 보며 그 영광을 세상에 드러낸다. 그는 비록 단명(短命)의 삶을 살아도 영예롭고 복되다.

묵상

에녹은 마치 육신을 입고 오신 예수처럼 단명하였다. 하지만 그는 흙에서 나서 하늘로 옮기었다. 그는 옮기기 전 하나님을 기쁘게 하였다(히 11:5). 어떻게 하나님을 기쁘시게 하였는가? 그는 믿음으로 하나님께 나아가는 자였다. 신약적으로 말하면, 그는 파레시아를 준행하였다. 영생을 얻은 자, 생명의 교제로 사는 자였다. 그는 모든 상황에서 아들을 힘입어 아버지께 나아가는 파레시아를 준행했다. 그의 생애는 에녹처럼 단명하여도 영예롭고 부요하다.

말씀을 묵상하는데 2021년 봄에 소천한 강행옥 전도사가 계속 생각났다. 그는 마치 에녹처럼 짧은 생을 살고 주님의 품에 안겼다. 그는 2011년 5월 복음생명 캠프에 참석하여 영생의 말씀을 받았다. 신앙생활에 지각변동이 일어났다. 그는 누구보다 하나님을 열심히 믿었으나 아버지께 나아가지 않는 자임을 깨달았다. 아버지의 이름을 부르나 고아와 객과 과부였음을 알았다. 그는 말씀을 받은 날부터 소천하기까지 날마다 하나님께 나아가는 파레시아를 준행하였다. 그렇게 10년간 영생의 삶을 불꽃처럼 누리다 57세에 주님의 품에 안겼다. 100세 시대에 57세는 아쉽기 그지없다. 하지만 그는 누구보다 영예롭고 복된 삶을 살다 갔다. 흙에서 나서 하늘에 계신 아버지 집으로 가는 삶이었다. 유한성의 인생에 이보다 큰 복이 어디 있는가? 그가 전도사로 섬겼던 교회의 담임목사는 오늘의 에녹 말씀으로 그를 추모하였다.

나에게 있어 이 세상에서의 삶은 빚진 자의 삶이다. 생명으로 살다 먼저 떠난 이들에게도 빚진 자이다. 그들이 못다 이룬 생명의 복음을 전하며 빚을 갚는다는 심정으로 살아간다. 복음 전도는 특권도 아니고 어떤 이익을 위함도 아니다. 아낭케! 부득불 할 일이다(고전 9:16).

물난리로 많은 사람이 큰 피해를 입었다. 사망과 실종으로 인명피해가 생겼다. 반 지하에 살던 자매와 모녀는 물이 찬 방을 빠져나오지 못해 변을 당했다. 구룡마을에 물에 차 들어와 어렵사리 사는 노인들이 고통을 당하고 있다. 아, 무력하다! 물난리를 당한 고난의 인생 앞에서도 빚진 자이다. 흙에서 난 인생이 하늘로 나기를 간구한다. 사망에서 생명으로 옮기운 자, 한시적인 세상의 고통이 그를 사로잡지 못한다. 모든 상황에서 파레시아를 준행하며 견디며 승리한다.

11

6:1-10

1 사람이 땅 위에 번성하기 시작할 때에 그들에게서 딸들이 나니
2 하나님의 아들들이 사람의 딸들의 아름다움을 보고 자기들이 좋아하는 모든 여자를 아내로 삼는지라
3 여호와께서 이르시되 나의 영이 영원히 사람과 함께 하지 아니하리니 이는 그들이 육신이 됨이라 그러나 그들의 날은 백이십 년이 되리라 하시니라
4 당시에 땅에는 네피림이 있었고 그 후에도 하나님의 아들들이 사람의 딸들에게로 들어와 자식을 낳았으니 그들은 용사라 고대에 명성이 있는 사람들이었더라
5 여호와께서 사람의 죄악이 세상에 가득함과 그의 마음으로 생각하는 모든 계획이 항상 악할 뿐임을 보시고
6 땅 위에 사람 지으셨음을 한탄하사 마음에 근심하시고
7 이르시되 내가 창조한 사람을 내가 지면에서 쓸어버리되 사람으로부터 가축과 기는 것과 공중의 새까지 그리하리니 이는 내가 그것들을 지었음을 한탄함이니라 하시니라
8 그러나 노아는 여호와께 은혜를 입었더라
9 이것이 노아의 족보니라 노아는 의인이요 당대에 완전한 자라 그는 하나님과 동행하였으며
10 세 아들을 낳았으니 셈과 함과 야벳이라

11

네피림(영웅) 목사를 꿈꾸던 자, 심판을 통해 비천한 전도자로!

⁝ 주해

아담의 범죄에도 불구하고 인류의 역사는 지속하였으며 발전하였다. 그 이면에는 셋으로 시작한 구속사와 가인으로 시작한 세속사가 병립한다. 창세기 6-9장은 타락의 정점에서 이루어진 홍수심판 이야기이다. 신약성경 베드로후서에서는 홍수심판을 옛 창조의 소멸로 규정한다. 물로 창조된 세상이 물로 망했다는 것이다(벧후 3:4-6). 따라서 홍수심판 이후의 세상은 재창조의 의미가 있다. 또한, 세상의 재창조는 그리스도가 강림하실 때 있을 새 하늘과 새 창조를 소망하게 한다(벧후 3:13). 이른바 "첫 창조 → 홍수심판 → 재창조 → 새 창조"의 구도이다.

6:1-7은 홍수심판의 근거로 세상의 죄악상을 폭로한다. 9절 이하는 심판 중에 구원의 길을 마련하신 노아의 사적을 다룬다. 하나님은 구원의 길을 마련하시고 죄에 대한 심판을 집행하신다. 노아는 선지자의 반열에 있다(히 11:7, 벧후 2:5). 그는 죄악이 가득한 세상에서 말씀에 절대 순종하여 구원의 방주를 짓는다. 그는 장차 오실 그리스도를 예표한다(롬 1:2). 예수 그리스도는 죄악이 가득한 세상에 오셔서 오직 보내신 이의 뜻에 순종하셨다. 그가 복종하여 지신 십자가는 심판을 피할 수 없는 모든 사람을 구원하는 하나님의 능력이다(고전

1:18). 십자가에 달리신 그리스도는 하나님의 지혜와 능력이다(고전 1:23-24).

6장은 원역사의 새로운 단락이다. 5:1에서 하나님이 창조하시고 복을 주신 "사람"은 히브리어 "아담"이다. 6:1-7에서 "사람" 역시 "아담"이다. 아담(사람)의 자손이 번성할 때 그들에게서 딸들이 태어났다. 4장과 5장의 족보에서는 주로 장자나 아들들만 언급하였다. 6장에서는 "사람(아담)의 딸들"에 대해 언급한다. 하나님의 아들들이 사람의 딸들의 아름다움을 보고, 저마다 자기들의 마음에 드는 여자를 아내로 삼았다(2절). 4절은 2절 다음에 연결하는 것이 자연스럽다. 그때 세상에는 "네피림"(장부)이라는 거인족이 있었다. 그들은 하나님의 아들들과 사람의 딸들 사이에서 태어난 자식들이었다. 그들은 옛날에 있던 용사들로서 유명한 사람들이었다(4절).

사람의 딸들은 누구인가? 사람의 딸들은 5장과 관련하여 셋의 후손들로 파악한다. 5장의 인간 창조에서 사람은 아담이다. 여기서 사람의 딸들은 아담의 딸들이다. 혹자는 사람의 딸들을 가인의 딸들로도 본다. 그러나 이것은 근거가 희박하다. 다만 하나님의 아들들을 "셋의 후손들"로 본다면 이런 주장도 가능하다.

그렇다면 하나님의 아들들은 누구인가? 이에 대한 세 가지 해석이 있다. 첫째 하나님의 아들들은 천사들이다. 유대교 문서와 신약성경과 초대 기독교 교부들은 이 해석을 받아들였다(요세푸스, 터툴리안, 루터). 이 주장은 천사들은 결혼하지 않는다(마 22:29-30)는 주의 말씀과 상충한다. 그렇지만 천사들의 결혼 이야기를 신화로 본다면 얼마든지 가능한 해석이다. 둘째, 하나님의 아들들은 유력한 자들의 아들들이다. 주로 왕의 아들들이며 그들도 나중에 왕이 된다. 이 해석은 2세기 랍비들의 주석에서 시작하였고 기독교에서도 받아들였다. 특히 이 해석은 현대 신학계에서 지지를 받는다. 셋째, 하나님의 아들들은 셋의 후손들이다. 그렇다면 사람의 딸들은 가인의 후손이 된다. 이 해석은 하나님의 아들들은 경건하고, 사람의 딸들은 불경건하다고 주장한다. 이 해석 역시 다수 주석가의 지지를 받았다(어거스틴, 캘빈). 그러나 이 같은 해석은 5장에서 셋의 조상이 사람(아담)이며 6장에서도 "사람(아담)의 딸들"로 부른다는 점에서 모순된다. 또한, 결혼의 결과 "네피림"이 탄생된 것과도 모순된다.

그러므로 적절한 해석은 하나님의 아들들이 천사라는 것이다. 특히 3-4절이 이 해석을 방증(傍證)한다. 하나님의 아들들은 문자적으로 "신들의 아들들"이다. 여기서 하나님은 "여호와"가 아니라 "엘로힘"이다. 즉 하나님의 아들들은 사람의 아들들과 대비되는 천상의 존재들이다. "아들"은 인격적인 의미가 아니라 소속의 의미다. 일반적으로 엘로힘에 속한 자들이다. 천사들은 자신들의 지위를 떠나고 말았다(유 1:6-7). 그들은 사람의 딸들의 아름다움을 보고 그들과 결혼하였다. 천사들과 사람의 딸 사이에 네피림(영웅)이 탄생하였다. 본질적으로 연약한 인간이 강한 자 "네피림"이 된 것이다. 후에 네피림은 가나안의 거인으로 묘사된다(민 13:33). 천상적 존재와 지상적 존재가 결합함으로써 본래 창조에서 주어졌던 인간의 생명력은 지나칠 정도로 부과되었다. 이에 하나님이 대응하신다. 생명을 주는 영이 더 이상 사람 속에 항상 머물지 않게 하신다(3절). 그리하여 네피림으로 강화된 인간의 생명력을 축소하신다. 하나님의 영(생명력)이 인간 안에 항상 머물지 않음으로써, 초인적인 생명력이 인간 안에서 발휘되지 않도록 하신 것이다.

이제 사람은 하나님의 영이 항상 거하지 않음으로써 살과 피를 지닌 육체이며, 그들의 날은 120년으로 줄어들었다. 3절을 의역하면 다음과 같다. "사람은 육에 불과하므로 내 영이 사람들에게 언제까지나 힘을 발휘할 수는 없다. 사람은 120년밖에 살지 못 한다." 폰 라드는 이 구절을 아래와 같이 해석하였다. "하나님은 반신적(反神的)으로 생명력이 고양된 인간이 넘어설 수 없는 최고 수명을 설정하신다"《창세기 주석》. 천사들의 결혼 이야기는 홍수 이야기로 이어진다. 홍수 이야기는 곧 심판 이야기이다.

5-8절은 홍수 이야기의 서언(序言)이다. 서언은 하나님이 홍수로 심판하시는 세상의 현실을 직시한다. 여호와께서 사람의 죄악이 세상에 가득 차고, 마음에 생각하는 모든 계획이 언제나 악한 것뿐임을 보셨다(5절). 이에 땅 위에 사람 지으신 것을 후회하시고 괴로워하셨다(6절). 세상은 사람의 죄악으로 가득 차고, 하나님은 사람 지으신 것을 후회하셨다. 사람의 마음은 악한 것으로 가득 차고, 하나님의 마음은 그로 인한 고통으로 가득 찼다. 인간 세계는 영웅의 출현으로 사뭇 강해졌다. 하지만 하나님의 영이 쇠락하였고, 인간 세계는 죄악이 가득하였다. 하나님은 그런 세상을 향해 심판을 결심하신다. "내가 창조한 것이지만, 사람을 이 땅 위에서 쓸어버리겠다. 사람뿐 아니라, 짐승과 땅

위를 기어 다니는 것과 공중의 새까지 그렇게 하겠다. 그것들을 만든 것이 후회되는구나"(7절).

죄악이 가득한 세상을 향한 하나님의 탄식과 후회와 고통은 사뭇 인간적으로 묘사된다. 그렇다고 하나님이 인간의 수준으로 격하된 것이 아니다. 이는 하나님의 위대성과 절대성이 손상되는 표현이 아니라 인격적인 표현이다. 중요한 것은 이것이다. 하나님의 탄식과 고통으로 이어지는 홍수심판은 냉정한 무관심 가운데 이루어진 것이 아니라, 고통 속에서 이루어진 것임을 보여주는 것이다. 하나님은 죄악이 가득한 사람뿐 아니라, 그와 더불어 사는 짐승과 새들도 멸절하셨다. 그런 중에 노아가 하나님의 은혜를 입었다(8절). 하나님이 사람은 물론 모든 피조물을 멸절하실 때 노아는 하나님께 은혜를 입었다. 하나님은 가공스러운 홍수심판에 앞서 구원의 길을 예비하셨다. 은혜 입은 자 노아를 먼저 택하신 것이다. 물고기를 미리 예비하시고 요나를 바다에 던지셨듯이(욘 1:17). 그리스도를 무덤에 두시고 우리를 심판의 무덤에 던지셨듯이. 하나님은 죄인이 살길을 마련하시고 심판을 집행하셨다.

9-10절, 노아에 대한 요약적 서술이다. "노아의 역사는 이러하다. 노아는 그 당대에 의롭고 흠이 없는 사람이었다. 노아는 하나님과 동행하는 사람이었다. 노아는 셈과 함과 야벳, 이렇게 세 아들을 두었다." 하나님과 분리된 채 의롭고 완전한 자는 죄의 세력으로 사망에 이른다. 그러나 노아는 철저히 하나님께 의존하여 있다. 그는 하나님의 은혜를 받았고 의인이고 흠이 없는 자였다. 그는 하나님과 동행하였다. 하나님과 함께하는 노아의 의는 말씀에 대한 순종이었다. 흠이 없음은 절대적이거나 윤리적으로 완전함을 뜻하지 않는다. 하나님과 바른 관계에 있음을 뜻한다.

구약의 선지자는 오실 그리스도를 예시한다(롬 1:2, 벧전 1:10-11). 노아는 의를 선포한 선지자였다(벧후 2:5). 노아는 하나님의 기뻐하심을 얻었다. 그가 예시한 그리스도는 창세전부터 하나님의 기뻐하신 그의 아들이었다(잠 8:30). 노아는 의인이었다. 그가 예시한 그리스도는 동정녀에서 성령으로 잉태되어 나신 무죄한 자이시다. 노아는 당대에 흠이 없는 완전한 자였다. 그가 예시한 그리스도는 창세전 하나님의 생명을 받은 완전한 자이시다(요 5:26). 노아는 하나님과 동행하였다. 그가 예시한 그리스도는 창세전부터 아버지 품에 거하여 그와 완전한 교제를 누리셨다(요 1:18, 17:24). 하나님이 심판을 집행하기 전 노아를 예비하셨듯이, 세상을 심판하기 전 아들을 구원자로 예비하셨다.

세상은 홍수심판 이후에도 여전히 악이 가득하다. 의인은 하나도 없다(롬 3:10). 모든 사람이 하나님의 심판 아래에 있다. 그러나 하나님은 그런 세상을 포기하지 않으셨다. 도리어 하나님은 세상을 사랑하셔서 독생자를 보내셨다. 그리고 그를 믿는 자마다 멸망하지 않고 영생을 얻는다(요 3:16). 예수 그리스도는 심판을 피할 수 없는 인생을 대신하여 죽으셨다. 예수 그리스도는 진실로 의인으로서 불의한 자를 대신하여 죽으셨다(벧전 3:18). 이는 우리를 하나님께로 인도하기 위함이다. 그를 믿는 자는 하나님 앞에 의인으로 간주된다. 그는 그리스도의 피로 정결케 되며, 생명의 교제를 통해 하나님과 동행한다. 무엇보다 그는 심판 가운데 있는 세상의 소망이요 빛이 된다. 생명의 말씀을 굳게 붙들어 어그러지고 거스르는 세상 가운데 빛들의 자녀로 나타난다(빌 2:15-16).

그리스도인은 그리스도의 향기이다. 그는 만나는 사람에게 생명의 냄새를 풍기며 심판의 시대에 그리스도의 향기로 살아가는 자이다(고후 2:15). 그리스도인은 결코 네피림(영웅)이 아니다. 그는 에노스의 실존으로서 연약한 자이자 비천한 자이다. 네피림의 실존이 심판받고 그리스도의 표상인 "육신"(사르크스)이 되었다. 그의 연약함 가운데 그리스도의 능력이 머문다. 그는 약하나 그리스도 안에서 강하다. 그의 비천함 가운데 독생자의 영광이 있다. 그리하여 사람들을 구원의 길로 이끈다. "내 은혜가 네게 족하다. 내 능력은 약한 데서 온전하게 된다"(고후 12:9).

: 묵상

천사들과 사람의 딸들이 결혼하여 네피림을 낳았다. 네피림은 인간성을 초월한 강한 자를 의미한다. 하나님은 그들에게서 영을 쇠약하게 하심으로써 그들을 약화시키셨다. 그들은 육만 남았다. 그들의 연수는 120세로 줄어들었다. 그런데도 인간은 여전히 네피림이 되고자 한다. 하나님과 분리된 채 스스로 강한 자가 되기를 꿈꾼다. 하지만 그들은 죄의 세력으로 인해 비참한 결말에 이를 것이다.

　나에게도 네피림의 환상이 있었다. 하나님과 관계하고 하나님과 교제하는 것은 관심 밖에 있었다. 내가 물려받은 신앙의 전이해가 대형교회 목사가 표상하는 믿음의 영웅, 네피림 목사를 꿈꾸었기 때문이었다. 신앙은 거짓으로 가득 찼고, 목회는 위선으로 가득 찼다. 약함이나 비천함이 드러나는 것을 수치로 여겼다. 나는 하나님을 두려워한 것이 아니라 사람들을 두려워하였다. 그러나 하나님은 진리대로 심판하셨다. 하나님은 홍수심판을 내리기 전, 노아를 예비하셨다. 나를 심판의 무덤에 던지기 전, 그리스도를 무덤에 두셨다. 고통의 무덤이었으나 날마다 주님이 말씀으로 찾아오셨다. 비참한 자리, 에노스의 자리에서 주의 이름을 불렀다. 영과 진리의 예배가 시작되었다. 네피림 목사에서 비천한 전도자가 되었다. 지금 생각하면 얼마나 감사한지!

　하지만 옛사람의 환영(幻影)은 참으로 집요하다. 마음 한편에서는 네피림이 어른거린다. "선교회가 좀 커지면 강한 영향력을 끼칠 텐데…"라는 속삭임이 들린다. 네피림에 반응하는 내면의 소리이다. 육신을 입고 있는 한, 유혹은 계속된다. 그래서 오늘도 십자가에 나를 못 박는다. 나로 살지 않고 주로 살기를 간구한다. 내가 약할 그때 그리스도가 내 안에 사시기 때문이다. 지금도 바라는 것은 천사들처럼 자기 지위를 떠나지 않는 것이다.

12

6:11-22

11 그 때에 온 땅이 하나님 앞에 부패하여 포악함이 땅에 가득한지라
12 하나님이 보신즉 땅이 부패하였으니 이는 땅에서 모든 혈육 있는 자의 행위가 부패함이었더라
13 하나님이 노아에게 이르시되 모든 혈육 있는 자의 포악함이 땅에 가득하므로 그 끝 날이 내 앞에 이르렀으니 내가 그들을 땅과 함께 멸하리라
14 너는 고페르 나무로 너를 위하여 방주를 만들되 그 안에 칸들을 막고 역청을 그 안팎에 칠하라
15 네가 만들 방주는 이러하니 그 길이는 삼백 규빗, 너비는 오십 규빗, 높이는 삼십 규빗이라
16 거기에 창을 내되 위에서부터 한 규빗에 내고 그 문은 옆으로 내고 상 중 하 삼층으로 할지니라
17 내가 홍수를 땅에 일으켜 무릇 생명의 기운이 있는 모든 육체를 천하에서 멸절하리니 땅에 있는 것들이 다 죽으리라
18 그러나 너와는 내가 내 언약을 세우리니 너는 네 아들들과 네 아내와 네 며느리들과 함께 그 방주로 들어가고
19 혈육 있는 모든 생물을 너는 각기 암수 한 쌍씩 방주로 이끌어들여 너와 함께 생명을 보존하게 하되
20 새가 그 종류대로, 가축이 그 종류대로, 땅에 기는 모든 것이 그 종류대로 각기 둘씩 네게로 나아오리니 그 생명을 보존하게 하라
21 너는 먹을 모든 양식을 네게로 가져다가 저축하라 이것이 너와 그들의 먹을 것이 되리라
22 노아가 그와 같이 하여 하나님이 자기에게 명하신 대로 다 준행하였더라

12

노아의 방주는 그리스도의 십자가, 그리스도인은 부패한 땅의 소금이다!

∴ 주해

창세기 6-9장은 홍수심판 이야기이다. 그 배경은 천사들의 결혼 이야기이다(6:1-4). 천사들이 사람의 딸들과 결혼하여 네피림(영웅)을 낳았다. 하나님이 창조하신 인간성이 더 높은 차원으로 고양되었다. 그렇지만 하나님께서는 고양된 인간성을 격하하셨다. 하나님의 영이 사람에게 항상 머물지 않게 되었고, 사람의 수명은 120세로 낮추어졌다.

하나님의 영이 항상 머물지 않는 인간은 "육"(바사르, 살 또는 육체)이다. 육은 낡고 쇠하고 부패한다. 그로 인해 인간 세계에 죄가 가득하였다. 하나님은 사람 지으신 것을 탄식하고 후회하셨다. 이것은 하나님의 심정을 인간적으로 묘사한 것으로 신인동형적 표현이다. 하나님은 인간을 심판하기로 작정하셨다. 하지만 하나님은 심판하시기 전 구원의 길을 마련하셨다. 하나님의 은혜 입은 자 노아를 택하셨다. 노아는 의인이요 완전한 자요 하나님과 동행하는 자였다. 노아는 장차 참 인간으로 오셔서 구원을 이루실 하나님의 아들 예수 그리스도를 예표한다.

6:11-22은 부패한 땅에 대한 심판과 노아에게 방주를 지으라는 명령이다. 11-12절은 하나님이 심판하실 수밖에 없는 땅의 상태를 묘사한다. 하나님이

창조하신 땅은 사람들의 포악함으로 인해 부패하였다. 11절은 창세기 저자의 관점이고, 12절은 하나님의 관점이다. "11 하나님이 보시니, 세상이 썩었고, 무법천지가 되어 있었다. 12 하나님이 땅을 보시니, 썩어 있었다. 살과 피를 지니고 땅 위에서 사는 모든 사람의 삶이 속속들이 썩어 있었다." "포악함"(무법천지)은 혼란의 심각성을 표현한다. 하나님이 완벽하게 창조하신 세상은 인간의 포악함으로 부패하였다. 그것은 땅에 사는 사람들의 행위(삶의 방식)가 부패하였기 때문이다. 12절 "혈육 있는 자"(개역개정)의 히브리어는 3절, 하나님의 영이 항상 머물지 않은 "육신"과 같은 "바사르"이다. 하나님은 노아에게 모든 "혈육 있는 자"(바사르)의 포악함이 땅에 가득하므로 그들이 종결될 것을 선언하신다(13절). 이것은 심판의 선고이다.

14-16절, 하나님은 노아가 지어야 할 방주의 모형을 지시하신다. 방주는 히브리어 "테바"이며, 모세를 담은 광주리인 갈대 상자를 가리킬 때도 사용되었다(출 2:3). 방주는 고대인들이 볼 때 거대한 가선(家船)이다. 노아는 고페르나무로 방주를 지으라는 명령을 받는다. "고페르나무"는 잣나무 혹은 전나무 종류로 알려져 있다. "고페르"는 히브리어를 음역한 것이다(개역개정). 방주 안에 칸들을 만들고 역청을 그 안팎에 바를 것이다(14절). 역청은 아스팔트를 만드는 재료이다. 역청을 칠하는 것은 배의 부식을 막고 방수를 하기 위함이다. 방주는 길이 300규빗(135m), 폭 50규빗(22m), 높이가 30규빗(13m)의 크기로 만들었다(15절). 방주는 축구장(105m) 길이보다 30m 길고, 넓이는 축구장(68m)의 1/3 정도다. 또, 방주 위에 창문을 만들고, 옆에는 문을 만든다. 갑판은 상층, 중층, 하층 등 삼층으로 만든다(16절).

17-22절은 방주를 짓게 한 이유를 설명한다. 그것은 하나님이 하늘 아래에 있는 생명의 숨을 가진 모든 생명체를 다 멸하시기 위함이었다. 땅에 있는 모든 것이 다 죽을 것이다(17절). 그러나 하나님은 노아와 언약을 맺으시고 그와 그의 가족을 방주로 들어가게 하여 살리실 것이다(18절). 또한, 하나님은 방주에 들어가는 것으로 각종 동물 한 쌍씩을 지명하셨다. 그것들의 생명을 보존하기 위함이었다(19-20절). 또, 노아와 그의 가족들, 그리고 동물들이 먹을 양식도 방주로 가지고 가라고 명하셨다(21절).

노아는 하나님의 의외의 명령에 어떤 대꾸나 반응도 하지 않았다. 그는 하나님이 명령하신 것을 잠잠히 말씀하신 그대로 순종하였다(22절). 홍수 이야기 (6-9장)에서 노아의 말은 홍수 이후에 그가 아들들에게 한 말이 전부다(9:25-27). 노아는 왜 한마디 질문도, 대꾸도 하지 않고 그저 순종했을까? 9절에서는 그는 의인이요 당대에 완전한 자라고 말하고 있다. 그는 하나님과 동행하였다. 하나님은 "두 사람이 뜻이 같지 않은데 어찌 동행하겠는가?"라고 말씀하셨다(암 3:3). 노아는 하나님과 동행하였고, 하나님의 뜻이 그의 뜻이었다. 두 사람이 뜻이 같으면 굳이 묻고 따질 필요가 없다. 그저 행동만 하면 된다. 신약성경 히브리서는 노아가 순종한 것이 믿음의 행동이라고 한다. 노아는 아직 보이지 않는 일, 곧 홍수심판에 대한 경고를 받았다. 그때 그는 하나님을 경외하여 말씀대로 방주를 지었다. 그리하여 그는 자기 가족을 구원하였다. 이 믿음으로 그는 세상을 정죄하고 믿음을 따라 얻는 의의 상속자가 되었다(히 11:7).

언약신학에서 아벨, 에녹, 노아는 원시시대의 선지자에 속한다. 구약의 선지자는 오실 그리스도를 예시한다(롬 1:2). 노아는 모든 피조물이 멸절당하는 심판의 시대에 구원의 방주를 지었다. 중요한 것은, 하나님이 말씀하신 "꼭 그대로" 지었다는 것이다(22절). 노아는 방주를 지어 그의 집을 구원하였다. 창조주 로고스(아들)에게 그의 집은 세상이며 그가 창조한 모든 사람을 의미한다. 로고스가 육신을 입고 세상에 오셨다. 세상은 그로 말미암아 지음 받았으나 세상은 그를 알지 못하였다. 그가 지은 그의 백성들이 그를 영접하지 않았다(요 1:10-11). 그러나 그를 영접하는 자는 하나님의 자녀가 되는 권세를 얻는다(요 1:12). 아들이 있는 자에게 생명이 있고 아들이 없는 자에게는 생명이 없다(요일 5:12). 그러므로 아들을 영접하는 것은 아들에게 있는 생명을 받아 영원한 생명을 얻는 것이다.

노아는 하나님이 말씀하신 "그대로" 복종하였다. 하늘에서 오신 아들은 아버지의 명령에 그대로 복종하셨다. 이 명령은 영생이다. "나는 그의 명령이 영생인 줄 아노라 그러므로 내가 이르는 것은 내 아버지께서 내게 말씀하신 그대로니라 하시니라"(요 12:50-51). 아들은 아버지의 명령인 영생을 위해 십자가에서 죽으셨다. 아들 예수는 하나님의 본체이나 하나님과 동등 됨을 취하지 않으셨다. 도리어 종의 모습으로 십자가에 죽기까지 복종하셨다(빌 2:6-8). 그가 십자가에서 죽으신 것은 단지 죄 사함이 목적이 아니다. 궁극적 목적은 창세전 약속된 영원한 생명(딛 1:2)을 우리에게 주시기 위함이다.

요한복음 17장은 아들이 아버지께 드린 마지막 기도이다. 십자가에서 죽기 직전 드린 기도이다. 아들은 아버지가 그에게 주신 이들에게 영생을 준다(요 17:2). 영생은 유일하신 참 하나님과 그가 보내신 자 예수 그리스도를 아는 것이다(요 17:3). 아들은 아버지께서 하라고 하신 일을 이루어 아버지를 이 세상에서 영광스럽게 하였다(요 17:4). 아버지가 하라고 하신 일은 아버지가 아들에게 주신 이들에게 영생을 주는 것이다. 아들은 이 일을 이루고자 십자가에서 죽으셨다. 요한복음에서 십자가에 달리신 예수의 마지막 말은 "다 이루었다" 였다(요 19:30). 그는 십자가에서 죽으심으로써 아버지가 하라고 하신 일을 "다 이루신 것"이다. 그러므로 요한복음에서 아들의 십자가 죽음은 아들을 믿는 자에게 영생을 주시는 것이다.

영원한 생명은 끝없이 사는 생명이 아니라, 하나님 자신의 영원한 생명과의 사귐이다(바르트). "그 안에서 영원한 생명의 약속이 우리에게 주어졌다. 바로 그 안에서 생명의 충만함이 우리 위에 부어졌다"(바르트, 〈교회교의학〉 3/2권). 삼위 하나님은 창세전부터 영생의 사귐 안에서 현존하신다. 하나님은 아들 안에서 우리에게 영생을 주신다. 그리고 삼위 하나님만이 누리시는 영생의 사귐으로 우리를 초대하신다(요일 1:1-3). 아들을 믿어 영생 얻은 자는 심판을 받지 않으며 사망에서 생명으로 옮겨진 자이다(요 5:24). 그러나 아들을 믿지 않은 자, 곧 영생이 부재한 자는 이미 심판 가운데 있으며 정죄 받고 있다(요 3:18).

영원한 생명이 부재한 자는 여전히 "육"으로 사는 자이다. 그의 삶은 갈수록 쇠락하고 부패한다. 육으로 사는 자의 부패는 결국 땅의 부패를 가져온다. 땅은 육적 인간의 삶으로 인해 부패한다. 그들은 이미 심판을 받았고 최후의 심판을 향하여 간다. 지상에서 영생의 삶은 육에 속한 자들 가운데 사는 삶이다. 육에 속한 자들로 인해 부패한 땅에서 생명으로 사는 삶이다. 그러나 생명의 삶은 부패한 땅의 소금이다. 예수께서 말씀하셨다. 하나님을 아버지로 둔 자의 삶은 땅의 소금이라고!(마 5:13). 홍수심판 이야기에서 땅은 사람들의 죄악으로 인해 부패하였다. 여기서 땅은 히브리어 "에레츠"이다. 히브리어 에레츠는 70인역에서 "게"(헬라어)로 번역한다. 예수의 말씀에서 "세상의 소금"은 "땅(헬, 게)의 소금"이다. 그리스도인을 땅의 소금이라고 하신 것은 땅의 부패를 전제로 한다. 예수께서는 "너희는 소금이다"라고 말씀하신다. 이것은 "존재가 소금"이라는 뜻이다.

지금 지구촌 곳곳은 점차 심각해지는 이상기후로 신음하고 있다. 이것은 원천적으로 인간이 창조 질서를 파괴한 데 따른 결과이다. 지구촌 한쪽에서는 폭염과 가뭄으로, 다른 편에서는 홍수와 산불로 몸살을 앓고 있다. 올해 유럽은 이상고온에 알프스 빙하까지 녹아내렸다. 미국은 홍수와 산불로, 인도는 121년 만의 폭염으로, 파키스탄은 대홍수로 수백 명이 사망하였다. 호주는 시드니 홍수로 8만 명이 넘는 이재민이 발생하였고, 한국은 110년 만의 폭우로 수도 서울이 마비되었고, 일본 열도는 보름 이상 35도 이상의 폭염이 달구고 있다. 올해만 해도 자연재해로 4,300명이 사망하고(작년의 2배), 경제적 손실은 무려 86조 원에 달한다. 유엔 산하 기후 관련 기관(IPCC)은 폭염이나 폭우, 가뭄 등 기후 재난은 갈수록 강도가 심해질 것으로 내다보았다. 부인하고 싶으나 사실이다. 인간의 죄가 가져온 땅의 부패는 결국 땅의 멸망을 향해 간다.

그러나 하나님은 여전히 자연과 역사의 주관자이시다. 그리스도인은 부패한 땅에 살아도 새 하늘과 새 땅을 바라본다(벧후 3:13). 다만 하나님은 우리가 사는 부패한 땅이 썩지 않도록 소금의 존재로 살 것을 요구하신다. 소금의 삶은 하나님 나라의 백성으로 사는 것이다. 좀 더 구체적으로 말하면 예수께서 복되다 하신 팔복의 삶을 사는 것이다(마 5:3-12).

묵상

이번 주간에 수도권의 폭우로 도심이 마비되고 많은 희생자가 생겼다. 폭염이 일찍 찾아온 듯했는데, 갑작스러운 폭우로 재난이 닥쳤다. 우리나라만 겪는 이상기후가 아니라 세계적 현상이다. 창조주의 뜻대로 자연을 보전해야 할 인간이 사리사욕을 위해 자연을 훼손한 대가를 톡톡히 치르고 있다. 하나님은 인간의 죄악으로 말미암아 땅이 부패한 현실을 방치하지 아니하신다. 반드시 심판하신다. 하지만 하나님은 구원의 길을 마련하신다.

나는 육적인 삶으로 땅을 부패케 한 장본인이었다. 육적 소욕을 채우기 위해 자연 질서와 도덕 질서를 범한 자였다. 나의 왕국을 세우고자 무자비하게 행동하였다. 소금의 맛은커녕 부패를 더한 패역한 자였다. 어찌 나 같은 자가 구원을 얻고 영생을 얻었는지 주의 사랑에 전율한다. 이는 죽기까지 복종하여 십자가를 지신 그리스도의 공로 때문이다. 노아의 방주는 신약에서 그리스도의 십자가을 예시한다. 노아가 말씀대로 순종하며 방주를 지었듯이, 예수 그리스도는 십자가에 죽기까지 복종하셨다. 그리하여 아버지의 명령인 영생을 주셨다. 내가 받은 영생은 우연히 주어진 것이 아니다. 창세전 삼위 하나님이 누리셨던 영생의 사귐에 근거한다. 바르트는 영생의 약속을 삼위 하나님의 영생의 사귐에 근거한다고 보았다. 참으로 놀라운 영적 통찰이다.

곳곳에서 지인들이 내게 물난리 안부를 전해온다. 왠지 "안전합니다. 무탈합니다"라는 말이 민망하다. 도리어 재난당하는 자들과 사귀는 자 되기를 바란다. 나 역시 동일한 재난을 받은 것처럼 그들의 고난에 참여한다. "안전하다"라는 자만에 빠지지 않고 주를 더욱 경외하기를 구한다. 새벽에 한나의 노래를 묵상하였다(삼상 2장). 하나님은 죽이기도 하시고 살리기도 하신다. 음부에 던지기도 하시고 거기에서 끌어올리기도 하신다. 하루하루를 사는 내 인생의 주권은 하나님께 달려 있다. 오늘도 경건함과 두려움으로 주님을 기쁘게 섬기기를 원한다.

13

7:1-12

1. 여호와께서 노아에게 이르시되 너와 네 온 집은 방주로 들어가라 이 세대에서 네가 내 앞에 의로움을 내가 보았음이니라
2. 너는 모든 정결한 짐승은 암수 일곱씩, 부정한 것은 암수 둘씩을 네게로 데려오며
3. 공중의 새도 암수 일곱씩을 데려와 그 씨를 온 지면에 유전하게 하라
4. 지금부터 칠 일이면 내가 사십 주야를 땅에 비를 내려 내가 지은 모든 생물을 지면에서 쓸어버리리라
5. 노아가 여호와께서 자기에게 명하신 대로 다 준행하였더라
6. 홍수가 땅에 있을 때에 노아가 육백 세라
7. 노아는 아들들과 아내와 며느리들과 함께 홍수를 피하여 방주에 들어갔고
8. 정결한 짐승과 부정한 짐승과 새와 땅에 기는 모든 것은
9. 하나님이 노아에게 명하신 대로 암수 둘씩 노아에게 나아와 방주로 들어갔으며
10. 칠 일 후에 홍수가 땅에 덮이니
11. 노아 육백 세 되던 해 둘째 달 곧 그 달 열이렛날이라 그 날에 큰 깊음의 샘들이 터지며 하늘의 창문들이 열려
12. 사십 주야를 비가 땅에 쏟아졌더라

13

심판에 무관심한 세상, 그래도 유일한 소망은 영생의 말씀이다!

∶ 주해

노아는 하나님이 말씀하신 그대로 방주를 지었다. 방주의 길이는 축구장보다 30m 더 길고, 폭은 축구장의 1/3 정도이다. 이제 하나님이 노아에게 그와 그의 온 집이 방주로 들어가라고 말씀하신다(1절). 이는 하나님이 이 세대에서 노아의 의로움을 보셨기 때문이다. 구약성경에서 "의로움"(체데)은 그가 맺고 있는 관계를 바르게 갖는 상태를 말한다. 주로 언약 관계에서 "관계에 대한 책임을 다하는 상태"이다. 하나님은 언약 관계에 책임을 다하시는 분이기에 의로우시다. 인간은 하나님의 요구사항에 순종함으로써 의로우며, 하나님과 바른 관계에 놓인다. 6:18에서 하나님은 노아와 언약을 세우실 것이라고 하셨다. 노아는 방주를 지으라는 말씀에 순종함으로써 하나님 앞에 의로운 자로 인정받았다.

노아는 말씀대로 방주를 다 지었다. 이것은 노아의 의로움이다. 하나님이 이것을 보시고 그와 그의 가족을 방주에 들어가라고 명하신다. 또한, 모든 정결한 짐승은 암수 일곱 쌍씩, 그리고 부정한 짐승은 암수 두 쌍씩 방주로 데리고 가라고 명하신다(2절). 또한, 공중의 새도 암수 일곱 쌍씩 방주로 데리고 가서 그 씨가 온 땅 위에 살아남게 할 것이다(3절).

6:19에서 보면 방주에 들어갈 짐승은 암수 한 쌍씩이다. 7:2에서 보면 정결

한 짐승의 경우 암수 일곱 쌍씩이고, 부정한 짐승의 경우 암수 두 쌍씩이라 되어있다. 그래서 70인역과 사마리아 오경과 시리아어 역본은 6:19과 일치하여 암수 한 쌍씩이라고 번역하였다. 다만 7:2 말씀을 히브리어 성경대로 본다면 정결한 짐승의 경우 홍수심판이 끝난 후 제사에 필요하였기 때문이다(8:20). 이제 7일이 지나면, 하나님이 40일 동안 밤낮으로 땅에 비를 내려 그가 만든 생물을 땅 위에서 쓸어버리실 것이다. 40일은 완전수로 홍수의 완전함 또는 대홍수를 뜻한다. 노아는 여호와께서 말씀하신 그대로 순종하였다. 이 순종은 하나님이 명하신 대로 노아 가족과 동물과 새들이 방주로 들어간 것을 뜻한다(7-9절 참고). 땅 위에 홍수가 난 때는 노아의 나이가 600세 되던 해이다(6절). 노아가 600세 되던 해는 에녹의 아들 므두셀라가 969세로 죽던 해이다(5:25-28). 에녹은 므두셀라를 낳은 후 하나님의 심판 예고를 들었다(유 1:14-16 참고). 그렇다면 하나님은 심판을 알리고 집행하기까지 969년의 유예기간을 두신 것이다.

신약성경은 노아가 하나님의 의로움(정의)을 전했다고 기록한다(벧후 2:5). 노아는 단지 방주만 지은 것이 아니라, 하나님의 심판이 임할 것을 외쳤다. 하지만 당시 사람들은 심판의 예고에 관심조차 없었고, 죄악은 날로 커졌다. 그들은 하나님에 의해 세상에 왔으나, 하나님께는 관심을 두지 않았다. 그저 자기 마음대로 살아도 되는 그런 세상인 줄 착각하였다.

7-9절은 5절 말씀을 구체적으로 설명한다. 노아는 방주를 짓고 난 후 하나님이 하신 말씀을 그대로 순종하였다. 노아는 홍수를 피하려고 아들들과 아내와 며느리들을 데리고 함께 방주로 들어갔다(7절). 또 정결한 짐승과 부정한 짐승과 새와 땅 위를 기어 다니는 모든 것도 암수 둘씩 노아에게 와서 방주로 들어갔다(8-9절). 홍수가 나던 날, 구원받은 자는 노아 가족뿐, 겨우 8명이었다(벧전 3:20 "겨우 여덟 명이라").

하나님의 말씀대로 7일 후 홍수가 임하였다(10절). 11-12절은 홍수가 시작된 날짜와 홍수가 어떻게 일어났는지를 묘사한다. 홍수가 일어난 날은 노아가 600세 되던 해 2월 17일이다(70인역 2월 27일). 그날에 땅 깊은 곳의 큰 샘들이 터졌다. 동시에 하늘에서는 궁창의 문이 열려 40일 동안 비가 땅 위로 쏟아졌다. 홍수심판은 특정한 지역에 한하는 국지적 심판이 아니다. 그것은 전 세계의 붕괴요 소멸이다. 궁창의 윗물이 땅으로 쏟아졌고, 땅 아래에 있던 지하의 바다가 위로 터졌다. 창조 당시 위와 아래로 분할되었던 혼돈의 원시바다(창 1:7-9)가 다시 통합되었다. 세상은 홍수심판으로 창조 이전의 혼돈 상태로 돌아간 것이다. 하나님이 처음 창조하신 세계가 소멸한 것이다.

초대교회 당시 자기 욕망대로 살면서 마지막 때의 심판을 부인한 자들이 있었다. 그들은 만물이 창조한 그대로 있는데, 무슨 세상이 망한다는 것이냐며 믿는 자를 조롱하였다. 베드로 사도는 그들의 허망한 생각을 반박하였다. "그들이 이렇게 말하는 것은, 하나님의 말씀으로 하늘이 오랜 옛날부터 있었고, 땅이 물에서 나와 물로 말미암아 형성되었다는 것과, 또 물로 그 때 세계가 홍수에 잠겨 망하여 버렸다는 사실을, 그들이 일부러 무시하기 때문입니다"(벧후 3:5-6).

노아 당시에 사람들은 심판을 믿지 않았다. 그저 죄악이 가득한 세상에서 자기 욕망대로 살았다. 그들은 시집가고 장가가고 일하며 일상을 살았다. 그런데 갑자기 홍수가 났다. 그들은 홍수가 나서 다 망하기까지 깨닫지 못하였다. 그러나 노아 홍수 이후 재건된 세상 역시 영원하지 않다. 그리스도가 강림하실 때 노아 홍수 이후 재창조된 세상은 심판받는다. 그런데 노아의 때나 지금이나 사람들은 심판을 의식하지 않고 산다. 심판의 날, 곧 인자가 오실 때를 고려하지 않고 살아가며 망하기까지 깨닫지 못한다(마 24:37-39). 노아의 때나 예수 시대나 지금이나 크게 달라진 것은 없다. 지금은 하나님의 존재 자체를 부정하는 시대이다. 그런데 어떻게 그의 심판을 생각이나 하겠는가? 18세기 계몽주의 이후의 현대사상은 인간에게 죄와 허물에 관계된 의식 자체를 제거하였다. 존재에서 윤리적 성격을 제하여 버린 것이다(폴 리쾨르). 니체는 인간의 나약함을 힘에의 의지로 치환하였고, 프로이드는 인간의 허물을 무의식의 욕망으로 대체하였다. 프로이드의 정신분석학이 그 원천인 현대 상담학에서는 죄라는 말을 슬그머니 빼버렸다. 죄는 통제 불가능한 무의식의 분출로 바뀌었고, 그것은 용납되어야 한다는 것이다.

이들의 영향을 받은 현대 사조는 하나님 없이도 얼마든지 자기 인생을 스스로 고양할 수 있다고 확신하였다. 인간은 죽음의 계곡에서도 "힘에의 의지"로 말미암아 보다 높은 세계(창조)로 도약하려고 한다. 하지만 20세기에 들어와서 일어났던 두 번의 세계대전은 이 같은 현대사상이 허상임을 일깨웠다. 물론 그런데도 깨어나지 못한 자들이 허다하지만 말이다. 아우구스티누스의 말은 영원한 진리다. "인간은 하나님을 향하도록 지음 받았다"《고백록》. 이것이 인간이 지켜야 할 자리다. 자기 지위를 지키지 않고 자기 처소를 떠난 천사들은 큰 날의 심판까지 영원한 결박으로 흑암에 갇혔다(유 1:6). 하물며 천사보다 조금 못하게 지음 받은 사람이랴!

영생의 복음은 바로 심판의 시대에도 여전히 진리이다. 심판을 피할 수 없는 인생, 멸망을 향하여 가는 인생에게 복음만이 영원한 생명을 준다. 하나님은 천번 만번 망해도 싼 세상을 여전히 사랑하신다. 그가 독생자를 보내신 것은 그를 믿는 자마다 영생을 얻게 하기 위함이다(요 3:16). 그를 믿는 자마다 심판에 이르지 않고 사망에서 생명으로 옮기운다(요 5:24). 그러나 영생의 복음은 희귀하게 들린다. 최근에 장로회신학대학의 원로 조직신학자 윤철호 교수가 요한복음을 중심으로 〈영생의 복음〉이란 책을 냈다. 그 책을 소개할 때 "부서진 세계와 아무도 관심 없는 영생"이란 단어를 사용했는데 나는 그 말에 깊이 공감한다. 하여 약간 다듬어 그대로 소개한다.

"현대인은 부서지고 시끄러운 세계에서 산다. 스마트폰 화면 위를 무기력하게 부유한다. 수억 개 이상의 파편(유튜브)이 매일 매시 매분 매초에 악을 쓰는 것밖에 할 줄 모르는 듯하다. 그것들끼리는 서로 여기 좀 보라. 더 주목받는 파편은 구독자를 끌어 모아 큰돈을 벌지만, 싫증도 빨리 내는 그들에게 금세 끌려가 처형당하기 일쑤다. 그러니 하루하루가 시끄러울 수밖에 없다. 이곳에서 평화를 찾는 젊은이들은 주로 호텔, 요가원, 캠핑장 등지로 몰려든다. 호캉스, 명상, 텐트와 바비큐 안에서 작고 확실한 행복 속으로 움츠러든다. 한때 세상을 호령하다가 나이 든 사람들의 기세도 그보다 좋아 보이지는 않는다. 그들의 지혜는 이른 은퇴와 늦춰진 죽음 사이에서 길을 잃고 애처롭게 허둥지둥한다. 증권가와 가상화폐 거래소만이 첨단 기술을 등에 업고 하늘 너머 화성까지 치솟을 기세를 보인다. 하지만 정작 그들은 지금 뜨겁게 불타는 지구를 식힐 방법이 뭔지 모른다. 그저 이곳이 다 불타 사라지기 전에 서둘러 탈출하는 것 말고 다른 방법은 없다는 듯 굴 뿐이다. 그러므로 이런 세계에서 누가 요한복

음에, 영생에, 복음에 관심이 있겠는가? 별 관심이 없다고 해서 놀랄 일
도 아니다. 이천 년 전 나다나엘이 '나사렛에 무슨 선한 것이 날 수 있느
냐?'(요 1:46)고 냉소하였다. 그렇다면 오늘날에는 사람들이 '요한복음에
(또는 기독교에, 교회에) 선한 것이 있느냐?'고 하며 되묻지 조차 않는다."

부서진 시대는 죄를 짓고도 심판에 무관심한 시대이다. 이런 시대에 영생의 복음을 전하는 것은, 노아가 대낮에 방주를 짓는 것과 같다. 무익한 수고로 보인다. 그러나 이런 수고가 하나님의 말씀에 순종하는 의로움이다. 이 직분을 가진 자가 생명을 주는 영의 직분으로 지극히 영광스럽다(고후 3:6, 8). 노아가 그러하였듯이, 보이지 않는 일에 경고를 받아 하나님을 경외함으로 순종(히 11:7)하는 길은 역시 노아처럼 자기를 구원하는 길이다.

: 묵상

나는 부서진 세계, 부패한 세계에서 기적적인 은혜로 영생을 얻었다. 생명의 교제로 영생을 누린다. 그런데 시간이 갈수록 느끼는 것은 위 저자의 글 그대로이다. 부서진 세계에 아무도 관심 없는 영생! 어쩌면 내 마음을 그대로 표현하고 있다. 영적으로 사사시대와 같다. 심판의 징조가 임해도 망하지 않으면 내 일이 아니다. 믿는 자까지도 부화뇌동한다. 살아계신 하나님을 일상에서 배제한다. 베드로 시대에는 조롱하는 자들이 득세하였다(벧후 3:3). 세상은 그대로 아닌가! 망하지 않았다고 강변한다. 심판은 무슨 심판인가? 심판이 코앞에 닥쳤어도 그들은 롯의 사위처럼 농담으로 받는다(창 19:14). 그러나 주님은 반드시 오신다. 그가 오시는 때는 노아의 때와 같다. 물론 믿는 자도 일상에 충실해야 한다. 시집도 가고 장가도 가고 일도 한다. 그러나 심판이 있음을, 마지막이 있음을 늘 기억해야 한다.

새벽에 사무엘상 3장을 읽는데 내 영혼 깊은 곳에서 눈물이 솟구친다. 말씀을 떠나 제멋대로 믿는 사사시대의 마지막 장면이다. 말씀이 희귀하다. 영생의 말씀이 희귀하다. 그러나 하나님의 등불은 아직 꺼지지 않았다고 한다. 아,

인자가 오시는 그날까지 주의 등불은 꺼지지 않는다. 이것이 믿어지니 감격의 눈물이 흐른 것이다. 부서지고 부패한 세계, 영생의 말씀에 누가 관심을 두겠는가? 그러나 아버지가 아들에게 보낸 자가 있다. 희귀해도 그 가치는 말할 수 없이 크다. 희미한 빛이라도 칠흑 같은 밤에는 희망이다. 끝까지 하나님이 정하신 지위를 지키길 사모한다. 부서진 세계의 유일한 희망, 영생의 복음을 위해 허리띠를 졸라맨다.

14

7:13-24

13 곧 그 날에 노아와 그의 아들 셈, 함, 야벳과 노아의 아내와 세 며느리가 다 방주로 들어갔고
14 그들과 모든 들짐승이 그 종류대로, 모든 가축이 그 종류대로, 땅에 기는 모든 것이 그 종류대로, 모든 새가 그 종류대로
15 무릇 생명의 기운이 있는 육체가 둘씩 노아에게 나아와 방주로 들어갔으니
16 들어간 것들은 모든 것의 암수라 하나님이 그에게 명하신 대로 들어가매 여호와께서 그를 들여보내고 문을 닫으시니라
17 홍수가 땅에 사십 일 동안 계속된지라 물이 많아져 방주가 땅에서 떠올랐고
18 물이 더 많아져 땅에 넘치매 방주가 물 위에 떠 다녔으며
19 물이 땅에 더욱 넘치매 천하의 높은 산이 다 잠겼더니
20 물이 불어서 십오 규빗이나 오르니 산들이 잠긴지라
21 땅 위에 움직이는 생물이 다 죽었으니 곧 새와 가축과 들짐승과 땅에 기는 모든 것과 모든 사람이라
22 육지에 있어 그 코에 생명의 기운의 숨이 있는 것은 다 죽었더라
23 지면의 모든 생물을 쓸어버리시니 곧 사람과 가축과 기는 것과 공중의 새까지라 이들은 땅에서 쓸어버림을 당하였으되 오직 노아와 그와 함께 방주에 있던 자들만 남았더라
24 물이 백오십 일을 땅에 넘쳤더라

14

노아가 구원받은 물, 예수 그리스도를 통한 구원의 표(상징)이다!

❖ 주해

하나님이 사람의 죄악으로 인해 부패한 땅을 홍수로 심판하셨다. 그러나 노아를 통하여 구원의 길을 여셨다. 노아는 하나님의 말씀대로 방주를 지었다. 하나님은 말씀에 순종한 노아의 의로움을 보시고 그와 그의 가족을 방주로 들어가라고 명하셨다. 또한, 각종 짐승과 새도 암수 한 쌍씩 노아에게 나와 방주로 들어가라고 하셨다. 노아는 이 말씀에도 그대로 순종하였다(7-9절). 노아가 600세 되던 해 온 땅에 홍수가 임하였다. 그해 2월 17일(70인역, 2월 27일)부터 40일간 땅에 비가 내렸다. 위로부터 궁창의 윗물이 쏟아지고, 아래로부터 바다 깊은 곳의 샘이 터져 솟구쳤다. 7:13-16은 7-9절의 내용을 보다 구체적으로 진술한다. 13-15절은 노아와 그의 가족과 동물들이 방주로 들어간 것을 묘사한다. 하나님이 지정하신 생명체가 모두 방주에 들어갔다. 노아가 마지막으로 들어갔다. 그리고 하나님께서 방주의 문을 닫으셨다(16b절). 노아는 햇빛이 쨍쨍한 한낮에 방주를 지었다. 아무도 비가 내리리라곤 생각하지 못하였다. 사람들이 거대한 방주를 보지 못했을 리 없었다. 그리고 노아는 그들에게 의를 외쳤다(벧후 2:5). 이때는 방주의 문이 닫히지 않았을 때였다. 마찬가지로 구원의 문은 한시적으로 열려있다. 그 문은 때가 되면 닫힌다. 그러나 사람 중에서는 노아와 그의 가족 8명만 방주로 들어갔다. 방주는 좁은 문을 의미한다. 생명으로 인도하는 문은 좁다(마 7:14).

17-20절은 홍수가 일어난 상황을 묘사한다. 40일간의 홍수는 4단계로 땅에 임하였다. ① 물이 많아져 방주가 땅에 떠올랐다. ② 물이 더 많아져 방주가 물 위에 떠다녔다. ③ 물이 더욱 넘쳐 천하의 높은 산이 다 잠겼다. ④ 물이 불어서 높은 산을 잠그고도 7m의 깊이가 남았다. 완전한 심판이다. 땅에 움직이는 모든 생물이 다 죽었다. 새, 가축, 들짐승, 땅에 움직이는 생물, 모든 사람이 다 죽었다(21절). 그 코에 생명의 숨이 있는 마른 땅의 모든 것이 다 죽었다(22절). 하나님이 땅의 표면에 있는 모든 생물을 다 쓸어버리신 것이다(23절). 오직 노아와 방주에 들어간 사람들과 짐승들만이 살아남았다(23b절). 물이 불어나서 물이 150일 동안이나 땅을 뒤덮었다(24절).

홍수의 진행 과정은 노아의 연대기에서 다음과 같이 기록하고 있다(고든 웬함, 〈창세기 주석〉). ① 홍수 경고(7일 전): 600세 2월 10일(7:4). ② 홍수 시작: 600세 2월 17일(7:11). ③ 40일간 비가 오고 그침: 600세 3월 27일(7:12). ④ 방주가 아라랏 산에 멈춤(홍수 시작 후 150일): 600세 7월 17일(7:24, 8:4). ⑤ 물이 줄어들고 산봉우리가 드러남(물이 넘친 후 150일): 600세 10월 1일(8:5). ⑥ 까마귀와 비둘기를 보냄: 600세 11월 10일(8:6). ⑦ 두 번째로 비둘기를 보냄: 600세 11월 24일(8:10). ⑧ 세 번째로 비둘기를 보냄: 600세 12월 1일(8:12). ⑨ 물이 다 마름: 601세 1월 1일(8:13). ⑩ 노아가 방주에서 나옴: 601세 2월 27일.

홍수와 관련한 노아의 연대기는 홍수심판의 역사적 근거를 시사한다. 그런데 창세기의 홍수 이야기는 고대 신화(이야기)에서 자주 발견된다. 대표적으로 길가메쉬 서사시, 아트라하시스 서사시, 수메르의 홍수신화에서 찾아볼 수 있다. 그중 메소포타미아 길가메쉬 서사시는 성경의 홍수 이야기와 유사하다.

에아(Ea) 신이 우트나피니쉬팀(Utnapinishtim)의 꿈에 나타나 엔릴(Enlil) 신이 홍수를 내려 땅을 심판하라고 하니 방주를 지으라고 말한다. 우트나피니쉬팀은 에아 신의 명령대로 7일 만에 방주를 만든다. 그는 자신의 소유물, 동물들, 생물의 씨를 방주에 싣고, 자기 가족과 방주를 만든 기능공들을 데리고 방주로 들어갔다. 6일간 비가 내려 모든 인간이 멸망하였다.

방주가 니시르 산에 머물자, 7일째 우트나피니쉬팀은 비둘기를 날려 보냈고, 얼마 후에는 제비를 날려 보냈다. 그러나 비둘기와 제비는 쉴 곳을 찾지 못하고 되돌아왔다. 그가 다시 까마귀를 보내자 돌아오지 않았다. 물이 말라서 거처할 곳이 있었기 때문이었다. 이때 우트나피니쉬팀은 방주에서 나와 신들에게 제사를 지냈다. 그러자 신들이 제물의 향기를 맡고 파리 떼처럼 희생제물 주위에 운집하였다. 신들은 다시는 홍수를 내지 않겠다고 맹세하며 그를 데려가 함께 살았다.

이렇듯 창세기와 길가메쉬의 홍수 이야기는 상호 관련성이 있다. 근본주의적 신앙에서는 창세기의 홍수 이야기가 가장 오래되었고 길가메쉬의 홍수 이야기는 창세기에서 나왔다고 주장한다. 반대로 창세기의 홍수 이야기는 길가메쉬의 홍수 이야기를 재구성했다고도 본다. 중요한 것은, 창세기의 홍수 이야기는 언약 백성 이스라엘의 신앙고백을 담고 있다는 사실이다. 이 이야기는 심판과 구원의 메시지를 해석하는 이야기이다. 하나님은 인간의 악함을 심판하시나 다시 구원의 길을 여신다. 한편 초기 기독교에서는 홍수 사건을 그리스도 중심으로 해석하고 받아들였다. 대표적인 말씀은 베드로전서에 나온다. "방주에서 물로 말미암아 구원을 얻은 자가 몇 명뿐이니 겨우 여덟 명이라"(벧전 3:20b). 20절의 "물로 말미암아"(디아 휘도르)를 정확히 번역하면 "물을 통하여"이다. 사실 이 표현은 적절하지 않다. 왜냐하면, 노아는 "물로부터"(물의 심판으로부터) 구원받았기 때문이다. 따라서 학자들은 위 표현을 두고 장소적 의미에서 노아는 "물을 통과하여" 구원받았다거나, 도구적 의미에서 "물에 의해" 구원받았다고 해석한다. 이어지는 구절(21절)을 보면 "물에 의해" 구원받았다는 말이 더 적절하다. 다시 말해 물을 구원의 도구로 해석한 것이다(물은 ~ 구원하는 표니). 여기서 노아와 그의 가족들의 구원은 세례를 통한 구원의 모범으로 제시된다. 즉, 노아가 홍수심판에서 구원받은 것은, 우리가 예수 그리스도를 통해 심판에서 구원받는 원형이다. 세례는 그리스도와 함께 죽고 함께 사는 것이다. 물이 상징하는 세례는 옛사람에 대한 심판과 동시에 새 생명으로 살게 하는 표징이다(롬 6:4). 따라서 물(세례)은 우리를 심판하고 동시에 구원하는 상징(표)이다. 그런데 세례는 더러운 몸을 씻는 단순한 제의적 행위가 아니다. 그것은 심판의 차원에 머무는 것이다. 세례는 구원의 실제인 새 생명의 삶을 살게 한다. 즉, 세례는 예수 그리스도의 부활을 힘입어서 선한 양심이 하나님께 응답하는 것이다(벧전 3:21).

20세기 중반, 폴 리쾨르의 성서 해석학은 매우 통전적이었다. 그는 성경의 텍스트가 궁극적으로 해석자에게 존재 사건이 되어야 함을 강조하였다. 여기에 도달하기까지 여러 과정이 필요하다. 1차적으로 성경의 언어분석, 역사비평, 상징분석, 심지어 정신분석의 도구까지 활용해야 한다. 이를 통해 고대에 기록된 성경이 해석자가 현재 서 있는 실존과 만난다. 성경의 "본질적 말씀"(랑그)이 해석자와 만나는 "해석된 말씀"(빠롤)이 될 때 해석자는 도전과 충격을 받고 전복당한다. 그때 그가 가진 전이해가 다 무너진다. 말씀(텍스트)과 만나기 전의 자기 이해와 만난 후의 자기 이해는 극명하게 달라진다. 말씀을 만나는 것은 지금 서 있는 자기 이해를 변화시켜 자기를 새롭게 이해하는 사건이 된다. 이 모든 과정은 진리의 영인 성령이 주도하신다. 리쾨르가 1970년대 미국의 시카고 대학에서 가르칠 때 폴 틸리히는 그의 전임자였다. 틸리히는 말씀이 존재 사건이 되는 것에 대하여, "말씀은 해석자의 존재를 뒤흔들며, 그를 새로운 존재로 변형시키며, 그가 일상에서 하나님의 뜻을 이루게 한다"(shaking → transforming → significant demanding)라고 하였다.

창세기의 홍수 이야기는 그것이 신화이든 역사적 사실이든 성경의 진리이다. 문제는 그 말씀이 성령이 역사하는 해석의 과정을 통해 우리에게 존재 사건이 되느냐에 있다. 성령이 증거하는 말씀은 살아계신 하나님의 현존이다. 나아가 우리의 마음과 생각을 드러내어 심판한다. 지금 서 있는 우리의 실존을 뒤흔들고 변화시켜 새로운 존재가 되게 한다. 홍수 이야기의 핵심은 심판을 통한 구원이다.

예수 그리스도는 우리가 받아야 할 심판을 대신 받으셨다. 그는 십자가에서 물이 상징하는 심판을 받으셨다. 그렇다고 우리의 심판이 자동적으로 면제된 것이 아니다. 우리가 그리스도가 받으신 심판에 연합할 때 우리는 비로소 심판에서 구원에 이른다. 우리가 그리스도의 심판에 연합하는 것은, 그의 죽음과 무덤에 연합하는 것이다. 구체적으로 말씀 앞에서 거룩하신 하나님 앞에서 심판밖에 받을 것이 없는 자임을 처절히 깨닫는다. 그로 인해 존재의 심연이

흔들린다. 죽기에만 합당한 자임을 받아들이고 죽음을 받아들인다. 이는 하나님의 공의를 인정하는 것이다. 그런데도 하나님이 살리시면 사는 것이다.

말씀이 존재 사건이 되는 것은, 날마다 말씀으로 심판을 받아 자기 이해를 새롭게 하는 것이다. 존재는 고정된 실체가 아니다. 날마다 새롭게 형성되어 가는 존재(되어가는 존재)이다. 자기 이해의 새로움은 날마다 되어가는 존재라는 것을 깨닫는 것이다. 그는 타자와의 관계에 새로움을 가져오며, 세상과의 관계에서도 새로움을 가져온다. 그때 만물을 충만케 하는 주의 뜻을 이루게 된다.

묵상

창세기의 홍수 이야기는 나와 먼 이야기였다. 옛날, 옛날 한 옛날에 노아가 살았고, 그가 방주를 지었다. 그리고 방주에 들어가 홍수심판을 받지 않았다. 신화 같은 이야기가 오늘 나와 무슨 관계가 있는가? 헤아릴 수 없는 수천 년 전의 성경 이야기가 21세기를 사는 나와 대체 어떤 상관이 있는가? 진지한 주해 작업 없이 읽는 성경은 내게 어떤 깨달음도 가져오지 않았다. 목사가 되어서도 그러하였다. 그러다가 2008년, 말씀 앞에 떠는 자가 되었다. 말씀이 현실이 되는 은혜를 경험하였다. 말씀은 내 존재의 심연을 뒤흔들며 나를 심판하였다. 사람의 판단이나 심판과 비교할 수 없는 거룩한 두려움이 내게 임하였다. 죽기에만 합당한 자임을 고백하였다. 노아가 구원받은 물은 내가 구원받은 세례였다. 그리스도와 함께 죽고 그와 함께 사는 은혜를 입었다.

존재는 고정된 실체가 아님을 고백한다. 구원의 표인 세례는 육체의 더러움을 씻는 것에 그치지 않는다. 주의 보혈로 내 속의 허물과 부정성을 씻고, 이제는 선한 양심이 하나님께 응답하는 삶을 산다. 날마다 심판을 통해 새로워진 존재, 되어가는 존재가 되기를 희망한다. 그리하여 관계의 새로움과 만물의 충만함이 이루어지길 사모한다. 어젯밤 사랑하는 주의 종 문찬식 목사가 소천 하셨다. 그가 마지막으로 섬겼던 제주 새가나안교회에서 나는 넉 달 동안 말씀으로 섬겼다. 제주에도 설교할 수 있는 목사가 많이 있으나, 성도들에게 생명의 말씀을 전해야 한다며 나를 강권하였다. 간이식 수술에 성공하여 회생을 기대했으나 다른 장기들이 손상하여 치료받아 오셨다. 중환자실에서 홀로 생을 마쳤으나 오직 주께서 그와 함께하셨음을 믿는다. 슬픔 당한 사모님과 아버지 치료를 위해 최선을 다한 자녀들을 하나님이 위로하시기를 간절히 기도드린다.

15

8:1-12

1 하나님이 노아와 그와 함께 방주에 있는 모든 들짐승과 가축을 기억하사 하나님이 바람을 땅 위에 불게 하시매 물이 줄어들었고
2 깊음의 샘과 하늘의 창문이 닫히고 하늘에서 비가 그치매
3 물이 땅에서 물러가고 점점 물러가서 백오십 일 후에 줄어들고
4 일곱째 달 곧 그 달 열이렛날에 방주가 아라랏 산에 머물렀으며
5 물이 점점 줄어들어 열째 달 곧 그 달 초하룻날에 산들의 봉우리가 보였더라
6 사십 일을 지나서 노아가 그 방주에 낸 창문을 열고
7 까마귀를 내놓으매 까마귀가 물이 땅에서 마르기까지 날아 왕래하였더라
8 그가 또 비둘기를 내놓아 지면에서 물이 줄어들었는지를 알고자 하매
9 온 지면에 물이 있으므로 비둘기가 발 붙일 곳을 찾지 못하고 방주로 돌아와 그에게로 오는지라 그가 손을 내밀어 방주 안 자기에게로 받아들이고
10 또 칠 일을 기다려 다시 비둘기를 방주에서 내놓으매
11 저녁때에 비둘기가 그에게로 돌아왔는데 그 입에 감람나무 새 잎사귀가 있는지라 이에 노아가 땅에 물이 줄어든 줄을 알았으며
12 또 칠 일을 기다려 비둘기를 내놓으매 다시는 그에게로 돌아오지 아니하였더라

15

하나님의 세계 섭리,
그리스도 안에서 새 창조를 이루다!

: 주해

　인간의 죄악으로 홍수심판이 임하였다. 위로 하늘의 창문이 열리고 아래로 깊음의 샘이 터졌다. 40일간 계속된 비로 온 천하가 잠겼다. 물은 가장 높은 산보다 7m나 더 불어났다. 사람과 가축, 새를 비롯한 지면의 모든 생명체가 몰살당하였다. 오직 노아와 그와 함께 방주에 들어간 생명체만 살아남았다. 그렇게 물은 150일간 땅에 넘쳤다.
　8장은 물이 줄어들고 방주에 있는 노아 및 그와 함께 있는 자들이 방주에서 나오는 장면을 기록한다. 1-5절은 물이 줄어드는 장면이고, 6-12절은 까마귀와 비둘기를 방주에서 내보내 방주 밖의 상황을 확인하는 장면이다. 13-19절은 땅이 마르고 노아 및 그와 함께 있는 자들이 방주에서 나오는 장면이고, 20-22절은 방주에서 나온 노아가 여호와께 제사 드리는 장면이다. 물이 줄어드는 장면은 "그러나 하나님이 노아를 기억하셨다"로 시작한다(1절, 개역개정에는 "그러나"가 없음). 하나님은 노아 및 그와 함께 방주에 있는 모든 생명체를 기억하셨다. 구약성경에서 "하나님이 기억하시다"(자카르)는 하나님의 구원행동이 수반됨을 표현한 것이다. 곧 "하나님이 기억하시고…구원의 행동을 취하셨다"라는 뜻이다(창 19:29, 30:22).

하나님은 이스라엘 백성이 400년 동안 애굽에서 종살이한 것을 기억하셨다. 그리고 그들을 거기로부터 구원하시는 행동을 취하셨다. "하나님이 그들의 탄식하는 소리를 들으시고, 아브라함과 이삭과 야곱에게 세우신 언약을 기억하시고(자카르), 이스라엘 자손의 종살이를 보시고, 그들의 처지를 생각하셨다"(출 2:24-25). 그러므로 하나님이 노아를 기억하신 것, 자체가 노아 이야기의 반전이다. 하나님은 인간의 죄악 때문에 세상을 심판하셨다. 그러나 심판이 궁극적인 목적이 아니다. 방주에서 살아남은 노아를 통해 세상을 새롭게 하시는 것이 하나님의 궁극적 목적이다. 어찌 그가 보시기에 좋았던 세상을 완전히 없애겠는가? 하나님이 노아를 기억하사 취하신 행동은 두 가지다. 첫째 물을 말리기 위해 바람을 불게 하셨다. 그러자 물이 줄어들었다(1절). 둘째 홍수의 물이 나오지 않도록 위로 하늘의 창과 아래로 깊음의 샘을 막으셨다. 그리하여 더 이상 비가 내리지 않았다. 이 같은 하나님의 행동하심으로 땅의 물이 점점 줄어들었다.

홍수가 시작된 지 150일 이후, 즉 7월 17일에 방주가 아라랏산에 머물렀다(3-4절). 이후 전개된 상황은 다음과 같다(고든 웬함). ① 방주가 아라랏산에 멈춤(홍수 시작 후 150일): 600세 7월 17일(8:4). ② 산봉우리가 드러남(물이 넘친 후 150일): 600세 10월 1일(8:5). ③ 노아가 까마귀와 비둘기를 보냄: 600세 11월 10일(8:6). ④ 노아가 두 번째로 비둘기를 보냄: 600세 11월 24일(8:10). ⑤ 노아가 세 번째로 비둘기를 보냄: 600세 12월 1일(8:12).

방주는 물이 빠졌을 때 가장 높은 산에 머물렀다. 이 산은 아라랏산이다. 아라랏은 히브리어로 "우라르투"로 불리며, 앗수르 북쪽에 있던 왕궁이었다(왕하 19:37, 렘 51:27). 아라랏은 터키 동쪽과 이란 서북쪽에 위치하며, 아르메니아 지방에 있는 한 지역이 이름이다. 방주가 아라랏산에 머문 지 70일이 지난 10월 1일, 산의 정상이 드러났다(5절). 노아는 위로 난 창문을 열고 까마귀 한 마리를 내보냈다(7절). 까마귀는 방주로 다시 돌아오지 않고 땅이 마를 때까지 날아다녔다. 노아는 다시 비둘기를 내보내 땅에서 물이 얼마나 빠졌는지 알아보고자 하였다(8절). 비둘기는 쉴 곳을 찾지 못하고 다시 방주로 돌아왔다(9절). 비둘기의 귀환은 대단한 애정을 갖고 기술된다. "노아는 손을 내밀어 비둘기를 방주 안으로 맞아들였다."

7일이 지난 후 노아는 다시 비둘기를 방주에서 내보냈다(10절). 이번에도 비둘기는 다시 돌아왔다. 그런데 비둘기가 감람나무의 새 잎사귀를 부리에 물고 있었다. 아직도 비둘기는 밖에서 지낼 수 없었다. 노아는 감람나무 잎사귀를 보고 물이 줄어들었음을 알았다. 또 7일을 기다려 세 번째로 비둘기를 방주 밖으로 내보냈다. 이번에는 비둘기가 방주로 다시 돌아오지 않았다. 노아는 이로써 땅이 다시 살 수 있는 곳임을 알았다. 하지만 노아는 곧바로 방주를 떠나지 않고 기다렸다. 그로부터 한 달 후 노아는 창문을 열고 지면에서 물이 걷힌 것을 보았다(13절). 그래도 그는 방주에서 나오지 않았다. 다시 87일이 지난 후 땅에서 물이 다 말랐다(14절). 그때 하나님이 노아에게 방주에서 나오라고 말씀하셨다(15-16절). 노아가 방주에 들어간 것도, 그가 방주에서 나오는 것도 오직 하나님의 말씀대로 순종하였다.

　어떤 이는 노아가 까마귀와 비둘기를 방주에서 내보낸 것에 관해 우화적 해석을 시도한다. 까마귀가 방주로 돌아오지 않은 것을 두고 그는 부정한 동물이며 불순종을 상징한다는 것이나. 반면 비둘기가 두 번씩이나 방주로 돌아온 것은 그가 정한 동물이며 순종을 상징한다고 말한다. 심지어 과거 부흥사들은 까마귀 성도가 되지 말고 비둘기 성도가 되라는 막말도 하였다. 까마귀는 물이 땅에서 마르기까지 날아 왕래하였다. "날아 왕래하다"라는 의미는 "날아서 되돌아왔다"(going forth and returning)는 뜻이다. 물론 까마귀가 방주 안으로 되돌아온 것은 아니다. 까마귀는 방주 주변을 배회하면서 앉을 곳을 찾아 날아다녔다. 그렇지 않았더라면 노아는 다른 까마귀를 재차 방주 밖으로 내놓았을 것이다. 까마귀는 썩은 고기를 먹을 수 있으며, 젖은 땅에도 앉는 새였다. 굳이 방주 안으로 되돌아갈 필요가 없었던 것이다. 이에 반해 비둘기는 귀소성(歸巢性)이 강하여 예로부터 통신 수단으로 주로 사용되었다. 노아가 까마귀 다음으로 비둘기를 택한 것은 이러한 이유에서였다. 비둘기가 물이 줄어든 증거물을 갖고 방주로 돌아오기를 기대한 것이다.

　하나님은 악인으로 인해 부패한 세상을 홍수로 심판하셨다. 세상의 모든 생명체를 쓸어버리셨다. 하나님은 스스로 창조하신 세계를 파괴하신 것이다. 세상은 물이 넘침으로 멸망하였다(벧후 3:6). 세계는 창조 이전의 상태로 되돌아갔다(창 1:2). 하지만 하나님의 파괴는 파괴 자체를 존속하는 것이 아니라, 재창조를 위함이다. 하나님께서는 이 세계의 부정한 것을 부정하여 새롭게 만드신다(헤겔, 〈역사 철학〉). "창조 → 파괴 → 재창조"의 순환은 그리스 신화의 불사조 피닉스의 운명과 대조된다. 불사조 피닉스는 500년마다 스스로 자기 몸을 불태워 죽이고 그 재에서 재생한다. 이 과정은 영원히 반복된다. 여기에 이전과 다른 "새로움"은 없다. 동일한 법칙이 반복된다. 역사는 동일한 법칙이 반복되는 하나의 원(圓)이다.

이에 반해 하나님의 역사 순환(창조 → 파괴 → 재창조)은 동일한 법칙의 반복이 아니다. 그것은 새로움을 향한 종말론적인 것으로 나타난다. 이것은 하나님의 섭리가 다스리는 세계라고 할 수 있다. 세계의 역사는 "우연"이 아니라 "하나님의 섭리"이다. 세계의 모든 것은 하나님의 것이다. 땅과 그 안에 가득 찬 것이 모두 다 주님의 것이다. 온 누리와 그 안에 사는 모든 것도 주님의 것이다(시 24:1). 만물이 주에게서 나오고 주로 말미암아 존재하고 주에게로 돌아간다(롬 11:36).

세계의 주인이신 하나님이 친히 세계를 다스리신다. 세계를 다스리는 하나님의 섭리는 사랑에 기초한다. 이 사랑 안에 공의가 들어 있다. 노아의 세계가 보여주듯 세계 안에 부정한 것과 악한 것이 실재한다. 이것들은 하나님 바깥에 있거나 하나님과 대립하는 것이 아니다. 왜냐하면, 세계가 하나님의 것이기 때문이다. 그런데 공의로우신 하나님은 이것들을 그냥 방치하실 수 없으시다. 오래 참으시나 반드시 심판하신다. 그 심판은 쓸어버림이요, 파괴이다. 물론 파괴 자체가 목적이 아니다. 하나님에 의해 세계의 부정한 것과 악한 것이 부정되어 선한 것으로 고양된다. 토기장이만이 토기를 깨뜨리고 다시 만든다. 만물 안의 악과 부정한 것을 쓸어버릴 힘과 능력은 만물을 창조하신 하나님께만 있다.

세계를 섭리하시는 하나님은 개인의 삶도 섭리하신다. 역시 사랑과 공의로 섭리하신다. 그것은 파괴를 통한 창조이다. 인간의 생은 불사조 피닉스처럼 고난과 그 극복을 반복한다. 그러나 인간은 스스로 새로움으로 고양하지 못한다. 니체의 영원회귀 사상은 인간이 힘에의 의지로 자기를 극복한다고 설파하였다. 그러나 그것은 두 번의 세계대전을 통해 여실히 한계를 드러냈다. 물론 개인의 경험에서도 한계를 드러낸다. 결국 허상이다. 그런데도 니체의 사상은 지금도 여전히 활개를 친다. "호사다마"(좋은 일에 마가 낀다)니 "전화위복"(화가 되어 복이 된다)이니 하면서 사람들은 심판과 파괴를 회피한다. "잘 되겠지~" "이것도 지나가리"라고 읊조리며 막연히 미래를 기대한다. 심지어 여기에 하나님의 이름을 들먹이기도 한다. 그러나 소망의 확신이 없다. 불안만 가중된다. 세계든 개인이든 심판 없는 구원은 없다! 파괴 없는 창조는 없다! 홍수심판은 부정한 것과 악한 것을 제거하는 심판이요 파괴이다. 그러나 심판과 파괴의 자리에 구원의 행동이 일어난다. 하나님이 방주 안에 있는 노아 및 모든 생명체를 "기억"하셨다. 그러므로 하나님의 궁극적 목적은 방주에서 나온 이들을 통해 세상을 새롭게 하는 것이다. 이전과 다른 새로운 역사, 새로운 창조이다.

홍수심판 이후에도 세상은 여전히 "창조 → 파괴 → 재창조"의 순환을 반복하였다. 인간의 죄악은 재개되었고 더욱 확대되었다. 그렇다고 하나님이 세상을 포기하신 것도 아니다. 하나님께서는 궁극적 구원자로 아들을 세상에 보내셨다. 창조자 로고스가 사람이 되어 친히 세상에 오셨다(요 1:14). 그가 십자가에서 죽으시고 부활하셨다. 예수 그리스도의 죽음은 죄인을 심판하며, 죄인으로 부패해진 세상을 심판한다. 예수 그리스도의 십자가는 죄인을 구원하되, 패역한 세대에서 구원한다(행 2:40). 예수 그리스도의 부활은 부정한 것을 선한 것으로 고양한다. 지극히 높으신 아들이 가장 비참한 자로 죽으셨다. 그러나 그는 하나님에 의해 지극히 존귀한 자로 고양하셨다(빌 2:9-11).

이제 누구든지 그리스도 안에 있으면 새로운 피조물이다. 이전 것은 지나갔다. 전혀 새로운 존재가 된다(고후 5:17). 그리스도 안에서 가장 비참한 자는 그리스도 안에서 가장 존귀한 자가 된다. 그리스도 안에서 낮아짐과 비참함이 없는 존귀함은 본질적 기초가 없는 거짓이다. 지옥 같은 바닥을 경험하지 않은 자들의 힘과 권위는 거짓이다. 그래서 사선을 넘나드는 박해를 견딘 지도자들의 힘과 권위가 참이다. 남아공의 만델라가 그 표상이다. 노아의 방주는 그리스도의 십자가를 상징한다. 노아는 물을 통하여 구원받았다. 물은 그리스도의 죽음과 부활에 연합하는 세례를 상징한다(벧전 3:20b). 그리스도 안에서 옛 사람이 죽고 새 생명을 얻은 자는 만물을 충만케 하는 사명적 존재이다. 부패한 땅의 소금이며(마 5:13), 창조 이전의 상태를 방불케 하는 흑암의 세상에 빛이다(마 5:14-16)

:묵상

나는 하나님의 심판과 파괴의 의미를 알지 못하였다. 그것이 사랑으로 다시 세우는 것임을 알지 못한 것이다. 사랑하는 부모가 자식을 훈육하는 것은 그를 사랑해서이다. 그 목적은 부모가 기대하는 자녀가 되는 것이요, 부모와 바른 관계를 맺기 위함이다. 하늘 아버지야 오죽하겠는가? 하나님은 사랑하는 자녀를 징계하시고 채찍질하신다. 그를 의로 세우고 하나님께로 돌아오도록 하기 위함이다.

심판과 파괴, 새 창조의 의미를 모르니, 심판과 파괴의 상황에서 세상 사람과 다를 바 없는 태도를 취하였다. "하나님을 믿으니 잘 되겠지!" 이것은 예레미야 시대 거짓 선지자들의 구호였다. 하나님의 심판으로 나라가 망해 가는데도 "하나님을 믿으니 잘 될 것이다. 기도하니 지켜주실 것이다." 이런 식이었다. 그러나 하나님께는 공의가 없으면 사랑도 없다. 하나님은 아들의 죽음으로 엄중한 공의를 성취하셨다. 오직 복음만이 파괴된 자리에서 새로움으로 고양한다. 복음만이 46년 된 성전을 무너뜨리고 참 성전을 짓는다. 매일의 말씀묵상을 통해 파괴와 새 창조를 반복한다. 불사조 피닉스처럼 이전과 동일한 반복이 아니다. 날마다 새로워지는 반복이다.

어제 서울생명공동체에서 예배와 나눔을 가졌다. 예배는 "주는복교회"의 이 목사 부부가 함께하였다. 이 목사는 "하나님의 파괴(decreation)"라는 제목으로 말씀을 전하였다. 파괴는 재창조이며 새 창조의 은혜임을 나누었다. 이어서 가진 교제 모임도 풍성하였다. 코로나에 걸려 사경을 헤매다 회복한 지체, 치열한 삶의 현장에서 생명으로 사는 지체, 고통의 맛을 보았기에 삶의 책임이 더 중요해졌다는 지체의 고백들이 공동체 안에 사랑과 격려로 임하였다. 공동체 교제를 통해 은혜로 충만케 하신 하나님께 감사드린다. 그리스도 안에서 새롭게 된 자, 오늘도 만물을 충만케 하시는 주의 뜻이 이루어지길 간구한다.

16

8:13-22

13 육백일 년 첫째 달 곧 그 달 초하룻날에 땅 위에서 물이 걷힌지라 노아가 방주 뚜껑을 제치고 본즉 지면에서 물이 걷혔더니
14 둘째 달 스무이렛날에 땅이 말랐더라
15 하나님이 노아에게 말씀하여 이르시되
16 너는 네 아내와 네 아들들과 네 며느리들과 함께 방주에서 나오고
17 너와 함께 한 모든 혈육 있는 생물 곧 새와 가축과 땅에 기는 모든 것을 다 이끌어내라 이것들이 땅에서 생육하고 땅에서 번성하리라 하시매
18 노아가 그 아들들과 그의 아내와 그 며느리들과 함께 나왔고
19 땅 위의 동물 곧 모든 짐승과 모든 기는 것과 모든 새도 그 종류대로 방주에서 나왔더라
20 노아가 여호와께 제단을 쌓고 모든 정결한 짐승과 모든 정결한 새 중에서 제물을 취하여 번제로 제단에 드렸더니
21 여호와께서 그 향기를 받으시고 그 중심에 이르시되 내가 다시는 사람으로 말미암아 땅을 저주하지 아니하리니 이는 사람의 마음이 계획하는 바가 어려서부터 악함이라 내가 전에 행한 것 같이 모든 생물을 다시 멸하지 아니하리니
22 땅이 있을 동안에는 심음과 거둠과 추위와 더위와 여름과 겨울과 낮과 밤이 쉬지 아니하리라

16

홍수심판에도 악한 본성 그대로, 그리스도의 심판은 "존재의 새로움"으로!

주해

하나님께서 노아에게 방주를 먼저 짓게 하시고 홍수를 보내셨다. 이처럼 하나님의 뜻은 심판이 아니라 구원이다. 하나님은 그가 지으신 세상을 보시고 좋았다고 하셨다. 그러나 사람의 죄악으로 부패한 세상을 견디지 못하셨다. 사람도 자기 몸에 몹쓸 병이 생기면 도려내야 한다. 하물며 거룩하신 하나님이 부패한 세상을 어찌 견디시겠는가! 그러나 자비가 공의보다 앞선다. 긍휼이 심판을 이긴다!

온 땅에 홍수가 임하였다. 그날에 노아와 그의 가족, 그리고 하나님이 지정하신 동물들이 방주로 들어갔다. 이날은 노아가 600세 되던 해 2월 17일이었다. 40일간 비가 내리고 150일간 물이 땅에 넘쳤다. 하나님이 바람을 보내셔서 물이 줄어들게 하셨다. 또한, 위로 하늘의 궁창을 닫고 아래로 깊음의 샘을 닫아 더 이상 비를 내리지 않게 하셨다. 물이 땅에서 물러가 창조의 모습을 회복하였다(창 1:9-10). 노아가 600세 되던 해 7월 17일 방주가 아라랏산에 머물렀다. 다시 70여 일이 지난 10월 1일 산봉우리가 보였다. 또 40일이 지나 노아가 까마귀와 비둘기를 방주 밖으로 내보냈다. 까마귀를 돌아오지 않았고 비둘기는 돌아왔다. 노아는 비둘기를 두 번 더 보내 물이 말랐는지 알아보았다. 세 번째 보낸 비둘기는 다시 돌아오지 않았다. 땅에 물이 마르고 있었다.

8:13-19은 노아가 방주에서 나오는 장면을 묘사한다. 비둘기를 세 번째로 보낸 지 한 달이 지났다. 노아가 601세 되던 해 1월 1일, 땅 위에 물이 말랐다 (13절). 노아가 방주 위의 뚜껑을 열고 보니 땅의 표면이 말랐다. 다시 57일이 지났다. 2월 27일, 땅이 완전히 말랐다. 노아는 땅이 마른 것을 보고도 57일을 방주에 더 머물렀던 것이다. 노아는 자의적으로 행동하지 않는다. 그는 스스로 방주에서 나오지 않았다. 그가 방주를 지은 것도, 방주에 들어간 것도 모두 하나님의 말씀대로 순종하였다. 마침내 하나님이 노아에게 말씀하셨다. 그와 그의 가족과 모든 동물을 데리고 방주에서 나오라고 명하셨다(15-17절). 그와 함께 생육하고 번성하라는 약속이 주어졌다. 처음 창조 때 주신 복이 다시 선포되었다(1:22, 28). 노아는 여호와의 말씀대로 방주에서 나왔다. 그의 아내와 그의 아들들과 며느리들을 데리고 방주에서 나왔다(18절). 모든 짐승, 모든 길짐승, 모든 새, 땅 위를 기어 다니는 모든 것도 그 종류대로 방주에서 나왔다(19절).

방주에서 나오라는 명령이 방주에 있는 모든 자에게 내려졌다. 홍수심판으로 땅은 황폐하게 되었다. 그러나 땅에서는 악과 부정한 것이 제거되었다. 새로운 땅은 인간이 자의적으로 취할 수 없다. 하나님의 말씀대로 그들은 땅을 취했다. 새로운 시대, 새로운 땅은 인간의 주도가 아니라 하나님의 의지대로 주어졌다. 노아가 방주에서 나와서 본 것은 황폐하나 죄가 제거된 새로운 땅이었다. 그는 정한 동물을 취하여 하나님께 제사 드렸다(20절). 번제는 제물을 불로 태워드리는 제사이다. 여기서 말하는 제단과 번제는 성경에서 처음 언급된 것이다(가인과 아벨의 제사에는 없음). 여호와께서 번제의 향기를 받으셨다. 노아가 드린 제사를 받으신 것이다. 이어지는 하나님의 마음을 보면 노아가 드린 제사는 속죄제로 규정할 수 있다. 제사를 받으신 하나님께서는 이렇게 말씀하셨다. 하나님은 사람의 마음을 다 아신다. 가혹한 심판을 받기 전이나 후나 악한 본성이 변하지 않는다는 것을 아신다(21절). 그것을 아시고도 다시 땅을 저주하지 않을 것이며, 모든 생명을 멸하지 않을 것이라고 마음으로 다짐하신다. 게다가 땅이 존재하는 한 창조 질서가 지속할 것이라고 하신다(22절). 홍수심판 이후에도 인간의 악한 본성은 그대로였다. 그로 인해 땅이 다시 부패했다. 하지만 하나님은 노아 시대의 방식으로 사람과 세계를 멸하지 않으셨다. 이 말씀은 참되다. 하나님은 사람이 아니시다. 사람은 거짓되며 하나님은 참되시다.

그가 하신 말씀은 반드시 지키신다(민 23:19).

하나님의 공의는 인간의 죄악을 심판하며, 그로 인해 부패한 세상을 파괴한다. 그런데 인간의 악한 본성을 알고도 다시 심판하지 않으시고 세계를 파괴하지 않으신다는 그의 다짐은 어디에 근거하는가? 만일 그렇다면 하나님은 스스로 공의를 저버리는 것이며, 홍수심판도 그 근거를 잃게 된다. 어떻게 인간의 죄악을 심판하지 아니하시며 하나님의 공의를 성취할까? 인간의 이성으로 이해할 수 없는 모순이며 딜레마이다. 아담이 범죄한 동산으로 가보자(창 3:7 이하). 하나님은 범죄한 아담과 하와를 추궁하셨으나 그들은 서로 남 탓을 하였다. 하나님은 이들의 악한 본성을 다 아셨을까? 이들에게 어떤 대꾸나 책망도 하지 않으신다. 다만 사람을 유혹하여 범죄케 하는 뱀을 저주하신다. 뱀이 받는 최종 저주는 여자의 후손으로 날 자가 그의 머리를 상하게 하는 것이다(창 3:15). 여기서 여자의 후손은 장차 오실 하나님의 아들 그리스도를 예시한다(사 7:14, 마 1:23). 여자의 후손이 뱀의 머리를 상하게 하는 것은, 그리스도가 십자가에 죽으심으로써 뱀을 상징하는 마귀가 멸하는 것이다(골 2:15, 히 2:14). 이 일은 그리스도가 오셔서 십자가에 죽으심으로써 이미 성취되었다.

하나님은 창세전 사람에게 영생을 약속하셨다. 첫 사람 아담은 범죄하여 영생 얻을 기회를 상실하였다. 그런데도 하나님은 아담이 범죄한 현장에서 아들이 오실 것을 약속하시고 마침내 아들을 보내신 것이다. 인간의 본성은 홍수심판 이전과 이후 달라진 것이 없이 악하다. 하나님은 이것을 아시고도 다시 사람을 홍수로 멸하지 않을 것이라고 다짐하셨다. 인간의 악한 본성을 심판하지 않고도 하나님의 공의를 성취하는 하나님의 비밀은 아들 그리스도를 대신 심판하시는 것이었다.

그러므로 노아가 드린 번제는 먼 훗날 그리스도가 자기 몸을 제물로 드린 번제를 예시한다. 하나님은 노아가 바친 번제물을 받으시고 훗날 아들이 자기 몸을 제물로 드릴 그때를 미리 내다보셨다. 아담이 범죄한 자리에서 여자의 후손을 약속하셨듯이 말이다. 인간의 악한 본성을 알고도 인간을 심판하지 아니하시고 아들을 대신 심판하시겠다는 것이다. 모든 사람은 악한 본성으로 인해 하나님의 심판 아래에 있다(롬 3:19). 그리고 그 심판은 반드시 집행된다. 하지만 하나님은 인간을 대신하여 심판받을 아들을 보내셨다. 곧 하나님의 한

의가 나타난 것이다(롬 3:20). 모든 사람이 죄를 범하여 하나님의 영광에 이르지 못하였다(롬 3:23). 그러나 예수 그리스도 안에 있는 구속으로 말미암아 하나님의 은혜로 값없이 의롭다 함을 얻었다(롬 3:24).

여기서 우리에게는 질문이 생긴다. 그러면 하나님은 왜 노아시대 사람들을 굳이 홍수로 심판하셨을까? 장차 오실 그리스도가 대신하여 심판받을 텐데 말이다. 바로 여기에 신학적으로 중요한 의미가 있다. 그 대략은 다음과 같다. 하나님은 인간의 악함과 그로 인한 세상을 얼마든지 심판하실 수 있는 분이시다. 토기장이가 토기를 만들었는데 쓸모없게 되면 언제든지 부수고 다시 만드는 것처럼 말이다(렘 18:1-4). 하나님도 그러하시다. "이스라엘 백성아, 내가 이 토기장이와 같이 너희를 다룰 수가 없겠느냐? 나 주의 말이다. 이스라엘 백성아, 진흙이 토기장이의 손 안에 있듯이, 너희도 내 손 안에 있다"(렘 18:6).

하나님은 아담 이후 죄악이 가득한 인간과 세상을 홍수로 쓸어버리셨다. 이것은 하나님이 죄에 대해 심판하시는 분이심을 천하에 드러내신 공의의 행농이다. 죄에 대한 하나님의 진노가 성경의 서두에 나오는 것은, 이후 나오는 하나님의 은혜가 심판이나 진노를 무력하게 하는 것이 아님을 보여준다(폰 라드, 〈창세기 주석〉). 이렇듯 하나님의 구원 계시는 죄에 대한 하나님의 철저한 응징을 전제로 한다. 예수 그리스도의 십자가 사건은 죄에 대한 하나님의 엄중한 심판을 집행하였다. 하나님은 독생자를 처참하게 죽이실 만큼 죄에 대해 분노하시고 심판하신다. 독생자의 죽음은 창조주의 죽음이다. 만물을 다 쓸어버리는 것보다 더 강력한 심판이다. 죄에 대한 하나님의 진노를 깊이 아는 자에게만이 구원의 은혜가 차고 넘친다(롬 5:20-21).

홍수심판은 인간의 악한 본성을 바꾸지 못하였다. 인간은 홍수심판을 받고도 악한 본성을 그대로 가지고 있었다. 철저한 심판에도 불구하고 "존재의 새로움"은 없다. 동일한 법칙이 반복된다. 500년마다 다시 태어나도 동일한 형태를 반복하는 불사조 피닉스와 같다. 수도 없이 징계 받고 심판받아도 악한 본성이 반복된다. 옛사람에서 옛사람 그대로다. 결국 심판에 이른다. 반면 그리스도의 죽음을 통한 심판은 전혀 다르다. 그것은 "존재의 새로움"을 가져온다. 이전과 전혀 다른 형태의 생명으로 나게 한다. 악한 본성의 옛사람에서 선한 본성의 새 사람으로 태어난다. 예수 그리스도의 복음은 악한 본성의 옛사람을 십자가에 못 박는다. 그리고 선한 본성인 새 생명으로 나게 한다. 예수 그리스도의 죽음과 장사됨과 부활에 연합한 자는 새 생명으로 산다(롬 6:4). 그는 심판에 이르지 않는다. 사망에서 생명으로 옮긴다(요 5:24).

묵상

나의 인생과 신앙에 많은 고난이 있었다. 그것은 실상 나의 죄악과 부패한 세상에 대한 하나님의 심판이었다. 그러나 나는 계속되는 심판을 받고도 악한 본성 그대로였다. 동일한 행동이 반복되었다. 선행을 하고, 종교행위를 수행하고, 많은 수련을 하여도 본성은 바뀌지 않았다. 복음을 외쳤으나 복음의 목적이 생명의 본질을 바꾸는 것임을 전혀 알지 못하였다. 그러니 심판을 받고도 다시 원상태로 돌아가는 말짱 도루묵이었다. 사사시대 이스라엘 백성처럼 징계와 부르짖음과 구원을 반복하였다. 나의 삶과 신앙과 목회는 갈수록 나선형으로 추락하였다. 마침내 모든 것이 휩쓸려가는 심판이 임하였다. 죽음의 계곡에 이르렀다. 수치와 모멸과 비참함이 동시에 밀려왔다. 죽는 것이 사는 것보다 나았다. 그런데 그런 나를 위해 수치와 모멸과 비참함을 받으신 그리스도가 계셨다. 나의 무덤이 그리스도의 무덤이 되었다.

그리스도의 무덤에서 주의 심판이 옳았음을 고백하였다. 심판의 끝은 죽음이다. 죽음을 받아들였다. 그런데 나의 죽음은 그리스도 안에서 새 생명을 얻게 하였다. 이전의 옛 생명으로 돌아간 것이 아니라 새 생명의 삶이 시작되었다. 새 생명의 삶은 생명의 교제로 실제가 된다. 죄의 세력은 여전히 준동하며 죽을 몸을 지배하고자 한다. 그러나 죄가 몸을 주장하지 못하는 것은 내가 은혜 아래에 있기 때문이다. 이 은혜는 그리스도가 대신 받으신 심판을 통해 존재의 새로움으로 변화된 것이다. 그리스도가 나를 대신하여 받은 심판은 홍수 심판보다 더 엄중하다. 창조주 로고스가 죽으셨기 때문이다. 그런데 어찌 다시 죄 가운데 살까! 어찌 개가 토한 것을 다시 먹듯 하랴. 오늘도 오직 은혜가 주장하는 하루되길 간구한다. 내 입술의 말과 마음의 묵상이 주께 기쁘게 드려지는 날 되기를 기도한다. 주여, 나를 도우소서.

17

9:1-17

1 하나님이 노아와 그 아들들에게 복을 주시며 그들에게 이르시되 생육하고 번성하여 땅에 충만하라
2 땅의 모든 짐승과 공중의 모든 새와 땅에 기는 모든 것과 바다의 모든 물고기가 너희를 두려워하며 너희를 무서워하리니 이것들은 너희의 손에 붙였음이니라
3 모든 산 동물은 너희의 먹을 것이 될지라 채소 같이 내가 이것을 다 너희에게 주노라
4 그러나 고기를 그 생명 되는 피째 먹지 말 것이니라
5 내가 반드시 너희의 피 곧 너희의 생명의 피를 찾으리니 짐승이면 그 짐승에게서, 사람이나 사람의 형제면 그에게서 그의 생명을 찾으리라
6 다른 사람의 피를 흘리면 그 사람의 피도 흘릴 것이니 이는 하나님이 자기 형상대로 사람을 지으셨음이니라
7 너희는 생육하고 번성하며 땅에 가득하여 그 중에서 번성하라 하셨더라
8 하나님이 노아와 그와 함께 한 아들늘에게 말씀하여 이르시되
9 내가 내 언약을 너희와 너희 후손과
10 너희와 함께 한 모든 생물 곧 너희와 함께 한 새와 가축과 땅의 모든 생물에게 세우리니 방주에서 나온 모든 것 곧 땅의 모든 짐승에게니라
11 내가 너희와 언약을 세우리니 다시는 모든 생물을 홍수로 멸하지 아니할 것이라 땅을 멸할 홍수가 다시 있지 아니하리라
12 하나님이 이르시되 내가 나와 너희와 및 너희와 함께 하는 모든 생물 사이에 대대로 영원히 세우는 언약의 증거는 이것이니라
13 내가 내 무지개를 구름 속에 두었나니 이것이 나와 세상 사이의 언약의 증거니라
14 내가 구름으로 땅을 덮을 때에 무지개가 구름 속에 나타나면
15 내가 나와 너희와 및 육체를 가진 모든 생물 사이의 내 언약을 기억하리니 다시는 물이 모든 육체를 멸하는 홍수가 되지 아니할지라
16 무지개가 구름 사이에 있으리니 내가 보고 나 하나님과 모든 육체를 가진 땅의 모든 생물 사이의 영원한 언약을 기억하리라
17 하나님이 노아에게 또 이르시되 내가 나와 땅에 있는 모든 생물 사이에 세운 언약의 증거가 이것이라 하셨더라

17

무지개 언약은 세상을 보존하고
새 언약은 세상을 구원한다!

: 주해

하나님은 만물 위에 계시며 만물을 관통하시며 만물 안에 계신다(엡 4:6). 삼위일체 하나님은 인간과 세계와 관계된 존재, 곧 "중재된 존재"이다(헤겔). 물론 이 말은 하나님이 하나님이 되기 위해 인간과 세계를 "필요로" 한다는 말이 아니다. 또한, 하나님은 인간과 세계를 "통해" 존재하게 된다는 말도 아니다. 하나님이 중재된 존재이신 것은, 그가 보시기에 좋게 만든 세상 및 인간과 "사랑으로" 관계하신다는 뜻이다. 그리하여 세계와 인간을 향한 창조의 목적을 이루어가신다.

인간을 향한 창조의 목적은 창세전 주어진 영생의 약속이다(딛 1:2). 세계를 향한 창조의 목적은 새 하늘과 새 땅이다(계 21:1). 이로써 하나님은 만물을 새롭게 하신다(계 21:5, "보라 내가 만물을 새롭게 하노라"). 이 같은 창조의 목적은 창세전 하나님이 미리 정하신 그의 아들이 오심으로써 성취된다. 뜻이 하늘에서 이루어진 것 같이 땅에서도 이루어진 것이다. 그러나 만물 안의 세계는 유한성의 세계이다. 그 세계에 존재하는 인간은 아담 안에 "들어있는 악의 존재"다(롬 5:12). 따라서 유한성의 세계는 인간의 죄악으로 인해 부패한 세계라고 할 수 있다. 하나님은 궁극적 목적이 성취되기까지 중재된 존재(헤겔)로서 심판과 구원, 파괴와 창조를 반복하신다. 그는 창조하신 땅이 부패할 때 파괴하시고 다시 창조하신다. 인간의 죄악을 심판하시되 구원의 길을 여신다.

첫 번째 우주적 심판은 홍수심판이었다. 부패한 세상은 파괴되었고 악인은 다 멸하였다. 그러나 하나님은 방주에서 살아남은 자를 통해 구원의 역사를 재개하신다. 노아가 방주에 들어갔을 때는 600세 되던 해 2월 17일이었다(6:11). 그는 이듬해 601년 2월 27일에 방주에서 나왔다. 고대 달력으로 354일에 11을 더한 날에 노아가 방주에서 나왔다. 태양력으로 365일, 정확히 1년 만에 방주에서 나온 것이다(70인역은 방주에 들어간 날짜를 2월 27일로 하여 정확히 1년을 맞춤). 노아는 방주에서 나와 하나님께 정결한 동물로 번제를 드린다. 하나님이 그 제사를 받으시고 다시는 사람의 악함으로 땅을 저주하지 않으실 것이라고 다짐하신다(8:21).

9장의 전반부(1-17절)에서 하나님은 방주에 살아남은 모든 생명체와 더불어 언약을 체결하신다. 홍수심판 이후 인간은 자의적으로 존재하지 않는다. 하나님이 노아를 방주에서 나오게 하시고 그를 땅 위에 존재케 하신다. 먼저 하나님은 노아와 그의 자녀들에게 창조 시 사람에게 주셨던 복을 그대로 주신다(1-2절). "하나님이 그들에게 복을 주시며 하나님이 그들에게 이르시되"(창 1:28). "하나님이 노아와 그 아들들에게 복을 주시며 그들에게 이르시되"(창 9:1).

방주에서 구원받은 인간은 재창조된 세상에 거한다. 창세기 1:28에서 아담은 언약적 교제의 존재였다. 그는 말씀에 순종하여 하나님의 언약 안에 거하는 존재였다. 이제 방주에서 구원받은 자 역시 하나님과 언약적 교제의 존재로 살아간다. 그들은 하나님 안에서 생육하고 번성하며 모든 피조세계를 다스린다(2절). 하지만 창조 시 인간과 동물이 공존하던 관계는 바뀌었다. 인간이 동물의 생명과 죽음을 제어할 힘을 가지게 되었다. "이것들은 너희의 손에 붙였음이라"(2b절). 그래서 동물은 인간을 두려워하게 되었다. 또한, 인간은 동물을 죽여 식용할 수 있게 되었다. 처음 창조 시 인간의 양식은 오직 채소였다(창 1:29). 그러나 홍수 이후에는 이제 동물을 잡아서 먹을 수 있었다. 그러나 동물을 먹을 때는 고기만 먹을 수 있고 피는 금지되었다(4절). 왜냐하면, 피는 생명을 상징하기 때문이다(5절). 동물이든 사람이든 피는 금지된다. 만일 생명이 있는 피를 흘리게 하는 자는 하나님이 보응하신다(5절).

특별히 하나님은 사람이 피를 흘리는 행위를 하는 것에 대해서는 엄중히 보응하신다. 사람의 피는 곧 그의 생명이다. 그러므로 사람의 피를 흘리는 자는 사람의 생명을 빼앗는 자이다. 사람은 하나님의 형상으로 지음 받은 하나님의 것이다. 그러므로 사람이 다른 사람의 생명을 취할 수 없다. 만일 사람의 생명을 취한 자는 반드시 죽임을 당한다(6절). 7절은 1-6절의 완결 구절이다. "너희는 생육하고 번성하며 땅에 가득하여, 그중에서 번성하여라."

8-17절에서 하나님은 방주에서 나온 인간과 모든 생명체와 더불어 언약을 체결하신다. 하나님은 노아 및 그의 자녀뿐만 아니라, 생명이 있는 동물과도 언약을 체결하신다(9-10절). 언약의 내용은 다시는 홍수로 모든 생물을 멸하지 아니하시겠다는 것이다. 하나님이 노아의 제사를 받으시고 마음으로 다짐하셨던 생각(8:21)을 언약으로 체결하신다. "내가 너희와 언약을 세울 것이니, 다시는 홍수를 일으켜서 살과 피가 있는 모든 것들을 없애는 일이 없을 것이다. 땅을 파멸시키는 홍수가 다시는 일어나지 않을 것이다"(11절).

12-17절, 하나님은 언약의 증거로 무지개를 약속하신다. 무지개는 하나님이 노아와 모든 생물 사이에 대대로 세우시는 영원한 언약의 증거물이다(13절). 하나님은 친히 무지개를 보시고 인간과 모든 생물을 다시는 홍수로 멸하지 않으시겠다는 약속을 기억하신다(16절). 이것은 인간이 어떻게 행동하든, 하나님이 일방적으로 지키시겠다는 약속이다. 언약 체결은 쌍방의 관계를 법적 기반 위에 세워놓음으로써 쌍방의 책임을 분명히 하려는 것이다. 즉, 언약 체결은 공적인 관계를 법적으로 규정하는 것이다. 그런데 무지개 언약에서 하나님은 일방적으로 언약을 체결하신다. 인간으로 인한 세계의 상태에 상관없이 다시는 홍수심판을 하지 않으시겠다고 하며 스스로 언약을 세우신다. 노아와 맺은 무지개 언약은 하나님의 일방적 언약이다. 상대의 반응이나 책임을 요구하지 않는다. 이 언약은 언약의 대상인 인간의 책임이나 의지를 배제한 채 세워진 것이다. 곧 하나님의 일방적 언약은 인간의 의지에 선행하는 은혜의 보증으로서, 인간보다 훨씬 위에 있는 하늘과 땅 사이에 있다.

우리는 종종 진지하게 묻는다. 왜 하나님은 이렇게 악한 세상을 여전히 보존하시는가? 왜 하나님은 인간의 죄악으로 부패한 세상을 여전히 존재케 하시는가? 왜 세상은 악이 창궐하여도 망하지 않는가? 왜 끔찍한 사건이 일어나도 다음날이면 해가 뜨는가? 무지개 언약이 여기에 응답한다. 인간의 악함에도 불구하고 세상이 망하지 않고 유지되는 것은 하나님의 언약적 축복에 기초하기 때문이다. 망했어도 한참 망했어야 할 세상이 유지되고 사람들이 여전히 생육하고 번성하는 것은, 하나님이 무지개 언약을 기억하시기 때문이다. 그렇다면 공의로우신 하나님이 대체 어떤 방책이 있기에 이런 무모한 모험을 하시는가?

세상사에서도 사고(事故)는 자식이 쳐도 수습은 부모가 하곤 한다. 그 이유는 자식을 사랑하기 때문이다. 하나님도 마찬가지이시다. 사고는 인간이 치고 수습은 하나님이 하신다. 사람을 사랑하시기 때문이다(요 3:16). 하나님은 그가 지으신 세계를 버리지 아니하신다. 자기 형상대로 지은 사람이 피 흘리는 것도 차마 보지 못하신다. 하나님의 내밀한 방책은 독생자를 보내셔서 인간과 세상을 구원하시는 것이다. 이것은 인간의 의지 너머에서, 세상과 인간이 존재하기 이전 하나님의 하신 언약에 근거한다. 창세전 하나님은 일방적으로 영생을 약속하셨다. 그리고 아담이 죄를 짓고 안 짓고의 여부와 상관없이 영생의 약속을 지키신다. 아담은 범죄하였으나 영생의 약속은 몰수되지 않았다. 하나님이 일방적으로 하신 약속이기 때문이다. 그 대신 하나님은 범죄한 인간을 위해 아들을 십자가 죽음에 내어주셔야 했다(창 3:15, "여자의 후손").

홍수심판 이후 하나님이 맺은 무지개 언약은 영생의 약속에 근거한다. 그리고 장차 아브라함과 맺을 횃불 언약을 조망한다(창 15장). 하나님께서는 아브라함에게 가나안 땅을 주시겠다고 약속하셨다(창 15:7). 이 언약은 쪼갠 고기 사이로 하나님을 상징하는 횃불만 지나감으로써 하나님이 일방적으로 지키시는 언약이다. 그런데 언약이 성취된 관점에서 보면 이 언약은 족장들 외에 이스라엘에 주신 영원한 언약이다(시 105:9-10).

구약시대 하나님이 이스라엘에 주신 최종 약속은 "새 언약"이다(렘 31:31-34). 새 언약은 다윗의 가지에서 나올 그리스도가 성취하신다(렘 33:14-15). 하나님의 아들은 다윗의 씨로 오셨다(롬 1:3). 하나님의 아들 예수 그리스도는 십자가에서 흘린 피로 새 언약을 체결하셨다(눅 22:20). 요한복음에서 예수의 죽음은 영원한 생명을 주기 위함이다(요 3:14-15, 12:24, 17:2, 4). 하나님이 아들 예수를 통해 성취한 새 언약은 인간의 의지나 반응을 넘어서는 일방적 언약이다. 세상을 보존하는 무지개 언약이 인간의 의지 너머에서 체결된 것과 같다. 그러나 무지개 언약이 단지 세상을 보전하는 것이 목적이라면, 새 언약은 세상을 구원하는 것이 목적이다. 예수 그리스도의 십자가와 부활의 복음은 새 언약 백성인 하나님 나라의 백성이 되게 한다. 복음을 믿는 자는 영생을 얻어 창세 전 영생의 약속이 성취된다.

그러므로 하나님의 일방적인 무지개 언약은 그리스도가 죽음으로 성취한 새 언약의 그림자이다. 악한 인간이라도 번성하고 부패한 세상이라도 지속하는 것은 무지개 언약에 기초한다. 그러나 하나님은 아들 예수를 통해 새 언약을 체결하심으로써 악한 인간이라도 구원하시고 그를 부패한 세상의 소금이 되게 하신다. 높이 들리신 그리스도는 교회를 위하여 만물의 머리가 되신다(엡 1:22). 교회는 만물을 충만케 하시는 하나님의 충만이다(엡 1:23).

: 묵상

우리가 부활 신앙을 확고히 믿어도 인간의 성정은 죽음 앞에 실로 비참하다. 인간의 죽음은 본질상 죄책에서 비롯된다. 우리의 인생은 죄악 중에 지나가며 주의 분노 중에 지나간다. 낙엽이 지는 것은 자연스럽게 받아들이나 인간의 죽음은 자연스럽게 받아들이지 못한다. 그리스도인은 죽음을 이기신 그리스도로 인하여 죽음의 두려움을 극복한다. 그렇다고 죄책이 그 본질인 죽음을 환영하거나 즐거워할 수는 없다. 만일 죽음을 환영하거나 즐거워한다면 그것은 인간의 성정 자체를 부인하는 위선이다. 사실 우리 인간은 태어나면서부터 이미 죽음을 짊어지고 산다. 죽음은 죄책에 대한 심판이기 때문에 그렇다. 인간은 이미 죽었어야 할 인생이며 이 세상은 이미 망했어야 할 세상이다. 그런 세상이 여전히 유지된다는 것은 원역사의 무지개 언약에서 그 해답을 찾을 수 있다.

나 역시 죄인 된 상태에서 살았고, 영적으로 무지한 상태에서 목회하였다. 돌아보면 망했어도 수없이 망했어야 할 자였다. 그러나 하나님은 여전히 안정을 주시고 번성케 하셨다. 아, 무지개 언약으로 인해서였다. 당장 망하지 않아서 안심이라는 것은 무모한 기만이었다. 그리고 마침내 심판이 임하였다. 말씀을 떠나 있으니, 고집 센 말과 노새처럼 재갈과 굴레로 단속하셨다. 물리적으로 온 재난이나 관계에서 오는 고난으로 말미암아 나는 그야말로 망하였다. 사실 올 것이 온 것이었다. 주께서 행하신 일에 어찌 감히 항변하겠는가? "주여 옳습니다!" "주의 심판은 참되고 의롭습니다!"를 진심으로 고백하였다.

그러나 놀라운 반전이 일어났다. 내 의지와 반응과 전혀 무관한 채 성취된 새 언약 백성이 되었다. 모든 죄가 용서받았고 나도 용납할 수 없는 나를 주께서 용납해 주셨다. 너무나도 크신 은혜와 사랑에 나는 전율하였다. 심판을 통한 구원, 그리스도의 무덤에서 얻은 생명! 수없이 경험한 신앙의 표징과 비교할 수 없는 절대적 은혜였다. 이제 다른 은혜를 구하지 않는다. 이미 주신 이 은혜를 헛되이 하지 않기를 간절히 구한다. 날마다 생명의 교제를 하며, 기회를 다하여 복음을 전한다. 때가 아직 낮이다. 밤이 되면 일할 수 없다. 나의 날을 계수하는 지혜를 구한다.

18

9:18-29

18 방주에서 나온 노아의 아들들은 셈과 함과 야벳이며 함은 가나안의 아버지라
19 노아의 이 세 아들로부터 사람들이 온 땅에 퍼지니라
20 노아가 농사를 시작하여 포도나무를 심었더니
21 포도주를 마시고 취하여 그 장막 안에서 벌거벗은지라
22 가나안의 아버지 함이 그의 아버지의 하체를 보고 밖으로 나가서 그의 두 형제에게 알리매
23 셈과 야벳이 옷을 가져다가 자기들의 어깨에 메고 뒷걸음쳐 들어가서 그들의 아버지의 하체를 덮었으며 그들이 얼굴을 돌이키고 그들의 아버지의 하체를 보지 아니하였더라
24 노아가 술이 깨어 그의 작은 아들이 자기에게 행한 일을 알고
25 이에 이르되 가나안은 저주를 받아 그의 형제의 종들의 종이 되기를 원하노라 하고
26 또 이르되 셈의 하나님 여호와를 찬송하리로다 가나안은 셈의 종이 되고
27 하나님이 야벳을 창대하게 하사 셈의 장막에 거하게 하시고 가나안은 그의 종이 되게 하시기를 원하노라 하였더라
28 홍수 후에 노아가 삼백오십 년을 살았고
29 그의 나이가 구백오십 세가 되어 죽었더라

18

셈의 하나님, 구원자 예수 그리스도의 아버지 하나님을 찬양하라!

주해

홍수심판 이후 세계는 재창조되었다. 그렇다고 인간의 악한 본성은 바뀌지 않았다. 하지만 하나님께서는 노아와 그의 아들들에게 생육하고 번성하는 복을 주셨다. 또한 무지개 언약으로 사람과 세상이 어떠하든 보존하시겠다고 약속하셨다. 물론 공의의 하나님은 인간의 죄로 부패한 세상을 예수 그리스도가 오셔서 구원하시기까지 한시적으로 보전하신다. 예수 그리스도가 구원을 성취하신 이후, 세상은 종말론적 심판 아래에 있다.

예수 그리스도 안에는 새 창조의 역사가 있다. 우리는 종말에 임할 새 하늘과 새 땅을 대망한다. 예수 그리스도 밖의 부패한 세상은 종말에 불의 심판을 받는다(벧후 3:12). 예수 그리스도는 인간 구원자가 아니라 신적 구원자이시다. 그는 세상의 창조주이시며 자신이 창조한 세상을 얼마든지 파괴하실 수 있다. 토기장이는 토기가 마음에 들지 않으면 주저 없이 깨뜨린다. 토기는 그 주인에게 항변할 수 없듯이 인간은 그의 창조주인 그리스도께 항변할 수 없다.

9장 후반부(18-29절)는 방주에서 나온 노아의 삶을 기록한다. 이들의 삶에는 무지개 언약이 "돔"처럼 드리워져 있다. 이들의 삶이 어떠하든 하나님은 이들을 멸망시키지 않고 보존하신다. 18절 이후는 주로 노아의 아들들에게 주목한다. 방주에서 나온 노아의 아들들은 셈과 함과 야벳이다. 함은 가나안의 아버지이다(18절). 함의 아들 중 가나안이 언급된 것은 그가 받을 저주를 염두에 둔 것이다(25절). 노아의 아들들을 통해 온 땅에 사람들이 퍼진다. 땅의 사람 노아는 포도나무를 경작하였다(3절). 그가 포도주를 마시고 취하였고 벌거벗은 채 장막에 누웠다. 노아가 포도주를 먹고 취한 것에 관하여 도덕적 판단은 지양해야 한다. 예컨대 경건했던 노아가 홍수 이후 타락했다든가, 술에 취하여 인사불성이 되어 자식을 저주했다는 해석은 적절하지 않다.

가인은 농부였다. 그러나 땅은 그가 죽인 아벨의 피를 받아 저주에 이르렀다(4:11). 가인은 농부의 자리에서 쫓겨나 유리방황하는 자가 되었다. 라멕은 그가 낳은 아들을 노아로 불렀다. 노아는 저주받은 땅에서 수고롭게 일하는 인생에게 위로자가 되었다(창 5:29). 홍수심판 이후 노아는 가인이 잃어버린 "땅의 농부"의 권리를 되찾았다. "땅의 사람"(a man of the soil/ NIV) 노아가 포도원을 경작하였다. 노아는 포도 재배를 시작하고 열매를 맺음으로써 저주받은 땅에서 수고하는 자들의 위로자가 되었다. 구약성경의 관점에서 포도는 가장 고귀한 열매이다(시 104:15, "(주님은) 사람의 마음을 즐겁게 하는 포도주를 주시고").

노아는 인류 역사에서 처음으로 포도를 경작하였다. 그는 예상치 못한 포도 열매의 힘에 압도되었다. 따라서 노아가 과음해서 술에 취했다는 도덕적 판단은 금해야 한다. 이 이야기는 노아가 술에 취한 것에 초점을 맞추지 않으며, 그가 술에 취한 동안 세 아들이 어떤 행동을 했느냐에 초점을 맞춘다. 노아는 포도주에 취하여 장막 안에 벌거벗은 채 누웠다. 가나안의 아버지 함이 아버지의 벌거벗음(하체)을 보았다. 그는 바깥으로 나가서, 두 형들에게 알렸다(22절). 셈과 야벳은 겉옷을 가지고 가서 그것을 어깨에 걸치고 뒷걸음쳐 장막 안으로 들어갔다. 둘은 아버지의 벌거벗은 몸을 보지 않으려고 얼굴을 돌리며, 아버지의 벌거벗은 몸을 덮었다(23절). 술에서 깨어난 노아는 세 아들에게 예언의 말을 한다. 6-9장의 노아 이야기에서 노아가 유일하게 한 말이다. 노아는 세 아들의 행위에 따라 각각 저주와 축복을 기원한다. 먼저 작은 아들(막내아들) "함"에게 말한다. "가나안은 저주를 받을 것이다. 가장 천한 종이 되어서, 저의 형제들을 섬길 것이다"(25절). 이어서 "셈"과 "야벳"에 대해 말한다. "셈의 주 하나님은 찬양받으실 분이시다. 셈은 가나안을 종으로 부릴 것이다. 하나님이 야벳을 크게 일으키셔서, 셈의 장막에서 살게 하시고, 가나안은 종으로 삼아서, 셈을 섬기게 하실 것이다"(26-27절).

고대 사회에서는 제의나 의식(儀式)의 영역에서 저주와 축복을 기원하였다. 특별히 권위 있는 인물(아버지나 예언자)에 의해 후대의 저주와 축복이 선포되었다. 성경에서 그 기원은 노아가 세 아들에게 한 저주와 축복의 기원에서 시작되었다. 후에 야곱은 열두 아들에게 축복과 저주를 기원하였다(창 49장). 모세의 마지막 노래는 열두 지파의 운명을 내다보았다(신 32장). 노아는 자기의 벌거벗은 수치를 드러낸 함을 저주했다. 반면 자기의 수치를 가린 셈과 야벳을 축복했다. 주목할 것은 "함"을 저주한 것이 아니라 함의 넷째 아들(10:6) "가나안"을 저주한 것이다. 왜 그랬는가? 문자적으로 난감한 이 문제에 대해 다양한 의견이 제시되었다. 먼저, 70인역은 가나안을 함으로 읽는다. 노아의 저주는 가나안이 아니라 함에게 주어졌다는 것이다. 그러나 이것은 문자적 해석에 반한다. 또한, 랍비들은 노아의 아들들에게 복이 선언되었기 때문에(9:1) 함을 대신하여 가나안을 저주했다고 한다. 이것도 적절하지 않다. 왜 함의 아들 중에 넷째 아들인가? 또한, 이런 해석은 아버지의 죄가 아들에게 전가되지 않는다는 성경 전체의 사상과도 어긋난다(겔 18:1-4). 또한, 어떤 주석가는 함의 잘못된 행동에 가나안이 참여했다고 말한다(Sarna). 그러나 이것은 성경이 언급하지 않은 허구적 상상이다. 왜 노아는 함이 아니라 가나안을 저주했는가? 여기서 생각할 것이 성경 해석학의 원리이다.

프리드리히 슐라이어마허(1768-1834)는 현대 해석학의 아버지로 불린다. 그는 기존의 전통적 해석학의 지경을 넘어서서 좀 더 근본적이고 보편적인 해석학적 물음을 던졌다(윤철호, 〈신뢰와 의혹〉). 슐라이어마허와 더불어 성경 해석학은 탐구의 해석학에서 이해의 해석학으로 이행한다(윤철호). 그러므로 해석학사에서 슐라이어마허의 해석학이 차지하는 위치는 상당히 중요하다. 슐라이어마허가 해석학에서 가장 중요하게 다루는 것은 "이해"이며, 그것은 텍스트(성경) 저자의 정신적 과정을 재경험하는 것이다. 저자의 정신적 과정을 재경험하는 것은 "저자의 의도"를 파악하는 것이다. 이것은 성경의 문자적, 역사적 탐구에 선행한다. 나아가 부분을 통해 전체를 이해하고, 전체를 통해 부분을 이해한다.

초대교회에서 구약성경은 예수 그리스도를 바르게 이해하는 준거기준이었다. 이것은 구약성경이 그리스도를 증거한다는 신앙고백에 근거했다(요 5:39). 동시에 예수 그리스도는 구약성경을 이해하기 위한 해석의 열쇠였다. 이는 예수 그리스도 중심의 구약성경 해석이다. 오늘날 성경해석은 신앙적으로 예수 그리스도 중심의 해석이며, 동시에 진일보한 현대해석학의 원리를 반영한다.

노아는 왜 함이 아니라 가나안을 저주했는가에 대한 해석도 여기에 근거한다. 먼저 노아 이야기를 다루는 원역사는 언약 백성 이스라엘의 신앙고백이 반영되어 있음을 주지해야 한다. 그렇다면 노아가 함이 아니라 가나안을 저주하여, 가나안이 셈과 야벳의 종이 된다는 저자의 의도는 어렵지 않게 파악할 수 있다. 18절과 24절에서 "가나안의 조상 함"(새번역)을 언급한다. 이것은 외적으로 세계민족의 계보와 일치하고, 내적으로는 가나안과 팔레스틴 영역에 관련되어 있다. 10장에서 함은 민족의 계보와 일치된다. 셈, 야벳 그리고 가나안은 고대 팔레스틴 영역에서 명확히 구별되었던 세 인물을 표상한다. 셈과 야벳은 가나안과 주종관계를 맺고 있다(26-27절). 셈에 대해서는 셈이 아니라 셈의 하나님이 찬양을 받는다. 셈이 다른 형제보다 뛰어난 것은, 특별한 인간적 장점이 있는 것이 아니라 하나님이 그와 함께하시기 때문이었다. 셈의 기업은 여호와이시다! 셈은 이스라엘 민족의 기원이다(11:10 이하). 셈의 하나님은 이스라엘의 하나님이시다.

셈이 표상하는 이스라엘은 가나안을 정복하여 가나안의 후손(10:15-19)을 종으로 삼는다. 그러면 가나안을 종으로 삼는 야벳은 누구인가? 야벳은 셈(이스라엘)과 더불어 가나안을 종으로 부린다. 야벳은 셈의 장막 안에 거한다(27절). 이것은 셈을 표상하는 이스라엘이 가나안 땅을 독점하지 않았음을 뜻한다. 야벳은 이스라엘의 가나안 정착 직후에 팔레스틴 남서부에 거주하며 이스라엘과 가나안 땅을 함께 나누어 가진 블레셋 사람을 의미할 수 있다.

다시 저자의 의도를 살펴보자. 저자는 노아의 세 아들을 통해 이스라엘이 거주하는 가나안 땅의 상황을 묘사한다. 가나안 땅이 완전히 정복되지 못한 것을 두고 창대한 야벳이 셈의 장막에 함께 있었다고 말한다. 특별히 가나안은 성적으로 문란한 민족이었다. 그 기원은 가나안의 조상, 함이 아버지의 하체를 본 것(범한 것)에서 기원한다. 나아가 가나안에 대한 저주는 성적으로 음란한 가나안 종교에 대한 이스라엘 종교의 강한 반감을 반영한다.

　구약성경을 예수 그리스도 중심으로 해석하는 것은, 구약성경을 그가 성취하셨다는 해석에서 기원한다. 셈은 언약 백성 이스라엘을, 야벳과 가나안은 언약 밖의 백성으로 묘사한다. 구약에서 언약 백성과 언약 밖의 백성은 주종관계이다. 이것은 인간적인 차등이 아니라, 하나님의 현존 여부에서 기인한 영적 차등을 의미한다. 언약 백성은 하늘에 속하고 언약 밖의 백성은 땅에 속한다. 셈의 하나님은 이제 예수 그리스도의 아버지이시다. 그는 하늘에 속한 영적인 복을 우리에게 주신다. 바울은 이 복이 창세전 그리스도 안에서 우리가 영생을 얻고 하나님의 아들들이 되는 것이라고 하였다. 셈의 하나님이 찬양을 받듯, 이제는 예수 그리스도의 아버지는 찬양받는다. 그리스도인은 거저 주시는 바, 그의 은혜의 영광을 찬양한다(엡 1:3-6).

　나아가 바울은 언약 백성과 언약 밖의 백성이 예수 그리스도 안에서 차별 없이 하나 되었음을 증언한다. 특별히 허물과 죄로 죽은 언약 밖의 백성이 그리스도로 말미암아 언약 백성이 된 것을 두고 감격해 마지않는다. 야벳과 가나안이 표상하는 이방인이 그리스도인 된 것을 두고 "그러므로 너희가 기억하라"라고 말한다. "그러므로 생각하라 너희는 그 때에 육체로는 이방인이요 손으로 육체에 행한 할례를 받은 무리라 칭하는 자들로부터 할례를 받지 않은 무리라 칭함을 받는 자들이라 그 때에 너희는 그리스도 밖에 있었고 이스라엘 나라 밖의 사람이라 약속의 언약들에 대하여는 외인이요 세상에서 소망이 없고 하나님도 없는 자이더니 이제는 전에 멀리 있던 너희가 그리스도 예수 안에서 그리스도의 피로 가까워졌느니라"(엡 2:11-13).

　하나님의 구원사에서 언약 밖의 백성은 소망 없는 자이다. 야벳처럼 창대하고 다른 민족(가나안)을 종으로 삼아도 그러하다. 하나님은 셈의 하나님이시기 때문이다. 셈의 하나님은 예수 그리스도의 아버지로 밝히 계시되었다. 그러나 지금은 언약 백성 이스라엘이든 언약 밖의 백성인 이방인이든 오직 예수 그리스도를 믿음으로 구원받는다. 예수 그리스도를 믿음으로 아들의 생명을 얻는다. 셈의 후손이든, 야벳의 후손이든, 가나안의 후손이든 차별이 없다. 저주가 축복으로 변한다. 그들은 모두 하나님의 존귀한 자녀이다(갈 3:28, 골 3:11).

묵상

내가 언약에 무지했을 때는 언약 밖의 비참함도 알지 못하였다. 물론 언약 안에 거하는 부요함도 알지 못하였다. 허물과 죄로 죽은 자로서 이생의 안정과 형통을 구하였다. 내면에서 수시로 솟아나는 비참함의 정념(파토스)에 넘어지고 절망하는 자였다. 육적 만족과 세상 재미는 잠시 마취제의 역할을 하였으나 깨고 보면 다시 비참한 나락으로 떨어졌다. 복음은 예수 그리스도가 이미 이루어놓으신 구원 사건이다. 그러나 대충 알면 어떤 효력도 나타나지 않는다. 몸이 아픈데 정확한 병명을 모른 것처럼 답답한 일은 없다. 병을 알아도 치료의 방법이 없으면 절망이다. 걱정은 태산같이 늘어난다. 신앙생활과 목회생활에서 "이건 아닌데…"라는 생각이 거듭 들었다. 돌아보니 그런 의문까지도 하나님이 주신 것이었다.

어제 세움교회 이 목사와 전화로 교제하였다. 그는 치과에서 크라운 치료를 받은 후 3년째 미세한 통증으로 고생하고 있었다. 그 치과 원장은 내가 소개한 교회 집사인데 아주 좋은 사람이었다. 그렇지만 다른 치과에서 단번에 발견하는 증상도 발견하지 못해 시간을 끌고 고통을 지속하게 했다는 것이다. 그는 오래전에 배운 의술의 전이해로 환자를 대하는 것 같았다고 하였다. 우리는 치과 원장 이야기를 하다가 자연스럽게 목사 얘기가 나왔다. "사람 좋은" 목사가 얼마나 많은가! 그런데 복음에 희미하고 진리에 모호하다면 무슨 목사인가? 우리는 사람만 좋고 진리를 전하지 않으면 목사 자격이 없다는 데 공감하였다.

사실 나도 그런 목사 축에 들었었다. 사람에게 좋게 보이는 데 열심이었다. 그러나 언약밖에 거하며 비참한 자로 살았다. 내가 아는 나와 남이 보는 나는 달랐다. 그런 자가 감히 은혜를 입어 복음을 알고 생명을 누리며 언약 안에 거한다. 저주받아 마땅한 가나안이 그리스도 안에서 복을 받은 것이다. 셈의 하나님은 예수 그리스도 안에서 나의 아버지이시다. 이 은혜 하나만으로도 죽도록 충성할 가치가 있다.

언약 안에 거하는 자는 어떤 차별이 없다. 우리의 행위 여부로 축복과 저주가 결정되는 것이 아니다. 오늘도 나는 말과 행실로만 보면 자격 미달이다. 그러나 그리스도가 이루신 공로 때문에 언약 안에 거한다. 바울이 감옥에서 외친 말 "이것을 기억하라!"가 생생히 들려온다. 언약밖에 거하며 하나님도 없고 소망도 없던 자에게 행하신 구원으로 감격한다. 구원의 감격에 붙들려 하루를 시작한다. 오늘 있을 성경공부 모임에도 성령이 친히 알려주시길 간구한다.

19

10:1-32

1 노아의 아들 셈과 함과 야벳의 족보는 이러하니라 홍수 후에 그들이 아들들을 낳았으니
2 야벳의 아들은 고멜과 마곡과 마대와 야완과 두발과 메섹과 디라스요
3 고멜의 아들은 아스그나스와 리밧과 도갈마요
4 야완의 아들은 엘리사와 달시스와 깃딤과 도다님이라
5 이들로부터 여러 나라 백성으로 나뉘어서 각기 언어와 종족과 나라대로 바닷가의 땅에 머물렀더라
6 함의 아들은 구스와 미스라임과 붓과 가나안이요
7 구스의 아들은 스바와 하윌라와 삽다와 라아마와 삽드가요 라아마의 아들은 스바와 드단이며
8 구스가 또 니므롯을 낳았으니 그는 세상에 첫 용사라
9 그가 여호와 앞에서 용감한 사냥꾼이 되었으므로 속담에 이르기를 아무는 여호와 앞에 니므롯 같이 용감한 사냥꾼이로다 하더라
10 그의 나라는 시날 땅의 바벨과 에렉과 악갓과 갈레에서 시작되었으며
11 그가 그 땅에서 앗수르로 나아가 니느웨와 르호보딜과 갈라와
12 및 니느웨와 갈라 사이의 레센을 건설하였으니 이는 큰 성읍이라
13 미스라임은 루딤과 아나밈과 르하빔과 납두힘과
14 바드루심과 가슬루힘과 갑도림을 낳았더라 (가슬루힘에게서 블레셋이 나왔더라)
15 가나안은 장자 시돈과 헷을 낳고
16 또 여부스 족속과 아모리 족속과 기르가스 족속과
17 히위 족속과 알가 족속과 신 족속과
18 아르왓 족속과 스말 족속과 하맛 족속을 낳았더니 이 후로 가나안 자손의 족속이 흩어져 나아갔더라
19 가나안의 경계는 시돈에서부터 그랄을 지나 가사까지와 소돔과 고모라와 아드마와 스보임을 지나 라사까지였더라
20 이들은 함의 자손이라 각기 족속과 언어와 지방과 나라대로였더라
21 셈은 에벨 온 자손의 조상이요 야벳의 형이라 그에게도 자녀가 출생하였으니
22 셈의 아들은 엘람과 앗수르와 아르박삿과 룻과 아람이요
23 아람의 아들은 우스와 훌과 게델과 마스며
24 아르박삿은 셀라를 낳고 셀라는 에벨을 낳았으며
25 에벨은 두 아들을 낳고 하나의 이름을 벨렉이라 하였으니 그 때에 세상이 나뉘었음이요 벨렉의 아우의 이름은 욕단이며
26 욕단은 알모닷과 셀렙과 하살마웻과 예라와

27 하도람과 우살과 디글라와
28 오발과 아비마엘과 스바와
29 오빌과 하윌라와 요밥을 낳았으니 이들은 다 욕단의 아들이며
30 그들이 거주하는 곳은 메사에서부터 스발로 가는 길의 동쪽 산이었더라
31 이들은 셈의 자손이니 그 족속과 언어와 지방과 나라대로였더라
32 이들은 그 백성들의 족보에 따르면 노아 자손의 족속들이요 홍수 후에 이들에게서 그 땅의 백성들이 나뉘었더라

19

니므롯의 꿈에서 깨어나 생명을 전하게 하신 은혜가 크도다!

: 주해

　창조 이후 생육하고 번성하였던 인간은 홍수심판으로 멸절하였다. 방주에서 남은 자는 노아와 그의 가족 등 8명뿐이었다(벧전 3:20, 벧후 2:5). 하나님은 이들에게 생육하고 번성하는 복을 주셨다(9:1). 이제 인류는 노아의 세 아들로부터 다시 번성하기 시작하였다(9:19). 창세기 10장은 노아의 세 아들들의 후손이 어떻게 퍼져나갔는지를 기술한다. 그 순서는 야벳의 후손(1-5절), 함의 후손(6-20절), 셈의 후손(21-32절)이다.

　야벳의 후손은 그의 일곱 아들과 일곱 손자이다(총 14명). ① 야벳의 아들(7명): 고멜, 마곡, 마대, 야완, 두발, 메섹, 디라스 ② 고멜의 아들(3명): 아스그나스, 리밧, 도갈마 ③ 야완의 아들(4명): 엘리사, 달시스, 깃딤, 도다님.

　함의 후손은 그의 네 아들과 스물네 명의 손자와 두 명의 증손자이다(총 30명). ① 함의 아들(4명): 구스, 미스라임, 붓, 가나안 ② 구스의 아들(6명): 스바, 하윌라, 삽다, 라아마, 삽드가, 니므롯 ③ 라아마의 아들(2명): 스바, 드단 ④ 미스라임의 아들(7명): 루딤, 아나밈, 르하빔, 납두힘, 바드루심, 가슬루힘, 갑도림(가슬루힘의 아들 블레셋은 후대에 추가됨) ⑤ 가나안의 아들(11명): 시돈, 헷, 여부스, 아모리, 기르가스, 히위, 알가, 신, 아르왓, 스말, 하맛.

셈의 후손은 그의 다섯 아들과 스물 한 명의 후손이다(총 26명). ① 셈의 아들(5명): 엘람, 앗수르, 아르박삿, 룻, 아람 ② 아람의 아들(4명): 우스, 훌, 게델, 마스 ③ 아르박산의 아들(1명): 셀라 ④ 셀라의 아들(1명): 에벨 ⑤ 에벨의 아들(2명): 벨렉, 욕단 ⑥ 욕단의 아들(13명): 알모닷, 셀렙, 하살마웻, 예라, 하도람, 우살, 디글라, 오발, 아비마엘, 스바, 오빌, 하윌라, 요밥.

노아의 세 아들에게서 기원한 민족은 모두 70개이다. 10장에 나오는 민족의 목록은 세계 국가들의 완전한 목록을 의미하지 않는다. 오히려 그것은 이스라엘에 알려진 주요 민족들이다. 이들 민족은 장차 이스라엘이 정착할 가나안을 중심으로 매우 넓은 지역에 분포되어 있다. 특히 10장에 나오는 70개의 민족은 이스라엘의 기원이 되는 야곱의 가족 70명과 무관하지 않다(창 46:27, 출 1:5). 이스라엘의 조상 70명은, 70개 민족으로 구성된 인류의 축소판으로 볼 수 있다(고든 웬함).

10장의 민족 목록은 이스라엘과 가장 접촉이 적은 민족인 야벳의 후손으로 시작한나(2-5절). 야벳의 후손은 매우 간략하게 언급한다. 다음으로 함의 후손을 언급한다. 함의 후손에는 이스라엘에 가장 영향력 있는 주변국인 바벨론, 애굽, 앗수르, 가나안 민족이 포함되어 있다. 마지막으로 이스라엘의 조상을 포함하는 셈족이 언급된다. 하나님에 의해 선택된 민족보다 선택되지 않은 민족을 다루는 이러한 패턴은 창세기에서 종종 관찰된다. 셋보다 앞선 가인의 후손(4-5장), 야곱보다 앞선 에서의 족보가 그것이다(36장). 본 장의 민족 목록은 고대의 다른 문헌에서 찾아볼 수 없는 유일한 목록이다. 그러면 어떻게 이 같은 민족 목록이 형성되었는가? 대체로 학자들은 민족의 목록이 기원전 2천 년대 이후에 형성된 것으로 본다(폰 라드). 그렇다면 기원전 2천 년 전 근동의 역사를 살펴볼 필요가 있다.

당시 근동의 역사는 두 제국, 즉 남방의 애굽과 북방의 힛타이트 제국이 주도하였다. 기원전 16세기 애굽의 투트모세 3세는 17차례의 원정을 통해 북쪽의 시리아와 팔레스틴을 정복하였다. 그렇지만 그의 후계자들은 시리아의 지배권은 상실하였다. 또 팔레스틴의 지배권도 명목적인 것에 불과하였다. 그러다 기원전 13세기 바로 왕들은 다시 팔레스틴의 지배권을 획득하였다. 따라서 6절에서 "가나안"을 애굽의 영역(구스=누비아, 붓=리비아)에 편입시킨 것은 정당하다

("함의 아들은 구스와 미스라임과 붓과 가나안이요"). 애굽과 쌍벽을 이룬 힛타이트 제국은 기원전 20세기경 등장하여 14세기에 전성기를 누렸다. 이들은 소아시아, 북시리아 그리고 북방 메소포타미아의 지역을 망라하였다. 힛타이트 제국이 전성기를 누릴 수 있었던 것은 애굽이 쇠퇴한 이유도 있었다. 하지만 애굽은 람세스 2세 때 강성해졌고 힛타이트 제국은 쇠락하였다(기원전 1295년). 그러다 기원전 1200년경 해양민족들이 돌입해옴으로써 힛타이트 제국은 완전히 몰락하였다. 이들 해양민족 중에는 이스라엘과 밀접한 관계가 있는 블레셋이 포함되어 있다. 블레셋인들은 배와 마차를 타고 유랑하면서 팔레스틴과 애굽에 이르렀다. 그리하여 팔레스틴 남부 해안지대는 블레셋인들의 새로운 정착지가 되었다.

10장의 민족 목록에서 야벳의 후손은 힛타이트 제국이 몰락한 이후 모여진 민족들이다. 야벳의 후손 중에는 당시 해양민족들의 이름들이 나타나 있다(디라스, 달시스). 또 당시 소아시아 해안으로 진출했던 이오니아인(야완)도 언급된다. 그리고 오래전부터 소아시아에 정착해있던 민족들도 언급한다(두발, 메섹, 도갈마). 또한, 좀 더 동쪽에 있고 훨씬 후대 기원전 8~7세기에 출현했던 고멜과 메데인도 언급된다(2절). 야벳에 이어 함의 후손은 구스와 미스라임이 전면에 나온다(6절). 붓은 리비아를 말한다(렘 46:9, 70인역). 함의 후손에 가나안이 들어 있는 것은, 상기한 대로 가나안이 애굽의 지배 아래에 있었기 때문이다. 특히 민족의 목록에서는 함의 손자이며 구스의 아들 니므롯에 주목한다.

니므롯은 민족이 아니라 개인이다. 니므롯에 관한 기술은 특이할 정도로 길다(8-12절). 니므롯은 세상에 처음 나타난 장사이다. 그는 주님께서 보시기에도 힘이 센 사냥꾼이었다. 그래서 '주님께서 보시기에도 힘이 센 니므롯과 같은 사냥꾼'이라는 속담까지 생겼다. 그가 건설한 나라는 대제국이다. 그의 나라는 시날 땅의 바벨과 에렉과 악갓과 길레에서 시작하였다. 그는 그 지방을 떠나 앗시리아로 가서, 니느웨와 르호보딜과 갈라를 세우고, 니느웨와 갈라 사이에는 레센을 세웠는데, 그것은 아주 큰 성이었다. 니므롯은 세계사적 중요한 첫 통치자로, 전 세계의 운명을 좌우할 수 있는 영웅 중의 선구자로 간주된다. 니므롯이 세운 나라들은 공히 이스라엘을 위협하거나 멸망시켰다(바벨론, 앗수르). 니므롯은 역사적 실존, 그 이상의 인물이다. 그는 매우 다양한 전승 요소들을 결합한 하나의 전설적 인물일 가능성이 크다.

야벳과 함에 이어 마지막으로 셈의 후손에 대해 언급한다. 고대 근동의 주도 세력은 힛타이트인들과 애굽인들이었다. 당시 두 세력을 뚜렷이 의식하고 있는 사람들은 셈족을 제3의 민족으로 언급하는 것에 놀라움을 금치 못한다. 사실 힛타이트인들과 애굽인들의 지위나 중요성에 비해 셈족은 그들과 감히 겨룰 수 없는 미미한 존재였다. 셈족은 동쪽으로부터 양대 제국 사이에서 밀려 들어왔다. 물론 이때 이스라엘 민족도 애굽에서 나와 가나안으로 들어왔다. 셈의 다섯째 막내아들은 "아람"이다. 아람은 이스라엘이 근동 지역의 거대한 정치 무대에서 일어나는 사건들을 알게 되었을 무렵에, 어떠한 형태로든 역사를 만들어가고 있었던 민족이었다. 엘람인들은 앗수르 남동쪽에 인접해 있으며, 페르샤 만의 북쪽에 있는, 이미 3천 년대에 알려진 민족이며, 바벨론과 동맹하거나 대치한 민족이었다. 이들은 셈족이 아니나 셈의 후손에 들어있다. 특이한 것은 소아시아의 리디아를 셈족에 포함한 것이다. 셈의 아들 중 아르박삿은 아브라함의 조상이다(11:10-26). 아브라함은 아르박삿의 9대손이다. 민족의 목록에서 이스라엘은 그의 신앙과 구원사와 전혀 무관한 이름인 아르박삿으로 대변된다. 이것은 이스라엘이 시간 속에 있는 자신을 원시 신화와 직접 연결짓지 않았음을 의미한다. 창세기 이야기에서는 태고에서 노아까지, 노아에서 직접 아브라함에게로 연결되지 않는다. 도리어 아브라함은 민족들의 보편 세계와 단절된 사람으로 묘사된다(아르박삿).

민족 목록으로 인해 아브라함과 태초에 이르는 노선이 단절된 것은, 이스라엘이 비신화적으로 역사 안에서 자신들을 보았음을 뜻한다. 이스라엘이 하나님으로부터 배우고 경험한 것은 신화의 세계가 아닌 역사의 영역 안에서 실제 일어난 것이다. 이것이 민족 목록을 통해 아브라함이 신화와 단절한 신학적 의미라고 할 수 있다. 민족 목록에서 이스라엘의 현실은 신화적 영웅 니므롯이 세운 제국의 틈바구니에 처해 있다. 이스라엘은 니므롯에 비해 티끌처럼 미미하고 비천한 민족이며 항상 제국의 위협을 두려워하는 연약한 존재였다. 하지만 이스라엘은 거대한 민족을 위시한 모든 민족을 구원으로 인도하는 제사장 나라이다(출 19:5-6). 세계는 오직 이스라엘을 통해 구원의 복을 받는다.

이스라엘을 통한 구원의 복은 예수 그리스도로 성취되었다(갈 3:8). 그것은 하나님이 사람으로 오신 성육신의 사건이다(요 1:14). 로고스가 육신(사르크스)으로 세상에 오셨다. 하나님의 아들은 인간 제국을 세우는 니므롯의 실존이 아닌 연약하고 비천한 실존인 "사르크스"로 오셨다. 사람들은 니므롯을 메시아로 기다린다. 그가 세우는 제국을 고대한다. 언약 백성 이스라엘도 다윗과 같은 영웅을 기다렸다. 하지만 참되고 온전한 메시아(그리스도) 예수는 비천한 자로 오셨다. 그는 낮고 비천하게 사셨고 십자가에서 끔찍하게 죽으셨다. 니므롯처럼 지상 제국을 세운 것도 아니고 오히려 니므롯과 극히 대조되는 삶을 사신 것이다. 그런데 니므롯이 세운 제국은 꽃처럼 떨어지고 풀처럼 말랐다. 잠시 있다가 사라졌다. 바벨론도, 앗수르도, 위대한 로마도 다 사라졌다. 반면 예수 그리스도가 죽음으로써 세운 나라는 영원하다. 하늘에서 오신 인자의 권세는 소멸되지 아니하는 영원한 권세요, 그의 나라는 결코 멸망하지 아니하는 나라이다(단 7:13-14). 이제 그를 믿는 자마다 영생을 얻는다(요 3:15). 이스라엘 백성뿐 아니라 모든 민족 누구나 그를 믿으면 하나님의 자녀가 되고 그 나라의 백성이 된다.

역사는 신화를 만든다. 사람들은 역사 속에서 신화적 영웅을 만든다. 역사 속에서 니므롯은 언제나 이념이라는 환상을 들고 나타난다. 그는 자유와 평등, 정의와 행복이라는 이념을 외친다. 하지만 이념은 진리의 가면을 쓴 허구이다. 그런데도 무지한 대중은 니므롯이 약속하는 이념에 열광한다. 파시즘에 열광한다. 그리고 이념의 환상에서 깨어나는 것을 두려워한다. 그러다 환상에서 깨어나기라도 하면 그를 가차 없이 제거한다. 세상의 소망은 니므롯의 출현이 아니라 오직 그리스도에게 있다. 오직 예수 그리스도만이 영생의 복을 주신다. 이 복은 아브라함에게 약속하신 대로 모든 민족이 받아야할 복이다. 예수께서 승천하실 때 제자들을 향해 마지막 명령을 내리셨다. 이는 모든 민족에게 복을 주라는 지상명령이다(마 28:19-20, 막 16:15).

그리스도인은 니므롯을 추앙하는 세계 속에서 살아간다. 그러나 그가 사는 목적은 그리스도의 지상명령을 준행하는 데 있다. 그는 니므롯에 미혹 당하지 않으며 영생의 삶을 신실하게 살아간다. 그는 주어진 일상에서 그리스도를 주로 삼아 거룩하게 하고 사람들이 소망에 관한 이유를 묻거든 온유와 두려움으로 복음을 전한다. 이것이 지상명령에 순종하는 삶이며, 결코 헛되지 않은 수고이다.

:묵상

나는 하나님을 믿으면서 니므롯이 되고자 하였다. 하나님의 능력(?)을 이용하여 신앙의 제국을 세우고자 하였다. 어린아이는 환상을 가지며 꿈은 거창하다. 신학도의 꿈은 거창했다. 권력자나 재벌도 무색한 대형교회 목사가 되는 것이었다. 대형제국(교회)을 세운 니므롯은 황제답게 버젓이 세습도 한다. 현세의 부와 종교 권력을 대물림한다. 정치세계도 그렇지만 교회의 니므롯도 진리의 가면을 쓰고 나타난다. 현실적 욕망, 영적 욕망을 다 채워주는 메시아로 등극한다. 이것은 진리가 아니라 이념이다. 니므롯은 약점을 보이면 안 된다. 가면에 가면을 덮어쓴다. 열광하는 대중에게 버림받는 것을 두려워한다.

그런데 내가 바로 니므롯을 꿈꾸던 자였다. 열심히 기도하고 수련하며 니므롯 목사가 되고자 하였다. 그런 목사를 모방하기도 하였다. 한때는 사람들의 문제해결사를 자처하였다. 지상 행복을 이념으로 들고 가정 행복을 이루어주겠다고 나섰다. 당연히 사람들을 두려워하였다. 가면을 쓰고 또 썼다. 무화과 잎으로 만든 치마를 겹겹이 걸쳤다. 물론 가면 뒤의 실제 모습은 비열하고 비참하였다. 그저께 내가 초대 소장을 맡았던 가족센터가 폐쇄한다는 기별을 들었다. 영원히 존재하며 가정 행복의 환상을 부르짖던 곳이 끝장났다. 진리 앞에 잠시 먹먹해졌다.

나를 사도로 부르신 하나님은 모든 것을 보고 계셨고 알고 계셨다. 오직 복음을 전하라고 부르셨는데 요나처럼 딴 길로 가던 나를 보고 계셨다. 바다에 던져지는 요나를 위해 물고기를 예비하시듯 그리스도의 무덤을 예비하셨다. 그리스도의 무덤에서 영생을 알게 하시고 영생의 복음을 전하게 하셨다. 니므롯의 꿈에서 깨어난 것이 꿈만 같다! 환상을 붙들고 멸망의 길을 가던 자를 살리신 은혜가 꿈만 같다. 낮고 비천한 자리에서 오직 생명의 교제를 사모한다. 기회를 다하여 생명을 전하기를 사모한다. 한시적 인생에게 영원한 복을 주신 하나님 앞에 두렵고 떨림으로 충성한다.

20

11:1-9

1. 온 땅의 언어가 하나요 말이 하나였더라
2. 이에 그들이 동방으로 옮기다가 시날 평지를 만나 거기 거류하며
3. 서로 말하되 자, 벽돌을 만들어 견고히 굽자 하고 이에 벽돌로 돌을 대신하며 역청으로 진흙을 대신하고
4. 또 말하되 자, 성읍과 탑을 건설하여 그 탑 꼭대기를 하늘에 닿게 하여 우리 이름을 내고 온 지면에 흩어짐을 면하자 하였더니
5. 여호와께서 사람들이 건설하는 그 성읍과 탑을 보려고 내려오셨더라
6. 여호와께서 이르시되 이 무리가 한 족속이요 언어도 하나이므로 이같이 시작하였으니 이 후로는 그 하고자 하는 일을 막을 수 없으리로다
7. 자, 우리가 내려가서 거기서 그들의 언어를 혼잡하게 하여 그들이 서로 알아듣지 못하게 하자 하시고
8. 여호와께서 거기서 그들을 온 지면에 흩으셨으므로 그들이 그 도시를 건설하기를 그쳤더라
9. 그러므로 그 이름을 바벨이라 하니 이는 여호와께서 거기서 온 땅의 언어를 혼잡하게 하셨음이니라 여호와께서 거기서 그들을 온 지면에 흩으셨더라

20

바벨에서 구원의 길, 무한한 자기실현인가? 무한한 자기체념인가?

∶ 주해

기독교 전통에서 성경은 곧 하나님의 말씀이다. 이는 성령의 감동으로 기록되었기 때문이다. 성경은 하나님의 사람이 성령의 감동을 따라 기록하였다(벧후 1:21). 그렇다고 성경은 기록자의 인격이 무시된 채 기계적으로 받아 적은 글은 아니다. 성경은 기록자의 인격과 역사성과 언어와 세계관을 반영하여 기록되었다. 예수 그리스도는 신성과 인성을 동시에 갖고 계신 분으로 성경은 예수 그리스도를 증거한다. 그러므로 성경 역시 신성과 인성이 조화를 이룬다. 성경은 하나님으로부터 주어지는 초월적인 계시의 말씀(신성)이며 동시에 성경이 기록된 시대적 상황과 저자의 개인적, 공동체성을 반영하는 인간의 말(인성)이다. 또한, 성경의 언어는 그것이 쓰인 시대의 특수한 역사적 상황과 저자의 신앙적 경험과 이해를 반영한다.

유대교의 구약성경 해석은 주로 문자적 방법, 미드라쉬 방법, 알레고리 방법을 취하였다. 문자적 방법은 문자를 그대로 받아들이는 것이고, 미드라쉬 방법은 인물과 사건을 통해 교훈을 얻는 것이며, 알레고리 방법은 영적 의미를 파악하려는 것이다. 초기 기독교에서 구약성경은 그리스도 중심으로 해석하였다. 구약성경은 예수 그리스도를 이해하는 준거기준이며(롬 1:2), 그리스도는 구약성경을 해석하는 열쇠였다(요 5:39). 이어서 교부시대에는 예수 그리스도를 해석학적 원리 또는 열쇠로 삼고 전체 성서를 기독론 중심으로 해석하였다. 해석의 방법에 있어 문자적, 역사적 해석(안디옥 학파)과 영적, 알레고리적 해석(알렉산드리아 학파)이 주류를 이루었다. 중세시대에는 교회가 성경 해석의 권위를 가졌다. 교회는 전통과 교리를 입증하는 수단으로 성경을 사용하였고, 대중은 문자적 의미와 괴리된 영적 해석이 주류를 이루었다.

종교개혁자들은 성경의 문자적, 역사적 의미를 중시하되 그리스도와 만남에 목적을 두었다(루터). 이는 문자적, 역사적 성경 해석 위에 서 있는 주관적, 영적 해석이다. 칼뱅은 성경의 이중적 저자성을 강조하였다. 성경은 하나님의 입에서 인간에게 주어진 말씀이다. 그러나 하나님의 저작성은 저술자인 인간의 인격을 무시한 기계적이고 구술적인 영감을 의미하지 않는다. 하나님은 저술자 인간의 인격성을 사용하셔서 성경을 기록하셨다. 종교개혁 이후 정통주의 시대에 오면서 성경의 기계적 축자영감설과 절대무오성의 교리가 채택되었다. 성경은 기록자가 축자적으로 받아 적은 것이기 때문에 일점일획의 오류도 없다는 것이다. 성경은 성스러운 책이 되었고 일체의 비평이 금지되었다. 심지어 근본주의자들은 성경이 역사적으로, 과학적으로 오류가 없다는 어처구니없는 주장을 하였다. 성경의 권위는 성경이 계시하는 예수 그리스도의 권위를 능가하였다. 이 같은 비이성적 주장은 계몽주의 이후 직격탄을 맞게 된다. 성경의 절대무오성은 인간의 이성에 의해 비평받았고 성경의 권위는 추락하였다. 이후 슐라이어마허는 성경 해석의 새로운 전기를 마련하였다. 그의 해석학은 성경을 기록한 저자의 사고와 저자 시대의 언어가 역사를 이해함으로 시작한다. 여기서 해석의 관점은 성경의 저자와 그것을 읽은 첫 번째 독자이다. 그리고 성경의 전체 사상에서 부분을 보고 부분에서 전체를 보는 해석학적 순환을 강조한다. 오늘날 대부분 해석학자는 슐라이어마허의 해석학이 해석학의 발전에 혁명을 가져왔다고 말한다.

20세기 폴 리쾨르의 〈성서 해석학〉은 현대 해석학의 정점을 보여준다. 그에 따르면 성경 해석은 해석에 필요한 요소, 즉 언어, 역사, 저자의 사고, 상징 등 다양한 방식을 통해 궁극적으로 자기이해를 새롭게 하는 것이다. 성경은 살아있는 말씀이 되어 존재 사건을 일으킨다. 해석자는 성경을 통해 자신의 비참함을 발견하고 그런 자를 용납하시는 그리스도를 만난다. 그리스도를 만남으로써 새로운 존재로 변화된다. 이것은 하이데거가 말한 "자기이해"이며, 새롭게 된 자기이해이다. 그러므로 해석자는 성경을 통해 이전의 자기이해에서 새로운 자기이해로 변화를 경험한다.

창세기 1:1-11:9은 원역사로 불린다. 원역사는 역사적 고증이 어려운 신화적 이야기를 말한다. 성경의 신화는 허구가 아니라, 인간의 이성으로 설명되지 않는 기원에 관한 것이다. 신화(미토스)는 로고스와 함께 진리를 전하는 방식이다(아리스토텔레스). 미토스(신화)는 순간의 삶을 사는 유한한 인간에게 삶의 가치를 알려주는 진리의 수단이다. 창세기 11장 전반부(1-9절)는 원역사를 마무리하는 단락으로 볼 수 있으며, 원역사에서 구원사로의 전환을 의미하는 매우 중요한 단락이다. 전통적으로 이 단락은 "바벨탑 이야기"라고 한다. 보통 다음과 같이 전해져온다. "인간이 하나님을 대항하여 하늘에 닿은 탑을 쌓으려 하다가 실패하였다. 하나님이 땅에 내려오셔서 탑을 무너뜨리셨다. 언어가 혼잡하게 되었다. 그리고 사람들은 흩어졌다."

그러나 이 해석은 본문의 언어적, 역사적 맥락을 전혀 무시한 해석이다. 사람들은 성읍을 건설하면서 탑을 세우고자 하였다. 하나님은 성읍과 탑을 "동시에" 보러 오셨다. 하나님이 언어를 혼잡케 하여 성읍 건설이 "중단되었다." "탑이 무너졌다"라는 말은 어디에도 없다. 그러나 그 이후 사람들은 흩어졌다.

창세기 10장에서는 70개의 민족이 생성된다. 여기서 함의 자손 니므롯은 매우 중요한 인물이다(8-12절). 11장은 영웅 니므롯에 의해 건설된 시날 땅 바벨론(또는 바벨)을 배경으로 한다. 하나의 언어와 하나의 말을 가진 민족이 동쪽으로 이동하다 시날 평지에 정착하였다. 시날은 영어 성경에서는 바벨론(Babylonia)으로도 번역한다(NIV). 이들은 강력한 단결과 명성을 얻기 위해 도시와 탑을 건설하기로 했다. 도시는 흩어짐을 면하는 안보의 표징이며, 탑은 이름을 내는 명성의 표징이다. 이들은 두 번에 걸쳐 다짐했다. "그들은 서로 말하였다. '자, 벽돌을 빚어서, 단단히 구워내자.' 사람들은 돌 대신에 벽돌을 쓰고, 흙 대신에 역청을 썼다. 그들은 또 말하였다. '자, 도시를 세우고, 그 안에 탑을 쌓고서, 탑 꼭대기가 하늘에 닿게 하여, 우리의 이름을 날리고, 온 땅 위에 흩어지지 않게 하자.'"(3-4절). 이들은 돌 대신 벽돌을 굽고 흙 대신 역청을 사용하는 창조적 능력을 발휘했다. 이들이 사용한 건축 재료는 메소포타미아에서 흔히 사용하는 것들이었다. 그러나 당시 크고 튼튼한 건물에는 돌을 사용하였기 때문에 벽돌은 도리어 무너지기 쉬운 재료였다. 탑을 하늘까지 쌓도록 하는 것은, 그들이 하늘에 올라간다는 뜻이 아니다. 그들은 단지 명성을 얻고자 탑을 쌓았다. 그들은 하나님 없이 단결하고 이름을 내고자 거대한 건축 사업을 시작한 것이다. 이들의 건축 동기는 자기 힘으로 위대한 존재가 되고자 하는 욕망에 있었다. 한편 아브라함은 하나님에 의해 그의 이름이 창대하게 되는 약속을 받는다(창 12:2).

하나님이 이들을 방관하지 아니하신다. 이들이 건축하는 도시와 탑을 보시려고 하늘에서 내려오셨다(5절). 이것은 신인동형적 표현이다. 그리고 말씀을 혼잡케 하여 같은 말을 쓰지 못하게 하셨다(7절). 이는 그들이 하고자 하는 일을 하지 못하도록 막기 위함이었다. 하나님이 이 일을 하신 것은, 궁극적으로 이들의 안위를 위해서였다. 마치 위험에 처한 자식을 위해 아버지가 행동을 개시하듯 하나님이 행동하신 것이다. 하나님은 인간들끼리 단결하고 이름을 내는 결말이 어떠할지 다 알고 계셨다. 그들은 방종에 빠지고 타락은 더욱 심화되었다. 그리고 그들에게 더욱 혹독한 형벌이 내려졌다. 하나님은 아담이 하나님처럼 되는 것을 막고자 그를 에덴에서 추방하셨다(창 3:22). 마찬가지로 스스로 안전을 구하고 이름을 내고자 한 이들의 파멸을 막고자 하나님은 개입하신다.

선지자들은 하나님 없이 스스로 하늘에 오르고자 하는 자들의 파국을 경고하였다(사 14:13-15, 렘 51:53, 암 9:2). 하나님은 하늘에 계시고 사람은 땅 위에 있다(전 5:2). 어떤 사람도 하늘에 오르지 못한다. 오직 한 사람, 하나님이 사람이 되어 오신 인자만 하늘로 올라가신다(요 3:13). 그러므로 탑을 지어서 그 꼭대기가 하늘에 닿게 하려고 했던 것은 참람하고도 동시에 우스운 시도였다(바르트, 〈교회교의학〉 3/1권). 하나님이 결심하시고 행동하신 것은 처벌인 동시에 예방 조치였다(폰 라드). 하나님은 언어를 혼잡케 하심으로써 인류의 하나 됨을 깨뜨리셨다. 그들은 언어가 혼란케 됨으로써 서로 소통하지 못하고 뿔뿔이 흩어져야 했다. 이들은 개별적인 여러 민족으로 나누어졌다. 그래서 도시 세우는 일이 그쳤다(8절). 하나님은 도시를 무너뜨리거나 탑을 무너뜨리지 아니하셨다.

도시와 탑은 그대로 두시고 언어를 혼잡하게 하셨다. 그 결과 도시 건설이 중단되었고, 그들은 온 땅의 지면으로 흩어졌다. 사람들이 성읍을 건설하고 탑을 세우는 이유는 "온 지면에 흩어짐을 면하기" 위해서였지만(4절), 하나님께서는 언어를 혼잡케 하셔서서 "그들을 온 지면에 흩어지게 하셨다"(8절). 여호와께서 거기서 그들을 온 지면에 "흩으셨다"(9절). 이와 같이 본 단락의 핵심 단어는 "흩어짐"이다. 여기서 하나님의 뜻은 "흩어짐"이다. 10장의 민족 목록에서 하나님은 노아의 후손들을 통해 흩어짐의 역사를 이루셨다. 이것은 생육하고 번성케 하시는 하나님의 창조의 힘으로 인함이었다. 그런데 11장에서는 언어를 혼잡케 함으로써 사람들을 흩어지게 하셨다. 이것은 심판의 형태이다. 그렇다면 생육하고 번성하는 민족의 흥왕은 하나님의 창조력뿐 아니라 그의 심판을 통해서도 이루어진다.

신약시대 최초로 형성된 예루살렘교회는 복음 증거를 위해 "흩어짐의 사명"을 부여받았다(행 1:8). 그러나 교회는 흩어지지 않았다. 교회에 스데반이 순교하고 난 후에 큰 박해가 일어났다. 그때 사도 외에 모든 그리스도인은 유대와 사마리아와 모든 땅으로 흩어져 복음을 전하였다(행 8:1, 4). 하나님이 박해를 수단으로 사용하셔서 흩어지게 하신 것이다.

하나님이 사람들을 온 땅에 흩으신 후 도시 이름은 "바벨"이라고 불렸다(9절). 바벨은 "휘젓다, 혼잡하다"의 뜻을 가진 히브리어 "발랄"에 근거한다. 그러나 이런 해석은 저자가 임의로 정한 것이다. 본래 "바벨"의 어원적인 의미는 "신의 문" 또는 "하나님의 문"이다. 바벨은 바벨론이다. B.C.2000년경 고대 바벨론은 고대 세계의 심장부요, 세력의 중심이었다(B.C. 8세기경 출현한 바벨론은 신바벨론임). 그리고 바벨론의 번성한 문화는 주변 나라로 흘러갔다. 이스라엘에게 있어서는 바벨론은 하나님께 맞서는 반신적 세력이었다. 바벨론은 하나님 없이 스스로 안정과 명성을 추구한다. 이들은 인간의 본원적인 힘으로 일치와 연합과 번영을 추구한다. 그 나름대로 결실을 거둔다. 문화의 융성과 문명의 발전을 이룬다. 하지만 바벨론은 인간이 주체가 되는 삶으로 인해 하나님의 심판을 피할 수 없다. 도시와 탑의 건설은 중단되고 사람들은 불통 속에서 흩어진다.

창세기 3장 이후, 인간의 역사는 하나님을 대적하는 반역의 역사이다. 하지만 하나님은 심판과 구원을 통해 세상을 보존하고 역사를 전개하신다. 인간이 죄를 범하고 세상은 부패하여도 하나님의 역사는 계속된다. 형벌의 역사와 보존의 역사가 교차한다. 아담은 형벌 받았으나 여자의 후손과 가죽옷으로 구원이 약속된다. 살인자 가인은 살해당하지 않도록 보호받는다. 홍수심판 이후 무지개 언약으로 인간과 세계의 역사는 보존된다. 그런데 언어가 혼잡케 된 심판 이후에는 구원의 약속이 없다. 원역사 안에서 모든 민족에 대한 구원의 약속은 찾아볼 수 없다. 모든 민족에 대한 구원의 약속은 이후 전개되는 구원사에서 재개된다.

하나님은 많은 민족 중에 한 사람을 택하셨다. 그는 셈의 9대손 아브라함이다. "많은 민족" 중에서 택함 받은 아브라함은 "모든 민족"에게 복을 가져온다(창 12:3b). 아브라함에게 약속된 "모든 민족"이 받는 복은 무엇인가? 이 복은 창세전 하나님이 약속하신 영원한 생명이다(딛 1:2, 엡 3:11). 영생은 아들 안의 생명이다(요 5:26, 요일 5:11). 영생은 생명을 가진 아들을 영접함으로써 얻는다(요일 5:12, 요 1:12-13). 그러므로 예수 그리스도를 믿어 하나님의 아들이 된 자, 곧 영생 얻은 자는 아브라함의 복을 받은 자이다(갈 3:8-9, 26). 영생 얻는 것은 하늘에서 나는 것이다. 하늘에서 오신 인자는 땅에서 들리셨다(요 3:13-14). 그가 땅에서 들리신 것은, 십자가에서 죽으시고 부활하신 것이다(요 12:32-33, 행 2:33). 그를 믿는 자, 곧 그의 죽음과 부활에 연합한 자는 영원한 생명을 얻는다(요 3:15). 인간은 스스로 하늘에 올라갈 수 없다. 그것은 바르트가 말한 대로 참람하고도 동시에 우스운 시도이다. 인간이 하늘로 올라가는 유일한 사닥다리는 복음이다. 인간은 복음을 통해 영원한 생명을 얻고, 복음을 통해 영원한 생명을 누린다.

세상은 여전히 시날 평지, 곧 바벨론이다. 바벨론은 신약시대 로마였다(계 17-18장). 바벨론의 거주자는 스스로 도시를 건설하고 탑을 쌓는다. 바벨론은 개인적으로 자기실현을 통해 안정과 명성을 얻고자 하는 주체적 인간을 말한다. 그는 무한한 자기실현을 통해 구원을 시도한다. 이것은 19세기 낭만주의의 주제였다. 프리드리히 실러는 "인간 성장의 3단계 이론"을 설파하였다. 그것이 바벨론이다. 1단계는 정욕과 쾌락에 사로잡힌 "필연의 국가"이다. 2단계는 도덕과 법이 지배하는 "이성의 국가"이다. 3단계는 "유희(놀이)의 국가"이다. 이것이 무한한 자기실현의 단계이다. 니체가 말한 낙타와 사자의 정신을 거쳐 "초인"(어린아이)이 되는 단계이다. 여기서 인간은 자력 구원을 시도한다.

유신론적 철학자 키르케고르는 실러와 3단계에서 갈라선다. 키르케고르는 심미적 단계와 도덕적 단계를 거쳐 무한한 자기 체념에 이른다고 하였다. 무한한 자기 체념은 죽음을 받아들임으로써 신에게 용납된다. 이로써 신앙적 단계에 진입한다. 옛 생명이 그리스도와 함께 십자가에서 죽고 전혀 다른 생명, 하늘로 올라가는 생명으로 태어난다. 영생 얻은 자는 바벨론에서 빠져나온 자이다(계 18:4). 그는 무한한 자기실현의 세상에서 무한한 자기 체념으로 사는 자이다. 이는 자포자기의 삶이 아니라 그리스도로 사는 삶이다. 하나님은 그를 통해 만물을 새롭게 하신다.

묵상

나는 오래도록 시날 평지, 바벨론에서 살았다. 하나님 없이 스스로 안전을 구하고 명성을 얻고자 하였다. 주체적 인간으로 사는 것이 그럴듯해 보였다. 최고의 자기 긍정, 무한한 자기실현을 통해 자력 구원을 시도하였다. 입술로는 은혜를 말하나 공허한 메아리였다. 세상에 있을 때는 정욕과 쾌락에 사로잡힌 필연의 국가에서 살았다. 교회 생활을 하면서는 율법과 전통에 매인 이성의 국가를 살았다. "이것이냐 저것이냐" 실존의 갈림길에서 언제나 자기실현으로 치우쳤다. 늘 나로 인해 절망하였다. 그렇게 자력 구원을 시도하였다. 바벨론에서 도망 나온 것은 순전히 하나님의 은혜였다. 하나님이 친히 무한한 자기 체념의 자리로 끌어내리셨다. 진실로 하나님은 스올에 끌어내리시는 분이시다. 흑암만이 절친인 자리(시 88:18), 거기에 그리스도가 계셨다. 무덤에 누우신 그리스도이셨다! 무한한 자기 체념의 자리에 구원이 일어났다. 14년 전에 들은 음성이 지금도 또렷하게 들린다. "내 백성아, 거기서 나와 그의 죄에 참여하지 말고 그가 받을 재앙들을 받지 말라 그의 죄는 하늘에 사무쳤으며 하나님은 그의 불의한 일을 기억하신지라"(계 18:4-5).

문화는 융성하고 문명을 발전한다. 지금은 최첨단 문명시대이다. 그러나 맹견이 묶여 본능대로 살지 못하듯, 한계가 있는 세계이다. 첨단문명 시대라도 그 문명은 인간을 구원하지 못하며 그의 근원인 하늘에 이르지 못한다. 그런 세상에서 그리스도인은 영생의 삶을 살아간다. 무한한 자기 체념으로 살아간다. 자포자기의 삶이 아니라, 내가 죽고 예수로 사는 삶이다. 관념적인 그리스도적 삶이 아니라, 실제적인 역사적 예수의 삶이다. 오늘도 그런 삶을 사모한다. 그래서 뭇 영혼들을 참된 구원의 길로 인도하기를 간절히 바란다.

21

11:10-32

10 셈의 족보는 이러하니라 셈은 백 세 곧 홍수 후 이 년에 아르박삿을 낳았고
11 아르박삿을 낳은 후에 오백 년을 지내며 자녀를 낳았으며
12 아르박삿은 삼십오 세에 셀라를 낳았고
13 셀라를 낳은 후에 사백삼 년을 지내며 자녀를 낳았으며
14 셀라는 삼십 세에 에벨을 낳았고
15 에벨을 낳은 후에 사백삼 년을 지내며 자녀를 낳았으며
16 에벨은 삼십사 세에 벨렉을 낳았고
17 벨렉을 낳은 후에 사백삼십 년을 지내며 자녀를 낳았으며
18 벨렉은 삼십 세에 르우를 낳았고
19 르우를 낳은 후에 이백구 년을 지내며 자녀를 낳았으며
20 르우는 삼십이 세에 스룩을 낳았고
21 스룩을 낳은 후에 이백칠 년을 지내며 자녀를 낳았으며
22 스룩은 삼십 세에 나홀을 낳았고
23 나홀을 낳은 후에 이백 년을 지내며 자녀를 낳았으며
24 나홀은 이십구 세에 데라를 낳았고
25 데라를 낳은 후에 백십구 년을 지내며 자녀를 낳았으며
26 데라는 칠십 세에 아브람과 나홀과 하란을 낳았더라
27 데라의 족보는 이러하니라 데라는 아브람과 나홀과 하란을 낳고 하란은 롯을 낳았으며
28 하란은 그 아비 데라보다 먼저 고향 갈대아인의 우르에서 죽었더라
29 아브람과 나홀이 장가 들었으니 아브람의 아내의 이름은 사래며 나홀의 아내의 이름은 밀가니 하란의 딸이요 하란은 밀가의 아버지이며 또 이스가의 아버지더라
30 사래는 임신하지 못하므로 자식이 없었더라
31 데라가 그 아들 아브람과 하란의 아들인 그의 손자 롯과 그의 며느리 아브람의 아내 사래를 데리고 갈대아인의 우르를 떠나 가나안 땅으로 가고자 하더니 하란에 이르러 거기 거류하였으며
32 데라는 나이가 이백오 세가 되어 하란에서 죽었더라

21

구원사의 시작과 성취,
자연 출산에서 말씀 출산으로!

⦁ 주해

　창세기의 원역사는 11장 9절에서 끝난다. 하나님은 자기 형상대로 사람을 창조하셨다. 또한 세상을 창조하시고 사람으로 하여금 다스리게 하셨다. 사람도 세계도 하나님이 보시기에 좋으셨다. 그러나 사람은 뱀의 유혹을 받아 말씀에 불순종함으로써 범죄하였다. 하나님은 사람에게 수고의 형벌을 주셨으나 저주하지는 않으셨다. 이는 창세전 그가 하신 영생의 약속 때문이었다. 하나님은 죄의 세력을 표상하는 뱀을 저주하셨다. 여자의 후손이 뱀의 후손의 머리를 상하게 할 것이다(창 3:15). 이는 장차 오실 아들이 십자가에서 죽으심으로써 마귀를 멸하실 것을 예시한다(마 1:23).

　이렇듯 하나님은 아담을 형벌하셨으나 구원을 약속하셨다. 아담의 장자 가인이 아우 아벨을 죽였다. 가인은 죽기를 두려워하였고, 하나님은 유리방황하는 형벌을 주셨다. 하지만 가인의 생명을 보호하셨다. 인간의 죄악이 세상에 가득하여 세상이 부패하였다. 하나님은 홍수로 땅을 심판하셨다. 하지만 무지개 언약으로 사람과 세상의 보존을 약속하셨다. 원역사의 마지막 사건은 "바벨"에서 일어난 일이다(11:1-9). 사람들은 스스로 안전과 명성을 얻고자 도시와 탑을 건설하였다. 하나님이 내려오셔서 언어를 혼잡케 하여 도시 건설을 중단시키셨다. 사람들은 이곳을 바벨(바벨론)로 명명하였다. 그런데 이전과 달리 심판 이후 구원 약속을 직접 하지는 않았다. 바벨이라는 단어의 뜻은 "신의 문"(하나님의 문)이라는 뜻이 있는데 이는 아직은 희미한 구원의 불빛을 의미한다.

원역사가 끝나고 아브라함을 통한 구원사가 전개된다. 이는 언약신학에서 제2경륜시대라고 부른다. 11-26절은 셈에서 아브라함까지 10대에 걸친 족보이다. 27-32절은 셈의 9대손 데라의 가계를 구체적으로 진술한다. 족보는 다음과 같은 형식으로 묘사된다.

"(A)는 (X)세에 장자 (B)를 낳고, (B)를 낳은 후 (Y)년을 지내며 자녀를 낳았다"(예, 아르박삿은 35세에 셀라를 낳고, 셀라를 낳은 후에 403년을 지내며 자녀를 낳았고).

본 장의 족보는 5장과 유사하나, 5장과 달리 최종수명은 언급하지 않았다. 또한, 5장의 족보에 비해 수명이 현저히 짧아졌다. 인간의 죄악이 늘어나고 사람의 수명이 120세로 줄어든다는 말씀이 성취되었다(6:3). 족보의 내용은 다음과 같다.

① 셈: 100세(홍수 후 2년)에 아르박삿을 낳은 후 500년을 지내며 자녀를 낳았다(600세).
② 아르박삿: 35세에 셀라를 낳은 후 403년을 더 지내며 자녀를 낳았다(438세).
③ 셀라: 30세에 에벨을 낳은 후 403년을 더 지내며 자녀를 낳았다(433세).
④ 에벨: 34세에 벨렉을 낳은 후 430년을 더 지내며 자녀를 낳았다(464세).
⑤ 벨렉: 30세에 르우를 낳은 후 209년을 더 지내며 자녀를 낳았다(239세).
⑥ 르우: 32세에 스룩을 낳은 후 207년을 더 지내며 자녀를 낳았다(239세).
⑦ 스룩: 30세에 나홀을 낳은 후 200년을 더 지내며 자녀를 낳았다(230세).
⑧ 나홀: 29세에 데라를 낳은 후 190년을 더 지내며 자녀를 낳았다(219세).
⑨ 데라: 70세에 아브람, 나홀, 하란을 낳은 후 135년을 더 지냈다(205세).

27절 이후 데라의 족보는 이러하다. 데라는 아브람과 나홀과 하란을 낳았다. 하란은 롯을 낳았다(27절). 그러나 하란은 그가 태어난 땅 갈대아(바벨로니아) 우르에서 아버지보다 먼저 죽었다(28절). 아브람과 나홀이 각각 아내를 맞아들였다. 아브람의 아내의 이름은 사래이고, 나홀의 아내의 이름은 밀가이다. 하란은 밀가와 이스가의 아버지다(29절). 사래는 임신을 하지 못하여서 자식이 없었다(30절). 하란이 아버지 데라보다 먼저 죽었다. 나홀이 하란의 딸 밀가와 결혼하였다. 고대사회에서 흔히 있었던 삼촌과 조카의 근친결혼이다. 나홀이 하란의 딸과 결혼한 것(29절)과 12:4(아브람의 나이)을 보면 하란이 데라의 장자인 것을 알 수 있다(《만나 주석》). 나홀과 밀가 사이에 브두엘이 출생하고 이삭의 아내 리브가는 브두엘의 딸(나홀의 손녀)이다(창 24:47). 아브람의 아내는 사래이다. 아브람의 이름의 뜻은 "나의 아버지(神)는 존귀하다"의 뜻이다. 사래는 "왕후"의 뜻이다. 두 이름은 그 자체로서는 특별한 것이 없고 고대 동양적인 작명관습과 일치한다. 한편 아브람은 하나님에 의해 "아브라함"(많은 민족의 아버지)으로 개명한다(17:5). 사래 역시 하나님에 의해 "사라"(여주인)로 개명한다(17:15).

31-32절은 데라가 갈대아 우르를 떠나 하란으로 이주한 이유를 설명한다. 데라는 갈대아 우르를 떠나 하란으로 갔다. 이때 아들 아브람과 장자 하란의 아들 롯과 동행하였다. 아브람의 아내 사래도 동행하였다. 특별히 데라의 손자 롯을 언급한 것은, 아버지가 사망한 롯의 혈연적, 법적 책임이 아브람에게 있음을 말한다. 후에 롯은 아브람을 따라 가나안으로 이주했다(12:4). 데라의 동행자 중에 나홀의 가족이 없다. 나홀의 가족은 어떤 경로인지 모르나 그들도 하란으로 이주하였다(24:10 참고). 데라가 갈대아 우르에서 하란으로 이주한 이유는 나오지 않는다. 데라는 달을 숭배한 것으로 보인다(수 24:2). 데라는 "달(moon) 숭배자"를 뜻한다. 데라가 살았던 갈대아 우르와 그가 이주한 하란은 모두 달 신을 숭배하는 지역이었다. 데라의 고향이자, 아브람의 고향은 갈대아 우르였다. 정확히 말하면, "갈대아 사람들의 우르"이다. 아마도 이 도시는 메소포타미아의 유프라테스 강 하부에서 B.C.2500년경 수메르인들이 세운 도시 우르(Ur)로 추정한다. 데라는 이곳에서 유프라테스 강 상부에 있는 하란으로 이주하였다. 데라는 가나안 땅으로 가고자 우르에서 출발했으나 하란에서 정착하였고 그곳에서 205살에 죽었다.

사도행전 7장의 스데반 설교에 따르면 아브라함이 갈대아 우르(메소포타미아)에 있을 때 영광의 하나님이 그에게 나타나셨다. 그리고 아버지 데라를 따라 하란으로 이주하였다. 그리고 데라가 죽은 후 하란에서 가나안 땅으로 이주하였다(행 7:1-3).

하나님은 달 신을 섬기던 데라의 아들 아브람에게 나타나셨다. 그리고 그곳을 떠나게 하시되 우여곡절을 겪은 후 목적하신 가나안 땅으로 인도하셨다.

대대로 우상을 섬기던 집안에서 새로운 구원사가 시작되었다. 이 모든 과정에 말씀으로 인도하신 하나님의 섭리와 아브라함의 순종이 있었다. 특별히 아브람에게는 누구나 얻을 수 있는 자연 출산이 불가능하였다. 창세기의 저자도 여기에 주목하였다. "사래는 임신하지 못하므로 자식이 없었더라"(30절). 창조 이후 특정한 여인이 임신하지 못했다는 말이 처음으로 등장한다. 아담이 범죄한 후 그의 아내는 하와로 명명되었다. 하와는 "생명"이란 뜻이다. 인간은 비록 범죄하였으나, 여자를 통한 생명의 출산은 계속되었다. 홍수심판 후에도 사람들은 생육하고 번성하였다. 모두 자연 출산이다. 그러나 아브람의 아내 사래는 자연 출산이 불가능하였다. 아르박삿 이후 장자의 출생은 대략 20대 후반에서 30대 초반에 이루어졌다. 데라가 70세에 세 아들을 낳은 것은 막내아들로 추정되는 나홀을 낳은 때인 것으로 파악한다. 데라의 장자 하란은 30세를 전후하여 밀가와 이스가를 낳은 것으로 추산한다. 그러나 아브람은 하란을 떠나는 75세에도 자녀가 없었다. 100세가 되기까지 그러하였다. 아브람의 아내 사래가 겪는 불임(15:2-3, 17:17)은 새로 시작하는 구원사가 자연 출산이 아니라는 점에 신학적 의미가 있다. 아담과 노아를 통한 출생은 자연 출산이었다. 그러나 아브라함을 통한 출산은 "자연 출산"이 아니라 "말씀 출산"이다(창 21:1-2).

사라의 불임은 궁극적으로 말씀 출산을 위한 것이었다. 사라가 말씀으로 출산한 것은 장차 하나님의 아들이 말씀으로 출산하는 것을 예시한다. 동정녀 마리아는 천사로부터 수태고지를 받았다. 천사는 그녀가 성령으로 잉태하여 하나님의 아들을 낳을 것이라고 하였다. 그러나 그녀는 남자를 알지 못한다고 하며 임신이 불가함을 말하였다. 그때 천사가 마리아에게 말한다. "대저 하나님의 모든 말씀은 능하지 못하심이 없느니라"(눅 1:37). 이에 마리아가 화답한다. "말씀대로 내게 이루어지이다"(눅 1:38). 말씀 출산은 사람으로는 불가능하나 하나님께는 가능한 "불가능한 가능성"이다. 아브라함을 통한 구원사는 말씀 출산으로 시작한다. 타락한 아담과 노아의 후손이 아니라, 말씀의 후손으로 시작한다. 아브라함의 구원사는 예수 그리스도에서 성취된다. 모든 민족은 아브라함으로 말미암아 복을 받는다(창 12:3). 이 복은 말씀으로 태어나는 영생의 복이다. 영생의 본체이신 하나님의 아들은 창세전 말씀으로 나셨다. 그는 태초부터 있는 생명의 말씀이다(요일 1:1). 그는 영원한 생명이며, 아버지와 함께 계시다가 마침내 나타나셨다(요일 1:2).

영생은 "아들 안에 있는 생명"이다(요 5:26, 요일 5:11). 아들이 있는 자에게 생명이 있고 아들이 없는 자에게 생명이 없다(요일 5:12). 그러므로 영생(생명)은 생명이 있는 아들을 영접함으로써 얻는다(요 1:12-13). 아버지가 아들에게 하신 말씀(명령)은 영생이다(요 12:50). 생명을 얻는 것은 영이다. 아들의 말이 영이요 생명이다(요 6:63).

창세전부터 하나님의 아들은 생명의 말씀이다. 생명을 가진 아들을 영접하는 것은 생명의 말씀을 영으로 받는 것이다. 그때 우리는 영원한 생명을 얻는다. 모든 인생은 자연적으로 출생한다. 육신의 아버지의 뜻대로 세상에 태어난다. 자연 출산이다. 그는 어디서 태어나든 그 지역의 신들을 섬기며 살아간다. 마치 아브라함과 그의 조상이 지역 신을 섬겼듯이 말이다. 그것은 우상숭배이다(수 24:1). 하나님이 사람을 자연적으로 나게 하신 것은 말씀으로 태어나는 생명을 얻도록 하기 위함이다. 자연 출산의 생명은 반드시 말씀 출산으로 다시 나야 한다. 땅에서 난 자가 하늘로부터 나야 하는 것이다. 그것은 복음이신 아들을 영접하는 것이다. 곧 예수 그리스도의 죽음과 장사됨과 부활에 연합하여 영원한 생명으로 산다(롬 6:4). 살아있고 항상 있는 말씀으로 태어나는 것, 이것은 자연 출산의 인생이 받는 지복(至福)이다(벧전 1:23-25).

: 묵상

나는 하나님을 알지 못한 가정에서 태어났다. 극히 자연적으로 출생하여 지역 신을 섬기던 자였다. 처음 종교 생활은 절에서 하였다. 동네 스님은 자상하고 친절한 이웃이었다. 지독히 가난하던 때, 어쩌다 절에 가면 시주로 지은 쌀밥이 있었다. 명절에나 한번 먹는 쌀밥을 절에 가서 먹곤 하였다. 석탄일이 되면 어머니는 자식 잘되라고 연등을 걸고 불공을 드렸다. 그렇다고 적극적으로 불교를 믿은 것은 아니었다. 열심히 절에 다니거나 기도하거나 불경을 읽거나 하지 않았다. 다만 교회에 출석하기 전, 20대 중반까지의 종교는 대체로 불교였다. 그러다 교회에 나가게 되었다. 명목상 불자에서 명목상 그리스도인이 되었다. 지금 보니 우상을 섬기던 아브라함을 건져내신 것처럼 하나님이 나를 우상숭배에서 건져내셨다.

　사실 교회를 다녀도 생명을 알지 못하면 하나님을 우상 섬기듯 섬긴다. 나를 위한 신으로 섬기는 것이다. 나 역시 복음을 바로 알고 생명을 알기까지 그러하였다. 이미 말씀으로 출산하여 영원한 생명을 가졌으나 생명을 알지 못하니 생명을 누리지 못한 자였다. 때가 차서 하나님이 생명의 말씀으로 찾아오셨다. 복음을 통해 생명을 누리는 자가 되었다. 오직 은혜다! 그 은혜를 헛되이 하지 않고자 생명의 교제에 나를 드린다. 날마다 하늘의 양식이 주셔서 나는 그것으로 충분하다.

22

12:1-9

1. 여호와께서 아브람에게 이르시되 너는 너의 고향과 친척과 아버지의 집을 떠나 내가 네게 보여 줄 땅으로 가라
2. 내가 너로 큰 민족을 이루고 네게 복을 주어 네 이름을 창대하게 하리니 너는 복이 될지라
3. 너를 축복하는 자에게는 내가 복을 내리고 너를 저주하는 자에게는 내가 저주하리니 땅의 모든 족속이 너로 말미암아 복을 얻을 것이라 하신지라
4. 이에 아브람이 여호와의 말씀을 따라갔고 롯도 그와 함께 갔으며 아브람이 하란을 떠날 때에 칠십오 세였더라
5. 아브람이 그의 아내 사래와 조카 롯과 하란에서 모은 모든 소유와 얻은 사람들을 이끌고 가나안 땅으로 가려고 떠나서 마침내 가나안 땅에 들어갔더라
6. 아브람이 그 땅을 지나 세겜 땅 모레 상수리나무에 이르니 그 때에 가나안 사람이 그 땅에 거주하였더라
7. 여호와께서 아브람에게 나타나 이르시되 내가 이 땅을 네 자손에게 주리라 하신지라 자기에게 나타나신 여호와께 그가 그 곳에서 제단을 쌓고
8. 거기서 벧엘 동쪽 산으로 옮겨 장막을 치니 서쪽은 벧엘이요 동쪽은 아이라 그가 그 곳에서 여호와께 제단을 쌓고 여호와의 이름을 부르더니
9. 점점 남방으로 옮겨갔더라

22

축복의 약속과 황무지의 현실, 믿음으로 위의 것을 바라보며!

❖ 주해

구약성경은 인간을 위하여 자기 아들의 생명을 주시는 하나님의 구원사이다. 그것은 그리스도를 증거하는 구원사이다. 창세전 하나님은 사람에게 아들 안에 있는 생명인 영생을 약속하셨다(딛 1:2, 엡 3:11). 첫 사람 아담은 아들이 오셔서 영원한 생명을 얻어야 할 자였다. 그러나 그는 범죄하여 영생 얻을 기회를 상실하였다. 그러나 영생을 약속하신 하나님은 신실하시다. 아담의 범죄에도 불구하고 영생을 주시는 구원사를 이루어가신다.

하나님은 아담이 범죄한 현장에서 여자의 후손으로 보내실 아들을 약속하셨다(창 3:15). 그리고 범죄한 아담에게 아들의 희생을 상징하는 가죽옷을 입혀주셨다(창 3:21). 이후 창세기 4장에서 말라기까지는 선지자들을 통해 그가 보내실 아들을 증거 하셨다(롬 1:2). 언약 신학에서는 창세기 4-11장까지를 제1경륜시대 및 원시역사(원역사)로 부르며, 창세기 12장-말라기까지를 제2경륜시대 및 이스라엘 역사로 부른다.

창세기 12장은 이스라엘 역사의 시작이다. 온 인류를 향한 하나님의 구원사는 한 사람을 불러내심으로 새롭게 전개된다. 그 한 사람은 셈의 10대손 아브라함이다. 그때까지 사람들은 다 지역 신을 섬겼다. 아브라함은 그들 중에서 택함을 받았다. 왜 야벳이나 셈이나 아르박삿이 아니라 아브라함인가? 제2경륜시대의 시작을 알리는 창세기 12장은 "여호와"가 주어이다. 그것은 구원사 전체의 주격이다. 선택은 오직 하나님의 주권이며 신비이다. 영광의 하나님이 갈대아 우르(메소포타미아)에 살던 아브람에게 나타나서서 그에게 말씀하셨다 (창 12:1, 행 7:2). 하나님은 아브람에게 고향과 친척과 아버지 집을 떠나라고 하시며 그에게 일곱 개의 약속을 하셨다.

> "너는, 네가 살고 있는 땅과, 네가 난 곳과, 너의 아버지의 집을 떠나서, 내가 보여 주는 땅으로 가거라. 내가 너로 큰 민족이 되게 하고, 너에게 복을 주어서, 네가 크게 이름을 떨치게 하겠다. 너는 복의 근원이 될 것이다. 너를 축복하는 사람에게는 내가 복을 베풀고, 너를 저주하는 사람에게는 내가 저주를 내릴 것이다. 땅에 사는 모든 민족이 너로 말미암아 복을 받을 것이다"(1-3절).

1절에서 하나님은 아브람에게 모든 자연적 기반으로부터 떠날 것을 명하셨다. 가장 일반적인 결속인 땅(본토)과 친척의 유대와 가족의 유대에서 떠날 것을 요구하셨다. 시날 땅에서 사람들은 흩어지지 않고자 도시와 탑을 건설하였다. 하나님은 갈대아 우르에서 아브람에게 흩어질 것(떠날 것)을 요구하셨다.

땅과 친척과 가족의 분리는 자연적 인간에게 죽음을 의미한다. 아브람은 이것들을 떠나 하나님이 보여 주시는 땅으로 가야 한다. 아브라함이 아는 것은 하나님이 그 땅을 보여 주시려 한다는 것뿐이다.

2-3절에서 하나님은 아브람에게 약속하셨다. 일곱 개의 약속이다. ① 큰 민족이 되게 하신다. ② 복을 주신다. ③ 이름을 크게 떨치게 하신다. ④ 복의 근원이 되게 하신다. ⑤ 그를 축복하는 자들에게 복을 베푸신다. ⑥ 그를 저주하는 자에게 저주를 내리신다. ⑦ 모든 민족이 그로 말미암아 복을 받는다.

첫 번째에서 세 번째까지는 아브람 개인에 관한 복이다. 네 번째부터 여섯 번째까지는 아브람과 관계를 맺고 있는 사람들에 관한 복이다. 마지막 일곱 번째 복이 중요하다. 그것은 땅의 모든 민족이 아브람을 통해 복을 받는다는 것이다. 하나님께서는 모든 민족 중에서 한 사람을 택하시고 그에게 복을 주신다. 그것은 그 한 사람을 통해 "모든 민족"이 복을 받도록 하기 위함이었다. 3절에서 "너를 축복하는 '사람들'이 복수로 되어 있음에 비하여 너를 저주하는 '사람'은 단수로 되어 있다. 하나님이 모든 사람에게 약속하신 것은 궁극적으로 "저주"가 아니라 "복"이다. 아브라함은 보편적 축복의 원천이다.

4절, 아브람은 하나님의 말씀에 즉각 순종했다. 자연적 삶의 기반을 떠나라는 말씀에 어떤 이의도 제기하지 않았다. 노아처럼 약속의 말씀에 대한 즉각적 순종을 보여 주었다. 하란의 아들 롯도 아브람과 함께 길을 떠났다. 아브람이 하란을 떠날 때 그는 75세였다. 아브람은 어떻게 떠나라는 명령에 순종했는가? 그는 믿음으로 순종하여 떠났다. "믿음으로 아브라함은, 부르심을 받았을 때에 순종하고, 장차 자기 몫으로 받을 땅을 향해 나갔습니다. 그런데 그는 어디로 가는지를 알지 못했지만, 떠난 것입니다"(히 11:8).

아브람은 아내 사래와 조카 롯과 하란에서 모은 재산과 거기에서 얻은 사람들을 거느리고, 길을 떠나서 마침내 가나안 땅에 이르렀다(5절). 그는 가나안의 세겜 땅, 곧 모레의 상수리나무가 있는 곳에 이르렀다. 당시 그 땅에는 함의 후손인 가나안 사람들이 정착해 살고 있었다(6절). 모레의 상수리나무는 문자적으로 "신탁의 상수리나무"이다. 거룩한 이 나무는 가나안 제의 장소의 중심이었고, 이스라엘 시대에 이르기까지 중요한 의미를 가지고 있었다(창 35:4, 신 11:30, 수 24:26). 사사기 시대 이 나무는 "므오느님(점치는) 상수리나무"였다(삿 9:37).

여호와께서 가나안 땅에 들어온 아브람에게 다시 나타나셔서 말씀하셨다. "내가 이 땅을 너의 자손에게 주리라"(7절). 아브람이 아니라 아브람의 자손에게 이 땅을 주셨다. 13:17에서는 아브람에게 이 땅을 주셨다. 15:7에서는 다시 아브람에게 이 땅을 약속하셨다. 땅의 약속은 아브람의 시대에 성취되지 않았으며 그가 죽은 지 최소한 400년이 지나서 성취되었다(15:13). 그런데 아브람은 약속의 말씀을 받은 후 제단을 쌓았다(7절). 아브람이 가나안 땅에서 쌓은 첫 번째 제단이었다. 아브람은 세겜에서 벧엘 동쪽에 있는 산간지방으로 옮겨 가서 장막을 쳤다. 서쪽은 벧엘이고 동쪽은 아이다. 이것은 아브람이 세겜 남쪽으로 이동했다는 것을 뜻한다. 아브람은 여기서도 제단을 쌓고 여호와의 이름을 불렀다(8절). 이번에는 제단만 쌓은 것이 아니라 예배도 드렸다. 에노스 시대 사람들이 여호와의 이름을 부른 이후(5:26), 처음으로 아브람이 여호와의 이름을 불렀다.

9절, 아브람은 줄곧 길을 떠나 점점 남방으로 옮겨갔다. 남방은 가나안 땅의 최남단 네게브 지역이다. 네게브는 문자적으로 "마른 땅" 또는 "황무지"이며 통상 네게브 사막으로 불린다. 아브람이 가나안 땅에 처음 도착한 곳은 가나안 제의 중심지인 세겜이었다. 그러나 그는 어떤 이유에서인지 최남단 황무지에 이르렀다. 아브람이 가나안 땅에 오기 전 받은 약속은 실로 파격적이다. 그는 번성하여 많은 민족을 이룰 것이며, 그의 이름은 창대하게 된다는 것이었다. 이는 스스로 이름을 내려다 심판받은 바벨 사람들과 전혀 다른 차원의 복이다. 또 그를 통해 모든 민족이 복을 받을 것이다. 아브람은 위대하고 놀라운 축복의 약속을 받고 마침내 가나안 땅에 왔다. 그러나 그가 가나안 땅에서 겪은 현실은 실로 척박했다. 가나안 땅에 와보니 이미 함의 자손 가나안 사람들이 정착하고 있었다. 그가 차지할 땅은 없었다. 하나님은 나그네 아브람에게 땅을 약속하셨다. 그러나 그 땅은 그의 몫이 아니라 자손의 몫이다. 그래도 아브람은 제단을 쌓고 여호와의 이름을 불렀다. 하지만 그는 다시 가족과 소유를 이끌고 남쪽으로 이동하여 황무지(네게브)에 이르렀다.

아브람에게 주어진 축복의 약속과 달리 그에게는 어떤 축복의 일도 일어나지 않았다. 위대한 약속을 받았으나 현실은 비참했다. 황무지가 그의 처소였다. 사실 아브라함과 이삭과 야곱으로 이어지는 족장사 전체가 이런 식의 구도이다. 아브람에게 주신 축복의 약속은 족장들에게도 주어졌다. 그러나 그들에게는 아브람이 당한 곤경과 시련도 함께 주어졌다. 축복의 약속과 비참한 현실의 괴리에도 아브람은 침묵했다. 후에 히브리서 기자는 아브람이 말씀을 끝까지 신뢰하는 믿음으로 행하였다고 증거했다. 그는 하나님이 지으실 약속의 도성을 바라보는 믿음으로 타국에 몸 붙여 사는 나그네 인생을 살아낸 것이다(히 11:9-10).

아브람과 족장들이 믿음으로 바라본 도성은 하늘에 있는 본향이다(히 11:16). 이곳은 장차 하나님의 아들 예수 그리스도를 믿음으로 들어가는 하나님 나라이다. 예수 그리스도는 아브람을 통해 모든 민족에게 주시는 복을 성취하신다. 이 복은 하늘에 속한 영적인 복이다. 곧 창세전 하나님이 약속하신 영생의 복이다. 곧 하나님의 아들들이 되는 복이다. 이 복은 예수 그리스도가 세상에 오심으로써 모든 민족에게 주어졌다. 예수 그리스도는 십자가에서 죽으시고 부활하심으로써 아브라함에게 주신 복을 성취하셨다. 이것은 신약성경의 여러 곳에서 증거 되었다(행 3:25-26, 갈 3:8-9, 26, 엡 1:3-5). 그러므로 이스라엘 구원사의 시조인 아브라함은 예수 그리스도를 예시한다.

예수 그리스도의 구원사적 족보는 아브라함에게서 시작한다. "아브라함과 다윗의 자손 예수 그리스도의 계보라"(마 1:1). 예수 그리스도, 하늘에서 오신 인자는 창세전부터 아버지와 함께 계셨다. 아버지와 하나 된 아들이 창세전의 결속을 푸시고 땅으로 오셨다. 아버지가 가라고 하신 땅으로 오신 것이다. 예수 그리스도는 땅의 나그네로 사셨다. 그는 자신이 만드신 땅에 오셨으나 머리 둘 곳이 없으셨다. 그러면서 아버지가 보내신 뜻을 다 이루셨다. 그는 십자가에 죽으시고 부활하심으로써 그를 믿는 자에게 영생을 주신 것이다. 진실로 예수 그리스도는 모든 사람에게 영생을 주시는 복의 근원이시다. 그를 믿는 사는 영생의 복을 얻고 그를 믿지 않는 자는 이미 심판을 받고 있다(요 3:17-18). 모든 민족이 예수 그리스도를 믿음으로 영생의 복을 얻는다.

그리스도인은 영생의 약속이 성취된 자이다. 영생의 삶은 이미 지상에서 시작되었다. 그는 날마다 생명의 교제를 통해 하늘에 계신 아버지 집에 이른다. 그러나 영생의 삶은 지상에서 완성되지 않는다. 죽음 이후 더욱 풍성해지며, 그리스도가 강림하실 때 영광스럽게 완성된다. 그러므로 그리스도가 강림하시는 종말은 그리스도인에게 최종 약속이다. 그리스도인이 받은 종말의 약속은 위대하고 영광스럽다. 하지만 그가 사는 세상은 여전히 황무지이다. 축복의 약속과 황무지의 현실이 교차한다. 하지만 믿음으로 종말의 약속을 바라보며 모든 상황에서 파레시아(담대함)를 버리지 않는다(히 10:35-39). 그는 황무지에서 장미꽃을 피우는 그리스도의 대사로 살아간다.

: 묵상

나는 아브람에게 약속한 복을 오해하였다. 창세전 영적인 복이 아니라 문자적인 복, 이생의 복으로 오해하였다. 예수를 믿으면 세상사람 앞에서 번듯하게 살아야 하나님께 영광 돌린다고 착각하였다. 그러나 내가 생각한 복의 추구는 실상 우상숭배였다. 나를 위해 믿는 신앙은 우상숭배의 가면이다. 심지어 목회까지도 탐욕의 수단으로 삼았다. 하나님이 살아계시고 공의로우시다면 어찌 나를 심판하지 않으랴! 마침내 심판의 때가 임하였다. 모든 것이 몰수되고 내가 있는 자리에서 떠나야 했다. 그러나 떠남의 자리에 말씀이 임하였다. 내게 임한 말씀은 아브람에게 하신 복의 성취인 영생의 말씀이었다. 심판의 무덤에 영생의 말씀이 임하였다. 영생의 복은 우연히 하늘에서 떨어진 것이 아니었다. 창세전 약속된 복이다. 영생의 약속은 인간의 범죄에도 불구하고 갱신되었다. 하나님은 내게 이 생명을 주시기 위해 인류를 생육하고 번성케 하셨다. 모든 민족이 아브라함을 통해 복을 받을 것을 약속하셨다. 그리고 예수 그리스도를 통해 그 복을 성취하셨다. 이 복이 오늘 내게 주어졌다.

그러나 영생은 아직 미완성의 상태이다. 장차 그리스도가 강림하실 때 영광스럽게 완성된다. 지상에서 영생의 삶은 영생의 본체이신 그리스도의 삶이다. 복의 근원 되신 그리스도는 황무지에서 오직 믿음으로 사셨다. 지상에 머리 둘 곳 없으나 하늘의 부요함을 누리며 자유하고 자족하였다. 나 역시 황무지 같은 세상에서 영생의 삶을 살아간다. 아침마다 공허와 무의미, 죄책과 정죄의 비존재 세력이 나를 뒤흔든다. 그러나 눈을 들어 하늘 본향을 바라본다. 그렇게 믿음으로 황무지의 세상에서 영생을 살며 영생을 전한다.

23

12:10-20

10 그 땅에 기근이 들었으므로 아브람이 애굽에 거류하려고 그리로 내려갔으니 이는 그 땅에 기근이 심하였음이라
11 그가 애굽에 가까이 이르렀을 때에 그의 아내 사래에게 말하되 내가 알기에 그대는 아리따운 여인이라
12 애굽 사람이 그대를 볼 때에 이르기를 이는 그의 아내라 하여 나는 죽이고 그대는 살리리니
13 원하건대 그대는 나의 누이라 하라 그러면 내가 그대로 말미암아 안전하고 내 목숨이 그대로 말미암아 보존되리라 하니라
14 아브람이 애굽에 이르렀을 때에 애굽 사람들이 그 여인이 심히 아리따움을 보았고
15 바로의 고관들도 그를 보고 바로 앞에서 칭찬하므로 그 여인을 바로의 궁으로 이끌어들인지라
16 이에 바로가 그로 말미암아 아브람을 후대하므로 아브람이 양과 소와 노비와 암수 나귀와 낙타를 얻었더라
17 여호와께서 아브람의 아내 사래의 일로 바로와 그 집에 큰 재앙을 내리신지라
18 바로가 아브람을 불러서 이르되 네가 어찌하여 나에게 이렇게 행하였느냐 네가 어찌하여 그를 네 아내라고 내게 말하지 아니하였느냐
19 네가 어찌 그를 누이라 하여 내가 그를 데려다가 아내를 삼게 하였느냐 네 아내가 여기 있으니 이제 데려가라 하고
20 바로가 사람들에게 그의 일을 명하매 그들이 그와 함께 그의 아내와 그의 모든 소유를 보내었더라

23

약속의 담지자는 실패하나, 약속하신 하나님은 신실하시다!

⋮ 주해

창세기 12장 이후 하나님의 구원사는 아브라함을 통해 전개된다. 하나님은 아브람에게 본토, 친척, 아버지 집을 떠나라고 하셨다. 그리고 그에게 일곱 가지의 축복을 약속하셨다. 아브람은 말씀에 순종하여 가나안에 도착했다. 그러나 그는 가나안 땅 어디에서도 정착지를 찾지 못했다. 세겜에서 벧엘로, 벧엘에서 황무지 네겝으로 전전하였다. 아브람은 축복의 약속을 받았으나 황무지라는 현실 앞에 서 있다.

창세기 12:10-20은 아브람이 애굽으로 내려간 일화를 다룬다. 아브람이 황무지 네겝에 있을 때 기근이 심했다(10절). 그러자 아브람은 애굽에 얼마 동안 거주하려고 그리로 내려갔다. 당시 애굽은 기근을 면할 수 있는 최적의 나라였다. 나일강을 중심으로 한 애굽 땅은 비옥하였다. 애굽은 망하기 전의 소돔과 고모라 같이 온 땅에 물이 넉넉하였고 여호와의 동산 같았다(13:10). 채소를 심고 발로 물 대는 그런 땅이었다(신 11:10). 하여 애굽으로 떠난 아브람의 판단과 결정은 매우 이성적이고 합리적으로 보인다. 더구나 하나님은 침묵하고 계시지 않는가! 그런데 아브람에게 한 가지 걸리는 일이 있었다. 아내 사래로 인해 목숨이 위태로울지 모르는 일이었다. 아브람은 사래의 미모가 자기를 파멸에 빠뜨릴 수 있다는 두려움에 사로잡혔다. 애굽 사람들이 사래를 취하기 위해 자기를 죽일 수 있다는 두려움이었다. 이에 아브람은 아내에게 누이로 행세하도록 설득했다(13절). 자기 목숨을 부지하기 위해 아내에게 누이 행세를 하라는 것이다. 실제 사래는 아브람의 이복누이이기도 하였다(20:12). 사래가 아브람의 누이가 되면 애굽 사람들은 그녀를 얼마든지 아내로 취할 수 있다.

아브람의 행실을 두고 도덕군자들은 분노한다. 어떻게 자기가 살자고 아내를 누이로 만들어 타인의 아내가 되게 할 수 있는가 하고 말이다. 아브람을 불신앙의 인간으로, 비도덕적 인간으로 간주할 수 있다. 그러나 이후에 전개되는 내용은 이런 주장과 무관하다. 사람은 자기만의 "순간"을 살아간다(니체). 아무도 다른 사람의 "순간"을 대신 살아갈 수 없다. 하여, 자신의 잣대로 다른 사람의 "순간의 삶"을 판단하고 비난하는 것은 옳지 않다. 하나님만이 사람을 판단하신다. 아브람의 제안에 사래가 어떻게 반응했는지 언급하지 않는다. 이후의 일들을 보면, 사래가 묵시적으로 동의하였다. 아브람이 애굽에 이르렀을 때 그의 염려는 실제가 되었다. 애굽 사람들뿐 아니라 바로의 신하들까지 사래의 미모에 반하였다. 아브람과 사래의 나이차는 10살이다(17:17 참고). 그렇다면 이 당시 사래의 나이는 70세 전후였다(12:4, "아브람이 하란을 떠날 때 75세"). 그 나이에 사래의 미모가 출중하였다는 것은 설명하기 어렵다.

사래는 바로의 신하들에 이끌려 바로의 후궁으로 들어갔다(15절). 아브람은 사래의 후견인으로 간주되었고 바로 왕에게 상당한 재산을 받았다. 그는 양 떼와 소 떼와 암나귀와 수나귀와 남, 녀 종과 낙타까지 얻었다(16절). 바로 이때 하나님이 개입하셨다. 여호와께서 사래의 일로 바로와 그의 집안에 큰 재앙을 내리셨다. "재앙"의 히브리어 "나가"는 악성 피부병을 언급할 때 사용한다(레 13-14장, 왕하 15:5). 사실 바로 왕은 무고하다. 그는 아브람의 말을 그대로 믿고 사래를 아내(후궁)로 취하려 한 것뿐이었다(19절). 이에 바로는 즉시 아브람을 소환하였다. 그리고 아내를 누이로 속인 아브람을 책망하고 사래를 되돌려준다. 바로는 사람들에게 명하여 아브람이 그의 아내와 모든 소유를 가지고 떠나도록 하였다(20절). 어떻게 바로가 사래의 일로 재앙이 일어났다고 생각했는가? 그 후에 바로는 재앙에서 벗어났는가? 이런 질문은 무의미하다. 여기서는 하나님이 개입하셨다는 사실이 중요하다. 모든 것을 다 아시고 다 보시는 하하나님은 적시에 개입하셨다.

　아브람은 땅과 자손의 약속을 담지하였다(7절, "내가 이 땅을 너의 자손에게 주리라"). 그러나 그가 기근으로 인해 애굽으로 내려감으로써 땅의 약속이 위기를 맞았다. 사래가 바로의 후궁이 될 뻔하여 자손의 위기를 맞았다. 이에 하나님이 개입하신다. 이것은 설명할 수 없는 여호와의 불가해성과 신비이다. 창세기에서 이와 비슷한 이야기는 두 번 더 나온다(20장, 26장). 족장들에게 일어난 이런 사건은 믿음의 어머니인 선조모(先祖母)가 당한 위기이다. 그로 인해 여호와께서 아브라함에게 약속하신 모든 것이 위태롭게 되었다. 물론 그 발단은 약속을 받은(담지한) 아브라함의 실패에서 비롯되었다. 하나님의 약속은 그것을 받은 자의 연약함으로 인해 위기에 빠졌다.

　약속의 담지자는 유한성의 인간이다. 약속은 보배로우나 그것은 질그릇에 담긴다. 질그릇이요 유한한 인간인 아브람에게 도덕적 책임을 묻는 것은 가혹하다. 죽음 앞에서 살고자 하는 지극히 당연한 인간성이기 때문이다. 그러나 하나님은 약속에 실패하지 않으신다. 하나님은 인간의 한계성으로 인해 위기에 처한 약속을 스스로 보전하신다. 약속을 보전하시는 하나님 앞에 인간적 실패는 부수적인 것이 되고 만다. 하나님이 친히 약속하시고 약속을 이루어 가신다. 이를 위해 하나님은 약속의 담지자를 택하신다. 개인적으로 아브라함을 택하시고 민족적으로 이스라엘을 택하신다. 그리고 하나님은 약속 담지자의 실패와 허물에도 불구하고 구원사를 전개하신다. 그의 약속은 신실하게 성취된다.

　하나님의 약속은 그의 아들 예수 그리스도에게서 온전히 성취되었다. 창세 전 하나님은 영생의 약속을 하시고(딛 1:2), 아들을 보내시기로 미리 정하셨다(벧전 1:20). 이 약속은 인간의 실패에도 불구하고 그대로 성취되었다. 예수 그리스도는 영생의 약속을 담지하시고 세상에 오셨다(요 10:10b). 그는 죄가 없으신 약속의 담지자이셨다. 그는 십자가에 죽기까지 복종하셨고 영생의 약속을 이루셨다(요 17:4, 19:30, 빌 2:8). 그리스도인은 약속된 영생을 담지한 자이다. 이 생명은 아버지 손에서 아무도 빼앗을 수 없다(요 10:28). 생명의 담지자가 실패해도 하나님은 그를 끝까지 지키신다. 그리고 영생을 얻은 자는 영생을 전하는 자로 보냄 받는다(요 17:17-18). 그는 그리스도께 보냄 받은 사도로서 사람들에게 영생을 얻게 하는 복음을 전한다(딤후 1:1).

그러나 생명의 복음을 전하는 사도는 애굽 같은 세상에서 늘 실패한다. 사도직은 보배이나 사도는 질그릇이다. 아브람이 기근이라는 극한의 상황 앞에서 절망하듯 우리도 실패하고 절망한다. 이는 능력이 우리에게 있지 않고 하나님께 있음을 알기 위함이다. 약속을 이루는 이는 약속의 담지자인 아브라함이 아니라 약속하신 분은 하나님이시다. 생명을 전하는 사도는 불가불 고난당한다. 그는 유한성의 한계 속에서 개인적, 관계적, 상황적 고난을 당하였다(고후 11:23-27). 그러나 그가 낙심하지 않는 것은 약속을 주시고 성취하시는 주로 인함이다. 그는 자신을 사도로 부르시고 그 직분을 끝까지 지키실 주님을 신뢰한다(딤후 1:12).

:묵상

나 같은 자에게도 영생의 약속이 성취되었다. 신앙생활에 전념하고 목회에 열심을 내었어도 영생의 약속에 무지하였다. 그러다가 불가해하고 신비한 은혜로 영생의 약속을 알고 영생을 누리는 자가 되었다. 목사가 이런 말을 하면 이해하지 못할 수도 있다. 그러나 목회 현장에서 영생의 도를 바로 알고 생명을 바로 전하는 자는 그리 많지 않다. 수년 전 대구의 어떤 교회에서 사경회를 인도하였다. 그 교회 담임목사는 젊은 시절부터 복음 사역에 헌신하였다. 그는 교회를 개척하고 성도들이 모여들고 자체 예배당도 건축하였다. 그러나 인생의 특별한 고난을 통해 오직 위의 것을 전하게 되었다. 그는 사경회를 통해 창세전에 있었던 "영생의 약속"을 알게 되며 놀라움과 충격을 받게 되었다. 성경에 분명히 나와 있는 진리이나 영으로 깨닫게 되었고 이제껏 알았던 성경의 진리가 구슬이 꿰어지는 기적 같은 은혜를 받았다. 이후 그는 어디서나 디도서 1:2절, 영생의 약속을 전한다.

나 같은 자에게 영생의 약속을 알게 하시고 동역자들과 함께 누리게 하신 은혜가 얼마나 큰지 모른다. 모든 시대 목회자의 영광은 그리스도께서 하라고 하신 일, 곧 생명의 복음을 전하는 데 있다(고후 3:6, 8). 이 직분은 보배이나 이 일을 감당하는 사역자는 질그릇 같다. 나 역시 마찬가지이다. 오늘 일을 자신할 수 없고 내일 일을 자신할 수 없다. 때로 낙심하고, 때로 절망한다. 그러나 날마다 주님을 아는 생명의 교제로 인해 다시 일어선다. 내게 생명의 복음을 맡기시고 나를 부르시는 그날까지 지키시는 주님을 신뢰한다. 약속을 이루시는 능력은 오직 주님께 있기에 안전하다. 할렐루야!

24

13:1-18

1 아브람이 애굽에서 그와 그의 아내와 모든 소유와 롯과 함께 네게브로 올라가니
2 아브람에게 가축과 은과 금이 풍부하였더라
3 그가 네게브에서부터 길을 떠나 벧엘에 이르며 벧엘과 아이 사이 곧 전에 장막 쳤던 곳에 이르니
4 그가 처음으로 제단을 쌓은 곳이라 그가 거기서 여호와의 이름을 불렀더라
5 아브람의 일행 롯도 양과 소와 장막이 있으므로
6 그 땅이 그들이 동거하기에 넉넉하지 못하였으니 이는 그들의 소유가 많아서 동거할 수 없었음이니라
7 그러므로 아브람의 가축의 목자와 롯의 가축의 목자가 서로 다투고 또 가나안 사람과 브리스 사람도 그 땅에 거주하였는지라
8 아브람이 롯에게 이르되 우리는 한 친족이라 나나 너나 내 목자나 네 목자나 서로 다투게 하지 말자
9 네 앞에 온 땅이 있지 아니하냐 나를 떠나가라 네가 좌하면 나는 우하고 네가 우하면 나는 좌하리라
10 이에 롯이 눈을 들어 요단 지역을 바라본즉 소알까지 온 땅에 물이 넉넉하니 여호와께서 소돔과 고모라를 멸하시기 전이었으므로 여호와의 동산 같고 애굽 땅과 같았더라
11 그러므로 롯이 요단 온 지역을 택하고 동으로 옮기니 그들이 서로 떠난지라
12 아브람은 가나안 땅에 거주하였고 롯은 그 지역의 도시들에 머무르며 그 장막을 옮겨 소돔까지 이르렀더라
13 소돔 사람은 여호와 앞에 악하며 큰 죄인이었더라
14 롯이 아브람을 떠난 후에 여호와께서 아브람에게 이르시되 너는 눈을 들어 너 있는 곳에서 북쪽과 남쪽 그리고 동쪽과 서쪽을 바라보라
15 보이는 땅을 내가 너와 네 자손에게 주리니 영원히 이르리라
16 내가 네 자손이 땅의 티끌 같게 하리니 사람이 땅의 티끌을 능히 셀 수 있을진대 네 자손도 세리라
17 너는 일어나 그 땅을 종과 횡으로 두루 다녀 보라 내가 그것을 네게 주리라
18 이에 아브람이 장막을 옮겨 헤브론에 있는 마므레 상수리 수풀에 이르러 거주하며 거기서 여호와를 위하여 제단을 쌓았더라

24

굳게 붙잡아야 할 약속,
그리스도가 우리의 연약함을 동정하시다!

: 주해

하나님이 아브람에게 주신 약속은 인간의 생각으로 가늠할 수 없는 초월적 약속이다(12:2-3). 하나님이 그로 큰 민족을 이루게 하시고 복을 주시고 그의 이름을 창대케 하신다. 그와 관계하는 사람은 축복이나 저주를 받는다. 모든 민족이 그로 인하여 복을 받는다. 그런데 한 가지 조건이 있다. 그것은 아브람이 살아왔던 존재의 기반에서 떠나라는 것이다. 그것은 곧 죽음을 의미한다.

인간은 자신의 존재 기반에서 "빠져 있음"의 인생을 살아간다(M. 하이데거). "빠져 있음"의 상태는 부와 권력과 명성을 추구하며 육체의 욕망을 따라 사는 "필연의 국가"이다(F. 실러). 키르케고르는 이 상태를 "심미적 단계"로 불렀다. 그런 인생에게 어느 날 "불안"이 엄습한다. 불안은 공기처럼 이 세상에 "기분에 잡혀 있는" 상태이다. 불안은 언제든지 임한다. 키르케고르는 불안을 하나님과 분리된 인간의 원죄로 보았다. 인간은 그가 소중하게 여겼던 것들이 사라질 때 불안을 경험한다. 또, 그것들을 얻었어도 밀려드는 공허와 무의미로 인해 불안을 경험한다. 이때 경험하는 불안은 대상이 없는 "기분 잡혀 있음"이다. 인간이 불안의 상태에 이르는 것은 곧 죽음의 상태에 이르는 것이다. 그런데 인간은 죽음과 무의미성과 무(無)의 자리에서 비로소 자신의 "본래성"을 찾는다(하이데거, 〈존재와 시간〉). 곧 새로운 자기이해에 도달한다. 인간이 스스로 존재 기반이 될 때, 인간이 믿는 하나님은 인간이 스스로 해석하는 신이다. 그 신은 인간의 소원과 욕망을 채워주는 "대상"으로 존재한다. 19세기 이후 무신성(無神性)이 기여한 공로는 이런 하나님은 인간이 만든 신이요, "없는 신"이라는 사실이다(포이에르 바허, 〈기독교의 본질〉). 폴 틸리히는 하이데거의 존재론에 영향을 받아 무신성이 팽배한 세계에서 참 하나님에 대한 신앙을 논하였다(《존재의 용기》). 인간은 "존재"와 "무"의 경계선에서 비로소 생각 너머의 하나님을 보게 된다. 그 하나님은 인간이 해석한 일신론의 신이 아니다. "무"의 자리에 인간의 해석 너머에 계시는 하나님이 오신다. 그 하나님은 유일신으로서 만물 위에 계신 하나님이다(엡 4:6).

폴 리쾨르는 욥기를 통해 "인간의 생각 너머"에 현존하시는 하나님을 탐구하였다(《해석의 갈등》). 욥은 그가 가진 모든 것이 몰수된 자리에 이르렀다. 그는 비참한 자리에서 무고한 자에게 끔찍한 고난을 주시는 하나님으로 인해 번민하였나. 그는 자신의 손재 기반이 되던 삶이 다 무너졌다. 그에게 남은 소원은 빨리 죽는 것이었다. 그것은 그가 이미 죽음에 도달했다는 뜻이다. 그때 하나님이 폭풍 가운데 찾아오신다. 그리고 세계와 만물의 기반이 하나님 자신에게 있음을 알려주신다. 욥은 자신이 존재 기반이 된 삶의 자리, 곧 티끌 가운데에서 하나님에 대한 신앙을 고백한다. "나는 인간이 생각할 수 없는(생각 너머의) 말을 하였습니다. 내가 이제껏 하나님에 대해 말했던 모든 말을 거두어들입니다. 내가 티끌과 재 가운데에서 회개합니다"(욥 42:3, 6). 욥이 바라던 대답은 전혀 없었다. 그러나 욥은 자신이 창조주 하나님의 존재 기반 안에 존재함을 보았다. 삶과 죽음, 존재와 무가 궁극적 존재 기반이신 창조주 하나님께 있음을 본 것이다. 그분이 자기를 아시고 자기에게 말을 걸어오신다(건넴 말). 욥은 전에 귀로 들은 하나님을 눈으로 본 것이다. 그것으로 충분하다. 완전하다!

갈대아 우르에서 우상을 섬기던 아브람에게 영광의 하나님이 나타나셨다(행 7:2). 그에게 "생각 너머"의 축복을 약속하셨다. 이 약속은 아브람이 자연적 존재 기반에서 떠날 때 이루어진다. 아브람은 믿음으로 존재 기반에서 떠나라는 명령에 순종하였다(히 11:8). 아브람은 아내와 조카 롯을 데리고 약속의 땅 가나안으로 왔다. 그러나 그를 기다린 것은 축복의 약속과 전혀 다른 "무"(無)

의 현실이었다. 아브람은 거듭 가나안 땅을 약속받고 제단을 쌓았다. 아브람은 가나안에서 정착지를 찾아 전전했다. 서울의 집값이 비싸 위성도시로 밀리듯, 아브람은 밀리고 밀려 남방 네겝에 이른다. 네겝은 황무지다. 거기서도 그는 기근을 견디지 못해 약속의 땅을 버리고 애굽으로 내려갔다. 죽고 사는 문제 앞에 약속의 말씀은 무망한 기대로 전락했다. 애굽으로 내려간 아브람은 아내를 누이로 속였다. 땅과 자손의 약속이 동시에 위태롭게 되었다. 바로 이때 하나님이 극적으로 개입하셨다. 바로 왕의 후궁이 될 뻔한 사래를 건져내시고 아브람에게 되돌려주셨다. 하나님은 자기 목숨을 위해 아내를 넘긴 아브람의 처사에 어떤 반응도 하지 않으셨다. 다만 인간의 연약성으로 파기 될 뻔한 자신의 약속을 지키셨다.

창세기 13장은 애굽에서 돌아온 아브람의 이야기이다. 여기서 아브람과 롯은 각자 다른 길을 갔다. 아브람은 아내와 조카 롯을 데리고 다시 네겝으로 왔다(1절). 그는 가축과 은과 금을 많이 가진 큰 부자가 되었다. 아브람이 큰 부자가 된 것은, 그가 애굽에서 얻은 재물 때문이었다. 바로 왕은 사래를 취한 대가로 아브람에게 준 재물을 몰수하지 않았다. 아브람은 다시 길을 떠나 벧엘에 이르렀다(3절). 이곳은 그가 처음으로(또는 이전에) 제단을 쌓은 곳이었다(4절). 그가 거기서 여호와의 이름을 불렀다. 아브람은 벧엘에서 두 번째로 제단을 쌓았다. 그가 처음으로 제단을 쌓은 곳은 세겜이었다(12:6-7). "처음"의 히브리어 "니숀"은 "이전"으로도 번역한다. 공동번역 성경은 "지난날"로 번역하였다. 세겜에서 그는 제단만 쌓았지, 여호와의 이름을 부르지 않았다. 이 점에서 벧엘은 "처음으로" 제단을 쌓은 곳으로 해석한다.

아브람과 롯은 각자 가축 떼를 소유하고 있었다(5절). 그런데 가축 떼가 늘어남으로써 둘은 함께 거주할 수 없게 되었다(6절). 추수가 끝난 원주민 농부들의 들에서 하나의 가축 떼를 치기 위해서는 상당히 넓은 공간이 필요하였다. 게다가 가축 떼는 흔하지 않은 우물에 의존해야 했다. 그로인해 목자들은 우물로 인해 다투고 시비하였다(창 26:12-22, 출 2:16-17). 아브람과 롯의 목자들도 다투고 시비하였다. 또 그 땅에는, 가나안 사람들과 브리스 사람들도 살고 있었다(7절). 그러자 아브람이 분가(分家)하기로 결심하고 롯에게 우선적인 선택권을 준다. 롯이 왼쪽으로 가면 자기는 오른쪽으로 가고 롯이 오른쪽으로 가면 자기는 왼쪽으로 가겠다고 한다(9절).

전통적으로 아브람이 롯에게 땅의 선택권을 준 것은 연장자로서 양보와 관용의 미덕이라고 해석한다. 그러나 롯이 가나안을 택하였다면 어떻게 되었을까? 결과적으로 아브람이 약속의 땅을 떠나야 했다. 그러므로 아브람의 양보는 인간적으로는 호평 받을 수 있으나, 신학적으로는 또 다시 약속의 땅이 빼앗길 위기에 처한 것으로 볼 수 있다. 이때 보이지 않는 하나님의 손길이 다시 역사한다. 롯은 가나안 땅이 아닌 요단 들판을 선택하였고 그리로 떠났다. 벧엘에서는 소알이 위치한 사해 남단에 이르기까지 요단 들판 전체를 바라볼 수 있었다. 소알은 소돔과 고모라의 성읍이었다(19:22). 아브람 당시에 소돔과 고모라는 물이 넉넉한 비옥한 땅이었다. 그곳은 에덴동산 같았고, 애굽 같았다(10절). 그리하여 아브람은 약속의 땅을 놓칠 위기를 면하고 약속의 땅에 계속 거주할 수 있었다(12절). 한편 롯은 평지의 여러 성읍을 돌아다니면서 살다가, 소돔 가까이에 이르러서 정착하였다(12절). 이때 소돔 사람들은 악하였으며 여호와를 거슬러서 온갖 죄를 짓고 있었다(13절). 창세기 19장에서 롯이 거주한 소돔과 고모라는 불로 심판받았다.

14-18절, 여호와께서 가나안 땅에 남은 아브람에게 땅과 자손을 약속하신다. 아브람에게 그가 서 있는 벧엘에서 동서남북을 바라보라고 말씀하신다. 하나님은 그가 보는 모든 땅을 그와 그의 후손에게 주실 것이다. 그의 자손은 "땅의 티끌"처럼 많아질 것이다. 15:5에서는 그의 후손이 "하늘의 뭇별"처럼 많을 것이라고 하신다. 두 비유 모두 사람이 감히 셀 수 없는 많은 자손이다(갈 3:29 참고). 또한, 아브라함은 약속받은 땅을 종횡으로 걸어볼 것이다(17절). 고대 사회에서 땅을 두루 밟아보는 것은 땅의 소유권이 법적으로 인정되는 절차였다. 가나안 땅의 약속은 하나님 편에서 법적으로 보장되었다. 아무도 폐기할 수 없는 약속이었다. 아브람은 벧엘에서 다시 예루살렘에서 헤브론으로 이주하였다. 헤브론은 예루살렘에서 남쪽으로 30km 떨어진 곳이다. 아브람은 헤브론의 마므레, 곧 상수리나무들이 있는 곳으로 가서 거기에서 살았다. 그는 이곳에서도 여호와께 제단을 쌓아서 바쳤다(18절).

아브람은 약속의 말씀을 받고 자연적 존재 기반을 떠나는 순종을 하였다. 그러나 그가 순종하여 도착한 가나안 땅은 약속과 전혀 다른 척박한 현실이었다. 물론 하나님은 그가 가나안에 도착했을 때 땅을 약속하셨다(12:7). 이미 가나안 사람이 차지하고 있는 땅을 그의 후손에게 주시겠다고 약속하신 것이다. 그러나 당장 성취되지 않은 약속 앞에 아브람은 거듭 약속 파기의 위기를 자초한다. 그는 애굽으로 내려갔는가 하면, 롯에게 땅의 선택권을 주었다. 아브람이 애굽으로 내려간 일이나 롯에게 땅의 선택권을 맡긴 일은 약속을 굳게 붙잡지 못한 인간의 연약성과 유한성이다. 하나님은 그런 아브람에게 다시 땅의 약속을 상기시키셨다. 그리하여 땅의 약속을 다시 붙들게 하셨다. 아브람은 그 징표로 헤브론에서 하나님께 제단을 쌓아 바쳤다. 아브라함에게 거듭 갱신한 가나안 땅의 약속은 하나님 나라의 약속을 예시한다. 아브람에게 하신 자손의 약속은 장차 오실 예수 그리스도이며(갈 3:16), 땅의 약속은 예수 그리스도를 통해 들어가는 하나님 나라를 의미한다. 예수 그리스도의 십자가와 부활을 믿는 자는 하나님과 연합하여 그의 나라에 들어간다(롬 4:25-5:2).

예수 그리스도께서 죽으심으로써 성취하신 새 언약은 하나님 나라로 들어가는 언약이다. 그러므로 그리스도의 십자가 죽음은 죄 사함에 그치지 않으며 영생을 얻게 하고 하나님 나리에 들어가게 한다. 사도들이 그리스도의 십자가와 부활의 복음을 전한 것은, 예수가 전파하신 하나님 나라로 들어가도록 하기 위함이었다. 하나님의 나라는 이미 도래하였다. 하지만 아직 완성되지 않았다. "이미와 아직" 사이에 현존하는 하나님 나라의 개념은 "출범한 종말론"으로 설명한다(《복음과 생명》 310-311p 참고). 그리스도인에게 남은 약속은 종말이다. 그리스도인의 지상적 삶은 척박한 현실이나, 종말의 그 날을 약속으로 바라본다.

히브리서는 고난당한 그리스도인을 대상으로 쓰인 서신이다. 당시 신자들은 내, 외부의 박해와 죄성으로 인한 고난 등, 삼중고(三重苦)에 시달렸다. 그들은 큰 구원을 받았으나 현실은 고통스러웠다. 그러다 보니 이전의 종교로 돌아가는 배도자도 적지 않았다. 히브리서 기자는 이들에게 격려하고 동시에 경고한다. 그리고 그들에게 두 가지를 굳게 붙잡을 것을 권면한다. 하나는 아들을 힘입어 하나님께 나아가는 "파레시아"이고, 다른 하나는 "종말의 소망"이다(《복음과 생명》 32강 "담대함(파레시아)을 버리지 말라" 참고). "And we are his house, if indeed we hold firmly to our confidence and the hope in which we glory"(NIV). (그리고 만일 우리가 자랑하는 우리의 담대함(파레시아)과 소망을 굳게 붙들면 그 (아들)의 집이 됩니다).

또한, 빌립보서에서는 생명의 말씀을 굳게 붙잡으라고 말한다(빌 2:16). 요한서신에서 생명의 말씀은 태초부터 계시는 성자 하나님이시다(요일 1:1). 서신서에서 생명의 말씀은 생명으로 인도하는 말씀, 곧 복음이다(요 4:14, 딤후 1:10). 우리가 생명의 말씀을 굳게 붙잡는 것은, 본질적으로 생명의 교제를 하는 것이다. 이는 히브리서의 강력한 메시지처럼 아들을 힘입어 하나님께 나아가는 파레시아이다. 우리는 아브람처럼 연약하고 유한하다. 그래서 생명의 교제의 본질인 파레시아에 온전하지 못하다. 굳게 잡아야 하는데 잡지 못한다. 그러나 하늘의 대제사장이신 그리스도는 항상 신실하시다. 그는 우리의 연약함을 동정하시며, 다시 파레시아를 굳게 붙잡게 하신다. 그렇게 은혜의 보좌로 인도하신다. 거기로부터 가장 적절한 도움을 주신다. 범사에 자비와 은혜로 인도하신다(히 4:15-16).

묵상

아브라함이 굳게 붙잡아야 할 것은 "약속의 말씀"이었다. 그것은 땅의 약속이다. 그러나 아브람은 불안이라는 기분에 잡혀 있는 현실 앞에서 거듭 실패한다. 애굽으로 내려가는가 하면, 땅의 선택권을 롯에게 내어준다. 누가 인간 아브람을 판단하고 정죄할까? 그는 신구약 시대를 망라하여 모든 믿는 자의 조상이 아닌가?(갈 3:29).

내가 예전에 자기 의에 사로잡혀 있을 때 아브람의 연약함을 판단하곤 하였다. 보신을 위해 아내를 팔아넘기고 약속의 땅의 선택권을 롯에게 내준 그의 어리석음을 비난하곤 하였다. 아, 나는 내가 누구인지 모르는 한심한 작태를 보였다. 성경도 하나님의 은혜도 결코 알지 못한 자였다. 진리에 무지하니 내가 굳게 붙잡아야 할 것이 무엇인지도 몰랐다. 말씀 한 구절을 굳게 붙잡아 구원의 확신이 있다고 착각하였다. 공의의 심판이 임하고 비로소 십자가 복음을 통해 하나님 나라로 들어가는 은혜를 입었다. 그러나 그 나라는 "이미와 아직" 사이에 현존한다. 이제 내가 굳게 붙잡아야 할 것이 무엇인지 안다. 그것은 생명의 말씀이며, 곧 "파레시아"다. 생명의 교제이다. 하나님이 새 언약 백성에게 요구하시는 한 가지(one thing)이다. 아, 다른 은혜는 거두어가셔도 이 은혜는 거두어가시지 않기를 간구한다.

25

14:1-16

1 당시에 시날 왕 아므라벨과 엘라살 왕 아리옥과 엘람 왕 그돌라오멜과 고임 왕 디달이
2 소돔 왕 베라와 고모라 왕 비르사와 아드마 왕 시납과 스보임 왕 세메벨과 벨라 곧 소알 왕과 싸우니라
3 이들이 다 싯딤 골짜기 곧 지금의 염해에 모였더라
4 이들이 십이 년 동안 그돌라오멜을 섬기다가 제십삼년에 배반한지라
5 제십사년에 그돌라오멜과 그와 함께 한 왕들이 나와서 아스드롯 가르나임에서 르바 족속을, 함에서 수스 족속을, 사웨 기랴다임에서 엠 족속을 치고
6 호리 족속을 그 산 세일에서 쳐서 광야 근방 엘바란까지 이르렀으며
7 그들이 돌이켜 엔미스밧 곧 가데스에 이르러 아말렉 족속의 온 땅과 하사손다말에 사는 아모리 족속을 친지라
8 소돔 왕과 고모라 왕과 아드마 왕과 스보임 왕과 벨라 곧 소알 왕이 나와서 싯딤 골짜기에서 그들과 진쟁을 하기 위하여 진을 쳤더니
9 엘람 왕 그돌라오멜과 고임 왕 디달과 시날 왕 아므라벨과 엘라살 왕 아리옥 네 왕이 곧 그 다섯 왕과 맞서니라
10 싯딤 골짜기에는 역청 구덩이가 많은지라 소돔 왕과 고모라 왕이 달아날 때에 그들이 거기 빠지고 그 나머지는 산으로 도망하매
11 네 왕이 소돔과 고모라의 모든 재물과 양식을 빼앗아 가고
12 소돔에 거주하는 아브람의 조카 롯도 사로잡고 그 재물까지 노략하여 갔더라
13 도망한 자가 와서 히브리 사람 아브람에게 알리니 그 때에 아브람이 아모리 족속 마므레의 상수리 수풀 근처에 거주하였더라 마므레는 에스골의 형제요 또 아넬의 형제라 이들은 아브람과 동맹한 사람들이더라
14 아브람이 그의 조카가 사로잡혔음을 듣고 집에서 길리고 훈련된 자 삼백십팔 명을 거느리고 단까지 쫓아가서
15 그와 그의 가신들이 나뉘어 밤에 그들을 쳐부수고 다메섹 왼편 호바까지 쫓아가
16 모든 빼앗겼던 재물과 자기의 조카 롯과 그의 재물과 또 부녀와 친척을 다 찾아 왔더라

25

세속사에서 아브라함의 승리와 변혁자(transfomer)로서 그리스도인의 승리!

∶ 주해

아브람과 그의 조카 롯이 분가(分家)하였다. 아브람은 약속의 땅 가나안에 남고, 롯은 소돔에 정착하였다. 소돔은 환경적으로 최적의 땅이었으나, 영적으로 죄악이 가득한 부패한 땅이었다. 창세기 14장은 열국의 전쟁에서 아브람이 롯을 구출한 이야기이다. 롯이 소돔에 정착한 이후 그 땅에 전쟁이 일어났다. 소돔은 전쟁에서 패배하였고 그 땅에 살던 롯은 포로가 되었다. 그러나 아브라함이 롯을 포로에서 건져주었다. 전쟁에서 승리한 아브람은 멜기세덱에게 십일조를 바친다.

창세기 14장은 구약성경 전체 역사 전승에서 난해하고 논쟁적인 내용을 포함하고 있다(폰 라드). 본 장은 내용적으로 오경(창세기, 출애굽기, 레위기, 민수기, 신명기)의 재료에 속하지 않은 독립 전승이다. 여기에는 오경의 내용에 없는 세계사를 언급한다. 동방의 대제국이 가나안 왕들과 전쟁을 하고, 아브라함은 전쟁에 개입한다. 아브라함은 전쟁의 승리자로 묘사된다. 본 장은 오경뿐 아니라 창세기의 족장 이야기와도 구별된다. 어떤 족장 이야기도 이처럼 환상적이고, 역사적으로 불가능한, 기적적인 내용을 포함하고 있지 않다. 확실히 본 장은 하나의 독자적인 세계를 나타낸다(L. 쾰러). 창세기의 저자는 민담으로 전승해온 전쟁 이야기를 족장사에 편입시킨 것으로 볼 수 있다.

본 장은 크게 세 부분으로 구성된다. 1-12절은 동방의 네 왕이 사해 근처에 있는 가나안의 다섯 왕과 벌인 전쟁을 묘사한다. 13-16절은 아브람이 전쟁 포로가 된 조카 롯을 구원한다. 17-24절은 전쟁에서 승리하고 돌아온 아브람이 멜기세덱에게 십일조를 바친다. 1-4절은 동방의 네 왕과 사해지역의 다섯 왕의 전쟁 발발을 언급한다. 동방의 네 왕은 시날 왕 아므라벨, 엘리살 왕 아리옥, 엘람 왕 그돌라오멜, 고임 왕 디달이다. 사해 지역의 다섯 왕은 소돔의 베라, 고모라의 비르사, 아드마의 시납, 스보임의 세메벨, 그리고 벨라 왕(소알 왕)이다(벨라 왕의 이름은 없음). 동방의 네 왕이 연합하여 사해 지역의 다섯 왕에게 쳐들어왔다. 가나안의 다섯 왕은 군대를 이끌고 싯딤 골짜기, 곧 염해(소금 바다)에 모였다(3절). 전쟁의 이유는 가나안의 다섯 왕이 12년간 엘람 왕 그돌라오멜의 봉신으로 있다가 반란을 일으켰기 때문이었다(4절).

5-7절, 엘람 왕이 동맹군들과 사해 근처로 접근하는 과정을 묘사한다. 그들은 요단강 동편에 있는 왕의 대로(민 21:22)를 따라 북쪽에서 남쪽으로 내려와 최남단 엘바란에 이르렀다(천사무엘, 〈창세기 주석〉). 그들은 서쪽으로 방향을 바꾸어 네겝 지역을 통과하여 가데스에 이르렀다. 그들은 다시 북동쪽으로 올라가 싯딤 골짜기에 다다랐다. 본 단락에서는 엘람 왕과 동맹군들이 통과한 지역과 정복한 족속을 언급한다.

8-11절, 가나안의 왕들은 동방의 동맹군에 대항하였으나 무기력하게 패배하였다. 가나안 왕들의 패배는 지리적인 악조건 때문으로 묘사된다. "싯딤 벌판은 온통 역청 수렁으로 가득 찼는데, 소돔 왕과 고모라 왕이 달아날 때에, 그들의 군인들 가운데서 일부는 그런 수렁에 빠지고, 나머지는 산간지방으로 달아났다. 그래서 쳐들어온 네 왕은 소돔과 고모라에 있는 모든 재물과 먹을거리를 빼앗았다"(10-11절).

12-16절, 거대한 전쟁사가 족장사와 결부된다. 동방의 왕들은 정복한 도시를 약탈하고 사람들을 포로로 사로잡아갔다. 이때 소돔에 거주하던 롯도 포로로 사로잡혀갔다. 물론 롯의 모든 재산도 약탈당했다. 롯은 자신의 안위와 재산을 보호하기 위해 그가 보기에 좋은 땅으로 갔다. 그런데 얼마 안 가 그 땅에 전쟁이 일어나고 그는 포로가 되었고 그가 지키려던 재산도 빼앗겼다. 인생은 한 치 앞도 알 수 없다. 인생, 새옹지마(塞翁之馬)이다. 그런데 아브람이 이 소

식을 듣고 집에서 훈련시킨 군사들을 데리고 출전하였다. 가나안 땅의 최북단 단을 지나 다메섹의 북방에 이르기까지 동방의 동맹군을 추격하였다. 아브람은 불과 318명으로 동방의 동맹군을 격파하여 기적적인 승리를 거두었다. 그는 모든 재물을 되찾고, 조카 롯과 롯의 재산도 되찾았으며, 부녀자들과 다른 사람들까지 되찾았다(16절).

13절에서 아브람은 "히브리인"으로 불린다. 고대사회에서 히브리인은 민족 명칭이 아니라, 낮은 사회 계층을 뜻하였다. "히브리"는 구약성경에 33회 나오는데, 대체로 이방인들이 이스라엘 사람을 지칭할 때 사용했다(창 39:14, 출 1:16, 삼상 4:6, 9). 또한, 이스라엘 사람들이 이방인과 구분하기 위해 사용했다(창 40:15, 43:32, 출 1:15, 2:11, 13, 삼상 13:3). 동방의 왕들과 가나안 왕들의 전쟁 이야기는 본래 아브람의 이야기와 독립된 전승이다. 이것은 엄밀한 의미에서 역사적 문서로 간주되기 어렵다. 특히 동방의 네 나라와 왕들은 고대 근동 역사에 나오는 나라들이나 왕들과 일치하지 않는다. 하여 이 전쟁 이야기는 고대적 서사시 또는 서사시의 일부로 생각되어야 한다(폰 라드). 중요한 것은, 창세기 저자의 의도이다. 곧 세계사에 족장사를 결합하고, 또 멜기세덱의 이야기와 결합한다는 것이다. 중요한 것은, 세계사가 족장들을 통한 구원사와 분리되지 않는다는 점이다. 도리어 역사의 중심은 세계 열방이 아니라, 보이지 않으나 주관하시는 하나님께 있다는 것을 보여준다. 이후 전개되는 멜기세덱의 출현이 그것을 명증한다.

아우구스티누스는 세계를 양분하였다. 세계는 셋의 후손에서 발원한 신의 도성과 가인의 도성에서 발원한 인간의 도성이 양립한다고 보았다(《신국론》). 세속사와 구원사가 양립한다. 세속사는 종국에는 멸망에 이르고 구원사는 최종적으로 승리한다. 구약의 이스라엘 전통은 확실히 두 세계로 존재하였다. 그러나 하나님의 계획은 그리스도 안에서 세계가 하나로 통합되는 것이다(엡 1:10). 높이 들리신 그리스도는 교회를 위하여 만물의 머리가 되신다(엡 1:22). 그리고 교회를 통하여 만물을 충만하게 하신다. 교회는 만물의 머리가 되시는 그리스도의 몸이요, 만물 안에서 만물을 충만케 하시는 분의 충만함이다(엡 1:23).

18세기 계몽주의는 하나님을 역사 밖의 존재로 인식하였다. 하나님은 역사에 개입하지 않으시며 미리 정한 법칙으로 다스린다는 것이다. 이것이 시계공의 원리이다. 시계가 움직이는 데 더 이상 시계공이 필요하지 않다. 이것은 이신론(deism)이다. 이후 헤겔은 계몽주의 사상을 반박하였다. 헤겔의 역사철학에서, 하나님은 섭리로 세계를 다스리신다. 물론 유한성의 세계는 부정한 것이 실재한다. 그러나 하나님은 세계의 부정한 것을 부정케 함으로써 세계는 선한 것으로 고양된다.

> "물론 세계사의 모든 것 속에 '부정적인 것', 곧 악한 것이 있다. 그러나 악한 것은 정신(영)으로서의 하나님 바깥에 있는, 하나님과 대립하는 것이 아니라 결국 하나님에 의해 부정됨으로써 선한 것으로 고양되고, 하나님 자신 안에 통합되는 하나님의 역사의 계기에 불과한 것으로 드러난다. 정신(영)으로서의 하나님은 이렇게 할 수 있는 힘 혹은 능력(dynamis) 자체다. 결국 정신(영)으로서의 하나님이 세계사를 통치하며 섭리한다. 이로써 하나님의 옳으심과 완전하심이 증명된다"(김균진, 〈헤겔의 역사철학〉, 272p).

20세기 들어 판넨베르그는 세속사와 구원사를 통합한 보편사를 제시하였다. 그는 세속사는 악마가 다스리고 구원사는 하나님이 다스린다는 통속적 개념을 깨뜨렸다(《역사로서 나타난 계시》). 그에 따르면 역사는 하나님의 계시이다. 하나님은 말씀으로 자기를 계시하시나, 동시에 역사를 통해서도 자기를 계시하신다. 물론 역사를 통한 계시는 종말에 이르기까지 "간접 계시"이다. 그래서 부활 신앙이 중요하다. 그리스도의 부활은 죽은 자들의 부활을 선취한다(고전 15:20-21). 그리스도인의 부활 신앙은 종말에 대한 확신이다. 그날에 역사는 완성되고 하나님의 직접 계시가 임한다. 역사 안에서 하나님의 계시는 지금은 간접적이지만 종말에 완성될 때는 직접적으로 완전히 드러난다.

그리스도인은 변화무쌍한 세속사, 부정한 것으로 가득 찬 세상 속에서 살아간다. 세상과 분리된 채 고립된 삶을 살지 않는다. 세상과 유리된 삶은 이원론이며 기독교적 신앙이 아니다. 하늘의 생명을 가진 그리스도인의 실존은 역사 속의 부정한 것을 부정케 함으로써 선한 역사를 고양시킨다. 부패한 땅이 소금으로, 진리가 부재한 어둠의 세상에 빛으로 살아간다. 세속사에서 아브람의 승리는, 이제 세상의 빛과 소금으로 살아가는 그리스도인의 승리를 표상한다.

리처드 니버의 〈그리스도와 문화〉는 세상(문화) 속에서 그리스도인의 다양한 실존을 보여준다. 세상과 맞서는 자(against culture), 세상에 빠진 자(in culture), 세상보다 우월한 자(above culture), 세상을 인정하는 자(culture in paradox), 그리고 세상을 변혁하는 자(transfomer of culture)이다. 그중 참된 그리스도인의 실존은 변혁자의 실존이다. 이것이 바로 자기 몸을 하나님이 기뻐하시는 산제사로 드리는 삶이다(롬 12:1-2).

묵상

열방의 전쟁사와 아브라함의 승리는 허구적 이야기로 들린다. 그러나 진리의 말씀이기에 진리의 영이 조명한다. 나는 오랫동안 세속사와 구원사를 분리하였다. 세상과는 아예 담을 쌓고 모든 문화를 부정한 것으로 보았다. 세상의 유행가를 불경한 것으로 보았다. 하나님이 창조하시고 섭리하시는 세상 속에서 나는 방관자로 살았다. 오늘날 세상 사람들의 눈에 비친 교회는 어떤 모습일까? 이청준의 소설대로 "당신들의 천국"은 아닌가? 특별히 세상과 그 집단을 악마처럼 취급하는 근본주의 신앙을 경계한다. 그들은 세상에 어떤 영향도 끼치지 못하는 종파주의에 갇혀 있다. 오랫동안 이런 식으로 믿고 사역하던 자에게 심판이 임하였다. 불안과 절망은 이전의 앎과 삶이 허망한 것임을 드러내었다. 날마다 묵상하는 말씀은 어둠의 빛이 되었다. 성경과 신앙의 잘못된 전이해가 치유되고 새롭게 되고 있다.

배 농장의 노동은 의미가 있다. 세속사의 한 가운데에서 믿음을 시험하는 자리이다. 변혁자로서의 삶을 요구한다. 대다수 그리스도인이 살아가는 삶의 현장을 몸소 느낀다. 몸의 한계, 세상의 부정한 것을 대할 때마다 마음으로 기도한다. 새벽에 읽은 시편 33편의 기도가 나의 간절한 기도이다.

"우리 영혼이 여호와를 바람이여 그는 우리의 도움과 방패시로다 우리 마음이 그를 즐거워함이여 우리가 그의 성호를 의지하였기 때문이로다 여호와여 우리가 주께 바라는 대로 주의 인자하심을 우리에게 베푸소서"(시 33:20-22).

오늘도 이 기도로 하루를 연다. 만물을 그리스도 안에서 통일시키시는 하나님의 뜻이 이루어지길 간구한다. 아브라함의 승리가 변혁자로서 나의 승리가 되길 기도한다. 오늘은 인도네시아 류 선교사가 부비동암으로 수술 받는다. 10시간에 걸쳐 신경외과, 이비인후과, 성형외과 의사가 연이어 수술을 집도할 예정이다. 하나님이 선교사님에게 평안을 주시고, 의사들의 손을 주장하시길 간절히 기도드린다.

26

14:17-24

17 아브람이 그돌라오멜과 그와 함께 한 왕들을 쳐부수고 돌아올 때에 소돔 왕이 사웨 골짜기 곧 왕의 골짜기로 나와 그를 영접하였고
18 살렘 왕 멜기세덱이 떡과 포도주를 가지고 나왔으니 그는 지극히 높으신 하나님의 제사장이었더라
19 그가 아브람에게 축복하여 이르되 천지의 주재이시요 지극히 높으신 하나님이여 아브람에게 복을 주옵소서
20 너희 대적을 네 손에 붙이신 지극히 높으신 하나님을 찬송할지로다 하매 아브람이 그 얻은 것에서 십분의 일을 멜기세덱에게 주었더라
21 소돔 왕이 아브람에게 이르되 사람은 내게 보내고 물품은 네가 가지라
22 아브람이 소돔 왕에게 이르되 천지의 주재이시요 지극히 높으신 하나님 여호와께 내가 손을 들어 맹세하노니
23 네 말이 내가 아브람으로 치부하게 하였다 할까 하여 네게 속한 것은 실 한 오라기나 들메끈 한 가닥도 내가 가지지 아니하리라
24 오직 젊은이들이 먹은 것과 나와 동행한 아넬과 에스골과 마므레의 분깃을 제할지니 그들이 그 분깃을 가질 것이니라

26

멜기세덱의 서열로 오신 영원한 제사장, 그를 힘입어 하나님께로!

∶ 주해

창세기 14장은 족장 이야기와 구별된 독립된 이야기이다. 동방의 네 왕이 가나안의 다섯 왕을 쳐들어왔다. 그리고 동방의 동맹군이 승리하였다. 열국의 전쟁사는 족장사에 결합된다. 이 전쟁에서 소돔에 정착한 아브람의 조카 롯이 포로로 잡혀갔다. 아브람은 집에서 훈련시킨 군사 318명을 데리고 동방의 동맹군을 추격하였다. 그는 추격전에서 승리하였고 많은 전리품을 얻었다. 롯을 구출하고 롯이 빼앗긴 재물도 되찾았다. 아브람이 집에서 군사훈련을 한 것은 족장 이야기와 어울리지 않는다. 아브람은 여러 가축 떼를 소유하였고 가축 떼를 위한 목자들을 두었다. 또한, 318명으로 동방의 동맹군을 격파한 것은 기적적 승리이다. 20절에서는 지극히 높으신 하나님이 아브람에게 대적들을 붙이셨다고 증언했다.

17-24절에서, 아브람은 멜기세덱에게 십일조를 바쳤다. 아브람이 동방의 동맹군을 쳐부수고 돌아올 때 두 왕이 그를 맞이했다. 먼저 소돔 왕 베라가 아브람을 영접하기 위해 사웨 벌판으로 나왔다(17절). 이곳은 왕의 골짜기로도 불린다. 이곳은 예루살렘 부근의 기드론 골짜기와 힌놈 골짜기가 만나는 지점에 있다(삼하 18:18 참고). 소돔 왕이 이곳까지 온 것은 매우 멀리까지 마중 나왔음을

뜻한다. 아브람을 영접한 또 다른 왕은 살렘 왕 멜기세덱이다. 18-20절은 멜기세덱과 아브람의 만남을 기술한다. 멜기세덱은 문자적으로 "나의 왕은 의롭다" 혹은 "나의 왕은 세덱이다"라는 뜻이다. 그의 호칭은 살렘 "왕"과 지극히 높으신 하나님의 "제사장"이다. 그가 빵과 포도주를 가지고 아브람에게 나왔다(18절).

멜기세덱은 동방의 동맹군을 물리치고 개선하는 아브람을 축복하며 말하였다. "천지의 주재, 가장 높으신 하나님, 아브람에게 복을 내려 주십시오. 아브람은 들으시오. 그대는, 원수들을 그대의 손에 넘겨주신 가장 높으신 하나님을 찬양하시오."(19-20절). "주재"의 히브리어 "코네"는 창조주(Creator) 또는 소유주(Possessor)를 뜻한다. 멜기세덱은 제사장으로서 아브람을 축복하였다. 그리고 아브람에게 대적들을 그의 손에 넘겨준 지극히 높으신 하나님을 찬양하라고 말했다. 아브람이 불과 318명의 군사로 동방의 동맹군을 물리친 것은 하나님이 대적들을 그의 손에 붙이셨기 때문이었다. 아브람은 멜기세덱의 축복을 받고 십일조를 멜기세덱에게 바쳤다. 그가 십일조를 바친 것은 그의 소유권과 주권이 멜기세덱에게 있음을 인정하는 징표였다. 직접적인 언급은 없으나 아브람은 멜기세덱이 가져온 떡과 포도주를 양식으로 먹었다.

21-24절, 멜기세덱의 이야기로 중단된 소돔 왕과 아브람의 만남이 이어진다. 소돔 왕이 아브람에게 사람들은 자기에게 돌려주고 전리품은 아브람이 가져가라고 말했다. 아브람은 소돔 왕의 제안을 즉시 거절하며 말했다. 그는 하늘과 땅을 지으신 지극히 높으신 하나님께 맹세하며 왕이 주는 재물을 거절했다. 왜냐하면, 왕 덕분에 부자가 되었다고 말할 수 없기 때문이었다. 아브람은 그가 십일조를 바친 멜기세덱이 주는 떡과 포도주로 만족하였다. 아브람이 왕의 제안을 당당히 거부한 것은, 그가 멜기세덱에게 겸손히 십일조를 바친 행동과 대비된다. 멜기세덱이 왕인 "살렘"은 "예루살렘"의 고대 명칭이다. 아브람이 십일조를 바친 살렘 왕 멜기세덱은 가나안 정복 당시 예루살렘 왕 아도니세덱과 구별된다(수 10:1). 살렘은 하나님의 장막이 있는 곳이며 시온을 의미한다(시 76:2).

시편 110편은 멜기세덱의 전승을 다윗의 왕좌와 결부시켰다. 다윗은 여호와가 그의 주에 대해 하시는 말씀을 들었다. "여호와께서 내 주에게 말씀하시기를 내가 네 원수들로 네 발판이 되게 하기까지 너는 내 오른쪽에 앉아 있으라 하셨도다"(1절). 여호와가 말씀하신 "주"는 장차 오실 그리스도를 뜻한다(마 22:41-46). 계속해서 다윗은 장차 오실 그리스도가 멜기세덱의 서열을 따라 오시는 영원한 제사장임을 계시한다. "여호와는 맹세하고 변하지 아니하시리라 이르시기를 너는 멜기세덱의 서열을 따라 영원한 제사장이라 하셨도다"(시 110:4). 히브리서 기자는 아브람이 십일조를 바친 멜기세덱이 얼마나 위대한지 밝힌다.

또한, 예수 그리스도가 멜기세덱의 서열에서 나온 영원한 제사장임을 증언했다. 이로써 시편 110:4의 말씀이 성취되었다. "그는 제사장의 혈통에 대해서 규정한 율법을 따라 제사장이 되신 것이 아니라, 썩지 않는 생명의 능력을 따라 되셨습니다. 그를 두고서 말하기를 '너는 멜기세덱의 계통을 따라서, 영원히 제사장이다' 한 증언이 있습니다"(히 7:16-17).

예수 그리스도는 멜기세덱의 서열을 따라 오신 영원한 제사장이다. 멜기세덱은 승리한 아브람에게 떡과 포도주를 주었다. 그리고 아브람을 하늘과 땅의 주재이신 지극히 높으신 하나님의 이름으로 축복하였다. 대적들을 그의 손에 붙이신 하늘과 땅의 지극히 높으신 하나님을 찬양하라고 말한다. 아브람은 멜기세덱에게 자신의 주권과 소유권을 바치는 징표로 십일조를 그에게 드렸다.

구약에서 하늘과 땅의 주재요 지극히 높으신 하나님은 만신전(萬神殿)의 군주적인 우두머리였다. 아브람은 그 하나님을 가리켜 "여호와"로 부른다(22절). 여호와는 하늘과 땅의 창조주요 소유주요 섭리주이시다. 여호와(야훼)는 하나님이 이스라엘에 계시한 자기 이름이며 "나는 이다"이다(출 3:14). "나는 이다"의 여호와는 역사 속에서 존재하시고 생성하시고 활동하신다. 신약시대 하늘과 땅의 주재이신 지극히 높으신 하나님은 만물 위에 계신 하나님으로 계시되었다(롬 9:5, 엡 4:6). 만물 위에 계신 하나님은 아들을 통해 자기를 계시하신다(요 1:14, 18). 곧 하나님의 아들은 하나님의 역사적 계시자이다. 그는 위(하늘)로부터 오셨고 만물 위에 계신다(요 3:31). 그가 만물 위에서 만물 안으로 오신 것은, 땅에서 들리기 위함이다(요 3:13-15). 곧 십자가에 죽으시고 부활하심으로써, 창세 전 약속된 영원한 생명을 주시기 위함이다(요 3:15).

멜기세덱의 서열로 오신 영원한 제사장은 세상에 있을 때 자기를 죽음에서 구원하실 수 있는 이에게 눈물과 통곡으로 기도와 탄원을 올리셨다. 하나님께서는 그의 경외함을 보시고 그의 간구를 들어주셨다(히 5:7). 그는 아들이지만 고난당하심으로써 순종을 배우셨다. 그리고 완전하게 되신 후 자기에게 순종하는 모든 사람에게 영원한 구원의 근원이 되셨다(히 5:9). 그렇게 하여 그는 하나님에 의해 멜기세덱의 계통을 따라 대제사장으로 임명받으셨다(히 5:10). 멜기세덱은 아브람에게 떡과 포도주를 가져왔다. 멜기세덱이 가져온 양식은 하늘의 양식이다. 아브람은 왕의 재물을 당당히 거부하고 멜기세덱이 주는 양식으로 만족하였다. 멜기세덱의 서열을 따라 오신 영원한 제사장은 자기 몸을 양식으로 주셨다. 그가 주시는 떡과 포도주는 그의 살과 그의 피이며, 그의 죽음이다(마 26:26-27).

예수 그리스도는 생명의 떡이다(요 6:35). 생명의 떡은 그리스도의 살과 피이다. 이 떡을 먹는 자는 영원한 생명을 얻는다. 이 떡을 먹는 자는 결코 주리지 않고 영원히 목마르지 않는다. 그는 하늘의 양식인 생명의 떡으로 족하며 왕의 양식을 당당히 거부한다. 하늘의 양식을 주시는 그리스도께 복종하며 그에게 우리의 주권과 소유권을 내어드린다. 멜기세덱의 서열로 오신 그리스도는 하늘에서 영원한 제사장으로 일하신다. 특히 그는 자기를 힘입어 하나님께 나아가는 성도를 구원하시고 그를 위하여 항상 기도하신다(히 7:24-25). 여기서 말하는 "구원"은 죄로부터 구원하여 생명을 주는 구원이 아니라, 일상적 삶에서의 돌봄과 보호를 뜻한다. 이미 구원받아 생명을 가진 자만이 아들을 통해 하나님께 나아간다. 아들을 힘입어(또는 아들을 통해) 하나님께 나아가는 것은 "파레시아"이다. 그러므로 날마다 "파레시아"를 준행하는 자는 하늘에 계신 영원한 제사장으로 인하여 모든 상황에서 돌봄과 보호를 받는다. 지상에서 사는 동안에도 물론이요, 아무도 함께할 수 없는 삶이 종결되는 자리에서도 돌봄과 보호를 받는다. 이런 지복(至福)이 어디에 있는가?

: 묵상

나는 대체 무엇을 믿었으며 어떻게 믿었던가? 날마다 묵상하는 말씀 앞에 쓰디쓴 회한과 동시에 주체할 수 없는 은혜를 동시에 경험한다. 무조건 믿는다는 것은 맹신이 아니면 무엇이겠는가? 십일조에 대해서도 많이 오해한다. 아브람이 십일조를 바쳤으니 우리도 십일조를 바치자는 식의 문자적 해석에 집착하였다. 그리고 세상이 주는 양식을 탐하였다. 하늘 양식을 맛보지 못하니 땅의 양식을 탐하는 것은 당연한 일이다. 군인들이 야간 행진하다가 목이 마르면 논에 있는 물을 마시기도 한다. 목마른 자는 아무 물이라도 마셔서 갈증을 해소하고 싶어 한다. 아, 어리석고 무지한 신앙은 심판을 통해 깨어난다. 심판은 재앙이 아니라 진리를 기초로 다시 세우는 하나님의 은총이다.

막가파식의 신앙과 목회에 제동이 걸렸다. 하나님의 심판이 임하고 무덤에 누운 자가 되었다. 내가 그토록 소중하게 여기던 관계와 물질이 다 사라졌다. 황무지의 현실 가운데서 말씀의 빛이 비쳤다. 말씀의 빛이 비치니 내 어둠이 속속 드러났다. 날마다 오시는 말씀 앞에 죽기를 구하는 자가 되었다. 나는 죽기를 소원하였으나 하나님은 악인이 죽는 것을 기뻐하지 아니하셨다. 아들의 죽음과 무덤에 나를 연합하셔서 영원한 생명을 얻게 하셨다. 생명의 떡을 주셨다. 결코 주리지 않고 목마르지 않는 양식이다. 매일 말씀을 통해 하늘 양식을 주신다. 매일의 "파레시아"로 아버지 집에 이른다. 세상이 주는 왕의 양식을 단호히 거절한다. 그것 없어도 주님의 돌봄과 보호를 확신한다. 아, 자족의 비밀이 크다. 오늘도 범사에 주님이 주시는 것으로 만족하며, 주님이 주시는 것만 구한다.

27

15:1-12

1. 이 후에 여호와의 말씀이 환상 중에 아브람에게 임하여 이르시되 아브람아 두려워하지 말라 나는 네 방패요 너의 지극히 큰 상급이니라
2. 아브람이 이르되 주 여호와여 무엇을 내게 주시려 하나이까 나는 자식이 없사오니 나의 상속자는 이 다메섹 사람 엘리에셀이니이다
3. 아브람이 또 이르되 주께서 내게 씨를 주지 아니하셨으니 내 집에서 길린 자가 내 상속자가 될 것이니이다
4. 여호와의 말씀이 그에게 임하여 이르시되 그 사람이 네 상속자가 아니라 네 몸에서 날 자가 네 상속자가 되리라 하시고
5. 그를 이끌고 밖으로 나가 이르시되 하늘을 우러러 뭇별을 셀 수 있나 보라 또 그에게 이르시되 네 자손이 이와 같으리라
6. 아브람이 여호와를 믿으니 여호와께서 이를 그의 의로 여기시고
7. 또 그에게 이르시되 나는 이 땅을 네게 주어 소유를 삼게 하려고 너를 갈대아인의 우르에서 이끌어 낸 여호와니라
8. 그가 이르되 주 여호와여 내가 이 땅을 소유로 받을 것을 무엇으로 알리이까
9. 여호와께서 그에게 이르시되 나를 위하여 삼 년 된 암소와 삼 년 된 암염소와 삼 년 된 숫양과 산비둘기와 집비둘기 새끼를 가져올지니라
10. 아브람이 그 모든 것을 가져다가 그 중간을 쪼개고 그 쪼갠 것을 마주 대하여 놓고 그 새는 쪼개지 아니하였으며
11. 솔개가 그 사체 위에 내릴 때에는 아브람이 쫓았더라
12. 해 질 때에 아브람에게 깊은 잠이 임하고 큰 흑암과 두려움이 그에게 임하였더니

27

바랄 수 없는 중에 바라는 믿음, 복음을 믿어 하나님 나라로!

∶ 주해

영광의 하나님이 갈대아 우르에 살던 아브람에게 나타나셨다. 그에게 더할 나위 없는 축복을 약속하셨다. 이는 그로 큰 민족을 이루시고 그의 이름을 크게 하시며 그를 통해 모든 민족이 복을 받는다는 약속이었다. 다만 아브람은 자연적 존재 기반인 본토, 친척, 아버지 집을 떠나 하나님이 지시하실 땅으로 가야 했다. 아브람은 순종하여 가나안 땅으로 왔다. 하나님의 약속은 장엄하고 위대하였다. 그러나 막상 그가 도착한 가나안 땅은 삭막하였다. 그는 머리 둘 곳 없이 이곳저곳을 방황하며 재난과 봉변을 당하였다. 그런데도 약속하신 하나님은 신실하셨다. 하나님은 약속이 위기를 당할 때마다 개입하셔서 아브람을 인도하셨다.

창세기 14장은 아브람이 동방의 동맹군을 격파한 승전을 기록하였다. 이로써 세계사와 족장사가 결합했다. 318명의 집안 가신이 엄청난 군대를 물리친 사건은 허무맹랑하게 들린다. 그러나 멜기세덱은 아브람의 승전이 하늘과 땅의 주재(창조자 및 소유자)이신 지극히 높으신 하나님께 있다고 말했다(14:20). 따라서 이 사건의 신학적 의미는 아브람을 통해 큰 민족을 이룬다는 약속을 암시한다. 아브람은 승전 후 멜기세덱에게 십일조를 드리고 전리품은 소돔 왕에게 되돌려준다.

창세기 15장은 이 일 후에 아브람에게 임한 여호와의 말씀이다. 이 말씀은 자손과 땅의 약속으로 언약역사를 관통한다. 모든 민족이 아브람을 통해 복을 받을 것이다(12:3b). 하나님께서는 이 복이 성취되는 과정으로 자손과 땅을 약속하셨다. 여호와의 말씀이 환상 중에 아브람에게 나타났다(1절). 모세 오경에서 환상은 발람의 환상(민 24:4, 16) 외에 이곳에서만 언급되었다. 구약에서 하나님은 여러 부분과 여러 모양으로 말씀하셨다(히 1:1). 구약시대 계시의 수단은 환상, 꿈, 천사 등 여러 모양이었다. 하지만 신약시대에는 오직 아들을 통해 말씀하셨다(히 1:2).

"아브람아, 두려워하지 말아라. 나는 너의 방패다. 네가 받을 보상이 매우 크다"(1절). 아브람이 환상 중에 임한 여호와의 말씀이다. 여호와께서 아브람에게 말씀으로 현존하신다. 고대인들에게 신의 현현은 두려움을 자아낸다. 모세도 마찬가지였다(출 3:6). 하나님은 아브람에게 두려움을 제거하신다("두려워하지 말라"). 도리어 하나님은 그의 방패이며 큰 상급이시다. 하나님은 약속을 받은 아브람의 보호자이시다(방패). 아브람은 전쟁에서 승리한 후 세상 왕의 보상을 거절하였다. 그런 그에게 하나님이 큰 보상을 약속하셨다. 이 보상은 후에 나올 자손과 땅의 약속을 암시한다. 그러나 아브람은 하나님의 말씀을 체념으로 받아들였다(2절, "그러나"로 시작함). 신적인 보호("방패")와 신적 상급의 통고에 대한 아브람의 회의(懷疑)는 자식이 없기 때문이었다. 하나님이 그에게 자식을 주지 않으시니 그의 종 엘리에셀을 상속자로 삼겠다고 말한다(2절).

15세기 고대 동방에서는 자식이 없을 때 종들을 양자로 취하여 상속자로 삼곤 하였다(누지 문서). 그럴 때 유산을 상속받은 종은 주인의 장례를 치러줄 의무를 지게 되었다. 자식이 없는 아브람은 그의 종 엘리에셀과 이런 식의 약조를 맺고자 하였다. 여호와께서 아브람의 냉담한 반응 앞에 다시 말씀하신다. 아브람의 상속자는 엘리에셀이 아니라 그의 몸에서 날 자라고 하셨다(4절). 그리고 아브람을 밖으로 데리고 나가 하늘의 뭇별을 보게 하셨다. 가히 셀 수 없는 별들이었다. 그러면서 그의 자손이 이와 같을 것이라고 말씀하셨다(5절).

아브람이 본 하늘의 별들은 셀 수 없이 많았다. 맑디맑은 밤하늘은 별로 가득 차 있었다. 그의 자손이 이렇게 많다는 것이다. 100세가 되도록 자식이 없는 아브람에게는 믿기지 않는 약속이었다. 주목할 것은 뭇별은 셀 수 없이 많은 별(복수)이나, 그의 자손은 "하나"를 가리킨다(단수). 아브람에게 약속한 자손과 관련된 신비가 여기에 있다. 아브람에게 약속된 "하나의 자손"은 역사적으로 그의 몸에서 난 이삭을 가리킨다(21:1-7). 이삭을 통해 아브람의 자손은 뭇별처럼 번성하였다. "애굽에 내려간 네 조상들이 겨우 칠십 인이었으나 이제는 네 하나님 여호와께서 너를 하늘의 별 같이 많게 하셨느니라"(신 11:22). 구속사적으로 "하나의 자손"은 장차 오실 그리스도를 가리킨다(갈 3:16). 그 그리스도를 통하여 셀 수 없는 영적인 아브람의 자손이 생긴다. 그러므로 하나님이 아브람에게 약속하신 뭇별처럼 많은 자손은 예수 그리스도를 믿음으로 하나님의 아들들이 된 성도를 가리킨다(갈 3:29).

아브람이 약속하신 여호와를 믿었다. 이에 여호와께서 그의 믿음을 의로 여기셨다(6절). 아브람이 자식을 낳는 것은 회의적이고 절망적이었다. 그래서 엘리에셀을 상속자로 염두에 두었다. 그런 상황에서 하나님은 그의 자손이 셀 수 없을 만큼 많을 것이라고 하셨다. 이성적으로 믿기지 않은 말씀이다. 그러나 아브람은 말씀하신 여호와를 믿었다. 여호와께서는 말씀을 믿은 아브람의 믿음을 의로 여기셨다. 구약 사상에서 "의"는 법정적 용어보다는 관계적 용어이다. "의는 인간 위에 있는 절대적이고 이념적인 규범이 아니라 관계개념이다"(폰 라드). 의는 현존하는 상호 관계에서 책임을 다하는 상태를 말한다. 상호 관계는 각자 관계에 대한 책임을 다하는 "의"를 요구한다. 그때 상호 관계는 유지된다. "의"의 개념은 언약 사상에서 매우 중요하다. 언약 관계의 쌍방은 의의 결과 평화를 누린다(신 6:25, 사 32:17). 하나님은 인간을 향하여 항상 "의"로 우시다. 인간은 하나님의 말씀을 그대로 믿음으로써 의롭게 간주된다("의로 여기셨다"). 사실 아브람은 바랄 수 없는 중에 바라고 믿었다. 그의 나이는 100세가 다 되었다. 그의 아내 사래는 90세가 다 되었다. 인간적으로 자식을 얻는 일은 무망하다. 그러나 그는 믿었다.

하나님께서는 자손의 약속에 이어 땅을 약속하셨다. 하나님이 다시 아브람에게 말씀하셨다. 그에게 약속된 땅을 소유로 주기 위해 그를 갈대아의 우르에서 이끌어내었다는 것이다(7절). 가나안 땅의 약속은 12:7, 13:15에 이어 세 번째 약속이었다. 두 번의 약속 당시 아브람은 반응하지 않았다. 세 번째 약속을 두고 아브람은 하나님께 그 땅을 차지하게 될 것을 어떻게 알 수 있는지 물었다(8절). 아브람은 하늘의 뭇별을 통해 자손의 약속에 대한 징표를 보았다. 이제 땅의 약속을 두고 징표를 구했다.

이에 하나님께서 아브람에게 계약의식 체결을 위한 준비를 명하셨다. 세 마리의 짐승(암소, 암염소, 숫양)과 두 마리의 새(산비둘기, 집비둘기)를 준비하게 하셨다. 짐승들은 모두 3년 된 것으로 했는데, 3년이 되었다는 것은 그 짐승이 다 자랐다는 것을 뜻한다. 짐승들은 몸통 가운데를 쪼개어 서로 마주 보게 하였으며, 두 마리의 새는 쪼개지 않았다. 이런 방식의 계약체결은 고대 근동의 관습이었다(렘 34:17-20). 계약 당사자는 계약서를 낭독하고 쪼갠 짐승 사이로 지나갔다. 이것은 계약 당사자가 계약을 파기했을 때의 자기 저주를 표현한 것이다. 곧 계약을 파기한 자는 쪼갠 짐승과 같은 운명에 처해졌다. 아브람은 여호와의 명령대로 계약체결 준비를 하였다(10절). 솔개가 짐승의 사체 위에 내릴 때 아브람이 쫓아냈다. 솔개가 내려앉은 것은, 나쁜 징조로 해석할 수 있다. 솔개는 계약을 무효로 하려는 악마적 세력으로도 해석할 수 있다. 어쨌든 솔개의 에피소드는 약속의 실현을 저해하는 장애물들을 시사한 것으로 보인다(A. 딜만).

해질 때 아브람에게 깊은 잠이 임하였다. 깊은 잠은 기이한 혼수상태였다. 깊은 어둠과 공포가 그를 짓눌렀다. 이것은 계약의 한편 당사자인 하나님의 현존 앞에 느끼는 두려움이다. 여기서 깊은 잠(히, 타르데마)은 하나님이 아담의 갈비뼈를 빼내어 여자를 만들 때 아담의 수면 상태를 묘사할 때 사용되었다(2:21). 이는 아브람에 대한 땅의 약속이 오직 하나님이 일방적으로 주도적으로 이행하신다는 뜻이다. 땅의 약속은 역사적으로 가나안 땅을 말한다. 구속사적으로 예수 그리스도를 믿음으로 들어가는 하나님 나라를 예시한다(히 11:16). 그러므로 자손의 약속과 땅의 약속은 분리되지 않는다. 예수 그리스도는 자손의 약속과 땅의 약속을 통합적으로 성취하신다. 신약시대 아브람의 믿음은 구속사로 해석된다(롬 4:18-22).

아브라함은 자손을 바랄 수 없는 상황에서 자손의 약속을 믿음으로써 의롭게 여겨졌다(롬 4:18). 그는 불가능한 약속을 믿어 하나님께 의롭게 여김을 받은 것이다. 여기서 약속하신 자손은 구속사적으로 구원자 예수 그리스도이다. 아브람을 의롭게 여기신 것은 아브람만 위한 것이 아니다. 신약시대 예수 그리스도를 믿은 우리도 위함이다. 곧 예수 그리스도를 죽은 자 가운데 살리신 하나님을 믿는 자마다 의로 여김을 받는다(롬 4:24). 아브람에게 자손을 약속하신 말씀은 신약시대 성도에게는 그리스도의 죽음과 부활의 복음이다(롬 4:25). 이제는 복음을 믿음으로써 하나님께 의롭게 여김을 받는다. 복음에는 하나님의 의가 나타나서 믿음으로 믿음에 이르게 한다(롬 1:17). 복음으로 얻게 된 하나님의 의는 하나님과의 바른 관계에 진입하게 한다. 모든 사람은 죄를 범하여 하나님과 분리되었다(롬 3:23). 죄의 삯은 사망이다(롬 6:23). 그러나 하나님은 아들 예수를 죽은 자 가운데서 살리심으로써 구원의 길을 여셨다. 하나님과의 관계를 회복하는 의의 길을 여신 것이다. 이제 예수 그리스도의 죽음과 부활을 믿는 자는 의롭게 여김을 받아 하나님 나라에 들어간다(롬 5:1-2). 이렇듯 예수 그리스도 안에서 자손의 약속과 땅의 약속이 동시에 성취된다.

묵상

구약성경은 예수 그리스도를 증거한다(요 5:39). 그러므로 구약성경은 그리스도가 성취하신 구원의 관점에서 해석한다. 아브라함에게 주신 자손의 약속과 땅의 약속도 그러하다. 예수 그리스도를 믿는 자는 하늘의 뭇별과 같은 아브라함의 자손이다(갈 3:29). 그는 세상 나라가 아니라, 하나님 나라의 백성이었다.

수년 전 아프리카 차드에서 복음을 전할 때 경험한 일이다. 당시 김 선교사의 사택은 문명이 전혀 접하지 않은 아브람의 시대의 모습 그대로였다. 전기가 없는 시골 마을에 집마다 양과 염소와 소를 기르고 있었다. 어느 날 새벽 밖으로 나왔는데. 하늘이 온통 하얗게 덮였다. "아, 아브람이 본 뭇별이 이것이구나!" 하며 탄성이 나왔다. 하늘의 뭇별처럼 모든 민족이 아브라함을 통해 복을 얻는다는 말씀 앞에 경외감과 감격이 차올랐다. 그리고 선교사님께 사명감이 흐릿해질 때마다 하늘의 뭇별을 보면 다시 사명감이 솟아날 것 같다고 하였다. 장차 하늘의 뭇별과 같은 주의 백성들이 구원의 하나님과 어린양을 세세토록 찬양할 것이다(계 7:9-10).

아브라함이 자손의 약속을 믿어 의롭게 되었듯이, 이제 나는 그리스도의 죽음과 부활의 복음을 믿어 의롭게 되었다. 이것은 바랄 수 없는 중에 바라고 믿는 믿음이다. 하나님이 이런 은혜를 내게 주신 것이다. 참으로 복음을 믿어 영생을 얻고 하나님 나라에 진입한 것은 하나님께만 가능한 "불가능한 가능성"이었다. 영적으로 아브라함의 자손 된 자, 하늘의 뭇별 중에 내가 있다니… 하나님은 별들의 수효를 세시고 그것들을 이름대로 부르신다(시 147:4). 오늘도 나를 아시고 나의 이름을 부르신다. 그 은혜에 감격하며 일과를 시작한다.

28

15:13-21

13 여호와께서 아브람에게 이르시되 너는 반드시 알라 네 자손이 이방에서 객이 되어 그들을 섬기겠고 그들은 사백 년 동안 네 자손을 괴롭히리니
14 그들이 섬기는 나라를 내가 징벌할지며 그 후에 네 자손이 큰 재물을 이끌고 나오리라
15 너는 장수하다가 평안히 조상에게로 돌아가 장사될 것이요
16 네 자손은 사대 만에 이 땅으로 돌아오리니 이는 아모리 족속의 죄악이 아직 가득 차지 아니함이니라 하시더니
17 해가 져서 어두울 때에 연기 나는 화로가 보이며 타는 횃불이 쪼갠 고기 사이로 지나더라
18 그 날에 여호와께서 아브람과 더불어 언약을 세워 이르시되 내가 이 땅을 애굽 강에서부터 그 큰 강 유브라데까지 네 자손에게 주노니
19 곧 겐 족속과 그니스 족속과 갓몬 족속과
20 헷 족속과 브리스 족속과 르바 족속과
21 아모리 족속과 가나안 족속과 기르가스 족속과 여부스 족속의 땅이니라 하셨더라

28

땅의 약속, 왜 400년 후에 성취되는가?

⦂ 주해

하나님이 아브람에게 자손과 땅을 약속하셨다. 이 약속들은 이스라엘을 통한 구원사의 두 축이다. 이 약속들은 그리스도가 오심으로써 성취되었다(갈 3:29, 히 11:16). 하나님은 자손의 약속에 대한 표징으로 아브람에게 하늘의 뭇별을 보이셨다. 아브람은 가나안 땅의 약속에 대한 표징을 구했다. 그러자 하나님은 그에게 계약체결을 준비시키셨다. 세 마리의 짐승을 쪼개 마주 보게 하고, 두 마리의 새도 각기 마주 보게 하였다. 이것은 고대 사회의 계약 체결방식이다(렘 34:17-20). 계약 당사자는 계약서를 낭독하고 쪼갠 고기 사이로 지나간다. 이것은 계약을 파기했을 때 쪼갠 고기처럼 된다는 자기 저주를 선언하는 것이다. 이 같은 계약체결 방식은 목숨을 걸고 하는 아주 중요한 계약을 할 때 사용되었다.

아브람은 계약체결 준비를 다 한 후 깊은 잠에 빠졌다. 그때 하나님의 말씀이 아브람에게 임하였다. 깊은 잠은 기이한 혼수상태이며 계시의 수단이다. 아브람은 하나님의 현존으로 인해 두려움에 사로잡혔다. 그때 하나님이 아브람에게 말씀하신다. 이 부분(13-16절)을 삽입 구절로 보기도 한다. 이 말씀은 계약 내용으로서 신탁이었다(13-16절). 하나님이 반포하신 신탁은 아브람의 사후 그의 후손이 당할 일이었다. 지금 아브람은 가나안 땅에 어떤 소유도 없는 나그네로 살고 있다. 그런데 그의 자손은 이방 나라로 옮겨져 400년 동안 이방 민족에게 종살이 하며 고통을 당할 것이다. 아브람에게 알려져 있지 않으나 이방 나라는 애굽이다. 이것은 이스라엘 백성이 야곱의 시대에 애굽으로 내려가 400년간 노예로 살 것을 예견하는 말씀이다. 여기서 400년은 정확한 숫자라기보다 애굽에 거주한 대략적 숫자이다(출 12:40, 430년). 이스라엘의 입애굽은 요셉을 통해 이루어진다(《복음과 생명》 12강 "요셉을 통해 입애굽하다" 참고). 400년이 지난 후 하나님이 입애굽한 이스라엘 백성을 건져내어 가나안 땅으로 인도하실 것이다(출애굽). 이스라엘의 출애굽은 모세를 통해 이루어진다(《복음과 생명》 14강, "모세를 통해 출애굽하다" 참고). 출애굽은 세 단계로 이루어진다. 첫째, 하나님께서 아브람의 후손이 섬기는 나라(애굽)를 징벌하신다. 이것은 출애굽 당시 애굽에 내린 10가지 재앙을 예시한다. 둘째, 이스라엘이 그 나라의 큰 재물을 가지고 나올 것이다. 이것은 이스라엘이 출애굽할 때 애굽의 많은 재물을 가지고 나온 것을 예견한다(출 12:35-36). 셋째, 아브람의 후손은 사대가 지난 후에 가나안 땅으로 돌아온다. 여기서 1대는 100년으로 계산한다.

아브람은 가나안 땅을 소유로 받을 것을 약속받았다. 그러나 이 약속은 그의 생전에 이루어지지 않았다. 그는 평안히 죽어 조상들에게 갈 것이다. 이 약속은 그가 죽은 후 최소한 400년이 지나야 이루어진다. 왜 가나안 땅의 약속은 아브람의 당대에 이루어지지 않는가? 아브람이 죽은 후 400년이 지나야 주어질 땅의 약속은 지금 아브람에게 무슨 의미가 있는가? 하나님께서는 가나안 땅의 약속이 아브람의 시대에 이루어지지 않는 이유를 밝히신다. 그것은 가나안 땅을 대표하는 아모리 족속의 죄악이 형벌 받을 만큼 이르지 않았기 때문이었다(16절). 그렇다면 이방 민족의 죄악으로 인해 아브람은 가나안 땅을 한 평도 얻지 못하고, 더욱이 그의 후손은 400년간 이방 민족에게 고통을 당해야 했다. 인간적으로 보면 하나님의 약속은 불가해하고 허황하다. 인간이 죽어 400년이 지난 후 온 땅을 얻은들 그것이 무슨 의미가 있겠는가?

하나님이 불가해한 계약 내용을 반포하신 후, 연기 나는 화덕과 타오르는 횃불이 갑자기 나타나 쪼갠 고기 사이로 지나갔다(17절). 이 현상은 불붙은 시내산에서 신비스럽게 하나님이 현현하는 모습을 미리 묘사한 것으로 볼 수 있다. 즉 이 현상은 시내산에서 모세를 통해 이루어진 계약체결을 지시한다(출 19장). 아브람은 깊은 잠에 빠졌고 하나님을 상징하는 연기와 불만 쪼갠 고기 사이로 지나갔다. 이제 계약 이행의 주체는 오직 하나님이시다. 아브람이 이행해야 할 의무는 없다. 하나님이 아브람과 언약을 체결하셨음을 선포하셨다(18절). 그것은 가나안 땅 전부를 하나님이 그의 자손에게 주신다는 것이다(18-21절). 하나님은 아모리 족속의 죄악이 형벌을 받을 만큼 가득 차지 않았다고 말씀하셨다. 바로 그 이유로 아브람과 그의 자손에게 주신 땅의 약속은 400년간 유보되었다. 이방 민족에 대한 심판이 지체됨으로써 아브람과 그의 자손은 다른 이방 민족에게 애매히 고통을 당하는 셈이다. 하나님은 애꿎게 자기 백성에게 고난을 주시는 분으로 비쳐진다.

폰 라드는 이 단락을 구약성경에서 역사신학의 진열장으로 보았다. 역사신학은 하나님이 세계를 창조하시고 세계를 다스린다는 데 근거를 두고 있다. 하나님은 그가 창조하신 세계를 그의 뜻대로 섭리하신다. 19세기 이후 역사신학은 게오르그 빌헬름 프리드리히 헤겔이 정립하였고《역사신학》, 20세기 볼프하르트 판넨베르그가 보다 심화하였다《역사로서 나타난 계시》. 헤겔은 하나님이 역사 속의 부정한 것들을 부정케 하심으로써 선한 결과를 끌어낸다고 보았다. 소위 변증법적 역사관이다. 그런데 그가 비판받는 것은 역사의 현실 안에서 역사의 종결을 본 것이다. 즉 기독교 국가로서 프로이센을 역사의 마지막에 두었다. 반면 판넨베르그는 역사의 마지막을 그리스도가 강림하는 종말로 보았다.

판넨베르그에 의하면 하나님은 역사를 통해 자기를 계시하신다. 역사는 세속사와 구원사가 분리되지 않는 하나님의 보편사이다. 말씀은 직접적 계시이며, 역사는 간접적 계시이다. 그런데 보편사로서 역사는 신정론에 의해 비판을 받는다. 신정론의 제기는, 역사가 선하신 하나님의 계시라면, 어떻게 역사 안에서 불의와 불공정을 해명할 수 있는가이다. 보편사로서 역사는 세계의 부정성, 무고한 자의 고통과 죽음, 기아와 전쟁의 문제를 설명하지 못한다. 주인이 애지중지하는 사냥개의 다리를 다치게 한 노예인 아이가, 주인이 풀어놓은 사냥개에게 물려 끔찍하게 죽는 현실을 어떻게 설명해야 하는가?(도스토옙스키, 《카라마조프가의 형제들》). 이에 대해 위르겐 몰트만은 "십자가에 달리신 하나님"

으로 여기에 대답한다. 예수 그리스도가 십자가에서 달리실 때 하나님도 함께 달리셨다. 하나님은 악한 세상의 현실에 결코 침묵하지 않으신다. 하나님께서는 예수 그리스도 안에서 고통당하는 무고한 자와 함께 십자가에 달려계신다. 그렇게 무고한 자가 당하는 고통에 참여하신다. 기아와 전쟁과 예기치 않은 사고 앞에 무력하게 죽어가는 자들과 함께 계신다. 그리고 그들을 죽음에서 생명으로 인도하신다. 예수께서는 지극히 작은 자, 고통당하는 자, 질병으로 신음하는 자, 주리고 목마른 자 안에 현존하신다(마 25:31-46). 그러므로 그리스도 안에서 십자가에 달리신 하나님을 아는 자는 무고하게 고통당하는 자들과 함께한다. 적어도 타자에게 무고한 고통을 조장할 수는 더욱 불가하다. 판넨베르그가 역사의 마지막을 종말로 본 것은 옳았다. 그리스도가 강림하시는 그 날에 역사의 비밀을 가렸던 커튼은 거두어지고 역사는 직접적 계시를 성취한다. 계시록은 그날에 나타날 역사의 계시를 미리 보여준다.

> "그러므로 그들이 하나님의 보좌 앞에 있고 또 그의 성전에서 밤낮 하나님을 섬기매 보좌에 앉으신 이가 그들 위에 장막을 치시리니 그들이 다시는 주리지도 아니하며 목마르지도 아니하고 해나 아무 뜨거운 기운에 상하지도 아니하리니 이는 보좌 가운데에 계신 어린 양이 그들의 목자가 되사 생명수 샘으로 인도하시고 하나님께서 그들의 눈에서 모든 눈물을 씻어 주실 것임이라"(계 7:15-17).

하나님이 아브람과 맺은 횃불 언약은 가나안 땅을 주시겠다는 약속이며 영원한 언약이다. 이는 이삭에게 하신 맹세이며 야곱에게 세우신 율례 곧 이스라엘에게 하신 영원한 언약이다(시 105:9-11). 아브람은 당대에 가나안 땅을 한 평도 받지 못하였다. 그의 가족묘는 헷 족속에게 "사들인" 막벨라 굴이었다(창 23:1-20). 그러나 아브람은 가나안 땅이 지시하는 하나님 나라로 들어갔다(히 11:16). 모형이 아니라 본체로 들어간 것이다. 창세전부터 현존하시다가 아브라함의 족보로 오신 예수 그리스도는 아브람의 신앙을 밝히 증거하셨다. "너희 조상 아브라함은 나의 때 볼 것을 즐거워하다가 보고 기뻐하였느니라"(요 8:56).

하나님이 아브람과 맺은 영원한 언약은 궁극적으로 하나님이 그의 아들을 통해 맺은 새 언약을 예시했다. 횃불 언약은 쪼갠 고기를 제물로 하여 세워졌다. 이제는 하나님의 아들 예수 그리스도가 친히 제물이 되셨다. 그는 하나님의 뜻을 따라 자기 몸을 단번에 드리심으로 말미암아 우리를 거룩하게 하신 것이다(히 10:10). 누구든지 예수 그리스도의 죽음과 부활을 믿으면 새 언약 백성이 된다. 그는 하나님의 택하신 족속이요 왕 같은 제사장이다. 이는 우리를 어두운 데서 불러내어 그의 기이한 빛에 들어가게 하신 이의 아름다운 덕을 선포하게 하려 하심이다(벧전 2:9).

세상은 여전히 불의와 불공평한 것이 현실이다. 신실한 성도가 고난을 당하며 무고한 자들이 희생당한다. 우크라이나 전쟁은 참혹하나 사람들에게 점점 잊혀간다. 악인들은 제 세상을 만난 듯 형통하나 의인들은 설 자리가 없다. 어떤 신자는 "되는 일이 없다"라고 하며 고통을 호소한다. 욥처럼 하나님께 따지고 싶은 마음이 굴뚝같다. 그러나 아브라함의 역사를 통해 하나님은 말씀하신다. 이방 나라의 죄악으로 말미암아 택한 백성이 400년씩이나 이방·나라에서 종살이 하며 고통당한다. 그런데 십자가에 달리신 하나님이 그들과 함께 고통을 당하신다(출 2:24-25).

하나님이 아브람의 자손을 반드시 구원하신 것처럼, 우리 역시 반드시 구원하신다. 모세의 시대에 저들을 구원하셨듯이, 그리스도가 강림하는 역사의 종말에 우리를 반드시 구원하신다. 이에 우리 그리스도인은 역사를 통해 자기를 계시하시는 하나님을 믿는다. 비록 불의한 역사이며, 무고한 자가 고통당하는 현실이지만 구원하신바 아름다운 덕을 선전하기를 포기하지 않는다. 성령 안에서 십자가에 달리신 아버지와 아들을 믿기에 세상의 부당한 현실에 동참하지 않으며, 도리어 불의와 불공정으로 고통당하는 이들과 함께한다. 만물이 주에게서 나왔고 주로 말미암아 존재하고 주께로 돌아간다(롬 11:33-36).

:묵상

하나님이 아브람과 맺은 언약은 영원한 언약이다. 이제는 하나님이 아들 예수를 통해 맺은 언약이다. 그가 친히 쪼갠 고기처럼 단번에 자기 몸을 드려 나를 거룩하게 하셨다. 하나님이 나와 상관없이 일방적으로 맺은 언약이다. 나는 하나님이 아들과 맺은 언약을 받아들임으로써 하나님 나라에 들어갔다. 아브람의 횃불 언약은 나에게 새롭게 조명된다. 그동안 지나쳤던 말씀은, 왜 아모리 족속의 죄악으로 택한 백성이 400년간 노예로 고통당해야 하느냐는 것이다.

말씀 앞에서 북한의 백성들을 기억한다. 러시아의 침공을 받은 우크라이나를 생각한다. 왜 무고한 많은 백성이 독재자의 폭정으로 고통당해야 하는가? 수원의 세 모녀가 자살로 생을 마쳤다. 엄마는 암으로, 두 딸은 난치병으로 고통 받다가 생을 마감하였다. 한쪽에서는 흥청망청 먹고 마시는데 한쪽에서는 극심한 생활고로 자진한다. 아, 그리스도인으로써 자괴감에 빠진다. 가슴이 먹먹해진다. 역사가 하나님의 계시요, 보편사라면 어떻게 같은 하늘 아래에서 이런 일이 일어나는가? 유일한 대답은 십자가에 달리신 하나님이다. 하나님이 고통 속에서 죽어가는 그들과 함께 있음을 믿는다. 하나님의 역사계시는 그리스도의 십자가에서만 해석할 수 있다.

말씀 앞에 경외의 옷깃을 여민다. 지극히 작은 자의 고통에 함께하지 못해도, 그들에게 고통은 주지 말아야 한다는 생각이 나를 전율케 한다. 덤으로 사는 인생, 빚진 자의 인생이다. 시간을 구속하며 주의 일에 나를 드린다. 역사 속에서 일하시는 하나님을 경외하며, 종말의 그 날을 사모한다. 하늘 본향을 바라보며 아름다운 주의 덕을 선전하기를 원한다. 내게 주어진 사람에게 신실하며, 거저 받은 사랑으로 그들을 섬기기 원한다. 내게 주신 일에 신실하며, 모든 일을 주께 하듯 하기를 원한다. 거룩한 주일, 곳곳에서 예배드리는 공동체와 교회에 하나님의 지극한 위로와 은총이 임하길 간구한다.

29

16:1-16

1 아브람의 아내 사래는 출산하지 못하였고 그에게 한 여종이 있으니 애굽 사람이요 이름은 하갈이라
2 사래가 아브람에게 이르되 여호와께서 내 출산을 허락하지 아니하셨으니 원하건대 내 여종에게 들어가라 내가 혹 그로 말미암아 자녀를 얻을까 하노라 하매 아브람이 사래의 말을 들으니라
3 아브람의 아내 사래가 그 여종 애굽 사람 하갈을 데려다가 그 남편 아브람에게 첩으로 준 때는 아브람이 가나안 땅에 거주한 지 십 년 후였더라
4 아브람이 하갈과 동침하였더니 하갈이 임신하매 그가 자기의 임신함을 알고 그의 여주인을 멸시한지라
5 사래가 아브람에게 이르되 내가 받는 모욕은 당신이 받아야 옳도다 내가 나의 여종을 당신의 품에 두었거늘 그가 자기의 임신함을 알고 나를 멸시하니 당신과 나 사이에 여호와께서 판단하시기를 원하노라
6 아브람이 사래에게 이르되 당신의 여종은 당신의 수중에 있으니 당신의 눈에 좋을 대로 그에게 행하라 하매 사래가 하갈을 학대하였더니 하갈이 사래 앞에서 도망하였더라
7 여호와의 사자가 광야의 샘물 곁 곧 술 길 샘 곁에서 그를 만나
8 이르되 사래의 여종 하갈아 네가 어디서 왔으며 어디로 가느냐 그가 이르되 나는 내 여주인 사래를 피하여 도망하나이다
9 여호와의 사자가 그에게 이르되 네 여주인에게로 돌아가서 그 수하에 복종하라
10 여호와의 사자가 또 그에게 이르되 내가 네 씨를 크게 번성하여 그 수가 많아 셀 수 없게 하리라
11 여호와의 사자가 또 그에게 이르되 네가 임신하였은즉 아들을 낳으리니 그 이름을 이스마엘이라 하라 이는 여호와께서 네 고통을 들으셨음이니라
12 그가 사람 중에 들나귀 같이 되리니 그의 손이 모든 사람을 치겠고 모든 사람의 손이 그를 칠지며 그가 모든 형제와 대항해서 살리라 하니라
13 하갈이 자기에게 이르신 여호와의 이름을 나를 살피시는 하나님이라 하였으니 이는 내가 어떻게 여기서 나를 살피시는 하나님을 뵈었는고 함이라
14 이러므로 그 샘을 브엘라해로이라 불렀으며 그것은 가데스와 베렛 사이에 있더라
15 하갈이 아브람의 아들을 낳으매 아브람이 하갈이 낳은 그 아들을 이름하여 이스마엘이라 하였더라
16 하갈이 아브람에게 이스마엘을 낳았을 때에 아브람이 팔십육 세였더라

29

브엘라해로이, 야곱의 우물에서 영생에 이르는 생수를 주시다!

: 주해

하나님의 약속과 성취 사이에 위기가 온다. 그것은 약속하신 하나님과 약속받은 인간 사이의 무한한 질적 차이로 인함이다. 하나님은 아브람에게 자손을 약속하셨다. 그러나 약속받은 아브람은 계속해서 위기를 만났다. 창세기 16장은 아브람의 아내 사래로 인해 자손의 약속이 위기를 당했음을 보여준다.

아브람이 가나안 땅에 온 때는 그의 나이 75세였다(12:4). 창세기 15장에서 하나님은 아브람의 상속자로 그의 몸에서 날 자를 지시하셨다(15:3). 그러나 아브람의 아내 사래는 여전히 잉태하지 못하였다. 이제 아브람이 가나안에 온 지 10년이 지났다. 그의 나이는 85세였고, 사래는 75세였다(17:17 참고). 그 당시 자녀 출산이 가능한 나이는 30세 전후였으며(10:11 이하), 사래가 아이를 출산하는 일은 인간적으로 불가능했다. 사래는 출산이 불가능한 상황에서 아브람에게 한 가지 방책을 제안하였다. 그녀의 몸종 애굽 여자 하갈을 통해 자녀를 출산하고자 한 것이다. 아브람은 사래의 제안을 받아들였고, 아브람은 하갈과 동침하였다. 고대 근동의 관습에서는 본부인에게 자녀가 없을 때 부인의 여종을 통해 자녀를 낳곤 하였다. 이때 여종은 여주인의 무릎 위에서 해산함으로써 출생한 아이는 여주인에게 속했다(30:3). 사래는 하나님이 주신 자손의 약속을 믿기보다 당시의 관습을 따라 행동하였다. 이것은 불신앙의 행동이자, 동시에 자기주장의 행동이다. 사람들은 관습에 따라 하는 행동에 죄의식을 느끼지 않는다. 말씀을 믿는 것은 영의 생각이요, 관행을 따르는 것은 육의 생각이다. 육신의 일은 사망이요 영의 일은 평안이다. 결국 올 것이 오고야 말았다. 임신한 하갈이 임신하지 못한 여주인 사래를 멸시하였다. 고분고분하던 여종이 여주인을 핍박하였다. 브닌나가 자식이 없는 한나를 격동시켰듯이 말이다(삼상 1:7). 평안하던 아브람의 집안에 평지풍파(平地風波)가 일어났다. 사래는 본부인의 자리는 물론 자신의 법적 지위가 위태롭다고 여겼다. 그래서 아브람에게 이 문제를 해결하라고 압박하였다(5-6절). 사래가 하갈이 아닌 아브람에게 문제 해결을 요구한 것은 당시 관습으로 보아 적절하다. 왜냐하면, 집 안의 법질서를 유지하는 책임은 남자에게 있었기 때문이다.

5절, 사래가 아브람에게 한 말, "내가 받는 모욕은 당신이 받아야 옳도다"(개역개정)라는 성구는 "내가 겪는 부당한 대우는 당신께 달려 있습니다"라고 번역하는 것이 더 적절하다. 그 의미는 "당신은 내 권리를 회복시킬 책임이 있다"라는 것이다. 이런 식의 요구는 법적 보호를 호소할 때 사용하는 관용 문구였을 것이다(폰 라드). 또한, 사래는 모든 것을 보시는 심판자 여호와께도 아브람과 자기 사이를 판단하여 주시기를 호소한다(5절). 반면 아브람은 수동적인 태도를 보인다. 그는 하갈에 대한 처분을 사래에게 위임했다(6절). 이에 사래가 하갈을 학대하자, 하갈은 견디지 못하고 사래 앞에서 도망한다. 고대 함무라비 법전에는 여종이 임신하였다고 해서 여주인과 동등하게 되려고 할 때는 형벌로써 다시 여종으로 격하되어야 한다는 규정이 있었다. 하갈이 그런 운명이 되었다.

하갈은 고향 애굽 쪽으로 도망하였다. 그녀가 도착한 "술"(수르)은 애굽의 국경 지역에서 가까운 가나안 남부에 있었다(20:1, 25:18, 출 15:22). 여호와의 천사가 광야의 샘물 곁 곧 술 길 샘 곁에서 그녀를 만났다(7절). 여호와의 천사는 임신한 몸으로 도망하는 하갈에게 나타나 그녀에게 어디서 와서 어디로 가느냐고 물었다(8절). 천사의 물음은 과거와 미래에 대한 것이다. 물론 하갈은 그가 천사인 줄 나중에 알았다. 하갈은 여주인 사래를 피하여 도망한다고 대답하였다(8절). 그러자 천사는 하갈에게 여주인에게로 돌아가 그 수하에 복종하라고 말한다. 그러면서 하갈에게 세 가지 약속을 한다.

① 하갈에게 셀 수 없는 자손을 줄 것이다(10절).

② 그녀는 태어날 아이의 이름을 이스마엘로 지을 것이다. 이는 여호와께서 그녀가 고통 속에서 부르짖은 소리를 들으셨기 때문이다(11절). "이스마엘"은 "하나님이 들으심"이라는 뜻이다.

③ 이스마엘의 미래에 대해 예고했다. 이스마엘은 들나귀처럼 될 것이다. 그는 모든 사람과 싸울 것이고, 모든 사람 또한 그와 싸울 것이다. 그는 자기의 모든 친족과 대결하며 살아가게 될 것이다(12절). 이스마엘은 진정한 베두인 사람, 들나귀 같은 사람이 될 것이다. 그는 자유롭고 야성적이며 만인에 대한 만인의 투쟁 속에서 호전적인 삶을 사는 사람이 될 것이다. 그는 도전적이고 거만한 어머니에게 걸맞은 아들이 될 것이다. 고대 근동인들의 관점에서 이스마엘은 매우 유능하고 탁월한 사람의 전형이다.

신약성경에서 바울은 이스마엘을 육체를 따라 난 자의 모본으로 해석하였다(갈 4:23a). 육체를 따라 난 자가 성령을 따라 난 자를 박해했다. 여종을 따라 난 자가 약속을 따라 난 자를 박해했다(갈 4:29). 영을 따라 난 자의 기원은 예수 그리스도이시다. 예수 그리스도는 창세전부터 현존하는 하나님의 아들이다. 태초부터 하나님과 함께하시는 말씀(로고스)이 사르크스(육신)로 오셨다(요 1:14). 그는 십자가에서 죽으심으로써 만인에 대한 만인의 평화를 이루셨다. 만인에 대한 만인의 투쟁으로 사는 이스마엘의 실존인 인생에게 사르크스(육체)로 사는 영생을 주신다. 사르크스(육신) 자체는 덧없음, 연약함, 유한성을 뜻한다. 그러나 아들의 영생을 담지한 육체(사르크스) 안에 독생자의 영광이 충만하다(요 1:16). 아버지의 인자와 신실함은 지극히 연약하고 초라해 보이는 사르크스의 실존에서 드러난다.

13-14절, 하갈은 비로소 천사를 통해 현현하신 하나님을 알아보았다. 그녀는 그가 본 하나님의 이름을 지었다. "'내가 여기에서 나를 보시는 하나님을 뵙고도, 이렇게 살아서, 겪은 일을 말할 수 있다니!' 하면서, 자기에게 말씀하신 주님을 '보시는 하나님'이라고 이름 지어서 불렀다"(13절). 하갈이 명명한 "보시는 하나님"에서 "보시다"의 히브리어는 "라아"이다. 이 말은 "살피시는 하나님" 또는 "돌보시는 하나님"이란 뜻도 된다. 아브라함이 이삭 대신 수양을 바칠 때 고백한 "여호와 이레"는 "보시는 여호와"란 뜻이다(창 22:14). 보시는 하나님이 그의

뜻대로 행하는 아브라함을 살피시고 그를 위하여 모든 것을 준비하셨다.

아브람과 사래는 자손의 약속이 지연되는 상황에서 육신을 따라 행동하였다. 그 결과 만인 속에서 만인과 투쟁하는 이스마엘의 역사가 태동하였다. 여기서 주목할 것은 이스마엘의 후손이 하나님의 약속에 따라 번성한다는 점이다. 사뭇 아브람의 자손이 하늘의 뭇별과 같이 많은 것과 유사하다. 하나님은 아브람의 집안을 떠난 하갈에게 나타나 말씀하셨다. 그분은 언약밖에 있는 인간에게도 눈을 돌리시고 자신의 역사 속에 내포하셨다. 그분은 이스라엘 밖에서도 하나님이시다. 교회 밖에서도 하나님이시다. 진실로 그러하다. 만물 위에 계신 하나님은 그가 지으신 모든 것을 선대하시며 그것들에 긍휼을 베푸신다(시 145:9). 그 하나님은 모든 사람이 구원받기를 원하시며 진리에 이르기를 바라신다(딤전 2:4). 바로 이 때문에 예수 그리스도를 모든 사람을 위한 대속물로 주셨다(딤전 2:6). 오직 그리스도만이 인간을 구원하는 중보자이시다.

하갈은 하나님을 만난 장소의 이름을 "브엘라해로이"로 지었다. 그 뜻은 "나를 살피시는 살아계신 이의 우물"이다. 이 우물은 가데스와 베렛 사이에 있다. 평범한 우물이 살피시고 돌보시는 살아계신 하나님의 우물이 되었다. 하갈에게 나타난 여호와의 사자(천사)는 하갈을 살피시는 살아계신 하나님으로 불린다. 여호와의 천사는 자기 백성을 위한 여호와의 도움이 인격화된 존재이다. 여기서 "여호와의 천사"와 "여호와" 사이에 뚜렷한 구별이 없다. 어느 때는 여호와가, 어느 때는 천사가 화자(話者)가 된다(16:10, 13, 21:17, 19, 22:11). 이로 보건대 분명히 화자는 동일한 하나의 인격이다. 그렇다면 여호와의 천사는 여호와의 현현이며, 인간의 모습을 취하신 하나님 자신이다. 인간의 모습을 취하신 하나님은 궁극적으로 성육신하신 하나님을 예시한다(요 1:14). 그러므로 자기 백성을 모든 환난에서 구해주는 천사는(사 48:16), 성육신하신 예수 그리스도의 그림자이다(폰 라드). 자기 백성을 살피시는 하나님의 우물은 이사야서에서 기쁨으로 물을 긷는 구원의 우물이다(사 12:2-3).

신약시대 사마리아 여인은 야곱의 우물에서 살피시는 살아계신 하나님을 만났다. 사마리아 여인은 구약적 종교성에 충실하였다. 그는 매우 드물게 오실 그리스도를 기다렸다(요 4:25). 성육신하신 하나님, 곧 독생자가 야곱의 우물에서 그에게 오셨다. 그녀에게 영원한 생명으로 인도하는 솟아나는 샘물을 주셨다(요 4:14). 그 여인은 정통 유대인이 멸시하는 사마리아 여인이요, 당시 관습에 따르면 비천한 신분의 여자였다. 여종 하갈, 여주인에게 구박받아 쫓겨난 여인, 그를 지으신 하나님이 그에게 오셨다. 사마리아 여인에게도 오셨다. 십자가에 달리신 그리스도는 하나님의 지혜와 능력이다(고전 1:24). 그 하나님은 세상이 천한 것들과 멸시받는 것들과 없는 것들을 택하사 있는 것들을 폐하신다(고전 1:28). 아무것도 아닌 것들을 구원하사 예수 그리스도 안에서 부요케 하신다. 예수가 그들에게 지혜와 의로움과 거룩함과 구원함이 되신다(고전 1:30).

⦁ 묵상

나는 이스마엘의 실존으로 살던 자였다. 유능하고 뛰어나고 탁월한 인간이 되고자 하였다. 상고를 졸업하여 은행에 취직하였다. 신분상승과 성공을 위해 주경야독하며 대학과 대학원을 졸업하였다. 젊고 철이 없을 때는 세상을 다 가진 것처럼 생각하였다. 교회 생활도 다른 사람보다 앞서가고자 몸부림쳤다. 교회가 요구하는 규정들을 지키며 목사와 신자들에게 인정받고자 하였다. 세상과 교회에서 만인과 투쟁하며 인생의 승리를 위해 질주하였다. 목회도 별반 다를 바 없었다. 비교와 경쟁, 시기와 질투가 암암리에 역사하였다. 한 분 청중이신 주님 앞에서 한 것이 아니라, 사람들 앞에서 행하였다. 사망의 열차를 타고 질주하던 자, 하나님이 급브레이크를 밟으셨다. 전통과 유산으로 점철된 교회에서 추방되었다. 내가 이른 곳은 광야의 샘물 곁이었다.

그날도 습관적으로 야곱의 우물로 나아갔다. 17년간 계속해온 큐티를 하고 있었다. 그러나 그날은 달랐다. 말씀으로 현현하신 하나님, 나를 보시고 살피시는 하나님을 보았다. 말씀으로 심판하시고 솟아나는 샘물(복음)로 영원한 생명에 이르게 하셨다. 야곱의 우물에서 영생의 생수를 주신 것이다. 이스마엘의 실존이 죽고 아들의 생명으로 태어났다. 브엘라해로이, 야곱의 우물에서 생수를 주시고 영생에 이르게 하셨다. 이제 영생을 사는 나는 이스마엘이 아니라 "사르크스(육체)"의 실존으로 산다. 연약하고 비참한 사르크스의 실존이 독생자의 영광을 본다. 기이하고 놀라운 은혜이다. 할렐루야!

30

17:1-14

1 아브람이 구십구 세 때에 여호와께서 아브람에게 나타나서 그에게 이르시되 나는 전능한 하나님이라 너는 내 앞에서 행하여 완전하라
2 내가 내 언약을 나와 너 사이에 두어 너를 크게 번성하게 하리라 하시니
3 아브람이 엎드렸더니 하나님이 또 그에게 말씀하여 이르시되
4 보라 내 언약이 너와 함께 있으니 너는 여러 민족의 아버지가 될지라
5 이제 후로는 네 이름을 아브람이라 하지 아니하고 아브라함이라 하리니 이는 내가 너를 여러 민족의 아버지가 되게 함이니라
6 내가 너로 심히 번성하게 하리니 내가 네게서 민족들이 나게 하며 왕들이 네게로부터 나오리라
7 내가 내 언약을 나와 너 및 네 대대 후손 사이에 세워서 영원한 언약을 삼고 너와 네 후손의 하나님이 되리라
8 내가 너와 네 후손에게 네가 거류하는 이 땅 곧 가나안 온 땅을 주어 영원한 기업이 되게 하고 나는 그들의 하나님이 되리라
9 하나님이 또 아브라함에게 이르시되 그런즉 너는 내 언약을 지키고 네 후손도 대대로 지키라
10 너희 중 남자는 다 할례를 받으라 이것이 나와 너희와 너희 후손 사이에 지킬 내 언약이니라
11 너희는 포피를 베어라 이것이 나와 너희 사이의 언약의 표징이니라
12 너희의 대대로 모든 남자는 집에서 난 자나 또는 너희 자손이 아니라 이방 사람에게서 돈으로 산 자를 막론하고 난 지 팔 일 만에 할례를 받을 것이라
13 너희 집에서 난 자든지 너희 돈으로 산 자든지 할례를 받아야 하리니 이에 내 언약이 너희 살에 있어 영원한 언약이 되려니와
14 할례를 받지 아니한 남자 곧 그 포피를 베지 아니한 자는 백성 중에서 끊어지리니 그가 내 언약을 배반하였음이니라

30

신약시대, 진정한 할례는 예수의 흔적이다!

∶ 주해

창세기 16장과 17장 사이에는 13년의 간격이 있다. 아브람이 하갈을 통해 이스마엘을 낳은 때는 86세였다(16:16). 17장은 아브람이 99세 때 일어난 일을 기술한다. 본 장은 "아브람이 99세 때"(1절)와 종결 구절(24절)의 "99세"가 수미상관 형식(샌드위치 기법)으로 배열되어 있다. 본 장은 15장에서 주어진 자손의 약속과 땅의 약속을 반복하되, 약속의 표징으로 아브람과 사래가 "개명"하고 남자들에게 "할례"을 명했다. 본 장은 크게 네 부분으로 나누어진다.

   1-8절: 아브람에 대한 약속과 개명(아브라함)
   9-14절: 약속의 표징으로서 할례를 명함
   15-22절: 사래에 대한 약속과 개명(사라)
   23-27절: 할례의 실천

아브람이 99세에 여호와께서 아브람에게 나타나셔서 그에게 말씀하셨다. "나는 전능한 하나님이라 너는 내 앞에서 행하여 완전하라"(1절). "전능한 신"은 "엘샤다이"이다. 이제껏 하나님은 엘로힘이나 야훼(여호와)로 불렸다. 이제 하나님은 자기 이름을 엘샤다이로 계시하셨다. 엘샤다이는 문자적으로 "샤드의 신"이다. "샤드"는 여성의 가슴을 뜻하며, 엘샤다이는 다산과 풍요의 신을 의미한다. 엘샤다이는 아브라함, 이삭, 야곱 등 족장들에게 나타나신 하나님이셨다(창 17:1, 28:3, 35:11, 43:14, 48:3, 출 6:3). 이스라엘 백성이 출애굽한 때부터 하나님은 "야훼"로 자기를 계시하셨다. 야훼(여호와)는 언약의 하나님이시다. "하나님이 모세에게 말씀하여 이르시되 나는 여호와이니라 내가 아브라함과 이삭과 야곱에게 전능의 하나님으로 나타났으나 나의 이름을 여호와로는 그들에게 알리지 아니하였고"(출 6:2-3).

엘샤다이가 아브람에 요구하시는 것은, 자기 앞에서 행하는 완전한 삶이다. 이것은 도덕적 의미의 완전성을 뜻하지 않으며 하나님과의 바른 관계에 놓이는 것을 뜻한다. 아브람에게 부과된 의무는 계시된 하나님 앞에서 살아야 하는 것이며, 그의 삶 전체를 제어하는 것이다. 하나님은 아브람과 언약을 세워 그의 후손을 번성케 하실 것이다. 아브람은 예를 갖추어 엎드린다. 하나님이 다시 그에게 말씀하신다. "나는 너와 언약을 세우고 약속한다. 너는 여러 민족의 조상이 될 것이다. 내가 너를 여러 민족의 아버지로 만들었으니, 이제부터는 너의 이름이 아브람이 아니라 아브라함이다"(4-5절). "아브람"은 "존귀한 아버지"의 뜻이며, "아브라함"은 "많은 사람의 아버지"라는 뜻이다. 하나님께서는 아브람을 "많은 민족의 아버지"인 아브라함으로 개명한다. 이로써 큰 민족을 이루어 그의 이름을 창대케 하신다는 약속이 갱신된다(창 12:2 참고).

하나님께서 아브라함을 크게 번성케 하여 많은 민족과 왕들이 그로부터 나올 것이다(6절). 아브라함에게 주신 민족과 왕에 대한 약속은 신적 구원에 대한 희망과 결부되었다. 다시 말해 민족과 왕은 세상의 민족이나 세상 왕들의 기원이 아니다. 아브라함의 자손 예수 그리스도를 통해 많은 민족이 구원받으며 왕적 제사장이 되는 것으로 성취된다(딤전 2:4, 벧전 2:9).

7-8절은 15:5-7의 자손과 땅의 약속이 아브라함 및 그의 후손에게도 대대로 세우는 영원한 언약임을 강조했다. 영원한 언약으로서 자손과 땅의 약속은 보다 구체적으로 명시되었다. 그것은 하나님과 새로운 관계("나는 너의 하나님이 될 것이다")와 가나안 땅을 영원한 소유로 주시겠다는 것이다. "대대로 세우는 영원한 언약, 뒤에 오는 자손, 영원한 소유"와 같은 표현은 언약의 무시간적 타

당성에 대한 언급이다. 이 언약은 지상적 영역을 넘어선 영원의 영역이다. 시편 105편에서는 역사적으로 영원한 언약이 성취되었음을 고백하며 여호와께 감사한다(시 105:8-11).

1-8절에서 하나님은 일방적으로 언약을 선포하셨다. 9-14절에서는 이 언약을 믿음으로 고백하고 받아들이는 표징으로 할례가 요구된다. 할례는 언약적 계시를 고백하고 받아들이는 징표이다(9-10절). 이스라엘이 언약을 지키는 것은, 특정한 율법이나 규정을 준수하는 것이 아니라, 단지 선물로 주어진 영원한 언약을 고백하고 받아들이는 것이다. 곧 구원의 선물을 인정하고 긍정하는 것이다. 언약을 받아들이는 징표로 남자들은 할례를 행해야 했다. 할례는 태어난 지 8일 만에 남자의 성기 표피를 제거하는 것으로(11-12절), 오늘날 포경수술과 유사하다. 8일 만에 행하는 것은, 완전한 시간(7일)을 보냈다는 것을 의미한다. 7일은 창조의 시간과 일치한다. 동물도 태어난 지 칠일이 지난 다음 8일 만에 희생 제물로 바칠 수 있었다(출 22:29, 레 22:27). 할례를 행하는 대상은 집안에 속한 모든 남자였다. 아브람의 가족뿐 아니라, 그의 집에서 태어난 종들과 그가 돈을 주고서 사 온 외국인 종들을 포함되었다. 할례를 통해 그들의 몸에 영원한 언약이 새겨질 것이다. 동시에 경고도 주어진다. 할례를 받지 않은 남자, 곧 포피를 베지 않은 남자는 하나님의 언약을 깨뜨린 자이다. 그는 하나님의 백성에게서 끊어진다(14절).

아브라함은 자손의 약속을 믿음으로 받아들임으로써 이미 의롭게 되었다. 할례는 의롭게 되는 수단이 아니라 자손과 땅의 약속을 받아들였다는 믿음의 표징이다. 할례는 믿음을 가져오지 못한다. 다만 믿음의 징표이다. 특별히 할례의 거부는 공동체로부터 축출당하는 형벌을 당한다. 이스라엘 역사에서 공동체 중심의 제의는 주로 후대에 나타났다. 제의는 공동체적이며, 개인은 전체의 일원으로서 의식에 참여하였다. 이런 변화는 이스라엘이 바벨론 포로가 된 상황과 연관이 있다. 포로지에서는 제의적 규례나 공동체의 결속을 주었던 축제나 희생 제사들은 사라졌다. 이때 언약 백성으로서 공동체의 정체성은 안식일법과 할례의 준수에 있었다. 왜냐하면, 두 가지 제의는 이스라엘을 바벨론인과 구별하게 하였다. 바벨론인들은 할례를 행하지 않았고 안식일을 지키지 않았다. 이스라엘에게 있어 안식일과 할례의 이행은 역사를 통치하시는 하나님에 대한 신앙고백의 성격이 강하였다. 사실 고대로부터 일부 민족은 할례를 공공연히 시행하였다. 애굽, 가나안, 아랍 등지에서 감염 방지나 결혼 준비나 액땜 방지 등 주술적 이유로 할례가 시행되었다. 그러나 이스라엘 백성처럼 신앙 고백적 의미는 없었다.

안식일법과 더불어 포로기에 형성된 할례의식은 유대인에게 강력한 전통으로 자리 잡았다. 예수 당시 유대인들은 할례의식을 구원의 조건으로 받아들이기까지 하였다. 심지어 유대인에서 그리스도인이 된 자(유대 그리스도인)조차 할례의 여부로 구원을 판단하였다. 믿음으로 의롭게 되어도 할례를 해야 한다는 것이다. 바울은 이 같은 구원관에 강력히 반박하였다. 그는 유대인의 떠받드는 믿음의 조상 아브라함을 예로 들어 할례가 구원의 조건이 아님을 설파하였다. 아브라함은 믿음으로 의롭게 된 징표로 할례를 받았다. 할례의 행위로 의롭게 된 것이 결코 아니다. 이로써 그는 할례자의 조상이 된다. 또한, 아브라함은 무할례자로 있을 때 믿음으로 의롭게 되었다. 이로써 그는 이스라엘 밖의 이방인, 곧 무할례자의 조상이 되었다(롬 4:9-12).

특히 유대 그리스도인들은 믿음으로 의롭게 된 이방인 교회에 들어와 복음을 왜곡시켰다. 갈라디아 교회에 이런 문제로 큰 시험을 받았다. 갈라디아에 들어온 할례자(유대 그리스도인)들은 믿음으로 구원받은 신자들에게 할례를 강요하였다. 바울은 이에 대해 할례를 받는 자는 율법 전체를 행할 의무를 가진 자라고 하며 경고하였다(갈 5:3). 그런 자는 율법 안에서 의롭게 되려는 자요, 그리스도에게서 끊어지고 은혜에서 떨어진 자이다(갈 5:4). 그렇다고 바울은 무할례자를 무턱대고 용납하지 않았다. 그리스도 예수 안에서는 할례나 무할례가 아무 효력이 없다. 오직 사랑으로 나타나는 믿음만이 효력이 있다(갈 5:6).

또한, 할례자들은 번듯한 외적 신앙을 위해 할례를 강요하였다. 이들은 십자가의 낮아짐과 비천함을 수치스럽게 여기고 그로 인한 박해를 면하고자 하였다(갈 6:12). 신앙의 본질이 부재한 채 외식하는 자들의 특징은 할례를 통해 신앙의 외형을 내세우고 자랑하였다. 바울은 이들을 향하여 엄중히 말했다. 할례나 무할례가 중요한 것이 아니다. 오직 새로 지으심을 받은 것만이 중요하다(갈 6:13). 곧 할례로 인한 시비는 새로운 존재로 태어나는 영생이 부재한 사람에게 중요하고 의미가 있다는 것이다. 그러나 정작 중요한 것은 새로 지으심을 받은 새 생명이다. 영생의 삶은 영생의 본체이신 그리스도의 삶과 일치한다. 복음을 믿어 의롭게 되는 것은 곧 신앙의 그리스도를 믿는 것이다. 신앙의 그리스도를 믿어 의롭게 되는 신자는 역사 속에서 영생의 삶을 사셨던 그리스도와 일치된 삶을 지향한다. 여기서 신앙의 그리스도는 역사적 예수와 일치한다.

20세기 탁월한 신학자 루돌프 불트만은 신앙의 그리스도를 강조하며 역사적 예수는 신화적 인물로 간주하였다. 이후 신약 신학계에서는 '신앙의 그리스도'와 '역사적 예수의 분리'가 일어났다. 예수와 바울을 분리하려는 시도였다. 20세기 후반 불트만의 제자이자 불트만을 극복한 게르하르트 에벨링의 신학적 해석학은 매우 중요하다. 에벨링은 "신앙의 그리스도가 역사적 예수와 일치하지 않으면 기독론은 종말을 고한다"라고 하였다(《신앙의 본질》). 사실 바울은 역사적 예수를 보지 못하였다. 그는 신앙의 그리스도를 믿음으로써 유대인에서 그리스도인이 되었다. 유대인에게 강고한 전통인 할례자에서 새로운 존재로 태어난 그리스도인이 된 것이다(고후 5:17). 그래서 그는 신앙의 그리스도를 정립했다는 평가를 받는다. 그런데 바울은 누구보다 역사적 예수와 일치된 삶을 살아냈다. 그는 자신 있게 말한다. "내가 내 몸에 예수의 흔적을 지니고 있노라"(갈 6:17).

신약시대 신앙의 그리스도를 영접한 자는 새 생명을 얻는다. 그리고 새 생명으로 사는 자의 표징은 예수의 흔적이다. 아브라함에게 할례는 하나님과 새로운 관계와 땅의 약속을 보여주는 표징이었다. 이제 신약의 성도는 영생을 얻어 하나님과 바른 관계 안에 거한다. 그리고 땅의 약속이 성취된 하나님 나라의 백성으로 살아간다. 그러나 새 생명으로 살지 않는 신자는 여전히 외적 표지로서 할례를 중시한다. 그는 종교 행위, 직분, 성과, 타자의 평가, 번듯한 신앙과 삶을 중시한다. 반면 새 생명으로 사는 자는 이런 것이 중요하지 않다. 새롭게 지음 받은 생명, 복음을 통해 생명을 누리는 것이 중요하다. 그에게는 갈수록 예수의 흔적이 새겨진다.

묵상

아브람은 하나님에 의해 아브라함으로 개명하였다. 그는 많은 민족의 아버지가 되었다. 영적으로 구원받은 자의 아버지가 된 것이다. 또한, 아브라함은 자손과 땅의 약속에 대한 표징으로 할례를 해야 했다. 특히 자손의 약속은 하나님이 그들의 하나님이 되시는 "새로운 관계"가 그 핵심이다. 할례가 본질이 아니다. 약속의 땅에서 하나님과 바른 관계 안에 거하는 것이 할례의 본질이다. 본질을 상실한 상징은 허상이다. 아무런 효력이 없다.

나는 신약시대의 할례에 대해 무지하였다. 초대교회 당시 유대 그리스인들처럼 할례를 통해 신앙의 외적 표지를 얻고자 하였다. 직분, 성과, 사람들의 평가, 이런 것들을 통해 육체의 겉모양을 내고자 하였다. 빈 수레가 요란한 법, 내 영혼은 고요와 평안을 잃은 채 요동하며 분망하였다. 상황과 사람에 의해 휘둘렸다. 물론 사람과 상황도 중요하다. 그러나 새 생명으로 살지 않으니 그것들이 내 중심을 뒤흔들었다. 주께서 그런 자를 불쌍히 여기사 구원하셨다. 겹겹이 두른 신앙의 겉모양을 철저히 깨뜨리셨다. 그러나 긍휼히 여기시는 하나님의 은혜로 복음을 믿고 의롭게 되었다. 하나님과 바른 관계 안에서 하나님 나라를 누리게 하셨다. 신앙의 그리스도를 믿게 된 은혜는 정말로 부요하다. 문제는 내게서 역사적 예수의 삶이 나타나는 것이 관건이다. 할례나 무할례나 중요한 것이 아니라 예수를 믿는 믿음이 역사적 예수와 일치하는 것이 관건이다. 말씀 앞에서 심히 부족한 나를 본다. 오직 주의 은혜로만 되는 일이기에 엎드려 은혜를 구한다. 사소한 일상, 사소한 사람에게도 예수의 삶이 나타나기를 간구한다. 그리하여 참된 할례인 예수의 흔적이 내 몸에 새겨지길 기도한다.

31

17:15-27

15 하나님이 또 아브라함에게 이르시되 네 아내 사래는 이름을 사래라 하지 말고 사라라 하라
16 내가 그에게 복을 주어 그가 네게 아들을 낳아 주게 하며 내가 그에게 복을 주어 그를 여러 민족의 어머니가 되게 하리니 민족의 여러 왕이 그에게서 나리라
17 아브라함이 엎드려 웃으며 마음속으로 이르되 백 세 된 사람이 어찌 자식을 낳을까 사라는 구십 세니 어찌 출산하리요 하고
18 아브라함이 이에 하나님께 아뢰되 이스마엘이나 하나님 앞에 살기를 원하나이다
19 하나님이 이르시되 아니라 네 아내 사라가 네게 아들을 낳으리니 너는 그 이름을 이삭이라 하라 내가 그와 내 언약을 세우리니 그의 후손에게 영원한 언약이 되리라
20 이스마엘에 대하여는 내가 네 말을 들었나니 내가 그에게 복을 주어 그를 매우 크게 생육하고 번성하게 할지라 그가 열두 두령을 낳으리니 내가 그를 큰 나라가 되게 하려니와
21 내 언약은 내가 내년 이 시기에 사라가 네게 낳을 이삭과 세우리라
22 하나님이 아브라함과 말씀을 마치시고 그를 떠나 올라가셨더라
23 이에 아브라함이 하나님이 자기에게 말씀하신 대로 이 날에 그 아들 이스마엘과 집에서 태어난 모든 자와 돈으로 산 모든 자 곧 아브라함의 집 사람 중 모든 남자를 데려다가 그 포피를 베었으니
24 아브라함이 그의 포피를 벤 때는 구십구 세였고
25 그의 아들 이스마엘이 그의 포피를 벤 때는 십삼 세였더라
26 그 날에 아브라함과 그 아들 이스마엘이 할례를 받았고
27 그 집의 모든 남자 곧 집에서 태어난 자와 돈으로 이방 사람에게서 사온 자가 다 그와 함께 할례를 받았더라

31

언약과 축복의 대조, 언약 밖의 백성을 언약 백성 삼으신 은혜가 크도다!

⁞ 주해

　아브라함이 부르심에 순종하여 가나안 땅에 온 때는 그의 나이 75세였다. 그는 자식이 없었으나 하늘의 뭇별과 같이 많은 자손의 약속을 받았다. 아울러 그가 순종하여 도착한 가나안 땅이 그의 소유가 될 것이라는 약속을 받았다. 자손의 약속과 땅의 약속은 이스라엘을 통한 구원사의 두 축이다. 하나님의 약속은 위대하나 지극히 비현실적이었다. 이제 아브라함의 나이 99세가 되었다. 당시 보통 30세 전후에 첫 출산을 하는데, 아브라함과 아내 사라에게서는 적자(嫡子)가 없었다. 아브라함은 더딘 약속 앞에 조급하였다. 하여 그는 다메섹 출신의 종 엘리에셀을 상속자로 염두에 두었다. 한편 사라는 여종 하갈을 통해 자식을 얻고자 하는 무리수를 두었다. 이들의 처신은 인간적으로는 충분히 이해할 수 있으나 하나님께는 불신앙이었다. 약속과 성취 사이의 현실에서 육신의 생각은 불신앙을 조장한다. 하지만 약속은 약속받은 아브라함이 아니라 약속의 주체이신 하나님이 신실하게 지키신다.
　창세기 17장은 자손과 땅에 관한 약속이 더 구체적으로 주어진다. 아브람은 "많은 민족의 아버지"인 아브라함으로 개명되었고, 사래는 "사라"로 개명되었다. 후반부는 사래의 개명과 이삭의 출생에 대하여(15-22절), 아브라함이 할례를 실천한 일에 관하여 기술했다(23-27절). 하나님이 아브라함에게 사래의 이름을 사라로 개명하라고 하셨다(15절). 아브라함과 달리(5절) 개명에 대한 이유는 따로 밝히지 않는다. 사래는 사라의 고대적 형태일 뿐이며, 둘 다 "왕후"를 의미한다. 하나님은 사라에게 복을 주시고, 그녀는 아브라함에게 아들을 낳아 줄 것이다. 자연적 출산이 그친 사라는 아들을 낳는다는 약속을 받았다. 또한, 아브라함이 받았던 축복을 함께 받았다. 사라는 여러 민족의 어머니가 되며 백성들을 다스리는 왕들이 그에게서 나올 것이다(16절).

아브라함은 사라를 통한 기적적인 출산에 관한 약속을 듣고 엎드려 웃었다(17절). 이전에 경험한 적이 없는 기적적 출산의 말씀 앞에 아브라함은 엎드려 하나님을 경외했다. 그러나 이루어질 수 없는 현실 앞에 그는 웃었다. 아브라함의 반응은 경외의 신앙과 웃음의 불신앙이 교차한다. 아브라함의 웃음은 농담이 아니었다. 델리취는 이렇게 말한다. "아브라함이 경외하는 마음으로 기꺼이 받은 약속은 너무도 역설적이어서 저도 모르게 웃지 않을 수 없었다"(《창세기 주석》). 아브라함은 자신과 사라가 출산이 불가능한 상황을 고하며 이스마엘에 관심을 돌린다. 불가해한 장래의 약속보다 이미 주어진 현실을 주목한 것이다. 백 살 된 남자가 아들을 낳고 아흔 살이나 되는 사라가 아이를 낳을 수 있겠는가?(17절) 이스마엘이나 하나님께서 주시는 복을 받으면서 살기를 바랐다(18절). 아브라함은 마치 불가지론자와 같았다. 불가지론은 보이지 않는 것을 믿지 않으며 현실에 충실한 삶의 태도를 말한다.

그러나 하나님은 아브라함에게 사라가 낳을 아들의 이름을 미리 알려주셨다. 불가지론자에게 거듭 약속의 말씀을 주신 것이다. 사라가 낳을 아들의 이름은 "이삭"이다. 이삭의 뜻은 "웃음"이다. 하나님은 이삭과 언약을 세울 것이며 그의 후손에게도 영원한 언약이 될 것이다(19절). 동시에 하나님은 아브라함의 요구대로 이스마엘에게도 복을 주시겠다고 하셨다(20절). 하나님이 이스마엘에게 주시는 축복은 세상에서의 자손의 번성이었다. 그에게서도 열두 부족의 지도자가 나오고 큰 나라가 이루어진다. 이스마엘에게 약속된 복, 곧 자손이 번성하고 왕들이 나오는 약속은 아브라함에게 약속된 복과 유사하다(6절). 그러나 아브라함과 그의 자손 이삭과 결정적 차이가 있다. 그것은 하나님이 아브라함과 이삭에게는 "언약"을 세우신다는 것이다. 이 언약은 영원한 언약이다!

하나님은 1년 후 태어날 이삭과 언약을 세우실 것이다(21절). 이스마엘과 이삭은 둘 다 아브라함의 아들이다. 하지만 언약은 이삭과 그의 후손에게만 해당한다. 언약과 축복, 이 같은 대조를 통해 분명해지는 사실이 있다. 그것은 언약 백성은 단지 이생의 번성과 축복과는 다른 무엇을 보증해준다는 것이다(폰라드).

언약 백성이든 언약 밖의 백성이든 동일하게 하나님에 의해 '번성하는 복'을 받는다. 그러나 전자는 하나님이 택한 자요, 후자는 택함 받지 못한 자이다. 이것은 인간이 결정하는 영역이 아니며, 하나님의 주권에 속한다. 만물이 주에게서 나오고 주로 말미암아 존재하고 주에게로 돌아간다. 사라에게 낳은 아들은 약속의 자녀이며, 언약의 자녀이다. 반면 이스마엘은 하나님을 힘입어 살며 기동하며 존재하지만(행 17:28), 약속의 자녀나 언약의 자녀가 아니다. 하나님은 오직 이삭에게서 태어난 사람만 아브라함의 자손이라고 부르실 것이다(창 21:12). 이것은 곧 육신의 자녀가 하나님의 자녀가 되는 것이 아니라, 약속의 자녀가 참 자손으로 여겨지리라는 것을 뜻한다.

하나님이 이삭의 출생을 약속하신 후 아브라함을 떠나 올라가셨다(22절). 23-27절, 아브라함은 하나님의 명령대로 할례를 실행했다. 하나님이 떠나가신 그날, 아브라함은 즉시 할례의 명령을 이행했다. 자기 아들 이스마엘과 집에서 태어난 모든 종과 돈을 주고 사 온 모든 종을 망라하여 자기 집안의 모든 남자를 데려다가 포경을 베었다(23절). 아브라함도 포경을 베어 할례를 받는데, 그때 나이가 99세였다(24절). 이스마엘은 13세였다(25절). 둘은 같은 날 할례를 받았다(26절). 이렇게 하여 아브라함의 집에 있는 모든 남자가 할례를 받았다(27절).

하나님은 모든 민족의 주재, 곧 그들의 창조주이자 소유주이시다. 그는 모든 민족을 지으셨고 소유하시고 다스리신다. 모든 민족이 하나님을 힘입어 번성하고 복을 받는다. 그러나 하나님은 모든 민족과 언약을 맺지는 않으셨다. 많은 민족 중에서 오직 이스라엘을 택하시고 그들과 언약을 맺으셨다. 특히 구약시대에는 언약 백성과 언약 밖의 백성은 뚜렷한 대조를 이루었다. 하나님의 언약 백성은 하나님과 관계가 이루어진 백성이다. 하나님은 그들의 하나님이 되시고 그들은 하나님의 백성이 된다. 그런데 하나님은 언약 백성에게 요구하시는 것이 있다. 그것은 말씀에 순종하여 언약 안에 거하라는 것이다(출 19:5). 이때 그들은 언약 밖의 백성을 하나님께로 돌아오게 하는 제사장 나라가 되며 거룩한 백성이 된다(출 19:6). 언약 백성의 정체성은 언약 안에 거함으로써 선교적 사명을 수행하는 데 있다.

언약 백성은 단순히 먹고 마시고 번성하는 것이 생의 목적이 아니다. 먼저 하나님의 백성으로서 특권과 동시에 거룩한 의무인 언약 안에 거해야 한다. 그렇지 않으면 하나님이 그들을 돌보지 아니하시며(히 8:9), 도리어 중단 없는 징계와 고난이 따른다. 그들에게 임한 징계와 고난은 궁극적으로 언약 안에 들어오라는 하나님의 은혜와 사랑이다. 세상 사람이나 언약 백성은 외적으로 번성하는 데 있어 큰 차이가 없다. 세상 사람도 하나님의 일반 은총 아래에서 살아간다. 하나님은 의인과 악인에게 동시에 비를 내리시고 햇빛을 주신다. 언약 밖의 백성도 하나님이 주신 것으로 먹고 마시고 즐긴다. 나름대로 인격을 함양하고 성공하고 행복을 추구한다. 그러다 잘되기라도 하면 제 잘난 맛에 그런 줄로 착각한다. 하나님을 힘입어 살며 기동하며 존재하는데 말이다(행 17:28). 한마디로 삶의 목적과 삶의 결말은 말 그대로 천지(天地) 차이인 것이다.

반면 언약 백성에게 삶의 목적은 언약 안에 거하여 세상에 하나님을 드러내는 데 있으며, 그의 결말은 하늘에 계신 아버지 집에 거하는 것이다. 이것이 바로 거룩한 백성의 삶이며 구약시대 믿음으로 살았던 언약 백성의 자취이다. "그들이 이제는 더 나은 본향을 사모하니 곧 하늘에 있는 것이라 이러므로 하나님이 그들의 하나님이라 일컬음 받으심을 부끄러워하지 아니하시고 그들을 위하여 한 성을 예비하셨느니라"(히 11:16). 구약시대 언약과 축복은 뚜렷이 대조되었다. 이스마엘처럼 하나님이 그를 번성케 하는 축복을 받았어도 그 끝은 사망이다. 그러나 언약 백성은 그의 삶의 조건이 어떠해도 하나님이 그와 함께하심을 믿으며 살아간다. 그는 덧없이 사라질 지상의 축복에 매이지 않으며 오로지 언약 안에서 주의 집에 거하는 것을 유일한 소원으로 고백한다. 하나님은 그를 통해 선교적 사명을 수행하신다. 그래서 언약 백성의 표본인 다윗은 한 가지 일을 여호와께 구하였다. 그것은 그의 평생에 여호와의 집에 살면서 여호와의 아름다움을 바라보며 그의 성전에서 사모하는 것이었다(시 27:4).

신약시대에는 누구든지 예수 그리스도로 말미암아 새 언약 백성이 된다. 이스라엘뿐 아니라 모든 민족이 언약 백성이 되는 길이 열렸다. 예수 그리스도는 십자가에서 죽으심으로써 언약 백성과 언약 밖의 백성 사이에 놓인 담을 허무셨다(엡 2:14). 바울은 언약 밖의 백성에게 언약 백성이 된 부요함을 기억하라고 말한다(엡 2:11-13). 베드로 사도 역시 언약 밖의 백성이 언약 백성이 된 놀라운 은혜를 말한다(벧전 2:9-10).

새 언약 백성은 하나님 나라의 백성이다. 그는 예수 그리스도로 말미암아 하나님과 평화를 누린다. 또한, 예수 그리스도를 통하여 은혜의 보좌로 들어가 하나님의 영광을 바라고 즐거워한다. 그에게 지상에서의 고난은 믿음의 연단(도키모스)을 이루는 자랑거리다(롬 5:3-4). 그러므로 그는 고난을 부끄러워하지 않고 도리어 자랑한다.

묵상

나는 언약에 무지했을 때, 하나님이 주시는 지상에서의 복을 구하였다. 하나님은 이스마엘처럼 약속의 자녀가 아니라도 그를 번성케 하시고 복을 주신다. 이스마엘에게 주신 복을 생각하니 기복신앙도 신앙이라는 생각이 든다. 문제는 예수 그리스도를 믿어 약속의 자녀가 되었으나 여전히 이스마엘에게 주신 복만을 구한 것이었다. 거룩한 것을 개에게 주지 말고 진주를 돼지 앞에 던지지 말 것이다(마 7:6). 아무리 귀한 것이라도 그 가치를 알지 못하는 자에게 개 앞에 거룩한 것이요, 돼지 앞에 진주이다. 언약이 얼마나 귀한 진리이고 축복인 줄 알지 못하니 썩을 양식만 구한 것이다. 평신도 시절에는 몸만 교회에 왔다 갔다 했으니 언약 안에 거한다는 것이 무엇인지 전혀 알지 못하였다. 그러니 어떻게 하나님 안에 거하는 기쁨을 맛볼 수 있었겠는가?

아, 공의의 심판이 임하고 생명의 말씀이 임하였다. 복음을 통해 생명으로, 십자가 복음으로 하나님 나라에 들어가는 길을 깨달았다. 진노밖에는 받을 것이 없는 자를 그리스도 안에서 의롭게 하신 것이다. 그러자 하나님과 바른 관계가 회복되고 믿음으로 은혜의 보좌에 들어가 하나님의 영광을 보고 즐거워하게 된 것이다. 날마다 지속하는 생명의 교제가 얼마나 부요한지! 오늘날도 예전의 나처럼 믿는 자들이 많다. 그저 이스마엘에게 주신 현세적 복을 구하며 자기 인생을 얻기에 급급하다. 어떤 이는 평생 교회를 다녀도 예수 믿는 참맛을 알지 못한다. 수박 겉핥기식이다. 삶 따로, 믿음 따로의 이중적 신앙이다. 그러니 언약을 알지 못하는 신자는 가장 비참하다. 그러다 복음을 통해 생명으로 나아가는 길을 알면 비로소 새 언약 백성의 부요함을 누린다. 먼저 은혜 받은 자는 빚진 자다. 자랑할 것도 없고 교만할 수는 더더욱 없다. 겸비하여 기회를 주시는 대로 생명을 전해야겠다. 주께서 나 같은 자를 긍휼히 여기셨으니, 다른 사람은 얼마나 더 긍휼히 여기실까!

32

18:1-16

1 여호와께서 마므레의 상수리나무들이 있는 곳에서 아브라함에게 나타나시니라 날이 뜨거울 때에 그가 장막 문에 앉아 있다가
2 눈을 들어 본즉 사람 셋이 맞은편에 서 있는지라 그가 그들을 보자 곧 장막 문에서 달려 나가 영접하며 몸을 땅에 굽혀
3 이르되 내 주여 내가 주께 은혜를 입었사오면 원하건대 종을 떠나 지나가지 마시옵고
4 물을 조금 가져오게 하사 당신들의 발을 씻으시고 나무 아래에서 쉬소서
5 내가 떡을 조금 가져오리니 당신들의 마음을 상쾌하게 하신 후에 지나가소서 당신들이 종에게 오셨음이니이다 그들이 이르되 네 말대로 그리하라
6 아브라함이 급히 장막으로 가서 사라에게 이르되 속히 고운 가루 세 스아를 가져다가 반죽하여 떡을 만들라 하고
7 아브라함이 또 가축 떼 있는 곳으로 달려가서 기름지고 좋은 송아지를 잡아 하인에게 주니 그가 급히 요리한지라
8 아브라함이 엉긴 젖과 우유와 하인이 요리한 송아지를 가져다가 그들 앞에 차려 놓고 나무 아래에 모셔 서매 그들이 먹으니라
9 그들이 아브라함에게 이르되 네 아내 사라가 어디 있느냐 대답하되 장막에 있나이다
10 그가 이르시되 내년 이맘때 내가 반드시 네게로 돌아오리니 네 아내 사라에게 아들이 있으리라 하시니 사라가 그 뒤 장막 문에서 들었더라
11 아브라함과 사라는 나이가 많아 늙었고 사라에게는 여성의 생리가 끊어졌는지라
12 사라가 속으로 웃고 이르되 내가 노쇠하였고 내 주인도 늙었으니 내게 무슨 즐거움이 있으리요
13 여호와께서 아브라함에게 이르시되 사라가 왜 웃으며 이르기를 내가 늙었거늘 어떻게 아들을 낳으리요 하느냐
14 여호와께 능하지 못한 일이 있겠느냐 기한이 이를 때에 내가 네게로 돌아오리니 사라에게 아들이 있으리라
15 사라가 두려워서 부인하여 이르되 내가 웃지 아니하였나이다 이르시되 아니라 네가 웃었느니라
16 그 사람들이 거기서 일어나서 소돔으로 향하고 아브라함은 그들을 전송하러 함께 나가니라

32

"불가능한 가능성"의 은혜,
자연적 생명이 영원한 생명으로 나다!

∶ 주해

아브라함은 약속과 성취 사이에 있었다. 그는 더디 이루어지는 약속 앞에 때로 믿음으로, 때로 불신앙으로 반응했다. 사래는 여종 하갈을 통해 자식을 취하려는 우회적인 방법을 시도하였다. 그러나 집안에 평지풍파만 일으켰다(16장). 하나님은 악을 선으로 바꾸신다. 육신을 따라 난 이스마엘도 번성케 되리라고 하셨다. 17장에서 엘샤다이(전능하신 하나님)가 나타나셔서 사라에게 적자(嫡子)가 태어날 것을 말씀하셨다. 아브라함은 엎드려 경외하였으나 자연적 출산이 불가함을 고하였다. 그러나 하나님은 불가능을 초월한 가능성으로서 사라의 출산을 예고하시고 태어날 아기의 이름을 이삭으로 명명하셨다. 이스마엘과 달리 하나님께서는 이삭과 그의 후손과 더불어 언약을 맺을 것이라고 하셨다.

창세기 18-19장은 긴밀한 결합으로 이루어진 하나의 단락이다. 하나님의 지상현현(나타나심)은 아브라함에게는 이삭의 출생을 확실시하고(18:1-16), 죄악의 도성 소돔에는 심판을 집행하셨다(18:17-19:38). 전체 단락은 약속된 독자 출생에 대한 말씀과 죄악 된 세상의 심판이 긴밀하게 결합된 서사시적인 작품이다. 18장의 전반부(1-16절)는 여호와께서 세 사람을 통해 나타나 사라의 잉태를 약속하셨다. 후반부(17-33절)는 롯이 거주하는 소돔에 대한 아브라함의 중재기도이다.

여호와께서 아브라함에게 "나타나셨다"(현현하셨다)(1절). 이는 여호와의 현현이다. 여호와께서 세 사람으로 현현하셨다(2절). 여호와가 현현하신 곳은 마므레의 상수리나무들이 있는 곳이다. 이곳은 아브라함이 정착한 헤브론에 있다(13:18). 여호와께서 현현하신 때는 날이 뜨거운 정오 무렵이었다(1절). 그는 휴식을 취하고자 장막 문어귀에 앉아 있었다. 그는 세 사람이 장막 문 맞은편에 "서 있는 것"을 보았다. 그 사람들은 갑자기 거기에 나타났다. 아브라함은 그들이 "오는 것"을 보지 못하였으며, 이미 와 있는 것을 보았다. 신적 존재는 갑자기 등장한다. 창세기의 저자는 여호와께서 나타나신 것을(1절), 세 사람이 나타난 것으로 묘사한다(2절). 이는 여호와의 의인론적(擬人論的) 표현이다. 세 사람으로 현현하신 여호와를 두고 한 사람만 여호와이며 두 사람은 천사로 간주하곤 하였다(19:1 "두 천사"). 이 해석은 그 사람들이 소돔으로 떠나고 아브라함이 여호와 앞에 있다는 언급에 근거한다(22절). 그러나 이 해석은 "두 천사"가 "여호와"(삼인칭 단수)를 지칭하므로 상충한다(19:21-22). 따라서 여호와는 세 사람 모두를 통해서 나타난 것으로 보는 것이 적절하다.

고대 교회에서는 세 사람의 방문자를 삼위일체와 관련하여 해석하였다. 그러나 최근에 나오는 모든 주석에서는 이 같은 해석을 지양한다. 18장에서 세 사람은 여호와이며, 하나님의 활동은 단수적으로 그리고 인격적으로 구별되도록 서술한다. 고대 교회가 제시한 삼위일체의 해석은 의미가 있다. 세 분 하나님은 하나로 존재하시며(내재적 삼위일체), 하나로 활동하시기(경륜적 삼위일체) 때문이다. 고대 세계에서 신적 존재들의 인간 방문에 관한 민담은 널리 퍼져 있었다. 오디세이에서 이렇게 서술한다. "복된 신들도 유랑하는 나그네 차림으로 온갖 모양을 하고서 여러 지방 여러 도시를 돌아다니면서 가사적(可死的)인 인간들의 악행과 선행을 구경한다." 특히 세 신(神), 제우스와 포세이돈과 헤르메스가 자녀가 없는 하이리우스를 방문한 것에 관한 그리스 민담이 본 민담과 유사하다. 세 신은 하이리우스의 대접을 받고 아들 오리온을 주었는데, 오리온은 열 달 후에 태어났다. 고대 세계의 민담은 믿음의 조상 아브라함의 신적 체험으로 전승되었다. 아브라함은 고대 근동의 관행대로 세 방문객을 극진히 영접했다. 아브라함은 그들을 머물게 하려고 그들에게 달려갔다. 물론 그들은 "서 있음"으로 인해서 머무를 의사가 있음을 보여주었다. 아브라함은 그들을 정중하게 초대했다.

3절, "내 주여, 내가 주께 은혜를 입었사오면"(개역개정)에서 "내 주"는 하나님을 가리키지 않으며 단순한 존칭이다. "은혜를 입었사오면" 역시 예의적 어투이다. 아브라함의 다변(多辯)의 초대와 방문자들의 짤막한 대답이 대조를 이룬다(새번역 성경은 의역하여 번역함). "네 말대로 그리하라"(5b절, 개역개정). 아브라함이 약속한 대접은 물과 소량의 떡이었다(4-5절). 그러나 무슨 연유인지 아브라함은 약속한 대접을 훨씬 넘어서고 있다. 그는 서둘러 장막에 거주하는 모든 사람을 움직이게 하였다. 사라에게 명하여 여자들로 하여금 밀가루를 빻고 빵을 굽게 하고, 남자들에게 도살하는 일을 시켰다. "급히 장막으로 가서", "가축 떼 있는 곳으로 달려가서", "급히 요리한지라"라는 표현들은 대접하는 일이 신속하게 이루어졌음을 묘사한다. 음식은 신속하게 준비되었다. 방문자들이 음식을 먹는 동안 아브라함은 정중히 시중들었다. "그들이 나무 아래에서 먹는 동안에, 아브라함은 서서, 시중을 들었다"(8절).

여호와께서 인간적 방식으로 음식을 먹고 휴식을 취하라는 아브라함의 요구에 응한 것은 고대 주석가들에게 적잖은 당혹감을 가져다주었다. 요세푸스는 천상의 존재들도 사람들과 먹기 위해 나타났다고 말하였다. 신약에서 성육신하신 아들(인자)은 죄인과 세리와 더불어 먹고 마셨다(마 9:9-13 참고). 방문객들은 단도직입적으로 말하기 시작했다(9절). 아브라함에 말하는 이들은 "여호와"이시다(13절). 이들은 사라가 있는 곳을 묻고 아브라함은 그녀가 장막에 있다고 말했다. 그들은 사라의 이름과 자녀 없음을 알고 있다. 게다가 사라에게 아들을 약속했다. 17:15-22에서 하나님은 아브라함에게 아들 이삭을 약속하셨다. 이제 여호와께서는 아들이 태어날 때를 지시하셨다. "내년 이맘때"이다(10절). 사라는 아브라함이 등지고 서 있는 장막 어귀에서 이 말을 들었다(10절). 아브라함과 사라는 이미 나이가 많은 노인이었고, 사라는 월경마저 그쳐서, 아이를 낳을 나이가 지난 사람이었다. 하여 사라는 방문자들의 말에 냉소적으로 반응했다. 그녀는 속으로 웃으면서 중얼거렸다. "나는 기력이 다 쇠진하였고, 나의 남편도 늙었는데, 어찌 나에게 그런 즐거운 일이 있으랴!"(12절).

13절, "여호와께서" 아브라함에게 말씀하셨다. 사람의 중심을 살피시는 하나님께서 사라의 속마음을 다 아셨다. 하나님께서 사라가 속으로 한 말을 언급하며 약속을 확증하셨다. 사라에게 자연적 출산은 불가능하다. 그러나 하나님의 약속은 자연적 가능성을 초월한다. 여호와께서 거듭 일 년 후에 사라가 아들을 낳을 것을 확약하셨다. "여호와께 능하지 못한 일이 있겠느냐?"(14절). 이 말씀은 자연적 출산이 불가한 엘리사벳과 성령으로 잉태한 마리아에게도 동일하게 주어졌다. "보라 네 친족 엘리사벳도 늙어서 아들을 배었느니라 본래 임신하지 못한다고 알려진 이가 이미 여섯 달이 되었나니 대저 하나님의 모든 말씀은 능하지 못하심이 없느니라"(눅 1:36-37).

사라가 두려워서 웃지 않았다고 말하였다. 그러나 하나님은 다 아시고 그녀가 웃었다고 말씀하셨다. 시종일관 엄격한 위엄을 유지했던 방문객들은 일어나서 떠나갔다. 그들은 죄악의 도성 소돔으로 향했다. 그들의 단호한 출발은 소돔을 심판하는 암울한 여행이었다. 아브라함은 그들을 바래다주려고 함께 얼마쯤 걸었다(16절). 소돔은 아브라함이 있는 헤브론에서 동쪽으로 4.8km 지점에 있다.

17장과 달리 18장에서 아브라함은 방문객을 대접하는 데 정성을 들였다. 방문객들은 독자 이삭의 출산을 거듭 약속하였다. 이때 사라는 냉소적으로 반응하였으나, 아브라함은 말없이 경청했다. 그는 약속을 신뢰하고 있는가? 아브라함이 방문객을 대접한 사건은 후에 손 대접을 통해 천사를 영접한 근거가 되었다(히 13:2). 아브라함에게 약속의 자녀가 출산한다는 최종 통보는 세 사람으로 의인화된 하나님으로 인하여 주어졌다. 아브라함은 부지불식간에 세 인격으로 현현하신 하나님을 본 것이다. 고대교회의 해석을 반영한다면, 삼위일체의 하나님이 그에게 현현하신 것이다.

삼위일체 하나님은 창세전 영원부터 하나로 현존하신다(요 17:22, "우리가 하나가 된 것 같이"). 태초부터 현존하시는 삼위 하나님을 가리켜 내재적 삼위일체라 부른다. 내재적 삼위일체로서 하나님은 그가 창조하신 세상에서 자기 뜻을 이루신다. 창세전 영원에서 이미 이루어진 뜻을 창조 안에서 이루어 가시는 것이다. 이 뜻을 이루시는 삼위 하나님은 경륜적 삼위일체로 불린다. 영원부터 그리스도 안에서 예정된 하나님의 뜻은 그리스도 예수 안에서 우리가 하나님의 아들들이 되는 것이다(엡 3:11, 1:5). 이는 창세전 거짓이 없으신 하나님이 약속하신 영생이다(딛 1:2). 영생은 아들 안에 있는 생명이다(요일 5:11). 그러므로 생명이 있는 아들이 오실 때 인간은 비로소 영생을 얻는다. 아들이 있는 자에게 생명이 있고 아들이 없는 자에게 생명이 없다(요일 5:12). 이에 하나님께서는 창세전 아들을 보내시기로 미리 정하셨다(벧전 1:20). 영원부터 그리스도 예수 안에서 예정하신 뜻을 이루기 위함이었다.

또한, 세상을 향한 하나님의 뜻은 새 하늘과 새 땅의 성취에 있다. 지상적인 것은 영원한 것의 모형이다. 처음 창조된 세상은 영원에 속한 새 하늘과 새 땅이 모형이다. 창조의 처소 에덴은 '기쁨'이란 뜻이다. 이는 영원에 계신 삼위 하나님과의 교제를 표현한 페리 코레시스(춤추며 기뻐함)의 모형이다(잠 8:30-31). 땅에서 지음 받은 아담은 아들이 오셔서 영생을 얻어야 할 자였다. 아담의 혈통으로 태어난 모든 인간 역시 영생을 얻어야 할 자이다. 예수께서 땅의 영웅인 니고데모에게 말씀하셨다. "내가 진정으로 진정으로 너에게 말한다. 누구든지 다시 나지 않으면(위로부터 나지 않으면), 하나님 나라를 볼 수 없다"(요 3:3).

모든 인간은 육신의 부모에게서 자연적으로 출산한다. 그러나 자연적 출산은 필경 사망에 이른다. 그는 말씀과 영을 통해 위로부터 나야 한다. 위로부터 나는 것은 하늘부터 나는 영생이다. 이는 오직 하나님의 권능으로 나는 것이다. 강아지의 생명이 사람의 생명으로 나는 것은 불가능하다. 땅에서 난 사람의 생명이 하늘에 속한 영생으로 나는 것 역시 불가능하다. 그러나 하나님께는 능치 못함이 없다. 오직 하나님의 권능으로 인간은 위로부터 태어난다. 그러므로 영생 얻음은 인간으로는 불가능하나 하나님께는 가능한 "불가능한 가능성"(impossible possibility)이다. "제자들은 더욱 놀라서 '그렇다면, 누가 구원을 받을 수 있겠는가?' 하고 서로(또는 그에게) 말하였다. 예수께서 그들을 눈여겨보시고, 말씀하셨다. '사람에게는 불가능하나, 하나님께는 그렇지 않다. 하나님께는 모든 일이 가능하다'"(막 10:26-27).

요한복음 4장에 나오는 사마리아 여인은 오늘 아브라함처럼 불가능한 가능성의 생명을 얻었다. 뜨거운 대낮에 아브라함을 찾아오신 주님이 정오(육시)에 여인을 찾아오셨다. 하나님이 제의 장소인 마므레의 상수리나무에 있는 아브라함을 찾아오셨듯이, 신앙 전통을 따라 야곱의 우물에 나온 여인에게 오셨다. 아브라함이 방문객이 하나님인 것을 알지 못했듯이, 여인도 주님을 알아보지 못하였다. 단지 유대인으로 알았다. 아브라함에게 홀연히 나타나듯, 주님도 여인에게 불현듯 나타나셨다. 그리고 그녀에게 불가능한 가능성의 영원한 생명을 주신다. "예수께서 대답하여 이르시되 이 물을 마시는 자마다 다시 목마르려니와 내가 주는 물을 마시는 자는 영원히 목마르지 아니하리니 내가 주는 물은 그 속에서 영생하도록 솟아나는 샘물이 되리라"(요 4:13-14).

솟아나는 샘물은 영원한 생명에 이르게 한다(요 4:14). 썩지 아니하는 양식은 영원한 생명에 이르게 한다(요 6:27). 솟아나는 샘물, 썩지 아니하는 양식은 모두 생명의 떡이신 아들 예수를 가리킨다. 곧 영원한 생명에 이르게 하는 복음이다. 복음은 불가능한 가능성인 영생을 얻게 하는 유일한 진리이다. 어떤 종교도 자연적 출산의 생명을 영원한 생명으로 나게 하지 못한다. 영생을 주시는 불가능한 가능성은 오직 하나님의 권능이다. 그 권능은 영생을 얻는 자에게도 감추어져 있다. 포스트모던 시대 종교는 통합을 시도한다. 절대 진리는 해체되고 다원주의 사상은 활개를 친다. 그들은 마치 아브라함의 아내 사라처럼 이성적이고 합리적이다. 그들은 영생 자체를 어리석게 보고 비웃는다. 18세기 이후 유수한 철학자들과 신학자들도 영생의 담론에 대해서는 매우 꺼렸다.

성경 전체의 주제이며(요 5:39) 하늘에 계신 아버지의 뜻인 영생의 진리는 감추어져 있다. 교회 안에서도 하나님의 권능을 지상적 문제해결로 한정한다(케네스 헤겐). 그러나 성도에게 하나님의 지극히 크신 권능이 이미 나타났다(엡 1:19). 이는 그리스도를 죽은 자 가운데서 살리신 권능이다(엡 1:20). 또한, 허물과 죄로 죽은 자연적 생명이 그리스도와 함께 일으킴을 받아 하늘에 앉히운 권능이다(엡 2:1-6). 곧 그리스도의 죽음과 부활에 연합하여 새 생명을 얻는 것, 이것이 믿는 자에게 베풀어주신 지극히 크신 하나님의 권능이다.

묵상

나는 오랫동안 자연적 생명으로 살았다. 성경도 읽고 영생에 관한 말씀도 수도 없이 읽었다. 그러나 영으로 알지 못하니 그것은 죽은 문자요 화석화된 문자였다. 자연적 생명으로 살며 부요케 하는 것이 신앙의 목적이었다. 겉모습은 신자요 목사였으나 내면세계는 세상 사람과 다를 바 없었다. 그들의 소원이 나의 소원이었고 그들의 꿈이 나의 꿈이었다. 예수를 영접하여 아들의 생명을 얻었으나 감각조차 없었다. 영생에 대해 논할 때는 죽어서 실현되는 생명으로 치부하였다.

한국의 유수한 어느 신학자가 이런 말을 하였다. 하나님을 설교한다는 목사들이 내재적 삼위일체나 경륜적 삼위일체를 알지 못하는 것은 말도 안 된다고. 그런 목사가 무슨 하나님을 전하겠는가? 하고 질타하였다. 내가 꼭 그 말을 들을 자였다. 아론처럼 사람들이 원하는 신을 하나님으로 열심히 설파하였다.

무지한 것이 변명이 될 수 없다. 더욱이 면책의 사유가 되지 못한다. 그렇다고 무지에서 벗어나는 것도 내 힘으로 불가하다. 오직 하나님의 권능으로만 가능하다. 아브라함에게 나타나신 하나님, 사마리아 여인에게 나타나신 주님이 내게도 오셨다. 야곱의 우물에서 물을 긷고자 큐티의 자리로 나아갔다. 그러나 그날 불현듯 한 은혜가 임하였다. 이 글을 쓰는데 다시 그날의 전율이 기억나면서 머리가 쭈뼛하다. 복음을 통해 생명에 이르는 권능을 베푸셨다. 아, 하나님으로만 가능한 불가능한 가능성이 내게 나타난 것이다. "어찌 나 같은 자에게!" 이 고백은 복음을 통해 생명을 누리는 모든 지체의 고백이다. 그럴 수밖에 없는 것이, 생명을 주시고 생명의 교제로 이끄시는 은혜는 힘써도 못하고 울어도 못하는 은혜이기 때문이다. 아들을 십자가에 달리게 하신 하나님의 권능으로만 가능하기 때문이다.

33

18:17-33

17 여호와께서 이르시되 내가 하려는 것을 아브라함에게 숨기겠느냐
18 아브라함은 강대한 나라가 되고 천하 만민은 그로 말미암아 복을 받게 될 것이 아니냐
19 내가 그로 그 자식과 권속에게 명하여 여호와의 도를 지켜 의와 공도를 행하게 하려고 그를 택하였나니 이는 나 여호와가 아브라함에게 대하여 말한 일을 이루려 함이니라
20 여호와께서 또 이르시되 소돔과 고모라에 대한 부르짖음이 크고 그 죄악이 심히 무거우니
21 내가 이제 내려가서 그 모든 행한 것이 과연 내게 들린 부르짖음과 같은지 그렇지 않은지 내가 보고 알려 하노라
22 그 사람들이 거기서 떠나 소돔으로 향하여 가고 아브라함은 여호와 앞에 그대로 섰더니
23 아브라함이 가까이 나아가 이르되 주께서 의인을 악인과 함께 멸하려 하시나이까
24 그 성 중에 의인 오십 명이 있을지라도 주께서 그 곳을 멸하시고 그 오십 의인을 위하여 용서하지 아니하시리이까
25 주께서 이같이 하사 의인을 악인과 함께 죽이심은 부당하오며 의인과 악인을 같이 하심도 부당하니이다 세상을 심판하시는 이가 정의를 행하실 것이 아니니이까
26 여호와께서 이르시되 내가 만일 소돔 성읍 가운데에서 의인 오십 명을 찾으면 그들을 위하여 온 지역을 용서하리라
27 아브라함이 대답하여 이르되 나는 티끌이나 재와 같사오나 감히 주께 아뢰나이다
28 오십 의인 중에 오 명이 부족하다면 그 오 명이 부족함으로 말미암아 온 성읍을 멸하시리이까 이르시되 내가 거기서 사십오 명을 찾으면 멸하지 아니하리라
29 아브라함이 또 아뢰어 이르되 거기서 사십 명을 찾으시면 어찌 하려 하시나이까 이르시되 사십 명으로 말미암아 멸하지 아니하리라
30 아브라함이 이르되 내 주여 노하지 마시옵고 말씀하게 하옵소서 거기서 삼십 명을 찾으시면 어찌 하려 하시나이까 이르시되 내가 거기서 삼십 명을 찾으면 그리하지 아니하리라
31 아브라함이 또 이르되 내가 감히 내 주께 아뢰나이다 거기서 이십 명을 찾으시면 어찌 하려 하시나이까 이르시되 내가 이십 명으로 말미암아 그리하지 아니하리라
32 아브라함이 또 이르되 주는 노하지 마옵소서 내가 이번만 더 아뢰리이다 거기서 십 명을 찾으시면 어찌 하려 하시나이까 이르시되 내가 십 명으로 말미암아 멸하지 아니하리라
33 여호와께서 아브라함과 말씀을 마치시고 가시니 아브라함도 자기 곳으로 돌아갔더라

33

소돔의 의인은 심판을 유보하고, 의인 그리스도는 심판에서 건지시고!

주해

여호와 하나님이 세 사람으로 현현하셨다. 그리고 아브라함과 사라가 일년 후 아들을 낳을 것을 약속하셨다. 하나님의 현현인 "그 사람들"이 소돔을 향하여 갔다. 17-33절은 소돔에 관한 하나님의 독백과 소돔을 위한 아브라함의 중재이다.

17-19절은 하나님 자신의 독백이다. 공동번역 성경이 원문에 맞게 번역하였다(17절, "야훼께서는 속으로 이런 생각을 하셨다"). 20-21절은 하나님이 독백하신 후 아브라함에게 하신 말씀이다. 22-33절은 그 말씀에 대한 반응으로 아브라함이 소돔을 위해 중재한 내용이다.

하나님께서는 아브라함에게 약속하신 복을 스스로 상기하셨다. 그리고 아브라함에게 장차 하실 일을 알려주시고자 하셨다. "내가 장차 하는 일을 어찌 아브라함에게 숨기랴?"(17절). 다른 사람에게는 숨겨져 있는 역사 속에서의 사건이 아브라함에게 계시되었다. 이것은 하나님이 아브라함과 친밀한 관계를 맺고 있음을 방증한다. 하나님이 숨기지 않고 알려주시려는 일은 20-21절에 나오듯 소돔에 대한 조사와 심판이었다. 하나님이 숨겨진 역사 속의 일을 아브라함에게 계시하신 이유는 이것이다. 아브라함이 그의 후손들을 가르쳐 그들이 옳고 바른 일을 하도록 하기 위함이었다(19절). 이 때문에 소돔에서 일어난 사건은 아브라함을 통해 복을 받게 될 그의 후손들에게 모범적 의미가 있다. 여기서 말하는 아브라함의 후손은 예수 그리스도를 믿어 구원받은 자 전부를 망라한다(갈 3:29). 실제로 소돔이 죄악으로 멸망한 사건은 불경건한 자들에게 본이 된다. "소돔과 고모라 성을 멸망하기로 정하여 재가 되게 하사 후세에 경건하지 아니할 자들에게 본을 삼으셨으며"(벧후 2:6).

20-21절, 하나님께서 방금 하셨던 독백을 따라 아브라함에게 말씀하셨다. "소돔과 고모라에서 들려오는 저 아우성을 나는 차마 들을 수가 없다. 너무나 엄청난 죄를 짓고들 있다. 내려가서 그 하는 짓들이 모두 나에게 들려오는 저 아우성과 정말 같은 것인지 알아보아야 하겠다"(공동번역). 소돔과 고모라에서 부르짖는 소리가 여호와 앞에 상달되었다. "부르짖는 소리"는 전문적인 법적 용어이다. 이것은 권리를 침해당한 자가 지르는 아우성이다. 권리가 침해당한 자는 부르짖는 소리로 법적 공동체에 호소한다. 그러나 법적 공동체가 그런 외침을 외면하면 모든 법의 수호자이신 여호와께 상달된다. 가인의 손에 죽은 아벨의 피가 땅에서 호소하듯 말이다(창 4:10). 여호와께서는 소돔의 부르짖는 소리를 들으시고 그곳의 죄악을 살피고자 그곳으로 가셨다.

22-33절은 소돔을 위한 아브라함의 중재이다. 이는 소돔의 멸망을 막기 위한 중재이다. 그 사람들은 그곳을 떠나 소돔을 향하여 가고 여호와는 아브라함 앞에 서 계셨다. 그 사람들이 떠나고 여호와가 남은 것을 두고 떠난 사람들은 천사들이라는 주장이 있다. 실제로 19:1에서는 두 사람이 소돔을 방문한다. 하지만 두 사람 역시 하나님의 현현이다. 19:13에서 두 사람은 하나님으로서 말하고, 21-22절에서는 더욱 뚜렷하다. 하나님의 현현에 대한 합리적인 설명은 의미가 없다. 중요한 것은, 여호와께서 친히 아브라함을 찾아오셨고 숨어서 (천사들을 통하여) 소돔에서 활동하셨다는 사실이다(폰 라드). 22절의 히브리어 성경에서는 "아브라함이 여호와 앞에 서 있는 것"이 아니라, 여호와가 아브라함 앞에 서 계셨다(22절, 새번역 각주 참고). 히브리어 성경은 해석학적으로 유대교 학자들에 의해 개정되곤 하였다. 이것은 매우 드문 일인데 22절이 그중 하나다. 유대교 학자들은 "여호와가 아브라함 앞에 서 있다"는 표현이 여호와의 신분과 어울리지 않는 것으로 보아 아브라함이 여호와 앞에 서 있는 것으로 수정

하였다(마소라 사본). 한글성경은 마소라 사본을 따라 "아브라함이 여호와 앞에 서 있는 것"으로 번역하였다.

아브라함은 소돔에 임박한 멸망을 알고 하나님께 중재한다. 소돔은 심판자 하나님과 중보자 아브라함에 관하여 아무것도 모른다. 양자의 대화는 소돔이 바라다 보이는 헤브론 동쪽 높은 지대에서 있었다. 아브라함이 드린 중재는 소수의 의인이 다수의 죄인과 함께 망하는 것이 정당한지에 대한 호소였다. "의인을 악인과 함께 멸하려 하시나이까?"(23절). 아브라함의 질문은 "무엇에 의해서 소돔에 대한 하나님의 심판이 결정되는가?"라는 의미가 있다. 다수의 악인가? 소수의 무죄인가? 소수의 무죄한 자들 때문에 공동체에 대한 심판의 집행이 유보된다는 사상은 하나님께 받아들여졌다. 사실 하나님의 의지는 심판이 아니라 구원이고 보호이기 때문이다.

18장 전반부에서 이삭을 주신다는 약속을 받을 때 아브라함은 내내 침묵하였다. 소돔의 멸망을 두고 아브라함은 집요할 정도로 많은 말을 한다. 그는 티끌과 재와 같아 하나님께 구할 자격이 없다. 그러나 그는 형벌 의지보다 구원 의지가 더 크신 하나님의 마음을 알고 있었다. 50명의 의인에서 45명으로, 다시 40명에서 30명으로, 또다시 20명에서 마지막 10명으로 줄어든다. 하나님의 구원 의지는 명확하다. 의인 10명을 위해 소돔을 멸하지 않으실 것이다. 아브라함의 중재는 의인 10명에서 끝난다. 그는 마지막으로 10명의 의인을 말할 때, "이번만 더하리이다"라고 하였다(32절). 이로써 마지막 중재가 끝났다. 그는 인간 중재자로서 최선을 다하였다.

여기서 하나님의 의에 관하여 두 가지 문제가 상충한다. 다수의 죄로 인해 소수의 의인도 함께 망하는가? 또, 소수의 의인으로 인해 다수의 죄인이 용서받는가? 소수의 의인이 망하는 것과 다수의 악인이 용서받는 것은 실로 모순이다. 분명한 것은, 의인의 숫자가 줄어드는 중재의 과정에서 하나님께는 용서의 의지가 심판의 의지보다 훨씬 크다는 것을 알 수 있다. 그러면 어떻게 의인을 살리고 동시에 악인을 용서하는 모순을 극복하는가? 그것은 하나님께만 답이 있다. 곧 신적 중재자를 통해 의인을 살리고 악인을 용서한다. 하나님께서는 모든 사람을 위해 대속자를 세우셨다. 그는 신적 중재자이다. 이사야는 신적 중재자로서 메시아를 예시한다.

"그는 실로 우리가 받아야 할 고통을 대신 받고, 우리가 겪어야 할 슬픔을 대신 겪었다. 그러나 우리는, 그가 징벌을 받아서 하나님에게 맞으며, 고난을 받는다고 생각하였다 그러나 그가 찔린 것은 우리의 허물 때문이고, 그가 상처를 받은 것은 우리의 악함 때문이다. 그가 징계를 받음으로써 우리가 평화를 누리고, 그가 매를 맞음으로써 우리의 병이 나았다. 우리는 모두 양처럼 길을 잃고, 각기 제 갈 길로 흩어졌으나, 주님께서 우리 모두의 죄악을 그에게 지우셨다"(사 53:5-7).

예레미야도 진리를 찾는 한 사람의 중재자를 예시한다. 죄악 된 예루살렘 도성은 진리를 찾는 한 사람으로 인해 멸망이 유보된다(렘 5:1). 하지만 예루살렘은 그 한 사람이 없어 망하였다. 그렇다면 그 한 사람은 신적 중재자. 의인은 없으니 하나도 없다(롬 3:10). 유일한 의인은 하나님 한 분이시다. 그는 성육신하여 세상에 현현하셨다. 곧 하나님의 아들이 신적 중재자로 죄악이 가득한 세상에 오셨다(요 1:14). 그가 오신 것은 땅에서 들리기 위함이다. 그가 땅에서 들리심은 십자가에서 죽으시고 삼일 만에 부활하시는 것이다(요 12:32-33, 행 2:33). 이제 그를 믿는 자마다 영생을 얻는다(요 3:15). 곧 그의 죽음과 부활에 연합한 자는 옛 생명이 죽고 새 생명으로 난다(롬 6:4). 그는 심판에 이르지 아니하며, 사망에서 생명으로 옮기어진다(요 5:24). 흑암의 권세에서 건짐 받아 아들의 나라로 옮기어진다(골 1:13).

소돔의 의인 10명은 심판을 유보할 수 있었다. 하늘에서 오신 의인 1명은 심판에서 건지시고 새 생명을 얻게 한다. 예수 그리스도는 의인으로서 불의한 자를 대신하여 죽으셨다. 이는 우리를 하나님께로 인도하기 위함이다. 그의 죽음으로 하나님께로 나아가는 길이 열렸다. 그의 육체가 찢김으로써 이전에 열리지 않았던 새로운 길이 열렸다. 그 길은 아들을 힘입어 하나님께 나아가는 '파레시아'이다. 그리스도인이 매일 '파레시아'를 준행하는 것은, 의인으로서 불의한 자를 대신하여 죽으신 공로로 인함이다. 만일 우리가 예수께서 죽음으로 열어놓으신 새롭고 산길로 나아가지 않으면 사망의 지배를 받는다. 무엇보다 그리스도의 죽음을 무가치하고 헛되게 하는 일이다. 날마다 '파레시아'를 준행하는 자에게 그리스도의 죽음을 값지고 보배롭다.

: **묵상**

생명의 교제를 위한 '파레시아'는 특권이며 거룩한 의무이다. 하지만 육체의 한계를 지니고 있기에 짐스럽고 고되다. 배 농장에서 하는 일은 공동 작업이기에 잠시의 틈을 내기도 쉽지 않다. 그래서 매년 이맘때면 영적으로, 육적으로 매우 긴장한다. 새벽마다 주님과 갖는 생명의 교제가 하루를 살아내는 원천이 된다. 일과 사람은 언제든지 시험을 부른다. 저마다 생각이 다르고 일의 방식이 달라서 자기주장의 역사가 강하게 나타난다. 생각 없이 말하고 행동하면 나도 실족하고 상대를 실족시킨다. 성경에서 소돔의 죄악은 모든 시대 죄악 된 도성의 모본이었다. 죄악 된 도성에 심판이 유보된 것은 10명의 의인이 아니라 1명의 의인으로 인함이었다. 나 역시 예외가 아니었다. 심판 외에 받을 것이 없는 자였으나 심판이 유보되었다. 소돔과 같은 세상에서 온갖 죄악에 오염되어 살았다. 쓰나미 같은 죄악의 물결이 나를 사로잡아갔다. 도덕군자 안에 도사린 위선과 교만은 하늘을 찔렀다. 비교 경쟁의 화신으로 사는데 어찌 마음의 평안이 있겠는가?

심판이 유보되던 자, 마침내 심판이 임하였다. 그러나 그 심판은 한 사람 의인의 무덤에서 받은 심판이었다. 비참한 무덤의 자리에서 말씀을 얻어먹었다. 그 말씀은 나를 심판하였으나 생명을 계시한 복음이었다. 마침내 복음을 통해 생명으로 나아갔다. 심판이 마지막이 아니었다. 그리스도의 무덤에서 받은 심판은 생명으로 나아가는 길이었다. 오늘도 생명의 교제로 하루를 시작한다. 교제를 통해 주시는 하늘의 기쁨이 몸의 한계를 넉넉히 견디게 한다. 자기주장 의지의 소욕으로 때론 곤고하지만 주께서 손으로 붙드심을 느낀다. 주께서 정하신 길, 비록 넘어지나 아주 엎드러지지 않음이 기이하다. 내 영혼이 고요하고 평온하여 아버지 품에 거하기를 간구한다. 고요와 평온 속에 모든 일을 주께 하듯 하기를 간구한다.

34

19:1-11

1 저녁때에 그 두 천사가 소돔에 이르니 마침 롯이 소돔 성문에 앉아 있다가 그들을 보고 일어나 영접하고 땅에 엎드려 절하며
2 이르되 내 주여 돌이켜 종의 집으로 들어와 발을 씻고 주무시고 일찍이 일어나 갈 길을 가소서 그들이 이르되 아니라 우리가 거리에서 밤을 새우리라
3 롯이 간청하매 그제서야 돌이켜 그 집으로 들어오는지라 롯이 그들을 위하여 식탁을 베풀고 무교병을 구우니 그들이 먹으니라
4 그들이 눕기 전에 그 성 사람 곧 소돔 백성들이 노소를 막론하고 원근에서 다 모여 그 집을 에워싸고
5 롯을 부르고 그에게 이르되 오늘 밤에 네게 온 사람들이 어디 있느냐 이끌어 내라 우리가 그들을 상관하리라
6 롯이 문 밖의 무리에게로 나가서 뒤로 문을 닫고
7 이르되 청하노니 내 형제들아 이런 악을 행하지 말라
8 내게 남자를 가까이 하지 아니한 두 딸이 있노라 청하건대 내가 그들을 너희에게로 이끌어 내리니 너희 눈에 좋을 대로 그들에게 행하고 이 사람들은 내 집에 들어왔은즉 이 사람들에게는 아무 일도 저지르지 말라
9 그들이 이르되 너는 물러나라 또 이르되 이 자가 들어와서 거류하면서 우리의 법관이 되려 하는도다 이제 우리가 그들보다 너를 더 해하리라 하고 롯을 밀치며 가까이 가서 그 문을 부수려고 하는지라
10 그 사람들이 손을 내밀어 롯을 집으로 끌어들이고 문을 닫고
11 문 밖의 무리를 대소를 막론하고 그 눈을 어둡게 하니 그들이 문을 찾느라고 헤매었더라

34

소돔의 죄악을 보고 들으며 애통하는 자 되게 하소서!

∶ 주해

창세기 18장에서 하나님이 사람들을 통해 아브라함에게 현현하셨다. 고대 교회의 해석에 따르면 삼위일체의 하나님이 현현하신 것이다. 하나님은 먼저 아브라함이 사는 헤브론에 방문하셔서 독자 이삭의 출생을 알리셨다. 그리고 헤브론을 떠나 소돔을 향해 가시면서 아브라함에게 소돔에 대한 심판을 알리셨다. 소돔에는 아브라함의 조카 롯이 살고 있었다. 아브라함은 소돔의 멸망을 막고자 중재의 간구를 드렸다. 하나님은 소돔에 의인 10명이 있으면 그곳을 멸망하지 않겠다고 약속하셨다.

창세기 19장은 소돔의 멸망을 기술한다. 1-11절은 소돔의 죄악상을, 12-29절은 소돔에 대한 심판을, 30-38절은 롯의 두 딸을 통한 모압과 암몬의 기원을 기술한다. 전체적인 주제는 "인간의 범죄 - 하나님의 심판 - 하나님의 구원"의 신학적 구조이다.

저녁때에 두 천사가 소돔에 이르렀다. 두 천사는 하나님의 현현이다(17, 21절 참고). 이들은 대낮에 아브라함의 영접을 받고 음식을 먹은 뒤 길을 떠나 저녁에 소돔에 도착하였다. 헤브론에서 소돔이 있었던 사해 남부까지의 거리는 약 70km이다. 사람으로서는 한나절에 도착할 수 없는 거리였다. 두 천사로 현현하신 하나님이 인간으로 롯에게 나타나신 것이다. 롯은 성문에 앉아 있다가 이들을 발견하였다. 그는 혼자 일어나서 그들을 정중하게 집으로 초대하였다. "두 분께서는 가시던 길을 멈추시고, 이 종의 집으로 오셔서, 발을 씻고, 하룻밤 머무르시기 바랍니다. 내일 아침에 일찍 일어나셔서, 길을 떠나시기 바랍니다"(2절). 물론 롯이 천사로 현현하신 하나님을 알아본 것은 아니다. 다만 그는 고대 근동의 관습대로 나그네를 극진히 대접하고자 하였다. 고대 근동 사회에서 나그네를 대접하고 보호하는 것은 신성한 의무였다. 두 사람의 말은 거만하면서도 과묵하다. 그들은 밖에서 밤을 새우겠다고 하면서 롯의 초대를 사양하였다(1절b). 그러나 롯이 간절히 권하므로 그들은 그의 집으로 들어갔다. 롯이 상을 차려 무교병을 주니 그들이 먹었다(3절).

4-5절에서는 소돔 사람의 죄악상이 드러난다. 소돔 사람들에게 두 천사는 나그네로 보였다. 두 천사가 휴식을 취할 때 청년부터 노년에 이르기까지 소돔 사람들이 롯의 집을 에워쌌다. 그리고 롯에게 소리쳤다. "오늘 밤에 당신의 집에 온 그 남자들이 어디에 있소? 그들을 우리에게로 데리고 나오시오. 우리가 그 남자들과 상관 좀 해야 하겠소"(5절). "상관하다"의 히브리어 "야다"는 "알다"의 뜻이나 "성관계를 맺다"의 뜻도 있다(창 4:1 "동침하다"). 이는 소돔 사람들이 롯의 집에 들어온 나그네들과 집단적인 성관계를 맺으려 했다는 것을 의미한다. 소돔 사람들의 행태는 후에 이스라엘 사람들에게 그대로 재현되었다(삿 19장). 이것은 가나안 땅에 정착한 이스라엘 백성이 소돔의 죄악을 그대로 답습하였음을 보여준다. "노소를 막론하고"라는 표현은 과장된 듯 보이나, 소돔의 모든 남자가 악행에 가담했음을 보여준다. 이것은 소돔 사람 중에 의인 10명이 없다는 것을 우회적으로 표현한 것이다. 소돔은 멸망을 피할 수 없는 길로 치달았다.

6-8절은 소돔 사람들의 죄악에 대한 롯의 반응이었다. 롯은 급히 밖으로 나와 뒤로 문을 잠갔다(6절). 그리고 집을 에워싼 소돔 사람들에게 악한 짓을 금하라고 말했다(7절). 롯은 나그네들에게 행패를 부리려고 온 소돔 사람들을 향하여 "형제"(히, 아흐)라고 불렀다(개역개정). 롯이 행악자들을 "형제"로 부른 것은, 우호적인 태도가 아니다. 그것은 소돔 사람들과 상대할 수 있는 근거가 되는 법적으로 평등한 상황을 암시한다(폰 라드). 롯은 소돔 사람들에게 일말의 희

망을 걸고 있었다. 그러나 인간이 죄의 세력에 사로잡혀 격동하면 아무도 말리지 못한다. 특히 성적인 죄에 대해서 더욱 그러하다. "너는 광야에 익숙한 들 암나귀들이 그들의 성욕이 일어나므로 헐떡거림 같았도다 그 발정기에 누가 그것을 막으리요 그것을 찾는 것들이 수고하지 아니하고 그 발정기에 만나리라"(렘 2:24).

성욕이 일어나 헐떡이는 자들을 누가 막으랴! 롯은 그들에게 나그네를 대신하여 두 딸을 내어주겠다고 말했다(8절). 롯은 두 딸을 희생시켜가며 나그네들을 보호하고자 했다. 나그네가 누구인 줄 아는 고대의 독자에게 롯의 행동은 감동적이다. 그들에게 하나님은 지상의 어떤 소중한 존재보다 더 침해될 수 없는 존재임이 분명하다. 딸을 대신 내어주려는 롯의 처신은 현대인의 도덕관념으로 이해할 수 없다. 그러나 고대사회에서 나그네를 보호하는 것은, 집주인의 최고의 도덕적 가치였다. 그러나 롯의 제안은 묵살 당했다. 폭도들이 원하는 것은 롯의 딸들이 아니라 그의 집 안에 있는 나그네들이었다. 그들은 롯에게 재판관 행세를 한다고 비난하며 그를 밀치고 대문을 부수려고 하였다(9절). 롯은 멸시당하였고 그가 치려던 방어망은 뚫렸다. 폭도들의 광기 앞에 인간의 저항은 나약하기 짝이 없다.

그러나 바로 이때 하나님의 손이 개입했다. 집 안에 있는 두 사람이 손을 내밀어 롯을 안으로 끌어들인 다음에, 문을 닫아걸었다(10절). "(문을) 닫다"의 히브리어 "사가르"는 노아의 방주 문을 닫을 때 사용되었다. "주님께서 몸소 문을 닫으셨다"(창 7:16). 하나님이 문을 닫으시면 열 자가 없다(계 3:7). 영원히 안전하다. 나그네들을 보호하려던 롯이 도리어 나그네들의 보호를 받는다. 천상적 존재들을 보호하려던 롯이 천상적 존재들의 보호를 받았다. 롯은 나그네로 현현하신 하나님의 보호를 받았다! 그뿐만 아니라 나그네들은 젊은이, 노인 할 것 없이 모두 쳐서 그들의 눈을 어둡게 하였다. 그리하여 그들은 대문을 찾지 못하였다(11절). "눈을 어둡게 하다"의 히브리어 "산베림"은 엘리사의 기도로 아람 군대의 눈이 멀어졌을 때도 사용되었다(왕하 6:18). 폭도들은 일시적으로 눈에 멀어 지척에 있는 롯의 대문조차 찾지 못하였다. 폭도들은 돌아갔고 대치의 국면은 사라졌다. 본문에서 소돔의 죄악상은 동성애로 대표된다. 소돔의 모든 남자가 나그네와 성관계를 맺으려 하였다. 무법한 음란이 도시 전체를 덮고 있었다. 그런데 소돔의 죄악은 성적 문란에만 국한되지 않았다. 죄들은 꼬리에 꼬리를 물고 일어난다. 그 근본은 하나님을 떠나 육체와 마음의 정욕대로 행하는 데 있다.

소돔의 죄악상은 대대로 이스라엘에게 경고를 주었다. 이스라엘은 가나안의 문란한 성생활에 유혹을 받았다. 그뿐 아니라 소돔이 저지른 죄들을 답습하였다. 선지자들은 소돔의 죄악상을 예시하며 이스라엘의 죄악상을 경고하였다. 그들은 무법하게 행하였다(사 1:10, 3:9). 그들은 거만하고 먹고 마시면서 무사안일에 빠져 가난한 자를 돌아보지 않았다(겔 16:49-50). 그들은 간음, 거짓말, 뉘우치지 않는 죄악을 저질렀다(렘 23:14). 택한 백성 이스라엘의 죄악이 멸망당한 소돔의 죄악에 뒤지지 않았다.

소돔의 죄악은 이스라엘뿐 아니라 신약시대 성도들에게도 경고한다(벧후 2:6-9). 주께서 경건한 자는 시험에서 건지시고 불의한 자는 형벌 아래에 두어 심판 날까지 지키신다. 롯은 경건한 자의 본이 된다. 그는 의인으로 불린다. 롯의 경건은 무법한 자들의 음란한 행실로 말미암아 고통을 당한 데 있다. 날마다 불법한 행실을 보고 들어야 했던 롯은 그들의 죄악에 참여하지 않았지만 의로운 심령이 상하였다.

소돔에는 적어도 한 사람의 의인이 있었다. 의인 롯은 행위적으로 완전한 자가 아니었다. 그는 소돔의 죄악에 참여하지 않았고 도리어 그들의 죄악으로 인해 영혼이 고통을 당하였다. 그는 죄를 즐기는 자가 아니라 죄짓는 이들을 보고 고통 하는 자였다. 하나님은 롯과 같이 사람들이 저지른 죄들로 인해 고통당하는 영혼을 귀하게 보시고 구원하신다. 예루살렘이 멸망에 이를 즈음, 소돔의 죄악이 만연하였다. 당시 에스겔 선지자는 이런 명령을 받았다. 예루살렘에 두루 다니며 모든 가증한 일로 인하여 탄식하며 우는 자의 이마에 표를 그리라는 명령이었다. 하나님이 남녀노소 모두를 다 죽이시되 이마에 표가 있는 자는 심판에서 제외하셨다(겔 9:6).

새 생명을 얻기까지 인간의 본성은 그대로이다. 인간의 악한 본성은 시대마다 소돔의 죄악상을 반복한다. 예수 당시 예루살렘도 그러하였다. 예수께서는 예루살렘 성을 보시고 울며 탄식하셨다(눅 19:41). 그들이 받을 심판이 얼마나 무서운지 아셨기 때문이었다. 그러나 그들은 심판 날을 알지 못하였다(눅

19:44). 예루살렘의 죄악상을 보고 울며 탄식하신 예수께서 십자가에 달리셨다. 그리고 그를 믿는 자마다 소돔의 죄악에서 건져내시고 새 생명을 주신다. 악한 본성이 아들의 본성으로 바뀐다. 그러므로 그리스도인은 아들 안에서 새 생명으로 사는 자이다. 여전히 지속하고 번창하는 소돔이지만 그 죄악상에 참여하지 않고 그 대신 소돔의 죄악을 보고 울며 탄식한다. 그는 복된 자요, 하나님으로부터 위로를 받는 자이다.

"애통하는 자는 복이 있나니 그들이 위로를 받을 것임이요"(마 5:4).

묵상

미국의 빌리 그래함 목사는 20세기 최고의 전도자로 불렸다. 그는 어느 집회에서나 인간이 죄인임을 선포하며 요한복음 3:16말씀으로 구원에 초대하였다. 그가 복음을 전한 지 50년쯤 되었을 때였다. 그 사이 세상은 초고속 문명시대로 변했다. 이때 한 기자가 그에게 물었다. "시대가 이렇게 변했는데 왜 같은 말씀만 전하십니까?" 빌리 그래함 목사는 다음과 같이 대답하였다. "시대가 바뀌어도 인간의 본성은 그대로입니다. 그래서 나의 메시지도 동일합니다."

소돔 시대의 인간 본성이나 지금이나 동일하다. 이것이 영원한 진리이다. 도리어 인간의 죄악 된 본성은 과학 문명의 발전으로 더욱 가속화되었다. 우리나라도 예외는 아니다. 범죄는 더욱 교활해지고 대담해지고 있다. 문명의 이기는 범죄의 수단으로 악용된다. 나는 2021년 11월 스마트폰 스매싱을 당했다. 내 번호를 이용한 보이스피싱 문자가 불특정 다수에게 대량으로 발송되었다. 문자 수신자들로부터 문자 세례가 쏟아졌다. 평생 들어야 할 욕을 하루 만에 다 들은 것 같았다. 결국 전화번호를 교체하였다. 롯은 날마다 불법한 행실을 보고 들으며 애통하였다. 이것이 그의 경건이었다. 그리스도인의 경건은 자기를 지켜 세속에 물들지 않는 것이다(약 1:27). 그러나 한 걸음 더 나아가 복된 자가 되는 것이다. 진실로 복된 자는 날마다 들려오는 소돔의 죄악상을 대하며 울며 탄식하는 자이다. 오늘도 쏟아지는 불의한 소식과 죄악 된 소식 앞에 애통하는 자 되기를 간구한다. 교회 밖의 죄악과 교회 안의 죄악을 간과하지 않으며 그것을 보고 들음으로써 애통하는 자 되기를 원한다. 하나님의 위로를 사모한다.

35

19:12-22

12 그 사람들이 롯에게 이르되 이 외에 네게 속한 자가 또 있느냐 네 사위나 자녀나 성 중에 네게 속한 자들을 다 성 밖으로 이끌어 내라
13 그들에 대한 부르짖음이 여호와 앞에 크므로 여호와께서 이 곳을 멸하시려고 우리를 보내셨나니 우리가 멸하리라
14 롯이 나가서 그 딸들과 결혼할 사위들에게 말하여 이르기를 여호와께서 이 성을 멸하실 터이니 너희는 일어나 이 곳에서 떠나라 하되 그의 사위들은 농담으로 여겼더라
15 동틀 때에 천사가 롯을 재촉하여 이르되 일어나 여기 있는 네 아내와 두 딸을 이끌어 내라 이 성의 죄악 중에 함께 멸망할까 하노라
16 그러나 롯이 지체하매 그 사람들이 롯의 손과 그 아내의 손과 두 딸의 손을 잡아 인도하여 성 밖에 두니 여호와께서 그에게 자비를 더하심이었더라
17 그 사람들이 그들을 밖으로 이끌어 낸 후에 이르되 도망하여 생명을 보존하라 돌아보거나 들에 머물지 말고 산으로 도망하여 멸망함을 면하라
18 롯이 그들에게 이르되 내 주여 그리 마옵소서
19 주의 종이 주께 은혜를 입었고 주께서 큰 인자를 내게 베푸사 내 생명을 구원하시오나 내가 도망하여 산에까지 갈 수 없나이다 두렵건대 재앙을 만나 죽을까 하나이다
20 보소서 저 성읍은 도망하기에 가깝고 작기도 하오니 나를 그 곳으로 도망하게 하소서 이는 작은 성읍이 아니니이까 내 생명이 보존되리이다
21 그가 그에게 이르되 내가 이 일에도 네 소원을 들었은즉 네가 말하는 그 성읍을 멸하지 아니하리니
22 그리로 속히 도망하라 네가 거기 이르기까지는 내가 아무 일도 행할 수 없노라 하였더라 그러므로 그 성읍 이름을 소알이라 불렀더라

35

하나님의 자비, "이건 아닌데" 하며 지체하던 자를 강제로 끌어내다!

: 주해

소돔 성의 부르짖음이 하나님께 상달되었다. 고통당하는 자들을 보호해야 할 법적 공동체가 그들을 외면하였다. 이때 모든 법의 수호자이신 하나님께 그들의 부르짖음이 상달된다. 하나님께서 직접 소돔으로 가서서 그들의 죄악상을 살피고 부르짖음의 진위를 파악하고자 하셨다(18:21).

두 천사가 롯의 집에 머물 때 폭도들이 들이닥쳤다. 소돔의 모든 남자가 외지의 방문객과 더불어 성관계를 맺고자 모여든 것이다. 이들은 죄악의 증거를 찾고자 하신 하나님께 결정적 단서를 제공하였다. 폭도들의 행태는 하나님께 대한 직접 범죄요, 그의 영광의 눈을 범한 죄악이다(사 3:8). 소돔의 유죄는 확정되었다. 이제 심판의 준비가 시작되었다. 두 천사는 롯에게 명했다. 사위와 자녀와 자기에게 속한 자들을 모두 데리고 성 밖으로 나가라고 했다. 이윽고 천사들은 자신들의 정체를 밝혔다. 그들은 롯과 그의 가족을 구원하기 위해 온 주의 사자들이었다. 롯이 나가서 자기 딸들과 결혼할 사윗감들에게 이 사실을 알렸다. 여호와께서 이 성을 멸하실 것이니 서둘러 빠져나가자고 하였다(14절). 하지만 사윗감들은 이 말을 농담으로 여겼다. 롯의 사윗감들이 취한 태도는 아들의 약속을 받은 사라의 태도와 같다. 하나님의 말씀은 인간의 이성과 합리성의 관점에서는 농담으로 여겨지곤 한다. 말씀을 그대로 믿는 것은 하나님의 은혜이며 성령의 역사이다.

동이 틀 무렵 천사들이 롯을 재촉하여 말하였다. 서둘러 부인과 두 딸을 데리고 여기를 떠나라고 명하였다. 꾸물거리고 있다가는 이 성이 벌을 받을 때에 함께 죽고 말 것이라고 경고하였다(15절). 하지만 롯은 지체하였다. 그는 임박한 심판을 믿었기 때문에 사위들에게 통고하였다. 그런데도 그는 멸망당할 소돔에서 도망하기를 지체했다. 저자는 그 이유에 대해 침묵한다. 추측하기로 그가 소유한 재산을 버려두는 것을 꺼렸기 때문이 아니었을까?(NIV 주석) 그러자 그 두 사람은 롯과 그의 아내와 두 딸의 손을 잡아끌어서 성 바깥으로 안전하게 대피시켰다(16절). "잡아끌다"의 히브리어 "하자크"는 "강하다" "붙들다"의 뜻이다. 소돔에서의 구원은 롯의 의지가 아니라 오로지 하나님의 의지로 일어난다. 롯의 구원은 하나님의 강제적인 역사였다. 하나님이 강제로 롯을 이끌어내셨다. 이것은 여호와께서 롯의 가족에게 자비를 베푸신 것이다(16절). 롯의 의지를 초월한 강제적 역사, 그것은 하나님의 자비의 행동이다. 그러면 왜 소돔의 많은 사람 중에 롯의 가족에게만 자비를 베푸셨는가? 그 답은 29절에 나온다. 하나님이 아브라함을 생각(기억)해서였다. "기억하다"(자카르)는 하나님의 구원 행동이 수반되는 표현이다.

17-22절은 소돔 성에서 빠져나온 롯과 천사로 현현하신 하나님과의 대화이다. 이 단락은 이야기의 중심이 소돔에 대한 멸망에서 롯의 구원에 있음을 보여준다. 롯의 구원과 이후의 일들이 소돔에 대한 심판보다 더 중요한 비중을 차지한다. 자자의 관심은 멸망 받은 도성이 아니라 그곳에서 빠져나온 구원받은 자에게 있다. 롯은 산으로 도망하라는 하나님의 말씀을 듣고 주저했다(17-18절). 그곳은 동쪽 모압 지방의 산으로 도망하기에 너무 먼 거리였다. 롯은 도망 중의 위험을 감지하고 소돔에서 가까운 성읍으로 가기를 원했다(19-20절). "보십시오, 저기 작은 성이 하나 있습니다. 저 성이면 가까워서 피할 만합니다. 그러니, 그리로 피하게 하여 주십시오. 아주 작은 성이 아닙니까? 거기로 가면, 제 목숨이 안전할 것입니다"(20절). 하나님은 롯의 요청을 받아들였다. 롯이 지목한 성읍을 멸망하지 않겠다고 말씀하셨다. 소돔에 대한 심판은 롯이 그 성읍으로 피신하기까지 지체된다. 그 성읍 이름은 "소알"로 불렸다. "소알"은

"작은 것"이라는 뜻이다. 홍수심판에서 구원받은 자는 노아의 가족 8명뿐이었다. 소돔의 심판에서 구원받은 자 역시 롯의 가족뿐이었다. 두 경우 모두 하나님의 자비와 은혜로 인함이었다. 롯은 심판을 알고 사윗감들에게 통보하였다. 그런데도 그는 자기 의지로 빠져나오지 못한다. 구원에 있어 인간은 전적으로 무력하다. 구원은 하나님의 자비하신 손에 의해 강제로 건짐 받는 것이다.

종교개혁자 루터는 인간의 의지를 노예의 의지로 보았다. "인간의 의지에 관하여 말할 때 그것은 하나님과 마귀 사이에 서 있어 짐을 지는 짐승과 같아서 하나님이나 마귀가 그 짐승을 올라타거나 소유하거나 탈 수 있어서 짐승은 복종하지 않으면 안 된다"(노예의지론). 인간은 영적으로 두 세계 중 하나에 속해 있다. 그는 하나님께 속해 있거나 마귀에게 속해 있다. 중립지대는 없다. 아담 안의 실존으로서 인간의 자유의지는 마귀의 지배를 받는다. 육체와 마음의 원하는 것을 하나, 실상 공중의 권세 잡은 자의 지배를 받고 있다(엡 2:2-3). 그러므로 인간이 자유의지로 결정하고 행동하는 일들은 영적으로 하나님을 대적한다(롬 8:7 "육신의 생각은 하나님과 원수가 되나니"). 물에 빠진 사람을 건져내려면 그 사람을 무력하게 만들어야 한다. 아니면 구조대원도 함께 위험이 빠진다. 하나님의 구원은 인간의 자유의지를 파괴하고 무너뜨림으로써 이루어진다. 그때 인간은 전적 무능의 상태에 이른다. 이때 구원하시는 하나님의 자비가 나타난다.

예수께서는 구원 사건을 강한 자를 결박하는 것으로 비유하셨다. 강한 자를 결박한 후에 그 세간을 강탈한다는 것이다(마 12:29). 예수께서 십자가에서 죽으신 것은 강한 자 마귀의 일을 멸하기 위함이다(히 2:14, 요일 3:8). 동시에 마귀(죽음)의 세력에 사로잡혀 종노릇 하는 인간을 풀어주기 위함이다(히 2:14-15). 강한 자 마귀에게 속한 인간의 의지는 구원에 있어 전적으로 무용하다. 도리어 폐기되어야 한다. 구원은 강한 자를 결박하신 그리스도를 믿음으로써 일어난다. 그러므로 루터의 노예의지론은 오직 믿음으로 의롭게 되는 그의 이신칭의론과 긴밀한 관계를 가진다. 롯을 강제적으로 이끌어내신 하나님은 자비로우시다. 그의 자비가 예수 그리스도 안에서 우리에 나타났다. 어린 자녀가 위험한 차도로 들어가면, 부모의 자비가 아이에게 나타난다. 아이의 부모는 강제로 아이를 끄집어낸다. 하나님의 구원은 강제적이나 그의 자비하심이 나타나는 것이다.

우리는 구원받기 전 소돔이 표상하는 죄악의 도성에서 살았다. 우리는 어리석은 자요 순종하지 아니한 자요 속은 자요 여러 가지 정욕과 행락에 종노릇 한 자요 악독과 투기를 일삼은 자요 가증스러운 자요 피차 미워한 자로 살았다. 그런 우리에게 하나님의 자비와 사랑이 나타나 우리를 구원하신 것이다. 우리의 의로운 행위가 아니라 그의 긍휼을 따라 새 생명을 주시고 성령으로 새롭게 하셨다(딛 3:3-5). 그뿐 아니라, 하나님께서는 예수 그리스도를 통해 새롭게 하시는 성령을 풍성히 부어 주셔서 우리가 하나님과 바른 관계를 맺게 하셨다. 곧 하나님이 우리에게 성령을 주심으로써 우리가 그토록 소원하던 영생을 누리게 된 것이다.

> "하나님께서는 우리 구주 예수 그리스도를 통해 우리에게 이 성령을 풍성히 부어 주셔서, 우리가 하나님과 올바른 관계를 맺게 하셨습니다. 이 모든 것이 하나님의 은혜입니다. 하나님께서 우리에게 성령을 주심으로 이제 우리가 그토록 소원하던 영원한 생명을 누리게 된 것입니다"(딛 3:6-7, 쉬운성경).

하나님의 자비는 궁극적으로 복음이신 예수 그리스도를 통해 영원한 생명을 누리게 한다. 영생의 누림은 하나님과의 바른 관계이며, 세상 가운데에서는 우리 몸을 하나님이 기뻐하시는 산제사로 드리는 데 있다(롬 12:1-2).

묵상

나는 자유의지를 행사하며 인생을 살았다. 그것은 강한 자에게 결박된 비참한 삶이었다. 영적으로 눈먼 자는 벌거숭이 임금과 같다. 벌거벗은 자였으나 비참한 실존을 자각하지 못한다. 외모를 보고 판단하는 사람들의 인정과 칭찬으로 비참함을 면하고자 한다. 내가 그렇게 살았다. 무엇보다 나의 자유의지가 하나님을 대적한다는 사실은 꿈에도 알지 못하였다. 물론 증상은 사망이었다. 자유의지로 선한 일을 하였으나 늘 환난과 곤고가 있었다. 비교와 경쟁, 시기와 질투가 힘이었다. 마귀의 지배를 받는 자유의지가 발동하였다. 성스러운 목회를 하면서도 자기주장으로 행하였다.

아, 비참한 자에게 하나님의 자비가 나타났다. 내가 전혀 원하지 않는 방식으로 나타났다. 롯을 소돔에서 강제로 이끌어내신 주의 손이 내게 역사하였다. "이건 아닌데" 하면서도 생존의 문제, 명예욕, 공명심으로 소돔에서 빠져나오기를 지체하던 자를 주께서 강제적으로 끌어내셨다. 복음을 전하는 자로 부르셨는데 다른 복음을 열심히 전하고 있으니 주께서 얼마나 진노하셨을까! "이건 아닌데" 하면서도 거기서 빠져나오지 못하는 목회자들이 있다. 진리가 부재한 사역의 현장에서 탈출하고 싶으나 당장 생존과 가족부양에 대한 책임으로 주저하는 이들도 있다. 하나님의 자비가 아니면 빠져나올 수 없기에 그들을 함부로 판단할 수 없다. 나 같은 자도 긍휼을 입었기에 그런 이들을 긍휼히 여긴다. 성도들도 마찬가지다. 생명이 부재한 교회를 다니며 숨 막혀한다. "교회가 이건 아닌데"라고 하나, 스스로 빠져나오지 못한다. 의리와 정 때문인가? 중요한 것은, 주의 자비가 나타나야 한다.

주의 자비는 상황적으로 가혹하다. 주께서 거친 손으로 건지실 때 심히 당혹스러웠다. 일시적 공황 상태까지 왔었다. "내게 임한 어둠이 당신이 내민 손 그림자였단 말입니까?"(프랜시스 톰슨, 〈하늘의 사냥개〉). 이것이 나의 고백이었다. 전적 무지, 전적 무능, 자유의지가 참담히 깨어진 자리에 하나님의 자비의 손길이 임하였다. 주께서 날마다 말씀으로 이끄셨다. 그때나 지금이나 말씀 앞에서 드러나는 죄를 보면 주의 자비와 긍휼이 한량없다. 날마다 성령을 풍성히 부어주셔서 그토록 원하던 영생을 누리게 하신다. 아, 강제적으로 끌어내신 은혜가 얼마나 큰지 모른다. 그의 자비가 헛되지 않아 오늘도 내 몸을 거룩한 산 제물로 주께 드리기를 원한다. 주여, 나를 받아주소서.

36

19:23-29

23 롯이 소알에 들어갈 때에 해가 돋았더라
24 여호와께서 하늘 곧 여호와께로부터 유황과 불을 소돔과 고모라에 비같이 내리사
25 그 성들과 온 들과 성에 거주하는 모든 백성과 땅에 난 것을 다 엎어 멸하셨더라
26 롯의 아내는 뒤를 돌아보았으므로 소금 기둥이 되었더라
27 아브라함이 그 아침에 일찍이 일어나 여호와 앞에 서 있던 곳에 이르러
28 소돔과 고모라와 그 온 지역을 향하여 눈을 들어 연기가 옹기 가마의 연기같이 치솟음을 보았더라
29 하나님이 그 지역의 성을 멸하실 때 곧 롯이 거주하는 성을 엎으실 때에 하나님이 아브라함을 생각하사 롯을 그 엎으시는 중에서 내보내셨더라

36

불과 유황으로 멸망한 소돔,
인자의 날도 그러하리라!

∶주해

죄악의 도성 소돔에 대한 하나님의 심판이 시작되었다. 홍수심판 때 노아와 그의 가족을 구원하셨듯이 하나님은 롯과 그의 가족을 구원하셨다. 롯은 소돔이 멸망할 것을 알고 사윗감들에게 도망하라고 권면하였다. 하지만 정작 자기는 도망하기를 지체하였다. 하나님이 강제로 그를 끌어내셨다. 이는 하나님의 자비로운 행동이다. 인간은 스스로 자기를 구원하지 못한다. 구원의 소망이 강렬해도 하나님의 자비가 임해야 한다.

두 천사로 현현하신 하나님은 소돔에서 빠져나온 롯에게 명령하셨다. 도망하여 생명을 보존하라. 돌아보거나 들에 머물지 말고 산으로 도망하여 멸망함을 면하라고 하셨다(17절). 롯은 강제로 소돔에서 구출 받았다. 하지만 이어지는 명령대로 행하지 않으면, 그도 멸망한다. 하지만 롯은 요단 동편의 모압에 있는 산으로 가기에는 거리가 멀어 도망하기를 주저하였다. 하나님은 롯이 지정한 작은 성읍으로 도망하도록 허락하였다. 그곳 이름은 "소알"(작은 것)이었다. 롯이 안전하게 피신할 때까지 심판은 유예되었다(21-22절). 롯이 구원받은 때는 동틀 무렵이었다. 그가 소알로 도망했을 때, 해가 돋았다(23절).

24-25절은 소돔과 고모라가 심판받는 정황을 담백하게 묘사한다. 여호와

께서 하늘로부터 유황과 불을 소돔과 고모라에 소나기처럼 퍼 부으셨다(24절). 여호와께서는 그 두 성과, 성 안에 사는 모든 사람과, 넓은 들과, 땅에 심은 채소를 다 엎어 멸하셨다(25절). 불과 유황으로 멸망 받은 도시는 소돔과 고모라이다. 18:20에서 소돔과 고모라의 부르짖음이 하늘에 상달되었다. 이후 고모라에 대한 직접적 언급은 없으나 두 도시는 동일하게 죄악으로 멸망하였다. 불과 유황이 하나님이 계신 곳, 곧 하늘에서 비같이 내렸다. 이것은 하나님의 직접적 심판이다. 소돔과 고모라는 철저히 멸망하였다. 성안에 사는 모든 사람과 들과 채소까지 다 멸망하였다. 본문에는 가축과 짐승에 대해서는 언급하지 않으나 채소가 파멸하였다는 것은 모든 생명체가 멸망하였음을 뜻한다. 소돔과 고모라에 내린 불과 유황은 화산폭발이라기보다 지진일 가능성이 크다. 요단 계곡에 있던 소돔과 고모라는 시리아에서 동아프리카 지역까지 펼쳐진 지구대에 위치해 있다. 이 지구대의 형성과정에서 지진이 일어났다고 추정할 수 있다. 지진이 일어날 때 종종 생기는 번개가 이 지역에 있던 유황이나 역청에 불을 붙였을 가능성도 배제하지 못한다.

창세기 13:10에서 소돔과 고모라는 풍요로운 도시였다. 인간적인 눈으로 보면 에덴동산이나 애굽과 같았다. 그러나 다른 어느 도시보다 죄악이 가득하였다. 눈부시고 화려한 도시, 그러나 죄악으로 가득한 도시는 소돔과 고모라의 운명을 바꾸었다. 소돔과 고모라에 대한 하나님의 심판은 이스라엘 백성에게 영원한 예시로 기억되었다(신 29:23, 사 1:9-10,13:19, 렘 49:18, 50:40, 겔 16:46 이하, 호 11:8, 암 4:11, 습 2:9, 시 11:6, 애 4:6). 여기 예시된 구절에서도 소돔과 고모라는 항상 한 쌍으로 언급된다.

26-28절, 소돔과 고모라의 멸망 이후 일어난 두 개의 작은 일화를 소개하였다. 세부적인 일화가 전체를 암시할 수 있을 때 서술은 훨씬 더 감동적이다. 하나는 롯의 아내가 뒤를 돌아보고 다른 하나는 아브라함이 잿더미가 된 땅을 바라보는 것이다. 롯의 아내는 뒤를 돌아보았으므로 소금 기둥이 되었다. 17절에 소돔에서 구원받은 롯에게 하신 명령 중에서 "뒤를 돌아보지 말라"가 먼저 주어졌다. 롯은 이어지는 두 가지 명령에는 순종하였다. 그는 들에 머물지 않았고 산을 가라는 명령을 대신하여 소알로 도망하였다. 그러나 롯의 아내는 첫 번째 "뒤를 돌아보지 말라"는 명령에 불순종하였다. 그녀는 불과 유황의 재

앙에서 살아남았으나 즉시 죽어 소금 기둥이 되었다. 롯의 아내가 당한 특이한 죽음에는 고대의 원인론적 동기가 있다. 지금도 소돔과 고모라가 있었던 사해 부근에는 기이한 암석이 있다.

고대인들은 그것을 롯의 아내라고 하며 원인론적으로 해석하였다. 1세기 역사가 요세푸스도 그런 형태의 소금 기둥을 볼 수 있었다고 전한다. 롯의 아내가 소금 기둥이 된 것은 원인론적 동기보다 훨씬 더 중요한 의미가 있다. 그것은 하나님이 지상에서 직접 활동하실 때, 인간은 그것을 구경할 수 없다는 사실이다. 하나님이 아담의 갈빗대를 취하실 때 그를 잠들게 하셨다(2:21). 그가 아브라함과 횃불 언약을 체결하실 때 그에게 깊은 잠을 주셨다(15:12). 인간은 하나님의 심판을 당할 가능성과 심판을 면할 가능성만 있지 제3의 가능성은 없다. 아브라함은 그가 머물던 헤브론에서 멸망의 도시를 바라보았다. 그는 롯의 아내처럼 뒤를 돌아보지 말라는 명령을 받지 않았다. 그가 전날 밤 하나님과 대화를 나누었던 곳에서 멸망의 도성을 바라보았다. 얼마 전만 해도 에덴동산 같았던 풍요로운 도시가 지금은 검은 연기만 모락모락 피어오른다. 믿음의 조상 아브라함이 목도한 무언의 정경은 종말을 현재로 사는 자가 목도한 마지막 날의 정경을 암시한다.

29절은 롯이 구원받은 이유를 언급한다. 그것은 아브라함을 기억하셨기 때문이었다. 창세기의 저자는 롯이 소돔에서 구원받은 것을 아브라함의 공로로 돌렸다. 신약성경에서는 하나님이 불법한 행실로 보고 들으며 심령이 상한 의로운 롯을 건지셨다고 본다. "무법한 자들의 음란한 행실로 말미암아 고통당하는 의로운 롯을 건지셨으니 (이는 이 의인이 그들 중에 거하여 날마다 저 불법한 행실을 보고 들음으로 그 의로운 심령이 상함이라)"(벧후 2:7-8).

예수께서는 소돔과 고모라의 멸망을 역사적 사실로 보시고 종말의 경고로 삼으셨다. 롯의 시대와 같이 사람들이 먹고 마시고 사고팔고 나무를 심고 집을 짓고 하였는데, 롯이 소돔에서 떠나던 날 하늘에서 불과 유황이 쏟아져 내려서 그들을 모두 멸망시켰다. 인자가 나타나는 날에도 그러할 것이라고 하셨다(눅 17:28-30). 인자가 나타나는 날은 그리스도가 강림하실 때다. 그때는 소돔에서 그랬던 것처럼 하늘에서 불과 유황이 쏟아져 내려 모두가 멸망할 것이다. 최후 심판은 물 심판이 아니라 불 심판이다. 소돔에 내린 심판에서는 롯만 구원받았다.

그러나 최후의 심판 때 하나님은 모든 사람이 회개하고 구원받기를 원하신다(벧후 3:9). 그래서 악한 세상이라도 하나님은 심판을 지체하시며 참고 기다리신다.

이제 누구든지 예수 그리스도를 믿으면 심판에 이르지 아니하고 사망에서 생명에 이른다(요 5:24). 그에게 그리스도의 강림은 재앙이 아니라, 새 하늘과 새 땅의 약속이 성취되는 복된 날이다(벧후 3:13). 이 약속을 믿는 자마다 흠도 없고 점도 없이 주 앞에 나타나기를 사모한다(벧후 3:14). 마라나타!

: 묵상

죄악이 가득한 소돔이 번성하였다. 소돔이 불과 유황으로 멸망하였다. 예수의 말씀대로 죄악 중에도 사람들은 먹고 마시고 사고팔고 나무를 심고 집을 지었다. 그러나 소돔은 불과 유황으로 잿더미가 되고 사람들이 힘써 이룬 인생의 성과도 재로 변했다. 예수께서 인자가 오는 날도 그리할 것이라고 말씀하신다. 오늘날 누가 이 말을 진정성 있게 믿을까? 그때나 지금이나 주의 강림을 농담으로 여기는 사람들이 허다하다.

대형 태풍의 예고가 뉴스를 도배질하고 있다. 특별히 과수 농가는 매우 긴장하고 있다. 미 수확 과실들이 추풍낙엽처럼 떨어질 것이 분명하기 때문이다. 그러나 종말에 대해서 세상은 침묵한다. 하늘이 요란한 소리를 내며 사라지고 만물을 구성하는 원소들은 불에 녹아버릴 것이다. 땅과 그 안에 있는 모든 수고가 불타버릴 것이다. 과수가 떨어지는 태풍이 온다는 소식보다 만물이 불타버린다는 그 날을 온다는 소식을 더 믿고 사는가?

알지 못하는 미래는 외면하는 법이다. 나 역시 종말에 대해 막연한 믿음을 가졌었다. 그러나 개인적으로 심판이 임하고 나의 수고가 불타버리는 것을 똑똑히 보았다. 개인적 종말의 경험은 우주적 종말의 경험이었다. 그러나 자비로우신 하나님의 손이 내게 역사하였다. 죽기에만 합당한 자에게 생명을 주시고 심판에 이르지 아니한 은혜를 주셨다. 이제 두려움이 아니라 소망 중에 그리스도의 강림을 기다린다. 불타버릴 세상이 아니라 새 하늘과 새 땅을 바라본다. 그날에 오실 주 앞에 흠도 없고 점도 없이 나타나기를 사모한다.

37

19:30-38

30 롯이 소알에 거주하기를 두려워하여 두 딸과 함께 소알에서 나와 산에 올라가 거주하되 그 두 딸과 함께 굴에 거주하였더니
31 큰 딸이 작은 딸에게 이르되 우리 아버지는 늙으셨고 온 세상의 도리를 따라 우리의 배필 될 사람이 이 땅에는 없으니
32 우리가 우리 아버지에게 술을 마시게 하고 동침하여 우리 아버지로 말미암아 후손을 이어가자 하고
33 그 밤에 그들이 아버지에게 술을 마시게 하고 큰 딸이 들어가서 그 아버지와 동침하니라 그러나 그 아버지는 그 딸이 눕고 일어나는 것을 깨닫지 못하였더라
34 이튿날 큰 딸이 작은 딸에게 이르되 어제 밤에는 내가 우리 아버지와 동침하였으니 오늘 밤에도 우리가 아버지에게 술을 마시게 하고 네가 들어가 동침하고 우리가 아버지로 말미암아 후손을 이어가자 하고
35 그 밤에도 그들이 아버지에게 술을 마시게 하고 작은 딸이 일어나 아버지와 동침하니라 그러나 아버지는 그 딸이 눕고 일어나는 것을 깨닫지 못하였더라
36 롯의 두 딸이 아버지로 말미암아 임신하고
37 큰 딸은 아들을 낳아 이름을 모압이라 하였으니 오늘날 모압의 조상이요
38 작은 딸도 아들을 낳아 이름을 벤암미라 하였으니 오늘날 암몬 자손의 조상이었더라

37

섭리적 은총으로 사는 인생,
생명 얻는 회개를 촉구하시다!

▪ 주해

소돔과 고모라에 불과 유황이 하늘에서 비같이 내렸다. 하나님의 직접 심판이다. 모든 사람과 식물이 멸망하고 풍요롭던 도성은 잿더미로 변했다. 그러나 롯과 그의 가족은 구원받아 소알이라는 작은 성읍으로 갔다. 본래 롯은 요단 동편 모압 땅의 산으로 가야 했다. 하지만 롯은 소알을 지정하였고 하나님이 그곳을 허락하셨다. 또한, 하나님은 롯이 도피한 소알은 멸하지 않겠다고 약속하셨다(21절).

30-38절은 소돔과 고모라가 멸망한 이후 롯의 이야기를 다룬다. 롯은 소알에서 그가 조금 전까지 살았던 성읍에 불과 유황이 내려 폐허가 된 것을 보았을 것이다. 그는 바로 곁에 있는 소알에 머무는 것을 매우 두려워했다(30절). 이에 그는 소알에서 나와 당초 하나님이 가라고 하신 산으로 가서 두 딸과 함께 동굴에 머물렀다. 산은 요단 동편 모압에 있었다. 롯은 소알을 멸망하지 않겠다는 하나님의 약속을 받았다. 하지만 그는 육신의 눈으로 판단하고 행동한다. 그가 아브라함과 헤어질 때도 그러하였다(13:10-11). 롯은 하나님이 정하신 곳, 소알을 떠날 때 적어도 하나님께 물었어야 했다. 그러나 그는 하나님께 묻지 않고 자유의지로 행한다. 말씀이 부재한 자유의지의 결정은 당장 바르게 보이

나 필경은 사망의 길이다. "사람의 눈에는 바른길 같이 보이나, 마침내는 죽음에 이르는 길이 있다"(잠 14:12, 16:25).

롯의 두 딸은 모두 정혼한 상태였다. 하지만 두 딸의 정혼자는 하나님의 심판을 농담으로 여겼다. 그들은 소돔이 멸망할 때 함께 멸망했다. 소돔에서 살아남은 자는 롯과 그의 두 딸뿐이다. 두 딸은 세상의 관습에 따라 결혼하고 자식을 낳을 가능성이 없음을 알고 아버지를 통해 자식을 낳고자 모의하였다. 두 딸은 아버지의 동의 없이 그를 술 취하게 하고 차례로 성관계를 맺었다. 술에 취한 롯은 전혀 알지 못하였다. 그 전날 롯은 딸들의 동의 없이 성적인 도구로 그들을 이용하려 하였다. 방문객을 보호하고자 두 딸을 내어주려 하였다(8절). 이제 롯은 술 취한 상태에서 두 딸의 도구가 된다. 두 딸은 아버지와 근친상간을 통하여 멸종 위기에 놓인 가족의 후손을 얻는다. 큰딸은 아들의 이름을 모압으로, 작은딸은 벤암미로 지었다. 모압은 "아버지의 물" 또는 "아버지의 씨"의 뜻으로 이해할 수 있다(해밀턴, 〈창세기 주석〉). 그는 "오늘날" 모압의 조상이다. 벤암미는 "아저씨" 또는 "가장 가까운 남자 친척"의 뜻이다(폰 라드). 그는 "오늘날" 암몬의 조상이다.

홍수심판에서 구원받은 노아는 술에 취하여 나신(裸身)으로 갔다. 함은 두 형제에게 아버지의 허물을 고하였다. 술에서 깨어난 노아는 함의 자손 가나안을 저주하였다. 그러나 노아의 세 자손은 인류의 번성을 이루었다(10장). 불과 유황의 심판에서 구원받은 롯은 노아보다 더 한 일을 겪는다. 두 딸이 합작하여 아버지와 동침하였고 각각 아들을 낳았다. 노아는 그렇다 치고 롯의 가정에서 일어난 일은 오늘날의 도덕적 잣대로도 더더욱 받아들이기 어렵다. 롯이 두 딸을 방문객 대신 폭도들에게 내어주려 한 일이나 두 딸이 롯과 강제로 동침하여 아들을 낳은 일은 현대인에게 용납할 수 없는 도덕적 가치이다. 따라서 롯의 일화에 대해 문자적 해석을 고수하면 심각한 도덕의 전복(顚覆)이 일어난다. 오늘날 패역한 아버지가 딸에게 저지르는 근친상간은 끔찍한 범죄이다. 만일 성경에 부녀간의 근친상간이 기록되었고 그것을 통해 종족이 생겨났다고 문자 그대로 용인하면 곤혹스럽기 짝이 없다.

19세기 니체는 변증법적 가치의 전도를 주장하였다. 모든 가치는 인간의 역사와 더불어 형성된다. 특정한 시대의 가치는 고정되지 않으며 역사의 발전과 함께 변증법적으로 변천한다. 따라서 성경해석에서 고대 시대의 가치를 영구한 가치로 해석하면 심각한 오류가 발생한다. 성경해석은 저자의 사상을 파악하며, 해석의 관점은 첫 번째 독자이다. 성경을 기록한 시대에서 조망할 때 모압과 암몬은 이스라엘과 대척점을 이룬다. 롯의 두 딸이 낳은 두 아들은 모압과 암몬의 조상이다. 이스라엘은 모압과 암몬의 치욕적인 기원을 언급함으로써 그들에게 당했던 모욕을 앙갚음하려 하였다. 이것이 첫 번째 독자들의 관점이라고 볼 수 있다.

또한, 홍수심판 이후의 인류사와 상응하여 볼 때 롯의 이야기는 모압과 암몬 족속의 기원을 설명한다. 31절, "우리의 배필 될 사람이 이 땅에는 없다"(개역개정)를 문자적으로 읽으면 "땅에는 우리에게 올 남자(이쉬)가 없다"이다. 이 같은 딸들의 진술은 롯과 그의 두 딸이 유일한 인간이었음을 보여준다. 그렇다면 롯과 두 딸의 근친상간은 원인(原人)과 두 원모(原母)의 혼례에 의한 인류의 번성으로 볼 수 있다(A. Lods). 물론 소돔과 고모라에만 남자(이쉬)가 다 죽고 없었다. 그렇다면 인류사적 해석은 같은 씨족 안에서만 결혼이 가능한 당시 관습을 배경으로 한다.

성경해석에서 부분은 전체를 해석하고, 전체는 다시 부분을 해석한다. 성경 전체의 맥락에서 볼 때 아브라함과 롯의 인생은 뚜렷이 대조된다. 아브라함은 말씀에 순종하여 가나안으로 왔다. 롯은 삼촌 아브라함을 따라 가나안으로 왔다. 얼마 안 가 둘은 헤어졌다. 롯은 자기 눈으로 보기 좋은 소돔 땅을 향하여 가고 아브라함은 가나안에 남았다. 이후 둘의 운명도 갈라진다. 아브라함은 자손과 땅의 약속을 받아 구원사를 계승한다. 롯은 세속사의 길을 가며 그 마지막은 내적, 외적 파산이다. 내적으로 두 딸에 의해 근친상간을 당하고, 외적으로 그가 가진 모든 것이 불타버렸다. 무엇보다 구약성경에서 롯의 이야기는 이것으로 끝난다. 하나님은 롯의 결말에 이르기까지 그의 인생을 섭리하시고 돌보셨다. 하지만 그의 결국은 파산이었다. 그는 모든 시대를 걸쳐 말씀을 떠나고 하나님을 떠난 인생의 본보기가 된다.

모든 인생은 하나님의 섭리적 은총으로 살아간다. 하나님은 만민에게 생명과 호흡과 그들이 필요한 만물을 주신다(행 17:25). 하나님은 의인과 악인 모두에게 햇빛을 주시고 비를 내려주신다. 인류의 모든 족속을 한 혈통으로 만드시고 온 땅에 살게 하신다(행 17:26). 그들의 연대와 연수를 정하시고 그들이 거주할 경계를 정하신다(행 17:26). 이것은 그들이 스스로 존재하지 않으며 신(하나님)을 더듬어 찾도록 하기 위함이다(행 17:27). 세속 시인의 말대로 우리는 그 신을 힘입어 살며 움직이며 존재한다(행 17:28).

그러나 하나님은 더듬어 찾는 신이 아니라, 자기를 계시하는 하나님이다. 하나님은 창조와 섭리로 자기를 계시하며(자연신학), 역사 속에서 자기를 계시하신다(역사신학). 그 하나님은 아들 예수를 통해 자기를 밝히 계시하신다(말씀계시). 아무도 하나님을 본 사람이 없으되 아버지 품속에 있는 "독생하신 하나님"(아들)이 계시되었다(요 1:18). 그가 세상에 오신 것은 모든 사람을 회개케 하고 생명을 주기 위함이다.

그리스도인에게 회개의 본질은 생명을 얻는 데 있다(행 11:18, "생명 얻는 회개"). 옛사람으로서 잘못을 뉘우치는 것은 다시 그 죄를 반복하기 때문에 진정한 회개가 될 수 없다. 하나님은 그의 섭리적 은총 안에 사는 모든 사람에 대해 명하신다. 회개하고 죽은 자 가운데서 살리신 예수 그리스도를 믿으라고 명하신다(행 17:30-31). 곧 예수 그리스도의 십자가와 부활을 믿어 영원한 생명을 얻을 것을 촉구하신다.

하나님께서는 모든 민족이 아브라함으로 인해 복을 받을 것을 약속하셨다(창 12:3). 이 복은 예수 그리스도를 믿음으로 하나님이 아들이 되는 복이다(갈 3:8-9, 26). 이것이 바로 생명 얻는 회개이다. 롯은 아브라함에게서 떠나갔다. 그는 하나님의 섭리적 은총으로 소돔에서 건짐 받았다. 그런데도 그의 마지막은 내적, 외적 파산이다. 그는 생명과 호흡과 만물을 하나님께 받았으나 회개하여 생명에 이르지 못하는 모든 사람의 반면교사이다.

묵상

새벽부터 거대한 바람이 몰아쳤다. 태풍 힌남노가 지나가며 바람과 비를 일으켰다. 농장을 다 삼킬 기세다. 어젯밤부터 국가적 비상 상태에 돌입하였고 TV에서는 태풍이 오는 소식을 실시간으로 중계한다. 나는 시인의 기도로 기도하였다. "하나님은 우리의 피난처시요 힘이시니 환난 중에 만날 큰 도움이시라 그러므로 땅이 변하든지 산이 흔들려 바다 가운데에 빠지든지 바닷물이 솟아나고 뛰놀든지 그것이 넘침으로 산이 흔들릴지라도 우리는 두려워하지 아니하리로다"(시 46:1-3). 태풍은 국지적인 피해를 주고 지나갔다. 그러나 태풍이라도 만물을 통치하시는 하나님의 섭리이니 살아계신 하나님 안에서 우리는 안전하다. 땅이 변하고 바닷물이 솟아나고 뛰놀아도 절대 두려워하지 않는다. 모든 인생이 하나님의 섭리적 은총 아래에서 살아가기 때문이다. 그러나 생명 얻는 회개에 이르기 전에는 하나님은 더듬어 아는 신(神)이다.

나 역시 지난날을 돌아보면 하나님의 섭리적 은총으로 살았다. 하나님으로부터 생명과 호흡과 만물을 받아 살았다. 하루에 많은 사람이 교통사고로 죽는다. 나 역시 졸음운전으로 죽을 뻔한 고비도 몇 번씩이나 기적적으로 넘겼다. 깨고 보니 운전하고 있었다. 어디 그뿐인가? 셀 수 없이 많다. 그래서 지금 살아있는 것이 은혜이고 기적이다. 그러나 오래도록 생명 얻는 회개에 이르지 못하였다. 롯의 인생을 되풀이하였다. 그러다 마침내 내적, 외적 파산이 왔다. 외적으로 내가 이룬 성취가 태풍에 휩쓸리듯 날아갔다. 내적으로 죽기에 합당한 파산 상태에 이르렀다. 무한한 자기 체념의 자리에 이르러 공의의 심판 앞에서 죽기를 구하였다. 그러나 그리스도를 죽은 자 가운데서 살리신 하나님의 권능이 내게 임하였다. 복음을 통해 생명으로 인도하셨고 생명 얻는 회개에 이르렀다. 죽음을 구하던 자에게 주신 측량할 수 없는 은혜이다. 내가 처한 곳마다 범사에 때를 따라 도우시는 하나님의 은혜가 심히 크다. 오늘도 범사에 주께서 내게 행하신 구원을 증거 하기를 사모한다.

38

20:1-18

1 아브라함이 거기서 네게브 땅으로 옮겨가 가데스와 술 사이 그랄에 거류하며
2 그의 아내 사라를 자기 누이라 하였으므로 그랄 왕 아비멜렉이 사람을 보내어 사라를 데려갔더니
3 그 밤에 하나님이 아비멜렉에게 현몽하시고 그에게 이르시되 네가 데려간 이 여인으로 말미암아 네가 죽으리니 그는 남편이 있는 여자임이라
4 아비멜렉이 그 여인을 가까이 하지 아니하였으므로 그가 대답하되 주여 주께서 의로운 백성도 멸하시나이까
5 그가 나에게 이는 내 누이라고 하지 아니하였나이까 그 여인도 그는 내 오라비라 하였사오니 나는 온전한 마음과 깨끗한 손으로 이렇게 하였나이다
6 하나님이 꿈에 또 그에게 이르시되 네가 온전한 마음으로 이렇게 한 줄을 나도 알았으므로 너를 막아 내게 범죄하지 아니하게 하였나니 여인에게 가까이 하지 못하게 함이 이 때문이니라
7 이제 그 사람의 아내를 돌려보내라 그는 선지자라 그가 너를 위하여 기도하리니 네가 살려니와 네가 돌려보내지 아니하면 너와 네게 속한 자가 다 반드시 죽을 줄 알지니라
8 아비멜렉이 그 날 아침에 일찍이 일어나 모든 종들을 불러 그 모든 일을 말하여 들려 주니 그들이 심히 두려워하였더라
9 아비멜렉이 아브라함을 불러서 그에게 이르되 네가 어찌하여 우리에게 이렇게 하느냐 내가 무슨 죄를 네게 범하였기에 네가 나와 내 나라가 큰 죄에 빠질 뻔하게 하였느냐 네가 합당하지 아니한 일을 내게 행하였도다 하고
10 아비멜렉이 또 아브라함에게 이르되 네가 무슨 뜻으로 이렇게 하였느냐
11 아브라함이 이르되 이 곳에서는 하나님을 두려워함이 없으니 내 아내로 말미암아 사람들이 나를 죽일까 생각하였음이요
12 또 그는 정말로 나의 이복 누이로서 내 아내가 되었음이니라
13 하나님이 나를 내 아버지의 집을 떠나 두루 다니게 하실 때에 내가 아내에게 말하기를 이 후로 우리의 가는 곳마다 그대는 나를 그대의 오라비라 하라 이것이 그대가 내게 베풀 은혜라 하였었노라
14 아비멜렉이 양과 소와 종들을 이끌어 아브라함에게 주고 그의 아내 사라도 그에게 돌려보내고
15 아브라함에게 이르되 내 땅이 네 앞에 있으니 네가 보기에 좋은 대로 거주하라 하고
16 사라에게 이르되 내가 은 천 개를 네 오라비에게 주어서 그것으로 너와 함께 한 여러 사람 앞에서 네 수치를 가리게 하였노니 네 일이 다 해결되었느니라

17 아브라함이 하나님께 기도하매 하나님이 아비멜렉과 그의 아내와 여종을 치료하사 출산하게 하셨으니
18 여호와께서 이왕에 아브라함의 아내 사라의 일로 아비멜렉의 집의 모든 태를 닫으셨음이더라

38

신자를 능가하는 불신자의 경건, 전통의 알을 깨고 참 신앙으로 도약하다!

주해

창세기 18장에서 하나님은 사라의 출산을 약속하셨다. 19장에서는 소돔을 불과 유황으로 멸하셨다. 21장은 사라가 이삭을 낳은 이야기이다. 20장은 그 사이에 들어있다. 사라는 다시 위기를 맞이했다. 아브라함의 누이가 되어 그랄 왕 아비멜렉의 아내로 넘겨졌다. 자손의 약속은 위태롭게 되고 하나님은 극적으로 개입하셔서 사라를 보호하셨다.

1-2절은 아브라함이 누이로 소개한 사라를 아비멜렉이 아내로 삼고자 한다. 3-7절은 아비멜렉에 대한 하나님의 경고이다. 8-18절은 아비멜렉이 많은 선물과 함께 사라를 아브라함에게 돌려보낸다. 아브라함이 헤브론의 마므레에서 네게브로 옮겨 가데스와 술 사이에 있는 그랄에 거주하였다. 아브라함이 왜 이주했는지는, 롯이 소알에 머무는 것을 두려워하여 산으로 옮긴 것에서 설명할 수 있다. 아브라함은 풍요로운 도시 소돔이 멸망하여 검은 연기가 나는 것을 목도하였다. 하여 그가 소름 끼치는 장소를 피한 것으로 보인다. 그랄에 머문 아브라함은 애굽에 갔을 때와 같은 행동을 취했다(12:10-20). 전에 아내 사라를 누이로 속여 바로 왕에게 넘겼듯이 다시 아비멜렉에게 넘겼다. 13장에 기록된 사건은 모든 민족이 아브라함을 통해 복을 받는 약속이 주어진 직후였

다. 이는 처음의 위기였다. 이후 하나님은 자손과 땅을 약속하셨다(15장). 세 사람으로 현현하신 하나님은 사라가 일 년 후 출산할 것을 구체적으로 지시하셨다(18장). 그런데 다시 약속이 위태롭게 되었다. 이 사건은 이삭을 낳기 전 마지막으로 맞은 위기이다. 약속하신 하나님이 즉시 개입하셨다. 아비멜렉이 사라를 데려간 그날 밤, 하나님이 아비멜렉의 꿈에 나타나셔서 그와 대화하셨다. 먼저 하나님은 그에게 죽음을 경고했다. "네가 이 여자를 데려왔으니, 너는 곧 죽는다. 이 여자는 남편이 있는 여자다"(3절).

하나님은 아비멜렉이 다른 사람의 아내를 데려왔으니 죽을 것이라고 선언하셨다. 이 경고는 꿈을 통해 이루어졌다. 창세기에서 하나님은 이방인에게도 꿈으로 계시하셨다. 본 절 외에도 꿈을 통한 계시는 세 번 더 나온다. 라반(31:24), 바로의 종(40:5), 바로(41:1)에게 꿈으로 계시되었다. 이것은 하나님의 계시가 이스라엘에 국한되지 않음을 보여준다. 이방인에게도 계시되며 그 효력은 이스라엘 백성과 똑같다. 유다 왕 요시야는 애굽 왕 느고에게 임한 하나님의 계시를 무시함으로써 전쟁에서 죽임을 당하였다(대하 35:22-24). 꿈에서 하나님의 경고를 받은 아비멜렉은 자신의 무고를 해명했다. 자기는 사라를 가까이하지 않았다고 말하며 하나님의 정의에 호소했다(4절). 또한, 아브라함이 아내를 누이라고 하였기 때문에 그녀가 남편 있는 여자인 줄 몰랐다고 해명했다(5절). 자신은 죄가 없다는 것이다. 꿈의 대화는 이어진다. 하나님이 아비멜렉에게 다시 말씀하셨다. 하나님은 아비멜렉의 무고(無故) 주장을 받아들이셨다. 그러나 그가 사라를 가까이하지 않도록 한 것은 하나님이 그를 막으셨기 때문이라고 하셨다. 이제 그녀를 남편에게 돌려보내라고 하셨다. 그렇지 않으면 그와 그에게 속한 사람들이 다 죽을 것이다. 그러면서 아브라함을 선지자로 부르셨다(7절). 문맥에서 아브라함을 선지자로 부른 것은, 그가 아비멜렉을 위해 중재의 기도를 드렸기 때문이었다.

구약의 선지자는 세상에 오실 하나님의 아들을 증거한다(롬 1:2, 벧전 1:10-11). 아브라함은 중재자로서 선지자이나 동시에 그의 후손에서 하나님의 아들이 오시기에 선지자이다(마 1:1). 하나님이 그에게 약속하신 자손은 구속사적으로 예수 그리스도이다. 또한, 예수 그리스도를 믿는 자마다 아브라함의 영적 자손이다(갈 3:29). 8절, 아비멜렉은 신하들을 불러 꿈 이야기를 전하였다. 그들은 매우 두려워하였다. 그들은 이방인이었으나 꿈에서 받은 하나님의 계시 앞에 두려워한 것이다. 이방인이라도 하나님의 말씀 앞에 경외감으로 반응한다. 이것은 롯의 정혼자들이 심판의 말씀을 농담으로 여긴 것과 대조된다.

9-13절, 아비멜렉과 아브라함의 대화이다. 아비멜렉은 아브라함이 아내를 누이로 속인 일을 추궁했다. 그로 인해 자기가 죄를 범할 뻔하였다는 것이다. 대체 무슨 연유로 속였느냐고 물었다. 그러자 아브라함은 이곳은 하나님을 두려워하는 자가 없어 아내로 인해 자기가 죽을 수 있다고 생각했다고 말했다. 8절, 아비멜렉과 그의 신하들은 꿈으로 계시받은 말씀으로 인해 하나님을 두려워하였다. 하나님은 이방인에게 꿈으로 계시하시고 그들은 하나님을 두려워하였다. 아브라함은 이들이 하나님을 두려워하지 않는다고 오판하였다. 그러면서 둘러대기를 사라가 실제 이복동생이었다고 말했다(12절). 하여 그가 아버지의 집을 떠나 어디를 가든지 아내를 누이로 하기로 했고, 이것이 아내가 그에게 베풀 은혜라고 말했다(13절).

약속받은 아브라함은 세상을 두려워하여 아내를 누이로 팔기로 약조하였다. 꿈의 계시를 받고 하나님을 두려워한 아비멜렉과 그의 신하들은 아브라함을 부끄럽게 만들었다. 하나님을 두려워함에 있어 이방인들이 아브라함을 능가하고 있다. 이것은 하나님의 백성이 이방인에게 범할 수 있는 영적 자만심에 대한 경고이다. 아브라함의 해명을 들은 아비멜렉 왕은 그에 대해 어떤 반응도 하지 않았다. 도리어 그에게 양 떼와 소 떼와 남종과 여종을 선물로 주고 사라도 아브라함에게 돌려보냈다(15절). 그러면서 아브라함에게 어느 장소든 거주하라고 말하고, 사라에게도 말하였다. 아비멜렉은 아브라함을 사라의 오라비로 칭하며 아브라함의 명예를 지켜주었다. 또 그에게 은 천 세겔을 줌으로써 사라가 받았을 수치를 덜어주었다(16절). "네 수치를 가리다"(개역개정)를 직역하면 "눈을 가리다"이다. 다시 말해 아비멜렉은 사라에 대한 사람들의 비판적인 눈을 가려주었다. 그는 사라의 명예도 지켜주었다. 아브라함이 아비멜렉을 위해 기도하였다(17절). 이에 아비멜렉과 그의 아내와 여종이 불임의 마력에서 풀려 출산하게 되었다. 비록 아브라함에게 허물이 있었으나, 하나님은 그의 중재 기도를 들으셨다. 18절은 후대의 첨가문이다. "아비멜렉이 아브라함의 아내 사라를 데려간 일로, 주님께서는 전에 아비멜렉 집안의 모든 여자의 태를 닫으셨었다." 아비멜렉이 하나님 앞에서 보여준 경외감은 아브라함을 능가한다. 또한, 그가 아브라함에게 보여준 관용은 자기 목숨을 위해 아내를 누이로 속인 아브라함의 비열함과 대조된다. 아비멜렉은 아브라함을 꾸짖어 추방해도 부족할 판에 그에게 처소를 제공해주고 그의 명예까지 지켜준다. 확실히 이방인의 성정(性情)이 믿음의 조상 아브라함을 압도한다. 주목할 것은 하나님이 이방 왕에게 자신의 뜻을 계시하셨고, 이방 왕은 경외함으로 그 뜻에 복종했다는 사실이다.

기독교 전통에서 하나님은 택한 백성의 하나님이고 그들에게 자신을 계시한다. 근본주의적 신앙은 택함 받지 아니한 사람들을 적대시하는 경향마저 있다. 어떤 이는 "믿지 않는 자와 멍에를 함께 메지 말라"(고후 6:14)라는 구절을 맹목적으로 해석하여 불신자와의 사귐이나 결혼 자체를 터부시한다. 그런 부류의 사람들에게 오늘 본문은 매우 당혹스럽다. 어떻게 믿지 않는 이방 나라의 왕의 경건이 믿음의 조상인 아브라함의 경건을 능가하는가? 이것은 선민 유대인의 긍지에도 치명적 흠집이다. 사실 불신자들의 신앙적 태도나 삶이 신자들의 신앙과 삶을 능가할 때가 있다. 불신자들이 신자들에 비해 인격적이고 도덕적이고 양심적일 때가 있음을 부인할 수 없다. 심지어 하나님이 불신자들에게도 자기를 계시하고 그들이 계시 앞에 복종한다는 사실은 믿는 자에게 크나큰 도전과 신선한 충격이다. 하지만 이것은 하나님의 행하시는 실제 역사이다. 신약시대 이방인 고넬료는 구원받지 못한 상태에서 하나님을 경외하였다. 그는 정기적으로 기도하였고 구제하였고 환상도 보았다(행 10장). 하나님이 그의 경건을 보시고 베드로를 보내 복음을 전하게 하시고 첫 번째 이방인 회심자로 삼으셨다.

18세기 계몽주의 이후 기독교 신학은 전통에 대한 "신뢰와 의혹"의 모티브로 전개되었다. 기독교 신학의 과제는 성경의 내용(텍스트)과 기독교 전통을 오늘의 상황을 위해서 해석하는 데 있다. 다시 말해 기독교 신학은 성령과 전통을 따라 성경을 해석하여 오늘의 개인 실존과 교회와 사회의 현실을 새롭게 이해하고 변화시키고자 한다. 이것은 "신뢰의 해석학"이다. 하지만 전통에 대한 무조건적 맹신은 교리주의에 빠져 신앙의 부정성을 표출한다. 하나님에 대한 신앙에 있어 가장 강고한 전통은 바리새적 신앙 전통이다. 그들은 사람이 만든 계명(전통)으로 하나님의 말씀을 폐하였다(막 7장). 이때 신앙의 전통은 사람들을 억압하고 숨 막히게 하는 폭력으로 변한다. 그러므로 기독교 신학은 전통을 신뢰하되 전통에 대한 비판적 반성을 동시에 수행해야 한다. 이것은 "의혹의 해석학"이다. 의혹의 해석학은 자명한 전통을 성찰하고 전복하는 철학적 사고에 바탕을 둔다. 18세기에 들어와 개혁주의 신앙이 한계에 도달하였다. 개혁신앙은 죽은 정통이 되어버렸다. 그리스도인에게서 역사적 예수의 삶이 부재하고, 교리주의가 신자들을 억압하고, 교회는 권력과 부의 집단으로 추락하였다. 이때 일련의 철학자들은 전통에 대한 의혹을 제기하였다.

기독교 신학은 본질적으로 성령의 역사에 기초한다. 그러나 철학적 사유는 신앙의 전통에 비판적 성찰을 하기 때문에 반드시 건너야 할 사막이다. 장신대 원로 조직신학자 윤철호 교수가 여러 차례 개정을 통해 완결한 책 〈신뢰와 의혹〉은 통전적 기독교 해석학을 제시한다. 이 책은 근대 이후 철학과 해석학을 두루 섭렵하고 성령 안에서의 성경 해석학을 통합하는 역작이다. 보통 기독교 신앙은 부모 세대 또는 교회로부터 진리를 들음으로써 시작한다. 그에 대해 아무런 의심도 하지 않는다. 의심 자체를 불경한 것으로 생각한다. 그러나 만일 우리가 자명하게 믿어온 신앙 전통이 실제의 삶에서 어떤 효력도 나타나지 않는다면 그것은 죽은 전통이다. 이 지점에서 신자들은 보통 두 부류로 갈라진다. 내면의 정직성에 진실히 반응하는 자는 당연히 믿어왔던 전통에 대해 의혹을 제기한다. 그는 강고한 전통과 거리두기를 시작한다. 그는 신앙이 흔들리기도 하고, 교회 생활에 회의를 느끼기도 하고, 극단적인 경우 무신론자가 되기도 한다. 하나님은 내면의 정직성에 진실히 반응하는 자를 주목하신다.

반면 내면의 정직성 앞에서 거짓으로 반응하는 자도 있다. 그의 신앙은 갈수록 아집과 독선과 파국으로 치닫는다. 그는 자기만의 세계에 갇혀 사람과 세상을 함부로 재단한다. 그는 자기가 아는 하나님 지식에 절대 권위를 부여하고 다른 세계를 멸시한다. 그런 자는 아비멜렉이든, 고넬료든 결국 예수 안 믿으니 지옥 간다는 식으로 대한다. 그러므로 비판적 성찰이 없는 신앙은 매우 위태롭고 독선적이고 이기적이다. 어느 면에서 믿지 않는 자의 삶보다 훨씬 취약하며, 프로이드 말대로 집단 신경증의 양상을 보인다. 그런 자는 우물 안 개구리가 하늘을 보는 식의 "순수 영역"에 갇혀 세계와 담을 쌓는다. 거기에 함몰된 자는 자기도 모르게 "즐겁게 악을 행한다"(파스칼). 가인의 분노와 바리새적 위선으로 즐겁게 악을 행하는 것이다. "나만 옳고, 내가 아는 것이 전부다"라는 식의 신앙은 외부세계에 대한 폭력이다.

"새는 알을 깨고 나온다. 알은 세계이다. 태어나려는 자는 세계를 파괴해야 한다. 새는 신에게로 날아간다. 그 신의 이름을 아브락사스다"(헤르만 헤세, 〈데미안〉). 건강한 기독교 신앙은 전통의 알을 깨고 나와야 한다. 전통에 대한 비판적 성찰을 시도해야 한다. 전통을 신뢰하되 의혹의 사막을 건너야 한다. 철학이 이런 기능을 한다. 그때 새가 신에게 날아가듯, 만물 위에 계시며 만물을 관통하시며 만물 안에 충만한 하나님께로 나아간다(엡 4:6). 참 신앙으로 도약한다.

: 묵상

나는 처음에 매우 근본적인 신앙을 고수하였다. 나만의 순수 영역에 갇혀 외부세계를 터부시하였다. 특히 신대원 시절에는 극심하였다. 세상과 완전히 담을 쌓고 순수 영역에만 갇혀 살았다. 그러나 강고한 전통에 점점 의혹이 생겨났다. 아무리 열심을 내어도 효력이 없는 신앙생활, 무의미한 목회 생활에 한계를 느꼈다. 내면의 정직성을 외면하고 외부 사역으로 도망하기도 하였다. 주께서 그런 나를 불쌍히 여기셨다. 공의로 심판하시고 전통의 알을 깨고 나오게 하셨다. 이후 매일 생명의 교제를 통해 생명을 누리게 하셨다. 2022년 봄부터, 18세기 이후에 나타난 "의혹의 해석학"을 접하게 되었다. 그해 4월에 잠시 귀국한 파리 지부장 손 장로님과 이틀간 교제한 이후였다. 막연히 추론했던 근대, 현대 철학에 귀를 기울이고 책을 읽는 등 선각자들의 고뇌를 탐구하였다. 왜 오늘날 그리스도인이 니체, 프로이드, 마르크스를 알고 극복해야 하는지 이해가 되었다. 그들은 하나같이 죽은 신앙의 전통에 의혹을 제기하고 전복을 시도한 선각자들이었다. 그들의 강을 건너야 참 신앙은 날개를 달게 된다는 것도 각성하고 있다.

요즈음 김균진 교수의 〈헤겔의 역사철학〉과 윤철호 교수의 〈신뢰와 의혹〉을 숙독하는 중이다. 두 책은 기독교 관점에서 철학과 해석학을 조망하는데 다시금 알을 깨고 나오게 한다. 그런데도 교회 한편에서는 아직도 자기만의 순수 영역에 갇혀 예수 천당, 불신 지옥을 외치며 교회 밖의 사람들을 악마시한다. 그런 교회가 어떻게 세상을 변화시키겠는가! 최근 나의 묵상에 철학 이야기를 자주 한다. 어떤 이는 어렵다고도 한다. 하지만 내게는 만시지탄의 아쉬움이 가득하다. 전통의 알을 깨고 나오려면 건너기 어려운 사막을 건너야 한다. 이 점에서 철학 이야기가 어렵지만 소화하려는 공동체 지체들에게 감사와 경의를 표한다. 아브라함을 능가하는 아비멜렉의 경건은 전통의 알을 깨고 참 신앙에 이른 자에게 진리로 받아들여진다. 그때 우리는 교회 밖의 사람들에게도 겸비하며 말과 행실로 사랑의 복음을 전한다.

39

21:1-7

1 여호와께서 말씀하신 대로 사라를 돌보셨고 여호와께서 말씀하신 대로 사라에게 행하셨으므로
2 사라가 임신하고 하나님이 말씀하신 시기가 되어 노년의 아브라함에게 아들을 낳으니
3 아브라함이 그에게 태어난 아들 곧 사라가 자기에게 낳은 아들을 이름하여 이삭이라 하였고
4 그 아들 이삭이 난 지 팔 일 만에 그가 하나님이 명령하신 대로 할례를 행하였더라
5 아브라함이 그의 아들 이삭이 그에게 태어날 때에 백 세라
6 사라가 이르되 하나님이 나를 웃게 하시니 듣는 자가 다 나와 함께 웃으리로다
7 또 이르되 사라가 자식들을 젖먹이겠다고 누가 아브라함에게 말하였으리요마는 아브라함의 노경에 내가 아들을 낳았도다 하니라

39

복음으로 나는 영생, 하나님께는 기쁨이나 세상은 냉소한다!

: 주해

창세기 21장은 약속된 자손 이삭의 출생 이야기이다. 1-7절은 이삭의 출생이고, 8-21절은 이삭으로 인한 집안 갈등이며, 22-34절은 이삭의 출생 이후 집단 간의 갈등이다. 이삭의 출생은 자연적 출생이 아니라 약속의 말씀으로 인한 출생이다. 이삭의 출생은 자연적으로 출생한 이복 형 이스마엘과의 갈등을 일으킨다. 또한 집단 간에는 아브라함과 그를 선대하였던 아비멜렉 사이에 갈등을 일으킨다. 집안의 갈등은 이스마엘이 추방됨으로, 집단 간의 갈등은 계약을 체결함으로써 봉합된다.

여호와께서 "말씀하신 대로" 사라를 돌보셨다(1절). 여호와께서 "말씀하신 대로" 사라에게 행하셨다. "말씀하신 대로"가 두 번 나오는데, 이것은 이삭의 출생이 자연적 출생이 아니라 말씀의 출생이라는 것을 강조한 것이다. "돌보다"의 히브리어 "파카드"는 "방문하다"의 뜻이 있다. 곧 이삭의 출생은 하나님이 말씀을 통해 직접 관여하셨음을 의미한다(삼상 2:21, "여호와께서 한나를 돌보시사"). 하나님이 "말씀하신 시기"(2절)는 세 사람으로 현현하신 하나님이 약속하신 기한으로 대략 1년이었다(18:10, 14). 하나님의 때에 사라와 노년의 아브라함에게 아들이 태어났다. 노년의 아브라함은 100세였다(5절). 아브라함은 사라가 낳아 준 아들의 이름을 이삭으로 지었다(3절). 이는 하나님이 전에 말씀하신 대로이다(17:19). 이삭은 히브리어 "이츠하크"이며, 3인칭 대명사 "그"(이츠)와 "웃다"(사악크)의 결합어(Yitschaq)다. 이삭은 "그가 웃다"(He laughs)이며, 곧 "하나님이 (그 아이를 보고) 웃으시다"라는 뜻이다.

아브라함은 17:12에서 언급한 하나님의 말씀대로 이삭에게 8일 만에 할례를 행했다(4절). 할례는 언약의 표징이다. 하나님은 이삭과 더불어 언약을 세우시며 이는 그의 후손에게 하신 영원한 언약이다. 이삭이 태어났을 때 아브라함의 나이는 100세였다(5절). 아브라함이 하란을 떠나 가나안으로 온 지 25년 만이다(12:4). 그가 하갈을 통해 이스마엘을 낳은 후 14년 만이다(16:16). 하나님의 약속은 비록 더딜지라도 반드시 성취된다. 인간의 때가 아닌 하나님의 때에 성취된다.

6-7절은 이삭을 낳은 사라의 반응이다. "하나님이 나에게 웃음을 주셨구나. 나와 같은 늙은이가 아들을 낳았다고 하면, 듣는 사람마다 나처럼 웃지 않을 수 없겠지"(6절). 6절에는 두 개의 상이한 진술이 들어있다. 사라는 일 년 전 아들의 출산 소식을 들었을 때 냉소적인 비웃음으로 반응하였다(18:12). 이제 기적 같은 말씀의 출산을 한 후 그의 비웃음은 기쁨의 웃음으로 바뀌었다. 그러나 이웃들에게는 그녀가 처음 비웃었듯이, 웃음거리와 소문 거리가 될 것을 걱정하고 있다(폰 라드). 사라의 상반된 진술은 말씀의 출생을 경험한 사라에게는 기쁜 소식이나 이웃에게는 이해할 수 없는 것임을 보여주었다. 도리어 비웃음거리일 수 있다. 하나님의 행위는 인간의 생각으로는 전혀 파악할 수 없는 영역이다. 오직 믿음으로만 파악할 수 있다. 또한, 사라는 노년의 아브라함에게 불가능한 일이 일어났다고 말했다(7절). 히브리어 원문에서 7절은 삼박자의 리듬을 가진 시(詩)의 형태로 되어 있다.

"누가 아브라함에게 말하였으리요.
사라가 자식들을 젖 먹이겠다고.
아브라함의 노년에 아들을 내가 낳았노라."

"누가?"는 하나님의 행위는 인간으로서 상상할 수 없음을 표현하는 말이다. 사라 자신이 그러하였듯이 사람들이 믿을 수 없어 비웃을 일이 그에게 일어난 것이다. 하나님이 아브라함에게 자손의 약속을 하셨다(15:5). 그의 자손이 땅의 티끌처럼(13:16), 하늘의 뭇별처럼(15:5) 많을 것이라고 약속하셨다. 말씀의 약속은 불가능한 가능성이다. 아브라함과 사라는 자연적 출생이 불가능하였기 때문이었다. 그러나 하나님은 아브라함과 사라에게 "말씀대로" 이루셨다. 하나님의 말씀은 오직 믿음을 요구한다. 아브라함은 바랄 수 없는 중에 바라는 믿음으로 말씀을 믿었다. 그가 100세가 되어 자기 몸이 죽은 것 같음을 알고도 믿음이 약하여지지 않아 하나님의 약속을 의심하지 않았다. 도리어 믿음이 견고하여 하나님께 영광을 돌렸다(롬 4:18-20). 또한, 사라 역시 약속하신 하나님을 믿음으로써 잉태가 불가능한 몸으로 잉태하여 그를 통해 많은 자손이 태어났다(히 11:11-12). 아브라함의 믿음은 신약시대 신자들의 믿음에 상응한다. 아브라함은 약속의 말씀을 믿어 의롭게 여김을 받았다. 그런데 그에게 의로 여겨진 것은 아브라함만 위한 것이 아니라, 의로 여김을 받을 우리도 위함이다. 아브라함이 바랄 수 없는 중에 믿은 믿음은, 우리에게는 예수의 죽음과 부활을 믿는 믿음이다(롬 4:23-25).

예수께서 우리의 죄로 인하여 십자가에 죽으셨다. 그러나 그는 하나님의 권능으로 삼일 만에 살아나셨다. 이로써 하나님은 십자가에서 죽은 아들을 살리사 의롭게 하셨고(요 16:10), 그를 믿는 자 역시 의롭게 하셨다(롬 4:25). 이제 그의 죽음과 부활을 믿음으로 의롭게 된 자는 그로 말미암아 하나님과 화평한 관계를 맺는다(롬 5:1). 또한, 그를 믿음으로 말미암아 은혜의 보좌에 들어가 하나님의 영광을 바라고 자랑한다(롬 5:2). 예수 그리스도의 죽음과 부활은 복음이다(롬 1:2, 고전 15:3-5). 복음의 목적은 창세전 약속된 영원한 생명을 얻는 것이다(요 3:14-15, 딤후 1:10). 하나님은 창세전 영생의 약속을 말씀대로 이루셨다. 곧 아들을 세상에 보내시고 오직 영생의 말씀을 전하게 하신 것이다(요 12:50). 그가 십자가에서 죽으신 것은 아버지의 뜻인 영생을 우리에게 주시기 위함이다(요 6:40, 17:1-4). 자연적 출산이 불가능한 아브라함과 사라에게 바랄 수 없고 믿을 수 없는 일이 일어났다. 그들에게 일어난 말씀의 출생은 사람의 이해로는 불가능한 영역이다. 니고데모는 세상의 정복자라는 뜻이다. 그는 인간이 바랄 수 있는 지상적 성취의 정상에 이르렀다. 그는 부와 명예와 지식과 종교의 정상에 서 있었다. 그러나 그의 영혼은 밤이었다. 그가 예수께 나와 표적에 관해 묻는다. 예수께서 그에게 위로부터 나야 한다고 직언하셨다(요 3:3).

이미 정상에 이른 자, 그에게 더 필요한 것이 없다. 예수께서는 그에게 더 많은 부, 더 높은 명예, 더 많은 지식을 얻으라고 하지 않으셨다. 오직 한 가지 위로부터 나는 영생의 존재가 되어야 한다고 말씀하셨다. 그때 니고데모는 사라처럼 반응하였다. "사람이 늙었는데, 그가 어떻게 태어날 수 있겠습니까? 어머니 뱃속에 다시 들어갔다가 태어날 수야 없지 않습니까?"(요 3:4). 예수께서 그에게 대답하셨다. "내가 진정으로 진정으로 너에게 말한다. 누구든지 물과 성령으로 나지 아니하면, 하나님 나라에 들어갈 수 없다"(요 3:5). 위로부터 나는 것, 곧 영생을 얻는 것은 하나님 나라에 들어가는 것이다. 하나님 나라에 들어가는 것은 오직 예수 그리스도의 죽음과 부활을 믿을 때이다(롬 4:25-5:1). 복음만이 영생을 얻게 하고 하나님 나라로 들어가게 한다. 이것은 땅에서 나는 자연적 출생과 전혀 다른 하늘에서 나는 영원한 생명이다.

말씀으로 출생한 이삭의 이름의 뜻은 "하나님이 (그 아이를 보고) 웃으시다"(He laughts)라는 뜻이다. 하나님은 아들 예수의 죽음과 부활을 믿음으로 영생 얻은 자를 보고 한없이 기뻐하신다. 기쁨을 주체하지 못하신다(습 3:17). 이는 뜻이 하늘에서 이루어진 것처럼 땅에서도 이루어졌기 때문이다. "하나님은 하나님의 기뻐하시는 뜻을 따라 예수 그리스도를 통하여 우리를 하나님의 자녀로 삼으시기로 예정하신 것입니다. 그래서 하나님이 하나님의 사랑하시는 아들 안에서 우리에게 거저 주신 하나님의 영광스러운 은혜를 찬미하게 하셨습니다"(엡 1:5-6). 사라의 냉소가 기쁨의 웃음으로 바뀌었다. 하지만 말씀의 출산을 믿지 못하는 자들에게는 사라는 여전히 비웃음거리이다. 우리는 하나님의 기쁘신 뜻이 성취됨으로 인해 그의 기쁨이 된다(이삭). 우리도 사라처럼 그의 영광스러운 은혜를 찬양한다. 하지만 영생에 무지한 자들에게 우리는 이해할 수 없는 자요, 비웃음의 대상이다.

: 묵상

바랄 수 없는 중에 바라는 믿음은 소원성취를 바라는 믿음이 결코 아니다. 그것은 예수의 죽음과 부활을 믿어 하나님 나라로 들어가는 믿음이다. 문맥을 무시하고 문자를 아전인수 격으로 해석하는 신앙은 심각한 폐단을 부른다. 그가 목사라면 치명적 폐단이다. 내가 바로 그러하였다. 복음과 그 목적인 영생에 무지했을 때 약속의 말씀도 믿음도 오로지 이생을 위한 것이었다. 그것은 미신적 신앙으로 인해 생기는 맹신이다. 강아지 생명이 사람 생명으로 다시 나는 것을 누가 상상하겠는가? 생각조차 할 수 없는 불가능한 일이다. 하늘에서 나는 영생이 꼭 그러하다. 그래서 사람들은 아브라함처럼 "이스마엘이나 잘되기를 바랍니다"라는 식으로 자연적 생명이나 잘 되기를 바라며 믿는다. 소박하고 겸손한 신앙 같으나 영적으로 무지한 신앙이다. 나도 예외가 아니었다. 그런 내게 아브라함이 의롭게 된 믿음이 선물로 주어졌다. 믿음은 사람이 만드는 것이 아니라 하나님으로부터 오는 것이다(갈 3:23).

니고데모가 이룬 지상적 성취를 구하던 자에게 위로부터 나는 생명을 주셨다. 한량없는 은혜이다. 복음으로 나는 생명, 하나님이 나게 하신 생명이다. 하나님이 말씀으로 난 아이를 보고 웃으셨듯이 나를 보시고 기뻐하신다. 그러나 사라의 우려대로 말씀을 믿지 못하는 자에게 영생의 삶은 냉소거리이다. 나도 그렇고 영생의 지체들에게 빈번하게 있는 일이다. 영생을 누리는 신자는 하나님의 기쁨이며 그도 기뻐한다. 하지만 생명이 부재한 채 종교에 매인 목사나 성도는 그를 냉소한다. 도리어 유별나게 믿지 말라고 충고한다. 한 집안에서도 그렇다. 종교생활을 열심히 하는 남편은 영생을 누리며 기뻐하는 아내를 이해하지 못한다. 그만의 특유한 신앙방식으로 치부하며 냉소한다. 지난 10년간 흔히 보아온 일이다. 비웃는 자는 영생의 실제를 부인하기도 한다. 그러면서 자연적 생명을 번성케 하고 극대화하는 데 생을 바친다. 하지만 이미 눈이 떠진 자가 어떻게 다시 소경처럼 살겠는가! 하나님의 기뻐하심으로 충분하다. 그를 기뻐하며 그의 영광을 찬양하는 것으로 족하다.

40

21:8-21

8 아이가 자라매 젖을 떼고 이삭이 젖을 떼는 날에 아브라함이 큰 잔치를 베풀었더라
9 사라가 본즉 아브라함의 아들 애굽 여인 하갈의 아들이 이삭을 놀리는지라
10 그가 아브라함에게 이르되 이 여종과 그 아들을 내쫓으라 이 종의 아들은 내 아들 이삭과 함께 기업을 얻지 못하리라 하므로
11 아브라함이 그의 아들로 말미암아 그 일이 매우 근심이 되었더니
12 하나님이 아브라함에게 이르시되 네 아이나 네 여종으로 말미암아 근심하지 말고 사라가 네게 이른 말을 다 들으라 이삭에게서 나는 자라야 네 씨라 부를 것임이니라
13 그러나 여종의 아들도 네 씨니 내가 그로 한 민족을 이루게 하리라 하신지라
14 아브라함이 아침에 일찍이 일어나 떡과 물 한 가죽부대를 가져다가 하갈의 어깨에 메워 주고 그 아이를 데리고 가게 하니 하갈이 나가서 브엘세바 광야에서 방황하더니
15 가죽부대의 물이 떨어진지라 그 자식을 관목덤불 아래에 두고
16 이르되 아이가 죽는 것을 차마 보지 못하겠다 하고 화살 한 바탕 거리 떨어져 마주 앉아 바라보며 소리 내어 우니
17 하나님이 그 어린 아이의 소리를 들으셨으므로 하나님의 사자가 하늘에서부터 하갈을 불러 이르시되 하갈아 무슨 일이냐 두려워하지 말라 하나님이 저기 있는 아이의 소리를 들으셨나니
18 일어나 아이를 일으켜 네 손으로 붙들라 그가 큰 민족을 이루게 하리라 하시니라
19 하나님이 하갈의 눈을 밝히셨으므로 샘물을 보고 가서 가죽부대에 물을 채워다가 그 아이에게 마시게 하였더라
20 하나님이 그 아이와 함께 계시매 그가 장성하여 광야에서 거주하며 활 쏘는 자가 되었더니
21 그가 바란 광야에 거주할 때에 그의 어머니가 그를 위하여 애굽 땅에서 아내를 얻어 주었더라

40

자식 추방의 비정한 명령, 육체의 소욕을 못 박고 성령을 따라 살다!

: 주해

아브라함이 100세 때 사라를 통해 이삭을 얻었다. 15:5, 자손의 약속이 역사적으로 성취되었다. 이삭은 말씀으로 난 약속의 자손이었다. 그가 8일 만에 할례를 받았다. 8-21절은 이삭의 출생으로 인해 생긴 아브라함 집안의 갈등을 기술한다. 여종 하갈이 낳은 이스마엘이 이삭을 놀렸다. 아브라함은 사라의 요구 및 하나님의 명령대로 하갈과 이스마엘을 추방하였다. 이로써 갈등은 봉합되었다.

이삭이 자라서 젖을 떼던 날에 아브라함이 큰 잔치를 배설하였다. 고대 이스라엘에서 어린아이는 3년이 지나야 젖을 떼었다(삼상 1:23-24). 영아 사망률이 높았던 고대 사회에서는 생존의 안정권에 접어든 세 살이 되면 보통 큰 잔치를 배설하였다. 이것은 한국 사회에서 하는 돌잔치와 비슷하다. 아브라함이 베푼 잔칫날 하갈의 아들이 이삭을 놀렸다. "놀리다"의 히브리어는 "메짜하크"인데, 그 어원은 "그가 웃다"의 "짜하크"이며 "이삭"을 놀린 것을 암시한다. 16세가 된 이스마엘이 3살짜리 이삭을 놀리는 것은 적절하다고 할 수 없다. 사실 이삭이 여종의 아들과 같이 어울리는 것 자체가 사라를 화나게 하였다. 사라의 본심은 이스마엘이 이삭과 더불어 기업을 얻는 것을 반대하였다. 하여 아브라함에게 여종과 그 아들을 내어 쫓으라고 요구한다(10절). 전에 하갈이 사라에게 거만하게 굴 때 아브라함은 사라에게 모든 권한을 위임하였다(16:6). 이번에는 달랐다. 아브라함은 몹시 괴로웠다. 이는 이스마엘도 자기 아들이기 때문이었다(11절). 아브라함은 하갈과 이스마엘에 대해 가부장적 의무감이 있었기 때문에 이 문제로 사라와 심한 논쟁이 있었음을 추측할 수 있다.

아브라함의 집안에 일어난 갈등에 하나님이 개입하신다. 하나님께서 괴로워하는 아브라함에게 사라의 결정에 따르라고 하신다(12절). 사라는 단순히 이삭과 이스마엘이 기업을 나눌 수 없다는 생각이었으나, 하나님은 더 멀리 보신다. 이삭에게서 나는 씨가 아브라함이 씨가 될 것이다. 약속의 자손 이삭을 통한 아브라함의 씨는 하늘의 뭇별과 땅의 티끌만큼 많을 것이다. 사라는 시샘과 두려움으로 하갈과 이스마엘을 내쫓으라고 아브라함을 독촉하였다. 하나님은 약속의 궁극 지점을 내다보시고 사라의 결정을 추인하셨다. 저자는 아내를 누이로 속인 아브라함의 거듭된 기만, 아비멜렉 앞에서의 수치 등 그의 인간적 허물을 다 드러내셨다. 그러나 하나님은 여전히 택함 받은 아브라함을 통해 역사의 목표를 이루어가신다.

하나님은 이스마엘도 아브라함의 씨라고 하셨다. 그 아들은 그 아들대로 한 나라가 될 것이라고 약속하셨다(14절). 다음 날 아침 일찍 아브라함은 먹을거리 얼마와 물 한 가죽 부대를 하갈의 어깨에 메워 주고 그를 아이와 함께 내보냈다. 하갈은 길을 나서서, 브엘세바 빈들에서 정처 없이 헤매고 다녔다(15절). 여기서 아브라함의 감정은 전혀 표출되지 않는다. 하갈과 이스마엘의 추방은 침묵 속에서 일사천리로 진행된다. 아브라함이 대체 무슨 말을 그들에게 할 수 있겠는가! 그는 하나님의 비정한 명령 앞에 침묵으로 복종했다. 그러나 이 침묵이 주는 인상은 훨씬 더 강렬하다.

하갈과 아들 이스마엘은 브엘세바 광야에서 유리방황하였다. 아브라함이 챙겨준 가죽 부대의 물이 떨어졌다. 하갈은 아이를 덤불 아래에 뉘어 놓았다. "(관목 덤불 아래에) 두고"(개역개정)의 히브리어 "솰라크"는 "내던지다" "포기하다"의 뜻이다. 하갈은 살 소망이 사라진 아이와 화살 한바탕 거리만큼 떨어져서 주저앉았다. 그 여인은 아이 쪽을 바라보고 앉아서, 소리를 내어 울며 말했다. "아이가 죽어 가는 꼴을 차마 볼 수가 없구나!"(16절). 하나님께서 아이의 소리를 들으시고 천사를 통해 하갈에게 말씀하셨다. 극한의 상황에서 하갈은 아이를 포기하였다. 그러나 하나님은 아이의 소리를 들으셨다. "이스마엘"은 "하나님께서 들으셨다"라는 뜻이다. 그러면서 하나님이 그 아이를 통하여 큰 민족을 이루겠다고 말씀하신다. 16절에서 아이의 소리는 언급하지 않고 하갈의 소리만 언급한다. 그런데 하나님은 아이의 소리를 들으시고 아이에게 큰 민족을 약속하신다. 그렇다고 하나님이 하갈의 소리를 듣지 않으신 것은 아니다. 다만 큰 민족에 대한 약속이 아이에게 주어지고 있음을 강조한 것이다. 하나님이 하갈의 눈을 밝히시니 하갈이 샘을 발견하고, 가서 가죽 부대에 물을 담아다가 아이에게 먹였다(19절).

20-21절은 이스마엘의 성장에 대한 언급이다. 그의 성장에 관하여 두 가지 사실에 주목한다(20절). 첫째 하나님이 그와 함께하셔서 그는 장성한 자가 되었다. 또 그는 광야에 거주하며 활 쏘는 자가 되었다. 이스마엘이 바란 광야에 거주할 때 그의 어머니는 자기 고향인 애굽에서 여자를 데려다가 아내로 삼게 하였다(21절). 아이에게 어머니는 마지막 보루이다. 그런데 하나님께서는 어머니마저 포기한 아이를 통해 큰 민족을 이루겠다고 하신다. 물론 이삭과 달리 이스마엘에게는 땅의 약속이나 언약 체결의 약속이 없다. 그는 광야에서 활 쏘는 자로 살아야 했다. 또한, 이스마엘은 하갈의 고향인 애굽 여자를 아내로 맞이함으로써 아브라함의 혈통에서 멀어지고 있다.

아브라함의 씨로 주어진 이삭과 그에게서 멀어진 이스마엘은 대립 관계로 자리매김한다. 이삭은 약속의 자녀이며, 이스마엘은 육신의 자녀이다(롬 9:8). 둘 다 하나님의 보호를 받고 살지만, 이삭은 하나님의 자녀를 표상하는 약속의 자녀이다. 그러나 하나님은 육신의 자녀라도 그를 존재케 하시고 번성케 하신다. 하지만 그는 약속에 참여하지 못한다. 이것은 인간의 결정이 아니라 하나님의 주권적 결정이다. 아브라함의 씨요 약속의 자손인 이삭은 장차 오실 그리스도를 예시한다. 하나님이 약속하신 "자손"(창 15:5, 단수형)은 구속사적으로 하나님의 독생자 예수 그리스도시다(갈 3:16).

아브라함의 씨로 오신 아들을 믿는 자에게 생명이 있고 믿지 않는 자는 생명이 없다(요일 5:12). 모든 사람은 육신의 자녀로 태어난다. 그러나 그가 아들 예수를 영접하면, 육신의 자녀에서 약속의 자녀로 태어난다(요 1:12). 육체를 따라 난 자가 성령을 따라 난 자가 된다. 곧 땅에서 난 자연적 생명이 하늘에서 난 영원한 생명이 되는 것이다. 아브라함은 이삭과 같은 자식인 이스마엘을 내보내는 것을 괴로워하였다. 그러나 하나님은 사라의 말대로 여종과 그 아들 이스마엘을 내쫓으라고 하신다. 천륜의 부성(父性)을 거스른 비정한 명령이다. 아브라함은 괴로우나 침묵 속에서 하갈과 이스마엘에 대한 추방 명령에 복종한다. 이것은 인간적으로 비통하나 영적으로는 함께 유업을 상속할 수 없는 육신의 자녀를 내쫓는 것이다.

바울은 하갈과 이스마엘의 추방을 두고 성령을 따라 사는 자가 육체를 따라 사는 자를 내쫓는 것으로 해석한다. 사뭇 비정하게 보이는 명령이지만 성령을 따라 난 자는 육체를 따라 난 자를 내쫓아야 한다. 그리스도인은 이삭과 같은 약속의 자녀이다. 육체를 따라 난 자가 성령으로 난 자를 박해한다. 둘은 양립할 수 없다. 약속의 자녀는 마땅히 육체를 따라 난 자를 추방해야 한다(갈 4:28-30).

이어지는 갈라디아서 5장에 보면, 한 사람 안에 육체를 따라 난 자와 성령을 따라 난 두 존재가 거한다(갈 5:16-26). 그리스도인에게 육체의 소욕과 성령의 소욕이 공존한다. 이 둘이 서로 적대관계에 있어 우리가 원하는 일을 할 수 없게 된다(갈 5:17). 육체의 행실도 분명하고 성령의 열매도 분명하다(갈 5:19-23). 성령을 따라 살며 성령의 열매를 맺으려는 자는 육체의 소욕을 처리해야 한다. 그것은 육체와 함께 정욕과 욕망을 십자가에 못 박는 것이다(갈 5:24).

자연적 인간에게 육체의 소욕은 극복이 불가능한 본성이다. 어떻게 아버지가 아들을 추방하며, 어머니가 아들을 죽음에 방치하겠는가? 사실 가족을 사랑하고 돌보는 일은 지극히 소중한 일이다. 그러나 이것도 육체를 따라 사는 삶이다. 그러나 육체의 삶은 필경 사망에 이른다. 그래서 예수께서는 사람의 원수가 자기 집안 식구라고 하셨다(마 10:36). 육체의 소욕을 조장하고 극대화하기 때문이다. 성령을 따라 사는 삶은 "육체의 소욕을 따라 행하는" 가족 사랑을 거부한다. 가족을 주님보다 더 사랑하는 자는 주님께 합당치 않은 자이다(마 10:37). 자기 십자가를 지고 주님을 따르지 않는 자도 그러하다. 자기 목숨을 얻으려는 사람은 목숨을 잃을 것이요, 주님을 위하여 자기 목숨을 잃는 사람은 목숨을 얻을 것이다(마 10:38).

아브라함은 자식을 버리라는 비정한 명령을 침묵 속에서 복종하였다. 육신의 가족보다 주님을 더 사랑하라는 명령 역시 비정하다. 그래서 우리도 침묵 속에서 비정한 명령에 복종한다. 침묵 속의 복종은 십자가에 못 박힌 복종이다. 그러나 이것은 손해보거나 어리석은 삶이 아니다. 사실 자기 목숨을 얻는 참된 삶이다. 그때 우리는 비로소 주님의 사랑으로 가족을 대하며, 성령의 인도로 가족을 사랑하기 때문이다.

: 묵상

내가 신학대학원에 들어갔을 때 신령하다는 목사를 자주 만났다. 우연한 기회로 알게 된 그 목사는 시골 목회를 하였다. 그는 내게 이용도 목사의 영적인 삶을 소개해주었다. 이용도 목사는 일제 강점기 때 모든 육체의 소욕을 버리고 오직 주님만을 사랑하며 사역했던 목사였다. 지나친 신비주의로 이단으로 취급받기도 하였다. 신대원에 막 입학했으니 나는 얼마나 열정이 있었겠는가? 나 역시 이용도 목사를 추종하며 그를 흉내 내었다. 그 목사는 일주일 내내 기도원에서 지내다가 토요일 저녁이면 교회에 왔다. 주일을 섬기고 다시 기도원으로 가는 생활을 반복하였다. 네 자녀를 기르는데 혹시라도 주님을 향한 마음을 빼앗길까봐 한 번도 무릎에 앉힌 적이 없다고 하였다. 비정한 부정이나 나는 그것이 주의 종의 길인 줄 알고 따르고자 하였다.

문제는 육신을 따라 비정하게 행한 데 있었다. 나 역시 복음에 무지한 채 인간의 열심으로 비정한 명령을 따른 자였다. 당시 부흥사들이 자주 쓰는 말 중의 하나는 "우리가 주의 일에 전념하면, 주님이 우리 일을 책임져주신다"였다. 주의 일을 위해 가족을 포기하고 버리면, 주님이 돌보신다는 것이다. 무지하고 어리석은 자는 성경을 교묘하게 해석하여 스스로 올무에 빠진다. 육신을 따라 가족을 사랑하는 것이나, 육신을 따라 가족을 배척하는 것이나 결말은 같다. 육신의 일은 사망이다!

고유 명절 추석이 시작되었다. 도로마다 귀성 행렬이 가득하다. 다들 가족을 찾아 고향에 방문한다. 그런데 이상하게도 인간은 육신의 가족 앞에서는 공의가 사라진다. 원초적이고 본능적으로 행동하기에 십상이다. 어찌 나만 예외이겠는가? 성령을 따라 행하지 않고 육신을 따라 행하곤 한다. 아브라함이 침묵 속에서 비정한 명령에 복종하였다. 나 역시 잠잠히 육체의 소욕을 십자가에 못 박는다. 가족과 친지를 대하는 데 있어 오직 성령을 따라 행하기를 소원하고 간구한다.

41

21:22-34

22 그 때에 아비멜렉과 그 군대 장관 비골이 아브라함에게 말하여 이르되 네가 무슨 일을 하든지 하나님이 너와 함께 계시도다
23 그런즉 너는 나와 내 아들과 내 손자에게 거짓되이 행하지 아니하기를 이제 여기서 하나님을 가리켜 내게 맹세하라 내가 네게 후대한 대로 너도 나와 네가 머무는 이 땅에 행할 것이니라
24 아브라함이 이르되 내가 맹세하리라 하고
25 아비멜렉의 종들이 아브라함의 우물을 빼앗은 일에 관하여 아브라함이 아비멜렉을 책망하매
26 아비멜렉이 이르되 누가 그리하였는지 내가 알지 못하노라 너도 내게 알리지 아니하였고 나도 듣지 못하였더니 오늘에야 들었노라
27 아브라함이 양과 소를 가져다가 아비멜렉에게 주고 두 사람이 서로 언약을 세우니라
28 아브라함이 일곱 암양 새끼를 따로 놓으니
29 아비멜렉이 아브라함에게 이르되 이 일곱 암양 새끼를 따로 놓음은 어찜이냐
30 아브라함이 이르되 너는 내 손에서 이 암양 새끼 일곱을 받아 내가 이 우물 판 증거를 삼으라 하고
31 두 사람이 거기서 서로 맹세하였으므로 그 곳을 브엘세바라 이름하였더라
32 그들이 브엘세바에서 언약을 세우매 아비멜렉과 그 군대 장관 비골은 떠나 블레셋 사람의 땅으로 돌아갔고
33 아브라함은 브엘세바에 에셀 나무를 심고 거기서 영원하신 여호와의 이름을 불렀으며
34 그가 블레셋 사람의 땅에서 여러 날을 지냈더라

41

약속의 담지자는 질그릇 같으나, 신적 신비로 보호하시고 인도하신다!

⦁ 주해

창세기 21장은 이삭의 출생과 관련한 이야기이다. 아브라함이 사라를 통해 약속의 자녀 이삭을 출산하였다(1-7절). 이삭이 젖을 뗄 무렵 아브라함이 잔치를 배설하였다. 이후 두 가지 사건이 일어난다. 하나는 아브라함의 집안에 일어난 갈등이고, 다른 하나는 아비멜렉과 샘을 두고 일어난 갈등이다. 아브라함은 사라의 요구 및 하나님의 명령대로 하갈과 이스마엘을 추방한다(8-21절). 또 아브라함과 아비멜렉 사이에 평화의 언약이 체결된다(22-34절).

22-34절에는 두 개의 중첩된 언약이 체결된다. 첫 번째 언약은 아비멜렉이 주도권을 행사한다(22-24절, 27절, 31절). 두 번째 언약은 아브라함이 주도권을 행사한다(25-26절, 28-30절, 32절). 첫 번째 언약 체결은, 20장의 내용을 전제로 한다. 아비멜렉은 아내를 누이로 속인 아브라함의 기만에도 불구하고 그가 신의 보호를 받고 있음을 보았다. 아비멜렉은 정의롭게 행하였으나 사뭇 신은 아브라함의 편이었다. 아비멜렉은 불안하였다. 그로서는 신의 보호를 받는 아브라함이 대단히 두려운 존재였다. 이에 아비멜렉과 그의 군대 장관 비골이 아브라함에게 나와 맹세를 요청한다. 이들은 아브라함이 하나님과 함께 있음을 인정하였다(22절). 그리고 아브라함이 자신들과 후손들을 속이지 말 것과 그들에게 계

속 친절(후대)을 베풀 것을 맹세하라고 요구하였다(23절). 아브라함은 담백하게 대답하였다, "내가 맹세합니다." 아브라함이 양과 소를 아비멜렉에게 주어 성의를 표하고 양자 사이에 언약이 체결된다(27절). 이 이야기는 하나님이 약속의 담지자인 아브라함과 함께하고 있음을 이방인도 인정한다는 것을 보여준다.

두 번째 언약 체결은, 샘물 분쟁을 배경으로 한다. 아브라함은 아비멜렉의 종들이 그의 우물을 빼앗은 일을 두고 아비멜렉을 책망하였다(25절). 20장에서 아비멜렉이 아내를 누이로 속인 아브라함을 책망하였다(20:10). 그리고 아브라함이 해명하였다. 여기서는 처지가 바뀌었다. 아브라함이 아비멜렉을 책망하고 아비멜렉이 해명한다. "누가 그런 일을 저질렀는지, 나는 모릅니다. 당신도 그런 말을 여태까지 나에게 하지 않았습니다. 나는 그 일을 겨우 오늘에 와서야 들었습니다"(26절). 아비멜렉의 해명은 상당히 회피적인 답변이다. 전에 아브라함이 회피적인 해명을 할 때 아비멜렉은 그에게 양과 소와 종들을 주어 내보냈다. 이번에는 아브라함이 암양 새끼 일곱을 아비멜렉에게 준다. 아비멜렉에 이유를 묻자 아브라함이 대답한다. "내가 이 우물을 파 놓은 증거로, 이 새끼 암양 일곱 마리를 드리려고 합니다"(30절).

아브라함은 아비멜렉이 일곱 마리의 양을 받게 함으로써 샘(우물)에 대한 자기의 소유권을 확증하였다. 고대의 관습에서 선물을 받는 자는 선물을 주는 자의 권리주장을 명백히 인정한다. 선물을 받은 아비멜렉이 샘에 관한 아브라함의 권리를 인정하였다. 두 사람은 서로 맹세하고 이 샘을 "브엘세바"로 칭하고 거기서 언약을 체결한다. "브엘"은 "샘"의 뜻이고, "세바"는 "일곱" 또는 "맹세"를 뜻한다. 브엘세바는 일곱(세바) 마리 양을 아비멜렉에게 보내 맹세(세바)했다는 이중적 뜻을 가진다. 아비멜렉과 그의 군사령관 비골은 블레셋 사람의 땅으로 돌아갔다(32절). 아브라함은 브엘세바에 에셀나무를 심고, 거기에서 영생하시는 여호와 하나님의 이름을 부르며 예배를 드렸다(33절). 아브라함은 오랫동안 블레셋 족속의 땅에 머물러 있었다(34절). 브엘세바에 심겨진 에셀나무는 사막 지역에서 자라는 나무이다. 키가 크고 그늘을 만들 만한 잎이 있으며 물을 별로 필요로 하지 않는 위성류(tamarisk)이다. 아브라함은 이 나무를 심고 영생하시는 하나님의 이름을 불렀다. 그는 영원하신 하나님께 예배드렸다.

"영원하신 하나님"에 대한 제의는 상당히 고대적인 전승을 내포하고 있다.

여기서 "영원"은 하나님이 현존하시는 세계인 무 시간성 또는 초 시간성 개념이 아니다. 이는 고대 사회에서 숭배해 온 무한히 긴 시간의 개념을 뜻한다. 아마도 영원하신 하나님은 이스라엘 이전 시대에 브엘세바에서 숭배된 신으로 보인다(고대 페니키아 비문에는 "영원한 태양신"에 관한 증언이 있음). 이곳에 이주해 온 이스라엘 조상들은 그들의 하나님을 이 제의와 결부시켰다. 이후로 영원하신 하나님은 야훼의 별칭이 되었다(폰 라드, 시 102:25, 28). 아비멜렉은 아브라함의 허물에도 불구하고 하나님이 그를 보호하시는 것을 보았다. 그리고 아브라함에게 대대로 친절을 베풀 것을 요청하였다. 아브라함은 도리어 제물을 그에게 주어 언약을 체결하였다. 아브라함이 주도권을 행사한 샘물 분쟁에 관한 언약 체결은 신적 보호에 관한 언약 안에 내포된다. 즉, 아비멜렉이 하나님이 함께 하는 아브라함의 권위를 인정한 것이다.

약속하신 하나님은 무한하시며 전능하시다. 그러나 약속의 담지자인 아브라함, 이삭, 야곱 등 족장들은 유한성의 존재이다. 그들은 자기를 보호하고자 다른 사람을 기만한다. 두려움과 비열함을 수시로 드러낸다. 하나님의 약속은 약속의 담지자가 아니라, 약속하신 하나님에 의해 유지되고 성취된다. 바로 그 때문에 하나님은 약속의 담지자를 보호하시고 인도하신다(시 37:23-24). 그와 함께 그들은 온전한 믿음의 사람들로 성숙해간다. 아내를 누이로 속였던 아브라함은 독자 이삭을 바치는 믿음의 사람으로 성숙하였다(22장).

하나님의 아들 예수 그리스도는 아브라함의 후손으로 오셨다(마 1:1). 그는 태초부터 하나님과 함께하시며(요 1:1), 영생의 약속을 이루시기 위해 세상에 오셨다(요 10:10). 영생의 약속을 담지하신 예수 그리스도는 신성과 인성을 동시에 취하신다. 그는 완전한 약속의 담지자이시다. 그는 땅에서 들리심으로써 그를 믿는 자에게 영생을 주신다(요 3:14-15). 그가 땅에서 들리신 것은 그의 십자가 죽음과 부활을 뜻한다(요 12:32-33, 행 2:33). 예수 그리스도의 죽음과 부활은 복음이다. 복음을 믿어 영원한 생명을 얻은 자는 영원하신 하나님을 예배한다. 곧 아들 예수를 힘입어 영원(하늘)에 계신 아버지께로 나아간다. 이것이 '파레시아'이다(히 10:19-20). 영생을 얻은 자는 영생을 주신 아들에 의해 생명을 전하는 자로 파송 받는 사도이다(요 17:17-18). 그는 무엇을 하든지 복음을 통해 생명을 누리며, 생명의 증인으로 살아간다(요일 1:1-2).

바울은 영생의 약속을 전하기 위한 사도로 보냄을 받았다(딤후 1:1). 모든 시대 영생을 누리는 자는 영생의 약속을 담지한 사도이다. 그는 족장들과 다를 바 없는 유한성의 실존이다. 그가 담지한 사도직은 보배이나 그는 연약하기 그지없는 질그릇이다. 하여 때론 사방으로 욱여 싸여 답답한 일을 당한다. 박해를 당하며 거꾸러뜨림을 당한다. 그런데도 그가 낙심하지 않는 것은 하나님이 능력으로 붙드시기 때문이다. 그가 당하는 고난의 현실은 그가 십자가에 죽는 현실이며, 그로 인해 예수 생명으로 살게 된다(고후 4:7-10).

바울은 디모데에게 유언적 교훈을 한다. 주님은 생명의 복음을 전하는 자를 끝까지 지키실 것이라고 교훈한다. 그를 사도로 부르시고 보내신 주님이 그가 사명을 다하는 끝날까지 지키시고 돌보신다. 그것을 아는 자는 복음을 전하며 환난 중에도 낙심하지 않고 충성한다(딤후 1:11-12, 마 28:19-20).

묵상

오늘은 고유 명절 추석이다. 어제는 모친이 안치된 추모공원을 찾았다. 나이가 들어가니 6남매를 홀로 키우신 모친의 삶이 피부로 와 닿는다. 내가 존재하는 것이 내 힘이 아님을 다시 고백하였다. 많은 사람의 희생을 디딤돌로 삼아 오늘 여기에 있다. 주의 종으로 헌신한 지 30년이 되어 간다. 실제 생명의 복음을 전하는 사도로 살아온 지는 14년이다. 그간의 삶을 돌아보면 셀 수 없는 허물과 기만이 내게 나타났었다. 사도는 숨은 부끄러운 일이 없어야 하는데, 그런 일들은 또 얼마나 많았는지 모른다. 날마다 묵상하는 말씀은 여지없이 나의 죄와 허물을 들추어낸다. 억지가 아닌 자발적으로 고개가 숙여지고 주의 은총을 구한다. 그러면서 작년과 다른, 어제와 다른 나를 보게 된다. 나의 나 된 것이 은혜요, 지금 되어가는 것이 은혜이다.

오늘도 말씀 앞에서 진실히 고백한다. 내가 잘나서 여기 있는 것이 아니다. 생명의 복음을 위탁하신 주님이 나를 보호하시고 인도하시기에 오늘 여기에 내가 있다. 그것을 알기에 더욱 겸비하며 주를 경외한다. 아비멜렉은 약속의 담지자 아브라함을 알아보았다. 하지만 많은 사람이 나를 알아보지 못한다. 도리어 자격 없는 자가 생명의 복음을 전한다는 뒷담화도 들리는 듯하다. 그런데 여전히 이 길을 가게 하신다. 어머니 묘소에서 어머니를 추억하니 새벽이면 곤히 자는 6남매를 뒤로 하고 장사를 나가시던 모습이 기억난다. 그때만 해도 생존의 문제가 절박하였다. 요즘은 하루 전에 먼저 묵상 주해를 하고 새벽이면 나의 묵상과 기도를 다듬어 카페에 올린다. 그러면서 육신의 어머니 생각을 한다. 그 시간에 영의 양식을 먹는 영생의 지체가 한두 사람이라도 있다면 새벽의 수고는 의미가 있다고 생각한다. 오늘도 생명을 전하는 약속의 담지자를 때마다 보호하시고 인도하시는 하나님을 찬양한다. 할렐루야!

42

22:1-10

1 그 일 후에 하나님이 아브라함을 시험하시려고 그를 부르시되 아브라함아 하시니 그가 이르되 내가 여기 있나이다
2 여호와께서 이르시되 네 아들 네 사랑하는 독자 이삭을 데리고 모리아 땅으로 가서 내가 네게 일러 준 한 산 거기서 그를 번제로 드리라
3 아브라함이 아침에 일찍이 일어나 나귀에 안장을 지우고 두 종과 그의 아들 이삭을 데리고 번제에 쓸 나무를 쪼개어 가지고 떠나 하나님이 자기에게 일러 주신 곳으로 가더니
4 제삼일에 아브라함이 눈을 들어 그 곳을 멀리 바라본지라
5 이에 아브라함이 종들에게 이르되 너희는 나귀와 함께 여기서 기다리라 내가 아이와 함께 저기 가서 예배하고 우리가 너희에게로 돌아오리라 하고
6 아브라함이 이에 번제 나무를 가져다가 그의 아들 이삭에게 지우고 자기는 불과 칼을 손에 들고 두 사람이 동행하더니
7 이삭이 그 아버지 아브라함에게 말하여 이르되 내 아버지여 하니 그가 이르되 내 아들아 내가 여기 있노라 이삭이 이르되 불과 나무는 있거니와 번제할 어린 양은 어디 있나이까
8 아브라함이 이르되 내 아들아 번제할 어린 양은 하나님이 자기를 위하여 친히 준비하시리라 하고 두 사람이 함께 나아가서
9 하나님이 그에게 일러 주신 곳에 이른지라 이에 아브라함이 그 곳에 제단을 쌓고 나무를 벌여 놓고 그의 아들 이삭을 결박하여 제단 나무 위에 놓고
10 손을 내밀어 칼을 잡고 그 아들을 잡으려 하니

42

죽은 자를 다시 살리는 믿음,
부조리의 시험에 잠잠히 복종하다!

: 주해

창세기 22장은 아브라함의 일생 중 가장 유명한 사건을 다룬다. 곧 하나님이 아브라함에게 독자 이삭을 바치라는 "시험"이다. 본문은 문학적인 면에서뿐만 아니라, 신학적으로도 아브라함과 관련된 창세기 이야기 중 절정으로 여겨진다. 키르케고르의 〈공포와 전율〉은 본 장의 내용으로 서술되었다. 불가해한 하나님의 시험 앞에 아브라함은 두려움과 떨림으로 복종하여 시험을 극복하였다.

1-2절은 독자 이삭을 바치라는 하나님의 명령이다. 3-10절은 아브라함의 복종이다. 11-19절은 천사의 개입과 아브라함의 신앙고백이다("여호와 이레"). 하나님이 아브라함을 시험하려고 그의 이름을 부르셨다. 아브라함이 "여기 있습니다"라고 대답하였다. 여호와께서 그에게 독자 이삭을 데리고 모리아 땅으로 가 특정한 산에서 그를 번제물로 바치라고 명하셨다(2절). 아브라함이 사랑하는 독자 이삭은 하나님이 약속하여 주신 아들이었다. 번제는 하나님께 불살라 바쳐드리는 제사이다. 이삭이 번제물로 바쳐질 모리아 땅은 후에 예루살렘 성전을 짓는 곳이 될 것이다(대하 3:1). 하나님은 자기가 주신 독자 이삭을 다시 자기가 취하겠다고 하신다. 하나님은 아브라함의 씨 이삭을 통해 하늘의 뭇별

처럼 많은 자손을 주시겠다고 약속하셨다(15:5, 21:12). 그런데 그 씨를 번제물로 바쳐 죽이라고 하신다. 12:1-2에서 아브라함이 본토와 친척과 아비 집을 떠난 것은 과거와의 결별이었다. 이제는 그의 모든 미래가 포기되어야 한다. 무엇보다 인신 제사를 경멸하시는 하나님이 이삭을 번제물로 바치라는 시험은 냉혹하고 끔찍하다.

키르케고르는 이 명백한 역설(paradox)을 "부조리"라고 불렀다. 부조리는 "이치에 맞지 않음", "이성에 의해 파악되지 않음" "비합리적임"을 뜻한다. 키르케고르는 물론 카뮈나 샤르트르와 같은 20세기 실존주의 작가들은 "세계와 그 안에서의 삶이 가진 이해할 수 없음"을 부조리로 불렀다. 이들은 도무지 이해할 수 없는 크고 작은 일들로 인해 인간의 내면에는 불안이 자리 잡고 있다고 하였다. 그리스도인에게는 하나님을 이해할 수 없는 불안이다.

하나님의 부조리한 명령 앞에 아브라함의 반응은 뜻밖이었다. 그는 어떤 의문이나 항변을 제기하지 않고 즉시 복종하였다. 그는 다음날 아침 일찍 두 종과 이삭을 데리고 하나님이 지시하신 곳으로 길을 떠났다. 안장을 지운 나귀와 번제에 쓸 쪼갠 장작도 가지고 떠났다(3절). 본 장에서 사라는 등장하지 않는다. 아브라함과 이삭과 종들은 사흘 만에 목적지에 도착하였다. 아브라함이 거주하였던 브엘세바에서 모리아 땅까지 대략 80km 거리였다. 사흘 만에 도착하려면 하루에 약 27km를 여행해야 했다.

아브라함의 복종은 일체의 동요 없이 확고하였다. 아브라함은 이삭과 함께 예배하러 간다고 하면서 두 종을 남겨두고 산으로 갔다. 종들은 이삭을 번제물로 바치는 데 걸림돌이 될 것이 틀림없었기 때문이었다. 여기서부터 이야기의 템포가 뚜렷이 느려진다. 다소 장황하고 상세하게 서술된다. 이로써 독자는 이 길이 매우 고통스러운 것임을 감지할 수 있다. 아브라함은 아들 이삭에게 번제에 쓸 나무를 지게 하였다. 대신 아브라함은 위험한 물건들, 곧 불과 칼을 들고 갔다. 짐을 분담하면서 아브라함은 애틋한 부성(父性)을 드러냈다. 이삭이 번제 나무를 지고 산에 오르는 것은, 자신이 달리실 십자가 나무를 지고 골고다에 오른 그리스도를 연상케 한다. 독자 이삭이 무거운 침묵을 깨뜨리며 입을 열었다. 그는 아버지를 불렀다. 아버지가 자상하게 대답했다. "내 아들아 내가 여기 있노라"(7절). 아들이 물었다. "불과 장작은 여기에 있습니다마는, 번제로 바칠 어린 양은 어디에 있습니까?"(7절). 아버지가 대답하였다. "애야, 번제로 바칠 어린 양은 하나님이 손수 마련하여 주실 것이다." 이삭은 짐을 질만큼 자랐다. 생각이 없을 리 없는 이삭이 물었다. 제물로 바칠 양이 어디 있냐고. 이삭의 예리한 질문에 대한 아브라함의 대답은 다분히 회피적이다. 하나님이 손수 마련하실 것이라고 대답한다. 곧 이어지는 장면에서 아브라함의 대답은 사실이 아니었다. 그는 칼을 들고 이삭을 제물로 잡으려고 하였기 때문이었다(10절).

아브라함과 이삭은 다시 침묵 속에서 길을 갔다. 아브라함은 아무 말 없이 하나님의 명령을 행동으로 옮겼다. "목적지에 도달할 때까지 다시 깊은 침묵이 내려앉는다. 그리고 목적지에 이르러서도 아무 말 없이 행동만이 이루어진다"(B. Jacob). 아브라함의 행동은 놀라울 정도로 정확하게 세부적으로 언급된다. 운동경기에서 결정적 장면이 슬로우모션으로 재현되듯, 아브라함의 행동은 느리고 자세히 묘사된다. 아브라함은 제단을 쌓는다. 제단 위에 장작을 올려놓는다. 이삭을 묶는다. 그를 장작 위에 올려놓는다. 손을 뻗쳐 칼을 잡는다. 아들을 잡으려고 한다(10절). 이삭을 결박한 아브라함은 단호하게 행동하였다. 아들을 죽이면서 어떤 감정선도 보이지 않는다. 사랑하는 독자와 마지막 이별의 말도 하지 않는다. 한 방울의 눈물도, 한 마디의 기도도 없다. 그는 눈 하나 깜박하지 않고 칼을 뽑았다. 이삭이 볼 때 아버지가 아들을 속였다. 양이 아니라 이삭 자신이 제물이 된다. 하지만 이삭은 어떤 반응도 없다. 그도 잠잠히 복종한다. "결박하다"(묶다)의 히브리어 "아카드"는 구약성경에서 이곳만 등장하며, 손과 발을 묶는 것을 묘사한다.

유대교 전승은 창세기 22장을 "아케다"로 부른다. 비극의 "아케다"이다. 아케다는 이삭이 결박된 "아카드"에서 나온 말이며, "이삭의 결박"이란 의미로 사용한다. 1635년 렘브란트는 "이삭의 희생"이란 그림을 그렸다. 창세기의 비극 아케다는 독자 이삭의 결박 또는 이삭의 희생으로 전승된다. 아브라함은 그가 사랑하는 독자 이삭을 스스로 "아케다"(결박)한다. 창세기의 아케다는 하나님의 사랑하는 독생자 예수 그리스도의 죽음을 예시한다. 하나님은 독생자를 세상에 보내시고 그를 십자가에 달리게 하셨다. 하나님이 준비하신 양이 이삭을 대신하여 죽었다(13절). 그 양은 장차 모든 사람의 죄를 대신 지고 가는 어린양을 예시한다. "보라 세상 죄를 지고 가는 하나님의 어린 양이로다"(요 1:29).

히브리서 기자는 아브라함이 시험받을 때 오직 한 가지 약속의 말씀을 믿었다고 증언한다. "네 자손이라고 칭할 자는 이삭"이라는 말씀이었다. 아브라함의 행동은 오직 말씀을 믿는 믿음에서 나왔다. 설령 이삭을 자기 손으로 죽여도 하나님은 그를 다시 살리실 줄로 믿었다(히 11:17-19).

키르케고르는 아브라함의 복종을 "두렵고 떨림"의 믿음에서 나온 행동이라고 말하였다(《공포와 전율》). 그는 그런 아브라함을 칭송하였다. "아브람이여! 인류의 제2의 아버지여!"(《공포와 전율》). 키르케고르가 말하는 제2의 인류는 무한히 자기를 체념한 자들이며, 믿을 수 없는 것을 믿는 어리석은 자들이며, 바랄 수 없는 것을 바라는 자들이며, 자신을 미워함으로써 자기를 사랑하는 자들이며, 하나님의 섭리를 온전히 신뢰하는 현명한 자들이다. 그들은 바로 그리스도인이다! 우리가 원하는 신은 우리가 만든 신이다. 그 신은 우상이다. 하나님은 우리가 원하는 신이 결코 아니시다. 그분은 우리를 그의 목적대로 이끄신다. 따라서 그리스도인에게 부조리의 시험은 피할 수 없다. 그것은 우리를 은혜로 구원하신 그분이 그의 목적대로 우리를 만들어 가시기 때문이다. 곧 그분은 그의 맏아들 예수 그리스도의 형상을 본받은 작품(포이에마)으로 우리를 빚어 가신다(엡 2:10, 롬 8:29).

하나님의 작품, 곧 맏아들의 형상은 십자가에 죽기까지 복종하신 예수 그리스도의 형상이다. 하나님의 사랑하시는 독생자 예수 그리스도는 세상 죄를 지고 가는 어린양으로 죽으셨다. 그가 죽기까지 복종하심으로써 그를 믿는 자는 죄 사함을 얻고 영원한 생명을 얻었다. 우리 그리스도인은 아들의 생명과 동일한 생명을 가진 자이다. 우리는 하나님의 사랑하시는 자이다(골 3:12). 아들의 생명은 오직 복종하는 생명이다. 아들은 창세전부터 아버지께 복종하여 그의 사랑 안에 거하셨다(요 15:10, 17:24). 아버지의 사랑은 아들을 죽은 자 가운데 살리셔서 그의 우편에 앉게 하셨다. 우리 그리스도인은 예수를 죽은 자 가운데 살리신 영이 우리 속에 거하는 자이다. 예수를 죽은 자 가운데서 살리신 하나님이 우리 안에 거하는 그의 영으로 인하여 우리의 죽을 몸도 살리실 것이다(롬 8:11).

하늘이 땅보다 높음 같이 하나님의 길이 우리의 길보다 높다(사 55:9). 그의 길은 우리가 다 헤아리지 못한다. 이해할 수도 없다. 하여 이성과 합리성으로 하나님을 찾는 자들은 언제나 황량한 종착역에 도달한다. 신실한 그리스도인에게 불가해한 부조리의 시험은 언제나 반복된다. 이해할 수 없는 하나님에 대한 불안이 상존한다. 가장 사랑하는 자가 떠나고, 가장 아끼는 것이 사라지기도 한다. "왜 내게 이런 일이?" "대체 어디까지 복종해야 하는가?"라는 절규와 탄식이 솟아난다.

영생은 하나님을 아는 삶이다(요 17:3). 그것은 인격적인 신으로서 하나님을 전적으로 신뢰하는 삶이다. 영생의 삶은 죽은 자를 다시 살리신 영으로 사는 삶이다. 아브라함은 죽은 자를 다시 살리는 믿음으로 부조리의 시험 앞에 잠잠히 단호하게 복종하였다. 영생의 삶을 사는 자 역시 그러하다. 이해할 수 없는 시험, 부조리의 시험 앞에 잠잠히 복종한다. 타협이나 주저함 없이 단호히 복종한다. 그것은 부조한 복종이 이니다. 죽은 자를 다시 살리시는 하나님을 신뢰하는 믿음의 복종이다.

묵상

지난주 태풍으로 포항의 한 아파트 주차장에 물이 찼다. 유약한 엄마를 도우러 중학생 아들이 함께 주차장으로 갔다. 물이 차오르자 피할 수 없게 된 엄마는 생을 포기하였다. 엄마는 홀로 남고 아들을 내보냈다. 아들은 "잘 키워주어 고맙습니다."라고 엄마에게 마지막 인사를 하였다. 그러나 아들은 죽고 엄마는 살아남았다. 아들의 영정 앞에는 "성도 ○○○"의 명패가 놓였다. 그 가족은 동네 교회에 다니는 성도였다. 일면식 없는 나도 먹먹한데, 그 가족이야 어떠하겠는가! 가히 짐작되지 않는다. 아들이 죽는 현실 앞에 어떤 위로를 할 수 있을까!

날마다 재현되는 부조리의 현실 앞에 우리는 괴로워한다. 다 알 수 없는 하나님의 행동 앞에 무거운 침묵만이 흐른다. 잠잠히 복종하며 받아들이는 것 외에 무슨 말이 필요할까! 사람마다 자기만의 인생을 살며 순간의 생애를 산다. 부조리의 현실은 사람마다 다르나 본질은 여일하다. 나 역시 부조리의 현실 속에서 살며 신앙하고 있다. 내 뜻대로 되는 일은 없다. 하나님의 뜻과 일치되는 뜻만 이루어진다. 자식이 원하는 대로 다 해주는 부모는 없다. 만일 그런 부모가 있다면 자식을 망친다. 부잣집 자식들이 일탈하는 것은 그들이 원하는 것을 다 해주기 때문이다. 무제한의 자유는 무한한 타락을 조장한다. 부모는 자식이 가장 힘든 일을 요구한다. 공부해라! 하물며 아들을 내어주기까지 우리를 사랑하신 하나님이랴!

 하나님의 시험은 부조리의 시험이다. 이해할 수 있다면 부조리가 아니며 시험도 아니다. 부조리의 시험은 죽은 자를 다시 살리는 영으로만 감당한다. 이성과 합리성을 초월한 시험은 죽음 너머의 부활 신앙으로만 극복한다. 그래서 하나님은 우리가 감당할 시험만 주신다는 것은 영원한 진리이다. 죽은 자를 살리시는 영으로 잠잠히 복종한다. 다 알 수 없는 하나님의 뜻이 내게 이루어진다.

43

22:11-24

11 여호와의 사자가 하늘에서부터 그를 불러 이르시되 아브라함아 아브라함아 하시는지라 아브라함이 이르되 내가 여기 있나이다 하매
12 사자가 이르시되 그 아이에게 네 손을 대지 말라 그에게 아무 일도 하지 말라 네가 네 아들 네 독자까지도 내게 아끼지 아니하였으니 내가 이제야 네가 하나님을 경외하는 줄을 아노라
13 아브라함이 눈을 들어 살펴본즉 한 숫양이 뒤에 있는데 뿔이 수풀에 걸려 있는지라 아브라함이 가서 그 숫양을 가져다가 아들을 대신하여 번제로 드렸더라
14 아브라함이 그 땅 이름을 여호와 이레라 하였으므로 오늘날까지 사람들이 이르기를 여호와의 산에서 준비되리라 하더라
15 여호와의 사자가 하늘에서부터 두 번째 아브라함을 불러
16 이르시되 여호와께서 이르시기를 내가 나를 가리켜 맹세하노니 네가 이같이 행하여 네 아들 네 독자도 아끼지 아니하였은즉
17 내가 네게 큰 복을 주고 네 씨가 크게 번성하여 하늘의 별과 같고 바닷가의 모래와 같게 하리니 네 씨가 그 대적의 성문을 차지하리라
18 또 네 씨로 말미암아 천하 만민이 복을 받으리니 이는 네가 나의 말을 준행하였음이니라 하셨다 하니라
19 이에 아브라함이 그의 종들에게로 돌아가서 함께 떠나 브엘세바에 이르러 거기 거주하였더라
20 이 일 후에 어떤 사람이 아브라함에게 알리어 이르기를 밀가가 당신의 형제 나홀에게 자녀를 낳았다 하였더라
21 그의 맏아들은 우스요 우스의 형제는 부스와 아람의 아버지 그므엘과
22 게셋과 하소와 빌다스와 이들랍과 브두엘이라
23 이 여덟 사람은 아브라함의 형제 나홀의 아내 밀가의 소생이며 브두엘은 리브가를 낳았고
24 나홀의 첩 르우마라 하는 자도 데바와 가함과 다하스와 마아가를 낳았더라

43

하나님을 경외함으로 복종하고, 복종하여 온전케 되는 믿음!

: 주해

하나님은 아브라함에게 독자 이삭을 번제로 바치라는 시험을 하셨다. 아브라함은 부조리의 시험 앞에 잠잠히 복종하였다. 그는 하나님이 지시하신 모리아 땅으로 사흘 길을 가서 제단을 쌓고 이삭을 결박하였다. 손을 뻗어 칼을 잡고 아들을 잡으려 하였다. 아브라함의 행동은 단호하였다. 그가 이삭에게 대답한 대로 하나님이 예비하신 양을 찾고자 두리번거리지 않았다. 그는 이삭을 번제물로 바쳤다.

11-14절은 반전이다. 바로 그때 여호와의 천사가 하늘에서부터 아브라함을 불렀다. "아브라함아 아브라함아!" 천사가 그의 이름을 두 번 부른 것은 상황이 매우 긴박했음을 의미한다. 신구약 성경에서 인간의 행동을 긴급하게 중지시킬 때, 하나님이나 그의 천사는 이름을 두 번 부른다(출 3:4, 행 9:4). 아브라함이 대답했다. "내가 여기 있습니다." 천사는 이삭을 향한 칼을 거두게 하고 시험이 끝났음을 알렸다(12절). 그리고 비로소 시험의 목적이 밝혀진다. 시험의 목적은 아브라함이 과연 하나님을 경외하는지 알고자 함이었다. 구약성경에서 하나님을 경외하는 것은, 영적 격동이나 전율의 감정이 아니다. 하나님을 경외하는 것은, 언제나 "복종"과 관련이 있다(창 20:11, 42:18, 왕하 4:1, 사 11:2, 잠

1:7, 욥 1:1, 8). 그러므로 하나님을 경외하는 것은, 신적 명령에 대한 복종을 나타낸다.

아브라함이 고개를 들고 살펴보니 한 숫양이 뒤에 있는데 그 뿔이 수풀에 걸려 있었다. 그가 가서 그 숫양을 잡아다가 아들 "대신" 그것으로 번제를 드렸다(13절). 여기서 처음으로 한 생명을 다른 생명으로 드리는 대속적 희생 제사를 언급한다. 하나님의 명령은 비록 "시험"이라도 반드시 지켜져야 한다. 이삭은 반드시 죽어야 한다. 그러나 양이 이삭을 "대신"하여 죽었다. 양은 이삭의 대속물이다. 양이 대신 죽음으로써 이삭이 죽은 것이다. 아브라함은 이삭을 죽은 자 가운데에서 도로 받았다(히 11:19). 양이 이삭의 대속물이듯, 장차 오실 그리스도는 많은 사람의 대속물이 되신다(막 10:45). 예수 그리스도는 모든 사람의 대속물로 죽으셨다(딤전 2:6). 한 사람 예수 그리스도가 모든 사람을 "대신"하여 죽으셨다. 그러므로 모든 사람이 죽은 것이다(고후 5:14).

아브라함은 양을 내속물로 바친 후 그 땅 이름을 "여호와 이레"라 하였다. 그러므로 오늘날까지 사람들이 이르기를 여호와의 산에서 준비되리라고 한다(14절). "여호와 이레"에서 "이레"의 히브리어 동사 "라아"는 "보다"라는 의미가 있다. 따라서 여호와의 산에서 "준비되리라"라는 "보신다"로 해석하는 것이 적절하다. 여호와께서 무엇을 보시는가? 부조리의 시험에 대한 아브라함의 복종인가? 이삭이란 대속물인가? 아브라함에게 필요한 것인가? 여호와께서는 모든 것을 보신다. 아브라함의 시험 이야기는 14절에서 종결된다. 천사를 통한 하나님의 현현, 대속물의 봉헌, 지명(地名)의 부여로써 종결되었다.

첫 번째 하나님의 음성에 이어(11절), 두 번째 하나님의 음성이 들린다(15-19절). 두 번째 음성은 시험에서 승리한 아브라함에 대한 축원이다. 하나님께서 스스로 맹세하시며 말씀하신다. 아브라함이 독자라도 아끼지 아니하였으니 그에게 큰 복을 주고 그의 씨가 크게 번성하여 하늘의 별과 같고 바닷가의 모래와 같게 될 것이다. 그의 씨가 대적의 성문을 차지하며, 그의 씨로 말미암아 천하 만민이 복을 받을 것이다(18절). 이는 그가 말씀을 준행하였기 때문이다. 하나님은 일방적으로 아브라함에게 복을 약속하셨다(12:3). 또한 그에게 일방적으로 자손과 땅을 약속하셨다(15:5,7). 아브라함은 약속의 담지자이다. 그는 약속의 담지자였으나 연약하였고 실족하였다. 아내를 누이로 속여 자기 목숨을 부지하고자 하였다. 아브라함이 99세에 전능하신 하나님이 그에게 나타나셨다. 그리고 그에게 완전할 것을 명하셨다(17:1). 소위 언약 헌신을 요구하신 것이다. 이제 아브라함이 언약을 담고 있는 복에 참여하는 것은 그의 순종에 달려 있다. 하나님께서 은혜로 주신 복은 순종을 통해서 그에게 성취된다.

신약성경 야고보서에서는 아브라함이 순종을 통해서 그의 믿음이 온전해졌다고 증언한다. "우리 조상 아브라함이 자기 아들 이삭을 제단에 바치고서 행함으로 의롭게 된 것이 아닙니까? 그대가 보는 대로 믿음이 그의 행함과 함께 작용을 한 것입니다. 그러므로 행함으로 믿음이 완전하게 되었습니다"(약 2:21-22). 아브라함은 약속의 말씀을 믿으므로 의롭게 되었다. 그는 약속하신 하나님을 경외함으로 독자를 바치는 말씀에 복종하였다. 그는 말씀에 복종함으로써 의롭게 된 믿음을 온전케 하였다. 믿음이 그의 복종하는 행동과 함께 작용한 것이다. 그러므로 말로만 믿고 복종이 따르지 않는 믿음은 헛것이요 죽은 것이다. "아, 어리석은 사람이여, 그대는 행함이 없는 믿음은 쓸모가 없다는 것을 알고 싶습니까?"(약 2:20). "영혼이 없는 몸이 죽은 것과 같이, 행함이 없는 믿음은 죽은 것입니다"(약 2:26). 두 번에 걸친 하나님의 음성이 들린 후 아브라함 일행은 브엘세바로 돌아간다. 이어지는 23장에서 사라가 죽는다. 한 유대 전승은 사라가 아브라함이 돌아온 다음 이 사건에 대하여 듣고 나서 여섯 차례 소리를 지르고 죽었다고 보도한다(《Strack-Billerbeck》 IV, 181-182. 폰 라드 재인용).

20-24절은 아브라함의 형제 나홀의 후손을 언급한다. 아브라함은 나홀의 아내 밀가에게서 자식들이 태어났다는 소식을 들었다(20절). 그들은 부스, 그므엘, 게셋, 하소, 빌다스, 이들랍, 브두엘 등 여덟 명이다. 그중 그므엘은 아람의 조상이고, 브두엘은 이삭의 아내가 되는 리브가의 아버지이다(23절). 또한, 나홀은 그의 첩 르우마에게서 데바, 가함, 다하스, 마아가 등 네 아들을 낳았다(24절). 여기 나오는 열두 이름은 요단 북동 지역에 거주하던 열두 부족 명단이다. 이들은 같은 조상인 나홀에 속하였다. 이스마엘에게서도 이와 같은 열두 부족 명단이 있었고(25:13-16), 이스라엘에게도 레아와 라헬의 두 선조모를 통해 열두 자손(지파)이 생겼다.

아브라함은 독자 이삭을 바치라는 부조리의 시험에 복종하였다. 이는 그가 하나님을 경외하였기 때문이었다. 그가 하나님을 경외하여 복종한 행동은 말씀을 믿음으로 의롭게 된 믿음을 온전케 하였다.

아브라함이 독자 이삭을 아끼지 않고 바친 것은 장차 하나님이 독생자를 아끼지 않고 내어주신 구원의 사건을 예시한다. "자기 아들을 아끼지 아니하시고 우리 모든 사람을 위하여 내주신 이가 어찌 그 아들과 함께 모든 것을 우리에게 주시지 아니하겠느냐"(롬 8:32). 하나님이 아끼지 아니하고 내어주신 아들은 아버지를 경외함으로써 십자가에 죽기까지 복종하셨다(빌 2:6-8, 히 5:7-8).

예수 그리스도께서 죽음으로 복종하신 것은 세상 죄를 지고 가는 어린양으로 죽으신 것이다(요 1:29). 이삭을 대신하여 죽은 양은 바로 모든 사람의 대속물로 죽으신 어린양 그리스도를 예시한다. 예수 그리스도가 모든 사람을 "대신"하여 죽으셨다. 양이 대신 죽음으로써 이삭이 죽었듯이, 그리스도가 대신 죽으심으로써 우리가 죽었다. 우리의 옛사람이 죽었다. 그리스도가 우리를 대신하여 죽으심으로써 우리의 옛사람이 죽고 우리는 새 생명으로 다시 살게 되었다(롬 6:4). 새 생명으로 사는 자는 다시는 자기를 위해 살지 않고 죽었다가 다시 사신 주를 위해 살아간다(고후 5:15).

예수 그리스도의 죽음과 부활은 새 생명을 얻게 하는 복음이다. 우리는 복음을 믿음으로써 의롭게 되었고 새 생명을 얻었다. 그리고 우리의 믿음은 주를 경외하여 복종함으로써 비로소 온전케 된다. 하나님이 우리에게 요구하시는 복종은 오직 한 가지, 아들을 힘입어 아버지께 나아가는 "파레시아"이다(히 3:6, 4:16, 10:19, 35). 이것은 생명을 주신 이가 요구하는 생명의 교제이다. 또한, 이것은 다윗이 구한 한 가지이다(시 27:4). 파레시아를 통해 우리는 하늘에 계신 아버지 집에 거한다. 그곳에서 삼위 하나님의 페리 코레시스에 참여하며, 독생자의 영광을 본다. 그 영광은 충만한 인자와 신실이다. 아무도 하나님을 볼 수 없는 세상에서 우리 안에 충만한 하나님의 인자와 신실은 세상으로 하여금 하나님을 보게 한다. 온전케 하는 복종의 행위가 없는 믿음은 헛것이고 죽은 것이다.

: 묵상

말세에 경건의 모양은 있으나 경건의 능력이 없는 자는 고통을 당한다(딤후 3:5). 하나님을 경외하는 것은 입발림으로 하거나 경건의 모양으로 하는 것은 결코 아니다. 그것은 부조리의 시험에도 주를 신뢰함으로써 죽기까지 복종하는 것이다. 그러나 나는 한동안 하나님을 경외하는 것을 오해하였다. 격동의 기도나 전율의 감정을 경외로 오해한 것이었다. 경건의 능력이 없는 자에게 신앙생활은 고통이었다. 더 심각한 문제는 무엇을 복종해야 하는지도 몰랐다. 복음에 무지하고 복음을 통해 얻는 생명에 무지하니 어찌 그것을 알겠는가? 자의적으로 계명과 규칙을 정하고 그것을 지키려고 하였다. 비판 없는 전통의 추구는 비이성적이고 몰지각한 신앙으로 치닫게 하였다. 그 끝은 사망이었다. 아무 쓸데없는 포도나무를 불사르듯, 내게 공의의 심판이 임하였다.

무한한 자기 체념의 자리에 복음이 들려왔다. 생명으로 인도하는 복음이 들려왔다. 안개가 걷히듯 진리가 명료해졌다. 나의 대속물로 대신 죽으신 그리스도로 인해 새 생명을 얻었다. 생명을 얻은 자에게 유일한 복종은 생명의 교제이며 파레시아이다. 아브라함에게 경외를 요구하는 시험은 나의 일상이다. 날마다 주를 경외함으로 복종하여 생명의 교제로 나아간다. 연약함에 휩싸인 자, 자동적으로 되지 않는다. 주를 경외하는 영으로 말미암아 된다. 경외함으로 복종하고, 복종함으로써 믿음을 온전케 한다. 말씀 앞에서 나를 성찰한다. 말씀 앞에 나아가는 매일의 복종이 주를 경외함에서 나오는 것인가 돌아본다. 주를 경외함보다 사람들 앞에서 책임감이 더 앞서지 않나 나를 살핀다. 다 보시고 아시는 하나님 앞에 겸비하며 엎드린다. "주여, 종에게 자비와 긍휼을 베풀어주소서." 오직 주를 경외함으로써 복종하길 원한다. 평생 주를 경외함으로써 생명의 교제에 나를 드리기를 사모한다.

44

23:1-20

1 사라가 백이십칠 세를 살았으니 이것이 곧 사라가 누린 햇수라
2 사라가 가나안 땅 헤브론 곧 기럇아르바에서 죽으매 아브라함이 들어가서 사라를 위하여 슬퍼하며 애통하다가
3 그 시신 앞에서 일어나 나가서 헷 족속에게 말하여 이르되
4 나는 당신들 중에 나그네요 거류하는 자이니 당신들 중에서 내게 매장할 소유지를 주어 내가 나의 죽은 자를 내 앞에서 내어다가 장사하게 하시오
5 헷 족속이 아브라함에게 대답하여 이르되
6 내 주여 들으소서 당신은 우리 가운데 있는 하나님이 세우신 지도자이시니 우리 묘실 중에서 좋은 것을 택하여 당신의 죽은 자를 장사하소서 우리 중에서 자기 묘실에 당신의 죽은 자 장사함을 금할 자가 없으리이다
7 아브라함이 일어나 그 땅 주민 헷 족속을 향하여 몸을 굽히고
8 그들에게 말하여 이르되 나로 나의 죽은 자를 내 앞에서 내어다가 장사하게 하는 일이 당신들의 뜻일진대 내 말을 듣고 나를 위하여 소할의 아들 에브론에게 구하여
9 그가 그의 밭머리에 있는 그의 막벨라 굴을 내게 주도록 하되 충분한 대가를 받고 그 굴을 내게 주어 당신들 중에서 매장할 소유지가 되게 하기를 원하노라 하매
10 에브론이 헷 족속 중에 앉아 있더니 그가 헷 족속 곧 성문에 들어온 모든 자가 듣는 데서 아브라함에게 대답하여 이르되
11 내 주여 그리 마시고 내 말을 들으소서 내가 그 밭을 당신에게 드리고 그 속의 굴도 내가 당신에게 드리되 내가 내 동족 앞에서 당신에게 드리오니 당신의 죽은 자를 장사하소서
12 아브라함이 이에 그 땅의 백성 앞에서 몸을 굽히고
13 그 땅의 백성이 듣는 데서 에브론에게 말하여 이르되 당신이 합당히 여기면 청하건대 내 말을 들으시오 내가 그 밭 값을 당신에게 주리니 당신은 내게서 받으시오 내가 나의 죽은 자를 거기 장사하겠노라
14 에브론이 아브라함에게 대답하여 이르되
15 내 주여 내 말을 들으소서 땅 값은 은 사백 세겔이나 그것이 나와 당신 사이에 무슨 문제가 되리이까 당신의 죽은 자를 장사하소서
16 아브라함이 에브론의 말을 따라 에브론이 헷 족속이 듣는 데서 말한 대로 상인이 통용하는 은 사백 세겔을 달아 에브론에게 주었더니
17 마므레 앞 막벨라에 있는 에브론의 밭 곧 그 밭과 거기에 속한 굴과 그 밭과 그 주위에 둘린 모든 나무가
18 성 문에 들어온 모든 헷 족속이 보는 데서 아브라함의 소유로 확정된지라

23:1-20

19 그 후에 아브라함이 그 아내 사라를 가나안 땅 마므레 앞 막벨라 밭 굴에 장사하였더라 (마므레는 곧 헤브론이라)
20 이와 같이 그 밭과 거기에 속한 굴이 헷 족속으로부터 아브라함이 매장할 소유지로 확정되었더라

44

믿음을 따라 산 족장들, 지상에서 나그네이나 죽음 이후에 약속의 땅으로!

: 주해

창세기 23장은 사라의 죽음과 막벨라 굴을 무덤으로 사들인 이야기이다. 22장 마지막 부분에 기록된 나홀의 족보에서 이삭의 아내가 될 리브가가 언급되었다(23절). 24장에서는 이삭과 리브가의 결혼 이야기가 길게 서술된다. 23장이 그 사이에 위치한 것은 이삭의 결혼과 관련한 연대기적 연속성 때문이다. 사라는 90세에 이삭을 낳고(17:17, 21:5), 127세에 죽었다(23:1). 이삭은 40세에 결혼하였다(25:20). 그렇다면 이삭이 37세가 되었을 때 사라가 죽었다. 이삭은 사라가 죽은 지 3년 만에 결혼하였다. 이삭은 리브가와 결혼함으로써 모친의 장례 후 위로를 받았다(24:67). 따라서 이삭의 결혼 직전에 사라의 죽음 이야기가 배치된다.

23장의 중요한 줄거리는 사라의 죽음보다 아브라함이 막벨라 굴을 매입한 것에 집중한다. 처음 1-2절은 사라의 죽음을, 마지막 19-20절은 사라의 장사를, 몸통 부분인 3-18절은 막벨라 굴의 매입에 대한 기술이다. 사라는 127세를 살고 죽었다. 족장 시대 여성 중 사라만 유일하게 수명이 언급되고 있다. 이것은 첫 번째 족장이자 믿음의 조상의 아내로서 사라의 위치를 중시한 것으로 보인다. 사라가 죽은 장소는 가나안 땅 기럇아르바 곧 헤브론이다. 기럇아르바는 "네(아르바) 도시(기럇)"(city of four)라는 뜻이며 헤브론의 고대 이름이다.

아브라함은 장막에 들어가서 사라를 생각하며 애곡하였다. 죽은 자에 대한 애곡은 개인적 슬픔 외에도 고대적인 관습과 의식에 따른 예식이었다. 경우에 따라서 직업적으로 곡하는 여인들을 불러오기도 하였다(렘 9:17). 아브라함은 자신과 함께 나그네 인생을 살아온 아내 사라의 죽음 앞에 슬픔과 아픔을 토로했다. 하지만 아브라함은 속히 일어나 다음 행동을 취했다. 아브라함은 사라의 시신을 장사지낼 장소를 물색했다. 그가 나가서 헷 족속과 사라의 무덤을 두고 상의하였다(3절). 당시 헤브론 지역은 헷 족속이 주로 거주하였다. 헷 족속은 B.C.2000년대 소아시아 지역을 중심으로 히타이트 제국을 세웠던 사람들과 같은 종족들이다. 이들 중 일부가 남쪽 가나안 지역으로 이주해온 것으로 보인다.

아브라함이 헷 족속과 상의한 장소는 성문에 들어온 모든 자가 있는 곳으로 의회를 지칭할 수 있다(10절). 아브라함은 먼저 자신의 법적 상황을 진술했다. 그는 법적으로 완전한 시민이 아니라, 나그네로 거주하는 자였다. 그 때문에 토지가 없었다. 그러므로 그가 아주 작은 토지라도 소유하게 되면 그의 법적 상황에 중요한 변화가 일어난다. 그래서 지역 공동체 전체의 동의가 필요했을 것이다. 아브라함은 헷 족속에게 사라를 장사할 토지를 줄 것을 청했다(4절). 아브라함은 자신을 나그네로 칭하였으나 이방인 헷 족속은 그를 주님과 하나님의 지도자로 칭한다. 아브라함에 대한 이들의 존칭은 아비멜렉이 아브라함을 하나님이 함께하는 자로 부른 것과 유사하다(21:22). 헷 족속은 아브라함의 청에 관하여 자신들의 무덤 중 하나를 택하여 사라를 장사지내라고 제안했다(5절). 여기서 무덤은 동굴이며, 가족이 함께 사용하였다. 시신을 땅속에 묻는 매장법과 달리 이스라엘에서는 시신을 동굴에 넣어 두었다. 헷 족속의 제안은 누구의 무덤이든지 한 곳을 택하여 무덤으로 쓰라는 것으로써, 토지를 소유하게 해달라는 아브라함의 청을 우회적으로 거절한 것이다.

아브라함은 그들의 호의에 예를 갖추되 자신은 토지가 필요하다는 점을 역설했다(7-8절). 구체적으로 아브라함은 에브론이 소유하고 있는 막벨라 굴을 지정했다. 그리고 충분한 대가를 지불하고 에브론의 막벨라 굴을 소유하겠다고 말했다(8-9절). 마침 그 자리에 있던 에브론은 밭과 굴을 거저 주겠다고 공언했다(10-11절). 그러니 사라를 거기 안치하라고 했다. 아브라함은 에브론의 이 같은 반응을 보며 값이 상당히 비쌀 것을 예상했다. 그런데도 굳이 값을 지불하겠다고 말했다(13절). 그래야만 토지를 소유하기 때문이었다. 에브론은 예상대로 비싼 값을 매겼다. 값으로 치면 은 400세겔인데 거저 주겠다는 것이다(15절). 은 400세겔은 상당히 큰 액수이다. 예레미야가 아나돗의 밭을 사는 데 은 17세겔을 주었다(렘 32:9). 다윗이 아라우나의 제단을 쌓고자 은 50세겔을 지불하였다(삼하 24:24). 오므리는 사마리아 성 건설을 위하여 은 6,000세겔을 사용하였다(왕상 16:24). 그러므로 에브론이 관대함을 구실삼아 매긴 값 400세겔은 밭을 사기에 터무니없이 비싼 가격이었다(NIV 주석). 그러나 아브라함은 흥정하지 않고 에브론이 제시한 금액을 다 주고 막벨라 굴을 사들였다(16-17절). 막벨라에 있는 에브론의 밭과 거기 속한 굴과 그 주위에 둘린 모든 나무가 헷 족속이 보는 앞에서 아브라함의 소유로 확정되었다(17-18절).

그 후에 아브라함은 아내 사라를 가나안 땅 마므레 근처 곧 헤브론에 있는 막벨라 밭 굴에 안장하였다. 이와 같이 헷 족속은 그 밭과 거기에 있는 굴 묘지를 아브라함의 소유로 넘겨주었다(20절). 사라는 막벨라 굴에 안치된 첫 번째 이스라엘 사람이다. 후에 아브라함, 이삭과 리브가, 야곱과 레아가 여기에 안장되었다(25:8-10, 49:30-31, 50:12-13). 아브라함과 족장들에게 막벨라 굴은 거주지가 아니라 죽음 이후 들어가는 처소였다.

본 장은 사라의 죽음으로 시작하여 사라의 장사로 마친다. 그러나 사라에 관한 이야기는 잠시 언급되고 대부분 내용은 아브라함이 막벨라 굴을 사들인 이야기이다. 아브라함은 평생 나그네로 가나안 땅에서 살았다. 사라가 죽은 후 비로소 가나안 땅의 일부를 사들여 자기 소유로 삼았다. 이 일은 성경의 한 장을 할애할 만큼 의미가 크다. 물론 그 의미는 죽은 자에 대한 장사가 아니다. 이스라엘 역사에서 죽은 자와 그 무덤에 대하여 어떤 종교적 성격도 단호히 부인하였다. 그런데 사라의 죽음과 무덤이 어떻게 종교적 가치를 갖겠는가? 죽은 자의 장례에 대한 창세기 이야기는 종교적 성격을 배제한 채 매우 평범하고 세속적이다. 다만 사라의 장례에 관하여는 막벨라 굴이 어떻게 조상들의 무덤이 되었는지를 밝히고 있다. 또한, 아브라함이 막벨라 굴을 사들인 것이 가나안 땅 전체에 대한 소유를 예시한다고 볼 수도 없다. 가나안 땅은 어디까지나 하나님이 약속하신 땅이다. 이 땅은 하나님의 은혜로 아브라함의 후손이 소유하는 땅이다. 대가를 지불하고 사는 땅이 아니다.

중요한 것은 "가나안 땅이 족장들에게 약속되었다"라는 문구에서 신학적 의미를 찾아야 한다(폰 라드). 아브라함과 이삭과 야곱 등 족장들은 가나안 땅에서 살고 있었지만, 아직 그 땅을 소유하지 못하였다. 그 땅에 대한 소유는 아브라함의 사후 적어도 400년이 지나야 이루어진다(15:13). 다시 말하면 약속이 아직 성취되지 못하였다. 그러므로 족장들에게 가나안 땅은 "떠돌고 있는 땅"("거류하는 땅" 혹은 "나그네로 사는 땅")이다(17:8, 28:4, 36:7, 37:1, 47:9). 그렇다면 약속을 믿음으로 모든 것을 저버린 족장들은 아무런 보상을 받지 못했다는 말인가? 아브라함이 막벨라 굴과 밭을 소유로 삼아 족장들의 무덤이 되게 한 것은, 이에 대한 응답이다. 이들은 지상에서는 나그네로 살았으나 죽은 후에는 더 이상 나그네가 아니다. 그들은 지상에서는 나그네로, 죽음 이후에 약속의 땅에 장사된 것이다. 신약성경 히브리서는 약속을 따라 살았던 아브라함과 사라가 믿음을 따라 죽었다고 증언한다(히 11:13-16).

족장들은 지상에서 나그네로, 죽음 이후에 약속의 땅에 묻혔다. 그들이 장사된 약속의 땅은 그들이 사모하던 "하늘 본향"을 예시한다. 하나님은 믿음을 따라 나그네로 살았던 족장들을 위하여 하늘의 도성을 친히 마련하셨다. 신약시대 하늘 본향의 실체가 구체적으로 드러났다. 족장들이 죽음 이후 들어간 하늘 본향은 하나님의 아들이 오셨다가 그리로 가신 "하늘"이다(요 3:13). 하늘은 피조된 세계가 아니라 창조 이전의 세계요 만물 위의 세계이다(요 1:1, 3:31). 만물 위에 계신 하나님의 아들이 세상에 오신 것은 땅에서 들리기 위함이다(요 3:14). 그가 땅에서 들리신 것은, 그의 죽음과 부활을 가리킨다(요 12:32-33, 행 2:33). 이는 그를 믿는 자마다 영원한 생명을 얻기 위함이다(요 3:15). 족장들이 죽음 이후 들어간 약속의 땅은 하늘 본향이다. 이는 신약시대 영생을 얻은 자가 들어가는 아버지 집이다. 예수께서 죽으시고 부활하신 후 아버지 집으로 들어가셨다. 이는 그가 성령을 보내셔서 그를 믿는 자마다 아버지 집으로 인도하기 위함이다(요 14:2-3).

영생 얻은 자는 죽음 이후가 아니라 성령이 오시는 그날 아버지 집에 거한다. 영생은 성령 안에서 아버지와 아들 안에 거하는 영적 실재이다. 이것은 현재 누리는 영생이다. 영생의 실제는 삼위 하나님 안에 거하여 그들의 충만한 교제에 참여한다. 곧 삼위 하나님의 페리 코레시스에 참여한다(요 14:20, 17:24). 영생을 누리는 그리스도인, 우리 역시 지상에서는 나그네로 산다. 그러나 아버지 집에 거하는 나그네이다. 그러므로 그리스도인의 지상적 삶은 아버지 집에 거하는 초월 신앙에 근거한 나그네 삶이다. 19세기 니체와 프로이드와 마르크스는 대표적인 기독교 반항아였다. 이들은 그리스도인이 내세관에 집착하여 현세의 삶을 억압하거나 포기하고 있다고 주장하였다. 실제 당시 교회 안에서 현재 누리는 영생이 부재하였고 오로지 죽음 이후에 실현되는 미래적 영생을 강조하였다. 이들 기독교의 반항아들은 그리스도인이 별들의 장막(다른 세상)에서 오는 위로를 막연히 기대하며, 현재의 삶을 억압한다고 비난하였다. 니체의 영원회귀 사상은 내세의 삶을 부정한 채 현재 주어진 "순간의 삶"을 미학적으로 창조하는 것이다. 프로이드는 기독교를 억압된 욕망의 투사로 보았다. 마르크스는 기독교를 미래의 막연한 약속으로 현재의 고통을 무마하는 민중의 아편으로 보았다.

오늘날 그리스도인이 현재 누리는 영생을 알지 못하면 이들의 비난에 대항할 말이 없다. 그러나 현재 누리는 영생은 지상의 나그네 삶을 부요하게 한다. 한편으로 육체의 정욕을 제어하며, 다른 한편으로 세상사람 가운데에서 바른 행실을 나타내 보인다. 그때 기독교를 오해하고 멸시하는 자들까지도 우리의 바른 행실을 보고 하나님께 영광을 돌린다(마 5:16, 벧전 2:11-12).

묵상

나는 오래도록 영생이 부재한 나그네 신앙생활을 하였다. 현재 누리는 영생을 알지 못하던 나의 인생과 신앙은 사뭇 비참하였다. 말로는 나그네 인생이었으나 실제로는 지상적 삶에 집착하였다. 간혹 대형교회를 이루고 일탈한 목회자들은 다수가 지상적 부와 명예의 노예로 전락한 자들이다. 그것도 성도를 부와 명예의 도구로 이용해서 말이다. 나 역시 그런 목사의 길을 갔다. 지상적 안정과 부와 명예를 은근히 선망하였다. 나그네 삶이 구차스러웠다. 그 끝이 사망인 줄 자각하지 못하였다. 하나님이 자기 백성을 징벌하시는 것은, 다시는 가증한 일을 하지 못하게 하기 위함이다(겔 16:43). 내게 징벌의 날이 임하고 심판의 칼이 임하였다. 심판의 무덤에서 말씀을 얻어먹는 자가 되었다. 다시는 이전의 길로 가지 않게 하셨다.

 진리의 영이 내 눈을 뜨게 하였다. 만물 위에 계신 하나님, 하늘에서 오신 인자. 현재 누리는 영생을 알게 하셨다. 여전히 나의 삶은 초라한 나그네이다. 번듯하게 내세울 것이 없다. 하지만 결코 주눅 들지 않는다. 감격하며 당당하게 나그네로 살아간다. 간절히 바라는 바는 육체의 정욕을 제어하고 세상 가운데에서 바른 행실을 드러내는 것이다. 그때 기독교를 냉대하고 멸시하는 자들이 돌이켜 하나님께로 나오게 된다. 어제는 한국교회의 현실이 답답하여 지인 동역자들에게 글을 보냈다. 목회자로 부름 받은 우리의 고귀한 시간, 정력, 영민함, 인내를 헛된 곳에 낭비하는 것만큼 후회될 일은 없을 것이라고 하며 생명을 전하는 목회의 본질에 전념하기를 간절히 바라는 글이었다. 그리고 이들을 다음 주간 열리는 안성 캠프에 초대하였다. 종의 마음을 감동하게 하시는 이는 오직 주님이시다. 주님께 간구하며 주님의 인도를 구한다.

45

24:1-9

1 아브라함이 나이가 많아 늙었고 여호와께서 그에게 범사에 복을 주셨더라
2 아브라함이 자기 집 모든 소유를 맡은 늙은 종에게 이르되 청하건대 내 허벅지 밑에 네 손을 넣으라
3 내가 너에게 하늘의 하나님, 땅의 하나님이신 여호와를 가리켜 맹세하게 하노니 너는 내가 거주하는 이 지방 가나안 족속의 딸 중에서 내 아들을 위하여 아내를 택하지 말고
4 내 고향 내 족속에게로 가서 내 아들 이삭을 위하여 아내를 택하라
5 종이 이르되 여자가 나를 따라 이 땅으로 오려고 하지 아니하거든 내가 주인의 아들을 주인이 나오신 땅으로 인도하여 돌아가리이까
6 아브라함이 그에게 이르되 내 아들을 그리로 데리고 돌아가지 아니하도록 하라
7 하늘의 하나님 여호와께서 나를 내 아버지의 집과 내 고향 땅에서 떠나게 하시고 내게 말씀하시며 내게 맹세하여 이르시기를 이 땅을 네 씨에게 주리라 하셨으니 그가 그 사자를 너보다 앞서 보내실지라 네가 거기서 내 아들을 위하여 이네를 택할지니라
8 만일 여자가 너를 따라 오려고 하지 아니하면 나의 이 맹세가 너와 상관이 없나니 오직 내 아들을 데리고 그리로 가지 말지니라
9 그 종이 이에 그의 주인 아브라함의 허벅지 아래에 손을 넣고 이 일에 대하여 그에게 맹세하였더라

45

영생 얻은 자는 아브라함의 씨, 주의 선하심과 인자하심이 그의 뒤를 따르다

: 주해

창세기 24장은 사라의 죽음과 아브라함의 죽음 사이에 있다. 본 장은 창세기의 평균 분량(20절 내외)보다 3배 이상 많다. 아브라함의 아내 사라는 127세로 죽었다. 아브라함은 사라가 죽은 후 38년을 더 살고 175세로 죽는다(25:7). 아브라함의 마지막 사명은 이삭의 아내, 곧 며느리를 맞이하는 일이었다. 이 일은 가장 신실한 종에 의해 이루어졌다.

본 장은 앞서 나오는 아브라함 이야기와 이후에 나오는 야곱, 요셉 이야기와도 많은 연관성을 갖고 있다. 본 장의 중심인물인 리브가와 라반은 야곱 이야기에서 두드러진 두 인물이다(25-32장). 외적으로 볼 때 리브가와 라반 이야기는 지극히 인간적인 행동으로 보이지만, 아브라함의 믿음과 그의 종의 기도에 대한 하나님의 응답이 중심에 있어 이들의 삶은 하나님의 통치 아래에 있다(고든 웬함, 〈창세기 주석〉). 본 장에서 창세기의 저자는 종의 입을 통해 아브라함의 생애를 돌아본다. 아브라함의 인생은 유리방황하였고 고난의 여정이었다. 누구나 얻는 자식을 그는 100세가 되어서야 믿음으로 얻었다. 또 그는 믿음으로 얻은 아들을 번제물로 바치는 시험을 받아야 했다. 종교개혁자 칼뱅은 성경의 인물 중 가장 비극적인 인물의 생애를 그린다면 단연 아브라함이라고 말하였다(《기독교강요》). 하지만 종의 입을 통해 돌아보는 아브라함의 생애는 약속의 담지자로서 하나님의 축복을 받았다. 창세기의 저자도 여호와께서 범사에 그에게 복을 주셨다고 말한다(1절).

19세기 태동한 관점주의는 신을 포함한 모든 대상은 관점에 따라 다르게 보인다는 상대적 진리관에 빠져 있었다. 여기서 진리의 가치 전도가 일어난다. 관점주의는 인식론적 객관성으로 인생을 규정하는 것에 대항한다. 인간의 생애는 결코 객관적으로 일반화될 수 없으며 각 개인의 고유한 영역에 속해있다. 관점주의의 창시자인 프리드리히 니체는 플라톤 식의 고정된 진리 개념을 파괴하였다. 그에 따르면 성경 등 텍스트는 고정된 진리가 아니라, 그 해석이 사건을 일으킬 때 진리가 된다고 하였다. 곧 진리는 해석을 통해 존재 사건이 될 때 나의 것이 된다는 것이다. "진리는 그것을 자기의 것으로 하는 그 사람에게만 생생히 존재한다"(폴 틸리히). 아브라함의 생애는 인식론적 객관성으로 볼 때 칼뱅이 묘사한 대로 비극적 인생이다. 그러나 그는 창세기의 저자나 가장 가까운 종의 관점에서는 복 받은 자요 형통한 자이다. 사람의 눈으로 볼 때는 비극적 인생이나 하나님이 보실 때는 축복된 인생이다.

본 장의 이야기는 네 장면으로 이루어진다(고든 웬함).
① 가나안에서의 아브라함과 그의 종(1-9절).
② 우물가에서의 리브가와 아브라함의 종(10-27절).
③ 리브가의 집에서의 협상(28-61절).
④ 가나안에서의 이삭과 리브가의 만남(62-67절).

아브라함은 나이 많은 노인이 되었다. 여호와께서는 아브라함이 하는 일마다 복을 주셨다(1절). 상기한 대로 아브라함은 비극적 인생을 살았다. 하지만 창세기 저자의 관점에서 그는 하는 일마다 복을 받은 자이다.

2-9절은 아브라함과 종의 대화로 이루어졌다. 아브라함은 생애 마지막 미션(과업)을 수행했다. 아브라함은 자기 집 모든 소유를 맡아 보는 늙은 종에게 말했다. 자신이 거주하는 가나안 땅이 아닌 그의 고향 땅에서 이삭의 아내를 찾겠다는 맹세를 하게 했다. 종의 이름은 언급되지 않는다. 대다수 주석가는 15:2에 따라 종을 엘리에셀로 부른다. 여기서 종은 단순한 노예가 아니라, 주인과 깊은 신뢰를 가진 자이다(이사야의 "여호와의 종" 참고). 아브라함은 이삭의 아

내를 찾는 직무에 관하여 종에게 간곡하고 진지하게 맹세를 요구했다. 자기 허벅지 밑에 손을 넣고 맹세하게 했다. 허벅지 밑을 만지게 하는 것은 일종의 생식기 맹세이다(47:29 참고). 이러한 관습은 신체의 이 부분이 신성하다는 관념을 전제하고 있다(폰 라드). 따라서 종이 주인의 생식기를 만지는 맹세는 특별한 엄숙함을 부여받는다(고든 웬함).

아브라함이 종에게 맹세로 부여한 임무는 다음과 같다(3-8절).
① 가나안 여인을 이삭의 아내로 맞이하지 못한다(3절).
② 아브라함의 부족이 사는 나라에 가서 이삭의 아내를 찾아야 한다(4절).
③ 그러나 이삭이 처녀가 있는 곳으로 가는 일은 결코 허락되지 않는다(6절).
④ 처녀가 멀리 여행하기를 거절한다면, 그 종은 자신이 한 맹세에서 풀려난다(8절).

두 사람의 대화에서 종의 의문과 아브라함의 신뢰가 대조된다. 종은 아브라함의 명령이 성취될 수 없을 경우를 대비하여 묻는다. 즉 처녀가 이 땅으로 오려고 하지 않으면 이삭을 처녀에게로 데려갈 것인가에 관해 묻는다(5절). 하지만 아브라함은 자신을 평생 선하심과 인자하심으로 인도해 오신 하나님을 신뢰하며 그가 보낸 일이 형통할 것이라고 확신했다(7절). 아브라함의 확신은 막연한 기대에서 나온 것이 결코 아니다. 하나님의 첫 명령, 본토와 친척과 아비 집을 떠나라는 명령에 그는 순종하였다. 이후 그는 나그네의 험한 길을 걸었으나, 하나님은 신실하게 약속을 지키셨다. 곧 하나님이 그에게 맹세하며 하신 약속, "이 땅을 너의 씨에게 주겠다"라는 말씀을 지키셨다. 그러므로 그의 씨가 될 이삭의 아내를 구하는 일에도 여호와께서 행하실 것이다. 곧 그의 천사를 앞서 보내어 이삭의 아내를 데려오게 하실 것이다. 이것은 어디까지나 아브라함의 믿음이다. 아브라함은 그의 종이 이 믿음을 공유할 수 없음을 감안한다. 하여 만일 자기 말대로 일이 이루어지지 않으면 그의 종이 맹세로부터 풀려나게 했다(8절). 7-8절은 창세기에 나오는 아브라함의 마지막 말이다. 참으로 위대한 신앙고백이자 종을 배려하는 관용이다.

아브라함의 종은 손을 주인 아브라함의 다리 사이에 넣고 이 일을 두고 그에게 맹세하였다(9절). 아브라함의 마지막 사명은 독자 이삭의 아내를 찾아주는 것이다. 이것은 단순한 자식의 혼사 문제가 아니다. 그가 종에게 한 말대로 하나님의 약속에 근거한 혼사이다. "이 땅을 너의 씨에게 주겠다." 바로 이 때문에 아브라함은 가나안 여인이 아닌 친족에게서 이삭의 아내를 찾아야 했다. 그리하여 혈통의 순수성을 보전하고자 하였다.

아브라함에게 약속하신 "씨"는 구속사적으로 하나님의 아들을 예시한다. 하나님의 아들 예수 그리스도는 아브라함의 순수성을 보전하는 "씨"로 오셨다(마 1:1 이하). 그는 생명을 주는 썩지 아니할 씨요, 살아계신 하나님의 말씀으로 세상에 오셨다. 곧 생명을 주는 말씀으로 오신 것이다. 썩지 아니할 씨는 생명을 주는 말씀이며 복음이다(벧전 1:23-25). 씨에 대한 약속을 믿은 아브라함은 하나님의 아들이 썩지 아니할 씨로 오실 때를 보고 즐거워하였다(요 8:56). 아브라함이 기뻐하며 보았던 아들의 날은 그의 씨가 세상에 와서 구원을 성취한 날이다. 예수 그리스도는 십자가에서 죽으심으로써 하나님이 모든 사람에게 하신 영생의 약속을 성취하셨다. 이제 누구든지 예수 그리스도를 믿으면 영생을 얻고 하나님의 아들들이 된다(갈 3:26). 그는 바로 아브라함의 씨요 그의 후손이 된다(갈 3:29). 아브라함의 "후손"은 정확하게 번역하면 아브라함의 "씨"(헬, 스페르마)이다. 예수 그리스도는 아브라함의 씨로 오셨다. 그리고 그를 믿는 자마다 아브라함의 씨다. 곧 아들을 믿어 생명이 있는 자는 그의 씨다. 아담의 씨에서 난 모든 인간은 죄 가운데 살다 사망에 이를 자다(롬 5:12, 6:23). 하나님은 그런 인생을 불쌍히 여기사 아브라함의 씨로 독생자를 보내셨다. 그리고 그를 믿는 자마다 영생을 가진 아브라함의 씨가 되게 하신다. 전능하신 하나님이 아브라함에게 약속하신 그의 씨를 보전하신다. 하나님은 아브라함의 씨(자손)인 영생 얻은 자를 영원히 보전하신다(요 10:28-29).

아브라함의 씨, 영생 얻은 우리는 아브라함의 길을 간다. 우리는 광야에서 유리방황하며, 가장 귀한 것을 바치는 시험도 받으며, 때로 연약하여 실족한다. 하지만 주님이 우리의 선한 목자가 되신다(시 23:1-6). 광야의 길에서 부족함이 없게 하신다. 우리가 사망의 음침한 골짜기로 지날 때 우리와 함께하신다. 원수의 목전에서도 잔치를 배설하시고 우리에게 기름을 부어주신다. 주의 선하심과 인자하심이 우리의 뒤를 따라오며 우리를 인도하신다. 우리가 죽음 이후 아버지 집에서 거할 때까지 그렇게 인도하신다.

: 묵상

아브라함의 마지막 말을 들으니 2006년의 일이 생각난다. 당시 여러 동역자와 함께 이스라엘로 성지순례를 갔었다. 그때 현지 가이드는 유학 중에 폭탄테러로 화상을 입고 얼굴이 일그러진 목사였다. 처음 그를 대면했을 때 매우 불편하였다. 하지만 그와 함께한 일주일의 시간은 잊을 수 없는 기억으로 남아 있다. 그는 히브리어에 정통하였고 가는 곳마다 히브리어로 성경을 해석하며 우리에게 영감을 주었다. 그가 해석한 시편 23편은 지금 생각해도 존재사건의 진리이다. 특히 마지막 구절, 주의 선하심과 인자하심이 "평생 나를 따라 오신다"라는 말씀이다. 그가 큰 화상을 입었을 때 "왜 내게 이런 일이!"라고 탄식하였다. 하나님을 이해할 수 없었다. 하지만 주님은 그의 뒤를 따라오셨다. 앞이나 옆이 아닌 뒤를! 불의의 사고에도 주님은 그의 뒤를 따라오시면서 선하심과 인자하심이 되셨다.

아브라함은 그에게 맹세하며 약속한 씨와 관련된 말씀을 하나님이 지키신 것을 믿었다. 그는 바랄 수 없는 중에 바라고 믿어, 약속을 의심하지 않고 하나님께 영광을 돌렸다. 하나님이 친히 맹세하신 씨의 약속으로 인해 그의 평생은 주의 인자와 선하심으로 인도함을 받았다. 그리고 그의 마지막 순간 이 믿음을 종에게 증거 하며 마지막 과업을 수행한다. 나는 아담의 씨로 나서 죄 가운데 살다가 사망에 이를 자였다. 하나님은 그런 나를 불쌍히 여기시고 복음을 통해 영원한 생명에 이르게 하셨다. 아브라함의 씨로 오신 예수 그리스도를 믿음으로써 그의 아들이 되게 하신 것이다. 영생을 알고 영생을 사는 자가 된 이후 하나님은 선하심과 인자하심으로 나를 인도하신다. 비록 인간의 관점으로 보면 고난이요 불행한 여정이라도 믿음의 눈으로 보면 헤아릴 수 없는 복을 받은 자이다. 선하심과 인자하심으로 내 뒤를 따라오신다. 아버지 집에 들어가는 죽음의 순간까지 그리로 인도하신다. "이 하나님은 영원히 우리 하나님이시니 그가 우리를 죽을 때까지 인도하시리로다"(시 48:14).

46

24:10-27

10 이에 종이 그 주인의 낙타 중 열 필을 끌고 떠났는데 곧 그의 주인의 모든 좋은 것을 가지고 떠나 메소보다미아로 가서 나홀의 성에 이르러
11 그 낙타를 성 밖 우물 곁에 꿇렸으니 저녁 때라 여인들이 물을 길으러 나올 때였더라
12 그가 이르되 우리 주인 아브라함의 하나님 여호와여 원하건대 오늘 나에게 순조롭게 만나게 하사 내 주인 아브라함에게 은혜를 베푸시옵소서
13 성 중 사람의 딸들이 물 길으러 나오겠사오니 내가 우물 곁에 서 있다가
14 한 소녀에게 이르기를 청하건대 너는 물동이를 기울여 나로 마시게 하라 하리니 그의 대답이 마시라 내가 당신의 낙타에게도 마시게 하리라 하면 그는 주께서 주의 종 이삭을 위하여 정하신 자라 이로 말미암아 주께서 내 주인에게 은혜 베푸심을 내가 알겠나이다
15 말을 마치기도 전에 리브가가 물동이를 어깨에 메고 나오니 그는 아브라함의 동생 나홀의 아내 밀가의 아들 브두엘의 소생이라
16 그 소녀는 보기에 심히 아리땁고 지금까지 남자가 가까이 하지 아니한 처녀더라 그가 우물로 내려가서 물을 그 물동이에 채워가지고 올라오는지라
17 종이 마주 달려가서 이르되 청하건대 네 물동이의 물을 내게 조금 마시게 하라
18 그가 이르되 내 주여 마시소서 하며 급히 그 물동이를 손에 내려 마시게 하고
19 마시게 하기를 다하고 이르되 당신의 낙타를 위하여서도 물을 길어 그것들도 배불리 마시게 하리이다 하고
20 급히 물동이의 물을 구유에 붓고 다시 길으려고 우물로 달려가서 모든 낙타를 위하여 긷는지라
21 그 사람이 그를 묵묵히 주목하며 여호와께서 과연 평탄한 길을 주신 여부를 알고자 하더니
22 낙타가 마시기를 다하매 그가 반 세겔 무게의 금 코걸이 한 개와 열 세겔 무게의 금 손목고리 한 쌍을 그에게 주며
23 이르되 네가 누구의 딸이냐 청하건대 내게 말하라 네 아버지의 집에 우리가 유숙할 곳이 있느냐
24 그 여자가 그에게 이르되 나는 밀가가 나홀에게서 낳은 아들 브두엘의 딸이니이다
25 또 이르되 우리에게 짚과 사료가 족하며 유숙할 곳도 있나이다
26 이에 그 사람이 머리를 숙여 여호와께 경배하고
27 이르되 나의 주인 아브라함의 하나님 여호와를 찬송하나이다 나의 주인에게 주의 사랑과 성실을 그치지 아니하셨사오며 여호와께서 길에서 나를 인도하사 내 주인의 동생 집에 이르게 하셨나이다 하니라

46

리브가의 선행, 아브라함에게
주의 인자와 신실(영광)이 나타나다!

∶ 주해

창세기 24장은 아브라함의 종이 이삭의 아내를 찾는 이야기이다. 10-27절은 아브라함의 종과 이삭의 아내가 될 리브가의 만남이다. 아브라함의 종은 주인의 낙타 10필과 주인의 온갖 좋은 선물을 가지고 헤브론을 떠나 하란으로 간다. 낙타 10필과 좋은 선물은 신부를 데려오는 데 치러야 할 값으로 사용된다. 헤브론에서 하란까지의 거리는 대략 800km이며, 서울과 부산의 왕복 거리이다. 당시에는 최소한 한 달 이상 걸렸다. 아브라함의 종이 메소보타미아를 거쳐 나홀이 사는 성에 이르렀다. 메소보타미아는 히브리어 원문에서 "아람 나하라임"인데, 70인역을 따른 것이다(새번역). 아람 나하라임은 메소보타미아 중앙 지역 혹은 하볼 강과 유브라테스 강 사이 지역을 말한다.

아브라함의 종은 낙타를 성 바깥에 있는 우물곁에서 쉬게 하였다. 마침 해가 지고 있었는데, 여인들이 물을 길러 나오는 때였다(11절). 방문객들이 우물을 먼저 찾는 것은 물을 마실 수 있을 뿐 아니라 우물을 왕래하는 사람들로부터 그 성의 소식을 들을 수 있기 때문이었다. 여인들이 저녁때에 우물에 나오는 것은 시원하여 바깥 활동을 하기에 좋았기 때문이었다. 요한복음 4장의 사마리아 여인은 대낮에 우물에 나왔다. 아마도 사람들을 피하기 위함이었을 것이다.

12-14절에서 아브라함의 종은 우물에서 아브라함의 하나님 여호와께 기도했다. 그는 주도적으로 행동하지 않고 하나님께 기도함으로써 모든 것을 여호와의 손에 맡겼다. 그의 기도, "순조롭게 하사"는 문자적으로 "만나는 일이 일어나게"이다. 새번역은 "일이 잘되게", 공동번역은 "일이 모두 뜻대로 잘되게"라고 번역하였다. 아브라함의 종은 하나님이 이삭을 위하여 정하신 처녀를 알고자 표징을 구했다. 우물에 나오는 어떤 처녀에게 그가 물을 구할 때 그녀가 낙타에게도 마시게 한다면 하나님이 정하신 자로 믿겠다는 표징이었다. 아브라함의 종이 구한 표징은 기드온이 구한 기적의 표징은 아니다. 다만 낯선 나그네에게 베푸는 친절의 정도를 알고자 했다. 그는 여성스러운 친절함, 사람과 짐승들에 대한 관용을 표징으로 구했다. 그는 외모나 아브라함의 친척에 관해서는 구하지 않았다. 이것은 종이 생각하는 주인의 며느릿감에 합치되는 요소들이다. 오늘날 결혼 상대를 위해 기도할 때 바라는 소박한 표징들이다.

15-21절에서 아브라함의 종이 기도를 마치기도 전에 리브가가 나타났다. 저자는 리브가의 가족관계와 빼어난 외모에 대해 언급했다. 그의 아버지는 브두엘이고, 할머니는 밀가이다. 밀가는 아브라함의 동생 나홀의 아내로서, 아브라함에게는 제수뻘이 되는 사람이다(15절). 그 소녀는 매우 아리땁고, 지금까지 어떤 남자도 가까이하지 아니한 처녀였다(16절). 리브가는 아브라함의 손녀뻘 되는 점에서 아브라함이 지정한 며느릿감이다(4절). 아브라함의 종은 그가 기도한 대로 행동하였다. 리브가가 우물로 내려가 물동이에 물을 채워 올라올 때 종이 달려 나가서 그녀를 마주 보고 물동이에 든 물을 좀 마시게 해달라고 하였다(17절). 리브가는 아브라함의 종이 기도한 것 이상으로 친절을 베풀었다. 그녀는 급히 물동이를 내려 종에게 마시게 하고 낙타들도 마시도록 우물로 달려가서 물을 길었다(18-20절). 리브가가 급하게 행동하는 동안 아브라함의 종은 여호와께서 모든 일을 과연 잘 되게 하여 주시는 것인지를 알고자 그녀를 묵묵히 지켜보았다. 본 장에서 "평탄한 길을 주실 것인가"(개역개정)라는 표현은 4회에 걸쳐 나온다(21, 40, 42, 56절). 아브라함의 종은 인간의 행동 너머에 있는 하나님의 도우심을 신뢰하고 있었다. 그에게 리브가의 과도한 친절은 하나님의 순조로운 인도하심이었다.

22-27절, 아브라함의 종은 리브가가 베푼 친절에 대해 보상한다. 낙타들이 물마시기를 그치자 종은 반 세겔 나가는 금 코걸이 하나와 십 세겔 나가는 금 팔찌 두 개를 소녀에게 주었다. 그리고 그가 누구의 딸이며 하룻밤 묵어갈 방이 있는지를 물었다. 리브가는 자신이 나홀과 밀가 사이에 낳은 브두엘의 딸이라고 말한다. 그리고 자기 집에는 유숙할 방이 있을 뿐 아니라, 낙타의 먹이인 짚과 사료가 충분히 있다고 말한다. 사실 처음 만난 이방인 남자에게 이런 친절을 베푸는 것은 일반적인 행동이 아니었다. 그래서 아브라함의 종은 머리를 숙여 여호와께 경배했다(26절). 곧 하나님의 인자와 신실로 인해 주인의 동생 나홀의 집에 온 것으로 인해 여호와를 찬송하였다(27절).

아브라함의 종은 리브가의 선행에 대해 찬양으로 화답한다. 그것은 여호와의 인자와 신실이 아브라함에게 임했고, 그로 인해 그가 여호와의 인도함을 받았다고 고백한다. 구약성경에서 여호와의 인자(헤세드)와 신실(에메트)은 그의 영광이다(출 34:6). 아브라함의 종의 입에서 고백 된 인자와 신실은 구약성경에서 처음 나오는 하나님의 영광이다. 리브가는 낯선 이방인 남자에게 과도한 친절을 베풀었다. 아브라함의 종은 이것을 두고 주인 아브라함을 인자와 신실로 인도하신 여호와를 찬양하였다. 구원사를 이루어가는 참된 선행은 그 근원이 아버지께로부터 나온다. 아브라함의 종은 평생 인자와 신실로 주인을 인도해 오신 하나님께 감사하고 그를 찬송한다. 하나님은 그의 증거를 지켜 언약 안에 거하는 자를 인자와 신실로 인도하신다. "여호와의 모든 길은 그의 언약과 증거를 지키는 자에게 인자와 진리로다"(시 25:10). 아브라함의 종은 낯선 나그네를 향한 리브가의 선행을 표징으로 구하였다. 리브가는 종이 구한 표징 이상의 선행을 보였다. 그런데 이것은 아브라함의 길을 인도한 여호와의 인자와 신실의 결과였다.

아브라함은 하나님이 그의 씨에게 가나안 땅을 주실 것을 한 치의 의심 없이 믿었다. 그래서 자신이 직접 그 땅을 떠나지 않고 종을 대신하여 하란으로 보냈다. 또한, 이삭이 가나안 땅을 떠날 상황이 와도 그것을 허락하지 않았다(6절). 하나님은 그렇게 말씀을 지키고 언약 안에 거하는 아브라함의 길을 인자와 신실로 인도하신 것이다. 사실 아브라함의 종이 구한 표징은 누구나 베풀 수 있는 인간의 선행이다. 또 리브가의 행동 역시 도덕적 인간에게서 볼 수 있는 선행이다. 따라서 아브라함의 종이 구한 표징으로서 리브가의 선행에 굳이 종교적 의미를 부여할 수 있느냐는 의문이 제기된다. 그것은 인간사에서 선행은 당연히 긍정적인 것으로 간주하기 때문이다.

19세기 의심의 철학자로 불리는 프리드리히 니체는 인간의 선행에 대한 기존의 개념을 파괴하였다. 그는 "어떤 것은 그것의 반대로부터 생길 수 있는가?"라는 의문을 제기하였다. "예컨대 진리가 오류로부터 생길 수 있을 것인가? 진리에의 의지가 기만에의 의지로부터? 자기 없음(부인)의 헌신이 이기심에서? 현명한 자의 순수하고 명석한 바라봄이 욕망으로부터?"《선과 악의 저편》). 선행을 부정적인 관점에서 본 니체의 통찰은 옳다. 인간의 선행은 설령 자기 몸을 불사르게 내어주는 헌신이라도 이면에는 얼마든지 이기심과 욕망이 도사리고 있을 수 있다. 만물보다 심히 부패한 것이 사람의 마음이다(렘 17:9). 누가 그것을 알겠는가? 인간의 본성 안에는 선한 것이 없다.

인간은 영적으로 허물과 죄로 죽은 자요, 본질상 진노의 자식이다(엡 2:2-3). 진노의 자식이라도 얼마든지 도덕적 선행을 할 수 있다. 하지만 그에게 선행의 동기는 욕망이며, 선행의 결과는 가인의 격정이다. 선을 행하고도 기대한 결과가 나오지 않으면 가인처럼 분노한다. 선을 행하고도 인정받지 못하면 억울하고 무시당하면 분개한다. 로마서 7장은 선악의 저편에서 활동하는 죄의 세력을 밝히 드러낸다. 자기주장 의지로 행하는 선행이 결국 악인 것을 고발한다. 인간이 본성대로 선을 행할 때 죄의 세력이 기회를 타서 그를 사망으로 던져버린다(롬 7:11). 그러므로 선을 행하나 그 결과는 악이다. 이는 인간 안에 선한 것이 전혀 존재하지 않기 때문이다. "내 속 곧 내 육신에 선한 것이 거하지 아니하는 줄을 아노니 원함은 내게 있으나 선을 행하는 것은 없노라"(롬 7:18).

키르케고르는 선행의 결말을 도덕적 단계의 절망이라고 하였다. 이것은 바울이 절절히 경험한 절망이다. 도덕적 단계의 절망은 무한한 자기 체념에 이르게 한다. 그런데 바로 여기에서 참된 구원이 일어난다. 무한한 자기 체념은 신앙적 단계로 진입하게 한다. "오호라 나는 곤고한 사람이로다 이 사망의 몸에서 누가 나를 건져내랴 우리 주 예수 그리스도로 말미암아 하나님께 감사하리로다 그런즉 내 자신이 마음으로는 하나님의 법을 육신으로는 죄의 법을 섬기노라"(롬 7:24-25).

요한복음에서 구원 받음은 영생 얻음이다(요 3:16-17). 현재 누리는 영생은 생명의 교제를 통해 독생자의 영광을 보는 것이다(요 17:3, 24). 독생자의 영광은 아버지의 본질이며, 곧 인자와 신실(은혜와 진리)이다(요 1:14). 독생자의 영광을 보는 것은 아들 안에 충만한 인자와 신실로 충만한 것을 의미한다(요 1:16). 아버지의 인자와 신실의 충만이 아들의 육체(캐릭터) 안에 거한다. 우리도 그 안에서 인자와 신실로 충만하다. "그리스도 안에 온갖 충만한 신성이 몸이 되어 머물고 계십니다. 여러분도 그분 안에서 충만함을 받았습니다. 그리스도는 모든 통치와 권세의 머리이십니다"(골 2:9-10).

그리스도인은 인간적 선행이 아니라, 신적 선행을 베푸는 자이다. 곧 독생자의 영광, 곧 아버지의 인자와 신실로 충만하여 자발적으로 나오는 선행을 베푼다. 이는 아브라함의 종이 구한 표징이며, 리브가가 보여준 선행이다. 그가 보여준 선행은 괴이한 종교적 행동이 아니다. 인간사에서 사랑과 평화를 만들어가는 자연스럽고 자발적인 선행이다.

> "그러므로 여러분은 하나님의 택하심을 입은 사랑 받는 거룩한 사람답게, 동정심과 친절함과 겸손함과 온유함과 오래 참음을 옷 입듯이 입으십시오. 누가 누구에게 불평할 일이 있더라도, 서로 용납하여 주고, 서로 용서하여 주십시오. 주님(그리스도)께서 여러분을 용서하신 것과 같이, 여러분도 서로 용서하십시오. 이 모든 것 위에 사랑을 더하십시오. 사랑은 완전하게 묶는 띠입니다"(골 3:12-14).

묵상

인간적인 선악의 저편에 진리가 있다. 인간사에서 선행은 다수, 특히 지배층의 담론으로 결정된다. 자본주의 시대에서 부는 선이고 가난은 악이다. 가난한 것이 죄라는 말도 있지 않은가? 하지만 영적으로는 인간에게서 나오는 모든 것이 악이다. 인간적이고 도덕적 선행도 내면에서는 악이다(롬 2:9). 나는 오랫동안 인간적 선행을 하던 자였다. 선을 행할수록 알 수 없는 격정과 분노가 쌓여갔다. 그것은 가인의 분노였다. 선을 행하는 자에게 역사하는 죄의 세력을 알지 못하였다. 자기 없음의 헌신과 비례하여 내 속에는 인정욕구와 명예욕이 불타고 있었다. 기대한 만큼 결과가 나오지 않으면 절망하였고, 기대 이상의 결과가 나오면 교만하였다. 내면에는 환난과 곤고가 그치지 않았다. 인간의 선행에 죄의 세력이 활동하는 것을 알지 못한 영적 소경이었다.

2012년 로마서를 묵상하며 충격을 받았다. 선행을 하고도 내면세계가 지옥인 모순의 비밀을 깨달았다. 이제껏 내가 행한 선이 죄의 세력의 도구가 되었음을 알고 화들짝 놀랐다. 말씀의 빛 앞에서 끔찍한 나 자신과 대면해야 했다. "오호라 나는 비참한 자로다!" 무한한 자기 체념의 자리에 구원이 임하였다. 이제 나의 선행은 독생자의 영광, 곧 아버지의 인자와 신실에서 나온다. 리브가의 선행이다! 지극히 작은 자에게 행하는 선행이다. 목마른 자에게 친절하게 냉수 한 그릇을 수는 사, 그 상을 잃지 않는다, 주님이 기억하신다. 본질상 진노의 자식에서 하나님의 사랑받는 자녀가 되었다. 긍휼과 자비와 겸손과 온유와 인내의 성정, 그리스도께서 나를 용서하신 용서로 모든 사람을 대하는 성정을 사모한다. 그리하여 모든 사람과 더불어 거룩함과 화평함을 따르기를 원한다. 이것이 주를 보여주는 일상의 삶이다(히 12:14).

47

24:28-53

28 소녀가 달려가서 이 일을 어머니 집에 알렸더니
29 리브가에게 오라버니가 있어 그의 이름은 라반이라 그가 우물로 달려가 그 사람에게 이르러
30 그의 누이의 코걸이와 그 손의 손목고리를 보고 또 그의 누이 리브가가 그 사람이 자기에게 이같이 말하더라 함을 듣고 그 사람에게로 나아감이라 그 때에 그가 우물가 낙타 곁에 서 있더라
31 라반이 이르되 여호와께 복을 받은 자여 들어오소서 어찌 밖에 서 있나이까 내가 방과 낙타의 처소를 준비하였나이다
32 그 사람이 그 집으로 들어가매 라반이 낙타의 짐을 부리고 짚과 사료를 낙타에게 주고 그 사람의 발과 그의 동행자들의 발 씻을 물을 주고
33 그 앞에 음식을 베푸니 그 사람이 이르되 내가 내 일을 진술하기 전에는 먹지 아니하겠나이다 라반이 이르되 말하소서
34 그가 이르되 나는 아브라함의 종이니이다
35 여호와께서 나의 주인에게 크게 복을 주시어 창성하게 하시되 소와 양과 은금과 종들과 낙타와 나귀를 그에게 주셨고
36 나의 주인의 아내 사라가 노년에 나의 주인에게 아들을 낳으매 주인이 그의 모든 소유를 그 아들에게 주었나이다
37 나의 주인이 나에게 맹세하게 하여 이르되 너는 내 아들을 위하여 내가 사는 땅 가나안 족속의 딸들 중에서 아내를 택하지 말고
38 내 아버지의 집, 내 족속에게로 가서 내 아들을 위하여 아내를 택하라 하시기로
39 내가 내 주인에게 여쭈되 혹 여자가 나를 따르지 아니하면 어찌하리이까 한즉
40 주인이 내게 이르되 내가 섬기는 여호와께서 그의 사자를 너와 함께 보내어 네게 평탄한 길을 주시리니 너는 내 족속 중 내 아버지 집에서 내 아들을 위하여 아내를 택할 것이니라
41 네가 내 족속에게 이를 때에는 네가 내 맹세와 상관이 없으리라 만일 그들이 네게 주지 아니할지라도 네가 내 맹세와 상관이 없으리라 하시기로
42 내가 오늘 우물에 이르러 말하기를 내 주인 아브라함의 하나님 여호와여 만일 내가 행하는 길에 형통함을 주실진대
43 내가 이 우물 곁에 서 있다가 젊은 여자가 물을 길으러 오거든 내가 그에게 청하기를 너는 물동이의 물을 내게 조금 마시게 하라 하여
44 그의 대답이 당신은 마시라 내가 또 당신의 낙타를 위하여도 길으리라 하면 그 여자는 여호와께서 내 주인의 아들을 위하여 정하여 주신 자가 되리이다 하며
45 내가 마음속으로 말하기를 마치기도 전에 리브가가 물동이를 어깨에 메고 나와서 우물로 내려와 긷기로 내가 그에게 이르기를 청하건대 내게 마시게 하라 한즉

46 그가 급히 물동이를 어깨에서 내리며 이르되 마시라 내가 당신의 낙타에게도 마시게 하리라 하기로 내가 마시매 그가 또 낙타에게도 마시게 한지라
47 내가 그에게 묻기를 네가 뉘 딸이냐 한즉 이르되 밀가가 나홀에게서 낳은 브두엘의 딸이라 하기로 내가 코걸이를 그 코에 꿰고 손목고리를 그 손에 끼우고
48 내 주인 아브라함의 하나님 여호와께서 나를 바른 길로 인도하사 나의 주인의 동생의 딸을 그의 아들을 위하여 택하게 하셨으므로 내가 머리를 숙여 그에게 경배하고 찬송하였나이다
49 이제 당신들이 인자함과 진실함으로 내 주인을 대접하려거든 내게 알게 해 주시고 그렇지 아니할지라도 내게 알게 해 주셔서 내가 우로든지 좌로든지 행하게 하소서
50 라반과 브두엘이 대답하여 이르되 이 일이 여호와께로 말미암았으니 우리는 가부를 말할 수 없노라
51 리브가가 당신 앞에 있으니 데리고 가서 여호와의 명령대로 그를 당신의 주인의 아들의 아내가 되게 하라
52 아브라함의 종이 그들의 말을 듣고 땅에 엎드려 여호와께 절하고
53 은금 패물과 의복을 꺼내어 리브가에게 주고 그의 오라버니와 어머니에게도 보물을 주니라

47

아브라함의 종과 여호와의 종과 그리스도의 종, 오직 보내신 이의 뜻을 이루다!

∶주해

창세기 24장은 아브라함의 종이 이삭의 아내를 찾는 이야기이다. 본 장은 네 장면으로 구성되어 있다. 1-9절, 아브라함은 이삭의 아내를 구하는 일을 두고 종에게 맹세로 명령한다. 10-27절, 아브라함의 종이 하란에서 리브가를 만난다. 28-60절, 아브라함의 종은 리브가의 집에서 그녀를 이삭의 아내로 허락받는다. 61-67절, 이삭이 리브가를 아내로 맞이한다.

28-60절은 첫 번째 장면(3-8절)을 반복한다(37-41절). 또 두 번째 장면(12-26절)을 반복한다(42-48절). 아브라함의 종은 리브가의 집에서 주인 아브라함이 말한 것을 그대로 고했다. 그리고 자신이 리브가에게 한 행동을 그대로 고했다. 브두엘과 그의 아들 라반은 아브라함의 종이 한 보고를 듣고 "이 일이 여호와께 말미암았다"라고 하며, 리브가를 이삭의 아내로 허락했다(50절). 아브라함의 종이 기도하는 동안(26-27절), 리브가는 집으로 달려가 저간의 일을 고했다(28절). 리브가의 오라버니 라반이 값진 장식물을 보고, 부유한 손님을 극진히 모시고자 우물로 달려갔다(29-30절). 라반이 아브라함의 종에게 복을 빌며 그를 영접하였다(31절). 아브라함의 종은 아무 말 없이 라반을 따라 그의 집으로 들어갔다. 라반이 낙타의 짐을 부리고 짚과 사료를 낙타에게 주었다. 그리고 종

과 동행자들의 발 씻을 물을 내어주고 그 앞에 차린 음식 먹기를 권했다(32-33절). 그러나 아브라함의 종은 음식을 먹기 전에 자신의 임무를 끝맺도록 청하였다. 라반이 동의하자, 그는 자신이 아브라함의 종임을 비로소 밝힌다. 그리고 주인 아브라함이 하나님께 복을 받아 부자인 것과 아들 이삭에게 그것을 다 물려주었다고 말했다. 이것은 자신의 방문이 나홀 집안사람들에게 유익하다는 것과 이삭의 아내가 될 리브가가 공유할 복도 아울러 말한 것이다(35-36절). 37-41절은 아브라함이 종에게 맹세케 한 말을 되풀이했다(3-8절). 다만 아브라함이 이삭을 하란 땅으로 데려가지 말라는 말은 하지 않았다(6절). 이것은 나홀 집안사람들이 언짢아 할 것이므로 재치 있게 언급하지 않은 것이다. 42-48절은 아브라함의 종이 리브가를 만난 정황을 되풀이한다(12-26절). 라반과 브두엘이 아브라함의 종이 한 말을 다 듣고 이 일은 하나님이 하신 일이라고 하며 리브가를 이삭의 아내로 허락했다(50-51절).

24장 전체 이야기에서 리브가의 아버지 브두엘은 처음이자 마지막으로 등장한다. 리브가의 결혼 과정에서 아버지 브두엘의 역할이 오라버니 라반의 역할보다 더 미미하다. 결혼 선물을 받은 것이나 교섭의 대표를 언급할 때나 모두 라반이나 그의 어머니였다. 아마도 이것은 여자의 결혼 문제에 오라버니와 어머니가 결정적인 역할을 했던 고대 근동의 관습을 반영하는 것 같다(Sarna, 〈창세기 주석〉). 또한, 이어지는 야곱의 이야기에서 라반이 중심인물이란 점도 그 이유가 된다.

아브라함의 종은 자신이 맡은 임무를 성공적으로 수행하였다. 라반과 브두엘은 그 종의 임무수행을 하나님의 섭리로 받아들였다("이 일은 여호와께로 말미암았다"). 그들은 하나님이 주도적으로 인도하시는 일을 가타부타 개입할 수 없다. 그래서 리브가를 이삭의 아내로 주기로 한 것이다. 리브가의 동의는 성인이 된 오라버니의 동의와 더불어 주었다고 본다. 아브라함의 종은 그의 임무가 성공한 것을 보고 땅에 엎드려 여호와께 경배하였다. 그는 교섭의 상대방에게 예를 갖추는 것이 아니라 여호와께 예를 갖추었다. "아브라함의 종은 그들이 하는 말을 듣고서, 땅에 엎드려 주님께 경배하고"(52절). 그리고 결혼예물로 준비한 은금 패물과 의복을 꺼내어 리브가에게 주었다. 또한 값가는 선물을 리브가의 오라버니와 어머니에게도 주었다(53절). 여기서도 리브가의 아버지 브두엘은 제외되었다.

　아브라함의 종은 그를 보낸 아브라함의 명령대로 행하였다. 아브라함은 이 일에 하늘의 하나님과 땅의 하나님의 이름으로 맹세하였다(3절). 그 하나님이 씨의 약속을 이루기 위해 천사를 종보다 앞서 보내어 이삭의 아내를 택할 것을 믿었다. 또한, 아브라함의 종은 자기 뜻대로 행하지 않고 오직 보내신 주인의 뜻대로 행하였다. 그는 명령을 수행하는 과정에서 고비마다 주인의 하나님께 은혜를 구하였다. 그는 주인의 하나님 여호와께 기도하여 리브가를 만났으며(12-25절) 또한 리브가가 주인의 하나님이 택한 자임을 보고 주인에게 인자와 신실을 베푸신 하나님을 경배하고 찬양하였다. 아브라함의 종은 리브가의 집에 왔을 때도 자기를 위하지 않고 보냄 받은 임무를 먼저 완수하였다. 그는 지루하게 보이나 아브라함이 한 맹세와 그가 리브가를 만나 하나님께 기도한 내용을 그대로 진술하였다. 그의 말과 태도는 이 모든 일이 명백한 하나님의 섭리라는 인상을 주기에 충분하였다. 그 결과 라반과 브두엘이 내릴 수 있는 결론은 하나밖에 없었다. "이 일은 야훼께서 하시는 일인데 우리가 어찌 좋다 싫다 하겠습니까?"(50절, 공동번역).

　아브라함의 종은 어디에도 "자기"가 없다. 그는 기도할 때도 주인의 하나님께 기도하며, 범사에 주인의 뜻을 이루기 위해 처신한다. 마침내 그를 보낸 주인의 뜻을 이루었다. 그것은 곧 씨의 약속을 이루시는 하나님의 뜻이다. 아브라함의 종은 장차 오실 여호와의 종의 모형이다. 이사야서에는 여호와의 종을 예언한다(사 42, 50, 52-53장). "사람의 종"은 굴욕적이다. 사람의 노예는 해방되어야 마땅하다. 하지만 "여호와의 종"은 지극히 영광스럽다. 이사야 42:1-4은 여호와께서 기뻐하시는 종의 노래이다. 하나님께서 붙드시는 종은 무엇보다 하나님이 그에게 영을 주셔서 그를 통해 하나님의 뜻을 이루게 하신다. 그는 자기 소리를 내지 않는다. 그에게는 보내신 이, 하나님의 긍휼이 충만하다. 그는 연약하나 낙담하지 않으며 먼 나라에서도 그의 교훈을 간절히 기다릴 것이다.

　동시에 여호와의 종은 고난 받는 종이다. 그가 고난 받는 것은 자기의 죄나 허물이 아니라 우리의 죄와 허물로 인함이다. 그는 우리의 질고를 지고 징벌을 당하셨다. 그가 징계를 받음으로써 우리가 평화를 누리고 그가 채찍에 맞음으로 우리가 나음을 입었다. 우리는 다 양같이 길을 잃고 헤맸으나 여호와께서 우리 죄악을 그에게 담당시키셨다(사 53:4-6).

신약시대 하나님의 아들 예수 그리스도는 이사야가 예언한 여호와의 종으로 세상에 오셨다. 그는 이사야가 예언한 대로 여호와의 종으로서 임무를 다 하셨다(사 42:1-4, 마 12:18-21). 또한, 그는 친히 나무(십자가)에 달려 죽으심으로써 우리로 죄에 대하여 죽고 의에 대하여 살게 하셨다. 그리하여 양과 같이 길을 잃은 우리를 목자 되신 하나님께로 인도하셨다(사 53:6, 벧전 2:24-25). 이렇듯 여호와의 종 예수 그리스도는 "자기" 뜻이 아니라 보내신 이의 뜻을 위해 세상에 오셨다(요 6:38). 그 뜻은 아버지의 뜻이며, 아들을 보고 믿는 자마다 영원한 생명을 얻는 것이다(요 6:40). 이 생명은 지상에서 시작되는 생명이며 마지막 날에 완성되는 생명이다.

예수 그리스도의 고난과 죽음은 아버지의 뜻인 영원한 생명을 주시기 위함이디(요 17:3-4). 이 영원한 생명은 거짓이 없으신 하나님이 창세전 주시기로 한 약속이다(딛 1:2). 이제 예수 그리스도의 죽음으로 아담 안의 모든 사람이 죽었다(고후 5:14). 그가 모든 사람을 대신하여 죽으신 것은, 생명 얻은 자가 다시는 "자기"를 위해 살지 않고 죽었다가 다시 사신 주를 위하여 살도록 하기 위함이다(고후 5:15). 그러므로 옛사람이 죽고 새 생명을 얻은 자는 "자기"를 위해 살지 않고 그를 위해 죽으신 그리스도의 종으로 살아간다.

사도 바울은 감옥에서도 구원의 감격과 부요함을 노래하였다(엡 1:3-14). 그런데 그는 자기를 소개할 때는 "그리스도의 종"으로 칭한다(롬 1:1, 고전 1:1, 갈 1:1, 엡 1:1). 물론 그에게 "종"은 굴욕적 표현이 아니라 영광스러운 표현이다. 오직 그를 보내신 이, 예수 그리스도로 행하는 다짐과 자부심이 가득 찬 표현이다. 예수 그리스도의 종 바울은 "자기"가 없이 오직 보내신 이를 위해 충성하였다. 곧 그를 보내신 예수 그리스도가 하신 일을 그대로 수행하였다. 그 일은 하나님의 뜻이며, 창세전 약속된 영원한 생명이다. "그리스도 예수 안에 있는 생명의 약속을 전하라는 하나님의 뜻에 따라 예수 그리스도의 사도가 된 나 바울은"(딤후 1:1) 여기서 바울의 사명은 그리스도의 사명과 일치한다. 곧 창세 전 약속된 생명을 주기 위한 사명이다. 주인의 뜻대로 행하는 종은 주인이 책임진다. 바울은 그것을 확신하며 선한 싸움을 다 싸우고 달려갈 길을 다 갔다.

그를 종으로 부르신 주께서 그에게 의의 면류관을 예비하셨다(딤후 4:7-8).

어느 시대나 그리스도의 종은 누구나 동일한 사명을 수행한다. 그것은 복음을 전하여 창세전 약속된 생명을 얻게 하는 일이다. 주인의 뜻대로 하는 종, 하늘과 땅의 권세를 가진 주께서 세상 끝날까지 그와 함께하신다. 그는 생의 마지막에 바울처럼 고백한다. "나는 선한 싸움을 싸웠고, 내가 달려가야 할 길도 끝냈으며, 믿음도 지켰습니다. 이제 내게는 영광의 면류관을 받는 일만 남았습니다"(딤후 4:7-8, 쉬운성경).

묵상

전 강남대학교 전철민 교수님은 복음 안에서 만난 스승이다. 교수님은 내 책 〈복음과 생명〉의 추천서도 써주었다. 그는 50대가 넘어 영국의 버밍햄 대학에서 유학하였다. 삼위일체에 대한 논문을 썼는데, 특히 삼위 하나님의 자기 부인에 대해 깊이 통찰하였다. 어제 있었던 성경공부 시간에도 같은 맥락에서 말씀을 나누었다. 어떻게 하나님이 자기 아들을 십자가에 내어주기까지 하셨는가? 그것은 삼위 하나님에게는 "자기"가 없기 때문이라고 하였다. 삼위 하나님의 자기 부인은 "자기주의"를 숭배하는 현대인의 신성에 어긋난다. 귀갓길 지하철역까지 교수님과 동행하였다. 그 길에서 그는 "하나님이 질투하신다"라는 말씀을 곰곰이 묵상했다고 한다.

어떻게 사람이나 할 수 있는 "질투"를 하나님이 하신다는 말인가! 그러다가 깨달음이 왔다고 한다. 아, 하나님은 "자기"를 위해 질투하시는 것이 아니라, "우리"를 위해 질투하시는구나! 이야기를 나누는 중에 나 역시 깨달음이 왔다. 사람의 질투는 "자기"를 위해서 한다. 사람이 성내고 분내는 것도 결국 "자기"를 위해서 그렇다. 지긋지긋하고 집요한 "자기를 높이는 마음", 자존심으로 인해 시기하고 격동하고 분노하는 마음이다. 종은 자기를 위해 살지 않는다. 오직 주인을 위해 산다. "종" 자체는 굴욕적인 말이다. 그러나 새삼 깨닫는 것은, 주님의 종은 영광스럽다는 사실이다. 주님이 기뻐하시는 종이기 때문이다. 주님이 기뻐하시는 종은 주님이 하라는 일만 한다. 그것이 주님이 하신 일이며, 죽으심으로써 생명을 주신 일이다.

　목사가 되고 난 후에야 깨달은 종의 사명, 기회를 다하여 충성하길 사모한다. 하지만 인간은 "자기"를 의식할 때마다 내면에 불협화음이 생긴다. 주님이 하실 일을 가로채려 한다. 다음 주간 열리는 캠프도 그러하다. 사람을 보내는 일, 말씀을 전하고 깨닫는 일, 필요한 재정 등 주인이 하시는 일을 내가 붙들려고 하니 환난과 곤고가 가득하다. 그래서 오늘도 복음을 듣는다. 자기로 살고자 하는 나를 십자가에 못 박는다. 내 안에서 살고 행하시는 이는 오직 그리스도이다. 사나 죽으나 주의 것, 내 몸에서 그리스도가 존귀하게 드러나기를 간구한다.

48

24:54-67

54 이에 그들 곧 종과 동행자들이 먹고 마시고 유숙하고 아침에 일어나서 그가 이르되 나를 보내어 내 주인에게로 돌아가게 하소서
55 리브가의 오라버니와 그의 어머니가 이르되 이 아이로 하여금 며칠 또는 열흘을 우리와 함께 머물게 하라 그 후에 그가 갈 것이니라
56 그 사람이 그들에게 이르되 나를 만류하지 마소서 여호와께서 내게 형통한 길을 주셨으니 나를 보내어 내 주인에게로 돌아가게 하소서
57 그들이 이르되 우리가 소녀를 불러 그에게 물으리라 하고
58 리브가를 불러 그에게 이르되 네가 이 사람과 함께 가려느냐 그가 대답하되 가겠나이다
59 그들이 그 누이 리브가와 그의 유모와 아브라함의 종과 그 동행자들을 보내며
60 리브가에게 축복하여 이르되 우리 누이여 너는 천만인의 어머니가 될지어다 네 씨로 그 원수의 성 문을 얻게 할지어다
61 리브가가 일어나 여자 종들과 함께 낙타를 타고 그 사람을 따라가니 그 종이 리브가를 데리고 가니라
62 그 때에 이삭이 브엘라해로이에서 왔으니 그가 네게브 지역에 거주하였음이라
63 이삭이 저물 때에 들에 나가 묵상하다가 눈을 들어 보매 낙타들이 오는지라
64 리브가가 눈을 들어 이삭을 바라보고 낙타에서 내려
65 종에게 말하되 들에서 배회하다가 우리에게로 마주 오는 자가 누구냐 종이 이르되 이는 내 주인이니이다 리브가가 너울을 가지고 자기의 얼굴을 가리더라
66 종이 그 행한 일을 다 이삭에게 아뢰매
67 이삭이 리브가를 인도하여 그의 어머니 사라의 장막으로 들이고 그를 맞이하여 아내로 삼고 사랑하였으니 이삭이 그의 어머니를 장례한 후에 위로를 얻었더라

48

언약 결혼의 완성, 정결한 신부로 한 남편 그리스도에게!

⦁ 주해

아브라함의 종은 주인의 뜻대로 임무를 완수하였다. 그는 아브라함의 형제 나홀의 집 안에서 나홀의 손녀 리브가를 이삭의 정혼자로 허락받았다. 나홀의 집안에서 결혼의 주도권을 가진 사람은 나홀의 손자 라반과 라반의 어머니이다. 이제 아브라함의 종은 리브가를 데리고 주인이 있는 곳으로 떠나야 했다. 54-61절은 아브라함의 종과 동행자들이 리브가와 그의 여종을 데리고 떠나는 장면이다.

아브라함의 종은 이튿날 아침 일찍 리브가를 데리고 떠나기를 청하였다(54절). 그러나 라반과 그의 어머니는 그를 만류하며 열흘 정도 더 머물도록 요청하였다(55절). 이것은 아브라함의 종에게 베푼 친절한 배려였다. 그는 석 달 가까이 걸려 나홀의 집에 도착하였다. 그런데 이튿날 즉시 떠나는 것은 무리였다. 또, 리브가가 즉시 떠나는 것도 그의 가족에게는 몹시 서운한 일이었다. 하지만 아브라함의 종은 이들의 청을 단호히 거절하고 즉시 떠나겠다고 말했다(56절). 여기서도 종은 결코 "자기"를 위하지 않았다. 열흘 정도 쉬어간다고 해서 주인이 노할 일도 아니다. 그러나 종에게는 자기가 쉬는 것보다 임무를 완수하는 것이 우선이었다. 무엇보다 종은 하나님이 그의 여행을 형통하게 하셨기 때문에 여행을 지체한다는 것을 받아들일 수 없었다.

이 같은 종의 결정을 두고 종교개혁자 루터는 영적 의미를 부여하였다. 곧 우리는 성령이 감동하실 때 지체 없이 행동해야 한다는 것이다. "이로써 하나님의 사업은 결코 지체하거나 소홀히 해서는 안 되고 시작된 사업을 저해할 수 있는 모든 것을 제거해야 한다는 교훈을 우리는 받게 된다. 성령이 그를 부르시는 시간이나 순간에 떠나지 않는 자는 결코 그를 붙들지 못할 것이다. 왜냐하면, 그가 일단 떠나면 그는 다시 돌아오지 않기 때문이다"(Luther, 〈W.A.XLIII〉, 348-349, 폰 라드, 〈창세기 주석〉에서 재인용).

라반과 그의 어머니는 더 이상 종을 만류하지 못하고 리브가에게 떠날 의사를 물었다. 리브가는 지체 없이 가겠다고 대답했다(58절). 그러자 식구들은 리브가를 축복하며 그녀를 떠나보냈다. 리브가에 대한 축복 기원은 결혼을 앞둔 자에 대한 고대 근동의 풍습이다(룻 4:11 참고). 축복의 내용은 하나님의 계획이나 약속과 무관한 세속적 내용이다. "우리의 누이야, 너는 천만인의 어머니가 되어라. 너의 씨가 원수의 성을 차지할 것이다"(60절). 아브라함의 종과 동행자들, 그리고 리브가와 그녀의 여종들이 하란의 집을 떠나 헤브론으로 향하였다(61절). 거리는 대략 800km이고, 석 달 정도 걸린다.

62-67절은 이삭과 리브가의 만남과 결혼을 기술한다. 그때 이삭은 이미 브엘라해로이에서 떠나서 남쪽 네겝 지역에 가서 살고 있었다(62절). 브엘라해로이는 "나를 살피시는 살아계신 이의 우물"이란 뜻이며, 아브라함의 집안에서 쫓겨난 하갈이 명명한 곳이다(16:13-14). 이곳은 가데스와 베렛 사이에 있다. 아브라함은 헤브론에서 살았고 이삭은 아버지를 떠나 네게브에 살고 있었다. 그리고 브엘라해로이에서 리브가와 첫 대면을 하였다. 25장에서 이삭은 아버지 아브라함이 죽은 후 브엘라헤로이에 거주하였다(25:11). 그렇다면 이삭이 리브가를 맞이한 시기는 아브라함의 사후로 추정한다. 주목할 것은 아브라함의 종이 주인 아브라함에게 되돌아온 것이 아니라 이삭에게 돌아왔다는 점이다. 종의 주인은 아브라함이 아니라 이삭이다(65절). 또한, 종은 아브라함에게 명령을 받았으나 아브라함이 아닌 이삭에게 모든 일을 보고한다(66절). 그리고 종이 나홀의 집에서 한 말도 주목을 끈다. 아브라함이 아들 이삭에게 모든 소유를 넘겨주었다고 말한다(36절). 이 같은 정황을 볼 때 24장은 아브라함의 사후를 기

점으로 기술하였다. 이어지는 25장, 아브라함의 죽음에 대한 보도는 그의 마지막 일생을 정리하는 의미가 있다.

하지만 창세기의 연대기적 기록을 문자적으로 읽으면 이삭은 아브라함의 생전에 결혼하였다. 이삭이 리브가와 결혼할 때(25:20) 40살이었다면 아브라함의 나이는 140세였다(아브라함은 100세에 이삭을 낳음). 그리고 아브라함은 175세에 죽었다(25:7). 따라서 이런 문제는 창세기의 연대를 어떻게 이해하느냐에 달려 있다. 정확한 시간 범위로 이해해야 하는가? 상징적인 기능을 보유하고 있는가? 잠정적으로는 종이 자신의 임무를 따라 떠나 있는 동안 아브라함이 죽었다고 가정할 수 있다(고든 웬함, 〈창세기 주석〉).

어느 날 저녁, 이삭이 산책을 하려고 들로 나갔다. 그가 고개를 들고 보니 낙타 한 떼의 행렬이 오고 있었다(63절). 본 절에 기록된 "묵상하다"의 히브리어 "수이흐"는 이곳에 한 번 나오며, 그 의미는 불확실하다. 보통 "산책하다"(새번역) 또는 "바람 쐬다"(공동번역)로 번역한다. 리브가는 고개를 들어 이삭을 보고 낙타에서 내려 아브라함의 종에게 물었다. "저 들판에서 우리를 맞으러 오는 저 남자가 누굽니까?"(65절). 이에 종은 "나의 주인입니다"라고 대답하였다. 종이 이삭을 주인으로 부른 것은 그가 집으로 돌아오는 중에 아브라함이 죽었다는 것을 함축한 것으로 보인다(고든 웬함). 그러자 리브가는 너울을 꺼내서 얼굴을 가렸다. 그녀가 너울로 얼굴을 가린 것은 아직 결혼하지 않았다는 표지이다(38:14, 19). 또한, 종은 아브라함이 아닌 이삭에게 그가 행한 모든 일을 보고한다(66절). 이것 역시 아브라함이 죽었음을 확증해주는 것으로 보인다(고든 웬함).

이삭은 리브가를 어머니 사라의 장막으로 데리고 들어가서 그녀를 아내로 맞아들였다. 그녀가 사라의 장막에 들어간 것은 사라의 자리를 이어받았다는 의미이다. 리브가는 이삭의 아내가 되었고 이삭은 그를 사랑하였다. 이삭은 어머니를 여의고 나서 위로를 받았다(67절). 이삭과 리브가는 남녀가 사랑해서 결혼하는 세속적 결혼과 다른 모습을 보여준다. 이삭은 리브가와 "결혼한 후" 그녀를 사랑하였다. 이삭과 리브가의 결혼은 세속적 결혼의 의미를 넘어선다. 이들의 결혼은 하나님이 아브라함에게 약속하신 씨를 잇는 언약 결혼이다. 언약 결혼은 결혼 당사자인 이삭이나 리브가가 아닌 하나님 자신이 주도권을 행사하신다. 하나님의 통치 아래에서 결혼 당사자는 수동적으로 주어진 상황을 받아들인다.

첫 사람 아담의 결혼은 하나님의 통치로 이루어진 언약 결혼이다. 하나님이 아담을 깊이 잠들게 하시고, 그 갈빗대로 여자를 만드시고 그를 아담에게로 이끌어오셨다(창 2:22). 아담은 하나님이 데려오신 여자를 보고 사랑의 찬사를 한다(2:23). 하나님의 통치 아래에서 이루어진 첫 번째 언약 결혼이다. 아담과 하와의 언약 결혼은 창조 언약에 근거하며 창조 언약으로 유지된다. 이들은 오직 말씀에 순종하여 하나님 안에 거해야 했다. 이들의 실존은 비참하게 벌거벗었다는 것이지만 결코 부끄러워하지 않았다(창 2:25). 하지만 죄가 들어온 후 언약 결혼은 깨어졌다. 아담은 하와에게 죄를 전가하고 하와는 남편을 사모하나 그의 다스림을 받는 고통을 당해야 했다. 한편 아담으로 말미암아 죄가 세상에 들어온 이후, 사람들은 스스로 주도권을 행사하며 결혼하였다. 노아 시대 죄악이 가득할 때 사람들은 "자기들이 좋아하는" 모든 여자를 아내로 삼았다(창 6:2). 그리고 그들 사이에서 네피림(영웅)이 태어났다. 그들은 홍수심판으로 모두 멸망하였다.

평신도 신학으로 유명한 풀러신학교의 "폴 스티븐슨" 교수는 예수께서 이혼을 금지하면서 인용하신 아담과 하와의 결혼(2:24)은 "언약 결혼"이었음을 강조하였다. "하나님이 짝지어 주신 것"은 하나님이 주도하신 언약 결혼이다(마 19:6). 이 결혼은 사람이 나누지 못한다. 그러나 사람이 자기들 보기에 좋은 대로 하는 언약 밖의 결혼은 불안하고 위태롭다. 그것은 인간의 연약함과 죄성으로 인해 언제든지 깨어질 수 있다. 이삭과 리브가의 언약 결혼은 구속사적으로 하나님과 이스라엘의 언약 관계를 표상한다. 하나님이 이스라엘과 언약을 맺으신 것은, 하나님이 남편이고 이스라엘이 아내가 되는 언약 결혼으로 비유된다(렘 31:32, 호세아서). "이 언약은 내가 그들의 조상들의 손을 잡고 애굽 땅에서 인도하여 내던 날에 맺은 것과 같지 아니할 것은 내가 그들의 남편이 되었어도 그들이 내 언약을 깨뜨렸음이라 여호와의 말씀이니라"(렘 31:32).

그러나 하나님과 이스라엘의 언약 관계도 깨어졌다. 그런데도 하나님은 언약에 신실하시다. 하나님은 이스라엘에 새 언약을 약속하시고 새 언약의 성취자로 다윗의 가지에서 날 메시아(그리스도)를 약속하셨다(렘 33:14-15). 그 메시아는 바로 하나님의 아들 예수 그리스도이다. 그가 십자가에 죽으심으로써 새 언약이 성취되었다(눅 22:20). 이제 예수 그리스도를 믿는 자는 죄 사함을 받고 영원한 생명을 얻는다. 영생 얻은 자는 영생의 본체이신 예수 그리스도와 연합한다. 이것은 언약 결혼으로 비유된다. 세례자 요한은 그리스도를 신랑으로(요 3:29), 사도 바울은 그리스도를 정결한 신부의 한 남편으로 예시하였다(고후 11:2).

그러므로 구약시대 언약 결혼은 궁극적으로 복음을 통해 그리스도와 연합하는 새 생명의 역사로 완성된다. 우리가 생명 얻은 것은 전적으로 하나님의 주도로 이루어진다. 바람이 임의로 불어 어디서 와서 어디로 가는지 알지 못한다. 성령으로 난 자, 생명을 얻은 자도 그러하다(요 3:8). 우리는 전적인 하나님의 주도적 은혜로 복음을 듣고 생명을 얻는다. 이제 생명 얻은 그리스도인은 정결한 처녀로 한 남편 그리스도에게 시집간 자이다. 그는 한 남편 그리스도를 향하는 진실함과 깨끗함에서 떠나지 않는다. 비록 미혹하는 자가 있지만 말이다(고후 11:3). 이를 위해 날마다 한 남편 그리스도와 만나는 생명의 교제를 최우선으로 한다.

그리스도인의 부부관계는 그리스도와 교회의 관계를 표상한다(엡 5:22-33). 언약 결혼은 전 과정이 하나님이 주도하시듯, 그리스도와 교회 또는 그리스도와 성도의 관계는 철저히 성령 안에서 하나님이 통치하신다. 이를 위해 모든 육적인 소욕을 십자가에 못 박는다. 이 관계는 오직 성령의 인도함으로 유지되며 온전케 된다. 물론 성도의 연약함과 현존하는 죄의 세력으로 성도와 그리스도와의 언약 결혼은 위기를 당한다. 시험을 당하기도 한다. 하지만 신랑 되신 그리스도의 신실함으로 언약 결혼은 최후까지 지속된다. 종말의 그날 우리는 어린 양의 혼인 잔치에서 마침내 그의 완전한 신부가 된다. 그날에 우리는 깨끗한 세마포 옷을 입은 그의 아내가 된다. 세마포는 옳은 행실이다!

"할렐루야 주 우리 하나님 곧 전능하신 이가 통치하시도다 우리가 즐거워하고 크게 기뻐하며 그에게 영광을 돌리세 어린 양의 혼인 기약이 이르렀고 그의 아내가 자신을 준비하였으므로 그에게 빛나고 깨끗한 세마포 옷을 입도록 허락하셨으니 이 세마포 옷은 성도들의 옳은 행실이로다"(계 19:6-9).

: **묵상**

아브라함의 종은 지체 없이 나홀의 집안을 떠난다. 그는 석 달을 걸려 왔고, 다시 석 달을 걸려서 되돌아가야 한다. 그런데도 하나님이 여행을 형통하게 하실 것을 알고 즉시 출발한다. 루터의 통찰대로 우리는 무엇이나 성령께서 감동 주실 때 지체 없이 순종해야 한다. 더디면 성령의 감동도 떠난다. 내게도 이런 경험이 참으로 많다. 주님이 기뻐하시는 일, 깨어 있어 즉시 순종하지 않으면 육적 소욕이 그 자리를 채운다. 지난주 목요일 농장에서 돌아온 이후 계속 일이 있었다. 추석 연휴 가족과 친척을 만나고, 이후 심방을 하고 모임을 가는 등 하루도 온전히 쉬지 못하였다. 어제야 비로소 쉼을 가졌다. 몸을 쉬니 정신도 개운해졌다. 성령의 감동이 있어 지체 없이 도서관으로 달려왔다. 말씀을 묵상하는 중 은혜를 베풀어 주신다.

나는 한동안 가정을 회복하는 기관 사역을 하였다. 위태롭고 깨어진 가정을 생명 얻게 하는 언약 결혼이 아니라 세속적 방식으로 회복시키려고 하였다. 단란하고 행복한 가정을 만드는 것이 목적이었다. 그런데 옛 생명의 본질을 바꾸지 않고 무슨 수로 가정이 회복된다는 말인가? 잠시 잠깐의 미봉책이었고 마취제였다. 한동안 사람들을 속일 수 있으나 영원히 속일 수 없다. 지금 그 기관은 폐쇄되었다. 나의 관점은 철저히 우물 안 개구리였다. 우물 밖으로 나와 보니 다양한 가족구조가 있었다. 인간의 연약함과 죄의 세력으로 인해 신실한 자의 가정이라도 깨어진 경우도 있었다. 사람이 주도한 언약 밖의 가정은 참으로 위태롭고 불안하다. 그러니 누가 누구를 정죄하겠는가! 하지만 하나님이 주도하시는 언약 결혼은 완전하다. 하나님은 추하고 더러운 인간을 정결한 처녀로 만드셔서 한 남편 그리스도의 신부로 만드신다. 생명을 얻고 생명으로 교제하여 한 남편 그리스도를 향한 거룩함과 깨끗함을 유지하게 하신다.

그런데도 나는 연약하고 불안하다. 하나님이 붙들지 아니하시면 언제든지 양 같이 내 길을 간다. 태양이 두 개일 수 없다. 내 안에 용솟음치는 "자기"를 죽여야 내 안에 그리스도께서 사신다. 매일 실제적으로 경험하는 진리이다. 데카르트는 "코키토"를 말하였다. "코기토"는 인간이란 생각대로 존재한다는 주체 철학의 원조이다. 하지만 프로이트는 인간이 생각대로 존재하는 것이 아니라, 생각 너머 무의식으로 존재한다고 하였다. 생각대로 존재하고 생각대로 행동할 수 없다는 것이다. 옳은 통찰이다. 요즘 절실히 깨닫는 것은 "의식하는 자기"뿐 아니라 "의식하지 못하는 자기"도 십자가에 못 박아야 한다는 사실이다. 둘러말하지 않고 핑계대지 않고! 내면세계가 드러날 때마다 부인하지 않고 용납하며 십자가에 못 박는다. 그래야 내 안에서 그리스도가 사신다.

49

25:1-18

1 아브라함이 후처를 맞이하였으니 그의 이름은 그두라라
2 그가 시므란과 욕산과 므단과 미디안과 이스박과 수아를 낳고
3 욕산은 스바와 드단을 낳았으며 드단의 자손은 앗수르 족속과 르두시 족속과 르움미 족속이며
4 미디안의 아들은 에바와 에벨과 하녹과 아비다와 엘다아이니 다 그두라의 자손이었더라
5 아브라함이 이삭에게 자기의 모든 소유를 주었고
6 자기 서자들에게도 재산을 주어 자기 생전에 그들로 하여금 자기 아들 이삭을 떠나 동방 곧 동쪽 땅으로 가게 하였더라
7 아브라함의 향년이 백칠십오 세라
8 그의 나이가 높고 늙어서 기운이 다하여 죽어 자기 열조에게로 돌아가매
9 그의 아들들인 이삭과 이스마엘이 그를 마므레 앞 헷 족속 소할의 아들 에브론의 밭에 있는 막벨라 굴에 장사하였으니
10 이것은 아브라함이 헷 족속에게서 산 밭이라 아브라함과 그의 아내 사라가 거기 장사되니라
11 아브라함이 죽은 후에 하나님이 그의 아들 이삭에게 복을 주셨고 이삭은 브엘라해로이 근처에 거주하였더라
12 사라의 여종 애굽인 하갈이 아브라함에게 낳은 아들 이스마엘의 족보는 이러하고
13 이스마엘의 아들들의 이름은 그 이름과 그 세대대로 이와 같으니라 이스마엘의 장자는 느바욧이요 그 다음은 게달과 앗브엘과 밉삼과
14 미스마와 두마와 맛사와
15 하닷과 데마와 여둘과 나비스와 게드마니
16 이들은 이스마엘의 아들들이요 그 촌과 부락대로 된 이름이며 그 족속대로는 열두 지도자들이었더라
17 이스마엘은 향년이 백삼십칠 세에 기운이 다하여 죽어 자기 백성에게로 돌아갔고
18 그 자손들은 하윌라에서부터 앗수르로 통하는 애굽 앞 술까지 이르러 그 모든 형제의 맞은편에 거주하였더라

49

열국의 아버지 아브라함, 이제는 열국이 그리스도를 통해 영생의 복을 받다!

:주해

하나님이 아브라함과 맺은 언약은 대대로 이어진다. 하나님이 아브라함에게 하신 약속은 이삭에게 계승된다. 시편 기자는 하나님이 아브라함에게 하신 땅의 약속을 이삭과 야곱의 시대를 넘어 영원한 언약으로 부른다(시 105:9-10).

창세기 25장에서 아브라함의 생애가 종결되고 이삭의 생애가 시작된다. 1-6절은 아브라함의 후처 그두라에게서 낳은 여섯 아들을 소개한다. 7-11절은 아브라함의 죽음을 기술한다. 12-34절은 이스마엘의 후손 열두 지도자(12-18절)와 이삭의 두 아들 에서와 야곱에 관해 기술한다(19-34절). 아브라함과 그의 후처 그두라에 대한 이야기는 이제까지 진행된 이야기의 맥락과 쉽게 결부되지 않는다. 확실히 이 결혼은 사라와의 결혼 이후에 있었던 것으로 생각된다. 그렇다면 사라가 죽은 이후에 아브라함이 그두라를 후처로 맞이하였는가? 그렇게 되면 이야기의 맥락과 맞지 않는다. 아브라함은 이삭을 낳기 전, 곧 40년 전 이미 출산이 불가능하다고 생각하였다(17:17, 18장). 그런데 그보다 훨씬 후대에 그두라를 통해 자식을 여섯 명이나 두었다는 것은 난센스이다.

창세기를 단순히 연대기적 순서로 읽으면 이런 문제를 해결할 수 없다. 성경은 여러 가지 전승을 저자의 의도에 따라 반영한 것이라는 사실이 중요하다. 고대인들은 전승을 편집하는 데 있어서 일관성 있는 전기를 서술하는 것보다, 가능한 한 현존하는 전승들을 완전히 수록할 필요를 느꼈다고 본다. 저자의 일차적 관심은 아브라함의 전기적 생애에 있지 않고 연대기적 불균형을 감수하고라도 완벽히 아브라함의 전승을 수집하고 유기적으로 배열하는 데 있었다. 따라서 25장의 내용은 연대기적 진술이 아니라, 부록의 성격을 띠고 있다.

아브라함이 그두라에게서 난 자손의 계보는 역사적 상황을 직접 반영하기보다 고대의 개별적인 종족명들을 반영하고 있다. 아브라함이 그두라를 통해 낳은 자식들은 시므란, 욕산, 므단, 미디안, 이스박, 수아 등 여섯 명이다. 여섯 아들 중 욕산과 미디안의 아들들이 세부적으로 언급된다. 욕산은 스바와 드단을 낳았고, 드단의 자손들은 앗수르 족속과 루움미 족속이다. 미디안의 자손은 에바와 에벨과 하녹과 아비다와 엘다아다. 이들 중 이스라엘과 밀접한 관계가 있는 나라는 미디안이다(출 2:16, 3:1, 18:1, 삿 6-8장). 스바와 드단은 다른 계보의 민족 목록에도 언급되었다(10:7). 스바인들은 홍해 바다 연안에서 상업에 종사하던 아랍 민족이었다. 그들의 부유한 낙타 떼는 널리 알려져 있었다(왕상 10:1, 렘 6:20, 겔 27:20). 드단의 자손인 앗수르 족속은 B.C. 8세기 전성기를 이룬 강대국 앗수르가 아니라 이스마엘 사람들의 이웃에 거주하던 아랍 족속이다(25:18).

물론 그두라의 자손을 통해 번성케 된 종족들은 약속의 자손과 구별된 방계 자손이다. 그러나 이스라엘의 역사관은 선조들의 역사가 약속의 자손에만 한정된 것이 아니라, 세속 역사에도 기원이 되고 있다고 본다. 이로써 아브라함은 이스라엘만의 조상이 아니라 "열국의 아버지"가 된다. 아브람을 아브라함으로 개명하신 하나님의 뜻이 성취되는 것이다. "이제 후로는 네 이름을 아브람이라 하지 아니하고 아브라함이라 하리니 이는 내가 너를 여러 민족의 아버지가 되게 함이니라"(17:5). 아브라함은 자기의 모든 소유를 이삭에게 주었다. "아브라함은 자기 재산을 모두 이삭에게 물려주고"(5절). 또한, 서자들에게도 자기의 재산을 주었다. 서자들은 이스마엘을 포함하여 모두 일곱 명이다. 아브라함은 이들이 이삭을 떠나 동방에서 거주하게 하였다. 아브라함은 이삭에게 그가 가진 "모든 것"을 물려주었다. 24:36에서 아브라함의 종은 이 일이 이미 이루어졌음을 말한다. 한편 아브라함이 서자들에게 준 것은 "모든 것"(소유)이 아니라, 단순한 선물이었다. 서자들이 받은 재산(개역개정)의 히브리어 "맛타나"는 "선물"(gift)이란 의미이다.

7절, 아브라함이 누린 햇수는 모두 175년이다. 그는 자기가 받은 수명을 다 살고 늙은 나이에 기운이 다하여서 숨을 거두었다. 그는 세상을 떠나 조상들이 간 길로 갔다(8절). 이삭과 이스마엘은 아버지 아브라함을 에브론의 밭에 있는 막벨라 굴에 장사하였다. 이곳은 아브라함이 헷 족속에게서 산 밭이다. 아브라함과 사라가 거기 장사 되었고, 후에 이삭과 리브가, 야곱과 레아가 거기에 장사 되었다(49:30-31, 50:12-13). 아브라함이 죽은 후 하나님이 그의 아들 이삭에게 복을 주셨다. 이삭이 받은 복은 현세적인 복이며(26:12), 열두 지파가 그의 아들 야곱에게서 나오는 자손의 복이다(25:19-35:29).

12-18절, 이스마엘의 족보를 기술한다. 아브라함이 사라의 여종 하갈에게 낳은 이스마엘의 족보는 이러하다(12절). 그들은 장자 "느바욧"을 비롯하여 "게달과 앗브엘과 밉삼과 미스마와 두마와 맛사와 하닷과 데마와 여둘과 나비스와 게드마"이다(13-15절). 이들은 열두 부족 동맹체를 이루었다. 하나님의 구원사는 아브라함에 이어 이삭을 통해 전개된다. 하갈에게서 난 이스마엘의 후손은 구원사에서 제외되었다. 하지만 아브라함은 이스마엘에 관하여 그가 열두 방백을 이룰 것이라는 약속을 받았다(17:20). 또한, 그가 하갈과 이스마엘을 추방할 때도 이스마엘로 한 민족을 이룰 것이라는 약속을 받았다(21:13). 하갈 역시 아브라함의 집에서 추방당할 때 하나님이 이스마엘의 자손을 통해 큰 민족을 이룰 것이라는 약속을 받았다(21:18). 이스마엘의 족보는 언약 밖의 자손임에도 하나님의 약속이 성취되었음을 보여준다. 하나님께서 언약 밖의 자손에게도 약속을 성취하셨다면, 하물며 말씀으로 약속하신 언약 백성에게는 어떠하겠는가? 하나님은 이후 전개될 이삭과 그의 자손들에 대한 약속을 반드시 지키실 것이다.

하나님은 아브라함에게 모든 민족이 그를 통해 복을 받는다고 약속하셨다(창 12:3). 이 복은 자손의 약속과 땅의 약속으로 구체화되었다. 자손의 약속은 아브라함의 씨를 통해 전승되며 곧 이삭과 야곱에게 전승된다. 약속의 자손은 마침내 하나님의 아들 그리스도에게서 성취된다. 땅의 약속은 가나안 땅을 소유로 얻는 것이나 궁극적으로 그리스도를 통해 들어가는 하나님 나라를 표상한다. 아브라함을 통해 복을 받는 대상은 "모든 족속"이다. 이 점에서 아브라함은 "열국의 아버지"로 불린다.

성경은 하나님의 사람에 의해 성령의 감동으로 기록되었다(벧후 1:21). 그 성경은 동일한 성령의 조명으로 해석된다. 이는 슐라이어마허가 창시한 현대 해석학의 근간이다. 또한, 성경은 성경 시대와 성경을 기록한 시대, 그리고 해석자의 시대 사이에 역사적 거리가 실재한다. 그리고 성경은 해석의 사건을 통해 해석자에게 진리가 된다. 이 점에서 성경 해석자의 역사적 상황은 해석의 열쇠가 된다. 한스 게오르그 가다머는 이러한 해석을 가리켜 전통과 해석자의 만남이라고 말하였다. 가다머에 따르면 성경해석은 언어분석, 역사분석의 과정을 지나 궁극적으로 해석자에게 진리의 사건이 됨으로써 해석자에게 새로운 존재 이해를 가져온다. 그렇지 않은 성경해석은 살아있는 진리가 될 수 없으며 문자주의에 갇힐 수 있다. 이 같은 성경해석은 성경에서 말하는 "회개"와 밀접한 관계가 있다. "회개"의 라틴어 "파이니텐티아"는 "신의 은총을 얻기 위해 행하는 죄의 고백"이다(배철현, 〈인간의 위대한 질문〉). 그러나 그리스어 "회개"(메타노니아)는 죄의 고백과 전혀 다른 의미가 있다. 메타노니아는 "자신의 삶에 대한 깊은 성찰을 통해 자신의 생각과 말과 행동을 바꾸다"라는 뜻이다. 이는 단순히 말의 고백을 넘어 자신의 삶에 대한 정교하고도 자비로운 묵상을 전제로 한다. 그 묵상을 통해 자신의 타성적인 세계를 떠나 새로운 자기이해, 새로운 단계로 진입한다. 이와 같이 회개의 본래 의미는 가다머가 말한 해석의 사건을 통해 진리를 경험하고 새로운 자기이해에 도달하는 것과 맥을 같이 한다.

아브라함은 열국의 아버지로 불리었다. 구속사와 세속사가 그로부터 기원한다. 구속사는 이삭을 통한 구원의 역사이며, 세속사는 이스마엘과 그두라에게서 난 여섯 아들을 통한 역사이다. 따라서 아브라함은 열국의 아버지로서 구속사와 세속사의 기원이다. 구속사와 세속사가 통합되는 시점은 "모든 민족"이 아브라함을 통해 복을 받는 때이다. 그때는 하나님의 때(카이로스)이고, 선지자들의 예언대로 하나님의 아들이 오시는 때이다. 때가 차매 여자의 후손에서 하나님의 아들이 나셨다(갈 4:4-6). 그는 아브라함에게 약속된 모든 민족에게 주는 복을 성취하셨다. 곧 예수 그리스도를 믿는 자는 하나님의 아들이 되어 아브라함과 함께 복을 받는다(갈 3:8-9).

신약시대에 들어오면서 열국이 예수 그리스도를 통해 하나님의 아들이 되는 복을 받는다. 이것은 창세전 약속된 영생의 복이다. 성경해석에서 성경의 내용(텍스트)은 해석자로서 영생 얻은 자의 관점에서 해석된다. 성경은 해석을 통해 존재 사건이 되며 새로운 자기 이해로 이끈다. 이제 영생을 얻은 자는 특정한 대상이 아닌 열방의 구원을 생의 목적으로 삼는다. 그는 "자기"로 살지 않으며 죽었다가 다시 사신 "주"로 말미암아 산다. 주로 말미암아 사는 것은, 모든 사람으로 하여금 주를 보게 하는 삶이다. 모든 사람과 더불어 거룩함과 화평함을 따르게 하는 삶이다(히 12:14).

:묵상

아브라함은 믿는 자의 조상일 뿐 아니라, 열국의 조상이다. 오늘 말씀을 통해 교리적으로 알아온 아브라함을 새롭게 이해한다. 구속사와 세속사가 모두 아브라함에게서 기원한다. 왜냐하면 하나님은 "모든 민족"이 그를 통해 복을 받을 것이라고 약속하셨기 때문이다. 이 복은 창세전 약속된 영생의 복이다. 나는 영적으로 아브라함의 자손을 자처하였다. 영적 이스라엘이라고 자부하였다. 하지만 정작 내가 받은 복에 대해서는 무지하였다. 아브라함이 받은 세속의 복은 영적인 복의 모형이다. 그런데 나는 성경을 문자적으로 받아들여 아브라함이 받은 세속의 복만 생각하였다. 목사를 자임하고 설교하고 성경을 가르쳤으나 해석학의 1도 알지 못한 우매한 자였다. 생명의 관점이 부재하니 그저 마음에서 나오는 대로 해석하고 마음에 끌리는 대로 설교하였다. 내게도 말씀이 존재 사건이 되지 않았는데, 어떻게 내가 전한 말씀으로 신자들이 변하겠는가!

하나님의 공의로우신 심판이 임하였다. 무덤에 누운 자에게 생명의 말씀이 계시되었다. 성경이 영으로 계시되니 진리의 사건이 되었다. 나에 대한 이해는 죽기에만 합당한 죄인이었다. 그래서 죽음을 구했다. 다시 담을 수 없는 엎질러진 물이었다. 그러나 하나님께서는 죽은 자를 살리는 방책을 이미 준비하셨다. 심판의 무덤에서 그리스도의 무덤에 연합하여 새 생명이 실제가 되었다. 육적인 귀로 듣던 영원한 생명을 영의 귀로 듣고 보고 주목하여 만진 바 되었다. 매일의 말씀이 영으로 존재 사건이 되기를 간구한다. 나 자신의 비참함을 보게 하고 오직 주로 살기를 간절히 바란다. 내 안에는 선한 것이 없다. 죄의 세력은 존재의 문 앞에 늘 엎드려 있다. 은혜 아래에 있으므로 내 몸을 죄의 세력에 내어주지 않는다. 설령 넘어져도 즉시 일어나 구속의 은총을 덧입는다. 오늘 주일 예배에도 삼위 하나님의 페리 코레시스의 축제가 넘치길 사모한다.

50

25:19-34

19 아브라함의 아들 이삭의 족보는 이러하니라 아브라함이 이삭을 낳았고
20 이삭은 사십 세에 리브가를 맞이하여 아내를 삼았으니 리브가는 밧단 아람의 아람 족속 중 브두엘의 딸이요 아람 족속 중 라반의 누이였더라
21 이삭이 그의 아내가 임신하지 못하므로 그를 위하여 여호와께 간구하매 여호와께서 그의 간구를 들으셨으므로 그의 아내 리브가가 임신하였더니
22 그 아들들이 그의 태 속에서 서로 싸우는지라 그가 이르되 이럴 경우에는 내가 어찌할꼬 하고 가서 여호와께 묻자온대
23 여호와께서 그에게 이르시되 두 국민이 네 태중에 있구나 두 민족이 네 복중에서부터 나누이리라 이 족속이 저 족속보다 강하겠고 큰 자가 어린 자를 섬기리라 하셨더라
24 그 해산 기한이 찬즉 태에 쌍둥이가 있었는데
25 먼저 나온 자는 붉고 전신이 털옷 같아서 이름을 에서라 하였고
26 후에 나온 아우는 손으로 에서의 발꿈치를 잡았으므로 그 이름을 야곱이라 하였으며 리브가가 그들을 낳을 때에 이삭이 육십 세였더라
27 그 아이들이 장성하매 에서는 익숙한 사냥꾼이었으므로 들사람이 되고 야곱은 조용한 사람이었으므로 장막에 거주하니
28 이삭은 에서가 사냥한 고기를 좋아하므로 그를 사랑하고 리브가는 야곱을 사랑하였더라
29 야곱이 죽을 쑤었더니 에서가 들에서 돌아와서 심히 피곤하여
30 야곱에게 이르되 내가 피곤하니 그 붉은 것을 내가 먹게 하라 한지라 그러므로 에서의 별명은 에돔이더라
31 야곱이 이르되 형의 장자의 명분을 오늘 내게 팔라
32 에서가 이르되 내가 죽게 되었으니 이 장자의 명분이 내게 무엇이 유익하리요
33 야곱이 이르되 오늘 내게 맹세하라 에서가 맹세하고 장자의 명분을 야곱에게 판지라
34 야곱이 떡과 팥죽을 에서에게 주매 에서가 먹으며 마시고 일어나 갔으니 에서가 장자의 명분을 가볍게 여김이었더라

50

구원사의 주역들, 인간적 성정(性情)에도 불구하고 자비로 이끄신다!

: 주해

창세기에서 이스라엘의 역사는 세 부분으로 구성된다. 11:50-25:18은 아브라함의 이야기이다. 25:19-36:43은 야곱의 이야기이다. 37:1-50:26은 입애굽의 주체인 요셉의 이야기이다. 그 핵심 주제는 "약속과 성취"이다.

25:19-34은 야곱 이야기의 서론이다. 야곱의 이야기는 갈등 구조로 전개된다. 곧 야곱과 에서의 갈등, 레아와 라헬의 갈등, 야곱과 라반의 갈등이다. 현대 사회에서 갈등은 두 종류로 파악한다. 건전한 갈등과 극한 갈등이다(아만다 리플리, 〈극한 갈등〉). 건전한 갈등은 조정과 타협을 통해 더 나은 상태로 이끈다. 반면 극한 갈등은 상호 경멸과 상호 파국으로 이끈다. 구속사의 갈등은 인간의 연약함과 허물을 그대로 노출한다. 하지만 약속의 주체이신 하나님이 갈등을 수습하고 봉합하신다. 인간의 갈등이라도 하나님은 선한 역사를 이루신다. 하나님의 구원사는 인간적으로 완전한 자가 아니라, 하나님의 완전하심으로 전개된다. 완전하신 하나님이 연약한 인간성을 돔(dome)처럼 드리우고 있다.

19-20절은 야곱 이야기의 표제이다. "다음은 아브라함의 아들 이삭의 족보이다. 아브라함이 이삭을 낳았고, 이삭은 마흔 살 때에 리브가와 결혼하였다." 이후 전개되는 내용은 이삭이 아니라 야곱에 관한 것이다. "이삭의 족보"

가 표제인 것은, 이야기가 전개되는 동안 이삭이 가장(家長)이기 때문이다. 이삭의 아내 리브가는 밧단아람의 아람 사람인 브두엘의 딸이며 라반의 누이이다(20절). 이삭은 리브가가 잉태하지 못하므로 여호와께 기도하였다. 여호와께서 이삭의 기도에 응답하셔서 리브가가 잉태하였다. 리브가는 자연적 출산이 불가능했으나 기도 응답의 결과, 하나님의 주권으로 잉태하게 되었다. 리브가는 쌍둥이를 잉태하였다. 이들은 태중에서부터 싸우기 시작한다. 리브가가 고통스러워서 하나님께 호소하였다. "이렇게 괴로워서야, 내가 어떻게 견디겠는가?"(22절). 여호와께서 리브가에게 응답하셨다. 그것은 두 개의 연으로 된 시의 형식을 띠고 있다.

> "두 민족이 너의 태 안에 들어 있다.
> 너의 태 안에서 두 백성이 나뉠 것이다.
> 한 백성이 다른 백성보다 강할 것이다.
> 형이 동생을 섬길 것이다"(23절).

태중의 두 아이는 태어나기 전부터 운명이 결정되었다. 리브가는 두 민족의 조모가 될 것이다. 그러나 두 민족은 서로 불화할 것이다. 형이 동생을 섬긴다. 이후 전개되는 이야기를 볼 때 그 의미는 분명하다. 동생 야곱이 형 에서를 지배한다. 곧 이스라엘(야곱)이 에돔을 정복한다. 이는 다윗의 시대에 이루어졌다(삼하 8:13-14). 신약시대 바울은 리브가에게 주신 하나님의 신탁을 선택의 주권사상으로 보았다. 하나님의 선택은 인간의 공로와 전혀 무관하다. 그것은 하나님의 자유로운 선택이다. 야곱과 에서는 태어나기도 전, 그들의 행위와 무관하게 선택받거나, 버림받았다(롬 9:10-12).

이삭이 60세가 되었을 때 리브가가 쌍둥이를 출산하였다(20, 26절). 이들이 결혼한 지 20년 만이다. 먼저 나온 아이(형)는 살결이 붉은데다 온몸이 털투성이여서 이름을 "에서"라고 하였다. 에서는 "털"이라는 뜻이다. 에서는 "붉다"라는 에돔으로도 불린다(30절). 나중에 나온 아이(아우)는 손으로 형의 발꿈치를 잡았으므로 "야곱"이라고 불렀다. 야곱은 "발꿈치(아켑)를 잡다"의 뜻이다. 히브리어 형용사 "야콥"은 "사람을 속이다"라는 뜻이다. 하여 야곱은 비유적으로 "그는 속이다"이다. 에서는 야곱을 가리켜 그의 이름에 걸맞게 속이는 자라고 하였다(27:36 참고). 야곱과 에서는 태중에서 갈등하였고, 태어나는 순간에도 갈등하였다. 또한, 이들은 성장 과정에서 부모의 편애를 받았다. 두 아이가 자라나 에서는 날쌘 사냥꾼이 되어서 들에서 살고, 야곱은 성격이 차분한 사람이 되어 주로 집에서 살았다(27절). 이삭은 에서가 사냥해 온 고기에 맛을 들이더니 에서를 사랑하였고, 리브가는 야곱을 사랑하였다(28절). 아버지는 고기를 제공하는 에서를, 어머니는 집 안에 있는 야곱을 편애하였다. 그들이 자식을 편애한 이유는 지극히 세속적이다. 자신들에게 유익이 되는 대로 자식을 편애한 것이다. 그렇다! 약속을 담지한 족장들의 성정은 보통 인간과 하등 다를 바가 없다. 다만 하나님이 자비하심으로 그들을 사용하시는 것이다.

29-34절은 에서가 장자권을 넘긴 이야기이다. 하루는 야곱이 죽을 끓이고 있는데, 에서가 허기진 채 들에서 돌아왔다. 에서가 야곱에게 "그 붉은 죽을 좀 빨리 먹자. 배가 고파 죽겠다"라고 말하였다(30절). 그래서 그의 이름을 에돔이라고 불렀다(에돔은 "붉은"이라는 뜻이다). 형 에서의 간청에 대해 아우 야곱은 마치 준비된 것처럼 맏아들(장자)의 권리를 팔라고 말하였다(31절). 에서는 배고파 죽을 지경인데 맏아들(장자)의 권리가 뭐 대수냐고 하면서 야곱의 요구에 응하였다(32절). 야곱은 에서의 말에 맹세를 요구하였다. 그러자 에서는 야곱에게 장자의 권리를 판다고 맹세하였다(33절). 야곱이 떡과 팥죽 얼마를 에서에게 주었다. 에서는 그것을 먹고 마시고 일어나서 나갔다. 에서는 이와 같이 장자의 권리를 가볍게 여겼다(34절).

창세기 27:36에서 에서는 야곱이 자기를 두 번 속였다고 말한다. 한 번은 장자권과 관련되어 있고 다른 한 번은 이삭의 축복과 관련된다. 에서는 야곱이 요리하는 것을 보고 "붉은 죽"이라고 생각하였다. 그 붉은 죽은 고기가 들어있는 "선짓국"이라고 생각한 것이다. 그런데 그 죽이 팥죽인 것으로 알고, 에서는 크게 속았다고 주장한다. 에서가 장자권을 판 일이 속임수는 아니다. 이는 야곱이 장자권 파는 일을 맹세시켰기 때문이다. 맹세는 맹세하는 당사자에게 법적 구속력을 가진다. 따라서 에서가 장자권을 가볍게 여겼다는 진술(34절)은, 그가 굶주려 죽게 되어서 장자권을 소홀히 여겼다는 뜻이 아니다. 그것은 32절과 관련이 있다. 곧 에서는 "내가 굶어 죽게 되었구나"라고 하면서, 장자권을 토론에 부칠 가치조차 없다고 여긴 것이다. 그런데 막상 보니, 그가 고기죽을 기대하며 소홀히 여긴 장자권이 결국 팥죽에 넘겨졌다는 사실에 에서는 속았다고 한 것이다!

약속을 계승한 이삭의 두 아들, 야곱은 비열하고 에서는 어리석다. 하나님은 이들의 터무니없는 연약함과 죄성에도 불구하고 구원사를 이루어 가신다. 23절에서 하나님이 하신 말씀만 실현된다. 족장들의 허탄한 삶 속에서 하나님이 하신 약속의 말씀은 거대한 표징처럼 곳곳에 나타난다. 아브라함은 두 차례나 아내를 누이로 속이며 자기 목숨을 부지하고자 하였다. 경건하였던 이삭과 친절하였던 리브가는 육적 소욕으로 두 아들을 편애하였다. 야곱은 형을 속였고 형은 당장 배고파서 장자권을 가볍게 여겼다. 이들 안에 선악 간의 인간적 성정이 그대로 드러난다. 매우 고상해 보이는 족장들의 삶은 실제적으로 생존의 욕망에 의해 지배당한다. 이삭은 에서가 주는 고기 맛 때문에 에서를 편애하고 에서는 배고픔을 참지 못해 장자권을 넘긴다. 야곱은 차자(次子)의 자리를 박차고 거짓으로 장자권을 취한다. 구원사의 주역이라도 결정적인 순간에 본능의 지배를 받는다. 사실 아무리 고상해 보이는 인간이라도 결국 본능적이고 생리적 요구들을 억제할 수는 없다. 하지만 이것이 인생의 진실한 단면이다.

이런 인생의 단면을 적나라하게 드러낸 철학자가 바로 "프리드리히 니체"이다. 니체는 고상한 철학자의 배후에는 본능과 생리적 욕구와 감정이 숨겨져 있다고 말한다. "마찬가지로 (고상한) '의식'은 어떤 결정적 의미에서 본능에 대립하지 않는다. 어떤 철학자의 대부분 의식적 사유는 그의 본능에 의해서 은밀하게 인도되며 특정한 길로 가도록 강요당한다. 모든 논리와 겉으로 보이는 운동의 독단성의 배후에도 가치 평가가 있고, 보다 더 명백하게 말하자면 특정한 방식의 생명을 보존하기 위한 생리학적 요구들이 있다"《선악의 저편》.

니체의 통찰은 거침이 없다. 설령 학식이 높은 자나 영적 수준이 높은 자라도 배후에는 육적 본능이 작동한다는 것이다. 그는 영혼의 고상함으로 육체의 자연스러운 욕구를 제압하지 말라는 것, 곧 금욕주의의 허상을 폭로한다. 하나님은 그런 식의 금욕주의자나 육적 소욕을 전적으로 부정하는 영지주의자들을 사용하지 아니하신다. 그렇다면 차라리 육체가 없는 천사들을 통해 구원사를 이루어가셨을 것이다.

그렇다고 육적 소욕을 따라 사는 일반 사람들과 구원사의 주역들의 잘못을 동일시할 수 없다. "그대의 간구가 정의라면, 이 점을 생각하라 – 정의로 판단한다면 누구도 구원받지 못 한다"(여주인공 포르티아, 〈베니스의 상인〉). 하나님이 그분의 목적을 이루어가시기 위해 속이는 자 야곱을 사용하실 수 있다는 사실은 우리를 놀라게 하지만, 또한 우리는 종종 야곱보다 더 악한 모습을 드러내기 때문에 우리에게 분명한 위로가 됨은 틀림없다. 만일 하나님이 그를 사용하셨다면 지금도 자비하심으로 우리를 사용하실 것이다(고든 웬함).

우리는 주의 일을 하면서도 때로 생명을 보전하기 위해 생리적 욕구에 반응한다. 거룩한 사역의 배후에 천박한 이기심이 작동한다. 사소한 일에 비열함과 추함을 노출하기도 한다. 주님의 요구보다 생리적 욕구에 반응하고, 주의 일을 하면서도 육신의 가족들에 매이기도 한다. 그런데 과연 누가 누구를 정죄할 것인가? 놀라운 것은 하나님이 그런 우리를 여전히 사용하신다는 것이다. 족장들을 폐하지 아니하신 것처럼 우리를 폐하지 아니하신다. 택함 받은 자에 대한 주의 자비와 긍휼은 한량없다.

묵상

하나님이 홀로 약속을 성취해 가신다. 족장들의 연약함을 대하며 금욕주의와 영지주의 식으로 믿었던 나를 돌아본다. 나는 한동안 하나님이 쓰시는 사람은 완전해야 한다고 착각하였다. 육적 소욕을 부끄러워하였으나 은밀히 그것을 탐닉하였다. 나 자신에게 정직하지 못하였다. 약점이나 허물을 용납하지 못해 자괴감에 시달렸다. 하나님의 자비하심보다 자기 의를 더 의지하였다. 심판의 날이 임하고 위선의 탈은 벗겨졌다. 심판의 칼은 말씀의 검이다. 존재의 비참함이 민낯을 드러냈다. 그러나 그것은 생명으로 인도하신 하나님의 손길이었다. 심판의 자리에서 말씀을 얻어먹는 자가 되었다. "주의 심판은 옳습니다." 손으로 입을 가리며 잠잠히 죽음을 받아들였다. 그러자 하나님은 생명으로 나아간 자, 생명을 전하는 자로 삼으셨다.

여전히 부족함 투성이다. 생각으로는 수없이 결심하나 실제 행동은 실패한다. 내 뜻을 고집하며 관철되지 않으면 격동한다. 선한 말도 그쳐야 하는데, 참지 못하고 내뱉는다. 사람도 물질도 내 것이 아니다. 그런데 어떻게 그것들이 내 뜻대로 움직여주기를 바라는가? 자괴감에 몸서리친다. 그런데도 오늘도 말씀 앞에 서 있다. 하나님의 자비와 긍휼이다. 내 영혼을 소생시키시고 다시 의의 길을 걷게 하신다. 오직 당신의 이름을 위하여!

51

26:1-11

1 아브라함 때에 첫 흉년이 들었더니 그 땅에 또 흉년이 들매 이삭이 그랄로 가서 블레셋 왕 아비멜렉에게 이르렀더니
2 여호와께서 이삭에게 나타나 이르시되 애굽으로 내려가지 말고 내가 네게 지시하는 땅에 거주하라
3 이 땅에 거류하면 내가 너와 함께 있어 네게 복을 주고 내가 이 모든 땅을 너와 네 자손에게 주리라 내가 네 아버지 아브라함에게 맹세한 것을 이루어
4 네 자손을 하늘의 별과 같이 번성하게 하며 이 모든 땅을 네 자손에게 주리니 네 자손으로 말미암아 천하 만민이 복을 받으리라
5 이는 아브라함이 내 말을 순종하고 내 명령과 내 계명과 내 율례와 내 법도를 지켰음이라 하시니라
6 이삭이 그랄에 거주하였더니
7 그 곳 사람들이 그의 아내에 대하여 물으매 그가 말하기를 그는 내 누이라 하였으니 리브가는 보기에 아리따우므로 그 곳 백성이 리브가로 말미암아 자기를 죽일까 하여 그는 내 아내라 하기를 두려워함이었더라
8 이삭이 거기 오래 거주하였더니 이삭이 그 아내 리브가를 껴안은 것을 블레셋 왕 아비멜렉이 창으로 내다본지라
9 이에 아비멜렉이 이삭을 불러 이르되 그가 분명히 네 아내거늘 어찌 네 누이라 하였느냐 이삭이 그에게 대답하되 내 생각에 그로 말미암아 내가 죽게 될까 두려워하였음이로라
10 아비멜렉이 이르되 네가 어찌 우리에게 이렇게 행하였느냐 백성 중 하나가 네 아내와 동침할 뻔하였도다 네가 죄를 우리에게 입혔으리라
11 아비멜렉이 이에 모든 백성에게 명하여 이르되 이 사람이나 그의 아내를 범하는 자는 죽이리라 하였더라

51

그리스도의 공로로 얻은 영생의 복, "파레시아"로 풍성히 누리다!

⦂ 주해

창세기 26장은 이삭과 블레셋 왕 아비멜렉 사이에 있었던 일화이다. 1-11절은 이삭이 리브가를 누이로 속인 이야기이고, 12-33절은 우물 분쟁과 아비멜렉과 맺은 언약에 관한 이야기이다. 마지막 부분(34-35절)은 에서가 이방 여인과 결혼한 이야기이다. 이는 야곱의 결혼 이야기로 진입하는 27장의 배경이 된다. 26장에서 이삭이 거처를 옮긴 것과 우물로 생긴 분쟁을 이해하려면 이 사건이 일어난 문화사적 배경에 대한 지식이 중요하다. 이삭은 아브라함과 마찬가지로 목초지 이동의 관례대로 가축 떼를 이끌고 이리저리 왕래하는 유목민의 전형적 모습을 보여준다. 유목민들은 도시와 목초지를 오가며 생활하는데, 특히 흉년이 들었을 때가 문제였다. 아브라함의 시대에 가장 안전한 목초지는 비옥한 애굽 땅이었다. 그리고 아브라함은 실제로 흉년을 피하여 애굽으로 갔다(12:10).

이삭 역시 흉년이 들어 브엘라해로이에서 그랄로 이동하였다(1절). 당시 그랄은 블레셋 왕 아비멜렉이 다스렸다. 20장에서 아브라함과 관련된 그랄 왕은 아비멜렉이었다. 26장에서는 그랄 왕 대신 블레셋 왕 아비멜렉이다. 26장의 아비멜렉과 20장의 아비멜렉은 이름은 같으나 다른 인물이다. 애굽 왕을 "바로"로 부르듯, 아비멜렉은 그랄의 블레셋 왕들을 지칭하는 보통명사이다. 그런데 블레셋 사람들이 가나안 땅에 이주한 것은 B.C.1200년경이다. 20장에서 그랄 왕 아비멜렉은 브엘세바에서 아브라함과 언약을 체결한 후 블레셋 사람의 땅으로 갔다(21:32). 가나안 땅에 이주한 블레셋 사람들은 지중해 연안에 걸쳐 살았으나, 아비멜렉이 이주한 블레셋 사람의 땅은 그랄 근처였다. 20장에서와 같이 아비멜렉은 정의와 평화를 추구하는 선한 왕이었다.

이삭은 그랄로 옮겼으나 그가 가고자 한 곳은 비옥한 애굽 땅이었다. 하나님은 그것을 아시고 이삭에게 나타나 애굽 행을 저지하셨다(2절). 그가 가나안 땅에 머물면 하나님이 그와 함께하실 것이다(3절). 또한 하나님은 아브라함에게 하셨던 자손과 땅의 약속을 이삭에게도 하실 것이다. 모든 민족이 아브라함을 통해 복을 받듯, 천하 만민이 이삭을 통해서 복을 받을 것이다(4절). 이는 아브라함이 하나님의 말씀에 순종하였기 때문이다(5절). 하나님은 아브라함이 이삭을 바친 후 그에게 맹세로 약속하셨다. 이 약속은 이삭에게 맹세로 계승된다. 또한 이삭의 아들 야곱에게도 언약으로 주어진다. 또 이 언약은 이스라엘에 하신 영원한 언약이다(시 105:9-10).

하나님이 이스라엘에 하신 영원한 언약은 궁극적으로 아브라함의 영적 후손에게 하신 영원한 언약이다. 이 언약은 창세전 거짓이 없으신 하나님이 하신 영생의 약속에 근거한다. 하나님은 창세전 우리에게 영생을 약속하시고 창조 이후 구원사를 전개하신다. 아브라함을 통해 모든 족속이 받는 복, 그리고 이삭을 통해 천하 만민이 받는 복은 예수 그리스도를 믿음으로 하나님의 아들들이 되는 복이다(갈 3:8-9, 26). 곧 복음을 통해 영원한 생명을 얻는 복이다. 영생 얻은 자는 영생의 본체이신 예수 그리스도의 것이며 곧 아브라함의 자손(씨)이다(갈 3:29). 아브라함의 영적 자손은 하늘의 별처럼 셀 수 없이 허다하다. 지금도 복음이 선포되는 곳마다 생명을 얻는 자, 곧 아브라함의 후손이 태어난다. 종말에 그들은 마침내 실체를 드러낸다. 그날에 각 나라와 족속과 백성과 방언에서 아무도 능히 셀 수 없는 큰 무리가 나와 흰옷을 입고 손에 종려나무 가지를 들고 보좌에 계신 하나님과 어린양 예수를 찬양할 것이다(계 7:9-10).

이삭은 하나님의 말씀에 순종하여 애굽으로 가지 않고 그대로 그랄에 머물렀다. "그래서 이삭은 그랄에 그대로 머물러 있었다"(6절). 그런데 이삭은 리브가로 인해 신변의 불안을 느껴 아내를 누이로 속였다. 그는 아버지 아브라함이 두 번에 걸쳐 아내를 누이로 속였던 일을 반복했다. 이 같은 기만은 아내를 빼앗기 위해 남편을 죽이던 당시 상황을 반영한다. 11절에서 아비멜렉이 백성들에게 경고한 것을 보면, 이삭의 두려움이 터무니없는 것은 아니었다. 이삭이 그랄에 거주한 지 꽤 오랜 시간이 지났다. 어느 날 블레셋 왕 아비멜렉은 이삭이 리브가를 애무하는 것을 우연히 창으로 보게 되었다(9절). 이삭이 누이라고 말한 여인이 그의 아내였다. 그리고 전에 아비멜렉이 아브라함을 책망하듯, 아비멜렉은 이삭에게 왜 아내를 누이라고 속였느냐고 책망한다(9절). 그러자 이삭은 리브가로 말미암아 자기가 죽을지 모른다고 생각했다고 말한다. 지극히 이기적이면서 현실적인 생각이다. 그는 약속의 말씀을 받고 하나님이 그와 함께하신다는 보장도 받았다. 그런데도 막상 위기의 현실 앞에서는 "자기 생각"대로 행동한다. 사뭇 비굴한 이삭 앞에서 이방 왕 아비멜렉은 정의롭다. 그는 이삭의 기만으로 인해 자기 백성이 죄를 지을 뻔했다고 말한다. "어쩌려고 당신이 우리에게 이렇게 하였소? 하마터면, 나의 백성 가운데서 누구인가가 당신의 아내를 건드릴 뻔하지 않았소? 괜히 당신 때문에 우리가 죄인이 될 뻔하였소"(10절). 그런 후에 이삭의 두려움을 진정시키고자 자기 백성들에게 경고한다. "이 남자와 그 아내를 건드리는 사람은 사형을 받을 것이다"(11절). 하나님의 초월적 개입으로 위기의 상황은 수습된다.

창세기 26장은 장성한 이삭의 성정을 단면적으로 보여준다. 이후 이삭의 모습은 생애 말기에 아들들을 축복해주는 것뿐이다. 이삭의 성정은 매우 소심하고 자신의 처지를 두려워한다. 그는 약속의 말씀을 받았음에도 불구하고 신변의 두려움으로 거짓말을 한다. 이방 왕 아비멜렉은 그의 기만을 책망하고 도리어 그를 보호하는 조처를 내린다. 하지만 하나님은 이 같은 이삭의 성정에도 불구하고 그와 함께하신다. 봇물과 같은 왕의 마음을 움직이시는 하나님(잠 21:1)이 이방 왕에게 개입하셔서 이삭을 보호하게 하신다. 26장의 후반부에서는 그런 이삭에게 감당할 수 없는 큰 복을 내리신다.

창세기에서 이삭의 생애는 아브라함에 비해 순탄하다. 그러면서 아브라함이 받은 복을 그대로 이어받는다. 그 이유는 이삭 자신의 선행이 아니라, 독자를 바치기까지 순종한 아브라함의 복종으로 말미암는다(5절). 아브라함의 의로운 행위가 대를 이어 이삭에게 복을 가져온 것이다. 약속이 아브라함의 공로로 힘입어서 이삭에게 전달되고 성취된다는 것은 족장 이야기에서 새로운 사상이다. 더불어 여기서는 아브라함에게 하신 맹세의 약속을 확장하고 있다.

> "또 네 씨로 말미암아 천하 만민이 복을 받으리니 이는 네가 나의 말을 준행하였음이니라 하셨다 하니라"(22:18).
> "네 자손으로 말미암아 천하 만민이 복을 받으리라 이는 아브라함이 내 말을 순종하고 내 명령과 내 계명과 내 율례와 내 법도를 지켰음이라 하시니라"(26:4b-5).

"내 명령, 내 계명, 내 율례, 내 법도"는 신명기 사상이다(신 11:1). 이것은 아브라함의 순종의 크기와 철저함을 강화하고 강조한다(고든 웬함). 사실 이삭도 기꺼이 제물로 바쳐지는 순종을 하였다. 하지만 이삭의 복은 그의 공로가 아니라 아버지 아브라함의 공로로 귀결된다. 독자 이삭을 아끼지 않고 바친 아브라함의 순종은 하나님을 경외하는 믿음에서 나왔다. 그의 믿음은 하늘 아버지를 경외함으로 자기 목숨을 아끼지 않은 그리스도의 믿음을 예시한다. 아브라함 한 사람의 순종함으로 이삭이 복을 받고, 그의 씨인 이스라엘이 복을 받았다.

한 사람 예수 그리스도는 하나님의 아들이었지만 고난을 당하심으로써 순종을 배우셨다(히 5:8). 그는 죽기까지 하나님 아버지께 순종하심으로써 그에게 순종하는 모든 자에게 영원한 구원의 근원이 되신다(히 5:9). 예수 그리스도가 십자가에서 죽으신 순종은 죄인을 구원하시는 하나님의 의로움이다. 하나님은 아들의 공로, 곧 아들의 의로 말미암아 죄인을 의롭게 여기신다(롬 3:25-26). 한 사람 아담으로 말미암아 죄가 세상에 들어오고 모든 사람에게 사망이 임하였다. 그러나 이제는 한 사람 예수 그리스도의 순종으로 많은 사람이 의롭게 되고 생명에 이르렀다(롬 5:18).

예수 그리스도의 공로는 그를 믿는 자에게 영생의 복을 준다. 영생 얻은 자는 지상에서 생명의 교제를 통해 영생을 누린다. 생명의 교제는 아들의 의를 힘입어 하나님께 나아가는 "파레시아"이다(히 10:19-20). 이제 예수 그리스도는 영원한 제사장으로 하늘에 계신다. 그는 자기를 힘입어 하나님께 나아가는 자들을 구원하시고 그를 위하여 항상 기도하신다(히 7:25).

히브리서는 신앙과 현실 사이에서 실족하는 신자들을 격려하기 위해 기록되었다. 당시 신자들은 동족 유대인의 박해와 로마의 박해를 견디어야 했다. 무엇보다 당장 성화 되지 않는 연약함으로 인해 고통 받으며 실족하였다. 그래서 그들은 죄를 지을 때마다 이전의 유대교식으로 해결하는 법, 곧 제물을 바쳐 사죄 받는 해법을 시도하였다. 히브리서 기자는 이들에게 한 가지 은혜, 곧 "파레시아"를 구하라고 말한다. 그때 높이 들리신 제사장 그리스도가 구원하시고 그를 위해 언제나 기도하신다는 것이다. 오늘날 그리스도인 역시 신앙과 현실 사이에서 시험받고 실족한다. 그러나 우리가 아들을 힘입어 하나님께 나아가는 파레시아를 준행할 때 높이 들리신 그리스도가 도우시고 기도해 주신다. 그리스도의 공로로 얻는 영생의 복은 파레시아를 통해 지속하며 더욱 풍성히 누린다.

❖ 묵상

다시 연약함으로 실족한다. 하나님이 격동하신 것은 "자기"가 아니라, "타자"(우리)를 위한 격동이다. 그러나 나는 "자기"로 인해 격동한다. 선한 일을 하고 실족하는 어리석은 자이다. 같은 사랑이라도 이기적 사랑은 철저히 나 중심이다. 마침 선각자들의 지혜에 귀를 기울인다. 참된 사랑은 이타적 사랑이며 초점이 상대방에게 있다. 그 초점이 자신에게 있고 상대방을 무시한다면 그것은 사랑의 이름으로 폭력을 행사하는 것이다. 최선의 선의라도 상대방이 원하지 않으면 중지해야 마땅하다. 상대방이 내 뜻대로 해주기를 기대하고, 심지어 집착하는 것은 폭력일 뿐이다. 무지한 짐승은 말이 아니라 재갈과 굴레로 단속한다. 무지한 말이나 노새처럼 되지 말 것이다. 그런데도 말씀 앞으로 나아가니, 주님이 내 영혼을 잠잠케 하신다. 나를 돌아보게 하시고 회개로 이끄신다. 마음의 평강을 주시고 관계 안에 평화를 주신다. 하루라도 생명의 교제 없이, 파레시아 없이 사는 것은 상상할 수 없는 고통이다.

내 영혼을 소생시키시고 주의 이름을 위하여 의의 길로 인도하시는 하나님께 감격한다. 생명의 교제의 신비가 여기에 있다. 사고는 내가 치고 해결은 주님이 하신다. 이삭이 받은 복은 아브라함의 공로였다. 내가 받은 영생의 복은 온전히 그리스도의 공로이다. 날마다 파레시아로 이끄셔서 영생의 복을 누리게 하신다. 이것으로 충분하다. 자족의 부요함을 누린다.

52

26:12-22

12 이삭이 그 땅에서 농사하여 그 해에 백 배나 얻었고 여호와께서 복을 주시므로
13 그 사람이 창대하고 왕성하여 마침내 거부가 되어
14 양과 소가 떼를 이루고 종이 심히 많으므로 블레셋 사람이 그를 시기하여
15 그 아버지 아브라함 때에 그 아버지의 종들이 판 모든 우물을 막고 흙으로 메웠더라
16 아비멜렉이 이삭에게 이르되 네가 우리보다 크게 강성한즉 우리를 떠나라
17 이삭이 그 곳을 떠나 그랄 골짜기에 장막을 치고 거기 거류하며
18 그 아버지 아브라함 때에 팠던 우물들을 다시 팠으니 이는 아브라함이 죽은 후에 블레셋 사람이 그 우물들을 메웠음이라 이삭이 그 우물들의 이름을 그의 아버지가 부르던 이름으로 불렀더라
19 이삭의 종들이 골짜기를 파서 샘 근원을 얻었더니
20 그랄 목자들이 이삭의 목자와 다투어 이르되 이 물은 우리의 것이라 하매 이삭이 그 다툼으로 말미암아 그 우물 이름을 에섹이라 하였으며
21 또 다른 우물을 팠더니 그들이 또 다투므로 그 이름을 싯나라 하였으며
22 이삭이 거기서 옮겨 다른 우물을 팠더니 그들이 다투지 아니하였으므로 그 이름을 르호봇이라 하여 이르되 이제는 여호와께서 우리를 위하여 넓게 하셨으니 이 땅에서 우리가 번성하리로다 하였더라

52

복음을 통해 누리는 생명,
장막에 거하나 하나님의 성을 바라보다!

⋮ 주해

　현대의 성경 해석학은 "한스 게오르그 가다머"의 철학적 해석학을 기반으로 하고 있다. 가다머는 전통의 권위를 중시하되, 전통과 해석자의 만남에 해석의 초점을 맞춘다. 성경 텍스트(내용)의 의미는 해석에 의해 주어진다. 그런데 해석은 개별 텍스트가 전체 텍스트에 의해서 의미가 주어지고, 전체 텍스트는 다시 개별 텍스트에 의해서 의미가 주어진다. 이것은 "해석학적 순환"이며, 해석학의 기본원칙으로 받아들여지고 있다. 해석학적 순환은 어떤 문장 안에서 한 단어의 의미가 문장 전체의 뜻에 비추어서 해석된다. 그렇게 파악된 단어의 의미를 바탕으로 다시 한 번 전체 문장을 해석하면 이전에 드러나지 않았던 의미가 새롭게 드러난다. 예컨대 영화 대사에서 한 문장의 의미는 영화 전체를 다 보고 나서 해석할 때 그 의미가 제대로 드러나곤 한다. 또 그렇게 해서 드러난 대사의 의미를 바탕으로 다시 한 번 영화 전체를 조망하면 또다시 더 풍부하고 생생한 의미가 드러날 수 있다.
　인간의 인생도 해석학적 순환의 과정으로 해석된다. 인생의 개별행위나 사건은 삶 전체를 살고난 후 바르게 해석되는 경우가 대부분이다. 그때는 왜 그런 일이 일어났는지 몰랐는데 지나고 보면 중대한 의미가 있었음을 알게 된다. 따라서 해석은 삶의 경험인 역사적 상황을 내포한다. 이 점에서 가다머의 해석학은 역사적 해석이다. 이렇듯 해석학적 순환의 관점에서 개인이든 나라이든 "실제의 역사"(히스토리아)가 아니라 "해석된 역사"(게슈테)가 의미를 부여한다.

하나님을 믿는 자의 생애는 하나님의 섭리라는 전체 맥락에서 바르게 해석된다. 요셉은 형들의 손에 의해 애굽에 팔렸다. 그는 자기를 미워하는 형들에게 가라는 아버지의 명령에 한계를 넘어 순종하였다(창 37:12-17). 하지만 그에게 돌아온 것은 미워하는 형들의 손에 노예로 팔린 것이었다. 생을 돌아보면 불행이다. 하지만 하나님의 섭리적 관점에서 보면 그는 형들은 물론 만민을 구원하기 위해 하나님의 손에 이끌려 애굽으로 들어간 것이다. 형들이 아니라 하나님이 그를 애굽에 넘기셨다(시 105:17). 이것이 해석된 역사이다. "하나님이 큰 구원으로 당신들의 생명을 보존하고 당신들의 후손을 세상에 두시려고 나를 당신들보다 먼저 보내셨나니 그런즉 나를 이리로 보낸 이는 당신들이 아니요 하나님이시라"(창 45:7-8b).

창세기에서 이삭의 생애는 단 한 장(26장)을 할애한다. 이삭의 생애를 부분적으로 보면 내우외환(內憂外患)이 그치지 않는 생애였다. 그는 신변의 불안으로 아내를 누이로 속였다. 그는 거부가 되었으나 위협당했다. 그는 자기를 보호했던 아비멜렉과 대립각을 세웠다. 그의 말년에는 야곱의 속임수에 당해 장자에서 대신 차자 야곱을 축복하였다. 하지만 이삭의 전체 생애는 아브라함의 공로로 축복받은 인생이었다. 이것이 해석학적 순환으로 본 이삭의 생애이다. 이삭은 그랄 땅에서 머물며 농사를 지었다. 본래 족장들은 유목민으로서 목초지를 따라 이동한다. 그런데 이삭은 아비멜렉의 배려로 그랄 땅에 거주하여 농사를 지었다. 목자가 농부가 된 것이다. 놀랍게도 이삭은 그 해 백배의 수확을 하였다(13절). 그는 큰 부자가 되었다. 재산이 점점 늘어나서, 아주 부유하게 된 것이다. 그는 양 떼와 소 떼와 남종과 여종을 많이 거느렸다(14절). 모두가 하나님의 축복 때문이었다.

1절, 이삭은 흉년이 들어 그랄 땅으로 왔다. 그는 비옥한 애굽 땅으로 가고자 하였으니 하나님이 나타나셔서 그를 제지하셨다. 그는 신변의 두려움으로 아내를 누이로 속였으나 하나님의 개입으로 두려움에서 벗어났다. 그리고 그 땅에 안전하게 거류하였는데, 하나님이 큰 부를 이루게 하셨다. 흉년이 물러가고 큰 수확을 하였다. 구약에서 하나님의 축복은 가시적으로 나타난다. 소위 물질적인 부이다. 이것은 신약시대 주어질 영적인 복의 모형이다. 그리스도께서 율법을 완성하셨다(마 5:17). 그리고 구약성경은 그리스도 안에서 수건(베일)이 벗겨진다(바르게 해석된다)(고후 3:14). 아브라함의 씨 이삭이 받은 복은 신약시대 아브라함의 영적 자손인 우리가 받는 영생의 복이다. 하늘에 속한 영적인 복이다(엡 1:3-4). 아브라함이 복을 받은 것을 보고 이방인 블레셋 사람이 이삭을 시기하였다. 신약시대 성도의 믿음은 불신앙의 세상 사람에게 시기를 불러와야 한다. 육적인 복으로 시기 나게 하는 것이 아니라. 영적인 복으로 시기 나게 해야 한다. 바울은 구원이 불신앙의 이스라엘에서 이방인에게 넘어간 것은, 이방인이 믿음으로 저들을 시기 나게 하여 저들도 믿음으로 구원받도록 하기 위함이라고 하였다(롬 11:11).

 블레셋 사람들이 이삭을 시기하여 아브라함이 판 모든 우물을 막고 흙으로 메워버렸다(15절). 한때 이삭에게 호의적이었던 아비멜렉도 이삭에게 그곳을 떠나라고 하였다. 이는 이삭이 그들보다 강해졌기 때문이었다(16절). 이삭은 이의 없이 순종하여 그곳을 떠나 그랄 골짜기에 장막을 치고 거기 머물렀다(17절). 그곳에서 이삭은 세 개의 우물을 차례로 팠다. 처음 두 개는 블레셋 사람들이 자기들의 것이라고 억지 주장을 하였다. 이삭은 순순히 그들에게 우물을 넘겨주었다(18-22절). 세 번째 우물은 그들이 시비를 걸지 않아 이삭이 차지할 수 있었다(23절). 처음 우물은 에섹(다툼), 두 번째 우물은 싯나(대적함), 그리고 세 번째 우물은 르호봇(장소가 넓음)으로 명명되었다. 르호봇은 브엘세바에서 남서쪽으로 약 30km 정도 떨어진 곳으로 추정한다.

 인간은 돌발 상황에 닥치면 죄성으로 반응한다. 아브라함이 그러했듯이 이삭도 그러하였다. 둘 다 신변의 위험이 닥치자 아내를 누이로 속였다. 부전자전이 아니라 누구나 그런 상황 앞에서 동일하게 반응한다. 절박한 상황에서 자기를 지키려는 본능으로 행동한다. 그런 후 이들은 어떤 양심의 가책도 없이 변명으로 일관하였다. 그런데도 하나님이 극적으로 개입하셔서, 약속을 이루어 가신다. 아브라함은 그 일이 있은 후 하나님을 경외함으로 독자 이삭을 바쳤다. 이삭 역시 하나님이 함께하시는 증거를 본 후 달라졌다. 그는 우물을 파고 빼앗기는 돌발 상황에서 더는 죄성으로 반응하지 않았다. 극한의 시기심과 이기심으로 우물을 탈취하는 블레셋 사람들에게 순순히 우물을 내어주었다. 그는 행악자 앞에서 온유함으로 반응했다. 하지만 이것이 끝이 아니다. 하나님은 이삭에게 가장 적절한 우물을 예비하셨다. 그리고 이삭은 믿음으로 고백했다. "이제 주님께서 우리가 살 곳을 넓히셨으니, 여기에서 우리가 번성하게 되었다"(22절). "진실로 악을 행하는 자들은 끊어질 것이나 여호와를 소망하는 자들은 땅을 차지하리로다. 잠시 후에는 악인이 없어지리니 네가 그 곳을 자세히 살필지라도 없으리로다. 그러나 온유한 자들은 땅을 차지하며 풍성한 화평으로 즐거워하리로다"(시 37:9-10).

히브리서 기자는 족장들의 삶을 해석학적 순환의 관점에서 조망하였다. 약속을 유업으로 받은 족장들은 장막에 거하였다. 이는 그들이 하나님이 계획하시고 지으실 터가 있는 성을 바랐기 때문이었다(히 11:9-10). 족장들은 장막에 거하였다. 그들은 하나님의 이끄심에 따라 유리방황하는 생을 살았다. 그러나 그들은 믿음으로 살았으며 하나님이 계획하시고 지으실 터가 있는 성을 바랐다. 하나님은 그들의 믿음대로 그들을 위하여 하늘에 있는 한 성을 예비하셨다(히 11:16).

19~20세기 기존의 기독교 사상을 정면으로 반박한 사상가는 니체와 마르크스와 프로이드이다. 이들은 공통적으로 현실 너머의 초월신앙을 거부하였다. 이들에 따르면 그리스도인은 진정한 행복을 상상과 관념의 세계인 초월에 두고 현재의 삶을 상실한다고 주장한다. 하여 이들은 오직 현재의 삶, 유물론적 삶에 충실할 것을 강조하였다. 사실 초월신앙은 인간의 이성과 합리성으로 다가가면 허상이다. 하지만 그 세계는 실재한다. 인간의 인식은 지각과 감각으로 제한되지만 초월의 세계는 인간의 인식, 곧 사람의 감각(눈과 귀)이나 지각(마음)으로 알지 못하며, 오직 영으로 아는 세계이기 때문이다(고전 2:9).

참으로 아이러니한 것은 21세기를 사는 현대인들이 지각과 감각의 인식을 넘어 초월의 세계를 지향한다는 것이다. 20세기 탁월한 종교학자인 하비 콕스는 종교는 교리적 신앙이 종결되고 "영성의 시대"가 올 것이라고 진단하였다 《종교의 미래》. 영성이 교리적이고 조직화된 종교를 대체한다는 것이다. 여기서 말하는 영성은 인간의 인식을 초월한 세계에 도달하는 것을 말한다. 서울대 종교학과 배철현 교수는 10여 년간 대학에서 기독교 과목을 가르쳤다. 그가 느낀 점은 학생들은 종교의 교리에서 말하는 "가르침"에 관심이 없고, 과학이 도달할 수 없는 종교만이 가져다주는 경외심이나 신비에 대한 매력에 더 관심이 있다고 하였다. 이렇듯 현대인의 신앙은 인간의 인식 너머에 있는 초월의 세계를 갈망한다. 그것은 만물 위에 계신 하나님에 대한 두려운 떨림과 끌리는 매혹의 경험으로 실제가 된다(루돌프 오토, 〈성스러움의 의미〉).

만물 위에 계신 하나님에 대한 신앙은 만물 안의 삶을 자유롭게 한다. 만물이 주에게서 나오고 주로 말미암아 존재하고 주에게로 돌아간다(롬 11:36). 만물이 주에게로 돌아가는 그 마지막을 아는 자는 있어도 없는 듯, 없어도 있는 듯 자유자로 살아간다. 그는 장막에 머무나 하나님이 예비하시는 한 성을 바라보며 살아간다. 이것은 기독교를 반박하는 사상가들이 말하는 허무주의가 아니라 충만하고 확고한 믿음의 삶이다.

"형제자매 여러분, 내가 말하려는 것은 이것입니다. 때가 얼마 남지 않았으니, 이제부터는 아내 있는 사람은 없는 사람처럼 하고, 우는 사람은 울지 않는 사람처럼 하고, 기쁜 사람은 기쁘지 않은 사람처럼 하고, 무엇을 산 사람은 그것을 가지고 있지 않은 사람처럼 하고, 세상을 이용하는 사람은 그렇게 하지 않는 사람처럼 하도록 하십시오. 이 세상의 형체는 사라집니다"(고전 7:29-31).

묵상

돌발 상황에 죄성으로 반응하던 이삭이 달라졌다. 그는 행악자들 앞에서 온유한 자로 행동한다. 우물을 두고 분쟁하지 않고 양보한다. 하나님이 넓은 곳을 주시기까지. 아내를 누이로 속였던 아브라함도 달라졌다. 그는 하나님을 경외함으로써 독자라도 아끼지 않는 복종을 하였다. 이들은 죄성으로 반응했어도 하나님이 함께하시며 인도하시는 역사를 보았기 때문이다.

어제는 코로나 이후 2년 만에 소풍교회 김창현 목사와 교제하였다. 그 사이 그는 책을 또 하나 내어 내게 건네주었다(《평범을 두려워하지 않는 영성》). 그에게는 목회자로서 성도와 교회들에 대한 긍휼이 가득하였다. 교회마다 거룩함의 정도가 다르고 성도마다 다르기 때문에, 교회나 성도는 함부로 판단해서는 안 된다고 하였다. 5%의 거룩에 이르는 교회도 있고, 95%의 거룩에 이른 교회도 있다는 것이다. 문제는 목사가 복음을 전하고 있느냐는 것이다. 오직 복음만이 인간의 죄성을 파괴하고 새 생명으로 살게 한다. 나는 복음의 목적이 생명이고, 생명을 살게 하는 진리라고 하며 실제 성도들이 생명으로 살 때 복음의 부요함을 누리고 거룩함에 이른다고 하였다. 그도 여기에 전적으로 공감하며 복음 자체만을 내세우는 사역의 한계를 인정하였다. 하늘을 봐야 별을 딴다. 뽕밭에 가야 님도 보고 뽕도 딴다. 복음을 알아야 초월신앙의 실제로 들어간다. 복음에 무지하면 초월신앙은 관념으로 남는다. 그것은 기독교 비판자들이 말하는 허상이다. 허상을 붙들고 현실의 삶을 외면하는 무모한 신앙이다.

나 역시 오랫동안 복음의 목적을 오해하였다. 복음이 도달하는 영생의 삶을 알지 못하였다. 내게 초월신앙은 관념이었다. 겨우 죽어서 가는 어떤 세계로만 생각하였다. 그러니 장막의 삶을 부끄러워하였고 이생에서 안정과 평안과 부를 갈구하였다. 그런 자가 주의 자비와 긍휼을 입었다. 심판의 자리에 복음이 영으로 계시되고 영원한 생명에 이르렀다. 장차 하나님이 예비하실 성이 관념이 아니라 실제가 되었다. 날마다 생명의 교제를 통해 그리로 들어간다. 눈으로 보고 귀로 듣고 주목하여 손으로 만진바 된다(요일 1:1). 어떤 면에서는 돌발 상황에 닥칠 때 여전히 죄성으로 반응한다. 무의식의 자기로 반응하여 격동하기도 한다. 하지만 주님은 그런 나를 아시고 용납하신다. 주님의 품에서 다시 일어난다. 아브라함이 경외하여 복종하듯, 이삭이 온유함으로 땅을 차지하듯, 새롭게 된 자기이해로 나아간다. 하나님의 섭리 안에서 현재의 사건을 조망한다. 매이지 않고 자유하며 오직 주의 일에 전심전력으로 나를 드린다.

53

26:23-35

23 이삭이 거기서부터 브엘세바로 올라갔더니
24 그 밤에 여호와께서 그에게 나타나 이르시되 나는 네 아버지 아브라함의 하나님이니 두려워하지 말라 내 종 아브라함을 위하여 내가 너와 함께 있어 네게 복을 주어 네 자손이 번성하게 하리라 하신지라
25 이삭이 그 곳에 제단을 쌓고, 여호와의 이름을 부르며 거기 장막을 쳤더니 이삭의 종들이 거기서도 우물을 팠더라
26 아비멜렉이 그 친구 아훗삿과 군대 장관 비골과 더불어 그랄에서부터 이삭에게로 온지라
27 이삭이 그들에게 이르되 너희가 나를 미워하여 나에게 너희를 떠나게 하였거늘 어찌하여 내게 왔느냐
28 그들이 이르되 여호와께서 너와 함께 계심을 우리가 분명히 보았으므로 우리의 사이 곧 우리와 너 사이에 맹세하여 너와 계약을 맺으리라 말하였노라
29 너는 우리를 해하지 말라 이는 우리가 너를 범하지 아니하고 선한 일만 네게 행하여 네가 평안히 가게 하였음이니라 이제 너는 여호와께 복을 받은 자니라
30 이삭이 그들을 위하여 잔치를 베풀매 그들이 먹고 마시고
31 아침에 일찍이 일어나 서로 맹세한 후에 이삭이 그들을 보내매 그들이 평안히 갔더라
32 그 날에 이삭의 종들이 자기들이 판 우물에 대하여 이삭에게 와서 알리어 이르되 우리가 물을 얻었나이다 하매
33 그가 그 이름을 세바라 한지라 그러므로 그 성읍 이름이 오늘까지 브엘세바더라
34 에서가 사십 세에 헷 족속 브에리의 딸 유딧과 헷 족속 엘론의 딸 바스맛을 아내로 맞이하였더니
35 그들이 이삭과 리브가의 마음에 근심이 되었더라

53

그리스도의 낮아짐과 높아짐, "주의 뜻대로" 복종하는 자를 주께서 높이신다!

∶ 주해

　창세기 26장은 이삭의 일대기이다. 27장에서는 야곱을 축복하는 노년의 이삭이 나오고, 35장에서는 이삭의 사망에 관해 짧게 언급한다. 족장들의 역사에서 이삭은 아버지 아브라함과 아들 야곱에 비해 덜 중요한 인물로 묘사된다. 26장의 전반부에서 이삭은 소심하고 두려워하고 양보하는 다소 무력한 모습이다. 그런데도 이삭은 아브라함이나 야곱이 누리지 못한 큰 복을 누렸다. 물론 아브라함의 순종이 그 배후에 있었으나 분명 이삭에 대한 하나님의 축복이라고 할 수 있다.

　26장의 후반부에서 반전이 일어난다(23-33절). 약하고 무력한 이삭이 이방 왕에 의해 높임을 받는다. 블레셋 사람들에게 손해보고 양보하던 이삭이 그랄에서 브엘세바로 돌아왔다(23절). 브엘세바는 이삭이 아버지 아브라함과 함께 살았던 곳이다(21:33). 하나님은 이삭에서 다시 나타나셔서 그에게 복을 주시고 그의 후손을 번성케 하리라고 약속하신다(24절). 하나님이 아브라함을 위하여 이삭과 함께하시며 그에게 자손의 복을 주실 것이다. 여기서 "아브라함을 위하여"라는 의미는 아브라함에게 하신 자손의 약속을 뜻한다. 이삭이 그곳에 제단을 쌓고 여호와의 이름을 부른다. 그가 이곳에 장막을 치니 종들이 거기서 우물을 팠다(25절).

25절은 32절로 자연스럽게 연결된다. 그 사이 26-31절은 아비멜렉이 이삭을 높이고 그와 언약을 체결하는 장면이다. 블레셋 왕 아비멜렉과 족장 이삭의 입장이 반전한다. 이삭은 그랄 백성을 두려워하여 아내를 누이로 속였다. 아비멜렉은 정의롭게 이삭을 선대하였다. 그러나 이삭이 거부가 되고 자기 백성과 이삭이 다투자 그는 이삭을 떠나보냈다. 이후 이삭은 우물 분쟁에서 무력할 정도로 손해보고 양보하였다. 그런데 아비멜렉이 신하들과 함께 이삭을 찾아왔다. 그와 동행한 아훗삿은 문관을 대표하는 신하이고 비골은 무관을 대표하는 신하로 보인다. 이삭은 주도권을 가지고 그들을 나무라며 말한다. "당신들이 나를 미워하여 이렇게 쫓아내고서, 무슨 일로 나에게 왔습니까?"(27절). 그들은 여호와께서 이삭과 함께하심을 분명히 보았다고 하며 이삭과 맹세의 언약을 맺기를 바란다(28절). 전에 이삭이 두려워하던 자들이 이제는 이삭을 두려워한다. 실상 그들은 이삭과 함께하시는 하나님을 두려워한다. 그래서 이삭이 하나님께 복을 받았다고 말한다(29절). 높은 자가 낮아지고 낮은 자가 높아진다. 인간의 운명은 변하지 않는 것이 아니다. 인간의 운명은 세계의 창조자이시며 운명의 주권자이신 하나님의 손에 달려있다(삼상 2:6-8).

아비멜렉에 의해 높아진 이삭은 결코 의기양양하지 않는다. 자기가 잘나서 높아진 것이 아님을 알기 때문이다. 그는 도리어 아비멜렉과 그의 일행을 위해 잔치를 배설한다. 그들은 먹고 마시고 아침에 일찍 일어나 이삭과 더불어 맹세의 언약을 체결하고 자기 땅으로 돌아갔다(31절). 맹세의 언약이 체결된 날, 이삭의 종들이 이삭에게 와서 우물 판 일을 보고한다(32절). "우리가 물을 얻었나이다"(32절). 이삭이 이곳 이름을 "세바"라 하였다. 세바는 "맹세" 또는 "일곱"을 뜻한다. 하여 그 성읍이 지금까지 브엘세바(일곱 우물 또는 맹세의 우물)로 불린다. 이 이름은 아버지 아브라함이 판 우물 이름과 같다(21:18). 이삭은 물이 없어 흉년이 든 브엘세바를 떠나 그랄로 이동하였다. 그러나 이제는 브엘세바에 풍부한 물을 공급받을 수 있는 우물이 생겼다. 이는 미래에 성취될 땅의 약속을 바라보게 한다.

34-35절은 에서가 헷 족속으로부터 두 아내를 얻는 이야기이다. 에서는 40세에 헷 족속 브에리의 딸 유딧과 헷 족속 엘론의 딸 바스맛을 아내로 맞이하

였다. 이 일은 이삭과 리브가의 마음에 근심이 되었다. 왜냐하면, 이방 여인들은 순수 혈통이 아니기 때문이었다. 에서의 결혼에 대한 언급은 리브가가 순수 혈통을 아내로 얻도록 야곱을 내보내는 이유가 되었다(27:46).

창세기 22장에서 아브라함이 이삭을 제물로 바칠 때 이삭은 장성하였다. 이삭은 스스로 의사결정을 할 수 있었다. 그런데도 그는 아버지의 뜻에 잠잠히 순종하였다. 26장에서는 이삭의 순종은 감추어지고 아브라함이 하나님을 경외함으로 순종한 것으로 묘사된다(22:12, 26:5). 이삭은 자기 목숨을 내어주기까지 순종하였으나, 아버지 아브라함의 순종으로 인해 복을 받았다(26:4-5). 이삭의 순종은 아브라함의 순종 안에 감추어져 있다. 아브라함이 독자 이삭을 아끼지 아니하고 하나님을 경외함으로 복종하였다. 하늘에 계신 아버지는 독생자를 아끼지 아니하시고 세상에 보내셨다. 아들 예수는 친히 제물이 되셔서 십자가에서 죽으셨다(히 10:10). 이는 하나님이 세상을 사랑하사 그를 믿는 자마다 영원한 생명을 얻도록 하기 위함이었다(요 3:16).

이삭의 약함 안에 하나님의 능력이 머문다. 그는 약함에도 불구하고 거부가 되었다. 그가 파는 곳마다 우물이 솟아났다. 하지만 그때마다 무도한 자들에게 빼앗겼다. 그는 무력하게 양보하였다. 긍정적으로 해석하면 그는 온유함으로 반응하였다. 그는 마침내 브엘세바로 와서 하나님을 예배하였다(그의 이름을 불렀다). 이후 그는 세상 왕 아비멜렉에 의해 높임을 받았다. 제물로 바쳐진 이삭, 온유와 겸손의 표상으로서 이삭은 장차 오실 그리스도의 모형이다.

하나님의 아들 예수 그리스도는 세상의 창조주요 세상을 다스리는 섭리주이시다(요 1:3, 히 1:2-3). 하지만 그는 약하고 비천한 "사르크스"(육체)로 세상에 오셨다(요 1:14). 그는 세상을 창조하셨으나 세상은 그를 알아보지 못하였다. 예수 그리스도는 하나님의 본체의 형상이다(빌 2:6). 하지만 그는 하나님과 동등 됨을 취하지 않고 종의 모습으로 세상에 오셨다. 그는 하나님께 복종하되 십자가에 죽기까지 복종하셨다(빌 2:7-8). 그런데 반전이 일어난다. 이는 이삭의 반전이다. 하나님이 그를 지극히 높이시고 그를 모든 이름 위에 뛰어난 이름, 곧 "주"로 칭하셨다. 하늘과 땅과 땅 아래의 모든 자가 주의 이름 앞에 무릎을 꿇고 복종한다(빌 2:9-11).

예수 그리스도의 십자가는 하나님께 대한 완전한 복종이다. 이는 무의미한 복종이 아니다. 그를 믿는 자에게 죄 사함과 영생을 주는 아버지의 뜻을 이루기 위한 복종이다. 복종의 대상은 아버지이고 복종의 내용은 아버지의 뜻이다. 하나님의 뜻을 이루기 위해 십자가에 달리신 그리스도는 하나님의 지혜와 능력이다(고전 1:24). 그리스도께서 약하심으로 십자가에 못 박히셨으나 하나님의 능력으로 살아계신다(고후 13:4). 우리도 그리스도와 함께 약하나 하나님의 능력으로 그와 함께 산다(고후 13:4).

우리가 그리스도 안에서 약해지는 것은 주의 뜻을 이루기 위함이다. 우리가 십자가에 죽기까지 복종하는 것은 하늘 아버지의 뜻을 이루기 위함이다. 그것은 영생을 얻고 생명의 교제를 준행하기 위한 복종이다. 따라서 그리스도인의 복종은 태도 자체보다 복종의 대상이나 내용이 더 중요하다. 주의 뜻과 무관한 대상과 주의 뜻과 무관한 내용에 대한 복종은 어떤 의미도 없다. 다시 높아질 리도 없다. 도리어 악에 악을 더할 뿐이다. 따라서 신자가 조직과 제도 자체, 관행이나 불의한 전통, 특정한 지도자에 대해 복종하는 것은 도리어 하나님의 뜻에 반하는 일이다.

고린도교회 안에 지극히 큰 사도를 자칭하는 지도자들이 들어왔다. 이들은 사도의 직분을 악용하여 신자들에게 내재성을 강화하는 복종을 요구하였다. 공동체 안에서 지도자가 내재성을 강화하는 것은, 자기를 지키고 자기를 드러내는 것을 말한다. 이들은 육신에 속한 자기주장, 곧 자기 의로 행한다. 그것은 공동체 구성원을 특정한 지도자에게 종속시키는 패역한 행태이다. 그런데 고린도교회 성도들은 이런 지도자를 추종하였다. 그들은 거짓 사도들이 전하는 다른 예수, 다른 영, 다른 복음을 잘도 용납하였다(복종하였다)(고후 11:4). 그들이 자신들을 종으로 삼거나 잡아먹거나 빼앗거나 스스로 높여 뺨을 칠지라도 사도의 권위를 인정하며 잘도 용납하였다(고후 11:20).

한국교회는 복종의 내용에 있어 아디아포리즘의 영향이 매우 강하다. 아디아포리즘은 그리스어 "아디아포라"(adiapora)에서 기원한다. 아디아포라는 "대수롭지 않은, 사소한"의 뜻이다. 하여 기독교 신앙에서 중요하지 않은 것, 비본질적인 것을 가리켜 "아디아포라"로 부른다. 기독교 신앙에서 "아디아포리즘"은 성경에서 분명히 말씀하지 않은 규칙을 계명처럼 중요시하는 자세를 말한다. 이것은 말씀의 본질이 아니라 사람의 계명이다. 한국교회의 아디아포리즘

은 주일을 안식일로 지키는 것, 술과 담배를 교회법으로 금지하는 것 등이다
(김영재, 〈되돌아보는 한국기독교〉). 물론 아디아포리즘은 경건한 신앙생활과 윤리적
인 생활을 지향하는 선한 동기에서 나온다. 나름 유익한 것도 있다. 그러나 그
리스도인이 신앙의 본질을 알지 못하거나 거기에 충실하지 않으면 아디아포
라가 신앙을 규정해버린다. 복종의 내용이 아디아포라가 되는데, 이는 헛되이
하나님을 경배하는 것이다. 예수께서는 이런 사람들을 엄히 책망하시며 경고
하셨다. "사람의 계명으로 교훈을 삼아 가르치니 나를 헛되이 경배하는도다
하였느니라"(막 7:7).

그리스도인이 복종해야 할 한 가지는 말씀을 통한 생명의 교제이다(시 27:4,
히 10:35). 그러나 이것이 없으면 부득불 사람에게 복종하고 비본질적인 아디아
포라를 목숨 걸고 복종한다. 목사에게 복종하고 교회가 정한 규칙에 복종하는
것을 최고의 덕목으로 알고, 그런 사람에게 직분을 부여한다. 목사가 보는 데
에서 잘해야 좋은 신자다! 이런 식의 신앙은 하나님을 헛되이 경배하는 것으
로 퇴출되어야 마땅하다. 진리에 복종하고 주님께 복종하는 자, 그는 낮아지고
비천해져도 주님이 일으키신다. 하지만 사람에게 복종하고 아디아포라에 복
종하는 자는, 더욱 비참해질 뿐이다. 하나님과 무관한 비천함은 절망을 낳는
다. 그는 주님의 겸손과 아무런 관계가 없는 거짓 겸손과 꾸며낸 겸손으로 육
체를 탐닉하는 자이다(골 2:23).

∶ 묵상

예수께서 오직 아버지의 뜻에 복종하셨다. 십자가에서 죽기까지 복종하셨
다. 그러나 아버지는 그를 높이셔서 주가 되게 하셨다. 나는 누구를 위하여, 무
엇 때문에 몸을 불사르게 내어주는 복종을 하였던가! 말씀이 지난날의 나를
고발한다. 나는 자타가 공인하는 열심을 내었으나 정작 복종의 내용은 허탄한
것이었다. 교회 부흥이라는 비본질적인 것을 위해 그토록 열심을 내었다. 아버
지의 뜻이 영생인데, 그 뜻을 모르니 사람의 계명에 복종을 다하였다. 아, 심판
밖에 받을 것이 없는 자였다. 그런데도 그렇게 열심히 하면 이생의 복을 받을

줄 착각하였다. 마침내 공의의 심판이 임하였다. 그러나 긍휼이 풍성하신 하나님이 그 크신 사랑으로 나를 살리셨다. 그리스도와 함께 살리시고 하늘에 앉히는 구원을 이루셨다. 복음을 통해 생명으로 인도하시고, 날마다 생명의 교제로 이끄셨다.

이제는 무엇을 위해 복종해야 하는지 안다. 다윗이 구한 유일한 한 가지가 내가 구한 유일한 한 가지이다. 다윗이 구한 한 가지는 평생 하나님의 집에 살며 성전의 아름다움을 보는 것이었다(시 27:4). 이제 내가 구한 한 가지도 그러하다. 생명의 교제를 통해 아버지 집에 거하며, 삼위 하나님의 페리 코레시스에 참여하는 것이다. 오늘부터 삼 일간 복음생명 안성캠프를 섬긴다. 참석하는 목회자들과 성도들이 복음을 통해 생명에 이르기를 간구한다. 특히 분주한 목회의 현장에 있는 목회자들이 무엇을 위해 복종해야 하는가 돌아보길 간구한다. 복음이 희미하고 복음의 목적이 상실된 시대, 이들 목회자를 통해 성경이 증거하는 복음이 선포되고 생명의 역사가 불일 듯 일어나는 교회가 세워지기를 간구한다.

54

27:1-17

1 이삭이 나이가 많아 눈이 어두워 잘 보지 못하더니 맏아들 에서를 불러 이르되 내 아들아 하매 그가 이르되 내가 여기 있나이다 하니
2 이삭이 이르되 내가 이제 늙어 어느 날 죽을는지 알지 못하니
3 그런즉 네 기구 곧 화살통과 활을 가지고 들에 가서 나를 위하여 사냥하여
4 내가 즐기는 별미를 만들어 내게로 가져와서 먹게 하여 내가 죽기 전에 내 마음껏 네게 축복하게 하라
5 이삭이 그의 아들 에서에게 말할 때에 리브가가 들었더니 에서가 사냥하여 오려고 들로 나가매
6 리브가가 그의 아들 야곱에게 말하여 이르되 네 아버지가 네 형 에서에게 말씀하시는 것을 내가 들으니 이르시기를
7 나를 위하여 사냥하여 가져다가 별미를 만들어 내가 먹게 하여 죽기 전에 여호와 앞에서 네게 축복하게 하라 하셨으니
8 그런즉 내 아들아 내 말을 따라 내가 네게 명하는 대로
9 염소 떼에 가서 거기서 좋은 염소 새끼 두 마리를 내게로 가져오면 내가 그것으로 네 아버지를 위하여 그가 즐기시는 별미를 만들리니
10 네가 그것을 네 아버지께 가져다 드려서 그가 죽기 전에 네게 축복하기 위하여 잡수시게 하라
11 야곱이 그 어머니 리브가에게 이르되 내 형 에서는 털이 많은 사람이요 나는 매끈매끈한 사람인즉
12 아버지께서 나를 만지실진대 내가 아버지의 눈에 속이는 자로 보일지라 복은 고사하고 저주를 받을까 하나이다
13 어머니가 그에게 이르되 내 아들아 너의 저주는 내게로 돌리리니 내 말만 따르고 가서 가져오라
14 그가 가서 끌어다가 어머니에게로 가져왔더니 그의 어머니가 그의 아버지가 즐기는 별미를 만들었더라
15 리브가가 집 안 자기에게 있는 그의 맏아들 에서의 좋은 의복을 가져다가 그의 작은 아들 야곱에게 입히고
16 또 염소 새끼의 가죽을 그의 손과 목의 매끈매끈한 곳에 입히고
17 자기가 만든 별미와 떡을 자기 아들 야곱의 손에 주니

54

하나님의 말씀이
"애매성"(상투적인 말)에 빠질 때

: 주해

창세기 11:50-50:26은 이스라엘 족장들의 이야기이다. 족장들은 아브라함, 이삭, 야곱이다. 족장들의 이야기에서 이삭의 이야기는 아브라함과 야곱에 비하여 현저히 적게 다루어진다. 이삭의 생애에 단지 한 장(26장)을 할애하고, 죽기 직전 자식에 대한 축복권 행사가 한 장(27장)을 할애한다. 게다가 27장은 내용적으로 아버지 이삭의 축복권을 쟁취한 야곱과 관련된 이야기이다.

27장은 네 명의 인물이 교차적으로 등장한다. 1-4절은 이삭과 에서, 5-17절은 리브가와 야곱, 18-29절은 이삭과 야곱, 30-41절은 이삭과 에서, 42-45절은 리브가와 야곱이 대면한다. 노년의 이삭은 에서에게 마음껏 축복하고자 사냥한 고기로 별미를 만들어오라고 지시한다(1-4절). 리브가는 야곱이 대신 축복을 받게 하려고 속임수를 쓴다(5-17절). 이삭이 야곱을 에서로 잘못 알고 야곱에게 축복한다(18-29절). 축복을 빼앗긴 에서가 아버지의 축복을 구한다(30-41절). 리브가가 에서를 피하여 야곱을 도망하게 한다(42-45절). 마지막 구절(46절)은 리브가가 야곱의 결혼에 대해 언급하며, 28장의 표제어 역할을 한다.

이삭이 나이가 많아 눈이 어두워졌고 앞을 보지 못하였다(1절). 이삭이 장자 에서를 불러 사냥한 고기로 별미를 만들어오라고 지시했다. 그리하면 그것을 먹고 에서를 마음껏 축복하겠다는 것이다(4절). 고대인들은 죽음을 앞둔 사람에게 예언의 은사가 있다고 보았다(창 48장, 신 33장, 삼하 23장). 아버지가 임종 전 아들을 축복하는 것은 자연스러운 관습이었다. 믿음의 조상들에게 임종 전 예언이나 축복은 여호와 앞에서 행하는 것으로써 번복이 불가하였다(27:7, 33). 또한, 부모의 예언이나 축복은 모든 자녀를 대상으로 하였다. 그런데 이삭은 오직 장자 에서를 불러 축복하겠다고 하였다. 한편 임종하는 자의 축복의 능력은 신체적 상태와 무관하지 않다. 그래서 이삭은 별미를 먹고 기력을 돋우려 하였다. 이삭은 본래 사냥한 고기를 좋아했으므로 에서를 편애하였다(25:28). 이제 에서는 별미를 만들고자 사냥터로 나갔다.

5-29절은 에서가 사냥하러 나간 사이에 일어난 일이다. 리브가는 장막 밖에서 이삭과 에서의 대화를 엿들었다. 그리고 집 안에 있는 야곱을 불러 아버지와 형의 대화를 전했다. 리브가의 전달은 명확하지 않다. 자의적으로 바꾸어 전한다. "기구를 가지고 사냥하라"는 말을 빠뜨린다. "내 마음껏 축복하게 하라"를 "내가 여호와 앞에서 축복하게 하라"로 바꾼다. "내 마음껏"을 "나"로 바꾸고 "여호와 앞에서"를 덧붙인다. 이로써 이삭이 하려는 축복의 강도를 약화시키고(나), 축복의 중요성(여호와 앞)을 강조한다. 그러면서 리브가는 야곱에게 명령한다. 야곱이 사냥한 짐승이 아니라 집 안에 있는 염소 새끼 두 마리를 가져오면 자기가 별미를 만들 것이다. 그것을 이삭에서 주어, 에서 대신 야곱이 복을 받으라고 명한다. 여기서 리브가가 야곱에게 명령한 것(히, 짜바)은 구약성경에서 유일하게 여성형 분사를 사용하고 있다. 리브가는 자신의 계책을 실행하기 위해 어머니의 권위를 총동원하는 것으로 묘사된다(고든 웬함).

그런데 리브가의 계책은 야곱에게 전달되면서 딜레마에 봉착했다. 리브가는 대담하게 남편을 속이려 하였으나 야곱은 아버지를 속이는 일을 꺼린다. 아무리 아버지가 나이가 들었어도 형과 아우를 구별하지 못하겠는가? 그런 생각이 들었다. 그래서 어머니의 제안에 의문을 제기했다. 아버지가 눈이 멀었어도 자기를 만지면 털이 많은 형과 매끈매끈한 아우를 구별하지 못하겠느냐는 것이다(11절). 야곱은 아버지의 눈을 속이는 자로 비쳐 축복은커녕 저주를 받을 것이라고 불안해했다(12절). "야곱"은 "속이는 자"라는 뜻도 있다(27:36). 속이는 자 야곱이 아버지를 속이는 일을 두려워한 것이다.

그렇다고 물러설 리브가가 아니다. 리브가는 불안과 두려움에 싸인 야곱을 안심시키며 명령대로 할 것을 촉구했다. 만일 거짓이 들통나 야곱이 저주를 받게 되면 리브가 자신이 저주를 받겠다고 말했다(13절). 축복이든 저주이든 다른 사람에게 돌릴 수 없다. 실제 야곱이 아버지를 속여 축복을 받았으나 에서에게 돌리지는 못했다. 저주 역시 마찬가지이다. 따라서 "저주는 내게로 돌리리니"라는 리브가의 말은 야곱으로 하여금 자신의 계획을 실행하게 하기 위한 욕망의 잔인함을 나타낸다(고든 웬함). 그러면서 "내 말만 따르고 가서 가져오라"라고 하며 아들을 다그쳤다.

14-17절, 야곱은 어머니의 명령을 따랐고 리브가의 계책은 그대로 실행되었다. 야곱이 가서 염소 새끼 두 마리를 잡아 어머니에게 끌고 왔다(14절). 리브가는 그것으로 이삭의 입맛에 맞게 별미를 만들었다.

그런 다음 리브가는 야곱을 에서로 위장시켰다. 그녀가 집에 간직해둔 에서의 옷 가운데 가장 좋은 것을 꺼내어 야곱에게 입혔다(15절). 또한, 리브가는 염소 새끼 가죽을 야곱의 매끈한 손과 목덜미에 둘러 주었다(16절). 그리고 자신이 친히 마련한 별미와 떡을 야곱의 손에 들려주었다(17절).

창세기 27장에서 족장들의 모습은 도덕적으로, 신학적으로 선뜻 이해할 수 없다. 이삭은 본래부터 사냥한 고기로 식욕을 채워주는 에서를 편애하였다(25:28). 에서가 팥죽 한 그릇을 위해 장자권을 넘겼듯이, 이삭도 별미 한 그릇으로 축복권을 얻었다. 그 아버지에 그 아들이다. 에서는 아버지의 독점적인 축복의 약속을 기뻐하며 사냥터로 내달렸을 것이다. 그렇다면 리브가는 어떠한가? 그녀에게 처녀 때의 미덕은 온데간데없다. 무슨 남편과 장자에게 한이라도 맺힌 듯이 교묘한 계책을 꾸민다. 리브가는 야곱이 원하지도 않았는데 아버지의 축복을 대신 받게 하는 기만의 술책을 사용한다. 야곱은 기만을 불안해 하고 두려워하였으나 리브가는 눈 하나 깜짝하지 않고 대담하게 행동한다.

이어지는 27장의 이야기에서도 네 사람이 본능과 정욕으로 행동하는 이야기가 계속된다. 야곱도 대담해졌다. 그는 가증하게도 하나님의 이름을 들먹이며 아버지를 속인다(20절, "아버지의 하나님 여호와께서 나로 순조롭게 만나게 하셨음이니이다"). 이삭은 별미에 마음을 빼앗겨 자세히 확인도 안 하고 야곱에게 축복한다. 에서는 축복권을 빼앗긴 것을 한탄하며 야곱을 증오한다. 리브가는 야곱의 생명을 보전하려고 남편을 속여 야곱을 멀리 떠나게 한다.

야곱의 축복은 그가 태어나기도 전에 하나님의 말씀으로 이미 정해졌다. 리브가가 쌍둥이를 잉태하였을 때 그녀는 하나님으로부터 약속의 말씀을 받았다. "두 민족이 너의 태 안에 들어 있다. 너의 태 안에서 두 백성이 나뉠 것이다. 한 백성이 다른 백성보다 강할 것이다. 형이 동생을 섬길 것이다"(25:23). 그런데 정작 리브가는 약속의 말씀을 전혀 알지 못한 듯이 행동했다. 설령 알았어도 권모술수를 사용하여 스스로 쟁취하려고 했다. 그녀의 대담무쌍한 속임수는 약속의 말씀을 확실히 믿어서였을까? 그러나 하나님의 약속은 하나님이 자신의 방식대로 이루셨다. 하나님의 약속을 인간의 방식으로 이루려는 것은 오만이고 불신앙이다. 그런데도 하나님께서는 족장들을 선하심과 인자하심으로 이끄셨다. 다만 그들의 불신앙은 징계로 돌아왔다. 리브가는 기만의 계책에 성공했으나 두 아들이 한날에 죽을 수도 있는 위기에 맞닥뜨렸다. 거친 풍파가 조용하던 집안을 뒤흔들었다. 이후 야곱도 집을 떠나 속임을 당하는 자로 20년을 보낸다. 이삭과 리브가의 모습에서 약속의 말씀을 온전히 믿는 믿음은 보이지 않는다. 그래도 하나님은 그들을 통해 약속을 이루어가신다. 다만 그들은 징계의 고통 속에서도 약속의 통로가 된다. 왜 이삭과 리브가는 약속을 저버렸는가? 그것은 말씀을 온전히 신뢰하지 못하는 인간의 연약함으로 인함이다. 어디 리브가뿐이겠는가? 말씀을 온전히 알지 못하고 온전히 신뢰하지 못하는 비극은 에덴에서부터 시작하였다.

아담과 하와는 선악을 아는 지식의 나무 실과를 먹지 말라는 말씀을 받았다. 먹는 그 날에는 반드시 죽는다!(창 2:17) 뱀이 여자를 유혹하였다. 뱀은 하나님이 하신 말씀을 되뇌며 여자를 유혹하였다(창 3:1). 여자는 하나님의 말씀에 자기 생각을 덧붙이거나 약화시켜 말했다. "만지지도 말라, 죽을까 하노라"(창 3:3). 뱀의 유혹은 하나님께 받은 말씀을 헛되이 하는 데 있다. 그때 약속의 말씀은 경외함으로 복종하는 것이 아니라 "애매성"에 빠진다.

"애매성"은 마틴 하이데거의 실존론적 철학에서 중요한 개념이다. 사실 20세기 이후 모든 철학은 하이데거의 철학에 기초한다(《존재와 시간》). 그의 철학은 신학에도 지대한 영향을 끼쳤다. 그에게 존재는 현존재이다. 현존재는 "세계 안의 존재"이다. 인간이 세계를 만나는 것이 아니라, 인간은 처음부터 세계와 관계 속에서 존재한다. 인간은 세계 안에 "내던져 있음"의 존재이다. "내던져 있음의 존재"로서 인간은 세속성에 빠져있다. 그는 비본래적 인간이다. 비본래적 인간은 독자적으로 존재하지 못한다. 그에게 홀로 있음은 두려움이다. 인간은 자신을 직면할 때 부담스럽고 고통스럽고 비참하다. 하여 자신이 빠져있는 대상과 평균화를 이루면서 존재 부담에서 도피한다. 그들이 빠져 있는 대상은 세계성이다. 인간은 세계 속에 "빠져있음"으로 존재한다.

세계성은 "잡담, 호기심, 애매성"이다. 이것들에 빠져 있으면서 참된 존재를 망각한다. 잡담은 직접 보고 깨달은 담론이 아니라, 다른 사람이 이해한 바를 그대로 받아들이는 것이다. 다량으로 쏟아지는 정보는 모두 잡담이다. 누군가에게 전달받은 대로 말하는 것이다. 그러면서 사태를 이해했다고 주장한다. 이해하지 못하였으나 이해했다고 생각한다. 이것은 생생한 이해를 은폐한다. 다음으로 호기심은 더 이상 이해하기를 멈추고 새로운 것을 찾아 나서는 것이다. 한곳에 머물면서 충분한 시간을 갖고 이해하기를 애쓰기보다 새롭게 쏟아지는 정보를 유희한다. 새로 나오는 영화나 드라마에 열광한다. 그것들을 이해하기보다 보기 위해 본다. 남들이 보니까 본다. 삶은 분망하나 공허의 폭은 더욱 커진다. 마지막으로 "애매성"이다. 생생한 이해 부족에서 오는 생명력 없는 말은 결국 무엇이 이해되고 무엇이 이해되지 않는 "애매성"에 갇혀 버린다. 깊은 이해의 가능성은 갈수록 희박해진다. 애매성을 표현하는 적절한 말은 "상투적인 말"이다.

기독교 진리에서도 "애매성"을 배제할 수 없다. 하나님의 말씀, 특히 진리에 관한 용어가 상투적인 말로 들린다. "복음, 구원, 생명, 하나님 나라, 죄, 사망, 심판"과 같은 단어는 상투적인 말로 오용된다. 영으로 직접 알지 못하기 때문이다. 폴 틸리히는 기독교의 용어가 심연을 건드리지 않으면 죽은 언어, 곧 화석화된 언어라고 하였다. 그것들은 이해하는 것 같으나 이해되지 않는다. 입에서는 닳고 닳은 타이어처럼 되풀이하나, 생생한 이해에 이르지 못한다. 약속의 말씀이 애매성에 빠지면 누구나 육적으로 행한다. 이삭과 리브가가 그러하였다. 그들은 분명히 약속의 말씀을 받았다. 그러나 온갖 인간적 소욕이 춤을 춘다. 그러면서 고통을 당한다. 이제 약속의 말씀은 그리스도를 통해 완성되었다. 그 핵심은 복음을 통해 얻는 생명이다.

그러나 복음과 생명의 말씀이 잡담, 호기심, 애매성에 빠지면, 다 아는 것 같으나 모른다. 이해한 듯하나 이해하지 못한다. 이해하지 못하나 이해했다고 착각한다. 그런 말은 생명력을 상실한 상투적인 말이다. 상투적인 설교를 아무리 많이 들어도 신자들은 결코 변하지 않는다. 신자의 영광, 창세전 선택받아 하늘에 앉히운 자의 영광은 어디에서도 찾아볼 수 없다. 그 귀한 생명을 얻었으나 여전히 육적으로 살아간다. 거기에 고통이 그치지 않는다. 진리에 관한 애매성에서 벗어나는 길은 생명의 말씀을 영으로 아는 것이다. 신자 자신이 직접 말씀 앞에 나아갈 때, 진리의 영이 알게 한다. 진리가 그를 자유케 한다.

묵상

나는 복음도 알고 생명도 문자로 알았다. 그러나 직접 말씀 앞에 나아가 영으로 알기까시 애매싱에 삐저있었다. 다른 사람이 깨달은 것, 다른 목사의 설교를 조합하여 설교로 전하였다. 잡담, 호기심, 애매성에 빠진 상투적인 말이었다. 그런 설교는 바람처럼 날아갔다. 영적으로 분별하지 못하는 신자들은 은혜를 받았다고 하나 대체 무슨 은혜를 받은 것인지, 돌아보면 수치로 얼굴이 붉어진다. 하나님의 심판이 임하고 무덤에 누운 자 되었다. 영으로 계시된 말씀이 임하자, 비로소 애매성에서 벗어났다. 진리는 영으로 계시되어 내 것이 될 때 진정한 진리이다. 진리 안에서 자유케 되었다. 생명의 교제를 통해 독생자의 영광을 본다. 독생자 안에 충만한 인자와 신실로 충만해진다. 당장 알 수 없으나 범사에 주의 인자와 신실이 충만함을 믿는다.

코로나 이후 2년 7개월 만에 안성 캠프가 열렸다. 아직도 코로나 여진이 있어서인지 대형 수양관은 썰렁하였다. 캠프에는 중부지역 목회자 6명과 성도 4명이 참석하였다. 성령께서는 평상시 강의 순서와 달리 "복음 → 생명 → 생명의 교제"로 강의를 인도하셨다. 복음을 다 안다고 하고 생명을 안다고 해도 직접 말씀을 통해 깨닫지 못하면 애매성에 갇힌다고 선포하였다. 생명의 말씀이라고 설교하나 잡담, 호기심, 애매성에서 빠진 것이라고도 하였다. 오늘과 내일 계속해서 증거되는 생명의 말씀이 영으로 계시되기를 간구한다.

55

27:18-29

18 야곱이 아버지에게 나아가서 내 아버지여 하고 부르니 이르되 내가 여기 있노라 내 아들아 네가 누구냐
19 야곱이 아버지에게 대답하되 나는 아버지의 맏아들 에서로소이다 아버지께서 내게 명하신 대로 내가 하였사오니 원하건대 일어나 앉아서 내가 사냥한 고기를 잡수시고 아버지 마음껏 내게 축복하소서
20 이삭이 그의 아들에게 이르되 내 아들아 네가 어떻게 이같이 속히 잡았느냐 그가 이르되 아버지의 하나님 여호와께서 나로 순조롭게 만나게 하셨음이니이다
21 이삭이 야곱에게 이르되 내 아들아 가까이 오라 네가 과연 내 아들 에서인지 아닌지 내가 너를 만져보려 하노라
22 야곱이 그 아버지 이삭에게 가까이 가니 이삭이 만지며 이르되 음성은 야곱의 음성이나 손은 에서의 손이로다 하며
23 그의 손이 형 에서의 손과 같이 털이 있으므로 분별하지 못하고 축복하였더라
24 이삭이 이르되 네가 참 내 아들 에서냐 그가 대답하되 그러하니이다
25 이삭이 이르되 내게로 가져오라 내 아들이 사냥한 고기를 먹고 내 마음껏 네게 축복하리라 야곱이 그에게로 가져가매 그가 먹고 또 포도주를 가져가매 그가 마시고
26 그의 아버지 이삭이 그에게 이르되 내 아들아 가까이 와서 내게 입맞추라
27 그가 가까이 가서 그에게 입맞추니 아버지가 그의 옷의 향취를 맡고 그에게 축복하여 이르되 내 아들의 향취는 여호와께서 복 주신 밭의 향취로다
28 하나님은 하늘의 이슬과 땅의 기름짐이며 풍성한 곡식과 포도주를 네게 주시기를 원하노라
29 만민이 너를 섬기고 열국이 네게 굴복하리니 네가 형제들의 주가 되고 네 어머니의 아들들이 네게 굴복하며 너를 저주하는 자는 저주를 받고 너를 축복하는 자는 복을 받기를 원하노라

55

질그릇에 담긴 영생의 복,
나는 불의하나 하나님은 신실하시다!

: 주해

　창세기 27장에서 노년의 이삭은 장자 에서를 축복하고자 하였다. 그러나 리브가의 술수로 이삭은 에서가 아닌 야곱을 축복한다. 리브가의 속임수는 대담무쌍하다. 하나님은 야곱이 그의 태중에 있을 때 이미 말씀으로 약속하셨다. 축복받을 아들은 형이 아니라 아우라고(!25:23). 그러나 리브가는 무리수를 써가면서 이 약속을 이루고자 한다. 약속의 말씀은 애매성에 빠지고 리브가는 본능적으로 행동한다. 그녀는 야곱에게 별미를 만들어주고 에서로 변장시켜 이삭에게 나아가게 한다.

　과연 리브가의 술책은 성공할 것인가? 속이는 자 야곱이 이삭을 만났다(18-29절). 독자들은 이 긴박한 장면을 팽팽한 긴장감으로 주시한다. 야곱은 처음에 아버지를 속이는 일을 두려워하였다. 하지만 물은 이미 엎질러졌다. 야곱은 전심을 다해 에서의 역할에 자신을 던졌다. 이 장면에서 이삭은 여덟 번 말하고 야곱은 네 번 말했다. 아버지를 속이는 말 외에 극도로 말을 아꼈다. 야곱이 아버지께 나아가 "내 아버지여"라고 불렀다. 이삭은 "내가 여기 있노라"라고 대답했다. 이삭은 의심쩍어 "네가 누구냐?"라고 물었다. 야곱은 뻔뻔하게 거짓말을 했다. "나는 아버지의 맏아들 에서입니다." 이것은 그의 생애를 20년 동안이나 허비하게 만든 거짓말이었다(B. 제이콥). 그러면서 사냥한 고기를 잡수시고 마음껏 내게 축복해달라고 청했다(18절).

이삭은 생각보다 빨리 나타난 아들을 향하여 "어떻게 이렇게 속히 잡았느냐?"고 물었다. 여기서 야곱은 치명적인 거짓말을 했다. 아버지의 하나님 여호와께서 순조롭게 만나게 하셨다고 말한다(12b절). 야곱은 아버지를 속이기 위하여 여호와의 이름을 망령되이 여겼다. 그래도 이삭은 미심쩍다. 눈이 멀었다고 해서 귀가 먼 것은 아니다. 목소리는 야곱이었다. 그래서 야곱을 가까이 오게 하여 그가 과연 에서인지 만져보겠다고 말했다(19절). 독자들은 극도의 긴장감으로 두 사람을 지켜본다. 야곱은 과연 발각될 것인가? 야곱은 매끈매끈한 피부에 염소 털을 덮었다. 에서로 변장하였다. 이삭은 속았다. "목소리는 야곱의 목소리인데, 손은 에서의 손이로구나"(22절). 그러면서 에서로 변장한 야곱을 축복해주기로 했다(23절). 그런데 이삭은 재차 다짐하며 확인했다. "네가 정말로 나의 아들 에서냐?" 야곱은 최대한 말을 아끼며 짧게 대답했다. "그러합니다!"

이삭은 야곱이 가져온 별미(사냥한 고기)와 포도주를 먹고 그를 축복하려고 했다. 이삭이 축복하려는 결정적인 순간 그는 다시 야곱을 시험했다. "가까이 와서 입을 맞추라!" 긴장은 다시 고조되었다. 이삭이 아들의 향취를 맡겠다는 것이다. 입과 입으로 직접 접촉하기 전에는 에서라는 것을 확신할 수 없었다. 이삭이 입을 맞추자고 한 것은 확실히 에서를 확인하기 위한 은밀한 의도를 은폐하는 것일 수 있다(H. 궁켈). 야곱이 이삭에게 가까이 가서 입을 맞추었다. 이때 이삭은 그의 옷 냄새를 맡았다. 그 옷은 리브가가 입혀준 에서의 옷이었다(15절). 결국 이삭은 에서의 옷에 묻은 흙냄새를 맡고 야곱에게 축복한다. 이삭이 야곱에게 한 축복의 말은 "시"로 되어 있다(창 49장, 신 33장 참고).

> "나의 아들에게서 나는 냄새는 주님께 복 받은 밭(흙)의 냄새로구나.
> 하나님은 하늘에서 이슬을 내려 주시고, 땅을 기름지게 하시고, 곡식과 새 포도주가 너에게 넉넉하게 하실 것이다.
> 여러 민족이 너를 섬기고, 백성들이 너에게 무릎을 꿇을 것이다. 너는 너의 친척들을 다스리고, 너의 어머니의 자손들이 너에게 무릎을 꿇을 것

이다. 너를 저주하는 사람마다 저주를 받고, 너를 축복하는 사람마다 복을 받을 것이다"(27-29절).

이삭은 에서의 옷에 묻은 흙냄새를 맡고 야곱을 축복하였다. 하늘의 이슬로 비옥한 땅에서 맺히는 곡식과 새 포도주는, 실상 에서의 삶이 아니라 장차 이스라엘이 들어갈 가나안 땅의 축복을 예시한다(신 7:13, 11:8-11, 28:51, 33:28). 여러 민족이 야곱을 섬기고 야곱이 형제들의 주가 되는 축복은 그가 태중에 있을 때 받은 축복, "큰 자가 어린 자를 섬기리라"라는 말씀을 환기시킨다. "저주와 축복의 약속"은 하나님이 아브라함에게 하신 축복을 상기시킨다. "너를 축복하는 사람에게는 내가 복을 베풀고, 너를 저주하는 사람에게는 내가 저주를 내릴 것이다"(창 12:3). 이삭이 야곱에게 한 축복의 전체 요지는 하나님이 족장들에게 하신 축복이다. 이스라엘의 족장에서 에서는 제외되고 야곱이 아브라함의 씨를 전승한다. 언약의 하나님, 이스라엘의 하나님은 아브라함과 이삭과 야곱의 하나님이시다(출 3:6). 따라서 이삭의 축복은 야곱을 위해 의도하신 하나님의 축복이다.

하나님은 신실하시다. 약속은 보배이고 약속의 담지자는 질그릇이다. 약속은 완전하나 약속의 담지자는 죄로 물들어 있다. 그러나 질그릇은 약속을 훼손하지 못한다. 이삭이 축복하는 동기가 세속적이든 종교적이든 그 동기들은 하나님의 불가해한 섭리 앞에 좌절된다. 이스라엘이 광야를 지날 때 발람은 모압 왕 발락의 유혹을 받고 이스라엘을 저주하고자 시도하였다. 하지만 그의 입은 도리어 이스라엘을 축복하였다. 예언자 발람이라도 하나님이 축복하신 백성을 결코 저주하지 못한다. 발람이 시도하려던 저주는 약속의 말씀 앞에 좌절된다(민 23:19-20).

성경에서 약속의 기원은 창세전 영생의 약속이다. 신실하신 하나님은 모든 사람에게 영생을 약속하셨다(딛 1:2). 그리고 영생을 주시는 아들을 보내실 것을 미리 정하셨다(벧전 1:20). 영생은 아들이 오셔야 받는다(요일 5:12). 첫 사람 아담은 창세전 약속인 영생을 얻을 자로 지음 받았다(made of God). 그는 아들이 오셔서 영생을 얻을 자였다(born of God). 하지만 그가 범죄함으로써 영생의 약속은 위기를 당한다. 그런데도 약속하신 하나님은 신실하시다. 하나님은 여자의 후손과 가죽옷으로 아들을 보내실 것을 예시하신다(창 3:15, 21). 이제는 아들이 십자가에 죽으심으로써 죄에서 구원하고 영생을 주신다는 것이다. 모든 민족이 아브라함으로 인해 복을 받는다. 이것은 장차 하나님의 아들이 오셔서 주시는 영생의 복이다. 아브라함과 이삭과 야곱은 이 약속을 받았으나 유한성의 한계를 드러낸다. 이들은 약속의 담지자이나 죄로 얼룩져 있다. 아담이 그러했듯이, 이들 역시 약속을 받았으나 인간적 연약함과 허물과 욕망으로 행동한다. 하지만 그것이 복의 약속을 폐하지 못한다.

신약시대 아들을 믿는 자는 하늘에 속한 신령한 복, 곧 하나님의 아들이 되는 복을 받았다(엡 1:3-5). 그는 영적으로 아브라함의 자손이다(갈 3:7, 29). 영생은 성취된 구원이다. 그러나 우리는 장차 완성될 영생의 삶을 기다린다. 그날은 종말이다. 그때 우리는 몸의 구속을 받으며 영생의 삶은 완성된다. 영생의 복은 질그릇과 같은 육체에 담겨 있다. 영생을 누려도 연약하고 실족하고 시험에 빠진다. 그것들이 약속을 폐하는가? 결코 아니다. 그것들은 하나님의 섭리 앞에 굴복한다. 은혜가 우리를 압도한다. 결국 이루어지는 것은 하나님의 뜻이다. 약속의 주체가 신실하신 하나님이시다. 약속을 이루어가는 주체도 신실하신 하나님이시다.

> "그리하여 하나님께서는 이미 정하신 사람들을 부르시고, 또한 부르신 사람들을 의롭게 하시고, 의롭게 하신 사람들을 또한 영화롭게 하셨습니다"(롬 8:30).

묵상

복음생명캠프 둘째 날을 섬겼다. 참석자들은 시간이 갈수록 마음을 열고 생명의 말씀을 받았다. 특히 6명의 목회자는 목회의 현장에 신앙의 본질인 복음과 생명의 말씀이 부재한 것을 깨달으며 전심으로 말씀을 받았다. 선한 일을 할 때 죄의 세력이 역사하는 것을 알지 못하니 교회 안에 자기주장 의지가 범람하는 것을 목도하였다. 캠프는 주님이 친히 주체가 되어 이끄신다. 전하는 자나 듣는 자가 공히 말씀하시는 주 앞에 서 있다. 어제 육신에 속한 자기주장 의지에 대한 말씀을 부대표 조 목사가 전하였다. 그는 우리가 선한 일을 행할 때 죄의 세력이 탐심을 심어주는데, 그로 인해 자기주장이 "점점" 늘어난다고 하였다. 처음에는 순수하게 헌신하던 사람이 갈수록 "주장"이 늘어나다가 사망에 이른다는 것이다. 말씀이 선포되고 기도 시간에 성령이 나를 터치하였다. 그것도 부드러운 손길로 말이다. 나는 2011년 로마서를 묵상하면서 십자가 복음의 핵심인 "자기주장 의지"를 깨닫고 적잖은 충격을 받았다. 이후로 선한 일을 할 때마다 죄의 세력이 역사함을 주시하고 십자가 은혜로 벗어나곤 하였다. 그런데 어제 기도 중에 성령께서 내 영혼의 깊은 곳을 보게 하셨다.

"의식 속의 자기"는 주장 의지가 없으나 "무의식 속의 자기"는 이미 강한 주장 의지를 행사하고 있었다. 무의식 속에 선교회 대표라는 갑옷이 두껍게 입혀져 있음을 알고 화들짝 놀랐다. 은밀하게 자기를 주장하며 환난과 곤고에 빠지는 나를 보았다. 절망과 탄식의 눈물, 회개의 눈물이 흘러내렸다. 참으로 놀라운 일이다. 무거운 짐이 순식간에 벗겨지고 깃털같이 가벼운 영혼이 되었다. 불과 몇 분 사이였다. 음부에서 고통당하는 부자는 손가락 끝에 찍은 물 한 방울을 구했다. 하늘에서 내려오는 생수는 한 방울로도 족하다. 2박3일 캠프 중 스치듯 지나가는 한 방울의 은혜가 내 영혼을 살린다.

성취된 약속, 영생의 복은 종말에 영광스럽게 완성된다. 자기주장 의지에 스스로 속고 있으나 영생을 주신 하나님은 신실하시다. 나의 무지와 어리석음과 기만이 하나님의 인자와 신실을 폐하지 못한다. 평생 선하심과 인자하심으로 뒤따라오시는 주님의 길을 막지 못한다. 미리 정하시고 부르시고 의롭게 하신 주님이 나를 영화롭게 하실 것이다. 나는 불의하나 신실하신 하나님이 그날까지 인도하신다. 오늘도 그 믿음으로 캠프 마지막 날을 섬긴다.

56

27:30-46

30 이삭이 야곱에게 축복하기를 마치매 야곱이 그의 아버지 이삭 앞에서 나가자 곧 그의 형 에서가 사냥하여 돌아온지라
31 그가 별미를 만들어 아버지에게로 가지고 가서 이르되 아버지여 일어나서 아들이 사냥한 고기를 잡수시고 마음껏 내게 축복하소서
32 그의 아버지 이삭이 그에게 이르되 너는 누구냐 그가 대답하되 나는 아버지의 아들 곧 아버지의 맏아들 에서로소이다
33 이삭이 심히 크게 떨며 이르되 그러면 사냥한 고기를 내게 가져온 자가 누구냐 네가 오기 전에 내가 다 먹고 그를 위하여 축복하였은즉 그가 반드시 복을 받을 것이니라
34 에서가 그의 아버지의 말을 듣고 소리 질러 슬피 울며 아버지에게 이르되 내 아버지여 내게 축복하소서 내게도 그리하소서
35 이삭이 이르되 네 아우가 와서 속여 네 복을 빼앗았도다
36 에서가 이르되 그의 이름을 야곱이라 함이 합당하지 아니하니이까 그가 나를 속임이 이것이 두 번째니이다 전에는 나의 장자의 명분을 빼앗고 이제는 내 복을 빼앗았나이다 또 이르되 아버지께서 나를 위하여 빌 복을 남기지 아니하셨나이까
37 이삭이 에서에게 대답하여 이르되 내가 그를 너의 주로 세우고 그의 모든 형제를 내가 그에게 종으로 주었으며 곡식과 포도주를 그에게 주었으니 내 아들아 내가 네게 무엇을 할 수 있으랴
38 에서가 아버지에게 이르되 내 아버지여 아버지가 빌 복이 이 하나 뿐이리이까 내 아버지여 내게 축복하소서 내게도 그리하소서 하고 소리를 높여 우니
39 그 아버지 이삭이 그에게 대답하여 이르되 네 주소는 땅의 기름짐에서 멀고 내리는 하늘 이슬에서 멀 것이며
40 너는 칼을 믿고 생활하겠고 네 아우를 섬길 것이며 네가 매임을 벗을 때에는 그 멍에를 네 목에서 떨쳐버리리라 하였더라
41 그의 아버지가 야곱에게 축복한 그 축복으로 말미암아 에서가 야곱을 미워하여 심중에 이르기를 아버지를 곡할 때가 가까웠은즉 내가 내 아우 야곱을 죽이리라 하였더니
42 맏아들 에서의 이 말이 리브가에게 들리매 이에 사람을 보내어 작은 아들 야곱을 불러 그에게 이르되 네 형 에서가 너를 죽여 그 한을 풀려 하니
43 내 아들아 내 말을 따라 일어나 하란으로 가서 내 오라버니 라반에게로 피신하여
44 네 형의 노가 풀리기까지 몇 날 동안 그와 함께 거주하라
45 네 형의 분노가 풀려 네가 자기에게 행한 것을 잊어버리거든 내가 곧 사람을 보내어 너를 거기서 불러오리라 어찌 하루에 너희 둘을 잃으랴
46 리브가가 이삭에게 이르되 내가 헷 사람의 딸들로 말미암아 내 삶이 싫어졌거늘 야곱이 만일 이 땅의 딸들 곧 그들과 같은 헷 사람의 딸들 중에서 아내를 맞이하면 내 삶이 내게 무슨 재미가 있으리이까

56

"내게 축복하소서 내게도 그리하소서", 땅의 복을 구하던 자에게 영생의 복을!

⁞ 주해

창세기 27장은 야곱이 아버지 이삭을 속여 축복을 받는 이야기이다. 노년의 이삭은 눈이 멀었다. 그는 장자 에서를 축복하고자 그를 불렀다. 사냥한 고기로 별미를 만들어오면 축복하겠다고 말하였다. 에서는 기뻐하며 사냥터로 달려갔다. 그 사이 리브가는 야곱이 축복을 받도록 계책을 꾸몄다. 염소 새끼로 별미를 만들어 야곱의 손에 들려 이삭에게 보냈다. 또 야곱에게 에서의 옷을 입히고 염소 새끼 털을 야곱의 손에 덮어주었다. 야곱은 자신을 에서로 속여 축복을 구했다. 이삭은 미심쩍어 여러 차례 야곱을 시험하였으나 결국 속임수에 넘어갔다. 결국 이삭은 에서 대신 야곱을 축복하였다.

30-40절은 이후 전개되는 일이다. 에서는 아무 영문도 모른 채 사냥에서 돌아왔다. 그는 사냥한 고기로 별미를 만들어 아버지께 가져다주고 축복을 구하였다. 이때 아버지를 속여 복을 가로챈 야곱의 악행이 드러났다. 이삭은 자신이 속은 것을 알고 경악했다. 그는 크게 충격을 받고서 부들부들 떨면서 말을 더듬거렸다(33절). 경악하는 이삭의 모습은 최상급의 표현을 사용했다("심히 크게 떨며"). 이삭은 아들이 자기를 속였다는 사실을 꿈에도 생각하지 못하였다. 그는 심히 크게 떨면서 저간의 일을 설명했다. 그는 속아서 축복하였으며, 그

축복은 돌이킬 수 없게 되었다고 말했다. 비록 속였으나 야곱이 복을 받을 것이다. "그가 반드시 복을 받을 것이니라"(33절). 이 말을 들은 에서는 소리치며 울면서 아버지에게 애원하였다. "저에게 축복하여 주십시오. 아버지, 저에게도 똑같이 복을 빌어 주십시오"(34절). 하지만 이미 엎질러진 물, 축복은 번복할 수 없다. 이삭은 체념하며 야곱의 악행을 폭로했다. "너의 동생이 와서 나를 속이고, 네가 받을 복을 가로챘구나"(35절).

그러자 에서는 격분하여 동생의 이름을 악평했다. 그러면서 이번 일로 그가 두 번 속았다고 말했다. 지난번에는 맏아들의 권리를 빼앗았고, 이번에는 그가 받을 복을 빼앗았다는 것이다(36절). "속이다"의 히브리어는 "아카브"이다. 아카브는 "발꿈치를 잡다"라는 뜻도 있다. 에서가 야곱의 이름을 속이는 자로 부른 것은, 야곱(야아콥)의 언어유희(wordplay)다. 에서 역시 한번 내린 축복을 번복할 수 없다는 것을 안다. 하지만 그는 아버지에게 달리 축복해줄 수 있는지 물었다. "저에게 주실 복을 하나도 남겨 두지 않으셨습니까?"(36절). 이삭은 야곱을 축복한 내용을 다시 확인했다. 그는 야곱에게 모든 축복을 주어 에서에게 해줄 것은 아무 것도 없었다(37절).

아버지의 말에 절망한 에서는 소리 높여 울면서 애처로운 호소를 반복했다(34, 36절). "아버지, 아버지께서 비실 수 있는 복이 어디 그 하나뿐입니까? 저에게도 복을 빌어 주십시오. 아버지"(38절). 아버지 이삭은 애처롭게 슬피 우는 아들의 운명을 예언했다. 이 말은 분명 축복은 아니다. "네가 살 곳은 땅이 기름지지 않고, 하늘에서 이슬도 내리지 않는 곳이다. 너는 칼을 의지하고 살 것이며, 너의 아우를 섬길 것이다. 그러나 애써 힘을 기르면, 너는, 그가 네 목에 씌운 멍에를 부술 것이다"(39-40절). 에서의 운명은 메마른 광야를 헤매는 방랑의 존재로 결정지어졌다. 사해의 최남단에 있는 에돔 지역은 확실히 이스라엘 땅보다 건조하다. 이곳은 바위산으로 되어 있어 경작하기도 어렵다. 에서는 떠돌이 사냥꾼으로 사는 것 외에 없다. 그들은 칼을 믿고 투쟁적으로 살아갈 것이다(민 20:18, 삼상 14:47). 그러면서 그들은 아우 이스라엘을 섬길 것이다. 하지만 그들이 애쓰고 힘쓰면 굴욕적인 정치적 예속에서 벗어날 것이다. 에돔은 다윗에 의해 예속되었다(삼하 8:13-14). 그러나 솔로몬 시대에 예속에서 벗어났다(왕상 11:14-22, 33). 독자들은 이삭의 예언이 두 사건을 통해 이루어졌음을 연상하였을 것이다.

41-46절은 이후에 일어난 일을 기술한다. 야곱에 대한 에서의 원한이 깊어갔다(41절). 그는 아버지가 죽을 즈음 야곱을 죽일 것이라고 마음먹었다. 리브가는 에서가 저지를 끔찍한 일을 알고 방책을 세웠다. 에서가 야곱을 죽인다면, 에서도 살인자가 되어 목숨을 잃게 될 것이다. 그렇게 되면 리브가는 한 날에 두 아들을 잃게 된다. 하여 그녀는 에서의 분이 풀릴 동안 야곱을 하란의 친정집으로 떠나게 했다. "네 형의 분노가 풀릴 때까지, 너는 얼마 동안 외삼촌 집에 머물러라"(44절). 야곱이 외삼촌 라반의 집에 가 있는 동안 에서의 분이 풀리면 리브가는 돌아오라는 전갈을 보낼 것이다. 그때 야곱더러 돌아오라고 한다. 하지만 야곱의 체류는 "며칠"(44절)이 아니라 "20년"이나 지속하였다. 리브가와 야곱, 어머니와 아들은 다시 보지 못하였다. 6.25 전쟁의 이산가족은 "며칠" 떨어질 줄 알았는데 영영히 이별하였다. 족장들을 인도하신 하나님의 섭리는 인간의 이해와 기대를 초월한다. 하지만 그의 선하심과 인자하심이 그들을 인도하다.

27:46-28:22은 야곱이 집을 떠나 외삼촌 라반에게로 가는 장면이다. 리브가는 남편에게 가서 야곱이 집을 떠나도록 허락받는다. 그녀는 이번에도 이삭을 속인다. 에서가 야곱을 죽이려 함이 아니라 에서와 달리 야곱을 순수혈통과 결혼하도록 떠나보내겠다는 것이다. 에서는 헷 사람의 딸들 가운데 아내를 맞이하였다. 야곱은 그렇게 할 수 없다는 것이다(46절).

에서는 사냥하러 간 사이에 아우 야곱에게 축복을 빼앗겼다. 그는 복을 다시 받을 수 없음을 알고 있다. 그런데도 그는 애절한 통곡으로 복을 구했다. 그러나 이 복은 그를 사랑한 아버지도 줄 수 없는 불가능한 복이다! "내게 축복하소서 내게도 그리하소서"(34절). "내게 축복하소서. 내게도 그리하소서"(38절). 에서가 애원하며 구하는 복은 이미 야곱에게로 갔다. 에서에게 남겨둔 복은 없다. 그러면 에서가 그토록 애원하며 구한 복은 무엇인가? 세속의 복인가? 영적인 복인가? 사실 에서는 세속의 복을 약속받았다. 그는 번성하며 한 민족을 이룰 것이다(16:10, 17:20, 21:18). 그에게서 열두 지도자가 나온다(25:16).

그러므로 에서가 빼앗긴 복은 세속의 복이 아니라, 족장들에게 약속된 영적인 복이다. 이 복의 근원은 아브라함에게 있다. 이는 "모든 민족"이 아브라함을 통해 받는 복이다(창 12:3b). 애초 이삭은 이 복을 에서에게 주려고 하였다.

하지만 하나님은 이들이 태중에 있을 때 이미 아우 야곱을 택정하셨다(25:23). "큰 자가 어린 자를 섬길 것이다!" 형 에서가 아우 야곱을 섬긴다. 육신적으로는 에서가 장자이며 장자의 축복을 받는다. 그러나 하나님의 약속은 야곱이 장자이고 그가 장자의 축복을 받는다. 그러므로 이 복은 아버지 이삭의 뜻과 달리 야곱에게 갔어야 하는 복이다. 에서와 무관한 복이다. 이삭이 속임 당한 것을 알고 심히 떨었으나 결국 하나님의 뜻대로 된 것이다.

한 사람 아브라함으로 말미암아 모든 민족이 복을 받는다. 이 복은 자손의 약속과 땅의 약속을 통해 구체적으로 실현된다(창 15:5, 7). 이 약속은 아브라함에서 이삭 그리고 야곱에게 전승되었다(시 105:9-10). 아브라함에게 약속하신 바 모든 민족이 받는 복은 창세전 영생의 복이다. 신실하신 하나님이 약속하신 복이다(딛 1:2). 이 복의 약속은 예수 그리스도를 통해 성취되었다. 이제 누구든지 그리스도를 믿음으로 말미암아 아브라함과 함께 복을 받는다(갈 3:8-9). 곧 예수 그리스도를 믿음으로 하나님의 아들이 되어 영생의 복을 받는다(갈 3:26). 바울은 옥중에 있었으나 이 복으로 인해 감격을 주체하지 못하였다. 그는 거저 주신 바 은혜의 영광을 찬송하였다(엡 1:3-6).

하나님은 모든 사람의 인생을 주관하신다. 모든 사람의 인생 안에 "영원"을 사모하는 마음을 심어두셨다(전 3:11). 이는 궁극적으로 하나님이 약속하신 영생의 복이다. 하늘에 속한 영적인 복이다. 하지만 이 복을 알지 못하면 하늘의 복 대신 땅의 복을 구한다. 본체의 복이 아닌 모형의 복을 구한다. 아담은 영생의 복을 받을 존재로 지음 받았다. 그러나 그는 범죄함으로써 영생 얻을 기회를 상실하였다. 모든 사람은 아담 안에서 죽은 자이다(고전 15:22a). 모든 사람 역시 이 복을 상실하였다. 그러므로 인간의 애절한 소원은 땅의 복으로 한정되었다. 심지어 하늘의 복을 약속하신 하나님께도 땅의 복을 구한다. 설령 무지해도 그것은 하나님이 보실 때 가증한 일이다.

에스겔 시대, 가증한 일들이 예루살렘 성전에 있었다. 그 중 하나는 여인들이 담무스를 위하여 애곡하는 일이었다(겔 8:14). 담무스는 페르시아의 신화에 나오는 땅의 축복을 주는 자연신이다. 여인들은 죄로 인해 애통해야 할 성전에서 땅의 복을 구하며 애곡한다. 에서의 애절한 통곡이다. 오늘날 그리스도인 역시 영생의 복을 알지 못하면 땅의 복을 애절히 구한다. 새벽기도의 격음을 깊이 들여다보면 자기를 위한 기도가 대부분이다. 물론 이들은 땅의 복이라도 구하지 않은 무감각한 신자보다 낫긴 하다. 왜냐하면, 심판을 통해 하늘의 복을 구하기 때문이다.

"이러므로 땅에서 자기를 위하여 복을 구하는 자는 진리의 하나님을 향하여 복을 구할 것이요 땅에서 맹세하는 자는 진리의 하나님으로 맹세하리니 이는 이전 환난이 잊어졌고 내 눈 앞에 숨겨졌음이라"(사 65:16). 진리의 하나님을 향하여 구하는 복은 영생의 복이다. 영생의 복을 받은 자가 영생의 복을 누린다. 사실 그리스도인이라면 누구나 영생의 복을 받은 자이다. 창세전 아버지는 자기 속에 있는 생명을 아들에게 주셨다(요 5:26). 아들은 영생의 말씀으로 나셨다(요일 1:1). 아들이 있는 자에게는 생명이 있고 아들이 없는 자에게는 생명이 없다(요일 5:12). 그러므로 아들을 영접하는 자는 아들의 생명으로 난 자이다(요 1:12, 요일 5:11, 13). 그러나 많은 그리스도인은 이미 영생의 복을 받고도 누리지 못한다. 그래서 땅의 복에 집착한다. 19세기 포이에르 바하는 인간의 절박한 소원을 투사한 신은 우상이라고 선언하였다. 그는 자기를 위해 복을 구하던 교회로부터 박해를 받았으나, 기독교 역사에서 기복신앙의 종결자로 불린다. 우리의 신앙이 땅의 복을 구하는 것으로 끝나버리면, 우리 역시 담무스를 숭배한 가증한 여인들과 다를 바 없다.

진 에드워드는 그리스도인이 영생의 복을 누리지 못하는 이유를 두 가지로 들었다(하나님의 생명체험). 하나는 영생을 알지 못하는 것이고, 다른 하나는 영생의 거주지(공동체)가 없기 때문이다. 영생을 아는 것은 영으로 아는 것이다. 하지만 많은 그리스도인은 "애매성"으로 안다. 애매성은 잡담, 호기심과 더불어 인간이 빠져있는 세속성이다(하이데거).

영생을 아는 것은 성경을 통해 영생의 기원과 영생의 정의, 영생의 본질을 아는 것이다. 그때 태초부터 있는 생명의 말씀에 관하여는 눈으로 보고 귀로 듣고 주목하여 만진 바 된다(요일 1:1). 그리고 영생을 아는 자는 영생의 증인이 된다. 해외여행을 가면 현지의 가이드를 통해서 안내받는다. 먼저 거기에 사는 사람이 보고 증언하는 것을 통해 그곳을 안다. 영생은 생명으로 사는 이들이 보고 증언하는 것을 통해 안다(요일 1:2, "우리가 보았고 증언하여 너희에게 전하노니"). 또한 영생을 아는 자는 복음을 통해 영생을 누린다(롬 6:4). 영생을 알아도 복음을 알지 못하면 누리지 못한다. 그래서 바울은 구원받은 자가 영생을 누리도록 복음을 힘써 전하였다. 그리스도의 죽음과 장사됨, 그리고 그의 부활에 연합한 자는 영생을 누린다(롬 6:4). 그들을 통해 영생의 복된 공동체가 세워진다.

묵상

나는 목사가 되었어도 영생의 복을 알지 못하였다. 그림자요 모형인 땅의 복을 구하였다. 사람의 일, 문제해결, 기도 응답, 삶의 질의 고양, 가정 행복, 내면세계의 치유, 이런 것들이 신앙의 주제였다. 갈수록 영적 목마름은 심해졌고, 급기야 목이 말라 죽을 것만 같았다. 하나님이 큰 구원을 베푸셨으나 목이 말라 죽을 것 같던 삼손이 바로 나였다(삿 15:18). 하나님은 내면의 깊은 고통을 아시고 나를 무덤에 던지셨다. 하나님은 뱃사공들에 의해 바다에 던져진 요나를 위해 큰 물고기를 예비하셨다(욘 1:17). 요나의 물고기는 우리에게 그리스도의 무덤이다(마 12:39-40). 나는 상황과 사람들에 내몰려 무덤에 던져졌다. 긍휼이 풍성하신 하나님은 나 같은 자를 위해 그리스도의 무덤을 예비하셨다. 장사 복음이다! 애벌레의 생명은 고치를 통과하여 나비의 생명으로 태어난다. 옛 생명은 그리스도의 무덤에서 장사되어 아들의 생명으로 태어난다. 나는 그렇게 복음을 통해 영생이 실제가 되고, 영생을 누리는 자가 되었다. 이미 죽었어야 할 인생을 영생의 가이드(증인)로 부르셨다. 감당할 수 없는 은혜이다.

지난 3일간 복음생명캠프에서 동역자들과 더불어 증인으로 섬겼다. 열심이 특심이던 신자들은 생명에 무지하였음을 통렬히 깨닫고 첫 번 생명의 교제를 눈물로 나누었다. 목회자들은 다들 목회 경륜이 풍부하였다. 처음에는 선한 것이 있겠냐하고 생각하였으나 생명으로 인도하는 복음을 감격으로 받아들였다. 주님이 아니고서는 일어날 수 없는 기적이다. 여러 차례 캠프에 참석한 집사님은 이렇게 나누었다. 오랫동안 교회를 다녔어도 불우한 인생을 살았으나, 수년 전 생명을 알고 나니 내가 정말 복 있는 자라고! "내게 복을 주소서! 내게도 그리하소서!" 하나님은 땅의 복을 구하던 자에게 영생의 복을 주신다. 오늘도 거저 주신 그의 은혜의 영광을 찬양한다. 할렐루야!

57

28:1-9

1 이삭이 야곱을 불러 그에게 축복하고 또 당부하여 이르되 너는 가나안 사람의 딸들 중에서 아내를 맞이하지 말고
2 일어나 밧단아람으로 가서 네 외조부 브두엘의 집에 이르러 거기서 네 외삼촌 라반의 딸 중에서 아내를 맞이하라
3 전능하신 하나님이 네게 복을 주시어 네가 생육하고 번성하게 하여 네가 여러 족속을 이루게 하시고
4 아브라함에게 허락하신 복을 네게 주시되 너와 너와 함께 네 자손에게도 주사 하나님이 아브라함에게 주신 땅 곧 네가 거류하는 땅을 네가 차지하게 하시기를 원하노라
5 이에 이삭이 야곱을 보내매 그가 밧단아람으로 가서 라반에게 이르렀으니 라반은 아람 사람 브두엘의 아들이요 야곱과 에서의 어머니 리브가의 오라비더라
6 에서가 본즉 이삭이 야곱에게 축복하고 그를 밧단아람으로 보내어 거기서 아내를 맞이하게 하였고 또 그에게 축복하고 명하기를 너는 가나안 사람의 딸들 중에서 아내를 맞이하지 말라 하였고
7 또 야곱이 부모의 명을 따라 밧단아람으로 갔으며
8 에서가 또 본즉 가나안 사람의 딸들이 그의 아버지 이삭을 기쁘게 하지 못하는지라
9 이에 에서가 이스마엘에게 가서 그 본처들 외에 아브라함의 아들 이스마엘의 딸이요 느바욧의 누이인 마할랏을 아내로 맞이하였더라

57

영생의 복을 위한 "떠남", 모든 족속을 제자 삼으라!

: 주해

야곱은 아버지 이삭을 속여 에서가 받을 축복을 가로챘다. 그러나 하나님이 주권적으로 택한 이는 야곱이다. 어차피 이삭의 축복은 야곱에게로 가야 했다. 이삭은 속은 줄을 알고 심히 떨며 경악했다. 축복을 빼앗긴 에서도 분개하며 야곱을 죽이고자 하였다. 리브가는 에서의 분이 풀릴 동안 야곱을 에서와 분리시키려고 하였다. 그래서 야곱을 밧단아람의 친정에 보내기로 결정했다. 리브가는 야곱이 즉시 떠나야 한다고 생각하고 다시 이삭을 이용했다. 그녀는 이삭에게 야곱을 떠나보내야 하는 그럴듯한 이유를 댔다. 리브가는 에서가 가나안 족속인 헷 사람을 아내로 들여 넌더리가 난다고 말했다. 만일 야곱마저 가나안 여인과 결혼하면 살아있으나 죽은 것이나 다름없다고 말했다(27:46). 리브가는 더 이상 말하지 않지만, 리브가의 구체적인 제안이 없어도 이삭이 행동을 개시했다.

창세기 28장은 야곱이 아버지 집을 떠나 밧단아람으로 가는 장면이다. 이삭이 야곱을 불러 그를 축복하고 밧단아람에 사는 외삼촌 라반에게 가도록 명했다. 야곱에게 가나안 여인이 아닌 라반의 딸 중에서 아내를 맞이하라고 지시했다. 아브라함은 이삭의 결혼을 위해 종을 보냈지만 이삭은 결혼 당사자인 야곱을 직접 보냈다. 3-4절은 이삭이 야곱을 보내며 한 축복 선언이다. 전능하신 하나님(엘 샤다이)이 그에게 복을 주셔서 그로 생육하고 번성하게 하시고 마침내 그가 여러 민족을 낳을 것이다. 하나님이 아브라함에게 허락하신 복을 그와 그의 자손에게도 주셔서 그가 지금 나그네 살이를 하고 있는 이 땅, 곧 하나님이 아브라함에게 주신 이 땅을 유산으로 받을 수 있기를 기원했다.

이삭은 야곱에게 속아 복을 준 것을 알고 경악하였다. 그는 심히 떨었다! 그런데 갑자기 태도가 바뀌어 야곱이 구하지도 않은 축복을 스스로 내린다. 그래서 주석가들은 27장의 기만 이야기와 이 이야기를 분리시킨다. 다른 형태의 야곱 - 에서 이야기가 시작된다는 것이다. 27장이 기만 이야기를 다룬다면 28장은 이방인과의 결혼을 억제하는 결혼 이야기를 다룬다. 하지만 다른 관점도 있다. 27장의 이야기가 야곱이 형의 축복을 가로챈 것이라면, 28장은 야곱이 형의 보복을 피해 도망하는 것으로 이해할 수 있다. 이삭이 야곱에게 한 축복의 그 핵심은 야곱을 아브라함 언약이 상속자로 지명한 것이다. 이 축복은 야곱이 20년 만에 돌아왔을 때 갱신되며(35:11-12), 그가 애굽에 들어갔을 때 언급된 축복과 유사하다(48:3-4).

> "하나님이 그에게 이르시되 나는 전능한 하나님이라 생육하며 번성하라 한 백성과 백성들의 총회가 네게서 나오고 왕들이 네 허리에서 나오리라 내가 아브라함과 이삭에게 준 땅을 네게 주고 내가 네 후손에게도 그 땅을 주리라"(35:11-12).
> "요셉에게 이르되 이전에 가나안 땅 루스에서 전능하신 하나님이 내게 나타나사 복을 주시며 내게 이르시되 내가 너로 생육하고 번성하게 하여 네게서 많은 백성이 나게 하고 내가 이 땅을 네 후손에게 주어 영원한 소유가 되게 하리라 하셨느니라"(48:3-4).
> "하나님이 아브라함에게 하신 언약은 이삭에게 하신 맹세이며, 이제 야곱에게 세우신 율례이다. 이 언약은 이스라엘에 하신 영원한 언약이다"(시 105:9-10).

이삭은 이렇게 복을 빌어 준 뒤에 야곱을 떠나보냈다(5절). 야곱은 아버지의 명령을 순순히 따랐다. 그는 밧단아람으로 가서 라반에게 이르렀다. 라반은 아람 사람 브두엘의 아들이며 야곱과 에서의 어머니인 리브가의 오라버니였다(5절).

6-9절, 야곱이 떠난 후 에서의 반응이다. 에서는 아버지가 야곱에게 복을 빌어 주고 그를 밧단아람으로 보내 거기에서 아내감을 찾게 하였다는 것을 알았다. 또한, 그는 이삭이 야곱에게 복을 빌어 주면서 가나안 사람의 딸들 가운데서 아내감을 찾아서는 안 된다고 당부하였다는 것과 야곱이 아버지와 어머니의 말에 순종하여 밧단아람으로 떠났다는 것을 알았다(6-7절). 또, 에서는 아버지 이삭이 가나안 사람의 딸들을 싫어한다는 것을 알았다. 그래서 아버지의 마음을 얻고자 본처를 두고 이스마엘의 딸이요 느바욧의 누이 마할랏을 아내로 맞이하였다(9절). 느바욧은 이스마엘의 장자이다(25:3). 마할랏이 느바욧의 누이로 불리는 것은 이스마엘이 이미 죽었음을 암시한다(9절). 아브라함은 복의 약속을 받고 본토와 친척과 아버지 집을 떠났다. 아브라함에게 약속한 복은 이삭에 이어 야곱에게 전승된다. 야곱의 복은 아브라함의 복을 계승한다. 야곱도 이 복을 받고 집을 떠났다.

아브라함과 야곱이 복의 약속을 받고 아버지 집을 떠난 것은 장차 오실 그리스도의 사건을 예시한다. 하나님의 아들은 복의 약속을 성취하기 위해 아버지 집을 떠나 세상으로 오셨다. 그는 하늘에서 오신 자, 곧 인자이다(요 3:13). 그가 하늘에서 오신 것은 땅에서 들리기 위함이었다(요 3:14). 그가 땅에서 들리심은 그의 십자가 죽음과 부활을 뜻한다(요 12:32-33, 행 5:31). 이는 그를 믿는 자마다 영원한 생명을 얻기 위함이다(요 3:15). 예수 그리스도께서 영생을 주신 것은, 아브라함의 복을 성취한 것이다(갈 3:8-9). 이로써 예수 그리스도는 아브라함과 이삭과 야곱에게 하신 영원한 언약을 성취하셨다. 혈통적으로 에서의 후손이든 야곱의 후손이든 누구든지 그리스도를 믿으면 영적으로 아브라함의 자손이 된다(갈 3:7). 그에게 야곱이 받은 복이 실제가 된다. 영생의 복을 받은 자는 영생의 견증자이다(요일 1:2). 그는 옛사람이 살던 집을 떠나 하늘의 아버지 집에 거한다. 그는 아들이 있는 곳에 거하여 창세전 아버지가 아들에게 주신 영광을 본다(요 17:24). 그 영광은 아들 안에 충만한 아버지의 인자와 신실(은혜와 진리)이다(요 1:14).

마태복음은 예수 그리스도의 계보로 시작한다. 계보의 기원은 아브라함이다. "아브라함과 다윗의 자손 예수 그리스도의 계보라"(마 1:1). 아브라함을 통해 모든 족속이 받는 복은 아브라함 이후 42대를 거쳐 그리스도에게서 성취된다(마 1:17). 마태복음은 예수 그리스도의 승천 기사로 끝난다(마 28:18-20). 그가 승천하시면서 마지막으로 주신 명령은 "모든 족속을 제자 삼으라"였다. "모든 족속"으로 제자 삼는 것은 아브라함을 통해 "모든 족속"이 받는 복을 전하는 것이다. 이것은 "가는 것", "아버지와 아들과 성령의 이름으로 세례 주는 것", "주의 가르침을 지키게 하는 것"으로 실행된다(《복음과 생명》, 31과, "종말, 모든 족속으로 제자 삼으라" 참고). "가는 것"은 "떠나는 것"이다. 족장들이 약속을 받고 떠나듯, 영생의 견증자는 영생의 복을 증거 하기 위해 "떠나는 자"이다. 이것은 단지 공간적 떠남을 뜻하지 않는다. 어디 있든지 더 이상 자기를 위해 살지 않고 죽었다가 다시 사신 이를 위해 사는 것이다(고후 5:15). 어디서 무엇을 하든지 그리스도 예수의 주 되신 것과 예수를 위하여 섬기는 자로 사는 것이다(고후 4:5).

: 묵상

나는 영생의 복을 알지 못하였다. 결핍의 인생에게 필요를 채워주는 대상으로서 신(하나님)을 믿었다. 구원은 죽어서 가는 천국 정도로 생각하였다. 1990년 4월 하나님의 통치 은혜가 임하며 문제해결과 영적 체험의 짜릿한 맛(?)을 보았다. 이후 신앙생활은 문제해결, 영적 체험이 주류를 이루었다. 그 여세로 신학대학원에 들어갔다. 내게 있어 최고의 헌신은 하던 일을 그만두고 "떠나는 것"이었다. 잘되던 사업을 접고 신대원에 들어갔다. 서울 강남의 아파트도 처분하였다. 여분은 교회에 헌금으로, 가난한 자들에게 구제금으로 드렸다.

이스라엘 백성은 출애굽을 전후하여 여러 기적을 친히 경험하였다. 그들은 장자가 죽는 재앙에서 살아남았다. 그들은 바다가 갈라지는 기적과 하늘에서 만나가 내리는 기적을 체험하였다. 모두가 생명과 직접 관련이 있는 극적인 기적이었다. 하지만 그들은 계속해서 하나님께 범죄하였다(시 78:17). 이스라엘도 그러하였는데, 그들보다 훨씬 못한 기적을 체험한 나는 어떠했겠는가? 악한 본성인 옛 생명이 바뀌지 않는데, 아무리 기적을 체험했다고 어떻게 죄를 그치겠는가? 신대원 시절부터 열심이 "특심"이었다. 새벽에는 산에서 부르짖고, 수시로 기도 탑에서 울부짖었다. 그러나 이생의 복을 구하는 담무스를 위한 애곡이었다(겔 8:14). 기적을 구하나 악한 본성은 그대로였다. 선한 일을 하며 하나님처럼 높아지고자 하는 자기주장 의지로 몸을 불살랐다.

자기주장 의지, 무모한 헌신 안에도 심중에는 주를 사랑하는 마음이 있었다. 그러나 하나님이 보실 때는 악이다. 인간은 선도 악으로 바꾼다. 전능하신 하나님은 악도 선으로 바꾸신다. 하나님은 무모한 헌신을 공의로 심판하셨다. 심판의 무덤에서 말씀을 얻어먹는 자가 되었다. 모든 족속이 아브라함을 통해 받는 영생의 복을 받았다. 그 복을 누리며 전하는 자가 되었다. 오늘도 영생의 복을 위해 하루를 시작한다. 누구를 만나든지 무엇을 하든지 예수의 주 되신 것과 사람을 섬기는 자로 살기 원한다.

58

28:10-22

10 야곱이 브엘세바에서 떠나 하란으로 향하여 가더니
11 한 곳에 이르러는 해가 진지라 거기서 유숙하려고 그 곳의 한 돌을 가져다가 베개로 삼고 거기 누워 자더니
12 꿈에 본즉 사닥다리가 땅 위에 서 있는데 그 꼭대기가 하늘에 닿았고 또 본즉 하나님의 사자들이 그 위에서 오르락내리락 하고
13 또 본즉 여호와께서 그 위에 서서 이르시되 나는 여호와니 너의 조부 아브라함의 하나님이요 이삭의 하나님이라 네가 누워 있는 땅을 내가 너와 네 자손에게 주리니
14 네 자손이 땅의 티끌 같이 되어 네가 서쪽과 동쪽과 북쪽과 남쪽으로 퍼져나갈지며 땅의 모든 족속이 너와 네 자손으로 말미암아 복을 받으리라
15 내가 너와 함께 있어 네가 어디로 가든지 너를 지키며 너를 이끌어 이 땅으로 돌아오게 할지라 내가 네게 허락한 것을 다 이루기까지 너를 떠나지 아니하리라 하신지라
16 야곱이 잠이 깨어 이르되 여호와께서 과연 여기 계시거늘 내가 알지 못하였도다
17 이에 두려워하여 이르되 두렵도다 이 곳이여 이것은 다름 아닌 하나님의 집이요 이는 하늘의 문이로다 하고
18 야곱이 아침에 일찍이 일어나 베개로 삼았던 돌을 가져다가 기둥으로 세우고 그 위에 기름을 붓고
19 그 곳 이름을 벧엘이라 하였더라 이 성의 옛 이름은 루스더라
20 야곱이 서원하여 이르되 하나님이 나와 함께 계셔서 내가 가는 이 길에서 나를 지키시고 먹을 떡과 입을 옷을 주시어
21 내가 평안히 아버지 집으로 돌아가게 하시오면 여호와께서 나의 하나님이 되실 것이요
22 내가 기둥으로 세운 이 돌이 하나님의 집이 될 것이요 하나님께서 내게 주신 모든 것에서 십분의 일을 내가 반드시 하나님께 드리겠나이다 하였더라

58

독생자의 충만한 영광, 천사들이 보기 위해 오르락내리락하다!

⁝ 주해

야곱은 자신을 죽이려는 형 에서를 피하여 밧단아람에 있는 외갓집으로 도피했다. 이삭은 야곱에게 아브라함의 복으로 축복하며 그를 떠나보냈다. 10-22절은 야곱이 하란으로 가는 도중 한 장소에서 일어난 일을 기술한다. 야곱의 목적지는 밧단아람과 하란으로 표기되었다. 이삭은 밧단아람으로 (28:2, 5), 리브가는 하란으로 말하지만(27:43) 같은 지역이다.

야곱이 브엘세바를 떠나 하란으로 갈 때 한곳에 이르렀는데 해가 졌다(11절). 그는 이곳에서 밤을 지내려고 돌 하나를 가져다가 베개로 삼고 누웠다. 베개로 삼은 돌은 짐승으로부터 보호하려는 목적이 있다. 황량한 처소에서 잠이 든 고독한 여행자가 꿈을 꾸었다. 구약에서 꿈은 하나님의 계시의 수단이다(창 20:6, 31:11, 37:5, 40:5, 41:1, 민 12:6, 왕상 3:5, 욥 33:15, 단 2:1, 4:5, 7:1). 야곱은 꿈에서 하늘에 닿은 사닥다리(하늘 층계), 하나님의 천사들이 사닥다리를 타고 오르락내리락하는 것, 사닥다리 위에 서서 말씀하시는 하나님을 보았다. 저자는 세 번째 계시에 주목한다. 꿈에 사닥다리 위에 나타나신 하나님은 야곱에게 약속의 말씀을 주셨다(13-15절). 하나님이 야곱에게 주신 약속은 아브라함에게 주신 약속에 근거한다. 이는 땅의 약속과 자손의 약속(15:5-7), 그리고 땅 위의 모든 민족이 그와 그의 후손을 통해 복을 받는 약속이다(창 12:3). 야곱은 지금 가나안 땅을 떠나지만, 다시 돌아올 것이다. 하나님은 그의 모든 여정 가운데 그와 함께하실 것이다. 그리하여 그를 이 땅으로 돌아오게 하실 것이다. 그에게 하신 모든 약속을 다 이루기까지 그와 함께하실 것이다.

하나님이 야곱에게 하신 약속은 아브라함과 마찬가지로 그의 생전에 다 성취되지 못하였다. 그는 가나안 땅으로 돌아왔으나, 그 땅을 차지하지 못하였고 그의 자손도 티끌처럼 많아지지 않았다. 더욱이 모든 족속이 복을 받는 약속도 이루어지지 않았다. 그러나 하나님은 이 약속들이 이루어지기까지 그와 함께하신다. 하나님이 야곱에게 하신 땅의 약속은 입애굽과 출애굽을 통해 성취되었다. 땅의 티끌같이 많은 자손은 출애굽을 통해 성취되었다(신 11:22). 그런데 땅의 약속은 궁극적으로 하늘 본향이며 하나님 나라에 들어가는 것이다(히 11:16). 이는 구속사로서 그리스도에게서 성취된다. 또한 자손의 약속은 장차 오실 하나님의 아들이 오심으로써 성취된다(갈 3:16). 이로써 모든 족속이 복을 받은 아브라함의 약속이 성취된 것이다. 이는 창세전 영생의 약속이 성취된 것이다!

16-17절, 야곱이 꿈에서 깨어났다. 야곱은 그의 생애 중 처음으로 하나님을 보고 그의 음성을 들었다. 그는 꿈에서 깨어 하나님이 이곳에 계시는데 알지 못했다고 말한다. 그는 이곳에 계시는 하나님을 두려워하며 말하였다. 이 얼마나 두려운 곳인가! 이곳은 다름 아닌 하나님의 집이다. 여기가 바로 하늘로 들어가는 문이다(17절). 야곱이 가진 두려움의 감정은 하나님을 대면한 자들이 경험한 감정(누미노제)이다(출 3:6, 20:15, 삿 6:23, 13:22 참고). 그곳이 바로 하나님의 집이었다. 천사들이 오르락내리락하는 하늘의 문이었다. 이제 광야의 한 장소가 제의장소가 된다. 야곱은 자신이 베개로 삼았던 돌을 세우고 기름을 부었다. 그곳 이름을 "벧엘"로 불렀다. 벧엘은 "하나님의 집"이라는 뜻이며, 야곱이 꿈에서 깨어나 "이곳이 하나님의 집"이라고 부른 것에서 지어진 것이다. 이곳의 본래 이름은 "루스"였다.

야곱은 하나님의 집, 벧엘에서 서원하였다(20-22절). 15절에서 하나님은 야곱과 함께하시며 그를 인도하여 이 땅으로 돌아오게 할 것이라고 약속하셨다. 야곱은 이 약속에 양식과 옷을 더 구하며 세 가지 서원을 하나님께 드렸다. 그는 여호와가 자기의 하나님이 되시며, 기둥으로 세운 돌이 하나님의 집이 될 것이며, 십일조를 드리겠다고 서원한다.

야곱이 벧엘로 명명한 장소는 이스라엘 역사에서 벧엘 성소의 기원이 된다. 벧엘 성소가 전성기를 이루었던 시대는 여로보암 1세 이후였다(B.C.926, 왕상 12:26-29). 그 당시 하나님이 자기 이름을 두신 곳은 솔로몬이 지은 예루살렘 성전이었다(왕상 9:2). 그곳이 하나님이 거하시는 "하나님의 집"이었다. 솔로몬의 사후 이스라엘은 북이스라엘과 남유다로 분열되었다. 이는 솔로몬의 우상숭배에 대한 하나님의 심판이었다. 북이스라엘은 여로보암이 다스렸고, 남유다는 다윗의 자손이 다스렸다. 한편 북이스라엘의 여로보암 왕은 자기 백성이 예루살렘 성전에 제사하러 가는 것을 두려워하였다. 그는 단과 벧엘에 성소를 만들어 백성들을 그곳에서 예배드리게 하였다. 더 심각한 것은 일반 백성을 제사장으로 삼고 절기를 유사하게 만들어 지키게 했다는 것이다. 그는 유사신앙을 제정한 것이다. 이 일이 하나님께 죄가 되었다.

"이에 계획하고 두 금송아지를 만들고 무리에게 말하기를 너희가 다시는 예루살렘에 올라갈 것이 없도다 이스라엘아 이는 너희를 애굽 땅에서 인도하여 올린 너희의 신들이라 하고 하나는 벧엘에 두고 하나는 단에 둔지라 이 일이 죄가 되었으니 이는 백성들이 단까지 가서 그 하나에게 경배함이더라"(왕상 12:28-30).

여로보암 이후 북이스라엘의 열왕은 모두 느밧의 아들 여로보암의 길을 갔다. 이것이 그들에게 죄가 되었다. 북이스라엘은 앗수르에 의해 멸망하였다(B.C.721년). 그리고 벧엘 성소는 남유다의 개혁자 요시야에 의해 완전히 파괴되었다(왕하 23:15). 하나님은 하늘 보좌에 계신다. 그리고 땅에서는 자기 백성과 함께하신다. 그렇다고 하나님이 특정 장소를 영원한 성소로 삼지 않으신다. 출애굽 이후 광야시대 하나님은 이동 성소인 증거막의 지성소에 거하셨다. 이스라엘이 가나안에 정착했을 때 한 장소 실로의 성소에 거하셨다(수 18:1, 삼상 1:3). 이후 솔로몬이 성전을 짓고 난 후 예루살렘 성전에 거하셨다. 하지만 지극히 높으신 하나님은 손으로 지은 곳에 계시지 아니하신다. 만물 안의 어디든지 그가 원하시는 곳에 거하신다(행 7:47-50).

땅에 있는 것은 하늘에 있는 것의 모형이다. 땅의 성소는 하늘에 있는 성소의 그림자이며 모형이다(히 8:5). 구약시대 벧엘(하나님의 집)은 하늘에 있는 아버지 집의 모형이다. 하늘은 창세전부터 현존하는 만물 위의 세계이다(요 1:1, 3:31). 하나님의 아들은 하늘에서 오신 인자이다(요 3:13). 그가 세상에 오신 것은 땅에서 들리기 위함이다(요 3:14). 그가 땅에서 들리심은 십자가 죽음과 부활을 뜻한다. 곧 그가 땅에서 들리는 것이 복음이다. 이 복음을 믿는 자마다 영원한 생명을 얻는다.

요한복음 1:43-51은 나다나엘이 예수를 만나는 장면이다. 나다나엘은 빌립이 전하는 예수를 의심하였으나 예수께 나아갔다. 예수께서 그를 보시고 "보라 참 이스라엘 사람이라 그 속에 간사한 것이 없다"라고 하셨다. 나다나엘이 "어떻게 나를 아십니까?"라고 묻자, 예수께서는 빌립이 그를 부르기 전 그가 무화과나무 아래에 있을 때 보았다고 말씀하셨다. 그러자 나다나엘은 예수를 하나님의 아들이요 이스라엘의 왕으로 고백한다(요 1:49). 예수께서는 그가 고백한 믿음보다 더 큰 일을 보리라고 말씀하신다. "내가 진정으로 진정으로 너희에게 말한다. 너희는, 하늘이 열리고 하나님의 천사들이 인자 위에 오르락내리락하는 것을 보게 될 것이다"(요 1:51).

야곱은 꿈에서 하늘 문이 열리고 천사들이 하늘에서 오르락내리락하는 것을 보았다. 구약성경 아람어판은 이 장면을 확대 해석하고 있다. 야곱은 하나님의 언약을 담지한 자로서 하나님의 백성을 대표한다. 야곱과 함께하던 천사들이 야곱이 잠들었을 때 그의 얼굴을 보았다. 그에게서 하나님의 백성을 하나님께로 인도할 메시아의 영광을 발견하였다. 이것을 본 천사들이 하나님의 보좌에서 수종들던 다른 천사들에게 알렸다. 그러자 다른 천사들이 사다리를 타고 잠든 야곱의 얼굴을 보고 하늘로 올라가 다른 천사에게 말했다. 그런 식으로 천사들이 야곱의 얼굴에 나타난 영광을 보고자 밤새도록 오르락내리락하였다. 그런데 천사들이 하나님의 아들이신 인자 위에 오르락내리락한다. 하늘에 속한 인자, 곧 하나님의 아들이 육체(사르크스)로 오셨다(요 1:14). 하나님의 아들이 지상에서 비천한 자로 현존하신다. 그러나 그의 얼굴에는 하나님의 영광을 아는 빛이 비춘다(고후 4:6). 이제 아들을 영접하는 자는 그의 안에 있는 생명을 얻는다. 하나님의 자녀가 된다. 그와 함께 일으킴을 받아 그리스도 예수 안에서 함께 하늘에 앉히운 자가 된다(엡 2:6). 하지만 지상에서 영생 얻은 자의 실존은 아들과 마찬가지로 사르크스(육체)이다. 그러나 그에게서 아들의 영광이 충만하다. 그의 얼굴에 아버지의 인자와 신실이 비춘다. 하늘의 천사들도 그를 보고자 밤새도록 오르락내리락한다. 참으로 지복(至福)이다.

그리스도인의 신앙생활은 영생을 알기까지 사뭇 비참하다. 세상과 교회의 양다리를 걸치는 신앙이다. 그러다가 그가 복음을 통해 영생을 알게 되면 모든 것이 새롭게 된다. 그는 독생자의 충만한 영광을 본다. 그에게 자족함과 부요함이 넘친다. 지상에서는 유약하고 비천한 사르크스의 실존이나 천사들이 그를 보기 위해 오르락내리락한다. 그는 영광스러운 하나님의 아들이다. 계몽주의 시대 이후 인본주의자들은 초월신앙을 거부하였다. 이들의 영향을 받은 교회가 했던 최대의 신앙고백이 나다나엘의 고백이었다. 초월의 기적 앞에서 예수를 하나님의 아들로 고백하는 정도였다. 그러나 하늘에서 오신 인자는 더 큰 일을 보라고 하신다. 기독교 신앙은 인자 위에 천사들이 오르락내리락하는 인자를 보는 것이다. 이것이 바로 독생자의 영광을 보는 영생이다.

묵상

오랫동안 나의 믿음은 나다나엘의 고백에 그쳤다. 예수를 하나님의 아들로 고백하였으나 위의 것을 보지 못하였다. 오로지 땅의 문제, 이생의 문제에 파묻혔다. 어느 목사는 하늘을 올려다보지 못할 정도로 바쁘게 산다고 하였다. 나의 신앙 역시 그런 식이었다. 하늘을 날지 못하는 독수리와 같았다. 신앙생활의 시작은 감격이었으나 갈수록 짐이 되었다. 땅에서 기원하는 신앙은 풀의 꽃과 같다. 잠깐 반짝이나 시들고 떨어진다. 목마름의 정점에 생명의 말씀이 임하였다. 하나님은 목마른 자를 초청하신다. 값없이 와서 먹되 목이 말라야 한다. 진수성찬이라도 이미 배부른 자에게는 무익하다. 영적 목마름으로 죽을 것 같을 즈음, 생명의 말씀이 영으로 들렸다. 들린 정도가 아니라 헐떡거리며 먹었다. 말씀은 양식이니 먹는 것이다. 맛있는 음식은 질리지 않는다. 날마다 말씀을 얻어먹는 자가 되었다. 이는 독생자의 영광을 보는 생명의 교제이다. 말씀 앞에서 나의 허물과 비참함을 발견한다. 그리스도의 긍휼을 힘입어 은혜의 보좌에 들어간다. 그곳에서 아버지의 한량없는 사랑과 신실로 충만해진다. 비록 땅에서는 비천하나 독생자의 영광을 드러낸다. 오늘도 천사들이 오르락내리락하면서 내게 충만한 독생자의 영광을 본다.

 지난주일 서울공동체 모임을 가진 후 근처 설렁탕 집에서 식사 교제를 하였다. 2년 전 생긴 집인데 손님이 가득하였다. 주인이 직접 정성껏 20시간을 끓이고 김치도 매일 직접 담근다고 한다. 맛이 일품이었다. 포장해서 사왔다. 그리고 어제 저녁에 다시 먹었다. 하루 만에 먹는데도 맛있었다. 맛있는 음식은 먹고 또 먹어도 질리지 않는다. 하물며 하늘의 양식이랴! 시인은 주의 계명을 사모하므로 입을 열고 헐떡였다(시 119:131). 생명의 말씀은 귀로 듣는 것이 아니라 영으로 먹는 것이다! 먹고 또 먹어도 질리지 않는다. 그때마다 아버지의 충만한 인자와 신실을 빌고 또 받는다. 할렐루야!

59

29:1-14

1 야곱이 길을 떠나 동방 사람의 땅에 이르러
2 본즉 들에 우물이 있고 그 곁에 양 세 떼가 누워 있으니 이는 목자들이 그 우물에서 양 떼에게 물을 먹임이라 큰 돌로 우물 아귀를 덮었다가
3 모든 떼가 모이면 그들이 우물 아귀에서 돌을 옮기고 그 양 떼에게 물을 먹이고는 우물 아귀 그 자리에 다시 그 돌을 덮더라
4 야곱이 그들에게 이르되 내 형제여 어디서 왔느냐 그들이 이르되 하란에서 왔노라
5 야곱이 그들에게 이르되 너희가 나홀의 손자 라반을 아느냐 그들이 이르되 아노라
6 야곱이 그들에게 이르되 그가 평안하냐 이르되 평안하니라 그의 딸 라헬이 지금 양을 몰고 오느니라
7 야곱이 이르되 해가 아직 높은즉 가축 모일 때가 아니니 양에게 물을 먹이고 가서 풀을 뜯게 하라
8 그들이 이르되 우리가 그리하지 못하겠노라 떼가 다 모이고 목자들이 우물 아귀에서 돌을 옮겨야 우리가 양에게 물을 먹이느니라
9 야곱이 그들과 말하는 동안에 라헬이 그의 아버지의 양과 함께 오니 그가 그의 양들을 치고 있었기 때문이더라
10 야곱이 그의 외삼촌 라반의 딸 라헬과 그의 외삼촌의 양을 보고 나아가 우물 아귀에서 돌을 옮기고 외삼촌 라반의 양 떼에게 물을 먹이고
11 그가 라헬에게 입 맞추고 소리 내어 울며
12 그에게 자기가 그의 아버지의 생질이요 리브가의 아들 됨을 말하였더니 라헬이 달려가서 그 아버지에게 알리매
13 라반이 그의 생질 야곱의 소식을 듣고 달려와서 그를 영접하여 안고 입 맞추며 자기 집으로 인도하여 들이니 야곱이 자기의 모든 일을 라반에게 말하매
14 라반이 이르되 너는 참으로 내 혈육이로다 하였더라 야곱이 한 달을 그와 함께 거주하더니

59

우물의 결혼 모티브, 야곱의 우물에서
참 남편 하나님과 연합하다!

: 주해

야곱은 아버지 이삭의 축복을 받고 하란으로 떠났다. 그 목적은 라반의 딸 중에서 아내를 맞이하기 위함이었다(28:2). 야곱은 긴 여행 중에 하나님을 만나는 극적인 체험을 했다. 육신의 아버지가 그를 보냈으나 조상의 하나님이 그와 함께하셨다. 약속을 받은 자의 길은 자기에게 있지 않고 인도하시는 하나님께 있다(렘 10:23). 하나님이 길을 정하시면 넘어져도 그가 붙드신다(시 37:23-24).

창세기 29장은 야곱이 하란의 라반 집에 도착하여 일어난 일이다. 야곱은 하란에 도착하여 우연히 라반의 딸 라헬을 만났다. 그는 라헬의 인도를 받아 라반의 집으로 갔다. 그곳에서 라반의 두 딸 레아와 라헬을 아내로 맞이했다. 야곱은 그들을 통해 열두 아들을 낳았다. 이들은 장차 이스라엘의 열두 지파가 된다. 1-8절, 야곱이 하란에 도착한다. 9-14절, 야곱이 외삼촌 라반의 집에 들어간다. 15-30절, 야곱이 레아와 라헬을 차례로 아내로 맞이한다. 31-35절, 야곱이 레아를 통해 네 아들을 출산한다. 창세기의 저자는 벧엘에서 하란까지의 긴 여행에 대해 침묵한다. 벧엘의 장면은 이제 야곱이 목적지 하란에 도착한 장면으로 바뀐다(1절). 이곳은 동방 사람의 땅이다. 동방 사람들은 요단 동편에서 유목생활을 하였다. 그들은 기드온 시대에는 아말렉 족속과 미디안 족속과 연합하여 이스라엘을 공격하였다(삿 6:3, 33, 8:10, 11). 29:1에서는 하란 근처에 사는 동방 사람들을 만난 장면이 나온다.

야곱은 하란 근처에 있는 한 우물에 도착하였다. 그는 양 세 떼가 우물곁에 누워있는 것을 보았다. 저자는 우물에 관해 설명한다. 이는 목자들이 양 떼에게 물을 먹이는 우물인데 우물 입구는 큰 돌로 늘 덮여 있었다. 양 떼가 전부 모이면 목자들이 우물 입구에서 돌을 굴려내어 양 떼에게 물을 먹였다. 물을 다 먹인 다음 다시 돌로 우물 입구를 덮곤 하였다(3절). 4-8절, 우물곁에서 야곱이 묻고 목자들이 대답한다. 목자들은 외지인 야곱을 경계한다. 네 차례에 걸쳐 야곱이 묻고 목자들이 대답한다. 야곱은 자세히 묻고 목자들은 짧게 대답한다.

> 야곱: 내 형제여, 어디서 왔느냐?
> 목자들: 하란에서 왔노라
> 야곱: 너희가 나홀의 손자 라반을 아느냐?
> 목자들: 안다
> 야곱: 그가 평안하냐?
> 목자들: 평안하다

이때 라반의 딸 라헬이 양을 몰고 우물로 오고 있었다. 그러자 목자들은 귀찮은 듯 라헬이 오고 있다고 말했다. 궁금한 것이 있으면 라반의 딸에게 직접 물어보라는 식이었다. 그러나 야곱은 이들에게 계속 물었다. 야곱의 네 번째 질문이다. "아직 해가 한창인데, 아직은 양 떼가 모일 때가 아닌 것 같은데, 양 떼에게 물을 먹이고, 다시 풀을 뜯기러 나가야 하지 않습니까?"(7절). 야곱은 목자들이 양 떼에게 당장 물을 먹이면 가축 떼에게 풀을 뜯길 수 있다고 생각하였다. 그래서 그들은 우물로 오지 않았는가? 야곱이 볼 때 그들은 시간을 낭비하듯 보였다. 이전의 야곱은 어머니에게 가스라이팅을 당했던 소심한 자였다. 그가 집을 떠나면서도 어떤 자기주장이 없었다. 그런데 그가 목자들을 상대하는 것을 보면 확실히 달라졌다. 무엇 때문인가? 한 가지 추정할 수 있는 이유는 그가 하나님을 만났다는 것이다.

또한, 야곱이 목자들을 우물곁에서 떠나보내려는 것은, 우물로 오고 있는 라헬을 돕고자 하는 것이 분명했다. 그러나 목자들은 야곱의 생각이 잘못되었음을 말했다. "그렇지 않습니다. 양 떼가 다 모일 때까지 기다렸다가, 양 떼가 다 모이면, 우물 아귀의 돌을 굴려내고서, 양 떼에게 물을 먹입니다"(8절). 우물은 목자들이 양 떼를 다 몰고 올 그때 개방한다. 무엇보다 우물을 덮은 돌이 무거워 모두 힘을 합해야 했다. 그사이에 라헬이 도착하였다. 야곱은 더 이상 기다릴 수 없었다. 그는 야단스럽게 우물에 관한 목자들의 규정을 깨뜨렸다. 그가 라헬과 외삼촌 라반의 양 떼를 보자 혼자서 우물의 돌 뚜껑을 열고 라반의 양 떼에게 물을 먹였다.

야곱은 자기가 누구인지 신분을 밝히기도 전 라헬에게 입 맞추고 큰 소리로 울었다. 이것은 기쁨의 눈물이다(11절, "기쁜 나머지 큰 소리로 울면서"). 야곱은 자기를 먼저 소개했어야 했다. 라헬은 상대가 누구인지도 모른 채 입을 맞추어야했다. 칼뱅은 이것을 편집자의 착오로 돌렸다. 소개를 먼저 했다는 것이다. 확실히 야곱은 조급하였고, 삼촌 라반에게 잘 보이려고 무모하게 행동하였다. 그제야 야곱은 라헬의 아버지가 자기의 외삼촌이라는 것과 자기가 리브가의 아들이라는 것을 라헬에게 말하였다. 라헬이 달려가서 아버지에게 이 사실을 말하였다(12절). 라반은 누이의 아들 야곱이 왔다는 말을 듣고 그를 만나러 곧장 달려왔다. 그리고 그를 보자마자 껴안고서 입을 맞추고 자기 집으로 데리고 갔다. 야곱은 지금까지 있었던 일들을 라반에게 다 말하였다(13절). 야곱의 말을 다 듣고 라반은 야곱에게 말하였다. "너는 나와 한 피붙이다." 야곱이 라반의 집에 머물며 집안일을 하며 한 달을 보냈다.

28장에서 야곱은 하늘이 열리고 천사들이 하늘과 땅을 오르락내리락하는 것을 보았다. 또, 하나님이 하늘과 땅을 연결하는 사닥다리 위에서 하신 축복의 말씀을 들었다. 마치 신약시대 바울이 삼층천에 올라가 가히 듣지 못할 말을 들었듯이(고후 12:4), 야곱은 놀라운 영적체험을 하였다. 하나님이 그의 모든 여정에 함께하신다는 약속을 받았다. 야곱이 천상의 체험을 하고 약속의 말씀을 받았어도 그의 외적인 삶은 달라진 것이 없다. 그는 세상 사람과 다를 바 없는 세속의 삶을 산다. 29장이 그러하다. 하란의 목자들은 낯선 자 야곱을 퉁명스럽게 대하였다. 그러나 라헬과 라반은 목자들과 대조적으로 야곱을 지극한

정성으로 맞이했다. 특히 라반이 "너는 내 피붙이다"라고 한 말은 환대의 절정이다. 이렇듯 세 사람의 처음 만남은 매우 우호적이었다. 그들은 모두 자신의 좋은 면을 보여주었다. 그러나 이들은 함께 살면서 기만과 간계와 갈등을 일으킨다. 무엇보다 "며칠" 머물 것으로 라반의 집에 왔던 야곱은 무려 20년의 세월을 머문다. 그것도 14년은 아무런 대가를 받지 않고 라반을 위해 자기 인생을 바쳤다.

우물은 당시 생활의 중심지였다. 아브라함의 종은 우물에서 이삭의 아내 리브가를 처음 대면하였다(24:10-30). 야곱은 우물에서 그가 평생 유일하게 사랑한 라헬을 만났다. 이삭과 야곱은 모두 아브라함 언약의 계승자이다(시 105:9-10). 리브가는 아브라함의 종뿐 아니라 그의 낙타에게 물을 마시게 하였다. 이로써 언약의 선조모(先祖母)의 자질을 보여주었다. 야곱은 라반의 양 떼에게 물을 마시게 함으로써 라헬과 첫 만남을 가졌다. 두 번 모두 라반이 달려와 낯선 사람들을 맞이한다. 아브라함의 종은 그의 집에 많은 선물을 가져왔다. 그러나 야곱은 빈손이다. 그래서 라반이 14년간 야곱을 이용했을까? 두 경우 모두 이스라엘의 선조모가 될 여인들이 우물가로 왔다. 리브가의 결혼은 바로 정해졌고, 라헬과의 결혼은 7년 후 성사되었다.

야곱은 그의 부모에 순종했고 외삼촌의 집으로 찾아갔다. 그는 노상에서 하나님의 인도와 축복을 약속받았다. 그러나 그가 당장 결혼한다거나 많은 후손에 대한 약속의 성취나 그가 며칠 만에 고향 땅에 돌아올 것이라는 표징은 전혀 없다. 그는 단지 라반과 함께 한 달을 머물렀다. 하나님의 말씀은 반드시 성취된다. 그러나 언제, 어떻게 일어날지 당사자는 물론 독자들도 알 수 없다. 야곱이 평안히 고향으로 돌아가기까지 많은 갈등과 시련이 기다리고 있었다.

히브리서 기자는 아브라함이 복을 약속받고 그것이 성취될 때까지 사이의 시간을 이렇게 증거한다. "말씀하시기를 '내가 반드시 너에게 복을 주고 복을 줄 것이며, 너를 번성하게 하고 번성하게 하겠다'라고 하셨습니다. 그리하여 아브라함은 오래 참은 끝에 그 약속을 받은 것입니다." 그가 이같이 오래 참아 약속을 받았느니라"(히 6:14-15)라고 히브리서 기자가 이 말을 하는 것은, 세상에서 구원받은 성도가 하나님의 약속을 온전히 의지하여 큰 위로를 받게 하려는 것이다(히 6:18). 우리가 붙잡아야 할 소망이 있는데, 그것은 안전하고 확실한 영혼의 닻과 같아서 휘장 안에까지 들어가게 해 준다(히 6:19). 성도는 그리스도의 강림을 소망하기에 휘장 안 하늘 성소에 들어가는 파레시아를 "인내"로 순종한다.

아브라함의 복을 계승 받은 야곱은 대낮에 우물에서 라헬을 만났다. 사마리아 여인은 대낮에 우물에서 하늘에서 오신 인자를 만났다(요 4:1-26). 여기서도 담론은 결혼 모티브이다. 야곱의 우물에서 물을 긷던 여인에게 예수께서 생수를 주시겠다고 하신다. 야곱의 우물에서 길러내는 물은 다시 목마르다. 그러나 하늘의 생수는 영원히 목마르지 않다. 이는 영원한 생명으로 인도하는 솟아나는 샘물이다. "그러나 내가 주는 물을 마시는 사람은, 영원히 목마르지 아니할 것이다. 내가 주는 물은, 그 사람 속에서, 영생에 이르게 하는 샘물이 될 것이다"(요 4:14).

복음은 영원한 생명으로 인도하는 솟아나는 샘물이다. 여인이 생수를 구하자, 예수는 갑자기 남편을 불러오라고 말씀하신다. 여인은 "남편이 없다"라고 대답한다. 그러나 예수께서는 그가 다섯 남편이 있었고 지금 사는 남자도 네 남편이 아니라고 말씀하신다. 이 말을 들은 여인은 예수가 선지자임을 고백한다. 요한복음은 상징으로 진리를 계시한다. 남편은 연합의 대상이다. 인간은 하나님과 연합하여 살도록 지음 받았다. 물고기가 물을 떠나서 살 수 없듯이 인간은 하나님을 떠나 살 수 없다. 그러나 아담이 범죄 함으로써 인간은 하나님과 분리되었다. 그러나 하나님은 그런 인간을 결코 버리지 아니하신다. 여자의 후손과 가죽옷으로 예표되는 아들을 약속하시고 다시 연합을 이루는 길을 마련하셨다.

하나님이 이스라엘과 맺은 언약은 장차 하나님의 아들이 오셔서 맺을 새 언약을 예시한다. 하나님이 이스라엘과 맺은 언약은 결혼 관계로 비유된다. 하나님은 언약 백성 이스라엘의 남편이다(렘 31:32). 그러나 그들은 언약을 파기하여 다시 남편을 잃었다. 영적 과부로 살게 된 것이다. 그런데도 하나님은 그들에게 구원을 약속하신다. 그들에게 남편이 되어주신다는 약속이다(사 54:5, "너를 지으신 분께서 너의 남편이 되실 것이다").

모든 인생은 영생을 얻고 하나님과 연합하기까지 본질상 하나님이 아닌 자를 남편으로 삼아 살아간다. 남편은 "있으면 살고 없으면 죽을 것 같은 그 무엇"이다. 본질상 하나님이 아닌 것이다. 거기에 종노릇하며 살아간다(갈 4:8). 하나님은 그런 인생을 불쌍히 여기시고 찾아오신다. 야곱의 우물에서 목이 마른 여인을 찾아오시듯, 불현듯 찾아오셔서 하늘의 생수를 주신다. 복음을 통해 영원한 생명으로 인도하여 참 남편 하나님과 연합에 이르게 하신다. 늘 반복하는 일상의 우물에 오셔서 생수(복음)를 주시고 영원한 생명에 이르게 하신다.

하나님께서는 모든 목마른 자들에게 외치신다(사 55:1). "물로 나오라"라고 외친다. 돈 없이 값없이 와서 참된 양식을 사라고 하신다. 이 양식은 하나님으로부터 듣고 또 듣는 것이다. 그리하면 우리 영혼이 살아난다. 이는 우리를 위하여 하나님이 맺으시는 영원한 언약이다. 하늘의 생수는 값없이 돈 없이 받는다. 유일한 한 가지 조건은 목이 말라야 한다. 하늘의 생수는 잡담, 호기심, 애매성에 빠진 자는 결코 얻을 수 없는 생수이다. 무한한 자기 체념의 자리에 이른 자에게 하늘의 생수가 주어진다. 그에 복음이 들린다. 그는 영원한 생명에 이른다.

묵상

고대사회에서 우물은 일상의 중심이었다. 결정적인 만남의 장소였다. 지금도 아프리카에서는 우물이 일상의 중심이다. 아프리카 선교에서 우물 파주는 사역은 매우 중요하다. 단지 물을 공급하는 차원을 넘어선다. 그들에게 우물이 생기면 마을이 형성되고 자연스럽게 교회가 생긴다. 그러나 우물은 목마른 자에게 절실히 필요하다.

하나님과 분리된 자는 누구나 목마르다. 다만 세계성에 빠져 목마름을 잊고 산다. 본질상 하나님이 아닌 것을 남편으로 삼아 그것과 연합한다. 나 역시 참 남편 하나님과 분리된 자였다. 신앙생활을 하였어도 본질상 하나님이 아닌 존재물을 신앙의 대상으로 삼았다. 영생의 본질은 하나님과의 연합이다. 영생에 무지하니 숱한 존재물을 남편으로 삼았다. 갈수록 목이 말랐다. 영생을 알기 전에도 큐티를 하였다. 그러나 하늘의 생수는 목마른 자에게만 허락된다. "너희 목마른 자들아 내게 나오라." 목마름의 끝, 무한한 자기 체념의 자리에 이르렀다. 늘 묵상하던 말씀이었는데 그때 비로소 들렸다.

그날도 어김없이 야곱의 우물로 나갔다. 늘 하던 큐티였다. 그러나 그날은 주님이 친히 생수를 주셨다. 복음을 통해 영원한 생명의 교제가 시작되었다. 아, 하나님과 영원히 분리될 뻔한 자가 마침내 참 남편 하나님과 연합하였다. 세상을 두리번거리면 수많은 다른 남편이 손짓한다. 내 마음과 영혼을 빼앗는 것들이 허다하다. 한 남편 그리스도, 한 남편 하나님을 향한 거룩함과 진실함에서 떠나지 않기를 간구한다. 내 입술에 파수꾼을 세워 어떤 선한 말도 하지 않기를 간구한다. 경외함으로 복종하는 자는 잠잠히 복종하는 자이다.

60

29:15-30

15 라반이 야곱에게 이르되 네가 비록 내 생질이나 어찌 그저 내 일을 하겠느냐 네 품삯을 어떻게 할지 내게 말하라
16 라반에게 두 딸이 있으니 언니의 이름은 레아요 아우의 이름은 라헬이라
17 레아는 시력이 약하고 라헬은 곱고 아리따우니
18 야곱이 라헬을 더 사랑하므로 대답하되 내가 외삼촌의 작은 딸 라헬을 위하여 외삼촌에게 칠 년을 섬기리이다
19 라반이 이르되 그를 네게 주는 것이 타인에게 주는 것보다 나으니 나와 함께 있으라
20 야곱이 라헬을 위하여 칠 년 동안 라반을 섬겼으나 그를 사랑하는 까닭에 칠 년을 며칠 같이 여겼더라
21 야곱이 라반에게 이르되 내 기한이 찼으니 내 아내를 내게 주소서 내가 그에게 들어가겠나이다
22 라반이 그 곳 사람을 다 모아 잔치하고
23 저녁에 그의 딸 레아를 야곱에게로 데려가매 야곱이 그에게로 들어가니라
24 라반이 또 그의 여종 실바를 그의 딸 레아에게 시녀로 주었더라
25 야곱이 아침에 보니 레아라 라반에게 이르되 외삼촌이 어찌하여 내게 이같이 행하셨나이까 내가 라헬을 위하여 외삼촌을 섬기지 아니하였나이까 외삼촌이 나를 속이심은 어찌됨이니이까
26 라반이 이르되 언니보다 아우를 먼저 주는 것은 우리 지방에서 하지 아니하는 바이라
27 이를 위하여 칠 일을 채우라 우리가 그도 네게 주리니 네가 또 나를 칠 년 동안 섬길지니라
28 야곱이 그대로 하여 그 칠 일을 채우매 라반이 딸 라헬도 그에게 아내로 주고
29 라반이 또 그의 여종 빌하를 그의 딸 라헬에게 주어 시녀가 되게 하매
30 야곱이 또한 라헬에게로 들어갔고 그가 레아보다 라헬을 더 사랑하여 다시 칠 년 동안 라반을 섬겼더라

60

전에는 천한 그릇, 이제는 깨끗한 그릇으로 쓰임받게 하소서!

주해

라반은 먼 길을 떠나온 야곱을 환대하였다. "너는 나와 한 피붙이다" 라반의 피붙이 야곱은 라반의 집에서 한 달을 머물렀다. 이후 라반과 야곱의 분위기는 전혀 달라진다. 일단 라반은 자기 집에 한 달 동안 머문 야곱에게 어떻게든 보상을 해주고자 한다. 일반적으로 타국인이나 혈족이 아닌 종들은 생계와 신체적 보호를 받을 수 있었다. 그러나 원칙적으로 보수 없이 일했다. 라반에게 야곱은 이도 저도 아니다. 야곱은 타국인도 아니고 종도 아니다. 그는 야곱이 속히 떠날 것 같지 않아 그에게 보상을 제안했다(15절).

창세기의 저자는 야곱이 대답하기 전 라반의 두 딸을 소개하고 그들의 특성을 언급한다. 맏딸의 이름은 레아이고 둘째 딸의 이름은 라헬이다. 레아는 "암소"를, 라헬은 "암양"을 뜻한다. 레아는 눈매가 흐릿했고, 라헬은 몸매가 아름답고 용모도 예뻤다. "시력이 약하다"(개역개정)에서 "약하다"의 히브리어 "라크"는 "흐릿한" 또는 "부드러운"을 의미한다. 대부분의 주석가는 눈에 빛이나 번쩍임이 없었다고 해석한다. 레아가 동생 라헬에 비해 확실히 열등하였다. 야곱은 라헬의 외모에 끌려 그녀를 사랑하였다. 그래서 라반에게 파격적인 제안을 한다. 라반을 위해 7년간 몸으로 봉사하겠으니 그 후에 라헬을 아내로 주라는 것이다(18절). 고대 근동에서는 신부를 맞이하는 데 있어 "지참금"을 지불하였다. 아브라함의 종은 이삭의 아내로 리브가를 데려올 때 라반과 그의 어머니에게 보물을 주었다(24:53). 그러나 야곱은 빈손으로 왔다. 그에게는 몸뚱이 하나뿐이다. 그래서 7년을 수고하고 라헬을 아내로 얻고자 한 것이다. 라반은 야곱의 제안에 주저 없이 동의한다(19절).

라반은 처음부터 속이기로 작정하였는가? 그는 라헬을 특정하지 않고 "그를 네게 주는 것이…"(19절)라고 대답한다. 문맥으로는 당연히 라헬을 가리키나 구체적으로 밝히지 않았다. 라반이 야곱에게 주고자 하는 딸의 이름을 말하지 않은 것은 우연이 아닐 수 있다. 아마도 그는 야곱이 라헬을 위해 7년의 봉사를 마치기 전에 레아가 누군가와의 결혼이 성사될 것을 희망하면서 선택의 폭을 열어주고 있었을 것이다(고든 웬함). 야곱은 라반의 속도 모르고 라헬을 위해 7년 동안 그를 섬겼다. 하지만 야곱은 라헬을 사랑하는 까닭에 7년을 수일같이 여겼다. "칠 년을 수일같이" 여길 정도로 사랑은 죽음보다 강하다. 사랑은 타오르는 불길, 그 어느 누구도 끄지 못한다(아 8:6). 라헬을 사랑하는 야곱의 연정(戀情)으로 7년은 바람같이 지나갔다.

21-30절은 7년이 지난 후의 일이다. 야곱은 라반에게 약속대로 라헬과 결혼하겠다고 말했다. 라반은 그 고장 사람들을 다 청하여 결혼 잔치를 배설하였다(22절). 그런데 그 밤에 라반은 라헬이 아니라 레아를 야곱에게 들여보냈다(23절). 그는 여종 실바를 레아에게 몸종으로 주었다. 결혼식 첫날 신부는 내내 베일에 가려져 있어 그가 누구인지 알 수 없다. 신랑은 신부를 자신의 망토로 감싸서 결혼이 끝난 혼례 방으로 들어간다. 레아와 동침한 야곱은 아침이 되어서야 자신이 속은 것을 알았다. 그는 라헬을 위해 7년을 일했으나 레아와 결혼했음을 알고 충격을 받았다. 그리고 라반에게 어찌하여 속였느냐고 항변하였다(25절). 야곱이 아버지 이삭을 속였듯이 라반이 야곱을 속였다. 속이던 자가 속는다. 야곱은 자신을 속인 라반을 비난함으로써 아버지를 속인 자신을 비난하고 있다. 라반은 야곱에게 정당한 이유를 댄다. "형보다 아우를 먼저 주는 것은 우리 지방에서 하지 아니하는 바이다"(26절).

야곱은 형을 속여, 에서의 장자권을 빼앗았다. 아우가 형을 앞질렀다. 라반은 야곱을 속여 형이 아우를 앞지르게 하였다. 아우가 형을 앞지르는 것은 이삭의 가정에서도 일어나서 안 되는 일이었지만, 야곱은 그렇게 하였다. 라반의 말 속에는 형을 속인 야곱에 대한 응보가 들어있다. 그러나 라반은 결혼 잔치의 기간이 지나면 라헬도 주겠다고 말한다. 그 대신 야곱은 다시 7년을 라반을 위해 일해야 한다(27절). 야곱이 그렇게 하였다. 그가 레아와 칠 일을 지내고 나니, 라반은 자기 딸 라헬을 그에게 아내로 주었다(28절). 또 라반은 여종 빌하를 라헬에게 몸종으로 주었다(29절). 야곱이 라헬과 동침하였다. 야곱은 레아보다 라헬을 더 사랑하였다. 그는 또다시 칠 년 동안 라반을 위해 일을 하였다. 그러나 처음의 7년과 같이 그 시간이 "수일 같았다"라고 말하지 않는다. 도리어 그 시간은 레아와 라헬의 갈등 속에서 지나간다. 그러면서 야곱은 이들을 통해 족장들을 출산한다.

야곱은 형을 속여 장자권과 축복권을 가로챘다. 그 일로 외삼촌 라반의 집에 오게 되었다. 야곱이 속이는 자가 되었음에도 하나님은 벧엘에서 그를 축복하셨다. 그는 아브라함의 복을 계승할 자요, 그가 고향으로 돌아오기까지 그와 함께하시겠다고 약속하셨다. 처음에는 모든 일이 순조롭게 되는 듯하였다. 그는 우물에서 라헬을 만나 목적지 라반의 집에 도착하였다. 라반도 그를 환대하였다. 게다가 야곱이 사랑하는 라헬도 그에게 주겠다고 약속하였다.

이후 모든 일은 야곱의 뜻과 다르게 진행된다. 그는 형의 분노가 가라앉기까지 "며칠" 동안 머물 작정이었다. 그런데 라헬에 대한 연정으로 7년을 수고하며 일한다. 7년이 지난 후 라반에게 속임을 당해 원치 않는 레아와 동침하였다. 야곱은 라반을 비난하지만, 그로서는 상황을 변화시키기 위한 별도의 방책이 없었다. 야곱은 그가 사랑하는 라헬을 아내로 맞이하되 다시 7년을 일해야 했다. 라반은 철저히 자기 이익을 위해 야곱을 속이고 그를 이용한다. 그런데도 야곱에 대한 하나님의 약속은 유효한가? 야곱은 그의 자손이 땅의 티끌처럼 번성할 것이라는 약속을 받았다(28:14). 야곱이 원치 않았으나 열두 족속 중 여덟 족속이 레아와 그녀의 몸종 실바에게서 나왔다. 따라서 라반과 야곱의 속임수조차도 하나님의 약속을 이루는 과정이 된다. 물론 야곱은 그가 행한 일에 보응을 받았다. 속이던 자가 속는다. 호세아는 야곱이 받은 보응을 이스라엘이 받은 보응과 병행하여 진술한다. "여호와께서 유다와 논쟁하시고 야곱을 그 행실대로 벌하시며 그의 행위대로 그에게 보응하시리라"(호 12:2).

야곱은 형을 속여 라반에게 왔고 라반은 야곱을 속여 그의 귀가를 하염없이 늦추었다. 그러나 하나님은 이들을 통해, 또 이들이 원치 않은 과정을 통해 자신의 약속을 이루어가신다. 하나님의 약속은 완전하다. 반드시 이루어진다. 그리고 이 약속은 주권적으로 택하신 자를 통해 성취된다. 그런데 약속의 담지자는 허물과 죄로 가득 찬 인간이다. 철저히 자기중심적으로 사는 자이다. 하지만 인간의 죄악이 하나님의 선택을 폐하지 못한다. 하나님은 택함 받은 자의 허물을 징계하시되 여전히 그를 통해 자기 뜻을 이루어가신다(암 3:2-3).

허물과 죄로 죽은 자가 그리스도와 함께 살리심을 받아 하늘에 앉히운 자가 되었다(엡 2:1-6). 이는 긍휼이 풍성하신 하나님의 사랑으로 말미암는다. 그런즉 누구든지 그리스도 예수 안에 있으면 새로운 존재이다(고후 5:17). 복음을 통해 새 생명을 얻은 자, 그는 하나님의 모든 자비하심을 따라 자기 몸을 거룩한 산 제물로 하나님께 드린다(롬 12:1). 이는 생명의 교제를 통해 그리스도가 그를 통해 사는 것으로 가능하다. 왜냐하면 우리 안에는 선한 것이 없기 때문이다. 하나님은 우리가 옛 생명으로 행할 때도 언약의 통로로 사용하신다. 약속의 담지자로 역사하신다. 인간의 불의함에도 불구하고 그를 통해 구원의 역사를 이루시는 것이다. 그러나 우리가 옛 생명으로 행할 때 징계와 보응을 피할 수 없다. 그러다 우리가 복음을 통해 새 생명을 얻게 되면 이전 일은 다 지나간다. 개가 토한 것을 도로 먹는 옛 생명의 헌신은 끝난다. 단번에 그치는 것은 아니나 성장한다. 그리하여 깨끗한 그릇으로 하나님께 쓰임 받는다.

> "큰 집에는 금그릇과 은그릇만 있는 것이 아니라, 나무그릇과 질그릇도 있어서, 어떤 것은 귀하게 쓰이고, 어떤 것은 천하게 쓰입니다. 그러므로 누구든지 이러한 것들로부터 자신을 깨끗하게 하면, 그는 주인이 온갖 좋은 일에 요긴하게 쓰는 성별된 귀한 그릇이 될 것입니다. 그대는 젊음의 정욕을 피하고, 깨끗한 마음으로 주님을 찾는 사람들과 함께, 의와 믿음과 사랑과 평화를 좇으십시오"(딤후 2:20-22).

: 묵상

의인은 없으니 하나도 없다. 허물과 죄로 죽은 자를 주의 종으로 부르셨다. 1990년 봄, 하나님의 통치 은혜가 임하여 영적 체험을 하였다. 밋밋한 신앙생활에 불이 붙었다. 고전 1:17, "오직 복음을 전하라"는 감동이 왔다. 1993년, 그 열기로 무역업을 정리하고 신학대학원에 들어갔다. 야곱의 첫사랑처럼 주님을 사랑하였다. 수년의 고생이 며칠 같이 지나갔다. 그러나 나는 복음에 무지하였고 좌우를 분별하지 못하였다. 생명을 알지 못하니 오직 옛 생명으로 행하였다. 속고 속이는 일이 빈번하였다. 무지한 탓으로 영혼들을 속이며 내 인생을 얻기에 급급하였다. 그런 자에게 주의 자비와 긍휼이 임하였다. 복음을 통해 생명을 알고 매일 생명의 교제를 하게 되었다. 나의 나 된 것, 더 많이 수고한 것이 오직 하나님의 은혜이다.

말씀을 묵상하는데 회한을 넘어 감사의 눈물이 흐른다. "나 같은 것이 무엇이관데!" 수많은 허물과 죄 가운데에서 나를 사용하셨다. 이제는 생명을 주는 영의 직분을 주셨다. 어찌 감격의 눈물이 흐르지 않겠는가? 끌리는 매혹과 더불어 두려운 떨림이 임한다. 죄의 세력은 늘 나를 속인다. 계명이 이르며 나를 속이고 나를 사망에 던진다. 하루라도 깨어 있지 않으면 죄가 나를 속이고 나도 속는 일이 계속된다. 오늘도 십자가에 나를 못 박는다. 자기로 살고자 하는 자를 십자가에 못 박는다. 바울이 디모데에게 권면한 말씀을 숙고한다. 전에는 옛 생명으로 행하는 천한 그릇이었다. 이제는 주의 은혜로 깨끗하게 되었으니 귀한 그릇으로 쓰임 받기를 간구한다. 선물이 귀할수록 포장도 아름답다. 생명을 전하는 영의 직분, 성별된 그릇이 되길 구한다. 깨끗한 마음으로 주를 찾는 동역자들과 함께 의와 믿음과 사랑과 평화를 따르기를 간구한다.

61

29:31-35

31 여호와께서 레아가 사랑 받지 못함을 보시고 그의 태를 여셨으나 라헬은 자녀가 없었더라
32 레아가 임신하여 아들을 낳고 그 이름을 르우벤이라 하여 이르되 여호와께서 나의 괴로움을 돌보셨으니 이제는 내 남편이 나를 사랑하리로다 하였더라
33 그가 다시 임신하여 아들을 낳고 이르되 여호와께서 내가 사랑 받지 못함을 들으셨으므로 내게 이 아들도 주셨도다 하고 그의 이름을 시므온이라 하였으며
34 그가 또 임신하여 아들을 낳고 이르되 내가 그에게 세 아들을 낳았으니 내 남편이 지금부터 나와 연합하리로다 하고 그의 이름을 레위라 하였으며
35 그가 또 임신하여 아들을 낳고 이르되 내가 이제는 여호와를 찬송하리로다 하고 이로 말미암아 그가 그의 이름을 유다라 하였고 그의 출산이 멈추었더라

61

오, 복되도다!
사랑받고 생명을 낳는 그리스도의 신부여!

⦁ 주해

야곱은 자기 의사와 상관없이 중혼(重婚)을 하였다. 그는 라헬과 결혼하기를 원했으나 라반의 계책으로 레아와 결혼하였다. 그리고 결혼 잔치 기간인 7일이 지난 후 라헬을 아내로 맞이하였다. 어쨌거나 성대한 잔치를 통해 알려진 야곱의 본처는 레아가 된 셈이다.

29:31-30:24은 야곱이 두 아내 및 그들의 시녀를 통해서 출산한 자녀에 관한 이야기이다. 29:31-35는 야곱이 레아를 통해 얻은 네 명의 아들(르우벤, 시므온, 레위, 유다)을 언급한다. 30:1-8은 야곱이 라헬의 여종 빌하를 통해서 얻은 두 명의 아들(단, 납달리)을 언급한다. 9-13절은 야곱이 레아의 시녀 실바를 통해서 얻은 두 명의 아들(갓, 아셀)을 언급한다.

14-21절은 야곱이 다시 레아를 통해서 얻은 두 명의 아들(잇사갈, 스불론)과 한 명의 딸(디나)에 대해 언급한다. 22-24절은 야곱이 라헬을 통해 얻은 아들(요셉)을 언급한다. 야곱은 나중에 라헬을 통해 얻은 베냐민(35:16-18)을 포함하여 12남 1녀의 자녀를 두었다. 여기서 12명의 아들은 이스라엘의 12지파가 된다. 레아는 남편의 사랑을 받지 못하였다. 여호와께서 그가 사랑받지 못함을 보시고 그의 태를 여셨다. 라헬은 남편의 사랑을 독차지하였으나 자녀가 없었다.

이후 전개되는 내용은 남편의 사랑에 대한 레아의 갈망과 자식을 낳고자 하는 라헬의 갈망이 지배적이다. 여인에게 남편의 사랑도 받고 자식도 낳는 것은 보편적 열망이다. 레아와 라헬, 그들은 과연 두 마리의 토끼를 잡을 수 있을 것인가? 레아는 연달아 네 명의 아들을 출산한다. 레아가 임신하여 아들을 낳고 그 이름을 르우벤이라고 지었다(32절). 르우벤이란 이름의 뜻은 문자적으로 "보라 아들이다"이다. 또는 레아의 고백대로 "나의 괴로움을 권고하셨다"라고도 해석한다. 레아는 첫아들을 낳고 남편의 사랑을 열망하였다. "여호와께서 나의 괴로움을 돌보셨으니 이제는 내 남편이 나를 사랑하리로다"(32절).

레아가 다시 임신하여 아들을 낳았다. 그는 속으로 "여호와께서 내가 남편의 사랑을 받지 못하여 하소연하는 소리를 들으시고 또 아들을 주셨다"라고 하면서, 아이 이름을 "시므온"이라고 지었다(33절). 시므온은 "듣다"를 뜻하는 "사마아"(쉐마)와 우가릿어 "신"을 뜻하는 "온"의 결합어이다. 레아가 첫아들을 출산하였음에도 불구하고 그녀에게 야곱의 사랑은 오지 않았음을 반영한다. 레아가 또 임신하여 아들을 낳았다. 그는 속으로 "내가 아들을 셋이나 낳았으니, 이제는 남편도 별수 없이 나에게 단단히 매이겠지"라고 하면서 아이 이름을 "레위"라고 지었다(34절). 레위는 "달라붙은, 연합된"을 의미한다. 레아는 계속 아들을 낳았으나 더 깊은 절망에 빠진다. 라헬에게 간 야곱의 사랑은 꼬덕하지 않고 있다. 레아가 또 임신하여 아들을 낳았다. 그는 속으로 "이제야말로 내가 주님을 찬양하겠다"라고 하면서 아이 이름을 "유다"라고 지었다(35절). 유다는 "찬송" 또는 "그(하나님)가 찬송을 받으리로다"의 뜻이다. 레아는 남편의 사랑을 포기하였는가? 이제 그는 더 이상 남편의 사랑을 갈망하지 않는다. 남편에 대한 그녀의 절망은 하나님을 향한 찬양으로 바뀐다. 레아의 출산이 멈추었다. 14-21절에서 레아가 다시 아이를 낳은 것으로 보아 그녀는 일시적으로 불임이 되었다. 추정하는바, 레아는 야곱과 더 이상 동침하지 않았다. 이것은 야곱의 결정인가? 레아의 결정인가? 저자는 여기에 침묵함으로써 다양한 해석의 가능성을 열어놓았다.

본래 인간은 하나님 안에 거하여 생육하고 번성하는 복을 받았다(창 1:28). 그들에게는 하나님의 영광과 존귀의 관이 쓰였다(시 8:5). 첫 사람 아담과 그의 아내 하와는 하나님이 짝지어 주신 부부였다(창 2:21-22). 그러나 그들에게 죄가 들어오고 그들에게 사망이 왔다. 사망의 증상은 하나님의 영광에서 분리되어 자신의 비참한 존재를 직면하는 것이다(창 3:7). 이들은 벌거벗은 존재의 수치를 무화과 잎으로 가린 채, 사람의 영광을 구하는 자로 전락하였다. 하나님과 분리된 인간은 타자와도 분리되었다. 인간의 결혼관계 역시 죄와 사망의 증상이 뚜렷이 나타난다. 아담은 아내에게 "내 뼈 중의 뼈와 살 중의 살"이라고 고백하였으며(창 2:23), "하나님이 주신 여자"라고도 하였다(창 3:12). 하나님은 범죄한 아담과 하와에게 각각 형벌을 내리신다. 여자는 남자를 사모하나 남자의 다스림을 받게 되었다(창 3:16). 또 해산의 고통을 감수하게 되었다. 가인의 후손은 중혼을 하고(창 4:19), 노아 시대 사람들은 여자의 외모를 보고 아내를 선택하였다(창 6:2). 족장들은 자기 안위를 위해 아내를 누이로 속이기도 하였다.

열두 족장의 선조모인 레아와 라헬 역시 아담 안에서 죄인 된 여자의 운명이었다. 레아는 연달아 네 아들을 낳았으나 남편의 사랑을 받지 못하였다. 그러나 그는 넷째 아들을 낳고 여호와를 찬송한다. 이제 남편의 사랑을 포기한 것일까! 라헬은 남편의 사랑을 독점했으나 자식이 없었다. 후에 아들을 얻었으나 또 다른 아들을 갈망하였다. 요셉의 이름은 "다른 아들을 더하시기 원하노라"이다(30:24). 라헬은 야곱의 귀향길에 다른 아들을 더해주는 소원이 이루어졌으나 산고로 죽었다(35:18). 확실히 레아는 자식 복이 있고 라헬은 남편 복이 있다. 어떤 여자는 남편 복도 있고 자식 복도 있다. 그러나 누가 그 속을 알까! 마음의 고통은 자기만 알고 타인이 참여하지 못한다(잠 14:10). 금실이 좋은 부부가 결혼생활이 일찍 종결되기도 한다. 어떤 여인은 둘 다 없다. 남편 복이 없으니 자식 복도 없다는 속어가 있다. 하지만 어떤 결혼 상태이든 그것은 한시적이다. 영속되지 않는다. 지상적 결혼은 불완전하다. 전도자는 천 명 가운데 한 여자를 찾았으나 여자는 한 사람도 없었다(전 7:28).

땅에 있는 것은 하늘에 있는 것의 그림자요, 모형이다. 지상적 결혼은 천상적 결혼의 그림자요, 모형이다. 하늘에서는 지상적 결혼과 같은 결혼이 더 이상 없다(마 22:30). 지상적 결혼은 생육하고 번성하기 위해 하나님이 한시적으로 허용하신 제도이다. 천상적 결혼은 그리스도와 그의 신부가 맺는 결혼이다. 세례자 요한은 그리스도를 신랑으로, 성도를 신부로 비유하였다(요 3:29). 바울은 구원의 사명을 정결한 신부를 한 남편 그리스도에게 중매하는 것으로 묘사하였다(고후 11:2). 새 하늘과 새 땅에서 어린양 그리스도가 아내를 맞이하는 혼인 잔치가 열린다(계 19:7). 신부는 깨끗한 세마포 옷을 입은 성도이다. 세마포 옷은 성도들의 옳은 행실이다.

결혼 관계로 비유되는 그리스도와 성도는 완전한 사랑에 기초한다. 그리스도는 자기 목숨을 내어주는 사랑을 그에게 하셨다. 그리스도의 신부인 성도는 오직 그리스도를 향한 진실함과 거룩함으로 정절을 유지한다(고후 11:3). 무엇보다 그리스도를 믿음으로 얻은 생명을 사람들에게 견증하여 생명을 낳는다(요일 1:1-2). 그리스도를 신랑으로 삼고 생명을 전하는 자는 지상의 어떤 결혼 형태도 넉넉히 감당한다. 설령 남편 복이 없고 자식 복이 없어도 그는 하늘의 복으로 충만하다. 남편이 없는 자리에 영원한 남편 그리스도가 계시고, 자식이 없는 자리에 생명으로 낳은 영적 자녀가 있다. 그리스도께 사랑받고 생명을 낳는 그의 신부는 심히 부요하고 영광스럽다. 그 부요와 영광은 지상적 삶을 넘어 영원에 잇대어 있다. 참으로 복된 인생이다.

: 묵상

나는 한때 가정 행복을 도모하는 기관사역을 하였다. 결혼 생활이 한계상황에 봉착한 이들을 회복시키는 일이었다. 하나님 보시기에 "사람의 일"이나, 감히 하나님의 이름으로 그 일을 하였다. 목표는 행복한 결혼 생활, 행복한 가정을 만드는 것이었다. 복음을 전하라고 부름 받은 내가 할 일은 아니었다. 은사가 있다고 해서 아무 일이나 하면 그것은 하나님께 대한 불복종이다. 주신 사명대로 순종해야 한다. 가정 행복의 목표가 무엇이겠는가? 남편 복, 아내 복, 자식 복 이상을 넘어서지 못한다. 지상적 삶이 전부인 세속인들에게는 중요하나, 그리스도인에게는 죽고 사는 문제가 결코 아니다.

나는 하나님의 심판으로 광야에 던져졌다. 죽기에만 합당한 자임을 깨닫고 죽기를 구하였다. 다시 산다 해도 자기를 위해 사는 옛 생명은 소망이 없었다. 죽을 일을 반복할 것이 불 보듯 하였다. 살 소망이 없었다. 그러나 긍휼이 풍성하신 주께서 새 생명으로 살리셨다. 주섬주섬 걸친 무화과 옷을 벗기시고 그리스도로 옷 입혀주셨다. 생명을 전하며 생명을 낳게 하신다. 우물 안 개구리의 관점에서 벗어나니 다양한 결혼 형태가 존재함을 알게 되었다. 남편 복이나 자식 복이 없으나 신실한 그리스도인들이 곳곳에 있었다. 한 남편 그리스도의 사랑을 받고 생명으로 살며 생명을 전하는 이들이 주변에 많이 있다. 그들은 심히 부요하고 영광스러운 그리스도의 신부이다. 증도의 전도자 문준경처럼 말이다.

62

30:1-13

1 라헬이 자기가 야곱에게서 아들을 낳지 못함을 보고 그의 언니를 시기하여 야곱에게 이르되 내게 자식을 낳게 하라 그렇지 아니하면 내가 죽겠노라
2 야곱이 라헬에게 성을 내어 이르되 그대를 임신하지 못하게 하시는 이는 하나님이시니 내가 하나님을 대신하겠느냐
3 라헬이 이르되 내 여종 빌하에게로 들어가라 그가 아들을 낳아 내 무릎에 두리니 그러면 나도 그로 말미암아 자식을 얻겠노라 하고
4 그의 시녀 빌하를 남편에게 아내로 주매 야곱이 그에게로 들어갔더니
5 빌하가 임신하여 야곱에게 아들을 낳은지라
6 라헬이 이르되 하나님이 내 억울함을 푸시려고 내 호소를 들으사 내게 아들을 주셨다 하고 이로 말미암아 그의 이름을 단이라 하였으며
7 라헬의 시녀 빌하가 다시 임신하여 둘째 아들을 야곱에게 낳으매
8 라헬이 이르되 내가 언니와 크게 경쟁하여 이겼다 하고 그의 이름을 납달리라 하였더라
9 레아가 자기의 출산이 멈춤을 보고 그의 시녀 실바를 데려다가 야곱에게 주어 아내로 삼게 하였더니
10 레아의 시녀 실바가 야곱에게서 아들을 낳으매
11 레아가 이르되 복되도다 하고 그의 이름을 갓이라 하였으며
12 레아의 시녀 실바가 둘째 아들을 야곱에게 낳으매
13 레아가 이르되 기쁘도다 모든 딸들이 나를 기쁜 자라 하리로다 하고 그의 이름을 아셀이라 하였더라

62

"내가 하나님을 대신하겠는가?", 복음을 전하나 생명은 하나님이 주신다!

∷ 주해

속이는 자 야곱이 라반에게 속았다. 그는 라헬을 연모하여 7년을 수일같이 라반을 위해 일하였다. 그러나 첫날 밤 신부는 라헬이 아니라 레아였다. 1주일간 계속된 결혼잔치로 야곱의 공적 아내는 레아가 되었다. 라반은 결혼잔치가 끝난 후 라헬도 야곱의 아내로 주었다. 그 대신 야곱은 다시 7년을 라반을 위해 일하였다. 처음 7년은 수일같이 지나갔으나 나중 7년은 순탄하지 않았다. 야곱은 두 아내의 투쟁에 끼어 고통당했다. 그는 격동하기도 하고 아내들의 말에 무력하게 끌려 다녔다. 결국 두 아내의 시녀들까지 네 명의 아내를 두었고 그들로부터 12남 1녀의 자녀를 출산하게 되었다. 레아는 남편의 사랑을 받지 못했으나 네 아들을 연이어 출산하였다. 라헬은 남편의 사랑을 독차지하였으나 자식이 없었다. 30:1-24까지 레아와 라헬은 경쟁적으로 자식을 출산한다. 1-13절은 라헬이 주도적으로 행동한다. 라헬은 레아가 네 아들을 낳은 것을 보고 시기심에 사로잡힌다. 사실 레아가 네 아들을 낳은 것은 그가 남편의 사랑을 받지 못한 것을 하나님이 보시고 태를 여셨기 때문이었다(29:31).

라헬은 이 일이 하나님의 자비로운 행동이심을 알지 못했다. 그래서 야곱에게 강력하게 항거했다. "나도 아이 좀 낳게 해주세요. 그렇지 않으면, 죽어버리겠어요"(1절). 라헬은 남편의 사랑으로 만족하지 못한 채 자식 낳기를 강력하게 원했다. 그러나 야곱이 라헬에게 화를 내며 말하였다. "내가 하나님이라도 된단 말이오? 당신이 임신할 수 없게 하신 분이 하나님이신데, 나더러 어떻게 하라는 말이오?"(2절). 야곱은 라헬을 사랑하여 7년의 고생을 수일처럼 여겼다. 비록 레아가 첫 아내가 되었으나 그의 사랑은 온통 라헬에게 머물렀다(29:31, "레아가 사랑받지 못하였다"). 그런데 두 사람은 아이로 인해 격렬하게 감정을 주고받았다. 결혼은 사랑의 무덤인가? 부드럽고 애틋한 야곱과 라헬의 관계는 격정적인 불화로 치달았다.

구약에서 자녀를 갖는 것은 하나님의 선물이다(시 113:9, 127:3). 따라서 아이를 갖지 못하는 책임을 남편에게 돌리는 라헬의 행동은 불경건하다. 하여 야곱의 성난 대답은 정당하다. "내가 하나님을 대신하겠느냐?" 그렇다고 순순히 물러설 라헬이 아니다. 자녀를 얻고자 하는 라헬의 열정적 의지는 관철된다. 라헬은 고대 근동의 대리모 관습에 따라 시녀 빌하를 통해 아이를 갖겠다고 한다. "아들을 낳아 내 무릎에 두리니"(3절)라는 말은 시녀를 통해 낳은 아들을 자기 아들로 맞이하겠다는 뜻이다. 의역하면 "그녀는 나의 태를 대신해 낳을 것이다"이다(리히터). 야곱은 라헬의 요구에 순순히 응한다. 라헬의 시녀 빌하는 야곱으로부터 두 아들을 낳는다(5-8절). 빌하가 낳은 두 아들의 이름은 라헬이 지었다. 이로써 이들은 라헬의 아들들이 된다. 라헬은 첫아들의 이름을 "단"으로 지었다. 이는 하나님이 그의 억울함을 푸시려고 그의 호소를 들으사 그에게 아들을 주셨다는 뜻이다. 단은 "심판하다, 옹호하다"의 히브리어 "다난니"의 언어유희(wordplay)이다. 라헬은 둘째 아들의 이름을 "납달리"로 지었다. 납달리는 경쟁의 히브리어 "납툴림"의 언어유희이다. 라헬은 시녀를 통해 낳은 아들들을 두고 언니와 경쟁에서 이겼다고 말한다. 그러나 과연 이긴 것일까? 라헬의 승리는 오래가지 못한다. 언니 레아는 같은 방법으로 두 아들을 낳는다(9-13절). 야곱을 자신의 시녀 실바에게 들어가게 하고 실바를 통해 두 아들을 낳는다. "갓"은 행운(복됨)이란 뜻이고 "아셀"은 "기쁨"이란 뜻이다.

생명의 주권은 오직 하나님에게 있다. 물론 라헬도 그것을 아는 듯하다. 시녀 빌하를 통해 단을 낳고 "내 호소를 들으사"라고 말한 것은 그가 한나처럼 기도한 것으로 보인다. 하지만 아이가 생기지 않자 사랑은 독차지했지만 야곱에게 걱정적 감정을 토해낸다. 야곱은 라헬의 감정에 공감하기보다 화를 내면서 "내가 하나님을 대신하겠느냐?"라고 말한다. 덕스럽지 못한 걱정 속에서 하나님의 이름이 언급된다. 여인들의 시기와 경쟁을 통해 낳은 아들들을 통해 이스라엘의 열두 족장이 태어난다. 야곱과 두 아내, 두 여종은 저속한 인간적 일들로 자녀를 낳지만, 하나님은 이들을 통해 구원의 역사를 이루어가신다. 이처럼 인류에게 구원의 희망을 주는 것은 인간의 공로가 아니라 오직 하나님의 은총이다(고든 웬함).

인간의 육적 생명이 하나님의 주권이듯 영생 얻는 구원도 하나님의 주권이다. 영생의 말씀이 선포되어도 영으로 깨닫는 자만이 영생을 얻는다. 생명을 주는 것은 영이다. 생명을 가진 아들의 말은 영이요 생명이다(요 6:63). 선지자 에스겔은 바벨론 포로기에 말씀을 선포하였다. 그가 선포한 말씀이 그대로 이루어짐을 보고 포로지의 백성들은 담 밑이나 집 문간에서 에스겔에 관해 이야기하며 하나님이 그에게 무슨 말씀을 하셨는지 들어보고자 하였다. 하나님께서 그들의 영적 상태에 대해 이렇게 말씀하신다. "마치 호기심 많은 사람들이 무슨 구경거리를 보러 오듯이 너에게 올 것이다. 그러나 그들은, 네가 하는 말을 듣기만 할 뿐, 그 말에 복종하지는 않을 것이다. 그들이 입으로는 달갑게 여기면서도, 마음으로는 자기들의 욕심을 따르기 때문이다"(겔 33:31).

신약시대 예수께서 하나님 나라의 말씀, 곧 영생의 말씀을 전하셨다. 많은 사람이 호기심으로 그의 말씀을 들었으나 깨닫지 못하였다. 이사야 선지자가 일찍이 그들에 대해 예언하였다(사 6:9-10, 마 13:14). 그들이 듣기는 들어도 깨닫지 못하고, 보기는 보아도 알아보지 못할 것이다. 그러나 말씀을 보고 듣는 자들은 복되다!(마 13:16). 태초부터 있는 영생의 말씀은 듣고 보고, 자세히 보고, 손으로 만진 바 되는 말씀이다(요일 1:1). 그때 우리는 영원한 생명을 얻는다. 한스 게오르그 가다머의 말을 인용하면 "텍스트(성경)에서 진리를 경험하는 것"이다.

마틴 하이데거는 "존재 이해"의 지평을 연 실존주의 철학자이다. 그의 이후 철학과 신학은 그의 존재론적 이해를 기반으로 추구된다. 그에 따르면 인간은 독립적으로 존재하지 않으며 "세계 내 존재"로서 존재한다. "세계 내 존재"로서의 인간이란, 인간은 하늘로부터 뚝 떨어져서 홀로 존재하는 것이 아니라 처음부터 이 세계에 뿌리를 박고 다른 사람들과 상호작용하면서 존재한다는 뜻이다. 하이데거에 따르면 인간은 "존재 부담"을 직면할 수 없는 존재이다. 따라서 다른 사람과 "평균화"됨으로써 존재 부담을 면하고자 한다. 그런 인간의 특성은 "잡담, 호기심, 애매성"에 "빠져있다. 잡담은 "직접 보고 듣지 않고" 누군가로부터 전해들은 것을 가지고 이해했다고 생각하는 것이다. 그것은 온전한 이해가 될 수 없다. "호기심"은 생생한 이해를 할 수 없으니 늘 새로운 것을 찾아 나서는 것이다. 하나의 사태를 알고자 한 곳에 머물면서 음미하고 성찰하는 대신 늘 새로운 것들을 찾아 나선다. 하지만 이해의 가능성은 더욱 멀어진다. 그러다 결국 "애매성"에 빠진다. 이해한다고 생각하나 정작 물어보면 알지 못한다.

첫 사람 아담은 벌거벗었으나 부끄럽지 않았다(창 2:25). 이는 그가 하나님의 영광과 존귀의 품에 있었기 때문이었다(시 8:5). 그가 범죄하여 하나님을 떠났다. 이것은 그에게 죽음이다. 아담에게 죽음의 증상은 눈이 밝아져 자신의 벌거벗음을 직면한 것이다(창 3:7). 아담 안에서 모든 인간이 죽었다(고전 15:22a). 그러므로 모든 인간은 존재의 비참함을 감당하지 못하는 자, 곧 "존재 부담"의 존재이다. 그들은 아담과 같이 무화과 잎으로 존재 부담을 면하고자 한다. 번 듯하고(Appearance) 성공하고(Achievement) 풍요로운(Affluence) 3A의 옷을 걸치고 사람의 영광을 구한다. 그들은 잡담, 호기심, 애매성에 빠져있음으로써 존재 부담(존재의 비참함)을 면하고자 한다. 그저 다른 사람을 따라 생각하고 이해하고 말한다. 어떤 그리스도인은 기독교의 중요한 핵심 진리도 그런 식으로 대한다. 구원, 복음, 생명의 진리를 영으로 보고 듣고 자세히 보고 손으로 만진 바 된 것이 아니라, 애매성으로 알고 있다. 그래서 정작 물어보면 모른다. 그런데 알게 하시는 이는 오직 하나님이시다(고전 2:9-10).

전도자는 부름을 받은 대로 복음을 전하고 영생의 말씀을 전할 뿐이다. 영으로 알게 하시는 이는 오직 하나님이시다. 아무리 탁월한 전도자라도 하나님을 대신할 수 없다. 성경에 박식한 유대인들은 영생의 복음을 외면하였다. 그러나 성경에 무지한 이방인들은 영생의 말씀을 받고 영생을 얻었다. 하나님이 영생 주시기로 작정된 자는 다 믿었다!(행 13:46-48). 전도자가 자기주장 의지에 사로잡히면 사명의 본분을 잃어버린다. 하나님을 대신하고자 한다. 영생의 말씀을 반박하는 이들에게 격동한다. 속으로든 겉으로든 말이다. 생명주는 일은 오직 하나님이 결정하신다. 전도자는 결코 하나님을 대신할 수 없다. "내가 하나님을 대신하겠는가?"

: 묵상

심판의 말씀이라도 나에게는 어찌 그리 달고 오묘한지 모른다. 나는 종종 하나님을 대신하는 자이다. 말씀이 그것을 밝히 드러내니 죄에서 돌이킨다. "내가 하나님을 대신하겠는가?" 짐이 가벼워지니 내 영혼은 깃털처럼 가볍다. 지난주 135기 복음생명캠프를 섬겼다. 사실 캠프에 참석하는 이들은 누군가의 추천으로 온다. 분주함이 대세인 시대에 2박 3일간 시간을 내서 오는 것은 참으로 쉽지 않다. 생명을 주는 복음의 등불을 끄지 않으시는 주님의 역사가 기이하고 놀랍다. 그래서 이번 캠프도 감격적으로 섬겼다. 하지만 늘 그렇듯이 캠프가 끝날 때마다 공허와 무의미의 비존재 세력이 나를 덮친다. 환난과 곤고의 죄의 세력이 나를 사로잡아간다. 그것은 3일 내내 생명의 복음을 들은 이들의 반응을 살피기 때문이다.

말씀은 내 속의 어둠을 밝히 드러낸다. 나는 성경이 증거하는 복음을 전할 뿐 영생 주시기로 작정하신 분은 하나님이시다. 그런데도 잠시 속임을 당해 하나님을 대신하려고 하니 어찌 사망의 세력이 나를 사로잡지 않겠는가? 아, 나는 하나님을 대신할 수 없는 자이다. 영으로 보고 듣고 자세히 보고 손으로 만진 바 되게 하시는 이는 오직 하나님이시다. 오늘도, 내일도 기회를 주시는 대로 신실하게 증거 할 뿐이다. 그것으로 충분하다.

63

30:14-24

14 밀 거둘 때 르우벤이 나가서 들에서 합환채를 얻어 그의 어머니 레아에게 드렸더니 라헬이 레아에게 이르되 언니의 아들의 합환채를 청구하노라
15 레아가 그에게 이르되 네가 내 남편을 빼앗은 것이 작은 일이냐 그런데 네가 내 아들의 합환채도 빼앗고자 하느냐 라헬이 이르되 그러면 언니의 아들의 합환채 대신에 오늘 밤에 내 남편이 언니와 동침하리라 하니라
16 저물 때에 야곱이 들에서 돌아오매 레아가 나와서 그를 영접하며 이르되 내게로 들어오라 내가 내 아들의 합환채로 당신을 샀노라 그 밤에 야곱이 그와 동침하였더라
17 하나님이 레아의 소원을 들으셨으므로 그가 임신하여 다섯째 아들을 야곱에게 낳은지라
18 레아가 이르되 내가 내 시녀를 내 남편에게 주었으므로 하나님이 내게 그 값을 주셨다 하고 그의 이름을 잇사갈이라 하였으며
19 레아가 다시 임신하여 여섯째 아들을 야곱에게 낳은지라
20 레아가 이르되 하나님이 내게 후한 선물을 주시도다 내가 남편에게 여섯 아들을 낳았으니 이제는 그가 나와 함께 살리라 하고 그의 이름을 스불론이라 하였으며
21 그 후에 그가 딸을 낳고 그의 이름을 디나라 하였더라
22 하나님이 라헬을 생각하신지라 하나님이 그의 소원을 들으시고 그의 태를 여셨으므로
23 그가 임신하여 아들을 낳고 이르되 하나님이 내 부끄러움을 씻으셨다 하고
24 그 이름을 요셉이라 하니 여호와는 다시 다른 아들을 내게 더하시기를 원하노라 하였더라

63

자기의 소원을 빌던 자,
이제 하나님의 소원을 위해 빌다!

⁝ 주해

　야곱의 두 아내 레아와 라헬은 경쟁하며 자녀를 출산했다. 이들은 자신의 시녀를 통해서도 경쟁하며 자녀를 출산했다. 먼저 레아가 네 아들을 출산했다. 라헬은 자녀가 생기지 않자 야곱에게 아이를 낳게 해달라고 거칠게 항변하였다. 야곱은 잉태치 못하게 하시는 이는 하나님이시며, 그가 하나님을 대신할 수 없다고 말했다. 라헬은 대리모 관습을 따라 자신의 시녀 빌하를 통해 두 아들을 낳는다. 그리고 레아와 경쟁해서 이겼다고 말한다. 그러자 레아도 같은 방식으로 자신의 시녀 실바를 통해 두 아들을 낳는다. 둘 다 막상막하이다. 이후에도 레아와 라헬의 경쟁은 계속된다.
　14-24절, 라헬은 직접 자식 낳기를 시도한다. 14-16절, 합환채 때문에 벌어진 레아와 라헬의 협상을 묘사한다. 밀 거둘 때(양력 3, 4월) 르우벤이 들에서 합환채를 얻어 어머니 레아에게 갖다 주었다. 합환채(히, 두다임)는 자귀나무로도 번역한다(새번역). 합환채는 향기가 강하며 그 뿌리는 마약제로 쓰인다. 고대 세계에서 합환채는 성적인 충동을 불러오고(최음제) 임신을 촉진한다고 여겨졌다. 70인역 성경 이후에는 "맨드레이크"(뿌리는 마취제)로 이해되었다(영어성경). 라헬은 레아에게 맨드레이크(합환채)의 얼마를 달라고 하였으나 레아는 매섭고

혹독하게 거절한다. 그녀는 라헬에게 자기 남편을 차지한 것만으로 부족하여 아들이 가져온 합환채까지 가져가려는 것이냐고 다그쳤다(15절). 라헬이 남편을 차지했다는 말은, 야곱이 레아와 동침하지 않고 있음을 뜻한다. 게다가 라헬은 임신 촉진제인 합환채까지 레아에게 구하고 있다. 라헬은 레아의 불만을 수용하며 거래를 제안한다. 만일 레아가 합환채를 주면 남편 야곱을 그에게 보내겠다고 말한다. 라헬은 확실히 남편의 사랑보다 자신의 아이를 낳기를 절박하게 원한다. 이에 대한 레아의 반응은 언급하지 않으나 그는 라헬의 제안에 동의하였다. 그날 저녁 야곱이 들에서 돌아올 때, 레아가 그를 맞이하였다. 레아는 야곱에게 르우벤이 구한 합환채로 그를 샀다고 하며 그와 동침하였다.

17-21절, 레아가 두 아들과 딸을 출산한다. 하나님이 레아의 소원을 들으시고 두 아들을 낳게 하신다. 레아가 낳은 다섯 번째 아들은 "잇사갈"이다. "잇사갈"은 "값" "보상"의 뜻이다. 본래의 의미는 합환채를 지불한 값인데, 저자는 하나님이 시녀를 남편에게 준 값이라고 해석한다(18절). 레아의 여섯 번째 아들은 "스불론"이다. "스불론"은 "거함" "높임"의 뜻이다. 레아는 이제 야곱이 자신과 함께 "거할 것"을 기대하였다(20절). 레아가 낳은 일곱째 아이는 딸 "디나"였다(21절).

22-24절, 마침내 라헬이 자기 아이를 낳는다. 라헬이 아이를 낳은 것은 합환채로 인한 것이 아니라 하나님이 라헬을 생각하셨기 때문이었다. "생각하다"는 "기억하다"로도 번역하며(새번역), 히브리어는 "자카르"이다. "자카르"는 구원의 행동을 예시한다(창 8:1, 출 2:24). 하나님이 라헬에게 구원의 행동을 개시하신다. 마침내 라헬의 소원을 들으시고 그의 태를 열어 주셨다. "하나님은 라헬도 기억하셨다. 하나님이 라헬의 호소를 들으시고, 그의 태를 열어 주셨다"(22절). 야곱의 말이 맞다! 잉태케 하시는 이는 오직 하나님이시다. 라헬이 남편을 값으로 지불하고 산 합환채가 아니다. 라헬이 잉태하여 아들을 낳고 이름을 "요셉"으로 지었다.

요셉은 이중적인 뜻이 있다. 이는 "씻으셨다"를 의미하는 히브리어 "아삽"의 언어유희(wordplay)이며 동시에 "더하다"의 뜻이다. 라헬은 "하나님이 나의 부끄러움을 씻으셨다"라고 말한다. 또 "하나님이 다른 아들을 더하시기를 원한다"라고 말한다. 요셉의 두 번째 해석인 "다른 아들을 더하시기를 원한다"

라는 고백은 라헬이 한 아들로 만족하지 못한다는 뜻이다. 그는 여전히 언니와 경쟁하고 있다. "아들 하나 더", 라헬의 간절한 소원은 야곱의 귀향길에 이루어진다. 그러나 라헬은 생명을 대가로 치른다. 라헬은 다른 아들을 더 낳고 죽어가며 아이의 이름을 "베노니"로 지었다. 그 뜻은 "슬픔의 아들"이다. 야곱은 즉시 아들의 이름을 "베냐민"으로 바꾼다. 그 뜻은 "오른손(오른쪽)의 아들"이다. 오른쪽은 일반적으로 선호하고, 행운을 가져오는 쪽을 의미한다. "그가 난산할 즈음에 산파가 그에게 이르되 두려워하지 말라 지금 네가 또 득남하느니라 하매 그가 죽게 되어 그의 혼이 떠나려 할 때에 아들의 이름을 베노니라 불렀으나 그의 아버지는 그를 베냐민이라 불렀더라"(35:16-18). 이렇게 해서 이스라엘의 열두 족장이 출산하였다. 이들의 출산에 어떤 신앙적 의미는 없다. 그것은 지극히 인간적으로 이루어졌다. 다만 레아가 추가로 낳은 두 아들과 라헬이 낳은 아들에 대해 "하나님이 그의 소원을 들으시고"라고 언급한다. 구원사의 중심인물인 열두 족장은 여인들의 자식에 대한 열망과 개인적 소원으로 탄생한 것이다.

구약시대 구원사의 전개는 허물과 죄로 죽은 자들을 통해 이루어진다. 하나님의 약속은 완전하나 그것을 이루는 통로로서 인간은 본성적이고 정욕적이다. 대체로 이들은 하나님의 약속과 무관하게 자기 소원을 구하고 본성대로 행동하였다. 그러나 하나님은 이렇듯 자기의 소원을 구하는 자들에게 때로 응답하신다. 그 일을 통해 거대한 구원사를 전개하신다. 구약의 계시를 완성하시는 이는 메시아이다. 그 메시아는 하나님의 아들 예수 그리스도이시다. 예수 그리스도가 오시기 전 사람들은 본성적으로 자기의 소원을 하나님(신)에게 구하였다. 하지만 예수 그리스도는 자기의 소원을 내려놓고 하나님의 소원을 구하였다. 그는 육체에 계실 때 자기를 죽음에서 능히 구원하실 이에게 심판 통곡과 눈물로 간구와 소원을 아뢰었다(히 5:7). 하나님은 경외하며 드린 그의 소원을 들으셨다. 기도를 통해 예수의 소원은 하나님의 소원과 일치하였다(마 26:39). 아들 예수는 하나님의 뜻대로 십자가에서 죽기까지 순종하셨다. 이로써 영원한 구원의 근원이 되셨다(히 5:9). 한 사람 예수 그리스도가 죽으심으로써 모든 사람이 죽었다(고후 5:14). 자기의 소원을 구할 수밖에 없는 본질상 죄인이 예수와 함께 죽었다. 예수 그리스도가 모든 사람을 대신하여 죽으신 것은, 그를 믿어 생명 얻은 자들이 다시는 자기를 위해 살지 않고 주를 위해 살도록 하기 위함이었다(고후 5:15).

신약시대 생명 얻은 자들은 더는 자기의 소원을 구하지 않는다. 그렇다고 그가 소원성취를 다 했다는 뜻이 아니다. 인간은 설령 소원성취를 다 해도 여전히 만족하지 못한다. 채운만큼 공허감의 넓이는 넓다.

영생 얻은 자가 다시는 자기의 소원을 빌지 않는 것은 결코 주리지 않고 목마르지 않은 생명의 떡을 먹었기 때문이다(요 6:35). 무엇보다 그는 주 안에 거함으로써 자족의 비밀을 아는 자이다(빌 4:12). 자족하는 그리스도인은 오로지 하나님의 소원을 위해 빈다. "내가 원하는 것은 없습니다. 주님이 원하는 것만 주소서"(마이스터 에크하르트). 그는 뜻이 하늘에서 이루어진 것 같이 땅에서도 이루어지기를 구한다. 결코 헛되지 않은 주의 일을 위해 몸과 소유를 바친다. 하늘에 계신 아버지는 그가 구하지 아니하여도 때를 따라 그의 필요를 채우신다.

> "그러므로 무엇을 먹을까, 무엇을 마실까, 무엇을 입을까, 하고 걱정하지 말아라. 이 모든 것은 모두 이방사람들이 구하는 것이요, 너희의 하늘 아버지께서는, 이 모든 것이 너희에게 필요하다는 것을 아신다. 너희는 먼저 하나님의 나라와 하나님의 의를 구하여라. 그리하면 이 모든 것을 너희에게 더하여 주실 것이다"(마 6:31-33).

묵상

나는 결핍의 존재였다. 하나님을 믿었어도 다고다고 하는 신앙이었다. 나의 소원 성취를 위해 울부짖으며 기도하였다. 그런데도 하나님은 나 같은 자를 사용하셨다. 그러나 평생 그렇게 믿었다면 얼마나 비참했을까! 생각만 해도 몸서리친다. 나의 소원을 빌던 자를 공의로 심판하셨다. 나의 소원을 빌던 자가 십자가에서 죽었다. 생명의 교제를 하며 모든 결핍에서 벗어났다. 정작 중요한 것을 알게 되니 허탄한 것들이 안개처럼 시야에서 사라졌다. 물론 이전보다 생활 형편이 나아지거나 물질적으로 부자가 된 것은 아니다. 서울 강남에 살던 자가 지금은 경기도 부천에 사는 것만 해도 그렇다. 일고의 꺼림도 없다. 이제는 나의 소원을 위해 빌지 않는다. 그럴 틈새가 없다. 주의 일, 주의 소원이 이루어지기만 구한다. 사람들이 복음을 깨닫고 생명에 이르기를 원할 뿐이다.

이것은 내게만 주어진 은혜가 아니다. 생명을 영으로 아는 자가 누리는 지복이다. 그들은 더는 자기를 위해 살지 않는다. 자족하기 때문이다. 때론 육체의 소욕으로 결핍이 오더라도 하늘에 계신 아버지를 신뢰한다. 도리어 주의 소원을 위하여, 주의 일을 위하여 물심양면의 헌신을 아끼지 않는다. 공간적으로 떠나 있어도 이들과 함께하는 영생의 삶은 참으로 부요하다.

64

30:25-43

25 라헬이 요셉을 낳았을 때에 야곱이 라반에게 이르되 나를 보내어 내 고향 나의 땅으로 가게 하시되
26 내가 외삼촌에게서 일하고 얻은 처자를 내게 주시어 나로 가게 하소서 내가 외삼촌에게 한 일은 외삼촌이 아시나이다
27 라반이 그에게 이르되 여호와께서 너로 말미암아 내게 복 주신 줄을 내가 깨달았노니 네가 나를 사랑스럽게 여기거든 그대로 있으라
28 또 이르되 네 품삯을 정하라 내가 그것을 주리라
29 야곱이 그에게 이르되 내가 어떻게 외삼촌을 섬겼는지, 어떻게 외삼촌의 가축을 쳤는지 외삼촌이 아시나이다
30 내가 오기 전에는 외삼촌의 소유가 적더니 번성하여 떼를 이루었으니 내 발이 이르는 곳마다 여호와께서 외삼촌에게 복을 주셨나이다 그러나 나는 언제나 내 집을 세우리이까
31 라반이 이르되 내가 무엇으로 네게 주랴 야곱이 이르되 외삼촌께서 내게 아무것도 주시지 않아도 나를 위하여 이 일을 행하시면 내가 다시 외삼촌의 양 떼를 먹이고 지키리이다
32 오늘 내가 외삼촌의 양 떼에 두루 다니며 그 양 중에 아롱진 것과 점 있는 것과 검은 것을 가려내며 또 염소 중에 점 있는 것과 아롱진 것을 가려내리니 이같은 것이 내 품삯이 되리이다
33 후일에 외삼촌께서 오셔서 내 품삯을 조사하실 때에 나의 의가 내 대답이 되리이다 내게 혹시 염소 중 아롱지지 아니한 것이나 점이 없는 것이나 양 중에 검지 아니한 것이 있거든 다 도둑질한 것으로 인정하소서
34 라반이 이르되 내가 네 말대로 하리라 하고
35 그 날에 그가 숫염소 중 얼룩무늬 있는 것과 점 있는 것을 가리고 암염소 중 흰 바탕에 아롱진 것과 점 있는 것을 가리고 양 중의 검은 것들을 가려 자기 아들들의 손에 맡기고
36 자기와 야곱의 사이를 사흘 길이 뜨게 하였고 야곱은 라반의 남은 양 떼를 치니라
37 야곱이 버드나무와 살구나무와 신풍나무의 푸른 가지를 가져다가 그것들의 껍질을 벗겨 흰 무늬를 내고
38 그 껍질 벗긴 가지를 양 떼가 와서 먹는 개천의 물 구유에 세워 양 떼를 향하게 하매 그 떼가 물을 먹으러 올 때에 새끼를 배니
39 가지 앞에서 새끼를 배므로 얼룩얼룩한 것과 점이 있고 아롱진 것을 낳은지라
40 야곱이 새끼 양을 구분하고 그 얼룩무늬와 검은 빛 있는 것을 라반의 양과 서로 마주보게 하며 자기 양을 따로 두어 라반의 양과 섞이지 않게 하며

41 튼튼한 양이 새끼 밸 때에는 야곱이 개천에다가 양 떼의 눈 앞에 그 가지를 두어 양이 그 가지 곁에서 새끼를 배게 하고
42 약한 양이면 그 가지를 두지 아니하니 그렇게 함으로 약한 것은 라반의 것이 되고 튼튼한 것은 야곱의 것이 된지라
43 이에 그 사람이 매우 번창하여 양 떼와 노비와 낙타와 나귀가 많았더라

64

자기 꾀에 빠지는 악인의 세계, 주님을 의지하고 선을 행하라

: 주해

야곱은 고향을 떠나 외삼촌 라반의 집으로 왔다. 그는 도중에 하나님을 보았다. 조상들의 하나님은 그에게 자손과 땅의 복을 약속하셨다(28:13-15). 그리고 그가 고향으로 돌아올 때까지 그와 함께하실 것을 약속하셨다. 야곱의 삶이 어떠하든 하나님이 그와 함께하시며 자기 뜻을 이루신다. 야곱은 라헬을 아내로 얻고자 라반을 위해 14년을 일했다. 처음 7년은 라헬을 얻기 위한 대가로, 나중 7년은 라헬을 얻은 대가로 일했다. 나중 7년 동안 야곱은 레아와 라헬, 그들의 시녀를 통해 11남 1녀의 자녀를 얻게 된다. 11명의 아들은 후에 추가된 베냐민과 더불어 이스라엘의 열두 족장을 이룬다. 이로써 아브라함과 이삭과 야곱에게 약속하신 자손의 복에 관한 초석이 마련되었다.

25-43절은 야곱이 요셉을 낳은 이후의 일을 기술한다. 이때는 야곱이 라반의 집에 온 지 14년이 되었을 때로 추정한다. 야곱은 라반에게 고향으로 돌아가도록 요청한다. 야곱이 고향을 떠났던 것과 달리 고향으로 돌아가는 것은 쉽지 않았다. 이는 그가 혼자 몸이 아니었기 때문이다. 그에게는 이미 라반의 두 딸과 그들의 시녀, 그리고 열두 자녀가 딸려 있었다. 그래서 라반의 허락을 받아야 했다. 야곱은 라반의 성정을 알기에 그가 호락호락 허락하지 않을

것도 알고 있었다. 하여 그가 어떻게 라반을 위해 일했는지를 상기시킨다(26절). 라반은 일단 야곱이 한 말을 인정하고 그를 추켜세운다. 27절의 라반의 말은 "여호와께서 너로 말미암아 내게 복 주신 것을 내가 깨달았노니"에서 "깨닫다"의 히브리어 "나하쉬"는 "점치다"란 뜻이다. 라반이 점을 쳐서 알게 된 사실은, 모든 족속이 아브라함과 그의 후손을 통해 복 받을 것이라는 약속의 성취였다. 이것은 구약성경에 나오는 여호와 그의 축복에 대한 특이한 고백 중의 하나이다(폰 라드). 라반이 이렇듯 하나님의 복을 가져오는 야곱을 순순히 내보낼 리 없다. 라반은 야곱의 귀향을 저지한다. 그 대신 품삯을 주겠다고 말한다. 야곱이 14년간 일한 품삯은 라헬을 얻는 것이었다. 그래서 라반과 야곱 사이에는 서로 빚진 것이 없다. 그런데 이제부터는 라반이 야곱에게 품삯을 주겠다는 것이다. 그 대신 품삯은 야곱이 정하도록 한다. "자네의 품삯은 자네가 정하게. 정하는 그대로 주겠네"(28절).

야곱은 라반이 점을 쳐서 알게 된 사실이 진실이었음을 알려준다. 그가 오기 전 외삼촌의 소유가 적었으나 이제는 번성하여 떼를 이루었다. 그의 발이 이르는 곳마다 여호와께서 외삼촌에게 복을 주셨다. 이제는 자기 집을 챙겨야 하지 않겠는가? "나는 언제나 내 집을 세우리까?" 라반은 다소 부드러운 어조로 "그러면 내가 자네에게 무엇을 주면 좋겠는가?"라고 야곱에게 묻는다. 야곱의 대답은 뜻밖이다. "아무것도 안 주셔도 됩니다"(31절, 공동번역). 상당히 높은 대가를 요구할 줄 알았는데, 야곱은 원하는 것이 없다. 그러면서 라반이 전혀 부담을 갖지 않아도 되는 한 가지 요구만을 제시한다. 그 요구만 들어주면 라반의 집에 계속 머물겠다는 것이다.

야곱의 한 가지 요구는 이것이다. 일단 지금 있는 라반의 재산은 축내지 않을 것이다. 장차 태어날 양과 염소의 새끼 중 다색인 것만 삯으로 달라고 말한다. 양은 보통 흰색이고 염소는 검은색이다. 양 중에서 아롱진 것, 점 있는 것, 검은 것은 아주 드물다. 염소 중에서 점 있는 것과 아롱진 것도 매우 드물다. 그런데 야곱은 앞으로 양과 염소가 낳은 새끼 중 매우 드문 다색의 것만 삯으로 요구한다. 그러면서 후에 외삼촌이 와서 품삯을 조사할 때 그의 의가 대답할 것이라고 말한다(33절). 히브리 사상에서 "의"는 관계 사이의 책임을 다하는 상태를 말한다. 여기서는 관계 당사자를 구속하는 협정에 대한 "정직성"을 의미한다. "제가 정직한가 정직하지 않은가는 장인어른께서 앞으로 저에게 오셔서 제 가축 떼를 보시면 알게 될 것입니다"(33절).

탐욕스러운 라반은 속으로 쾌재를 불렀을 것이다. 지금 소유도 축내지 않고 앞으로도 그럴 일은 거의 없기 때문이다. 그런데도 라반은 혹시 모를 손해를 철저히 대비한다. 그는 두 가지 조처를 취한다. 첫째 지금 있는 가축 떼에서 다색의 것을 골라내 자기 아들에게 맡긴다(35절). 둘째, 다색의 짐승들을 야곱에게서 사흘 길 떨어진 거리에 떼어놓았다(36절). 이제 야곱이 가진 것은 모두가 흰색 양이고 검은색 염소뿐이다. 그들 중에 다색의 새끼가 나오는 것은 거의 불가능하다. 야곱은 가축 떼와 더불어 홀로 있게 되자 행동을 개시한다. 고대사회에는 인간이나 짐승이 잉태할 때 "가시적 인상"이 어미에게서 태아로 전달되고 태아에 결정적 영향을 미친다는 사상이 있었다. 야곱은 버드나무와 살구나무와 신풍나무의 푸른 가지를 가져다가 그것들의 껍질을 벗기고 거기에 하얀 줄무늬를 만들었다. 야곱은 줄무늬 나뭇가지를 물 먹이는 구유 안에 놓았다. 그리고 암컷과 수컷이 교미할 때 줄무늬 나뭇가지를 보게 하였다. 그랬더니 그 사이에서 얼룩진 것과 점이 있는 것과 아롱진 것이 태어났다(39절). 야곱은 그 새끼들을 따로 떼어 놓았다. 그는 라반의 가축 가운데서 줄무늬가 있거나 검은 가축들을 따로 떼어 놓았다(40절). 또한, 야곱은 가축 떼 가운데서 튼튼한 짐승들이 잉태할 때 그것들의 눈앞에 줄무늬 가지를 놓았다. 그 짐승들이 그 가지 앞에서 잉태하게 하였다(41절). 그러나 그는 허약한 짐승들이 잉태할 때 줄무늬 가지를 놓지 않았다. 그래서 약한 것들은 라반의 것이 되고, 튼튼한 것들은 모두 야곱의 것이 되었다(42절). 이렇게 하여 야곱은 큰 부자가 되었다. 그는 가축 떼와 남종과 여종, 그리고 낙타와 나귀를 많이 가지게 되었다(43절).

하나님이 야곱과 함께하신다. 라반은 하나님의 사람 야곱을 철저히 이용하였다. 심지어 자신의 두 딸까지 이용하여 부를 축적하였다. 그도 야곱이 복의 통로인 것을 알고 있었다. 인간의 탐욕은 채울수록 그 크기가 더 커진다. 탐욕의 화신 라반이 복덩이 야곱을 놓아줄 리 없다. 야곱도 그런 외삼촌을 잘 알고 있었다. 그래서 라반의 가축 떼에는 손끝 하나 대지 않는다. 다만 장차 태어날 새끼, 그것도 거의 불가능한 다색의 새끼를 구한다. 그런데도 라반은 자기 소유를 지키기 위해 단단히 채비한다. 부자가 더 무섭다! 한 푼도 손해 보지 않으려고 한다. 그러나 결과는 라반이 당했다. 그는 스스로 만든 함정에 빠졌다. 탐욕스러운 라반은 악인의 전형이다. 경건한 시인은 그런 악인을 대하며 하나님의 공의를 높인다.

"악인은 악을 잉태하여 재앙과 거짓을 낳는구나. 함정을 깊이 파지만, 그가 만든 구덩이에 그가 빠진다.
남에게 준 고통이 그에게로 돌아가고, 남에게 휘두른 폭력도 그의 정수리로 돌아간다. 나는 주님의 의로우심을 찬송하고 가장 높으신 주님의 이름을 노래하련다"(시 7:14-17).

하나님이 함께하는 야곱은 복의 통로이다. 그러나 그는 꽃밭이 아니라 가시밭에서 산다. 그는 악인과 더불어 살며 심지어 악인의 형통에 기여하기도 한다. "내 집은 언제나 세우리까!" 하나님은 그런 야곱을 다 보고 계신다(31:12). 오래 참으신 하나님께서 라반으로 하여금 제 꾀에 빠지게 하신다. 그는 스스로 판 웅덩이에 빠진다. 그리고 하나님이 함께하는 야곱이 복을 받는다. 악의 근원은 하나님을 대적하는 사탄에게 있다. 그는 죽음의 세력이며 죽기를 무서워하는 자를 종으로 부린다. 아담 안의 모든 인간은 죽음의 세력을 잡은 자 마귀의 종노릇을 한다. 그것은 육체와 마음의 원하는 대로 사는 탐욕의 종이다. 자신의 이익을 위해서라면 눈에 불을 켠다. 마침내 죽음의 세력은 하나님의 아들 예수 그리스도를 십자가에 못 박았다.

그런데 놀라운 반전이 일어난다. 그리스도께서 죽으심으로써 죽음의 세력을 멸하셨다(히 2:14). 사탄이 스스로 판 웅덩이에 빠졌다. 하나님은 아들 예수를 죽은 자 가운데 살리심으로써 그를 의롭게 하셨다(롬 4:25). 이로써 그리스도를 믿는 자마다 값없이 의롭게 된다. 그는 아브라함의 복을 받은 자요, 가는 곳마다 복을 주는 복의 근원이다(갈 3:8-9). 그리스도인은 어디 가나 복을 주는 자이다. 하나님이 함께하심으로써 형통한 자이다. 그가 있는 곳은, 그로 인해 복을 받는다. 하나님이 노예 요셉과 함께하심으로 그가 형통한 자가 되었다(창 39:2). 노예를 통해 주인이 복을 받았다. 그의 주인이 설령 악인이라도 그를 통해 번성한다. 경건한 자의 의혹은 여기에 있다. 악인이 형통하는 시대, 내 집은 언제 세우는가? 그러나 하나님이 함께하심을 믿는 자, 결코 흔들리지 않고 선을 행한다.

자기 꾀에 빠지는 악인의 시대이다. 탐욕의 인생은 더 차지할 곳이 없을 때까지 집에 집을 더하고 밭에 밭을 늘려 땅 한가운데서 홀로 살려고 한다(사 5:8). 그러나 그들은 자기 함정에 빠져 순식간에 황폐하게 된다. 역사와 인생의 주관자는 오직 하나님이시다. 그 하나님을 믿는 자, 주를 의뢰하고 선을 행하기를 계속한다. 그는 마침내 땅을 차지한다. 하나님의 나라가 그의 것이다(시 37:3-9).

: 묵상

영생의 말씀은 귀로 듣고 눈으로 보고 자세히 보고 손으로 만진 바 된 실체이다. 이해한 듯하나 모르는 애매성에서 벗어나 삶에서 실제가 된다. 그런 자는 자기로 살지 않고 주로 말미암아 산다. 그는 악인이 자기 꾀에 빠지는 세상에서 주를 신뢰함으로 선을 행한다. 비록 그가 악인의 형통에 기여할지라도 하나님은 그를 높이신다.

영생의 지체가 치열한 삶의 현장에서 승리하는 소식은 참으로 가슴을 뛰게 한다. 한 지체는 입사 후 힘든 일을 맡았다. 종일 서서 일하며 보통은 한 두 달이면 그만두는 곳이다. 그런데 그는 이곳에서 1년 이상 성실하게 일하였다. 동료들은 화장실 가는 핑계로 휴식을 취하곤 하는데 그는 그렇지 않아 동료들의 눈총을 받곤 하였다. 그렇다고 보수를 더 많이 주는 것도 아닌데 말이다. 그런데 그는 최근 중요한 자리에 2명 중 1명으로 뽑혔다고 한다. 종일 앉아서 일하는 곳이다. 어떤 사람에게는 사소한 일로 비칠 수 있다. 그러나 그의 남편을 통해 그 소식을 접한 우리는 크게 기뻐하였다. 그는 새벽 출근 시간이면 생명의 교제를 하며 하루를 시작한다.

그리스도인은 악인이 꾀를 부리고 악인이 형통하는 세상 가운데에 내던져 있다. 그러나 그는 형통한 자로 존재한다. 주와 함께하는 자, 주님이 그 안에서 사시는 자로 현존한다. 그래야만 악인의 세계에서 선을 행한다. 주님을 기뻐하며 선을 행한다. 하나님 나라가 우리의 것이다. "높은 산이 거친 들이 초막이나 궁궐이나 내 주 예수 모신 곳이 그 어디나 하늘나라 할렐루야 찬양하세 내 모든 죄 사함 받고 주 예수와 동행하니 그 어디나 하늘나라"(찬송가 438장 3절).

65

31:1-16

1 야곱이 라반의 아들들이 하는 말을 들은즉 야곱이 우리 아버지의 소유를 다 빼앗고 우리 아버지의 소유로 말미암아 이 모든 재물을 모았다 하는지라
2 야곱이 라반의 안색을 본즉 자기에게 대하여 전과 같지 아니하더라
3 여호와께서 야곱에게 이르시되 네 조상의 땅 네 족속에게로 돌아가라 내가 너와 함께 있으리라 하신지라
4 야곱이 사람을 보내어 라헬과 레아를 자기 양 떼가 있는 들로 불러다가
5 그들에게 이르되 내가 그대들의 아버지의 안색을 본즉 내게 대하여 전과 같지 아니하도다 그러할지라도 내 아버지의 하나님은 나와 함께 계셨느니라
6 그대들도 알거니와 내가 힘을 다하여 그대들의 아버지를 섬겼거늘
7 그대들의 아버지가 나를 속여 품삯을 열 번이나 변경하였느니라 그러나 하나님이 그를 막으사 나를 해치지 못하게 하셨으며
8 그가 이르기를 점 있는 것이 네 삯이 되리라 하면 온 양 떼가 낳은 것이 점 있는 것이요 또 얼룩무늬 있는 것이 네 삯이 되리라 하면 온 양 떼가 낳은 것이 얼룩무늬 있는 것이니
9 하나님이 이같이 그대들의 아버지의 가축을 빼앗아 내게 주셨느니라
10 그 양 떼가 새끼 밸 때에 내가 꿈에 눈을 들어 보니 양 떼를 탄 숫양은 다 얼룩무늬 있는 것과 점 있는 것과 아롱진 것이었더라
11 꿈에 하나님의 사자가 내게 말씀하시기를 야곱아 하기로 내가 대답하기를 여기 있나이다 하매
12 이르시되 네 눈을 들어 보라 양 떼를 탄 숫양은 다 얼룩무늬 있는 것, 점 있는 것과 아롱진 것이니라 라반이 네게 행한 모든 것을 내가 보았노라
13 나는 벧엘의 하나님이라 네가 거기서 기둥에 기름을 붓고 거기서 내게 서원하였으니 지금 일어나 이 곳을 떠나서 네 출생지로 돌아가라 하셨느니라
14 라헬과 레아가 그에게 대답하여 이르되 우리가 우리 아버지 집에서 무슨 분깃이나 유산이 있으리요
15 아버지가 우리를 팔고 우리의 돈을 다 먹어버렸으니 아버지가 우리를 외국인처럼 여기는 것이 아닌가
16 하나님이 우리 아버지에게서 취하여 가신 재물은 우리와 우리 자식의 것이니 이제 하나님이 당신에게 이르신 일을 다 준행하라

65

약속의 말씀, 성취의 "시점"이 아닌 성취의 "필연성"을 믿는다!

❗주해

　야곱은 라헬을 얻고자 14년간 라반을 위해 일하였다. 이제 야곱은 고향으로 돌아가려고 하였다. 하지만 야곱을 통해 축복을 받은 라반은 그의 귀향을 허락하지 않았다. 그 대신 이제부터는 품삯을 주겠노라고 하며 그 삯을 야곱에게 정하라고 하였다. 야곱은 교활하고 탐욕스러운 라반을 잘 알고 있었다. 하여 장차 태어날 양과 염소 중 다색의 새끼만 삯으로 취하겠다고 말했다. 당장 손해 볼 것 없는 라반은 야곱의 제안에 흔쾌히 응한다. 라반은 한 마리의 가축도 빼앗기지 않고자 방책을 세운다. 그러고도 라반은 야곱에게 당하고 만다. 야곱은 양과 염소를 줄무늬 나뭇가지 앞에서 교미하게 하였다. 그 결과 다색의 새끼를 취할 수 있었다. 특히 튼실한 가축에만 그렇게 교미시켜 야곱의 가축은 모두 튼실하였다. 이제 야곱은 큰 부자가 되었다. 그에게 많은 가축과 노비와 낙타와 나귀가 있었다(30:43).

　창세기 31장은 야곱이 라반을 떠나 고향으로 돌아가는 내용이다. 본 장은 크게 네 부분으로 나누어진다.

　① 1-16절: 야곱이 여호와의 명령대로 라반을 떠나기로 결심함.

　② 17-21절: 야곱이 라반의 집에서 도망함.

③ 21-42절: 라반이 야곱을 추격함.
④ 43-44절: 야곱과 라반이 계약을 체결함.

1-3절, 야곱은 라반의 집에서 떠나기로 결심한다. 4-13절, 야곱은 레아와 라헬이 동행하도록 설득한다. 14-16절, 레아와 라헬이 야곱의 귀향에 동의한다. 라반의 아들들이 야곱이 부자가 된 것을 보고 아버지께 모함하였다. 야곱이 아버지의 재산을 빼앗아 부자가 되었다는 것이다(1절). 그래서인지 야곱이 라반의 안색을 살펴보니 이전과 달랐다(2절). 마침 여호와께서 야곱에게 이곳을 떠나 고향으로 돌아가라고 명하시며 더불어 하나님이 그와 함께하실 것이라고 하셨다(3절). 야곱이 귀향을 결심한 것은 두 가지 이유 때문이었다. 외삼촌 라반의 태도가 달라진 것과 하나님이 말씀하셨기 때문이었다. 이때는 야곱이 라반의 집에 머문 지 20년째였다(38, 41절). 야곱은 14년째 되었을 때 귀향을 결심한 바 있었다. 그때는 하나님이 침묵하셨다. 그런데 다시 6년이 지난 후 상황이 바뀌었고, 마침내 하나님의 말씀을 통해 귀향을 결심하게 된다. 야곱의 귀향은 하나님이 약속하신바 필연이었다. 그러나 성취의 시점은 하나님에게 달려 있었다.

야곱이 라헬과 레아에게 함께 떠날 것을 설득한다. 야곱은 사람을 보내 집에 있던 라헬과 레아를 자신의 목초지로 불러낸다(4절). 이것은 은밀히 말하고자 함이다. 4절과 14절에서 이름이 "라헬과 레아"의 순서로 불린다. 라헬은 여전히 야곱의 애정을 우선하여 받고 있음을 알 수 있다(고든 웬함). 야곱은 이들에게 세 번에 걸쳐 라반이 그에게 했던 일과 하나님이 그를 위해 하신 일을 대비시켜 말한다.

① 5절: 라반은 야곱에게 태도를 바꾸었으나, 하나님은 그와 함께하신다.
② 6-7절: 라반은 열 번이나 품삯을 속였으나 하나님은 그런 라반을 막으셨다("열 번"은 "여러 번"의 뜻임).
③ 8-9절: 라반은 가축을 빼앗기지 않도록 술수를 부렸으나, 하나님은 라반의 가축을 빼앗아 야곱에게 주셨다.

여기서 야곱은 아내들을 설득하기 위해 편향적인 설명을 한다(고든 웬함). 30장에서 야곱은 나뭇가지를 이용하여 다색의 양과 염소의 새끼들을 취하였다. 그런데 아내들에게는 라반이 특정한 점 있는 것과 얼룩무늬 있는 것이 자신의 것이 되었다고 말한다(10절). 그리고 이 모든 일은 그와 함께하신 하나님이 하신 일임을 강조했다. 중요한 것은 라반이 아무리 자기 소유를 지키려 했어도 하나님은 야곱의 편이 되었다는 것이다. 야곱은 계속해서 꿈을 통한 하나님의 계시를 아내들에게 말했다. 가축 떼가 새끼를 밸 때 꿈을 꾸니 암컷들과 교미하는 숫염소들이 줄무늬 있는 것이거나 점이 있는 것이거나, 얼룩진 것들이다(10절). 야곱이 꿈에서 본 것은 하나님이 라반의 짐승들을 빼앗아 야곱에게 주셨다는 사실을 확증한다(9절 참고).

곧이어 하나님의 천사가 야곱의 이름을 부르며 그에게 말하였다(11절). 암염소와 교미하는 숫염소가 모두 줄무늬 있는 것들이거나 점이 있는 것들이거나 얼룩진 것들이니 고개를 들고 똑바로 보라는 것이다. 그런데 천사는 다름 아닌 벧엘의 하나님이시다. 하나님은 라반이 이제까지 그에게 어떻게 하였는지 다 보셨다(12절). 이제 야곱은 벧엘에서 기둥에 기름을 붓고서 하나님께 맹세한대로 이 땅을 떠나서 그의 고향으로 돌아가라고 하신다(13절).

야곱은 꿈의 계시를 통해서 알게 된 다음과 같은 사실들로 두 아내를 설득한다.

① 자기 재산이 불어난 것은 전적으로 하나님이 하신 일이다.
② 하나님은 라반이 야곱에게 한 행동을 다 보고 계셨다.
③ 전에 야곱이 맹세한 대로 그는 고향으로 돌아가야 한다.

이러한 야곱의 설득은 자신이 라반을 위해서 더 이상 일할 필요가 없다는 것과 그를 돌보시는 하나님의 명령을 따라 고향으로 돌아가야 한다는 정당성을 부여한다. 아내들에 대한 야곱의 설득은 주효하였다. 라헬과 레아는 아버지로부터 받을 분깃이 더 이상 없다고 말한다(14절). 게다가 이들은 자기들에게 행한 아버지의 비정한 행동을 언급하며 야곱의 의견에 동조한다(15절). 그리고 야곱이 말한 대로, 하나님이 라반에게서 빼앗은 재산은 야곱 가족의 소유임을 천명한다. 그러므로 하나님이 야곱에게 명하신 대로 그와 함께 고향으로 가겠다고 말한다(16절).

야곱이 고향을 떠나 외삼촌의 집에 온 것은 "며칠" 정도 머물 예정이었다(27:44). 리브가는 에서의 분노가 누그러지면 사람을 보내어 그를 돌아오게 할 것이라고 약속하였다(27:45). 또한, 야곱이 길을 떠났을 때 하나님이 그에게 나타나 말씀하셨다. 야곱의 모든 여정에 하나님이 함께하셔서 그가 허락하신 것을 다 이루실 것이라고 하셨다. 그러나 "며칠"이 "20년"이 되었다. 분명 에서의 분노가 누그러졌을 텐데 리브가는 사람을 보내지 않았다. 야곱은 그사이 네 명의 아내를 얻고 그들을 통해 열두 자녀를 낳았다. 야곱은 이때 귀향하려고 결정했으나 좌절되었다. 그는 다시 6년을 일해야 했다. 그런데 6년이 지나면서 야곱은 거부가 되었다. 그제야 하나님은 야곱에게 떠나라고 하셨다.

만일 사람의 계획대로 "며칠"만 머물렀다면, 열두 자손을 보지 못하였을 것이다. 또 야곱이 결정한 대로 6년 전에 귀향했다면, 빈털터리로 귀향했을 것이다. 하나님이 야곱을 20년간 머물게 하면서 그에게 "자손의 복"과 "재산의 복"을 주신 것이다. 하나님의 언약 아래에 있는 자, 그에게 하나님이 때와 방법을 주관하시며 일하신다. 사람이 감히 가늠할 수 없다. 하늘이 땅보다 높음 같이 주의 생각이 우리의 생각보다 높다(사 55:8). 주의 길이 우리의 길보다 높다. 이는 비와 눈이 하늘로부터 내려서 그리로 돌아가지 않고 땅에 적셔서 소출이 나게 하며 싹이 나게 하여 파종하는 자에게 종자를 주며 먹는 자에게 양식을 줌과 같다(사 55:10). 하나님의 말씀을 비와 눈으로 비유한 것은, 성취의 "시점"이 아니라, 성취의 "필연성"에 방점을 둔 것이다. 다시 말해 비와 눈 같은 자연적 사건과 하나님의 말씀은 "반드시 성취된다"라는 공통점이 있다. 성취의 시점은 하나님만 아신다. 우리가 믿는 것은 성취의 필연성이다. 우리는 오래 참음으로 반드시 성취될 약속을 믿는다. 분명한 것은 우리의 뜻이 아니라, 약속의 말씀이 반드시 이루어진다는 것이다(사 55:9-11).

약속의 말씀이 성취되는 시점은 하나님이 정하신 때이다. 때와 기한이 하나님께 속해있다(전 3:1-8). 하나님은 약속하시고 그가 정하신 때에 반드시 성취하신다. 모든 약속의 기원은 창세전 영생의 약속이다(딛 1:2). 하나님은 창세전 영생을 약속하시고, 창세전 이 약속을 성취할 아들을 보내시기로 미리 정하셨다(벧전 1:20). 하나님은 그가 정하신 때(갈 4:2), 여자의 후손에게서 아들을 낳게 하셨다(갈 4:4). 이제 아들을 믿는 자마다 영생을 얻어 하나님을 아바 아버지로 부른다(갈 4:6).

그리스도인에게 "성취된 약속"은 영생이다. 장차 "성취될 약속"은 아들의 강림이다. 그때는 종말이다. 종말의 시점은 아무도 알지 못하다. 하늘의 천사도 모르고 심지어 아들 자신도 모른다(마 24:36). 오직 하나님만 아신다. 종말의 시점은 알지 못하나 종말은 필연이다. 우리가 믿는 것은 약속이 이루어지는 시점이 아니라 약속이 이루어진다는 필연성이다. 그때가 되면 우리는 야곱처럼 고백할 것이다. 나의 나 된 것은 오직 하나님의 은혜로 되었음을. 하나님이 나와 함께하시고 내가 어디로 가든지 지키셨음을. 하늘 본향으로 돌아가기까지 그가 허락하신 것을 다 이루기까지 나를 떠나지 않으셨음을 고백할 것이다. 경건한 시인의 고백대로, "나의 평생에 주의 선하심으로 인자하심이 나를 따라오셨고, 나를 아버지 집으로 인도하셨다"라고 고백할 것이다(시 23:6).

묵상

나는 평신도로 믿으면서 하나님께 헌신하기를 원하였다. 신학교는 특별한 사람이나 가는 것으로 알았다. 돈을 많이 벌어 잘사는 신자, 교회생활 열심히 하여 장로 되는 신자가 되는 것이 소박한 나의 바람이었다. 1990년 하나님의 통치 은혜가 임하고 다양한 은사가 주어졌다. 신앙생활은 단번에 업그레이드가 되었다. 힘으로, 능으로 할 수 없는 일들이 일어났다. 그중 하나는 매일 새벽기도를 나간 것이다. 열심이 특심인 것이 공공연하게 알려졌다. 서울 강남의 대형교회에서 인정받는 신자가 되었다. 급기야 장로 격인 감사가 되고 교회 재정을 도맡았다. 교회에서 출세(?)한 것이다. 그로부터 3년 후 하나님은 나를 "복음 전도자"로 부르셨다. "오직 복음을 전하게 하려 함이라"(고전 1:17)는 말씀에 붙들려 신학대학원에 입학하였다. 그리고 정신없이 복음만을 전하였다. 그런데 교회와 신자들의 현실을 보니, 복음만으로 안 되는 듯 보였다. 사실은 복음에 무지하였다는 것이 맞다. 부득이하여 인간의 일, 세상의 일을 섞었다. 옛 생명을 변화시키려는 치유사역에 매진하였다. 자기 문제가 해결되는 듯하니 사람들은 열광하였다. 세속적으로 말하자면, 목사로 잘 나갔다.

그러나 하나님이 개입하셨다. 공의로 심판하시고 무덤에 던지셨다. 오직 예수의 무덤만이 표적이다. 선지자 요나가 들어간 물고기 뱃속은 그리스도의 무덤을 예표한다(마 12:39-40). 요나가 바다에 던져질 때 하나님이 물고기를 예비하셨다(욘 1:17). 내가 죽음에 던져질 때 하나님께서는 이미 그리스도의 무덤을 예비하셨다. 날마다 말씀을 얻어먹는 자가 되었다. 복음을 통해 생명에 이르고, 매일 생명의 교제가 시작되었다. 2013년 〈복음에서 생명으로〉 책이 출간되었다. 2018년 〈복음과 생명〉이 증보판으로 나왔다. 책을 정독하는데 하나님이 이런 감동을 주셨다. "25년 만에 전도자로 부르신 약속을 성취하셨구나"(1993년~2018년). 성취의 시점이 아니라 성취의 필연성이었다!

오늘은 맥체인 성경읽기를 따라 에스겔 37장을 읽었다. 하나님이 에스겔 선지자에게 골짜기의 마른 뼈를 보여주셨다. 그리고 물으셨다. "인자야 이 뼈들이 능히 살겠느냐?" 선지자는 오직 주님만이 아신다고 대답하였다. 마른 뼈는 말씀과 영의 역사로 살아나 지극히 큰 군대가 된다(겔 37:10). 하나님이 말씀과 영의 역사로 살리는 것은 "영원한 생명"이다(요 6:63). 복음을 통해 생명에 이르는 것이다. 무덤에서 종결되었어야 할 자에게 생명의 복음을 위탁하셨다. 내게 요구하시는 것은 충성이다. 복음을 전하나 누가 언제 생명에 이를지 알 수 없다. 성취의 시점을 생각하면 실족한다. 그러나 항상 살아있는 생명의 말씀은 비와 눈처럼 성취의 필연성을 보장한다. 그 믿음으로 오늘도 복음 전하기를 계속한다. 무엇보다 반드시 임할 종말의 날을 믿는다. 생명 얻게 하는 주의 일은 그날에 결코 헛되지 않은 수고로 드러날 것을 믿는다.

66

31:17-35

17 야곱이 일어나 자식들과 아내들을 낙타들에게 태우고
18 그 모은 바 모든 가축과 모든 소유물 곧 그가 밧단아람에서 모은 가축을 이끌고 가나안 땅에 있는 그의 아버지 이삭에게로 가려 할새
19 그 때에 라반이 양털을 깎으러 갔으므로 라헬은 그의 아버지의 드라빔을 도둑질하고
20 야곱은 그 거취를 아람 사람 라반에게 말하지 아니하고 가만히 떠났더라
21 그가 그의 모든 소유를 이끌고 강을 건너 길르앗 산을 향하여 도망한 지
22 삼 일 만에 야곱이 도망한 것이 라반에게 들린지라
23 라반이 그의 형제를 거느리고 칠 일 길을 쫓아가 길르앗 산에서 그에게 이르렀더니
24 밤에 하나님이 아람 사람 라반에게 현몽하여 이르시되 너는 삼가 야곱에게 선악간에 말하지 말라 하셨더라
25 라반이 야곱을 뒤쫓아 이르렀으니 야곱이 그 산에 장막을 친지라 라반이 그 형제와 더불어 길르앗 산에 장막을 치고
26 라반이 야곱에게 이르되 네가 나를 속이고 내 딸들을 칼에 사로잡힌 자 같이 끌고 갔으니 어찌 이같이 하였느냐
27 내가 즐거움과 노래와 북과 수금으로 너를 보내겠거늘 어찌하여 네가 나를 속이고 가만히 도망하고 내게 알리지 아니하였으며
28 내가 내 손자들과 딸들에게 입맞추지 못하게 하였으니 네 행위가 참으로 어리석도다
29 너를 해할 만한 능력이 내 손에 있으나 너희 아버지의 하나님이 어제 밤에 내게 말씀하시기를 너는 삼가 야곱에게 선악간에 말하지 말라 하셨느니라
30 이제 네가 네 아버지 집을 사모하여 돌아가려는 것은 옳거니와 어찌 내 신을 도둑질하였느냐
31 야곱이 라반에게 대답하여 이르되 내가 생각하기를 외삼촌이 외삼촌의 딸들을 내게서 억지로 빼앗으리라 하여 두려워하였음이니이다
32 외삼촌의 신을 누구에게서 찾든지 그는 살지 못할 것이요 우리 형제들 앞에서 무엇이든지 외삼촌의 것이 발견되거든 외삼촌에게로 가져가소서 하니 야곱은 라헬이 그것을 도둑질한 줄을 알지 못함이었더라
33 라반이 야곱의 장막에 들어가고 레아의 장막에 들어가고 두 여종의 장막에 들어갔으나 찾지 못하고 레아의 장막에서 나와 라헬의 장막에 들어가매
34 라헬이 그 드라빔을 가져 낙타 안장 아래에 넣고 그 위에 앉은지라 라반이 그 장막에서 찾다가 찾아내지 못하매
35 라헬이 그의 아버지에게 이르되 마침 생리가 있어 일어나서 영접할 수 없사오니 내 주는 노하지 마소서 하니라 라반이 그 드라빔을 두루 찾다가 찾아내지 못한지라

66

라헬이 훔친 드라빔, 탐심의 우상을
십자가에 못 박고 자족하기를…

⁖ 주해

　야곱은 20년 만에 라반의 집을 떠나 고향으로 돌아간다. 이때가 하나님이 정하신 때이다. 하나님은 두 가지 징조를 통해 야곱이 떠날 것을 보여주신다. 하나는 라반의 태도가 변한 것이고 다른 하나는 하나님이 직접 말씀하신 것이다. 야곱은 두 아내를 설득하여 동의를 얻는다. 그러나 라반에게는 비밀에 부친다. 왜냐하면, 라반은 다른 구실을 핑계로 귀향을 저지할 것이 분명하기 때문이다.

　17-21절, 야곱이 가족과 소유를 이끌고 라반의 집에서 도망하는 장면이다. 22-35절은 라반이 야곱을 추격하여 그를 만난 장면이다. 야곱은 도망하기에 가장 좋은 시간을 택하였다. 곧 라반이 양털 깎는 일에 몰두할 때 그의 집에서 도망하였다. 이때 라헬은 아버지의 드라빔을 도둑질하여 야곱과 함께 도망하였다. 그녀가 드라빔을 훔친 일은 목숨을 담보한 무모한 일이었다(32-35절). 왜 라헬은 급박한 상황에서 아버지의 드라빔을 훔쳤을까? "드라빔"은 구약에서 15회 나오며, 헷 족속 "타르피스"에서 유래된 것으로 보인다. 이것은 때로 "가족신"으로 번역한다. 드라빔은 미래를 예언하기 위해 점칠 때 사용된 것으로 추정한다. 라헬이 드라빔을 훔친 이유는 그것이 다산(多産)을 보장하거나 여행

중 안전을 보장해주기 때문이다(고든 웬함).

야곱은 가족과 모든 소유를 이끌고 유프라테스 강을 건너 길르앗 산을 향하여 갔다(21절). 라반은 삼일 만에 야곱이 가족과 소유를 데리고 도망한 것을 알았다. 그는 형제들을 대동하여 야곱을 추격하였다. 그는 칠 일 만에 야곱이 머문 길르앗 산에 도착하였다(23절). 라반의 집이 있는 밧단아람은 유프라테스 강 북쪽에 있고 길르앗은 갈릴리 바다와 사해 사이의 요르단 동편에 있다. 유프라테스 강에서 길르앗까지는 300마일(480km) 정도 되는데, 열흘 만에 가축 떼가 가기에는 너무 먼 거리였다(폰 라드). 라반이 야곱을 만나기 전날 밤, 하나님이 라반의 꿈에 나타나 그에게 경고하셨다. 좋은 말이든지 나쁜 말이든지, 야곱에게 아무 말도 하지 않도록 조심하라고 하셨다(24절). 실제로 라반은 야곱을 만나 그를 책망하였다. 라반에게 임한 하나님의 계시는 문맥상 단순한 침묵 명령이 아니라 야곱에게 해를 끼치지 말라는 의미였다. 라반이 길르앗 산에 긴을 치고 있던 야곱을 따라잡았다. 26-29절은 라반이 야곱에게 하는 책망의 말이다. 요지는 크게 세 가지이다.

① 왜 나를 속이고 딸들을 포로로 끌려가듯 사로잡아 갔는가?
② 잔치를 열어 환송했을 것인데 왜 속이고 도망하였는가?
③ 손자들과 딸들에게 작별 인사를 하지 못하게 한 야곱은 어리석다.

라반의 이 말은 사실이 아니다. 그가 야곱을 추격한 것은 속이고 도망한 그에게 해를 끼치기 위함이었다. 그러나 전날 밤 하나님이 그에게 현몽하여 야곱을 해치지 말라고 하신 것이다(29절). 라반은 야곱이 결정적 잘못을 저질렀다고 말한다. 곧 자기의 신을 도둑질했다는 것이다(30절). 이것은 라헬이 드라빔을 훔친 일이다. 라반이 야곱을 추격한 가장 큰 이유는 가족신을 도둑맞았기 때문이었다. 하나님을 알지 못하는 자에게 그것은 절대 가치가 있는 신이다.

야곱은 먼저 그가 도망한 이유를 해명했다. 라반이 그의 아내들을 빼앗으실까봐 두려웠다고 말했다(31절). 야곱은 매우 경건한 이야기로 아내들을 설득하였다. 라반이 그에게 한 일과 하나님이 그에게 하신 일을 대비하였다. 그리고 그의 귀향은 하나님의 명령에 순종하는 것이라고 하였다(13절). 하지만 그는 정작 라반이 두려워 도망하는 편을 택하였다. 야곱의 "의식"은 하나님을 신뢰하는 듯 보이나, 막상 위기의 상황에서는 "무의식"에서 나오는 본성대로 행했다. 다음으로 야곱은 가족 신을 도둑질했다는 라반의 말을 강하게 부인했다. 그의 일행 중에 이런 일을 한 사람이 발견되면 죽음의 벌을 받을 것이라고 언명하였다. 야곱은 그가 가장 사랑하는 라헬이 이런 일을 한 것을 전혀 알지 못하였다. 그는 부지중에 라헬을 사형에 처하게 하는 결과를 초래하였다. 그러면서 그의 일행 중에서 드라빔을 찾아보라고 자신 있게 말했다(32절). 라반은 장막을 샅샅이 뒤졌다. 그는 야곱과 레아와 두 여종의 장막에 들어갔으나 드라빔을 찾지 못하였다. 마지막으로 라헬의 장막만 남았다. 라헬이 범인인 것을 알고 있는 독자들의 긴장감은 극에 달했다.

라반이 라헬의 장막에 들어갔다. 하지만 라반은 수호신을 발견하지 못하였다. 그것은 라헬이 훔친 수호신을 낙타 안장에 넣고 그 위에 앉아있었기 때문이었다(34절). 라헬은 드라빔이 숨겨진 낙타 위에서 내려오지 않았다. 그녀는 월경 중에 있어 내려올 수 없다고 하며 아버지 라반에게 양해를 구하였다(35절). 라반이 다른 곳을 샅샅이 뒤졌어도 드라빔이 나올 리 없었다(35절). 라반의 수호신 드라빔은 생리 중이라는 라헬의 안장 밑에 있었다. 드라빔은 생리대 기능을 함으로써 더러워지게 되었다. 드라빔이 부정한 여인이 그 위에 앉았으므로(레 15:19) 거룩하지도 않고 허망한 것이라는 판단이 예리하게 내려졌다(폰 라드). 저자는 세상이 중시하는 우상과 신상의 무력함과 허망함을 증언한다. 물론 하나님이 없는 자들에게 수호신이나 신상은 절대적 가치를 가지는 것으로 여겨졌다.

라헬은 하나님이 함께하는 야곱이 가장 사랑하는 여인이다. 이스라엘 조상의 선조모이다. 하지만 그녀는 자신을 사랑하는 야곱의 하나님을 "알지" 못했다. 그녀는 대대로 내려오는 가족 신을 절대적으로 의지했다. 그녀가 남편으로부터 하나님에 대해 들었다 해도 그것은 하나님도 의지하고 우상도 의지한 이중 신앙이었다. 말로 하나님을 시인하나 행위로 부인하는 자는 가증한 자이다(딛 1:16). 라헬은 하나님을 모를 리 없으나 가족 수호신을 의지함으로써 여행의 안전과 여생의 행복을 보장받고자 하였다. 그러나 독자들은 이후 라헬에게 일어난 일을 잘 알고 있다. 그녀는 야곱의 가족 중 유일하게 드라빔을 소유하였음에도 금의환향의 길에서 가장 먼저 죽음을 맞이했다(35:16-20).

라헬의 이야기는 하나님을 믿으나 현실 속에서는 우상을 절대적 가치로 여기는 이스라엘의 신앙을 고발한다. 이사야 선지자는 이스라엘 백성이 "여호와" 대신 "우상"을 섬기는 것을 엄중히 책망하였다(사 44장). 그러면서 우상은 허망하고 무익한 것임을 밝히 드러내었다(사 44:9-11). 그런데도 백성들은 땔감에 불과한 나무 앞에 엎드려 경배하였다. 그것에게 기도하며 자기들을 구원하는 신이라고 외쳤다(사 44:17). 어디 이스라엘 백성뿐인가? 신약시대에 살고 있는 신자들 중에도 두 마음을 품고 하나님을 섬기는 신자는 많다. "좋은 게 좋은 것이다"라는 식이다. 그들은 하나님도 섬기고 우상도 섬긴다. 그러나 그들은 실상 우상숭배자이다. 두 주인을 동시에 섬길 수 없기 때문이다(마 6:24).

교회 안의 우상은 물리적 수호신이 아니라, "탐심"이다(골 3:5, "탐심은 우상 숭배니라"). 우상은 자기를 위한 신이다. "자기"를 위해 하나님을 믿는 자는 실상 우상을 섬기는 자이다. 하나님 대신 우상을 섬기는 자들은 눈이 가려져 있다(사 44:18). 그들은 생각도 없고, 지식도 없고, 총명도 없다(사 44:19). 자기를 위한 신앙에 매몰되어 눈이 가려지면, 생각하지 않고, 배우지 않고, 총명도 없다. 그들은 눈에 보이는 존재물이 절대 가치일 뿐이다. 물론 신자라도 존재물(재산)이 늘어날 수 있다. 그러나 경건한 자는 그것들을 결코 의지하지 않는다. 존재물이 늘어도 거기에 마음을 빼앗기지 않는다. "억압하는 힘을 의지하지 말고, 빼앗아서 무엇을 얻으려는 헛된 희망을 믿지 말며, 재물이 늘어나더라도 거기에 마음을 두지 말아라"(시 62:10).

우상의 본질은 탐심이다. 그리고 탐심은 다스림의 대상이 아니다. 천하의 성인이라도 탐심을 다스리지 못한다. 탐심은 오직 십자가에 못 박을 때 벗어날 수 있다(갈 5:24). 자기를 십자가에 못 박은 자마다 생명의 떡을 먹는다. 생명의 떡은 예수의 죽음에 참여하는 것이다. 생명의 떡은 결코 주리지 않고 영원히 목마르지 않는다(요 6:35). 하늘의 것으로 배부른 자, 그는 존재물이 늘어도 거기에 마음을 두지 않는다. 그는 풍부에 처할 줄 안다. 궁핍하여도 거기에 매이지 않는다. 그는 궁핍에 처할 줄도 안다.

"내가 궁핍해서 이렇게 말하는 것이 아닙니다. 나는 어떤 처지에서도 스스로 만족하는 법을 배웠습니다. 나는 비천하게 살줄도 알고, 풍족하게 살줄도 압니다. 배부르거나, 굶주리거나, 풍족하거나, 궁핍하거나, 그 어떤 경우에도 적응할 수 있는 비결을 배웠습니다. 나에게 능력을 주시는 분 안에서, 나는 모든 것을 할 수 있습니다"(빌 4:11-13).

: 묵상

라헬은 야곱의 유일한 연인이었다. 그녀가 어찌하여 하나님에 대해 듣지 못했을까! 하지만 그녀는 위험한 여행길과 여생의 안전을 위해 수호신을 의지하였다. 어디 라헬뿐이랴! 나 역시 라헬 식으로 하나님을 믿었다. 열심이 특심이었으나 탐심의 종노릇을 하였다. 하나님께 탐심을 투사하였다. 고단한 인생길, 사역의 길에서 존재물은 필수요소이다. 그것들의 풍부와 궁핍으로 인해 일희일비하였다. 풍족할 때는 기뻐하다가 궁핍하면 불안해하였다. 입으로는 하나님을 신뢰하나 행위로는 존재물을 의지하였다. "다고다고" 하며 찾고 두드리고 부르짖었다. 지식도 없고 배움도 없고 총명도 없었다. 관행적으로 믿고 선례적으로 답습하며 사역하였다. 아, 욕망의 열차를 타고 사망의 역을 향해 질주하였다. 내게 임한 심판이 제동을 걸었다. 덕지덕지 붙었던 존재물들이 순식간에 사라졌다. 황폐한 땅에 무지개가 떠오르듯, 나의 무덤에 생명의 역사가 시작되었다.

생명의 복음을 전하다보면 다시 존재물들이 생겨난다. 분주한 사역, 사람들, 재정, 명예…그것들과 함께 내 속의 탐심은 우후죽순처럼 자라난다. 참으로 두렵다. 아, 어찌하면 풍부에도 궁핍에도 처하며 처음의 순수함을 유지할까! 오늘도 가난하고 궁핍한 심령으로 엎드린다. 가련한 자가 긍휼을 구한다. 주여, 종을 불쌍히 여기소서. 어제 파리 지부장 손 장로님 내외가 입국하였다. 반갑게 재회하며 은혜를 나누었다. 여러 곳에서 행할 전시회 준비와 광주비엔날레를 위해 오셨다. 오늘도 함께 동행하며 교제를 나눈다. 존재물에 은혜의 마음을 두지 않고 존재이신 주님만 향유하는 하루가 되기를 간구한다.

67

31:36-42

36 야곱이 노하여 라반을 책망할새 야곱이 라반에게 대답하여 이르되 내 허물이 무엇이니이까 무슨 죄가 있기에 외삼촌께서 내 뒤를 급히 추격하나이까
37 외삼촌께서 내 물건을 다 뒤져보셨으니 외삼촌의 집안 물건 중에서 무엇을 찾아내었나이까 여기 내 형제와 외삼촌의 형제 앞에 그것을 두고 우리 둘 사이에 판단하게 하소서
38 내가 이 이십 년을 외삼촌과 함께 하였거니와 외삼촌의 암양들이나 암염소들이 낙태하지 아니하였고 또 외삼촌의 양 떼의 숫양을 내가 먹지 아니하였으며
39 물려 찢긴 것은 내가 외삼촌에게로 가져가지 아니하고 낮에 도둑을 맞았든지 밤에 도둑을 맞았든지 외삼촌이 그것을 내 손에서 찾았으므로 내가 스스로 그것을 보충하였으며
40 내가 이와 같이 낮에는 더위와 밤에는 추위를 무릅쓰고 눈 붙일 겨를도 없이 지냈나이다
41 내가 외삼촌의 집에 있는 이 이십 년 동안 외삼촌의 두 딸을 위하여 십사 년, 외삼촌의 양 떼를 위하여 육 년을 외삼촌에게 봉사하였거니와 외삼촌께서 내 품삯을 열 번이나 바꾸셨으며
42 우리 아버지의 하나님, 아브라함의 하나님 곧 이삭이 경외하는 이가 나와 함께 계시지 아니하셨더라면 외삼촌께서 이제 나를 빈손으로 돌려보내셨으리이다마는 하나님이 내 고난과 내 손의 수고를 보시고 어제 밤에 외삼촌을 책망하셨나이다

67

부당한 현실에서도 파레시아의
정체성을 지키며!

: 주해

　야곱은 라반의 집에서 20년 만에 떠났다. 그는 라반의 방해를 두려워하여 가족들과 소유를 이끌고 도망하였다. 라반은 야곱을 추격하였다. 그 진짜 이유는 도둑맞은 수호신 드라빔을 되찾기 위함이었다. 라반에게 드라빔은 절대적 가치가 있는 신이다. 라헬이 그것을 훔쳤다. 라헬은 드라빔을 낙타 안장 아래에 감추었다. 라반은 야곱과 레아와 두 여종의 장막을 샅샅이 뒤졌으나 드라빔을 찾지 못하였다. 마지막으로 진범 라헬의 장막에 들어갔다. 라헬은 태연하게도 드라빔을 감춘 낙타 위에 앉아 생리 중이라서 일어나지 못한다고 양해를 구하였다. 라반에게 절대반지와 같은 드라빔은 생리대로 전락하였다. 라헬은 드라빔을 숨겨두고 하나님이 인도하시는 야곱의 여정을 따랐다. 그녀는 겉으로는 하나님을 시인했을지 모르나 실제로는 드라빔을 의지하였다. 그리스도인도 얼마든지 그럴 수 있다. 겉으로는 하나님을 의지하나 실제로는 재물이나 사람을 은밀히 의지한다. 은밀하게 숨겨진 수호신 드라빔을 라반은 결국 찾지 못하였다.
　이제는 야곱이 노하여 그에게 반격했다. 물론 야곱은 라헬이 그것을 훔친 것을 전혀 알지 못하였다. 야곱은 라반이 자기와 아내들의 장막을 뒤진 것에 대해 불쾌감을 표시했다(36절). 그러면서 자기가 무엇을 잘못했기에 추격했느냐고 따졌다. 이에 라반과 함께 온 형제들이 자신과 라반 사이를 판단하기를 원했다(37절). 다음으로 야곱은 자기가 20년 동안 라반의 집에서 부당하게 당했던 일을 지적한다. 야곱은 라반의 부당한 대우에도 불구하고 충성된 종으로 일했다. 그는 어떤 암양이나 암염소도 낙태시키지 않았다. 그는 양 떼의 숫양을 먹은 적도 없다(38절). 또한, 그는 짐승들에게 찢겨 죽은 것이나 도둑맞은 것도 다 보상하였다(39절). 당시 목자들은 짐승들의 공격과 도둑질로 인해 발생한 어떤 손실도 책임지지 않았다. 하지만 야곱은 달랐다. 게다가 야곱은 지나칠 정도로 라반을 위해 열심히 일하였다. 낮에는 더위를 무릅쓰고, 밤에는 추위를 무릅쓰고 눈 붙일 겨를도 없이 일하였다(40절). 그것도 레아와 라헬을 위해 14년, 라반의 양 떼를 위해 6년을 모두 20년을 뼈 빠지게 일하였다. 그러나 라반은 품삯을 열 번이나 바꾸어가면서 야곱을 이용하였다.

그런데도 야곱이 부(富)를 이룬 것은 전적으로 하나님이 하셨음을 고백한다. 아버지 이삭의 하나님, 아브라함의 하나님 곧 이삭이 경외하는 하나님이 야곱과 함께하셨다. 만일 그렇지 않았더라면 그는 빈손으로 외삼촌의 집에서 떠났을 것이다. 하나님은 그의 고난과 수고를 보시고 전날 밤 라반에게 나타나 그를 책망하셨다(42절). "이삭이 경외하는 이"는 전통적으로 이삭이 그 앞에서 놀라고 두려워하여 경배하는 분으로 이해되었다. 최근에는 "이삭의 가까운 분"으로 번역한다. 새번역 성경은 "이삭을 지켜주신 두려우신 이"로, 공동번역은 "이삭을 돌보시던 두려운 분"으로 번역하였다. 아브라함과 이삭을 돌보시고 곤경에서 건지신 하나님이 야곱의 모든 여정에 함께하셨다. 그가 라반에게 당한 부당한 대우도 다 보고 계셨다(12절, "라반이 네게 행한 모든 것을 내가 보았노라"). 또한, 라반에게 부당한 대우를 받으면서도 그를 위해 충성한 야곱의 고난과 수고를 다 보셨다. 야곱은 20년이 지난 후 이 고백을 한다. 야곱은 20년간 하란에서의 자신의 생애와 관련된 전체 이야기를 요약했다. 이는 후에 요셉이 한 말과 상응한다. "하나님이 큰 구원으로 당신들의 생명을 보존하고 당신들의 후손을 세상에 두시려고 나를 당신들보다 먼저 보내셨나니 그런즉 나를 이리로 보낸 이는 당신들이 아니요 하나님이시라"(창 45:7-8a).

모든 사람 안에는 전통과 경험과 상황으로 형성된 전이해가 있다. 사람들은 전이해로 역사를 해석하고 고전(텍스트)을 해석한다. 성경은 성령의 감동으로 기록되었으며, 저자의 전이해를 반영한다. 다시 말해 성령은 불러주는 것을 받아쓰는 식의 기계적 영감이 아니며 저자의 인격성에 영감을 부여한 것이다. 그러므로 족장들의 역사는 단순한 사실적 역사가 아니라 저자의 전이해가 반영된 해석된 역사이다. 이스라엘의 족장 아브라함과 야곱과 요셉은 공히 하나님의 약속을 담지한 자들이다. 하나님은 그들과 함께하시며 그들에게 허락한 모든 것을 다 이루게 하셨다. 그런데 실제적으로 이들의 삶에는 결코 하나님이 함께하시는 것 같지 않았다. 이들은 언약의 중재자이나 인간적으로 만사형통을 경험한 것이 아니라 부당한 대우를 받으며 고난과 수고를 다 하였다. 그것도 언약 밖의 백성인 이방인들의 지배를 받으면서 말이다. 그런데 하나님은 이들을 통해 그가 허락하신 것을 이루어가신다.

구약시대 언약 백성은 하나님이 함께하셨으나 불순종을 거듭하였다. 결국 그들은 하나님의 심판을 받았다. 그들이 언약 백성이 된 것은, 하나님의 말씀에 순종하여 언약 안에 거하도록 하기 위함이었다(출 19:5-6). 이것은 그들이 당한 상황보다 더 중요한 정체성이다. 그들은 어떤 상황에서도 이 정체성을 상실하지 말아야 했다. 하지만 그들은 가나안 땅에 들어간 이후 주변국의 위협을 받자 정체성이 흔들렸다. 이스라엘의 초대 왕 사울은 어떤 상황에서도 오직 말씀에 순종해야 했다. 그는 "아말렉을 다 진멸하라"라는 하나님의 명령을 받았으나 자기 보기에 좋은 짐승은 다 남겨두었다(삼상 15:9). 사무엘 선지자가 이 일을 책망하자, 사울은 하나님께 제사 지내려고 했다고 핑계 댔다. 그때 사무엘이 한 유명한 말이다.

> "사무엘이 이르되 여호와께서 번제와 다른 제사를 그의 목소리를 청종하는 것을 좋아하심 같이 좋아하시겠나이까 순종이 제사보다 낫고 듣는 것이 숫양의 기름보다 나으니 이는 거역하는 것은 점치는 죄와 같고 완고한 것은 사신 우상에게 절하는 죄와 같음이라 왕이 여호와의 말씀을 버렸으므로 여호와께서도 왕을 버려 왕이 되지 못하게 하셨나이다"(삼상 15:22-23).

언약 백성 이스라엘이 말씀을 버린 것은, 정체성을 상실한 것이다. 정체성을 상실한 백성은 버림받을 것 외에 받을 것이 없다. 바로 이것이 이스라엘 역사의 면면에 흐르는 사상이다. 하나님의 요구는 어떤 상황에서도 말씀에 순종하여 언약 안에 거하는 것이다. 이것이 포기할 수 없는 그들의 정체성이다. 그들은 부당한 대우나 강대국의 위협이 있어도 언약 백성의 정체성을 지켜야 했다. 그러면 하나님이 일하신다. 이것이 하나님이 그들과 함께하는 분명한 증거다. 하지만 백성들의 요구는 하나님의 요구와 어긋났다. 그들은 하나님이 "내 편"이 되어주기를 바랐다. 그들은 부당한 대우에서 벗어나고 강대국의 위협에서 벗어나기를 바랐다. 그들에게는 정체성보다 상황 호전이 더 우선하였다. "하나님이 우리와 함께하신다면 우리가 왜 이런 일을 당해야 합니까?" 이것이 그들의 주된 불평이었다. 그들은 자기들의 요구가 관철되지 않자, 급기야 다른 신을 하나님으로 섬겼다. 정체성에 합당한 삶보다 자신의 요구를 앞세운 삶은 필경 그 요구를 관철하기 위해 다른 신을 숭배하게 한다.

이스라엘이 멸망할 때 악한 왕들이 그러하였다. 므낫세는 아무런 능력이 없어 보이는 하나님 대신, 강대국 앗수르의 신을 예루살렘 성전에 모셔 들였다(왕하 21:4-9). 상기한 대로 족장들의 역사는 저자에 의해 해석된 역사이다. 이제1차 독자들은 족장들의 삶을 통해 언약 백성의 길을 주목했다. 하나님은 모든 상황에서 자기 백성과 함께하시며 부당한 상황에서도 자신의 약속을 다 이루심을 목도했다. 무엇보다 하나님은 자기 백성의 모든 고난과 수고를 다 보셨다! 이는 어떤 보상보다 완전한 하나님의 보상이었다.

신약시대 성도는 하나님의 아들이다(갈 4:4-6). 그는 창세전 영생의 약속이 성취된 자요, 하늘에 속한 신령한 복을 받은 자이다(엡 1:3). 그에게는 하나님의 자녀 된 권세가 있다(요 1:12). 구약시대 언약 백성의 정체성은 말씀에 순종하여 언약 안에 거하는 데 있었다. 신약시대 성도의 정체성은 생명의 교제를 통해 삼위 하나님 안에 거하는 데 있다. 이는 아들을 힘입어 하나님께 나아가는 "파레시아"로 실제 된다. 이것이 곧 하나님이 함께 거하는 삶이다. 설령 극한 직업인 노예라도 부르심을 받은 그대로 하나님과 함께 거할 것이다(고전 7:22-24).

그리스도인은 외적으로 노예의 신분이라도 주 안에서 자유자이다. 그는 자유자로서 육신의 주인에게 순종하되 주께 하듯 한다. 기쁜 마음으로 섬기기를 주께 하듯 하고 사람들에게 하듯 하지 않는다(엡 6:7). 선하고 관용하는 주인에게만 아니라 까다로운 주인에게도 순복한다. 설령 부당하게 고난을 받아도 하나님을 생각함으로 슬픔을 참으면 아름답다(벧전 2:18-19). 물론 정체성을 상실한 채 이렇듯 순복하면 참담하기 짝이 없다. 이는 하나님이 함께할 때만 아름다운 삶이다. 왜냐하면 부당한 자리에서도 그리스도의 정체성을 잃지 않기 때문이다.

: 묵상

언약 안에 있는 야곱은 하나님이 함께하는 야곱이다. 인간적으로 볼 때 신이 함께하는 자는 만사형통이다. 그러나 하나님이 함께하시는 자의 삶은 그와 다르다. 당장의 안녕과 평안이 아니라 그를 부르신 뜻을 이루기 때문이다. 놀고먹는 사람은 행복해 보이나 실상 불쌍한 자이다. 아무것도 이루지 못하기 때문이다. 하나님은 놀고먹으라고 우리를 부르지 않았다. 그러나 헛된 수고로 끝나는 일이 얼마나 많은가!

나는 하나님을 믿되 이스라엘 백성처럼 믿었다. 일은 열심히 하되, 나의 요구를 관철하고자 하였다. 생명을 얻은 자, 나의 정체성은 다른 무엇이 아니라 생명의 교제를 하는 것이었다. 그것을 모르니 일에 몰두하였다. 일을 통해 나의 요구를 관철하고자 하였다. 뜻대로 되지 않으니 비본질적인 것을 섞었다. 당장의 결과만을 구하였다. 복음으로 안 되니 치유를 해야 한다고 생각하였다.

아, 생각할수록 하나님의 심판은 은혜이다. 공의의 심판을 통해 가치의 전복(顚覆)이 일어났다. 나의 요구를 관철하던 신앙이 종결되었다. 심판의 무덤에 임한 생명의 말씀으로 영생을 누리는 자 되었다. 이제 내가 포기할 수 없는 정체성은 파레시아이다. 최악의 상황에서도 파레시아를 버리지 않는 것, 이것이 주의 뜻을 이룬다(히 10:35). 늘 내가 원하지 않는 상황이다. 육신의 소욕과 배치되는 상황이다. 그러나 더 이상 내가 원하는 것은 없다. 모든 상황에서 파레시아를 준행하여 성도의 정체성을 지킨다. 생명의 복음 증거를 계속한다. 세상 끝날까지 나와 함께하시는 주님을 신뢰한다. 그 주님이 나의 고난과 수고를 다 아신다. 이것이 완전한 위로이다. 무슨 보상을 더 바라겠는가!

68

31:43-55

43 라반이 야곱에게 대답하여 이르되 딸들은 내 딸이요 자식들은 내 자식이요 양 떼는 내 양 떼요 네가 보는 것은 다 내 것이라 내가 오늘 내 딸들과 그들이 낳은 자식들에게 무엇을 하겠느냐
44 이제 오라 나와 네가 언약을 맺고 그것으로 너와 나 사이에 증거를 삼을 것이니라
45 이에 야곱이 돌을 가져다가 기둥으로 세우고
46 또 그 형제들에게 돌을 모으라 하니 그들이 돌을 가져다가 무더기를 이루매 무리가 거기 무더기 곁에서 먹고
47 라반은 그것을 여갈사하두다라 불렀고 야곱은 그것을 갈르엣이라 불렀으니
48 라반의 말에 오늘 이 무더기가 너와 나 사이에 증거가 된다 하였으므로 그 이름을 갈르엣이라 불렀으며
49 또 미스바라 하였으니 이는 그의 말에 우리가 서로 떠나 있을 때에 여호와께서 나와 너 사이를 살피시옵소서 함이라
50 만일 네가 내 딸을 박대하거나 내 딸들 외에 다른 아내들을 맞이하면 우리와 함께 할 사람은 없어도 보라 하나님이 나와 너 사이에 증인이 되시느니라 함이었더라
51 라반이 또 야곱에게 이르되 내가 나와 너 사이에 둔 이 무더기를 보라 또 이 기둥을 보라
52 이 무더기가 증거가 되고 이 기둥이 증거가 되나니 내가 이 무더기를 넘어 네게로 가서 해하지 않을 것이요 네가 이 무더기, 이 기둥을 넘어 내게로 와서 해하지 아니할 것이라
53 아브라함의 하나님, 나홀의 하나님, 그들의 조상의 하나님은 우리 사이에 판단하옵소서 하매 야곱이 그의 아버지 이삭이 경외하는 이를 가리켜 맹세하고
54 야곱이 또 산에서 제사를 드리고 형제들을 불러 떡을 먹이니 그들이 떡을 먹고 산에서 밤을 지내고
55 라반이 아침에 일찍이 일어나 손자들과 딸들에게 입맞추며 그들에게 축복하고 떠나 고향으로 돌아갔더라

68

라반과 야곱의 언약,
이제는 그리스도가 성취한 새 언약으로!

⦁ 주해

　라반은 도망한 야곱을 추격하였다. 그러나 야곱을 만나기 직전 하나님이 그에게 현몽하셔서 야곱을 해치지 말라는 계시를 받았다. 라반은 야곱을 해치지 않은 대신 도둑맞은 드라빔을 돌려달라고 하였다. 야곱은 드라빔을 훔친 자는 죽을 것이라고 선언하였다. 라반은 직접 야곱과 그의 두 아내와 그들의 시녀의 장막을 뒤졌다. 그러나 드라빔 찾는 일에 실패하였다. 야곱이 반격에 나섰다. 야곱은 20년간 라반을 위해 고난당하고 수고한 일을 열거한다. 그런데도 아브라함의 하나님, 이삭이 경외하는 하나님으로 인해 그는 빈손으로 귀향하지 않게 되었다고 말한다.

　31장의 마지막 단락 43-54절은 라반과 야곱의 언약 체결 장면을 서술한다. 야곱의 말을 들은 라반은 가족에 대한 자신의 법적 지위를 엄숙히 내세운다. 야곱이 도망할 때 동행한 아내들과 자식들, 그가 가져간 소유물이 자신의 것이라고 주장한다(23절). "내 것"이란 말을 네 번이나 반복한다(내 딸, 내 자식, 내 양 떼, 내 것). 이제 라반은 자신의 것을 야곱에게 넘겨주지 않을 수 없다(43절). 그러면서 그는 야곱에게 언약을 세워 양자 사이의 증거로 삼을 것을 제안한다(44절). 그 이전에 그랄 왕 아비멜렉이 아브라함에게(21:22-23), 블레셋 왕 아비멜렉이 이삭에게 언약 체결을 요구한 적이 있었다(26:26-29). 이제 라반이 야곱에게 언약 체결을 요구한다. 이방인들이 족장들에게 언약을 맺고 맹세하려는 것은, 그들이 족장들과 함께하시는 하나님을 인정하겠다는 것이다. 라반은 야곱을 부당하게 대우한 장본인이다. 그는 수차례 야곱을 속였다. 열 번이나 삯을 번복했다. 그런데 야곱은 하나님이 함께하심으로 큰 부자가 되었다. 야곱이 그의 훼방에도 불구하고 복을 받은 것은 하나님의 불가항력적 은혜 때문이었다. 라반은 이것을 부인할 수 없다. 이제 그는 자신에게 해가 되지 않기 위해 야곱에게 언약 체결을 요구하고 증거를 삼자고 제안한다. 하나님이 함께한 야곱이 탐욕스러운 라반을 이겼다. 결국 선이 악을 이긴다!

아브라함과 이삭은 이방 왕의 언약 체결 요구에 응하였다. 야곱 역시 라반의 언약 체결 요구에 응했다. 야곱은 친히 돌기둥을 세우고(45절) 라반과 함께 온 형제들에게 돌무더기를 만들게 했다(46절). 형제들이 돌무더기를 만들고 무리는 그 곁에서 잔치를 배설했다. 라반은 돌무더기를 아람어 "여갈사하두스"로, 야곱은 히브리어 "갈르엣"으로 불렀다. 둘 다 "증거의 무더기"라는 뜻이다. 그리고 라반은 "이 돌무더기가 오늘 자네와 나 사이에 맺은 언약의 증거일세"라고 말하였다(48절). 그러면서 그 이름을 "갈르엣"으로 불렀다(48절). 또한, 증거의 무더기는 "미스바"라고도 불린다. 미스바는 기둥을 뜻하는 "마세바"에서 나왔다. 이는 라반이 한 말, "우리가 서로 떨어져 있는 동안에, 주님께서 자네와 나를 감시하시기 바라네"라는 의미가 있다. 양자 사이에 맺어진 언약의 내용은 라반이 말하고 야곱이 다짐하는 식으로 되어 있다. 라반은 야곱에게 그의 딸들을 박대하거나 그의 딸 외에 다른 여자를 아내로 맞지 말 것, 이 돌무더기를 경계로 하여 서로 침범하지 말 것을 제안하였다(50-52절). 여기서 라반이 맹세한 하나님의 이름은 "아브라함의 하나님, 나홀의 하나님"이다(53절). 야곱은 라반의 제안을 그대로 받아들이며 "아버지 이삭이 경외하는 이"를 가리켜 맹세한다. 라반이 두 신의 이름으로 맹세한 데 반해 야곱은 오직 이삭의 하나님의 이름으로 맹세한다. 야곱은 그 산에서 제사를 드리고 라반과 그의 일행을 위해 잔치를 베푼다(53절). 이것은 양자 사이의 우호적 합의를 확증하는 언약의 잔치이다. 동시에 종교적 잔치이다. 즉 이 언약을 인준하는 두 신이 잔치에 참여한다. 두 신은 라반이 말한 아브라함의 하나님과 나홀의 신이다. 돌기둥과 돌무더기는 언약을 확증해주는 지상적 표징이다. 그리고 아브라함의 하나님과 나홀의 하나님은 언약의 수호자들이다. 라반은 다음 날 아침 일찍 일어나 자기 손자, 손녀들과 딸들에게 입을 맞추고 그들에게 축복하고 길을 떠나서 고향으로 돌아갔다(54절). 31장은 라반을 두려워한 야곱의 도망으로 시작하였으나 라반과 야곱 사이의 화해로 끝난다. 라반과 야곱은 불가근불가원(不可近不可遠)의 관계이다. 가까이하기도 멀리하기도 어려운 불편하고 고통스러운 관계이다. 라반은 야곱을 이용하였고, 야곱의 가족은 다 라반의 소유이다. 그런데 이들은 언약을 체결하고 언약의 잔치를 통해 신뢰와 평화의 관계로 변한다.

아브라함과 이삭과 야곱의 하나님은 언약의 하나님이시다. 하나님이 아브라함에게 하신 가나안 땅의 약속은(창 15:7), 이삭과 야곱에게, 그리고 이스라엘에게 하신 영원한 언약이다(시 105:8-11). 이 약속은 하나님을 상징하는 횃불이 일방적으로 지나감으로써 하나님이 주체가 되셔서 이루시는 언약이다(창 15:9-21). 하나님은 언약하신 대로 아브라함의 후손 이스라엘에게 가나안 땅을 소유로 주셨다. 이는 입애굽과 출애굽을 통해 이루어졌다. 그런데 이 과정에서 매우 중요한 하나님의 행동이 나타난다. 그것은 아담이 잃어버린 언약을 이스라엘 백성과 체결하는 것이다. 이는 시내산 언약이다(출 19-24장). 하나님은 애굽에서 구원받은 이스라엘과 시내산에서 언약을 체결하셨다. 언약의 내용은 이것이다. 이스라엘이 말씀에 순종하면 언약을 지키는 것이며, 이때 그들은 하나님의 특별한 보화(소유)가 된다(출 19:5). 곧 제사장 나라와 거룩한 백성이 되어 세계를 하나님께로 인도하는 선교적 사명을 수행한다(출 19:6). 하나님과 이스라엘의 언약은 짐승의 피로 체결되었고, 언약의 잔치로 확증되었다(출 24:8-11).

하나님이 이스라엘과 맺은 언약은 장차 하나님이 메시아와 맺을 새 언약을 예시한다. 하나님이 이스라엘과 맺은 언약은 이스라엘의 불순종으로 파기되었다. 그러나 언약에 신실하신 하나님은 이들을 위하여 새 언약을 약속하셨다(렘 31:31-34). 이는 다윗의 가지에서 올 메시아를 통해 성취된다(렘 33:14-15).

다윗의 가지에서 온 메시아는 다윗의 씨로 오신 하나님의 아들 예수 그리스도이시다(삼하 7:12, 사 11:1, 롬 1:3). 그는 십자가에서 죽으시고 부활하심으로써 그를 믿는 자에게 영원한 생명을 주신다(요 3:14-15). 곧 예수 그리스도의 죽으심은 창세전 영생의 약속을 이루신 죽음이다(요 17:4, 19:30, "다 이루었다"). 예수께서 죽으시기 전날 밤 제자들과 유월절 잔치를 베푸셨다. 예수께서 고난 받기 전 유월절 잔치를 원하고 또 원하셨다(눅 22:15). 이 잔치는 하나님의 나라에서 이루기까지 다시 먹지 못하는 잔치였다(눅 22:16). 그리고 잔을 나누시며 이렇게 말씀하신다. "나는 이제부터 하나님의 나라가 올 때까지, 포도나무 열매에서 난 것을 절대로 마시지 않을 것이다"(눅 22:18). 그리고 예수께서 자신의 죽음을 표상하는 떡과 잔을 주시며, 이는 죽음으로써 체결하는 새 언약이라고 말씀하신다(눅 22:20). 예수 그리스도가 지상에서 베푸신 마지막 잔치는 새 언약의 잔치이다. 예수 그리스도는 자기 몸을 제물로 하나님께 바침으로써 하나님이 약속하신 새 언약을 체결하셨다. 이는 하나님과 아들 예수와 체결한 언약이다. 이제 누구든지 아들 예수를 믿으면 죄 사함과 영생 얻는 구원을 받는다. 곧 하나님의 자녀가 되며 하나님 나라의 백성이 되는 것이다.

가톨릭교회와 전통 교회는 예수 그리스도의 죽음을 "고난" 자체에 비중을 두었다. 예긴대 독실한 가톨릭신자 멜 깁슨이 만든 "패션 오브 크라이스트"는 예수의 끔찍한 죽음을 재현하였다. 물론 예수의 고난과 죽음을 과소평가할 수는 없다. 그러나 그가 죽으신 궁극적 목적은 죄 용서를 넘어 영생을 주신 것이다. 죽음 자체에 머무는 것이 아니라 이는 새 언약을 체결하는 잔치이다. 아브라함의 하나님과 나홀의 신은 결코 일치될 수 없다. 두 신들을 믿는 자는 결코 하나가 될 수 없다. 언약 밖의 불신자와 언약 안의 신자는 하나가 될 수 없다. 라반과 야곱은 하나가 될 수 없다. 그러나 이들은 언약 체결을 통해 하나가 된다. 예수 그리스도의 십자가 죽음은 언약 밖의 백성과 언약 백성을 하나 되게 한다(엡 2:12-14). 이제 누구든지 그리스도 안에 있으면 그를 힘입어 하나님께 나아간다(엡 2:18). 곧 그리스도의 십자가는 둘이 한 성령 안에서 아버지께 나아감을 얻게 한다. 라반이 표상하는 이방인이든 야곱이 표상하는 언약 백성이든 한 성령 안에서 아버지께 나아가는 하나님의 가족이다(엡 2:19).

가족의 행복은 "잔치"를 통해 실제적으로 경험한다. 그래서 사람들은 명절의 귀성 고행도 기꺼이 치른다. 그리스도 예수 안에 있는 자는 하나님의 가족이다. 모두가 아들의 생명을 가진 영생의 공동체이다. 이들은 삼위 하나님과의 교제에 참여하는 언약의 잔치를 누린다. 물론 지상에서는 제한적으로 누리지만, 장차 하나님 나라에서 완성될 잔치를 사모한다. 이는 확고하고도 영광스러운 소망이다. 우리는 포도나무 열매와 비교할 수 없는 그 나라의 잔치를 대망한다(눅 22:18).

: 묵상

나는 라반의 계열에 속한 이방인이었다. 더구나 1대 신자로서 하나님과 무관하게 살았다. 우연히 교회에 나갔으나 자기를 위해 믿는 종교 생활에 불과하였다. 교인이라는 옷만 바꿔 입었지 존재는 결코 바뀌지 않았다. 원하지 않았지만 눈치껏 행한 선행은 위선이었다. 민낯이 드러나고 속을 들키는 것이 두려웠다. 그래서 내면을 억압하였고 억압하다 보니 화가 쌓여 욱하는 자의 전형이 되었다. 겉은 평온하나 속은 지옥이었다. 실제적인 죽음이 찾아왔다. 죽는 것이 사는 것보다 나은 비참한 상태로 전락하였다. 사람들이 떠난 자리에 주님이 오셨다. 모두가 외면하는 비참한 자리에 있는 나를 주님이 불쌍히 여기셨다. 허물과 죄로 죽은 자를 그리스도 안에서 살리시고 언약의 잔치에 부르셨다. 생명을 주시고 생명으로 교제하게 하셨다. 생명의 교제는 아들을 힘입어 하나님께 나아가는 영적 실제이다. 관념이나 상상이 아니다. 귀로 듣고 눈으로 보고 주목하여 손으로 만진 바 된 실제이다. 그러나 하나님은 나를 아들의 죽음으로 성취된 새 언약 백성으로 삼으셨다.

라반과 야곱은 속고 속였다. 이용하고 이용당하는 그런 관계였다. 오늘날 세상도 별반 다를 바 없다. 눈만 감으면 코 베어 가는 세상이다. 사람들은 이익의 기회만 생기면 포악스러운 사냥꾼으로 돌변한다. 한 푼의 손해도 당하지 않으려고 한다. 어디 나의 본성이라고 다를까! 피해를 주는 사람은 이유를 불문하고 못마땅하게 여기고 분개한다. 아파트 주차장에 꼭 자기밖에 모르는 차주가 있다. 주차선의 운전석 쪽은 넓게 두고 조수석은 주차선과 거의 맞물려 있다. 자기는 쉽게 내리지만, 상대를 전혀 배려하지 않는 것이다. 이틀 전 조수석 쪽에 주차하려는데, 공간이 없으니 주차 후 내릴 수가 없었다. 포기하고 이곳저곳 주차할 곳을 찾는데 화가 났다. 나는 결코 하지 않은 그런 일을 누군가가 하면 그 꼴을 보지 못한다. 아, 선행이 가시가 되어 나를 찌른다. 깊이 박힌 부정성이다. 보혈로 씻고 그리스도로 옷 입는다. 미움이 떠나고 평안이 임한다. 모든 사람과 더불어 거룩함과 화평함을 따른다. 사람들이 내 안에 주를 보기 원한다.

69

32:1-12

1 야곱이 길을 가는데 하나님의 사자들이 그를 만난지라
2 야곱이 그들을 볼 때에 이르기를 이는 하나님의 군대라 하고 그 땅 이름을 마하나임이라 하였더라
3 야곱이 세일 땅 에돔 들에 있는 형 에서에게로 자기보다 앞서 사자들을 보내며
4 그들에게 명령하여 이르되 너희는 내 주 에서에게 이같이 말하라 주의 종 야곱이 이같이 말하기를 내가 라반과 함께 거류하며 지금까지 머물러 있었사오며
5 내게 소와 나귀와 양 떼와 노비가 있으므로 사람을 보내어 내 주께 알리고 내 주께 은혜 받기를 원하나이다 하라 하였더니
6 사자들이 야곱에게 돌아와 이르되 우리가 주인의 형 에서에게 이른즉 그가 사백 명을 거느리고 주인을 만나려고 오더이다
7 야곱이 심히 두렵고 답답하여 자기와 함께 한 동행자와 양과 소와 낙타를 두 떼로 나누고
8 이르되 에서가 와서 한 떼를 치면 남은 한 떼는 피하리라 하고
9 야곱이 또 이르되 내 조부 아브라함의 하나님, 내 아버지 이삭의 하나님 여호와여 주께서 전에 내게 명하시기를 네 고향, 네 족속에게로 돌아가라 내가 네게 은혜를 베풀리라 하셨나이다
10 나는 주께서 주의 종에게 베푸신 모든 은총과 모든 진실하심을 조금도 감당할 수 없사오나 내가 내 지팡이만 가지고 이 요단을 건넜더니 지금은 두 떼나 이루었나이다
11 내가 주께 간구하오니 내 형의 손에서, 에서의 손에서 나를 건져내시옵소서 내가 그를 두려워함은 그가 와서 나와 내 처자들을 칠까 겁이 나기 때문이니이다
12 주께서 말씀하시기를 내가 반드시 네게 은혜를 베풀어 네 씨로 바다의 셀 수 없는 모래와 같이 많게 하리라 하셨나이다

69

약속의 말씀을 붙들고, 주의 뜻 이루기를 전심으로 기도하나이다!

: 주해

　창세기 32장은 야곱이 20년 만에 에서를 만나는 장면이다. 야곱과 라반의 갈등은 봉합되었다. 둘은 언약을 맺고 서로의 경계를 지키기로 하고 헤어졌다. 야곱이 길르앗을 떠나 고향 브엘세바를 향하였다. 길 위에서 하나님의 천사들이 야곱을 만났다(1절). 야곱이 그들을 알아보고 "하나님의 진(陳)"이라고 하면서 그곳 이름을 "마하나임"이라고 하였다. 마하나임은 "두 진지(two camps)"라는 뜻이다. 야곱이 20년 전 집을 떠났을 때 하나님의 천사들이 그에게 나타났다. 하늘이 열리고 천사들이 사닥다리를 오르락내리락하였다(28:12). 그때 하나님은 야곱에게 나타나셔서 그의 모든 여정에 함께하실 것과 그를 고향에 돌아오게 하실 것이라고 약속하셨다. 야곱은 그곳 이름을 벧엘(하나님의 집)로 불렀다.

　그런데 32장에서는 단지 천사들이 나타났다는 사실만 언급한다. 그들이 무슨 목적으로 야곱을 만났는지 언급하지 않는다. 천사들의 행동은 기술되고 있지 않지만, 그들은 분명 야곱에게 벧엘에서의 경험을 상기시키고, 하나님이 여전히 야곱과 동행하고 계시다는 확신을 주었음에 틀림없다(고든 웬함). 또한, 천사들의 현현은 야곱이 이곳을 "마하나임"으로 명명한 것에 의미가 있다. 마하나임은 요단강 동편의 므낫세 지파와 갓 지파가 경계한 지역에 있다(수 13:26, 30). 구약성경에서 사울의 아들 이스보셋이 나라를 세운 곳이며(삼하 2:8), 압살롬 반란 때 다윗이 도피한 곳이다(삼하 17:24, 27).

3-32절은 야곱이 에서를 만나기 위해 준비하는 장면이다. 야곱은 자신을 속인 라반과의 문제를 해결하였다. 이제 자기가 속인 에서와의 문제를 해결해야 한다. 야곱은 세일 땅에 거주하는 에서에게 사신을 보낸다. 그리고 에서에게 할 말을 알려주었다(4-5절). 그는 그동안 라반의 집에 머물렀는데, 많은 소와 나귀, 양 떼와 염소 떼, 남종과 여종을 대동하고 있다. 그러면서 에서가 관용을 베풀어주기를 부탁한다.

야곱은 20년이 지났으나 에서와의 일이 해결되지 않았음을 뚜렷이 느끼고 있다. 그는 에서를 "주"로 부르고 자기를 에서의 "종"으로 칭한다. 이것은 에서의 눈에 잘 보이려는 굴욕적인 자세이다. 또한, 그가 가지고 있는 부를 언급함으로써 에서로 하여금 섬김을 에상하게 한다. 사신들이 돌아와 야곱에게 보고하였다. 사신들의 보고는 매우 단순하였다. 에서가 부하 400명을 데리고 온다는 것이다(6절). 그 이유를 언급하지 않는다. 400명은 상당한 규모의 군대 숫자를 의미하는 것 같다(삼상 22:2, 25:13, 30:10, 17 참고). 사신들의 간결한 보고는 모호성을 조장한다. 에서가 "만나러 오다"에서 "만나다"의 히브리어 "카라"는 "우호적 만남"(삼하 19:15, 수 9:11, 왕하 10:15, 시 59:4)과 "적대적 만남"(출 5:20, 출 7:15, 왕하 23:29, 수 8:5, 수 8:22)을 동시에 의미한다. 그러므로 에서가 야곱과 싸우려고 오는지, 위풍당당하게 동생을 맞이하려고 오는지 알 수 없다. 정작 야곱을 해치려 했다면, 왜 사신들을 해치지 않고 그대로 돌려보냈을까? 야곱은 에서가 400명을 이끌고 온다는 것을 듣고 매우 두려워하였다. 자신이 두 번에 걸쳐 에서를 속인 데 대한 복수를 하러 오는 것으로 확신하였다. 야곱은 에서가 자신과 자기 가족들을 해칠 것이라고 인식한 것이다(11절 참고). 새번역 성경은 야곱의 이 같은 태도를 반영하여 에서가 야곱을 치기 위해 온다고 번역하였다. 사람의 인식은 자신의 역사성, 종교성, 사회성이 결합하여 형성된다. 그것으로 사태를 인식한다. 하여 동일한 사태를 두고 사람마다 인식이 천차만별이다. 야곱 역시도 자기가 한 일에 근거하여 사태를 인식한다.

8-21절은 야곱이 최악의 사태를 대비하여 강구한 대책을 기술한다. 야곱은

자기 가족과 가축을 두 떼로 나누었다. 이는 에서가 와서 한 떼를 치면, 나머지 한 떼라도 피하게 해야겠다는 속셈이었다(8절). 그는 재산의 반쪽이라도 건지겠다고 생각하였다. 야곱이 먼저 한 일은 기도였다. 그의 기도는 제의적이지 않고 위기 상황에서 드린 절박한 기도였다. 사람들은 위기 상황이 닥치면 자신들의 신에게 절박하게 기도한다. 9-12절은 야곱이 기도한 내용이다. 야곱의 기도는 조상들의 하나님 이름을 장엄하게 부르는 것으로 시작한다(9a절). 이어서 야곱은 조상들의 하나님이 그에게 귀향을 명하셨고 축복을 약속하셨음을 상기한다(9b절). 또한, 야곱 자신으로서는 받을 자격이 없는 하나님의 놀라운 인도하심에 대한 찬양이 뒤따른다. 그가 요단을 건널 때 지팡이 하나뿐이었는데, 이제는 두 떼나 이루었다고 말한다(10절).

야곱의 기도는 과거에서 미래로 바뀐다. 곧 에서와 만날 텐데 그에게서 구원해줄 것을 간구한다(11절). 야곱이 두려워하는 것이 확실히 밝혀진다. 그는 에서가 400명을 이끌고 오는 것이 그를 해치고 그의 아내들과 자식들을 죽이려는 것으로 확신하고 있다. 만일 그렇다면 하나님이 그에게 하신 자손의 약속은 결코 이루어지지 못할 것이다. 하여 야곱의 마지막 말은 하나님이 그에게 하신 자손의 약속을 붙드는 것이다. 곧 여호와께서 그의 씨를 바다의 모래처럼 셀 수 없이 많게 하신다는 약속이다(12절).

하나님은 이전에 야곱의 씨(자손)가 바다의 모래처럼 셀 수도 없이 많을 것이라고 약속하셨다(28:14). "바다의 모래 같이" 많을 것이라는 약속은 이삭에게 하신 것이다(22:17). 야곱에게는 "땅의 티끌"처럼 많을 것이라고 약속하셨다(28:14). 그런데 하나님이 에서의 살육을 허용하신다면, 그가 하신 자손의 약속은 폐기되고 말 것이다. 야곱은 자신과 가족의 목숨이 위급하다고 느꼈다. 이때 그가 드리는 기도는 단순히 위기를 모면하려는 방편이 아니다. 약속의 말씀을 상기하며 드리는 믿음의 기도이다. 델리츠는 이것을 기도의 본질로 보았다. "약속을 지키시는 하나님을 그분의 말씀에 붙들어두는 것이 모든 참된 기도의 방법이다. 야곱이 하나님의 약속에 의지하지 않고 달리 어떻게 할 수 있겠으며, 그가 오직 기도하는 것 말고 달리 할 수 있는 방법이 있겠는가?"(델리치, 〈창세기 주석〉, 폰 라드의 〈창세기 주석〉에서 재인용).

이스라엘이 출애굽한 이후 하나님께 범죄하였다. 그들은 말씀에 불순종하여 언약을 파기하였다. 모세는 십계명이 쓰인 돌판을 받고 성막의 모형도를 받고자 40일간 백성들을 떠나 있었다. 그때 백성들은 아론을 부추겨 금송아지 형상을 만들어 그것을 하나님으로 섬겼다(출 32:1-6). 하나님은 이들에게 진노 하사 이들을 다 죽이고자 하셨다. 이때 모세는 하나님의 약속의 말씀을 붙들 고 백성들을 위해 중보 하였다(출 32:11-13). 이에 하나님이 뜻을 돌이키사 백성 들에게 재앙을 내리지 아니하셨다(출 32:14).

하나님은 약속하시고 그것을 반드시 이루신다. 이 약속의 근원은 창세전 영생의 약속이다(딛 1:2). 하나님이 족장들을 통해 주신 자손의 약속은 예수 그 리스도를 통해 성취되었다. 누구든지 그리스도를 믿음으로 하나님의 아들이 된 자, 곧 영생 얻은 자는 아브라함의 자손이다(갈 3:7, 26, 29). 아브라함에게 하 신 하늘의 뭇별, 이삭에게 하신 바다의 모래, 야곱에게 하신 땅의 티끌같이 셀 수 없는 자손은 예수 그리스도를 믿음으로 구원받은 백성을 예시한다. 하나님 은 모든 사람이 구원받으며 진리를 아는 데 이르기를 원하신다(딤전 2:4). 그리 고 종말이 임하기까지 구원의 역사를 계속하신다. 종말에 이르러 각 나라와 족속과 백성과 방언에서 "아무도 능히 셀 수 없는 큰 무리"가 나와 흰 옷을 입 고 손에 종려 가지를 들고 구원의 하나님과 어린 양을 찬양할 것이다(계 7:9-10).

그리스도인은 모든 민족을 제자 삼는 사명을 받은 자이다(마 28:19-20). 그는 야곱처럼 나그네 인생을 살면서 이 사명을 수행한다. 여기에 많은 고난이 따 른다(딤후 1:8). 영적으로 마귀가 대적하며, 육신적으로 유한성의 한계에 갇힌 다. 무엇보다 사태를 그릇 인식할 때가 많다. 하이데거의 말대로 인간은 과거 의 전 존재와 삶을 토대로 사태를 인식하기 때문이다. 그러나 그리스도인에게 는 기도라는 자원이 있다. 그 기도는 자신의 유익을 위한 기도가 아니라 약속 의 말씀에 근거한 기도이다. 하나님의 뜻에 자기 뜻을 굴복시키는 기도이다. 이 기도의 원형은 예수 그리스도에게 있다. 예수께서 죽음의 잔을 옮겨달라고 간구하셨다. 그러나 그는 아버지의 뜻에 자기 뜻을 굴복시켰다(마 26:39). 우리 중 누구든지 자기를 위해 사는 자가 없고 자기를 위해 죽는 자도 없다(롬 14:7). 우리가 살아도 주를 위하여 살고 죽어도 주를 위하여 죽는다. 우리는 사나 죽 으나 주의 것이다(롬 14:8). 우리는 어떤 모양이든 자기를 부인하고 자기 십자가 를 지고 주를 따르는 자이다. 이는 자기의 뜻을 하나님의 뜻에 굴복시키는 주님의 기도를 통해서만 따르는 길이다.

: **묵상**

나는 여전히 야곱의 방식으로 사태를 인식하는 자이다. 곧 개인의 역사성, 종교성, 사회성으로 사태를 인식한다. 두렵지 않아도 될 일을 두려워하고 염려하지 않아도 될 일을 염려한다. 지나고 보면 나의 인식이 틀린 경우가 허다했다. 이를 두고 야곱은 간절히 기도하였다. 그러나 나는 과연 야곱처럼 기도하는가? 그저 무방비 상태로 지나간 적이 많았다. 스토아학파 식으로 "이것도 지나가리"라고 하면서 방치했다. 기도는 하나님 앞에서 유한성을 인정하는 태도이며, 내게는 가장 소중한 자원이다. 특히 복음 전도자로서 나의 기도는 열방을 구원하시는 하나님의 약속에 근거해야 한다. 약속에 무지할 때는 근거 없는 기도를 하며 밤을 새웠다. 이제는 약속을 붙들고 그 약속을 이루시기를 위해 기도해야 마땅하다. 묵상하는 말씀은 내 영혼에 기도의 불을 지핀다.

오늘부터 3일간 대구 복음생명캠프가 열린다. 잠시 후 대구로 내려간다. 명단을 보니 낯익은 이름이 더러 있다. 복음을 듣고 또 듣는 것은 하늘의 양식을 먹고 또 먹는 것이다. 처음 참석하는 자들이 영으로 생명에 이르기를 구한다. 이번 캠프에서 감동을 주신 말씀은 마른 뼈가 말씀과 영의 역사로 큰 군대가 된다는 말씀이다(겔 37장). 생명을 주는 것은 영이다(요 6:63). 영으로 선포되고 영으로 증거되는 복음은 생명을 얻게 하고 더욱 풍성히 누리게 한다. 이미 약속하신 생명, 간절한 기도로 이루어지기를 소원한다.

70

32:13-20

13 야곱이 거기서 밤을 지내고 그 소유 중에서 형 에서를 위하여 예물을 택하니
14 암염소가 이백이요 숫염소가 이십이요 암양이 이백이요 숫양이 이십이요
15 젖 나는 낙타 삼십과 그 새끼요 암소가 사십이요 황소가 열이요 암나귀가 이십이요 그 새끼 나귀가 열이라
16 그것을 각각 떼로 나누어 종들의 손에 맡기고 그의 종에게 이르되 나보다 앞서 건너가서 각 떼로 거리를 두게 하라 하고
17 그가 또 앞선 자에게 명령하여 이르되 내 형 에서가 너를 만나 묻기를 네가 누구의 사람이며 어디로 가느냐 네 앞의 것은 누구의 것이냐 하거든
18 대답하기를 주의 종 야곱의 것이요 자기 주 에서에게로 보내는 예물이오며 야곱도 우리 뒤에 있나이다 하라 하고
19 그 둘째와 셋째와 각 떼를 따라가는 자에게 명령하여 이르되 너희도 에서를 만나거든 곧 이같이 그에게 말하고
20 또 너희는 말하기를 주의 종 야곱이 우리 뒤에 있다 하라 하니 이는 야곱이 말하기를 내가 내 앞에 보내는 예물로 형의 감정을 푼 후에 대면하면 형이 혹시 나를 받아 주리라 함이었더라

70

생명 얻는 구원을 위해 기도하고 준비하고 행동하게 하소서!

: 주해

고대 그리스 사회에서 진리는 존재와 인식이 일치되는 것이었다. 특정한 대상에 대한 정확한 인식이 있으면 진리라고 여겼다. "있는 것을 있다고 하고 없는 것을 없다"라고 하는 것이 진리이다(아리스토텔레스). 그러나 인식은 개인의 경험을 통해 이미 형성된 개념을 근거로 한다. "사과"라는 개념은 우리 안에 이미 들어와 있다면 사과라는 대상을 보면 우리 안에 들어와 있는 개념이 사과라고 인식하는 것이다.

20세기 마틴 하이데거는 이해의 지평을 새롭게 연 실존주의 철학자이다. 그는 데카르트 이후 칸트에 이르기까지 인식의 주체 개념을 전복(顚覆)하였다. 인간은 생각이 인식을 결정하는 것이 아니라, 그가 살아온 전 과정을 통해 인식을 결정한다는 것이다. 신의 존재는 개인의 인식을 통해 진리가 되지만 개인의 종교성과 역사성에 의해 인식된다. 하나님의 존재는 불변하다. 그러나 개인에 따라 하나님에 관한 개념은 천차만별이다. 어떤 하나님에 대해 듣고 공부했고 경험했느냐가 그의 하나님에 대한 인식을 결정하는 것이다. 인간이 당면하는 사태도 그러하다. 우리는 사태(상황) 자체보다 그것에 대한 인식, 곧 해석된 상황에 반응한다.

야곱은 금의환향하고 있다. 홀로 고향을 떠난 야곱은 네 명의 아내와 열두 자녀와 함께 귀향했다. 더불어 무일푼이던 그는 많은 재산을 가지고 귀향했다. 하지만 그에게는 한 가지 장애물이 있었다. 그것은 그가 형을 두 번 속였던 일로 그를 죽이려 했던 형 에서를 만나는 일이다. 야곱이 에서를 만나기 전에 하나님의 천사가 야곱을 만났다. 이것은 야곱의 생애에서 두 번째로 일어난 천사와의 만남이었다(28:12 참고). 이제 야곱은 에서에게 사신들을 먼저 보낸다. 사신들은 에서가 400명을 거느리고 야곱을 만나러 온다고 보고하였다. 야곱은 에서가 자기를 해치려는 것으로 사태를 인식하였다. 그럴 수밖에 없는 것이, 인식은 개인의 역사성과 결합하여 일어나기 때문이다. 이에 야곱은 최악의 사태에 대비한다. 야곱은 두 가지 방책을 시행한다. 그는 하나님께 기도하여 도움을 청하고(9-12절), 에서에게 많은 선물을 보낸다(13-20절). 야곱은 에서가 자기를 치러 온다는 것으로 알고, 에서의 감정을 누그러뜨리려 선물을 보낸 것이다(13절).

고대 사회에서 높은 사람을 만나려면 선물을 먼저 보내는 것이 관례였다(43:11 참고). 야곱은 이 행동을 통하여 자신이 에서보다 낮은 자임을 보여준다. 그와 더불어 야곱이 보내는 선물은 그가 에서에게 훔쳤던 축복을 상징적으로 되돌려주는 의미도 있다(33:11 참고). 그러나 그 동기가 무엇이든, 확실한 이유는 형이 감정을 풀고 자기를 받아주기를 바라서였다. 야곱은 염소, 양, 낙타, 소, 나귀 등 짐승 다섯 떼를 선물로 택하였다. 모두 550마리를 적어도 네 떼로 나누어(19절) 차례대로 에서에게 보냈다. 그것은 에서가 여러 차례에 걸쳐 선물을 받음으로써 분노를 풀고 마지막에 자신을 만났을 때는 반가운 마음을 갖도록 하기 위함이었다(20절).

야곱은 맨 앞에 선 종에게 지시하였다. 그들이 끌고 가는 짐승은 야곱의 것이나 형님 에서께 드리는 선물이라고 하고 야곱은 뒤따라온다고 전하라고 하였다(18절). 야곱은 둘째 떼와 셋째 떼와 나머지 떼를 몰고 떠나는 종들에게도 똑같은 말로 지시하였다. 또한, 첫 번 종에게 지시했듯이, 야곱이 뒤따라온다는 말을 잊지 말라고 지시하였다. 야곱은 선물을 통해 에서의 분노를 삭이고 그가 에서에게 받아들여지기를 원하였다(20절).

야곱은 에서와 만나기 위해 두 가지 조처를 한다. 그는 하나님께 기도하였나 캠프를 마치고 나면 주님이 우리의 기도와 준비를 다 받으셨음을 고백하게 된다. 오늘 오전 영지교회 주일예배에서 "새 언약의 본질"이란 제목으로 말씀을 전한다. 오후에는 캠프를 계속한다. 최선을 다해 증거 하되 주님이 일하기를 간절히 간구한다.

71

32:21-32

21 그 예물은 그에 앞서 보내고 그는 무리 가운데서 밤을 지내다가
22 밤에 일어나 두 아내와 두 여종과 열한 아들을 인도하여 얍복 나루를 건널새
23 그들을 인도하여 시내를 건너가게 하며 그의 소유도 건너가게 하고
24 야곱은 홀로 남았더니 어떤 사람이 날이 새도록 야곱과 씨름하다가
25 자기가 야곱을 이기지 못함을 보고 그가 야곱의 허벅지 관절을 치매 야곱의 허벅지 관절이 그 사람과 씨름할 때에 어긋났더라
26 그가 이르되 날이 새려하니 나로 가게 하라 야곱이 이르되 당신이 내게 축복하지 아니하면 가게 하지 아니하겠나이다
27 그 사람이 그에게 이르되 네 이름이 무엇이냐 그가 이르되 야곱이니이다
28 그가 이르되 네 이름을 다시는 야곱이라 부를 것이 아니요 이스라엘이라 부를 것이니 이는 네가 하나님과 및 사람들과 겨루어 이겼음이니라
29 야곱이 청하여 이르되 당신의 이름을 알려주소서 그 사람이 이르되 어찌하여 내 이름을 묻느냐 하고 거기서 야곱에게 축복한지라
30 그러므로 야곱이 그 곳 이름을 브니엘이라 하였으니 그가 이르기를 내가 하나님과 대면하여 보았으나 내 생명이 보전되었다 함이더라
31 그가 브니엘을 지날 때에 해가 돋았고 그의 허벅다리로 말미암아 절었더라
32 그 사람이 야곱의 허벅지 관절에 있는 둔부의 힘줄을 쳤으므로 이스라엘 사람들이 지금까지 허벅지 관절에 있는 둔부의 힘줄을 먹지 아니하더라

71

홀로 무덤에!, 그리스도의 무덤은
생명의 표적이다!

⁑ 주해

창세기 32장은 야곱이 에서를 만나기 위해 준비하는 장면이다. 야곱은 에서가 400명을 이끌고 오는 것을 보고 매우 두려워하였다. 이에 그는 두 가지 조처를 취하였다. 그는 하나님께 에서의 손에서 구해줄 것을 기도하였다. 또한, 에서에게 많은 선물을 보내 그의 감정을 누그러뜨리고자 하였다. 과연 야곱의 조치는 성공할 것인가? 하나님이 야곱의 기도에 응답하시며, 에서는 야곱의 선물을 받을 것인가?

21-32절은 야곱이 에서를 만나기 직전 일어난 돌발사건이다. 야곱에게 에서의 만남보다 더 위험한 만남이 기다리고 있었다. 야곱은 에서에게 선물을 보내고 밤에 장막에서 묵었다(21절). 그 밤에 야곱이 일어나 두 아내와 두 여종과 열 한 아들을 데리고 얍복 나루를 건넜다(22절). 딸 디나도 동행했으나 여기에서 언급하지 않는다. 야곱은 이렇듯 식구들을 인도하여 개울을 건너보내고 자기의 모든 소유도 건너보냈다. 그는 홀로 남았다! 야곱이 홀로 남겨졌을 때, 어떤 사람이 나타나 날이 밝도록 야곱과 씨름하였다(24절). 어떤 사람은 "하나님"(28절)과 동일시된다. 호세아에서는 "하나님" 또는 "천사"로 불린다(호 12:3-4). 야곱의 생애는 씨름과 투쟁의 연속이다. 그는 어머니의 태 안에서 에서와

싸웠고(25:22), 어머니의 태에서 나올 때는 에서의 발꿈치를 잡았다(25:26).

야곱은 에서의 장자권과 축복권을 가로챘다(25:27-34, 27:1-29). 그뿐만 아니라 라반의 양 떼를 먹이기 위해 우물의 돌을 굴리기 위해 씨름하였고(29:10), 라헬을 얻고 재산을 모으기 위해 라반과 씨름하였다(29-30장). 이제 최후로 어떤 사람으로 계시된 하나님과 씨름한다. "야곱이 모태에 있을 때에는 형과 싸웠으며, 다 큰 다음에는 하나님과 대결하여 싸웠다. 야곱은 천사와 싸워서 이기자, 울면서 은총을 간구하였다"(호 12:3-4a). 하나님을 계시하는 "어떤 사람"은 도저히 야곱을 이길 수 없다는 것을 알고 그의 엉덩이뼈를 쳤다. 야곱은 그와 씨름하다가 엉덩이뼈가 어긋났다(25절). 그러나 씨름은 계속되었고, 날이 새려고 하자 그 사람은 놓아 달라고 하였다. 그러나 야곱은 자기에게 축복해 주지 않으면 보내지 않겠다고 떼를 썼다(26절). "어떤 사람"은 신적 존재이며 곧 하나님이시다. 그런데 그가 어떻게 야곱을 이기지 못하겠는가? 그는 야곱의 환도뼈(엉덩이뼈)를 쳐서 어긋나게 하였다. 이것만 보아도 야곱보다 훨씬 능력이 있지 않은가? 그 사람은 날이 밝아오자 씨름을 중단하고 떠나고자 하였다. 그 사람이 신적 존재인 것을 알게 된 야곱은 그가 축복해 주지 않으면 보낼 수 없다고 말한다. 호세아에서는 야곱이 "울며 간구하며 은총(복)을 구했다"라고 기록한다(호 12:4).

축복하는 자가 축복받는 야곱보다 큰 자이다. 환도뼈가 어긋난 야곱이 승자인가? 야곱을 이기지 못한 신적 존재가 승자인가? 저자의 진술은 모호하다. 칼뱅은 이렇게 해석하였다. "그분이 우리를 대적하실 때 사용하시는 힘보다 저항할 힘을 더 많이 우리에게 공급하신다. 그러므로 우리가 진정으로, 합당하게 말할 수 있는 것은, 그분은 왼손으로는 우리와 '맞서' 싸우시고 오른손으로는 우리를 '위해' 싸우신다는 것이다"(칼뱅, 〈창세기 주석〉). 왜 그 사람은 날이 새기 전에 가게 해달라고 하였는가? 〈미드라쉬〉(4-12세기 구약성경에 대한 유대교의 주해서)는 그 천사가 천상의 합창단에서 노래하는 자신의 직분을 지키기 위해서였다고 해석한다. "나는 하나님의 보좌 앞에서 아침 합창을 불러야 한다." 그 사람은 축복을 구하는 야곱에게 이름을 묻는다. 고대인들에게 이름은 공허한 것이 아니라 이름의 담지자와 밀접한 관계가 있다. 이름에는 그 사람의 본질적인 요소가 들어 있다. 이름 안에는 그가 살아온 궤적들, 곧 그의 전 존재가 담겨 있다. 그것은 인격으로 형성되어 있다. 하여 우리가 누군가의 이름을 떠올리면 그의 캐릭터(인격)가 떠오른다. 야곱이 대답하였다. "야곱입니다"(27절). 신적 존재가 야곱의 이름을 모를 리 없다. 야곱이 자신의 이름을 밝힌 것은 존재의 드러냄이며 죄의 자백이다(폰 라드). 예레미야가 말한 바와 같이 "형제마다 야곱이다"(렘 9:4, 한글 성경, "형제마다 온전히 속이며"). 야곱은 자신이 형을 속였다는 사실을 그대로 인정한다(고든 웬함, 27:36).

그 사람은 야곱의 자백을 받고, 그에게 새로운 이름을 부여한다. 그가 하나님과 사람을 겨루어 이겼으므로 그의 이름은 야곱이 아니라 이스라엘이다(28절). 이스라엘은 "하나님과 겨루어 이기다" 또는 "하나님이 통치하시다"로 번역한다. 야곱은 그 사람에게 축복을 구하였다. 그 사람은 야곱의 자백을 받고 그의 이름을 바꾸어주었다. 속이는 자, 비열한 자 야곱이 하나님과 사람들과 겨루어 이긴 영예로운 이름을 받았다. 그는 전혀 새로운 존재가 되었다. "그의 이름을 이스라엘로 개명한 것은 단지 명예로운 표창에 불과한 것이 아니다. 그 자체가 고귀한 선물, 곧 축복이다"(딜만). 이제는 야곱이 그 사람의 이름을 묻는다(29절). 야곱은 그가 신적 존재임을 알아차렸다. 그가 신의 이름을 알게 되면 신의 이름을 부를 수 있게 된다. 그렇다면 신에게 의무를 부여할 수 있으며 신적 능력을 이용할 수 있다. 신의 이름을 묻는 인간의 물음 속에는 신 앞에서의 인간의 곤궁과 신에 대한 인간의 담대함이 동시에 내포되어 있다(폰 라드).

그러나 신적 존재인 그 사람은 야곱의 청을 거절한다. 그런데도 야곱을 축복하고 떠난다. 신의 은총, 하나님의 축복은 이름을 바꾼 것, 새로운 존재가 되는 것으로 족하다. 이제 야곱은 비로소 그가 하나님을 보았음을 고백한다. 구약시대 일반적으로 하나님을 보는 것은 죽음을 의미한다(출 33:20, 삿 6:22, 13:22). 그런데 야곱은 하나님을 보고도 죽지 않았다. 그래서 그곳 이름을 브니엘로 짓는다(30절). 브니엘은 "하나님의 얼굴"이란 뜻이다. 날이 밝았다. 야곱이 브니엘을 지날 때 해가 솟아올라서 그를 비추었다. "해가 솟아오른 것"은 시간의 경과와 동시에 이스라엘로 개명된 야곱의 생애에서 새로운 시대가 밝았다는 것을 나타낸다(고든 웬함). 하지만 그는 엉덩이뼈가 어긋났으므로 절뚝거리며 걸었다. 그가 절뚝거리며 걷는 것은, 그가 하나님과 만났다는 실재성을 증거한다. 하나님이 야곱의 엉덩이뼈의 힘줄을 치셨으므로, 후대 이스라엘 사람들은 짐승의 엉덩이뼈의 큰 힘줄을 먹지 않았다(33절).

야곱은 에서의 만남보다 더 위험한 만남을 가졌다. 그는 하나님과 만났다. 그러나 그는 죽지 않고 살아남았다. 그가 두려우신 하나님을 만나고도 살아남았다면, 결코 하나님보다 두렵지 못한 에서와의 만남에서도 살아남을 것이다. 이로써 하나님은 에서에게서 구원해달라는 야곱의 기도에 응답하셨다. 이제 에서를 두려워하던 야곱은 없다. 이스라엘이라는 새로운 존재가 에서를 맞이한다. 모든 두려움이 사라진 "이스라엘"은 뒤에 남지 않고 가족 앞에서 에서에게 나아간다. 용기가 두려움을 대신한다. 하나님을 두려워하는 자, 모든 두려움에서 벗어난다(토마스 뮌처). 야곱은 에서를 만나기 위해 만반의 준비를 하였다. 그는 하나님께 도움을 청하였고, 에서에게 선물을 보냈다. 하지만 그는 여전히 에서와의 만남을 두려워한다. 하여 가족들과 소유를 앞서 보내고 홀로 남는다. 그가 홀로 남았을 때 하나님이 그를 만나셨다. 에서보다 더 두려운 만남이었다. 하나님께서는 홀로 남겨진 야곱과 씨름하셨다. 야곱의 엉덩이뼈를 어긋나게 하셔서 그를 굴복시키셨다. 야곱은 그에게 축복을 구했고, 그 축복으로 이름이 바뀐 새로운 존재가 된 것이다.

야곱에게 나타난 그 사람은 하나님 자신이다. 사람으로 오신 하나님이시다. 구약에서 그의 정체는 모호하나 신약에서 밝히 드러난다. 그는 하늘로부터 오신 이, 곧 인자이다(요 3:13). 인자가 온 것은 양으로 생명을 얻게 하고 풍성히 누리게 하기 위함이다(요 10:10). 그는 모세가 광야에서 뱀을 든 것처럼 땅에서 들리셨다(요 3:14). 이는 그의 죽음과 부활을 예시한다(요 12:32-33, 행 2:33, 5:31). 그가 죽으시고 부활하신 것은 그를 믿는 자마다 영원한 생명을 얻게 하려 함이다(요 3:15). 이제 누구든지 그리스도 예수 안에 있으면 새로운 존재이다(고후 5:17). 그의 옛사람이 죽고 그는 새 생명을 얻는다. 이것은 인간이 받을 수 있는 최고의 복이다. 우리가 창세전 약속된 영생을 얻는 것은 하늘에 속한 영적인 복을 받는 것이다(엡 1:3). 이는 하나님의 기쁘신 뜻대로 그의 아들들이 되는 복이다.

야곱은 홀로 남았을 때 하나님과 씨름하였다. 인간이 홀로 있는 곳은 무덤이다. 인간이 죽고 무덤에 들어갈 때 아무도 동행하지 못한다. 오직 홀로 간다. 경건한 시인은 홀로 무덤에 던져졌다. 이는 하나님의 행동하심이다. 모든 사람이 그에게서 떠나갔다. 어둠만이 그의 절친이었다(시 88:18).

인간의 무덤에서는 어떤 일도 일어나지 않는다. 그러나 표적이 되는 무덤이 하나 있다. 표적은 "하나님이 하시는 일이 나타나는 사건"이다(요 9:3). 하나님의 아들 예수 그리스도의 무덤만이 표적이다(마 12:39-40). 그리스도의 무덤의 표적은 성전을 무너뜨리고 사흘만에 다시 짓는 표적이다(요 2:19). 그리스도의 무덤은 생명의 표적이다. 이는 장사 복음이다! 누구든지 그리스도와 함께 죽고 그와 함께 장사되고 그와 함께 부활한 자는 새 생명으로 살아간다(롬 6:4). 그리스도의 무덤은 옛사람이 종결되고 새 생명으로 탄생하는 "산실"(인큐베이터)이다. 그리스도의 무덤에 들어간 자는 말씀으로 오시는 주님을 만난다. 주님은 그 무덤에서 이제껏 살아온 모든 인생을 드러내어 심판하신다. "네 이름이 무엇이냐?" 주님은 우리의 전존재를 물으신다. "속이는 자 야곱입니다." 우리가 그리스도의 무덤에서 존재적 죄인임을 고백할 때, 새 생명으로 태어난다. 비열하고 수치스러운 옛 이름이 종결되고 영광스러운 새 이름으로 바뀐다. 하나님의 택하시고 거룩하시고 사랑받는 존재가 된다(골 3:12). 우리가 사는 것이 아니요 주님이 우리 안에 사신다.

야곱은 절뚝거리며 새 시대를 맞이한다. 그리스도의 무덤에서 새 생명으로 난 자, 그에게 예수의 흔적이 새겨져 있다. 십자가에 못 박힌 스티그마(흔적)가 그에게 있다. 죄에 대해 장애인으로 살다가 장애인으로 영생에 들어간다. 최후 승리를 얻기까지 십자가에 못 박힌 자로 산다. 주님이 그 안에서 사시기에 그에게는 독생자의 영광이 충만하다. 세속의 자랑을 그치고 십자가만 자랑한다.

> "그러나 내게는 우리 주 예수 그리스도의 십자가 외에 결코 자랑할 것이 없으니 그리스도로 말미암아 세상이 나를 대하여 십자가에 못 박히고 내가 또한 세상을 대하여 그러하니라 할례나 무할례가 아무 것도 아니로되 오직 새로 지으심을 받는 것만이 중요하니라"(갈 6:14-15).
>
> "이 후로는 누구든지 나를 괴롭게 하지 말라 내가 내 몸에 예수의 흔적을 지니고 있노라"(갈 6:17).

: 묵상

야곱의 인생이 나의 인생을 비춘다. 나의 인생 역시 투쟁하고 씨름하며 살아온 인생이었다. 학창 시절부터 경쟁의 틈바구니에서 성장하였다. 1등을 하려고 속여서 시험을 치기도 하였다. 대학 시절은 공공연히 커닝을 하였다. 때론 승리를 쟁취하였다. 성공하고 출세하는 데 수단·방법을 가리지 않는 세상 속에 푹 빠졌다. 양심의 가책이 가끔 발동했으나 탐욕의 열정은 그것을 가라앉히기에 충분하였다. 신앙생활, 교회생활은 내 속의 탐심을 더욱 부추겼다. 죄의 세력은 계명이 주어질 때 공격 기회를 포착하여 나를 속이고 나를 사망으로 던졌다(롬 7:11). 목회하면서 투쟁과 씨름은 더욱 치열하였다. 투쟁의 인생, 남에게 뒤지는 것을 견디지 못하였다. 다른 목사보다 뛰어나야 했고, 교회는 부흥되어야 했다. 풀의 꽃과 같은 인생, 잠시 영화를 누렸으나 이내 쇠락하였다.

마땅히 올 것이 오고 말았다. 아, 주께서 심판하실 때 내가 누리던 영화를 좀먹임 같이 소멸하셨다. 참으로 인생이란 모두 헛될 뿐이었다(시 39:11). 홀로 무덤에 던져졌다. 주께서 내가 사랑하는 자를 멀리 떠나게 하시니 사방으로 갇힌 자가 되었다. 흑암만이 나의 절친이었다! 내일 아침에 눈이 떠지지 않았으면 하는 탄식으로 밤을 맞이하였다. 그런데 여전히 아침에 눈을 떠졌다. 날마다 알 수 없는 힘에 이끌려 말씀 앞으로 나아갔다. 말씀은 내가 누구인지 물었다. 아, 나는 속이는 자요, 투쟁하는 자요, 버림받을 것 외에 받을 것이 없는 자였다. "나는 야곱입니다." 존재의 토설, 존재의 회개가 임하였다. 내가 들어간 무덤은 그리스도의 무덤이었다. 그곳에서 생명의 삶이 시작되었다.

오늘은 대구 캠프 마지막 날이다. 오전에 장사 복음과 부활 복음을 증거한다. 장사 복음은 그리스도의 무덤이 생명의 표적임을 밝히 드러낸다. 하나님께서 홀로 무덤에 던져진 이들을 위해 그리스도의 무덤을 예비하셨다. 그 안에서 생명의 표적이 일어난다. 내게 효력이 나타난 장사 복음이 홀로 무덤에 갇혀 부르짖는 이들에게 나타나기를 간구한다.

72

33:1-11

1 야곱이 눈을 들어 보니 에서가 사백 명의 장정을 거느리고 오고 있는지라 그의 자식들을 나누어 레아와 라헬과 두 여종에게 맡기고
2 여종들과 그들의 자식들은 앞에 두고 레아와 그의 자식들은 다음에 두고 라헬과 요셉은 뒤에 두고
3 자기는 그들 앞에서 나아가되 몸을 일곱 번 땅에 굽히며 그의 형 에서에게 가까이 가니
4 에서가 달려와서 그를 맞이하여 안고 목을 어긋맞추어 그와 입맞추고 서로 우니라
5 에서가 눈을 들어 여인들과 자식들을 보고 묻되 너와 함께 한 이들은 누구냐 야곱이 이르되 하나님이 주의 종에게 은혜로 주신 자식들이니이다
6 그 때에 여종들이 그의 자식들과 더불어 나아와 절하고
7 레아도 그의 자식들과 더불어 나아와 절하고 그 후에 요셉이 라헬과 더불어 나아와 절하니
8 에서가 또 이르되 내가 만난 바 이 모든 떼는 무슨 까닭이냐 야곱이 이르되 내 주께 은혜를 입으려 함이니이다
9 에서가 이르되 내 동생아 내게 있는 것이 족하니 네 소유는 네게 두라
10 야곱이 이르되 그렇지 아니하니이다 내가 형님의 눈앞에서 은혜를 입었사오면 청하건대 내 손에서 이 예물을 받으소서 내가 형님의 얼굴을 뵈온즉 하나님의 얼굴을 본 것 같사오며 형님도 나를 기뻐하심이니이다
11 하나님이 내게 은혜를 베푸셨고 내 소유도 족하오니 청하건대 내가 형님께 드리는 예물을 받으소서 하고 그에게 강권하매 받으니라

72

예물과 은총, 독생자를 제물로 받으시고 구원하신 은혜를 찬양하나이다!

∶ 주해

창세기 32장은 야곱이 에서를 만나기 위해 준비하는 장면이었다. 야곱은 자기를 죽이려던 에서를 피하여 도망하였다. 그는 20년이 지난 후 에서와 상봉하게 되었다. 그는 사신들을 보내 에서에게 문안하였으나 에서가 400명을 이끌고 온다는 말을 듣고 두려움이 가득하였다. 야곱은 피할 수 없는 에서와의 만남을 대비하여 진지하고 면밀하게 준비하였다. 그는 하나님께 기도하였고, 에서에게 많은 선물을 보냈다. 그러고도 그는 안심하지 못해 처자들과 소유물을 앞서 보내고 홀로 남았다. 그 밤이었다. 에서와의 위험한 만남보다 더욱 위험한 만남이 야곱을 기다리고 있었다. 하나님이 야곱을 만나신 것이다. 야곱은 사람으로 현현하신 하나님과 씨름하였다. 하나님은 자기를 이기려는 야곱의 환도뼈(엉덩이뼈)를 치셨다. 야곱은 절뚝거리는 가운데 씨름을 계속하였다. 야곱은 그가 신적 존재임을 알아차리고 축복을 구하였다. 이때 하나님은 야곱의 이름을 묻고 그의 이름을 이스라엘로 바꾸어주셨다. 야곱은 비로소 그가 하나님을 만났음을 알았다. 그곳 이름을 브니엘(하나님의 얼굴)로 지었다. 밤이 지나고 해가 돋았다. 새로운 존재로 바뀐 야곱의 생애에 새로운 시대가 열렸다.

창세기 33장은 야곱이 에서와 상봉하는 장면이다. 야곱이 눈을 들어보니 사신들이 말한 그대로였다. 에서가 400명을 거느리고 그에게 오고 있었다. 그런데 밤이 지난 후 야곱은 달라져 있었다. 전에는 처자들과 소유물들을 앞서 보냈는데, 이제는 자기가 일행의 선두에 섰다(3절). 야곱은 자기 뒤에 두 여종과 그의 자식들을 두고, 그 뒤에 레아와 그의 자식들을 두고, 마지막으로 라헬과 요셉을 그 뒤에 두었다(1-2절). 이 같은 배치는 에서의 공격에 대비한 것일 수 있고, 에서에게 차례로 인사시키기 위한 것일 수 있다(고든 웬함). 이런 배치를 보면, 야곱은 여전히 라헬을 편애하고 있다. 야곱은 에서가 가까이 오자 그 앞에 나아가 일곱 번이나 땅에 엎드려 절하였다(4절). 고대 사회에서 일곱 번 절하는 것은 봉신이 자기 군주에게 경의를 표하는 행위였다. 14세기 〈아마르나 서신〉을 보면, 작은 도시의 영주들이 바로 왕 앞에서 행하는 의식이 일곱 번 땅에 엎드리는 것이었다(폰 라드). 야곱은 에서 앞에서 영주가 왕을 대하듯 깍듯이 예를 갖춘다.

그런데 에서의 반응은 실로 파격적이다. 그에게서 20년 전에 야곱에게 품었던 악감정은 조금도 찾아볼 수 없다(27:41-42). 마치 탕자를 맞이하는 자상한 아버지(눅 15장)처럼 에서는 동생을 맞이한다. 에서가 달려와 야곱을 끌어안았다. 그는 두 팔을 벌려 야곱의 목을 끌어안고서 입을 맞추고 둘은 함께 울었다(4절). 실로 에서의 행동은 고귀한 인간성을 보여준다. 둘은 서로 울었다! 이로써 이들의 묵은 감정은 눈 녹듯이 사라졌다. 하나님이 야곱을 다루시는 동안, 에서도 다루셨다. 이 장면은 요셉과 형들의 재회와 상응한다. 요셉은 형들의 미움을 받아 노예로 팔렸다. 그러나 하나님이 요셉과 함께하셨고 그를 통해 입애굽의 약속을 이루셨다.

요셉은 13년 만에 형들과 재회하였다. 요셉은 이전에 자기를 팔아넘긴 형들이 달라진 것을 보았다. 유다는 요셉의 친동생 베냐민을 대신하여 볼모로 잡히겠다고 한 것이다. 요셉은 통곡하며 자기의 신분을 밝혔다. "요셉이 형들과도 하나하나 다 입을 맞추고, 부둥켜안고 울었다. 그제야 요셉의 형들이 요셉과 말을 주고받았다"(창 45:15). 하나님은 언약의 담지자들이 연약하고 부족해도 그들과 함께하신다. 그들을 통해 언약을 이루어가시되 그들과 관련된 이들을 변화시키신다. 야곱은 약속을 담지한 족장이며, 하나님이 그와 함께하신다. 하나님께서는 야곱에게 불현듯 나타나시고 그를 새로운 존재로 거듭나게 하신다. 동시에 에서의 마음을 주장하여 동생을 환대하게 하신다.

야곱과 에서는 눈물로 상봉한 후 대화를 시작했다(5-11절). 에서는 야곱과 동행한 여인들과 아이들을 보고 물었다. 야곱은 고향을 떠날 때 혼자였다. 그래서 야곱에게 그들이 누구냐고 묻는 것이다. 야곱은 여전히 자세를 낮추며 대답했다. 이들은 하나님이 못난 아우에게 은혜로 주신 자식들이다(5b절). 그리고 야곱은 이들을 불러 에서에게 절하게 한다. 절하는 순서는 이미 배치된 순서이다(1-2절). 두 여종과 그의 아들들, 레아와 그의 아들들, 라헬과 요셉이 차례로 에서에게 절하며 인사한다(6-7절). 이들의 인사를 받은 에서는 야곱이 보낸 가축 떼에 관해 묻는다(8절). 야곱은 형님께 은혜를 입고 싶어서, 가지고 온 것이라고 대답한다(8절). 그러나 에서는 동생을 만난 감격에 고양되어 야곱이 주는 선물을 단번에 거절한다(9절). 그런데도 야곱은 에서에게 선물을 받으라고 거듭 간청한다(10-11절). 만일 형이 자기에게 은총을 베풀었다면 선물을 받아 주기를 구하는 것이다. "받아들이다"의 히브리어 "라카흐"는 하나님이 제물을 받아 주시는 것을 묘사하는 제사 용어이다(레 1:4, 7:18, 19:7). 하나님께 제사 드리는 자는 하나님이 그 제물을 취하심으로써 그의 은총을 입는다. 하나님께서는 이사야를 통해 백성들이 바치는 제물이 무익함을 고발하셨다. 그들은 무수한 제물을 가져왔으나 하나님은 그들의 제물을 역겨워하셨다. 그들이 바치는 제물은 헛된 제물이었다. 왜냐하면, 그들은 일상에서 선행과 공의를 저버리고 제물만 바쳤기 때문이었다.

"무엇하러 나에게 이 많은 제물을 바치느냐? 나는 이제 숫양의 번제물과 살진 짐승의 기름기가 지겹고, 나는 이제 수송아지와 어린 양과 숫염소의 피도 싫다. 너희가 나의 앞에 보이러 오지만, 누가 너희에게 그것을 요구하였느냐? 나의 뜰만 밟을 뿐이다! 다시는 헛된 제물을 가져 오지 말아라. 다 쓸모없는 것들이다"(사 1:11-13a).

이방 종교에서 신에게 바치는 제물은 헌신의 정도를 가늠한다. 신은 가장 귀한 제물을 바치는 자에게 그에 합당한 은총을 베푼다. 이방 종교에서 가장 소중한 제물은 "자식"이었다. 자식보다 더 귀한 제물이 어디 있겠는가? 출애굽한 이스라엘이 들어갈 가나안 땅에는 몰렉에게 자식을 바치는 종교 행위가 성행하였다. 하나님은 이스라엘이 이런 종교의식에 빠지지 않도록 강력히 경고하셨다. 만일 이스라엘 백성 중 가나안 종교의 영향을 받아 자식을 바치는 자는 사형에 처하라고 명하셨다(레 20:2-5). 그런데 가나안 땅에 정착한 이스라엘 백성은 이 같은 경고에도 불구하고 최상의 제물인 자식을 이방 신에게 바치곤 하였다. 특히 북이스라엘이 멸망한 호세아 시대(왕하 17:17)와 유다의 므낫세 시대(왕하 21:6)에 자식을 바치는 이방 종교가 이스라엘 백성 중에 성행하였다.

하나님을 믿는 것은 이방 종교처럼 제물을 바쳐 은총을 구하는 신앙이 결코 아니다. 하나님께서는 아무 공로 없는 자에게 거저 은총을 베푸신다. 제물은 은총을 얻어내기 위해서 아니라 거저 주신 은총에 화답하는 표지로 드려진다. 하나님은 독생자를 우리를 위해 제물로 주셨다. 최고의 제물을 우리를 위해 내어주신 것이다. 하나님께서는 아들을 제물로 받으시려고 그를 사람이 되게 하셨다. "당신은 율법의 희생제물과 봉헌물을 원하시지 않았습니다. 그래서 저를 참 제물로 받으시려고 인간이 되게 하셨습니다"(히 10:5, 공동번역). 하나님이 받으시는 완전한 제물은 그가 보내신 아들이셨다. 이것은 하나님이 최고의 예물을 우리에게 주신 것이다. 하나님의 아들 예수는 자기 몸을 단번에 제물로 바쳐 우리를 거룩하게 하셨다. "이 뜻을 따라 예수 그리스도께서 자기 몸을 단번에 드리심으로써 우리는 거룩하게 되었습니다"(히 10:10).

야곱은 형의 은총을 받고자 제물(선물)을 강권하여 주었다. 하물며 하나님의 은총을 받는데 어떻게 제물을 바치지 않겠는가? 그러나 하나님은 역으로 완전한 제물을 우리에게 내어주셨다. 이제 아들을 믿는 자마다 거저 은총을 받는다. 그는 값없이 의롭게 되며 값없이 은총을 얻는다. 그 은총은 죄 사함과 영생 얻는 복이다. 이는 거저 주신 그의 은혜의 영광을 찬송하기 위함이다(엡 1:3-6).

: 묵상

1990년 4월, 내게 임한 하나님의 통치 은혜는 밋밋하였던 신앙생활에 반전을 가져왔다. 이후 나의 신앙생활은 열심이 특심이었다. 물론 진리에 무지한 향방 없는 질주였다. 그리고 나는 가장 귀한 것을 하나님께 바쳤다. 그것은 사회생활을 접고 평생 주의 종으로 헌신한 것이었다. 신대원 시절부터 몸을 불사르게 내어주는 헌신을 하였다. 돌아보면 무지 속의 열심도 하나님의 이끄심이었다. 사실 나는 하나님을 위해 헌신하는 것만 생각하였다. 또한 그에 따른 지상적 보상을 구하였다. 복음을 정확히 알지 못하니 하나님이 나를 위해 무슨 일을 하셨는지 귀 기울이지 않았다. "하나님이 세상을 사랑하사 독생자를 주셨으니…" 입으로는 수도 없이 고백하였으나 그 진정한 의미를 알지 못하였다. 하늘로부터 오신 인자, 곧 하나님의 아들이 십자가에서 죽으시고 부활하셨다. 그를 믿는 자마다 영원한 생명을 얻는다.

내가 하나님을 위해 죽도록 희생한들, 어찌 하나님이 독생자를 보내신 그 희생과 비교하겠는가? 세상 종교는 공덕을 쌓아 신의 은총을 받는다. 그러나 복음은 하나님이 친히 독생자를 제물로 받으시고 우리에게 거저 은혜를 베푸신 것이다. 아들을 믿는 자에게 죄 사함과 영생 얻는 구원의 은혜를 베푸신다. 이런 역설이 어디 있을까? 말도 안 되는 사랑, 이해를 초월한 사랑, 기가 막힌 사랑이다. 이해를 초월하는 하나님의 사랑은 오직 영으로만 안다(고전 2:10).

삼일간의 대구 캠프에서 영생을 약속하시고 영생을 주신 하나님의 사랑을 전하였다. 그들을 생명의 말씀으로 부르신 하나님이 각자에게 합당한 은혜를 주셨다. 각자 하나님이 주신 은혜를 나누는데 하늘로부터 오는 기쁨이 우리 안에 충만하였다. 진실로 하나님이 자기를 사랑하는 자들을 위하여 예비하신 은혜는 눈으로 보지 못하고 귀로 듣지 못하고 마음으로 생각하지 못한다. 오직 하나님이 영으로 알게 하신다. 몸은 피곤하나 내 영혼은 구원의 은혜로 충만하다. 한량없는 주의 사랑과 신실이 내 영혼을 춤추게 한다.

73

33:12-20

12 에서가 이르되 우리가 떠나자 내가 너와 동행하리라
13 야곱이 그에게 이르되 내 주도 아시거니와 자식들은 연약하고 내게 있는 양 떼와 소가 새끼를 데리고 있은즉 하루만 지나치게 몰면 모든 떼가 죽으리니
14 청하건대 내 주는 종보다 앞서 가소서 나는 앞에 가는 가축과 자식들의 걸음대로 천천히 인도하여 세일로 가서 내 주께 나아가리이다
15 에서가 이르되 내가 내 종 몇 사람을 네게 머물게 하리라 야곱이 이르되 어찌하여 그리하리이까 나로 내 주께 은혜를 얻게 하소서 하매
16 이 날에 에서는 세일로 돌아가고
17 야곱은 숙곳에 이르러 자기를 위하여 집을 짓고 그의 가축을 위하여 우릿간을 지었으므로 그 땅 이름을 숙곳이라 부르더라
18 야곱이 밧단아람에서부터 평안히 가나안 땅 세겜 성읍에 이르러 그 성읍 앞에 장막을 치고
19 그가 장막을 친 밭을 세겜의 아버지 하몰의 아들들의 손에서 백 크시타에 샀으며
20 거기에 제단을 쌓고 그 이름을 엘엘로헤이스라엘이라 불렀더라

73 "달려갈 길" 마치기까지, 험한 십자가 붙들게 하소서!(33:12-20)

73

"달려갈 길" 마치기까지, 험한 십자가 붙들게 하소서!

: 주해

야곱은 형 에서와 성공적으로 상봉하였다. 야곱은 에서를 주인으로 부르며 많은 선물을 그에게 주었다. 에서는 사양하였으나, 야곱은 강권하여 에서가 예물을 받게 함으로 그의 은혜를 확증하였다. 예물을 주는 자는 예물을 받는 자에게 은총을 받는다.

12-16절은 야곱과 에서가 헤어지는 장면이다. 가축 떼를 선물로 받은 에서는 야곱에게 자신과 동행할 것을 청하며 앞장섰다(12절). 그러나 야곱은 에서를 "주"로 부르며 정중히 사양한다. 그가 에서와 함께 가지 못하는 이유로 아이들이 어리고 새끼 딸린 가축들이 강행군하면 다 죽기 때문이라고 말한다(13절). 그리고 자기는 아이들과 가축 떼와 보조를 맞추어 천천히 세일에 있는 에서에게 가겠다고 말한다(14절). 야곱은 사실 에서가 있는 세일로 갈 마음이 전혀 없다. 그래서도 안 된다. 하나님이 정하신 그의 목적지는 가나안 땅이다. 또한, 그는 벧엘로 돌아오기로 서원하였다(28:22). 그는 서원한 대로 이곳으로 돌아와 십일조를 바쳐야 했다. 이것이 야곱이 사양한 신학적 이유이다. 물론 외견상 야곱이 자기와 동행하자는 에서의 청을 사양한 이유는 여러 가지로 추측할 수 있다.

야곱은 속이고 속임 당해온 인생을 살았다. 그는 에서의 말을 믿지 못하였다. 속이는 자의 눈에는 속이는 자만 보인다. 야곱은 에서가 충동적으로 자기를 환대했으나 언제 바뀔지 모른다고 생각했을 것이다. 칼뱅은 야곱이 사양한 이유를 에서의 자비심이 지속되지 않을 수 있고, 얼마 안 가 그들 사이에 갈등이 야기될 수 있을지 모른다고 보았다(칼뱅, 〈창세기 주석〉). 에서는 순진하게도 야곱의 말을 곧이곧대로 믿었다. 그는 야곱이 뒤따라오도록 호위대를 붙여주겠다고 말한다(15절). 그러나 야곱은 에서가 자기를 받아준 것만으로도 충분히 은혜를 입었다고 하며 그의 제안을 정중히 거절한다(15절). 에서는 더 이상 권하지 않고 자기 땅 세일로 돌아갔다.

에서와 헤어진 야곱은 숙곳으로 갔다. 그는 숙곳에서 자기들이 살 집과 짐승이 바람을 피할 우리를 지었다(17절). 그래서 그곳 이름은 "숙곳"이 되었다. 숙곳은 요단 동편 얍복 강 북편에 있는 것으로 파악된다. 숙곳은 "초막" 또는 "우릿간"이란 뜻이다. 야곱이 숙곳에서 우릿간을 "지은 것"은 오랫동안 이곳에서 거주하였음을 보여준다. 13절에서 야곱의 아이들은 어리다. 34장에서 아이들은 성장한 상태이다.

18-20절은 야곱과 그의 가족이 가나안 땅에 들어온 장면이다. 야곱이 밧단아람을 떠나 가나안 땅의 세겜 성에 무사히 이르렀고, 그 성 앞에다가 장막을 쳤다(18절). 야곱은 가나안 땅에 돌아왔으나, 아브라함과 이삭과 야곱에게 약속된 그 땅을 소유로 주겠다는 약속은 아직 성취되지 않았다. 가나안 땅을 소유로 주시겠다는 약속은 적어도 400년이 지나야 성취된다(15:12-14). 아브라함은 가나안 땅을 약속받았으나 사라를 장사하기 위해 헷 족속에게 땅을 샀다(25:10). 이제 야곱은 장막을 친 그 밭을 세겜의 아버지인 하몰의 아들들에게서 백 크시타(은 백 냥)을 주고 산다(19절). 이때까지만 해도, 곧 34장의 살육이 일어나기 전 야곱과 하몰의 아들들은 우호적 관계였다. 이렇게 약속의 땅에 도착한 야곱은 제단을 쌓고 하나님께 예배드린다. 그리고 그곳 이름을 "엘엘로헤이스라엘"로 불렀다. "엘엘로헤이스라엘"은 "하나님, 이스라엘의 하나님"이란 뜻이다. 야곱은 브니엘에서 새롭게 되었다. 속이는 자 야곱이 하나님과 겨루어 이긴 이스라엘이 되었다. 그러나 브니엘의 새로움이 단번에 그의 과거를 지우는 것도 아니고 야곱의 인격을 완전히 바꾸는 것도 아니었다(고든 웬함). 야곱은

새로운 존재가 되었으나 여전히 옛사람의 본성으로 상황에 대처하고 있다. 그는 에서를 온전히 신뢰하지 않았다. 하여 그와 동행하는 것을 주저하고 결국 사양하였다.

인간은 역사성과 사회성을 포함한 과거와 더불어 자기를 이해한다. 속이는 자 야곱은 속임 당하는 것을 염려하고 불안해한다. 두려움과 의심이 야곱의 의식을 지배한다. 하여 자기와 동행하자는 에서의 제안을 극구 사양한다. 물론 야곱은 세일 땅이 아닌 가나안 땅으로 가야 한다는 하나님의 말씀을 생각했을 수도 있다. 하지만 그가 에서의 거절을 정당화하는 방식을 보면(13-15절), 그의 동기가 전적으로 순수하지 않다는 것을 시사한다. 야곱은 숙곳에 오래 머물다 세겜으로 갔다. 거기서 제단을 쌓고 여호와의 이름을 부른다. 그런데 그가 정작 가야 할 곳은 "벧엘"이다. 야곱은 이곳에서 하나님의 약속을 받고 돌기둥을 세웠다. 그리고 하나님이 그의 도상에서 지켜주셔서 그가 돌아오면, 이곳에서 하나님이 주신 모든 것의 십일조를 하나님께 드리겠다고 서원하였다(28:22). 35장에서 하나님은 벧엘로 가라고 명하셨고 야곱은 그리로 갔다. 그러나 그것은 딸 디나가 강간당하고 아들들이 살육자가 되는 비극적인 사건을 당하고 난 후였다(34장). 야곱의 인생에서 지울 수 없는 이 사건은 "길"의 주제와 깊이 관련이 있다. 그는 가나안 땅을 향하여 길을 갔고, 세겜은 지나가는 길이었고, 목적지는 벧엘이었다.

사복음서 중 마가복음은 "길"을 모티브로 전개된다. 세례 요한은 예수의 "길"을 예비하는 자이다. 요한은 길을 준비하는 자요, 예수는 길이다. 마가복음서 전체는 예수가 "길"을 가는 것으로 전개된다(이곳 → 저곳, 이 동네 → 저 동네, 예루살렘 여행). 제자들은 길에서 부름 받았고 예수의 길을 따랐다. 길의 출발과 길의 여정은 예수와 동일하였다. 그러나 마지막 길은 서로 달랐다. 예수의 마지막 길은 십자가였고, 제자들은 십자가에서 도망하였다. 마가복음의 몸통은 세 번의 수난 예고를 담고 있는 8:22-10:52이다. 세 번의 수난 예고는 예루살렘으로 가는 "여행 길"에서 주어진다(가이사랴 빌립보, 갈릴리, 예루살렘 근처). 예수께서 제자들에게 수난의 길을 예고하셨다. 하지만 제자들은 오해하였다. 예수께서 그들에게 자신의 길을 따르라고 교훈하신다. "누구든지 나를 따라오려거든 자기를 부인하고 자기 십자가를 지고 나를 따를 것이니라"(막 8:34). 제자들은 끝까지 예수의 길을 따르지 못하였다. 그들의 길은 십자가 앞에서 멈추었다. 하지만 높이 들리신 예수께서 성령을 보내시고 나서 그들은 예수의 길을 따랐다. 그렇다! 예수의 길은 자력으로 갈 수 있는 길이 아니며 오직 성령의 이끄심으로 갈 수 있는 길이다.

야곱은 하나님이 정하신 길로 향하였다. 그는 가나안 땅을 향하여 갔다. 그는 마하나임에서 에서를 만났고 에서가 자기 길로 갈 것을 요구하자 극구 사양하였다. 그가 가야 할 곳은 세일 땅이 아니라 가나안 땅이었다. 그런데 에서와 헤어진 후 숙곳에서 장막을 지었다. 숙곳은 하나님이 약속하신 땅이 아니라, 요단 동편에 있었다. 그는 아이들이 장성하기까지 거기서 오래 머물렀다. 야곱은 마침내 그곳을 떠나 가나안 땅에 입성하였다. 그리고 그는 세겜에 장막을 치고 그 땅을 하몰 자손에게서 샀다. 그는 이곳에서 장기간 거주하거나 정착할 생각이었다. 그래서 그곳에서 제단을 쌓고 하나님의 이름을 부르며 예배하였다. 그러나 그가 하나님과 약속한 최종 목적지 벧엘은 안중에 없었다.

예수께서 우리에게 요구하신 길은, 끝까지 그의 길을 가는 것이다. 그러나 하나님의 은혜가 아니면 길에서 이탈한다. 도중에 안주하거나 도중에서 벗어난다. 예수가 정하신 길, 달려갈 길을 끝까지 가는 자가 복되다. 물론 우리는 옛사람 야곱의 성정으로 노상에서 멈추거나 노상에서 이탈할 수 있다. 하지만 부르신 이의 신실함으로 다시 그 길을 간다. 물론 야곱처럼 대가를 치르지만 말이다. 그 대가가 헛되지 않은 자, 세상 끝날까지 험한 십자가 붙들고 주의 길을 간다. 그리하여 생애 마지막 순간 이 고백을 하게 하신다.

"나는 선한 싸움을 다 싸우고, 달려갈 길을 마치고, 믿음을 지켰습니다. 이제는 나를 위하여 의의 면류관이 마련되어 있으므로, 의로운 재판장이신 주님께서 그 날에 그것을 나에게 주실 것이며, 나에게만이 아니라 주님께서 나타나시기를 사모하는 모든 사람에게도 주실 것입니다"(딤후 4:7-8).

: 묵상

나는 신대원 입학 직전인 1992년 가을, 여러 목사와 함께 마가복음 성경 공부에 참석하였다. 강사는 미국에서 갓 학위를 받고 온 젊은 교수였다. 그때 마가복음이 길의 복음인 것을 알았다. 특히 예수와 동행하였으나 예수와 다른 길을 가는 제자들의 모습을 깨닫고 바로 나의 모습인 것을 보고 충격을 받았다. 이듬해 나는 복음 전도자로 부름을 받고 신대원에 입학하였다. 그러나 나는 노상에서 멈추었고 길을 이탈하였다. 복음으로 충분하지 못하다는 판단 아래 소위 내적 치유사역에 몰입하였다. "복음과 치유"를 모토로 정하고 목회에 전념하였다. 사실 복음의 목적은 생명이고, 복음은 새 생명을 살게 하는 하나님의 능력이다. 그런데 복음의 목적도 모르고 생명으로 살지 않으니 당연히 복음으로 충분하지 못하다는 판단을 한 것이다. 새 생명으로 살게 하는 복음과 옛 생명을 다루는 치유는 결코 조화될 수 없었다. 복음 전도자의 길은 멈추어졌다. 참담한 일은 치유 사역에 복음을 이용한 일이었다. 야곱이 당한 재앙에 방불한 재앙이 내게 임하였다. 그러나 그것은 신실하신 하나님의 심판이었다. "여호와여 내가 알거니와 주의 심판은 의로우시고 주께서 나를 괴롭게 하심은 성실하심 때문이니이다"(시 119:75).

2018년 〈복음과 생명〉 책이 증보판으로 나왔다. 당시 이 책을 꼼꼼히 읽으며 25년 전 나를 복음 전도자로 부르신 하나님의 신실함에 감격하였다. 성경이 증거하는 복음과 복음의 목적인 생명이 정리된 책을 대하며 신실하신 하나님을 고백하며 복받치는 감격을 주체하지 못하였다. 나는 노상에서 멈추고 길에서 이탈하였으나 신실하신 주님은 끝까지 이 길을 가게 하셨다. 물론 달려갈 길을 마치기까지 여전히 불안하다. 실족하기도 한다. 험한 십자가를 붙들 때만 가능한 길이다. 이번 대구 캠프 때 부른 찬양, "목적도 없이 방황했네…"를 계속 읊조리게 된다. 당일 귀경 길에도 어제도 오늘 새벽에도 읊조린다.

"목적도 없이 나는 방황했네. 소망도 없이 살았네. 그때에 못 자국 난 그 손길 나에게 새 생명 주셨네. 험한 십자가에 능력 있네. 거기서 나의 삶이 변했네. 찬양 하리. 주 이름 영원히. 주의 십자가 능력 있네. 나는 믿네. 갈

보리 언덕 십자가 나는 믿네. 그 누가 뭐라 해도 이 세상 다 지나고 끝 날이 와도 험한 십자가 붙들겠네. 나는 믿네. 십자가에서 못 박힌 주 오늘도 새 삶을 주시네. 날 새롭게 하셨네. 나는 새 피조물 십자가 잡고 살아가리. 나는 믿네. 갈보리 언덕 십자가 나는 믿네. 그 누가 뭐라 해도 이 세상 다 지나고 끝 날이 와도 험한 십자가 붙들겠네. 험한 십자가 붙들겠네."

ize # 74

34:1-17

1 레아가 야곱에게 낳은 딸 디나가 그 땅의 딸들을 보러 나갔더니
2 히위 족속 중 하몰의 아들 그 땅의 추장 세겜이 그를 보고 끌어들여 강간하여 욕되게 하고
3 그 마음이 깊이 야곱의 딸 디나에게 연연하며 그 소녀를 사랑하여 그의 마음을 말로 위로하고
4 그의 아버지 하몰에게 청하여 이르되 이 소녀를 내 아내로 얻게 하여 주소서 하였더라
5 야곱이 그 딸 디나를 그가 더럽혔다 함을 들었으나 자기의 아들들이 들에서 목축하므로 그들이 돌아오기까지 잠잠하였고
6 세겜의 아버지 하몰은 야곱에게 말하러 왔으며
7 야곱의 아들들은 들에서 이를 듣고 돌아와서 그들 모두가 근심하고 심히 노하였으니 이는 세겜이 야곱의 딸을 강간하여 이스라엘에게 부끄러운 일 곧 행하지 못할 일을 행하였음이더라
8 하몰이 그들에게 이르되 내 아들 세겜이 마음으로 너희 딸을 연연하여 하니 원하건대 그를 세겜에게 주어 아내로 삼게 하라
9 너희가 우리와 통혼하여 너희 딸을 우리에게 주며 우리 딸을 너희가 데려가고
10 너희가 우리와 함께 거주하되 땅이 너희 앞에 있으니 여기 머물러 매매하며 여기서 기업을 얻으라 하고
11 세겜도 디나의 아버지와 그의 남자 형제들에게 이르되 나로 너희에게 은혜를 입게 하라 너희가 내게 말하는 것은 내가 다 주리니
12 이 소녀만 내게 주어 아내가 되게 하라 아무리 큰 혼수와 예물을 청할지라도 너희가 내게 말한 대로 주리라
13 야곱의 아들들이 세겜과 그의 아버지 하몰에게 속여 대답하였으니 이는 세겜이 그 누이 디나를 더럽혔음이라
14 야곱의 아들들이 그들에게 말하되 우리는 그리하지 못하겠노라 할례 받지 아니한 사람에게 우리 누이를 줄 수 없노니 이는 우리의 수치가 됨이니라
15 그런즉 이같이 하면 너희에게 허락하리라 만일 너희 중 남자가 다 할례를 받고 우리 같이 되면
16 우리 딸을 너희에게 주며 너희 딸을 우리가 데려오며 너희와 함께 거주하여 한 민족이 되려니와
17 너희가 만일 우리 말을 듣지 아니하고 할례를 받지 아니하면 우리는 곧 우리 딸을 데리고 가리라

74

그리스도의 십자가,
야만적 본성의 인간을 하나님의 나라로!

: 주해

야곱은 고향을 떠난 지 20년 만에 귀향길에 올랐다. 그가 고향을 떠날 때 하나님이 그에게 나타나셨다. 그를 축복하시고 그가 이곳으로 돌아오기까지 그와 함께하실 것을 약속하셨다. 야곱은 여기에 화답하였다. 그가 하나님의 돌보심을 받아 귀향하면, 벧엘에서 모든 재산의 십일조를 드리겠다고 서원하였다.

밧단아람을 출발한 야곱과 그의 가족은 요단 동편의 한 곳에서 하나님의 천사들을 만났다. 야곱은 그곳의 이름을 마하나임으로 불렀다. 야곱은 그곳에서 불편하고 껄끄러운 에서를 만나야 했다. 그는 하나님께 기도하고 에서에게 예물을 보냈다. 야곱이 홀로 있을 때 하나님이 그와 씨름하였다. 야곱의 이름이 이스라엘로 바뀌었다. 새로운 존재 이스라엘과 에서가 뜨거운 우정으로 재회하였다. 야곱은 에서가 동행하기를 바랐으나 극구 사양하였다. 그 이유는 대략 두 가지였다. 상황적 이유로서 에서의 변심을 두려워하였다. 또한, 신앙적 이유로서 야곱은 하나님이 명하신 대로 가나안 땅으로 가야 했다. 둘은 각자 자기의 길로 갔다.

그러나 야곱은 가나안 땅으로 속히 가지 않았다. 요단 동편 한 곳에 우릿간을 짓고 거기 머물렀다. 그곳은 숙곳으로 불렸다. 야곱은 어린 자녀들이 장성하기까지 이곳에 머문 것으로 보인다. 이후 야곱은 가족들을 이끌고 하나님이 지시하신 땅 가나안으로 들어왔다. 야곱은 벧엘로 가기로 했으나 세겜에서 주저앉았다. 그는 세겜에서 장기간 거주할 생각으로 하몰의 아들들에게 밭을 샀다. 야곱은 도중에 정착하여 단을 쌓고 여호와의 이름을 불렀다(엘엘로헤이스라엘). 이곳에서 하몰의 아들 세겜은 디나를 강간하였고 그로 인해 대대적인 살육이 일어났다(34장).

창세기 34장은 세겜에서 벧엘로 올라가는 사이의 단락이다. 야곱의 외동딸 디나가 세겜에게 강간당했다. 야곱의 아들들이 세겜과 그의 족속에게 잔인하게 복수극을 펼쳤다. 이 일을 계기로 야곱은 속히 세겜을 떠나 본래의 목적지 벧엘로 올라갔다(35장). 레아가 야곱에게 낳은 딸 디나가 그 땅의 딸들을 보러 나갔다(1절). 디나가 야곱이 사랑하지 않은 아내 레아의 딸임을 강조한 것은 그녀가 치욕을 당했어도 무관심한 태도를 보인 것을 반영한 것이다. 그 대신 레아가 낳은 두 아들 시므이와 레위가 제멋대로 복수를 감행했다.

히위 족속 중 하몰의 아들이자 그 땅의 추장인 세겜이 디나를 강간하여 욕되게 했다(2절). 그리고 나서 세겜은 디나에게 마음을 빼앗겼다. 그는 디나를 사랑하여 그녀에게 사랑을 고백하였다. 세겜의 행위가 야만적이었으나, 적어도 세겜은 암논이 다말을 강간한 후 미워한 것처럼 행동하지 않았다(삼하 13:15-17 참고). 오히려 세겜은 디나를 깊이 사랑하였고 진정으로 결혼하기를 바랐다(3절). 세겜은 아버지 하몰에게 디나와의 결혼을 승낙해 달라고 요청하였다(4절). 이 일이 있고 난 뒤 디나는 세겜의 집에 머물러 있었다. 디나의 일이 야곱에게 알려졌을 때, 야곱의 아들들은 들에서 가축을 치고 있었다(5절). 야곱은 아들들이 집에 돌아올 때까지 이 일에 대하여 침묵하였고 어떤 조치도 내리지 않았다. 세겜의 아버지 하몰이 아들의 혼사를 성사하려고 야곱에게로 왔다(6절). 그가 와보니 야곱의 아들들이 디나에게 일어난 일을 듣고 들에서 돌아와 있었다(7절). 야곱의 아들들은 디나가 당한 일을 알고 슬픔과 분노를 억누르지 못하고 있었다(7절). 세겜이 디나를 욕보인 일은 이스라엘 사람에게 부끄러운 일이요, 해서는 안 될 일이었다.

하몰이 아들 세겜과 디나의 결혼을 요청하였다. 하몰은 아들 세겜이 디나에게 저지른 일에 대해 일체의 언급을 하지 않는다. 다만 세겜이 디나를 사랑하기에 청혼한다는 것이다. 그와 더불어 두 가지 조건을 제시한다. 하나는 자신의 집안과 야곱의 집안 사이의 통혼이고(9절), 다른 하나는 야곱이 자신의 땅에 영구히 정착하여 형통하기를 제안했다(10절). 세겜의 제안은 사뭇 매력적이었다. 작은 가축 떼를 치는 유목민에게 도시의 정착 생활은 매력적이다. 유목민들은 도시에서 가축 떼가 산출하는 물품을 판매할 수도 있고 작은 규모의 교역도 할 수 있다. 야곱이 세겜의 청혼을 받아들이면, 그와 그의 가족은 유랑하는 생활을 접고 도시에 정착하여 장사도 하고 재산을 늘릴 수 있다. 여기에 결혼 당사자 세겜이 나서 더욱 매력적인 조건을 제안한다. 야곱의 가족이 원하면 무엇이든지 다 주겠다는 것이다(11절). 그가 바라는 것은 오직 디나를 아내로 얻는 것이다(12절). 사랑에 눈이 먼 건지, 정욕에 눈이 먼 건지 세겜은 몸이 달아있다. 그는 어떤 대가를 치르더라도 디나와 결혼해야겠다는 결연한 의지를 표명한다.

하몰과 세겜의 제안을 두고 야곱이 아닌 야곱의 아들들이 나선다. 그들은 지금 디나가 당한 일로 격분하고 있다. 그들은 하몰과 세겜이 제시한 매력적 제안에는 관심이 없다. 어떻게 하면 그들에게 복수할 것인지 몰두했다. 이들은 디나의 결혼 조건으로 세겜의 남자들이 모두 할례를 받을 것을 역제안했다. 이들의 제안은 진심이 아니고 디나에 대한 복수극을 위한 계략이었다. 야곱의 아들들은 할례 받지 않은 남자에게 누이를 주는 것은 수치스러운 일이라고 말했다. 세겜과 디나의 결혼 조건은 오직 하나였다. 그것은 그 땅의 남자들이 자기들처럼 할례를 받는 것이었다. 그러면 청혼을 받아들이겠다고 말했다. 또한, 하몰이 제안한 두 집안 간의 통혼도 하고 그들과 함께 살면서 한 민족이 될 것이라고 말했다. 그러나 이 제안을 거절하면, 누이를 데리고 떠나겠다고 말했다(17절). 디나가 세겜에게 모욕당했으나 아버지 야곱은 매우 수동적으로 반응했다. 그가 사랑하지 않은 아내에게서 난 딸이라서 그러했는가? 복수극의 주역은 레아에게서 난 시므이와 레위였다. 디나는 이들의 친동생이었다. 할례는 아브라함의 후손에게 허락된 언약의 표징이다(17:7-11). 그런데 야곱의 아들들은 언약의 표징인 할례를 악용하여 디나를 욕보인 자들에게 복수극을 도모한다. 한편으로 보면 이들의 속임수는 모욕당한 누이의 명예를 씻어주려는 선한 행동이다. 그러나 선을 행하는 명분으로 할례 제도를 악용하여 끔찍한 살육을 준비하고 있다. 이들에게 선과 악이 뒤섞여 있다(델리치).

이후 전개되는 잔혹한 복수극을 고려하면, 디나의 사건은 매우 혼란스럽고 당혹스럽다. 디나가 경솔하게 성읍으로 나간 것도 그렇지만, 극진한 예우를 갖추어 청혼하는 세겜을 계략에 빠뜨린 야곱의 아들들도 도무지 이해할 수 없다. 야곱이 어떻게 신앙 교육을 했기에 자식들이 이런 행동을 하는가? 야곱은 언약의 담지자요, 보편적 인간상이다. 언약의 담지자라고 해서 일반인과 다를 바 없다. 야곱의 이야기는 우리의 이야기이다. 우리는 한 대를 맞으면 두 대로 갚는다. "눈에는 눈으로, 이에는 이로" 갚으라는 계명은 공정한 대응을 하라는 뜻이다. 야곱의 아들들이 디나의 명예를 회복하는 길에는 다른 방법도 있었을 것이다. 하지만 격동한 그들은 이성을 잃었다.

인간은 세계 속에 내던져져 있는 존재이다. 그는 세계 안에서 무슨 일을 당할지 모른다. 거기서 두려움과 공포와 불안을 느끼는 것은 "위험에 빠진 현존재의 상태와 현존재가 자신에게 의존하고 있음"을 드러낸다(하이데거). 인간이 부당한 일에 분노하고 격동하는 것은 결국 자기 자신을 의지한다는 확고한 증거이다. 야곱의 아들들이 지금 그러하다. 부분이 전체를 해석하고, 전체가 부분을 해석한다. 야곱의 아들들이 취한 계략은 보편적 인간상보다 훨씬 더 잔혹하다. 하지만 이 사건은 전체를 보면 야곱이 벧엘로 올라가는 결정적 계기를 마련한다. 또한, 언약 백성에게 요구되는 혈통의 순수성은 어떤 희생을 치러도 지켜야 하는 당위성을 설파한다.

야곱이 고향을 떠날 때 하나님은 그에게 나타나 말씀하셨다. 하나님이 그와 함께 계셔 그를 이끌어 이 땅으로 돌아오게 하실 것이다(28:15). 야곱은 하나님께서 이 일을 이루시고 자기를 "평안히" 아버지 집으로 돌아가게 하면 여호와께서 나의 하나님이 되실 것이라고 서원하였다(28:20-21). 그리고 그가 하나님을 만난 벧엘에서 십일조를 바치겠다고 하였다. 그러나 야곱은 벧엘로 갈 생각이 없어 보인다. 그가 한 약속을 잊었는가? 그는 세겜에서 땅을 사고 정착하고자 하였다. 하지만 디나의 사건으로 야곱은 벧엘로 올라간다. 벧엘로 가는 여정은 인간의 본성이 적나라하게 드러나는 사건들이 결합하여 성취된다. 세겜의 욕정, 야곱의 아들들이 벌인 잔혹한 복수극은 "평안히" 벧엘로 돌아간다는 예상을 파괴한다. 그러나 약속은 반드시 이루어진다. 하나님이 정하신 뜻은 인간의 죄악에도 불구하고 성취된다. 하나님의 은총이 인간의 야만적 본성을 압도한다.

하나님의 은총이 인간의 죄악을 압도한 궁극적 사건은 그리스도의 십자가이다. 그리스도의 십자가는 벧엘이 표상하는 하나님의 집으로 인도하는 복음이다. 허물과 죄로 죽은 인간은 이 세상 풍조를 따르고 영적으로 공중의 권세 잡은 자 마귀의 종노릇을 한다(엡 2:2). 그는 육체의 욕정과 마음의 욕망대로 행하는 본질상 진노의 자식이다(엡 2:3). 하나님은 그런 자들에게 긍휼을 베푸시고 그리스도와 함께 살리시고 그 안에서 함께 하늘에 앉히신다(엡 2:6). 하나님의 긍휼이 야만적 본성으로 행동할 수밖에 없는 인간을 구원하여 저 하늘에 앉힌 것이다. 우리도 전에는 다 야곱의 아들들처럼 어리석고 격동하며 악독이 가득한 자였다. 세겜처럼 수단 방법을 가리지 않고 정욕을 채우던 자였다. 그러나 그런 우리에게 하나님의 자비와 사랑이 나타났다(딛 3:3-4). 우리를 구원하시되 우리가 행한 바 의로운 행위로 말미암지 않고 그의 긍휼하심을 따라 구원하셨다(딛 3:5). 그뿐만 아니라 하나님은 성령을 우리에게 보내주셔서 하나님과 바른 관계를 맺게 하고 우리가 그토록 원하던 영원한 생명을 누리게 하셨다(딛 3:6-7).

벧엘은 하나님의 집이며, 하늘에 있는 아버지 집의 모형이다. 예수께서 우리에게 영생을 주시고 우리를 위해 기도하셨다. 영생 얻은 자들이 아들이 있는 곳, 아버지 집에 거하여 창세전부터 아버지가 아들에게 주신 영광을 보기를 기도하셨다(요 17:24). 그리고 요한의 공동체는 이 영광을 보았다(요 1:14). 아버지로부터 온 독생자의 영광은 아버지의 본질이며, 충만한 인자와 신실이다(요 1:14, "은혜와 진리"). 야곱은 큰 환난을 통해 벧엘로 올라갔다. 우리 역시 예외가 아니다. 그러나 우리는 그리스도가 대신 당하신 환난을 통해 하나님의 나라에 들어간다. 우리의 야만적 본성이 그리스도와 함께 십자가에 못 박힘으로써 하나님의 나라에 들어간다. 우리가 들어간 하나님의 나라는 먹고 마시는 제도나 전통이 아니라, 오직 성령 안에 있는 의와 평화와 기쁨이다(롬 14:17).

묵상

나는 이전에 억울한 일을 당하면 심히 격동하는 자였다. 내가 애써 지키는 일을 다른 사람이 지키지 않으면 출처를 알 수 없는 분노가 올라왔다. 누군가 줄 서는 데 새치기하거나 또 막힌 도로에서 차가 끼어들기를 하면 격동하였다. 내 속에 깊이 들어있는 분노와 격동의 부정성이었다. 억압하고 살아온 이력이 현재의 삶에서 나타났다. 세계 속에 던져진 자, 감당할 수 없는 위험이 오면 나를 의지하였다. 그러니 분노와 격동과 악의의 부정성이 내 속에 차곡차곡 쌓인 것이다. 내 속의 야만성을 어찌 부인할까! 야곱의 아들들이 보여준 복수의 성정이 내게도 있다. 십 수 년 전 나 역시 사랑하는 자식이 위해를 당하자 걷잡을 수 없는 분노로 대응한 적이 있었다.

그런 자가 그리스도의 십자가에 못 박히고 하나님의 나라에 들어갔다. 아, 구원의 부요함은 필설로 헤아리지 못한다. 정욕적이고 야만적 본성이 십자가에 못 박혔다. 하나님이 추하고 더러운 나를 깨끗하게 씻어 새사람이 되게 하셨다. 성령으로 새롭게 하셨다. 이것이 전부가 아니다. 진리의 영을 보내주셔서 하나님과 올바른 관계를 맺게 하셨다. 또한, 동일한 진리의 영으로 말미암아 그토록 소원하던 영원한 생명을 누리게 하셨다. 날마다 아버지의 집에 거하여 독생자의 영광을 보게 하신다. 범사에 주의 인자와 신실로 충만케 하신다. 날마다 생명의 교제를 통해 분노와 격동의 옛사람의 옷을 벗겨주시고, 하나님이 택하신바 거룩하고 사랑받는 자녀의 옷을 입혀주셨다. 긍휼과 자비와 겸손과 온유와 오래 참음의 성정으로 빚어 가신다(골 3:12). 이 모든 것이 하나님의 은혜이다. 할렐루야!

75

34:18-31

18 그들의 말을 하몰과 그의 아들 세겜이 좋게 여기므로
19 이 소년이 그 일 행하기를 지체하지 아니하였으니 그가 야곱의 딸을 사랑함이며 그는 그의 아버지 집에서 가장 존귀하였더라
20 하몰과 그의 아들 세겜이 그들의 성읍 문에 이르러 그들의 성읍 사람들에게 말하여 이르되
21 이 사람들은 우리와 친목하고 이 땅은 넓어 그들을 용납할 만하니 그들이 여기서 거주하며 매매하게 하고 우리가 그들의 딸들을 아내로 데려오고 우리 딸들도 그들에게 주자
22 그러나 우리 중의 모든 남자가 그들이 할례를 받음 같이 할례를 받아야 그 사람들이 우리와 함께 거주하여 한 민족 되기를 허락할 것이라
23 그러면 그들의 가축과 재산과 그들의 모든 짐승이 우리의 소유가 되지 않겠느냐 다만 그들의 말대로 하자 그러면 그들이 우리와 함께 거주하리라
24 성문으로 출입하는 모든 자가 하몰과 그의 아들 세겜의 말을 듣고 성문으로 출입하는 그 모든 남자가 할례를 받으니라
25 제삼일에 아직 그들이 아파할 때에 야곱의 두 아들 디나의 오라버니 시므온과 레위가 각기 칼을 가지고 가서 몰래 그 성읍을 기습하여 그 모든 남자를 죽이고
26 칼로 하몰과 그의 아들 세겜을 죽이고 디나를 세겜의 집에서 데려오고
27 야곱의 여러 아들이 그 시체 있는 성읍으로 가서 노략하였으니 이는 그들이 그들의 누이를 더럽힌 까닭이라
28 그들이 양과 소와 나귀와 그 성읍에 있는 것과 들에 있는 것과
29 그들의 모든 재물을 빼앗으며 그들의 자녀와 그들의 아내들을 사로잡고 집 속의 물건을 다 노략한지라
30 야곱이 시므온과 레위에게 이르되 너희가 내게 화를 끼쳐 나로 하여금 이 땅의 주민 곧 가나안 족속과 브리스 족속에게 악취를 내게 하였도다 나는 수가 적은즉 그들이 모여 나를 치고 나를 죽이니 그러면 나와 내 집이 멸망하리라
31 그들이 이르되 그가 우리 누이를 창녀 같이 대우함이 옳으니이까

75

"아들의 믿음"으로 사는 자, 최악의 상황에도 하나님의 섭리를 믿다!

: 주해

야곱은 가나안 땅으로 돌아왔다. 그는 자신이 서원한 대로 벧엘로 가야 했다. 그러나 그는 세겜에 장막을 치고 하몰의 아들들에게 밭을 사들여 정착하였다. 그러나 디나의 사건으로 야곱은 그가 서원한 땅 벧엘로 올라간다. 세겜은 지역 이름이며 동시에 세겜 땅의 추장 이름이다. 야곱의 외동딸 디나가 세겜 땅의 여인들을 보러 갔다가 세겜에게 강간을 당했다. 세겜은 디나에게 반하여 그와 결혼하기를 간절히 원하였다. 이에 세겜은 아버지 하몰과 함께 청혼하기 위해 야곱을 만나러 왔다. 그런데 야곱의 아들들이 결혼 협상의 파트너가 된다. 세겜 측에서 제시한 디나와 결혼 조건은 파격적이었다. 하몰은 야곱의 가족이 자기 땅에 정착하고 통혼하는 조건을 제시하였다. 세겜은 한술 더 떴다. 그가 디나와 결혼만 한다면, 무엇이든지 야곱 측에서 원하는 것을 다 주겠다고 말했다. 그러나 야곱의 아들들은 이들의 제안을 거절하며 오직 한 가지 조건을 제시하였다. 세겜의 모든 남자가 자신들과 같이 할례를 받으라고 하였다. 이것은 디나가 당한 일을 복수하기 위한 속임수였다.

18-31절은 이후 일어난 일을 기술한다. 하몰과 세겜은 영문도 모른 채 야곱의 아들들이 제안에 기꺼이 응했다. 특히 세겜은 디나를 사랑하였기에 야곱의

아들들의 제안을 즉시 실천에 옮겼다. 세겜은 가문에서 명망 있는 자요(19절), 스스로 결정을 내릴 수 있는 그 지역의 추장(지도자)이었다(2절). 하몰과 세겜이 사람들을 불러 모아 할례받기를 설득했다(21-23절). 하몰과 세겜은 야곱의 아들들과 가졌던 협상 내용을 상당히 왜곡하여 말했다. 가장 중요한 이유인 세겜과 디나의 결혼 이야기는 전혀 언급하지 않았다. 다만 자신들이 야곱 집안과 통혼했을 때 취할 경제적 이득을 나열했다. 특히 야곱 측 사람들의 가축 떼와 재산을 언급하며, 이들과 통혼할 때 이들의 재산이 다 자신들의 것이 될 것이라고 강조했다. 그러면서 야곱의 집에서 원하는 할례를 받자고 설득했다. 그리하면 그들과 한 민족이 될 것이라고 하였다. 세겜은 디나와 결혼하는 것에 목숨을 걸다시피 했다. 그러나 자신들의 의도는 철저히 은폐하고 통혼을 통해 야곱의 재산을 자기들의 것을 만들 수 있다고 기만했다. 이것은 오늘날 정치인들이 사적 욕망을 감추고 공동선을 부르짖는 것과 같다. 칼뱅은 이것을 꿰뚫어 보며 명쾌하게 주석하였다.

"큰 권세를 가진 높은 지위의 사람들이, 모든 것을 자신들의 사적인 목적에 종속시키면서도 공동선을 위해 고심하는 척하고, 또 공공의 이익을 소망하는 척하는 것은 매우 흔한 병적인 불건전한 상태이다"(칼뱅, 〈창세기 주석〉).

하몰과 세겜의 설득은 주효하였다. 그 성읍의 모든 장정이, 하몰과 세겜이 제안한 것을 좋게 여기고 모두 할례를 받았다(24절). 세겜의 모든 남자가 할례받은 지 사흘째 되던 날, 이날은 할례로 인한 고통이 가장 심할 때였다. 장정 모두가 아직 상처가 아물지 않아서 아파하고 있을 때, 야곱의 아들 중 디나의 친오빠인 시므온과 레위가 칼을 들고 성읍으로 쳐들어가서 순식간에 남자들을 모조리 죽였다(25절). 그들은 하몰과 그의 아들 세겜도 칼로 쳐서 죽이고 세겜의 집에 있는 디나를 데려왔다(26절). 이때 야곱의 다른 아들들은 시체가 있는 성읍에 들어가 약탈을 자행하였다(27절). 이는 그들이 자기들의 누이를 더럽힌 까닭이었다. 야곱의 아들들은 누이를 더럽힌 자들에 대한 분노를 앞세워 자신들의 이득을 채웠다. 거룩한 분노를 명분으로 사악한 탐심을 채운 것이다.

그들에게서 누이의 명예를 회복한다는 거룩한 말과 무자비한 약탈이 동시에 나타났다. 그들은 양과 소와 나귀와 성안에 있는 것과 성 바깥들에 있는 것과 모든 재산을 빼앗고, 어린 것들과 아낙네들을 사로잡고, 집 안에 있는 물건을 다 약탈하였다(28-29절).

30-31절, 이제껏 무반응으로 일관하던 야곱이 마침내 입을 열었다. 야곱은 세겜 남자들을 살육한 시므이와 레위가 자기에게 화를 끼쳤다고 꾸짖었다. 즉 가나안 땅의 주민, 곧 가나안 족속과 브리스 족속에게 악취를 내게 하였다는 것이다(30절). "악취를 내다"(개역개정)를 의역하면, "사귀지도 못할 정도로 추하다"(새번역)이다. 또 그는 가나안 족속이 그를 치고 그를 죽일까 두려움에 사로잡혀 있다. 야곱의 이런 모습은 얍복 강의 신적 체험과 에서와의 성공적인 상봉 모습과 전혀 딴판이다. 그는 딸의 강간과 세겜의 청혼과 가나안 사람과의 통혼과 할례 제도의 악용에 대해서는 일언반구 하지 않는다. 그런데 자기에게 화가 미치고 자신의 명예가 더럽혀지고 또 자기가 죽을 수도 있는 상황이 오자 비로소 입을 열어 두 아들을 꾸짖었다. 그는 혼돈과 파괴의 상황에서 오로지 자기를 지키려고 했다. 그런 야곱의 꾸중이 아들들에게 먹힐 일이 없다. 그들은 도리어 무심하고 무능한 아버지를 대신하여 누이의 명예를 회복했다고 대꾸한다(31절).

세겜에서 벧엘로 올라가는 여정에서 인간의 추악한 죄성이 낱낱이 드러난다. 하몰과 세겜은 자신들의 욕망을 숨긴 채 공공선을 내세운다. 이들은 백성들에게 디나와 결혼 조건을 전혀 언급하지 않고, 야곱의 가문과 통혼 시 얻을 경제적 이득을 논하며 할례받기를 설득한다. 시므이와 레위는 무능해 보이는 아버지를 대신하여 잔혹한 복수극을 펼친다. 그들은 분노의 화염에 싸여 속이고 죽이고 약탈한다. 그러면서도 일말의 가책도 없다. 그들은 아버지의 꾸중에도 반발한다. 가장 추악한 면모는 야곱에게서 드러난다. 그는 강간과 살육과 약탈의 현장에서 오롯이 자기의 안위를 생각한다. 마지막에 이르러서야 내뱉은 그의 말은 참으로 비열하게 들린다. 그는 자신의 명성에 해를 끼친 것으로 인해 시므이와 레위를 질책한다. 딸의 강간이나 할례의 악용이나 이방인과의 통혼에는 침묵하다가 자기가 죽을 것 같으니 두려워한다. 족장들의 개인사와 가족사는 결코 이상적 모습이 아니다. 그러나 하나님은 이런 자들을 통해 구원의 약속을 전개해 가신다. 족장들의 개인사는 인간의 개인사이며, 그들의 가족사는 보편적 가족사이다. 의인은 없으니 하나도 없다(롬 3:10). 만물보다 심히 부패한 것이 사람의 마음이다(렘 17:9). 아담 안에 속한 인간은 죄와 사망의 지배 아래에 있다. 누구도 예외는 없다.

사망의 세력은 인간의 원욕인 "자기"를 주장하게 한다. 오로지 자기를 위한 탐욕을 심어주고 죄를 짓게 한다. 욕심이 잉태한즉 죄를 낳고 죄가 장성한즉 사망을 낳는다(약 1:15). 죄를 짓는 자마다 마귀에게 속한다(요일 3:8). 마귀는 모든 것을 일거에 파괴하는 악마적 세력이다. 그런데 어떻게 인간이 스스로 죄와 사망에서 스스로 빠져나오겠는가? 야곱이 자식들에게 신앙교육을 잘못 시켜서도 아니다. 야곱 자신도 혼돈과 파괴의 상황에서 오로지 자기를 지키지 않은가! 이것은 지극히 당연한 본능이 아닌가! 그런데 놀랍게도 이들의 추악한 민낯 안에 이들을 벧엘로 가게 하는 하나님의 섭리가 있었다.

구약시대 벧엘은 하나님의 나라를 예시한다. 야곱과 같은 우리가 어떻게 그 나라에 들어가는가? 하나님 나라로 들어가는 길은 생명의 길이다. 구약시대에는 결코 열리지 않고, 신약시대에만 열린 길이다. 구약성경에서 "하나님의 나라"는 한 번도 언급하지 않는다. 그 나라의 예시와 모형만 있을 뿐이다. 벧엘은 하나님의 집이며, 하나님 나라의 모형이다. 마태, 마가, 누가복음 등 공관복음의 주제는 하나님의 나라이다. 예수께서 오신 것은 하나님 나라의 복음을 전하기 위함이다(마 4:17, 막 1:14-15, 눅 4:43). 그는 말씀과 사역을 통해 하나님 나라의 복음을 전하셨다. 그리고 십자가에 죽으심으로써 그 나라로 들어가는 길을 여셨다(마 27:51, 히 10:19-20, 벧전 3:18, 롬 4:25-5:2).

예수 그리스도의 십자가는 인간이 저지를 수 있는 추악한 죄악을 다 담당하셨다. 그리스도의 십자가에 담지 못할 인간의 죄악은 없다. 하나님의 구원 섭리는 죄와 사망의 세력이 절정에 도달한 십자가에서 밝히 드러났다. 죄와 사망의 세력은 하나님의 아들을 십자가에 못 박았다. 이는 뱀이 여자의 후손의 발꿈치를 잡은 것이다(창 3:15). 그러나 여자의 후손은 뱀의 머리를 상하게 하였다(창 3:15). 동정녀에게서 나신 하나님의 아들이 십자가에 죽으심으로써 죽음의 세력을 멸하신 것이다! 이것은 죽기를 무서워하여 사망의 종노릇을 하는 자들을 놓아주려 함이다. 곧 약속의 자녀, 곧 아브라함이 자녀를 붙들어주시기 위함이다(히 2:14-16).

예수 그리스도의 십자가는 인간의 모든 죄악을 담당한 구원의 사건이다. 동시에 죄와 사망의 세력에 사로잡혀 자기를 위해 살며, 온갖 추악한 민낯을 드러내는 인간을 위한 사랑의 사건이다. 우리가 아직 죄인되었을 때 그리스도께서 우리를 위하여 죽으심으로 하나님께서 우리에 대한 자기의 사랑이 확증하셨다(롬 5:8). 이제 누구든지 그리스도 예수 안에 있으면 새로운 존재이다(고후 5:17). 그는 그리스도 안에서 새 생명으로 다시 산 자이다. 새 생명은 자기를 위해 살지 않는다. 죄와 사망은 자기를 위해 사는 자를 지배하고 사망으로 던져버린다. 새 생명은 주 안에서 살게 하며, 주를 위해 살게 한다. 바울은 사망의 세력이 역사하는 "자기"가 십자가에 못 박혔음을 천명한다. 그런즉 이제는 자기(내)가 사는 것이 아니라 그리스도가 사신다. 한시적 인생, 육체 가운데 살지만 그를 사랑하여 자기 목숨을 버리신 아들의 믿음으로 산다.

> "내가 그리스도와 함께 십자가에 못 박혔나니 그런즉 이제는 내가 사는 것이 아니요 오직 내 안에 그리스도께서 사시는 것이라 이제 내가 육체 가운데 사는 것은 나를 사랑하사 나를 위하여 자기 자신을 버리신 하나님의 아들을 믿는 믿음 안에서 사는 것이라"(갈 2:20). "하나님의 아들을 믿는 믿음"으로 사는 것은 원문으로는 "하나님의 아들의 믿음"으로 사는 것이다. "πίστει ζῶ τῇ τοῦ(of) υἱοῦ τοῦ(of) θεοῦ"(그리스어). (I live by the faith of the Son of God"(KJV). (하나님의 아들의 믿음으로 사는 것이다).

야곱에서 보듯 인간의 믿음은 연약하고 부서지기 쉽다. 언제라도 위기가 닥치면 옛 모습이 적나라하게 드러난다. 개가 토한 것을 도로 먹으며, 돼지가 씻었다가 더러운 구덩이에 다시 눕는 것과 같다(벧후 2:22). 매 순간 내가 죽고 아들의 믿음으로 사는 자, 그 무엇도 그리스도 예수 안에 있는 하나님의 사랑에서 끊지 못한다(롬 8:37-39). 모든 상황이 하나님의 선하신 섭리 안에 있다.

> "하나님의 섭리에 대한 믿음은 그 무엇도 우리가 우리의 실존의 궁극적 의미를 이루는 것을 막을 수 없다는 믿음입니다. 섭리는 마치 효과적인 기계처럼 모든 것을 예정해 놓은 하나님의 계획을 의미하지 않습니다.

오히려 그것은 모든 상황 속에는 그 어떤 사건에 의해서도 파괴될 수 없는 창조와 구원을 위한 가능성이 내포되어 있다는 것을 의미합니다. 섭리는 우리와 우리의 세계 안에 있는 악마적이고 파괴적인 세력들이 결코 우리를 사로잡지 못한다는 것을 의미합니다. 또한 그것은 우리와 우리의 필요를 채워주는 사랑을 결합시키는 끈은 결코 끊어지지 않으리라는 것을 의미합니다"(폴 틸리히, 〈섭리의 의미〉, 〈흔들리는 터전〉).

묵상

말씀을 묵상하며 참으로 불편하고 괴로운 하루를 보냈다. 하몰과 세겜의 위선, 야곱의 아들들이 보여준 뻔뻔스러움, 무엇보다 하나님을 여러 차례 만난 야곱의 비열함이 내 속에 고스란히 있다는 생각에서였다. 내 속에 탐심을 감추고 공공선을 행하는 것처럼 말하고 행동하는 일이 얼마나 많은가? 주의 일을 한다는 명분으로 사욕을 채우는 일이 또 얼마나 많은가? 억울한 일을 당하면 열 배를 갚아야 시원한 분개와 격동함이 내 속에 얼마나 많은가? 무엇보다 야곱의 민낯이 나를 몸서리치게 한다. 결정적인 순간, 자기를 지키려는 본능이 작동한다.

구질구질하게 변명하는 것도 한계가 있다. 자기를 위해 사는 자, 죄와 사망의 세력의 지배에서 벗어나지 못한다. 그나마 말씀에서 도망하지 않으니 천만다행이다. 말씀을 떠나면 내가 누구인지, 내가 얼마나 비열하고 위선적이고 비참하고 탐욕스러운 자인지 알 길이 없다. 하지만 나를 알되 복음을 모르면 식자우환(識字憂患)이다. 바닥이 보이지 않는 무저갱으로 추락한다. 아, 복음은 자기 자신으로 절망하는 자를 생명으로 살린다. 오호라 나는 곤고한 자로다, 누가 나를 이 사망의 몸에서 건져내랴!(롬 7:24) 예수 그리스도로 말미암아 하나님께 감사한다(롬 7:25). 오늘도 끈질기고 집요한 "자기"를 십자가에 못 박는다. 여전히 육체로 살지만, 나의 믿음이 아닌 하나님의 아들의 믿음으로 산다. 최악의 상황에도 하나님의 선하신 섭리를 믿는다. 그 무엇도 그리스도 예수 안에 있는 하나님의 사랑에서 나를 끊지 못한다. 아, 말씀이 진리의 사건이 되니, 진리 안에서 자유 한다. 할렐루야!

76

35:1-15

1 하나님이 야곱에게 이르시되 일어나 벧엘로 올라가서 거기 거주하며 네가 네 형 에서의 낯을 피하여 도망하던 때에 네게 나타났던 하나님께 거기서 제단을 쌓으라 하신지라
2 야곱이 이에 자기 집안 사람과 자기와 함께 한 모든 자에게 이르되 너희 중에 있는 이방 신상들을 버리고 자신을 정결하게 하고 너희들의 의복을 바꾸어 입으라
3 우리가 일어나 벧엘로 올라가자 내 환난 날에 내게 응답하시며 내가 가는 길에서 나와 함께 하신 하나님께 내가 거기서 제단을 쌓으려 하노라 하매
4 그들이 자기 손에 있는 모든 이방 신상들과 자기 귀에 있는 귀고리들을 야곱에게 주는지라 야곱이 그것들을 세겜 근처 상수리나무 아래에 묻고
5 그들이 떠났으나 하나님이 그 사면 고을들로 크게 두려워하게 하셨으므로 야곱의 아들들을 추격하는 자가 없었더라
6 야곱과 그와 함께 한 모든 사람이 가나안 땅 루스 곧 벧엘에 이르고
7 그가 거기서 제단을 쌓고 그 곳을 엘벧엘이라 불렀으니 이는 그의 형의 낯을 피할 때에 하나님이 거기서 그에게 나타나셨음이더라
8 리브가의 유모 드보라가 죽으매 그를 벧엘 아래에 있는 상수리나무 밑에 장사하고 그 나무 이름을 알론바굿이라 불렀더라
9 야곱이 밧단아람에서 돌아오매 하나님이 다시 야곱에게 나타나사 그에게 복을 주시고
10 하나님이 그에게 이르시되 네 이름이 야곱이지마는 네 이름을 다시는 야곱이라 부르지 않겠고 이스라엘이 네 이름이 되리라 하시고 그가 그의 이름을 이스라엘이라 부르시고
11 하나님이 그에게 이르시되 나는 전능한 하나님이라 생육하며 번성하라 한 백성과 백성들의 총회가 네게서 나오고 왕들이 네 허리에서 나오리라
12 내가 아브라함과 이삭에게 준 땅을 네게 주고 내가 네 후손에게도 그 땅을 주리라 하시고
13 하나님이 그와 말씀하시던 곳에서 그를 떠나 올라가시는지라
14 야곱이 하나님이 자기와 말씀하시던 곳에 기둥 곧 돌 기둥을 세우고 그 위에 전제물을 붓고 또 그 위에 기름을 붓고
15 하나님이 자기와 말씀하시던 곳의 이름을 벧엘이라 불렀더라

76

엘벧엘, "아들이 있는 곳"(아버지 집)에서 독생자의 영광을 보다!

⁚ 주해

20세기 마틴 하이데거는 "이해"의 개념을 새롭게 조명한 철학자이다. 17세기 데카르트에서 18세기 칸트에 이르기까지 이해란 인식론적 개념이었다. 즉 이해는 인간이 주체가 되어 존재나 또는 대상을 인식하는 것이었다. 존재와 인식이 일치되면 그것은 진리였다. 하이데거의 혁명적 사고는 이러한 전통적 이해를 뒤집는다. 그에 따르면 이해는 존재론적 개념이다. 이해는 사태에 대한 판단이나 분석이 아니라, 전이해와 현존재(처해 있음)를 기반으로 한 존재론적 이해이다. 그렇다면 동일한 사태를 두고 사람마다 각자 다르게 이해한다.

"하나님은 사랑이다"라는 명제를 예로 들어보자. 인식론적 개념에서의 이해는 판단하고 분석하는 것이다. 곧 "하나님이 독생자를 주신 것이 세상을 사랑하신 것이구나!"라고 이해하는 것이다. 그러나 존재론적 이해에서는 자신의 전이해와 현존재로 하나님의 사랑을 이해하는 것이다. 따라서 어떤 사람은 하나님의 사랑이란 말을 들으면 가슴이 뭉클하지만 어떤 사람에게는 밋밋하게 들리는 것이다. 이것은 그 사람의 전이해와 현존재의 차이에서 나타나는 현상이라 볼 수 있다.

전이해를 벗어난 새로운 이해는 없다. 문제는 이해의 대상이 아니라 각자에게 이미 주어진 전이해에 있다. 똑같은 성경을 읽어도 각자 다르게 이해하는 것은 그 사람의 전이해와 현재 처해 있는 현실이 다르기 때문이다. 그러므로 각 사람의 이해는 존중받아야 하되 수정이 요구된다.

한스 게오르그 가다머는 하이데거의 "존재론적 이해"의 개념을 해석학에 적용하였다. 그에 따르면 전통은 해석을 통하여 현재의 우리와 만난다. 성경의 텍스트는 전이해로 해석한다. 그러나 우리는 전이해의 한계로 이해의 어려움을 느낀다. 진리의 언어일수록 처음에는 무슨 말인지 모른다. 이때 중요한 것이 "설명"이다. 설명은 이해를 위한 과정이다. "설명"은 신학적 용어로 "주해"이다. 권위를 가진 설명이나 주해는 전이해를 수정하여 새로운 이해로 이끈다. 설명(주해)을 받아들이기 위해 전제되는 것은 자신의 전이해가 언제든지 틀릴 수 있다는 겸손한 자세이다. 예수께서는 "스스로 옳다"하며 전이해를 고수하는 바리새인들을 가증하게 여기셨다(눅 16:15).

폴 리쾨르는 하이데거와 가다머를 종합하여 통전적 성서 해석학을 제안하였다. 리쾨르는 성경의 텍스트가 궁극적으로 해석자에게 존재 사건이 되어야 함을 강조하였다. 여기에 도달하기까지 설명(주해)의 과정이 필요하다. 주해는 성경의 언어분석, 역사비평, 상징분석, 심지어 정신분석의 도구까지 활용해야 한다. 이를 통해 고대에 기록된 성경이 해석자가 현재 서 있는 실존과 만난다. 성경의 "말씀"이 설명을 통해 존재론적 이해가 될 때 우리의 전이해는 수정되고 새로운 이해로 바뀐다. 때로는 우리의 전이해가 다 무너진다. 이때 말씀은 새로운 존재 사건이 된다. 이 모든 과정은 진리의 영인 성령이 주도하신다. 폴 리쾨르는 미국 시카고 대학에서 가르쳤다. 그의 전임자는 현대신학의 아버지로 불리는 폴 틸리히이다. 틸리히는 말씀이 존재 사건이 되는 것에 대하여 이렇게 말하였다. "말씀은 해석자의 존재를 뒤흔들며, 그를 새로운 존재로 변형시키며, 그의 일상에서 하나님의 뜻을 이루게 한다"(shaking → transforming → significant demanding)(틸리히, 〈조직신학〉).

진리는 전이해가 설명을 통해 새롭게 이해되는 과정으로 알게 된다. 존재론적 이해는 진리에 이르게 한다. "진리"는 그리스어로 "알레떼이아"(ἀλήθεια, alētheia)이다. 이는 부정어 "아"(no)와 감춤(hidden)을 뜻하는 "레떼스"의 결합어이다("레떼이아"는 여성형). 그리스 신화에서 "레떼"는 망각(은혜)의 신이다. 진리는 문자적으로 "감추어진 것이 드러난 것", 은폐된 것이 드러난 "탈은폐"이다. 진리는 단순한 지식이나 판단이나 성찰이 아니라 새로운 이해를 가져오는 사건이다. 이것은 최종적으로 행동으로 나타난다.

예수께서 "진리를 알지니 진리가 너희를 자유케 하리라"라고 말씀하셨다(요 8:32). 여기서 진리는 예수 그리스도 자신이다. 그러면 무엇이 감추어졌다가 예수에게 드러났는가? 그것은 창세전부터 현존하는 아버지가 독생자를 통해 드러난 것이다(요 1:18). 그러므로 요한복음에서 진리는 아들을 통해 탈은폐된 아버지, 곧 아들이 계시하는 아버지이다. 아들은 아버지의 역사적 계시자이다. 진리를 아는 것은 아들이 계시하는 아버지(에고 에이미)를 아는 것이다.

구약시대 아버지의 본질은 감추어져 있다. 하늘에 속한 것은 모호한 그림자로 비쳤다. 그러나 아버지를 계시하는 아들이 오심으로써 감추어진 아버지의 본질이 환히 드러났다. 그렇다. 진리는 이미 드러났다. "나의 복음과 예수 그리스도를 전파함은 영세 전부터 감추어졌다가 이제는 나타내신바 되었으며"(롬 16:25-26). 우리가 진리를 아는 것은 아들을 통해 이미 드러난 아버지를 영으로 아는 것이다. 이것이 바로 영원한 생명이다(요 17:3). 그러므로 구약성경은 그리스도 안에서 베일(수건)이 벗겨진다(고후 3:14). 구약성경 자체를 문자적, 도덕적, 영적으로 해석하는 것은 바리새인과 서기관의 전이해에 갇혀 있는 것과 같다. 이들은 주로 말씀의 적용에 초점을 맞춘다. 이제 구약성경은 드러난 계시, 곧 복음으로 해석하고 그 해석은 복음의 목적인 생명을 풍성히 누리게 한다.

창세기 12-50장은 이스라엘 족장들의 역사이다. 족장들은 아브라함과 이삭과 야곱이다. 이들은 하나님께로부터 동일한 축복과 약속을 받았다. 엄밀히 말하자면, 하나님이 아브라함에게 하신 축복과 약속이 이삭과 야곱에게 전승된 것이다. 하나님은 아브라함을 부르시고 모든 족속이 그를 통해 복을 받을 것을 약속하셨다(창 12:3). 이 복은 하늘에 속한 복이며 창세전 약속된 영생의 복이다(엡 1:3-5, 딛 1:2). 그리고 이 복은 자손의 약속과 땅의 약속을 통해 구체적으로 주어진다(창 15:5, 7). 자손은 장차 오실 하나님의 아들을(갈 3:16), 땅은 아들을 통해 들어가는 하나님의 나라를 예시한다(히 11:16). 아브라함에게 약속된 자손과 땅의 약속은 이삭과 야곱에게 그대로 계승되었다(26:3-4, 28:14-15, 35:11-12).

야곱은 집을 떠난 지 20년 만에 가나안 땅으로 돌아왔다. 그러나 그는 자신이 서원한 벧엘로 가지 않고 세겜에 장막을 쳤다. 그가 장막을 친 밭을 산 것을 보면, 그곳에 정착할 요량이었던 것 같다(33:19). 게다가 그는 세겜에서 "엘엘로헤이스라엘"이라고 하며 여호와의 이름을 불렀다. 이는 하나님의 뜻과 무관한 자기중심적 신앙고백이다. 야곱이 세겜에 머무는 동안 끔찍한 사건이 발생했다. 이는 야곱의 가족사에서 가장 비극적이고 혼란스러운 사건이다. 디나가 세겜에게 강간당하고, 야곱의 아들들이 세겜과 그의 성읍에 끔찍한 복수를 자행했다. 야곱은 자기밖에 모르는 비열한 태도를 취했다. 혼돈과 파괴의 현장에 하나님의 말씀이 선포된다. 하나님이 야곱에게 20년 전의 일을 상기시키신다. 그리고 그에게 "벧엘로 올라가라"라고 명하신다(1절). 벧엘은 야곱이 전에 하나님을 만났던 곳이다. 그 하나님은 야곱을 지켜 주시고 인도하셔서 평안히 아버지의 집으로 돌아가게 해주겠다고 약속하셨다. 또한, 벧엘은 야곱이 가나안 땅으로 돌아오면 하나님을 섬기겠다고 서원한 곳이다.

야곱은 아들들이 저지른 학살과 약탈로 인해 가나안 사람들이 자기를 해칠 것을 두려워하였다. 그는 바로 그 자리에서 하나님의 음성을 들었다. 흑암 중에 빛이 비쳤다. 그가 까맣게 잊고 있던 하나님의 말씀은 비참한 무덤의 자리에서 들렸다. 하나님의 말씀은 우리가 처해 있는 현실에서 이해된다. 마음이 살찐 자에게 하나님의 말씀은 가려져 있다. 야곱은 말씀에 순종했다. 직전에 보여주었던 비열함은 없고 야곱은 즉시 말씀을 행동으로 옮겼다. 그는 가족들과 일행들에게 내적 정결과 외적 정결을 명하고 벧엘로 올라가자고 말한다(2-3절). 내적 정결은 이방 신상을 버리는 것이요 외적 정결은 자신을 정결하게 하고 의복을 바꾸어 입는 것이다. 야곱은 그곳에서 제단을 쌓고 하나님께 예배하겠다고 말한다. 야곱과 그의 일행은 자기들이 가지고 있는 모든 이방 신상과 귀에 걸고 있는 귀고리를 야곱에게 가져왔다. 야곱은 그것들을 세겜 근처 상수리나무 밑에 묻었다(4절). 그런 다음 그들은 길을 떠났다. 신속한 순종은 신속한 보상을 받는다. 하나님이 사방에 있는 모든 성읍 사람을 두려워 떨게 하셔서 아무도 야곱의 아들들을 추격하지 못하였다(5절). 야곱은 더 이상 두려워하지 않아도 되었다.

야곱과 그의 일행은 마침내 가나안 땅 루스 곧 벧엘에 도착하였다(6절). 야곱이 거기에서 제단을 쌓고 그곳 이름을 엘벧엘이라고 하였다(7절). "엘벧엘"은 "벧엘의 하나님"이며, 곧 "하나님의 집의 하나님"이다. 이로써 20년 만에 하나님의 약속이 성취되었고, 야곱은 서원을 이행하였다. 8절은 리브가의 유모 드보라의 죽음을 언급한다. 주석가들은 야곱의 어머니 리브가가 야곱이 귀향하기 전에 죽은 것으로 본다. 또 드보라가 리브가를 대신하여 야곱을 마중하기 위해 왔다가 야곱과 동행한 것으로 파악한다. 야곱에게 있어 드보라는 어머니를 대신한 여인이었다. 창세기는 이스라엘의 선조모 리브가의 죽음에 대해 침묵하고 그 대신 리브가의 유모 드보라의 죽음을 언급한다.

9-13절은 엘벧엘, 곧 "하나님의 집의 하나님"이 야곱을 축복하는 말씀이다. 하나님은 이제부터 야곱을 이스라엘로 부르신다(10절). 또 전능하신 하나님(엘 샤다이)이 그를 생육하고 번성케 하실 것이며 많은 민족과 왕들이 그의 자손에서 나올 것이라고 하신다(11절). 또한, 아브라함과 이삭에게 하신 자손과 땅을 그에게 약속하신다(12절). 하나님께서 이 말씀을 하시고 그 자리에서 떠나 올라가셨다(13절). 야곱은 하나님이 자기와 말씀을 나누시던 곳에 기둥 곧 돌기둥을 세우고, 그 위에 부어 드리는 제물을 붓고, 그 위에 기름을 부었다(14절). 또한, 그는 하나님이 자기와 말씀을 나누시던 곳의 이름을 벧엘이라고 하였다(15절).

구약성경의 주해(설명)는 그리스도 중심적 해석이다. 벧엘은 "하나님의 집"이며, 그리스도 중심적 설명(주해)은 "하늘에 있는 아버지 집"이다. 이곳은 하나님의 아들 예수 그리스도가 오신 곳이며 지상적 사역을 마치고 가신 곳이다. 요한복음 14-17장에서 아버지 집은 "아들이 있는 곳"(내가 있는 곳)이다(요 14:2-3). 신약시대 엘벧엘은 "아버지 집의 독생자"이다. 예수께서 하늘에서 오신 것은 아버지의 뜻인 영생을 주시기 위함이다(요 6:38, 40). 그는 십자가에서 죽으심으로써 아버지가 아들에게 주신 모든 자에게 영생을 주신다(요 17:2-4). 예수께서 자기를 믿어 영생 얻은 자를 위해 기도하셨다(요 17:20-26).

아들의 마지막 중보기도는 크게 두 가지 내용을 담고 있다. 하나는 영생 얻은 자들이 아들과 아버지 안에 거하여 "하나 되는 것"이다(요 17:21-23). 여기서 아들과 아버지 안에 거하는 것은 "아들이 있는 곳"에 아들과 함께 있는 것이다(요 17:24a). 다른 하나는 아들이 있는 곳, 즉 아버지 집에 거하여 창세전 아버지가 아들에게 주신 영광을 보는 것이다(요 17:24b). 아들의 마지막 기도는 과연 이루어졌는가? 이루어졌다! 사도 요한은 그 영광을 보았다고 증거한다(요 1:14a). 그 영광은 은혜와 진리가 충만한 것이다(요 1:14b).

아들 안에 충만한 은혜와 진리는 아들에게 계시된 아버지의 본질이다. 이는 구약에서 인자와 신실의 쌍개념으로 계시되었다(시편 20회, 잠언 4회 언급). 인자(헤세드)는 실패할 수 없는 사랑, 아무도 정복할 수 없는 사랑이다. 신실(에메트)은 모든 상황에 선하신 하나님의 섭리이다. 구약시대 하나님의 영광을 본 자는 인자와 신실로 충만한 하나님을 보았다(출 34:6). 경건한 시인은 하나님의 영광의 계시인 인자와 신실을 노래하였다. 언약 안에 거하는 자의 모든 길에 하나님의 영광이 계시되었다(시 25:10).

야곱이 부른 하나님의 이름은 "엘벧엘"이다. 이는 하나님의 집의 하나님이다. 신약시대 영생 얻은 자에게 엘벧엘은 "아버지 집의 독생자"이다. 우리는 그곳에서 독생자의 영광을 본다. 이것을 아는 것이 진리이며, 생명이다. 이 진리가 우리를 자유케 한다. 만물 안에 충만한 아버지의 인자와 신실이 우리 안에 충만하다. 그러므로 만물 안의 그 무엇도 아버지의 인자와 신실에서 우리를 분리시키지 못한다. 그로 인해 우리는 넉넉히 승리한다.

여기까지가 텍스트(성경)의 설명(주해)이라면, 주해는 우리의 전이해를 새롭게 한다. 주해(설명)를 통해 새롭게 된 이해는 존재 사건이 된다. 즉 말씀은 우리의 심연을 뒤흔들고(shaking), 새로운 이해로 이끌며(transforming), 세상에서 구체적인 행동으로 나타난다(significant demanding). 그것은 말씀이 육신이 되는 삶이다. 아버지 집에서 독생자의 영광을 보는 자, 세상에서 아버지의 인자와 신실을 드러내어 만물을 충만하게 한다. 아들의 삶, 곧 역사적 예수의 삶을 산다. 그가 바로 엘벧엘을 부르며 예배하는 자이다.

∶묵상

야곱은 엘벧엘을 부르기까지 야만적 본성으로 행하였다. 물론 그는 세겜에 있을 때도 엘엘로헤이스라엘(하나님, 이스라엘의 하나님)을 부르며 제단을 쌓았다. 이것은 자기중심적 신앙고백이었다. 그는 자기가 마땅히 있어야 할 곳, 거기

계신 하나님을 부르기까지 방랑과 혼돈과 고통의 삶을 살았다. 하나님이 그를 불쌍히 여기사 말씀으로 일하셨다. 그가 있어야 할 곳, 벧엘로 올라가라고 하신다. 그곳에서 새롭게 된 존재 이스라엘로 불리며 조상들에게 주신 축복의 약속이 갱신된다.

나는 어떤 하나님을 부르며 예배하였던가? 하나님이 정한 곳을 떠나 나 중심으로 엘엘로헤이스라엘을 부르지 않았던가? 나는 아들을 영접하여 영생을 얻었으나 오래도록 내가 있어야 할 곳을 알지 못하였다. 아들의 마지막 기도, 요한복음 17장 말씀을 수십 번 읽었으나 나의 전이해로 알 길이 없었다. 2009년 12월 어느 날, 요한복음 17장을 정독하다가 성령의 설명(주해)이 임하였다. 그날의 감동은 지금도 생생하다. 내가 있어야 할 곳, 아버지 집을 찾았다. 내가 임의로 부르던 하나님은 아버지 집에 계신 독생자였다. 그곳에서 아버지가 아들에게 주신 영을 보았다. 날마다 말씀이 존재 사건이 되었다. 죽기에만 합당한 비참한 죄인에게 아버지의 인자와 신실이 부어졌다.

이후로 나의 삶은 생명의 교제가 중심이 되었다. 날마다 말씀 앞에서 나의 죄와 연약함과 비참함이 드러난다. 그러나 그리스도의 구속의 은총이 나를 새롭게 한다. 아들을 힘입어 아버지 집에 들어간다. 그곳에서 독생자의 영광을 본다. 내가 주관할 수 없는 모든 상황에서 아버지의 인자와 신실을 신뢰한다. 만물 안의 그 무엇도 아버지의 사랑과 신실에서 나를 끊어내지 못한다. 그로 인해 넉넉히 승리한다. 영생의 공동체마다 아들과 아버지 안에서 하나가 되길 구한다. 그리하여 우리가 마땅히 있어야 할 곳, 아버지 집에 거하여 독생자의 영광을 보기 원한다.

77

35:16-29

16 그들이 벧엘에서 길을 떠나 에브랏에 이르기까지 얼마간 거리를 둔 곳에서 라헬이 해산하게 되어 심히 고생하여
17 그가 난산할 즈음에 산파가 그에게 이르되 두려워하지 말라 지금 네가 또 득남하느니라 하매
18 그가 죽게 되어 그의 혼이 떠나려 할 때에 아들의 이름을 베노니라 불렀으나 그의 아버지는 그를 베냐민이라 불렀더라
19 라헬이 죽으매 에브랏 곧 베들레헴 길에 장사되었고
20 야곱이 라헬의 묘에 비를 세웠더니 지금까지 라헬의 묘비라 일컫더라
21 이스라엘이 다시 길을 떠나 에델 망대를 지나 장막을 쳤더라
22 이스라엘이 그 땅에 거주할 때에 르우벤이 가서 그 아버지의 첩 빌하와 동침하매 이스라엘이 이를 들었더라 야곱의 아들은 열둘이라
23 레아의 아들들은 야곱의 장자 르우벤과 그 다음 시므온과 레위와 유다와 잇사갈과 스불론이요
24 라헬의 아들들은 요셉과 베냐민이며
25 라헬의 여종 빌하의 아들들은 단과 납달리요
26 레아의 여종 실바의 아들들은 갓과 아셀이니 이들은 야곱의 아들들이요 밧단아람에서 그에게 낳은 자더라
27 야곱이 기럇아르바의 마므레로 가서 그의 아버지 이삭에게 이르렀으니 기럇아르바는 곧 아브라함과 이삭이 거류하던 헤브론이더라
28 이삭의 나이가 백팔십 세라
29 이삭이 나이가 많고 늙어 기운이 다하매 죽어 자기 열조에게로 돌아가니 그의 아들 에서와 야곱이 그를 장사하였더라

77

베노니의 인생이 베냐민으로!, 도키모스(연단)를 이루는 환난을 자랑하다!

: 주해

야곱은 20년 만에 가나안 땅으로 돌아왔다. 그는 자기가 서원한 곳 벧엘로 가서 하나님을 예배해야 했다. 하지만 그는 세겜에 정착하였고 거기서 큰 화를 당하였다. 바로 그때 하나님이 야곱에게 벧엘로 올라가라고 말씀하신다. 야곱은 혼돈에서 깨어나 말씀대로 벧엘로 올라간다. 거기에 제단을 쌓고 "엘벧엘"(하나님의 집의 하나님)을 부른다. 하나님께서 다시 야곱에게 나타나신다. 그에게 아브라함과 이삭에게 하셨던 자손과 땅을 약속하신다. 35장의 후반부(16-29절)는 야곱이 벧엘을 떠나 아버지가 거주하는 헤브론으로 가며 일어난 사건을 기술한다. 라헬의 죽음, 르우벤의 일탈, 이삭의 죽음을 다룬다.

16-20절, 라헬이 난산(難産)하다 죽었다. 야곱과 그의 일행이 벧엘을 떠나 에브랏에 이르기 전에 라헬이 해산하게 되었는데 고통이 너무 심하였다(16절). 그가 산고에 시달리는데 산파가 그에게 말하였다. "두려워하지 마셔요. 또 아들을 낳으셨어요."(17절). 그러나 라헬은 숨을 거두고 있었다. 산모는 마지막 숨을 거두면서 자기가 낳은 아들의 이름을 "베노니"라고 지었다. 하지만 그 아이의 아버지는 아이의 이름을 "베냐민"이라고 불렀다(18절). 야곱이 고향으로 돌아가는 길에 장애물은 모두 제거되었다. 고생 끝, 행복 시작이다. 그런데 뜻밖

에 라헬이 노상에서 아이를 낳다 죽었다. 라헬에게 들린 마지막 말은 "두려워 마십시오. 또 아들입니다"였다. 라헬이 "또 득남"한 것이다(개역개정).

일찍이 라헬은 남편 야곱의 사랑을 독점하였다. 그러나 그녀는 무자(無子)의 고통에 시달렸다. 경쟁자 레아가 여섯 아들을 낳는 동안 라헬은 한 아들도 낳지 못하였다. 하나님이 그녀를 돌아보시고 아들을 주셨다. 그녀는 아들의 이름을 "또 득남"을 뜻하는 요셉으로 지었다(30:24). 막바지 귀향길, 마침내 라헬의 소원이 이루어진다. 그는 "또 득남"하였다. 라헬은 숨을 거두면서 자신의 소원이 이루어지는 것을 보았다. 라헬을 죽인 것은 궁극적으로 그의 소원성취였다. 그래서였을까! 그녀는 숨을 거두면서 아이의 이름을 "베노니"로 지었다. 베노니는 "벤-오니"의 결합어이며, 그 뜻은 "고통의 아들"이다. 고대인의 사상에 따르면 이름과 그 이름의 담지자 사이에는 신비한 연관이 있었다. 어떤 사람의 이름은 그 사람의 운명을 내포한다(삼상 4:21, "이가봇"은 "영광이 이스라엘에서 떠났다"의 뜻임).

라헬은 죽음이 임박한 것을 알고 새로 태어난 아들에게 자신의 고통을 담고 있다. 베노니는 평생 어머니의 고통을 지고 갈 운명에 내몰린다. 그러나 야곱은 사랑하는 라헬이 죽어가는 그 순간 아이의 삶에 운명적으로 드리워진 어둠으로부터 아이를 구해낸다(폰 라드). 아버지 야곱은 불길한 이름을 인정하지 않는다. 그는 아이의 이름을 베냐민으로 바꾼다. "벤-야민"은 문자적으로 "오른쪽의 아들"이다(개역개정의 역주는 "오른손의 아들"). "야민"은 방향을 나타내는데, 동쪽을 향해 오른쪽을 가리킨다. 성경에서 오른쪽 방향은 행운의 방향으로 널리 알려져 있다(신 27:12-13, 마 25:33).

라헬이 죽자 사람들은 그를 에브랏, 곧 베들레헴으로 가는 길가에 장사하였다(19절). 야곱이 라헬의 무덤 앞에 비석을 세웠는데, 오늘날까지도 이 묘비가 라헬의 무덤임을 가리키고 있다(20절). "오늘날"까지는 창세기 저자의 시대이며, 포로기 이후로 추정한다. 라헬의 무덤은 사무엘 시대와 예레미야 시대에도 알려져 있었다. 예레미야는 이스라엘 백성이 바벨론에 포로로 끌려가는 비탄의 고통을 라헬이 라마에서 우는 소리로 묘사하였다. 여기서 라헬이 우는 것은 자기의 죽음으로 인함이 아니라 자식들의 죽음에 대해서였다(렘 31:15). 자식을 잃은 최대의 슬픔은 라헬의 슬픔으로 묘사되었다. 신약시대 헤롯에 의해 영아들이 학살당할 때 베들레헴 지역의 어머니들의 애곡은 라헬의 애곡으로 묘사되었다(마 2:16-18).

21-26절, 야곱의 아들들에 대한 목록이다. 목록에 앞서 야곱의 장자 르우벤이 저지른 비행을 언급한다. 이제 야곱은 이스라엘로 불린다. 이스라엘이 다시 길을 떠나 에델 망대 건너편에 자리를 잡고 장막을 쳤다. 바로 이곳에서 르우벤이 아버지의 첩 빌하를 범하였다. 빌하는 죽은 라헬의 여종이다. 이 소식이 이스라엘에게 들어갔다(22절).

하나님의 축복을 받고 벧엘을 출발한 야곱에게 설상가상으로 재난이 닥친다. 사랑하는 여인 라헬이 죽고, 그 슬픔이 가시기도 전에 장자 르우벤이 라헬의 여종과 근친상간을 벌인다. 장자 르우벤이 아버지를 모독하였다. 성경은 르우벤이 저지른 죄의 동기를 침묵하고 있다. 이스라엘(야곱) 역시 아무런 조처를 하지 않는다. 다만 야곱은 임종 시 이 일을 기억하고 르우벤을 저주하였다(49:3-4). 또한, 르우벤은 이 일로 장자권을 상실하였고, 장자권은 요셉에게 넘어갔다(대상 5:1-2).

야곱의 열두 아들의 목록은 어머니를 따라 배열한다. 레아(르우벤, 시므온, 레위, 유다, 잇사갈, 스불론), 라헬(요셉, 베냐민), 빌하(라헬의 여종, 단, 납달리), 실바(레아의 여종, 갓, 아셀)의 순서이다. 어머니를 따른 족보는 이후 전개되는 요셉 이야기를 예비한다. 이들은 모두 야곱의 아들들이나, 다른 어머니에게서 난 아들들(요셉과 형들)은 시기하고 경쟁하고 다툰다.

27-29절, 야곱의 귀향과 이삭의 죽음을 진술한다. 야곱이 기럇아르바 근처 마므레로 가서 아버지 이삭에게 이르렀다. 기럇아르바는 아브라함과 이삭이 살던 헤브론이다(27절). 이삭의 나이는 180세였다(28절). 이삭이 늙고 나이가 들어 기운이 다하자, 죽어서 조상들 곁으로 갔다(29절). 아들 에서와 야곱이 그를 안장하였다(29절). 소원하였던 이스마엘과 이삭이 함께 아브라함을 장사하였듯이(25:7-9), 서로 화해하는 야곱과 에서는 아버지를 조상들의 무덤에 안장하였다. 이 무덤은 막벨라에 있는 아브라함의 무덤을 암시하며, 후에 가서 비로소 명백해진다(49:29-32).

이스라엘 족장들의 역사는 약속과 성취의 역사이다. 약속은 온전하나 약속의 성취는 부분적이다. 야곱은 벧엘에서 하나님께 이스라엘로 불리며 축복받고 그곳을 떠났다. 그러나 그를 기다리고 있는 것은 만사형통이 아니라 큰 슬픔과 고통이었다. 그가 유일하게 사랑한 라헬이 산고 중에 죽었다. 장자 르우벤은 그의 첩이자 계모인 빌하를 겁탈하였다. 마침내 야곱은 아버지 집에 돌아왔으나 리브가는 없고 아버지는 죽는다. 비록 인간적 모략이 들어 있으나 야곱은 열두 아들을 두었다. 이들은 언약 백성 이스라엘의 지파를 생성한 족장들이다. 하나님이 아브라함과 이삭과 야곱에게 하신 자손의 약속이 성취되었다. 이 모든 과정에 하나님이 주도적으로 일하신다(시 105:7-10).

하나님이 고비마다 말씀하시고 이들을 지키시며 이들을 목적하신 곳으로 인도하신다. 물론 그 과정에서 일어난 족장들의 일탈은 징벌이 면제되지 않는다. 그러나 하나님의 언약 백성은 징벌까지도 은혜이며 복이다. 이는 궁극적 환난을 피하도록 하기 때문이다(시 94:12-13).

구약성경은 오실 그리스도에 대한 증거이다(요 5:39). 족장들에게 약속하신 자손과 땅은 하나님의 아들 예수 그리스도가 오심으로써 성취되었다. 하나님이 아브라함에게 하시고 이삭과 야곱에게 계승한 복은 창세전 약속된 영생의 복이다. 이 복을 성취하는 자손과 땅의 약속은 예수 그리스도(갈 3:16)와 그가 죽음으로써 성취한 하나님의 나라이다(히 11:16).

아담 안의 모든 사람은 "베노니"처럼 슬픔과 고통으로 운명 지어진 존재이다. 이는 죄인의 인생이 주의 분노 중에 지나가기 때문이다(시 90:9). 설령 그가 원하는 것을 다 이루었어도 헛되고 헛된 인생으로 끝난다(전 1:2). 그런데 하나님은 베노니로 운명 지어진 인생을 사랑하사 독생자를 보내셨다(요 3:16). 이제 누구든지 그리스도의 죽음과 부활에 연합하면 영생을 얻은 하나님의 아들이 된다(요 3:14-15, 1:12-13). 그의 죽음과 부활을 믿으면 하나님 나라의 백성이 된다(롬 4:25-5:2). 본질상 진노의 자식에서 하나님이 택하신 거룩하고 사랑받는 그의 아들이 된다(골 3:12). 슬픔과 고통의 베노니의 인생이 행운아 베냐민의 인생이 된다.

그는 진실로 하늘에 속한 영적인 복을 받는 자이다(엡 1:3). 그는 엘벧엘의 본체인 아버지 집의 독생자와 함께 있어 독생자의 영광을 본다(요 17:24). 그는 예수 그리스도로 말미암아 하나님과 더불어 화평을 이룬다(롬 5:1). 믿음으로 은혜의 보좌에 들어가 하나님의 영광을 바라고 즐거워한다(롬 5:2). 진실로 영생 얻은 자는 생명의 교제를 통해 엘벧엘의 축복을 누린다. 그곳에서 하루를 시작한다. 그리고 세상의 도상(途上)에서 살아간다. 거기에 환난이 그치지 않는다. 사랑하는 자와 결별하기도 하고, 자식들의 허물로 애간장이 녹기도 한다. 그러나 이것이 그의 전부가 아니다. 그는 모든 상황에서 하나님의 영광을 바라고 자랑한다. 주의 인자와 신실을 온전히 신뢰하며 환난을 견딘다. 이렇듯 환난을 견디면서 연단이 빚어지고, 연단은 최후의 소망을 사모하게 한다. 영원한 생명은 이미 성취된 약속이며, 종말에 완성되는 생명이다. 그날을 소망하며 믿음의 도키모스(연단)를 이루어간다(롬 5:3-5).

묵상

나는 베노니와 같은 존재로 세상에 왔다. 나의 인생은 살아갈수록 수고와 슬픔이 더하여졌다. 동굴 속에 갇혀 태양을 보지 못하듯, 세계성 속에 푹 빠져 영원을 보지 못하였다. 대체 잘사는 것이 무엇이었던가? 고작 육신의 정욕을 채우고 안목의 자랑을 하고 썩어 없어질 것으로 자랑하는 것이 아니었던가? 그 끝이 멸망인 것을 누가 알겠는가? 신앙생활을 하였어도 여전히 동굴 안이었다. 만물 안에 갇힌 신앙은 목마름과 인격 붕괴로 그 한계를 드러냈다. 내게 남은 것은 완전한 파멸이었다.

그런 자에게 구주 하나님의 자비와 사랑이 나타났다. 오직 그의 긍휼하심을 따라 새사람이 되게 하시고 성령으로 새롭게 하셨다. 베노니의 인생이 베냐민으로 바뀐 것이다. 그렇다고 인생의 환난이 다 제거된 것은 아니다. 여전히 환난이 있다. 전도자의 사명을 수행하는 데도 환난이 따른다. 복음과 함께 고난을 받는다(딤후 1:8). 무릇 그리스도 안에서 경건하게 사는 자는 박해를 받는다(딤후 3:12). 악의 구조 속에서 부득불 재난을 당하기도 한다. 그러나 이제는 환난을 피하지 않고 도리어 자랑한다. 환난을 견딘다. 그것은 환난의 목적을 알기 때문이다. 암이 치료된다는 믿음이 있기에 수술과 항암의 고통을 감내하듯 말이다. 그리하여 도키모스(연단)를 이룬다. 도키모스는 최후의 소망을 이룬다.

78

36:1-43

1 에서 곧 에돔의 족보는 이러하니라
2 에서가 가나안 여인 중 헷 족속 엘론의 딸 아다와 히위 족속 시브온의 딸인 아나의 딸 오홀리바마를 자기 아내로 맞이하고
3 또 이스마엘의 딸 느바욧의 누이 바스맛을 맞이하였더니
4 아다는 엘리바스를 에서에게 낳았고 바스맛은 르우엘을 낳았고
5 오홀리바마는 여우스와 얄람과 고라를 낳았으니 이들은 에서의 아들들이요 가나안 땅에서 그에게 태어난 자들이더라
6 에서가 자기 아내들과 자기 자녀들과 자기 집의 모든 사람과 자기의 가축과 자기의 모든 짐승과 자기가 가나안 땅에서 모은 모든 재물을 이끌고 그의 동생 야곱을 떠나 다른 곳으로 갔으니
7 두 사람의 소유가 풍부하여 함께 거주할 수 없음이러라 그들이 거주하는 땅이 그들의 가축으로 말미암아 그들을 용납할 수 없었더라
8 이에 에서 곧 에돔이 세일 산에 거주하니라
9 세일 산에 있는 에돔 족속의 조상 에서의 족보는 이러하고
10 그 자손의 이름은 이러하니라 에서의 아내 아다의 아들은 엘리바스요 에서의 아내 바스맛의 아들은 르우엘이며
11 엘리바스의 아들들은 데만과 오말과 스보와 가담과 그나스요
12 에서의 아들 엘리바스의 첩 딤나는 아말렉을 엘리바스에게 낳았으니 이들은 에서의 아내 아다의 자손이며
13 르우엘의 아들들은 나핫과 세라와 삼마와 미사니 이들은 에서의 아내 바스맛의 자손이며
14 시브온의 손녀 아나의 딸 에서의 아내 오홀리바마의 아들들은 이러하니 그가 여우스와 얄람과 고라를 에서에게 낳았더라
15 에서 자손 중 족장은 이러하니라 에서의 장자 엘리바스의 자손으로는 데만 족장, 오말 족장, 스보 족장, 그나스 족장과
16 고라 족장, 가담 족장, 아말렉 족장이니 이들은 에돔 땅에 있는 엘리바스의 족장들이요 이들은 아다의 자손이며
17 에서의 아들 르우엘의 자손으로는 나핫 족장, 세라 족장, 삼마 족장, 미사 족장이니 이들은 에돔 땅에 있는 르우엘의 족장들이요 이들은 에서의 아내 바스맛의 자손이며
18 에서의 아내인 오홀리바마의 아들들은 여우스 족장, 얄람 족장, 고라 족장이니 이들은 아나의 딸이요 에서의 아내인 오홀리바마로 말미암아 나온 족장들이라
19 에서 곧 에돔의 자손으로서 족장 된 자들이 이러하였더라
20 그 땅의 주민 호리 족속 세일의 자손은 로단과 소발과 시브온과 아나와

21 디손과 에셀과 디산이니 이들은 에돔 땅에 있는 세일의 자손 중 호리 족속의 족장들이요
22 로단의 자녀는 호리와 헤맘과 로단의 누이 딤나요
23 소발의 자녀는 알완과 마나핫과 에발과 스보와 오남이요
24 시브온의 자녀는 아야와 아나며 이 아나는 그 아버지 시브온의 나귀를 칠 때에 광야에서 온천을 발견하였고
25 아나의 자녀는 디손과 오홀리바마니 오홀리바마는 아나의 딸이며
26 디손의 자녀는 헴단과 에스반과 이드란과 그란이요
27 에셀의 자녀는 빌한과 사아완과 아간이요
28 디산의 자녀는 우스와 아란이니
29 호리 족속의 족장들은 곧 로단 족장, 소발 족장, 시브온 족장, 아나 족장,
30 디손 족장, 에셀 족장, 디산 족장이라 이들은 그들의 족속들에 따라 세일 땅에 있는 호리 족속의 족장들이었더라
31 이스라엘 자손을 다스리는 왕이 있기 전에 에돔 땅을 다스리던 왕들은 이러하니라
32 브올의 아들 벨라가 에돔의 왕이 되었으니 그 도성의 이름은 딘하바며
33 벨라가 죽고 보스라 사람 세라의 아들 요밥이 그를 대신하여 왕이 되었고
34 요밥이 죽고 데만 족속의 땅의 후삼이 그를 대신하여 왕이 되었고
35 후삼이 죽고 브닷의 아들 곧 모압 들에서 미디안 족속을 친 하닷이 그를 대신하여 왕이 되었으니 그 도성 이름은 아윗이며
36 하닷이 죽고 마스레가의 삼라가 그를 대신하여 왕이 되었고
37 삼라가 죽고 유브라데 강변 르호봇의 사울이 그를 대신하여 왕이 되었고
38 사울이 죽고 악볼의 아들 바알하난이 그를 대신하여 왕이 되었고
39 악볼의 아들 바알하난이 죽고 하달이 그를 대신하여 왕이 되었으니 그 도성 이름은 바우며 그의 아내의 이름은 므헤다벨이니 마드렛의 딸이요 메사합의 손녀더라
40 에서에게서 나온 족장들의 이름은 그 종족과 거처와 이름을 따라 나누면 이러하니 딤나 족장, 알와 족장, 여뎃 족장,
41 오홀리바마 족장, 엘라 족장, 비논 족장,
42 그나스 족장, 데만 족장, 밉살 족장,
43 막디엘 족장, 이람 족장이라 이들은 그 구역과 거처를 따른 에돔 족장들이며 에돔 족속의 조상은 에서더라

78

모든 족속이 구원받는 그날, 한계 내의 충성을 다하게 하소서!

: 주해

창세기 36장은 에서의 자손과 에서 이전에 에돔에 살았던 사람들의 목록을 기술한다. 본 장은 야곱 이야기(35장)와 요셉 이야기(37장 이하)를 연결하는 역할을 한다. 창세기에서 족보의 배열은 유사성을 가진다. 아브라함의 이야기와 야곱의 이야기를 연결하면서 이스마엘의 족보를 언급한다(25:12-18). 이스마엘의 족보는 아브라함의 죽음(25:7-11) 다음에, 에서의 족보는 이삭의 죽음(35:27-29) 다음에 언급된다.

이스마엘과 에서는 각각 장자였으나 언약 밖의 아들들이었다. 그런데도 이들은 생육하고 번성한다. 하나님은 이스마엘의 자손을 번성케 하셨고 열두 부족이 그에게서 나올 것을 약속하셨다(16:10, 17:20). 에서의 후손 역시 번성하였다. 36장에 나오는 에서의 자손들이 이를 증거한다. 에서의 자손은 3명의 아내로부터 낳은 5명의 아들을 통해 번성한다. 36장은 "에서 곧 에돔의 족보는 이러하니라"라고 시작한다. 1-14절은 에서의 5명의 아들을 언급한다. 15-19절은 에서 계열의 족장을, 20-30절은 세일 계열의 족장을 열거한다. 31-39절은 에서가 살기 전에 있었던 에돔의 왕들을 열거하고, 40-43절은 에서 계열의 족장들을 요약하여 언급한다.

1-5절, 에서의 3명의 아내에 관하여 그들의 혈통과 그들이 낳은 5명의 아들의 이름을 열거한다.

① 아다: 가나안 여인, 헷 족속, 엘론의 딸, 엘리바스

② 오홀리바마: 가나안 여인, 히위 족속, 시브온의 딸, 여우스, 얄람, 고라

③ 바스맛: 아브라함의 손녀, 이스마엘의 딸, 느바욧의 누이, 르우엘

에서의 아내의 이름은 26:34과 28:9에 나오는 이름과 상이하다. 이곳에서는 아다가 유딧으로, 바스맛이 마할랏으로 나온다. 3명의 아내 중 바스맛만 일치한다. 그런데 26장에서는 바스맛이 가나안 여인으로, 28장에서는 마할랏이 이스마엘의 딸로 뒤바뀐다. 이 같은 착오는 전승 과정에서 그들의 이름과 특징이 바뀐 것으로 보인다.

6-8절은 에서의 이주를 묘사한다. 야곱은 가나안에 남고, 에서는 가족과 소유를 이끌고 세일로 이주하였다. 이는 두 사람의 소유가 풍부하여 함께 거주할 수 없었기 때문이었다(7절). 야곱과 에서가 분리한 것은, 아브라함과 롯이 분리한 것과 병행한다. 그때에도 아브라함과 롯은 소유가 많아 함께 거주할 수 없어 분리하였다(13:5-18). 야곱과 에서의 분리가 언제 일어났는지 명확하지 않다. 아버지가 죽은 이후인지, 야곱이 가나안 땅으로 돌아오기 전인지 알 수 없다. 저자는 둘의 소유가 풍부하였기 때문에 둘이 분리한 것으로 보도한다. 그러나 에서는 야곱이 돌아오기 전 이미 세일에 거주하고 있었다(32:3, 33:16). 이처럼 창세기의 이야기는 연대적 순서와 무관하게 기록되었다.

9-14절, 에서의 아들 5명을 통해 낳은 10명의 손자를 언급한다.

① 엘리바스(6명): 데만, 오말, 스보, 가담, 그나스, 아말렉(첩 딤나에게서 얻은 아들)

② 르우엘(4명): 나핫, 세라, 삼마, 미사

③ 이름이 언급되지 않은 아들(3명): 여우스, 얄람, 고라

에서의 손자 중 데만, 그나스, 아말렉은 이스라엘 역사에 잘 알려져 있다. 데만은 에돔의 대표적인 도시이며(렘 49:20, 겔 25:13), 지혜로 유명한 곳이며(렘 49:7), 욥기에서 엘리바스의 고향이다(욥 4:1). 그나스는 그니스 사람과 관련이 있는 것으로 보인다(창 15:19, 민 32:12). 아말렉은 대대로 이스라엘의 적으로 간주되었다(출 17:8-16, 민 14:43, 신 25:17-19, 삼상 15장).

15-19절, 에서 계열의 족장들을 언급한다. 족장은 종족의 우두머리를 뜻한

다. 본 단락은 9-14절에 나오는 에서의 아들과 손자 중에 종족의 우두머리를 열거한다. 20-30절, 에서가 세일 땅에 살기 전 호리 족속이 이 땅의 원주민으로 살았다(신 2:12, 22). 세일은 사해 남동부에 있는 산악지대를 지칭한다. 이곳은 후에 에돔으로 불린다. 호리 족속은 후리 족과 동일시되지만, 이 둘의 관계는 불확실하다. 호리 족속 세일의 아들은 모두 7명이다. 그리고 7명의 아들에게서 20명의 손자가 나왔다.

① 로단: 호리, 헤맘
② 소발: 알완, 마나핫, 에발, 스보, 오남
③ 시브온: 아야, 아나
④ 아나: 디손, 오홀리바마
⑤ 디손: 헴단, 에스반, 이드란, 그란
⑥ 에셀: 빌한, 사아완, 아간
⑦ 디산: 우스, 아란

31-39절, 이스라엘에 왕이 있기 전 에돔을 통치하였던 8명의 왕을 언급한다. 이스라엘이 출애굽할 때 에돔에 왕이 있었다(민 20,14). 31절, "이스라엘을 다스리는 왕"은 초대 왕 사울을 가리킨다. 그러므로 8명의 왕은 사울 왕 이전에 에돔을 다스린 왕들이다. 8명의 왕은 각각 출신 배경과 더불어 언급된다. 그중 2명은 그들이 다스린 도성의 이름이 언급되어 있다(벨라, 하닷). 또한 그들 중 1명은 출신지가 없고 다스린 지역만 언급한다(하달).

① 벨라: 브올의 아들 - 딘하바를 다스림
② 요밥: 보스라 사람 세라의 아들
③ 후삼: 데만 족속의 땅 출신
④ 하닷: 브닷의 아들 - 아윗을 다스림
⑤ 삼라: 마스레가 출신
⑥ 사울: 유프라테스 강가의 르호봇 출신
⑦ 바알하난: 악볼의 아들
⑧ 하달: 바우를 다스림

에돔의 8명의 왕은 모두 혈통적으로 계승되지 않고 선출되거나 추대되었다. 마지막 왕 하달은 그의 아내의 이름 "므헤다벨"과 그녀의 혈통을 언급하고 있다(마드렛의 딸, 메사합의 손녀). 이것은 그녀의 조상이 매우 유명했음을 보여준다.

40-43절, 에서 계열의 족장을 언급한다. 모두 11명의 족장을 언급하는데, 그나스와 데만은 15-19절의 족장과 일치한다. 본문에서 새로 등장하는 족장은 모두 9명이다. 9명 중 딤나와 오홀리바마는 15-19절에서 족장으로 분류되지 않았다. 나머지 7명은 새로 등장한 이름이다(알와, 여뎃, 엘라, 비논, 밉살, 막디엘, 이람). 15-19절에 나오는 족장 이름과 여기 나오는 족장 이름이 다른 것은, 15-19절의 족장은 혈통을 따랐고, 40-43절의 족장은 구역과 거처를 따랐기 때문으로 보인다.

창세기에서 36장의 족보를 끝으로 에서의 이야기는 다시 등장하지 않는다. 에서는 약속의 자손 야곱의 장자로 태어났다. 하지만 에서는 태어나기 전부터 하나님에 의해 운명이 지어졌다. 그는 장자로 태어났으나 차자를 섬길 운명으로 태어난 것이다. "여호와께서 그에게 이르시되 두 국민이 네 태중에 있구나 두 민족이 네 복중에서부터 나누이리라 이 족속이 저 족속보다 강하겠고 큰 자가 어린 자를 섬기리라 하셨더라"(25:23). 35:18에서 라헬은 아들을 낳고 죽으면서 아들의 이름을 베노니로 지었다. 베노니는 어머니에 의해 고통의 아들로 운명이 정해졌다. 그러나 야곱은 그의 이름을 행운아 베냐민으로 즉시 바꾸었다. 이렇듯 사람이 정한 운명은 사람이 바꿀 수 있다. 그러나 하나님이 정하신 운명은 아무도 바꾸지 못한다. 에서의 운명이 그러하였다. 에서의 운명은 하나님이 정하신 대로 되었다. 비록 동생 야곱이 그를 두 번이나 속였으나 이것은 하나님이 에서의 운명을 미리 정하신 섭리였다. 그러나 하나님은 언약 밖의 백성 이스마엘처럼 에서의 후손도 번성하게 하셨다. 하나님의 약속을 받지 않은 이들도 이렇듯 번성하였다면, 약속을 받은 후손들은 얼마나 더하겠는가? 약속 받은 백성은 하늘의 별처럼, 땅의 티끌처럼 번성한다.

후대의 역사는 약속의 자녀인 이스라엘과 약속 밖의 자녀인 에돔 사이의 불화를 예증한다. 이스라엘의 출애굽 시 에돔은 길을 내어주지 않았다(민 21장). 이 일로 이스라엘이 하나님을 원망하였고 많은 백성이 불뱀에 물려 죽기도 하였다. 왕정시대에 이스라엘과 에돔은 상호 증오하는 가운데 격렬한 전쟁을 치렀다(삼하 8:13-14, 왕상 11:15-16, 왕하 14:7, 암 1:11-12). 또한, 이스라엘이 하나님의 심판을 받을 때 에돔은 이스라엘을 저주하였다. 그로 인해 에돔은 하나님의 엄중한 심판을 받는다(오바댜). 마지막 선지자 말라기는 이스라엘과 에돔의 운명을 이렇게 언급한다. "내(하나님)가 야곱을 사랑하였고 에서는 미워하였다"로 요약한다.

하나님이 택하신 족장들에게 주신 언약은 예수 그리스도를 통해 성취되었다. 아브라함에게 약속하신 모든 족속이 받는 복은 예수 그리스도를 믿음으로 모든 족속이 받는 영생의 복이다. 족장들에게 약속된 자손은 궁극적으로 하나님의 아들 예수 그리스도이다(마 1:1-17, 갈 3:16). 또한, 족장들에게 약속된 땅은 궁극적으로 예수 그리스도를 믿음으로 들어가는 하나님의 나라이다(히 11:16). 바울은 모든 족속이 받아야 할 영생의 복을 위해 복음을 전하였다(딤후 1:1, 9-11). 이제 에서처럼 약속 밖의 운명인 이방인이나 약속의 자손 이스라엘이나 모두 그리스도를 믿음으로 구원을 받고 영생의 복을 누린다. 그런데 바울은 전도의 현장에서 이해할 수 없는 역설을 목도하였다. 정작 택함 받은 이스라엘은 복음을 거부하고 약속과 무관한 이방인이 복음을 받아들인 것이다(행 13:44-48). 어떻게 이런 일이 있을까! 그는 고뇌하는 중 구원은 오직 하나님의 주권임을 깨달았다. 그리하여 그는 야곱과 에서를 예증으로 하여 구원에 관한 하나님의 주권을 논한 것이다(롬 9-11장). 바울은 야곱과 에서의 운명을 하나님의 선택적 주권으로 보았다(롬 9:10-12). 두 사람의 운명이 태어나기도 전에, 무슨 선악을 행하기도 전에, 하나님이 택하셨다. 그것은 하나님의 택하심이 사람의 행위에 근거하는 것이 아니라 부르시는 분께 달려 있음을 나타내기 위함이었다. 그래서 하나님이 리브가에게 "형이 동생을 섬길 것이다"라고 하셨다.

그러면 신약시대 버림받은 이스라엘은 영원히 구원에서 제외되는가? 결코 그렇지 않다. 이들에게도 궁극적 구원의 날이 예비되어 있다. 바울은 이스라엘의 남은 자도 하나님의 자비하심을 따라 구원받는 그날이 올 것을 계시로 깨달았다. 즉 이방인의 구원이 이루어진 이후 이스라엘의 남은 자가 구원받는다는 하나님의 비밀을 안 것이다(롬 11:25-27). 진실로 그러하다. 종말에 이르러 이스라엘의 남은 자를 포함한 구원받은 자들이 하나님과 어린 양을 찬양할 것이다. "각 나라와 족속과 백성과 방언에서 아무도 능히 셀 수 없는 큰 무리"가 보좌와 어린 양 앞에 서서 구원의 하나님과 어린양 예수를 찬양할 것이다(계 7:9-

10). 창세기에서 버림받은 에서, 로마서에서 버림받은 이스라엘이 종말에 하나님의 백성이 되어 영원히 하나님을 찬양하리라.

충성된 전도자 바울은 종말을 믿음으로 보았으나 직접 보지 못하였다. 만일 그때 그리스도가 강림하시고 종말이 왔다면 이후 태어난 자들이 어떻게 구원을 받을 수 있었겠는가? 물론 종말은 지금도 지연되고 있다. 언제 임할 지 알 수 없다. 그 한 가지 이유는 아무도 멸망하지 않고 구원받기를 원하시는 하나님의 뜻으로 인함이다(벧후 3:9). 그러므로 바울은 동족 이스라엘이 구원받는 그날을 보지 못한 채 한계 내에서 충성하였다. 그는 그토록 바라던 동족의 구원(롬 9:1-4)을 보지 못하였으나, 선한 싸움을 다 싸우고 달려갈 길을 다 가고 믿음을 지켰다(딤후 4:7). 물론 그는 지금 주님의 품에서 종말의 때를 보고 즐거워하고 있으리라. 아브라함이 주님의 때를 보고 즐거워하고 기뻐하였듯이 말이다(요 8:56).

오늘날 충성된 그리스도의 증인도 그러하다. 그는 모든 족속이 구원받는 그날을 직접 보지 못할 수 있다. 그는 복음을 전하나 한계 내에서 충성한다. 하지만 종말의 그날을 믿음으로 바라보며 즐거워하고 기뻐하며 복음을 전한다. 다 결실하지 못해도 주님의 때를 신뢰하며 기쁘게 복음을 전한다. 선을 행하되 낙심하지 않는 것은 때가 이르면 반드시 거두기 때문이다(갈 6:9).

⦁ 묵상

모든 시대를 따라 신실한 그리스도인은 한계 내에서 충성한다. 하나님의 최종적 구원을 다 보지 못한다. 그러나 한계 내의 충성이라도 결코 헛되지 않다. 그것이 2천 년 기독교 역사 안에서 나타난 증언이다. 시대마다 진리를 증거하고 변호하고 수호한 선각자들이 있었다. 그들은 자신에게 주어진 한계 내에서 죽도록 충성하였다. 그들은 종말을 보지 못하였으나 후에 구원받을 자를 위해 충성을 다하였다.

나는 최근에 폴 틸리히의 〈19-20세기 프로테스탄트 사상사〉를 읽고 있다. 이 책은 틸리히가 소천하기 2년 전 시카고 대학에서 강의한 것을 녹취하여 책으로 펴낸 것이다. 이 책은 계몽주의에서 현대사상에 이르기까지 철학과 신학을 두루 섭렵하고, 다양한 사상의 핵심을 뚜렷이 밝힌 조직신학자의 놀라운 역작이다. 책을 대하면 마치 내가 그 강의실에 있었던 것처럼 흥분되고 생동감을 경험한다. 그도 역시 한계 내에서 자신에게 부과된 사명에 죽을 때까지 충성하였다.

나는 누구였던가? 에서처럼 약속 밖의 운명을 안고 태어났다. 일평생 수고한 것이 슬픔뿐인 인생, 헛되고 헛된 결말을 맞이할 자였다. 그런 자가 어떻게 복음을 알고 생명에 이르게 되었는지 꿈만 같다. 도저히 이해할 수 없는 은혜이다. 나의 나 된 것은 은혜이다. 이 은혜가 헛되지 않도록 주의 일에 수고를 다 한다. 결코 헛되지 않은 수고가 될 것이다. 모든 족속이 구원받는 그날을 믿음으로 바라며, 한계 내에서의 충성을 다한다. 오직 주의 사랑에 매여 생의 마지막 날까지 충성하길 기도한다.

79

37:1-11

1 야곱이 가나안 땅 곧 그의 아버지가 거류하던 땅에 거주하였으니
2 야곱의 족보는 이러하니라 요셉이 십칠 세의 소년으로서 그의 형들과 함께 양을 칠 때에 그의 아버지의 아내들 빌하와 실바의 아들들과 더불어 함께 있었더니 그가 그들의 잘못을 아버지에게 말하더라
3 요셉은 노년에 얻은 아들이므로 이스라엘이 여러 아들들보다 그를 더 사랑하므로 그를 위하여 채색옷을 지었더니
4 그의 형들이 아버지가 형들보다 그를 더 사랑함을 보고 그를 미워하여 그에게 편안하게 말할 수 없었더라
5 요셉이 꿈을 꾸고 자기 형들에게 말하매 그들이 그를 더욱 미워하였더라
6 요셉이 그들에게 이르되 청하건대 내가 꾼 꿈을 들으시오
7 우리가 밭에서 곡식 단을 묶더니 내 단은 일어서고 당신들의 단은 내 단을 둘러서서 절하더이다
8 그의 형들이 그에게 이르되 네가 참으로 우리의 왕이 되겠느냐 참으로 우리를 다스리게 되겠느냐 하고 그의 꿈과 그의 말로 말미암아 그를 더욱 미워하더니
9 요셉이 다시 꿈을 꾸고 그의 형들에게 말하여 이르되 내가 또 꿈을 꾼즉 해와 달과 열한 별이 내게 절하더이다 하니라
10 그가 그의 꿈을 아버지와 형들에게 말하매 아버지가 그를 꾸짖고 그에게 이르되 네가 꾼 꿈이 무엇이냐 나와 네 어머니와 네 형들이 참으로 가서 땅에 엎드려 네게 절하겠느냐
11 그의 형들은 시기하되 그의 아버지는 그 말을 간직해 두었더라

79

계시를 받은 자,
육에 속한 자의 미움을 받다!

∶ 주해

창세기 37-50장은 이스라엘이 요셉을 통해 애굽으로 들어가는 "입애굽기"이다. 이스라엘의 입(入)애굽은 하나님이 아브라함과 맺은 횃불 언약에 근거한다. 하나님은 아브라함을 부르시고 모든 민족이 그를 통하여 복을 받을 것이라고 말씀하셨다(창 12:3). 이 복은 창세전 하나님이 정하신 영생의 복(갈 3:8-9, 26)이며 자손의 약속과 땅의 약속을 통해 구체적으로 실현된다(창 15:5, 7).

하나님은 아브라함에게 자손을 약속하셨고, 아브라함은 이를 믿어 의롭게 되었다(창 15:5-6). 또한, 하나님은 아브라함에게 가나안 땅을 소유로 주실 것을 약속하셨다. 땅의 약속은 하나님이 정하신 횃불 언약을 통해 확증(창 15:9-21)되었지만, 아브라함의 후손이 가나안 땅을 떠나 이방 나라로 옮겨가서 400년 동안 종살이를 한 이후에 성취된다. 여기서 아브라함의 후손이 옮겨가는 이방 나라는 애굽이다. 횃불 언약의 의미는 하나님이 홀로 주체가 되셔서 이를 이루신다는 데 있다. 하나님은 야곱의 아들 요셉을 통해 이스라엘을 애굽으로 들어가게 하신다. 그리고 400년 후 모세를 통해 이스라엘을 애굽에서 구원하신다. 또한, 출애굽 이후 40년이 지나 여호수아를 통해 가나안 땅으로 들어가게 하신다. 창세기 37-50장은 이스라엘이 요셉을 통해 애굽으로 들어가는 이야기이다(입애굽기).

창세기 37장은 야곱의 아들 중 요셉이 애굽으로 팔려 가는 과정을 진술한다. 전체 내용은 세 부분으로 구성되어 있다. 요셉이 형들의 미움을 사고(1-11절), 형들이 요셉을 죽이려 하며(12-24절), 요셉이 애굽으로 팔려 간다(25-36절). 야곱은 아버지 이삭이 살던 땅에 거주하였다(1절). 이곳은 헤브론이다(36:27). "야곱의 역사는 이러하다"(새번역)로 시작되는 2절은 전체 이야기의 표제이다. 전체 이야기는 요셉에게 초점을 맞추고 있으나 야곱의 집안에서 일어난 이야기를 다룬다. 이야기가 시작될 때 요셉의 나이는 17살이었다.

2-4절, 요셉이 형들에게 미움을 받게 된 것은 두 가지 이유로 인해서였다. 하나는 요셉이 빌하와 실바의 아들들(단과 납달리와 갓과 아셀)의 잘못을 아버지에게 고자질했기 때문이었다. 요셉이 고자질한 내용은 나오지 않는다. 다른 하나는 아버지가 요셉을 편애하였기 때문이었다. 아버지 이스라엘은 요셉을 편애하여 그에게 특별한 옷을 입혔다. "이스라엘은 늘그막에 요셉을 얻었으므로, 다른 아들들보다 요셉을 더 사랑하여서, 그에게 화려한 옷(채색옷)을 지어서 입혔다"(3절). 채색옷의 히브리어 "케토네트 팟심"의 의미는 불분명하다. 이 옷은 화려하고 값이 나가는 옷으로 보이며, 70인역과 불가타역(라틴어역본)은 "많은 색깔로 된 긴 옷"(a rob of many colors)으로 번역하였다. 따라서 이런 옷은 일하지 않는 사람들만 입을 수 있었던 사치스러운 것이었다(궁켈). 채색옷은 이곳 외에 삼하 13:18-19에 유일하게 나오는데 거기서는 "공주의 옷"으로 표현되었다. 이런 이유로 요셉을 미워하던 형들은 그에게 말 한마디도 다정스럽게 하는 법이 없었다(4절).

5-11절, 엎친 데 덮친 격으로 형들이 요셉을 더욱 미워하게 된 이유를 기술한다. 그것은 요셉이 두 번에 걸쳐 꾼 꿈을 형들에게 말했기 때문이었다. 요셉은 형들의 곡식단이 자기의 곡식단을 둘러서서 절하는 꿈을 꾸었다. 그는 그 꿈을 형들에게 이야기하였다. 그러자 형들은 "네가 우리의 왕이 되겠다는 것이냐?"라고 하며 요셉을 더욱 미워하였다. 요셉은 다시 해와 달과 열한 별이 자기에게 절하는 꿈을 꾸고 형들에게 말했다(9절). 아버지 이스라엘이 이를 함께 듣고 "네 부모와 형이 네게 절한다는 말이냐?"라고 하며 요셉을 꾸짖었다(10절). 해와 달은 요셉의 부모를, 열한 별은 요셉의 형제들을 예시한다. 아버지

는 요셉을 꾸짖었으나 형들처럼 미워하지는 않았다. 도리어 요셉의 꿈이 범상치 않음을 보고 그 꿈을 기억하였다(11절). 반면 형들은 요셉이 말한 두 번의 꿈으로 요셉을 시기하고 더욱 미워하였다. 형들의 시기는 격렬한 미움을 표현한다. "시기하다"의 히브리어 "칸나"는 미움의 정도가 극에 달했음을 의미한다. "미워하되"(4절), "더욱 미워하더니"(8절), "시기하되"(11절)라는 연속적 표현은 요셉의 형들이 그를 미워하는 정도가 갈수록 고조된 것을 표현한다.

입애굽기(37-50장)에는 세 쌍의 꿈이 등장한다. 요셉이 꾼 두 번의 꿈(37:5-11), 바로의 신하들이 꾼 두 번의 꿈(40:1-6), 애굽 왕 바로가 꾼 두 번의 꿈이다(41:1-8). 요셉과 바로가 두 번에 걸쳐 꾼 꿈은 각각 하나의 내용을 강조한다. 이것은 "하나님이 이 일을 정하셨다"라는 성취의 확실성을 시사한다(41:32). 요셉이 꾼 꿈은 그의 형들이 양식을 사려고 애굽으로 오는 것과 그들이 총리가 된 요셉 앞에서 절하는 것을 예견한다(42:6, 44:14). 구약시대 꿈은 신적 계시의 수단이다. 구약에서 하나님은 꿈이나 환상이나 천사들을 통해 말씀하셨다. 그러나 이것은 신약의 관점에서 볼 때 간접계시이다. 신약시대 완전한 계시는 하나님의 아들을 통해 드러났다(히 1:1-2a).

구약시대 하나님이 여러 가지 방법으로 하신 말씀은 그 본질이 아들에 관한 약속이다(롬 1:2). 예수 그리스도는 구약성경이 자신에 대한 기록이라고 정의하셨다(요 5:39). 또한, 예수 그리스도는 구약의 말씀을 성취하신다(마 5:17). 구약성경은 세례자 요한의 때까지 유효하다. 이후로 하나님 나라의 복음이 전파되어 사람마다 그리로 침입한다. "율법과 예언자는 요한의 때까지이다. 그 뒤로부터는 하나님 나라가 기쁜 소식으로 전파되고 있으며, 모두 거기에 억지로 밀고 들어간다"(눅 16:16).

그러므로 요셉의 이야기는 구속사적으로 그리스도에게서 성취된다. 요셉은 아버지가 사랑한 유일한 아들이었다. 세상에 오신 그리스도는 하늘에 계신 아버지가 유일하게 사랑하신 독생자이다. 창세전 하늘에 계신 하나님이 하신 첫 번째 일은 아들을 낳은 것이었다(잠 8:22, 요 5:26). 아들은 아버지 곁에서 창조자가 되셨고, 날마다 아버지의 기뻐하신 바가 되셨다(잠 8:30). 아버지는 아들이 육신을 입고 오시기 전은 물론, 그가 육신을 입고 오셨을 때도 아들을 사랑하셨다(마 3:17). 아버지의 사랑을 독점한 요셉은 형들의 미움을 받았고 계시를 받음으로써 더욱 미움을 받았다. 그 계시는 반드시 성취될 하나님의 말씀이며, 실제로 성취되었다. 형들은 "네가 참으로 우리의 왕이 되겠느냐? 참으로 우리를 다스리겠느냐?"라고 하며 요셉을 비웃으며 미워하였다. 그러나 요셉은 그들의 왕이 되었고, 그를 미워하고 팔아버린 형들을 구원하였다(45:5-7).

구약에서 애굽은 세상으로, 약속의 땅 가나안은 하나님 나라로 비유된다. 요셉의 입애굽기는 그리스도가 세상에 오신 이야기를 예시한다. 예수 그리스도는 하늘에서 세상으로 오셨다(요 3:13, 31). 요셉은 그도 해석할 수 없었던 꿈으로 계시를 받았다. 꿈의 계시는 그가 총리가 되었을 때 비로소 성취되었고, 요셉은 그때 꿈을 해석할 수 있었다(45:5). 하물며 형들이나 아버지가 어떻게 그 꿈을 해석할 수 있었겠는가? 하나님의 계시는 육체를 가진 사람에게 철저히 은폐되어 있다.

하나님의 아들 예수 그리스도는 하늘의 계시를 밝히 아셨다. 그가 하셔야 할 일, 그 일의 목적을 다 알고 계셨다. 그는 자기가 하늘에서 내려온 것은 땅에서 들리기 위함이라고 하셨다(요 3:14). 그가 땅에서 들리는 것은 그의 십자가의 죽음과 부활을 가리킨다(요 12:32-33, 행 2:33, 5:31). 이는 그를 믿는 자마다 영원한 생명을 얻도록 하기 위함이었다(요 3:15). "진리"(헬, 아레떼이아)는 어원적으로 "감추어진 것의 드러남"(탈은폐)이다. 예수 그리스도는 창세전부터 감추어진 아버지를 세상에 드러내셨다(요 1:18). 그는 하나님의 역사적 계시자이다(불트만). 계시의 본질인 아버지는 아들을 통해 드러났다. 이것이 탈은폐, 곧 진리이다. 아들을 본 자는 아버지를 본다!(요 14:9). 그러나 이는 요셉의 형들처럼 육체를 지닌 사람으로는 알 수 없다. 도리어 아들이 밝히 드러낸 계시는 오해받고, 미움받고, 멸시받는다. "그는 세상에 계셨다. 세상이 그로 말미암아 생겨났는데도, 세상은 그를 알아보지 못하였다. 그가 자기 땅에 오셨으나, 그의 백성은 그를 맞아들이지 않았다"(요 1:10-11). 창세전 하나님이 우리의 영광을 위하여 예비하신 지혜는 인간의 지각이나 이성으로 결코 알 수 없다(고전 2:7-9). 오직 하나님의 영으로만 알 수 있다(고전 2:10).

18세기 임마누엘 칸트는 데카르트 이후 근대 철학의 종결자로 불렸다. 그는 말년에 〈이성의 한계 내에서의 종교〉라는 책을 썼다. 그는 인간이 제아무리 순수한 이성을 가졌어도 계시를 알 수 없다고 결론 내렸다. 그러면서 기독교 신앙은 실천에 있어서 신을 요청한다고 하였다. 놀랍게도 칸트의 이 말은 2천 년 전 바울의 말과 일치한다(고전 2:9). 기독교 신앙의 실천은 칸트가 말한 대로 인간이 주체가 되어 신을 요청함으로써 이루어질 수 없다. 바로 이것 때문에 칸트는 후대 신학자들, 곧 슐라이어마허나 헤겔의 비판을 받는다. 영으로 계시를 아는 것은, 영으로 생명의 말씀을 알고 생명을 얻는 것이다(요 6:63). 고린도 전서에서는 영으로 생명을 아는 자가 영적인 자이다. 그러나 육에 속한 자, 곧 자연적 생명에 속한 자는 영의 일을 받지 않으며 영의 일이 어리석게 보이고 알 수도 없다(고전 2:14).

요셉과 그의 형들, 그리고 야곱은 꿈의 계시 앞에 철저히 육에 속한 자로 반응한다. 이 계시가 만민을 구원하는 하나님의 뜻임을 그들이 어떻게 알겠는가? 도리어 그들은 하나님의 계시 앞에서 사악한 감정으로 반응한다. 형들은 계시로 인해 요셉을 더욱 미워하고 시기한다. 오늘도 계시로 생명을 얻은 자는 계시를 알지 못한 육에 속한 자의 미움과 박해를 피할 수 없다.

묵상

어느 노(老) 목사는 평생 주의 일에 헌신했으나 70세가 다 되어 생명의 복음을 깊이 알고 감격하였다. 그는 주변에 은퇴한 목사들과 모임을 하곤 한다. 모임에서 대부분의 대화는 육적이다. 건강, 여행, 맛집, 자식 이야기가 주를 이룬다. 그때 그가 생명의 복음을 이야기하면 분위기가 싸늘해진다고 한다. 오죽했으면 사모님이 분위기 망친다고 그를 말린다고 한다. 평생 목회한 목사들에게도 생명의 복음을 전하면 왕따 당하고 미움받고 박해받는다. 하물며 신자들이랴! 씁쓸하기 짝이 없지만 엄연한 현실이다. 사실 나도 은퇴하면 그런 목사가 될 것이 뻔하였다. 심은 대로 거두는 법이다. 육체를 위하여 심는 자마다 육체로부터 썩을 것을 거둔다. 성령을 위하여 심는 자는 성령으로부터 영원한 생명을 거둔다(갈 6:8). 다만 영을 위하여 심는 자는 낙심하지 말 것이다. 반드시 거두기 때문이다!

육으로 행하던 목사가 영으로 생명을 얻었다. 계시를 받은 자가 되었다. 영에 속한 자는 허다한 현실에서는 좁고 협착한 길을 간다. 육적인 전이해로 똘똘 뭉친 자는 생명의 말씀을 어리석게 생각하고 알지도 못한다. 이렇듯 "스스로 옳다"하는 자, 그를 예수께서 경멸하신다. 책을 세 번 읽기까지는 책을 이해했다고 말하지 말라는 말이 있다. 하물며 진리 앞에서랴! 인간의 전이해는 그만큼 강고하다.

오늘도 나의 무지를 고백하며 말씀을 통해 전이해가 수정되고 새롭게 되길 간구한다. 계시를 받은 자, 영으로 생명 얻은 자는 미움받고 멸시받고 시기 받는 것이 마땅하다. 당연한 일을 어찌 원망하랴! 원망과 시비를 그치고 내게 주신 직무에 신실하길 원한다. 말씀 앞에 나올 때마다 사모하는 영혼을 만족케 하시고 주린 영혼에게 좋은 것을 주시는 은혜가 참으로 놀랍고 놀랍다. 어메이징 그레이스!

80

37:12-24

12 그의 형들이 세겜에 가서 아버지의 양 떼를 칠 때에
13 이스라엘이 요셉에게 이르되 네 형들이 세겜에서 양을 치지 아니하느냐 너를 그들에게로 보내리라 요셉이 아버지에게 대답하되 내가 그리하겠나이다
14 이스라엘이 그에게 이르되 가서 네 형들과 양 떼가 다 잘 있는지를 보고 돌아와 내게 말하라 하고 그를 헤브론 골짜기에서 보내니 그가 세겜으로 가니라
15 어떤 사람이 그를 만난즉 그가 들에서 방황하는지라 그 사람이 그에게 물어 이르되 네가 무엇을 찾느냐
16 그가 이르되 내가 내 형들을 찾으오니 청하건대 그들이 양치는 곳을 내게 가르쳐 주소서
17 그 사람이 이르되 그들이 여기서 떠났느니라 내가 그들의 말을 들으니 도단으로 가자 하더라 하니라 요셉이 그의 형들의 뒤를 따라 가서 도단에서 그들을 만나니라
18 요셉이 그들에게 가까이 오기 전에 그들이 요셉을 멀리서 보고 죽이기를 꾀하여
19 서로 이르되 꿈 꾸는 자가 오는도다
20 자, 그를 죽여 한 구덩이에 던지고 우리가 말하기를 악한 짐승이 그를 잡아먹었다 하자 그의 꿈이 어떻게 되는지를 우리가 볼 것이니라 하는지라
21 르우벤이 듣고 요셉을 그들의 손에서 구원하려 하여 이르되 우리가 그의 생명은 해치지 말자
22 르우벤이 또 그들에게 이르되 피를 흘리지 말라 그를 광야 그 구덩이에 던지고 손을 그에게 대지 말라 하니 이는 그가 요셉을 그들의 손에서 구출하여 그의 아버지에게로 돌려보내려 함이었더라
23 요셉이 형들에게 이르매 그의 형들이 요셉의 옷 곧 그가 입은 채색옷을 벗기고
24 그를 잡아 구덩이에 던지니 그 구덩이는 빈 것이라 그 속에 물이 없었더라

80

요셉과 그리스도, 원수 된 자를 "찾기까지" 아버지의 명령에 순종하다!

⦁ 주해

창세기 37장은 요셉이 애굽으로 팔려 간 이야기이다. 요셉은 형들에게 미움을 받았다. 그것은 요셉이 아버지의 편애를 받았기 때문이며, 형들이 그에게 절한다는 꿈을 꾸고 형들에게 말했기 때문이다. 12-24절은 형들이 요셉을 죽이려고 구덩이에 던진 사건을 기술한다.

요셉의 형들이 아버지의 양 떼를 치려고 세겜 근처로 갔다(12절). 세겜이 어디인가? 얼마 전 야곱의 아들들이 하몰의 아들들과 남자들을 대량 학살하던 곳이 아닌가! 야곱은 그곳에 있기를 두려워하여 벧엘로 올라갔었다. 따라서 요셉의 형들이 위험을 무릅쓰고 다시 세겜으로 간 것은 놀라운 일이다(고든 웬함). 그래서였을까! 야곱은 요셉을 형들에게 보내 그들이 잘 있는지, 양 떼들이 무사한지 알아보고자 하였다. 요셉은 두 가지 위험을 무릅쓰고 아버지의 명령에 순종하여 세겜으로 갔다. 하나는 세겜이 위험한 곳이고, 다른 하나는 형들이 그를 미워하여 해를 가할 수 있다는 것이다. 그런데도 요셉은 형들을 "찾기까지" 아버지의 말씀에 순종했다. 요셉은 세겜에 도착하였다. 헤브론에서 세겜까지는 50마일(80km) 거리였다. 적어도 4일은 걸렸다. 그러나 요셉은 세겜에서 형들을 만나지 못하였다. 어떤 사람이 방황하는 요셉을 보고 "네가 무엇을 찾느냐?"라고 물었다(15절). 그 사람은 요셉이 형들을 찾는 것을 알고, 형들이 도단으로 갔다고 알려주었다. 세겜에서 도단까지는 다시 북쪽으로 14마일(21km)을 더 가야 했다. 빨리 가도 하루가 걸렸다. 요셉은 형들을 따라가서 마침내 도단에 이르렀다. 세겜과 도단은 땅이 기름지고 풀이 많아 양을 치기에 매우 좋은 곳이었다. 요셉은 아버지의 명령에 순종하되 끝까지 순종하고 있다. 동시에 요셉은 아버지 집에서 더 멀어졌는데, 후에 요셉을 노예로 사들인 미디안 상인들은 이곳 도단을 지나갔다.

18-20절은 요셉의 형들이 요셉이 오는 것을 보고 나눈 대화이다. 요셉의 형들은 멀리서 그가 오는 것을 보고 그를 죽이려는 음모를 꾸몄다(18절). 그들은 서로 마주 보면서 말하였다. "꿈꾸는 자가 오는도다"(19절). 형들이 요셉을 가리켜 한 말은 분명 빈정거리는 말이다. 그들은 요셉을 죽임으로써 그의 꿈이 허황된 것임을 입증할 작정이었다(20절). 요셉에 대한 형들의 적개심은 마침내 그를 죽이려는 행동으로 옮겨진다. 형들은 요셉을 죽어 없어져야 할 철천지원수로 생각한다. 그때 르우벤이 나서서 요셉의 목숨만큼은 살려주자고 제안한다. 요셉을 구덩이에 던져 넣기만 하고 그를 죽이지 말자고 말한다(21-22절).

르우벤이 중재안을 낸 것은, 요셉을 형들에게서 건져내서 아버지에게 되돌려 보내기 위해서였다(22절). 르우벤이 왜 이렇게 관대한 행동을 했는지 명확히 알 수 없다. 추정하기는, 그는 맏형의 책임을 다하려 했거나 아버지의 첩과 동침한 불미스러운 일을 속죄하려고 했을 수도 있다(고든 웬함). 요셉의 다른 형들이 르우벤의 중재안을 받아들였다. 요셉이 그들에게로 오자 그들은 그가 입은 화려한 옷을 벗기고, 그를 잡아 구덩이에 던졌다(23절). 그 구덩이는 비어 있었고 그 안에는 물이 없었다(24절). "옷을 벗겼다" "잡았다" "던졌다"라는 형들의 연속적 행동은 그들의 공격 속도와 난폭성을 보여준다. 그들이 요셉에게 벗긴 채색옷은 아버지에게 사랑받는 표징이며, 형들이 요셉을 증오하게 한 원인이기도 하였다. 요셉이 던져진 구덩이는 우기 때에 빗물을 저장하기 위해 바위를 파서 만든 저수탱크(cistern)인 것 같다. 이스라엘에는 이런 구덩이가 많이 있었는데 건기 때에는 말라 있어서 사람을 가두는 데 사용하기도 하였다. 선지자 예레미야도 심판의 말씀을 전했다는 이유로 물이 없는 진흙 구덩이에 던져졌다(렘 38:6).

요셉의 생애는 아브라함에게 하신 땅의 약속을 성취하기 위한 삶이었다. 하나님은 아브라함에게 가나안 땅을 소유로 주실 것을 약속하셨다(창 15:7). 가나안 땅의 약속은 이스라엘 백성이 애굽에 들어가서 400년간 종살이하고 애굽에서 나온 후에 성취된다. 곧 땅의 약속은 이스라엘의 입애굽과 출애굽을 통해 성취되는 것이다. 이 같은 약속과 성취는 전적으로 하나님이 주체가 되셔서 역사하신다. 물론 하나님은 그가 택정한 사람을 통해서 이 일을 이루어가신다. 요셉의 인생은 하나님의 약속을 이루기 위해 택정함을 받은 인생이다. 하나님은 요셉을 통해 이스라엘 백성이 애굽에 들어가는 "입애굽"의 역사를 이루신다. 따라서 요셉의 인생은 그 과정이 어떠하든 약속의 성취라는 관점에서 조명해야 한다.

가나안 땅의 약속은 궁극적으로 예수 그리스도가 성취하신 하나님 나라의 약속을 예시한다. 그렇다면 가나안 땅의 약속을 성취하는 요셉의 인생은 하나님 나라의 약속을 성취하신 그리스도의 인생을 예시한다. 이것은 구약성경의 인물이나 사건을 그리스도 중심으로 해석하는 "모형론적 해석"이다. 요셉은 독보적으로 아버지의 사랑받는 아들이다. 아버지는 그가 사랑하는 요셉에게만 채색옷을 입혔다. 요셉은 형들과 양 떼가 평안한지 알아보고 오라는 아버지의 명령에 복종하여 위험한 땅 세겜으로 떠난다. 그곳에 형들이 보이지 않자, 다시 도단으로 간다. 그가 세겜에서 되돌아왔어도 무방하다. 그러나 요셉은 형들을 "찾기까지" 아버지의 명령에 복종한다. 그러나 그가 어렵게 찾은 형들은 아버지의 명령을 받고 온 요셉을 죽이려 한다. 요셉의 순종은 결코 형들에게 환영받지 못한 순종이었다. 그는 결국 죽음의 위기에 내몰린다.

요셉은 전형적으로 오실 그리스도의 모형이다. 하나님의 아들 예수 그리스도는 창세전부터 아버지의 사랑받는 독생자이셨다(잠 8:30, 마 3:17). 요셉이 아버지의 사랑을 받아 채색옷을 입었듯, 아들은 창세전부터 아버지의 사랑을 받아 아버지의 영광으로 충만하였다(요 17:24, "창세전부터 나를 사랑하사 내게 주신 나의 영광"). 아버지의 사랑을 받은 아들은 아버지를 사랑하여 그에게 온전히 복종하였다(요 14:31, 15:10). 창세전부터 아버지와 아들은 복종과 사랑의 존재법으로 현존하셨다(요 15:10). 아버지와 아들과 성령, 삼위일체의 하나님은 사랑과 기쁨이 충만한 교제로 현존하신다(페리-코레시스).

그런데 아버지의 사랑받는 아들이 세상에 오셨다. 그가 순종하여 오신 세상은 요셉이 순종하여 간 세겜과 같이 이중적 위험이 있다. 세겜은 야곱에게 복수하려는 대적자들이 있는 곳이며, 동시에 요셉을 미워하여 죽이려는 형들이 있는 곳이었다. 아들이 오신 세상은 하나님의 원수 마귀가 통치하는 곳이며(요 12:31, 16:11, 세상 임금), 또한, 세상은 아들에 의해 지음 받았으나 도리어 아들을 미워하고 반대하는 사람이 있는 곳이다(요 1:10-11). 하나님의 아들은 위험을 무릅쓰고 세상에 오셨다. 그가 세상에 오신 것은 양들에게 생명을 주고 풍성히 얻게 하려 함이다(요 10:10b). 그는 잃어버린 자를 찾아 구원하러 세상에 오셨다(눅 19:10). 하늘에서 세상으로 오신 아들 예수는 오직 아버지께 복종하셨다. 그는 종으로서 아버지께 복종하되 십자가에 죽기까지 복종하셨다(빌 2:8). 그는 끝까지 복종하셨고, 하나님의 잃어버린 자를 찾기까지 찾으셨다.

누가복음 15장은 잃어버린 자를 찾아 구원하시는 하나님을 목자와 여인과 아버지로 비유한다. 목자는 잃어버린 양을 찾기까지 찾는다. 여인은 잃어버린 드라크마를 찾기까지 찾는다. 아버지는 집을 나가 방탕하게 사는 아들이 돌아오기까지 기다린다. 하나님은 자기 형상대로 지음 받은 인간이 그에게 돌아오기까지 찾으시고 기다리신다. 진즉 멸망했어야 할 세상이 아직도 멸망하지 않은 것은, 한 사람이라도 더 회개하고 돌아오도록 기다리시는 아버지의 애끓는 심정으로 인함이다(벧후 3:9). 예수 그리스도는 원수 된 자들을 위해 십자가에서 죽으셨다. 이로써 하나님이 우리에 대한 자기의 사랑을 확증하셨다. 그리고 하나님은 하늘의 사냥개처럼 우리를 찾기까지 찾으신다. 바울은 호세아(롬 9:25-26)와 이사야(롬 10:20-21)를 인용하여 이렇게 증언한다.

"나는, 내 백성이 아닌 사람을 '내 백성'이라고 하겠다. 내가 사랑하지 않던 백성을 '사랑하는 백성'이라고 하겠다. '너희는 내 백성이 아니다' 하고 말씀하신 그 곳에서, 그들은, 살아 계신 하나님의 자녀라고 일컬음을 받을 것이다"(롬 9:25-26).

"나를 찾지 않는 사람들을 내가 만나 주고, 나를 구하지 않는 사람들에게 내가 나타났다. 복종하지 않고 거역하는 백성에게, 나는 온종일 내 손을 내밀었다"(롬 10:20-21).

하나님은 원수 된 자를 찾아내어 구원하셨을 때, 잃은 양을 찾은 목자가 즐거워 그것을 어깨에 메고 기뻐하듯 기뻐하신다(눅 15:5-6). 하나님의 찾은 바 된 자는 하나님의 택하신 거룩하고 사랑받는 아들이다(골 3:12). 아버지가 아들을 세상에 보내신 것처럼 아들이 찾은 바 된 우리를 세상에 보내신다. 요셉은 세상으로 오신 아들을, 그리고 아들은 세상으로 나아가는 그리스도인을 얘기한다. 우리가 보냄 받은 세상은 위험이 현존하고 미워하는 자들이 가득하다. 그러나 오직 보내신 이의 뜻에 복종하는 자, 세상에서 미움받고 박해받고 모욕당하나 기뻐하고 즐거워한다. 그는 진실로 복된 자이다. 그에게 하늘의 상이 크다(마 5:11-12).

: 묵상

나는 요셉의 형들과 같은 자였다. 아담 안의 본성으로 행하였다. 다른 사역자들을 시기하고 미워하였다. 경건의 탈을 쓰고 사리사욕을 채우던 자였다. 하나님 나라가 아닌 나의 왕국을 세우고자 타자를 경쟁의 상대요 배척의 대상으로 삼았다. 자기주장 의지로 선을 행하던 자, 내 안에 환난과 곤고의 사망이 가득 찼다. 사망의 잔이 가득 차 더 이상 견딜 수 없는 상태가 되었다. 때가 차매 하나님의 심판이 내게 임하였다. 그러나 하나님의 긍휼하심을 따라 심판의 자리에서 생명으로 옮기었다(요 5:24). 아담 안의 본성이 죽고 새 생명으로 사는 자가 되었다. 본질상 진노의 자식이 하나님의 택하신바 거룩하고 사랑받는 아들이 되었다.

하나님이 나를 세상에 남겨두신 것은 주를 사랑하여 주께 복종하도록 하기 위함이다. 사랑해서 하는 복종은 굴종이 아니다. 감사이고 기쁨이다. 주의 일에 복종하여 나를 드린다. 하지만 복종의 결과를 보면 낙심하고 실망한다. 위험이 있고 미움을 받고 적대자가 있다. 그러나 목자는 잃은 양을 찾기까지 찾는다. 이는 오직 부르신 이에게 순종함으로써 가능하다. 선지자들처럼 사람들이 듣든지 듣지 아니하든지 전하는 것이다. 도리어 모욕을 당하고 박해를 받고 비방을 받으면 복되다. 하늘에서 상이 크기 때문이다. 내가 따라야 할 선지자들이 그러하였고, 무엇보다 죽기까지 복종하여 십자가에 달리신 그리스도가 그러하셨다. 그가 그렇게 찾기까지 찾으셨으니 오늘의 내가 있지 않은가! 진실로 자기를 부인하고 자기 십자가를 지고 주를 따르는 자, 자기 목숨을 얻는다.

81

37:25-36

25 그들이 앉아 음식을 먹다가 눈을 들어 본즉 한 무리의 이스마엘 사람들이 길르앗에서 오는데 그 낙타들에 향품과 유향과 몰약을 싣고 애굽으로 내려가는지라
26 유다가 자기 형제에게 이르되 우리가 우리 동생을 죽이고 그의 피를 덮어둔들 무엇이 유익할까
27 자 그를 이스마엘 사람들에게 팔고 그에게 우리 손을 대지 말자 그는 우리의 동생이요 우리의 혈육이니라 하매 그의 형제들이 청종하였더라
28 그 때에 미디안 사람 상인들이 지나가고 있는지라 형들이 요셉을 구덩이에서 끌어올리고 은 이십에 그를 이스마엘 사람들에게 팔매 그 상인들이 요셉을 데리고 애굽으로 갔더라
29 르우벤이 돌아와 구덩이에 이르러 본즉 거기 요셉이 없는지라 옷을 찢고
30 아우들에게로 되돌아와서 이르되 아이가 없도다 나는 어디로 갈까
31 그들이 요셉의 옷을 가져다가 숫염소를 죽여 그 옷을 피에 적시고
32 그의 채색옷을 보내어 그의 아버지에게로 가지고 가서 이르기를 우리가 이것을 발견하였으니 아버지 아들의 옷인가 보소서 하매
33 아버지가 그것을 알아보고 이르되 내 아들의 옷이라 악한 짐승이 그를 잡아 먹었도다 요셉이 분명히 찢겼도다 하고
34 자기 옷을 찢고 굵은 베로 허리를 묶고 오래도록 그의 아들을 위하여 애통하니
35 그의 모든 자녀가 위로하되 그가 그 위로를 받지 아니하여 이르되 내가 슬퍼하며 스올로 내려가 아들에게로 가리라 하고 그의 아버지가 그를 위하여 울었더라
36 그 미디안 사람들은 그를 애굽에서 바로의 신하 친위대장 보디발에게 팔았더라

81

히스토리에(사실 역사)와 게쉬테(의미 역사), 누가 요셉을 애굽에 팔았는가?

∶주해

요셉은 아버지의 사랑받은 아들이었다. 그도 아버지의 명령에 복종하였다. 그는 형들의 안부를 살피러 세겜으로 갔다. 무려 80km의 거리였다. 요셉은 거기서 형들을 만나지 못하였다. 그는 다시 21km를 가서 형들을 만났다. 그곳은 도단이었다. 요셉은 형들을 찾기까지 아버지의 명령에 복종을 다 하였다. 그러나 그에게 돌아온 것은 구덩이에 던져지는 끔찍한 일이었다. 형들은 요셉을 죽이기로 작정하였다. 그 이유는 아버지의 편애도 있었지만, 결정적 이유는 그들이 요셉이 꾼 꿈을 멸시하였기 때문이었다. 그들은 요셉을 죽임으로써 그가 꾼 꿈이 어떻게 되는가 보자고 하였다.

꿈은 하나님의 계시이다. 꿈의 내용에 대한 항거는 부지중에 그 꿈을 꾸게 한 신적 능력에 대한 항거이다. 인간의 본성은 하나님의 계시를 받지 않으며 항거한다. 그러나 어떤 인간도 신적 능력이 담긴 계시를 이기지 못한다. 어둠이 빛을 이기지 못한다. 거짓이 진리를 이기지 못한다. 계시는 반드시 그 효력을 발생한다. "그 빛이 어둠 속에서 비치니, 어둠이 그 빛을 ③ 이기지 못하였다(③ '깨닫지' 또는 '받아들이지'로 번역할 수도 있음, 요 1:5). 요셉의 형들은 요셉을 구덩이에 던져 넣고 죽이기로 작정하였다. 이때 르우벤이 요셉을 구해주려고 나섰다. 그는 형제들에게 요셉을 구덩이에 던지되 그를 죽이지 말자는 타협안을 제시하였다. 요셉은 채색옷이 벗겨지고 형들에게 붙잡혀 구덩이에 던져졌다. 나중에 형들의 기억에 따르면, 이때 요셉은 괴로워하며 살려달라고 애걸하였다(41:21).

25-36절은 요셉이 어떻게 애굽에 팔렸는지를 서술한다. 요셉의 형들은 요셉을 구덩이에 던져 넣고 무정하게도 음식을 먹었다. 어쩌면 그들은 요셉이 아버지에게서 가져온 별미를 즐겼을지도 모른다(고든 웬함). 이로써 형들의 잔인함은 극에 달한다.

요셉의 형들이 눈을 들어보니 한 무리의 이스마엘 사람들이 길르앗에서 오고 있었다. 이들은 향품과 유향과 몰약을 낙타에 싣고 애굽으로 가는 상인들이었다. 유다가 나서서 요셉을 죽일 것이 아니라 상인들에게 팔 것을 제안하였다(26-27절). 요셉의 형들이 유다의 말을 따랐다. 그때 미디안 사람 상인들이 지나가고 있었다(28절). 요셉의 형들이 요셉을 구덩이에서 꺼내어 이스마엘 사람들에게 은 20에 팔았다. 그들은 요셉을 데리고 애굽으로 들어갔다. 이로써 요셉에게서 먼저 입애굽의 약속이 성취되었다. 요셉이 팔린 곳은 도단이다. 당시 도단은 팔레스타인을 통과하는 주요 통상로(비아 마리스)에 인접해 있었다. 이 길은 갈릴리 바다에서 시작하여 이스라엘 평야를 가로질러 해안 평야를 통과하여 애굽에 이르는 길이다. 상인들은 길르앗에서 오는데, 이들이 낙타에 실은 향품과 유향과 몰약은 길르앗의 산물이다. 만일 요셉이 도단에 가지 않았다면 애굽에 팔릴 리 없었다. 그가 형들을 찾기까지 아버지께 순종한 결과 그는 애굽으로 들어갔고, 결과적으로 입애굽의 약속이 이루어져갔다.

은 20에 요셉을 사들인 장사꾼들은 미디안 사람인가, 이스마엘 사람인가? 27, 28절 및 39:1은 이스마엘 족속이며, 28, 36절은 미디안 사람들이다. 양자의 관계에 관한 많은 연구가 진행되었다. 저자는 둘을 동일한 사람으로 본다. 37:36에서 미디안 사람들이 요셉을 보디발에게 팔았다고 말하며, 39:1에서 보디발이 그를 이스마엘 사람들에게 샀다고 말하기 때문이다(궁켈). 가장 적절한 견해는, 이스마엘 사람들은 부족 동맹을 나타낼 수 있을 것이며, 미디안 사람들은 이 부족 동맹의 일원이었다는 것이다(고든 웬함). 이러한 견해는 이스마엘의 아들들을 열거하는 25:13-17에 의해 뒷받침되는데, 그들 가운데 몇몇은 사막 부족들로 보인다.

요셉이 팔린 일은 르우벤이 없는 사이에 일어났다. 르우벤이 요셉을 구덩이에 넣되 죽이지 말자고 한 것은, 요셉을 건져내어 아버지에게 데려가기 위함이었다. 그런데 그가 자리를 뜬 사이에 요셉이 팔려버렸다. 르우벤이 돌아와 요셉이 팔린 것을 알고 옷을 찢으며 한탄하였다. 그가 아우들에게 말하였다. "그 아이가 없어졌다! 나는 이제 어디로 가야 한단 말이냐?"(30절). "나는 어디로 갈까?"라는 르우벤의 말은 "내가 어떻게 집으로 돌아갈 수 있는가?"(고든 웬함) 혹은 "아버지의 슬픔을 피하기 위해 어디로 갈 수 있겠는가?"(사르나)로 의역할 수 있다. 이것은 요셉을 잃은 야곱의 슬픔을 예견한다.

31-36절, 요셉을 잃은 야곱의 반응이다. 요셉의 형들은 아버지 야곱에게 그가 짐승에 물려 죽었다고 알렸다. 그 증거로 숫염소의 피가 묻은 요셉의 옷을 보여주었다. 야곱은 요셉의 옷을 알아보고 그가 짐승에게 찢겨죽은 줄 알고 부르짖었다(33절). 야곱은 옷을 찢고 베옷을 입고 오래도록 애통하였다(34절). 그의 아들딸들이 모두 나서서 그를 위로하였지만, 그는 위로받기를 거절하며 탄식하였다(35절). 야곱은 "내가 울면서, 나의 아들이 있는 스올로 내려가겠다"라고 하였다. 요셉을 잃고 살기보다 차라리 요셉을 따라 죽기를 원하였다. 35절의 "딸들"은 야곱의 며느리들로 이해되어야 한다(룻 1:11 참고). 이후 요셉이 애굽의 총리가 되기까지 야곱의 동정은 나오지 않는다(42:1). 그가 요셉의 생존 사실을 알기까지 끝없는 슬픔이 그의 삶을 뒤덮게 된다. 속이는 자 야곱은 자식들에게 속았다. 아버지 이삭을 속여 에서의 축복을 가로챘던(27장) 야곱은 이제 자기 아들들에게 속았다. 속고, 속이는 이들의 생애, 그 배후에 선하신 하나님의 섭리가 작동한다. 요셉을 은 20에 사들인 상인들은 그를 바로의 신하 친위 대장 보디발에게 팔았다(36절). 보디발은 41:45과 46:20에 보다 정확하게 "보디베라"로 언급되어 있다. 보디베라는 "레(태양신)께서 주신 사람"이라는 뜻이다. 물론 요셉을 사들인 보디발과 후에 나오는 보디베라는 동일 인물이 아니다.

요셉이 아버지께 끝까지 복종한 결과는 참담하였다. 형들은 그를 살해하고자 하였고, 여의찮아 그를 노예로 팔았다. 요셉은 사랑하는 아버지의 품을 떠나 이역만리 애굽 땅에서 노예가 되었다. 이것이 요셉에게 일어난 역사적 사실이다. 그런데 요셉은 하나님의 언약을 이루는 중재자였다. 하나님이 그와 함께하신 것이다. 그렇다면 누가 요셉을 애굽에 팔았는가? 그를 미워하여 죽이려던 형들인가? 약속을 이루시는 하나님이신가? 요셉은 하나님의 약속이 이루어진 것을 보고 말하였다. 형들이 그를 팔아넘긴 것이 아니라 하나님이 자기를 애굽에 보냈다고 하였다(45:5, 8).

시편 105편은 약속을 친히 이루시는 하나님에 대한 "감사시"이다. 여기서 약속을 이루시는 주체는 오직 하나님이시다. 하나님이 아브라함과 이삭과 야곱에게 약속하시고 그가 친히 이루셨다. 시인이 요셉의 입애굽에 대해 이렇게 회상한다. "그가 한 사람을 앞서 보내셨음이여 요셉이 종으로 팔렸도다 그의 발은 차꼬를 차고 그의 몸은 쇠사슬에 매였으니 곧 여호와의 말씀이 응할 때까지라 그의 말씀이 그를 단련하였도다"(시 105:17-19). 형들이 요셉을 애굽에 판 것은 사실의 역사이다. 하나님이 한 사람을 앞서 애굽에 보내기 위해 요셉을 종으로 파신 것은 의미의 역사이다. 의미의 역사는 해석된 역사다. 역사를 "사실 역사"와 "의미 역사"로 나눈 것은 독일의 신학계에서 시작되었다.

독일어에서 역사를 "히스토리에"(historie)와 "게쉬테"(geschichte)로 구별한다. 영어로 "히스토리에"는 "history"로, "게쉬테"는 "story"로 번역한다. 헤겔이 처음으로 역사를 "히스토리에"와 "게쉬테"로 불렀다. 이후 독일의 신학계에서 역사를 둘로 구분한 이는 유명한 "폴 틸리히"였다. 또한, 철학의 현상학과 해석학에서도 역사를 둘로 구분하였다. 폴 틸리히는 아우구스티누스가 말한 "죄의 시간"과 "은총의 시간"을 "사실 역사"(히스토리에)와 "의미 역사"(게쉬테)로 구분하였다. 모든 인간은 죄인이며 죄의 시간을 살아간다. 그러나 그리스도인은 예수 그리스도의 구속의 은총으로 죄를 용서받고 새로운 존재가 되었다(고후 5:17). 이전 것은 지나갔다! 과거는 지나갔다! 죄의 시간은 과거이고, 은총의 시간은 현재이다. 물론 그리스도인이 은총의 시간을 산다고 해서 과거의 죄가 없어진 것이 아니다. 우리가 죄를 지었던 죄의 시간은 그대로 남아있다. 다만 그리스도의 구속의 은총으로 죄의 시간이 은총의 시간으로 바뀐 것이다. 변하지 않는 죄의 시간은 "히스토리에"(사실 역사)이고 죄를 용서받고 새로운 존재가 된 은총의 시간은 "게쉬테"(의미 역사)이다. 그러므로 그리스도인에게 과거는 실재하나 더 이상 현재에 영향을 미치지 않는 과거이다.

모든 인간의 삶 속에서는 과거에 대한 싸움이 진행되고 있다. 축복과 저주가 싸운다. 현재의 의식과 과거가 축적된 무의식이 싸운다. 죄의 시간으로 얼룩진 "히스토리에"(사실 역사)는 현재의 삶에 정죄와 죄책감을 일으킨다. 이것은 강력한 비존재의 세력이다. 그래서 현재를 무력하게 만들어버린다. 현존을 받아들이지 못하게 한다. 하여 우리는 미래로 도망친다. 그렇다면 과연 인간이 "사실 역사"가 주는 과거의 죄책으로부터 자유할 수 있을까? 오늘날 정신적 고통을 겪고 있는 대부분 사람은 그들의 과거, 특히 그들의 어린 시절을 저주의 근원으로 여긴다. 현재의 정신적 고통은 과거에 대한 애처로운 투쟁이다. 그래서 정신과에 가고 치유센터에 간다. 그러나 정신적이고 의료적 치료는 이내 한계에 다다른다.

틸리히는 묻는다. 우리가 과거의 "히스토리에"를 과거 속으로 추방함으로써 현재에 대한 힘을 잃어버리게 할 수 있을까?(틸리히 설교집, 〈영원한 지금〉). 그에 따르면 한 사람의 인격의 힘은 그가 과거 속으로 던져 넣은 것들의 양에 달려있다. 과거를 과거 속으로 던져 넣을 수 있다면, 과거는 폐기되고 무력한 상태로 남게 된다. 더 이상 현재에 영향을 미치지 않는다. 그래서 현재를 살게 한다. 이것은 회개를 통해 영원이 현재가 됨으로써 실제 된다(틸리히, 〈영원한 지금〉). 회개의 진정한 의미는 과거로부터 돌이키는 것이다(메타노이아). 그것은 죄의 시간에서 살았던 과거를 과거 속으로 내던져버리는 전인격적 행위이다. 이 같은 회개는 인간의 시간인 과거, 현재, 미래를 초월한 영원으로부터 온다. 곧 영원한 생명에 이르는 회개이다(행 11:18).

> "과거를 변화시키는 축복은 과거의 '사실들'(facts)을 변화시키지 못합니다. 이미 발생한 일은 발생했으며 영원토록 그대로 남아있습니다! 그러나 사실들의 '의미'(meaning)는 영원한 것에 의해 변화될 수 있습니다. 그리고 이런 변화의 이름은 '용서'(forgiveness)입니다. 만약 과거의 의미가 용서에 의해 변화된다면, 미래에 대한 그것의 영향력 역시 변화됩니다. 저주의 특성이 과거로부터 제거됩니다. 저주는 용서의 변화시키는 힘을 통해 축복이 됩니다"(틸리히, 〈영원한 지금〉).

요셉에게 "사실 역사"(히스토리에)는 비극의 역사였다. 그런데 그의 "히스토리에"(사실 역사)는 영원하신 하나님의 언약을 성취하는 "게쉬테"(의미 역사)가 되었다. 그의 과거는 그대로 존재하나 하나님이 주체가 된 의미 역사로 바뀌었다. 요셉에게 사실 역사가 의미 역사가 된 시점은 그에게 약속이 성취된 때였다(45장).

인간에게 궁극적 약속은 영생이다. 영생은 아들 안의 생명이며 신자 안에 있는 생명이다. 이 생명을 현재에 누리는 것은 "영원을 현재"로 사는 것이다. 그의 현재는 영원한 현재이다. 그는 영원에 계신 삼위 하나님의 품에서 과거와 현재와 미래를 조망한다. 그는 자기 인생의 주체가 하나님이셨음을 영으로 알고 과거와 화해한다. 이로써 그의 현재는 과거와 분리되고 더 이상 현재에 힘을 발휘하지 못한다. "영원은 시간의 전 기간을 포함하고 있는 힘을 의미한다"(틸리히, 〈조직신학〉). 진실로 그러하다. 죄의 시간은 지나갔고 은총의 시간은 영구하다.

> "주의 성도들아 여호와를 찬송하며 그의 거룩함을 기억하며 감사하라 그의 노염은 잠깐이요 그의 은총은 평생이로다 저녁에는 울음이 깃들일지라도 아침에는 기쁨이 오리로다"(시 30:4-5).

묵상

죄의 시간에서 살아온 나의 과거는 참담하기 이를 데 없다. 나는 자기밖에 모르는 야만적 본성으로 많은 사람에게 해를 입혔다. 지울 수 없는 과거, 오랜 기간 정죄와 죄책감에 시달렸다. 그것을 무마하기 위해 선행에 더욱 힘썼다. 복음을 모르니 죄의 세력에 사로잡혔다. 자기 의의 올무에 갇혔다. 사방으로 욱여쌈을 당해 나갈 수 없는 지경에 이르렀다. 무덤에 던져졌다. 그런데 기이한 은혜로 생명의 말씀을 받았다. 통속적인 전이해로 감당할 수 없는 진리, "영원한 현재"를 영으로 알았다. 죄의 시간이 은총의 시간으로 변하였다. 그때가 2008년 봄이었다.

그때부터 지금까지 생명의 교제에 나를 드린다. 나의 과거는 여전히 "히스토리에"로 남아있다. 과거의 사건을 기억하거나 과거의 사람을 만나면 여지없이 죄의 시간이 나를 압도한다. 정죄와 죄책감에 사로잡혀 무력한 현재를 맞닥뜨린다. 이, 스스로 통제할 수 없는 비존재 세력이 나를 청구한다. 그때마다 살아계신 하나님을 갈망한다. 사슴이 목숨을 걸고 시냇물을 찾기에 갈급함 같이 내 영혼이 주를 갈망한다. 영원이 현재로 틈입한다. 과거의 사실 역사가 의미 역사가 된다. 예수 그리스도의 구속의 은총이 나를 주관한다. 회한이 떠나고 감사가 임한다. 과거가 사라지지 않고 그대로 있는 것이 내게는 은혜이다. 겸비하게 만드는 은혜이다. 그러나 과거는 과거로 존재할 뿐이다. 드러나면 치욕일 뿐인 사실 역사이다. 하나님이 그런 역사를 변하여 의미 역사로 만드셨다. 지극히 영예로운 생명의 직분을 맡기셨다. 그의 진노는 잠깐이요 그의 은총은 평생이다. 아, 어찌 찬양하지 않을까!

82

38:1-11

1 그 후에 유다가 자기 형제들로부터 떠나 내려가서 아둘람 사람 히라와 가까이 하니라
2 유다가 거기서 가나안 사람 수아라 하는 자의 딸을 보고 그를 데리고 동침하니
3 그가 임신하여 아들을 낳으매 유다가 그의 이름을 엘이라 하니라
4 그가 다시 임신하여 아들을 낳고 그의 이름을 오난이라 하고
5 그가 또 다시 아들을 낳고 그의 이름을 셀라라 하니라 그가 셀라를 낳을 때에 유다는 거십에 있었더라
6 유다가 장자 엘을 위하여 아내를 데려오니 그의 이름은 다말이더라
7 유다의 장자 엘이 여호와가 보시기에 악하므로 여호와께서 그를 죽이신지라
8 유다가 오난에게 이르되 네 형수에게로 들어가서 남편의 아우 된 본분을 행하여 네 형을 위하여 씨가 있게 하라
9 오난이 그 씨가 자기 것이 되지 않을 줄 알므로 형수에게 들어갔을 때에 그의 형에게 씨를 주지 아니하려고 땅에 설정하매
10 그 일이 여호와가 보시기에 악하므로 여호와께서 그도 죽이시니
11 유다가 그의 며느리 다말에게 이르되 수절하고 네 아버지 집에 있어 내 아들 셀라가 장성하기를 기다리라 하니 셀라도 그 형들 같이 죽을까 염려함이라 다말이 가서 그의 아버지 집에 있으니라

82

"나는 속이는 자로 존재한다", "나는 믿는 자로 존재한다"

: 주해

아브라함은 하나님의 말씀을 따라 가나안 땅으로 왔다. 그는 가나안 땅에서 나그네로 살고 있었다. 하나님이 그에게 가나안 땅을 소유로 주실 것을 약속하셨다(15:7). 이 약속은 횃불 언약을 통해 확증되었다. 횃불 언약은 약속하신 하나님이 친히 주체가 되셔서 이루신다는 뜻이다. 이 약속은 아브라함의 사후 이스라엘의 입애굽과 출애굽을 통해 이루어진다. 이스라엘의 입애굽은 요셉을 통해 이루어진다. 요셉은 두 번에 걸쳐 꿈을 꾸었다. 꿈은 하나님의 계시 수단이다. 인간의 본성은 하나님을 대적한다. 그의 계시에 저항한다. 이에 계시를 받은 자는 불가불 사람들의 박해를 받는다. 요셉의 형들이 그가 꾼 꿈에 반발하되 그를 죽일 정도로 격동하는 것은 계시를 저항하는 죄의 세력에 사로잡혀 있기 때문이다.

요셉의 형들은 요셉을 죽이려 했다. 그러나 르우벤의 제안으로 죽이지는 않았다. 또한 유다의 제안으로 요셉을 미디안 상인들에게 은 20을 주고 팔았다. 상인들은 애굽으로 가서 바로 왕의 시위 대장 보디발에게 요셉을 팔았다. 사실의 역사는 요셉의 형들이 그를 팔았다는 것이다. 그러나 의미의 역사는 하나님이 요셉을 먼저 입애굽 하게 하셨다는 것이다. 하나님께서는 애굽에 노예로 팔린 요셉과 함께하셨다. 이제 애굽에서 하나님의 구원사가 펼쳐진다.

37장의 요셉이 애굽에 팔린 이야기는 39장에서 이어진다. 그 사이 유다와 다말의 이야기가 삽입되어 있다. 요셉의 이야기에 유다와 다말의 이야기는 뜬금없어 보인다. 일단 37-50장의 전체 이야기는 요셉의 족보가 아니라 야곱의 족보이다(37:2). 장자 르우벤이 일탈하여 장자권은 요셉에게 넘어갔다(대상 5:1-2). 그런데 유다의 후손에서 메시아가 나온다. 이 점에서 유다는 영적 장자이다. 유다와 다말은 시아버지와 며느리의 관계이다. 유다는 다말을 속이고 다말은 유다를 속인다. 그러나 이들 사이에서 나온 쌍둥이 중 아우 베레스는 메시아의 족보를 잇는다(마 1:3). 38장은 세 부분으로 구성된다.

① 1-11절: 유다가 자식을 낳지 못한 다말을 속이다.
② 12-24절: 다말이 유다를 속여 그와 동침하다.
③ 25-30절: 다말이 유다에게서 쌍둥이(세라와 베레스)를 낳다.

유다는 요셉이 죽었다고 하며 아버지를 속였다. 가족을 떠난 요셉은 하나님과 함께하여 언약을 이루어간다. 야곱의 남은 가족 안에 기만과 분열과 고통의 그림자가 드리워져 있다. 이는 하나님과 분리되어 죄와 사망이 지배하는 가족사의 전형이다. 유다는 그런 가족을 떠나 아둘람으로 내려갔다. 야곱의 집이 있는 헤브론은 해발 926m로 고지대이다. 아둘람은 유다 산기슭의 작은 언덕에 있는 곳으로 헤브론에서 내려가야 한다. 유다는 거기서 가나안 사람 수아의 딸과 결혼하였다. 유다의 결혼은 마치 견디기 힘든 가족을 떠나고 싶어서 마음에도 없이 하는 결혼과 같다. 유다의 아내는 가나안 여인으로 파악된다. 그녀는 이름도 없이 아버지 수아의 딸로 불린다. 그것은 유다의 결혼이 사랑보다 색욕에 의한 결혼임을 시사한다(고든 웬함). 그녀는 유다에게서 세 아들을 연속으로 낳았다. 세 아들의 이름은 엘, 오난, 셀라이다. "잉태했다" "낳았다" "이름 짓다"가 빠르게 연속해 있는 것은, 세 아이가 잇따라 태어났음을 시사한다. 유다가 막내아들 셀라를 낳을 때는 아둘람에서 거십으로 옮겼을 때이다(5절). 거십은 아둘람에서 서쪽으로 5km 정도 떨어진 곳이다.

유다가 장자 엘을 다말과 결혼시켰다. 다말은 가나안 여인으로 추정된다. 엘이 여호와 보시기에 악하므로 여호와가 그를 죽이셨다(7절). 그가 범한 죄는 언급하지 않는다. 엘이 죽은 후 다말은 자식 없는 과부가 되었다. 유다는 엘의 동생 오난이 다말과 동침하게 하여 형의 씨앗을 잇도록 명한다(8절). 형수가 시동생과 결혼하는 관습은 고대사회에 널리 유행하였다(Levirat, 收繼婚). 오난은 형식적으로만 시동생의 의무를 지켰다. 그는 아버지의 명을 따랐으나 형의 씨를 원하지 않았나. 그는 형수와 동침할 때마다 정액을 땅바닥에 쏟아 버리곤 하였다. 이는 여호와 보시기에 악하였고, 그도 죽었다(10절). 오난의 악행은 궁극적으로 하나님이 족장들에게 거듭해서 약속하신 자손의 번성을 의도적으로 좌절하게 하는 것이었다. 두 아들이 연달아 죽음으로써 유다는 심각한 진퇴양난에 빠지게 되었다. 고대 관행에 따라 유다는 다말을 막내 셀라에게 주어야 했다. 그러나 유다는 셀라의 생명을 염려하였다. 이런 갈등 속에서 유다는 다말을 친정으로 돌려보낸다. 막내아들 셀라가 장성할 때까지 과부로 살라고 하였다(11절). 이것은 장차 다말을 셀라에게 주기 위함이었다.

야곱은 속이는 자였다. 그는 형을 속여 장자권과 축복권을 빼앗았다. 그러나 그는 삼촌 라반에게 속임 당하였다. 야곱은 요셉을 총애하였으나 다른 아들들에게 속임을 당하였다. 그는 요셉이 죽은 줄 알고 요셉을 다시 만난 13년간 지옥 같은 생을 살았다. 부전자전인가? 야곱의 아들 유다는 아버지를 속였다. 요셉이 죽었다고 거짓으로 고하였다. 그는 혈통의 순수성을 저버리고 이름도 없는 이방 여인과 결혼하였다. 그리도 세 아들을 두었다. 그는 이방 여인 다말을 며느리로 맞이하였다. 하지만 유다의 두 아들이 연속해서 죽었다. 그는 막내아들도 죽을 것을 두려워하였다. 그리하여 며느리 다말을 속였다. 그는 셀라가 장성하였어도 약속을 지키지 않았다. 후에 이어지는 이야기에서 다말이 유다를 속였다.

유다는 구속사적으로 그리스도의 조상이다. 하나님은 속고 속이는 인생들을 통해 구속의 역사를 이루신다. 속고 속임은 야곱과 유다의 부전자전이 아니라, 아담 안의 모든 인간의 실존이다. 만물보다 거짓되고 심히 부패한 것이 사람의 마음이다(렘 17:9). 그러나 누가 그것을 알겠는가? 예수께서 사람의 중심을 꿰뚫어 보신다. 바리새인들은 "스스로 옳다"라고 확신하는 자들이었다. 그들의 "전이해"는 확고부동하였다. 예수께서 그런 자들을 가증하게 여기셨다(눅 16:15, 개역개정 "미워하다"의 그리스어 "브델뤼그마"라는 "가증한 것", "혐오스러운 것"임).

예수께서 하나님을 아버지로 굳게 믿는 유대인들에게 진리에 대해 말씀하셨다. "진리를 알지니 진리가 너희를 자유케 하리라"(요 8:32). 그러나 이들은 이미 자유롭다고 확신하였다. 죄의 종노릇을 하면서도 말이다. 이들이 확신하는 바는 아브라함이 아버지요, 하나님을 아버지로 믿었기 때문이었다. 그러나 예수께서는 그들이 거짓의 아버지, 마귀가 그들의 아버지라고 규정하셨다(요 8:44).

바리새인 중의 바리새인이었던 사도 바울은 천명한다. 사람은 다 거짓되되 오직 하나님은 참되시다(롬 3:4). 의인은 없으니 하나도 없다(롬 3:10). 초기 기독교 사상을 구축한 아우구스티누스는 신국론에서 유명한 말을 남겼다. "나는 틀렸으므로 존재한다"(si erravi, sum) 또는 "나는 속이므로 존재한다"(si fallor, sum). 인간은 오류의 존재라는 것이다. 이와 달리 근대 철학의 시조로 불리는 데카르트는 자아의 확실성을 주장하였다. "나는 생각함으로 존재한다"(cogito, ergo sum, 코기토 에르고 숨). 인간의 이성은 옳다는 것이다. 신의 확실성이 자아의 확실성으로 대체되었다(한스 큉, 〈신은 존재하는가〉). 물론 데카르트의 이론은 19세기 이후 태동한 낭만주의와 허무주의에 의해 무너진다.

데카르트와 쌍벽을 이루었던 천재 수학자 파스칼은 데카르트의 반대 명제로 "나는 믿는다. 그러므로 나는 존재한다"(credo, ergo sum)라고 말하였다. 그에 따르면, 인간의 위대함은 심히 거짓되고 부패한 인간의 비참함을 의식한다는 사실에서 기인한다. "인간의 위대함은 자신이 비참하다는 것을 아는 점에서 위대하다. 나무는 자신의 비참을 모른다. 따라서 자신이 비참하다는 것을 아는 것은 비참한 일이다. 그러나 자신이 비참하다는 것을 아는 것은 곧 위대함이다"(팡세). 그러면서 파스칼은 데카르트의 사상이 "신을 필요로 하지 않는다"라는 이유로 그와 결별하였다. 파스칼에게 신을 안다는 것은 자신의 비참함을 아는 것이다. 자기의 비참함을 아는 자는 그리스도를 통하여 신의 은총을 입는다. 그것은 하나님의 사랑의 신비이다. "자신의 비참을 알지 못하고 신을 아는 것은 오만을 낳는다. 신을 알지 못하고 자신의 비참을 아는 것은 절망을 낳는다"(팡세).

:묵상

"나는 속이는 자로 존재한다"(아우구스티누스).
"나는 생각하는 자로 존재한다"(데카르트).
"나는 믿는 자로 존재한다"(파스칼).

나는 누구인가? 사람이 어떻게 겉과 속이 다른 외식에서 벗어날까! 숨은 부끄러운 일을 버리고자 하나 이내 되풀이한다. 아, 나는 여전히 속이는 자로 존재한다. 은총론의 대가인 아우구스티누스의 고백이 심연을 뒤흔든다. 내가 야곱이고 내가 유다이고 내가 다말이다! 만물보다 거짓되고 부패한 자가 바로 나이다. 심히 비참한 자이다. 동시에 파스칼의 고백이 내 영혼에 파고든다. 인간이 위대한 것은 비참함을 아는 것이다. 그러나 신의 은총이 부재한 비참함은 절망을 낳을 뿐이다. 하나님의 은총은 비참한 자리에 임한다(사 57:15).

오늘도 부득불 속이는 자, 비참한 자를 불쌍히 여기시는 주 앞에 엎드린다. 긍휼을 구한다. 하늘에 계신 대제사장 그리스도가 그런 나에게 긍휼을 베푸신다(히 4:15). 파레시아를 통해 은혜의 보좌로 들어간다. 거기서 아버지의 인자와 신실을 덧입는다(히 4:16). 한결같이 비참한 자에게 한결같은 주의 사랑이 부어진다. 이는 내 생명보다 더 귀하다.

"주님의 한결같은 사랑이 생명보다 더 소중하기에, 내 입술로 주님께 영광을 돌립니다"(시 63:3).

오늘도 나는 속이는 자로 존재한다. 그런 나는 비참하다.
그러나 나는 그리스도를 통해 나타난 하나님의 은총을 믿는 자로 존재한다. 나는 비참하나 절망하지 않는다. 오직 믿음으로 산다!

83

38:12-23

12 얼마 후에 유다의 아내 수아의 딸이 죽은지라 유다가 위로를 받은 후에 그의 친구 아둘람 사람 히라와 함께 딤나로 올라가서 자기의 양털 깎는 자에게 이르렀더니
13 어떤 사람이 다말에게 말하되 네 시아버지가 자기의 양털을 깎으려고 딤나에 올라왔다 한지라
14 그가 그 과부의 의복을 벗고 너울로 얼굴을 가리고 몸을 휩싸고 딤나 길 곁 에나임 문에 앉으니 이는 셀라가 장성함을 보았어도 자기를 그의 아내로 주지 않음으로 말미암음이라
15 그가 얼굴을 가리었으므로 유다가 그를 보고 창녀로 여겨
16 길 곁으로 그에게 나아가 이르되 청하건대 나로 네게 들어가게 하라 하니 그의 며느리인 줄을 알지 못하였음이라 그가 이르되 당신이 무엇을 주고 내게 들어오려느냐
17 유다가 이르되 내가 내 떼에서 염소 새끼를 주리라 그가 이르되 당신이 그것을 줄 때까지 담보물을 주겠느냐
18 유다가 이르되 무슨 담보물을 네게 주랴 그가 이르되 당신의 도장과 그 끈과 당신의 손에 있는 지팡이로 하라 유다가 그것들을 그에게 주고 그에게로 들어갔더니 그가 유다로 말미암아 임신하였더라
19 그가 일어나 떠나가서 그 너울을 벗고 과부의 의복을 도로 입으니라
20 유다가 그 친구 아둘람 사람의 손에 부탁하여 염소 새끼를 보내고 그 여인의 손에서 담보물을 찾으려 하였으나 그가 그 여인을 찾지 못한지라
21 그가 그 곳 사람에게 물어 이르되 길 곁 에나임에 있던 창녀가 어디 있느냐 그들이 이르되 여기는 창녀가 없느니라
22 그가 유다에게로 돌아와 이르되 내가 그를 찾지 못하였고 그 곳 사람도 이르기를 거기에는 창녀가 없다 하더이다 하더라
23 유다가 이르되 그로 그것을 가지게 두라 우리가 부끄러움을 당할까 하노라 내가 이 염소 새끼를 보냈으나 그대가 그를 찾지 못하였느니라

83

악한 세대에서 건지신 구원, 육체의 남은 때를 주 위해 살게 하소서!

∶주해

요셉이 애굽에 팔린 후 유다는 아버지 집을 떠나 가나안 땅으로 갔다. 가나안 땅은 하나님이 아브라함의 후손에게 약속하신 땅이다. 땅의 약속은 아브라함의 사후 400년이 지난 다음 입애굽과 출애굽을 통해 성취된다. 그러나 유다는 육신의 생각을 따라 그 땅으로 갔다. 유다는 그곳에서 수아의 딸을 아내로 맞아 세 아들을 낳았다. 그리고 장자 엘을 위해 그 땅의 여인 다말을 아내로 맞아들였다. 엘이 죽고 둘째 오난이 형의 씨를 보전하기 위해 형수에게 들어갔다. 하지만 오난은 형의 씨를 원하지 않아 정액을 땅에 쏟았다. 이 일이 여호와 보시기에 악하였고 여호와께서 그를 죽이셨다. 유다는 두 아들을 연거푸 잃고 심한 곤경에 빠졌다. 그는 막내 셀라도 죽을 것을 두려워하였다. 그가 생각해 낸 방책은 다말을 친정으로 보낸 것이다. 다말로 하여금 셀라가 장성하기까지 기다리라는 유다의 말은 기만이다. 유다의 아내가 죽고 셀라가 장성하였으나 유다는 다말에 대해 어떤 조치도 취하지 않았다.

12-23절은 다말의 역공이다. 다말이 유다를 속여 그와 동침하고 잉태하였다. 상처(喪妻)한 유다는 위로를 받고자 다말의 고향에서 가까운 딤나로 갔다. 이곳은 사사기에 기록된 삼손이 방문했던 곳(삿14:1)이 아니라, 베들레헴 서쪽

15km 지점에 있는 곳이다. 룻기에서 보아스와 룻이 결혼했듯이, 과부가 시동생과 결혼하는 레비라트 결혼 의무는 시동생에게만 부과되지 않았다. 그래서 다말은 유다가 자기를 아내로 맞으리라고 기대할 수 있었다. 게다가 유다는 셀라가 장성했어도 다말을 부르지 않아 자기를 영원히 내쫓은 것으로 생각하였다. 이제 다말은 주도적으로 행동한다. 다말은 과부의 옷을 벗고 너울로 얼굴을 가리고 몸을 휩싸고 딤나 길 곁 에나임 문에 앉았다. 과부의 옷이 무엇인지 정확하지 않으나 분명 너울은 쓰지 않았다. 너울은 처녀들과 기혼 여성들이 외출할 때 썼다(24:65).

시아버지를 유혹하기 위해 창녀의 행세를 한 다말의 행동은 현대적 사고로 이해할 수 없다. 이는 고대의 풍습을 고려해야 한다. 고대 사회에서 결혼한 여인들이 어떤 서약에 따라 외간 남자와 동침하는 것은 널리 퍼진 풍습이었다(폰라드). 이것은 사랑의 여신 아스다롯을 위해 정조를 포기하는 풍습이었으나 율법에서 엄히 금하였다(신 23:19, 민 30:7, 호 4:15 이하). 유다를 유혹하는 다말은 "창녀"로 묘사된다(15절). 여기서 창녀의 히브리어 "자나"는 매춘녀이다. 그런데 유다가 다말을 찾을 때 부른 창녀(21, 22절)의 히브리어는 "크데샤"이다. "크데샤"는 가나안 이방성소의 창녀(신전 창녀)를 말한다(개역개정 난하주). 당시 이스라엘과 가나안의 경계 지역의 길가에 신전 창녀가 나타난 것은 특이한 일은 아니었다. 그러므로 다말은 현대적 의미의 창녀로 행세한 것이 아니라, 이 풍습을 따르는 기혼 부인으로 행세하였다. 그러나 유다가 그녀를 신전 창녀로 알고 취한 것이다(21절 참고).

유다가 다말에게 동침을 요구하자, 다말은 화대를 요구하였다. 유다가 자기 염소 새끼를 주겠다고 하자, 다말은 유다의 도장과 도장 끈과 손에 있는 지팡이를 담보물로 요구하였다(15절). 유다는 다말에게 담보물을 주었고 그녀와 동침하였다. 다말이 유다로 말미암아 잉태하였다(18절). 다말은 너울을 벗고 다시 과부의 옷을 입었다(19절). 유다는 담보물을 찾기 위해 친구 히라에게 염소 새끼를 보냈다. 그러나 그 친구는 다말을 찾지 못하여(20절) 사람들에게 여자를 수소문하였다. "에나임으로 가는 길 가에 서 있던 창녀가 어디에 있느냐?"(21절). 그러나 사람들은 이곳에는 창녀가 없다고 하였다.

그 친구가 유다에게 와서 담보물을 가진 창녀를 찾지 못하였고, 그곳에는 창녀가 없다고 말하였다(22절). 유다는 더 이상 부끄러움을 당하지 않기 위해 담보물을 포기하고 창녀 찾는 일도 중단하였다. "가질 테면 가지라지. 잘못하다가는 창피만 당하겠네. 어찌하였든지, 나는 새끼 염소 한 마리를 보냈는데, 다만 자네가 그 여인을 찾지 못한 것뿐일세"(23절).

성경은 하나님의 말씀이며 동시에 성경이 기록된 시대적 상황과 저자의 개인적, 공동체성을 반영하는 인간의 말이다. 성경의 언어는 그것이 쓰인 시대의 특수한 역사적 상황과 문화적 배경과 저자의 신앙적 경험과 이해를 반영한다. 유대교의 구약성경 해석은 주로 문자적 방법과 미드라쉬 방법과 알레고리 방법을 취하였다(윤철호, 〈신뢰와 의혹〉). 성경의 문자적 방법은 문자를 그대로 받아들이는 것이고, 미드라쉬 방법은 인물과 사건을 통해 교훈을 얻는 것이며, 알레고리 방법은 영적 의미를 파악하려는 것이다. 초기 기독교에서 구약성경은 예수 그리스도 중심으로 해석하였다. 구약성경은 예수 그리스도를 이해하는 준거 기준이며(롬 1:2), 그리스도는 구약성경을 해석하는 열쇠이다(요 5:39). 이후 교부 시대에서는 예수 그리스도를 해석학적 원리 또는 열쇠로 삼고 전체 성서를 기독론 중심으로 해석하였다. 중세 시대에는 교회가 성경 해석의 권위를 가졌다. 교회는 전통과 교리를 입증하는 수단으로 성경을 사용하였고, 대중은 문자적 의미와 괴리된 영적 해석이 주류를 이루었다.

종교개혁자들은 성경의 문자적, 역사적 의미를 중시하되 성경을 통해 그리스도와 만나는 것을 해석의 목적으로 삼았다(루터). 이는 문자적 역사적 성경 해석 위에 서 있는 주관적, 영적 해석이다. 칼뱅은 성경의 이중적 저자성을 강조하였다. 성경은 하나님의 입에서 인간에게 주어진 말씀이며 동시에 저술자인 인간의 인격성이 반영되어 기록되었다. 종교개혁 이후 정통주의 시대에는 성경의 기계적 축자영감설과 절대무오성의 교리가 채택되었다. 성경은 기록자가 축자적으로 받아 적은 것이기 때문에 일점일획의 오류도 없다는 것이다. 성경은 성스러운 책이 되었고 성경에 대한 일체의 비평이 금지되었다. 심지어 근본주의자들은 성경이 역사적으로 과학적으로 오류가 없다는 어처구니없는 주장을 하였다. 그러다 보니 성경의 권위는 성경이 계시하는 예수 그리스도의 권위를 능가하였다.

성경에 대한 비이성적 주장은 계몽주의 이후 직격탄을 맞게 된다. 성경의 절대무오성은 인간의 이성에 의해 비판받았고 성경의 권위는 추락하였다. 계몽주의 이후 슐라이어마허는 성경 해석의 새로운 전기를 마련하였다. 그의 해석학은 성경을 기록한 저자의 사고와 저자 시대의 언어가 역사를 이해함으로 시작한다. 해석의 관점은 성경의 저자와 그것을 읽은 첫 번째 독자이다. 또한, 그는 성경의 전체 사상에서 부분을 보고 부분에서 전체를 보는 해석학적 순환을 강조한다. 오늘날 대부분 해석학자는 슐라이어마허의 해석학이 해석학의 발전에 혁명을 가져왔다고 말한다.

20세기 들어 한스 게오르그 가다머의 성경 해석은 언어분석과 역사분석의 과정을 지나 궁극적으로 해석자에게 진리의 사건이 됨으로써 해석자에게 새로운 존재 이해를 가져온다. 그렇지 않은 성경 해석은 살아있는 진리가 될 수 없으며 문자주의에 갇힐 수 있다. 폴 리쾨르는 가다머의 주장을 용인하여 성경 해석학의 정수를 보여주었다. 리쾨르에 따르면 성경 해석은 해석에 필요한 요소인 언어와 역사와 문화와 상징 등 다양한 방식을 통해 궁극적으로 자기 이해를 새롭게 하는 것이다. 성경은 살아있는 말씀이 되어 존재 사건을 일으킨다. 해석자는 성경을 통해 자신의 비참함을 발견하고 그런 자를 용납하시는 그리스도를 만난다. 그는 그리스도를 만남으로써 새로운 존재로 변화된다. 이것은 하이데거가 말한 "자기 이해"이며, 새롭게 된 자기 이해이다. 그러므로 해석자는 성경을 통해 이전의 자기 이해에서 새로운 자기이해로 변화를 경험한다.

창세기 38장에서 다말의 행동은 현대의 사고방식으로 결코 이해될 수 없다. 그녀는 엘의 아내였다가 남편이 죽자 시동생 오난과 동침하였다. 후에는 창녀로 변장하여 시아버지와 동침하였다. 다말의 문란한 근친상간은 가나안에서는 용납된 풍습이었으나, 이스라엘에서는 엄히 금지되었다(레 20장). 한편 유다는 두 아들을 잃은 난처한 상황에서 나름대로 최선의 결정을 하였다. 막내아들을 살리기 위해 다말을 친정으로 보냈다. 아내를 잃고 나서 성전 창녀에게 정당한 대가를 지불하고 동침하였다. 담보물을 찾기 위해 창녀를 수소문했으나 실패하였다. 유다와 다말 중 누가 정의로운가의 문제는 이후 나오는 이야기에서 판명된다. 유다는 다말을 향하여 "그는 나보다 옳도다"라고 하였다(26절). 유다는 야곱의 아들이자 동시에 메시아의 조상이 된다. 물론 그가 당시에 그것을 알았을 리 만무하다. 중요한 것은 유다는 자손 낳기를 두려워하였다. 두 아들이 연달아 죽었기 때문이었다. 그래서 다말에게 막내아들 셀라 주기를 꺼렸다.

그러나 다말은 자식 낳기에 집요하였다. 그녀는 엘과 동침하였고 오난과도 동침했으나 자식을 낳지 못하였다. 셀라와의 동침은 무망하였다. 그런 와중에 그녀는 기회를 잡아 시아버지를 유혹하였고 그로부터 잉태하였다. 다말의 목표는 오직 한 가지, 유다의 맏며느리로서 대를 잇는 것이었다. 이 일로 그녀는 메시아의 선조모가 되는 영예를 입었다. 하나님은 인간적인 욕정을 통하여 당신의 선하신 역사를 이루신다. 즉, 이 말씀은 오늘날 독자들에게 존재 사건이 되어 새로운 자기 이해에 이르게 한다. 그리스도인이라도 역사와 문화와 종교의 세계성 안에 처해 있다. 세계성 안에서 신앙생활하며 주의 일을 한다.

하이데거는 인간은 처해 있음의 실존으로서 "잡담, 호기심, 애매성"에 갇혀 있다고 하였다(《존재와 시간》). 인간은 타자에 의존하며, 타자를 따라 생각하고, 따라 말하고, 따라 행동하는 비본래적 인간이다. 비본래적 인간이 죽음을 미리 경험함으로써 본래적 인간을 지향한다. 인간은 죽음 앞에 섰을 때 가치가 전도(轉倒)된다. 있으면 살고 없으면 죽을 것 같은 것이라도 허망한 것으로 변한다. 타자를 따라 살았던 인생은 회한으로 돌아온다. 아무렇지 않던 일상이 구토로 바뀐다(사르트르의 〈구토〉). 잡담과 호기심과 애매성으로 살던 일상이 갑자기 역겨워진다. 이것은 비본래적 인간에서 본래적 인간이 되고자 하는 깨어남이다. 그런데 어떻게 인간이 스스로 세계성에서 빠져나와 본래적 인간이 되는가? 하이데거의 말대로 과연 죽음으로 가능한 것인가? 그럴 수 없다! 비본래적 인간이 본래적 인간으로 바뀌는 것은 오직 그리스도 안에서만 가능하다(불트만). "누구든지 그리스도 안에 있으면, 그는 새로운 피조물입니다. 옛 것은 지나갔습니다. 보십시오. 새 것이 되었습니다"(고후 5:17).

유다와 다말은 가나안 세계에서 "처해 있음의 실존"으로 살았다. 그들의 삶은 현대의 세계성에서 이해할 수 없으나 당시의 세계성으로는 얼마든지 이해할 수 있는 일이었다. 그리고 하나님은 세계성에 빠져있는 그들을 통해 구원사를 펼치신다. 이후 이스라엘은 애굽에서 구원받아 가나안 땅으로 들어갔다. 이때 하나님은 구원받은 자들을 가나안의 세계성과 엄중히 분리시키셨다. 그들로 하여금 가나안의 세계성을 본받지 말고 말씀에 순종하는 삶을 살게 하셨다. 그들을 언약 안에 거하게 하심으로써 그들을 거룩한 백성이 되게 하시고 제사장 나라가 되게 하신 것이다(출 19:6). "거룩"의 히브리어 "카도시"는 "분리" 또는 "구별"이다. 언약 백성은 패역한 세대로부터의 구원받아 패역한 세대와 분리된 백성이다. 그들은 세계성, 곧 처해 있음의 실존에서 구원받았다. 하여 그들은 더 이상 가나안적 삶의 방식을 따를 수 없다. 레위기 20장은 구원받은 이스라엘 백성이 가나안의 풍속을 따르지 말 것을 규정하고 있다. 유다와 다말의 근친상간은 더욱 용납되지 않는다.

아담 안의 모든 사람은 세계 안에서 출생하여 세계성 안에서 살아간다. 그러나 오직 한 분 하나님의 아들은 하늘로부터 오셨다. 그가 하늘에서 오신 것은 십자가에서 죽으시고 부활하심으로써 영생을 주시기 위함이다(요 3:13-15). 영생 얻은 구원은 세계성으로부터의 구원이다. 예수께서 자기 몸을 내어주심으로써 악한 세대에서 우리를 건지셨다. 그리스도인은 패역한 세대에서 구원받은 자이다. 그는 이 세상의 아이온(풍조)에서 구원받았다. 그는 더 이상 이 세대를 본받지 않는다. 그는 새로운 존재로 오는 세대를 사는 자이다.

> "또 여러 말로 확증하며 권하여 이르되 너희가 이 패역한 세대에서 구원을 받으라 하니"(행 2:40).
>
> "너희는 이 세대를 본받지 말고 오직 마음을 새롭게 함으로 변화를 받아 하나님의 선하시고 기뻐하시고 온전하신 뜻이 무엇인지 분별하도록 하라"(롬 12:2).
>
> "그리스도께서 하나님 곧 우리 아버지의 뜻을 따라 이 악한 세대에서 우리를 건지시려고 우리 죄를 대속하기 위하여 자기 몸을 주셨으니 영광이 그에게 세세토록 있을지어다 아멘"(갈 1:4-5).
>
> "그는 허물과 죄로 죽었던 너희를 살리셨도다 그 때에 너희는 그 가운데서 행하여 이 세상 풍조를 따르고 공중의 권세 잡은 자를 따랐으니 곧 지금 불순종의 아들들 가운데서 역사하는 영이라"(엡 2:1-2).

베드로 사도는 세계성에서 구원받은 신자들의 삶이 어떠해야 함을 구체적으로 권면한다(벧전 4:1-3). 이방인의 뜻을 따라 사는 삶은 지나간 때로 족하다. 그때는 방탕과 정욕과 술 취함과 환락과 연회와 가증스러운 우상숭배에 빠져 살았다. 이제 세계성에 빠진 삶은 그쳐야 한다. 육체의 남은 때, 오직 하나님의 뜻을 위해 살아야 할 것이다. 베드로의 권면은 포스트모던 시대를 사는 현대의 그리스도인에게도 동일한 하나님의 말씀이다.

묵상

세상을 보고 뉴스를 보면 사람마다 온통 세계성 속에 빠져있다. 아담 안에서 태어나고 패역한 세상에 내던져져 있는 인간의 굴레를 어떻게 스스로 벗어나겠는가? 방탕과 정욕과 술 취함과 향락과 가증스러운 우상숭배의 삶을 당연시하고 심지어 조장한다. 자본주의 사회에서 잘사는 것이란 고작 돈 많이 벌어서 육체적으로 편안하고, 하고 싶은 것 마음껏 하고, 다니고 싶은 곳 마음껏 다니는 삶이다. 나 역시 예외가 아니었다. 신앙생활과 목회를 하였어도 세계성에 푹 빠져있었다. 이생의 번영과 지상 행복을 꿈꾸었다. 따라 생각하고, 따라 말하고, 따라 신앙하고, 따라 목회하였다. 진리를 영으로 경험하지 못하니 잡담, 호기심, 애매성에 매인 자였다. 내 것이 아닌 다른 사람의 것을 가져다 설교로 외쳤다. 나와 똑같이 세계성에 빠진 이들은 환호하였다.

아, 허탄한 인생이여! 멸망으로 끝나도 하나님은 의로우셨다. 허물과 죄로 죽은 자, 이 세대의 풍조를 따르던 자를 불쌍히 여기셨다. 그리스도 안에서 그와 함께 살리사 새 생명을 주셨다. 땅에서 난 자, 하늘에서 난 새 생명을 주셨다. 그리스도께서 자기 몸을 드림으로써 악한 세대에서 나를 건지셨다. 악한 세대에서 오는 세대로 옮기어졌다(골 1:13). 하지만 생명을 알고 누리기까지 유다와 다말처럼 세계성에 빠져있었다. 그런 자가 복음을 통해 생명을 알고 생명의 교제를 하게 되었다. 지금도 부족한 모습, 곧 옛사람의 모습이 나타난다. 그러나 그로 인해 절망하지 않는다. 날마다 내가 있어야 할 곳, 내가 가야할 곳을 알기 때문이다. 그곳은 아들을 힘입어 들어가는 아버지 집이며, 그곳에서 독생자의 영광을 본다. 아버지의 한결같은 사랑과 신실하심으로 하루를 산다.

84

38:24-30

24 석 달쯤 후에 어떤 사람이 유다에게 일러 말하되 네 며느리 다말이 행음하였고 그 행음함으로 말미암아 임신하였느니라 유다가 이르되 그를 끌어내어 불사르라

25 여인이 끌려나갈 때에 사람을 보내어 시아버지에게 이르되 이 물건 임자로 말미암아 임신하였나이다 청하건대 보소서 이 도장과 그 끈과 지팡이가 누구의 것이니이까 한지라

26 유다가 그것들을 알아보고 이르되 그는 나보다 옳도다 내가 그를 내 아들 셀라에게 주지 아니하였음이로다 하고 다시는 그를 가까이 하지 아니하였더라

27 해산할 때에 보니 쌍태라

28 해산할 때에 손이 나오는지라 산파가 이르되 이는 먼저 나온 자라 하고 홍색 실을 가져다가 그 손에 매었더니

29 그 손을 도로 들이며 그의 아우가 나오는지라 산파가 이르되 네가 어찌하여 터뜨리고 나오느냐 하였으므로 그 이름을 베레스라 불렀고

30 그의 형 곧 손에 홍색 실 있는 자가 뒤에 나오니 그의 이름을 세라라 불렀더라

84

불의한 자들의 계보로 오신 그리스도, 하나님의 의를 나타내다!

: 주해

유다와 다말의 이야기는 극적인 정점을 향한다(24-30절). 유다는 다말과 동침한 후 석 달이 지나 그녀의 임신 소식을 들었다. 어떤 사람이 고하기를, 다말이 행음하여 임신했다는 것이다(24절). 유다는 격분하여 그녀를 끌어내어 불사르라고 명하였다. 고대 사회에서 가장은 가족들에 대하여 판결권을 가지고 있었다(신 21:18 이하 참고). 그렇지만 불살라 죽이는 화형은 가혹한 형벌이었다.

다말은 대담하게도 극한의 순간까지 상황을 몰고 간다. 그녀는 임신 사실을 유다에게 미리 알리지 않았다. 화형장으로 끌려가는 그 순간 잉태한 아이의 아버지가 유다임을 알렸다. "저는 이 물건 임자의 아이를 배었습니다. 잘 살펴보십시오. 이 도장과 이 허리끈과 이 지팡이가 누구의 것입니까!"(25절). 유다는 변명의 여지가 없었다. 그는 그 물건들이 자기 것임을 알아보고 다말이 옳다고 하였다. "그가 나보다 옳도다 내가 그를 내 아들 셀라에게 주지 아니하였음이로다"(26절). 다말의 정당성과 자신의 부당성을 인정하는 유다의 말은 본 단락의 정점을 이룬다. 다말이 근친상간의 죄를 지었다면 자신도 그 죄를 지었고, 거기에 더하여 다말을 셀라에게 주지 않은 죄까지 있다는 것이다. "옳도다"의 히브리어 "짜다크"는 법정에서 죄 없는 사람이라는 의미이다(출 23:7,

신 25:1). 따라서 유다는 그녀의 무죄를 선언하고 자신의 유죄를 인정한 것이다. 유다가 더 이상 다말을 가까이하지 않은 것은 그녀를 다시 며느리로 간주하였음을 뜻한다.

27-30절, 다말이 해산하여 쌍둥이를 낳았다. 다말이 해산할 때 한 아기가 손을 내밀었다. 산파가 진홍색 실을 가져다가 그 아이의 손목에 감고서 말하였다. "이 아이가 먼저 나온 녀석이다"(28절). 진홍색 실을 손목에 맨 아이가 장장자였다. 그런데 그 아이가 손을 안으로 다시 끌어들였다. 그런 다음에 그의 아우가 먼저 나왔다. 산파가 다시 그 아이에게 말하였다. "어찌하여 네가 터뜨리고 나오느냐!" 산파의 이 말에 따라 아이의 이름은 "베레스"(터뜨림)가 되었다. 그의 형, 곧 진홍색 실로 손목이 묶인 아이가 뒤에 나왔다. 그 아이 이름은 "홍색, 밝음"을 뜻하는 "세라"로 지었다(30절).

창세기 38장의 유다와 다말의 이야기는 인간성으로 가득 차 있다. 여호와의 행동은 엘과 오난을 죽인 것 외에 나오지 않는다(7, 10절). 하나님의 행동은 유다와 다말에게는 철저히 감추어져 있다. 두 사람은 오직 본성적으로 행동한다. 그들은 당시 가나안의 풍습을 따라 거리낌 없이 행하였다. 상처(喪妻)한 유다는 수절하는 며느리 다말을 창녀로 잘못 알고 동침하였다. 다말은 시아버지를 속여 동침하고 잉태하였다. 유다는 다말의 임신 사실을 알고 격노하였다. 불의한 다말을 끌어내어 불사르라고 명령하였다. 다말은 끌려가는 중 아이의 아버지가 유다임을 밝힌다. 유다는 당혹하였고 다말의 정당성을 인정한다. 본 단락의 정점은 "다말이 의로웠다"라는 유다의 선언에 있다. 이것은 창세기의 저자가 궁극적으로 하고 싶었던 이야기이다.

창세기의 저자는 다말의 행동을 윤리적 관점에서 평가하지 않는다. 그녀는 유다가 경홀히 여긴 그의 자손을 얻는 일에 전심전력을 다하였다. 다말의 한 가지 목적은, 유다 가문의 대를 잇는 것이었다. 그는 무모한 방법으로 이 일을 이루었다. 그녀는 자신과 유다를 치욕스러운 죄악으로 이끌었으나, 씨를 갖고자 한 그녀의 행동은 비장했다. 결국 유다보다 다말이 옳았다. 다말에게서 난 베레스는 유다 가문의 우두머리가 되었다. 다윗의 증조부 보아스는 베레스의 직계 후손이다(룻 4:18-21). 보아스와 룻이 결혼할 때 장로들은 "여호와께서 이 젊은 여자로 말미암아 네게 상속자를 주사 네 집이 다말이 유다에게 낳아준 베레스의 집과 같이 하시기를 원하노라"(룻 4:12)라고 축원하였다. 베레스를 낳은 유다와 다말은 다윗의 조상이 되었다. 그들은 구속사적으로 예수 그리스도의 조상이 되었다. "유다는 다말에게서 베레스와 세라를 낳고, 베레스는 헤스론을 낳고, 헤스론은 람을 낳고…야곱은 마리아의 남편 요셉을 낳았다. 마리아에게서 그리스도라고 하는 예수가 태어나셨다"(마 1:3, 16).

유다와 다말의 이야기는 주변적인 민담으로 보이나, 구원사에서 중요한 연결부이다. 다말이 자식을 가지겠다는 열망은 유다에게 다윗과 이 세상 구세주의 조상이 되는 영예를 안겨주었다. 마태복음에서 예수 그리스도의 계보는 아브라함, 이삭, 야곱, 유다로 이어진다. 계보는 "아브라함이 이삭을 낳고 이삭이 야곱을 낳고"라는 식으로 통상 남자의 이름으로 이어진다. 그런데 유다에게는 "다말에게서"라는 여인의 이름을 언급한다. 이외에도 라합, 룻, 우리아의 아내 등 세 여인의 이름이 등장한다. 족보에 나오는 여인들은 이방인이거나 수치스러운 이름이다. 그런데 이들은 메시아의 선조모가 되는 영예를 입었다. 하나님은 아브라함에게 자손을 약속하셨다. 아브라함의 자손은 그리스도가 오시기까지 계보를 형성하며, 그리스도에게서 종결된다(갈 3:16).

하나님은 아브라함에게 약속하시고 그 약속을 신실하게 지키셨다. 아브라함의 상태와 그의 후손들의 상태가 어떠하든 그들을 통해 약속을 이루신 것이다. 그리스도가 불의한 자들의 계보로 오셨다. 이것은 하나님의 의로우심이다. 히브리 사상에서 의로움은 "관계 안에서 책임을 다하는 상태"이다. 인간 세계에서 "의로움"은 관계 당사자가 균등하게 책임을 다하는 상태를 의미한다. 쌍방은 50대 50의 책임을 요구한다. 이것은 인간 세계는 물론 종교의 영역에도 해당한다.

고대 사회에 이런 이야기가 있다. 어떤 부자가 병이 들었다. 그런데 그는 의사도 부르지 않고, 약도 쓰지 않았다. 사람들이 그에게 치료받도록 강권하였다. 그러자 그는 자신의 공덕을 내세웠다. 자기는 해와 달을 섬기고, 나라의 임금에게 충성하고, 부모에게 효도하고 이웃에게 선을 베풀었다. 그러면서 자기가 믿는 신이 병을 고쳐줄 것이라고 확신하였다. 만일 신이 고쳐주지 않는다면 자기의 공덕이 부족해서 그런 것이니 받아들이겠다고 하였다. 극단의 사례이지만, 종교는 이런 식의 공덕을 요구한다. 그러나 하나님의 의로움은 전혀 다르다. 인간의 공덕을 요구하지 아니하신다. 하나님은 창세전 우리에게 영생을 주시기로 약속하셨다(딛 1:2). 세상이 창조되기 전, 우리가 태어나기 전 하나님이 일방적으로 약속하셨다. 영생의 약속은 아브라함에게 하신 모든 족속이 받는 복이다(창 12:3). 이 복은 대대로 아브라함의 자손을 통해 전승되었고 그리스도가 오심으로써 성취되었다.

신약시대 유대인들은 율법을 잘 지키는 공덕을 통해 하나님께 의롭게 된다고 믿었다. 그러나 유대인 중 유대인이었던 바울은 말한다. "그러므로 율법의 행위로는 하나님 앞에서 의롭다고 인정받을 사람이 아무도 없습니다. 율법으로는 죄를 인식할 뿐입니다"(롬 3:20). 율법은 그것을 지킬수록 죄의 세력이 역사하여 우리를 사망에 이르게 할 뿐이다(롬 7:11). 이제는 공덕과 상관없는 하나님의 의로움이 우리에게 나타났다. 그것은 하나님에게서 비롯된 의로움이며, 예수 그리스도를 믿는 모든 사람에게 주어지는 의로움이다. 불의한 자들의 계보로 오신 그리스도가 하나님의 의로움을 나타내셨다.

"그러나 이제는 율법과는 상관없이 하나님의 의가 나타났습니다. 그것은 율법과 예언자들이 증언한 것입니다. 그런데 하나님의 의는 예수 그리스도를 믿는 믿음을 통하여 오는 것인데, 모든 믿는 사람에게 미칩니다. 거기에는 아무 차별이 없습니다. 모든 사람이 죄를 범하였습니다. 그래서 사람은 하나님의 영광에 못 미치는 처지에 놓여 있습니다. 그러나 사람은, 그리스도 예수 안에서 얻는 구원으로 말미암아, 하나님의 은혜로 값없이 의롭다는 선고를 받습니다"(롬 3:21-24).

종교의 관점에서 유다와 다말의 행위는 신에게 용납될 수 없다. 그러나 하나님의 의로움은 그들을 통해 약속을 성취한다. 하나님은 자격 없는 자, 불의한 자, 자신도 용납할 수 없는 자를 통해 영생의 약속을 이루셨다. 이제 영생을 주신 아들과 영생을 얻은 우리는 한 아버지에게 속한다. 그리고 아들은 우리를 형제로 부르기를 부끄러워하지 않으신다(히 2:11).

: 묵상

　나의 과거를 돌아보면 유다나 다말과 다를 바 없다. 고대와 현대라는 상황은 바뀌있으나 이기적 본성은 그대로였다. 때로는 유다처럼 격동하였다. 내가 잘못을 해놓고 상대방에게 책임을 전가하고 그에게 격동하였다. 또한, 목적을 위해서라면 거리낌 없이 속임수를 쓴 다말과 같았다. 그렇게 해서 무엇인가 손에 잡은 듯하였으나 다 빠져나갔다. 깊은 공허와 끝없는 무의미가 반복되었다. 모든 사람이 도달해야 할 무덤이 나의 종착지였다. 칠흑 같은 무덤에서 소망이 끊어진 자, 죽음만이 나의 몫이었다. 말씀의 빛이 비치니 더욱 그러하였다. 아, 죽기에만 합당한 자였다. 나도 속고 많은 사람을 속였다. 일평생 남녀의 무리를 속여 그 죄가 수미산 보다 더 높다는 성철스님의 마지막 말은 진실이었다. 무간지옥에 떨어질 자가 그리스도의 무덤에서 새 생명을 얻다니! 이런 기적이 어디 있을까!

　불의한 자들을 통해 그리스도가 오셨다. 이제는 불의한 자들을 통해 그리스도가 증거된다. 죄인 중의 으뜸인 자를 능하게 하시고 충성되이 여겨 직분을 주신다(딤전 1:12). 내가 먼저 긍휼을 입은 것은 후에 주를 믿어 영생 얻은 자들에게 본이 되게 하려 함이다. 죄인을 구원하시고 능하게 하사 생명을 전하게 하신 하나님은 인자하시고 신실하시다. 오늘도 하나님의 의로움을 힘입어 부르심에 충성한다. 나의 나 된 것은 하나님의 은혜이다. 다른 사람보다 더 많이 수고한 것이 있다면 내가 한 것이 아니라 오직 주의 은혜이다. 불의한 자를 통해서라도 약속을 이루시는 하나님의 인자와 신실, 거저 주신 은혜를 찬양한다.

85

39:1-12

1 요셉이 이끌려 애굽에 내려가매 바로의 신하 친위대장 애굽 사람 보디발이 그를 그리로 데려간 이스마엘 사람의 손에서 요셉을 사니라
2 여호와께서 요셉과 함께 하시므로 그가 형통한 자가 되어 그의 주인 애굽 사람의 집에 있으니
3 그의 주인이 여호와께서 그와 함께 하심을 보며 또 여호와께서 그의 범사에 형통하게 하심을 보았더라
4 요셉이 그의 주인에게 은혜를 입어 섬기매 그가 요셉을 가정 총무로 삼고 자기의 소유를 다 그의 손에 위탁하니
5 그가 요셉에게 자기의 집과 그의 모든 소유물을 주관하게 한 때부터 여호와께서 요셉을 위하여 그 애굽 사람의 집에 복을 내리시므로 여호와의 복이 그의 집과 밭에 있는 모든 소유에 미친지라
6 주인이 그의 소유를 다 요셉의 손에 위탁하고 자기가 먹는 음식 외에는 간섭하지 아니하였더라 요셉은 용모가 빼어나고 아름다웠더라
7 그 후에 그의 주인의 아내가 요셉에게 눈짓하다가 동침하기를 청하니
8 요셉이 거절하며 자기 주인의 아내에게 이르되 내 주인이 집안의 모든 소유를 간섭하지 아니하고 다 내 손에 위탁하였으니
9 이 집에는 나보다 큰 이가 없으며 주인이 아무것도 내게 금하지 아니하였어도 금한 것은 당신뿐이니 당신은 그의 아내임이라 그런즉 내가 어찌 이 큰 악을 행하여 하나님께 죄를 지으리이까
10 여인이 날마다 요셉에게 청하였으나 요셉이 듣지 아니하여 동침하지 아니할 뿐더러 함께 있지도 아니하니라
11 그러할 때에 요셉이 그의 일을 하러 그 집에 들어갔더니 그 집 사람들은 하나도 거기에 없었더라
12 그 여인이 그의 옷을 잡고 이르되 나와 동침하자 그러나 요셉이 자기의 옷을 그 여인의 손에 버려두고 밖으로 나가매

85

그리스도의 충만한 복을 가지고 가노라!

: 주해

창세기 37-50장은 야곱의 아들 요셉의 이야기이다. 그 주제는 하나님이 요셉을 통하여 이스라엘을 애굽으로 들어가게 하신 "입애굽"에 관한 이야기이다. 요셉은 형들에 의해 애굽으로 가는 상인들에게 팔렸고 상인들은 이스마엘 사람 또는 미디안 사람으로 불렸다. 미디안 상인들은 요셉을 애굽의 보디발에게 팔았다(37:36).

37:36은 39:1과 병행절이다. 전자와 달리 후자는 이스마엘 사람들이 요셉을 보디발에게 팔았다. 이스마엘 사람들은 부족 동맹을, 미디안 사람들은 부족 동맹의 일원으로 볼 수 있다. 요셉은 노예 신분으로 보디발의 집에서 살게 되었다.

여호와께서 요셉과 함께하셨다(2절). 이에 요셉이 형통하였다. 이삭과 야곱과 함께하셨던 하나님은 이제 요셉과 함께하신다(26:3, 24, 28, 28:15, 20, 31:3). 요셉의 주인 보디발은 여호와께서 요셉과 함께하셔서 요셉이 하는 모든 일을 형통하게 하시는 것을 보았다. "그 주인은, 주님께서 요셉과 함께 계시며, 요셉이 하는 일마다 잘 되도록 돌보신다는 것을 알았다"(3절). 보디발은 요셉이 마음에 들어 그를 심복으로 삼았다. 그리고 그는 집안일과 재산을 모두 요셉에게 맡겨 관리하게 하였다(4절). "심복"(새번역) 또는 "총무"(개역개정)로 번역된 히브리어 "파카드"는 "세다, 계수하다"란 뜻이다. 요셉은 주인의 수석 관리자 내지는 청지기로 임명되었다. 보디발이 요셉에게 자기의 집안일과 모든 재산을 맡겨서 관리하게 한 그때부터, 여호와께서 요셉을 보시고 그 애굽 사람의 집에 복을 내리셨다(5절). 여호와께서 내리시는 복이 주인의 집 안에 있는 것이든지 밭에 있는 것이든지 그 주인이 가진 모든 것에 미쳤다(5절).

하나님이 요셉과 함께하셔서 그를 형통하게 하신다. 또한, 하나님은 요셉과 함께하는 사람과 일에도 복을 내리신다. 이것은 땅의 모든 족속이 아브라함을 통해 복을 받는다는 말씀을 선취하는 것이다(창 12:3). 보디발은 요셉이 복의 근원임을 알고 자기의 모든 소유를 요셉에게 맡겨 관리하게 하였다(6절). 그는 자기의 먹거리를 제외하고 아무것도 간섭하지 않았다. 보디발이 요셉에게 한 가지 금한 것은 자기의 먹거리였다. 먹거리의 히브리어 "레헴"은 비유적으로 "사람"을 가리킨다. "그 땅 백성을 두려워하지 말라 그들은 우리의 먹이(레헴)라"(민 14:9).

9절에서 요셉은 주인이 허락하지 않은 것은 오직 그의 아내라고 말한다. 그렇다면 "자기의 먹거리"는 보디발의 아내에 대한 완곡한 표현일 수 있다(폰 라드). 잠언 30:20에도 남녀의 성관계를 "먹고"라고 완곡하게 표현하였다. 한편 먹거리를 음식으로 본다면 제의적 이유 때문일 것이다. 애굽 사람은 히브리 사람과 함께 음식을 먹지 않았다(43:32 참고). 고든 웬함은 "자기의 먹거리"를 "그의 사적인 일들"의 관용구로 해석하였다(《창세기 주석》).

요셉은 17세에 애굽으로 팔려갔다(37:2). 그리고 그는 30세에 애굽의 총리가 되었다(41:46). 요셉은 보디발의 아내가 유혹한 일로 2년간 감옥에 갇혀 있었다. 그러므로 보디발의 아내가 그를 유혹할 때 요셉은 20대 후반이었다. 이 때 요셉의 풍모는 이렇게 묘사된다. "요셉은 용모가 준수하고 잘생긴 미남이었다"(6b절). 구약성경에서 외모에 대한 이중의 세세한 칭찬은 라헬과 요셉에게만 해당한다(29:17 "라헬은 몸매가 아름답고 용모도 예뻤다"). 아마도 요셉은 라헬을 빼닮은 것으로 보인다. 그런데 요셉의 빼어난 외모는 유혹받기 십상이었.

보디발의 아내가 요셉을 유혹한 이야기는 두 장면으로 구성된다. 하나는 요셉이 자신을 유혹하는 보디발의 아내에게 한 말이다. 보디발의 아내는 요셉에게 눈길을 보내다가 동침을 요구하였다. 요셉은 그녀의 동침 요구를 단호히 거절하면서 세 가지 이유를 말한다(9절). 첫째, 주인으로부터 받은 신의를 저버리지 않기 위함이다. 둘째, 주인이 금지한 것을 범하지 않기 위함이다. 마지막으로 하나님께 죄를 짓지 않기 위함이다. 다음으로는 요셉이 취한 단호한 행동이다. 요셉이 거절했는데도 불구하고 주인의 아내는 매일 끈질기게 요셉에게 동침을 요구하였다. 그러자 요셉은 그 여자와 함께 침실로 가지도 않았을 뿐만 아니라, 아예 그 여인과 함께 있지도 않았다(10절). 하루는 요셉이 자신의 일상적인 의무를 다하기 위하여 주인의 집에 들어갔다. 집안에 다른 종이 하나도 없었고 주인의 아내와 단둘이 있게 되었다. 주인의 아내가 요셉의 옷을 붙잡고 "나하고 동침하자"라고 하며 졸랐다(12절). 하지만 요셉은 붙잡힌 자기의 옷을 그녀의 손에 버려둔 채 뿌리치고 도망쳐 나갔다. "도망치다"(개역개정 "밖으로")의 히브리어 "누쓰"는 전투에서 패한 뒤에(14:10), 또는 죽음을 피하려고(민 36:11) 도망하는 것에 사용하는 표현이다.

하나님은 아브라함에게 가나안 땅을 소유로 주실 것을 약속하셨다(15:7). 이는 횃불 언약으로 확증되었다. 횃불 언약의 본질은 땅의 약속이 아브라함의 사후 적어도 400년 후에 성취되는 것과 하나님이 친히 주체가 되어 성취되는 것에 있다. 하나님은 아브라함의 후손을 이방 나라로 옮겨 400년간 종살이를 하게 하신 후, 그들을 끌어내 가나안 땅으로 인도하셨다. 아브라함의 후손이 옮겨가는 나라는 그 당시의 대국인 애굽이다. 아브라함의 후손은 애굽에서 400년간 종살이를 한 후 그곳에서 나와 약속의 땅 가나안으로 들어갔다. 즉 가나안 땅의 약속은 입애굽과 출애굽을 통해 성취되었다. 요셉은 입애굽을 위해 하나님께 택정함을 받았다. 그는 먼저 애굽에 들어갔고(37:28), 그를 통해 그의 가족들이 애굽으로 들어갔다(46:7). 그리고 400년 후 아브라함의 후손, 곧 이스라엘은 애굽에서 나와 가나안으로 들어갔다. 이스라엘이 애굽에서 나오는 출애굽은 모세를 통해, 약속의 땅 가나안은 여호수아를 통해 이루어졌다.

요셉의 이야기는 입애굽의 약속을 이루신 하나님의 역사다. "사실 역사"(히스토리에)에서 요셉은 형들에 의해 애굽에 팔렸다. 그러나 "의미 역사"(게쉬테)에서 요셉은 하나님에 의해 애굽으로 들어갔다. 하나님이 형들의 손을 빌려 요셉을 애굽에 파신 것이다(시 105:17). 형들이 요셉을 판 이야기(37장)가 진행되는 동안 하나님은 숨어계셨다. 그러나 그가 보디발 장군의 노예로 애굽 생활을 시작할 때 하나님이 드러나셨다. 하나님이 요셉과 함께하시니 그가 형통한 자가 되었다. 요셉의 주인 보디발은 그가 하나님과 함께하는 것을 "보았다." 이에 그의 모든 소유를 그에게 맡겼다. 그때로부터 하나님이 보디발의 소유에 복을 내리셨다. 요셉의 형통은 자신뿐 아니라 그와 함께하는 자들에게 복을 가져왔다. 이는 아브라함에게 주신 복, 곧 모든 민족이 그를 통해 복을 받을 것을 예시한다.

하나님이 아브라함에게 약속하신 복은 궁극적으로 창세전 약속된 영생의 복이다. 이는 영원부터 그리스도 예수 안에서 예정된 하나님의 뜻이며, 곧 예수 그리스도를 믿어 하나님의 아들들이 되는 복이다(엡 1:5, 3:11). 이 복은 구약 성경에서 땅의 복으로 예시되었다. 신약에서는 하늘에 속한 영적인 복이다(엡 1:3). 예수 그리스도는 이 복을 성취하셨다(갈 3:8-9, 26). 영생은 그것을 얻은 즉시 효력을 발생한다. 이것은 현재 누리는 영생의 복이다(영생의 현재성). 이 복은 삼위 하나님과의 교제를 통해 실제가 된다. 요한복음에서 예수의 마지막 기도는 영생 얻은 자들을 위한 기도였다(요 17:20-26). 기도의 내용은 크게 두 가지이다. 하나는 영생 얻은 자들이 삼위 하나님 안에 거하여 하나 되는 것이다(요 17:21-23). 다른 하나는 영생 얻은 자들이 삼위 하나님 안에 거하여 독생자의 영광을 보는 것이다(요 17:24).

입애굽의 약속을 이루는 요셉은 궁극적으로 영생의 복을 성취하신 그리스도의 모형이다. 첫 사람 아담은 생령이며 마지막 아담 예수 그리스도는 생명을 주는 영이다(고전 15:45). 첫 사람 아담은 하나님이 함께하셨으나 하나님이 금하신 한 가지 계명을 범하였다. 그는 동산 나무의 모든 실과를 먹을 수 있었다. 그에게 금지된 것은 오직 하나의 열매였다(창 2:16-17). 아담이 하나의 금령을 범함으로써 모든 사람이 죄를 범하였고 모든 사람에게 사망이 임하였다(롬 5:12). 그러다 마지막 아담인 예수 그리스도는 아버지께 온전히 순종하심으로써 많은 사람이 의롭다함을 받고 생명을 얻었다(롬 5:18).

아담은 하나님이 금하신 "한 가지 계명"을 범하여 범죄하였고 사망에 이르렀다. 요셉은 주인이 금하신 "한 가지 계명"을 지키기 위해 도망쳤다. 그는 죽음을 피하듯 도망쳤다(누쓰). 요셉이 예표한 예수 그리스도는 하늘에 속한 생명을 가진 자이며, 그는 죄가 없으셨다. 그러나 하나님은 죄를 알지도 못하신 이를 우리 대신 죄로 삼으셨다. 이는 우리로 하여금 그 안에서 하나님의 의가 되게 하려 하심이었다(고후 5:21). 예수 그리스도는 의인으로서 불의한 자를 대신하여 십자가에서 죽으셨나. 이는 우리를 하나님께로 인도하기 위함이었다(벧전 3:18).

예수를 믿어 얻는 영원한 생명은 죄와 무관한 생명이다. 죄와 무관한 영생을 누리는 것은, 오직 복음을 통해서이다. 사도들에 의해 전승된 복음은 예수 그리스도의 죽으심과 장사됨과 부활과 현현의 사건이었다(고전 15:3-5). 우리는 복음을 통해 죄와 무관한 영생을 누린다. 예수를 영접하여 영생을 얻었어도(요 1:12-13), 복음을 알지 못하면 영생을 누리지 못한다. 바울이 볼 때 로마 성도들이 그러하였다. 그래서 그는 로마교회에 그토록 가고자 하였다. 이는 그들에게 복음을 전하여 그들이 이미 받은 영생을 누리도록 하기 위함이었다(롬 1:15, 6:4).

복음은 하나님의 아들 예수 그리스도와 그의 메시아적 행위이다. 그의 메시아적 행위는 그리스도의 네 가지 구원 사건이다. 곧 그의 죽으심과 장사됨과 부활과 현현의 사건이다(고전 15:3-5). 이 복음은 영생을 얻게 하며(딤후 1:10), 동시에 영생을 누리게 한다(롬 6:4). 그러므로 복음을 전하는 자는 사람들에게 영생의 복을 얻게 하고 그들이 영생의 복을 누리도록 인도한다. 그는 영적으로 아브라함의 후손이며 복의 근원이다. 요셉은 하나님이 함께하심으로 그의 주인을 복되게 하였다. 복음을 통해 영생을 누리는 자는 누구에게나 영생의 복을 주는 자이다. 바울이 로마교회에 갈 때 그러했듯이, 그는 어디를 가든지 그리스도의 충만한 복을 가지고 간다(롬 15:29).

: 묵상

나는 오랫동안 구약적인 복을 전하였다. 이 복은 하늘에 속한 신령한 복을 예시하는 한시적인 복이었다. 그런데도 신령한 복을 알지 못하니 땅에 속한 복을 하나님의 복으로 착각하고 열심히 전한 것이다. 심지어 땅의 복으로 사람들의 믿음까지 판단하는 무지하고 우매한 자였다. 사람들의 가정이 단란하고 자식들이 잘되고, 모든 일이 만사형통하면 그것을 복으로 생각하였다. 그리스도의 충만한 복이 무엇을 의미하는지 알지 못한 영적 소경이었다. 그런 자에게 하나님의 공의의 심판이 임하였다. 마땅히 올 것이 왔다. 아, 주의 심판은 그의 신실하심이 드러난 것이었다(시 119:75). 심판은 진멸이 아니라 의를 기초로 다시 세우는 것이다(시 94:15). 심판의 자리에 복음이 계시되었고 복음의 목적인 영원한 생명에 이르게 되었다. 생명으로 인도하는 복음은 솟아나는 샘물이요(요 4:14), 썩지 아니할 양식이었다(요 6:27). 이 은혜도 감당할 수 없는데, 감히 영생의 복을 전하는 자로 부르셨다. 지극히 작은 성도보다 더 작은 자에게 그리스도의 풍성함을 전하게 하셨다(엡 3:8).

중동 지역 요르단에 처음으로 복음생명캠프가 열린다. 오늘 밤 우리 팀은 그리스도의 충만한 복을 가지고 요르단으로 간다. 더불어 기도와 후원으로 동역하는 여러 지체와 함께 그리스도의 충만한 복을 가지고 간다. 금년 2월 심선교사 부부가 먼저 그리스도의 충만한 복을 가지고 요르단으로 갔다. 이들 부부는 기회가 될 때마다 사람들에게 생명의 복을 나누었다. 그 결실로 이번 요르단 캠프가 열리게 되었다. 이번 캠프는 한인 선교사들과 성도들, 청소년과 어린아이를 대상으로 열린다. 주께서 친히 행하시는 일, 우리 모두 생명의 교제 가운데서 생명의 복을 전하는 자가 되기를 간구한다.

86

39:13-23

13 그 여인이 요셉이 그의 옷을 자기 손에 버려두고 도망하여 나감을 보고
14 그 여인의 집 사람들을 불러서 그들에게 이르되 보라 주인이 히브리 사람을 우리에게 데려다가 우리를 희롱하게 하는도다 그가 나와 동침하고자 내게로 들어오므로 내가 크게 소리 질렀더니
15 그가 나의 소리 질러 부름을 듣고 그의 옷을 내게 버려두고 도망하여 나갔느니라 하고
16 그의 옷을 곁에 두고 자기 주인이 집으로 돌아오기를 기다려
17 이 말로 그에게 말하여 이르되 당신이 우리에게 데려온 히브리 종이 나를 희롱하려고 내게로 들어왔으므로
18 내가 소리 질러 불렀더니 그가 그의 옷을 내게 버려두고 밖으로 도망하여 나갔나이다
19 그의 주인이 자기 아내가 자기에게 이르기를 당신의 종이 내게 이같이 행하였다 하는 말을 듣고 심히 노한지라
20 이에 요셉의 주인이 그를 잡아 옥에 가두니 그 옥은 왕의 죄수를 가두는 곳이었더라 요셉이 옥에 갇혔으나
21 여호와께서 요셉과 함께 하시고 그에게 인자를 더하사 간수장에게 은혜를 받게 하시매
22 간수장이 옥중 죄수를 다 요셉의 손에 맡기므로 그 제반 사무를 요셉이 처리하고
23 간수장은 그의 손에 맡긴 것을 무엇이든지 살펴보지 아니하였으니 이는 여호와께서 요셉과 함께 하심이라 여호와께서 그를 범사에 형통하게 하셨더라

86

죄의 종에서 의의 종으로, 최고의 보상은 하나님의 헤세드(인자)이다!

⦁ 주해

요셉은 애굽에 노예로 팔려 보디발의 집에 거하였다. 하나님이 요셉과 함께하심으로 그가 형통한 자가 되었다. 하나님은 요셉이 하는 모든 일에 복을 주셨다. 세월이 흘러 요셉은 20대 후반의 나이가 되었다. 그는 준수한 용모를 가진 청년으로 성장하였다. 보디발의 아내가 젊고 잘생긴 청년 요셉을 유혹하였다. 그러나 요셉은 주인의 신뢰를 저버릴 수 없었고, 주인이 금한 한 가지 명령을 범할 수 없었고, 무엇보다도 하나님께 죄를 짓지 않고자 여인의 유혹을 단호히 거절하였다. 그런데도 주인의 아내는 유혹을 그치지 않았다. 하루는 집 안에 요셉과 주인의 아내만 있었다. 주인의 아내는 요셉의 옷을 붙잡고 동침하자고 졸랐다. 요셉은 옷을 버려두고 그녀에게서 도망쳤다. "도망치다"의 히브리어 "누쓰"는 죽음을 피하여 도망하는 것을 뜻한다.

죄의 삯은 사망이다! 요셉은 한순간의 쾌락이 사망의 대가를 치른다는 것을 잘 알고 있었던 것 같다. 그는 비록 노예요, 사람의 종이었으나 "어찌 이 큰 악을 행하여 하나님께 죄를 짓겠느냐"라며 죄의 종이 되기를 단호히 거부하였다(9절). 하나님이 요셉과 함께하셨다. 그런 그가 죄를 짓는다면, 주인 보디발을 배반한 것뿐 아니라 하나님께 대하여 죄를 짓는 것이다. 모든 죄는 실상 하나님께 짓는 죄이다. 왜 하나님께 짓는 죄인가? 죄를 짓는 자마다 마귀에게 속하기 때문이다(요일 3:8). 마귀는 하나님과 원수이다. 그러므로 죄를 짓는 자는 하나님을 대적하는 마귀에게 속한 자이다. 하여 하나님을 대적하는 죄를 짓는 것이다.

만일 요셉이 한 번만 눈을 감고 주인의 아내와 동침했다면 어떻게 되었을까? 그는 한순간 육체의 쾌락을 맛보았을 것이다. 죄를 지으면 당장은 쾌락이 따른다(히 11:25 "죄의 낙"). 또한, 주인의 아내와 동침함으로써 그는 주인과 동격이 되었을 것이다. 다윗의 아들 아도니야가 다윗의 몸종 아비삭을 아내로 요구한 것은, 그가 다윗의 왕권을 구한 범죄를 지은 것이었다(왕상 2:22). 게다가 요셉은 고된 노동을 면제받고 여주인의 총애를 받았을 것이다. 하지만 요셉은 한순간의 쾌락을 위해 자기 몸을 죄에 내어주지 않았다. 그렇듯! 하나님이 함께하시는 증거는 황홀경의 체험이 아니라 바로 죄를 거절할 수 있는 "거룩"에 거하는 것이다. 하나님의 권능으로 정욕을 다스리고 죄를 이기는 것이 하나님이 함께하는 증거이다. 그때 죄의 세력은 구경거리로 전락한다(골 2:15).

그렇다고 죄의 세력이 물러갈 리 없다. 주인의 아내는 요셉을 모함하여 그를 곤경에 빠뜨린다. 13-15절, 주인의 아내가 집안의 종들을 불러 요셉을 고발한다. 그녀는 종들 앞에서 요셉의 옷을 흔들어대며 사실을 왜곡하여 말을 한다. 여인은 주인이 히브리 사람을 노예로 데려와 "우리를" 희롱거리로 삼았다고 말한다. 그녀는 "우리"라고 말함으로써 종들에게 요셉에 대하여 민족적 편견을 갖게 하고 그들을 자기편으로 끌어들인다. 요셉이 자기를 강간하려다가 실패하여 옷을 버려두고 도망쳤다는 것이다(14-15절).

또한, 주인의 아내는 남편인 보디발에게도 요셉을 고발한다. 남편 보디발이 데려온 저 히브리 사람이 자기를 강간하려 하여 고함을 질렀더니 그가 옷을 버려두고 도망했다는 것이다(17-18절). 요셉의 이야기에서 "히브리 사람"이란 말은 다섯 차례나 나온다. 세 번은 이방인의 입에서(39:14, 17, 41:12), 한 번은 이방인에게 말하는 요셉의 입에서(40:15), 한 번은 히브리인을 애굽인과 대립시키는 저자의 입에서 나온다(43:32). 요셉이 살던 시대에 '히브리인'이라고 하는 것은 민족의 이름이 아니라 사회적으로 낮은 계층을 가리키는 떠도는 주민들을 의미했다(폰 라드). 히브리인이 민족의 이름이 된 것은 출애굽 이후의 일이다(출 21:1 이하, 신 15:12).

주인의 아내는 간교하게도 모든 책임을 남편에게 뒤집어씌운다. 남편이 자기를 괴롭히려고 의도적으로 히브리 사람을 노예로 들였다는 것이다. 그녀는 뻔뻔하기 그지없다. 그런데 그녀의 고발은 먹혀들었다. 그녀는 자기의 죄악을 은폐했을 뿐 아니라 남편 보디발을 격동시켰다. 보디발은 격동하여 충성된 심복 요셉을 감옥에 가두었다. 사실 노예가 아닌 자유 시민도 남의 결혼을 침해했을 경우 사형에 처한다. 하물며 주인의 신뢰를 받은 노예가 여주인을 겁탈하려고 했다면 어떻게 죽음을 면하겠는가? 그래서 어떤 사람은 보디발의 분노가 심복 요셉에 대한 것이 아니라, 평소 그녀의 불량한 행실을 알고 있는 아내에 대한 것이라고 예단하기도 한다. 하지만 이것은 지나친 추측이며, 저자는 이에 대해 침묵한다.

그러나 여호와께서는 요셉이 어떤 상황에 있든지 그와 함께하신다. 그가 범사에 형통한 것도, 죄짓는 자리에서 도망친 것도, 모함을 받은 것도, 주인에게 가벼운 형벌을 받은 것 모두가 하나님이 그와 함께하신 결과물이다. 이로 보건대 하나님이 함께하신다는 것은, 만사형통만이 아니라, 곤경 중에도 자기 뜻을 이루어 가신다는 것을 의미한다. 하나님이 약속을 이루기 위해서 요셉에게 곤경을 허락하신 것이다. 만일 요셉이 여주인과 동침했더라면, 만일 여주인이 그를 고발하지 않았더라면, 만일 보디발이 격동하여 그를 투옥하지 않았다면, 요셉이 어떻게 감옥에서 바로의 신하들을 만났겠는가? 또 요셉이 어떻게 바로 왕 앞에 나아갈 수 있었겠는가? 또 그가 바로에게 나아가지 않았다면 어떻게 하나님이 입애굽의 약속을 이루셨겠는가? 그러므로 요셉이 범사에 형통한 것이나, 그가 당한 곤경이나 무엇이든지 하나님은 전 과정을 통해 약속을 성취하신다.

요셉은 결국 총무직에서 부당하게 면직되고 죄수로 투옥되었다. 그런데 여호와께서 요셉과 함께하셔서 그에게 인자를 더하셨다(21절). 사실 요셉의 상태는 노예에서 죄수로 더욱 격하된 상태였다. 요셉이 하나님께 신실했던 대가는 비참함으로 돌아왔다. 그런데 여호와께서 여전히 그와 함께하신다. 특별히 여호와께서 그에게 "인자"를 더하셨다. 여기서 "인자"의 히브리어 "헤세드"는 구약에서 매우 중요하게 사용되는 단어이다. 헤세드(인자)는 에메트(신실)와 쌍개념으로 하나님의 영광의 계시를 의미한다. 또한, 하나님은 요셉을 간수장의 눈에 들게 하셨다. 이에 간수장은 감옥 안에 있는 죄수를 모두 요셉에게 맡기고 감옥 안에서 일어나는 온갖 일을 요셉이 혼자 처리하게 하였다(22절). 간수장은 요셉에게 모든 일을 맡기고 아무것도 간섭하지 않았다. 그것은 여호와께서 요셉과 함께 계시기 때문이며 여호와께서 요셉을 돌보셔서 그가 하는 일은 무엇이나 다 잘 되게 해주셨기 때문이다(23절).

약속의 성취자 요셉은 완전한 약속의 성취자 그리스도의 모형이다. 완전한 약속은 창세전 하나님이 하신 영생의 약속이다(딛 1:2). 예수 그리스도는 창세전부터 하나님 아버지와 함께하신 그의 독생자이시다. 그는 죄와 무관하셨으나 고난을 받으셨다. 그가 고난을 받으신 것은 그를 따르는 자에게 본이 되게 하려 함이다(벧전 2:21). 예수 그리스도는 십자가에서 죽으심으로써, 우리 죄를 담당하셨다. 이는 우리로 죄에 대하여 죽고 의에 대하여 살도록 하기 위함이었다(벧전 2:24)

누구든지 그리스도 안에 있는 자는 이전 것이 지나갔고 새로운 존재가 된다(고후 5:17). 그리스도인은 복음을 받아들임으로써 죄의 종에서 해방되어 의의 종이 되었다(롬 6:17-18). 죄의 종은 마귀에게 속한다. 의의 종은 하나님께 속한다. 그러므로 의의 종은 부득불 마귀가 역사하는 세상에서 고난을 당한다. 무릇 그리스도 예수 안에서 경건하게 살고자 하는 자는 박해를 받는다(딤후 3:12). 마귀에게 속하여 죄의 종 된 자들에게 고난을 당한다. 그래서 베드로 사도는 격려한다. 누구든지 그리스도의 이름으로, 거룩한 삶으로 인해 고난당하는 자는 복이 있다. 그는 고난을 부끄러워하지 않을 것이며 고난으로 인해 하나님께 영광을 돌릴 것이다(벧전 4:16).

요셉은 거룩한 삶으로 인해 도리어 고난을 받았다. 그것은 애매히 받는 고난이었다. 그러나 그 고난은 하나님 보시기에 아름다웠다. 그리고 죄를 거절하고 거룩한 삶을 살아서 받는 고난에 대한 최고의 보상은 하나님의 "헤세드"(인자)이다. 그에게 있어 상황은 더욱 악화되어도 더욱 넘치게 부어주시는 하나님의 헤세드로 넉넉히 승리한다. 헤세드가 고난을 삼킨다! 그 헤세드는 그리스도의 십자가에서 밝히 드러났다(롬 5:8).

"억울하게 고난을 당하더라도 하나님을 생각하면서 괴로움을 참으면, 그것은 아름다운 일입니다. 죄를 짓고 매를 맞으면서 참으면, 그것이 무슨 자랑이 되겠습니까? 그러나 선을 행하다가 고난을 당하면서 참으면, 그것은 하나님께서 보시기에 아름다운 일입니다"(벧전 2:19-20).

: 묵상

잠시 후 우리는 요르단 사역을 위해 출국한다. 출국을 앞두고 여러 가지 예기치 않은 일들이 생겼다. 옛사람이 활개를 치더니 부정성이 드러나고 죄의 세력이 나를 사로잡았다. 정신이 다소 혼미한 상태로 차를 운전하여 도서관에서 나오다가 생긴 일이다. 늘 다니던 길이 그날따라 공사 중이라서 우회를 하여 코너를 돌다가 주차된 차량과 접촉사고를 내었다. 마음은 급해도 사고 처리는 해야 했다. 그런데 차량에는 연락처가 없었고 주차한 집에 들어가서 문을 두들겨도 인기척이 없었다. 출국 직전 이런 일이 생기니 난감하기도 하고 마음이 혼미하고 심기가 불편하기 짝이 없었다. 공항으로 가는 중 차주에게 연락이 왔다. 그가 자기는 근처에서 목회하는 목사라고 한다. 다행이란 생각으로 나는 복음 사역하러 간다고 하며 양해를 구하였다. 새벽, 그리스도의 충만한 복을 가지고 요르단으로 간다는 말씀에 붙들려 성령의 기쁨으로 충만하였다. 하지만 그 은혜는 하루를 가지 못하였다. 평강이 깨어졌다. 오후 늦게야 말씀 앞에 앉았다.

성령이 내게 물으신다. 나는 요셉처럼 애매히 고난을 받는 자인가? 그리스도의 이름으로 고난 받는 자인가? 나의 고난은 대체 어디서 왔는가? 죄와 부정성이 출몰하여 고난을 자초하지 않았는가? 그로 인해 매를 맞으면 무슨 자랑이겠는가? 요르단 캠프를 목전에 두고 완고하고 강퍅한 심령을 보게 하신다.

주여, 나를 불쌍히 여기소서! 이제라도 긍휼을 구하며 엎드린다. 사소한 것에 부정성으로 반응하는 자가 엎드려 긍휼을 구한다. 그리스도의 십자가에서 나타난 은혜를 사모한다. 죄들과 부정성이 보혈로 씻겨지고, 옛사람이 못 박히고 죄의 몸이 장애가 되었음을 고백하며, 만왕의 왕의 명령을 받는다. 펄펄 살아있는 자기주장 의지가 십자가에 못 박혔음을 보고 오직 그리스도가 내 안에서 사시기를 간구한다. 죄의 종에서 의의 종이 되었으니, 거룩함에 이르는 열매를 사모한다. 거룩한 삶에 주어지는 최고의 보상은 하나님의 헤세드이다. 선을 행함으로 인한 고난이 클수록 하나님의 한결같은 사랑은 더욱 크다. 그 사랑으로 고난을 이긴다. 할렐루야!

87

40:1-8

1 그 후에 애굽 왕의 술 맡은 자와 떡 굽는 자가 그들의 주인 애굽 왕에게 범죄한지라
2 바로가 그 두 관원장 곧 술 맡은 관원장과 떡 굽는 관원장에게 노하여
3 그들을 친위대장의 집 안에 있는 옥에 가두니 곧 요셉이 갇힌 곳이라
4 친위대장이 요셉에게 그들을 수종들게 하매 요셉이 그들을 섬겼더라 그들이 갇힌 지 여러 날이라
5 옥에 갇힌 애굽 왕의 술 맡은 자와 떡 굽는 자 두 사람이 하룻밤에 꿈을 꾸니 각기 그 내용이 다르더라
6 아침에 요셉이 들어가 보니 그들에게 근심의 빛이 있는지라
7 요셉이 그 주인의 집에 자기와 함께 갇힌 바로의 신하들에게 묻되 어찌하여 오늘 당신들의 얼굴에 근심의 빛이 있나이까
8 그들이 그에게 이르되 우리가 꿈을 꾸었으나 이를 해석할 자가 없도다 요셉이 그들에게 이르되 해석은 하나님께 있지 아니하니이까 청하건대 내게 이르소서

87

운명적으로 불안의 존재,
그 해석은 만물 위에 계신 하나님께로!

: 주해

창세기 40장은 요셉이 감옥에서 바로 왕의 두 신하를 만나는 장면이다. 요셉이 애굽에 노예로 팔렸다. 그러나 하나님이 요셉과 함께하셨다. 그는 애굽 사람 바로의 시위 대장 보디발의 집에서 형통한 자가 되었다. 주인의 아내가 요셉의 준수한 외모를 보고 그에게 동침할 것을 요구하였다. 요셉은 단호히 거절하였다. 그러나 그 여자는 요셉과 단둘이 있을 때 요셉의 옷을 붙잡고 동침하자고 졸랐다. 요셉은 옷을 그대로 벗어두고 도망쳤다. 주인의 아내는 요셉을 강간범으로 몰아 그를 고발하였다. 보디발은 격노하여 요셉을 옥에 가두었다. 하나님은 애매히 고난을 받은 요셉과 함께하셨고 그에게 "헤세드"(인자)를 더하셨다. 요셉은 간수장의 신임을 받아 모든 죄수를 관리하는 자가 되고, 감옥의 일을 도맡아 하는 자가 되었다.

창세기 40장은 이후에 일어난 일을 기술한다. 요셉이 감옥에 있을 때 바로 왕의 두 신하가 죄를 지어 투옥되었다(1절). 한 사람은 술 맡은 관원장이었고 또 한 사람은 떡 맡은 관원장이었다(1절). 술 맡은 자(히, 마쉬케)는 왕이 마실 포도주를 미리 맛보는 자로서 왕의 막역한 친구나 총애하는 신하가 주로 맡았다. 느헤미야는 페르시아 왕궁에서 이와 비슷한 일을 맡았다(느 1:11-2:8). 떡 굽는 자(히. 아파)는 어전 식탁에서 섬기는 서기관으로 보인다. 저자는 이들이 무슨 죄를 지었는지 밝히지 않는다. 분명한 것은 요셉은 죄를 짓지 않았으나 감옥에 갇혔고, 두 신하는 죄를 지어 감옥에 갇혔다. 그들은 왕의 진노를 받아 요셉이 갇힌 시위 대장의 집에 있는 감옥에 투옥되었다(2절). 시위 대장이 요셉을 시켜서 두 관원장의 시중을 들게 하였다. 그래서 요셉이 그들을 섬겼다(3절).

40장의 진술은 39장의 내용과 비교할 때 몇 가지 차이가 있다. 일단 39장에서 요셉을 신임한 간수장은 40장에서 더는 언급되지 않는다. 또한, 39장에서 요셉에게 격노하여 그를 감옥에 넣은 시위 대장이 40장에서는 요셉에게 바로의 두 신하를 섬기라고 명한다. 또 39장에서 요셉은 모든 죄수를 다스리는 자였으나 40장에서 요셉은 두 죄수를 섬기는 자이다. 이를 두고 학자들은 요셉에 대한 두 종류의 전승이 내려왔다고 말한다. 그러나 창세기의 저자는 연대기나 사건의 정확성을 간과하고 핵심 메시지를 중심으로 이야기를 전개한다. 따라서 39장과 40장은 저자의 기록 양식이며, 별개의 전승이라기보다는 하나로 보는 것이 타당하다(고든 웬함).

5절부터 본격적인 사건이 전개된다. 술 맡은 관원장과 떡 맡은 관원장이 같은 날 밤에 꿈을 꾸었다. 꿈의 내용이 저마다 달랐다(5절). 다음 날 아침 요셉이 그들에게 갔을 때 그들에게 근심스러운 빛이 있음을 보았다(6절). "근심의 빛이 있다"의 히브리어 "자아프"는 "불안해하다" "기분이 울적하다" "슬퍼하다" "초조해하다" 등으로 번역한다. 요셉이 그 주인의 집에 자기와 함께 갇힌 바로의 신하들에게 어찌하여 얼굴에 근심의 빛이 있는지 물었다(7절). 그들은 요셉에게 꿈을 꾸었으나 해석자가 없어서 그렇다고 대답하였다(8절a). 꿈을 꾼 두 관원장은 왜 불안하고 초조하고 울적했는가? 고대의 애굽 사람들은 잠을 신들이 거하는 세계와 접촉하는 것으로 믿었다. 따라서 꿈은 신에게서 오는 계시이며 선물이었다. 그리고 당시에는 꿈을 해석하는 전문가들이 있었다. 그들은 점술가와 현인으로 불렸다(41:8). 꿈 해석은 하나의 학문이었고, 꿈 해석자는 존경받는 학문의 대가였다. 꿈 해석에 관한 책도 있었고 꿈 해석자들은 해석의 기법을 전수받았다.

문제는 두 관원장은 감옥에 갇혀 있어 꿈 해석을 받을 길이 없었다. 더구나 그들은 죄수로 갇혀 있어 그들의 운명이 어떻게 될 알 수 없었다. 오늘이라도 왕이 명령하면 죽을 수 있는 처지였다. 차제에 그들에게 꿈은 자신들의 운명에 대한 불안을 야기시켰다. 그래서 그들은 불안하고 침울해하였다. 해석되지 않은 꿈으로 불안해하는 그들에게 요셉은 뜻밖의 말을 한다. 해석은 하나님께 있으니 자기에게 말하라는 것이다(8절). 물론 요셉은 꿈 해석자가 아니다. 그는 꿈 해석을 배운 적이 없다. 그는 애굽의 점성술사나 현인이 아니다. 노예로 있다가 일개 죄수로 갇혀 있는 자이다. 하지만 요셉은 어디서 나온 자신감인지 알 수는 없지만 담대하게 말한다. 꿈의 해석은 어떤 기법으로 하는 것이 아니라, 하나님이 베푸시는 은사로 할 수 있다고 하였다. 인간의 운명과 그의 미래는 하나님의 손에 달려 있다. 그 해석은 계시를 받은 자만 그 능력을 부여받았다. 요셉이 꿈을 말하라고 한 것은, 그들이 꿈의 내용을 말하면 하나님이 해석의 능력을 주실 것이라는 의미를 함축하는 말이다.

두 관원장의 불안은 자신의 운명에 대한 불안이다. 모든 사람에게는 운명적 불안이 존재한다. 덴마크의 유신론적 철학자 키르케고르는 20세기 이후 신학계에 큰 영향을 미쳤다. 그는 〈불안의 개념〉에서 인간은 운명적으로 불안한 존재라고 말하였다. 하나님을 떠난 인간은 존재적으로 불안하다. 그것은 하나님과 분리된 유한성, 개인이 홀로 서야 하는 유한성에서 오는 불안이다. 이것은 존재론적 불안이며 운명론적 불안이다. 하이데거는 키르케고르의 불안을 보편적 인간의 존재적 불안으로 심화하였다. 불안은 인식론적 개념이 아니라 존재론적 개념이다. 불안은 공기와 같이 세계에 퍼져 있는 인간 실존의 근본적인 구조이다. 다시 말해 불안은 개인의 기분이나 심리적 요소가 아니라, 날씨와 공기같이 기분이 잡혀 있는 상태이다. 그러나 자기 세계 속에 빠진 인간은 불안을 느끼지 못한다. 소위 세인은 따라 생각하고 따라 말하고 따라 행하는 잡담, 호기심, 애매성에 빠져 있다. 그러던 어느 날 불안이 임한다. 불안의 정점은 죽음이다. 인간은 죽음을 경험함으로써 비로소 세계성에서 빠져나온다. 이는 운명적 불안이 죽음을 통해 극복된다는 가설(假說)이다.

운명론적 불안은 해석을 요구한다. 해석자는 오직 하나님이시다. 키르케고르에 따르면 존재론적 불안은 신앙으로의 비약을 통해 극복한다. 그러나 인간은 스스로 하나님께로 비약할 수 없다. 신앙의 비약은 하나님이 그의 아들을 보내심으로써 시간 안으로 들어오는 비약이다. 그러므로 신앙은 인간에게로 오는 신으로부터 출발한다. 키르케고르의 사상은 칼 바르트의 신학에 상당 부분 기여하였다. 특히 신이 인간에게로 오는 비약이 그러하다. 인간은 스스로 하나님에게 도달할 수 없다. 인간은 자신의 노력이나 지식에 의해서 신을 지상으로 끌어내릴 수 없다. 신은 우리에게 오느냐 오지 않느냐의 둘 중 하나이다. 신에게 이르려는 인간의 온갖 시도는 "종교"로 정의된다. 기독교는 종교의 차원이 아니라 신의 계시이다.

세계와 인간에게로 오는 신은 세계와 인간 밖에 현존하신다. 만물 위에 계신 하나님이 만물 안으로 들어오신다. 이것이 계시의 사건이다. 운명적 불안은 만물 위에서 만물 안으로 오신 하나님을 알 때 극복된다. 이것이 진정한 도약이다. 만물 위에 계신 하나님을 아는 것은 인간의 이성으로 불가능하다. 이것은 칸트에 의해 증명되었고, 20세기 들어 비트겐슈타인에 의해 거듭 강조되었다.

비트겐슈타인이 한 다음과 같은 말은 유명한 말이다. "어떻게든 말할 수 있는 것은 명료하게 말해질 수 있어야 한다. 그리고 말할 수 없는 것에 대해서는 침묵해야 한다"(《논리철학론》). 그에 따르면 말할 수 없는 것, 언어의 한계 밖에 있는 것, 사유하지 못하고 언표하지 못하는 것, 그것은 신비한 것이다. 그는 "불가형언하는 것"(말로 할 수 없는 것)에 대해 이렇게 말한다. "세계의 의미는 세계의 밖에 놓여 있어야 한다. 세계 속에는 (진정한) 가치가 없다. 만일 가치가 있다면, 그것은 아무런 가치도 갖지 않을 것이다. 공간과 시간 속에 있는(만물 안의) 삶의 수수께끼에 대한 해결은 공간과 시간 밖(만물 위)에 놓여 있다" 만물 안의 인간은 만물 위의 세계를 알기까지 운명론적 불안에 사로잡혀 있다. 다만 그것을 인식하거나 인식하지 못할 뿐이다. 만일 그가 운명론적 불안을 인식한다면, 그는 바로의 관원장처럼 계시가 임한 자이다. 계시가 임하는 것은 계시의 해석을 암시한다. 물론 그 해석은 하나님에게만 있다.

기독교 신앙의 계시는 만물 위에서 만물 안으로 오시는 하나님을 아는 것이다. 하나님의 아들이 계시자이시다(요일 1:1-2). 하나님의 아들 예수 그리스도는 만물 위, 하늘에서 오셨다(요 3:13, 31). 만물 위에서 만물 안으로, 세계 밖에서 세계 속으로 오신 아들은 십자가에서 죽으시고 부활하셨다. 이는 그를 믿는 자에게 영원한 생명을 주시기 위함이다(요 3:15). 영생을 사는 자는 만물 위에 계신 삼위 하나님의 교제에 참여한다. 그는 여전히 불안과 위기가 위협하는 세상 속에서 살아간다. 하지만 영원이 현재에 틈입함으로써 위기와 불안의 현재를 넉넉히 수용한다. "위기란 언제나 영원한 것의 심판 아래서는 시간적인 것의 위기일 뿐이다. 이것은 모든 시대에 거쳐 지니고 있는 인간의 상황이다"(폴 틸리히). 혹자는 말한다. 만물 위에 계신 하나님을 믿는 자라도 상황 해결을 구해야 하지 않는가? 그러나 그것은 유한한 현실을 궁극적인 것으로 높이려는 마성적 시도이다. 마성적이란, 창조적인 동시에 파괴적이다. 성취와 동시에 사라지는 것이다. 그것은 불안과 절망과 위기의 반복이다. 이것이 만물 안에 갇힌 삶의 전형(典型)이다.

묵상

어제 인천에서 출발하여 환승지 카타르 도하를 경유하여 요르단 암만에 도착하였다. 캠프 장소 겸 숙소인 열방한인교회에 짐을 풀고 현지 스텝 심 선교사 가정에서 식사를 하였다. 식사 후에 다시 교회로 와서 교제 모임을 하였다. 이 교회는 수시로 담임목사가 바뀌었다가 지금은 담임목사가 없다고 한다. 교회는 권사 한 분을 중심으로 성도들이 자체적으로 예배드리고 있다. 그 권사의 소회가 가슴을 울렸다. 목회자가 떠날 때마다 청빙하여 채웠는데 지금은 일체 보류하고 있다고 한다. 목사들이 영으로 사역하지 않고, 그 속에 영혼 사랑이 부재하고, 그 안에 그리스도가 없는 모습을 보여줄 때마다 이해할 수 없었다고 한다. 그래서 지금은 목사 청빙을 중단하고 오직 주님의 인도하심을 구하고 있다고 한다. 그의 말을 들으면서 목사로서 심히 부끄러웠고 다시 한 번 나를 성찰하였다. "성도들은 이렇게도 진리를 알고 진리대로 사는 지도자를 바라는구나!"라는 생각에서 그러하였다. 그 진리는 계시이며 만물 위에 계신 하나님을 아는 것이다.

나는 오랫동안 만물 안에 갇혀 있었다. 운명론적 불안과 위기에 늘 시달렸다. 비약을 사모하며 분투하였으나 돌아보면 늘 그 자리였다. 비약은 내가 신에게로 가는 것이 아니라 내게 오신 신을 받아들이는 것이었다. 운명론적 불안의 끝자락인 무한한 자기 체념의 자리에서 생명의 말씀이 영으로 임하였다.

가련한 자에게 베푸신 한량없는 은혜이다. 영생을 알고 만물 위에 계신 하나님을 신앙하게 되었다. 그로부터 15년이 되어 간다. 복음을 통해 생명을 누리는 것도 귀한데, 생명을 전하게 하신다. 곳곳에 공동체를 세우시고 동역자를 세우신다. 우리는 만물 안에 갇힌 자에게 빚진 자이다. 요르단에서도 겸손히 수종들기를 사모한다. 오늘은 중국 사역자들에게 말씀을 전하기 위해 수도 암만에서 마플락으로 이동한다. 그곳에서 복음을 전하고 저녁 늦게 돌아올 예정이다. 이곳으로 가는 도중 성지 몇 곳을 둘러볼 예정이다. 모든 일정에 주께서 함께하시고 생명의 역사를 이루시길 기도한다.

88

40:9-23

9 술 맡은 관원장이 그의 꿈을 요셉에게 말하여 이르되 내가 꿈에 보니 내 앞에 포도나무가 있는데
10 그 나무에 세 가지가 있고 싹이 나서 꽃이 피고 포도송이가 익었고
11 내 손에 바로의 잔이 있기로 내가 포도를 따서 그 즙을 바로의 잔에 짜서 그 잔을 바로의 손에 드렸노라
12 요셉이 그에게 이르되 그 해석이 이러하니 세 가지는 사흘이라
13 지금부터 사흘 안에 바로가 당신의 머리를 들고 당신의 전직을 회복시키리니 당신이 그 전에 술 맡은 자가 되었을 때에 하던 것 같이 바로의 잔을 그의 손에 드리게 되리이다
14 당신이 잘 되시거든 나를 생각하고 내게 은혜를 베풀어서 내 사정을 바로에게 아뢰어 이 집에서 나를 건져 주소서
15 나는 히브리 땅에서 끌려온 자요 여기서도 옥에 갇힐 일은 행하지 아니하였나이다
16 떡 굽는 관원장이 그 해석이 좋은 것을 보고 요셉에게 이르되 나도 꿈에 보니 흰 떡 세 광주리가 내 머리에 있고
17 맨 윗광주리에 바로를 위하여 만든 각종 구운 음식이 있는데 새들이 내 머리의 광주리에서 그것을 먹더라
18 요셉이 대답하여 이르되 그 해석은 이러하니 세 광주리는 사흘이라
19 지금부터 사흘 안에 바로가 당신의 머리를 들고 당신을 나무에 달리니 새들이 당신의 고기를 뜯어 먹으리이다 하더니
20 제삼일은 바로의 생일이라 바로가 그의 모든 신하를 위하여 잔치를 베풀 때에 술 맡은 관원장과 떡 굽는 관원장에게 그의 신하들 중에 머리를 들게 하니라
21 바로의 술 맡은 관원장은 전직을 회복하매 그가 잔을 바로의 손에 받들어 드렸고
22 떡 굽는 관원장은 매달리니 요셉이 그들에게 해석함과 같이 되었으나
23 술 맡은 관원장이 요셉을 기억하지 못하고 그를 잊었더라

88

저주 아래에 놓인 인간의 실존, 그리스도 안에서 "사흘"만에 살리시다!

⁞ 주해

바로 왕의 두 신하가 범죄하여 요셉이 투옥된 옥에 갇혔다. 이들은 술 맡은 관원장과 떡 맡은 관원장으로서 왕의 고위 관리였다. 요셉은 이들을 섬기는 직무를 맡았다. 두 사람은 한 날에 서로 다른 꿈을 꾸었다. 그러나 이들은 꿈을 해석하지 못해 불안해하고 근심하였다. 꿈은 꾸는 자가 아니라 전문적인 해석자가 해석한다. 두 신하는 옥에 갇혀 꿈 해석자의 도움을 받을 길이 없었다. 이 때 일개 미천한 외국인 죄수가 꿈을 해석하겠다고 나선다. 해석의 주체는 하나님이시다(8절). 요셉에 의하면 꿈 해석의 능력은 인간의 지혜가 아니라 하나님이 주신 은사이다. 특히 미래의 일에 관한 것이라면 더욱 그러하다. 두 사람은 요셉을 신뢰하며 꿈의 내용을 말했다.

먼저 술 맡은 관원장이 자기가 꾼 꿈을 요셉에게 말하였다(9-11절). 그가 꿈에 보니 자기 앞에 포도나무가 있고 세 가지에서 싹이 나더니 꽃이 피고 포도송이가 익었다. 그가 포도의 즙을 짜서 바로의 손에 올렸다. 술 맡은 관원장은 그가 꾼 꿈을 매우 구체적이고 사실적으로 묘사했다. 요셉의 해석은 꿈의 내용 가운데 일부만 추려내었다. 요셉이 꿈의 내용을 추려내고 사소하고 무의미한 것을 무시하는 것에서 해석자의 카리스마적 전권이 입증된다(폰 라드). 세 가지는 삼 일을 뜻한다. 삼 일 후 바로 왕이 술 맡은 관원장을 복직시킬 것이다. 그가 꿈에서 술잔을 받들어 올린 것처럼, 그는 바로의 손에 술잔을 올리게 될 것이다(13절).

14-15절, 요셉은 복직이 예상되는 술 맡은 관원장에게 자신의 석방을 청탁한다. 자기는 히브리 사람이 사는 땅에서 강제로 끌려왔고 여기서도 감옥에 들어올 만한 일은 하지 않았다고 말한다. 그러나 술 맡은 관원장은 복직한 후에 요셉을 기억하지 못하였다(23절). 요셉의 청탁은 좌절되었다. 그는 희망 고문 속에서 하루하루를 보냈을 것이다. 만 2년 동안!(41:1). 하지만 지나고 보니 술 맡은 관원장이 요셉을 잊어버린 것은 하나님의 행동하심이었다(시 105:18-20).

떡 맡은 관원장은 요셉의 꿈 해석에 고무되었다. 그래서 자기의 꿈도 해석해 달라고 요청하였다. 떡 맡은 관원장이 꿈을 말한다(16-17절). 그는 꿈에 떡이 담긴 바구니 세 개를 머리에 이고 있었다. 맨 위에 있는 바구니에 바로에게 줄 온갖 구운 떡이 있었는데, 새들이 그 떡을 먹었다. 떡 맡은 관원장에 대한 꿈 해석 방식은 술 맡은 관원장과 비슷하다. 요셉은 꿈의 내용 중 일부만 발췌하여 해석한다. 바구니 세 개는 삼 일 후에 있을 일을 뜻한다. 앞으로 사흘이 되면 바로가 그를 불러내서 목을 베고 나무에 매달 것이다. 새들이 그의 시체를 쪼아 먹을 것이다(19절). 그의 꿈은 흉몽이었다.

하나님은 모든 생명의 주관자이시다. 꿈은 하나님의 계시이다. 두 사람 모두 왕에게 죄를 지어 감옥에 갇혔다. 그러나 한 사람은 사흘 후에 살아나고 다른 한 사람은 사흘 후에 나무에 달려 처형된다. 살고 죽는 것은 죄의 경중이 아니라 왕의 주권에 달려 있다. 만왕의 왕 하나님, 생사의 주관자 하나님은 왕의 마음을 그가 원하시는 대로 움직이신다(잠 21:1).

인간의 선행이 살고 죽는 구원을 결정하지 못한다. 인간의 어떤 행위로 구원을 결정하는 것은 종교의 영역이다. 모든 사람은 범죄하여 사망으로 운명지어진 존재이다(롬 3:23, 5:12). 모든 인간은 하나님의 저주 아래에 있다(갈 3:10). 나무에 달려 죽는 자마다 하나님께 저주받은 자이다(신 21:23). 하나님께 저주 외에 받을 것이 없는 인생, 인간은 떡 맡은 관원장의 운명으로 정해졌다. 그러나 하나님은 그런 인생을 사랑하신다. 하나님이 세상을 이처럼 사랑하사 독생자를 보내셨다. 이는 그를 믿는 자마다 영원한 생명을 얻게 하기 위함이다(요

3:16). 하나님은 우리가 받아야 할 저주를 아들 예수께 대신 받게 하셨다. 그리고 우리를 저주에서 건져주셨다(갈 3:13).

구약에서 "사흘"은 하나님의 완전한 시간이다. 호세아는 죽기에 합당한 이스라엘 백성을 하나님이 사흘 만에 살리실 것이라고 하였다(호 6:1-2). 구약에서 사흘만에 살리는 것은, 신약에서 예수 그리스도의 복음으로 성취되었다. 예수께서 십자가에서 죽으시고 사흘 만에 살아나셨다. 예수의 삼일은 그가 무덤에 들어간 삼일이다. 그의 무덤은 하나님이 행하시는 일이 나타나는 표적이다(마 12:39-40). 무덤의 삼일, 그리스도께서는 성전을 지으신다(요 2:19). 누구든지 그리스도와 함께 죽고 그와 함께 장사되면 그의 부활에 연합하여 새 생명을 얻는다(골 2:12). 우리는 허물과 죄로 죽은 인생, 저주 외에 받을 것이 없는 인생이었다. 그러나 예수 그리스도 안에서 그와 함께 일으킴을 받아 하늘에 앉혔다(엡 2:4-6절).

계몽주의 이후 강력한 사조로 부상한 "실존주의"는 "인간을 보는 방식"에서 출발하였다. 인간을 보는 데는 두 가지 가능한 방식이 있다. 하나는 인간의 위대함을 강조하는 본질론적 방식이다. 다른 하나는 유한성의 한계로 인해 곤경에 빠져 있는 상태를 강조하는 실존론적 방식이다(틸리히, <19-20세기 프로테스탄트 사상사>). 데카르트에서 칸트까지를 아우르는 계몽주의 시대에 인간상은 본질론적 존재 방식을 강조하였다. 인간은 생각대로 또는 주체적으로 행동하는 본질론적 존재이다. 이것을 소위 "의식의 철학"이라고 한다.

하지만 니체를 기원으로 하는 허무주의는 인간의 어두운 면을 강조하였다. 키르케고르는 인간의 실존론적 측면을 전면에 내세운 실존주의 철학자이다. 인간은 고귀한 존재이나 악을 피할 수 없는 실존의 영역에서 살고 있다. 키르케고르는 그 자신이 평생 우울증의 경향을 띠고 살았다. 이후 프로이트는 인간의 무의식을 발견함으로써 인간은 생각대로 행동하는 자가 아님을 폭로하였다. 소위 인간사에서 무의식의 철학이 태동한 것이다. 인간은 절망의 존재이며, 그 끝은 무한한 자기 체념이다. "인간은 생각하는 갈대요 하나의 증기, 물한 방울이면 그를 죽이기에 족하다"(파스칼).

그리스도인은 본질론적 인간으로서 하늘에 앉히운 자이다. 그는 하늘 아버지 집에서 독생자의 영광을 보는 위대한 자이다. 하지만 그는 동시에 지상의 영역에서 살아간다. 그는 지상적 삶에서 실존론적 인간으로 현존한다. 그는 외적으로 악을 피할 수 없으며 내적으로 어두운 부정성으로 고뇌한다. 그런데 참된 그리스도인은 이 두 가지를 동시에 바라본다(틸리히). 위대성만을 강조하는 본질론적 인간은 필경 교만에 이른다. 반면 어두운 면만 강조하는 실존론적 인간은 절망에 빠진다. 예수 그리스도의 복음은 비참한 실존의 인간을 위대한 본질의 인간으로 승화한다. 누구든지 그리스도 안에 있으면 새로운 피조물이다(고후 5:17). 그는 비참한 자리에서 독생자의 영광을 본다. 그 영광은 하나님의 한결같은 사랑이며 신실이다. 그 사랑과 신실은 실존론적 인간으로 살아가는 우리에게 최상의 보상이며 최대의 능력이다(롬 8:36-39).

묵상

나는 영적으로 하나님의 저주 아래에 있는 자임을 알지 못하였다. 그저 위대한 인간이 되고자 하였다. 열심히 공부하고 실력을 쌓고 세상에서 알아주는 것이 생의 목적이었다. 그것들이 이루어지면, 원하는 것은 무엇이든 하고, 가고 싶은 곳은 어디나 가고, 덧없이 지나가는 세상에서 먹고 마시고 즐기고자 하였다. 철저히 세속성에 갇힌 비본래적 인간으로 살았다. 내 속에 괴물 같은 부정성이 있음을 전혀 알지 못하였다. 간혹 무언가 출몰하여 나를 곤경에 빠뜨렸으나 대수롭지 않게 여겼다. 그것이 본격적으로 내 인생에 타격을 가한 것은, 교회를 개척하고 난 후였다. 관계들이 파괴되고 고통스러운 일상이 지속하였다. 그 끝은 사망이었다. 인간은 데카르트식으로 위대한 본질의 인간이 아니었다. 파스칼식으로 "하나의 증기요, 물 한 방울이면 죽이기에 족한" 비참한 존재였다.

아, 그런 자를 어찌 사랑하셔서 전혀 다른 생명을 주셨는지…하나님의 헤아릴 수 없는 은총이었다. 형언할 수 없는 긍휼이었다. 저주 외에 받을 것이 없는 자가 "사흘" 만에 살아났다. 그리스도의 무덤에서 영원한 생명을 얻었다. 옛 생명에서 새 생명으로! 형언불가한 반전이다. 게다가 생명을 전하게 하셨으니 온 영혼이 전율한다. 이제 나는 본질의 인간으로 영생을 얻은 자요, 하늘에 앉히운 자이다. 하지만 지상적 삶에서는 여전히 죄와 부정성으로 신음하는 실존의 인간이다. 그래서 나는 오늘도 그리스도 안에 거한다. 날마다 복음을 통해 실존의 인간에서 본질의 인간으로 살아간다.

어제는 요르단의 마플락에서 중국 사역자들과 생명의 복음을 나누었다. 모두가 예수를 영접하고 자기 목숨을 아끼지 않고 내어주고자 선교사로 파송된 이들이었다. 가는 도중에 야곱이 씨름하던 얍복강, 거라사(자라시), 세계에서 가장 오래된 교회를 방문하였다. 오늘 오후부터 요르단 복음생명캠프를 시작한다. 그리스도 안에서 감추인 자 되어 오직 그리스도로 이들을 섬기기를 원한다. 도처에서 기도로 함께하는 이들과 더불어 섬긴다. 주께서 많은 사람의 기도로 얻은 은사로 일하시기를 고대한다(고후 1:11).

89

41:1-16

1 만 이 년 후에 바로가 꿈을 꾼즉 자기가 나일 강 가에 서 있는데
2 보니 아름답고 살진 일곱 암소가 강가에서 올라와 갈밭에서 뜯어먹고
3 그 뒤에 또 흉하고 파리한 다른 일곱 암소가 나일 강 가에서 올라와 그 소와 함께 나일 강 가에 서 있더니
4 그 흉하고 파리한 소가 그 아름답고 살진 일곱 소를 먹은지라 바로가 곧 깨었다가
5 다시 잠이 들어 꿈을 꾸니 한 줄기에 무성하고 충실한 일곱 이삭이 나오고
6 그 후에 또 가늘고 동풍에 마른 일곱 이삭이 나오더니
7 그 가는 일곱 이삭이 무성하고 충실한 일곱 이삭을 삼킨지라 바로가 깬즉 꿈이라
8 아침에 그의 마음이 번민하여 사람을 보내어 애굽의 점술가와 현인들을 모두 불러 그들에게 그의 꿈을 말하였으나 그것을 바로에게 해석하는 자가 없었더라
9 술 맡은 관원장이 바로에게 말하여 이르되 내가 오늘 내 죄를 기억하나이다
10 바로께서 종들에게 노하사 나와 떡 굽는 관원장을 친위대장의 집에 가두셨을 때에
11 나와 그가 하룻밤에 꿈을 꾼즉 각기 뜻이 있는 꿈이라
12 그 곳에 친위대장의 종 된 히브리 청년이 우리와 함께 있기로 우리가 그에게 말하매 그가 우리의 꿈을 풀되 그 꿈대로 각 사람에게 해석하더니
13 그 해석한 대로 되어 나는 복직되고 그는 매달렸나이다
14 이에 바로가 사람을 보내어 요셉을 부르매 그들이 급히 그를 옥에서 내 놓은지라 요셉이 곧 수염을 깎고 그의 옷을 갈아 입고 바로에게 들어가니
15 바로가 요셉에게 이르되 내가 한 꿈을 꾸었으나 그것을 해석하는 자가 없더니 들은즉 너는 꿈을 들으면 능히 푼다 하더라
16 요셉이 바로에게 대답하여 이르되 내가 아니라 하나님께서 바로에게 편안한 대답을 하시리이다

89

약속을 이루는 고난, 궁극적으로 영생의 약속을 이루는 그리스도의 고난이다!

: 주해

요셉이 두 관원장의 꿈을 해석하였다. 이들은 바로 왕에게 죄를 범하여 투옥된 자들이다. 이들은 요셉의 해석대로 사흘 후 운명이 결정되었다. 술 맡은 관원장은 사흘 만에 복직하였다. 떡 맡은 관원장은 삼 일 후 나무에 달려 죽었다. 한편 요셉은 복직이 예상되는 술 맡은 관원장에게 자신의 석방을 청탁하였다. 그는 억울하게 애굽으로 끌려왔고 옥에 갇힐만한 잘못을 한 적이 없다고 항변하였다. 술 맡은 관원장은 복직하였으나 요셉의 청탁을 까맣게 잊어버렸다. 요셉은 곧 석방된다는 희망 고문 속에서 하루하루 보냈을 것이다. 하지만 그는 만 2년 동안 잊혀진 자로 지냈다(40:23). 창세기 41장은 요셉이 감옥에서 나와 애굽의 총리가 되는 장면이다. 요셉의 생애에서 극적인 반전이 일어난다. 그는 감옥에서 나와 바로의 꿈을 해석하고 애굽을 다스리는 자리에 오른다.

바로 왕이 두 번에 걸쳐 꾼 꿈은 반전의 시작이다. 두 번의 꿈은 하나의 내용을 보여준다. 바로가 꿈에 나일강 강가에 서 있었다. 그때 아름답고 살진 암소 일곱 마리가 나와 갈밭에서 풀을 뜯었다(2절). 뒤이어 흉측하고 야윈 일곱 암소 일곱 마리가 강에서 올라와 먼저 나온 잘생기고 살이 찐 암소들을 잡아

먹었다(3-4절). 바로는 잠에서 깨어났다. 바로가 다시 잠이 들어 꿈을 꾸었다. 그는 꿈에서 한 줄기의 토실토실하고 잘 여문 이삭 일곱 개가 나오는 것을 보았다. 뒤이어 열풍이 불어 야위고 마른 이삭 일곱 개가 나오는 것을 보았다. 그 야윈 이삭이 먼저 나온 토실토실하게 잘 여문 이삭 일곱 개를 삼켰다. 바로가 깨어나 보니 꿈이었다.

요셉의 꿈과 같이(37:5-11), 쌍을 이루는 꿈은 장차 일어날 사건을 보여주는 구상적 예언이다. 이 꿈들은 의심 없이 하나님에 의해 주어진 참된 예언이다. 그러므로 어떤 해석자도 이 꿈을 해석할 수 없다. 오직 하나님으로부터 계시 받은 자만 이 꿈을 해석한다. 40장의 두 관원장에서 보듯 해석되지 않은 꿈은 불안과 번민을 가져온다. 바로 왕은 마음이 뒤숭숭하여 애굽 전역에서 꿈 해석자들을 불러 모았다(8절). 애굽의 마술사(점성술사)와 현인들을 모두 불러들여 그가 꾼 꿈을 이야기하였다. 그러나 그들 중 아무도 꿈을 해석한 자가 없었다.

구약시대 하나님은 여러 모양으로 말씀하셨다(1:1). 그중 하나가 꿈이다. 그러므로 계시로서의 꿈은 하나님의 말씀이다. 하나님의 말씀은 사람의 이성으로 결코 알 수 없다. 오직 하나님의 영으로만 알 수 있다. 애굽의 현인들과 마술사들은 인간의 이성으로 정상에 서 있는 자들이다. 그러나 그들에게 계시로서의 꿈은 감추어져 있다. 이때 술 맡은 관원장이 바로에게 자기 허물을 고한다. 그것은 요셉의 청탁을 잊어버린 일이다(9절). 그는 바로에게 시위 대장의 종 히브리 청년이 해석한 꿈대로 이루어졌음을 고한다. 자신은 복직하였고 떡 맡은 관원장은 매달렸다는 것이다.

그러자 바로가 사람을 보내 옥에 갇혀 있던 요셉을 데려오게 한다. 요셉이 수염을 깎고 옷을 갈아입고 바로에게 들어갔다. 수염을 깎고 옷을 갈아입는 행위는 제의 율법에서 하나님께 예배하기 위한 준비였다(35:2, 출 19:10, 14, 레 14:8-9). 여기서는 바로 왕에게 나아가기 위한 준비였다. 바로는 자기가 꿈을 꾸었다고 말하며 요셉을 꿈 해석자로 인정한다(15절). 그러나 요셉은 즉시 바로의 말을 수정한다. 요셉 자신이 아니라 하나님께서 바로에게 편안한 대답을 하실 것이라고 말한다(16절). 요셉은 한결같다! 그는 관원장들에게도 "해석은 하나님께 있다"라고 하였다. 그는 지상에서 생사화복을 가능하게 할 수 있는 왕 앞에서 자기를 부인하고 자기 하나님의 이름을 드러낸다. 요셉은 어둠에서 빛으로 나왔다. 노예와 죄수의 삶을 끝내고 왕 앞에 섰다. 하지만 요셉의 모든 삶에 하나님이 함께하신다. 그가 빛 가운데 있을 때도 어둠 가운데 있을 때도 하나님은 그를 떠나지 아니하신다(사 45:7). 그리고 요셉이 당한 모든 상황에서 자기 뜻을 이루신다.

요셉은 술 맡은 관원장에게 한동안 잊혀진 자였다. 요셉이 간절히 바라던 소원은 이루어지지 않았다. 하지만 하나님이 바로에게 꿈을 꾸게 하실 때 비로소 관원장에게 기억나는 자가 되었다. 중요한 것은 요셉이 잊혀진 그때에도 하나님이 요셉과 함께 일하셨다는 것이다. 경건한 시인은 요셉을 바로 앞에 세우신 이가 바로 여호와이심을 고백한다. 바로가 그를 석방한 것이 아니라, 홀로 언약을 이루시는 하나님이 그를 석방하신 것이다. "그가 한 사람을 앞서 보내셨음이여 요셉이 종으로 팔렸도다 그의 발은 차꼬를 차고 그의 몸은 쇠사슬에 매였으니 곧 여호와의 말씀이 응할 때까지라 그의 말씀이 그를 단련하였도다 왕이 사람을 보내어 그를 석방함이여 뭇 백성의 통치자가 그를 자유롭게 하였도다"(시 105:17-20).

성경은 전체로 부분을 해석하고 부분으로 전체를 해석한다(슐라이어마허). 요셉의 이야기는 전체적으로 아브라함의 언약을 성취한다. 그것은 아브라함이 입애굽과 출애굽을 통해 가나안 땅을 소유로 받는다는 언약이다. 이 언약은 하나님이 아브라함의 어떠함과 상관없이 일방적으로 성취하신다(횃불 언약). 요셉의 반전은 이스라엘의 입애굽을 위한 언약의 성취이다. 그러므로 하나님이 요셉을 애굽으로 보내셨고 그를 노예와 죄수의 자리에 두셨다. 그는 석방될 기회가 있었으나 다시 2년을 감옥에서 고통을 당해야 했다. 이 모든 과정은 여호와의 말씀이 성취되는 여정이었다. 그는 "말씀이 응할 때"까지, 곧 "약속이 이루어질 때"까지 옥에 갇히고 쇠사슬에 매인 고난을 당해야 했다.

입애굽과 출애굽의 근거가 되는 아브라함의 언약은 궁극적으로 창세전 하나님이 하신 영생의 약속에 근거한다. 하나님이 창세전 사람에게 영생을 약속하시고(딛 1:2), 영생의 본체이신 아들을 보내실 것을 미리 정하셨다(벧전 1:20). 아들이 있는 자에게 생명이 있고 아들이 없는 자에게는 생명이 없다. 이 영생은 모든 족속이 아브라함을 통해 받는 복이다(창 12:3, 엡 1:3-5). 마침내 하나님의 아들이 세상에 오셔서 영생의 약속을 이루셨다. 요셉은 말씀이 응할 때까지 큰 고난을 받았다. 그에게 말씀이 응할 때까지 그의 발이 차꼬에 채이고 그의 몸은 쇠사슬에 매인 것은 장차 오실 그리스도의 고난을 예시한다. 하나님의 아들 예수 그리스도는 영생의 약속을 이루기까지 고난을 당하셨다. 그 고난을 통해 우리에게 생명의 약속을 이루셨다.

예수께서 십자가 죽음을 앞두고 아버지께 기도하셨다. 이제 아버지께서 하라고 하신 일을 이루어 세상에서 아버지를 영광스럽게 하리라고 기도하셨다(요 17:4). 그 일은 아들이 십자가에서 죽으심으로써 아버지가 아들에게 보내신 이들에게 영생을 주는 것이었다(요 17:2). 요한복음에서 십자가에 달리신 예수의 마지막 말은 "다 이루었다"였다(요 19:30). 예수께서 십자가에 죽으신 고난을 통해 생명의 약속을 이루신 것이다. 이제 누구든지 그리스도의 죽음과 부활에 연합하면 영원한 생명을 얻는다. 그리고 영생 얻은 자는 영생을 전하는 자로 부름을 받았다. 아버지가 아들을 세상에 보내신 것처럼 아들이 영생 얻은 우리를 세상에 보내신다(요 17:18). 하나님께서는 생명을 가지고 생명을 누리는 자들을 통해 생명의 복음을 전하게 하신다. 여기에 불가불 고난이 따른다. 그래서 바울은 믿음의 아들 디모데에게 "복음과 함께 고난을 받으라"고 하였다(딤후 1:8).

키르케고르는 "주관적 진리"를 참된 진리로 보았다(《공포와 전율》). 주관적 진리는 머릿속에 있거나 말로 하는 진리가 아니라 삶에서 살아내는 진리이다. 살아내는 진리만이 진리이다. 그런데 그에 따르면 살아내는 진리는 그 자체가 고난이다. 왜냐하면, 비진리인 세상에서 진리를 살아내야 하기 때문이다. 그러므로 그리스도인의 삶은 고난 자체가 길이다. 만일 고난이 사라지면 길도 사라진다. 예수를 따르는 길이 사라진다. "나를 따라오려고 하는 사람은, 자기를 부인하고, 자기 십자가를 지고, 나를 따라 오너라"(막 8:34). 자기를 부인하고 자기 십자가를 지고 예수를 따르는 삶은 고난이다. 고난의 짐은 인간이 스스로 질 수 없다. 그리스도의 온유와 겸손의 멍에로 질 수 있는 짐이다. 하나님은 바로 그런 사람을 통하여 자기 뜻을 이루신다. 그를 통해 예수께서 죽으심으로 완성하셨던 영생의 약속을 이루신다.

: **묵상**

요르단 복음생명캠프가 시작되었다. 하나님이 예비하신 선교사들과 성도들이 생명을 사모하여 금번 캠프가 열렸다. 캠프가 열리기 전날 우리 팀은 수도 암만에서 1시 반 넘게 걸리는 마플락에서 중국 사역자들을 만났다. 이들과 세 시간 가까이 복음으로 교제하였다. 그중 여자 사역자 한 명은 3일 전 요르단에 왔다고 한다. 그녀는 교회 성경 공부 프로그램에서 하나님께 편지 쓰는 시간이 있었는데, 하나님이 보내시는 곳이면 어디든지 가겠노라고 썼다. 그리고 하나님이 강권적으로 이곳으로 보내셨다고 하였다. 자기 삶을 포기한 고난이나 그녀에게는 감사와 기쁨이 가득하였다.

16시간을 거쳐 도착했기에 피곤한 몸이었다. 하지만 생명의 복음을 전하는데 육체의 고난은 아무것도 아니었다. 부름 받은 감격이 육체의 고난을 이긴다. 이런 고난은 고사하고 가장 큰 고난은 자기를 부인하고 자기 십자가를 지고 주를 따르는 것이다. 주를 따르는 길은 예수께서 육체를 찢어 열어놓으신 생명의 길로 나아가는 것이다. 날마다 아들을 힘입어 아버지께 나아가는 파레시아이다. 요르단에 삼일 전 도착한 중국 사역자가 어떻게 이런 귀한 사명을 지치지 않고 감당하느냐고 물었다. 나는 다윗이 구한 오직 한 가지 아버지 집에 거하는 파레시아라고 대답하였다.

생명은 하나님이 주신 최상의 선물이다. 생명은 주관적 진리를 요구한다. 생명은 살아낼 때 진리이다. 이것은 고난의 길이나 주님의 명에를 지고 즐거이 가는 길이다. 이번 요르단 캠프, 참석자들은 복음을 알고 생명을 누리기를 간절히 사모하며 참석하였다. 성령의 역사로 참석자마다 생명을 알고 생명을 살아내는 역사가 있기를 간구한다.

90

41:17-36

17 바로가 요셉에게 이르되 내가 꿈에 나일 강 가에 서서
18 보니 살지고 아름다운 일곱 암소가 나일 강 가에 올라와 갈밭에서 뜯어먹고
19 그 뒤에 또 약하고 심히 흉하고 파리한 일곱 암소가 올라오니 그같이 흉한 것들은 애굽 땅에서 내가 아직 보지 못한 것이라
20 그 파리하고 흉한 소가 처음의 일곱 살진 소를 먹었으며
21 먹었으나 먹은 듯 하지 아니하고 여전히 흉하더라 내가 곧 깨었다가
22 다시 꿈에 보니 한 줄기에 무성하고 충실한 일곱 이삭이 나오고
23 그 후에 또 가늘고 동풍에 마른 일곱 이삭이 나더니
24 그 가는 이삭이 좋은 일곱 이삭을 삼키더라 내가 그 꿈을 점술가에게 말하였으나 그것을 내게 풀이해 주는 자가 없느니라
25 요셉이 바로에게 아뢰되 바로의 꿈은 하나라 하나님이 그가 하실 일을 바로에게 보이심이니이다
26 일곱 좋은 암소는 일곱 해요 일곱 좋은 이삭도 일곱 해니 그 꿈은 하나라
27 그 후에 올라온 파리하고 흉한 일곱 소는 칠 년이요 동풍에 말라 속 빈 일곱 이삭도 일곱 해 흉년이니
28 내가 바로에게 이르기를 하나님이 그가 하실 일을 바로에게 보이신다 함이 이것이라
29 온 애굽 땅에 일곱 해 큰 풍년이 있겠고
30 후에 일곱 해 흉년이 들므로 애굽 땅에 있던 풍년을 다 잊어버리게 되고 이 땅이 그 기근으로 망하리니
31 후에 든 그 흉년이 너무 심하므로 이전 풍년을 이 땅에서 기억하지 못하게 되리이다
32 바로께서 꿈을 두 번 겹쳐 꾸신 것은 하나님이 이 일을 정하셨음이라 하나님이 속히 행하시리니
33 이제 바로께서는 명철하고 지혜 있는 사람을 택하여 애굽 땅을 다스리게 하시고
34 바로께서는 또 이같이 행하사 나라 안에 감독관들을 두어 그 일곱 해 풍년에 애굽 땅의 오분의 일을 거두되
35 그들로 장차 올 풍년의 모든 곡물을 거두고 그 곡물을 바로의 손에 돌려 양식을 위하여 각 성읍에 쌓아 두게 하소서
36 이와 같이 그 곡물을 이 땅에 저장하여 애굽 땅에 임할 일곱 해 흉년에 대비하시면 땅이 이 흉년으로 말미암아 망하지 아니하리이다

90

창조를 삼키는 파괴,
마성적 힘은 십자가에서 무력하게 되다!

: 주해

　애굽의 바로 왕이 두 번에 걸쳐 꿈을 꾸었다. 해석되지 않은 꿈은 불안과 번민을 불러온다. 바로는 애굽의 모든 점술사와 현자들을 불러 꿈을 해석하게 하였다. 하지만 아무도 그의 꿈을 해석하지 못하였다. 그때 술 맡은 관원장이 자기 허물을 토설한다. 그에게 꿈을 해석해준 요셉을 그제야 기억한다. 그러나 이것은 관원장의 허물이 아니라, 하나님이 자기 때에 일하시는 그분의 행동하심이다. 요셉은 감옥에서 나와 수염을 깎고 옷을 갈아입고 바로 왕 앞에 선다. 바로는 요셉을 꿈 해석자로 간주한다. 그러나 요셉은 하나님만이 꿈을 해석한다고 언표(言表)한다. 바로는 요셉에게 자신의 꿈을 알려주고(17-24절), 요셉은 그 꿈을 해석한다(25-32절). 그리고 바로에게 꿈으로 계시된 장래 일을 준비시킨다(33-36절).
　17-24절에서 기술한 바로의 꿈은 1-7절의 내용을 그대로 반복한다. 요셉은 꿈의 내용이 하나님의 구상적 예언임을 밝힌다. 하나님이 하실 일을 바로에게 보이신 것이다(25절). 요셉의 이 말은 꿈을 해석하는 과정에서 반복된다(28절). 32절에서는 "하나님이 정하신 일"이라고 거듭 언표한다. 요셉의 꿈 해석은 신비에 싸여 모호하게 이루어지는 것이 아니라, 단순하고 명백하며 담백하게 이

루어진다.

40장의 꿈 해석처럼 요셉은 꿈의 내용 중 중요한 것만 발췌하여 해석한다. 암소와 이삭의 수 일곱은 햇수로 해석한다. 나중에 나온 나쁜 암소와 나쁜 이삭이 먼저 나온 좋은 암소와 좋은 이삭을 삼켜버린다. 꿈은 상징이다. 암소가 다른 암소를 삼키고 이삭이 다른 이삭을 삼키는 것은 실제 세계에서 볼 수 없는 상징이다. 살진 암소가 마른 암소를 먹고 마른 이삭이 무성한 이삭을 삼키는 것은 무엇을 의미하는가? 상징은 해석된다. 그것은 나중에 든 7년의 흉년이 먼저 든 7년의 풍년에 비축한 곡식을 다 바닥낸다는 것이다. 그래서 결국 애굽 땅은 황폐하게 될 것이다(29-31절). 요셉의 꿈 해석은 전적으로 다가오는 흉년을 강조한다. 단 한 문장만 풍년을 말하고(29절), 다섯 구절이 일곱 해 흉년을 말한다(30-31절).

바로가 두 번씩이나 꿈을 꾼 것은, 하나님이 이 일을 이루시기를 반드시 정하셨기 때문이다(32절). 하나님이 정하신 나라의 운명은 왕이라도 피할 수 없다. 요셉은 바로 왕이 아닌, 하나님이 나라의 일을 정하셨음을 담백하게 선언한다. 그러면 애굽이 멸망을 피할 길은 없는가? 요셉은 바로가 취해야 할 조치를 제안한다. 이것은 꿈 해석과 관계없는 요셉의 지혜이다. 물론 그와 함께하신 하나님의 방책이다. 먼저 요셉이 제안한 방책은 명철하고 슬기로운 사람을 책임자로 세워 애굽을 다스리게 하는 것이다. 또한, 바로는 전국에 관리들을 임명하여 7년의 풍년 동안, 해마다 곡식의 1/5을 거두어들일 것이다. 처음의 7년 풍년 때에 준비하여 나중의 7년 흉년을 대비하는 것이다. 바로가 이렇게 하면 애굽이 기근으로 망하지 않을 것이다(36절).

애굽의 풍년과 그것을 삼키는 흉년은 전적으로 하나님의 행동하심이다. 하나님은 이 일을 통해 아브라함에 하신 약속을 이루신다. 그 약속은 요셉을 통한 입애굽으로 성취된다. 아브라함의 후손, 곧 야곱과 그의 자손들이 기근을 해결하기 위해 양식이 있는 애굽으로 들어가는 것이다. "그 뒤에 주님께서 그 땅에 기근을 불러들이시고, 온갖 먹거리를 끊어 버리셨다. 그 때에 이스라엘이 이집트로 내려갔고, 야곱은 함의 땅에서 나그네로 살았다"(시 105:16, 23). 하나님은 만물 위에 계시며 만물을 꿰뚫고 계시며 만물 안에 거하신다. "만민의 아버지이신 하느님도 한 분이십니다. 그분은 만물 위에 계시고 만물을 꿰뚫어 계시며 만물 안에 계십니다"(엡 4:6, 공동번역).

하나님이 만민의 통치자이시다. 그는 자기 뜻대로 왕들을 세우시거나 폐하신다(단 2:20-21, 4:17).

19-20세기 대표적인 네 명의 사상가는 포이에르바하, 니체, 마르크스, 프로이트이다. 이들은 종교적, 사상적, 정치적, 정신적 혁명가로 불린다. 포이에르바하는 기존의 기독교 신앙을 뒤집는 기독교의 본질을 제시한 종교적 혁명가였다. 니체는 기존의 사상을 전복하는 사상적 혁명가로, 마르크스는 유산자 계급(부르조아)으로부터 무산자 계급(프로레타리아)을 해방시킨 정치적 혁명가이다. 프로이트는 의식에 한정된 인간의 정신세계를 무의식의 영역으로 확대한 의식의 혁명가이다. 이들 4인은 공히 제도권 교회를 무차별적으로 공격하였다. 포이에르바하는 인간의 소원을 투사한 하나님을 우상으로 규정하였다. 니체는 교회가 전하는 신이 죽었음을 설파하였고, 마르크스는 지배계급과 결탁한 기독교는 모든 희망을 내세에 두고 현실의 삶을 마비시키는 민중의 아편이라고 하였다. 프로이트는 기독교의 신은 무의식의 욕구를 채우기 위한 유치한 환상이라고 하였다.

한스 큉은 이들에 대해 이렇게 평가한다. "세계사의 이 세 위인(포이에르바하, 마르크스, 프로이트)의 생애는 우리에게 존경을 요구한다. 그와 마찬가지로 그 대가를 고려하지 않고서 자기를 과거와 묶는 일체의 것과 충돌하고 결별한 목사의 아들 니체에 대해서도 마땅한 존경을 표하여야 할 것이다. 절대에 가까운 솔직함으로, 기회주의라고는 털끝만큼도 없이 오로지 자기 철학의 노선을 따라갔던 사람, 친구가 소수밖에 없었고 대개는 그들에게서마저 이해를 못 받은 사람, 더군다나 자기 저작을 아예 무시해버리는 사람들을 친구로 두었던 것으로 보이는 사람이다"(한스 큉, 〈신은 존재하는가?〉).

사실 이들은 기독교를 공격했으나 기독교는 이들에 의해 진리를 검증받았다. 기독교 진리는 시대적으로 시험대에 오르고 무차별적으로 검증받을 때 오직 영으로 계시된 말씀으로 극복될 수 있다. 마르크스의 사상은 20세기 세계의 절반을 공산주의 국가로 만들 만큼 강력한 영향을 주었다. 그러나 그 한계는 자명하게 드러났고 몰락의 길을 갔다. 가장 중요한 이유는 자기 위에 아무것도 가지지 않았기 때문이었다(틸리히, 〈19-20세기 프로테스탄트 사상사〉). 공산주의

에서는 당(黨)이 지존의 자리이다. 당(黨)은 무오류이다. 인민들은 당에 충성한다. 하지만 당 위에 아무것도 없는 초월자의 부재는, 그들이 그토록 중시했던 무산자 계급을 당(黨)의 노예로 전락시켰다. 지상의 왕이든, 왕을 거부하는 체제나 당(黨)은 필연적으로 몰락의 길을 간다. 만일 교회라도 그 위에 계신 초월자의 통치를 부인한다면 신자는 특정한 지도자의 이념에 종속되는 노예로 전락한다.

대국 애굽의 운명은 왕 바로가 아니라 그 위에 현존하신 만물 위에 계신 하나님에게 달려 있다. 바로 왕의 권세 위에서 만물 위에 계신 하나님이 역사하신다. 요셉은 그것을 엄중히 선언하였고 절대 권력자 바로는 거기에 순응하였다. 7년의 풍년 이후 7년의 흉년이 임한다. 나중의 흉년이 처음의 풍년을 삼키는 것은 하나님의 구원사에 속한다. 하나님께서 이 일을 통해서 구원사의 한 요소인 이스라엘의 출애굽을 성취하신 것이다. 하나님의 궁극적인 구원사는 예수 그리스도를 통해 성취된다. 만물 안의 모든 것은 나중의 기근이 이전의 풍요를 삼킨다. 만물 안의 크로노스는 만물 안의 성취를 삼키는 힘이다. 그리스 신화에서 크로노스는 자식을 잡아먹는 신이다. 시간은 소멸하는 힘이다. 하여 만물 안의 영광은 풀이 꽃과 같다. 풀은 마르고 꽃은 시든다.

18세기 계몽주의 이후 세계는 유토피아 사상에 취하였다. 16세기 토머스 모어는 인간에 의한 지상천국을 꿈꾸는 이상 도시를 소설로 썼다. 100년 후 베이컨은 과학기술의 발전에 의한 인간 생활의 번영과 복지를 실현하는 이상 국가를 그렸다. 그로부터 다시 100년 후 인간의 이성이 꽃을 피운 계몽주의 시대가 열렸다. 풍요롭고 찬란한 이상 도시와 이상 국가가 실현되는 듯 보였다. 그러나 20세기 들어 기독교 사회인 유럽에서 일어난 두 번의 전쟁은 유토피아가 허상이었음을 밝혔다. 이후로 세계는 정치 체제와 종교 체제를 통해 이상사회의 실현을 도모하였다. 이른바 실현된 하나님 나라의 사상이 도래하였다. 정의로우신 하나님이 세계의 불의와 악을 제거하고 의와 평화의 나라를 세운다는 것이다. 물론 이것도 성경의 진리는 아니다. 하나님의 나라는 도래하였으나 아직 완성되지 않았다. 하나님의 나라는 "이미"와 "아직" 사이에 현존한다. "이미" 도래한 하나님의 나라는 타락 이후 현존하는 사탄의 나라와 대립한다.

1920년대에 "마성적인 것"(the demonic)이라는 개념이 등장하였다. 이것은 개인이나 사회 구조 안에 있는 악의 마성적 구조를 의미한다. 여기서 마성은 문자적으로 악마적 성향인데, 기존의 미신적 악마의 성향과 구별된다. 마성적이란 창조적 요소를 삼키는 파괴의 구조이다(틸리히). 악의 현존은 창조적인 동시에 파괴적이다. 마성적인 것을 말한다. "너를 풍요롭게 하는 것이 너를 파괴할 것이다." 인간의 성취 배후에 죄의 세력이 역사한다. 창조의 배후에 파괴의 힘이 실재한다. 교회 안에서도 성취의 배후에 죄의 세력이 준동한다. 이것은 오직 영으로만 아는 세계이다. 죄의 세력은 계명을 기회로 하여 우리를 속이고 우리를 사망 가운데 던져버린다. "죄가 그 계명을 통하여 틈을 타서 나를 속이고, 또 그 계명으로 나를 죽였습니다"(롬 7:11). 인간은 스스로 마성적인 것에서 벗어나지 못한다. 외부에서 와서 그를 사로잡기 때문이다. 마성적인 것은 인간의 외부로부터 오는 힘으로 벗어난다. 그것은 바로 그리스도의 십자가이다. 예수 그리스도께서는 십자가에서 죽으심으로써 파괴와 죽음의 세력인 마귀를 멸하셨다(히 2:14). 그리하여 믿는 자를 마성적인 것에서 자유케 하셨다.

애굽의 곤경을 해결한 자는 오직 요셉이다. 그는 마성적인 것에 의해 정복하지 않았다. 자기를 주장할 수 있는 최고의 기회가 왔을 때 그는 말한다. "내가 아니라 하나님이 하십니다." 하나님에게서 나오는 풍요는 그 무엇도 파괴할 수 없다. 안전하고 영원하다.

⁝ 묵상

죄의 세력을 보지 못한 채 헌신하던 때, 나는 여지없이 마성적인 것에 휘둘렸다. 외적으로 성과도 나왔고 풍요를 경험하였다. 그러나 달도 차면 기울듯, 풍요는 기근으로, 성취는 몰락으로 이어졌다. 그것은 창조의 요소 안에 깃들어 있는 파괴의 구조였다. 창조와 파괴가 반복되던 일상, 마침내 완전한 파괴의 시간이 임하였다. 더는 복구 불가능한 비참한 상황에 내던져졌다. 그러나 긍휼이 풍성하신 하나님이 복음의 빛을 비추셨다. 창조의 일에 역사하는 죄의 세력을 밝히 본 것이다.

이후로 생명의 교제가 시작되었다. 교제 없이 살아온 비참한 삶을 알기에 날마다 내 몸을 쳐 복종시키며 생명의 교제에 나를 드린다. 어제 오전 예배 시간에 구약의 이스라엘 백성이 심판받았고 새 언약이 약속되었음을 나누었다. 이들은 하나님이 요구하신 한 가지를 빼고 거의 모든 신앙생활에 매진하였다. 그러나 그들이 창조한 것은 필경 파괴의 구조 아래에서 무너진다. 오직 하나님만이 마성적인 것을 다스리신다. 그러면서 다니엘을 예시하였다. 그는 사자 밥이 되는 것을 알고도 일상의 교제를 중단하지 않았다. 죽음도 불사하는 소중한 가치를 가진 자는 진실로 복되다.

91

41:37-45

37 바로와 그의 모든 신하가 이 일을 좋게 여긴지라
38 바로가 그의 신하들에게 이르되 이와 같이 하나님의 영에 감동된 사람을 우리가 어찌 찾을 수 있으리요 하고
39 요셉에게 이르되 하나님이 이 모든 것을 네게 보이셨으니 너와 같이 명철하고 지혜 있는 자가 없도다
40 너는 내 집을 다스리라 내 백성이 다 네 명령에 복종하리니 내가 너보다 높은 것은 내 왕좌뿐이니라
41 바로가 또 요셉에게 이르되 내가 너를 애굽 온 땅의 총리가 되게 하노라 하고
42 자기의 인장 반지를 빼어 요셉의 손에 끼우고 그에게 세마포 옷을 입히고 금 사슬을 목에 걸고
43 자기에게 있는 버금 수레에 그를 태우매 무리가 그의 앞에서 소리 지르기를 엎드리라 하더라 바로가 그에게 애굽 전국을 총리로 다스리게 하였더라
44 바로가 요셉에게 이르되 나는 바로라 애굽 온 땅에서 네 허락이 없이는 수족을 놀릴 자가 없으리라 하고
45 그가 요셉의 이름을 사브낫바네아라 하고 또 온의 제사장 보디베라의 딸 아스낫을 그에게 주어 아내로 삼게 하니라 요셉이 나가 애굽 온 땅을 순찰하니라

91

상승의 중재자 요셉, 영생을 주시는 하강의 그리스도를 예시하다!

: 주해

    요셉이 바로의 꿈을 해석하였다. 바로가 꾼 꿈은 "하나님이 하실 일"을 그에게 보이신 것이었다(25, 28절). 바로가 꿈을 두 번에 걸쳐 꾼 것은 하나님이 이 일을 정하셨음을 뜻한다(32절). 애굽의 통치자는 바로 왕이나, 애굽의 운명은 바로 왕의 위에 계신 하나님이시다. 요셉의 꿈 해석은 이러하다. 앞으로 7년의 풍년이 든 후 7년의 흉년이 들 것이다. 나중의 흉년이 극심하여 이전의 풍년을 삼킬 것이다. 곡식은 바닥나고 애굽은 기근으로 망하게 될 것이다. 그러면 기근을 막을 방책은 없는가? 요셉은 바로에게 "하나님이 하시는 일"에 대비할 방책을 제안한다. 그것은 7년의 풍년 때 곡식을 저장하여 후에 오는 7년의 흉년을 대비하는 것이다. 34절에서는 풍년 때 곡식의 1/5을 거두어들이고, 35절에서는 모든 곡식을 거두어들이라고 말한다. 전자가 더 설득력이 있다. 그리하면 애굽이 기근으로 멸망하지 않을 것이라고 말한다. 요셉은 이런 일을 도맡아 할 관리들을 세우라고 조언하였다.

    37-45절은 바로가 이 일을 맡을 자로 요셉을 지명하고, 요셉이 애굽의 총리로 임관되는 장면이다. 바로는 요셉의 꿈 해석과 그의 대비책을 수용하였다. 그리고 그는 신하들에게 하나님의 영(신)이 함께하는 이 사람 말고 이 문제를

해결할 사람을 어디에서 찾을 수 있겠느냐고 말하였다(38절). 여기서 하나님은 "신들"(gods)로도 번역한다(NIV). 바로가 말하는 신은 그가 믿는 "신들"일 수 있고, 요셉의 꿈을 해석한 "하나님"일 수 있다. 어쨌든 바로가 볼 때 요셉은 신의 영에 감동된 자였다. 그러면서 바로는 요셉에게 애굽을 다스리는 왕권을 위임했다(39-40절). 히브리 노예였던 요셉은 갑자기 대국 애굽에서 "일인지상 만인지하"의 자리에 올랐다.

41-43절은 요셉의 총리 임관식이다. 바로는 요셉을 애굽 온 땅의 총리로 임명한다. 뒤이어 총리의 임명 예식이 거행된다. 요셉은 왕의 인장 반지를 손에 끼운다. 그는 죄수의 옷을 벗고 세마포 옷을 입는다. 그는 쇠사슬에서 풀려나 금사슬을 목에 두른다. 당시 왕의 인장 반지를 넘겨주는 일은 매우 중요하였다. 왕의 인장 반지를 지닌 자는 왕명(王命)의 공적인 집행자가 된다. 세마포 옷은 왕의 신하들이 입는 것으로 명예로운 신분을 상징한다. 목에 거는 금사슬은 명예로운 표징으로 선사되었다. 노예요, 죄수였던 요셉은 단번에 명예로운 자리로 상승한다. 그런 다음에 바로는 자기의 병거와 버금가는 병거에 요셉을 태웠다(버금 수레). 요셉이 그 수레를 타고 지나가니 사람들이 "엎드리라"라고 외쳤다(43절). "엎드리다"라는 히브리어 "아브렉"은 고관이 행차할 때 외치는 소리인데, 우리말로 "물러가거라"라는 뜻이다(새번역). 또한, 아브렉은 "무릎 꿇다"를 뜻하는 히브리어 발음과 비슷한 애굽어이다. 바로는 임관식을 끝낸 요셉에게 그의 지위를 공식적으로 선포한다. "나는 바로다. 이집트 온 땅에서, 총리의 허락이 없이는, 어느 누구도 손 하나 발 하나도 움직이지 못한다"(44절). 이렇게 해서 요셉은 애굽의 2인자로 추인되었다.

바로는 요셉의 이름을 알지 못하였다. 요셉은 애굽에 들어온 후 노예가 되었다. 노예에게는 이름이 없다. 술 맡은 관원장은 바로에게 요셉을 "시위 대장의 노예 히브리 청년"으로 소개했을 뿐이다(12절). 그래서 그랬을까! 바로는 요셉에게 "사브낫바네아"라는 이름을 하사한다. 사브낫바네아는 "신께서 말씀하시고 사신다"라는 뜻이다. 유대 역사가 요세푸스는 사브낫바네아를 "발견자를 숨김"으로 번역하였다. 또한, 바로는 요셉을 온의 제사장 보디베라의 딸 아스낫과 결혼시켰다. "온"은 현대 카이로에서 북동쪽으로 16km 떨어진 곳에 위치한다. 이곳은 그리스인들에 의해 "헬리오폴리스"(태양의 도시)로 불렸고 그

곳에는 "라"(Ra)를 숭배하는 신전이 있었다. 요셉의 아내 아스낫은 "그녀는 여신 네이스의 것"이라는 뜻이다.

히브리 노예 요셉은 완전히 애굽사람으로 탈바꿈하였다. 나중에 그를 찾아온 형들은 애굽사람으로 변한 요셉을 알아보지 못하였다. 그의 이름도, 그의 아내도, 그의 지위도 온통 애굽인이다. 이제 사브낫바네아로 불리는 요셉이 애굽의 풍년과 흉년의 기대를 관장한다. 하나님이 하시는 일이 요셉을 통해 이루어진다.

경건한 시인은 요셉이 애굽의 총리가 된 이야기를 이렇게 회상했다. "왕은 사람을 보내어 그를 석방하였다. 뭇 백성의 통치자가 그를 자유의 몸이 되게 하였고, 그를 세워서 나라의 살림을 보살피는 재상으로 삼아서, 자기의 모든 소유를 주관하게 하며, 그의 뜻대로 모든 신하를 다스리게 하며, 원로들에게 지혜를 가르치게 하였다. 그때에 이스라엘이 이집트로 내려갔고, 야곱은 함의 땅에서 나그네로 살았다"(시 105:20-23).

"사실 역사"(히스토리에)는 바로 왕이 요셉을 총리로 세웠다. 그러나 "의미 역사"(게쉬테)는 하나님이 요셉을 애굽의 총리로 세우셨다. 요셉이 애굽의 총리가 된 것은 "고생 끝 출세"의 입신양명(立身揚名)이 결코 아니다. 그것은 아브라함에게 하신 땅의 약속을 성취하는 과정이다. 곧 아브라함의 후손이 이방 나라에 가서 400년간 종살이하는 입애굽의 약속을 이루신 것이다.

요셉이 노예와 죄수에서 풀려난 것은 이후에 있을 이스라엘 백성의 출애굽을 예시한다. 그리고 이스라엘의 출애굽은 궁극적으로 예수 그리스도를 통한 만민의 구원을 예시한다. 바로 이 점에서 요셉은 그리스도의 모형이다. 예수 그리스도는 하늘에 계신 아버지의 아들이다. 그는 위로부터 오셨고 만물 위에 계시고 하늘에서 오셨다(요 3:13, 31). 그는 창세전부터 말씀(로고스)으로 하나님과 함께 현존하셨다(요 1:1). 때가 되어 말씀이 육신(사르크스)으로 오셔서 우리 가운데 계셨다(요 1:14). 하나님의 언약 백성 이스라엘의 자손 요셉이 세상을 표상하는 애굽 사람이 되었다. 유일하게 영생을 가지신 하나님의 아들이 영생이 부재한 세상에 오신 것이다. 하나님의 아들이 하늘로부터 오신 것은 땅에서 들리기 위함이었다(요 3:14). 그가 땅에서 들림은 십자가의 죽음과 부활을 뜻한다(요 12:32-33, 행 2:33, 5:31). 하늘에서 오신 아들이 십자가에 죽으시고 부활하심으로써 그를 믿는 자에게 영원한 생명을 주신다(요 3:15). 요셉은 땅에서 나서 총리의 자리에 올라 명예롭게 되었다. 그리하여 하나님의 약속을 이루는 중재자가 되었다. 요셉은 하나님의 상승의 중재자이다. 반면 하나님의 아들은 하늘로부터 내려오신 "하강의 그리스도"이시다.

초기 기독교는 요셉처럼 "상승의 그리스도"가 신앙의 대상이었다. 초기 그리스도인들은 구약성경에 근거하여 다윗의 자손으로 오신 그리스도에 대한 신앙에 주력하였다(상승의 그리스도). 이들은 주로 유대 그리스도인들이었다. 이들은 세상에서 활동하다 그리스도로 상승한 예수를 신앙하였다. 그런데 이들 유대 그리스도인들은 A.D.70년 예루살렘 멸망 후 쇠락하였고 후에는 그 흔적이 사라졌다. 기독교 역사에서 중요한 패러다임의 전환은 상승의 그리스도론에서 하강의 그리스도론으로 전환된 것이다(한스 큉, 〈그리스도교 본질과 역사〉). 이것은 지상적 그리스도를 믿는 신앙에서 선재하신 그리스도를 믿는 신앙으로의 전환이다. 이는 만물 안에 갇힌 신을 믿는 신앙에서 만물 위에 계신 하나님에 대한 신앙으로의 전환이다(롬 9:5).

기독교가 세계의 종교로 발돋움하는 데 있어서 진리를 사수하고 전파하는 "호교론자들의 공로가 컸다. 기독교는 이들의 공로를 통해 세상에서(만물 안에서) 구원자로 활동하신 그리스도로부터, 만물을 창조하시고 만물을 품는 선재하신 그리스도에 대한 신앙으로 패러다임이 전환되었다. 2세기 중반 안디옥의 순교자 이그나티오스의 그리스도론은, "영원으로부터 아버지와 함께 계셨고 시간의 종말에 나타나신 그리스도"를 표명하였다. 3세기 중반 천재적인 신학자 오리게네스에 의해 하강의 그리스도론은 더욱 힘을 얻었다. 오리게네스는 기독교 진리를 헬레니즘 관점에서 조명하되 그 관점을 초월하는 신앙으로 비약시켰다. 헬레니즘에서 말하는 초월은 이데아이며 그것은 만물 안에 속한 보이지 않는 것일 뿐이다(골 1:16).

기독교 진리에서 초월은 만물 위의 세계이다. 예수께서 만물 위에 계시고 거기로부터 하강하신 것이다. 이후 기독교 신앙은 아버지와 아들과 영이 영원으로부터 서로 어떤 관계를 맺고 있느냐 하는 내재적 삼위일체에 대한 신앙이 중심을 이루게 되었다. 참으로 놀라운 하나님의 역사이다. 땅에서 활동하다 상승하신 그리스도론에서 하늘(위)로부터 오신 하강 그리스도론으로 대체된 기념비적인 하나님의 역사이다. 이후 신앙의 근본 관심사는 만물 안에서의 구원자, 곧 문제 해결자로서의 그리스도를 넘어서게 되었다. 이제는 그리스도의 기원, 성육신, 본질, 본성, 본체, 실체, 위격, 일치, 태어났으나 태어나지 않으신 분, 죽음 안에 있는 영원한 생명의 개념이 중요한 주제로 대두되었다.

하지만 안타깝게도 초기 기독교의 호교론이 기여한 하강의 그리스도론은 기독교 공인 이후 쇠퇴하고 말았다. 이때부터 기독교 신앙은 교회가 정해준 교리를 수용하는 것으로 인식되었다. 이것은 신앙(faith)이 아니라 신념(belief)이다(하비 콕스, 〈종교의 미래〉). 신념으로서 종교는 생명력을 잃고 단지 의식을 지키는 형식적 신앙으로 나타난다. 만물 안의 세계에 천착한 상승의 그리스도론은 18세기 계몽주의 이후 거센 공격을 받게 된다. 기독교에 대한 사람들의 공격은 도리어 기독교의 본질을 찾는 데 자극제가 되었다. 희미하던 하강의 그리스도론은 키르케고르를 필두로 하여 바르트와 틸리히를 통해 구체적으로 현시되었다. 시대마다 교회가 쇠락의 위기를 당할 때마다 하나님은 선각자들을 통해 교회를 다시 새롭게 하신다. 하늘에서 오신 인자, 하강의 그리스도를 아는 것은 진실로 지복이다. 이는 하늘로부터 오신 그리스도가 죽으시고 부활하심으로써 주신 하늘의 생명을 알 때 누리는 지복이다.

오늘날 지도자나 신자가 상승의 그리스도론에 머물러있다면 불가불 만물 안의 신앙에서 벗어날 수 없다. 그저 문제 해결이나 상황 호전의 수단으로 예수를 믿는다. 물론 영생을 알지 못하고 누리는 지복도 알지 못한다. 그러나 하나님은 그런 우리의 한계와 목마름을 아신다. 사마리아 여인을 야곱의 우물이라는 전통에서 만나주신 것처럼 우리를 만나주신다. 생명의 말씀과 영으로 오셔서 하강의 그리스도를 만나게 하신다. 생명의 떡을 먹는 자마다 영생을 얻으나 결코 주리지 않고 영원히 목마르지 않다.

: 묵상

나는 오랫동안 상승의 그리스도만을 신앙하였다. 예수의 지상적 활동에 초점을 맞추어 신앙하고 목회하였다. 물론 그것이 잘못은 아니다. 문제는 거기에 머물러버린 것이다. 불가불 신앙의 내용을 문제 해결과 상황 호전에 천착하였다. 구약의 선지자들은 오실 그리스도에 대해 부지런히 연구하였는데, 나는 오신 그리스도를 알고도 연구하지 않았다. 그저 사람들의 급박한 필요에 단장을 맞추는 샤마니즘적 목사였다.

아, 그런 자에게 하강의 그리스도를 아는 은혜가 임하였다. 그리스도의 기원과 그가 하신 일, 그리고 그 목적이 영으로 계시되었다. 만물 위에 계신 하나님이 나의 하나님이 되었다. 날마다 생명의 교제로 삼위 하나님의 페리 코레시스(기쁨)에 참여한다. 그곳에서 독생자의 영광, 한결같은 사랑과 신실로 충만함을 입는다. 이것이 내가 날마다 구하는 한 가지이다.

지난 3일간 요르단 복음생명캠프에 독생자의 영광이 충만하였다. 우리는 아침마다 각자 생명의 교제를 하고 서로 사귐의 시간을 갖는다. 그렇게 하루를 시작한다. 우리는 감추어지고 주님의 일하심을 본다. 사역이 아니라 주님과 함께하는 교제이다. 요르단 현지 선교사님들은 생명의 복음 앞에 뜨겁게 반응하였다. 담임목사가 부재한 성도들 역시 교회의 본질로서 생명의 공동체를 사모하였다. 캠프 중간중간 여러 선교사와 교제하였다. 이곳 선교사들은 하나같이 중동에 생명의 문이 열린 것을 감격해 하였다. 요르단은 여타 아랍 지역과 달리 신학대학교가 있다고 한다. 이곳에서 배출된 목회자들이 아랍 전역에서 사역한다. 특히 아랍선교회(AMB)라는 단체는 요르단 내 70개 교회와 아랍 22개국의 교회와 네트워크가 되어 있다. 이 단체를 섬기는 한국 선교사는 성경이 증거하는 생명의 복음을 들으며 기쁨을 감추지 못하였다. 하나님이 아랍 교회를 통해 아랍 지역에 복음을 전하도록 네트워크를 다 준비해 놓으시고 우리 팀을 보내셨다는 것이다. 특히 아랍 전역의 목회자에게 영향을 끼칠 요르단의 핵심 목회자들이 이 복음을 들을 것을 생각하니 영적 흥분을 감추지 못하였다. 그러면서 내년 상반기에 현지 목회자들을 대상으로 캠프를 열어줄 것을 간곡히 요청하였다. 그저 한인 선교사들과 성도들을 섬기러 왔을 뿐인데 하나님이 이런 계획을 예비하신 것을 알게 되니 그의 섭리에 놀라울뿐이다. 마지막 시대, 생명의 복음이 땅끝인 아랍 전역에 흘러갈 것을 생각하니 경외감으로 엎드린다. 생각지 않게 아랍 교회들에 전도의 문을 여시니 참으로 경이롭다. "당신의 선하신 뜻을 이루소서."

92

41:46-57

46 요셉이 애굽 왕 바로 앞에 설 때에 삼십 세라 그가 바로 앞을 떠나 애굽 온 땅을 순찰하니
47 일곱 해 풍년에 토지 소출이 심히 많은지라
48 요셉이 애굽 땅에 있는 그 칠 년 곡물을 거두어 각 성에 저장하되 각 성읍 주위의 밭의 곡물을 그 성읍 중에 쌓아 두매
49 쌓아 둔 곡식이 바다 모래 같이 심히 많아 세기를 그쳤으니 그 수가 한이 없음이었더라
50 흉년이 들기 전에 요셉에게 두 아들이 나되 곧 온의 제사장 보디베라의 딸 아스낫이 그에게서 낳은지라
51 요셉이 그의 장남의 이름을 므낫세라 하였으니 하나님이 내게 내 모든 고난과 내 아버지의 온 집 일을 잊어버리게 하셨다 함이요
52 차남의 이름을 에브라임이라 하였으니 하나님이 나를 내가 수고한 땅에서 번성하게 하셨다 함이었더라
53 애굽 땅에 일곱 해 풍년이 그치고
54 요셉의 말과 같이 일곱 해 흉년이 들기 시작하매 각국에는 기근이 있으나 애굽 온 땅에는 먹을 것이 있더니
55 애굽 온 땅이 굶주리매 백성이 바로에게 부르짖어 양식을 구하는지라 바로가 애굽 모든 백성에게 이르되 요셉에게 가서 그가 너희에게 이르는 대로 하라 하니라
56 온 지면에 기근이 있으매 요셉이 모든 창고를 열고 애굽 백성에게 팔새 애굽 땅에 기근이 심하며
57 각국 백성도 양식을 사려고 애굽으로 들어와 요셉에게 이르렀으니 기근이 온 세상에 심함이었더라

92

대체 무엇에 굶주려서…
이 땅에 참된 양식을 주소서!

: 주해

요셉은 바로의 꿈을 해몽하여 애굽의 총리가 되었다. 요셉이 애굽으로 팔려 갈 때는 17세였다(37:2). 그리고 13년이 흐른 후 애굽의 정상에 올랐다(46절).

47-57절은 요셉이 해몽한 대로 바로의 꿈이 이루어진 것을 기술한다. 바로의 꿈은 하나님이 애굽에 하실 일이다. 애굽에 7년 풍년이 든 후에 7년 흉년이 든다. 만일 풍년 때에 흉년의 때를 대비하지 않으면, 애굽은 기근으로 멸망할 것이다. 47-49절, 바로의 꿈대로 7년의 풍년이 이루어졌다. 요셉은 풍년 때 거둔 곡식을 여러 성읍에 저장해 두었다(48절). 그가 저장한 곡식의 양은 바다의 모래처럼 많았다. 그 양이 너무 많아서 더는 계수할 수 없었다(49절). "바다의 모래처럼"은 하나님이 아브라함(22:17)과 야곱(32:12)에게 하신 약속들에 사용된 상징이다. 자손에 관한 이 상징은 이어지는 요셉의 아들들의 출생에 선행한다.

50-52절, 7년의 흉년이 오기 전 요셉은 두 아들을 낳고 각각 그들의 이름을 짓는다. 맏아들의 이름은 므낫세로 지었다. 므낫세는 "잊게 하다"의 뜻이다. 요셉은 "하나님이 나의 온갖 고난과 아버지 집 생각을 다 잊어버리게 하셨다"라는 뜻으로 이 이름을 지었다. 둘째 아들의 이름은 "에브라임"으로 지었다. 에브라임은 "갑절로 열매 맺다"의 뜻이다. 요셉은 "내가 고생하던 이 땅에

서, 하나님이 자손을 번성하게 해주셨다"라는 뜻으로 이 이름을 지었다. 두 아들의 출생에 관한 언급으로 요셉의 생애에 운명의 전환이 이루어진다. 요셉은 애굽의 총리가 되었고, 그 나라의 대제사장의 딸과 결혼하였고, 그 딸을 통해 두 아들을 얻었다. 따라서 요셉이 두 아들에게 부여한 이름의 뜻은 예기치 않은 성취에 대한 감사의 표현이다(폰 라드). 이러한 전환과 성취로 요셉의 삶은 새로운 지평에 놓이게 되었다. 요셉은 히브리 사람의 흔적을 완전히 지우고 애굽 사람이 된 것이다.

53-54절, 7년의 풍년이 지나고 7년의 흉년이 왔다. 온 세상에 기근이 들지 않은 나라가 없었으나 애굽 온 땅에는 아직 양식이 있었다. 그런데 그 양식조차 다 떨어졌다. 애굽 온 땅의 백성이 굶주림에 빠지자 그들은 바로에게 먹을 것을 달라고 부르짖었다. 그때 바로는 애굽의 모든 백성에게 말하였다. "요셉에게로 가라. 그가 말하는 대로 하라"(55절). 요셉은 모든 창고를 열어 애굽 사람들에게 곡식을 팔았다. 애굽 땅 모든 곳에 기근이 심하게 들었다. 또한, 기근이 온 세상을 뒤덮고 있어 각국 백성도 양식을 사려고 애굽으로 들어가 요셉에게 이르렀다(57절).

애굽 사람은 물론 각국 백성이 요셉에게로 간다. 그에게만 양식이 있다. 요셉의 아버지 야곱이 사는 가나안 땅에도 기근이 임하였다. 그곳에서 양식을 구할 수 없었다. 야곱은 요셉이 있는 애굽에 아들들을 보낸다. 이 과정을 통해 요셉의 신분이 밝혀지고 야곱과 그의 자손들이 애굽으로 들어간다(46:7).

이는 입애굽의 성취로서, 하나님이 아브라함에게 하신 가나안 땅의 약속이 부분적으로 성취된 것이다. 따라서 애굽과 온 땅에 임한 기근은 하나님의 행동하심이다(시 105:16).

하나님은 아브라함의 후손이 이방 나라에 들어가 400년간 종살이 한 이후에 거기서 나와 가나안 땅으로 들어갈 것을 약속하셨다(15:12-21). 하나님이 아브라함에게 하신 땅의 약속은 하나님 나라의 약속을 예시한다. 하나님은 자기 아들을 아브라함의 후손으로 보내셨다(마 1:1-21). 하나님의 아들은 하늘에서 내려오셨다. 그는 하늘에서 내려온 떡이며, 그 떡은 세상에 생명을 준다. "하나님의 떡은 하늘에서 내려 세상에 생명을 주는 것이니라"(요 6:33).

복음은 하나님의 아들 예수 그리스도이다(막 1:1, 롬 1:2-4). 예수 그리스도는 생명의 떡이며, 그를 먹는 자는 결코 주리지 않고 영원히 목마르지 않는다(요 6:35). 예수가 생명의 떡인 것은 그의 죽음을 뜻한다. 곧 생명의 떡은 예수의 살과 피이다. 그의 살을 먹고 그의 피를 마시는 자는 영원한 생명을 얻는다. 예수의 살은 참된 양식이며 그의 피는 참된 음료이다(요 6:53-55).

그러므로 복음은 하나님의 아들 예수 그리스도의 죽음과 부활이다. 그의 죽음과 부활 사건은 복음이다. 이 복음은 네 가지 구원 사건으로 전승되었다. 이는 그의 죽으심과 장사됨과 부활과 현현의 사건이다(고전 15:3-5). 모든 사람에게 필요한 참된 양식은 복음이다. 이 복음은 생명을 얻게 하고 풍성히 누리게 한다(요 10:10, 딤후 1:10). 복음은 생명을 환히 비추는 빛이다. "그리스도께서는 죽음을 폐하시고, 복음으로 생명과 썩지 않음을 환히 보이셨습니다"(딤후 1:10). "환히 보이다"의 헬라어 "포티조"는 "비추다" "조명하다"의 뜻이다.

찬송가에 "빛의 사자들이여, 복음의 빛 비쳐라"라는 가사가 있다. 복음의 빛이 비추어지면 생명을 밝히 알게 된다. 아들이 있는 자에게 생명이 있고 아들이 없는 자에게 생명이 없다(요일 5:11). 아들을 영접하면 아들 안의 생명을 영접하여 생명을 얻는다(요 1:12-13). 예수를 영접하여 생명을 얻었어도 복음의 빛이 비치지 않으면 생명은 어둠 속에 갇혀 있다. 그는 부득불 자기중심적인 옛 생명으로 산다.

복음은 구약에서 하나님이 주시는 물로 예시되었다. 하나님은 이사야 선지자를 통해 말씀하신다. 목마른 자를 물로 초대하신다(사 55:1). 돈 없이 값없이 와서 포도주와 젖을 사라고 하신다. 양식이 아닌 것을 위해 값을 지불하고 수고하는 이들을 부르신다(사 55:2). 하나님이 주시는 생수는 값없이 주시는 복음이다. 복음을 듣고 들으면 우리가 생명을 얻는다. 복음의 빛이 비치고 비치면 생명을 풍성히 누린다. 이것은 모든 사람에게 허락된 영원한 언약이요 다윗에게 허락한 확실한 은혜이다(사 55:3).

: 묵상

　어제 조국에서 들려온 할로윈 축제의 대참사 소식이 가슴을 짓누른다. 묵상하기도 어려울 정도로 내 영혼이 휘청거렸다. 10대, 20대 청년 150여 명이 축제에 참가하였다가 압사당하였다. 간혹 무슬림의 라마단 성지순례 때에 사람들이 압사당했다는 이야기는 들었다. 그런데 반도체, IT, 전자제품 등에서 첨단을 달리는 한국에서 이런 일이 벌어진다는 게 믿어지지 않았다. 할로윈은 산 자와 죽은 자의 경계가 흐려져 죽은 혼령이나 귀신이 돌아다닌다는 무속신앙에 기초하여 기괴한 복장이나 분장을 한 어린이들이 집마다 돌아다니며 사탕을 받는 풍습이다. 할로윈 축제를 지내는 미국에서조차도 어린이의 동네 놀이이다.
　나는 5년 전 이맘때 미국에 사는 딸 집에 방문했을 때 할로윈 축제를 지낸 적이 있었다. 정작 그들은 집단적인 광기가 아니라 어린아이들이 조용히 집을 방문해 사탕을 받곤 하였다. 나도 할로윈 복장을 한 외손자 다엘이를 데리고 주변의 몇 가정을 방문하며 환대도 받고 사탕도 받았다. 올해 한국으로 하면 초등학교 2학년인 다엘이가 이렇게 말했다고 한다. 할로윈은 하나님이 기뻐하지 않으니 그런 거 안 할 거라고. 초등학생만 되어도 흥미가 없는 축제이다. 그런데 어린아이도 아닌 청년들이 대체 무엇에 그리도 굶주려서 변종된 할로윈 축제에 10만이 넘는 인파가 몰렸다는 말인가! 먹을 것, 마실 것을 마음대로 먹고 원하는 것을 마음대로 하는 이 나라의 청년들이 대체 무엇이 굶주려 집단적 광기에 영혼을 팔고 급기야 죽음에 이르는가! 아, 가슴이 미어진다. 참된 양식, 참된 음료, 복음을 알지 못한 세대 앞에 무한 책임을 느낀다. 복음을 전하지 않으면 화가 있을 것이라는 바울의 외침이 가슴을 울린다. 아버지가 독생자를 주시기까지 사랑하신 세상의 참상 앞에 마음을 찢으며 엎드려 자복한다. "주여, 우리를 불쌍히 여기소서!"

93

42:1-17

1 그 때에 야곱이 애굽에 곡식이 있음을 보고 아들들에게 이르되 너희는 어찌하여 서로 바라보고만 있느냐
2 야곱이 또 이르되 내가 들은즉 저 애굽에 곡식이 있다 하니 너희는 그리로 가서 거기서 우리를 위하여 사오라 그러면 우리가 살고 죽지 아니하리라 하매
3 요셉의 형 열 사람이 애굽에서 곡식을 사려고 내려갔으나
4 야곱이 요셉의 아우 베냐민은 그의 형들과 함께 보내지 아니하였으니 이는 그의 생각에 재난이 그에게 미칠까 두려워함이었더라
5 이스라엘의 아들들이 양식 사러 간 자 중에 있으니 가나안 땅에 기근이 있음이라
6 때에 요셉이 나라의 총리로서 그 땅 모든 백성에게 곡식을 팔더니 요셉의 형들이 와서 그 앞에서 땅에 엎드려 절하매
7 요셉이 보고 형들인 줄을 아나 모르는 체하고 엄한 소리로 그들에게 말하여 이르되 너희가 어디서 왔느냐 그들이 이르되 곡물을 사려고 가나안에서 왔나이다
8 요셉은 그의 형들을 알아보았으나 그들은 요셉을 알아보지 못하더라
9 요셉이 그들에게 대하여 꾼 꿈을 생각하고 그들에게 이르되 너희는 정탐꾼들이라 이 나라의 틈을 엿보려고 왔느니라
10 그들이 그에게 이르되 내 주여 아니니이다 당신의 종들은 곡물을 사러 왔나이다
11 우리는 다 한 사람의 아들들로서 확실한 자들이니 당신의 종들은 정탐꾼이 아니니이다
12 요셉이 그들에게 이르되 아니라 너희가 이 나라의 틈을 엿보러 왔느니라
13 그들이 이르되 당신의 종 우리들은 열두 형제로서 가나안 땅 한 사람의 아들들이라 막내 아들은 오늘 아버지와 함께 있고 또 하나는 없어졌나이다
14 요셉이 그들에게 이르되 내가 너희에게 이르기를 너희는 정탐꾼들이라 한 말이 이것이니라
15 너희는 이같이 하여 너희 진실함을 증명할 것이라 바로의 생명으로 맹세하노니 너희 막내 아우가 여기 오지 아니하면 너희가 여기서 나가지 못하리라
16 너희 중 하나를 보내어 너희 아우를 데려오게 하고 너희는 갇히어 있으라 내가 너희의 말을 시험하여 너희 중에 진실이 있는지 보리라 바로의 생명으로 맹세하노니 그리하지 아니하면 너희는 과연 정탐꾼이니라 하고
17 그들을 다 함께 삼 일을 가두었더라

93

내어줌의 복음,
복음 앞에 진실하게 하소서!

주해

창세기의 요셉 이야기는 "고생 끝, 행복 시작"이라는 고진감래나 입신양명의 이야기가 아니다. 비록 노예였고 죄수였으나 하나님께 순종하면 해피엔딩으로 끝난다는 유치한 환상이 결코 아니다. 요셉의 이야기는 크게 보면 아브라함의 언약 안에 내포되어 있다. 하나님께서 아브라함에게 가나안 땅을 소유로 주실 것을 약속하셨다. 그러나 그의 후손이 이방 나라에 가서 400년간 종살이를 한 후에 거기서 나와 가나안 땅에 들어간다는 것이다. 아브라함은 그 나라를 알지 못하였으나 그 나라는 애굽이었다. 즉 아브라함의 후손은 입애굽하여 400년간 그 땅에서 종살이를 하고, 그 후에 출애굽하여 가나안 땅에 들어가는 것이다.

요셉 이야기는 가나안 땅의 약속 중 입애굽을 실현한 이야기이다. 요셉이 먼저 애굽으로 들어가고(37:28), 그를 통해 야곱의 가족들이 애굽으로 들어간다(46:7). 하나님은 요셉과 함께하시면서 약속을 이루어가신다. 요셉이 노예로 팔린 것, 그가 죄수가 되어 바로의 관원장들을 만난 것, 그들의 꿈을 해석한 것, 후에 바로의 꿈을 해석한 것, 7년의 풍년과 7년의 흉년이 든 것, 총리가 되어 양식을 관리한 것, 이 모든 일의 배후에 하나님이 일하신다. 7년의 풍년이 지나고 온 땅에 기근이 임하였다. 이것도 하나님이 약속을 이루기 위해 행하신 일이다(시 106:16).

창세기 42장에서 다시 야곱이 등장한다. 본 장은 크게 네 부분으로 구성되어 있다. 야곱이 양식을 구하고자 아들들을 애굽으로 보내는 장면으로 시작한다(1-5절). 요셉이 그의 형들과 만난다(6-17절), 요셉이 형들을 시험하여 시므온을 볼모로 잡는다(18-25절). 요셉의 형들이 양식을 얻어 아버지 집으로 돌아간다(26-38절).

온 땅에 기근이 임하였다. 야곱이 거주하는 가나안 땅에도 기근이 임하였다(5절). 야곱은 애굽에 양식이 있음을 알고 아들들을 애굽에 보낸다. 그러나 라헬에게서 낳은 베냐민은 해를 당할 것이 두려워 집에 머물게 한다(4절). 요셉을 잃어버린 야곱의 두려움이 여전히 남아 있다는 것을 보여준다. 그리하여 요셉의 형 열 명이 애굽으로 내려갔다. 마침내 요셉과 그의 형들이 만난다. 요셉이 애굽의 총리가 되고 7년의 풍년이 지난 때이니 적어도 20년이 지난 후의 상봉이다. 요셉의 형들이 애굽의 총리가 된 그에게 엎드려 절하였다. 이로써 형들의 곡식단이 요셉의 곡식단에 절하고, 열한 별이 요셉에게 절한 그의 꿈이 그대로 이루어졌다(37:7, 9).

요셉은 바로의 신하들의 꿈을 하나님의 계시로 해석하였다. 또한, 바로 왕의 꿈도 하나님의 계시로 해석하였다. 그러나 정작 자기가 꾼 꿈을 해석하지 못하였다. 그래서 그는 술 맡은 관원장에게 자기는 억울하게 애굽에 붙잡혀 왔다고 하소연하였다(40:15). 하나님은 요셉에게 다른 사람의 꿈을 계시하는 은혜를 주셨으나 정작 요셉 자신의 꿈을 해석하는 일은 유보하셨다. 그러나 지금 요셉은 꿈이 그대로 이루어지는 현장을 보고 있다. 형들이 꿈에서 본대로 자기에게 절하고 있지 않은가!

요셉은 형들을 즉시로 알아보았다. 하지만 형들은 애굽 사람으로 변한 요셉을 전혀 알아보지 못하였다. 그들에게 요셉은 대국의 총리요, 만인의 생명을 살고 죽게 하는 양식의 주관자였다. 요셉은 그들을 모른 체하고 어디서 왔느냐고 물었다. 요셉의 형들은 양식을 구하러 가나안에서 왔다고 말했다. 요셉은 그가 꾼 꿈을 기억하고 형들을 시험하기 시작했다. 그리고 형들에게 정탐꾼의 오명을 뒤집어씌웠다. 사실 그는 아들의 이름을 므낫세로 지으면서 과거의 일을 다 잊어버렸다. 그런데 형들이 자기에게 절하는 모습을 보고 다시 꿈을 기억하였다. 요셉이 애굽으로 팔려 와 고난받게 된 것은, 그가 꾸었던 꿈을 형들에게 말한 것에서 발단이 되었다. 왜 요셉은 형들을 정탐꾼으로 몰아가는가? 당시 애굽은 나라에 침투하는 정탐꾼들에 대한 적대감이 강한 때였다(폰라드). 이들에 대한 처벌은 엄중하였다. 이제 요셉은 형들에게 복수하려는 것인가? 그래서 형들인 줄 알면서도 그들을 정탐꾼으로 몰아붙이는 것인가? 형들에 대한 요셉의 엄중한 태도는 응징, 시험, 교훈, 꿈의 실현 등 다양한 사연이 들어있다(고든 웬함). 저자의 침묵은 독자들로 하여금 스스로 추측하게 한다.

요셉의 형들은 정탐꾼임을 극구 부인하며 요셉에게 호소한다(10-11절). 형들의 태도는 매우 굴욕적이었다. 그들은 강변한다. 자신들은 한 아버지의 자식들이며 양식을 사러 왔다고 말한다. 그들은 "정직한 자들"(순진한 백성)이며 정탐꾼이 아니라는 것이다. 요셉의 형들은 스스로 정직한 자라고 부른다. 물론 요셉의 추궁에 대해서 그들은 정직하다. 하지만 그들은 요셉을 구덩이에 던지고 미디안 상인들에게 팔아넘겼다. 그리고 요셉이 죽었다고 하며 아버지를 속였다. 그들은 거짓의 자식들이다. 그렇게 거짓으로 팔아넘긴 요셉 앞에서 형들은 "우리는 진실한 자"라고 말한다.

그러나 요셉은 계속해서 그들을 정탐꾼으로 규정하며 심문을 계속한다. 그러자 형들은 더욱 소상히 자기들의 신분을 밝힌다. 그들은 모두 열두 형제였는데 한 명은 아버지와 함께 있고, 또 한 명은 잃어버렸다고 말한다(13절). 형들은 요셉에 대해서는 거짓으로 말한다. 형들은 요셉을 잃어버린 것이 아니고 그들이 그를 팔았다! 그들은 자신들이 팔아버린 장본인의 면전에서 그를 잃어버렸다고 말한다. 그러자 요셉은 그들을 정탐꾼으로 확정한다. 그리고 그들이 정탐꾼이 아니라는 사실을 증명하려면 아버지 집에 있는 막냇동생을 데리고 오라고 명한다(15절). 요셉은 형 중 한 사람을 보내 막냇동생을 데려오게 하고 나머지는 감옥에 두겠다고 말한다. 그렇게 하여 형들이 한 말이 사실인지를 시험하겠다는 것이다. 요셉은 이를 바로 왕의 생명을 두고 맹세한다(16절). 만일 그렇지 않으면 그들은 정탐꾼의 누명을 벗지 못하고 극형에 처해질 것이다. 요셉은 형들을 감옥에 사흘 동안 가두어 두었다(17절).

상기한 대로 요셉을 통한 입애굽은 아브라함에게 주신 가나안 땅의 약속을 성취한다. 아브라함에게 주신 가나안 땅의 약속은 궁극적으로 예수 그리스도를 통하여 성취된 하나님 나라를 예시한다. 예수 그리스도에 의해 성취된 하나님 나라의 약속은 곧 창세전 거짓이 없으신 하나님이 하신 영생의 약속이다. 영생 얻은 자는 삼위 하나님 안에 거하며, 그것은 곧 하나님의 나라를 현재에 누리는 것이다. 요한복음에서 영생은 공관복음서의 하나님 나라를 뜻한다. 영생은 삼위 하나님과의 교제와 누림에 방점을 둔다면, 공관복음서의 하나님 나라는 왕적인 통치에 방점을 둔다.

하나님은 요셉에게 꿈으로 약속하시고 마침내 그것을 이루셨다. 그를 미워하고 팔아넘긴 형들은 그를 주로 부르며 그에게 절한다. 그러면서 그들은 여전히 거짓으로 요셉을 속인다. 그들은 요셉을 팔았다고 자백했어야 했다. 그들의 거짓말이 그들에 의해 팔아 넘겨진 요셉에게 어떻게 들렸을까! 그러나 요셉은 복수 대신 그들을 시험한다. 그들의 불의가 다 드러나기까지 그들을 시험한다.

요셉은 궁극적으로 하나님 나라 및 영생의 약속을 성취하는 예수 그리스도의 모형이다. 요셉이 그를 미워하는 형들에게 팔린 것처럼 예수 그리스도는 그를 미워하는 자들에게 팔리셨다. 가룟 유다는 예수를 성전 지도자들에게 팔았다. 성전 지도자들은 예수를 사형에 처하도록 빌라도에게 넘겨주었다. 빌라도는 예수를 십자가에 못 박도록 군병들에게 넘겨주었다. 예수 그리스도의 수난사에서 "팔다" "넘기다"의 그리스어는 "파라디도미"이다(마 26:2, 15, 21, 23, 45, 27:2, 18, 26). "사실 역사"(히스토리에)에서 예수를 판 자는 가룟 유다이다. 그는 자기 뜻이 좌절되자 예수를 팔았다. 또 시기심에 가득 찬 대제사장과 장로들이 예수를 빌라도에게 넘겨주었다(마 27:18). 빌라도는 예수의 무죄를 알고도 백성들을 두려워하여 십자가형을 언도하고 군병들에게 넘겨주었다(마 27:26). 또, 아무 생각 없이 권위에 순응한 군병들은 예수를 십자가에 못 박았다(마 27:31).

그런데 "사실 역사"(히스토리에)가 성령을 통해서 "의미 역사"(게쉬테)가 되면 그것은 "복음"이다. 요셉이 팔린 것이 하나님의 행동이셨듯이 예수의 파라디도미(내어줌) 역시 하나님의 행동하심이다. 이는 하나님의 구원의 행동이다. 하나님은 우리의 범죄함을 인하여 아들 예수를 "파라디도미"하셨다. 그리고 예수는 우리를 의롭다 하시기 위하여 살아나셨다(롬 4:25). 이렇듯 하나님이 미리 정하신 뜻대로 예수 그리스도는 내어줌을 당하신 것이다(행 2:23).

예수 그리스도는 죄인들에 의해 내어줌을 당하시고 십자가에서 죽으셨다. 그런데 "의미 역사"(게쉬테)로 예수 그리스도는 하나님에 의해 내어줌을 당하셨다. 이것을 기독교 신학에서 예루살렘 교회에서 최초로 형성된 "내어줌의 복음"이라고 부른다. 이는 예수를 판 자들을 구원하기 위함이다. 요셉이 자기를 판 형들을 구원하기 위해 그들에게 팔렸다. 요셉은 후에 하나님이 형들의 생명을 구원하시려고 나를 이리로 보냈다고 말하였다(45:5). 그래서 요셉의 형들은 요셉 앞에서 자신들이 요셉을 팔았다고 진술해야 했다. 그들은 진실한 자라고 하였으나 진실하지 못하였다. 우리 역시 우리가 예수를 팔았다고 진술해야 한다. 그러면 예수의 내어줌은 우리에게 복음이 된다.

우리가 예수를 파라디도미 한 가룟 유다이다. 나의 목적과 소원을 이루기 위해 예수를 따르다 십자가 앞에서 배반하여 도망하는 자이다. 우리가 예수를 파라디도미 한 대제사장과 장로들이다. 선한 일을 하고 영적인 일을 하나 자기주장 의지로 죄의 세력의 지배를 받는다. 하여 선한 일에 시기와 질투, 분쟁과 다툼이 있다. 우리가 예수를 파라디도미 한 빌라도이다. 진리를 따르기보다 사람에게 만족을 주고자 결행한다. 우리가 예수를 십자가에 파라디도미 한 군병들이다. 한나 아렌트는 생각 없이 권위에 순응하는 죄를 "악의 평범성"이라고 하였다. 생각 없이 순응하면서 죄의식조차 없다.

복음 앞에 진실한 것은 내가 바로 예수를 십자가에 파라디도미 한 죄인임을 인정하는 것이다. 그러나 우리는 수시로, 무의식적으로 속고 속인다. 진실하신 성령이 우리를 복음 앞에 진실하게 한다. 그때 우리는 예수 그리스도의 부활로 인해 하나님 앞에 의롭다 함을 얻는다.

묵상

어제 요르단의 유명한 명소 "페트라"를 둘러보고 광야 체험을 하며 하루를 묵었다. 페트라는 바위산으로 둘러싸인 요새이다. 성경 시대에 에돔이 거주했던 곳이다. 성경에서 에돔은 바위틈에 살며 안전하다고 안주하였으나 하나님의 엄중한 심판을 받았다. "바위틈에 살며 산꼭대기를 점령한 자여 스스로 두려운 자인 줄로 여김과 네 마음의 교만이 너를 속였도다 네가 독수리 같이 보금자리를 높은 데에 지었을지라도 내가 그리로부터 너를 끌어내리리라 이는 여호와의 말씀이니라 에돔이 공포의 대상이 되리니 그리로 지나는 자마다 놀라며 그 모든 재앙으로 말미암아 탄식하리로다"(렘 49:16). 16년 만에 다시 찾은 페트라는 그야말로 바위틈의 요새였다. 이곳에는 사람들이 거주한 흔적이 있었고, 특히 수로(水路)가 연결되어 있었다. 그러나 바위틈으로 둘러싼 안전한 요새에 살지라도 하나님의 심판은 피할 수 없었다. 에돔에 임한 재앙으로 지나가는 사람마다 탄식하였다. "안전하다, 염려 없다"고 할 그때 재앙이 임한다. 하나님 외에 피난처가 없다.

인간은 본성적으로 복음 앞에 거짓되다. 요셉의 형들처럼 둘러댄다. 그러나 복음 앞에 진실한 자는 자신이 예수를 파라디도미 했다고 고백하게 된다. 그때 우리의 범죄함을 인하여 아들을 내어주신 하나님의 긍휼을 입는다. 나 역시 복음 앞에 거짓된 자였다. 예수의 끔찍한 죽음이 어떻게 나만의 죄악으로 인함인지 받아들이지 못하였다. 그러나 성령의 조명으로 말씀의 빛이 비치니 피할 방도가 없었다. 죽기에만 합당한 자를 대신하여 죽으신 예수를 나의 주와 그리스도로 받아들였다. 복음을 통하여 하나님 나라에 진입한 것이다.

94

42:18-25

18 사흘 만에 요셉이 그들에게 이르되 나는 하나님을 경외하노니 너희는 이같이 하여 생명을 보전하라
19 너희가 확실한 자들이면 너희 형제 중 한 사람만 그 옥에 갇히게 하고 너희는 곡식을 가지고 가서 너희 집안의 굶주림을 구하고
20 너희 막내 아우를 내게로 데리고 오라 그러면 너희 말이 진실함이 되고 너희가 죽지 아니하리라 하니 그들이 그대로 하니라
21 그들이 서로 말하되 우리가 아우의 일로 말미암아 범죄하였도다 그가 우리에게 애걸할 때에 그 마음의 괴로움을 보고도 듣지 아니하였으므로 이 괴로움이 우리에게 임하도다
22 르우벤이 그들에게 대답하여 이르되 내가 너희에게 그 아이에 대하여 죄를 짓지 말라고 하지 아니하였더냐 그래도 너희가 듣지 아니하였느니라 그러므로 그의 핏값을 치르게 되었도다 하니
23 그들 사이에 통역을 세웠으므로 그들은 요셉이 듣는 줄을 알지 못하였더라
24 요셉이 그들을 떠나가서 울고 다시 돌아와서 그들과 말하다가 그들 중에서 시므온을 끌어내어 그들의 눈 앞에서 결박하고
25 명하여 곡물을 그 그릇에 채우게 하고 각 사람의 돈은 그의 자루에 도로 넣게 하고 또 길 양식을 그들에게 주게 하니 그대로 행하였더라

94

복음을 거부하는 자,
그리스도의 피 값을 치르다!

주해

하나님은 아브라함에게 가나안 땅을 약속하셨다(15:7). 이는 요셉을 통한 입애굽과 모세를 통한 출애굽으로 성취된다. 그러므로 요셉의 이야기는 입애굽의 약속을 성취하며(46:7), 출애굽의 약속을 바라보게 한다(50:24-25). 신약성경 히브리서 기자는 요셉의 믿음을 한 줄로 증거하였다. 믿음으로 요셉은 임종 시 400년 후에 있을 출애굽을 바라보며 자기 뼈에 대하여 명하였다(히 11:22). 하나님은 한 사람 요셉을 먼저 애굽에 들어가게 하신다(창 37:28, 시 105:17). 그리고 그를 통해 아브라함의 후손 모두를 애굽으로 들어가게 하신다(46:7). 이 같은 입애굽의 성취는 인간사(人間事)를 통하여 이루어진다. 요셉이 꿈을 꾸었고, 그로 인해 형들의 미움을 받았다. 형들이 그를 심히 미워하여 죽이려고 하였고, 유다의 중재로 은 20에 미디안 상인들에게 팔렸다. 요셉은 그렇게 애굽에 들어갔다.

요셉은 노예와 죄수의 자리에서 애굽의 총리가 되었다. 이것은 요셉 개인의 영달이 결코 아니다. 이는 하나님이 그를 통해 이스라엘의 입애굽을 이루고자 함이었다. 총리의 자리에 오른 요셉은 7년의 풍년과 이어지는 7년의 흉년 때 애굽의 양식을 관리하였다. 7년의 풍년 뒤에 흉년이 들고 온 땅에 기근이 임하였다. 오직 요셉에게만 양식이 있었다!

야곱이 살던 가나안 땅에도 기근이 심하였다. 요셉의 형들은 야곱의 명을 받아 양식을 구하러 애굽으로 왔다. 요셉과 그의 형들은 최소한 20년이 지나 상봉하였다. 요셉은 형들을 즉시 알아보았으나 형들은 애굽 사람으로 변신한 요셉을 알아보지 못하였다. 요셉의 형들은 애굽의 총리가 된 요셉에게 절하였다. 요셉이 꾼 꿈이 그대로 이루어졌다(37:7, 9). 요셉이 꾼 꿈은 하나님의 계시였다. 구약에서 하나님은 여러 모양으로 말씀하셨다(히 1:1). 그가 꾼 꿈은 하나님의 말씀이었다. 그러나 요셉의 형들은 그가 꾼 꿈을 멸시하고 경멸하였다(37:19-20).

인간은 본성적으로 하나님의 말씀을 저항하고 거부하고 경멸한다. "하나님의 말씀은 우리에게 적(원수)으로 온다"라는 루터의 말은 옳다. 이는 하나님을 대적하는 사탄의 권세가 그를 지배하기 때문이다(엡 2:2). 그러나 하나님의 말씀은 그대로 성취된다. 요셉의 형들은 요셉을 "주"로 부르며 그에게 절하였다. 요셉이 그들의 신원을 묻자, 그들은 가나안 땅에서 양식을 구하러 왔다고 말한다. 요셉은 시치미를 떼며 그들을 정탐꾼으로 몰아붙인다. 정탐꾼은 사형에 처한다(20절 참고). 하지만 요셉의 형들은 "우리는 진실한 자"라고 하며 결백을 주장하였다.

요셉의 형들은 과연 진실한 자들인가? 그들은 자기들이 죽이려다 팔아버린 장본인 앞에서 "그가 없어졌다"(또는 잃어버렸다)고 말한다. 만일 그 앞에 있는 자가 요셉인 것을 알았다면 결코 할 수 없는 말이다. 요셉은 계속해서 그들을 정탐꾼으로 몰아붙이며 그들의 진정성을 시험한다. 그들의 말이 진실이라면 집에 있는 막내아우를 데리고 오라고 하였다. 이를 위해 그들 중 한 명만 집으로 돌려보내겠다고 말한다. 그리고 그들을 투옥하였다.

18-25절, 요셉이 시므온을 볼모로 잡고 막내아우를 데려오게 한다. 요셉이 삼 일 후 다시 형들에게 나타났다. 삼 일간 요셉의 생각도 바뀌고 형들의 마음도 바뀌었다. 요셉은 형들에게 자신은 하나님을 경외하니 그들의 생명을 보전해주겠다고 말한다. 그러면서 자신의 계획을 바꾼다. 만일 그들이 진실하다면 한 사람만 갇혀 있고 나머지는 곡식을 가지고 돌아가서 집안 식구들의 굶주림을 면하라고 말한다. 요셉은 아버지와 동생을 생각하며 가족의 굶주림을 해결

하고자 한다. 자신의 속내는 감추었다, 다만 그는 자신이 하나님을 경외하는 자라고 하였다. 하나님을 경외하는 자는 궁핍하고 굶주린 자를 보살펴주는 자이다(욥 29:12-13, 잠 31:20).

21-22절, 요셉의 조처에 대한 형들의 반응이다. 그들은 요셉을 죽이려다 팔아넘긴 일을 기억하며 서로 말하였다. "그렇다! 아우의 일로 벌을 받는 것이 분명하다! 아우가 우리에게 살려 달라고 애원할 때에, 그가 그렇게 괴로워하는 것을 보면서도, 우리가 아우의 애원을 들어 주지 않은 것 때문에, 우리가 이제 이런 괴로움을 당하는구나"(21절). 독자들은 형들의 말을 통해 요셉이 장사꾼들에게 팔릴 때 그가 어떤 말을 했는지 알 수 있다. 요셉은 형들에게 살려달라고 애원하며 괴로워하였다. 그러나 형들은 그의 애원을 들어주지 않았다. 이제 그들은 자신들이 행한 대로 벌을 받는다. 그러자 맏형 르우벤이 나서서 오늘 그 아이의 피 값을 치르게 되었다고 말한다(22절). 르우벤은 결정적인 문제를 상기시킨다. "그러므로 그의 피 값을 치르게 되었다"(개역개정). 르우벤은 형제들이 요셉을 팔아넘길 때 그 자리에 없었다. 르우벤이 상기한 말을 보면 그때 요셉이 죽은 줄로 알았다. 형제들은 요셉이 어떻게 되었는지 그에게 말해주지 않았고, 그는 동생이 짐승에게 찢겨 죽은 줄로 알았다. 이로써 요셉은 르우벤이 자기를 팔아넘긴 일에 가담하지 않았음을 알게 되었다. 그래서 맏형이 아닌 둘째 시므온을 감금했을지 모른다. "우리가 그의 피 값을 치르게 되었다"라는 르우벤의 말은 아우에게 지은 죄로 죽기에 합당하다는 고백이다. 형들은 자기들의 죄를 기억하였고, 르우벤은 그 죄에 합당한 형벌이 주어졌다고 말한다.

요셉은 자신과 형들 사이에 통역을 세웠다. 하여 형들은 요셉이 자기들의 말을 알아듣지 못하는 줄로 알았다. 형들의 말을 들은 요셉은 그 자리를 떠나 울었다. 그는 형들이 자기를 판 일을 두고 일어난 통회에 복받쳤다. 형들은 처음에 "요셉이 없어졌다"라고 말했으나 이제 진실을 토설하고 있다. 게다가 르우벤은 그 피 값을 치른다고 하며 형벌이 당연하다고 말한다. "Now we must give an accounting for his blood"(NIV)(이제 우리는 그의 피에 대한 책임을 져야 합니다). 그러나 요셉은 감정을 추스르고 그가 말한 대로 시행한다. 그는 형들이 보는 앞에서 시므온을 결박하였다(24절). 또한, 사람들을 시켜서 그들이 가지고 온 통에다가 곡식을 채우게 하였다. 그리고 각 사람이 낸 돈은 그 사람의 자루에 도로 넣게 하였고 길에서 먹을 것은 따로 주게 하였다. 요셉은 형들을 시험하고 있을 뿐, 형들에 대한 배려를 다 한다. 요셉의 형들은 목숨을 애걸하는 동생을 팔았다. 그들은 이제야 그 일을 기억하고 통회하며 죗값을 받는다고 말한다. 형들을 향한 요셉의 마음은 그들의 생명을 보전하는 것이다(18절). 비록 자기를 죽이려 하였고 팔아넘기려 하였으나 그들의 생명을 보전하고자 한다. 이것이 요셉의 진정한 마음이다.

원수 된 자의 생명을 보전하려는 요셉의 마음은 그가 예시하는 예수 그리스도의 마음이다. 또한, 예수 그리스도의 마음은 그를 세상에 보내신 하나님의 마음이다. 하나님은 마땅히 죽을 자가 죽는 것을 기뻐하지 아니하신다. 악인이 죽는 것을 기뻐하지 아니하신다(겔 18:32). 모든 사람이 죄를 범하였다. 우리가 범한 죄는 궁극적으로 하나님께 범한 죄이다. 왜냐하면, 죄를 범하는 자마다 하나님을 대적하는 마귀에게 속하기 때문이다(요일 3:8). 청교도 지도자 매튜 미드는 참된 회개는 "하나님께 지은 죄"를 회개하는 것이라고 하였다(《유사 그리스도인》).

예수 그리스도는 모든 죄인의 죄를 담당하시고 십자가에서 죽으셨다. 그가 흘린 피는 성령으로 말미암아 하늘에 드려진 살아있는 보배로운 피이다(히 9:14, 벧전 1:19). 하나님은 우리에게 찾아야 할 죄의 피 값을 아들에게 담당케 하셨다. 하지만 아들을 영접하지 않은 자는 그의 죄가 그대로 있다. 도리어 아들이 대신 흘린 피 값을 자신이 치러야 한다. 아들을 영접하는 자는 구원을 받으며 아들을 믿지 않는 자는 심판에 이른다(요 3:17-18). 아들을 믿는 자에게 영생이 있고 아들에게 순종하지 않는 자에게는 영생이 없고 도리어 하나님의 진노가 임한다(요 3:36).

묵상

그저께 페트라를 둘러보고 저녁에는 광야 사막(와디럼)에서 하루를 묵었다. 신기하게도 광야 사막에 숙박 시설이 있었고 느린 속도이나 인터넷이 연결되어 있었다. 새벽에 일어나 하늘을 보니 아브라함이 보았던 뭇별이 가득하였다.

오전에는 와디럼의 숨겨진 비경을 둘러보는 체험도 하였다. 장엄한 바위 계곡, 끝없이 펼쳐진 모래사막, 거대한 돌산이 창조주의 권능을 시위하였다. 창조주 하나님이 언약의 하나님이시고 이제는 그리스도 안에서 나의 아버지라는 사실이 믿어지지 않았다. 욥은 하나님의 창조 위엄 앞에 엎드렸다. 그가 하나님에 대해 한 모든 말을 거두어들이고 티끌과 재 가운데에서 회개하였다. 창조주 하나님은 아들을 통해 만민에게 계시되었다. 하늘에서 오신 아들이 십자가에서 죽으시고 부활하심으로써 죄 사함과 영생의 구원을 주신다. 그리스도의 피는 어떤 죄라도 용서하여 생명을 얻게 한다. 하지만 그리스도의 피를 거부하는 자는 그 피 값을 자신이 받아야 한다.

어제 수도 암만으로 돌아오는 길에 우리는 차 안에서 교제 모임을 하였다. 우리는 당사자인 요셉 앞에서 버젓이 거짓말하는 형들의 모습을 나누었다. 나눔을 통해 성령이 내게도 말씀하셨다. "속일 자를 속여야지! 어떻게 그들의 만행을 다 알고 있는 당사자를 속이는가?" 다 알고 계신 주님 앞에서 여전히 속이고 타협하는 모습을 발견하고 자복하였다. 당장의 위기를 모면하기 위해 진실을 얼버무린다. 복음 앞에 진실하지 못한 나를 불쌍히 여겨 주시기를 기도하였다. 세상은 어둠이고 무덤같이 침침하다. 이태원 참상으로 온 나라가 침울하다. 무덤의 위난에 처한 시인은 간구한다. "아침마다 주의 인자한 말씀을 듣게 하소서"(시 143:8). 주의 인자한 말씀은 복음이다. 복음을 듣고 그 앞에 정직하게 반응하기를 원한다. 그렇지 않으면 하나님은 그리스도의 피 값을 내게서 찾으신다. 주여, 나를 불쌍히 여기소서.

95

42:26-38

26 그들이 곡식을 나귀에 싣고 그 곳을 떠났더니
27 한 사람이 여관에서 나귀에게 먹이를 주려고 자루를 풀고 본즉 그 돈이 자루 아귀에 있는지라
28 그가 그 형제에게 말하되 내 돈을 도로 넣었도다 보라 자루 속에 있도다 이에 그들이 혼이 나서 떨며 서로 돌아보며 말하되 하나님이 어찌하여 이런 일을 우리에게 행하셨는가 하고
29 그들이 가나안 땅에 돌아와 그들의 아버지 야곱에게 이르러 그들이 당한 일을 자세히 알리어 아뢰되
30 그 땅의 주인인 그 사람이 엄하게 우리에게 말씀하고 우리를 그 땅에 대한 정탐꾼으로 여기기로
31 우리가 그에게 이르되 우리는 확실한 자들이요 정탐꾼이 아니니이다
32 우리는 한 아버지의 아들 열두 형제로서 하나는 없어지고 막내는 오늘 우리 아버지와 함께 가나안 땅에 있나이다 하였더니
33 그 땅의 주인인 그 사람이 우리에게 이르되 내가 이같이 하여 너희가 확실한 자들임을 알리니 너희 형제 중의 하나를 내게 두고 양식을 가지고 가서 너희 집안의 굶주림을 구하고
34 너희 막내 아우를 내게로 데려 오라 그러면 너희가 정탐꾼이 아니요 확실한 자들임을 내가 알고 너희 형제를 너희에게 돌리리니 너희가 이 나라에서 무역하리라 하더이다 하고
35 각기 자루를 쏟고 본즉 각 사람의 돈뭉치가 그 자루 속에 있는지라 그들과 그들의 아버지가 돈뭉치를 보고 다 두려워하더니
36 그들의 아버지 야곱이 그들에게 이르되 너희가 나에게 내 자식들을 잃게 하도다 요셉도 없어졌고 시므온도 없어졌거늘 베냐민을 또 빼앗아 가고자 하니 이는 다 나를 해롭게 함이로다
37 르우벤이 그의 아버지에게 말하여 이르되 내가 그를 아버지께로 데리고 오지 아니하거든 내 두 아들을 죽이소서 그를 내 손에 맡기소서 내가 그를 아버지께로 데리고 돌아오리이다
38 야곱이 이르되 내 아들은 너희와 함께 내려가지 못하리니 그의 형은 죽고 그만 남았음이라 만일 너희가 가는 길에서 재난이 그에게 미치면 너희가 내 흰 머리를 슬퍼하며 스올로 내려가게 함이 되리라

95

영생에 이르는 양식,
주를 경외함으로 누리게 하소서!

: 주해

요셉과 그의 형들은 20년이 지나서 상봉하였다. 그의 형들은 양식을 구하러 애굽에 왔다. 그러나 그의 동생 베냐민은 오지 않았다. 사실 요셉이 가장 보고 싶었던 동생은 오지 않고, 자기를 죽이려고 했던 자들(형)만 왔다. 요셉은 형들을 알아보았으나 형들은 그를 알아보지 못하였다. 요셉은 형들을 정탐꾼으로 몰아붙이며 그들을 시험하였다. 이를 통해 요셉은 아버지 야곱과 동생의 소식을 들었다. 형들을 만난 사흘 후 요셉은 시므온을 인질로 잡고 막내아우를 데려오라고 하였다. 이것은 형들의 진실성을 시험하기 위한 것이었다. 그 대신 요셉은 양식을 자루에 담아주고 돈도 다시 자루에 담아 돌려주었다. 그리하여 가나안 땅에 있는 가족들의 굶주림을 면하게 하였다.

26-38절, 요셉의 형들은 양식을 가지고 아버지 집이 있는 가나안 땅으로 돌아간다. 26-28절은 노상에서 일어난 일이다. 29-38절은 아버지 집에 도착하여 일어난 일이다. 시므온은 인질로 잡히고 나머지 요셉의 형들은 나귀에 곡식을 싣고 애굽을 떠났다. 그들이 하룻밤 묵어갈 곳에 이르렀을 때 형제 중 한 사람의 자루에 돈이 그대로 있는 것이 발견되었다(27절). 요셉은 양식을 선물로 주었던 것이다(25절). 하지만 형들은 그 사실을 알지 못하였다. 자루에 돈이 있는

것을 알고 형제들은 얼이 빠진 사람처럼 떨었다. 그들은 서로 쳐다보며 한탄하였다. 하나님이 어찌하여 우리에게 이런 일을 하셨는가!(28절). 요셉이 형들의 자루 속에 돈을 다시 넣은 것은 그의 깊은 형제애에서 나온 "선물"이었다. 형들이 선물을 준 자가 요셉인 줄 알았다면 얼이 빠질 정도로 두려워하지 않았을 것이다. 그들에게 요셉은 엄중한 애굽의 통치자였다(33절). 형들이 혼이 나간 채 떨며 "어찌하여 하나님이 이런 일을…"라고 말한 것은 자신들을 심판하기 위해 하나님의 손이 임하였음을 알아차린 것이다(고든 웬함). 삼 일간 투옥되며 형들의 양심은 각성되었다(21절). 르우벤은 자기들이 요셉의 피 값을 치르게 되었다고 하며 하나님의 진노를 예상하였다(22절). 따라서 돈이 그대로 들어있는 예기치 않은 사태를 두고 이들은 하나님의 진노의 징표로 해석한 것이다.

요셉의 형들이 가나안 땅에 돌아와 아버지 야곱에게로 왔다. 그들은 애굽에서 당한 일을 자세히 알렸다(29절). 그들은 애굽의 총리가 된 요셉을 "그 땅의 주인인 그 사람"이라고 부른다(30절). 그 사람이 자기들을 엄하게 꾸짖으며 정탐꾼으로 여겼다고 말한다. 그들은 그에게 자신들은 진실한 자요, 정탐꾼이 아니라고 해명하였다(31절). 그리고 자신들은 모두 한 아버지의 아들들로서 열두 형제였는데, 하나는 잃었고, 막내는 가나안 땅에서 아버지와 함께 있다고 하였다(32절). 그러자 "그 땅의 주인인 그 사람"이 이들의 진정성을 시험하였다. 형제 가운데서 한 사람을 자신과 함께 남게 하고 나머지는 양식을 가지고 돌아가라고 하였다(33절). 그들이 막내아우를 데리고 다시 올 때 그들의 진정성이 입증될 것이다. 그 후에 인질로 잡힌 형제도 풀어 주고 그들이 애굽에서 자유롭게 장사를 할 수 있게 해주겠다고 하였다.

요셉의 형들이 아버지에게 보고한 내용은 그들이 당한 일과 상당 부분 차이가 있다. 그들은 삼 일간 투옥된 사실을 생략하였다(17절). 또 요셉이 인질로 잡힌 시므온을 두고(17, 24절), 그 땅의 주인과 함께 남게 하였다고 말한다. 마치 요셉이 손님을 맞이하듯 시므온을 대하였다는 것이다. 또한 막내아우를 데려오지 않으면 그들을 죽이겠다는 경고는 생략하고(20절), 그 대신에 막내아우를 데려오면 애굽에서 자유롭게 장사할 수 있게 해주겠다고 말한다. 형들의 사실 왜곡은 사태를 완곡하게 하여 아버지의 염려와 두려움을 무마하려는 것으로 보인다. "괜찮을 것입니다. 잘될 것입니다"라고 말이다. 하지만 그들의 말은 아버지를 납득시키지 못하였다. 야곱은 틀림없이 이렇게 생각했을 것이다. "너희들이 무슨 말을 하든지 간에 시므온은 집으로 오지 못했고, 이제는 베냐민도 빼앗기게 되었구나"(고든 웬함).

요셉의 형들이 짐을 풀다가 곡식값으로 치른 돈이 그대로 있는 것을 보았다. 형들과 아버지는 그 돈 꾸러미를 보고 경악하였다(35절). 27절에서 형들은 노상에서 자루에 돈이 들어있는 것을 발견하였다. 그래서 주석가들은 35절의 언급을 난외주로 본다. 27절에서 발견된 돈을 35절에서 재차 언급한다는 것이다. 이때는 형들뿐 아니라 야곱도 두려워 떨었다. 상기한 대로 형들의 두려움은 그들의 죄책감과 신적 심판을 고조시키는 데에서 나왔다. 아버지 야곱의 두려움은 요셉의 사건을 떠올린 데에서 나왔다. 시므온이 없어진 것과 돈이 나타난 것이 야곱에게 우연의 일치인가? 이것은 이해할 수 없는 하나의 사건을 이해할 수 없는 다른 사건으로 해석하는 인과론적 사고이다. 다시 말해 야곱은 자식들이 시므온을 노예로 팔고 이렇게 해명하는 것이 아닌가 하는 생각을 하고 있다.

아들들이 아버지를 납득시키려는 행동은 실패로 돌아갔다. 야곱은 시므온이 없어진 것을 탄식하고 모든 책임을 자식들에게 돌린다. 요셉도 잃었고, 시므온도 잃었고, 이제는 베냐민마저 잃어버리게 되었다는 것이다(36절). 아버지의 고통에 장자 르우벤이 나선다. 그는 아버지께 만일 베냐민을 애굽으로 데려가서 다시 데리고 오지 못하면 자신의 두 아들을 죽여도 좋다고 말한다(37절). 하지만 야곱은 단호히 베냐민을 애굽에 보내기를 거절한다. 자신은 베냐민을 결코 보낼 수 없다는 것이다. 베냐민의 형 요셉이 죽고 베냐민만 남았는데 그마저 변을 당하면 자기는 차라리 죽는 게 낫다고 말한다(38절). 형들이 요셉을 팔 때 요셉은 괴로워하였다. 그러나 형들은 그의 괴로움을 듣지 않았다. 하지만 하나님의 "의미 역사"가 그를 괴로움에 방치하였고 그를 애굽의 노예로 팔았다. 그 후 20년이 지나 이제 형들이 괴로워한다. 그들은 애굽의 주인에게 죽음에 처해져야 마땅한 정탐꾼으로 모함받았다. 그들은 그제야 요셉을 팔아넘긴 죄를 기억하며 예기치 않은 사태가 하나님의 진노임을 알고 괴로워한다. 야곱은 양식을 가져온 자식들에게 요셉의 일을 되새기며 모든 일이 "하나같이 나를 괴롭게 한다"라고 탄식한다.

인간의 삶은 가면을 벗으면 슬픔과 괴로움뿐이다. 한시적으로 세상에 있는 좋은 것으로 괴로운 인생을 가릴 뿐이다. 야곱은 후에 바로 왕 앞에 서서 "내 나이 135세이나 험악한 세월을 보냈다"라고 회고한다(47:5). "괴로운 인생길 가는 몸이 평안히 쉴 것 아주 없네"라는 찬송처럼 우리의 연수가 칠십이요 강건하면 팔십이라도 그 연수의 자랑은 슬픔과 수고뿐이다(시 90:10). 평생 부귀영화를 누린 코헬렛(전도자)은 말한다. 사람이 일평생에 근심하고 수고하는 것이 슬픔뿐이라고(전 2:23). 해 아래에 사는 모든 사람의 결국은 일반이다. 인생의 마음에 악이 가득하여 그들의 평생에 미친 마음을 품고 있다가 후에는 죽은 자에게 돌아간다(전 9:3). 이렇듯 성경에서 말하는 인생의 민낯은 참으로 슬픔과 괴로움뿐이다.

프리드리히 니체는 바로 이런 점에서 기독교를 공격하였다. 기독교의 신 관념은 강하고 용맹하고 영웅적이고 당당한 모든 것을 제거하여 버리고, 신을 병자들과 약자들과 데카당트(부패한 자)들의 하나님, 가난한 자의 하나님, 죄인의 하나님, 병자의 하나님으로 만들어버렸다고 비난하였다. 기독교가 "은총"이나 "섭리"나 "구원의 체험"이니 하는 말로 신 관념을 도배하고 남용한다는 것이다. 니체는 인간 삶의 영원회귀를 주장하며 "현재의 순간을 살라"라고 외쳤다. 인간은 설령 죽음의 계곡에 추락해도 "힘에의 의지로 다시 도약한다"라고 말하였다. 그는 신이 죽은 자리를 "힘에의 의지"로 대체하였다. 이것은 하나님이 부재한 삶을 현란하게 신격화한 것이다. 그런데 막상 그의 삶은 가혹하고 잔인하였다. 그래서였을까! 그에게 삶의 신격화와 혹독한 삶의 체험은 현격한 대조를 이루었고, 그는 마지막 10년을 정신병원에서 보냈다.

요셉의 형들, 그리고 그의 아버지 야곱은 예기치 않은 상황에 내몰렸다. 그들은 양식을 선물로 받은 것을 떨며 두려워했다. 그들은 거저 선물을 준 요셉을 알지 못하였다. 엄중한 대국의 주인으로 알뿐이다. 또한, 야곱은 장차 펼쳐질 장엄한 구원의 드라마를 알지 못해 괴로워하고 두려워한다. 그는 베냐민을 애굽의 보내는 것을 두려워하고 모든 일이 자기를 해치는 것으로 생각한다. 그러나 이 모든 일은 아브라함에게 하신 약속을 이루기 위해 하나님이 개입하고 계신 역사이다. 영국의 시인 프랜시스 톰슨은 구원을 위한 하나님의 개입을 이렇게 묘사하였다. "내게 임한 어두움이 당신의 손 그림자였다는 말입니까?"(《하늘의 사냥꾼》). 그렇다! 괴로운 인생길에 개입하시는 하나님의 손길은 놀람과 의아함과 두려운 떨림으로 경험한다.

요한복음 4장에서 사마리아 여인은 지치고 곤한 인생을 살고 있었다. 그는 사람을 피해 아무도 없는 대낮에 야곱의 우물에 물을 길러 나왔다. 그러나 하나님의 아들은 먼저 그를 기다렸다. 신적 의지가 그를 맞았다(요 4:4 "사마리아를 통과하여야 하겠는지라"). 예수가 먼저 그에게 물을 달라고 말을 걸었다. 여인은 유대인은 사마리아 사람과 그릇을 같이 쓰지 않는다고 하며 물 주기를 주저하였다. 그때 예수께서 말씀하신다. "네가 하나님의 선물을 알고, 또 너에게 물을 달라는 사람이 누구인지를 알았더라면, 도리어 네가 그에게 청하였을 것이고, 그는 너에게 생수를 주었을 것이다"(요 4:10). 여인은 선물을 주신 이가 누구인지 몰랐다. 하나님의 아들은 자신을 계시할 때까지 사람에게 감추어져 있었다. 여인은 신적 존재를 일반적인 유대인인줄 알았다. 그녀는 의아하고 당혹하였다. 여인은 야곱의 우물물을 주고자 하였으나, 예수께서는 그에게 생수를 주셨다. 이 생수는 영원한 생명으로 인도하는 솟아나는 샘물이었다(요 4:14).

> "그러나 내가 주는 물을 마시는 사람은, 영원히 목마르지 아니할 것이다. 내가 주는 물은, 그 사람 속에서, 영생에 이르게 하는 샘물이 될 것이다"(요 4:14).
> "너희는 썩어 없어질 양식을 얻으려고 일하지 말고, 영생에 이르도록 남아 있을 양식을 얻으려고 일하여라"(요 6:27).

요한복음 6장에서의 양식은 영원한 생명으로 인도하는 썩지 아니하는 양식이다(요 6:27). 양식을 선물로 주는 요셉은 오실 그리스도를 예시한다. 하나님의 아들 예수 그리스도는 썩지 아니할 양식을 선물로 주어 영원한 생명에 이르게 한다. 인간적으로 생각하면 귀한 선물은 돈으로 주고 사야 한다. 그래서 형들이 두려워한 것이다. 세상의 종교는 반드시 대가를 지불한다. 하여 신에게 받지 못할 때는 공덕이 부족하다고 생각한다. 공덕이 부족한 자신을 탓하지 결코 신을 탓하지 않는다. 썩어 없어질 것을 구해도 그렇다. 하물며 생명의 양식은 어떻겠는가?

반면 기독교는 아무 공덕 없이 오직 은혜로 하늘로부터 오는 영생을 얻는다. 은혜는 우리를 당혹하게 하고 떨게 한다. 따라서 그리스도인이 영생을 얻는 곳은 무덤이다. 인간의 무덤이 그리스도의 무덤에 연합할 때 그곳에서 생명으로 나아간다. 우리의 무덤은 모든 존재물이 사라진 황폐한 자리이다. 이곳에서 인생의 민낯이 적나라하게 드러난다. 이곳에서 우리는 비참한 실존으로 몸서리친다. 그런데 바로 이 자리, 아골 골짜기가 영생 얻는 소망의 문이다(호 2:14-15).

그리스도의 무덤에서 연합하여 영생 얻은 자는 하늘의 양식을 거저 주는 자이다. 그는 이미 삯을 받았다. 오직 은혜로 영생에 이르는 열매를 모은다. 슬픔과 고통과 괴로움이 민낯인 인생에게 최고의 복이자 유일한 복을 전한다. 그의 발은 실로 아름답다!

: 묵상

어제 요르단에 있는 예수의 세례 터 베다니와 모세가 죽기 직전에 가나안 땅을 바라보았던 느보산에 올라갔다. 예수가 세례받으신 베다니는 요단 서편 예루살렘 근처의 베다니와 다르다(마 26:5), 예루살렘 근처의 베다니는 "고통의 집"이다(그리스어). 그러나 요단 동편의 베다니는 "샘 근원의 집"이다(아람어).

예수의 세례 터에서 새롭게 알게 된 사실은, 예수가 세례받으신 곳이 요단강과 샘 근원인 "눈"에서 흐르는 계곡물이 만나는 곳이었다. 그동안 예수의 세례 터가 요단강으로만 알았는데, 샘물이 솟아나는 물의 근원과 만나는 "베다니"라는 것이다. 요한복음에도 예수가 세례받으신 곳은 "요단강"이 아니라 요단강 건너편 "베다니"라고 적시한다.

"이것은 요한이 세례를 주던 요단강 건너편 베다니에서 일어난 일이다"(요 1:28).

예수가 세례받으신 곳이 단순히 강물이 아니라 "솟아나는 샘물"과 만나는

"베다니"라는 사실은 우리 일행을 전율하게 하였다. 예수께서 솟아나는 샘물이 되셔서 영원한 생명을 주신다. 지치고 목마른 인생, 그 민낯이 슬픔과 고통뿐인 내게도 오셨다. 그날도 나는 사마리아 여인처럼 야곱의 우물로 나아갔다. 17년간 습관적으로 했던 큐티를 하러 말씀 앞으로 나아갔다. 그런데 그날은 예수께서 생수로 오셨다. 나를 무덤에 던지시고 신적 의지로 내게 오셨다. 이후 날마다 생명의 교제를 통해 영생을 살게 하셨다. 영생을 사는 자는 누구든지 영생의 견증자다. 그가 본 영생을 증언한다(요일 1:2). 내가 매일 하는 일은 생명의 교제이다. 내가 구하는 한 가지이다. 내 영혼을 소생케 하는 생수, 곧 복음을 통하여 생명을 산다. 주께서 친히 기회를 주시고 생명을 전하게 하신다.

요르단 캠프를 마치고 오늘 밤 한국으로 출발한다. 캠프에 참석한 선교사들 및 성도들을 주의 은혜와 생명의 말씀에 맡긴다. 이들을 생명의 말씀으로 인도하신 성령께서 날마다 생명의 교제로 이끄시기를 간구한다. 하여 이들도 나와 같이 보고 들은 생명을 전하는 견증자가 되기를 간절히 기도한다.

96

43:1-14

1 그 땅에 기근이 심하고
2 그들이 애굽에서 가져온 곡식을 다 먹으매 그 아버지가 그들에게 이르되 다시 가서 우리를 위하여 양식을 조금 사오라
3 유다가 아버지에게 말하여 이르되 그 사람이 우리에게 엄히 경고하여 이르되 너희 아우가 너희와 함께 오지 아니하면 너희가 내 얼굴을 보지 못하리라 하였으니
4 아버지께서 우리 아우를 우리와 함께 보내시면 우리가 내려가서 아버지를 위하여 양식을 사려니와
5 아버지께서 만일 그를 보내지 아니하시면 우리는 내려가지 아니하리니 그 사람이 우리에게 말하기를 너희의 아우가 너희와 함께 오지 아니하면 너희가 내 얼굴을 보지 못하리라 하였음이니이다
6 이스라엘이 이르되 너희가 어찌하여 너희에게 또 다른 아우가 있다고 그 사람에게 말하여 나를 괴롭게 하였느냐
7 그들이 이르되 그 사람이 우리와 우리의 친족에 대하여 자세히 질문하여 이르기를 너희 아버지가 아직 살아 계시느냐 너희에게 아우가 있느냐 하기로 그 묻는 말에 따라 그에게 대답한 것이니 그가 너희의 아우를 데리고 내려오라 할 줄을 우리가 어찌 알았으리이까
8 유다가 그의 아버지 이스라엘에게 이르되 저 아이를 나와 함께 보내시면 우리가 곧 가리니 그러면 우리와 아버지와 우리 어린 아이들이 다 살고 죽지 아니하리이다
9 내가 그를 위하여 담보가 되오리니 아버지께서 내 손에서 그를 찾으소서 내가 만일 그를 아버지께 데려다가 아버지 앞에 두지 아니하면 내가 영원히 죄를 지리이다
10 우리가 지체하지 아니하였더라면 벌써 두 번 갔다 왔으리이다
11 그들의 아버지 이스라엘이 그들에게 이르되 그러할진대 이렇게 하라 너희는 이 땅의 아름다운 소산을 그릇에 담아가지고 내려가서 그 사람에게 예물로 드릴지니 곧 유향 조금과 꿀 조금과 향품과 몰약과 유향나무 열매와 감복숭아이니라
12 너희 손에 갑절의 돈을 가지고 너희 자루 아귀에 도로 넣어져 있던 그 돈을 다시 가지고 가라 혹 잘못이 있었을까 두렵도다
13 네 아우도 데리고 떠나 다시 그 사람에게로 가라
14 전능하신 하나님께서 그 사람 앞에서 너희에게 은혜를 베푸사 그 사람으로 너희 다른 형제와 베냐민을 돌려보내게 하시기를 원하노라 내가 자식을 잃게 되면 잃으리로다

96

생명으로 살지 못한 잃어버린 자, 그리스도가 대속물(담보)이 되시다!

⦂ 주해

이스라엘의 역사는 하나님의 구원사이다. 하나님의 구원사는 오실 그리스도를 통해 성취된다. 하나님의 구원사로서 이스라엘의 역사는 모든 족속이 아브라함을 통해 받는 복에 기원한다(창 12:3). 이 복은 예수 그리스도를 믿음으로 하나님의 아들이 되는 영생의 복이다(갈 3:8-9, 26). 하나님이 아브라함에게 약속하신 복은 자손과 땅의 약속을 통해 실현된다. 자손의 약속은 역사적으로 이삭이며, 구속사적으로 "오실 그리스도"이다(갈 3:16). 예수 그리스도를 믿는 자마다 영적으로 아브라함의 자손이며 그들은 하늘의 뭇별처럼 셀 수 없다(창 15:5, 갈 3:29). 땅의 약속은 역사적으로 가나안 땅이며, 구속사적으로 그리스도를 믿음으로 들어가는 하나님 나라이다(히 11:16).

하나님이 아브라함에게 하신 가나안 땅의 약속은 입애굽과 출애굽을 통해 성취된다. 곧 요셉을 통한 입애굽, 모세를 통한 출애굽, 여호수아를 통한 가나안 정복으로 성취된다. 그러므로 요셉 이야기는 하나님이 아브라함에 하신 가나안 땅의 약속이 성취되는 과정이다. 하나님의 구원사는 사람에게 감추어져 있다. 그러나 약속이 성취되는 과정을 통해 점차 베일이 벗겨지고 사람에게 계시된다.

하나님은 아브라함의 후손을 이방 나라로 옮기실 때 요셉을 먼저 애굽에 들어가게 하셨다. 하나님이 요셉과 함께 계셨으나 요셉은 이것이 약속이 성취되는 과정임을 알지 못하였다. 요셉은 두 번에 걸쳐 다른 사람들의 꿈을 해석하였다. 하지만 정작 자기가 꾼 꿈은 해석하지 못하였다. 꿈은 하나님의 계시이다. 그 계시는 요셉에게 숨겨져 있었다. 그러나 그가 애굽의 총리가 되고 양식을 구하러 온 형들이 그에게 절하자 비로소 꿈이 생각났다. 꿈으로 계시된 하나님의 말씀이 성취된 것을 본 것이다(시 105:19 "여호와의 말씀이 응할 때까지라").

기근은 애굽은 물론 가나안 땅에도 왔다. 양식은 애굽의 총리가 된 요셉에게만 있었다. 기근과 양식은 입애굽의 중요한 모티브이다. 요셉의 형들은 양식을 구하러 두 번에 걸쳐 애굽으로 들어갔다(42-45장). 세 번째는 아버지 야곱과 온 가족이 들어갔다(46장). 이로써 입애굽의 약속이 성취되었다(15:13). 요셉에게 계시가 감추어졌듯이, 야곱에게도 계시가 감추어져 있었다. 야곱은 요셉이 짐승에 찢겨 죽은 것으로 알고 있었다. 이제는 베냐민마저 해를 당할 위기에 놓였다. 애굽 땅의 주인이 막내아우를 데리고 오라고 했기 때문이었다. 르우벤이 나서서 설득했으나 야곱은 단호히 거절하였다(42:38). 야곱은 과연 끝까지 버틸 수 있을까?

창세기 43장, 기근이 계속되자 야곱은 체념하여 베냐민을 애굽으로 보낸다(1-14절). 그리고 요셉은 아우 베냐민과 극적으로 상봉한다(15-34절). 가나안 땅에 기근이 더욱 심하였다(1절). 요셉의 형들이 가져온 양식이 다 떨어졌다. 야곱은 아들들에게 다시 애굽에 가서 양식을 사 오라고 명한다(2절). 양식은 애굽의 요셉에게만 있다(41:55). 유다가 나서서 막내아우를 데리고 가지 않으면 그 땅의 주인을 알현하지 못한다고 말하였다(3절). 왜냐하면, 그 땅의 주인이 단호하게 말하였기 때문이었다. 이에 유다는 막내아우를 데리고 가서 아버지를 위하여 양식을 구해 오겠다고 말한다(4절). 6절, 야곱은 이스라엘로 불린다. 이스라엘은 요셉에게 말한 형들의 대답이 경솔했다고 질책한다. 왜 아버지와 막내아우에 대해 그에게 언급하여 자기를 괴롭게 하느냐는 것이다(6절). 이에 대해 유다는 애굽 땅의 주인이 아버지와 막내아우의 안부를 물었다고 한다. 그래서 대답한 것뿐인데 설마 막내아우를 데려오라고 할 줄 몰랐다는 것이다. 그러면서 유다는 계속해서 막내아우를 데리고 가도록 아버지를 설득한다.

유다는 가족 모두의 생명을 구하기 위해 막내아우를 데려가게 해 달라고 간청한다(8절). 나아가 유다는 막내아우를 위하여 자신이 담보가 되겠다고 말한다(9절). "담보"(아라브)는 "교환하다" "대신하다" "보증하다"의 뜻이다. 유다가 무슨 뜻으로 이 말을 했는지 확실하지 않으나 만일 베냐민에게 무슨 일이 생기면, 자기 목숨이라도 내어놓겠다는 결연한 의지를 표명한 것으로 볼 수 있다. 실제로 유다는 베냐민이 억류되려고 할 때, 총리 요셉에게 자신이 그를 "대신"하겠다고 청하였다(44:33). 유다는 이렇게 자기 몸을 내어놓은 후, 아버지께 더는 주저하지 않도록 촉구한다. 동시에 지금 양식이 없는 상황이 얼마나 절망적인지 아버지를 일깨운다. 유다는 이렇게 머뭇거리지 않았다면 벌써 두 번도 더 다녀왔을 것이라고 아버지를 다그친다(10절).

아버지 이스라엘은 더는 버티지 못하고 베냐민을 데려가도록 허락한다. 이스라엘은 에서를 대면할 때처럼(32-33장), 애굽의 총리를 위해 예물을 준비하고 하나님께 신뢰의 기도를 드린다. 그가 이전에 에서를 만날 때 예물로 에서의 감정을 풀고 자신을 받아주기를 구했었다(32:21). 이번에도 이스라엘은 예물로 애굽 총리의 감정을 풀고, 그 총리가 시므온과 베냐민을 돌려보내 주기를 기대한다(11절). 또한, 돈을 두 배로 가져가게 하여 전에 자루에 담겨온 돈을 돌려주라고 말한다. 야곱은 돈이 자루에 들어 있는 것은 분명 실수였다고 보았다(12절). 이렇게 만반의 준비를 다 한 후 이스라엘은 비장하게 말한다. "너희 아우를 데리고, 어서 그 사람에게로 가거라"(13절). 마지막으로 이스라엘은 전능하신 하나님께 기도한다. 아들들이 애굽의 총리 앞에 설 때 전능하신 하나님이 그의 마음을 감동시키시고, 그들에게 자비를 베풀게 해주시기를 빈다. 그리하여 그가 애굽에 있는 시므온과 베냐민을 돌려 보내준다면 더 바랄 것이 없겠다고 말한다. 이스라엘은 하나님께 기도한 후 이렇게 말한다. "내가 자식을 잃게 되면 잃으리로다"(14절). 이것은 체념이 아니라 믿음에서 나온 결연한 자기 부인이다.

이스라엘은 진퇴유곡에 빠졌다. 생명을 구할 것인가? 사랑하는 자식을 포기할 것인가? 결단을 미룰 수 없는 순간이 왔다. 그는 생명을 구하는 길을 택한다. 그리고 자식을 포기한다. 자식을 잃게 되면 잃으리로다! 이스라엘의 고백은 에스더의 고백과 병행한다. 에스더는 동족의 생명이 멸절되는 위기 앞에 섰다. 그는 3일간 금식한 끝에 "죽으면 죽으리라"라고 하며 왕 앞에 나아갔다. 생명을 구하기 위해 자기 목숨을 버린 것이다. 유다는 아버지의 사랑받는 아우를 위해 자기 목숨을 담보물로 내어놓는다. 유다는 장차 오실 그리스도의 조상이다. 유다에게서 다윗이 났고 다윗에게서 그리스도가 오셨다(마 1:1-17).

예수 그리스도는 모든 사람을 위하여 "대신" 죽으신 담보물이 되셨다. 그는 많은 사람의 대속물(담보물)로 십자가에서 죽으셨다(막 10:45, 딤전 2:6). 한 사람이 모든 사람을 대신하여 죽으셨다(고후 5:14). 그러므로 모든 사람이 죽었다(고후 5:14). 하나님이 세상(모든 사람)을 사랑하사 독생자를 주셨다. 이는 그를 믿는 자마다 멸망하지 않고 영원한 생명을 얻도록 하기 위함이다(요 3:16). 이제 예수 그리스도를 담보물로 하여 산 자는 새 생명으로 산 자이다(고후 5:15). 예수께서 대신 죽어주신 자는 다시는 옛 생명으로 살지 못한다. 이는 예수께서 대신 죽으실 때 옛 생명도 죽었기 때문이다. 예수가 대신 죽으심으로써 새 생명으로 산 자는 다시는 자기를 위해 살지 않는다(고후 5:15). 그는 죽었다가 다시 사신 주를 위해 산다. 그것은 예수의 주 되신 것을 전파하는 삶이며, 이는 예수를 위하여 뭇사람을 섬기는 자로 사는 것이다(고후 4:5). 이는 화목하게 하는 그리스도의 대사로 사는 영광스러운 삶이다(고후 5:18).

묵상

나는 하나님의 잃어버린 자였다. 가장 비참한 일은 예수를 믿어 영생을 얻었으나 잃어버린 자로 산 것이었다. 영생을 얻었어도 아버지 집에 이르지 못하면 고아로 산다(요 14:18). 설령 하나님의 일을 해도 안식도, 평안도 없이 노예처럼 사는 탕자였다. 하나님이 영생을 주셨으나 고아처럼 살던 자, 하나님께서는 잃어버린 자를 찾고 찾으셨다. 수도 없이 신호를 보내셨으나 나는 도망하고 도망쳤다. 밤과 낮의 비탈길 아래로, 세월의 아치 저 아래로, 내 마음의 미로로, 눈물의 안개 속으로 도망쳤다. 흐르는 웃음의 시냇물 속으로 조망이 활짝 트인 헛된 소망의 가로수 길로 도망하였다. 그러다 발을 잘못 디뎌 거대한 공포의 심연으로 추락하였다.

아, 돌아보니 공포의 심연은 그리스도의 무덤이었다. 하늘의 사냥개 같이 잃어버린 자를 추적하신 주님의 발자국이 멈추었다(프랜시스 톰슨, 〈하늘의 사냥개〉). 그곳에서 대신 죽으시고, 대신 무덤에 들어가신 그리스도와 연합하였다. 그와 함께 일으킴을 받아 새 생명으로 다시 살았다. 내 안에는 두 개의 인간이 실재한다. 그것은 본질의 인간과 실존의 인간이다. 실존의 인간은 죄의 지배를 받으며 어둡고 침침하다. 여전히 나를 위해 살고자 한다. 두더지처럼 땅의 것을 탐하곤 한다. 그런 자가 복음을 통해 본질의 인간으로 고양한다. 하늘에 속한 자, 생명을 누리는 자, 자기를 위해 살지 않고 주를 위해 사는 자이다. 실존의 인간만 들여다보면 절망이다. 본질의 인간만 외치면 교만을 낳는다. 오직 복음을 통해 본질의 인간으로 살 때 내가 사는 것이 아니라 내 안에 주님이 사신다. 그래서 매일 말씀 앞에 나아가고, 매일 생명의 교제를 하고, 매일 아버지 품에 거한다. 내 영혼이 고요하고 평온하기를 젖뗀 아기가 그의 어머니 품에 있음과 같다. 아버지 품에서!

97

43:15-25

15 그 형제들이 예물을 마련하고 갑절의 돈을 자기들의 손에 가지고 베냐민을 데리고 애굽에 내려가서 요셉 앞에 서니라
16 요셉은 베냐민이 그들과 함께 있음을 보고 자기의 청지기에게 이르되 이 사람들을 집으로 인도해 들이고 짐승을 잡고 준비하라 이 사람들이 정오에 나와 함께 먹을 것이니라
17 청지기가 요셉의 명대로 하여 그 사람들을 요셉의 집으로 인도하니
18 그 사람들이 요셉의 집으로 인도되매 두려워하여 이르되 전번에 우리 자루에 들어 있던 돈의 일로 우리가 끌려드는도다 이는 우리를 억류하고 달려들어 우리를 잡아 노예로 삼고 우리의 나귀를 빼앗으려 함이로다 하고
19 그들이 요셉의 집 청지기에게 가까이 나아가 그 집 문 앞에서 그에게 말하여
20 이르되 내 주여 우리가 전번에 내려와서 양식을 사가지고
21 여관에 이르러 자루를 풀어본즉 각 사람의 돈이 전액 그대로 자루 아귀에 있기로 우리가 도로 가져왔고
22 양식 살 다른 돈도 우리가 가지고 내려왔나이다 우리의 돈을 우리 자루에 넣은 자는 누구인지 우리가 알지 못하나이다
23 그가 이르되 너희는 안심하라 두려워하지 말라 너희 하나님, 너희 아버지의 하나님이 재물을 너희 자루에 넣어 너희에게 주신 것이니라 너희 돈은 내가 이미 받았느니라 하고 시므온을 그들에게로 이끌어내고
24 그들을 요셉의 집으로 인도하고 물을 주어 발을 씻게 하며 그들의 나귀에게 먹이를 주더라
25 그들이 거기서 음식을 먹겠다 함을 들었으므로 예물을 정돈하고 요셉이 정오에 오기를 기다리더니

97

그리스도의 청지기, 값없이 받는 죄 사함과 생명의 구원을 선포하다!

⦁ 주해

　요셉의 형들이 두 번째로 애굽으로 들어왔다. 첫 번째 이들이 애굽에 온 것은 양식을 사고자 함이었다(42장). 요셉은 형들을 알아보았고, 이들을 심문하면서 아버지와 동생 베냐민의 소식을 접하였다. 요셉은 형들의 진정성을 시험하여 베냐민을 자기에게 데려오게 하였다. 그리고 시므온을 인질로 삼았다. 그러나 그들에게 양식을 주어 가족의 기근을 면케 하였다. 한편 그들이 양식값으로 지불한 돈은 자루에 넣어 돌려주었다. 야곱은 애굽에서 있던 일을 듣고 당황하고 비통해하였다. 특히 애굽 땅의 주인 요셉이 막내아들 베냐민을 데려오라는 말에 그러하였다. 그래서 야곱은 아들들을 다시 애굽에 보내는 일을 지체하였다. 가나안 땅에 기근은 더 심해졌다. 야곱은 아들들에게 다시 애굽으로 가서 양식을 구해오라고 명했다.

　유다가 나서서 이번에는 베냐민을 반드시 데리고 가야 한다고 말했다. 유다는 막내아우를 애굽에 보내는 것을 두려워하는 아버지를 설득하였다. 가족의 생명을 구할 것인가? 베냐민을 놓치지 말아야 하는가? 진퇴유곡에 빠진 아버지에게 유다는 자신이 담보가 되어 베냐민을 반드시 데려오겠다고 말한다. 야곱도 더는 버티지 못하고 베냐민을 데리고 가도록 허락한다. 야곱은 애굽 땅 주인의 마음을 사기 위해 가나안 땅에서 나는 예물을 준비하였다. 또한, 돈을 갑절로 보내 이전에 치르지 못한 양식값을 치르게 하였다. 야곱은 양식값으로 지불한 돈이 그대로 있는 것을 보고, 애굽의 관리가 실수한 것으로 생각하였다. 또한, 야곱은 전능하신 하나님이 애굽 땅의 주인에게 은혜를 베풀어서 자식들이 무사히 귀환하기를 기도하였다. 그는 베냐민을 잃을 각오까지 하였다.

요셉의 형들은 베냐민과 예물과 갑절의 양식값을 가지고 애굽에 도착했다. 그들이 베냐민과 함께 그 땅의 주인인 요셉 앞에 섰다(15절). 요셉은 그토록 기다리던 베냐민이 나타난 것을 보았다. 하지만 전혀 내색하지 않고 담담하게 청지기에게 명령했다. 이들을 집으로 데려가 잔치를 준비하라는 것이다. 그리고 자신도 그 잔치에 동석할 것이라고 말했다(16절). 청지기가 요셉의 형제들을 요셉의 집으로 데리고 가자, 그들은 요셉의 집으로 가면서 겁을 먹고 두려워했다. 이는 지난번 자기들도 알지 못하는 사이에 양식값으로 지불한 돈이 자루에 들어 있었는데, 이 일로 청지기가 그들의 나귀를 탈취하고 그 집의 노예로 삼으려는 줄 알았기 때문이었다(18절).

모든 사건은 해석을 통해 의미를 깨닫는다. 요셉은 형제들을 위해 잔치를 배설하고자 하였다. 하지만 형들은 지난번 일을 떠올리며 그가 자신들을 노예로 삼으려는 줄로 생각한다. 그래서 그들은 청지기에게 말을 걸고 지난번 돈이 자루에 있었던 것은 자신들이 한 일이 아님을 해명한다(21절). 그들은 분명히 양식값을 치렀는데, 고향으로 돌아가는 길에 그 돈이 자루에 있는 것을 알았다는 것이다(22절). 그래서 이번에 그 돈을 가지고 왔고 새로 곡식을 살 돈도 마련해왔다고 한다. 형제들의 해명은 매우 공손하고 논리 정연하다. 자신들은 결코 돈을 훔친 도둑이 아니며, 지금 그 돈을 도로 가져왔다고 말한다. 그런데 청지기가 의외의 대답을 한다. 그들을 안심시키며, 자루에 있었던 돈은 하나님이 주신 보물이라는 것이다(23절).

요셉의 형들은 도둑으로 몰릴 줄 알았는데, 청지기는 "하나님이 그 자루에 보물(보화)을 넣어 주셨다"라고 말하는 것이다. 하나님이 그들에게 "보화"를 주셨기 때문에 청지기는 이미 돈을 다 받았다는 것이다. 어떻게 청지기가 겁먹은 요셉의 형들에게 이런 말을 할 수 있을까? 더구나 이방인 청지기의 입에서 어떻게 조상들의 하나님이 그들에게 보화를 주셨다고 말하는가? 먼저 청지기가 이 말을 한 것은, 요셉이 그가 믿는 조상들의 하나님에 대해서, 또 형들의 신분에 대해서 말해주었기 때문으로 보인다. 이제 자루 속의 돈은 하나님이 주신 "보화"(히, 마트몬)로 바뀐다. 청지기의 대답이 모호한 가운데 이제 전개되는 상황은 전체 요셉 이야기의 가장 속 깊은 신비, 하나님의 숨겨진 섭리에 잇대어 있다. 하나님께서 이 사건 속에 역사하셨던 것이다. 그 때문에 이제는 돈에 대하여는 아무런 언급이 없고 하나님께서 그들의 자루에 넣어준 "보화"(보물)가 언급된다(폰 라드). 청지기는 이 말을 하고 인질로 잡혀있던 시므온을 끌어냈다. 또한, 그는 요셉의 형제들을 요셉의 집 안으로 안내하고 발 씻을 물도 주고 그들이 끌고 온 나귀에게도 먹이를 주었다(24절). 형제들은 도둑의 누명에서 벗어났고 짐승까지 먹이를 공급받는 손님 대접을 받는다. 그들은 요셉이 그들과 함께 점심을 먹게 된다는 말을 들었으므로 요셉을 기다리면서 그에게 줄 선물을 정돈하고 있었다(25절).

요셉의 형들이 다시 애굽에 온 목적은 분명했다. 그들은 시므온을 돌려받고 돈을 주고 양식을 사는 것이었다. 특별히 애굽 땅의 주인이 그들에게 자비를 베풀어 막내아우 베냐민이 해를 입지 않아야만 했다. 그러나 그들은 뜻밖의 환대를 받았다. 단지 먹을 것만 해결하면 되는데, 하나님이 보물을 주셨다는 말을 듣고 애굽의 총리가 배설한 오찬에 참석하게 된 것이다. 특별히 주목할 것은 요셉의 청지기가 한 말이다. 하나님이 그들을 위해 값을 지불하고 그들에게 "보화"를 주셨다!

요셉은 장차 오실 그리스도를 예시한다. 모든 인간은 아담 안에서 죄를 범하였고 그 값은 "사망"이다. 이것은 어떤 인간도 피할 수 없는 운명이다. 죄 가운데 살다가 사망에 이르는 존재인 것이다(요 8:24). 그러나 요셉이 예시하는 그리스도가 하늘에서 오셨다(요 3,13, 31). 하늘에서 오신 인자는 모세가 뱀을 든 것처럼 땅에서 들리셨다. 이는 그의 십자가 죽음과 부활을 가리키는 구원의 사건이다(요 12:32-33, 행 2:33, 5:31). 이제 그를 믿는 자는 죄를 용서받고 사망에서 생명으로 옮긴다(요 5:24).

모든 사람이 범죄하여 하나님의 영광에 이르지 못하였다(롬 3:23). 그러나 그리스도 예수 안에서 있는 속량으로 말미암아 하나님의 은혜로 "값없이" 의롭다는 선고를 받았다(롬 3:24). 이는 하나님의 아들이 십자가에서 죽으심으로써 우리 대신 사망의 죗값을 치렀기 때문이다. 하나님이 아들을 대신하여 우리의 죗값을 다 치르셨다. 그리고 우리에게 "보화"를 주셨다. 그 보화는 가장 좋은 은사요, 온전한 선물인 영생이다. 진리의 말씀으로 우리를 낳은 영생이다(약 1:17-18). 죄의 삯은 사망이요, 하나님의 선물은 그리스도 우리 주 안에 있는 영원한 생명이다(롬 6:23).

제아무리 돈이 많은 부자라도 값을 지불하고 생명을 구원하지 못한다(시 49:7). 그것은 생명을 속량하는 값이 너무나도 엄청나서 영원히 마련하지 못하기 때문이다(시 49:8). 아무도 마련할 수 없는 구원의 값, 오직 예수 그리스도가 죽음으로써 치르셨다. 그리스도인은 예수 그리스도의 속량으로 값없이 구원받은 자이다. 그는 죄 사함을 받을 뿐 아니라, 영원한 생명을 보화로 받았다. 생명의 보화를 받은 자는 동시에 예수 그리스도의 청지기이다. 그는 죄 사함과 생명 얻는 복음을 증거하는 그리스도의 청지기다(딤후 1:1, 요일 1:2). 그리스도인은 하나님이 값을 지불하고 사신 몸이다. 그러므로 그 몸으로 하나님께 영광을 돌려야 한다. 그리스도의 청지기 직분을 다하며, 살든지 죽든지 그 몸에서 그리스도가 존귀하게 드러나야 한다.

> "여러분은 하나님께서 값을 치르고 사들인 사람입니다. 그러므로 여러분의 몸으로 하나님을 영화롭게 하십시오."(고전 6:20).
> "나의 간절한 기대와 희망은, 내가 아무 일에도 부끄러움을 당하지 않고 온전히 담대해져서, 살든지 죽든지, 전과 같이 지금도, 내 몸에서 그리스도께서 존귀함을 받으시리라는 것입니다"(빌 1:20).

묵상

요르단 사역 일정을 마치고 귀국하였다. 우리 팀은 그리스도의 청지기가 되어 생명의 복음을 전하였다. 지치고 목마른 한인 선교사들과 성도들에게 하늘로부터 솟아나는 샘물을 전하여 그들을 영원한 생명으로 인도하였다. 우리 팀은 매일 각자 주님과 교제하고, 함께 모여 서로 사귐의 교제를 누렸다. 날마다 생명 공동체의 실제를 누리면서 청지기의 사명을 다하였다. 요르단 캠프는 아랍 전역에 생명의 물꼬를 트는 새 역사를 이루었다. 이제 생명의 복음은 요르단의 현지 목회자들을 통해 아랍의 22개국과 나아가 이스라엘에까지 증거되는 비전을 본 것이다. 요르단에서 출발하는 날, 이번 캠프에 참석한 이요한 선교사님은 내게 이렇게 소회를 밝혔다. "짧은 만남이었지만 충만한 복으로 찾아와 주셔서 나눈 교제와 앞으로의 동역의 여정이 너무나 기대가 됩니다. 주님의 위대한 선교의 마지막 일들에 함께 걷게 하심에 주님의 큰 위로와 성령의 큰 역사가 함께하고 계심을 봅니다(눅 2:25-26). 앞으로 주님의 충만한 영광과 복으로 아랍과 더 나아가 이스라엘까지 섬기게 될 날을 꿈꾸며 자신을 더욱 겸비하며 나아가기를 중보합니다. 충만한 복으로 함께해 주셔서 너무나 감사드립니다."

한국으로 돌아오는 기내에서 본문 말씀을 묵상하면서 주의 은혜에 압도되었다. 죄의 삯으로 사망의 인생을 살던 자에게 베푸신 은혜가 얼마나 크고 놀라운지! 어떤 부자도 치를 수 없는 생명의 속전, 그리스도가 값을 치르신 은혜에 오열하였다. 이 은혜로도 족한데 그리스도의 청지기로 부르시고 죄 사함과 생명 얻는 구원을 선포하게 하셨다. 감당할 수 없는 은혜에 먹먹하다. 하나님은 아들을 값으로 치르시고 나를 사셨다. 그가 값으로 사신 몸, 사나 죽으나 주께 드리기를 소원한다. 간절히 바라는 바는 살든지 죽든지 내 몸에서 그리스도가 존귀하게 되는 것이다(빌 1:20). 내게 놀라운 일을 행하신 주님을 전심으로 찬양한다. 할렐루야!

98

43:26-34

26 요셉이 집으로 오매 그들이 집으로 들어가서 예물을 그에게 드리고 땅에 엎드려 절하니
27 요셉이 그들의 안부를 물으며 이르되 너희 아버지 너희가 말하던 그 노인이 안녕하시냐 아직도 생존해 계시느냐
28 그들이 대답하되 주의 종 우리 아버지가 평안하고 지금까지 생존하였나이다 하고 머리 숙여 절하더라
29 요셉이 눈을 들어 자기 어머니의 아들 자기 동생 베냐민을 보고 이르되 너희가 내게 말하던 너희 작은 동생이 이 아이냐 그가 또 이르되 소자여 하나님이 네게 은혜 베푸시기를 원하노라
30 요셉이 아우를 사랑하는 마음이 복받쳐 급히 울 곳을 찾아 안방으로 들어가서 울고
31 얼굴을 씻고 나와서 그 정을 억제하고 음식을 차리라 하매
32 그들이 요셉에게 따로 차리고 그 형제들에게 따로 차리고 그와 함께 먹는 애굽 사람에게도 따로 차리니 애굽 사람은 히브리 사람과 같이 먹으면 부정을 입음이었더라
33 그들이 요셉 앞에 앉되 그들의 나이에 따라 앉히게 되니 그들이 서로 이상히 여겼더라
34 요셉이 자기 음식을 그들에게 주되 베냐민에게는 다른 사람보다 다섯 배나 주매 그들이 마시며 요셉과 함께 즐거워하였더라

98

영생의 삶, 존귀한 아들의 양식을 먹고 그로 말미암아 산다!

∶ 주해

요셉 이야기의 주제는 입애굽의 성취이다. 하나님이 아브라함에 약속하신 가나안 땅은 입애굽과 출애굽을 통해 성취된다. 하나님을 한 사람 요셉을 앞서 애굽에 보내셨다(시 105:17). 요셉은 노예와 죄수의 신분을 거쳐 애굽의 총리가 되었다. 그는 7년 풍년과 그 후의 7년 기근 시 애굽의 양식을 관리하였다. 하나님이 온 땅에 기근이 들게 하셨다(시 105:16). 오직 요셉에게만 양식이 있었다. 요셉이 애굽의 총리가 되어 양식을 관리한 것, 온 땅에 기근이 든 것, 이 모든 것은 약속을 이루시는 하나님의 섭리였다. 아브라함의 후손, 야곱의 가족에게도 기근이 임하였다. 야곱은 양식을 구하기 위해 아들들을 애굽으로 보냈다. 요셉과 형들은 20년이 지나 처음으로 상봉하였다. 요셉의 형들은 애굽의 총리가 된 그에게 절하였다. 하나님이 요셉에게 주신 꿈이 이루어졌다(37:7, 9). 요셉은 형들을 즉시 알아보았으나, 형들은 애굽 사람으로 변한 그를 알아보지 못하였다.

요셉은 형들의 진정성을 시험하였다. 그는 시므온을 인질로 잡고 막내아우를 데리고 오라고 하였다. 그 대신 양식을 넉넉히 주고, 양식으로 치른 값을 몰래 자루에 담아주었다. 야곱은 애굽 땅의 주인이 막내아들을 데리고 오라고 했다는 말에 크게 절망하였다. 그래서 아들들을 애굽에 보내는 일을 지체하였다. 그러나 야곱은 기근이 계속되는 상황을 더는 버티지 못하였다. 결국, 야곱은 양식을 구하고자 아들들과 베냐민을 애굽으로 보냈다. 요셉의 형들이 두 번째로 애굽에 왔다. 요셉은 베냐민과 함께 온 형들을 보고 청지기에게 자기 집에서 잔치를 배설하게 하였다. 형들은 청지기에게 자루에 들어있던 돈에 대해 해명하였다. 그러나 청지기는 그 돈은 하나님이 그들에게 주신 보화라고 말했다. 자기는 이미 돈을 받았다는 것이다.

26-34절, 요셉이 형들과 베냐민을 위해 잔치를 배설했다. 요셉이 자기 집에 도착하였다. 먼저 와 있던 형들이 그에게 예물을 드리고 땅에 엎드려 절하였다. 요셉이 대화를 주도한다. 요셉은 그들의 안부를 묻고 특히 아버지에 대해 자세히 묻는다. 아버지가 아직도 살아계신지, 평안한지를 묻는다(27절). 형들은 아버지가 평안하고 아직 살아있다고 대답한다(28절). 그들은 다시 고개 숙여 요셉에게 절한다. 형들은 한결같이 정중하며 굴욕적이기까지 하다. 요셉은 눈을 들어 자기 어머니의 아들, 자기 동생 베냐민을 보았다(29절). "눈을 들어"라는 표현은 보려고 하는 것이 매우 중요하다는 것을 나타낸다(13:10, 18:2, 22:4, 13, 37:25). 저자는 베냐민을 가리켜 "어머니의 아들" "동생"이라고 말하는데, 이는 요셉과 베냐민의 유대를 강조하려는 것이다(고든 웬함).

요셉은 베냐민을 즉시 알아보았지만, 형들에게 그들이 말했던 막내아우인지 묻는다. 그러나 요셉은 대답을 기다리지 않고 즉시 베냐민을 "소자여"라고 부르며 하나님이 그에게 은혜 베푸시기를 기원한다(29절). "소자여"(벤)는 지위가 동등하지 않으면서 서로 관계가 없는 두 사람 간의 친밀함을 표현한다(삼상 3:16, 4:16, 26:21, 25, 고든 웬함). 요셉은 아우를 사랑하는 마음이 복받쳐 급히 울 곳을 찾아 안방으로 들어가 울었다(30절). 그는 한참을 울고 감정을 추슬러 다시 형들에게로 왔다(30절). 그리고 밥상을 차리라고 명령하였다. 밥상을 차리는 자들은 요셉에게 상을 따로 차리고, 그의 형제들에게도 따로 차리고, 요셉의 집에서 먹고 사는 애굽 사람들에게도 따로 차렸다. 애굽 사람들은 히브리 사람들과 같은 상에서 먹으면 부정을 탄다고 생각하기 때문에 상을 같이 차리지 않았다(32절). 히브리 사람은 민족의 이름이 아니라 멸시받는 하층민을 말했다. 요셉 시대 히브리 사람은 낮은 계층의 떠도는 사람들을 가리켰다(폰 라드). 히브리 사람이 민족의 이름이 된 것은 출애굽 이후의 일이다(출 21:1 이하). 고대 자료에 따르면, 애굽 사람이 외국인과 함께 식사하는 것은, 가증하고 역겨운 일이었다(헤로도투스, 디오도루스, 스트라보 등). 이 밖에도 애굽 사람에게 가증하게 여겨지는 관습은 목축하는 일(46:34)과 다른 신에게 제사드리는 일이었다(출 8:26).

요셉의 형제들은 안내를 받아 가며 요셉 앞에 앉았다. 그들이 앉고 보니 맏아들로부터 막내아들에 이르기까지 나이 순서를 따라서 앉게 되었다(33절). 물론 안내하는 자는 요셉의 지시를 따랐을 것이다. 요셉은 그의 형제들을 나이 순으로 앉혔다. 요셉의 정체를 모르는 형제들은 어리둥절하면서 서로 쳐다보았다(33절). "이상히 여기다"(개역개정) "어리둥절하다"(새번역, 공동번역)의 히브리어 "타마흐"는 예기치 않으면서도 불쾌하기도 한 어떤 것, 즉 하나님의 심판이 나타남에 대한 강한 반응을 묘사한다(욥 26:11, 시 48:5, 렘 4:9). 형제들은 예기치 않은 징조 앞에서 불안하고 당황해하였다. 그런 중에 요셉의 형제들이 먹을 것은 요셉의 상에서 날라다 주었다. 천민 히브리 사람이 애굽 땅의 주인이 먹는 양식을 먹었다. 애굽 사람이 히브리 사람과 함께 양식을 먹는 가증한 일이 일어난 것이다. 게다가 요셉은 베냐민에게 다른 형제보다 다섯 배의 양식을 준다. 이것은 형들이 아버지의 편애를 받았던 그를 시기했듯이, 애굽 땅 주인의 편애를 받는 베냐민을 시기할 것인지 알아보기 위함인가? 아니면 자기 어머니의 아들에 대한 각별한 애정을 나타내는 것인가?

그런데 요셉의 잔치는 이런 일에 아랑곳하지 않는다. 그들은 (포도주를) 마시며 요셉과 함께 즐거워하였다. "즐거워하다"(개역개정)의 히브리어 "샤카르"는 "술에 취하다"라는 뜻이다(새번역, "취하도록 마셨다"). 요셉의 형제들이 술에 취한 후 분위기가 역전된다. 그들이 술에 취해 잠들었을 때, 요셉과 청지기는 그들을 체포할 계략을 실행에 옮긴다. 이것은 형들에 대한 요셉의 마지막 시험이었다(44장). 애굽의 존귀한 자 요셉의 양식이 천민 히브리 사람에게 주어진다. 그들은 요셉과 함께 포도주를 마시고 즐거워한다(취한다). 이는 애굽의 관습에서 본다면 파격적인 잔치였다. 애굽 사람이 볼 때 가증하고 역겨운 잔치였다.

신약시대 이와 유사한 잔치가 있었다. 하늘로부터 오신 인자, 하나님의 아들이 땅에서 난 자와 함께 마시고 즐겼다. 그것도 땅에선 난 자 중의 가장 비천한 자와 먹고 마셨다. 메시아로 불리는 자가 감히 상종할 수 없는 죄인과 세리와 더불어 먹고 마셨다. 이것은 정결 규례를 지키는 바리새인들에게 가증한 일이었다. 바리새인들은 제자들에게 "어찌하여 너희 선생은 세리와 죄인들과 함께 잡수시느냐?"라고 따져 물었다(마 9:11). 또, "보라 먹기를 탐하고 포도주를 즐기는 사람이요 세리와 죄인의 친구로다"라고 예수를 비난하였다(눅 7:34). 예수께서 자기를 비난하는 바리새인들에게 말씀하셨다. "건강한 사람에게는 의사가 필요하지 않으나, 병든 사람에게는 필요하다. 너희는 가서 '내가 바라는 것은 자비요, 희생제물이 아니다' 하신 말씀이 무슨 뜻인지 배워라. 나는 의인을 부르러 온 것이 아니라, 죄인을 부르러 왔다"(마 9:12-13).

하늘에 속한 거룩한 자와 땅에 속한 부정한 자가 함께 먹고 마신다. 어떻게 이런 일이 가능할까? 그것은 죄인을 향하신 하나님의 무한한 긍휼로 인함이었다. 긍휼이 풍성하신 하나님이 죄인을 사랑하사 독생자를 보내셨다. 그를 우리 가운데 거하게 하시고 우리로 그의 영광을 보게 하셨다(요 1:14). 하나님이 감히 상종할 수 없는 우리를 사랑하사 독생자를 보내시고 그를 믿는 자마다 영원한 생명을 얻게 하신다(요 3:16). 이 영생은 창세전 하나님이 아들에게 주신 생명이다(요 5:26). 또한, 창세전 하나님이 우리에게 주시기로 약속하신 생명이다(딛 1:2). 이 영생의 근원은 오직 하늘에 계신 아버지에게 있다. 히브리서 기자는 놀라운 증거를 기술했다. 거룩하게 하시는 분과 거룩하게 되는 사람들은 모두 한 분이신 아버지께 속한다(히 2:11a). 또한, 예수는 자기를 믿어 거룩하게 된 자들을 형제로 부르시기를 부끄러워하지 아니하셨다(히 2:11b).

영생을 주시는 아들과 영생을 얻은 우리는 모두 한 근원에서 났다는 것이다. 존귀한 아들과 비천한 죄인이 한 아버지에게서 났다. 어떻게 이런 일이! 그래서 존귀한 아들이 우리를 형제로 부르기를 부끄러워하지 않으셨다. 애굽의 존귀한 자 요셉이 비천한 히브리인 형들을 부끄러워하지 않았다. 이보다 더 놀라운 일은 하늘의 존귀한 자 예수 그리스도는 땅에서 비천한 죄인을 부끄러워하지 않은 것이다. 이는 그가 죽으심으로써 우리에게 영생을 주셨기 때문이다. 이 영생은 아들과 우리를 한 근원 아버지께 속하게 한다. 비천한 히브리 사람들이 존귀한 요셉의 상에서 나오는 음식을 먹듯, 영생을 누리는 자는 날마다 아들의 상에서 아들의 양식을 먹는다. 그리하여 아들로 말미암아 살아간다(요 6:57). 이것은 바로 삼위 하나님의 페리 코레시스에 참여하는 영생의 삶이다.

: 묵상

요르단 사역을 마치고 시차 적응 중이다. 그리스도의 충만한 복은 그 통로가 된 우리에게도 넘치도록 임하였다. 복음을 듣고 또 들음으로써 영혼이 각성되고 새로워졌다. 캠프 중에도 그러하였고, 아침마다 함께 모여 나눈 생명의 교제도 그러하였다. 또한, 캠프 이후 고대 유적지와 신약시대 유적지를 돌아보며 많은 영감을 받기도 하였다. 특히 예수의 세례 터를 방문하였을 때 요르단의 솟아나는 샘물을 새롭게 알게 되며 진리의 실체가 더욱 가슴에 느껴졌다. 진리의 실체를 체험한 경험으로 전이해가 다시 새롭게 되는 순간이었다.

이전의 나는 평생 목이 말라 이곳저곳을 전전하였다. 영생에 무지한 신앙생활은 단층의 목마름만 해갈해줄 뿐이었다. 영혼이 타들어 가는 목마름의 절정에 주님은 솟아나는 샘물로 오셨다. 솟아나는 샘물로 세례를 받으시고 그 물로 영원한 생명으로 인도하셨다(요 4:14). 밥은 먹고 또 먹는다. 물은 마시고 또 마신다. 참된 양식, 참된 음료도 그러하다. 날마다 먹는 아들의 양식은 나로 아들로 말미암아 살게 한다. 한국인은 밥심으로 산다고 한다. 밥심은 밥을 먹고 나선 생긴 힘이다. 그리스도인은 아들을 먹는 힘으로 산다. 아들이 아버지로 말미암아 사는 것 같이 나 역시 아들을 먹고 그 힘으로 산다. 진실로 의에 주리고 목이 마른 자가 복이 있다. 그는 정녕 배부르다. 오늘은 주일이다. 예배하는 교회와 공동체마다 아들을 먹고 아들로 말미암아 사는 은혜가 가득하기를 기도한다.

99

44:1-17

1 요셉이 그의 집 청지기에게 명하여 이르되 양식을 각자의 자루에 운반할 수 있을 만큼 채우고 각자의 돈을 그 자루에 넣고
2 또 내 잔 곧 은잔을 그 청년의 자루 아귀에 넣고 그 양식 값 돈도 함께 넣으라 하매 그가 요셉의 명령대로 하고
3 아침이 밝을 때에 사람들과 그들의 나귀들을 보내니라
4 그들이 성읍에서 나가 멀리 가기 전에 요셉이 청지기에게 이르되 일어나 그 사람들의 뒤를 따라 가서 그들에게 이르기를 너희가 어찌하여 선을 악으로 갚느냐
5 이것은 내 주인이 가지고 마시며 늘 점치는 데에 쓰는 것이 아니냐 너희가 이같이 하니 악하도다 하라
6 청지기가 그들에게 따라 가서 그대로 말하니
7 그들이 그에게 대답하되 내 주여 어찌 이렇게 말씀하시나이까 당신의 종들이 이런 일은 결단코 아니하나이다
8 우리 자루에 있던 돈도 우리가 가나안 땅에서부터 당신에게로 가져왔거늘 우리가 어찌 당신의 주인의 집에서 은 금을 도둑질하리이까
9 당신의 종들 중 누구에게서 발견되든지 그는 죽을 것이요 우리는 내 주의 종들이 되리이다
10 그가 이르되 그러면 너희의 말과 같이 하리라 그것이 누구에게서든지 발견되면 그는 내게 종이 될 것이요 너희는 죄가 없으리라
11 그들이 각각 급히 자루를 땅에 내려놓고 자루를 각기 푸니
12 그가 나이 많은 자에게서부터 시작하여 나이 적은 자에게까지 조사하매 그 잔이 베냐민의 자루에서 발견된지라
13 그들이 옷을 찢고 각기 짐을 나귀에 싣고 성으로 돌아 가니라
14 유다와 그의 형제들이 요셉의 집에 이르니 요셉이 아직 그 곳에 있는지라 그의 앞에서 땅에 엎드리니
15 요셉이 그들에게 이르되 너희가 어찌하여 이런 일을 행하였느냐 나 같은 사람이 점을 잘 치는 줄을 너희는 알지 못하였느냐
16 유다가 말하되 우리가 내 주께 무슨 말을 하오리이까 무슨 설명을 하오리이까 우리가 어떻게 우리의 정직함을 나타내리이까 하나님이 종들의 죄악을 찾아내셨으니 우리와 이 잔이 발견된 자가 다 내 주의 노예가 되겠나이다
17 요셉이 이르되 내가 결코 그리하지 아니하리라 잔이 그 손에서 발견된 자만 내 종이 되고 너희는 평안히 너희 아버지께로 도로 올라갈 것이니라

99

우연한 변고(變故) 앞에서, 하나님이 나의 죄악을 찾아내시다!

: 주해

요셉의 형들이 두 번째로 애굽으로 왔다. 그들은 요셉의 요구대로 막내아우 베냐민을 데리고 왔다. 요셉은 이들을 위해 잔치를 배설하고 베냐민을 편애하여 그에게 다섯 배의 음식을 주었다. 애굽 사람이 외국인과 함께 음식을 먹는 일은 가증하게 여겨졌다. 그런데 애굽의 총리인 요셉이 이방인 중에서도 천한 자 히브리인에게 양식을 주고 그들과 함께 마시고 취했다. 그러나 창세기 44장에서 분위기가 반전한다. 요셉의 형제들은 술에 취하여 잠이 들었다. 그 사이 요셉과 청지기는 형제들을 체포할 계략을 실행한다. 이것은 요셉이 형들에 대한 마지막 시험이다. 1-17절은 요셉의 시험이고, 18-34절은 형제애로 충만한 유다의 연설이다. 이 부분은 창세기에서 가장 길고 감동적인 담화이다.

요셉은 청지기에게 명하였다. 형제들의 자루에 담을 만큼 양식을 담으라고 하였다(1절). 돈을 지불한 만큼이 아닌, 자루에 담을 만큼 양식을 주었다. 그리고 돈은 다시 자루에 담아 돌려주라고 하였다. 여기까지는 요셉이 형제들에게 호의를 베푼 것으로 보인다. 그러나 요셉은 베냐민의 자루에 양식값뿐 아니라 자기의 은잔을 넣도록 명한다(2절). 청지기는 요셉이 시킨 대로 다 하였다. 이

튼날 아침 일찍 요셉의 형제들은 나귀를 끌고 길을 나섰다(3절). 이들은 양식을 얻었고 풀려난 시므온과 베냐민을 데리고 아버지 집으로 돌아가게 되었다. 게다가 애굽의 권력자에게 환대까지 받았다. 그들에게는 모든 것이 형통한 듯 보였다.

호사다마(好事多魔)랄까! 의기양양한 그들의 행보에 어두운 그림자가 덮쳤다. 그들이 성읍에서 얼마 가지 않았을 때 요셉이 청지기에게 말하였다. 그들을 뒤쫓아가서 이렇게 호통을 치라고 하였다. "왜 너희는 은잔을 훔쳐 선을 악으로 갚는가! 그 은잔은 요셉이 마실 때나 점을 칠 때 쓰는 잔이 아닌가?"(4-5절). 요셉은 그들을 선대하고 잔치를 베풀었다. 그런데 그들은 요셉이 마시거나 점칠 때 쓰는 은잔을 도둑질하였다고 고발당했다. 고대 근동에서 은잔은 점치는 용도로 사용되었다. 물이 담긴 은잔에 작은 물체를 던져 넣음으로써 액체에 나타나는 작용에서 미래에 대한 일을 알아맞히곤 하였다. 요셉이 이런 식으로 점을 쳤다는 것은 독자들에게 신학적 문제를 야기한다. 왜냐하면, 이스라엘에서 점치는 행위는 금지되었기 때문이다(레 19:26, 신 18:10). 그러나 여기서 강조점은 요셉이 은잔으로 점을 쳤다기보다는 형제들이 애굽의 최고 권좌에 있는 자의 소중한 물건을 도둑질했다는 점이다.

청지기는 요셉의 형제들을 쫓아가 그들에게 요셉이 시킨 대로 말하며 그들을 호통쳤다(6절). 그러자 그들은 청지기에게 자기들 중에서 이런 일을 할 사람이 없다고 극구 부인했다(6절). 지난번 자루에서 나온 돈도 돌려주려고 가져왔는데 어떻게 상전 집에 있는 은이나 금을 훔친다는 말인가?(8절). 그러면서 만일 은잔을 훔친 자가 있다면 그를 죽여도 좋다고 말했다(9절). 또한, 자신들도 연대책임을 지고 다 주인의 종이 되겠다고 말했다. 청지기는 그들의 말에 동의하되, 은잔이 발견된 자만 종이 될 것이고 나머지는 죄가 없을 것이라고 말했다(10절). 요셉의 형제들이 각각 자루를 풀었는데 베냐민의 자루에서 은잔이 나왔다. 청지기들은 되돌려준 돈에 대해서는 언급하지 않았다. 이것은 요셉의 지시가 은잔을 찾는 데 국한되었기 때문이었다. 결백을 주장하던 형들은 막내아우 베냐민의 자루에서 은잔이 나오자 망연자실하였다. 그들은 아무 말도 하지 않고 모두 옷을 찢었다. 이들의 행동은 말보다 훨씬 더 큰 것을 말하고 있다. 이들은 각자 짐을 나귀에 싣고 애굽으로 돌아왔다(13절). 사실 은잔이 발견된 베냐민만 애굽으로 송환되고 형들은 아버지 집으로 가면 되었다. 그러나 형들은 모두 옷을 찢고 스스로 애굽으로 송환되는 길을 택하였다. 요셉의 형들은 20여 년 전 요셉을 죽이려다 팔았다. 그때는 오직 아버지 야곱만 옷을 찢었다(37:34). 그런데 이제 베냐민을 잃게 되자, 형들이 모두 옷을 찢고 베냐민과 연대한다. 그들은 베냐민을 홀로 돌려보내지 않았다.

요셉은 형제들이 오기를 기다리며 자리를 지키고 있었다. 형제들이 그 앞에 엎드렸다. 형제들을 극진히 대접했던 요셉은 준엄하고 냉정한 재판관의 모습으로 변했다. 요셉이 송환되어 온 형제들에게 어떻게 이런 일을 저질렀느냐고 호통쳤다(15절). 그는 "나 같은 사람이 점을 잘 친다"라고 말하며 형들의 기선을 제압했다. 애굽의 최고 권위자의 이 말은 그 앞에 엎드려 있는 형제들을 무력하게 만들었다. 형제 중 유다가 나섰다. 43장에서 유다는 아버지를 설득하여 베냐민을 애굽으로 데려왔다. 이제는 베냐민이 궁지에 몰리자 그를 변호하기 위해 나섰다. 유다는 자신들의 결백을 더는 주장하지 않았다. 절대 권력자가 점을 쳐서 은잔을 발견했다고 하는데, 그 앞에서 무슨 말로 결백을 주장하겠는가? 또 그 앞에서 무슨 변명을 하며, 어떻게 진실함을 보이겠는가? 그러면서 하나님이 자신들의 죄를 들추어내셨다고 고백했다. 따라서 은잔을 가져간 베냐민과 그들 모두가 그의 종이 되겠다고 말했다(16절). 그러나 요셉은 유다의 제안을 단호히 거절했다. 은잔이 발견된 베냐민만 종이 될 것이고, 그들은 평안히 아버지 집으로 갈 것이라고 판결했다(17절).

아버지 야곱이 염려하던 일이 그대로 일어났다. 베냐민이 해를 입게 되었다. 유다는 자기를 담보로 하고 베냐민을 데리고 올 것이라고 맹세하였다(43:9). 전후 상황을 다 알고 있는 독자들은 당혹스럽다. 왜 요셉이 뒤집어씌운 죄를 유다가 인정해야 하는가? 형들은 참으로 죄가 있다고 생각하는 것인가? 아니면 형들은 애굽의 주권자 앞에서 벗어날 수 없는 운명에 굴복하는 것인가? 사실 이런 질문은 의미가 없다. 어쨌든 잔이 베냐민의 자루에서 발견된 사실은 변명의 여지가 없이 그들의 유죄를 입증하기 때문이다. 무엇보다 절대 권력자만이 사람을 의롭다고 하거나 정죄할 수 있다. 아무도 그의 정죄를 피할 수 없다. 유다의 말에서 주목할 부분은, "하나님이 이 종들의 죄악을 찾아내셨다"라는 것이다(16절).

인간의 객관적 정당성으로 볼 때 유다와 형제들은 죄가 없다. 그러나 이들은 하나님이 자신들의 죄를 들추었다고 고백한다. 전에 그들이 정탐꾼으로 몰릴 때 그들은 요셉을 죽이려다 팔아넘긴 죄를 기억하고 하나님의 징벌이 임했다고 말하였다(42:21-22). 형들은 이번에도 하나님이 자신들의 죄를 다 들추어내셨다고 자백한다. 이것은 은잔의 사건을 통해 그들이 저지른 죄들을 하나님이 들추어내어 심판하신다는 것이다. 인간의 객관적 정당성은 개개의 사건으로 정의를 판단한다. 그러나 하나님께서는 특정한 사건이 아니라 본질적 삶에 대해 심판을 집행하신다. 이 점에서 하나님이 의로움을 선언하거나 정죄를 선언하는 것은, 그의 자유로운 행동이다(폰 라드). 그는 지상의 어떤 권력자와 비교할 수 없는 하늘의 권세자이시다. 오직 그만이 사람을 의롭다 하거나 정죄하신다.

인간은 본성적으로 죄인이며 하나님 앞에서 결코 정당성을 주장할 수 없다. 모든 사람이 하나님 앞에서 죄인이며 정죄 받는다. 한 사람 아담의 범죄로 모든 사람이 하나님의 정죄에 이르렀다. 그러나 한 사람 그리스도의 의로운 행위로 많은 사람이 의롭다 하심을 얻고 영원한 생명에 이르렀다(롬 5:18). 한 사람 아담의 불순종으로 모든 사람이 죄인으로 판정을 받았다. 그러나 한 사람 그리스도의 순종함으로 인하여 많은 사람이 의인으로 판정을 받는다(롬 5:19). 그러므로 베냐민 한 사람의 범죄로 인하여 모든 형제가 정죄 받는 것은 합당하다. 따라서 하나님이 그들의 죄를 다 드러냈다는 유다의 말은 옳다. 이것은 범죄한 아담 안에서 형제가 연대하기 때문이다. 은잔을 훔친 베냐민은 죄인이고 은잔을 훔치지 않은 형들은 의인이라는 생각은 아담 안의 실존으로서의 인간 자체를 부인하는 셈이다.

하나님만이 인간을 의롭다고 칭하신다. 바로 아들 예수의 속량으로 말미암아 그를 믿는 자를 의롭다고 칭하신다. 하나님이 예수를 화목제물로 세우시고 전에 지은 죄를 모두 간과하심으로써 자기의 의로움을 나타내셨다. 죄인을 거저 용서하신다면 하나님은 불의하시다. 그러나 아들 예수를 제물로 삼으셨기에 그가 죄인을 용서하시는 것은 의로우시다. 하나님은 이렇게 먼저 자기를 의롭게 하시고 예수 믿는 자를 의롭게 하시는 것이다(롬 3:24-26).

아담 안의 모든 인간은 죄인이며 서로 연대하여 존재한다. 타자의 죄는 나와 무관하지 않으며 나의 죄를 기억나게 한다. 예수 당시 실로암 망대가 무너져 우연히 죽은 자들이 있었다. 또 빌라도가 갈릴리 사람 중 몇 명을 학살하여 그 피를 자기들이 드린 제물에 섞었다. 이 일을 두고 예수께서 사람들에게 말씀하셨다. "이 사람들이 다른 사람보다 죄가 더 있는 줄 아는가? 너희도 회개하지 않으면 다 이와 같이 망하리라"(눅 13:2-5). 다른 사람이 죄인이라고 생각하는 자는 그들을 정죄할 것이 아니라, 자기의 죄를 드러내어 자백하고 돌이켜야 하는 것이다. 유다가 "하나님이 이 종들의 죄악을 찾아내셨습니다"라고 한 고백은 살아계신 하나님 앞에서 드려야 할 우리의 자백이다.

묵상

이태원 축제에서 졸지에 목숨을 잃은 156명의 청년이 지금도 눈에 아른거린다. 어제 교제 모임에서도 이 일에 애통해하며 다 알 수 없는 하나님의 섭리에 겸비하며 엎드렸다. 세월호에서 보듯 국가적 재난을 정치화하면 필경 공동체의 분열을 가져온다. 어떤 정치 목사는 벌써부터 이 일이 북한의 공작이니 하면서 무지한 신자들을 선동하고 있다. 이성을 잃은 신앙은 광기일 뿐이며 사회적 흉기로 돌변한다. 죄 없는 자가 없다! 다음 세대의 소중한 자산, 피어나지 못하고 스러진 꽃들 앞에 우리는 겸비해야 마땅하다.

그들이 살아남은 자보다 죄가 더 있는 줄 아는가? 절대 그렇지 않다! 주님의 말씀 앞에 우리는 티끌과 재를 무릅쓰고 회개해야 한다. 그것이 먼저 떠난 자들의 주검을 헛되이 하지 않는 일이다. 참으로 하나님이 이 사건을 통해 죄의 감각조차 없는 세대의 죄를 일깨우길 간구한다. 다른 사람이 아니라 바로 나의 죄를 드러내기를 원한다. 유다처럼 이 사건을 통해서 하나님이 나의 죄악을 찾아내셨다고 고백하기를 바란다. 겹겹이 쌓여 양심이 무감각하게 된 죄라도 끄집어내어 십자가의 제단 앞에 올려놓기를 간절히 바란다. 그것이 역사의 주관자이신 하나님을 두려워하는 그리스도인의 도리이며, 나의 양심이다.

100

44:18-34

18 유다가 그에게 가까이 가서 이르되 내 주여 원하건대 당신의 종에게 내 주의 귀에 한 말씀을 아뢰게 하소서 주의 종에게 노하지 마소서 주는 바로와 같으심이니이다
19 이전에 내 주께서 종들에게 물으시되 너희는 아버지가 있느냐 아우가 있느냐 하시기에
20 우리가 내 주께 아뢰되 우리에게 아버지가 있으니 노인이요 또 그가 노년에 얻은 아들 청년이 있으니 그의 형은 죽고 그의 어머니가 남긴 것은 그뿐이므로 그의 아버지가 그를 사랑하나이다 하였더니
21 주께서 또 종들에게 이르시되 그를 내게로 데리고 내려와서 내가 그를 보게 하라 하시기로
22 우리가 내 주께 말씀드리기를 그 아이는 그의 아버지를 떠나지 못할지니 떠나면 그의 아버지가 죽겠나이다
23 주께서 또 주의 종들에게 말씀하시되 너희 막내 아우가 너희와 함께 내려오지 아니하면 너희가 다시 내 얼굴을 보지 못하리라 하시기로
24 우리가 주의 종 우리 아버지에게로 도로 올라가서 내 주의 말씀을 그에게 아뢰었나이다
25 그 후에 우리 아버지가 다시 가서 곡물을 조금 사오라 하시기로
26 우리가 이르되 우리가 내려갈 수 없나이다 우리 막내 아우가 함께 가면 내려가려니와 막내 아우가 우리와 함께 가지 아니하면 그 사람의 얼굴을 볼 수 없음이니이다
27 주의 종 우리 아버지가 우리에게 이르되 너희도 알거니와 내 아내가 내게 두 아들을 낳았으나
28 하나는 내게서 나갔으므로 내가 말하기를 틀림없이 찢겨 죽었다 하고 내가 지금까지 그를 보지 못하거늘
29 너희가 이 아이도 내게서 데려 가려하니 만일 재해가 그 몸에 미치면 나의 흰 머리를 슬퍼하며 스올로 내려가게 하리라 하니
30 아버지의 생명과 아이의 생명이 서로 하나로 묶여 있거늘 이제 내가 주의 종 우리 아버지에게 돌아갈 때에 아이가 우리와 함께 가지 아니하면
31 아버지가 아이의 없음을 보고 죽으리니 이같이 되면 종들이 주의 종 우리 아버지가 흰 머리로 슬퍼하며 스올로 내려가게 함이니이다
32 주의 종이 내 아버지에게 아이를 담보하기를 내가 이를 아버지께로 데리고 돌아오지 아니하면 영영히 아버지께 죄짐을 지리이다 하였사오니
33 이제 주의 종으로 그 아이를 대신하여 머물러 있어 내 주의 종이 되게 하시고 그 아이는 그의 형제들과 함께 올려 보내소서
34 그 아이가 나와 함께 가지 아니하면 내가 어찌 내 아버지에게로 올라갈 수 있으리이까 두렵건대 재해가 내 아버지에게 미침을 보리이다

100

잃어버린 자를 향한 아버지의 심정,
오직 주의 사랑에 매여…

⦂ 주해

　요셉은 베냐민과 함께 온 형들을 환대하였다. 요셉의 형들은 양식을 얻었고 시므온과 베냐민을 대동하여 안심하며 집으로 출발하였다. 그런데 요셉의 마지막 시험이 그들을 기다리고 있었다. 요셉은 형제 중 베냐민의 자루에 은잔을 넣고 청지기에게 그들을 추격하게 하였다. 요셉의 형들은 처음에는 결백을 주장했으나 베냐민의 자루에서 은잔이 나온 것을 보고 그들의 옷을 찢었다. 청지기는 은잔이 발견된 베냐민만 종으로 삼고 나머지는 무죄하다고 하였다. 그러나 형들은 베냐민과 함께 다시 애굽으로 돌아와서 요셉 앞에 섰다.

　요셉은 그들을 심문하였고, 유다가 나서서 자신들의 죄를 고백하고 모두가 요셉의 종이 되겠다고 말하였다. 하지만 요셉은 베냐민만 종이 될 것이며, 나머지 형제들은 양식을 가지고 집으로 가라고 하였다. 베냐민을 잃어버릴지 모른다는 야곱의 염려가 현실이 되고 말았다. 이제 형들은 베냐민을 애굽에 두고 아버지께로 가야 한다. 극도로 고조된 사건의 정점에서 유다가 베냐민을 데려가기 위한 연설을 시작한다. 유다는 매우 공손한 태도로 요셉에게 말하기 시작한다.

　18-29절은 형들이 처음 요셉 앞에 섰을 때부터 지금까지 있었던 일들을 회

고한다. 요셉과 관련한 일에는 매우 공손하며 도발적인 언사를 자제한다. 예를 들어 베냐민을 데려오라는 요셉의 요구를 호의적으로 해석한다(21절). 형들은 베냐민을 데려오라는 요셉의 요구를 아버지에게 전하였다. 그러나 아버지는 베냐민에게 해가 미칠 것을 두려워하여 그를 보내기를 꺼려하였다. 유다는 요셉을 잃고 베냐민마저 잃어버릴지 모르는 두려움에 싸인 아버지의 심정을 요셉에게 그대로 토로한다(27-29절). 야곱은 요셉이 짐승에게 찢겨 죽은 줄로 알았다. 그 슬픔이 지금까지 그의 삶을 지배하고 있다. 유다의 연설에는 요셉에 대한 아버지의 연민이 크게 스며들어 있다. 유다는 만일 베냐민이 변을 당하기라도 하면, 야곱은 슬퍼하고 죽을 것이라고 하였다.

30-32절에서 유다는 베냐민이 아버지께 돌아가지 않으면 일어날 끔찍한 사태를 예단한다. 아버지의 생명과 아이의 생명이 서로 하나로 묶여 있다. 그러니 이 아이가 아버지에게 가지 않으면, 아버지가 죽을 것이다. 유다는 아버지가 한 말을 자기 말로 삼는다. "일이 이렇게 되면, 어른의 종들은 결국, 백발이 성성한 아버지를 슬퍼하며 돌아가시도록 만든 꼴이 되고 맙니다"(31절). 유다는 만일의 사태에 대비하여 아버지에게 자신이 베냐민의 담보가 되겠다고 맹세하였다(43:9). 이제 유다는 자신이 한 맹세를 행동으로 옮긴다. "그러니, 저 아이 대신에 소인을 주인어른의 종으로 삼아 여기에 머물러 있게 해주시고, 저 아이는 그의 형들과 함께 돌려보내 주시기를 바랍니다"(33절). 유다는 베냐민을 "대신"하여 노예가 되겠다고 자청한다. 그리고 베냐민을 형들과 함께 아버지께 보내주기를 간청한다. 마지막으로 유다는 베냐민이 돌아가지 않을 때 아버지에게 닥칠 재앙을 언급한다. 그 자신 역시 아버지가 받는 재앙을 차마 볼 수 없다고 말한다(34절).

요셉 이야기에서 유다의 연설은 두 가지 점에서 큰 의미가 있다. 하나는 형제들 사이의 상호관계에 있어서 그러하다. 요셉의 형들은 아버지의 편애를 받은 요셉을 미워하였다. 게다가 그가 꾼 꿈이 자신들을 모욕했다는 이유로 그를 증오하며 죽이려 하였다. 마침 미디안 상인들이 지나가는 것을 보고 그를은 20에 팔아버렸다. 그때 그들은 어떤 양심의 가책도 없었다. 아우를 팔아넘기고 버젓이 아버지를 속였다. 그때는 아버지만 옷을 찢었다. 이후로 20년이 흘렀다. 형들은 완전히 달라져 있었다. 아마도 그 계기는 요셉에 의해 정탐꾼으로 몰렸을 때였다(42:21-22). 그들은 자신들이 억울하게 몰려 괴로움을 당할 때 비로소 요셉에게 저질렀던 악을 기억하였다. 르우벤은 그가 흘린 피 값을 치르게 되었다고 말하였다. 사람은 시간이 간다고 해서 저절로 변하는 것이 아니다. 자기 죄를 깨닫는 때가 회개와 변화의 시점이다.

다른 하나는 형들의 아버지와의 관계에 있어서 그러하다. 유다의 연설에서 이 부분이 가장 중요하다. 전에 이들은 잃어버린 아들에 대한 아버지의 고통이나 슬픔을 알지 못하였다. 유다가 누구인가? 그는 불편한 가정의 분위기를 피하여 가나안 땅에서 제멋대로 결혼하고 결국 며느리를 통해 쌍둥이를 낳지 않았던가!(38장). 그들은 잃어버린 아들에 대한 아버지의 마음을 조금도 헤아리지 못하였다. 그러나 이제는 전혀 다르다. 요셉을 잃어버렸을 때, 또 베냐민마저 잃게 되었을 때 겪게 될 아버지, 아버지의 고통을 그대로 공감한다. 바로 그 때문에 유다는 아버지의 사랑하는 자 베냐민을 대신하여 노예가 되고, 그 대신 베냐민을 아버지께로 보내줄 것을 간청하고 있다. 유다는 잃어버린 아들에 대한 아버지의 고통을 절절히 토로하고 있다. 잃어버린 자식, 잃어버릴지도 모르는 자식에 대한 아버지의 애끓는 고통은 죽음보다 강한 사랑이다. 유다는 아버지의 고통을 알 뿐 아니라 자기가 베냐민을 대신하여 노예가 되겠다고 제안한다. 이는 일차적으로 베냐민을 위해서 아니라, 아버지의 고통을 헤아렸기 때문이다.

유다는 장차 오실 그리스도의 조상이다(마 1:3). 인간의 생명은 하나님에게서 오고 하나님으로 인하여 존재하고 하나님께로 돌아간다. "누가 주께 먼저 드려서 갚으심을 받겠느냐 이는 만물이 주에게서 나오고 주로 말미암고 주에게로 돌아감이라 그에게 영광이 세세에 있을지어다 아멘"(롬 11:35-36). 이렇듯 인간의 생명은 하나님께로부터 왔고 하나님과 연대하여 있다. 그러나 아담 안의 모든 인간은 하나님과 분리되어 태어난다. 아담 안의 인간은 하나님의 잃어버린 자이다. 잃어버린 자에 대한 하나님의 심정은 하나님을 떠나간 이스라엘 백성을 향한 격정적 토로에서 볼 수 있다.

"에브라임이여 내가 어찌 너를 놓겠느냐 이스라엘이여 내가 어찌 너를 버리겠느냐 내가 어찌 너를 아드마 같이 놓겠느냐 어찌 너를 스보임 같이 두겠느냐 내 마음이 내 속에서 돌이키어 나의 긍휼이 온전히 불붙듯 하도다"(호 11:8).

하나님이 사람을 창조하신 것은, 창세전 약속된 영생을 주시기 위함이었다. 그러나 첫 사람 아담은 창세전 약속인 영생을 얻기 전, 곧 아들이 오시기 전 범죄하여 하나님을 떠나갔다. 그러나 하나님은 범죄한 아담을 결코 포기하지 아니하셨다. 하나님은 "네가 어디 있느냐?"라고 하며 그를 찾아오셨다. 그리고 그가 범죄한 현장에서 "여자의 후손"으로 오실 아들을 약속하셨다(창 3:15). 하나님의 아들은 창세전 영생을 주시기 위해 오시기로 정하여졌다(벧전 1:20). 그런데 그가 여자의 후손으로 오시기로 약속된 것은, 그가 십자가에서 죽으심으로써 아담 안에서 죄인 된 우리를 용서하시고 약속된 생명을 주시기 위함이었다.

창세전부터 아버지와 아들은 하나이다. 잃어버린 자를 향한 하나님 아버지의 불붙는 긍휼은 곧 아들의 긍휼이다. 아들 예수는 잠시 하나님과 분리되어 모든 사람을 대신하여 죽는 대속물이 되셨다(딤전 2:6, 히 2:9). 천사보다 훨씬 뛰어나신 아들이 잠시 동안 천사보다 못한 자가 되셨다. 이는 그를 믿는 자를 이끌어 하나님의 영광에 들어가도록 하기 위함이었다(히 2:10).

우리가 아직 죄인 되었을 때 그리스도께서 십자가에서 죽으심으로써 우리를 향한 하나님의 사랑이 확증되었다(롬 5:8). 하나님의 사랑이 우리에게 이렇게 나타났으니, 그가 독생자를 세상에 보내셔서 우리에게 생명을 주셨다(요일 4:9). 하나님이 세상을 이처럼 사랑하사 독생자를 주셨으니 이는 그를 믿는 자마다 멸망하지 않고 영원한 생명을 얻도록 하기 위함이다(요 3:16). 누가 잃어버린 자에 대한 아버지의 마음을 가졌는가? 누가 죄인에 대한 그리스도의 마음을 가졌는가? 누가 죄인을 위해 자기 목숨을 내어주신 그리스도의 사랑을 아는가? 그는 예수를 영으로 아는 자이다.

예수를 육으로 아는 자는 아버지의 마음을 결코 헤아리지 못한다. 그는 요셉을 팔아넘겼을 때의 형들과 다름없다. 그러나 하나님의 은혜로 예수를 영으로 아는 자, 그는 그리스도의 마음을 가진 자이다. 어떤 사람도 육으로 알지 않고 영으로 안다. 그들이 구원받고 진리를 알아야 할 자로 안다(딤전 2:4). 사람을 대하되 아버지가 아들을 내어주시기까지 사랑하신 자로 대한다. 모든 사람이 그리스도 예수 안에서 새로운 존재가 되기를 간절히 바란다. 오직 그리스도의 사랑에 매여 생명의 복음을 전하는 일에 자신의 전부를 바치는 자가 되기를 바란다.

"그리스도의 사랑이 우리를 휘어잡습니다. 우리가 확신하기로는, 한 사람이 모든 사람을 위하여 죽으셨으니, 모든 사람이 죽은 셈입니다. 그런데 그리스도께서 모든 사람을 위하여 죽으신 것은, 이제부터는, 살아 있는 사람들이 자기 자신들을 위하여 살아가도록 하려는 것이 아니라, 자기들을 위하여서 죽으셨다가 살아나신 그분을 위하여 살아가도록 하려는 것입니다. 그러므로 이제부터 우리는 아무도 육신의 잣대로 알려고 하지 않습니다. 전에는 우리가 육신의 잣대로 그리스도를 알았지만, 이제는 그렇지 않습니다. 누구든지 그리스도 안에 있으면, 그는 새로운 피조물입니다. 옛 것은 지나갔습니다. 보십시오, 새 것이 되었습니다"(고후 5:14-17).

바울의 이 고백은 입에 발린 말이 아니다. 실제 행동이다. 바울이 데살로니가 사람들에게 복음을 전할 때였다. 그는 그들에게 하나님의 복음뿐 아니라 자기 목숨까지도 주기를 기뻐하였다. 이는 그들을 사랑하였기 때문이었다(살전 2:8). 세상에서 사람에게 줄 수 있는 최고의 선물은 생명을 얻게 하는 복음이다. 이는 사람으로 할 수 있는 일이 결코 아니다. 오직 주의 사랑에 매여 할 수 있다. 인간세계에서도 자식을 사랑하면 고생도 기쁨이 된다. 하물며 영적인 세계랴! 오직 주의 사랑에 매여 즐거이 생명을 전한다. 주의 사랑이 아닌 다른 것으로 하면, 결국 자기 주장으로 행하여 사망 가운데 던져진다.

: 묵상

　변화되기 전 요셉의 형들의 모습은 나의 모습이었다. 하늘에 계신 아버지의 마음을 알지도 못하면서 열심히 주의 일을 하였다. 그것도 주님이 하라고 하신 일이 아니라, 사람들이 원하는 일을 사역이란 이름으로 행하였다. 사람들을 알되 철저히 육으로 알았다. 나와의 이해관계에 따라 사람을 대하였다. 내게 이득을 주면 호의적으로 대하고 내게 불리하면 멀리하였다. 유한성의 인간은 필경 절망에 이른다. 만물 안에 갇힌 신앙은 반드시 절망에 이른다. 하나님의 불붙는 긍휼이 유한성의 끝에서 절망하는 나에게도 임하였다. 그대로 두셔도 하나님은 의로우신데, 무덤에 갇힌 자에게 말씀으로 찾아오셨다. 요셉의 형들이 한 자백과 회개가 내게도 임하였다. 말씀은 좌우의 날 선 검이 되어 내 마음과 생각의 죄까지 드러내어 심판하셨다. 비참한 자에게 대신하여 죗값을 치르신 그리스도의 긍휼이 부어졌다. 사망에서 생명으로 옮겨졌다. 날마다 파레시아를 힘입어 은혜의 보좌에 들어갔다. 그 은혜는 지금도 계속된다. 알파와 오메가, 처음과 끝의 하나님이 하시면 파레시아는 결코 중단되지 않는다.
　지난번 요르단 캠프의 동역자와 캠프 시 이런 나눔을 하였다. 그는 7년 전 복음생명캠프에 참석한 직후 이제까지 중단 없이 말씀묵상을 통한 생명의 교제를 지속하고 있다. 그 비밀은 "성령이 하시게 하는 것"이라고 하였다. 여러 참석자가 이 말에 고무되고 격려를 받았다. 진실로 그렇다! 사람이 하면 어떤 일도 작심삼일이다. 하물며 주의 일을 어찌 지속하랴! 하지만 성령이 하시면 지속할 수 있다. 그것은 기계적으로 되는 것이 아니라, 성령의 감동에 자기 몸을 쳐 복종시키는 것이다. 그 복종은 비참한 죄인을 대신하여 십자가에서 죽으신 그리스도의 사랑에 매이는 데에서 나온다.

101

45:1-15

1 요셉이 시종하는 자들 앞에서 그 정을 억제하지 못하여 소리 질러 모든 사람을 자기에게서 물러가라 하고 그 형제들에게 자기를 알리니 그 때에 그와 함께 한 다른 사람이 없었더라
2 요셉이 큰 소리로 우니 애굽 사람에게 들리며 바로의 궁중에 들리더라
3 요셉이 그 형들에게 이르되 나는 요셉이라 내 아버지께서 아직 살아 계시니이까 형들이 그 앞에서 놀라서 대답하지 못하더라
4 요셉이 형들에게 이르되 내게로 가까이 오소서 그들이 가까이 가니 이르되 나는 당신들의 아우 요셉이니 당신들이 애굽에 판 자라
5 당신들이 나를 이 곳에 팔았다고 해서 근심하지 마소서 한탄하지 마소서 하나님이 생명을 구원하시려고 나를 당신들보다 먼저 보내셨나이다
6 이 땅에 이 년 동안 흉년이 들었으나 아직 오 년은 밭갈이도 못하고 추수도 못할지라
7 하나님이 큰 구원으로 당신들의 생명을 보존하고 당신들의 후손을 세상에 두시려고 나를 당신들보다 먼저 보내셨나니
8 그런즉 나를 이리로 보낸 이는 당신들이 아니요 하나님이시라 하나님이 나를 바로에게 아버지로 삼으시고 그 온 집의 주로 삼으시며 애굽 온 땅의 통치자로 삼으셨나이다
9 당신들은 속히 아버지께로 올라가서 아뢰기를 아버지의 아들 요셉의 말에 하나님이 나를 애굽 전국의 주로 세우셨으니 지체 말고 내게로 내려오사
10 아버지의 아들들과 아버지의 손자들과 아버지의 양과 소와 모든 소유가 고센 땅에 머물며 나와 가깝게 하소서
11 흉년이 아직 다섯 해가 있으니 내가 거기서 아버지를 봉양하리이다 아버지와 아버지의 가족과 아버지께 속한 모든 사람에게 부족함이 없도록 하겠나이다 하더라고 전하소서
12 당신들의 눈과 내 아우 베냐민의 눈이 보는 바 당신들에게 이 말을 하는 것은 내 입이라
13 당신들은 내가 애굽에서 누리는 영화와 당신들이 본 모든 것을 다 내 아버지께 아뢰고 속히 모시고 내려오소서 하며
14 자기 아우 베냐민의 목을 안고 우니 베냐민도 요셉의 목을 안고 우니라
15 요셉이 또 형들과 입맞추며 안고 우니 형들이 그제서야 요셉과 말하니라

101
하나님의 주권과 인간의 책임, 겸손히 긍휼을 구합니다!

: 주해

유다의 연설을 듣고 요셉의 마음은 심히 격동하였다. 요셉을 잃은 이후 겪은 아버지의 고통, 온 가족 위에 드리워진 어두운 그림자, 베냐민을 대신하여 노예가 되겠다는 유다의 말, 이 모든 것은 요셉의 마음을 깊이 흔들어 놓았다. 요셉의 자제력은 한계에 달하였다. 그는 모든 시종에게 물러가라고 소리쳤다. 형제들 외에 요셉과 함께하는 자가 없었다. 요셉의 외침은 애굽 사람에게 들렸고, 바로의 궁정까지 들렸다.

요셉은 마침내 형들에게 자기의 신분을 밝힌다(3절). 요셉의 형제들은 무서워하며 어리둥절하여 그 앞에서 입이 얼어붙고 말았다(3절). 요셉이 형들에게 가까이 오라고 하자, 형제들이 그에게로 갔다. 그러자 요셉이 형들에게 연설을 시작한다(4-13절). 요셉의 연설은 유다의 감동적인 연설에 대한 화답이다. 4-9절, 요셉은 이제까지 그에게 일어난 모든 일이 하나님이 주체가 되어 하신 행동임을 선언한다. 10-13절, 요셉은 형들에게 아버지에게 가서 할 말을 담아준다. 아버지를 모시고 애굽으로 오라는 것이다. 이제까지 요셉의 이야기는 인간의 행동만 언급되었다. 요셉은 돌연 하나님이 전체 사건의 본래의 주체라고 말한다. 네 차례나 그 점을 강조한다.

"하나님이 생명을 구원하시려고 나를 당신들보다 먼저 보내셨나이다"(5절).
"하나님이 큰 구원으로 당신들의 생명을 보존하고 당신들의 후손을 세상에 두시려고 나를 당신들보다 먼저 보내셨습니다"(7절).
"나를 이리로 보낸 이는 당신들이 아니요 하나님이시라"(8절).
"하나님이 나를 바로에게 아버지로 삼으시고 그 온 집의 주로 삼으시며 애굽 온 땅의 통치자로 삼으셨나이다"(8절).

요셉은 이 땅에 2년 동안 흉년이 들었고 아직 5년은 밭갈이를 못했고 추수도 못했다고 말한다(6절). 이 말은 그가 22년 만에 형들을 만났음을 시사한다(37:2, 41:46 참고). 8절, "하나님이 요셉을 바로에게 아버지로 삼으셨다"라는 말씀에서 "아버지"는 "고위 궁중 관리"의 칭호를 의미한다(사 22:21 참고). 당시 바로의 대신 프타호텝은 바로의 아버지로 불렸다(B.C. 2350년경).

9-11절, 요셉은 형들이 아버지를 모셔 오도록 아버지에게 할 말을 담아준다(9-11절). 요셉은 하나님이 자기를 애굽의 주로 삼으셨다고 말한다. 그러니 아버지가 지체하지 말고 그가 있는 곳에 아들들과 손자들과 가축들과 모든 소유를 이끌고 오라고 한다. 그들이 오면 그가 있는 곳과 가까운 고센 땅에서 흉년의 때를 면할 것이다. 특히 거기서 요셉은 아버지를 봉양하여 아버지와 가족들에게 부족함이 없게 할 것이라고 말한다. 이 말을 하는 이가 요셉인 것을 형들이 직접 보고 있고 아우 베냐민도 보고 있다. 여기서 요셉이 베냐민을 따로 언급한 것은, 야곱이 다른 아들들을 신뢰하지 않을지 모르기 때문이었다. 12절의 끝, "내 입이라"라는 언급은 통역관을 통하지 않고 그가 직접 말했다는 것을 의미한다.

요셉은 형들에게 그가 애굽에서 누리고 있는 영화와 그들이 본 모든 것을 아버지께 다 아뢰고 속히 아버지를 모셔 오라고 말한다(13절). 요셉은 이 말을 하고 아우 베냐민을 끌어안고 울었다(14절). 베냐민도 울며 형 요셉의 목에 매달렸다(14절). 또한, 요셉은 형들과도 하나하나 다 입을 맞추고 부둥켜안고 울었다. 그제야 요셉의 형들은 마음을 놓고 요셉과 말을 주고받았다(15절). 요셉과 그를 애굽에 판 형들은 22년 만에 재회하였다. 요셉이 형들에게 자기 신분을 밝혔을 때, 형들은 공포 속에서 어리둥절하였다. 특히 요셉의 말, "당신들이 애굽에 판 요셉"이라는 말을 들었을 때 형들은 도저히 믿기지 않았다. 형들이 두려움에 사로잡혀 있을 때 요셉은 즉시 이 모든 일의 주체가 하나님이심을 선언한다.

상기한 대로 요셉은 네 번에 걸쳐 자기에게 일어난 모든 일이 "하나님의 행동"이라고 증언한다. 그는 자기를 애굽에 보낸 이는 형들이 아니라 하나님이라고 말한다. "사실 역사"(히스토리에)는 분명 형들이 은 20에 요셉을 팔았다. 그러나 "의미 역사"(게쉬테)는 하나님이 그를 애굽에 팔았다. 과연 누가 요셉을 애굽에 넘겼는가? 요셉의 말대로 하나님이신가? 아니면 요셉 앞에서 두려워하는 형들인가? 만일 하나님이 요셉을 애굽에 넘기셨다면 형들의 죄는 면제된다. 형들은 하나님이 쓰신 도구일 뿐이다. 그들은 죄책감을 느끼지 않아도 된다. 요셉의 선언에는 형들을 죄책감에서 벗어나게 하려는 의도도 없지 않다.

시편 105편은 하나님의 언약 성취를 기억하며 그에게 감사하는 시이다. 거기에서는 요셉이 팔린 것이 언약을 이루기 위한 하나님의 주체적 행동임을 밝힌다(시 105:17).

언약이 성취된 관점에서 바라보면 과거의 모든 역사는 하나님의 행동하심이라 할 수 있다. 그러나 언약이 성취되기까지 인간의 온갖 혼란스러운 죄악이 각양의 사건 속에 역사한다. 하나님은 이런 사건의 주체가 되셔서 약속을 이루시고 언약을 성취해 가신다. 인간이 도덕적으로 옳든 그르든 하나님이 약속을 성취하시는 데 걸림돌이 될 수 없다. 만일 하나님의 약속이 인간의 도덕적 행동 여부에 의해 좌우된다면, 하나님의 행동은 인간의 행동 아래에 예속되고 말 것이다. 요셉은 꿈으로 계시된 하나님의 약속이 성취된 것을 보았다. 그에게 언약의 성취가 이루어졌다. 그때 그는 자기가 겪었던 모든 사건의 주체가 하나님이심을 보았고 담대히 고백하였다. 이로써 그의 고통스러운 과거는 하나님의 섭리의 빛 가운데에서 새롭게 해석되었다. "진실로 주님의 선하심과 인자하심이 내가 사는 날 동안 나를 따르리니, 나는 주님의 집으로 돌아가 영원히 그곳에서 살겠습니다"(시 23:6).

형들은 요셉의 고백 앞에 어떻게 반응하는가? 그들은 모든 사건이 하나님의 행동임을 듣고도 여전히 죄책감 가운데 있었다. 형들은 아버지 야곱이 죽을 때까지도 죄책감에 사로잡혔다. 그들은 야곱을 장사 지내고 나서 요셉에게 아버지의 이름으로 죄를 용서해 주길 간청하였다(50:17). 요셉은 형들의 이 말을 듣고 울었다. 요셉은 피해자였지만 형들이 자기를 판 것을 하나님의 주권으로 받아들였다. 이것을 피해자의 언어라 할 수 있을까! 그는 더 이상 형들이 자기를 판 일에 대해 원한이나 보복 감정이 없다. "하나님이 하신 일"인데 어떻게 사람에게 보복하겠는가? 그러나 형들은 여전히 인간적인 책임을 느낀다.

신학에서 하나님의 주권과 인간의 책임은 사뭇 불가사의의 영역에 속한다. 불가사의란 인간의 이해를 넘어서는 그 무엇이다. 요셉이 말한 하나님의 주권과 형들이 매여있는 인간의 책임은 성경 전체에서 양쪽 모두 참이다. 둘 중 하나를 택하기 위해 다른 하나를 멸시하는 것은 정당하지 않다. 성경은 언약을 이루는 사건의 주체가 하나님이심을 분명히 밝힌다. 동시에 인간의 책임도 강력하게 주장한다. 앗수르는 하나님의 진노의 막대기였으나 자기들이 행한 악으로 인하여 화를 당한다(사 10:5).

이것은 예수 그리스도의 수난사에도 나타난다. 가룟 유다는 예수를 은 30에 팔았다. 그가 예수를 팔아넘김으로써 예수께서 십자가에 달리시고 구원을 이루셨다. 예수의 십자가 죽음은 그에게 작정 된 길이었다. 그렇다고 예수를 판 가룟 유다의 책임이 면제되는 것은 아니다. 예수의 말씀이 이것을 천명한다. "인자는 자기에 대하여 기록된 대로 가거니와 인자를 파는 그 사람에게는 화가 있으리로다 그 사람은 차라리 태어나지 아니하였더라면 제게 좋을 뻔하였느니라"(마 26:24).

사도 바울 역시 하나님과 주권과 인간의 책임이 모두 참인 것을 증언하였다. 우리의 불의가 하나님의 의를 드러냈어도 우리의 불의는 면책되지 않는다. 어떤 사람은 우리의 거짓이 하나님의 참되심을 드러냈다면 어떻게 우리가 죄인처럼 심판받겠느냐고 항변한다. 그들은 심지어 선을 이루기 위해 악을 행하는 것을 정당화한다. 결코 그럴 수 없다. 그런 자들은 진노를 피하지 못한다. "그러나 나의 거짓말로 하나님의 참되심이 더 풍성하여 그의 영광이 되었다면 어찌 내가 죄인처럼 심판받으리요 또는 그러면 선을 이루기 위하여 악을 행하자 하지 않겠느냐 어떤 이들이 이렇게 비방하여 우리가 이런 말을 한다고 하니 그들은 정죄 받는 것이 마땅하니라"(롬 3:7-8).

요셉은 하나님이 정하신 대로 애굽에 팔렸다. 요셉을 판 형들로 인해 야곱의 집안은 오랫동안 고통의 무덤 속에 거해야 했다. 요셉이 죽은 줄로 안 야곱의 고통, 양심을 짓누르는 형들의 가책, 요셉의 투옥들이 그것이다. 하지만 형들은 22년이 지난 후 자기들의 죄악을 각성하였고 하나님의 보응을 합당하게 받아들였다. 형들에 대한 요셉의 시험은 바로 그것을 보고자 한 것이다. 형들은 회개하고 변화하였다. 가족의 진정한 화해는 가족 각자가 하나님의 뜻을 깨달을 때이다(폴 스티븐슨, 〈내 이름은 야곱입니다〉). 가족 각자가 하나님 앞에서 자기 죄를 깨닫고 하나님에게 용서받을 때 화해가 일어난다.

예수를 판 가룟 유다는 악에 대해 스스로 책임을 졌다. 그는 비참한 죽음으로 생을 마쳤다. 인간은 어떤 악도 스스로 해결하지 못한다. 그러나 예수 그리스도의 십자가는 어떤 죄라도 용서하며 어떤 죄인이라도 새롭게 한다. 스스로 심판받는 자는 파멸에 이르며 죽기에만 합당한 죄인임을 깨닫고, 그리스도의 구속의 은총을 의지하는 자는 죄 용서받고 새 생명에 이른다. 그의 모든 과거는 하나님이 주체가 됨으로써 과거와 진정한 화해를 한다. 요셉이 형들에게 한 것처럼 그에게 해를 가한 자들을 진정으로 용서하며 그들과 화해한다. 그러나 반대로 요셉의 형들의 처지에 있는 자들은 죄책감을 떨쳐버리지 못한다. 야곱이 죽은 후 요셉이 그들을 용서하였을 때 그들은 비로소 그 죄에서 자유롭게 된다.

묵상

오래전 영화 중에 "밀양"이란 영화가 있었다. 주인공 신애는 아들이 살해당한 후 정신적 충격을 견디지 못하다가 전도를 받아 교회에 갔다. 그는 신앙심으로 평안을 찾고, 급기야 아이의 살해범을 용서하기 위해 교도소를 찾아갔다. 그런데 살해범은 감옥 안에서 주님을 만나 죄를 용서받고 평안을 누리고 있다고 말한다. 신애는 피해자인 자기가 용서하지 않았음에도 평안을 누리는 범인을 보고 절규한다. "내가 그 인간을 용서하기도 전에 어떻게 하나님이 그 인간을 먼저 용서할 수 있어요?" 그녀는 충격을 받고 정신병을 얻고 교회의 훼방꾼이 된다. 영화는 기독교의 용서에 대해 많은 시사점을 던져주었다. 그것은 바로 고통스러운 과거에서 하나님의 주권을 받아들이고 평안을 얻는 것은, 가해자의 언어가 되어서는 안 되고 피해자의 언어가 되어야 한다는 것이다.

말씀에서 나의 지난날을 곰곰이 돌아본다. 죄악이 나를 에워싸고 환난이 그치지 않는 인생이었다. 하나님의 주권적인 역사로 오늘의 내가 되었다. 나의 나 된 것은 복음으로 말미암은 하나님의 은혜이다. 생명을 알고 생명을 누리며 전하는 자가 되었다. 생명의 언약이 이루어진 내게 과거의 모든 사건은 하나님의 행동하심이었음을 고백한다. 더 이상 원망하는 자도 없고 억울한 사건도 없다. 하나님이 내 인생의 주체가 되셨기 때문이다. 과거와 화해가 이루어졌고 모든 것이 새로워졌다. 이것은 어디까지나 피해자의 언어이다. 하지만 영화 "밀양"의 이야기는 여전히 내게 숙제를 던진다. 온전치 못한 인생, 나의 허물과 죄악으로 인해 해를 입고 고통당하는 이들이 현존하기 때문이다. 종종 나로 인해 실족한 이들의 탄식과 원망과 아우성이 들리는 듯하다. 어떻게 그들 앞에서 하나님이 용서하셨다고 하며 당당할 수 있겠는가?

그래서인지 정죄감과 죄책감이 내 영혼을 짓누르곤 한다. 나의 허물이든 악한 세력의 역사이든 평생 그로 인한 상처가 내 영혼에 흔적으로 새겨져 있다. 하여, 하루라도 주의 자비와 긍휼이 없이는 살 수 없다. 사람들 앞에서 고개를 뻣뻣이 세우고 의기양양할 수 없다. 교만할 수 있는 장치가 내게서 다 제거되었다. 하나님께는 물론 사람 앞에서의 자랑거리도 다 폐하여졌다. 그리스도 안에 감추어져 겸손히 복종하는 삶, 오늘도 내가 살아내야 할 삶이다.

102

45:16-28

16 요셉의 형들이 왔다는 소문이 바로의 궁에 들리매 바로와 그의 신하들이 기뻐하고
17 바로는 요셉에게 이르되 네 형들에게 명령하기를 너희는 이렇게 하여 너희 양식을 싣고 가서 가나안 땅에 이르거든
18 너희 아버지와 너희 가족을 이끌고 내게로 오라 내가 너희에게 애굽의 좋은 땅을 주리니 너희가 나라의 기름진 것을 먹으리라
19 이제 명령을 받았으니 이렇게 하라 너희는 애굽 땅에서 수레를 가져다가 너희 자녀와 아내를 태우고 너희 아버지를 모셔 오라
20 또 너희의 기구를 아끼지 말라 온 애굽 땅의 좋은 것이 너희 것임이니라
21 이스라엘의 아들들이 그대로 할새 요셉이 바로의 명령대로 그들에게 수레를 주고 길 양식을 주며
22 또 그들에게 다 각기 옷 한 벌씩을 주되 베냐민에게는 은 삼백과 옷 다섯 벌을 주고
23 그가 또 이와 같이 그 아버지에게 보내되 수나귀 열 필에 애굽의 아름다운 물품을 실리고 암나귀 열 필에는 아버지에게 길에서 드릴 곡식과 떡과 양식을 실리고
24 이에 형들을 돌려보내며 그들에게 이르되 당신들은 길에서 다투지 말라 하였더라
25 그들이 애굽에서 올라와 가나안 땅으로 들어가서 아버지 야곱에게 이르러
26 알리어 이르되 요셉이 지금까지 살아 있어 애굽 땅 총리가 되었더이다 야곱이 그들의 말을 믿지 못하여 어리둥절 하더니
27 그들이 또 요셉이 자기들에게 부탁한 모든 말로 그에게 말하매 그들의 아버지 야곱은 요셉이 자기를 태우려고 보낸 수레를 보고서야 기운이 소생한지라
28 이스라엘이 이르되 족하도다 내 아들 요셉이 지금까지 살아 있으니 내가 죽기 전에 가서 그를 보리라 하니라

102

하나님의 섭리,
생명의 복음을 열방에 전하다!

: 주해

요셉은 형들에게 자신의 신분을 밝혔다. 형들은 믿기지 않은 현실 앞에 심히 놀라고 두려워하였다. 그러나 요셉은 자기를 이곳으로 보낸 이는 형들이 아니라 하나님이라고 선언하였다. 하나님이 주체가 되셔서 그의 모든 삶을 인도해 오셨다는 것이다. 그리고 요셉은 형들에게 가나안 땅에 있는 아버지와 가족들을 데리고 오라고 지시한다. 아직 5년의 흉년이 남아 있는데, 아버지와 가족을 애굽으로 데리고 와서 봉양하겠다는 것이다.

16-20절, 애굽 왕 바로가 요셉에게 그의 아버지를 데려올 것을 명령한다. 요셉의 명령은 바로 왕의 명령으로 승격되며 절대적 권위가 부여된다. 21-24절, 요셉이 바로의 명령을 집행하고 형들은 아버지를 데려오기 위해 가나안 땅으로 떠났다. 25-28절, 야곱은 요셉이 살아있다는 전갈을 듣고 애굽으로 떠날 채비를 한다.

요셉의 형제들이 왔다는 소문이 바로의 궁에 전해졌다. 바로와 그의 신하들이 기뻐하였다(16절). 바로는 요셉에게 그의 형들에게 명하여 그의 아버지를 모셔 오라고 한다(17-20절). 요셉의 형들은 짐승들의 등에 짐을 싣고 가나안 땅으로 돌아가 그들의 부친과 가족을 애굽으로 모시고 올 것이다(17-18절). 애굽에서 가장 좋은 땅을 줄 것이니, 그 기름진 땅에서 나는 것을 누리면서 살 수 있게 해줄 것이다(18절). 바로는 요셉보다 더 파격적인 대우를 제시한다. 요셉은 고센 땅을 추천했으나 바로는 애굽에서 가장 좋은 땅을 주겠다고 말한다. 또 요셉은 양식을 주어 봉양할 것이라고 하였으나, 바로는 기름진 땅에서 나는 것을 누리면서 살게 해주겠다고 말한다. 바로는 수레를 보내어 요셉의 가족을 태우고 오도록 명한다. 특히 애굽에 있는 가장 좋은 것이 다 그들의 것이니, 가지고 있는 물건들은 미련 없이 다 버리고 오라고 말한다(20절). 바로는 야곱이 자기의 재산을 다 가지고 올 수 없으므로 애굽으로 오는 것을 주저할지 모른다는 것을 감안하여, 애굽 땅의 가장 좋은 것이 그들의 소유가 될 것이라고 말한다. 그러니 굳이 재산을 가져올 필요가 없다는 것이다.

이스라엘의 아들들은 바로의 명령대로 하였다. 요셉은 바로가 명한 대로 그들에게 여러 대의 수레를 내주고 그들에게 새 옷을 한 벌씩 주었다. 특히 베냐민에게는 은돈 삼백 세겔과 옷 다섯 벌을 따로 주었다(22절). 요셉은 아버지에게 드릴 또 다른 예물도 챙겨주었다. 수나귀 열 필에 애굽의 아름다운 물건을 실어주고, 암나귀 열 필에 아버지가 애굽으로 오는 길에 필요한 곡식과 빵과 다른 먹거리를 실어주었다(23절). 요셉은 그렇게 형제들을 아버지께 돌려보냈다. 그리고 형들이 가는 길에 서로 다투지 말라고 당부하였다(24절). 요셉은 형들이 서로 다툴 소지가 있음을 우려하였다. 요셉이 자신의 정체를 밝힘으로써, 형제들이 새로운 갈등에 빠져들 것을 우려한 것이다. 요셉이 형들에게 한 말, 형들이 그를 판 것이 아니라 하나님이 그를 이곳에 보내 형들의 생명을 구원하게 하셨다는 말을 함으로써 형들 사이의 분쟁 소지를 없앤 것이 분명하다. 또한, 형들은 자기들이 다시 애굽으로 돌아왔을 때, 어떻게 다루어질지 모르는 불안감도 있었을 것이다. 그래서 요셉은 집에 돌아가는 길에 서로 탓하지 말고(새번역), 다투지 말 것을 당부한다.

25-28절, 요셉의 형제들이 아버지 야곱에게로 왔다. 야곱은 요셉이 살아있다는 전갈을 듣고 정신이 나간 듯 어리벙벙하여 그 말을 믿지 못하였다(26절). 22년간 요셉이 짐승에 찢겨 죽은 줄로만 알고 비탄에 잠긴 세월을 보냈는데, 그가 살아있다니! 어찌 그 말을 믿으며 정신이 나가지 않을 수 있겠는가? 하지만 야곱은 요셉이 한 말을 자세히 전해 듣고 또 요셉이 자기를 데려오라고 보

낸 그 수레들을 보고 나서야 비로소 제정신이 들었다(27절). 정신을 추스른 야곱은 "이스라엘"로 불린다. 그는 내 아들이 살아있으니 "족하도다"(개역개정)라고 중얼거린다. "족하다"의 히브리어 "라바브"는 "크다" "많다"의 뜻이다. 여기서는 "충분하다" "더 이상 바랄 것이 없다" "죽어도 한이 없다"(새번역, 공동번역)라는 의미가 있다. 이스라엘(야곱)은 열 필의 수나귀에 실린 애굽의 보화에 관심이 없었다. 열 필의 암나귀에 실린 양식도 관심 밖이었다. 그에게 유일한 관심은 잃어버렸다가 다시 찾은 "아들"이었다. 죽은 줄로 알았던 아들이 살아있다는 소식이었다. 그래서 그는 속히 가서 아들을 만나겠다고 한다(28절). 이로써 하나님이 아브라함에게 하신 약속 중에 입애굽의 약속이 이루어진다.

하나님은 요셉과 함께하셔서 그를 통해 입애굽의 약속을 이루신다. 그는 무고하게 애굽에 팔렸고, 무고하게 죄수가 되었다. 그러나 하나님이 그와 함께하심으로써 그는 형통한 자가 되었다. 하나님은 바로에게 꿈을 주시고 오직 요셉으로 말미암아 그 꿈을 해석하게 하셨다. 바로가 꾼 꿈은 애굽에 닥칠 운명이었다. 7년 풍년 후에 나타날 7년의 흉년은 이전의 풍년을 다 삼키고 애굽을 황폐하게 할 것이다. 애굽의 운명을 정하는 이는 왕이 아니라, 하나님이시다. 요셉은 바로의 꿈을 해석하였고 바로에게 전권을 위임받은 총리가 되었다. 이것도 그와 함께하신 하나님이 하신 일이다. 가나안 땅에 기근이 왔고, 요셉의 형들은 양식을 구하러 애굽으로 왔다. 요셉은 그들을 시험하였고 그들은 이전에 요셉을 팔던 그런 형들이 아니었다. 요셉의 심문 과정을 통해 형들은 죄를 각성하였고 하나님의 심판을 합당히 받아들였다. 전에 요셉을 팔았던 유다는 베냐민을 대신하여 해를 당하겠다고 자청하였다. 요셉은 변화된 형들의 모습, 여전히 고통 가운데 있는 아버지의 현실, 아우 베냐민을 향한 애타는 마음이 겹쳐 감정을 추스르지 못한 채 자기의 신분을 밝힌다.

이제 요셉은 형들을 보내 아버지를 데려오라고 한다. 그들은 애굽의 많은 보화와 물건을 가지고 아버지에게로 갔다. 아버지 야곱은 요셉이 살아있다는 소식을 듣고 혼절한다. 그러나 요셉이 한 말을 듣고, 또 그가 보낸 수레를 보고 정신을 차린다. 그에게는 아들이 살아있는 것으로 족하다. 이것이 아버지의 마음이다.

야곱을 통해 한 생명을 천하보다 귀하게 보시는 아버지의 마음을 본다. 야곱은 요셉의 성공이나 그가 보낸 선물이 중요하지 않았다. 죽었다가 살아난 아들이 그의 전부였다. 하늘에 계신 아버지에게 죽은 자가 살아난 것보다 더 긴박한 일은 없다. 더한 기쁨이 없다. 성공하지 않아도, 비록 탕자로 돌아와도 아버지는 그로 인해 기뻐하신다(눅 15:11-32). 만물이 그의 것인 하나님, 독생자를 내어주신 하나님에게 죽은 자가 살아나 생명을 얻은 것 외에 무엇이 중하리요! 하늘에 계신 아버지는 허물과 죄로 죽은 자가 살아나 생명 얻은 것으로 인하여 기쁨을 이기지 못하신다. 그분에게는 그것으로 충분하시다.

야곱은 22년 동안 요셉이 죽은 줄로 알았다. 이 점이 독자들을 당혹스럽게 한다. 하나님이 하시고자 하시면, 얼마든지 꿈이나 환상으로 요셉이 살아있음을 알려주실 수 있지 않을까! 하나님은 마치 짓궂은 심술쟁이처럼 야곱을 22년간 고통 속에 방치한 것처럼 보인다. 과연 하나님은 속이는 자인가? 그러나 인간으로서 불가해한 것이 그의 섭리이다. 하나님의 섭리 신앙의 요체는 이것이다. "사람은 오직 과거를 되돌아볼 때만 하나님이 지금까지 해 오신 일이 무엇인지 알 수 있다"(고든 웬함). 당장은 하나님이 하시는 일임을 알지 못한다. 지나고 보니 하나님이 하셨다고 깨닫는다. 하나님의 선하심과 인자하심은 "뒤를 따라" 온다(시 23:6).

"섭리"(providentia)는 성경에 직접 나오지 않는 말이다. 하지만 섭리 신앙은 기독교 교리를 떠받치는 튼튼한 기둥과 같다. 섭리의 뜻은 "미리 본다"는 뜻인데, 하나님이 인간과 교회와 세계를 미리 정한 목적에 따라 이끄시는 의지로 해석하면 된다. 그런데 하나님의 섭리는 사람에게는 감추어져 있다. 감추어진 일은 우리 하나님 여호와께 속하였거니와 나타난 일은 영원히 우리와 우리 자손에게 속하였다(신 29:29a). 이는 우리에게 이 율법의 모든 말씀을 행하게 하심이다(신 29:29b). 하나님이 야곱에게 요셉이 살아있다는 사실을 감추신 것은 그의 섭리이다. 이는 인간이 헤아릴 수 없는 하나님의 영역이다. 이 일은 분명 인간적으로 볼 때 하나님의 선하심을 의심할 수밖에 없다. 야곱은 22년간 애꿎은 고통 속에 살아야 했기 때문이다.

종교개혁자 칼뱅은 하나님의 주권과 섭리 신앙에 대해 통찰하였다. 그는 "하나님의 의로움"은 인간의 행위에 따라 심판이 이루어지는 것이 아니라, 오직 하나님의 섭리에 따라 이루어진다고 하였다. 여기서 인간의 정의와 하나님의 공의가 명백히 구별된다. 인간의 정의는 행한 대로 보응 받는 인과응보의 법칙을 따르지만, 하나님의 섭리는 합력하여 선을 이루는 것이다. 칼뱅은 욥기 강해에서 침묵하시는 하나님 앞에서 입을 다물어야 하는 인간의 침묵을 강조하였다. 하나님이 침묵하실 때 우리도 침묵해야 한다. 하나님은 침묵을 통해서 일하시며 궁극적으로 그의 때에 약속을 이루신다. 하나님은 야곱에게 22년간 침묵하셨다. 우리는 그 이유를 알지 못한다. 그러나 분명한 것은 하나님은 요셉을 통해 말씀하셨고, 그를 애굽으로 들어가게 하셨다. 아브라함에게 하신 입 애굽의 약속이 이루어졌다.

: 묵상

사람들을 대할 때 무엇이 중요한가? 말씀을 통해 성령께서 묻는다. 그가 생명 얻는 것인가? 아니면 그가 가진 존재물인가? 사람이 물질화되고 이해관계의 대상이 되고 이용의 대상으로 전락한 시대이다. 사람의 평가는 그가 구원 받았는가, 그에게 생명이 있는가가 아니라 그가 가진 존재물로 이루어진다. 이것은 사람을 육으로 아는 것이다. 야곱이 요셉을 보듯, 하나님은 우리를 보실 때 생명이 있는가 생명이 없는가로 보신다. 나 역시 사람을 육으로 보던 자였다. 하나님은 그런 자를 심판하시고 존재물을 몰수하셨다. 벌거벗은 실존이 긍휼을 입었다. 탕자처럼 허랑방탕한 인생이 아버지 품으로 돌아왔다. 이제는 사람을 외모로 취하지 않는다. 그가 가진 무엇으로 평가하지 않는다. 그에게 생명 있음이 참으로 귀하다. 사역이든 일상이든 이생의 필요는 하나님이 채우신다. 하나님은 내가 "있어야 할 것"을 아신다. "내가 구하는 모든 것"을 주시는 것이 아니라 "내게 있어야 할 것"을 아시고 다 주신다(마 6:7, 32). 늘 나의 이성 너머에서 일하시는 하나님을 신뢰한다.

하나님은 야곱에게 22년간 침묵하셨다. 다시금 섭리 신앙을 생각한다. 이번 요르단 캠프만 보더라도 하나님이 감추어진 섭리가 드러났다. 확실히 과거를 돌아볼 때 하나님이 해 오신 일을 알 수 있다. 생명의 복음에 사로잡힌 선교사 한 가정이 먼저 요르단에 들어갔다. 그 가정이 겨자씨가 되어 이번에 요르단 캠프를 열게 되었다. 우리는 그저 현지 교민들과 한인 선교사들에게 생명의 복음을 들고 갔다. 그리스도의 충만한 복을 가지고 갔다. 그런데 막상 가서 보니, 하나님은 아랍권에 생명의 복음이 전해지도록 플랫폼을 완성하고 계셨다. 내년 5월 요르단 현지 목회자를 대상으로 한 복음생명캠프가 진행되도록 확정되었다. 그저께 들려온 소식으로, 요르단에 이어 이슬람교의 본영으로 불리는 이집트에서도 현지 목회자를 대상으로 복음생명캠프가 열리게 되었다.

2014년부터는 3년간 중국 목회자들을 대상으로 복음생명세미나가 열렸다. 이후 2017년부터 아프리카 선교의 교두보인 차드에서 목회자를 대상으로 복음생명 세미나가 진행되고 있다. 이제는 이 시대의 땅 끝으로 불리는 아랍 전역을 대상으로 생명의 복음이 전해지게 되었다. 참으로 하나님의 감추어진 일은 다 알 수 없다. 더 거슬러 올라가면 나 개인에 대해서도 하나님의 섭리가 역사하였다. 15년 전 혼돈과 어둠의 나날을 보냈다. 세속적으로 잘 나가던 목사가 거꾸러졌다. 비참한 무덤에 갇히고 흑암만이 나의 절친이었다. 트인 곳은 위밖에 없었다. 말씀이 나를 찾아왔다. 무덤에서 얻어먹은 말씀은 꿀송이처럼 달았다.

말씀의 맛은 아직도 변하지 않았다. 주의 말씀의 맛이 내게 어찌 그리 단지요! 내가 한 일이라곤 날마다 생명의 교제에 나를 드린 것뿐이다. 드러나는 것은 나의 무지뿐이다. 성령께서 하나씩 가르쳐주셨다. 지금도 가르쳐 주신다. 생명을 주는 주의 일은 큰일이요 감당하지 못할 놀라운 일이다(시 131:1). 내가 하려 들면 교만하고 오만한 자로 드러날 뿐이다. 내가 할 일은 아버지 품에 거하여 내 영혼을 고요하고 평온하게 하는 것뿐이다. 오늘도 내가 있어야 할 곳, 아버지 집에 거한다. 젖 뗀 아이가 그의 어머니 품에 있음 같다. 그곳에서 독생자의 영광, 아버지의 인자와 신실로 충만해진다. 주님이 내 안에서 일하신다!

103

46:1-7

1 이스라엘이 모든 소유를 이끌고 떠나 브엘세바에 이르러 그의 아버지 이삭의 하나님께 희생제사를 드리니
2 그 밤에 하나님이 이상 중에 이스라엘에게 나타나 이르시되 야곱아 야곱아 하시는지라 야곱이 이르되 내가 여기 있나이다 하매
3 하나님이 이르시되 나는 하나님이라 네 아버지의 하나님이니 애굽으로 내려가기를 두려워하지 말라 내가 거기서 너로 큰 민족을 이루게 하리라
4 내가 너와 함께 애굽으로 내려가겠고 반드시 너를 인도하여 다시 올라올 것이며 요셉이 그의 손으로 네 눈을 감기리라 하셨더라
5 야곱이 브엘세바에서 떠날새 이스라엘의 아들들이 바로가 그를 태우려고 보낸 수레에 자기들의 아버지 야곱과 자기들의 처자들을 태우고
6 그들의 가축과 가나안 땅에서 얻은 재물을 이끌었으며 야곱과 그의 자손들이 다 함께 애굽으로 갔더라
7 이와 같이 야곱이 그 아들들과 손자들과 딸들과 손녀들 곧 그의 모든 자손을 데리고 애굽으로 갔더라

103

아침마다 복음을 듣는 생명의 교제,
자율과 타율이 "신율"로 변형된다!

: **주해**

    창세기의 요셉 이야기는 하나님이 아브라함에게 하신 약속에 근거한다. 이 약속은 가나안 땅을 아브라함에게 주시는 것이다(15:7). 아브라함의 후손은 이방 나라로 옮겨 그곳에서 400년간 종살이를 할 것이다(15:13). 그 후에 그 땅에서 나와 가나안 땅을 소유로 얻을 것이다(15:14). 이 같은 가나안 땅의 약속은 요셉을 통한 입애굽, 모세를 통한 출애굽, 여호수아를 통한 가나안 입성으로 성취된다. 하나님께서는 야곱의 사랑하는 아들 요셉을 먼저 애굽에 들어가게 하셨다. 인간의 관점에서 본 "사실 역사"는 형들이 요셉을 애굽에 팔았다(37:28). 그러나 하나님의 관점에서 "의미 역사"는 하나님이 한 사람을 앞서 애굽에 보내셨으니, 곧 요셉이 팔렸다(시 105:17).
    요셉이 노예가 되고 죄수가 된 것, 그의 발이 차꼬에 차이고 그의 몸이 쇠사슬에 매인 것은 말씀이 응할 때까지 하나님이 행하신 일이다(시 105:18-19). 하나님이 요셉을 들어 올려 애굽 전국의 주로 삼으시고 그로 양식을 주관하게 하셨다(창 45:8-9). 온 땅에 기근이 든 것도 하나님의 행동하심이다(시 105:16). 가나안 땅에도 기근이 들어 요셉의 형들이 양식을 구하러 요셉에게 왔다. 형들이 애굽에 두 차례 방문한 후 요셉은 자기의 신분을 밝혔다. 그리고 가나안 땅에 거주하는 아버지를 애굽으로 모셔 오게 하였다. 야곱 곧 이스라엘은 요셉이 살아있다는 소식을 듣고 죽기 전에 그를 보겠다고 하며 애굽으로 떠났다.

창세기 46장은 야곱과 그의 자손들이 애굽으로 들어가는 장면이다. 이로써 하나님이 아브라함에게 하신 약속 중 입애굽이 성취된다. "너는 똑똑히 알고 있거라. 너의 자손이 다른 나라에서 나그네살이를 하다가, 마침내 종이 되어서, 사백 년 동안 괴로움을 받을 것이다"(15:13). 1-7절, 야곱과 그의 가족이 애굽으로 들어간다. 8-27절, 애굽으로 들어간 야곱의 가족들의 목록이다. 28-34절, 야곱과 요셉이 상봉하고 야곱의 가족은 고센 땅에 정착한다.

이스라엘 곧 야곱이 모든 소유를 이끌고 떠나 브엘세바에 이르렀다(1절). 야곱이 떠난 곳은 헤브론으로 보인다. 헤브론에서 브엘세바는 남쪽으로 40km 거리다. 브엘세바에서 애굽까지는 사막이 널리 펴져 있다. 그러므로 야곱이 이곳에서 제사 드리는 것은 합당하다. 브엘세바는 아브라함이 여호와의 이름을 불렀던 곳이며(21:33) 이삭이 제단을 쌓던 곳이다(26:23-25). 이스라엘은 이곳에서 아버지 이삭의 하나님께 희생 제사를 드렸다. 그 밤에 하나님이 환상 중에 이스라엘에 나타나셨다(2절). 하나님이 엘벧엘에서 그에게 나타나신 후(35:9) 그가 애굽으로 갈 때 다시 나타나셨다. 하나님이 그의 이름을 부르신다. "야곱아 야곱아"(2절). 야곱은 "내가 여기 있나이다"라고 대답하였다(창 22:11, 출 3:4 참고). 하나님은 그의 이름을 "엘"(하나님)로 밝히신다. 그는 이스라엘의 아버지 이삭의 하나님이시다. 그리고 야곱에게 "애굽으로 내려가기를 두려워하지 말라 내가 거기서 너로 큰 민족을 이루게 하리라"라고 말씀하신다(3절).

사실 야곱이 애굽으로 들어가는 것은 그다지 두려운 일은 아니었다. 그 땅의 통치자인 바로와 요셉의 환대를 받으며 가기 때문이다. 다만 그가 요셉을 만나려는 기대와는 달리 아브라함과 이삭과 자신에게 하신 땅의 약속에 대한 충돌이 있는 것은 분명하다. 그러나 하나님이 애굽에 내려가는 그를 통해 큰 민족을 이루실 것이다. 야곱과 그의 자손 70명이 애굽으로 들어갔다. 400년이 지나면서 야곱의 가족은 하늘의 뭇별처럼 많은 큰 민족이 된다. "애굽에 내려간 네 조상들이 겨우 칠십 인이었으나 이제는 네 하나님 여호와께서 너를 하늘의 별 같이 많게 하셨느니라"(신 10:22). 또한, 하나님이 야곱과 함께 애굽에 내려가실 것이고, 반드시 그를 인도하여 다시 가나안으로 올라오게 할 것이다.

이는 야곱이 가나안 땅에 장사 될 것이라는 약속뿐 아니라, 그가 표상하는 이스라엘 자손이 출애굽하여 가나안 땅으로 들어갈 것을 예시한다. 그리고 야곱은 애굽의 통치자 요셉의 봉양을 받으며 평안한 죽음을 맞이할 것이다.

5-7절, 야곱과 그의 가족이 요셉이 보낸 수레를 타고 애굽으로 들어간다. 야곱이 브엘세바를 떠날 차비를 하였다. 이스라엘의 아들들은 아버지 야곱과 처자들을 바로가 보낸 수레에 태웠다(5절). 야곱과 그의 모든 자손은 집짐승과 가나안에서 모은 재산을 챙겨서 애굽을 바라보며 길을 떠났다(6절). 이렇게 야곱은 자기 자녀들과 손자들과 손녀들, 곧 모든 자손을 다 거느리고 애굽으로 들어갔다. 아브라함의 후손 이스라엘이 애굽으로 들어간 것이다. 이는 아브라함에게 하신 가나안 땅의 약속이 부분적으로 성취된 것이다. 하나님이 아브라함에게 하신 땅의 약속은 모든 민족이 그를 통해 받는 복을 성취한다(12:3). 이 복은 장차 오실 그리스도를 믿음으로써 하나님의 아들들이 되는 복이다(갈 3:8-9, 26). 하나님의 아들들이 되는 복은, 창세전 하나님이 약속하신 영생의 복이다(엡 1:3-4, 딛 1:2). 신약의 관점에서 이스라엘의 입애굽과 그것을 통한 가나안 땅의 약속은 하나님 나라의 성취로 다 이루어졌다. 이제 누구든지 예수 그리스도의 죽음과 부활을 믿음으로 의롭다 함을 얻으며 하나님 나라에 진입한다(롬 4:25-5:2).

그러면 야곱의 입애굽은 이미 약속이 성취된 우리에게 어떤 의미가 있는가? 성경은 모든 시대에 살아계신 하나님의 말씀이다. 신자는 성경의 특정한 내용을 읽거나 묵상할 때 성령의 증거를 통해 실존적으로 거기에 참여한다(틸리히). 성령을 통한 실존적 참여란, 성경 말씀이 삶의 충격(shaking)을 통해 우리에게 역사한다는 것이다. 삶의 충격은 삶의 변화를 가져오고 새로운 자기 이해에 도달한다. 틸리히는 성령의 활동을 통하여 성경을 개인적으로 경험하는 상태를 "신율"(theonomy, 신적인 법)로 일컬었다(《19-20세기 프로테스탄트 사상사》).

자율, 타율, 신율의 개념은 계몽주의 시대 이후에 주어진 개념이다. "계몽"은 인간이 미성숙 상태를 극복하는 것을 뜻한다. 칸트에게 미성숙은 누군가 다른 사람의 지도 없이는 자신의 이성을 구사할 수 없는 상태를 말한다. 미성숙의 인간은 누군가 다른 사람의 지도 아래에 있는 것을 안전으로 생각한다. 자율(autonomy)은 그리스어로 "자기"(autos)와 "법"(nomos)의 결합어이다. 자율이 자기 마음대로 한다는 의미라고 해서 고의로 행하는 것을 의미하지는 않는다. 그것은 자기 안에 있는 "이성의 법"으로 행하는 것을 의미한다. 그것은 도덕과 윤리로 나타난다. "자율은 인간이 정신적 활동의 전 영역에 걸쳐서 이성의 법칙 아래에 산다는 것이다"(틸리히).

자율과 대립하는 용어는 "타율"(hetronomy)이다. 타율은 이성의 법이나 주체적 삶을 벗어나 외부의 지배를 받는 것이다. 내적으로 욕망, 충동, 쾌락의 지배를 받으며, 외적으로 권위나 상황의 지배를 받는 것이다. 타율은 미성숙의 전형적인 모습이며, 우리에게 안전을 보장하는 권위에의 복종에 의해 두려움을 피하려는 시도이다.

종교적 권위가 맹종적(盲從的) 신앙을 요구한다면 그것은 엄연한 타율이다. 〈카라마조프가의 형제들〉에 나오는 정형화된 교리로 신자의 편의를 주되 그들의 자유를 속박한 대심문관이 타율의 전형이다(도스토옙스키, 〈카라마조프가의 형제들〉). 이성의 법을 무시한 곳, 자율이 부재한 곳에 타율이 활개를 친다. 이때 신자들은 맹목적인 복종의 희생양으로 전락한다. 그러나 타율은 신율로 변형되는 순간에 사라진다. 신율(theonomy)은 하나님의 말씀에 성령이 현존하는 경험이다. 평생 신앙생활을 하여도 직접 묵상하거나 읽는 말씀에 영이 현존하는 경험, 즉 신율이 없다면 권위주의적(타율적) 복종에서 벗어나지 못한다. 그는 끝까지 미성숙의 신자로 살며, 형벌과 위험에 대한 불안을 피하는 피난처로 교회 자체나 권위에 의존하게 된다. 히브리서 기자는 이것을 엄중히 경고한다(히 5:12-14).

요셉 이야기의 정점은 요셉의 입신양명이나 해피엔딩이 결코 아니다. 그것은 하나님이 아브라함에게 약속하신 입애굽의 성취이다. 이스라엘은 요셉의 생환 소식을 듣고 처음에는 혼절하였다. 그러나 요셉이 보낸 수레를 보고 정신을 차렸다. 그는 스스로 말하기를 죽기 전에 요셉을 보러 가겠다고 말한다. 여기에 이스라엘의 자율과 타율이 동시에 나타난다. 타율은 야곱이 애굽으로 갈 수밖에 없는 기근이요, 바로 왕과 요셉의 초대이다. 자율은 그가 정신을 차리고 애굽으로 가겠다는 의지적 행동이다. 그러나 만일 그가 타율에 그치면 그의 입애굽은 아비의 정이라는 충동에 이끌리는 것이다. 또한 그가 자율에 그치면 자기 의에 대한 책임을 감당해야 한다.

야곱에게 상황을 몰아가는 타율과 자식을 만나고자 하는 자율은 하나님이 나타나시고 말씀이 임함으로써 "신율"로 변형된다. 그러면 자율과 타율이 동시에 사라진다. 그의 입애굽은 하나님의 지시에 따라, 하나님의 약속을 이루는 구원사적 의미를 가진다. 이제 야곱은 단순히 죽기 전 요셉을 보러 가는 것이 아니다. 하나님이 그로 큰 민족을 이루시고, 하나님 그와 함께하시며, 그로 400년 후에 있을 출애굽을 바라보게 하시고, 요셉의 품 안에서 평안한 죽음을 맞이하게 할 것이다. 야곱의 소박한 기대가 하나님의 구원사를 성취하는 입애굽의 역사를 이룬다.

하나님은 역사 속에서 일하시고 역사는 진보한다. 역사는 하나님의 간접 계시이다(판넨베르그). 18세기 계몽주의는 비이성적 기독교를 깨우는 역사의 반전이었다. 전적으로 타율의 지배를 받으며, 자율을 은폐시킨 권위주의적 교회에서 깨어나는 파수꾼의 외침이었다. 그러나 말씀이 부재한 채 신율의 지배를 받지 않으면, 자율은 이성의 법을 절대화하는 휴머니즘에 빠지고 만다. 기독교는 도덕과 윤리의 종교에 갇힌다. 그것은 말씀 없이도 실현되는 세상 종교와 같다.

시편 143편의 경건한 시인은 깊은 고통 속에 있었다. 그는 죽음과 같은 상황의 타율, 무력한 자율 앞에서 오직 한 가지 신율의 은혜를 구하였다. 그것은 아침에 주의 "인자한 말씀"을 듣는 것이다(시 143:8-10). 이로써 그는 흑암 중에 걸으나 신율의 지배를 받아 주의 뜻을 행한다.

구약에서 "인자한 말씀"은 신약에서 "복음"이다. 아침마다 준행하는 생명의 교제는 복음을 듣고 생명으로 사는 것이다. 그 심령이 상하고 그 마음이 참담하고 흑암 중에 거할지라도 아침마다 듣는 복음은 생명의 삶을 환히 비춘다. 우리의 다닐 길을 알게 하고 주의 뜻을 행하게 한다. 이렇듯 생명의 교제는 자율과 타율을 신율로 변형시킨다. 이때 우리의 평범한 일상은 하나님의 뜻을 이루는 위대한 삶이 된다.

: 묵상

눈만 뜨면 자율과 타율이 나를 지배한다. 식자우환이다. 내 이성의 법으로 생각하는 것이 나를 곤고케 한다. 이생의 염려, 주의 일에 대한 염려를 지각밖에 뛰어나신 하나님께 맡긴다. 그러나 어느 순간, 내가 그 문제를 붙잡고 다시 염려하고 있다. 욕망, 충동, 쾌락의 타율 앞에 속절없이 굴복한다. 아우구스티누스가 회심하던 날 죄를 끊고자 외친 절규가 심연에서 울린다. "주여, 왜 오늘은 아니옵니까?" 자율의 한계, 타율의 절망에서 다시 말씀 앞에 나온다. 야곱은 자기 결정(자율)과 요셉의 초대(타율)로 애굽을 향하여 떠났다. 그런데 그는 길을 떠나기 전 하나님께 예배하였다. 이것보다 더 큰 은혜가 어디 있는가? 거기서 하나님의 말씀이 임하고 자율과 타율은 신율로 변형된다. 이제 야곱은 단지 아비의 정으로 자식을 보러 애굽에 가는 것이 아니다. 그의 입애굽에 구원사적 의미가 부여된다

아침마다 주의 인자한 말씀을 듣는다. 복음을 듣는다. 생명의 교제에 참여한다. 간절히 바라기는 복음의 효력이 나타나 생명으로 사는 것이다. 죄로 더러워진 심령을 씻고 부지불식간에 출몰하여 형제를 실족시키는 부정성을 보혈로 씻는다. 무엇보다 "주여, 왜 오늘은 아니옵니까?"라고 절규한다. 죄와 단절하기를 간절히 원한다. 욕망, 충동, 쾌락의 타율에 더 이상 나를 내어주지 않기를…육체를 따라 사는 삶은 지나간 때로 족하다!

104

46:8-27

8 애굽으로 내려간 이스라엘 가족의 이름은 이러하니라 야곱과 그의 아들들 곧 야곱의 맏아들 르우벤과
9 르우벤의 아들 하녹과 발루와 헤스론과 갈미요
10 시므온의 아들은 여무엘과 야민과 오핫과 야긴과 스할과 가나안 여인의 아들 사울이요
11 레위의 아들은 게르손과 그핫과 므라리요
12 유다의 아들 곧 엘과 오난과 셀라와 베레스와 세라니 엘과 오난은 가나안 땅에서 죽었고 베레스의 아들은 헤스론과 하물이요
13 잇사갈의 아들은 돌라와 부와와 욥과 시므론이요
14 스불론의 아들은 세렛과 엘론과 얄르엘이니
15 이들은 레아가 밧단아람에서 야곱에게 난 자손들이라 그 딸 디나를 합하여 남자와 여자가 삼십삼 명이며
16 갓의 아들은 시본과 학기와 수니와 에스본과 에리와 아로디와 아렐리요
17 아셀의 아들은 임나와 이스와와 이스위와 브리아와 그들의 누이 세라며 또 브리아의 아들은 헤벨과 말기엘이니
18 이들은 라반이 그의 딸 레아에게 준 실바가 야곱에게 낳은 자손들이니 모두 십육 명이라
19 야곱의 아내 라헬의 아들 곧 요셉과 베냐민이요
20 애굽 땅에서 온의 제사장 보디베라의 딸 아스낫이 요셉에게 낳은 므낫세와 에브라임이요
21 베냐민의 아들 곧 벨라와 베겔과 아스벨과 게라와 나아만과 에히와 로스와 뭅빔과 훕빔과 아릇이니
22 이들은 라헬이 야곱에게 낳은 자손들이니 모두 십사 명이요
23 단의 아들 후심이요
24 납달리의 아들 곧 야스엘과 구니와 예셀과 실렘이라
25 이들은 라반이 그의 딸 라헬에게 준 빌하가 야곱에게 낳은 자손들이니 모두 칠 명이라
26 야곱과 함께 애굽에 들어간 자는 야곱의 며느리들 외에 육십육 명이니 이는 다 야곱의 몸에서 태어난 자이며
27 애굽에서 요셉이 낳은 아들은 두 명이니 야곱의 집 사람으로 애굽에 이른 자가 모두 칠십 명이었더라

104

별들의 이름을 부르시는 하나님,
그의 자녀를 생명의 교제로 부르시다!

⁝ 주해

야곱이 그의 모든 가족을 이끌고 애굽으로 들어갔다. 이로써 하나님이 아브라함에게 하신 입애굽의 약속이 이루어졌다(15:13). 이제 야곱의 가족은 하나님의 약속대로 큰 민족을 이루어 애굽에서 나와 가나안 땅으로 들어갈 것이다. 이미 성취된 입애굽의 약속은 400년 후에 있을 출애굽을 바라보게 한다. 야곱의 자손은 큰 민족 이스라엘이 되어 출애굽하여 가나안 땅으로 들어갈 것이다. 이로써 아브라함에게 하신 가나안 땅의 약속이 이루어진다.

46:8-27은 애굽으로 들어간 야곱 가족들의 명단이다. 이 명단은 민수기에서 출애굽한 이스라엘의 가족 이름과 거의 일치한다(민 26:5-50). 이곳 민수기에는 각 명단에 기록된 자손을 언급하는데, 모두 601,730명이다(민 26:51). 이와 관련된 또 다른 명단은 역대상에도 나온다(대상 2:1-8:5). 또한, 출애굽기에는 르우벤, 시므온, 레위의 아들들만 언급하는 명단이 나온다(출 6:14-16). 본문(8-27절)을 포함한 네 종류의 명단은 서로 일치하지 않는다. 서로 이름이 다르게 표기된다거나, 어느 한 본문에 나오는 이름이 다른 본문에는 나오지 않는다. 또 자녀들의 총계가 틀리는 일도 있다. 창세기의 본문에서는 야곱의 가족들이 빠짐없이 전원 다 애굽으로 들어갔다. 오늘 본문에서 야곱의 자손은 네 명의 아내에

따라 네 부류로 나누어진다. 곧 레아, 실바, 라헬, 빌하에 속한 자손의 순서이다.

① 레아에 속한 명단은 34명의 이름이 언급된다. 야곱이 레아를 통해 낳은 자손은 아들 6명, 손자 25명, 증손자 2명이다. 여기에 딸 디나가 포함되어 있다. 이 명단 중 유다의 아들 엘과 오난은 이미 죽었다. 두 사람은 명단에는 나오지만, 입애굽의 숫자에서는 누락되었다(26절 참고).
② 실바에 속한 명단은 16명이다. 야곱이 레아의 여종 실바를 통해 낳은 자손은 아들 2명, 손자 11명, 딸 1명(세라), 증손자 2명이다.
③ 라헬에 속한 명단은 14명이다. 야곱이 라헬을 통해 낳은 자손은 아들 2명, 손자 12명이다.
④ 빌하에 속한 명단은 7명이다. 야곱이 빌하를 통해 낳은 자손은 아들 2명, 손자 5명이다.

26절, 애굽에 들어간 야곱의 자손은 야곱의 며느리를 제외하고 66명이다. 여기서 66명은 가나안에서 이미 죽은 엘과 오난, 그리고 요셉이 애굽에서 낳은 아들 므낫세와 에브라임 등 4명을 뺀 숫자이다. 27절은 애굽이 요셉에게서 낳은 아들 2명을 포함하여 애굽에 들어간 야곱의 가족은 모두 70명이다. 26절의 66명에 야곱, 요셉, 므낫세, 에브라임을 더하면 70명이다(출 1:5, 신 10:22). 여기에서 70이란 숫자는 전체를 뜻하는 상징적인 의미가 있다. 이 숫자는 야곱의 가족 전체가 빠짐없이 애굽으로 들어갔다는 뜻이다. 70인역에서는 70명 대신 75명으로 기록하고 있다. 이를 위하여 20절에 므낫세와 에브라임의 자손 5명을 추가하고 있다. 70인역을 따르는 사도행전에서는 애굽에 들어간 야곱의 가족이 75명이다. "요셉이 사람을 보내서, 그의 아버지 야곱과 모든 친족 일흔 다섯 사람을 모셔 오게 하였습니다"(행 7:14).

야곱의 아들들과 그들의 자손들이 모두 애굽으로 들어갔다. 저자는 모계(母系)를 따라 각 사람의 이름을 부른다. 레아는 야곱의 첫 번째 아내였으나 그의 사랑을 받지 못하였다. 야곱은 두 번째 아내 라헬만 사랑하였다. 실바와 빌하는 여주인들의 자식 경쟁으로 아들을 낳은 여종들이다. 하지만 야곱의 자손들은 그들의 태어난 신분이 어떠하든 모두 애굽으로 들어간 약속의 자손이다.

무엇보다 그들은 집단으로 취급당하지 않으며 각자 이름이 불려진다.

시편 147편은 이스라엘의 구원과 회복을 이루신 하나님의 선하심을 찬양하는 시이다. 여호와께서 예루살렘을 세우시고 이스라엘의 흩어진 자를 모으신다(시 147:2). 여호와께서 상심한 자들을 고치시며 그들의 상처를 싸매신다(시 147:3). 여호와께서 하늘의 뭇별 같은 이스라엘의 자손들을 각각 "이름대로" 부르신다. 그리하시는 주님은 위대하시며 능력이 많으시며 지혜가 무궁하시다(시 147:4-5).

하나님이 아브라함에게 약속하신 자손은 하늘의 뭇별과 같다(창 15:5). 하늘의 뭇별은 바라볼 수 있으나 아무도 셀 수 없다. 그것을 세고 이름을 부르시는 이는 오직 하나님이시다. 그 일을 하시는 하나님은 위대하시고 능력이 많으시고 지혜가 무궁하시다. 하늘의 뭇별 같은 아브라함의 자손이 누구인가? 역사적으로 70명으로 큰 민족이 된 이스라엘이다(신 10:22). 구속사적으로 예수 그리스도를 믿음으로 하나님의 아들이 된 성도이다(갈 3:26, 29). 이제 누구든지 예수를 영접하여 생명을 얻은 자는 영적으로 아브라함의 자손이요, 하늘에 계신 아버지의 아들이다(갈 3:29). 부모는 자녀의 이름을 부르고 그의 모든 것을 다 안다. 하물며 하늘에 계신 아버지이시랴! 하늘에 계신 아버지는 자녀 된 우리의 이름뿐 아니라 머리카락까지 다 세신다(마 10:30 "너희에게는 머리털까지 다 세신 바 되셨으니").

기독교의 하나님은 인격적 신으로서 아버지이시다. 인격적 신으로서 아버지는 그의 자녀인 우리를 인격적으로 대하시며 우리와 교제하기를 원하신다(고전 1:9). 하지만 기독교 역사에서 하나님의 인격성은 교권과 교리에 의해 억제되거나 은폐되었다. 종교개혁 이전 중세교회는 철저히 하나님의 인격성을 은폐하였다. 신자는 교회가 가르쳐주는 것을 믿음으로써 구원받았다. 이렇게 교회가 정한 교리나 교훈에 동의하는 것은 "신앙"(religion)이 아니라 "신념"(belief)이다(하비 콕스, 〈종교의 미래〉).

16세기 일어난 종교개혁의 가장 큰 기여는 인격적인 신앙의 회복이다. 신자 각 사람이 죄를 깨닫고 각 사람이 회개하고 각 사람이 생명 얻는 구원에 이른다. 가톨릭교회에서 분리되어 나온 신교(神敎)를 총칭하여 "프로테스탄트"(저항자)라고 부른다. 프로테스탄트는 기존의 가톨릭교회에 저항(protest)한 데에서 유래한 말이다. 프로테스탄트에게 교회 출석의 여부보다 더 중요한 것이 있다. 그것은 하나님과 직접적이고 개인적인 관계를 맺는 것이다(틸리히). 이것이 종교개혁 정신의 핵심이다.

가톨릭교회의 신자에게 교황이나 교회의 가르침은 무오하며 성경보다 더 우선한다. 교회가 마리아의 무죄설이나 승천설을 가르치면 신자들은 의심 없이 믿는다. 중보자로서 성인을 가르쳐도 그대로 믿는다. 그들은 그런 식의 신앙을 좋은 신앙으로 여긴다. 여기에 개인은 없다. 하나님은 별들의 이름을 부르시나 별들은 반응하지 않는다. 반면 종교개혁자의 강력한 권위는 성경을 통한 하나님과의 개인적 관계를 맺은 데 있었다. 루터와 칼뱅은 물론 청교도에 이르기까지 개혁자들은 하나님과의 교제를 가장 우선시하였다. 특히 루터의 개인적 회심과 하나님과의 개인적 교제는 개혁을 일으키는 폭발적인 힘이었다. "하나님과의 개인적 관계에서 일어난 사건일수록 폭발적인 힘을 발휘한다"(틸리히, 〈19-20세기 프로테스탄트 사상사〉). 물론 가톨릭교회의 신자 중에도 복음을 알고 하나님과 개인적으로 교제하는 신자가 있을 수 있다. 그러나 개신교인, 곧 프로테스탄트를 자처하나 하나님과 개인적 교제가 없는 신자는 실상 교회의 가르침에 순응하는 가톨릭교회의 신자와 다를 바 없다. 그는 이성의 법에 따라 행하는 자율도 포기하고 교회나 특정한 권위자에 의해 타율의 지배를 받는다.

하나님은 하늘의 뭇별을 모두 세시고 각각 그 이름을 부르신다. 구원받은 신자, 아들의 생명을 얻은 우리의 이름을 부르신다. 그 부르심 앞에 "내가 여기 있나이다"라고 하며 단독자로 서는 것, 이것이 독생자를 내어주사 생명을 주신 그의 사랑 앞에 화답하는 것이다.

ː 묵상

신자든 목사든 그의 이름을 부르시는 하나님 앞에 직접 나가지 않으면 타율에 매인 신앙생활을 할 수밖에 없다. 어떤 때는 자율로 행하지만, 그것은 자기 파괴를 가져오는 마성적 힘의 지배를 받는 거라고 말할 수 있다. 하나님은 생명 얻은 우리가 그의 앞에 나오기까지 기다리시고 일하신다. 호세아는 외친다. "너는 말씀을 가지고 여호와께로 돌아오라"(호 14:2). 나는 철저히 타율의 신앙이었다. 복음을 확실히 알지 못하였고 생명에 이르는 길도 알지 못하였다. 습관적으로 큐티는 하였으나 생명의 교제가 아니라, 인간의 일에 초점을 맞춘 적용 중심이었다. 하나님의 말씀은 존재의 충격이나 변화를 가져오지 못하였다. 내가 주체가 되어 말씀을 적용했으니, 신성모독이 아니고 무엇인가?

하나님은 비참하게 끝날 인생을 불쌍히 여기셨다. 차별 없이 자녀로 삼아주셨다. 야곱의 아들들이 어머니의 신분에 상관없이 각자 이름이 불린 것처럼 말이다. 죽기에만 합당한 자에게 아들의 이름을 주시고 아들의 이름으로 부르셨다. 날마다 생명의 교제로 이끄시고 생명을 전하는 자로 삼으셨다. 아, 아무리 생각해도 불가해한 하나님의 은혜이다. 어제 낮에는 6년 전 복음생명캠프에 참석한 후 교회를 개척한 동역자 목사를 만나 교제하였다. 그는 처음부터 복음의 반석 위에 생명의 공동체로 교회를 세웠다. 이후 그는 매일 생명의 교제를 지속하며 성도들을 생명으로 인도하고 있다. 최근 교회 개척을 준비하는 지인 목사가 그를 찾아와 조언을 구했다고 한다. 그는 지인 목사에게 개척 때나 지금이나 오직 복음만 전한다고 말하였다. 자신도 예전에는 "어떻게 복음만 전하는가?"라고 생각했는데, 복음을 바로 알고 생명으로 사니 어떤 말씀을 보아도 복음을 전하게 되었다는 것이다. 그에게 매일의 주님과 교제를 통해 복음을 듣고 전하는 기쁨이 충만하였다. 복음은 지식이 아니라 생명을 가진 자가 날마다 먹는 양식이다. 개인적이고 인격적으로 아버지께 받아먹는 양식이다. 저녁에는 협동목사로 섬기는 복음충신교회 사경회에 참석하였다. 80세가 다 되신 강사 목사가 진지하게 선포하는 복음 앞에 감동과 은혜가 밀려왔다. 특히 그는 주님과 교제 없이 열심히 목회한 것을 깊이 회개하고 실제 회개의 열매를 맺는 여생을 살고 있다고 고백하였다. 기도 시간에 그에게 주신 겸손과 통회의 영이 내게도 임하기를 간절히 구하였다.

생명의 공동체는 누군가의 지도를 받아야 하는 지체들이 아니라, 신율로 신앙하는 복된 성도들이다. 나와 그들이 하는 일은 생명의 교제뿐이다. 그러나 주님은 그런 우리를 하나 되게 하시고 우리를 통해 큰일과 감당하지 못 할 일을 행하신다. 생명의 복음을 온누리에 전하게 하신다.

105

46:28-34

28 야곱이 유다를 요셉에게 미리 보내어 자기를 고센으로 인도하게 하고 다 고센 땅에 이르니
29 요셉이 그의 수레를 갖추고 고센으로 올라가서 그의 아버지 이스라엘을 맞으며 그에게 보이고 그의 목을 어긋맞춰 안고 얼마 동안 울매
30 이스라엘이 요셉에게 이르되 네가 지금까지 살아 있고 내가 네 얼굴을 보았으니 지금 죽어도 족하도다
31 요셉이 그의 형들과 아버지의 가족에게 이르되 내가 올라가서 바로에게 아뢰어 이르기를 가나안 땅에 있던 내 형들과 내 아버지의 가족이 내게로 왔는데
32 그들은 목자들이라 목축하는 사람들이므로 그들의 양과 소와 모든 소유를 이끌고 왔나이다 하리니
33 바로가 당신들을 불러서 너희의 직업이 무엇이냐 묻거든
34 당신들은 이르기를 주의 종들은 어렸을 때부터 지금까지 목축하는 자들이온데 우리와 우리 선조가 다 그러하니이다 하소서 애굽 사람은 다 목축을 가증히 여기나니 당신들이 고센 땅에 살게 되리이다

105

내가 죽어도 족한 이유, 생명으로 살며 주님을 기다리기 때문이다!

: **주해**

야곱과 그의 자손 70명이 애굽으로 들어갔다. 하나님이 약속하신 대로 이들은 400년간 이곳에서 종살이할 것이다. 이들의 입애굽은 400년 후에 있을 출애굽을 바라본다. 하나님이 이들과 함께 애굽으로 들어가셨고, 그들과 함께하신다(출 2:25). 이들은 비록 종살이를 하나, 하나님이 함께하시어 언약을 이루는 형통한 자들이다. 요셉은 아버지와 가족들이 애굽으로 오면 고센 땅을 정착지로 염두에 두었다(45:10). 물론 이는 최종 결정권자인 바로가 허락해야 했다.

야곱은 유다를 요셉에게 먼저 보내 고센 땅으로 인도하게 하였다(28절). 야곱과 그의 가족이 고센 땅에 도착하였다. 요셉이 그의 수레를 타고 아버지를 만나기 위해 고센 땅으로 왔다. 요셉이 그의 아버지 이스라엘을 맞으며 그에게 보이고 그의 목을 어긋 맞춰 안고 얼마 동안 울었다(29절). 요셉이 "이스라엘(야곱)을 만나 아버지 앞에 보이고"에서 "보다" 또는 "나타나다"의 히브리어 "라아"는 족장 이야기들의 다른 곳에서는 항상 하나님이 사람에게 나타나시는 것에 사용하였다(고든 웬함). 요셉은 마치 하나님이 아버지에게 나타나듯, 권세와 위엄과 품위를 가지고 아버지에게 나타났다.

요셉은 베냐민을 끌어안고 울었듯이, 아버지 야곱을 끌어안고 한참을 울었다. "요셉이 아버지 이스라엘을 보고서, 목을 껴안고 한참 울다가는, 다시 꼭 껴안았다"(29절). 때로 히브리어에서 일련의 동사들의 주어는 모호하게 바뀌곤 한다. 따라서 야곱이 요셉을 끌어안고 한참을 울었다는 말도 가능하다(NIV, 람반, 자콥, 라이보비쯔 등). 어쨌든 아버지 야곱과 그가 사랑한 요셉은 서로 껴안고 한참을 울며 부자의 정을 나누었다. 한참 후 아버지 이스라엘이 요셉에게 말하였다. "나는 이제 죽어도 여한이 없다. 내가 너의 얼굴을 보다니, 네가 여태까지 살아 있구나!"(30절). 야곱은 요셉이 살아있다는 소식을 듣고 오직 한 가지 소원으로 애굽에 왔다. 기근을 면하고 혹은 노년에 영화를 누리기 위해서 애굽에 온 것이 아니다. 그것은 죽기 전에 살아있는 아들을 보는 것이었다. 이제 그 소원을 이루었으니 죽어도 여한이 없다고 말한다.

이제 요셉의 주요 관심사는 애굽에 들어온 가족들의 거처를 정하는 것이다. 이와 관련하여 요셉은 바로 왕에게 청원할 내용을 가족들과 나눈다. 요셉은 형들이 바로 왕 앞에 섰을 때 할 말을 미리 알려준다. 바로가 그들을 불러 직업을 물으면 어려서부터 목자라고 대답하라는 것이다(32절). 그래야 형들이 고센 땅에 정착할 수 있다고 한다. 왜냐하면, 애굽 사람은 다 목축을 가증히 여기기 때문이었다(34절). 요셉은 자기가 애굽의 2인자이나, 가족들이 애굽에 들어옴으로써 일어날 어떤 특권도 배제한다. 특히 그의 가족들이 가축 떼를 몰고 왔다는 것은, 애굽에 부담을 지우려하지 않는 것과 그들에게 목초지가 필요하다는 것을 나타낸다. 요셉은 바로에게 이 점을 고무시켜 그의 가족들이 고센 땅에 정착하도록 준비하였다.

애굽 사람의 생업은 주로 농업이었다. 저자는 애굽 사람이 목축을 가증히 여겼다고 언급한다. 실제 애굽인들의 그림이나 벽화를 보면 목축은 거의 나오지 않는다. 목축에 대한 애굽 사람들의 반감은 유목민족에 대한 광범위한 불신과 두려움 때문으로 보인다(고든 웬함). 47장에서 보듯, 요셉의 책략은 성공을 거두었다. 야곱과 그의 가족은 고센 땅에 거주하였다(47:6, 50:8). 한편 출애굽의 주역인 모세는 애굽의 왕자였다. 그는 동족의 출애굽을 감행하려다 광야로 쫓겨났다(출 2장). 거기서 40년간 장인 이드로의 양을 쳤다. 모세는 애굽의 가장 존귀한 자리에서 애굽 사람이 가증히 여기는 목축하는 자로 전락하였다. 그러나 거기로부터 하나님의 부르심을 받고 이스라엘의 출애굽을 위한 지도자로 쓰임 받았다.

야곱이 애굽으로 들어올 때는 그의 나이 130세였다. 그는 이때로부터 17년을 더 살고 147세에 죽었다(47:28). 죽음은 모든 인생을 종결한다. 죽음 앞에 미련과 회한이 없는 인생은 거의 없다. 천하의 부와 명예와 권력을 다 가진 코헬렛(전도자)이라도 그의 말년에 "모든 것이 헛되다"라고 한탄하였다(전 1:2). 누가 죽음 앞에서 미련 없이 "족하다"라고 말할 수 있는가? 오늘 야곱은 그러하였다. 그는 사랑하는 아들 요셉을 잃어버렸을 때 "슬퍼하며 음부로 내려가리라"라고 절망적인 탄식을 하였다(37:35). 그런데 그는 요셉이 살아있는 것을 직접 보고, "죽어도 족하다"라고 말한다.

"죽어도 족하다"라는 야곱의 고백은 그리스도의 탄생 시 시므온의 노래를 연상시킨다. 의롭고 경건한 시므온은 오실 그리스도를 만난다는 성령의 지시를 받았다. 마침 예수의 부모가 정결 규례를 행하고자 아기 예수를 데리고 성전으로 들어왔다. 시므온은 그가 열방의 구원자 그리스도임을 즉시 알아보고 하나님을 찬송하였다. "주님, 이제 주님께서는 주님의 말씀을 따라, 이 종을 세상에서 평안히 떠나가게 해주십니다. 내 눈이 주님의 구원을 보았습니다. 주님께서 이것을 모든 백성 앞에 마련하셨으니, 이는 이방 사람들에게는 계시하시는 빛이요, 주님의 백성 이스라엘에게는 영광입니다"(눅 2:29-32). 그리스도를 만난 시므온에게 죽음은 평안이다. 그에게 성령의 지시로 받은 주의 뜻이 이루어졌다.

시므온이 그리스도로 고백한 예수는 하나님의 아들이다. 그가 세상에 오신 것은 죽으심으로써 아버지의 뜻을 이루기 위함이다. 예수 그리스도는 죽음을 앞두고 아버지께 최후의 기도를 드리셨다(요 17장).

예수는 이 기도에서 자신의 죽음을 "족하다" 정도가 아니라 아버지를 영광스럽게 한다고 기도하셨다. "나는 아버지께서 내게 하라고 맡기신 일을 완성하여, 땅에서 아버지께 영광을 돌렸습니다. 아버지, 창세전에 내가 아버지와 함께 누리던 그 영광으로, 나를 아버지 앞에서 영광되게 하여 주십시오"(요 17:4-5). 말씀이 육신이 되어 오신 아들은 아버지께서 하라고 하신 일을 위해 세상에 오셨다. 그가 세상에 오신 목적은 분명하다. 그는 모세가 땅에서 뱀을 든 것처럼 땅에서 들리셨다. 곧 그는 십자가에서 죽으시고 삼 일 만에 다시 살아나셨다. 이는 그를 믿는 자에게 영원한 생명을 주시기 위함이다.

모든 인간은 태어나서 죽는다. 그러나 어떻게 태어나든 목적 없이 태어나는 인생은 없다. 하나님이 정하신 목적은 아들의 생명을 얻는 것이다. 이것은 아담을 창조하신 목적과 같다. 그래서 하나님은 모든 사람을 사랑하셔서 독생자를 주셨다. 이는 그를 믿는 자마다 멸망하지 않고 영원한 생명을 얻도록 하기 위함이다. 모든 생명체는 태어난 그대로 살다가 죽는다. 그러나 사람의 생명은 다르다. 사람으로 태어나서 사람으로 살다가 사람으로 죽으면 멸망이다. 그는 죄 가운데 살다가 멸망한다(요 8:24). 사람으로 태어난 자는 반드시 아들의 생명으로 낳아야만 멸망하지 않고 영원한 생명을 얻는다.

지상에서 누리는 영생의 삶은 생명의 교제로 실제가 된다. 생명의 교제를 통해 아버지 집에 거하며, 그곳에서 독생자의 영광을 본다(요 17:24). 그 영광은 아버지의 본질이며, 인자와 신실이다(요 1:14). 그는 죽을 때에도 평안하고 안전하다. 그의 몸은 부활의 몸을 위한 씨로 심겨진다. 지상에서 제한적으로 누렸던 생명의 교제는 주님과 대면하는 교제로 더욱 충만해진다. 또한, 영생은 주님이 재림하시는 종말에 완성된다. 이것이 아버지의 뜻인 영생이며, 마지막 날에 다시 사는 생명이다(요 6:40).

영생 얻은 자는 진실로 "죽어도 족하다"라고 고백하는 자이다. 그는 생명으로 살며, 다시 오실 주님을 기다리기 때문이다. 히브리서에서 제시한 신앙의 두 축은 아들을 힘입어 아버지께 나아가는 파레시아와 재림 신앙이다(히 3:6). 비록 고난과 박해의 현실이지만 이 두 가지만 있으면 신앙생활은 승리한다. 날마다 생명의 교제를 준행하며 깨어 종말을 사모하는 자, 그는 오늘 죽어도 족하다.

: 묵상

지난주 교제한 어느 성도는 "태어남에 관한 감사"가 없다고 솔직히 고백하였다. 그는 평생 하나님의 은혜로 교회를 섬기며, 세속에서는 존경을 받는 자리에 있었고 비교적 순탄한 삶을 살았다. 그런데도 진솔하게 자기 존재에 대해 질문하였다. 진리를 영으로 알지 못하면 진리는 애매성에 갇혀 있게 된다. 나 역시 생명을 영으로 알기 전까지 애매성에 갇혀 있었다. 박제된 진리, 화석화된 신앙의 언어는 어떤 효력도 나타나지 않았다. 그때는 위에서 언급한 권사님만큼의 고민조차도 없었다. 그저 교회 전통의 타율에 나를 맡기며 영적인 잠에 취하였다. 아, 하나님의 은혜로 사망의 잠에서 깨어나기 시작하였다. 아무런 효험이 없는 기독교, 허울뿐인 신앙을 두고 깊은 곳에서 회의가 몰려왔다.

하나님이 내 안에서 일하기 시작하신 것이다. 내가 갈 곳은 사망의 무덤이었다. 그러나 내가 던져진 무덤에 주님이 이미 와 계셨다. 나의 무덤이 그리스도의 무덤이 되었고, 생명으로 들어가는 문이 되었다. 생명의 말씀을 영으로 깨닫고 영생이 실제가 되었다. 매일 생명의 교제를 통해 독생자의 영광을 본다. 주님께 없는 것, 악과 더러움과 추함이 내게 가득하다. 복음만이 나를 새 생명으로 살게 한다. 날마다 듣는 복음은 날마다 새 생명으로 살게 한다. 이제 고백할 수 있다. 내게 생명이 있으니 죽어도 족하다!

106

47:1-12

1 요셉이 바로에게 가서 고하여 이르되 내 아버지와 내 형들과 그들의 양과 소와 모든 소유가 가나안 땅에서 와서 고센 땅에 있나이다 하고
2 그의 형들 중 다섯 명을 택하여 바로에게 보이니
3 바로가 요셉의 형들에게 묻되 너희 생업이 무엇이냐 그들이 바로에게 대답하되 종들은 목자이온데 우리와 선조가 다 그러하니이다 하고
4 그들이 또 바로에게 고하되 가나안 땅에 기근이 심하여 종들의 양 떼를 칠 곳이 없기로 종들이 이 곳에 거류하고자 왔사오니 원하건대 종들로 고센 땅에 살게 하소서
5 바로가 요셉에게 말하여 이르되 네 아버지와 형들이 네게 왔은즉
6 애굽 땅이 네 앞에 있으니 땅의 좋은 곳에 네 아버지와 네 형들이 거주하게 하되 그들이 고센 땅에 거주하고 그들 중에 능력 있는 자가 있거든 그들로 내 가축을 관리하게 하라
7 요셉이 자기 아버지 야곱을 인도하여 바로 앞에 서게 하니 야곱이 바로에게 축복하매
8 바로가 야곱에게 묻되 네 나이가 얼마냐
9 야곱이 바로에게 아뢰되 내 나그네 길의 세월이 백삼십 년이니이다 내 나이가 얼마 못 되니 우리 조상의 나그네 길의 연조에 미치지 못하나 험악한 세월을 보내었나이다 하고
10 야곱이 바로에게 축복하고 그 앞에서 나오니라
11 요셉이 바로의 명령대로 그의 아버지와 그의 형들에게 거주할 곳을 주되 애굽의 좋은 땅 라암셋을 그들에게 주어 소유로 삼게 하고
12 또 그의 아버지와 그의 형들과 그의 아버지의 온 집에 그 식구를 따라 먹을 것을 주어 봉양하였더라

106

주와 함께하는 나그네,
영생의 삶은 지상에서도 부요하다!

주해

  요셉은 애굽에서 아버지 야곱과 극적으로 상봉하였다. 그는 가족들이 거주할 장소로 고센 땅을 추천하였다. 하지만 최종 결정권자는 바로 왕이다. 요셉은 형들에게 바로 왕을 알현할 준비를 시키고 고센 땅을 거처로 요청하도록 준비시킨다. 47장의 전반부(1-12절)에서 형들은 바로 왕을 알현하고 야곱도 바로 왕과 문안한다. 후반부(13-26절)에서 요셉의 통치로 애굽의 모든 토지가 바로의 소유가 된다. 요셉에 의해 준비된 바로 왕의 알현은 계획된 대로 진행된다.

  요셉이 바로에게 먼저 말을 건넨다. 그의 가족들이 가축과 모든 소유를 가지고 임시 거처로 고센 땅에 와 있다고 한다(1절). 또 요셉은 형들 가운데서 다섯 명을 뽑아 바로에게 소개하였다(2절). 통상 직업과 사회적 신분을 묻는 궁중 예법에 따라 바로는 요셉의 형들에게 생업을 묻는다(3절). 요셉의 형들은 요셉이 일러둔 대로 목자라고 밝히며 고센 땅에 정착할 수 있게 해달라고 청하였다(4절). 형들의 말은 요셉이 지시한 것보다(46:34) 구체적으로 묘사된다. "소인들은 여기에 잠시 머무르려고 왔습니다. 가나안 땅에는 기근이 심하여, 소 떼가 풀을 뜯을 풀밭이 없습니다. 그러하오니, 소인들이 고센 땅에 머무를 수 있도록 허락하여 주시기를 바랍니다"(4절).

바로의 대우는 파격적이다. 그는 형들의 간청대로 고센 땅을 주는 것뿐 아니라(5절), 그들 중 능력 있는 사람들을 왕궁의 가축을 치는 관리로 등용하겠다고 말한다(6절). 이어서 요셉은 아버지 야곱을 바로에게 소개한다. 애굽의 바로 왕 앞에 족장 이스라엘이 서 있다. 이스라엘(야곱)이 바로를 축복하였다. 통상 왕 앞에 선 자는 왕의 장수를 기원하곤 하였다. 바로는 축복의 기원을 받고 야곱에게 나이를 물었다. "어른께서는 연세가 어떻게 되시오?"(8절). 야곱은 나이를 직접 언급하지 않고, 나그네 세월의 연한이 130년이라고 말한다. 130년의 연한은 조상들의 연수에 미치지 못하나 험악한 세월이었다고 한다(9절). 아브라함의 수명은 175년이었고(25:7), 이삭의 수명은 180년이었다(35:28). 야곱은 조상들의 연수에 미치지 못하였다. 그런데도 나그네로서 험악한 세월을 살았다. "험악하다"의 히브리어 "라"는 "나쁜, 악한"의 부정적인 뜻이다. 야곱의 이 말은 요셉이 애굽의 총리가 된 그에게서 기대되지 않은 대답이었다. 그러나 사실 야곱의 지상적 삶은 험악한 세월 그대로였다. 그는 외삼촌 라반의 집으로 도망하였고, 라반에게 속아 20년을 보냈고, 딸이 강간당하고, 사랑하는 아내 라헬이 일찍 죽고, 애지중지하던 요셉이 20년 넘도록 죽은 줄 알았다. 그가 말한 험악한 세월은 바로 그의 인생 전체를 아우르는 통절한 표현이다. 따라서 야곱의 이 말은 일반적인 체념이라기보다 오히려 객관적이고 담백하게 사실을 확인한 것이다(폰 라드). 나그네 생활은 하나님에 의해 인도받는 선조들의 인생행로 전체를 특정하였다. 나그네 생활은 정착과 토지 소유에 대한 포기를 의미했다. 당연히 수난이 따른다. 그러나 족장들에게 나그네 생활은 거듭 갱신된 땅(토지)의 약속을 지향하는 삶을 의미하였다.

그들은 땅의 약속과 약속의 성취 사이의 이중관계 속에서 "나그네 생활을 하는 땅"에서 살았다. 그들은 약속으로 인해 지상적 삶의 조건들을 포기해야 했다. 그렇다면 그들은 과연 아무런 보상도 받지 못하였는가? 결코 그렇지 않다. 그들은 죽어서도 땅의 상속자들이며 결코 나그네가 아니었다. 여기서 말하는 땅은 죽음도 불사하는 하나님 나라를 예시한다. 하나님은 나그네의 험악한 세월을 살아간 그들을 위하여 하나님 나라에서 한 성을 예비하셨다(히 11:9-10, 16).

야곱은 바로를 다시 축복하고 그 자리를 물러 나왔다(10절). 야곱은 두 번에 걸쳐 바로를 축복하였다. 험악한 나그네 인생이 지상의 왕 바로를 두 번이나 축복한 것이다. 바로 왕에 대해 야곱이 두 번에 걸쳐 한 축복은 "바라크"(축복하다)이다. "바라크"는 하나님이 사람을 창조하시고 축복하신 그 복이다(1:28).

험악한 세월을 지나 노년에 접어든 야곱은 이제 복의 근원이 된다. 그는 자기 가족뿐 아니라, 바로 왕이 표상하는 땅의 모든 족속에게도 그러하다(베스터만, 〈창세기 주석〉). 이러한 축복의 가시적 실현은 이어지는 단락(13-26절)에서 보듯, 요셉이 기근으로부터 애굽을 구한 것이다.

요셉은 아버지와 형제들을 애굽 땅에서 살게 하고, 바로가 명한 대로 그 땅에서 가장 좋은 곳인 라암셋을 그들에게 주었다(11절). 요셉이 지목하고 바로가 허락한 이스라엘의 거주지는 고센 땅이다(6절). 여기서 라암셋은 고센의 다른 이름이다. 라암셋은 애굽의 바로 라암셋 2세(B.C.1290-1223)의 이름을 따라 명명된 곳이다. 이스라엘의 입애굽이 B.C.1876년경이므로 라암셋은 이보다 후대에 명명한 곳이다. 따라서 여기서 이 이름을 지칭한 것은 고센 땅의 후대 이름을 말한 것이다. 요셉은 아버지와 형제들과 온 집안 식구 수에 따라서 양식을 대어 주었다(12절).

나그네로서 족장들의 삶은 장차 오실 그리스도의 삶을 예시한다. 그들은 하늘 본향을 바라보고 땅에서는 나그네로 사셨다. 예수 그리스도의 본향은 하늘이며 아버지 집이다. 하늘에서 오신 이, 인자는 다시 하늘로 올라가셨다(요 3:13). 그는 지상에서 머리 둘 곳이 없는 나그네로 사셨다. 그가 하늘에서 오신 것은 하늘에 계신 아버지의 뜻을 이루기 위함이었다(요 6:38). 아버지의 뜻은 아들을 보고 믿는 자마다 영생을 얻는 것이다(요 6:40). 이제 누구든지 아들의 죽음과 부활에 연합한 자는 새 생명으로 살아간다(롬 6:4). 그가 있을 곳은 아들이 있는 곳, 곧 아버지 집이다(요 17:24). 하지만 지상에서 영생의 삶은 나그네로서 험악한 삶이다. 고난을 피할 수 없는 삶이다. 특히 생명의 교제를 하며 생명을 전하는 삶은 현존하는 사망의 세력에 끊임없이 공격당한다. 연약한 육체는 죄의 지배에 유혹당한다. 가장 선한 일에 죄의 세력이 역사하여 사망 가운데 던져버린다. 날마다 자기를 부인하고 자기 십자가를 지는 선한 싸움을 치른다.

19세기 마르크스는 자본주의 시대 비인간화의 현실을 목도하였다. 그는 대규모의 생산과 소비의 시대로 진입하면서, 인간은 하나의 톱니바퀴로 물건이

나 도구로 전락하는 것을 보았다. 그가 볼 때 인간은 고유한 인격성을 상실한 채 시장에서 매매되는 하나의 상품이었다. 이것은 자본주의 사회에 존재하는 인간의 소외형태로서 진정한 인간성은 소수의 지배계층에서만 향유되었다. 마르크스는 기독교가 지배계층을 대변하면서 인간의 소외를 부추긴다고 생각하였다. 그는 유대교 가정에서 태어나 그리스도인이 되었고 나중에는 무신론자가 되었다. 마르크스의 기독교 비판은, 기독교가 인간의 행복을 초월의 세계로 유보하고 현실 세계에서는 고통을 감내하게 한다는 데 있었다. 그는 기독교가 피안의 세계에 취하게 만들어 이 세상에서 성취를 추구하지 못하게 하는 지배계급의 발명물이라고 비난하였다. 그에게 내세를 지향하게 하는 기독교는 민중의 아편이었다. 따라서 인간은 비인간화의 현실과 이생의 성취를 위하여 혁명적 방법으로 싸워야 한다고 주장하였다.

그렇다면 과연 기독교는 내세의 행복에 취하여 이생의 고통을 견디게 하는 아편과 같은 것인가? 만일 영생의 삶이 실제가 되지 않는다면 기독교는 그의 비난에 항거할 말을 잃는다. 그러나 영생의 삶이 실제가 되면 지상에서 영적으로, 상황적으로 부요한 삶을 살게 된다. 기독교의 본질은 영생의 삶에 있다. 그것은 이생의 성취나 행복을 유보하는 민중의 아편이 아니다. 그저 험악한 세월을 견디는 비참한 삶이 아니다. 복음을 통해 누리는 영생은 이생에서 독생자의 영광을 보는 것이다. 독생자의 영광은 그 무엇도 끊을 수 없는 하늘에 계신 아버지의 충만한 사랑이다. 그 무엇도 깨뜨릴 수 없는 하나님의 신실함이다. 독생자의 영광을 보는 것은 하늘에 속한 기쁨으로 충만한 삶을 누리게 한다. 독생자의 영광에 참여하기에 도리어 환난을 자랑한다. 이는 환난은 인내를 낳고 인내는 그리스도의 장성한 분량에 이르는 도키모스를 가져오기 때문이다. 그리하여 하늘에 속한 기쁨이 땅의 고통을 삼킨다. 그는 세상이 감당할 수 없는 자가 된다.

분명 그리스도인은 이 땅에서는 나그네이다. 그러나 홀로 가는 나그네가 아니라, 주와 함께하는 나그네이다(시 39:12 "나는 주와 함께 있는 나그네이며"). 그는 외적으로 험악한 세월 같으나 그의 영혼은 부요하다. 그가 날마다 먹는 하늘 양식은 결코 주리지 않고 영원히 목마르지 않다(요 6:35). 그로 인해 그는 주안에서 항상 기뻐하며(빌 4:4), 모든 사람에게 관용을 베푼다(빌 4:5). 이생의 모든 염려를 감사함으로 하나님께 맡긴다. 우리의 이성을 초월한 하나님의 평강이 그의 마음을 지킨다(빌 4:6-7).

묵상

하나님의 약속을 담지한 족장 야곱이 세상의 왕 바로 앞에 섰다. 그는 두 번에 걸쳐 바로 왕을 축복하였다. 입장이 뒤바뀐 듯 보인다. 그러나 야곱은 아브라함과 이삭이 전승한 복의 근원이다. 물론 야곱은 바로 왕 앞에서 130년의 세월을 험악하게 보냈다고 말한다. 이것은 그의 인생에 대한 정직한 회고이다. 약속받은 족장이나 그의 인생은 여타 인생과 다를 바 없었다. 하나님은 험악한 세월을 사는 평범한 인생을 통하여 일하신다. 하늘에 속한 아들은 지극히 평범한 가정에서 태어나 지극히 평범하게 자랐다. 말씀이 가장 미천한 사르크스(육신)로 우리 가운데에 거하신 것이다. 아담의 본성을 가진 나는 평범한 것을 꺼렸다. 아, 내 속에 있는 하나님과 같이 되고자 하는 본성을 어찌 부인할 것인가? 만물보다 거짓되고 심히 부패한 것이 사람의 마음이다. 곧 나의 마음이다.

긍휼이 풍성하신 하나님의 은혜로 복음을 통해 생명에 이르렀다. 생명의 교제로 독생자의 영광을 본다. 범사에 주의 인자와 신실이 나를 이끈다. 생명의 복음을 전하며 생명의 공동체를 세운다. 공동체의 나눔은 영생의 삶이 지상에서도 얼마나 부요한지를 보게 한다. 어제 생명의 공동체에서도 영생의 부요함을 나누었다. 나그네의 인생들이 나누는 영생의 견증은 참으로 부요하였다. 기독교가 민중의 아편이라는 마르크스의 주장을 무색하게 만들었다. 그는 확실히 기독교의 본질을 오해한 것이다. 험악한 세월의 현실을 뚫고 들어오는 독생자의 영광, 우리의 길에 주의 인자와 신실이 충만하다. 눈물을 흘리며 그 사랑을 고백하는 지체들의 삶은 참으로 부요하다.

107

47:13-22

13 기근이 더욱 심하여 사방에 먹을 것이 없고 애굽 땅과 가나안 땅이 기근으로 황폐하니
14 요셉이 곡식을 팔아 애굽 땅과 가나안 땅에 있는 돈을 모두 거두어들이고 그 돈을 바로의 궁으로 가져가니
15 애굽 땅과 가나안 땅에 돈이 떨어진지라 애굽 백성이 다 요셉에게 와서 이르되 돈이 떨어졌사오니 우리에게 먹을 거리를 주소서 어찌 주 앞에서 죽으리이까
16 요셉이 이르되 너희의 가축을 내라 돈이 떨어졌은즉 내가 너희의 가축과 바꾸어 주리라
17 그들이 그들의 가축을 요셉에게 끌어오는지라 요셉이 그 말과 양 떼와 소 떼와 나귀를 받고 그들에게 먹을 것을 주되 곧 그 모든 가축과 바꾸어서 그 해 동안에 먹을 것을 그들에게 주니라
18 그 해가 다 가고 새 해가 되매 무리가 요셉에게 와서 그에게 말하되 우리가 주께 숨기지 아니하나이다 우리의 돈이 다하였고 우리의 가축 떼가 주께로 돌아갔사오니 주께 낼 것이 아무것도 남지 아니하고 우리의 몸과 토지뿐이라
19 우리가 어찌 우리의 토지와 함께 주의 목전에 죽으리이까 우리 몸과 우리 토지를 먹을 것을 주고 사소서 우리가 토지와 함께 바로의 종이 되리니 우리에게 종자를 주시면 우리가 살고 죽지 아니하며 토지도 황폐하게 되지 아니하리이다
20 그러므로 요셉이 애굽의 모든 토지를 다 사서 바로에게 바치니 애굽의 모든 사람들이 기근에 시달려 각기 토지를 팔았음이라 땅이 바로의 소유가 되니라
21 요셉이 애굽 땅 이 끝에서 저 끝까지의 백성을 성읍들에 옮겼으나
22 제사장들의 토지는 사지 아니하였으니 제사장들은 바로에게서 녹을 받음이라 바로가 주는 녹을 먹으므로 그들이 토지를 팔지 않음이었더라

107

영적 기근의 시대, 참된 양식, 생명의 떡을 주소서!

❖ 주해

요셉은 애굽으로 이주한 아버지와 가족들의 거처를 마련하였다. 그리고 그들에게 양식을 주어 봉양하였다. 이제 저자는 기근이 계속되는 애굽의 현실로 눈을 돌린다. 13-26절에서 기근으로 황폐하게 된 애굽 사람은 유일하게 양식이 있는 요셉에게 나아간다. 요셉은 그들을 살리는 구원자로 등극한다(25절).

전체 단락(13-26절)의 내용은 41:56-57의 내용을 보다 구체적으로 묘사한다. "온 땅에 기근이 들었으므로, 요셉은 모든 창고를 열어서, 이집트 사람들에게 곡식을 팔았다. 이집트 땅 모든 곳에 기근이 심하게 들었다. 기근이 온 세상을 뒤덮고 있었으므로, 다른 나라 사람들도 요셉에게서 곡식을 사려고 이집트로 왔다."

기근이 더욱 심하여 애굽 땅과 가나안 땅이 황폐하게 되었다(13절). 요셉은 이때를 위해 7년의 풍년 시 곡식을 저장해두었다. 양식을 가진 요셉과 양식이 없어 굶주리고 절망한 백성들이 대조된다. 요셉은 세 단계에 걸쳐 이들에게 양식을 공급한다.

① 요셉은 돈을 받고 백성들에게 양식을 나누어준다(14-15절).

② 요셉은 가축을 받고 백성들에게 양식을 나누어준다(16-17절).

③ 백성들은 자기 몸과 토지를 주고 양식을 구한다(18-19절).

첫째 단계, 요셉이 돈을 받고 양식을 판 것은 41:56의 내용과 일치한다. 돈이 다 떨어졌을 때 백성들은 요셉에게 와서 죽게 되었다고 하며 양식을 달라고 하였다. 요셉은 두 번째 단계를 밟는다.

둘째 단계, 가축을 받고 양식을 판 것은 다소 의문을 제기한다(17절). 요셉은 무수히 많은 가축을 어떻게 처리했을까? 이 많은 가축을 한 곳에 모아두는 것은 전혀 비경제적이다. 농부들이 가축을 담보물로 제공하고 그들의 가축을 길렀다면 가능한 이야기이다. 이 단계에서 요셉이 가축을 받고 "양식으로 이끌어 주었다"(개역개정, "먹을 것을 주다")라는 표현은 특이하다. "이끌어 주다"라는 히브리어 "나할"은 "물 있는 곳으로 인도하여 쉬게 하다", "원기를 회복하게 하다"의 뜻이다. 이 동사는 다른 곳에서는 목자의 인도에 대해서만 사용한다.

셋째 단계, 기근은 더욱 지속되고 백성들은 스스로 제안하기를 몸과 토지를 팔아 양식을 얻고자 한다(18-19절). 백성들은 죽게 된 상황에서 토지가 무용함을 말하고 토지와 함께 바로의 종이 되겠다고 스스로 제안한다.

요셉은 애굽에 있는 토지를 모두 사서 바로의 것이 되게 하였다(20절). 애굽 사람들은 기근이 너무 심하므로 견딜 수 없어서 하나같이 그들이 가지고 있는 밭을 요셉에게 팔았다. 그래서 그 땅은 바로의 것이 되었다(20절). 요셉은 애굽 땅 이 끝에서 저 끝까지를 여러 성읍으로 나누었다. 그리고 애굽 전역에 사는 백성을 옮겨서 살게 하였다(21절). 요셉이 백성을 성읍에 옮긴 것(개역개정)은, 그가 백성을 강제노동에 징용한 것이다(사마리아 오경과 칠십인역과 불가타). 하지만 요셉은 제사장들의 토지는 사들이지 않았다. 제사장들은 바로에게서 정기적으로 녹을 받고 있고 바로가 그들에게 주는 녹 가운데는 양식이 넉넉하였기 때문에 그들은 토지를 팔 필요가 없었다(22절).

언약의 관점에서 온 땅의 기근은 하나님이 보내셨다(시 105:16). 하나님이 온 땅에 기근을 보내신 것은, 궁극적으로 아브라함의 후손을 애굽으로 들어가도록 하기 위함이었다. 여기서 이스라엘의 입애굽은 가나안 땅의 약속을 부분적으로 성취한 것이다(15:13). 이제 이스라엘에게 하신 입애굽의 약속은 성취되었고 그들의 기근도 해결되었다.

1-12절에서 입애굽 한 이스라엘은 기근의 문제를 이미 해결 받았다. 13-26

절에서는 이스라엘이 아닌 다른 백성들이 기근을 당한다. 양식은 오직 요셉에게만 있다. 백성들은 그에게로 가서 양식을 얻어 살 길을 구한다. 그들은 돈을 주고 양식을 샀고, 돈이 떨어지자 가축을 주고 양식을 구했다. 그래도 기근이 계속되자 그들은 급기야 토지를 팔고 자신을 노예로 팔면서 양식을 구한다. 예수께서는 "목숨이 양식보다 중요하지 아니한가?"라고 말씀하셨다(마 6:25). 하늘 아버지께서 자녀들의 필요를 다 아시며 때마다 양식을 공급하신다. 하여 먼저 그의 나라와 의를 구하라고 하셨다(마 6:33). 그러나 하나님을 아버지로 두지 않은 이방인은 스스로 양식을 구해야 한다. 그들은 목숨을 위하여 양식을 구한다.

구약시대 이스라엘에 큰 기근이 임하였다. 심지어 여인들이 자식까지 잡아먹었다(왕하 6:28). 이때 성문 어귀에 나병 환자 네 명이 있었다. 이들은 굶어 죽기보다 아람 군대에 항복하기로 하였다. 양식을 얻으면 살게 될 것이고 죽임 당하면 어쩔 수 없다는 죽을 각오를 하고 적진으로 들어갔다. 그들이 가보니 주께서 아람 군대를 두렵게 하여 아람 군대는 이미 빈손으로 도망한 상태였다. 네 명의 나병 환자는 실컷 먹고 마시고 은금과 의복을 취하였다. 나병 환자들이 서로 말하기를 이 아름다운 소식을 날이 밝기 전에 전하자고 하였다(왕하 7:9). 날이 밝을 때까지 기다리면 벌을 받을 것이라고 하면서, 양식이 있다는 소식을 왕궁에 전하였다.

이사야 선지자는 목마른 자를 향하여 외친다. "너희가 어찌하여 양식 아닌 것을 위하여 은을 달아주며 배부르게 하지 못할 것을 위하여 수고하느냐?"(사 55:2) 육체의 양식은 은을 달아주고 가축을 팔고 심지어 몸과 토지를 팔아도 결코 배부르지 못할 양식이다. 영적 기근을 해소하는 양식은 하나님에게서 듣고 또 듣는 것이다(사 55:2). 하나님께 듣고 듣는 말씀은 아버지가 아들에게 주신 영생이다(요 12:50).

요셉은 구속사적으로 오실 그리스도를 예시한다. 요셉에게만 있는 양식은 그리스도에게만 있는 하늘의 양식을 예시한다. 아담 안에서 하나님과 분리된 모든 인간은 영적 기근에 처해 있다. 영적 기근을 해결하는 유일한 양식은 영생의 말씀이며, 썩지 아니할 하나님의 양식이다. 하나님의 떡은 하늘에서 내려 세상에 생명을 준다(요 6:33). 이는 생명의 떡이며, 이 떡을 먹는 자는 결코 주리지 않고 영원히 목마르지 않다(요 6:35). 요셉의 시대, 기근을 만난 백성들은 썩을 양식을 위해서도 모든 것을 팔았다. 예수께서는 목숨을 내어주심으로써 영생으로 인도하는 썩지 아니할 양식이 되셨다(요 6:27). 이는 썩을 양식을 먹으며 죄 가운데 살다가 사망에 이르는 인생에게 주신 최고의 선물이다(롬 6:23).

창세전 그리스도 예수 안에서 택정함을 받은 우리는 영생에 이르는 양식을 받았다. 우리는 날마다 결코 주리지 않고 영원히 목마르지 않는 생명의 떡을 먹는다. 날마다 복음을 듣고 또 들으며 영원한 생명으로 산다. 요셉의 가족이 고센 땅에서 기근을 면하고 양식을 공급받듯 말이다. 하지만 여전히 이 양식이 없어 주린 자들이 허다하다. 영적 기근의 시대이다. 사람들은 양식이 없어 주림이 아니요, 물이 없어 갈함이 아니다. 이는 생명의 말씀을 듣지 못한 기갈이다(암 8:11). 교회 안에도 하늘로부터 오는 생명의 떡이 없으면 신자들은 주리고 목이 말라 죽어간다. 이스라엘의 기근 시대, 비록 나병 환자라도 양식이 있다는 아름다운 소식을 속히 전하지 않으면 벌이 임할 것이라고 하였다.

생명의 떡을 먹은 자는 설령 비천한 자리에 있어도 참된 양식이 있다는 소식을 전해야 한다. 이는 신속하게 전해야 하는 아름다운 소식이다. "복음을 전하지 않으면 화가 있을 것이다"라는 긴박성으로 전도자의 사명을 다한다(고전 9:16). 또 이 일에 전심으로 동역한다. 이생의 염려를 주께 맡기고 힘에 지나도록 자신의 전부를 드린다.

묵상

영적 기근의 시대이다. 지난주 두 분의 장로님과 교제하였다. 이들을 통해 교회들이 영적 기갈로 신음하고 있음을 들었다. 목회자도 성도도 목이 마르니, 교회 안에 원망과 시비가 그치지 않는다. 어느 교회는 목사가 자기가 헌금한 것을 찾아가듯 수억 원의 은퇴금을 챙겼다고 한다. 또 어느 교회는 성도들이 영적 목마름을 견디다 못해 목사를 내보내기로 하였다. 물론 목사가 버틴다고 한다. 아, 이런 일들의 근본은 영적 기갈에 있다!

성도들에게 생명의 양식을 전하지 않아 그들을 목마르게 한 죄! 그것을 고백한 어느 목사 앞에서 나도 같은 마음으로 자백하고 회개한다. 이 시대, 주님 앞에서 사명을 바르게 감당하지 못한 죄를 회개한 목사가 몇이나 될까! 그의 고백이 나의 고백이고, 목회하다 불명예스럽게 은퇴하는 목사들의 고백이 되기를 간절히 바란다. 양식은 요셉에게만 있다. 참된 양식은 오직 그리스도에게 있다. 그것은 생명의 떡이다. 오늘도 전심을 다하여 이 양식이 있음을, 아름다운 소식을 전하기를 간구한다.

108

47:23-31

23 요셉이 백성에게 이르되 오늘 내가 바로를 위하여 너희 몸과 너희 토지를 샀노라 여기 종자가 있으니 너희는 그 땅에 뿌리라
24 추수의 오분의 일을 바로에게 상납하고 오분의 사는 너희가 가져서 토지의 종자로도 삼고 너희의 양식으로도 삼고 너희 가족과 어린 아이의 양식으로도 삼으라
25 그들이 이르되 주께서 우리를 살리셨사오니 우리가 주께 은혜를 입고 바로의 종이 되겠나이다
26 요셉이 애굽 토지법을 세우매 그 오분의 일이 바로에게 상납되나 제사장의 토지는 바로의 소유가 되지 아니하여 오늘날까지 이르니라
27 이스라엘 족속이 애굽 고센 땅에 거주하며 거기서 생업을 얻어 생육하고 번성하였더라
28 야곱이 애굽 땅에 십칠 년을 거주하였으니 그의 나이가 백사십칠 세라
29 이스라엘이 죽을 날이 가까우매 그의 아들 요셉을 불러 그에게 이르되 이제 내가 네게 은혜를 입었거든 청하노니 네 손을 내 허벅지 아래에 넣고 인애와 성실함으로 내게 행하여 애굽에 나를 장사하지 아니하도록 하라
30 내가 조상들과 함께 눕거든 너는 나를 애굽에서 메어다가 조상의 묘지에 장사하라 요셉이 이르되 내가 아버지의 말씀대로 행하리이다
31 야곱이 또 이르되 내게 맹세하라 하매 그가 맹세하니 이스라엘이 침상 머리에서 하나님께 경배하니라

108

그리스도인의 웰다잉(well-dying),
죽음의 침상에서 영원을 바라보다!

: 주해

애굽을 비롯한 온 땅에 기근이 들었다. 이 기근은 하나님이 보내신 것이다 (시 105:16). 하나님이 기근을 매개로 하여 아브라함에 하신 약속 중 이스라엘의 입애굽을 성취하셨다. 입애굽한 야곱과 그의 가족은 고센 땅에 정착하였고, 요셉은 그들에게 양식을 공급하였다. 나머지 다른 백성들은 요셉에게 와서 돈과 가축으로 양식을 샀다. 그래도 기근이 계속되자, 백성들은 토지와 몸을 팔아 양식을 구하였다. 그들은 토지를 바로 왕에게 바치고 스스로 바로의 노예가 되겠다고 하면서 양식을 얻었다.

요셉은 토지와 몸을 내어놓겠다는 백성들에게 말하였다(23-24절). 백성들의 몸과 토지는 모두 바로에게 귀속되었다. 모든 백성은 바로의 종이 되었고, 그들의 모든 소유는 바로에게 몰수되었다. 요셉은 백성들에게 씨앗을 주었다. 그리고 추수의 1/5을 바로에게 바치게 하고 나머지 4/5는 백성들에게 주었다. 백성들의 몫에서 씨앗을 남겨놓고, 나머지는 그들의 양식이 될 것이다. 당시의 상황에 비추어볼 때 20%(1/5)의 징세는 일반적으로 통용되었던 것이 틀림없다(폰 라드).

요셉은 양식을 팔아 모든 백성을 노예로 삼고 모든 토지를 왕에게 귀속시켰다. 이것은 이스라엘의 율법과 현대의 도덕관념으로 볼 때 옳지 않으며, 백성들을 수탈한 정책이다. 그러나 당시 상황에서 요셉은 자기를 이인자로 임명한 왕을 위해 충성하였다. 그러면 우리가 수탈당했다고 생각한 백성들의 생각은 어떠한가? 그들은 요셉을 가리켜 자신들의 생명을 구해준 주님으로 부른다. 그리고 그들은 자원하여 바로의 종이 되겠다고 말한다. "당신께서 우리의 생명을 구원하셨으니 우리가 내 주의 목전에서 은혜를 얻고 파라오의 종들이 되겠나이다"(25절, 한글킹). "You have saved our lives, May we find favor in the eyes of our lord, we will be in bondage to Pharaoh"(NIV). (당신은 우리의 생명을 구했습니다. 우리 주님(요셉)께 은혜를 입게 하소서. 우리는 파라오의 종이 될 것입니다).

요셉은 이렇듯 애굽의 토지법, 곧 밭에서 거둔 것의 1/5을 바로에게 바치는 법을 만들었다. 요셉이 제정한 애굽의 토지법은 성경 저자의 시대까지도 유효하였다(26절). 다만, 제사장의 땅만은 바로의 것이 되지 않았다. 고대 애굽의 상황에서 모든 백성은 왕의 소작농이었다. 또한, 애굽의 18왕조가 힉소스를 축출한 뒤, 귀족들의 재산을 몰수하여 왕조에 귀속시켰다(B.C.16세기 중엽). 이때 대부분 토지는 왕의 소유가 되었다. 또한, 제사장들에 대한 혜택은 26왕조(B.C.7세기) 시대에 반영되었다. 그때 제사장들에게는 세금이 면제되는 혜택이 주어졌다(레드포드).

27-31절, 야곱은 자기의 죽음을 예견하고 요셉에게 유언한다. 애굽의 백성들은 기근으로 토지와 몸까지 팔았다. 그러나 고센 땅에 정착한 야곱의 가족은 거기서 재산을 얻고, 생육하며 번성하였다(27절). 야곱은 애굽에 들어와 17년을 더 살았다(28절). 그가 147세가 되어 죽을 날이 가까웠다. 그는 아들 요셉을 불러 마지막 말을 남긴다(29-30절). 야곱은 아들 요셉의 호의를 구한다. 그리고 자기 환도뼈에 그의 손을 넣고 인자와 신실로 아버지의 뜻을 받들겠다고 약속하라고 말한다. 환도뼈에 손을 넣고 하는 약속은 아브라함이 종에게 이삭의 신부를 구하러 보낼 때 맹세시켰던 방식이다(창 24:2). 이같이 환도뼈에 넣고 하는 약속은 특별한 엄숙함을 부여받는다(고든 웬함). 인자와 신실의 쌍개념은 구약에 나타난 하나님의 영광(본질)이다(출 34:6). 야곱은 요셉에게 인간적 결심이 아닌 하나님의 성품으로 자기 뜻을 받들게 한다.

요셉이 엄숙하게 요구받은 아버지의 뜻은 아버지의 주검을 조상들이 누운 가나안 땅에 장사하는 것이다. 야곱을 가나안 땅에 장사하는 일에는 많은 난점이 예상된다. 오랜 시일이 걸리고 큰 비용이 따른다. 그러나 이 일은 야곱에게 매우 중요한 일이었다. 그래서 요셉이 그대로 순종하겠다고 했음에도 야곱은 맹세로 확증을 받는다. "그러면 이제 나에게 맹세하라"(31절). 요셉이 맹세하니 이스라엘(야곱)은 침상 머리에서 하나님을 경배하였다. 야곱은 죽음이 임박하여 요셉에게 약속받고 맹세 받았다. 147년의 험악한 세월 중 가장 중요한 일이 바로 자기의 장례를 가나안에서 치르는 것이었다.

죽음은 인생의 종결이다. 생이 종결되는 그 자리에서 자기의 주검이 어디에 묻히든 무슨 상관일까! 그러나 이스라엘은 오직 하나 이것을 약속받고 맹세로 확증 받았다. 그리고 나서 그는 침상 머리에서 하나님을 경배하였다. 야곱의 생애는 참으로 파란만장했고 그의 말대로 험악하였다(9절). 하지만 그는 하나님이 택하신 믿음의 조상이었고, 그의 허리에서 열두 족장이 탄생하였다. 그는 인생의 고비마다 하나님께 희생 제사를 드렸고 하나님은 그에게 나타나 말씀하셨다. 그는 험악한 세월에도 믿음으로 살아왔고 이제 생의 여정에 마침표를 찍는 순간이 왔다. 야곱은 죽음이 임박한 순간 그의 침상 머리에서 하나님께 경배하였다. 신약성경 히브리서에서는 야곱이 믿음으로 살아온 삶을 이 말씀으로 규정한다. "야곱은 죽을 때에, 믿음으로 요셉의 아들들을 하나하나 축복해 주고, 그의 지팡이를 짚고 서서, 하나님께 경배를 드렸습니다"(히 11:21).

창세기 49장은 야곱이 각 아들에게 축복하는 장면이다. 그가 지팡이 머리에 의지하여 경배한 것은 요셉에게 약속받고 맹세시킨 직후이다(70인역). 즉 야곱은 죽기 직전 요셉으로부터 약속과 맹세를 받고 침상 머리에서 하나님을 경배한 것이다. 히브리서 11:21은 창세기 47:31의 70인역을 인용한 것이다.

하나님이 아브라함에 하신 자손과 땅의 약속은 이삭과 야곱에게 전승되었다(15:7, 26:3-4, 35:11-12). 여기서 자손은 구속사적으로 아브라함의 후손으로 오시는 하나님의 아들 예수 그리스도이다(마 1:1-21, 갈 3:16). 땅은 역사적으로 가나안 땅이다. 그리고 가나안 땅은 하늘 본향, 곧 하나님 나라의 모형이다(히 11:16). 아브라함의 약속에서 입애굽은 이미 이루어졌다. 이제 400년 후에 있을 출애굽과 가나안 땅의 입성이 남아있다. 야곱이 임종 시 자기 주검을 가나안 땅에 장사하라는 것은, 장차 있을 이 같은 약속의 성취를 믿음으로 바라본 것이다. 요셉도 죽음을 앞두고 동일한 약속의 성취를 바라보았다(50:24). 그리고 장차 있을 출애굽 시 자기 뼈를 가지고 가나안 땅으로 올라가라고 유언하였다(50:25). 히브리서 기자는 요셉의 이 유언을 믿음의 결론으로 보았다. "믿음으로 요셉은 죽을 때에, 이스라엘 자손들이 이집트에서 나갈 일을 언급하고, 자기 뼈를 어떻게 할지를 지시하였습니다"(히 11:22). 죽음의 침상에서 성취될 약속을 바라보는 것, 이것이 믿는 자의 웰다잉(well-dying)이다.

신약시대 성도는 영원한 생명을 가진 자이다(요 6:47). 영생의 삶은 지상에서 시작하며 죽음 이후 더욱 풍성해진다. 지상에서 영생의 삶은 생명의 교제로 실제가 된다. 그러나 어디까지나 간접 교제이다. 생명의 교제는 죽음 이후에도 중단되지 않는다. 도리어 더욱 풍성해진다. 그때는 그토록 사모하던 주님과 대면 교제가 시작된다(고후 5:8, 빌 1:23). 그리고 영생의 삶은 종말에 완성된다. 곧 영생은 마지막에 주님으로 다시 사는 생명이다(요 6:38, 40). 그때는 몸이 부활하여 새 하늘과 새 땅에서 영원히 사는 영생이 시작된다. 그러므로 영생을 가진 그리스도인의 죽음은 "웰다잉"이다. 그는 창세전 약속된 생명을 얻었다. 그는 죽는 날까지 생명의 교제를 계속한다. 그리고 죽음의 침상에서 죽음 너머의 영생을 사모한다. 더욱 풍성하고 종말에 완성될 생명을 믿음으로 바라본다. 그러므로 주 안에서 죽는 자는 복되다(계 14:13).

묵상

나는 광야 시절 2008년을 전후하여 한동안 모새골교회를 다녔다. 당시 하나님과 사귐에서 나오는 임영수 목사의 설교에 큰 은혜를 받았다. 그는 벌써 80세가 넘었다. 어제 차 안에서 그가 얼마 전 했던 설교를 들었다. 노년의 영적 부요에 대한 메시지였다. 그는 크게 두 가지를 말하였다. 하나는 노년이라는 인생의 정상에 서보니, 믿음으로 살아온 것이 거짓이 아니었다는 것, 곧 진리였다는 것이다. 돈을 추구하고 명예를 구하고 권력을 쫓아다닌 삶의 결과는 노년에 감당할 수 없는 허무라고 하였다. 다른 하나는 그의 평생을 섭리로 이끌어 오신 하나님을 영원에서 만나니 죽음이 새로운 소망이 된다는 것이다.

노년이 되어서도 지상적인 것에 사로잡혀 있고 그런 것들을 해결하지 못한다면 비극이라고 하였다. 육체는 후패하나 영으로 더욱 새로운 그의 메시지에 "아멘" 하였다. 참으로 생명의 교제로 실현되는 영생의 삶은 이생과 내생의 삶을 아우른다.

오늘도 욕망과 충동과 쾌락의 타율이 나를 지배하려 한다. 내 속의 이성과 판단의 자율이 나를 주장하려 한다. 그러나 말씀으로 이끄시고 생명의 교제로 부르신 주 앞에 선다. 아침마다 주의 인자한 말씀을 듣는다. 복음을 듣고 또 듣는다. 이는 하늘의 양식이다. 이 양식으로 오늘 하루의 생명을 거뜬히 살아낸다.

109

48:1-11

1. 이 일 후에 어떤 사람이 요셉에게 말하기를 네 아버지가 병들었다 하므로 그가 곧 두 아들 므낫세와 에브라임과 함께 이르니
2. 어떤 사람이 야곱에게 말하되 네 아들 요셉이 네게 왔다 하매 이스라엘이 힘을 내어 침상에 앉아
3. 요셉에게 이르되 이전에 가나안 땅 루스에서 전능하신 하나님이 내게 나타나사 복을 주시며
4. 내게 이르시되 내가 너로 생육하고 번성하게 하여 네게서 많은 백성이 나게 하고 내가 이 땅을 네 후손에게 주어 영원한 소유가 되게 하리라 하셨느니라
5. 내가 애굽으로 와서 네게 이르기 전에 애굽에서 네가 낳은 두 아들 에브라임과 므낫세는 내 것이라 르우벤과 시므온처럼 내 것이 될 것이요
6. 이들 후의 네 소생은 네 것이 될 것이며 그들의 유산은 그들의 형의 이름으로 함께 받으리라
7. 내게 대하여는 내가 이전에 밧단에서 올 때에 라헬이 나를 따르는 도중 가나안 땅에서 죽었는데 그 곳은 에브랏까지 길이 아직도 먼 곳이라 내가 거기서 그를 에브랏 길에 장사하였느니라(에브랏은 곧 베들레헴이라)
8. 이스라엘이 요셉의 아들들을 보고 이르되 이들은 누구냐
9. 요셉이 그의 아버지에게 아뢰되 이는 하나님이 여기서 내게 주신 아들들이니이다 아버지가 이르되 그들을 데리고 내 앞으로 나아오라 내가 그들에게 축복하리라
10. 이스라엘의 눈이 나이로 말미암아 어두워서 보지 못하더라 요셉이 두 아들을 이끌어 아버지 앞으로 나아가니 이스라엘이 그들에게 입맞추고 그들을 안고
11. 요셉에게 이르되 내가 네 얼굴을 보리라고는 생각하지 못하였더니 하나님이 내게 네 자손까지도 보게 하셨도다

109

인생의 복과 상실, 주를 위해 살며 자기 목숨을 얻는 자가 복되다!

: 주해

야곱이 애굽의 바로 왕 앞에 섰을 때 그의 나이는 130세였다. 그는 바로 앞에서 조상들처럼 나그네로 살았고 험악한 세월을 보냈다고 회고하였다(47:9). 야곱은 요셉이 총리로 있는 애굽에서 17년을 더 살았다. 기근의 시대, 야곱과 그의 가족은 요셉이 공급하는 양식으로 무탈하게 살았다. 이스라엘은 임종이 가까웠을 때 요셉을 불러 마지막 말을 남겼다. 그가 가나안 땅에서 애굽으로 올 때 하나님이 그에게 말씀하셨다. 이는 하나님이 그로 큰 민족을 이루고, 그를 반드시 가나안 땅으로 오게 하시겠다는 것이다(46:3-4). 야곱은 이 말씀대로 가나안 땅에 자기를 장사하라고 하였다. 이스라엘은 요셉에게 이를 맹세시키고 침상 머리에서 하나님께 경배하였다.

48장은 야곱이 요셉의 두 아들 므낫세와 에브라임을 축복하는 장면이다. 49장은 야곱이 열두 아들에게 그들의 행실에 따라 예언적 유언을 남긴다. 48장은 두 부분으로 나누어진다. 전반부(1-11절)는 요셉이 두 아들과 함께 임종을 앞둔 아버지를 문안한다. 후반부(12-22절)는 야곱이 차자 에브라임을 장자 므낫세에 앞서 축복한다.

야곱이 요셉에게 맹세를 받은 지 얼마 후 요셉은 아버지가 병들었다는 소식을 접하였다(1절). 이는 죽음을 시사하는 중병이다. 요셉은 두 아들과 함께 급히 아버지를 찾았다. 두 아들은 므낫세와 에브라임이다. 야곱은 요셉이 왔다는 말을 듣고 기운을 차려 침상에 앉았다(2절). 그가 침상에서 요셉에게 한 말은 크게 세 가지이다.

첫째, 야곱은 루스(벧엘)에서 하나님이 나타나셔서 하신 말씀을 회상한다 (3-4절). 이때는 야곱이 밧단아람에서 가나안 땅으로 돌아올 때였다(35:9-13). 전능하신 하나님이 그에게 나타나 그에게 복을 주시며 하신 말씀이다(4절). 야곱이 회상한 하나님의 말씀은 35:11-12과 동일하다. 이는 하나님이 아브라함에게 하신 자손과 땅의 약속이다. "생육하고 번성하게 하여"(개역개정)는 28:3 부분을 환기시키고, "영원한 기업(소유)"은 17:8을 환기시킨다. 전능하신 하나님은 야곱에게도 자손과 땅을 약속하시고 야곱은 다음 세대인 요셉에게 이를 기억케 한다.

둘째, 야곱은 자기의 손자 므낫세와 에브라임을 자기의 장자인 르우벤과 시므온의 반열에 둔다(5-6절). 야곱은 그가 애굽에 오기 전 요셉이 낳은 두 아들을 자기의 소유로 삼겠다고 말한다. 만일 요셉이 다른 아들을 낳는다면 그들은 요셉의 것이 되고, 그 아들들은 두 형들의 이름으로 유업을 받을 것이다 (6절). 이는 요셉의 두 아들 에브라임과 므낫세가 야곱의 아들들과 더불어 열두 족장이 될 것을 보여준다.

셋째, 이스라엘(야곱)이 벧엘을 떠났을 때 당한 큰 상실을 회상한다(7절). 그가 밧단아람에서 가나안 땅으로 올 때 라헬이 죽었다. 곧 벧엘(루스)에서 길을 떠나 에브랏에 이르기까지 얼마간 거리를 둔 곳에서 라헬은 난산하다 죽었다 (35:16-19). 야곱은 아직도 거리가 먼데 라헬의 주검을 에브랏까지 가져와 장사하였다(7절). 야곱은 임종 시 그가 사랑했던 여인이자, 요셉의 친모인 라헬에 대해 언급한다. 아브라함의 복이 야곱에게 계승되고 자손과 땅의 약속이 그에게 주어졌다. 가장 큰 축복을 받은 야곱에게 가장 큰 상실이 일어났다. 야곱은 이 두 가지 일을 요셉에게 회고한다. 그에게 조상들에게 하신 약속은 반드시 성취되나, 그의 지상적 삶은 큰 상실을 감내한다.

이스라엘은 요셉이 데려온 두 아들을 보고 그들의 이름을 묻는다(8절). 요셉은 하나님이 이곳 애굽에서 주신 아들이라고 말한다. 이스라엘이 그들을 가까이 오게 하고 그들에게 축복한다(9절). 요셉이 두 아들을 소개하는 장면은 야곱이 애굽에 도착한 직후에 일어난 일을 후기(後記)하였거나(폰 라드), 혹은 야곱의 눈이 어두워 그들을 알아보지 못한 것으로 추정한다(고든 웬함). 이스라엘은 나이가 많았으므로 눈이 어두워서 앞을 볼 수 없었다(10절). 요셉이 두 아들을 아버지에게로 이끌고 가니 야곱이 그들에게 입을 맞추고 끌어안았다. 이스라엘은 하나님이 그에게 하신 약속을 회상하였다. 전능하신 하나님이 그에게 복을 허락하셨음을 회상한다. 그러나 동시에 가장 큰 상실인 라헬의 죽음도 회상한다. 그런데 그의 마지막 말은 아들 요셉의 얼굴뿐 아니라, 손자까지 보도록 하나님이 허락하셨다는 것이다(11절). 인간의 생애에서 가장 큰 축복은 무엇이고, 가장 큰 상실은 무엇일까! 그리고 그 축복은 가장 큰 상실을 덮을 수 있을까! 믿음의 조상 야곱은 임종을 앞두고 고백한다. 하나님이 그에게 주신 축복이 그가 당한 가장 큰 상실을 극복하고도 남았다고 말한다. 그리고 그가 죽은 후에도 하나님이 신실하게 약속을 지키실 것을 바라본다. 자기를 가나안 땅에 장사하라는 맹세가 그것이다.

하나님이 아브라함에게 약속하신 복, 그리고 야곱이 계승 받은 복은 모든 민족이 받는 복이다(창 12:3). 이 복은 자손과 땅의 약속을 통해 성취된다. 아브라함의 자손은 구속사적으로 하나님의 아들 예수 그리스도이시다(마 1:1 이하, 갈 3:16). 아브라함에게 하신 약속의 땅은 구속사적으로 예수 그리스도의 죽음을 통해 성취된 하나님의 나라이다(마 27:51, 히 11:16). 이제 누구든지 예수 그리스도의 죽음과 부활을 믿으면 하나님 나라로 들어간다. 그는 영원한 생명을 얻어 하나님의 자녀가 된다. 이것이 아브라함에게 약속된 복이요, 예수 그리스도를 믿음으로 받는 영적인 복이다. 이 복은 창세전 약속되었고, 그리스도 예수 안에서 성취되었다.

사람들은 흔히 묻는다. 인생에서 가장 행복한 순간은 언제였는가? 보통은 그가 사랑하는 이를 얻었을 때이다. 사랑하는 연인이나 사랑하는 자식을 얻었을 때이다. 돈을 사랑하는 자는 큰돈을 벌었을 때이다. 명예를 사랑하는 자는 명예를 얻었을 때이고, 일에 중독된 자라면 성공했을 때이다. 이때가 그들이 복 받은 때이다. 사람들은 또 묻는다. 인생에서 가장 불행한 순간은 언제였는가? 대개는 그가 사랑하던 것을 상실했을 때이다. 사랑하는 가족을 먼저 떠나

보낼 때, 돈을 잃었을 때, 실직했을 때이다. 불행이 행복을 삼킨다. 고통이 기쁨을 삼킨다. 그래서 사람들은 돌이킬 수 없는 한두 가지 사건으로 평생 신음하며 회한 속에서 살아간다.

그러면 영원한 진리인 성경은 무엇이 가장 큰 복이요, 무엇이 가장 큰 상실이라고 말하는가? 그것은 생명이다! 모든 인생에게 가장 큰 축복은 영원한 생명을 얻는 것이다. 이 영생의 복은 인생의 가장 큰 상실을 덮고도 남는다. 가장 큰 상실은 자기 목숨을 잃는 것이 아니겠는가! 온 천하를 얻고도 자기 목숨을 잃으면 무엇이 유익하겠는가? 날마다 생명으로 살며 주와 복음을 위해 사는 자는 자기 목숨을 얻는다. 그는 진정으로 복 받은 자이다. 과연 수지맞은 인생이다!

> "누구든지 나를 따라오려거든 자기를 부인하고 자기 십자가를 지고 나를 따를 것이니라 누구든지 자기 목숨을 구원하고자 하면 잃을 것이요 누구든지 나와 복음을 위하여 자기 목숨을 잃으면 구원하리라 사람이 만일 온 천하를 얻고도 자기 목숨을 잃으면 무엇이 유익하리요 사람이 무엇을 주고 자기 목숨과 바꾸겠느냐"(막 8:34-37).

: 묵상

사람들은 인생의 중간 결산을 한다. 언제가 가장 행복했는가? 언제가 가장 힘들었는가? 주의 일을 하면서도 이런 질문을 하곤 한다. 어느 선교단체의 대표는 30년 사역을 마무리하면서 동일한 회상을 하였다. 가장 행복했을 때는 첫 번 선교사가 파송될 때였고, 가장 힘들었을 때는 파송한 선교사가 순교했을 때라고 하였다.

내게 인생에서 최대의 복과 최대의 상실은 무엇인가? 스스로 묻는다! 이전에는 모두가 존재물과 관련이 있었다. 일 중독자로서 성과의 여부가 복과 상실을 결정하였다. 내면에서는 철저히 자기 목숨을 얻고자 씨름하였다. 놓지 못하였고 놓을 수도 없었다! 일, 명예, 물질, 지위, 평판이 그러하였다. 거기에 내가 사랑하는 이들이 있었다. 내게 최대의 상실이 왔다. 없으면 죽을 것 같은 것들이 하나씩 사라졌다. 황폐한 무덤의 자리에 이르렀다. 손가락 사이로 물이 빠져나가듯 한순간에 모든 것이 덧없이 사라졌다. 소망이 끊어진 자, 죽음 외에 무엇을 구하겠는가? 죽음을 구하였다. 그러나 긍휼이 풍성하신 하나님은 죽기에만 합당한 죄인이 죽는 것을 기뻐하지 아니하셨다. 이미 아들의 죽음으로 내가 지은 죄의 대가를 지불하셨기 때문이다. 아들의 죽음 안에서 영생의 복을 얻었다.

야곱의 마지막 말은 복과 상실이 중첩되어 있다. 나 역시 그러하다. 오늘이라도 주님이 부르시면 그가 주신 영생의 복에 감격할 것이다. 물론 쓰라린 고통의 사건도 생생히 기억난다. 그런 자를 부르시고 주를 위해 살게 하시며, 자기 목숨을 얻게 하신 은혜가 얼마나 큰지 모른다. 그 은혜를 헛되이 하지 않고, 성령의 은혜를 멸시하지 않기를 간구한다. 주와 복음을 위해 사는 자, 가장 귀한 목숨을 상실하여도 복되다. 이는 자기 목숨을 얻기 때문이다. 단회적인 인생, 이 복을 주신 하나님께 엎드려 경배한다.

110

48:12-22

12 요셉이 아버지의 무릎 사이에서 두 아들을 물러나게 하고 땅에 엎드려 절하고
13 오른손으로는 에브라임을 이스라엘의 왼손을 향하게 하고 왼손으로는 므낫세를 이스라엘의 오른손을 향하게 하여 이끌어 그에게 가까이 나아가매
14 이스라엘이 오른손을 펴서 차남 에브라임의 머리에 얹고 왼손을 펴서 므낫세의 머리에 얹으니 므낫세는 장자라도 팔을 엇바꾸어 얹었더라
15 그가 요셉을 위하여 축복하여 이르되 내 조부 아브라함과 아버지 이삭이 섬기던 하나님, 나의 출생으로부터 지금까지 나를 기르신 하나님,
16 나를 모든 환난에서 건지신 여호와의 사자께서 이 아이들에게 복을 주시오며 이들로 내 이름과 내 조상 아브라함과 이삭의 이름으로 칭하게 하시오며 이들이 세상에서 번식되게 하시기를 원하나이다
17 요셉이 그 아버지가 오른손을 에브라임의 머리에 얹은 것을 보고 기뻐하지 아니하여 아버지의 손을 들어 에브라임의 머리에서 므낫세의 머리로 옮기고자 하여
18 그의 아버지에게 이르되 아버지여 그리 마옵소서 이는 장자이니 오른손을 그의 머리에 얹으소서 하였으나
19 그의 아버지가 허락하지 아니하며 이르되 나도 안다 내 아들아 나도 안다 그도 한 족속이 되며 그도 크게 되려니와 그의 아우가 그보다 큰 자가 되고 그의 자손이 여러 민족을 이루리라 하고
20 그 날에 그들에게 축복하여 이르되 이스라엘이 너로 말미암아 축복하기를 하나님이 네게 에브라임 같고 므낫세 같게 하시리라 하며 에브라임을 므낫세보다 앞세웠더라
21 이스라엘이 요셉에게 또 이르되 나는 죽으나 하나님이 너희와 함께 계시사 너희를 인도하여 너희 조상의 땅으로 돌아가게 하시려니와
22 내가 네게 네 형제보다 세겜 땅을 더 주었나니 이는 내가 내 칼과 활로 아모리 족속의 손에서 빼앗은 것이니라

110

개인적 구원(가알)의 경험, 생명의 복이 대대에 이르게 하소서!

⦁ 주해

창세기 48장에서 드디어 야곱의 임종이 임박하였다. 1-11절, 요셉은 두 아들 므낫세와 에브라임을 데리고 아버지께로 왔다. 아버지 야곱은 요셉과 그의 두 아들에게 벧엘에서 하나님을 만난 일과 라헬이 죽은 일을 회상하였다. 그의 생애에서 받은 가장 큰 축복과 가장 큰 슬픔을 회상한 것이다. 야곱은 요셉의 두 아들을 자기의 소유로 삼았다. 이로써 그들은 이스라엘의 열두 족장의 반열에 서게 되었다.

12-22절, 이스라엘(야곱)은 요셉의 두 아들을 축복한다. 요셉은 이스라엘의 무릎 사이에서 두 아이를 물러나게 하고 자신도 땅에 얼굴을 대고 엎드려서 절하였다(12절). 그런 다음 요셉은 아버지로 하여금 두 아들을 축복하도록 자세를 취하였다. 오른손으로 에브라임을 이끌어서 이스라엘의 왼쪽에 서게 하고, 왼손으로 므낫세를 이끌어서 이스라엘의 오른쪽에 서게 하였다(13절). 요셉이 생각할 때 장자는 더 큰 축복을 받아야 하므로 야곱의 오른편에 그를 두었다. 성경에는 오른편이 명예와 축복의 위치로 여겨졌다(신 11:29, 시 110:1, 마 25:33, 히 1:3). 그러나 뜻밖에도 이스라엘은 손을 어긋나게 얹어서 오른손을 차남인 에브라임의 손에 얹었다(14절). 그리하여 므낫세 대신에 에브라임이 장자의 축복

을 받게 한다.

15-16절, 이스라엘이 요셉을 위하여 두 아들을 축복한다. 이스라엘은 세 번에 걸쳐 축복한다. 곧 그는 조상들을 보살펴 주신 하나님, 출생에서 사망에 이르기까지 목자가 되어주신 하나님, 온갖 환난에서 건져 주신 천사의 이름으로 축복한다. 하나님에 대한 삼중의 호칭은 후에 제사장 축복의 전조가 된다(민 6:24-26, 고든 웬함). 세 번째 천사의 이름으로 하는 축복은 신학적으로 가장 중요하다(폰 라드). 야곱이 하나님 대신 천사를 언급하는 것은, 하나님보다 낮은 존재로서 천사가 아니라 하나님 자신이 지상에 현현하는 양식이다. 이스라엘은 천사에게서 여호와의 보존하고 구원하는 특별한 행동을 경험하였다(16:67-8 참고). 하나님의 지상적 현현 양식으로서 천사는 야곱을 환난에서 건져 주었다. 구약성경에서 "건지다"의 히브리어 "가알"은 "되사다, 속량하다, 구속하다"라는 중요한 신학적 의미가 있다. 16절의 "가알"(건지다)은 구약에서 가장 오래된 표현이다. 특별히 이사야서에서 "가알"은 이스라엘의 종말론적 구원을 지시하고 있다.

첫 번째와 두 번째 축복은 하나님의 일반적인 섭리, 곧 신적인 보호와 인도하심에 대한 것이다. 그런데 세 번째 축복은 야곱이 개인적으로 경험했던 하나님의 구원(가알)에 대한 것이다. 야곱은 저 멀리 관념적으로 아는 하나님이 아니라, 험악한 그의 생애에서 구원의 역사를 이루신 하나님의 이름으로 요셉의 두 아들을 축복한다. 야곱은 그의 생애에서 경험한 개인적 구원의 복이 대대에 이르기를 축원한다. 에브라임과 므낫세는 요셉의 아들들이지만 애굽 여인에게서 태어났다. 그러나 야곱은 이들을 자기의 소유로 삼음으로써 조상들의 온전한 후손으로 여긴다.

요셉은 에브라임이 오른손의 축복을 받는 것을 보고 기뻐하지 아니하였다. 그는 아버지가 눈이 보이지 않아 실수한 것으로 여겼다. 그래서 야곱의 손을 바로 놓으려고 하였다. 곧 아버지의 오른손을 에브라임의 머리에서 므낫세의 머리로 옮기고자 하였다(17절). "아닙니다, 아버지! 이 아이가 맏아들입니다. 아버지의 오른손을 큰 아이의 머리에 얹으셔야 합니다"(18절). 이는 이삭이 야곱에게 했던 축복을 에서가 번복하려는 것과 같다(27:34-36). 그러나 한번 내뱉어진 축복은 번복될 수 없다(민 23:20, 롬 11:29).

하지만 야곱은 요셉에게 자기가 에브라임에게 축복하는 것을 다 알고 있다고 말한다(19절). 그러면서 므낫세는 한 족속이 될 것이나, 에브라임은 여러 족속이 될 것이라고 말한다(19절). 이는 분명 에브라임 족속이 더욱 창대할 것을 약속하는 것이며, 그가 열국의 아비가 되겠다고 했던 아브라함에 대한 약속을 상기시킨다(17:4-6, 35:11 참고). 그날, 야곱은 이렇게 그들을 축복하였다. "이스라엘 백성이 너희의 이름으로 축복할 것이니 '하나님이 너를 에브라임과 같고 므낫세와 같게 하시기를 빈다'고 할 것이다"(20절). 요셉의 두 아들은 장차 하나님의 축복을 받는 뚜렷한 표징이 될 것이다.

21-22절, 이스라엘은 요셉에게 가나안 땅의 약속을 환기시키고, 그 땅의 일부, 곧 세겜을 요셉에게 준다. 야곱은 밧단아람에서 가나안 땅으로 올 때 세겜에 머물렀다(33:18-19). 그는 세겜을 아모리 사람의 손에서 칼과 활로 빼앗았다고 말한다(22절). 그러나 야곱은 세겜에서 장막을 친 밭을 세겜의 아버지 하몰의 아들들에게서 백 크시타에 샀다. 칼과 활로 빼앗은 것이 아니다. 따라서 주석가들은 야곱의 이 말이 33장과 관련되지 않다고 주장하기도 한다. 칼과 활로 가나안 땅을 빼앗은 것은 여호수아 당시의 가나안 정복사에 속한다. 그러면 어떻게 야곱이 세겜을 미리 소유할 수 있겠는가? 가정할 수 있는 것은, 야곱이 세겜을 소유하게 된 다른 전승이 있다는 것이다. 어쨌든 하나님이 아직 가나안 땅을 소유로 주지 않았으나 야곱은 그중 극히 일부를 자기 땅으로 간주한다. 후에 이스라엘 백성이 출애굽 할 때 그들은 요셉의 뼈를 가져와 세겜에 재매장하였다(수 24:32).

이스라엘이 요셉의 아들들을 축복하였다. 그의 축복은 하나님의 일반적 섭리 외에도 자기의 생애 속에서 경험한 구원의 은혜가 들어있다. 그의 생애에서 경험한 "가알"(구원)의 축복이 대대로 이어지기를 간청하고 있다. 이것은 야곱이 개인적으로, 생생하게 경험한 구원이다. 야곱이 경험한 "가알"은 이사야가 말하는 종말의 구원(가알)이다. 구약시대 선지자들이 언표한 종말의 구원자는 예수 그리스도이시다. 예수를 그리스도(히, 메시아)라고 하신 것은 종말의 구원자라는 뜻이다. 그는 구약의 선지자들이 약속하신 대로 오셨다(롬 1:2). 그들이 예언한 대로 고난과 영광을 받으셨다(벧전 1:10-11). 이는 그를 믿는 자에게 죄 사함과 영생을 주시기 위함이었다.

하나님은 모든 인생에 섭리하신다. 하나님은 그가 지으신 모든 것을 선대하시며 긍휼히 여기신다(시 145:7). 특히 그가 지으신 사람마다 구원을 받으며 진리에 이르기를 원하신다(딤전 2:4). 예수 그리스도는 하나님의 현현이시며, 생명을 주시는 구원자이시다. 야곱이 후손들에게 기원한 세 번째 축복은 예수 그리스도를 통해 성취되었다. 영생은 창세전 하나님이 그리스도 예수 안에서 우리에게 주시기로 한 은혜이다(딤후 1:9). 이제는 생명을 가진 아들이 세상에 오심으로써 생명 주시는 하나님의 은혜가 우리에게 나타났다(딤후 1:10). 곧 아들 예수는 죽으시고 부활하심으로써 그를 믿는 자에게 영생을 주신다. 곧 복음을 통하여 영원한 생명이 밝히 드러난 것이다.

인간에게 있어 최대의 축복은 그리스도를 믿음으로 얻는 영생이다. 이 영생은 예수 그리스도가 구원을 성취하신 이후 대대로 열방에 이어져 왔다. 영생의 복은 초대교회 이후 한 번도 중단되지 않은 계승된 복이다. 모든 시대 믿는 자들이 받는 하늘에 속한 영적인 복이다(엡 1:3). 이는 영원부터 그리스도 예수 안에서 예정된 하나님의 기쁘신 뜻이다(엡 1:5, 3:11). 모든 시대 모든 신자는 하나님의 일반 섭리로 인도함을 받는다. 하나님이 그들의 목자가 되시고, 하나님이 그들을 보살펴 주신다. 그런데 과연 얼마나 많은 신자가 야곱이 언표한 세 번째 복을 받는가? 개인적으로 구원을 경험하고 개인적으로 구원의 복을 누리는 이들이 얼마나 될까? 복음을 통해 영원한 생명을 밝히 알고 그 생명을 누리는 이가 얼마나 될까?

세계사에서 철학과 기독교는 불가분의 관계가 있다. 독일 베를린대학의 율리우스 카프탄(1848-1926)은 기독교의 세 집단과 위대한 철학자 세 사람을 연결시켰다. 그것은 그리스 정교회와 플라톤, 로마 가톨릭과 아리스토텔레스, 그리고 프로테스탄트(개신교)와 칸트이다. 칸트를 개신교의 철학자로 부르는 가장 중요한 이유는 그가 "인간의 유한성"을 깊이 통찰했기 때문이다. 폴 틸리히는 이 같은 칸트의 사상을 다음과 같이 평가하였다(《19-20세기 프로테스탄트 사상사》).

"인간은 유한하다. 그러므로 인간은 유한성을 받아들여야 한다. 우리는 신(神)을 통해서만 신(神)에게 이른다. 신(神)의 은총만이 우리의 죄책, 죄, 신으로부터 소외를 극복할 수 있지 우리 자신으로서는 할 수 없다. 그리고 아무리 선한 업적을 쌓아도 우리를 구원할 수 없다는 프로테스탄트의 관념은 사고의 영역까지 확장될 수 있다. 우리는 사고의 영역에서도 신(神)에게로 나아갈 수 없다. 신(神)이 우리의 사고의 영역으로 와야 한다."

"유한성의 인간에게 근본악이 실재한다. 시공간에 갇힌 인간의 의지는 비뚤어져 있다. 선을 원하나 그것을 행할 수 없다. 인간의 행동 공리(公理)는 비뚤어져 있다. 이것이 인간 안의 근본악이다. 인간의 근본악은 오직 그리스도에게서 극복된다. 예수가 인간의 근본악을 이겨냄으로써 신(神)의 나라가 시작되었다. 교회는 그리스도 예수 안에서의 본질적 이성에 의해 규정되는 사람들, 곧 신과 다시 결합하는 힘을 자신 안으로 끌어들이는 사람들의 보이지 않는 몸이다."

모든 시대, 개인적으로 구원(가알)을 경험한 그리스도인은 "본질적인 교회"이다. 곧 그리스도의 무덤에서 생명을 얻은 자는 성전이다(요 2:19). 또 그들이 모인 공동체가 본질적 교회이다(고전 3:16). 그러나 그리스도의 생명이 부재한 교회는 인간의 근본악과 미신이 지배하는 "경험적 교회"이다. 그러므로 본질적 교회에 속한 각 개인은 타율적인 권위에 의해 자율이 파괴되고, 미신에 의해 이성을 파괴하는 가시적 교회를 극복하기 위해 애써야 한다. 신자 각 사람이 개인적으로 구원을 경험할 때 그는 본질적 교회라고 할 수 있다. 그러나 개인적인 구원을 경험하지 못한다면 신자는 전통과 권위와 제도가 표상하는 교회에 예속될 수밖에 없다. 그것은 타율의 지배를 받는 것으로, 이성의 법과 양심의 빛이 작동하지 않는 상태에 머물게 된다. 타율이 지배하는 곳에서는 지성인이라도 신앙의 모순과 교회의 비리에 대해 무감각하다. 이성의 법이 작동하고 양심의 빛이 밝아지면 불가불 타율에 저항하고 타율을 거부한다. 그때 전통과 권위와 제도에 대해 불순응과 충돌이 일어난다. 그렇다고 여기에 머물면 신앙은 이성의 법과 양심의 빛에 충실한 도덕과 윤리의 차원으로 전락하게 된다. 이때 하나님의 구원의 은혜가 임하면 그것은 개인적인 "가알"(구원)의 경험이 되고, 은혜 아래에서 "신율의 신앙"으로 변형한다.

모든 시대마다 다음 세대의 소망은 하나님의 일반섭리나 보호와 돌보심을 넘어선 개인적 구원을 경험하는 데 있다. 그것은 신자 각자가 복음을 통해 생명을 얻고 생명의 교제를 통해 하나님과 인격적 관계를 맺는 것이다. 이는 성도 각자가 생명을 가진 본질적 교회가 되고, 생명이 부재한 경험적 교회로부터 해방되는 것이다. 온전한 교회는 "각 사람"이 온전하게 세워지는 것이다(골 1:28-29). 이는 성도 각자가 본질적 교회로 세워지는 것이며, 나아가 생명의 복이 대대로 이어지는 놀라운 역사이다.

야곱은 요셉을 위하여 손자들을 축복하였다. 그의 축복은 단순히 하나님의 일반 섭리에 그치지 않는다. 그의 인생 중에서 일어난 개인적 구원(가알)의 경험으로 손자들을 축복하였다. 그는 하나님에 대한 막연한 관념을 넘어서서 개인적으로 경험한 구원이 대대로 이어지기를 축원하였다.

신약시대를 사는 우리에게 개인적인 구원의 경험은 무엇인가? 그것은 성도 각 사람이 구원을 경험하는 것이다. 곧 각 사람이 진리의 본체인 복음과 생명의 도를 알고 생명을 누리는 것이다. 그래서 각 사람이 온전해지는 것이다. 이것은 자신은 물론 후손들에게도 이어지는 구원의 축복이다. 다음 세대와 이어지는 세대에 "교회 다녀라, 주일 성수해라, 예수 잘 믿어라, 성경 읽어라, 하나님을 경외하라"라는 등의 권면은 일반 섭리에 그친다. 개인적으로 경험하는 죄 사함과 생명 얻는 구원이 대대로 이어져야 한다.

묵상

나는 어떤 신앙생활을 하였고, 어떤 신앙을 후대에 물려줄 것인가? 내가 믿음의 선진들에게 배운 것은 개인적인 구원의 경험이 아니었다. 실로 신앙에 대해 막연하고 모호하였다. "예수 잘 믿어라, 열심히 해라, 교회 잘 섬겨라, 봉사하라, 목사한테 잘해라, 교회가 시키는 대로 해라"등 개인적 구원과는 전혀 무관한 말들이었다. 목회를 했어도 크게 달라질 것이 없었다. 철저히 타율의 지배를 받았다. 나도 진리가 무엇인지 몰랐는데 어떻게 성도들에게 진리를 가르쳤겠는가? 그저 전통과 권위와 제도의 타율에 갇혀 "따라하기"에 급급하였다. 사람 모으고 큰 교회 만들면 모든 것이 용납되는 분위기에 생각 없이 충실하였다. 이성의 법조차 가동되지 않으니 세인들에게 비이성적 집단이라는 말을 들어도 쌌다.

그런 나에게 개인적인 구원의 은혜가 임하였다. 주께서 나를 공의로 심판하시고 무덤에 던지셨다. 그 무덤에 그리스도가 계셨다. 무덤에서 성전이 지어졌다. 복음을 통해 생명의 길로 나아갔다. 이제는 막연히 믿는 신앙이 아니라 구체적이고 실제적으로 믿는 신앙이다. 시공간의 제약 속에서도 매일 생명의 교제를 누린다. 시간이 영원으로, 공간이 초월의 세계로 잇대어진다. 내가 경험한 개인적 가알(구원)이 없다면, 다음 세대나 그 이후 세대에도 막연한 신앙만 전수한다. 공허하고 관행적인 말을 되풀이한다. "교회 나가라, 봉사해라, 성경 읽어라, 주일성수 해라." 이성의 법이 작동하는 다음 세대에는 씨알도 먹히지 않는 허언들이다. 그러나 이제는 안다. 다음 세대를 무엇으로 축복할 것인지! 내게 실제 된 구원의 복, 생명이 대대에 이르기를 기원한다.

111

49:1-7

1. 야곱이 그 아들들을 불러 이르되 너희는 모이라 너희가 후일에 당할 일을 내가 너희에게 이르리라
2. 너희는 모여 들으라 야곱의 아들들아 너희 아버지 이스라엘에게 들을지어다
3. 르우벤아 너는 내 장자요 내 능력이요 내 기력의 시작이라 위풍이 월등하고 권능이 탁월하다마는
4. 물의 끓음 같았은즉 너는 탁월하지 못하리니 네가 아버지의 침상에 올라 더럽혔음이로다 그가 내 침상에 올랐었도다
5. 시므온과 레위는 형제요 그들의 칼은 폭력의 도구로다
6. 내 혼아 그들의 모의에 상관하지 말지어다 내 영광아 그들의 집회에 참여하지 말지어다 그들이 그들의 분노대로 사람을 죽이고 그들의 혈기대로 소의 발목 힘줄을 끊었음이로다
7. 그 노여움이 혹독하니 저주를 받을 것이요 분기가 맹렬하니 저주를 받을 것이라 내가 그들을 야곱 중에서 나누며 이스라엘 중에서 흩으리로다

111

하나님이 함께할 수 없는 자,
그리스도 안에서 저주가 임마누엘로!

: 주해

창세기 49장은 긴 시의 형태로 되어 있다. 본 장은 통상 "야곱의 축복"으로 불린다(28절). 하지만 야곱의 예언적 유언 또는 야곱의 마지막 말로 부르는 것이 더 낫다. 왜냐하면, 야곱은 어떤 아들에 대해서는 축복도 하지만 어떤 아들에 대해서는 책망, 저주, 찬양 등 다양하게 말하기 때문이다. 야곱은 임종을 앞두고 요셉의 두 아들을 축복하였다(48장). 이제 야곱은 자기 아들들을 불러 그들에게 예언적 유언을 한다(1절). 곧 그들이 장차 당할 일을 예고한다. 2절은 서언이다. "야곱의 아들들아, 너희는 모여서 들어라. 너희의 아버지 이스라엘이 하는 말에 귀를 기울여라"(2절).

3-7절은 르우벤, 시므온, 레위에 대한 예언이다. 예언의 핵심 내용은 그들이 행한 대로 보응받는 "저주"이다. 8-21절은 유다, 스불론, 잇사갈, 단, 갓, 아셀, 납달리에 대한 예언적 유언이다. 여기서 유다는 오실 그리스도를 예표하는 조상으로 묘사된다. 나머지 아들들에 대해서는 짐승의 비유나 지리적 언급을 중심으로 그들의 장래를 예언한다. 22-27절은 라헬에게서 난 요셉과 베냐민에 대한 예언적 유언이다. 두 아들에게는 축복을 선언한다. 이렇게 야곱은 열두 아들에 대해 예언한다.

3-4절, 르우벤에 대한 예언이다. 르우벤은 장자로서 여러 가지 특권을 부여받았다. 그는 아버지의 능력이요, 정력의 첫 열매이다(기력의 시작). 그에게 존엄과 능력이 있다. 그러나 르우벤은 장자의 지위를 박탈당했다(대상 5:1). 그것은 아버지의 첩 빌하를 범하였기 때문이었다. 르우벤은 라헬이 죽고 얼마 안 되어 라헬의 여종이자 아버지의 첩과 동침하는 패역을 저질렀다(35:22). 야곱은 임종 시에 이 일을 기억하고 르우벤을 저주한다. 르우벤은 거친 파도(물의 끓음) 같아 장자의 명분을 빼앗길 것이다. 창세기에는 장자가 죄로 인해 장자의 권리를 상실하는 예가 여러 번 나온다(가인, 이스마엘, 에서, 엘). 장자의 지위는 르우벤에게서 요셉에게로 넘어간다(대상 5:1-2). 르우벤은 "물의 끓음" 같았다. 물의 끓음은 이해하기 어려운 표현이다. 끓음의 히브리어 "파하즈"는 여기에만 나온다. 70인역은 "방탕하였다" "무례하였다"라고 번역한다. 르우벤은 순간의 정욕을 제어하지 못하여 장자의 위엄과 특권을 박탈당했다. 그는 지파 중에서 으뜸이 되지 못하였다. 르우벤 지파는 요단 동편에 정착한 이후 민족사에서 사라졌다. 르우벤 지파에서는 저명한 사람, 사사, 왕, 선지자를 하나도 내지 못하였다(폰 라드).

5-7절, 시므온과 레위에 대한 예언이다. 이들을 하나로 묶어 언급한 것은 이들이 연합하여 세겜을 공격하였기 때문이다(34장). 야곱의 딸 디나가 하몰의 아들 세겜에게 강간당했을 때, 시므온과 레위는 속임수를 써서 세겜과 그곳의 성읍 사람들을 무자비하게 죽였다(34:25-27). 시므온과 레위, 그들의 칼은 폭력의 도구였다(5절). 야곱은 그들의 모의에 들어가지 않을 것이다. 그들의 회의에 가담하지 않을 것이다. 그들의 분노는 사람을 죽이고 그들은 장난삼아 소의 발목 힘줄을 끊었다(6절). 그 노여움이 혹독하고 그 분노가 맹렬하니 그들은 저주를 받을 것이다. 그들을 야곱 자손 사이에 분산시키고 이스라엘 백성 사이에 흩어 버릴 것이다(7절). "칼은 폭력의 도구로다"(5절, 개역개정)의 뜻은 모호하다. 내용적으로는 34장에서 시므온과 레위가 세겜의 형제들을 살육한 것을 염두에 둔 것으로 보인다. 그들의 악행은 아버지임에도 불구하고 그들과 함께 있고 싶지 않게 만든다. "나는 그들의 모의에 끼여들 생각도 없고 그들이 모이는 자리에 섞일 마음도 없다"(6절, 공동번역). 그들은 분노에 사로잡혀 세겜 사람들을 학살하였다. 그들의 혈기는 소의 발목을 끊었다. 소의 발목을 끊은 것은, 시므온과 레위의 악행으로 야곱과 세겜 사람 사이의 평화가 깨어졌고 결국 야

곱에게 화가 미쳤음을 뜻한다(굿, 카마이클). 여기서 소는 야곱을 상징한다. 야곱은 시므온과 레위에게 거듭 저주를 예언한다. 또한 그들은 야곱 자손에게서 분산되고 이스라엘 백성 중에서도 흩어질 것이다. 야곱은 르우벤, 시므온, 레위에게 공히 저주를 예언한다. 어떻게 아버지가 아들에게 저주를 예언하는가? 저주의 예언은 각 사람의 분량대로 주어졌다(28절). 이미 알려진 그들의 행실대로 저주가 주어진 것이다. 사실 아버지가 아들들을 저주한 것이 아니라, 아들들의 행실은 아버지라도 저주할 수밖에 없는 패역한 행위였다.

모든 생명의 근원은 하늘에 계신 하나님께 있다. 하나님이 첫 사람 아담을 창조하셨다. 그는 하나님이 흙의 티끌로 만드시고 숨을 불어넣으신 생물이다(창 2:7). 하나님과 분리된 실존으로서 첫 사람 아담 자체는 비천한 실존, 땅의 티끌이다. 그러나 하나님이 그와 함께하심으로써 그는 영광과 존귀로 관을 쓴 존귀한 자가 되었다(시 8:5). 그런데 아담은 범죄하여 하나님을 떠나갔다. 동시에 그에게 영광과 존귀의 관이 벗겨졌다. 그는 본래의 모습, 곧 티끌의 존재로 돌아갔다. 이후 아담 안에서 태어난 모든 사람은 하나님의 영광에서 떠난 죄인으로 태어났다(롬 3:23, 5:12). 모든 사람은 그의 모친이 죄 중에 잉태하였고 죄악 중에 출생하였다(시 51:5).

모든 인간은 허물과 죄로 죽은 자요, 공중의 권세 잡은 자의 지배를 받는 자로 전락하였다(엡 2:1-2). 그는 하나님 앞에서 본질상 진노의 자식이다(엡 2:2-3). 그는 하나님 보시기에 저주 아래에 있다(갈 3:10). 야곱이 패역한 자식과 함께할 수 없듯, 거룩하신 하나님은 저주받기에 합당한 죄인과 함께하실 수 없다. 그런데 하나님은 우리 인간이 받아야 할 저주를 아들에게 대신 담당시키셨다. 그리하여 우리를 율법의 저주에서 속량하시고 아들의 생명을 주신 것이다(갈 3:13).

예수 그리스도의 죽음과 장사됨과 부활과 현현은 사도의 전승된 복음이다(고전 15:3-5). 이제 누구든지 이 복음에 연합하면 아담 안의 옛 생명이 죽고 아들 안의 새 생명으로 살게 된다(롬 6:4). 본질상 저주 아래에 있던 자가 복음을 믿음으로 하나님의 영광의 자녀가 된 것이다. 영생 얻은 자는 아들과 아버지 안에서 독생자의 영광을 본다. 하나님과 분리된 실존, 땅의 티끌의 존재가 복음을 통해 하나님과 연합되어 그의 사랑받는 자녀가 된 것이다. 실존주의는 인간을 보는 방식이다. 두 가지 방식이 있다. 하나는 "본질의 인간"으로서 위대한 인간이다. 다른 하나는 "실존의 인간"으로서 비참한 인간이다. 기독교에서는 하나님 안에 있는 인간은 본질의 인간으로서 위대하다. 그러나 인간이 제아무리 뛰어나도 하나님 밖에 있다면 실존의 인간으로서 비참하다.

18세기 계몽주의의 기여는 기독교를 미신에서 벗어나 이성의 법아래 두었다는 데 있다. 그러나 인간을 하나님과 분리된 실존에 국한함으로써 기독교의 본질에 이르지 못하였다. 이후 기독교 신앙은 사유와 행위의 일치가 최고의 덕목이 되었다. 인식과 행함의 일치가 신앙의 목표였다. 예컨대 성경을 배우고 성경대로 사는 것이 기독교 신앙의 전부가 된 것이다. 일견 맞는 말이다. 그러나 이것은 유한성의 인간에게 한정한 사조이며 실존하는 인간의 상태를 벗어날 수 없다. 사실 이성이라는 법의 지배를 받는 기독교 신앙은, 바울이 외친바, "오호라 나는 곤고한 자로다!"라는 무한한 체념에 이르게 된다.

18-19세기에 활동한 슐라이어마허(1768-1834)는 현대 프로테스탄트 신학의 아버지로 불린다. 일부에서는 그를 오해하여 자유주의 신학의 원조라고 부른다. 슐라이어마허에 따르면 기독교는 사유와 행위의 일치를 넘어서 신에 대한 "절대의존의 감정"을 경험하는 것이다(《종교론》). 무한자로서 신은 우주와 세계와 자연에 편재하시다. 그에 의하면 기독교 신앙은 차가운 이성으로 사유하고 그것을 실천에 옮기는 것을 넘어선다. 그것은 만물을 창조하시고 만물 안에 계신 하나님을 직관으로 경험하는 것이다. 곧 인식과 행위를 넘어선 무한자(초월의 신)의 현존이다. 절대의존의 감정은 인간의 주관적 감정(느낌)이 결코 아니다. 그것은 유한성의 인간이 우주에 편재한 무한자(신)와 결합하는 접촉점(contact point)이다. 그래서 유한자로서 인간이 무한자의 신 안에 들어가면, 신적인 위대한 존재가 된다. 그는 영원한 생명을 얻어 신의 본질에 참여하는 위대한 존재이다(벧후 1:3-4). 그러나 인간이 유한자 그대로 있으면 비참한 존재이다.

슐라이어마허에게 종교(기독교)는 절대의존의 감정을 통한 신적인 것과의 직접적 관계를 맺는 것이다. 여기서 신과의 일치, 신에게의 참여는 죽은 뒤의 불멸의 생명에 관한 것이 아니다. 그것은 영원한 생명의 현재적 참여에 관한 것이다. 이것이 그의 신학의 결정적인 것이다. 이 점에서 그는 요한복음에서 말하는 영생의 의미를 새롭게 조명하였다. "영원한 생명은 사후 생명의 연속이 아니고, 지금 여기에 있다"라는 사상은 그가 강조했던 중요한 점 중의 하나였다(폴 틸리히). 그것은 시간 이전에, 시간 안에, 시간 후에 영원에 참여하는 것이다. 또한, 그것은 시간을 넘어서는 것을 의미한다. 문제는 무한자(하나님)와 유한자(인간)가 어떻게 접촉하느냐에 있다. 슐라이어마허는 세계와 자연에 내재하신 신에 대한 "직관"으로 파악할 수 있다고 하였다. 그에 의하면 세계와 자연은 무한자를 비추는 거울이다. 그래서 그는 범신론 또는 자연주의자로 불리기도 한다. 바로 이 점에서 그는 후대에 비판을 받았다. 칼 바르트는 무한자와 유한자의 접촉점은 오직 예수 그리스도라고 하며 슐라이어마허를 비판하였다. 무한자를 비추는 완전한 거울은 예수 그리스도이다. 태초부터 아버지의 품에 계신 독생하신 하나님이 나타나셨다(계시되었다)(요 1:18). 오직 예수 그리스도만이 무한자를 밝히 계시하신다. 그는 하나님의 역사적 계시자이다. 따라서 바르트에게 다른 계시, 특히 자연계시는 없다!

예수 그리스도의 계시는 생명이다(요 12:50). 그가 오신 것은 창세전 약속된 생명을 얻게 하고 풍성히 누리도록 하기 위함이다(요 10:10b). 슐라이어마허가 말한 현재 누리는 영생은 오직 복음을 통해 실현된다. 계시자 예수 그리스도, 곧 복음을 배제한 영생은 실제에 이르지 못하는 관념에 그친다. 오직 복음만이 영원한 생명을 환히 드러낸다(딤후 1:10). 영원한 생명의 실제는 삼위 하나님과 더불어 갖는 교제이다. 거룩하신 하나님은 저주 외에 받을 것이 없는 우리를 아들을 통해 받아주시고 우리와 함께하신다. 야곱은 자식이라도 그들이 지은 죄로 인해 그들과 함께하지 않겠다고 하였다. 인간도 패역한 다른 인간과 함께하지 못한다. 하물며 거룩하신 하나님이랴! 그러나 하나님은 아들의 구속의 은총을 통해 우리와 함께하신다. 임마누엘의 축복이다!

기독교의 본질은 거룩하신 하나님이 도저히 함께하실 수 없는 비참한 우리와 함께 하는 데 있다. 계몽주의 식으로 사유와 행위의 일치가 아니다. 교리와 생활, 말씀과 실천의 일치가 아니다. 성경을 열심히 배워 실천하는 것이 아니다. 그래서 적용 중심의 말씀 묵상은 계몽주의적 신앙에 갇히고 만다. 기독교 신앙의 요체는 하나님이 우리와 함께하시는 임마누엘에 있다. 하나님은 그가 함께할 수 없는 죄인을 그리스도 안에서 함께하신다. 그리스도 안에서 영생을 주신다(고후 5:17). 영생 얻은 자마다 아들이 있는 곳, 곧 아버지 집에 거하여 창세전부터 아버지가 아들을 사랑하여 그에게 주신 영광을 본다(요 17:24). 임마누엘의 일상에서 인자와 신실로 충만한 독생자의 영광을 본다.

:묵상

　야곱은 아비라도 패역한 아들들과 함께할 수 없었다. 도리어 그들의 악행을 기억하며 그들에게 저주를 예언한다. 하물며 거룩하신 하나님이랴! 나 역시 하나님이 함께할 수 없는 저주받은 자였다. 허물과 죄로 죽은 자요, 본질상 진노의 자식으로 신앙생활에 매진하였다. 생명도 진리도 알지 못한 채 열심을 내었다. 맹신에 열심을 더하면 필경 광신을 낳는다. 한때는 계몽주의 식으로 믿었다. 열심히 큐티도 하며 철저히 실천과 적용 거리를 찾았다. 갈수록 목이 말랐다. 어떤 기쁨도 없었다. 지속성도 없었다. 오래전 폐기된 계몽주의 식 신앙생활을 재현했으니 당연한 결말이었다. 도덕과 양심의 한계상황에서 몸서리쳤다. "오호라 나는 곤고한 자로다!"의 외침에 이르렀다. 공의의 심판이 임하고 무덤에 들어갔다. 그리스도의 무덤에 말씀의 빛이 비쳤다. 저주받아 마땅한 자, 비참한 실존임을 깨달았다. 신앙의 열심과 사역의 성과로 가리던 비참한 존재가 드러난 것이었다. 그러나 무덤에서 표적이 일어났다. 날마다 말씀을 얻어먹으며 생명의 길로 나아갔다.
　200년 전 슐라이어마허는 이미 영생의 현재성을 설파하였다. 기독교 신앙은 단순히 사유와 행위의 일치나 인식과 행위의 일치를 넘어서는 것이라고 말이다. 물론 복음이 배제되어 영생이 밝히 비추지 않았지만 말이다. 무덤의 자리에서 오직 복음이 영생을 비추는 것임을 깨달았다. 무한자는 아들이 계시한 아버지다. 영생 얻은 자로서 내가 있어야 할 영적 주소는 아들이 있는 곳, 곧 아버지 집이다. 날마다 생명의 교제를 통해 아버지 집에 들어간다. 거기서 독생자의 영광을 본다. 사유와 행위의 일치, 적용 중심의 말씀에서 맛볼 수 없는 영적 희열을 맛본다. 내일부터 창원에서 복음생명캠프가 열린다. 이번에 참석할 캠프 참가자는 다 파악되지 않았다. 캠프가 시작되어야 알 수 있을 것 같다. 누가 오든, 몇 명이 오든 주님이 보내신 영혼들을 낮고 겸손한 자세로 섬기기를 원한다. 그리스도의 마음으로 섬기기를 원한다.

112

49:8-21

8 유다야 너는 네 형제의 찬송이 될지라 네 손이 네 원수의 목을 잡을 것이요 네 아버지의 아들들이 네 앞에 절하리로다
9 유다는 사자 새끼로다 내 아들아 너는 움킨 것을 찢고 올라갔도다 그가 엎드리고 웅크림이 수사자 같고 암사자 같으니 누가 그를 범할 수 있으랴
10 규가 유다를 떠나지 아니하며 통치자의 지팡이가 그 발 사이에서 떠나지 아니하기를 실로가 오시기까지 이르리니 그에게 모든 백성이 복종하리로다
11 그의 나귀를 포도나무에 매며 그의 암나귀 새끼를 아름다운 포도나무에 맬 것이며 또 그 옷을 포도주에 빨며 그의 복장을 포도즙에 빨리로다
12 그의 눈은 포도주로 인하여 붉겠고 그의 이는 우유로 말미암아 희리로다
13 스불론은 해변에 거주하리니 그 곳은 배 매는 해변이라 그의 경계가 시돈까지로다
14 잇사갈은 양의 우리 사이에 꿇어앉은 건장한 나귀로다
15 그는 쉴 곳을 보고 좋게 여기며 토지를 보고 아름답게 여기고 어깨를 내려 짐을 메고 압제 아래에서 섬기리로다
16 단은 이스라엘의 한 지파 같이 그의 백성을 심판하리로다
17 단은 길섶의 뱀이요 샛길의 독사로다 말굽을 물어서 그 탄 자를 뒤로 떨어지게 하리로다
18 여호와여 나는 주의 구원을 기다리나이다
19 갓은 군대의 추격을 받으나 도리어 그 뒤를 추격하리로다
20 아셀에게서 나는 먹을 것은 기름진 것이라 그가 왕의 수라상을 차리리로다
21 납달리는 놓인 암사슴이라 아름다운 소리를 발하는도다

112

유다의 후손으로 오시는 메시아, 주의 구원을 기다리나이다!

⁖ 주해

창세기 49장은 야곱이 아들들에 대한 예언적 유언이다. 야곱의 열두 아들은 장차 열두 지파가 된다. 야곱은 그들을 축복하되 각 사람의 분량대로 축복한다(28절). 3-7절, 야곱은 르우벤과 시므온과 레위에게 그들의 행실대로 저주의 예언을 한다.

7-21절은 유다를 비롯한 일곱 아들에 대한 예언적 유언이다. 7-12절은 유다에 대한 축복의 예언이며, 요셉에 대한 것(22-27절)과 더불어 길고 풍성한 축복의 예언이다. 유다는 형제들로부터 찬양을 받을 것이다. 유다가 탄생했을 때 레아는 "이제는 내가 여호와를 찬양하리로다"라고 하였다(29:35). "유다"는 찬양의 뜻을 가진 "오다"의 음역이다. 구약성경에서는 통상 하나님이나 그분의 이름이 찬양의 대상이다. 인간이 찬양받는다는 구절은 단지 세 군데에 나온다(욥 40:14, 시 45:17, 49:18). 유다가 찬양을 받는 것은, 하나님처럼 본질적 실재가 찬양을 일으키는 것이 아니라, 어떤 일의 성취가 찬양을 일으키는 것이다(베스터만). 이어지는 예언에서 유다는 지도자가 됨으로써 그의 형제들에 의해 찬양을 받게 된다. 곧 유다는 원수의 목을 잡을 것이다. 유다는 메시아의 조상이다. 그가 원수의 목을 잡는 것은, 장차 여자의 후손에서 오실 메시아가 하나님

의 원수인 뱀의 머리를 상하게 하는 것을 예시한다(창 3:15). 또한, 아버지의 아들들(형제들)이 유다에게 절할 것이다. 전에 요셉의 형들이 요셉에게 절하였다(37:7, 9, 42:6). 이것은 아브라함에게 하신 입애굽의 성취을 예시한다. 그러나 아브라함에 대한 약속은 궁극적으로 유다의 반열에서 오실 그리스도를 통해 성취된다. 그리스도는 십자가에서 구원을 성취하시고 높이 들리셔서 주가 되셨다. 천상의 존재들, 지상의 통치자들, 지하의 어둠의 세력들이 주의 이름 앞에 무릎을 꿇는다(빌 2:9-11).

9절, 유다는 먹이를 사로잡아 자신의 동굴로 돌아와 누워 있는, 감히 누구도 그를 범할 수 없는 사나운 사자의 모습에 비유된다. 역사적으로 유다 지파에서 난 다윗 왕은 사자로 비유되는 강성함을 성취하였다. 다윗 왕은 장차 오셔서 구원을 성취하시고 만왕의 왕으로 등극하는 그리스도를 예시한다. 계시록에서 높이 들리신 그리스도는 "유다의 사자", 곧 "다윗의 뿌리"로 불린다(계 5:5).

유다에 대한 예언 중에서 10절이 가장 중요하다. 유다에게 권위의 상징인 "왕의 지휘봉"이 떠나지 않고, "통치자의 지휘봉"이 자손만대에 이를 것이다. 개역개정에서는 "규가 유다를 떠나지 아니하며 통치자의 지팡이가 그 발 사이에서 떠나지 아니하리라"이다. "그 발 사이"에서 떠나지 않는 것은, 보통 지도자들이 회의석상에서 지휘봉을 앞에 들고 앉아있는 것을 뜻한다. 유다의 예언에서 핵심 단어는 "실로가 오시기까지"이다. 구약에서 "실로"는 이스라엘이 가나안 땅에 들어간 이후 언약궤를 안치한 제의 장소이다(수 18:1, 삼상 1:3). 이곳은 유다 지파가 아닌 에브라임 지파에 속한 곳이다. 70인역에서는 실로의 변경된 형태(샬라)로 "그에게 부합되는 것이 도래하기까지"로 번역하였다. 최근의 주석가들은 "실로"를 "그의 통치자"(메-샬라)로 보고 있다. "실루"는 아카드어로 "통치자"를 뜻한다. 한편 새번역 성경은 "권능으로 그 자리에 앉을 분이 오기까지"로 번역하였다. 권능으로 그 자리에 앉을 분이 누구인가? 주목할 것은 이어지는 말씀 "만민이 그에게 순종할 것이다"이다. 그는 역사적으로는 유다의 자손에서 난 다윗을 가리키며, 구속사적으로는 다윗의 자손으로 오신 하나님의 아들이다(마 1:1-21, 롬 1:3).

이로써 유다에 대한 야곱의 예언적 축복은 오실 그리스도를 직접적으로 예시한다. 이어지는 11-12절은 유다의 자손에서 오는 메시아 시대의 풍요를 상징적으로 보여준다. 나귀를 포도나무에 매면 나귀가 포도나무를 뜯어 먹을 것이다. 그런데 메시아가 도래하면 나귀나 암나귀 새끼가 포도나무에 매어도 걱정이 없다. 그만큼 다산의 풍요를 누리기 때문이다. 옷을 포도주에 빨고 겉옷을 붉은 포도즙으로 빠는 것 역시 낙원적인 풍요의 시대에 사는 것을 뜻한다(폰 라드). 따라서 이 예언은 장차 도래할 메시아는 낙원적 풍요의 시대에 살게 될 것을 말하는 것이다.

13절, 스불론에 대한 예언은 그들이 이주한 영역에 관한 것이다. 스불론은 바닷가에 살며 그 해변은 배가 정박하는 항구가 될 것이다. 그의 영토는 시돈에까지 이를 것이다. 스불론이 처음부터 바닷가에 정착한 것은 아니다. 스불론은 에브라임 산악지대의 서편에 천막을 치고 거주하였다(삿 12:11-12). 그러다가 북방으로 이주해 가서 바닷가 즉 오늘날의 하이파 지역에 이르렀다. 그의 영토가 시돈까지 이른다는 말은 다소 과장이다.

14-15절, 잇사갈에 대한 예언이다. 잇사갈은 안장 사이에 웅크린 뼈만 남은 나귀 같을 것이다. 그가 살기 편한 곳을 보거나, 안락한 땅을 만나면, 어깨를 들이밀어서 짐이나 지고, 압제를 받으며, 섬기는 노예가 될 것이다(15절). 잇사갈 역시 처음에는 산악 내륙 지방에 거주하였다(삿 10:1). 그러나 그 후에 서쪽 평지로 이주하였다. 이러한 이주는 불행한 결과를 초래하였다. 그들은 이주한 다음 정치적 독립을 상실하였고, 가나안 사람들의 지배를 받으며 강제노동에 시달려야 했다. 짐 싣는 나귀로 비유되는 예언이 그대로 성취되었다. 무거운 짐 바구니를 지고 엎드려서 일어나지 못하는 나귀의 모습은 비극적이면서도 희극적이다.

16-18절, 단에 대한 예언은 언어의 유희로 시작된다. "단"이 태어났을 때 라헬은 "하나님이 내 억울함을 푸시려고"라는 뜻으로 그의 이름을 지었다(30:6). "단"은 "입증하다" 또는 "심판하다"를 의미한다. 단 지파는 사사시대에 북쪽으로 이주하였다(삿 18장). 단 지파가 공의로 심판하는 백성은 이스라엘 백성이 아니라 단 지파의 백성이다. 단은 길가에 숨은 뱀으로 비유된다. 그것은 매우 작은 단 지파가 강대한 적을 제압하게 된 것을 말해준다. 삼손은 대표적으로 단 지파에 속하였다. 그는 간교한 속임수를 써서 블레셋 족속을 물리쳤다(삿 13-16장).

18절, 야곱은 갑자기 구원을 간청하는 기도를 드린다. "주님, 제가 주님의 구원을 기다립니다." 이 기도는 시편과 이사야에도 자주 나온다. "기다리다"의 히브리어 "카바"는 "고대하다"처럼 긍정적 기대를 나타낸다. "구원"(예슈아)은 하나님에게서 비롯되는 구원이다. 따라서 야곱의 기도는 단 지파가 직면하게 될 어려움을 반추하고 있는 것으로 보인다(고든 웬함). 실제로 단 지파는 삼손의 맹활약에도 불구하고 북쪽으로 이주하지 않으면 안 되는 곤궁한 처지에 놓였다(삿 18장).

19-21절, 갓과 아셀과 납달리에 대한 예언은 간략하게 주어진다. 갓은 적군의 공격을 받을 것인데, 마침내 적군의 뒤통수를 칠 것이다. 갓은 요단 동편 얍복 강 남쪽에 거주하였다. 그들은 동부의 변방 지역에서 약탈을 일삼는 베두인의 공격을 받았다. 그러나 그들은 적들의 뒤통수를 쳐서 승리할 것이다. 아셀에게서는 먹거리가 넉넉히 나올 것이니 그가 임금의 수라상을 맡을 것이다(20절). 아셀은 서부 갈릴리의 구릉지대에 거주하였다. 그들은 풍부한 소출로 유명하였다. 그들은 사마리아와 예루살렘의 왕궁에 양식을 대준 것으로 파악된다. 납달리는 풀어 놓은 암사슴이어서 그 재롱이 귀여울 것이다(21절). 납달리는 남쪽으로 갈릴리 호수 북부지역까지, 북쪽으로는 훌레 호수 너머까지, 서쪽으로는 아셀 지파 지역까지 그 영토가 뻗쳐 있었다. 본문의 의미는 분명하지 않은 시적 표현이다. 그 "재롱이 귀엽다"(새번역)라는 문장은 "아양떠는 소리"(공동번역) 또는 "아름다운 소리(개역개정)로도 번역한다. 이것은 땅의 아름다움과 풍요로움을 묘사하는 것 같다(신 33:23 참조).

유다에 대한 예언은 메시아에 대한 예언이다. 8절, 아버지의 아들들이 그에게 절한다. 10절, 모든 백성이 그에게 복종한다. 유다의 후손으로 오신 그리스도는 유다를 제외한 열 한 지파와 만민의 왕이 되신다. 그는 십자가에서 죽으시고 부활하심으로써 주로 등극하셨다(빌 2:9-11). 이제 예수 그리스도는 모든 지파의 구원자이시며 동시에 만민의 구원자이시다. 그리스도 예수 안에 있는 자는 누구나 영생을 얻으며 하나님의 자녀가 된다. 이제 그들의 행실대로 주어진 형벌이나 저주는 다 사라졌다. 그들에게 어떤 차별도 있을 수 없다. 그리스도는 만유이시며 만유 안에 거하신다. 그들은 모두 하나님이 택하시고 거룩하게 하신 사랑받는 자녀이다.

"거기에는 그리스인과 유대인도, 할례 받은 자와 할례 받지 않은 자도, 야만인도 스구디아인도, 종도 자유인도 없습니다. 오직 그리스도만이 모든 것이며, 모든 것 안에 계십니다. 그러므로 여러분은 하나님의 택하심을 입은 사랑 받는 거룩한 사람답게, 동정심과 친절함과 겸손함과 온유함과 오래 참음을 옷 입듯이 입으십시오"(골 3:11-12).

유다의 후손에서 나온 다윗은 그 시대에 지상적 풍요를 가져왔다. 하지만 다윗의 왕위는 이스라엘의 죄악과 그에 대한 심판으로 막을 내렸다. 바벨론에 의해 멸망한 것이다. 이후 선지자들은 다윗의 자손에서 나올 왕을 기다렸다 (렘 23:5). 다윗의 가지에서 날 왕은 메시아이며, 풍요한 낙원을 성취한다(사 11:1-10). 다윗의 가지로 오신 그리스도는 낙원으로 표상되는 하나님의 나라를 성취하셨다. 그리스도 예수 안에서 새로운 존재가 된 자, 곧 영생 얻은 자는 삼위 하나님 안에서 그 나라의 부요함을 누린다. 아담에게 주어진 낙원의 풍요로움은, 생명 얻은 신자에게 주어지는 삼위 하나님 안의 부요함이다. 이는 생명의 부요함으로써 삼위 하나님의 페리 코레시스에 참여하는 것이다. 이로써 독생자의 영광과 그의 기쁨이 그 안에 충만하다. 우리는 날마다 생명의 교제를 통해 누리는 이 부요함을 누린다.

: 묵상

야곱은 아들들의 장래를 예언했다. 그의 예언대로 열두 지파가 자리 잡았고 분량대로 행동하였다. 유다에게는 장차 그를 통해 메시아가 올 것을 예언했다. 실로가 오시기까지, 곧 통치자가 오실 때까지 지휘봉이 유다를 떠나지 않을 것이다. 유다의 후손에서 메시아(그리스도)가 오셨다. 이스라엘 족속은 물론 만민이 그에게 복종한다. 그가 주시는 나라는 에덴의 풍요를 넘어선 하늘의 부요함이다. 신앙은 개인적이고 구체적인 경험이다. 그러나 나는 집단적으로 믿고 사역하였다. 하나님과 인격적인 관계나 교제 없이 신앙의 열심을 내었다. 사역에 매인 종, 많은 짐을 지고 가다 지쳐 쓰러지는 나귀와 같았다.

이리저리 방황하며 처소를 찾았으나 도리어 공격당하고 이방인의 종노릇을 하였다. 이미 생명을 얻었으나 생명을 알지 못하니 영적 고아처럼 유리방황 하였다.

아, 내 인생이 그대로 끝나도 할 말이 없는 것은 하나님은 공의로우시기 때문이다. 그러나 하나님을 그런 나를 불쌍히 여기셨다. 타는 목마름으로 죽을 것 같은 자리에서 주님은 생수로 오셨다. 솟아나는 샘물로 영원한 생명에 이르게 하셨다. 개인적이고 인격적으로 복음을 알고 생명에 이르렀다. 이후 하나님의 은혜로 생명을 누리며 생명을 전하고 있다. 오늘부터 창원에서 복음생명캠프가 열린다. 주께서 지명하여 부르신 이들에게 생명의 말씀을 전한다. 오직 영으로 전하고 영으로 깨닫기를 간구한다. 와서 보니 전체 시간이 아닌 일부만 참석한 이들도 있다고 한다. 그럴지라도 주님이 하고자 하시면 얼마든지 역사하신다. 단 한 마디라도 영이 역사하면 생명의 역사가 나타난다. 타성이 젖기에 십상인 생명의 사역, 약하고 두렵고 떨림으로 임한다. 이는 그들의 믿음이 사람의 지혜가 아닌, 하나님의 능력에 있도록 하기 위함이다.

113

49:22-33

22 요셉은 무성한 가지 곧 샘 곁의 무성한 가지라 그 가지가 담을 넘었도다
23 활쏘는 자가 그를 학대하며 적개심을 가지고 그를 쏘았으나
24 요셉의 활은 도리어 굳세며 그의 팔은 힘이 있으니 이는 야곱의 전능자 이스라엘의 반석인 목자의 손을 힘입음이라
25 네 아버지의 하나님께로 말미암나니 그가 너를 도우실 것이요 전능자로 말미암나니 그가 네게 복을 주실 것이라 위로 하늘의 복과 아래로 깊은 샘의 복과 젖먹이는 복과 태의 복이리로다
26 네 아버지의 축복이 내 선조의 축복보다 나아서 영원한 산이 한 없음 같이 이 축복이 요셉의 머리로 돌아오며 그 형제 중 뛰어난 자의 정수리로 돌아오리로다
27 베냐민은 물어뜯는 이리라 아침에는 빼앗은 것을 먹고 저녁에는 움킨 것을 나누리로다
28 이들은 이스라엘의 열두 지파라 이와 같이 그들의 아버지가 그들에게 말하고 그들에게 축복하였으니 곧 그들 각 사람의 분량대로 축복하였더라
29 그가 그들에게 명하여 이르되 내가 내 조상들에게로 돌아가리니 나를 헷 사람 에브론의 밭에 있는 굴에 우리 선조와 함께 장사하라
30 이 굴은 가나안 땅 마므레 앞 막벨라 밭에 있는 것이라 아브라함이 헷 사람 에브론에게서 밭과 함께 사서 그의 매장지를 삼았으므로
31 아브라함과 그의 아내 사라가 거기 장사되었고 이삭과 그의 아내 리브가도 거기 장사되었으며 나도 레아를 그 곳에 장사하였노라
32 이 밭과 거기 있는 굴은 헷 사람에게서 산 것이니라
33 야곱이 아들에게 명하기를 마치고 그 발을 침상에 모으고 숨을 거두니 그의 백성에게로 돌아갔더라

113

한 사람 그리스도를 통해 주신 영생의 복, 담장을 넘어 세상으로!

주해

창세기 49장에서 야곱은 열두 아들에 대해 그들의 분량대로 예언적 유언을 한다. 따라서 예언의 내용은 다양하다. 어떤 아들에게는 축복을, 어떤 아들에게는 저주를, 어떤 아들에게는 그들의 거주지와 그들이 처할 운명을 예언한다. 마지막으로(22-27절), 라헬에게서 낳은 두 아들(요셉과 베냐민)에 대해 예언한다. 이들에 대한 예언은 축복으로 가득 차 있다.

22-26절, 요셉에 대한 축복의 예언이다. 요셉은 무성한 가지, 샘 곁의 무성한 가지이다. 그 가지가 담을 넘었다. 요셉에 대한 예언은 그의 두 아들 에브라임과 므낫세 지파의 번영에 대한 것이다. 그들은 샘 곁에 심겨진 나무의 가지처럼 왕성하게 뻗어나간다. 사시사철 흐르는 물가에 있는 나무는 팔레스타인 지방에서는 보기 드문 것이다. 이런 나무들은 멀리 가야 볼 수 있다. 하지만 구약성경에서는 하나님과 관련하여 즐겨 다루는 비유이다. 복 있는 자는 주야로 말씀을 묵상하는 자이며, 그는 시냇가에 심은 나무와 같이 결실한다(시 1:1-2). 무릇 여호와를 의지하는 자는 복을 받을 것이다. 그는 물가에 심어진 나무가 그 뿌리를 강변에 뻗쳐 있어 그 잎이 청청하며 가뭄에도 걱정이 없고 결실이 그치지 않는다(렘 17:7-8). 그러므로 샘 곁의 가지인 요셉은 시냇가에 심은 나무

와 같고 물가에 심겨진 나무와 같다. 그 결실이 담을 넘어 이웃을 향한다. 하나님의 축복을 받은 자이다. 요셉 한 사람으로 인해 기근을 만난 많은 사람이 생명을 구한다. 야곱의 아들들에 대한 예언은 식물이 아니라 동물에 비유되었다(9, 14, 17, 21절). "무성함"의 히브리어 "포라트"는 "파라"(열매 맺다, 무성하다)의 분사형으로 볼 수 있다. 그러나 16:12에서는 이스마엘에 대해 붙여진 형용사구 "들나귀"(페레)에 해당한다. 또 "가지"로 번역된 히브리어 "벤"은 아들이라는 뜻이다. 그러므로 "벤 포라트"(무성한 가지)는 "들나귀 새끼"로도 번역한다. 새번역 성경은 "요셉은 들망아지, 샘 곁에 있는 들망아지, 언덕 위에 있는 들나귀다"라고 번역하였다(새번역).

23-24절, 요셉에 대한 두 번째 축복의 예언이다. 사수들이 잔인하게 활을 쏘며 달려들어도, 사수들이 적개심을 품고서 그를 과녁으로 삼아도, 요셉의 활은 그보다 튼튼하고, 그의 팔에는 힘이 넘친다. 사수들의 활은 장차 므낫세 지파와 에브라임 지파가 받을 공격을 의미한다(현대의 주석가들). 반면 전통적인 유대교 주석가들은 이 진술이 요셉이 생애 동안 직면했던 중상모략과 적대 행위들에 대한 암시로 본다. 구약성경에서 중상모략은 활로 비유되곤 한다(렘 9:2, 7, 잠 25:18, 26:18-19). 요셉이 숱한 공격을 받았으나 요셉의 활은 원수들의 활보다 튼튼하고 그의 팔에는 힘이 넘쳤다. "요셉의 활이 튼튼하다"라는 표현은 "그들의 활이 (요셉의) 강함으로 부러졌다"라는 뜻도 된다(스페이서, 〈70인역〉). 이 번역은 요셉이 적대적인 상황에서 공격적으로 자기 방어를 하지 않았기 때문에 적절한 것으로 보인다. 요셉이 원수들의 모략과 공격에서 승리한 것은, 아버지 야곱의 하나님, 곧 전능하신 하나님이 그를 보호하셨기 때문이다. 곧 이스라엘의 반석이 그와 함께하시고 조상의 하나님이 그를 도우시고 전능하신 이가 그에게 복을 주셨기 때문이다(24-25절).

전능하신 하나님은 요셉과 함께하시고, 그를 도우시고, 그에게 복을 주신다. 이것은 요셉의 생애에서 이미 경험한 복이다. 이어지는 예언은 요셉과 그의 후손이 장래에 받을 복이다. 하나님이 요셉과 그의 후손에게 위로 하늘에서 내리는 복과, 아래로 깊은 샘에서 솟아오르는 복과, 젖가슴에서 흐르는 복과, 태에서 잉태되는 복을 베푸실 것이다(25절). 하늘에서 내리는 복은 하늘에서 내리는 비를 뜻한다. 하늘에서 내리는 비와 아래의 원천에서 솟아나는 샘물은 풍요로운 수확을 보장한다. 이것은 주로 남자들이 받을 복이다. 또한, 젖가슴과 잉태의 복은 여자들이 받는 다산의 복을 말한다. 남성과 여성의 관심 영역에 대한 하나님의 축복은 요셉의 후손인 남자와 여자들에 대한 하나님의 약속이 완전함을 보여준다(고든 웬함). 야곱은 자신에게 임한 축복이 요셉에게 임하기를 구한다. 야곱이 받은 축복은 "태고의 산맥"이 받은 복보다 크다(새번역, 공동번역). 개역개정에서는 "네 선조의 복보다 크다"라고 되어 있다. 새번역과 공동번역은 70인역을 따랐다. 태고의 산맥은 헐몬이나 레바논의 푸른 산으로 생명과 번성의 이미지를 가졌다(사 2:13, 35:2). 이제 야곱이 받은 복이 요셉과 형제들 가운데 으뜸인 자에게 돌아갈 것이다. 으뜸인 자는 왕을 표상한다. 그런데 왕위는 요셉이 아니라 유다에게서 나온다(8-12절). 따라서 이 표현은 요셉이 그의 형제 중에서 뛰어났음에 대한 야곱의 회고적 표현이다.

끝으로 야곱은 막내아들 베냐민을 축복한다. 베냐민은 물어뜯는 이리이다. 아침에는 빼앗은 것을 삼키고, 저녁에는 움킨 것을 나눌 것이다(27절). 야곱의 예언은 장차 베냐민 지파가 군사적인 용맹성을 지닐 것을 보여준다. 베냐민 지파의 군사적 용맹성은 사사시대(삿 3:15-30, 5:14, 19-20장)와 왕정시대(사울과 요나단)에서 볼 수 있다.

28절, 야곱의 유언에 대한 결어이다. 야곱은 열두 아들에게 각자 알맞게 축복하였다. 그들은 모두 이스라엘의 열두 지파이다. 29-33절, 야곱의 죽음을 서술한다. 야곱은 자기의 주검을 가나안 땅에 매장하도록 명한다. 가나안 땅에 매장하라는 명령은 이번으로 세 번째다(47:29-31, 48:21-22). 여기서는 그가 매장할 것을 구체적으로 지시한다. 그곳은 아브라함이 헷 사람 에브론에게서 산 막벨라 동굴이다(29-30절, 23:15-20). 야곱의 진술을 통해 파악된 것은, 막벨라 굴은 아브라함과 사라와 이삭 외에도 리브가와 레아가 거기 매장되었다는 사실이다(31절). 야곱은 이 말을 마지막으로 그 발을 침상에 모으고 숨을 거두었다. 그는 그의 열조에게 돌아갔다(33절).

아브라함과 이삭의 죽음과 마찬가지로 야곱의 죽음도 매우 담백하게 서술되어 있다. 죽음을 맞이하는 족장들은 자신의 운명에 대하여 특별히 슬퍼하지도 않고 그렇다고 특별한 희망 속에 있지도 않다. 바로 이 점에서 족장들의 죽음에 관한 민담들은 "죽음의 현실에 대한 복종"을 입증해 주고 있다(25:7-11 참고).

하지만 족장들의 죽음은 그것으로 끝이 아니라 그들이 믿음으로 바라본 하늘 본향으로 진입하는 것이다. 하나님은 나그네로 살며 자신의 언약을 이루어 간 족장들을 위하여 하늘에서 한 성을 예비하셨다(히 11:15-16).

요셉에 대한 축복은 아브라함의 축복에 근거한다. 하나님은 아브라함에게 모든 족속이 그를 통해 복을 받을 것이라고 약속하셨다. 그 복은 하늘의 뭇별과 같은 아브라함의 자손이 되는 것이다(15:5). 이는 장차 오실 한 사람을 통해 열방이 구원에 이르는 것이다. 요셉의 복이 담을 넘어 많은 사람에게 이르는 것은 역사적으로 기근이 임한 온 땅의 백성이 구원받은 것으로 성취되었다. 구속사적으로 아브라함의 자손 한 사람을 통해 열방이 구원받는 복으로 성취되었다(갈 3:16). 한 사람이 모든 사람을 대신하여 죽으심으로써 모든 사람이 죽었다(고후 5:14). 이로써 모든 사람이 생명 얻는 길이 열렸다(고후 5:15, "이제 살아있는 자들이").

하나님의 아들 예수 그리스도가 "한 알"의 밀알로 죽으심으로써 많은 생명의 열매를 맺었다(요 12:24). 한 사람 예수 그리스도의 의로운 행위로 인하여 모든 사람이 하나님께 의롭다는 인정을 받아 생명을 얻게 되었다(롬 5:18). 그러므로 아브라함의 복은 십자가에 죽으시고 부활하신 예수 그리스도를 통해 성취되었다. 예수 그리스도를 믿음으로 하나님의 아들이 되는 자는 아브라함의 복에 참여한 자이다(갈 3:8-9). 그는 영적으로 하늘의 뭇별과도 같은 아브라함의 후손이다. 하나님은 위대하시고 권능이 많으시고 그 지혜가 무궁하시다. 이는 하늘의 뭇별과 같은 그의 자녀를 헤아리시고 각각 그의 이름을 부르시기 때문이다(시 147:4-5).

그리스도인은 창세전 약속된 영생의 복을 받은 자이다(딛 1:2). 예수가 하나님의 아들, 그리스도임을 믿는 자마다 생명을 얻는다(요 20:31). 세상의 복은 유효기간이 있는 한시적인 복이다. 이 복은 아무리 많아도 언제든지 덧없이 사라지고 길어도 죽음과 함께 종결된다. 하지만 영원한 생명의 복은 영원에 잇대은 하늘에 속한 영원한 복이다(엡 1:3). 영생의 복은 지상에서 생명의 교제로 실제가 된다. 이는 아버지와 아들을 아는 것으로, 성령 안에서 삼위 하나님과 갖는 교제이다. 하나님과의 교제는 아버지 집에 거하여 창세전부터 아버지가 아들을 사랑하여 그에게 주신 영광을 보는 것이다(요 17:24). 이로써 세상은 아버지가 아들을 사랑하신 것 같이, 영생 얻은 자도 사랑하는 것을 알게 된다(요 17:23). 이처럼 영생의 복은 생명의 교제를 통해 담장을 넘고 많은 사람에게 영생을 얻게 한다.

묵상

나는 복을 크게 오해하였다. 예수를 믿어 영생을 얻었으나 영으로 알지 못하니 내 안에서 은폐되었다. 영생은 복음을 통해 환히 드러난다. 나는 복음을 알고 있어도 정확히 알지는 못하였다. 에덴에서 뱀은 말씀을 정확히 알지 못한 여자를 미혹하였다. 복음을 정확히 알지 못하고 그 목적에 무지하면 뱀의 유혹을 피할 길이 없다. 죄의 세력이 계명으로 말미암아 기회를 타서 나를 사망으로 던져버렸다. 사망의 깊은 무덤. 그런데 거기에 장사 되신 그리스도가 계셨다. 나의 무덤이 그리스도의 무덤이 되었다. 그곳에서 성전이 지어지고 영생이 실제가 되었다. 매일 부어지는 은혜는 생명의 교제를 통해서 온다. 생명의 교제를 통해 삼위 하나님의 페리 코레시스에 참여한다. 그곳에서 아버지가 아들에게 주신 영광을 본다. 거기에 아버지의 인자와 신실이 충만하다. 생명의 교제를 통해 영생의 복이 담을 넘어 세상으로 향한다. 나는 그저 오직 한 가지 생명의 교제에 참여했을 뿐인데 하나님은 담장을 넘어 생명의 복을 전하게 하신다. 이제는 어디를 가나 그리스도의 충만한 복을 가지고 간다(롬 15:29).

어제부터 창원 복음생명캠프가 시작되었다. 창원 캠프는 참석자들이 개별적으로 등록하지 않고 누구든지 언제든지 와서 생명의 말씀을 듣는다. 어제는 주일이라서 그런지 본교회 성도들과 주변의 여러 목회자가 참석하였다. 또 부득이 하루만 참석하는 목회자도 있었다. 모든 캠프는 복음과 생명의 메시지가 중심이지만, 때마다 전하는 내용은 다소 차이가 있고 메시지의 흐름도 다르다. 사실 주님이 일하시면 한 번만 듣고 한마디만 들어도 성령이 역사하고 생명을 밝히 볼 수 있다. 어제는 성령의 인도하심으로 복음과 생명의 주요 부분을 다 다루었다. 부분적으로 참석한 이들도 생명의 말씀에 접하고 더욱 사모하기를 기원하였다. 이번 캠프, 영생의 복이 담장을 넘어 뭇사람에게 임하기를 간구한다.

114

50:1-14

1 요셉이 그의 아버지 얼굴에 구푸려 울며 입맞추고
2 그 수종 드는 의원에게 명하여 아버지의 몸을 향으로 처리하게 하매 의원이 이스라엘에게 그대로 하되
3 사십 일이 걸렸으니 향으로 처리하는 데는 이 날수가 걸림이며 애굽 사람들은 칠십 일 동안 그를 위하여 곡하였더라
4 곡하는 기한이 지나매 요셉이 바로의 궁에 말하여 이르되 내가 너희에게 은혜를 입었으면 원하건대 바로의 귀에 아뢰기를
5 우리 아버지가 나로 맹세하게 하여 이르되 내가 죽거든 가나안 땅에 내가 파 놓은 묘실에 나를 장사하라 하였나니 나로 올라가서 아버지를 장사하게 하소서 내가 다시 오리이다 하라 하였더니
6 바로가 이르되 그가 네게 시킨 맹세대로 올라가서 네 아버지를 장사하라
7 요셉이 자기 아버지를 장사하러 올라가니 바로의 모든 신하와 바로 궁의 원로들과 애굽 땅의 모든 원로와
8 요셉의 온 집과 그의 형제들과 그의 아버지의 집이 그와 함께 올라가고 그들의 어린 아이들과 양 떼와 소 떼만 고센 땅에 남겼으며
9 병거와 기병이 요셉을 따라 올라가니 그 떼가 심히 컸더라
10 그들이 요단 강 건너편 아닷 타작 마당에 이르러 거기서 크게 울고 애통하며 요셉이 아버지를 위하여 칠 일 동안 애곡하였더니
11 그 땅 거민 가나안 백성들이 아닷 마당의 애통을 보고 이르되 이는 애굽 사람의 큰 애통이라 하였으므로 그 땅 이름을 아벨미스라임이라 하였으니 곧 요단 강 건너편이더라
12 야곱의 아들들이 아버지가 그들에게 명령한 대로 그를 위해 따라 행하여
13 그를 가나안 땅으로 메어다가 마므레 앞 막벨라 밭 굴에 장사하였으니 이는 아브라함이 헷 족속 에브론에게 밭과 함께 사서 매장지를 삼은 곳이더라
14 요셉이 아버지를 장사한 후에 자기 형제와 호상꾼과 함께 애굽으로 돌아왔더라

114

야곱의 장례와 그리스도의 장례,
장사 복음은 성전을 짓는 표적이다!

: 주해

　야곱의 파란만장한 삶이 막을 내렸다. 그는 요셉이 지켜보는 가운데 임종하였다. 야곱은 출생 때부터 형의 발꿈치를 잡았다. 그는 에서의 장자권을 팥죽 한 그릇에 샀다. 또한, 그는 어머니와 야합하여 아버지를 속이고 장자의 축복을 받았다. 그는 그 일로 집을 나가 외삼촌 라반의 집으로 갔다. 잠시 머물 계획으로 그곳에 갔으나 무려 20년을 지냈다. 그 사이 그는 네 명의 아내로부터 아들 11명과 딸 1명을 얻었다.
　야곱은 많은 가족과 재산을 가지고 금의환향하였다. 그는 하나님과 씨름하여 환도뼈가 부러졌고, 그의 이름은 이스라엘이 되었다. 그 결과 자기를 죽이려던 형과 극적으로 화해하였다. 가나안 땅 세겜에 정착하여 화를 당하였다. 외동딸 디나가 세겜에게 강간당하고 두 아들이 세겜 사람들을 도륙하였다. 그는 속히 벧엘로 올라갔고 두려움에서 벗어났다. 벧엘을 떠나 아버지 집으로 가는 노상에서 그가 사랑하는 라헬이 난산으로 죽었다. 그때 태어난 아이가 베냐민이다. 고향에 돌아온 야곱은 라헬의 유업인 요셉을 총애하였다. 그러나 그는 요셉이 짐승에 뜯겨 죽은 줄 알고 22년 이상을 고통 속에서 보냈다. 그가 130세가 되었을 때 죽은 줄 알았던 요셉과 재회하였다. 이후 17년간 애굽에서 요셉의 봉양을 받으며 살다 죽었다.

야곱은 하나님의 언약을 담지한 족장이었다. 하나님은 그의 인생의 고비마다 그에게 나타나시고 말씀하셨다. 그는 비록 험악한 나그네 세월을 살았으나 하나님의 돌보심 가운데 살았다. 그가 임종의 침상에서 고백한 대로 출생에서 사망까지 하나님이 그의 목자가 되셨다. 지상에서 현현하신 하나님은 모든 환난에서 그를 구원하셨다. 하나님 안에서 그의 인생은 해피엔딩이었다.

창세기는 야곱의 장례와 요셉의 죽음으로 대미를 장식한다(50장). 1-14절은 야곱의 장례를, 15-26절은 요셉의 죽음을 기술한다. 요셉이 사망한 아버지의 얼굴에 엎드려 울며 입을 맞추었다(1절). 아버지의 독보적인 총애를 받던 아들은 아버지의 죽음을 매우 슬퍼하였다. 이로써 요셉이 그의 눈을 감기리라는 하나님의 약속이 성취되었다(46:4).

2-3절, 요셉은 의원들에게 아버지의 시신에 향을 바르라고 명한다. 시신에 향을 바르는 것은, 시신이 썩지 않도록 미이라로 만드는 것이다. 당시 애굽에서는 미이라 만드는 일이 하나의 완전한 학문으로 발달하였다. 야곱의 시신을 미이라로 만드는 것은, 그것을 영구히 보존하려는 것이 아니라 가나안 땅까지 가서 매장하는 데 오래 걸리기 때문이었다. 야곱의 시신을 미이라로 만드는 데 40일이 걸렸다. 애굽 사람들이 야곱을 위하여 70일을 애곡하였다. 물론 70일 안에는 야곱의 시신을 미이라로 만든 40일이 포함된 것으로 보인다. 70일간의 애곡은 상당히 길다. 아론과 모세가 죽은 후 애곡하는 기간은 30일이었다(민 20:29, 34:8). 디오도루스(Diodorus, 〈histories〉, 1.91)에 의하면 애굽 왕이 죽었을 때, 72일을 애곡하였다(천사무엘, 〈성서주석 창세기〉). 애굽 사람들은 마치 왕을 위하여 애곡하듯이 야곱을 위하여 애곡한 것이다. 이로써 야곱의 죽음은 애굽 전역에 알려졌다.

4-6절, 애곡의 기간이 끝나고 요셉은 아버지를 가나안 땅에 매장하도록 바로에게 청한다. 요셉은 바로의 최측근이었으나 직접 요청하지 않고 궁중을 거쳐 요청한다. 이것은 상중(喪中)에 있는 자는 왕에게 직접 나아갈 수 없기 때문으로 보인다. 요셉은 아버지가 자기의 주검을 가나안 땅에 매장하라고 했고 그가 맹세하였다는 말을 바로에게 전한다. 바로가 요셉의 청을 듣고 이 일을 허락하였다(6절).

7-11절, 애굽에서 가나안 땅까지 이르는 야곱의 화려한 장례 행렬을 묘사한다. 이 장례 행렬에는 크게 세 부류의 사람이 따랐다. 바로의 신하들, 야곱의 아들들과 집안사람들, 그리고 호위하는 군사들이다(7-9절). 야곱의 가족 중 어린아이들과 양 떼와 소 떼는 고센 땅에 남겨두었다. 주목할 것은 애굽의 고센 땅에서 장지인 가나안 땅의 헤브론에 이르는 여정이다. 야곱의 장례 행렬은 요단 강 동쪽 아닷 타작마당에 이르러서 크게 애통하며 호곡하였다. 요셉은 아버지를 생각하며 거기에서 칠일 간 애곡하였다. 그들이 타작마당에서 그렇게 애곡하는 것을 보고, 그 지방에 사는 가나안 사람들은 "애굽 사람들이 이렇게 크게 애곡하고 있구나"라고 하면서, 그곳 이름을 "아벨미스라임"이라고 하였다. "아벨미스라임"은 "애굽 사람들의 애곡"이란 뜻이다. 야곱의 장례 행렬은 통상적인 이동 경로와 다르다. 애굽의 고센 땅에서 막벨라 굴이 있는 헤브론은 통상 해안을 따라 이어지는 대상(隊商)의 통로였다. 이 길은 요셉이 미디안의 대상들에게 팔려 간 길이기도 하다. 그런데 야곱의 장례 행렬은 시내산을 통과하여 요단 동편으로 우회하는 길이었다.

왜 야곱의 장례 행렬이 지름길인 해안 도로로 가지 않고 우회 길인 요단 동편의 아닷 타작마당을 통과하였는가? 이것은 해명할 수 없는 물음이다. 놀랍게도 야곱의 장례 행렬의 경로는 400년 후 출애굽한 이스라엘이 가나안 땅에 들어간 경로와 일치한다. 곧 야곱의 가나안행은 400년 후 그의 후손들이 출애굽 여정을 선취(先取)하는 의미가 있다. 이렇게 하여 야곱의 아들들은 아버지가 명령한 대로 하였다(12절). 아버지 야곱의 명령은 자기의 주검을 가나안 땅에 매장하라는 것이었다(47:30, 48:21-22, 49:29-32). 야곱의 아들들이 아버지의 시신을 가나안 땅으로 모셔다가 마므레 앞 막벨라 밭에 있는 굴에 장사하였다(13절). 그 굴과 거기에 딸린 밭은 아브라함이 묫자리로 쓰려고 헷 사람 에브론에게서 사둔 곳이다(14절, 25:9, 35:29).

출애굽의 약속을 바라보는 야곱의 장례식은 화려하고 장엄하였다. 그는 나그네로 살며 험악한 세월을 살았으나 그의 장례는 왕의 장례처럼 애굽의 모든 사람이 애곡하는 중에 치러졌다. 특히 그의 장례 행렬은 400년 후에 있을 출애굽의 경로를 미리 따라갔다. 야곱은 입애굽 하였고 출애굽의 약속을 미리 성취한 것이다. 이렇듯 야곱의 장사됨은 400년 후에 있을 출애굽의 경로를 미리 보게 한다. 야곱의 입애굽과 출애굽은 아브라함에게 하신 가나안 땅의 약속을 성취한다. 여기서 가나안 땅은 장차 아브라함의 자손으로 오실 그리스도를 통해 성취할 하나님 나라를 예시한다(히 11:16).

하나님의 아들 예수 그리스도는 아브라함과 이삭과 야곱의 족장들의 계보를 따라 세상에 오셨다(마 1장). 그는 십자가에서 죽으시고 장사되셨다. 그리스도의 장사됨은 야곱의 장사됨과 비교할 수 없을 정도로 초라하였다. 그는 장례식조차 치르지 않았고 그에게는 조문객조차 없었다. 그의 시신은 아리마대 요셉에 의해 즉시로 무덤에 안치되었다. 갈릴리에서부터 따라온 여인들만이 먼발치에서 그의 장례를 바라보았다(마 27:51, 막 15:47, 눅 23:55). 그런데 예수의 장례를 미리 준비한 여인이 있었다. 그 여인은 예수께서 수난당하기 직전 옥합을 깨뜨려 매우 값진 향유를 예수의 머리에 부었다(막 14:3). 사람들은 값진 향유를 허비한다고 하며 그녀를 비난하였다. 하지만 예수께서는 그녀가 부은 향유를 두고 "내 장례를 미리 준비하였다"라고 칭찬하셨다(막 14:8). 그리고 온 세상 어디든지, 복음이 전파되는 곳마다, 이 여자가 한 일도 전해져서 사람들이 이 여자를 기억하게 될 것이라고 말씀하셨다(막 14:9).

야곱의 장례는 온 세상을 표상하는 애굽에 다 알려졌다. 애굽 사람들이 무려 70일을 애곡하지 않았는가! 오직 한 여인이 예수의 장례를 미리 준비하였다. 그녀가 준비한 예수의 장례는 복음이었다. 그리고 복음이 전파되는 곳마다 여인이 준비한 예수의 장례도 전파되어야 한다. 온 땅에 알려진 야곱의 장례는 복음이 선포되는 곳마다 알려지는 그리스도의 장례를 예시한다.

예수의 말씀대로 그의 장사 됨은 복음이 되어 대대로 전해진다. 장사 복음은 사도들이 전승한 두 번째 복음으로 온 교회가 전해야 할 복음이다(고전 15:4, "무덤에 묻히셨다는 것과"). 예수께서는 그가 장사 된 무덤을 표적이라고 하셨다. 선지자 요나가 삼 일 동안 물고기 뱃속에 들어간 것처럼(욘 2장), 인자도 사흘 동안 땅속에 있을 것이라고 하셨다(요 12:39-40). 곧 그리스도의 무덤은 표적이다. "표적"은 "하나님이 하시는 일이 나타나는 것"이다(요 9:3). 하나님께서는 그리스도의 무덤에서 무슨 표적을 행하시는가? 이는 기존의 성전을 다 허무시고 참 성전을 짓는 표적이다(요 2:19). 예수께서 장사 되신 삼 일 만에 살아나셨다. 무덤의 표적인 성전은 삼 일 만에 살아난 그리스도의 몸이다(요 2:21). 신약시대 성전은 부활하신 그리스도의 몸이다. 이제 누구든지 그리스도와 함께 장사 된 자는 그의 부활에 연합하여 그와 함께 일으킴을 받는다(골 2:12). 그는 그리스도의 무덤에서 생명을 얻어 성전이 된다.

그리스도와 함께 장사 되어 거기서 지어지는 성전은 영원히 무너지지 않는 성전이다. 그렇지 않은 성전은 설령 46년간 헤롯이 지어준 성전이라도 무너진다. 그리스도와 함께 죽고 그와 함께 장사 되어 얻은 생명은 아무도 빼앗지 못하는 영원한 성전이다(요 10:28).

:묵상

어제 복음생명캠프 이틀째를 섬겼다. 이번 캠프는 누구나 언제든지 참여할 수 있도록 개방되었다. 그러다보니 참석자들이 자기 여건에 따라 들락날락 참석하였다. 보통 캠프는 특정한 시간과 공간에서 집중적으로 진행된다. 내게는 사뭇 익숙하지 않은 캠프였다. 참석자들의 집중도도 떨어지고 분위기도 다소 산만하였다. 그래서인지 내 속에도 다소 불편한 마음이 있었다. 그러던 차에 오후 시간에 손 목사를 통해 십자가 복음을 들었다. 복음을 듣고 기도하는 시간에 성령께서 나의 자기주장 의지를 드러내셨다. 가장 영광스러운 복음 선포의 시간에도 죄의 세력이 활동하여 자기를 주장하게 만든 것을 알게 되었다.

하이데거는 세계 안에 불안이 공기처럼 기분잡혀 있다고 하였다. 그러고 보니 죄의 세력은 공기처럼 내 안에 기분잡혀 있었다. 죄는 나를 속이고 나를 사망 가운데 던져버린다(롬 7:11). 복음을 듣고자 1시간이라도 내어서 오는 목회자와 성도들의 발걸음이 얼마나 귀한지. 죄의 세력은 그것을 망각하게 하고 자기주장에 사로잡히게 한다. 사람과 상황을 내 뜻대로 통제하려는 무서운 자기주장 의지를 보았다. 아, "오호라 나는 곤고한 자로다!"라고 외치며 탄식하였다. 저녁 강의 전 찬양 시간에 큰 은혜를 받았다. "주께서 주신 모든 은혜 나는 말할 수 없네~ 내 영혼이 즐거이 주 따르렵니다. 주께 내 삶 드립니다." 찬양 후 기도 시간에 다시 자기주장 의지를 십자가에 못 박으니 내 영혼이 자유함과 기쁨으로 충만하였다. 이어지는 강의는 장사 복음이었다. 강의를 시작하며 참석자들에게 나의 자기주장 의지를 자백하였다. 나는 여전히 복음을 듣고 또 들어야만 사는 자이다. 오직 복음만이 내 영혼을 소생시키고 생명으로 살게 한다.

캠프 때마다 장사 복음을 증거한다. 어제는 성령께서 그리스도의 무덤에서 짓는 성전은 결코 무너지지 않는다는 감동을 강하게 주셨다. 그리스도의 무덤에서 짓지 않은 성전은 아무리 화려해도 결국 무너진다. 개인 신앙도 공동체 신앙도 그러하다. 나의 신앙과 사역 역시 다 무너졌다. 무너진 그 자리는 무덤이었다. 그런데 바다에 던져진 요나를 위해 큰 물고기를 예비하신 하나님이 나 같은 자를 위해 그리스도의 무덤을 예비하셨다. 나의 무덤은 그리스도의 무덤이 되었고, 거기서 성전이 지어졌다. 그리스도의 무덤에 연합하여 영원한 생명에 이르렀다. 결코 무너지지 않는 성전이 세워진 것이다. 어제 선포된 장사 복음이 영으로 계시되기를 간구한다. 각양의 무덤에서 흑암 중에 거하는 주의 자녀들이 그리스도의 무덤에 연합되어 참 성전이 지어지기를 간절히 기도한다.

115

50:15-26

15 요셉의 형제들이 그들의 아버지가 죽었음을 보고 말하되 요셉이 혹시 우리를 미워하여 우리가 그에게 행한 모든 악을 다 갚지나 아니할까 하고
16 요셉에게 말을 전하여 이르되 당신의 아버지가 돌아가시기 전에 명령하여 이르시기를
17 너희는 이같이 요셉에게 이르라 네 형들이 네게 악을 행하였을지라도 이제 바라건대 그들의 허물과 죄를 용서하라 하셨나니 당신 아버지의 하나님의 종들인 우리 죄를 이제 용서하소서 하매 요셉이 그들이 그에게 하는 말을 들을 때에 울었더라
18 그의 형들이 또 친히 와서 요셉의 앞에 엎드려 이르되 우리는 당신의 종들이니이다
19 요셉이 그들에게 이르되 두려워하지 마소서 내가 하나님을 대신하리이까
20 당신들은 나를 해하려 하였으나 하나님은 그것을 선으로 바꾸사 오늘과 같이 많은 백성의 생명을 구원하게 하시려 하셨나니
21 당신들은 두려워하지 마소서 내가 당신들과 당신들의 자녀를 기르리이다 하고 그들을 간곡한 말로 위로하였더라
22 요셉이 그의 아버지의 가족과 함께 애굽에 거주하여 백십 세를 살며
23 에브라임의 자손 삼대를 보았으며 므낫세의 아들 마길의 아들들도 요셉의 슬하에서 양육되었더라
24 요셉이 그의 형제들에게 이르되 나는 죽을 것이나 하나님이 당신들을 돌보시고 당신들을 이 땅에서 인도하여 내사 아브라함과 이삭과 야곱에게 맹세하신 땅에 이르게 하시리라 하고
25 요셉이 또 이스라엘 자손에게 맹세시켜 이르기를 하나님이 반드시 당신들을 돌보시리니 당신들은 여기서 내 해골을 메고 올라가겠다 하라 하였더라
26 요셉이 백십 세에 죽으매 그들이 그의 몸에 향 재료를 넣고 애굽에서 입관하였더라

115

믿음으로 종말을 바라보며,
결코 헛되지 않은 수고를 위하여!

: 주해

야곱은 애굽에서 죽었으나 출애굽을 바라보았다. 그리하여 그는 세 번씩이나 자기의 주검을 가나안 땅에 매장하라고 명하였다. 야곱의 아들들은 아버지의 명대로 그의 시신을 아브라함과 이삭이 매장된 가나안 땅의 막벨라 밭 굴에 안치하였다. 요셉과 그의 형제들은 아버지의 장례를 마치고 애굽으로 돌아왔다.

창세기 50장의 후반부(15-26절)는 요셉이 형들을 용서하는 것과 요셉의 죽음을 기술한다. 15-21절은 요셉이 형들을 용서하는 장면이다. 요셉의 형들은 아버지가 죽은 후 요셉이 복수할 것을 두려워하였다. 요셉은 이미 그들을 받아들였으나, 그들은 자신들이 요셉에게 저지른 악으로 인해 여전히 죄책감이 남아 있었다. 그들은 양심의 평안을 얻지 못하고 있었다. 이 문제는 두 개의 장면에서 취급되고 있다.

첫 번째 장면에서 요셉의 형들은 요셉이 복수할 것을 두려워하여 대면하지 못하고 전갈을 보냈다(15-16절a). 그들은 전갈의 편에 아버지 야곱의 유지를 전달하며 용서를 구하였다(16절b). 또한, 자신들을 가리켜 아버지 야곱이 섬긴 하나님의 종들이라고 말한다. 그들은 아버지와 요셉이 섬기는 하나님의 이름으로 용서를 구한 것이다. 하나님은 악과 과실과 죄를 용서하시는 분이시다(출

34:7). 요셉이 형들의 말을 전해 듣고 울었다. 그는 전갈을 통해 형들을 용서하라는 아버지의 음성과 더욱이 자기를 죽이려 했던 형들의 변화된 모습, 그들이 자기를 두려워한다는 사실 앞이 감정을 추스르지 못하였을 것이다(Jacob).

두 번째 장면에서 요셉의 형들은 직접 요셉에게 와서 용서를 구한다. 그들이 요셉 앞에 와서 엎드려 스스로 아우님의 종이라고 말한다(17절). 형들의 태도와 말은 이전의 사건들을 상기시킨다. 형들의 엎드린 태도는 요셉의 꿈과 그 성취를(42:6, 43:26, 28), 그들의 말은 유다가 한 말을(44:16) 상기시킨다. 이로써 이전에 형들이 변화된 모습은, 단순히 위기를 모면하기 위한 것이 아니라 진정한 변화였음을 보여준다. 엎드려 종이 되겠다는 형들의 태도와 말은 전적인 자기부인이다. 이에 대한 요셉의 답변은 두 개의 중요한 진술을 내포하고 있다.

첫 번째 진술은 하나님과 요셉 자신과의 관계를 규정한다. "두려워하지 마십시오. 내가 하나님을 대신하기라도 하겠습니까? 형님들은 나를 해치려고 하였지만, 하나님은 오히려 그것을 선하게 바꾸셔서, 오늘과 같이 수많은 사람의 생명을 구원하셨습니다"(19-20절). 요셉은 형들에게 하나님이 이 문제에 대해 이미 판결을 내리셨다고 말한다. 그가 용서하고 말 것이 없다는 것이다. 하나님은 형제들의 죄책, 악까지도 자신의 구원 행동 속에 포함시키셨다(폰 라드). 하나님은 이미 그들에게 큰 구원을 베푸셨고 이로써 그들을 의롭게 여기셨던 것이다(45:7, "하나님이 큰 구원으로 당신들의 생명을 보존하고"). 하나님은 형들의 악을 선으로 바꾸셨다. 그리하여 수많은 사람의 생명을 구원하신 것이다. 그런데 지금 와서 요셉이 형들을 정죄한다면, 악을 선으로 바꾸신 하나님을 대신하는 결과를 가져온다. 그래서 요셉의 입장은 분명하였다. 그런데 왜 형들은 하나님의 용서를 받아들이지 못하고 요셉에게 용서를 구하는가? 그것은 하나님이 이미 자신들을 용서하셨으나, 자신들의 죄를 자백하고 용서받아야 했다. 그렇지 아니하면 그들은 죄책에서 벗어나지 못하고 진정한 평안을 얻을 수 없다.

한 사람 요셉으로 말미암아 하나님이 많은 사람을 구원하신 것은, 궁극적으로 한 사람 예수 그리스도를 통하여 많은 사람을 구원하는 것을 예시한다. 모든 사람이 죄를 범하여 하나님의 영광에 이르지 못하였다(롬 3:23). 그런데 모든 죄인은 그리스도 예수 안에 있는 속량으로 인하여 하나님께 값없이 의롭다 함을 얻었다. 예수 그리스도가 대속물로 죽으신 것은 모든 사람의 죄를 위한 것이다(막 10:45, 딤전 2:6). 예수 그리스도 안에서 인간의 악이 변하여 하나님의 선이 된다. 그리스도는 모든 사람을 위해 죽으셨으나 구원은 개인적으로 받는다. 자기 죄를 고백하고 용서받은 사람에게 구원의 은혜가 임한다.

요셉의 두 번째 진술은 요셉과 그의 형들의 관계를 규정한다(21절). 요셉은 형들을 안심시키고 형들과 형들의 자식들을 돌보겠다고 말한다. 이렇게 요셉은 그들을 간곡한 말로 위로하였다. 하나님과 요셉의 관계는 요셉과 그의 형들과의 관계를 규정한다. 주와 더불어 화평함을 이룬 자는 모든 사람과 더불어 화평함을 이룬다(히 12:14).

22-26절, 요셉의 죽음을 서술한다. 요셉이 아버지의 집안과 함께 애굽에 머물렀다. 요셉은 110년을 살면서 에브라임의 자손 삼대를 보았고, 므낫세의 아들 마길에게서 태어난 아이들까지도 자기의 자식으로 길렀다(22-23절). 요셉은 두 가지 유언을 남긴다. 먼저 그의 형제들에게 남긴 유언이다. 하나님이 그들을 돌보시고 그들을 이 땅에서 인도하여 아브라함과 이삭과 야곱에게 맹세하신 땅에 이르게 하실 것이다(24절). 이는 이스라엘이 입애굽 한 지 400년 후 출애굽하여 가나안 땅에 이르게 된다는 예언적 유언이다.

다음으로 이스라엘 자손들에게 유언을 남기되 맹세하게 한다. 하나님이 그들을 애굽에서 가나안 땅으로 인도하실 때 그의 해골을 메고 올라갈 것이다. 요셉이 110세에 죽었고 이스라엘 자손들은 그의 몸에 향 재료를 넣고 입관하였다(26절). 향 재료를 넣는 것(하나트)은 야곱의 시신처럼 미이라로 만드는 것이다(2절 참고).

요셉의 두 가지 유언은 그대로 이루어졌다. 이스라엘 자손은 입애굽 한 지 400년 만에 출애굽 하였다. 또한, 이스라엘 자손이 출애굽 할 때 그들은 요셉의 해골을 가지고 나왔다(출 13:19). 요셉의 해골은 이스라엘이 가나안 땅에 들어간 이후 세겜에서 묻었다(수 24:32).

창세기 37~50장의 요셉 이야기가 막을 내렸다. 요셉의 생애는 극적인 반전이 반복되었다. 요셉은 아버지의 총애를 받았으나 꿈을 꾼 이후 형들의 미움을 받았다. 형들은 그를 죽이려 하다가 애굽에 노예로 팔았다. 요셉은 노예였으나 하나님이 함께하심으로써 형통한 자가 되었다. 그는 보디발 장군의 가정 총무가 되었다. 하지만 그는 주인의 아내의 유혹을 거절하다 모함을 받고 억울하게 투옥되었다. 요셉은 감옥에서도 하나님이 함께하시므로 형통하였다. 그는 간수의 신뢰를 받아 죄수들을 관리하였다. 왕의 두 신하의 꿈을 해석해 주고 석방을 기대하였다. 그러나 그의 기대는 좌절되었다. 그로부터 2년 후 바로의 꿈을 해석하였고 그 일로 애굽의 총리가 되었다. 그는 애굽의 양식을 관리하였고 애굽은 물론 온 땅의 기근을 해결하였다. 그는 생명의 구원자가 되었다. 가장 중요한 것은 이것이다. 하나님은 그를 통해 아브라함에게 하신 약속, 곧 입애굽의 약속을 성취하신 것이다.

반전을 거듭한 요셉의 인생은 신자들에게 오해되곤 한다. 특히 많은 목사는 요셉의 이야기를 풍부한 설교 자료로 사용하곤 한다. 한국교회의 경우 요셉은 하나님이 축복하신 성공의 표본으로 설파된다. 고난의 인생이라도 믿음으로 살면 성공하고 출세한다는 식이다. 전형적인 입신양명의 모본이다. 청와대에서 근무하게 된 어떤 그리스도인은 자기 인생을 요셉의 성공에 견주어 책도 냈다. 그러나 이런 식의 해석은 우스꽝스럽기 짝이 없다. 요셉이 믿음으로 산 것은 옳다. 그러면 그는 어떤 믿음으로 살았는가? 히브리서는 요셉의 믿음을 단 한 줄로 제시한다. 요셉은 믿음으로 임종 시 400년 후에 있을 이스라엘 자손의 출애굽을 예언하고 그때 자기 뼈를 가지고 나가라고 한 것이다.

> "믿음으로 요셉은 임종 시에 이스라엘 자손들이 떠날 것을 말하고 또 자기 뼈를 위하여 명하였으며"(히 11:22).

요셉은 입애굽의 주역이었다. 그를 통해 아브라함의 약속 중 입애굽이 성취되었다. 그런데 입애굽은 장차 있을 출애굽을 바라보게 한다. 요셉은 "성취된 약속"을 넘어 장차 "성취될 약속"을 바라보았다. 이것이 바로 요셉의 믿음이다! 이미 이루어진 것은 믿음의 영역이 아니다. 보이지 않은 것, 장차 이루어질 약속이 믿음의 영역이다. 입애굽의 성취는 출애굽을, 출애굽은 가나안 땅의 성취를 바라보게 한다. 이로써 하나님이 아브라함에게 하신 가나안 땅의 약속이 성취된다. 하나님이 아브라함에 하신 자손과 땅의 약속은 아브라함을 통해 모든 족속이 받는 복을 구체적으로 실행한다. 이 복은 하나님이 창세전 그리스도 예수 안에서 주시기로 한 은혜, 곧 영생의 복이다(엡 3:11, 딤후 1:9-10).

하늘로부터 오신 인자, 곧 하나님의 아들이 십자가에서 죽으시고 부활하셨다(요 3:13-14). 이는 그를 믿는 자마다 창세전 약속된 영원한 생명을 얻도록 하기 위함이다(요 3:15). 이제 예수 그리스도를 믿는 자는 영생을 얻는 하나님의 아들이 된다(갈 3:26). 곧 하나님이 아브라함에게 하신 복을 받는 것이다(갈 3:8-9). 거짓이 없으신 하나님이 창세전 약속하신 영생은(딛 1:2) 예수 그리스도를 통해 성취되었다. 영생은 지상적 삶에서 생명의 교제로 시작된다(요 17:3). 그리고 마지막 날에 영광스럽게 완성된다(요 6:38, 40, "마지막 날에 내가 다시 살리리라"). 영생 얻은 자가 믿음으로 사는 것은 무엇인가? 그것은 이미 성취된 약속인 영생을 살며, 마지막 날에 살리는 영생을 바라보며 사는 것이다. 이것은 종말을 믿음으로 바라보는 삶이다. 요셉은 장차 있을 출애굽을 현재로 바라보았다. 그래서 자기의 해골을 가지고 가라고 유언한 것이다.

기독교의 시간관은 종말을 현재로 바라보는 것이다(《복음과 생명》, 256-259p). 곧 종말에 일어날 일을 현재에서 조망하는 것이다. 그리스도가 재림하는 종말에 신자의 몸이 부활하고 사망의 세력이 멸망한다(고전 15:23-26). 그런데 종말을 믿음으로 바라보면 종말에 일어날 일이 현재가 된다. 종말이 현재가 되면 우리 몸은 죽었다가 다시 살아난 몸이 되어 하나님께 바쳐진다(롬 6:13). 사망의 세력은 이미 패배당하였고 우리는 승리를 "주시는" 하나님께 감사한다(고전 15:57). 믿음으로 종말을 바라보는 자, 주 안에서 결코 헛되지 않은 수고에 온 힘을 다한다. 견고하며 흔들리지 않고 주의 일에 힘쓴다(고전 15:58).

전도자(코헬렛)는 지상에서 모든 성취를 이루었고, 그것을 누렸다. 그는 원하는 일을 다 하였고 모두 성공하였다. 그는 갖고 싶은 것을 다 가졌다. 그는 지혜와 지식의 정상에 섰다. 그러나 그의 마지막은 "헛된 수고"로 끝났다(전 1:2-3). 모든 인생의 수고는 결국 헛되다. 굳이 허무주의자의 말이 아니더라도 성경이 그것을 증거한다.

그러나 결코 헛되지 않은 인생의 수고가 있다. 그것은 주 안에서 하는 주의 일이다. 자기주장 의지로 하는 수고가 아니라 주 안에서 하는 수고이다. 주의 일은 생명의 복음을 전하며 그 일에 참여하는 것이다(고전 9:1, 16:11, 빌 1:5). 또한, 하나님이 부여하신 일상을 주께 하듯 하는 것이다(골 3:22-24). 또 뭇사람을 주님을 대하듯 섬기는 것이다(고후 4:5). 믿음으로 종말을 바라보며 결코 헛되지 않은 주의 일에 수고하는 자, 그는 가장 복된 자이다.

: 묵상

단회적인 인생, 무엇을 하여도 헛되고 헛된 수고로 끝날 인생이다. 한번 죽는 것은 사람에게 정한 이치요, 그 후에는 심판이 있다. 주께서 심판하시는 날, 인생의 영화를 좀먹음 같이 소멸하게 하신다(시 39:11). 참으로 인생이란 모두 헛될 뿐이다. 그런데 헛된 것으로 끝날 인생이 구원을 얻었다. 하나님께서 나 같은 자를 불쌍히 여기셔서 생명 얻는 구원을 주셨다. 이는 단지 죽어서 가는 천국이 아니라, 지상에서 시작된 영생이다. 창세전 거짓이 없으신 하나님이 주시기로 한 영생의 약속이 내게 성취되었다. 이것으로도 얼마나 부요한지 모르겠다.

그러나 이것이 전부가 아니다. 믿음으로 종말을 바라보게 하신다. 믿음으로 종말을 현재로 바라본다. 종말에 가보니 결코 헛되지 않은 수고가 있다. 그것은 사람들에게 복음을 전하여 생명을 얻게 하는 일이다. 모든 일을 주께 하듯 하는 일상이다. 모든 사람을 주님을 대하듯 섬기는 삶이다. 물론 주 안에서 하는 수고이다. 믿음으로 종말을 바라보며, 결코 헛되지 않은 수고를 하는 복된 자가 되었다. 아, 나 같은 것이 무엇이관데 생명 얻게 하는 영의 직분을 주셨는가? 버림받을 것 외에 받을 것이 없는 자에게 어찌하여 이런 복을 주셨는가?

3일간의 캠프에서 생명의 복음을 전하였다. 영으로 생명을 주는 직분을 다하였다. 도중에 육체의 한계를 느끼기도 하였다. 그러나 한 영혼 한 영혼 소감을 들으니, 주님이 하신 일이 놀랍고 놀랍기만 하다. 나 또한 복음을 듣고 또 듣는 은혜가 너무도 컸다. 아, 결코 헛되지 않은 수고, 주 안에서 수고하게 하신 은혜에 감격한다. 더 많이 수고했어도 내가 한 것이 아니다. 오직 나와 함께하신 하나님의 은혜이다. 새벽에 교회 숙소에서 창문을 때리는 빗소리를 듣는다. 오늘따라 빗소리가 은혜의 단비가 되어 내 영혼을 흠뻑 적신다. 아, 내게 주신 은혜를 무엇으로 보답할꼬! 내가 구원의 잔을 들고 주의 이름을 부르며 주의 일을 선포하리이다! 주 안에서 결코 헛되지 않은 수고에 나의 생명을 바치리이다! 할렐루야!

주요 참고문헌

Vonrad, Gerhard. 『창세기, 국제성서주석』. 한신연번역실. 서울: 한국신학연구소, 1981.
Wenham Gordon J. 『창세기, WBC 주석』. 윤상문·황수철 역. 서울: 도서출판 솔로몬. 2001.
천사무엘. 『성서주석, 창세기』. 서울: 대한기독교서회. 2001.

기타 참고문헌

김균진. 『헤겔의 역사철학』. 서울: 새물결플러스, 2020.
김용규. 『서양문명을 읽는 코드 신』. 서울: 휴머니스트, 2010.
배철현. 『신의 위대한 질문』. 파주: 21세기북스, 2015.
배철현. 『인간의 위대한 질문』. 파주: 21세기북스, 2015.
서형섭. 『복음과 생명』. 고양: 이레서원, 2018.
서형섭. 『하늘에 속한 말씀의 기쁨』. 고양: 이레서원, 2013.
오창록. "Beholding the glory of GOD in Christ." Ph. D. diss., Westminster Theological Seminary, 2006.
윤철호. 『신뢰와 의혹』. 서울: 대한기독교서회, 2020.
Augustinus, Aurelius. 『성 어거스틴의 고백록』. 선한용 역. 서울: 대한기독교서회, 1990.
_____. 『신국론』. 추인해·추적현 역. 서울: 동서문화사, 2016.
Barth, Karl. 『교회교의학 I /1』. 박순경 역. 서울: 대한기독교서회, 2003.
_____. 『교회교의학 III/1』. 신준호 역. 서울: 대한기독교서회, 2015.
Bonhoeffer, Dietrich. 『창조와 타락 (창세기 1-3장의 신학적 주석)』. 강성영 역. 서울: 대한기독교서회, 2010.
Buber, Martin. 『인간이란 무엇인가』. 남정길 역. 대한기독교서회, 1975.
Calvin, John. 『기독교 강요 I』. 김종흡, 신복윤, 이종성, 한철하 역. 서울: 생명의말씀사, 2006.
_____. 『창세기 주석』. 존 칼빈 성경주석 출판위원회 역. 서울: 성서교재간행사, 1982.
Cox, Harvey. 『종교의 미래』. 김창락 역. 서울: 문예출판사, 2009.

Dostoevskii, Fyodor Mikhailovich. 『카라마조프가의 형제들 1·2』. 김연경 역. 서울: 민음사. 2007.
Ebeling, Gerhard. 『신앙의 본질』. 허혁 역. 서울: 대한기독교서회. 1969.
Edwards, Gene. 『하나님의 생명 체험하기』. 조계광 역. 서울: 생명말씀사, 2003.
Feuerbach, Ludwig. 『기독교의 본질』. 강대석 역. 파주: 한길사, 2008.
Gadamer, Hans-Georg. 『진리와 방법』. 이길우 외 역. 파주: 문학동네, 2012.
Heidegger, Martin. 『존재와 시간』. 전양범 역. 서울: 동서문화사, 2008.
Hesse, Hermann. 『데미안』. 이순학 역. 서울: 더스토리, 2020.
Hoekema, Anthony A. 『개혁주의 인간론』. 류호준 역. 서울: 기독교문서선교회, 1990.
Kant, Immanuel. 『이성의 한계 안에서의 종교』. 신옥희 역. 서울: 이화여자대학교출판부, 2001.
Kierkegaard, Søren. 『불안의 개념』. 임규정 역. 서울: 한길사 1999.
_____. 『공포와 전율』. 임춘갑 역. 서울: 치우, 2011.
Kung, Hans. 『신은 존재하는가』. 성염 역. 서울: 분도출판사, 1994.
_____. 『그리스도교 : 본질과 역사』. 이종한 역. 서울: 분도출판사, 2002.
Mead, Mattew. 『유사 그리스도인』. 강호익 역. 서울: 지평서원, 2000.
Moltmann, Jurgen. 『십자가에 달리신 하나님』. 김균진 역. 서울: 대한기독교서회, 2017.
Nancy, Jean-Luc. 『무위의 공동체』. 박준상 역. 고양: 인간사랑, 2010.
Newbigin, Lesslie. 『성경 한걸음』. 윤종석 역. 서울: 복있는사람, 2013.
Niebuhr, H. Richard. 『그리스도와 문화』. 홍병룡 역. 서울: 한국기독학생회 출판부, 2007.
Niezsche, F. W. 『차라투스트라는 이렇게 말했다』. 장희창 역. 서울: 민음사, 2004.
_____. 『선악의 저편·도덕의 계보』. 김정현 역. 서울: 책세상, 2002.
Otto, Rudolf. 『성스러움의 의미』. 길희성 역. 서울: 분도출판사, 1987.
Pannenberg, Wolfhart. 『역사로서 나타난 계시』. 전경연·이상점 역. 서울: 한국신학대학출판부, 1979.
Peterson, Eugene. 『균형 있는 목회자』. 차성구 역. 서울: 좋은씨앗, 2002.
Ricoeur, Paul. 『악의 상징』. 양명수 역. 서울: 문학과지성사, 1994.
_____. 『해석의 갈등』. 양명수 역. 파주: 한길사, 2012.
Schleiermacher, Fredrich. 『종교론: 종교를 멸시하는 교양인을 위한 강연』. 최신한 역. 서울: 대한기독교서회, 2002.
Schroeder, Gerald. 『신의 과학』. 이정배 역. 서울: 범양사출판부, 1994.
Stevens, Paul. 『내 이름은 야곱입니다』. 최동수 역. 서울: 죠이선교회, 2005.
_____. "일상의 영성." 목회학 박사 과정 강의안. 풀러 신학교, 2009.
Thompson, Francis. "하늘의 사냥개"(Hound of Heaven). 이명섭 역. 2006. Online: http://rbc2000.pe.kr/notes/1809

Tillich, Paul. 『조직신학 Ⅰ』. 유장환 역. 서울: 한들출판사, 2001.
_____. 『조직신학 Ⅱ』. 유장환 역. 서울: 한들출판사, 2001.
_____. 『흔들리는 터전』. 김광남 역. 고양: 뉴라이프, 2008.
_____. 『영원한 지금』. 김광남 역. 고양: 뉴라이프, 2008.
_____. 『19-20세기 프로테스탄트 사상사』. 송기득 역. 서울: 한국신학연구소 출판부, 1980.
Wittgenstein, Ludwig. 『논리철학론』. 곽강제 역. 파주: 서광사, 2012.